RAYMOND POINCARÉ

Du même auteur

La Lorraine annexée (1870-1918), Nancy, Presses universitaires de Nancy, 1976.
Les Lorrains entre la France et l'Allemagne, Metz, Serpenoise, 1981.
Le Temps des journaux, Metz-Nancy, Serpenoise-Presses universitaires de Nancy, 1984.
La Vie politique en Lorraine au xxe siècle, Metz-Nancy, Serpenoise-Presses universitaires de Nancy, 1986.
La Guerre de 70, Paris, Fayard, 1990.
Histoire contemporaine de la Lorraine : De la Révolution à la Grande Guerre ; Le xxe siècle, Metz-Nancy, Serpenoise-Presses universitaires de Nancy, 1992 et 1994.
Histoire de Thionville, Metz, Klopp-Serpenoise, 1995.
L'Allemagne de 1815 à 1918, Paris, Armand Colin, 1997, 2e éd. 2000.
Les Modérés dans la vie politique française (1870-1965), Nancy, Presses universitaires de Nancy, 2000.

François Roth

Raymond Poincaré

Un homme d'État républicain

Fayard

© Librairie Arthème Fayard, 2000.

AVANT-PROPOS

Le nom de Raymond Poincaré appartient à l'histoire de France. La formule de l'« Union sacrée » est restée dans la mémoire collective, qu'on l'approuve ou qu'on se sente réservé ou hostile. Dans la trame de nos républiques successives, Poincaré s'insère entre les fondateurs de la Troisième République, Léon Gambetta et Jules Ferry, et celui de la Cinquième, Charles de Gaulle. Rappelons ses titres : Raymond Poincaré a été quatre fois ministre, trois fois président du Conseil, président de la République pendant toute la Première Guerre mondiale.

Avec le temps qui s'est écoulé, les souvenirs se sont brouillés, les critiques se sont apaisées, les traits accusés du personnage se sont estompés. On a oublié que Poincaré avait été un jeune homme vif, ardent, ambitieux pour retenir seulement le patriarche vieillissant, le sage de l'Union nationale, le sauveur du franc. C'est la mission des historiens de lutter contre l'appauvrissement de la mémoire, de se pencher sur ce qui était resté dans l'ombre, de rappeler qu'une activité politique au plus haut niveau est nécessairement complexe et que son bilan est le plus souvent ambigu. Grâce à l'ouverture des archives françaises et étrangères, les historiens ont désormais accès à une multitude de documents ignorés des contemporains et de ses premiers biographes : les notes journalières de Poincaré éclairent ses sentiments, ses hésitations, ses reculs, ses décisions. Son immense correspondance, dont une partie seulement a été conservée, dessine le réseau de ses amitiés, de ses relations et livre une foule de notations familières. Jusqu'à présent on connaissait surtout l'homme politique ; le professionnel du droit et l'homme privé se découvrent progressivement.

Raymond Poincaré n'a pas eu encore la biographie qu'il mérite. Le premier livre qui lui a été consacré était le témoignage d'admiration et d'amitié de son ancien collaborateur, le bâtonnier Fernand Payen. Il demeure irremplaçable car beaucoup des documents privés utilisés par

Payen ont été ensuite détruits par Henriette Poincaré. Après l'alerte esquisse de Jacques Chastenet, Pierre Miquel a été le premier véritable historien de Poincaré. Depuis la première édition de son livre en 1961, la recherche a beaucoup fait progresser la connaissance de l'histoire intérieure de la Troisième République, celle de la Grande Guerre et celle des relations internationales des années 1900-1930. La monumentale biographie de Georges Clemenceau du regretté Jean-Baptiste Duroselle appelait en contrepoint une meilleure connaissance du président de la République que le Tigre avait si souvent brusqué et bousculé sans le moindre ménagement. Depuis quelques années Poincaré bénéficie d'un regain de curiosité. Citons parmi les deux biographies les plus récentes : celle à l'approche plutôt politique de l'historien britannique J.F. Keiger, intitulée simplement *Poincaré* (1997), et le livre plus critique de l'avocat Daniel Amson, *Poincaré, l'acharné de la politique* (1997). D'autre part, les historiens français et allemands ont beaucoup travaillé sur l'immédiat après-guerre et spécialement sur l'occupation du bassin houiller de la Ruhr par Poincaré, le *Ruhrkampf* pour les Allemands. À cet égard, les travaux récents de Stanislas Jeannesson ouvrent des perspectives intéressantes. C'est pourquoi il nous est apparu utile de rassembler ces données dispersées, de les confronter à une nouvelle lecture des sources, de tirer parti des approches méthodologiques en matière de biographie pour tenter une réévaluation de la personnalité de Raymond Poincaré, de ses activités politiques, de sa place dans l'histoire nationale et internationale.

Une biographie de Raymond Poincaré ne saurait avoir le piquant ou le pittoresque d'une vie riche en péripéties : elle ne peut rivaliser avec celle des aventuriers, des chefs militaires prestigieux, des bâtisseurs d'empire, des dictateurs des régimes totalitaires ou des révolutionnaires volontaires et impitoyables. Raymond Poincaré a été un jeune homme prudent et sage, un homme mûr, un peu guindé dans ses stricts habits bourgeois. Sa biographie exige la discrétion, la retenue, la nuance. Son parcours professionnel et politique s'inscrit dans la période 1880-1930, celle qui est marquée par le souvenir de la défaite de 1870, l'antagonisme franco-allemand, par la Première Guerre mondiale et ses redoutables conséquences, que Poincaré a cherché à gérer tant bien que mal ; il s'inscrit dans une France encore rurale qui s'urbanise et s'industrialise lentement et où Paris attire et retient les plus actifs des Français. Dans une certaine mesure Raymond Poincaré est un héritier, mais cet héritier doit d'abord sa remarquable réussite à son travail personnel, à sa tenace ambition et à ses mérites. Raymond Poincaré voulait être le premier de sa génération et il est parvenu au sommet de la profession d'avocat selon le témoignage de ses confrères, au sommet de la reconnaissance littéraire en entrant à l'Académie française, au sommet de l'État enfin, en étant par trois fois président du Conseil et en effectuant un septennat complet à l'Élysée, soit un total de treize années dans ces différentes fonctions. Une telle réussite en république ne peut être uniquement le fruit du hasard ou des circonstances. Elle pose de multiples questions. Comment naît, s'affirme et se réalise une grande ambition ? Comment se déploie-t-elle sur des registres aussi variés ? Comment un individu parvient-il aux responsabilités majeures sans être entouré, sans être porté, comme aujourd'hui, par un grand parti ?

Raymond Poincaré était arrivé à l'âge d'homme au début des années 1880 alors que la République s'imposait. Pendant presque un demi-siècle jusqu'au moment où l'âge et la maladie l'obligèrent à s'effacer, il se tint au premier rang des républicains. Le mot de « républicain », sans épithète ni ajout, était la seule étiquette qu'il revendiquait avec fierté. Quel sens donnait-il à cet adjectif ? A-t-il imprimé aux idées républicaines sa marque personnelle ? S'est-il tout simplement coulé dans le moule de Gambetta et de Ferry, se comportant en gérant loyal du régime représentatif et de la république ? À son sujet publicistes et adversaires politiques ont parfois parlé de « poincarisme » ; ce terme a été repris par plusieurs historiens et politologues. Peut-on donner un contenu au « poincarisme » comme on le fait aisément pour le gaullisme ? Ou le « poincarisme » n'est-il pas plutôt l'un de ces mots faciles, l'une des formules commodes, l'un de ces faux-semblants familiers des journalistes et des commentateurs ?

Raymond Poincaré était un homme de l'est de la France, un Meusien, un Lorrain. Sans doute a-t-il vécu l'essentiel de sa vie et exercé ses activités dans la capitale. Mais il était très attaché à la province qui l'avait vu naître et où avaient vécu ses ancêtres. Arrivé au faîte de sa carrière durant la Grande Guerre, alors qu'il était président de la République, Raymond Poincaré était devenu pour les Français « Poincaré le Lorrain ». En Lorraine, on disait même avec une pointe de fierté « le grand Lorrain ». À ce titre, Poincaré aurait possédé à un plus haut degré que beaucoup de ses amis républicains le sens de la frontière, et plus spécialement le sens du danger allemand. Il aurait été en quelque sorte le dépositaire d'une mémoire collective dont son patriotisme se serait imprégné et nourri.

Toutes ces données qui comprennent une part de légende et qui véhiculent des préjugés et des clichés, méritent d'être confrontées aux documents de l'époque, d'être analysées, d'être critiquées et, avec le recul du temps, d'être mises en perspective. Un homme public qui cherche à construire son image en perd à partir d'un certain moment le contrôle. Il peut certes chercher jalousement à protéger sa vie privée. Mais il doit se résigner à ce que ses paroles, ses gestes, ses actes soient discutés, critiqués, dénaturés. Poincaré a sécrété les jugements les plus contradictoires, les attachements les plus fervents comme les dénonciations impitoyables. Sa carrière politique a nourri deux légendes parallèles qui parfois se sont entrelacées : une légende noire dont le fil conducteur a été le slogan dévastateur « Poincaré-la-Guerre » et une légende dorée dont ce jeune homme si précocement doué a noué les premiers fils, une légende dorée qui s'épanouit avec l'admiration éperdue pour le « maître du barreau » et « l'éminent homme d'État » et qui culmine en apothéose avec le « sauveur du franc ». Au-delà et à l'aide aussi de cette part de légende, cherchons pas à pas le vrai Raymond Poincaré.

PREMIÈRE PARTIE

Jeunesse et formation d'un homme politique républicain

Quand Raymond Poincaré naquit en 1860 dans une famille de la bourgeoisie provinciale de la France de l'Est, Napoléon III et le Second Empire paraissaient solidement installés; ce régime avait apporté au pays l'ordre et la stabilité; il accompagnait une croissance économique accélérée par le développement rapide des chemins de fer. Napoléon III, auréolé par les victoires de Magenta et de Solferino, semblait marcher sur les traces glorieuses de son oncle. La France avait retrouvé son rang en Europe et, avec le prince impérial, la dynastie napoléonienne avait assuré sa succession.

À Bar-le-Duc, chef-lieu du département de la Meuse, les débats parisiens et les événements européens étaient absorbés par le rythme paisible de la vie provinciale. Le premier grand trouble dans l'existence de Poincaré fut apporté par la guerre et la défaite de 1870-1871. Jusqu'à ses derniers jours il en conserva des impressions très vives. En octobre 1876, à l'âge de seize ans, le jeune provincial découvrait Paris où il devait bientôt se fixer, un Paris qui n'était plus celui de Balzac mais le Paris redessiné par le baron Haussmann, le Paris encore marqué par les souffrances du siège et par les massacres et les destructions des combats de la Commune.

Cet itinéraire qui conduit de la province à Paris, est classique et ne saurait surprendre. Comme beaucoup d'autres avant lui, Raymond Poincaré arrivait dans la capitale avec l'ambition et la volonté de se faire un nom et de s'imposer. Où? Au barreau? Au parlement? Dans la littérature? Tout était ouvert.

Le jeune Raymond Poincaré appartenait à la génération qui prit conscience d'elle-même au lendemain de la défaite de 1870, à la génération pour laquelle la république allait redresser et régénérer la France, à la génération qui admirait et suivait Léon Gambetta et Jules Ferry. L'ascension de Raymond Poincaré, élu député à vingt-six ans, nommé ministre à trente-deux ans, semblait naturelle et irrésistible. À trente-cinq ans, en 1895, ce jeune homme doué et pressé auquel tout semblait réussir paraissait devoir accéder rapidement aux plus hautes fonctions de l'État. À cinquante ans, en 1910, il était toujours dans l'attente d'un grand destin : le brillant député de la « république nouvelle » vieillissait sous les lambris du Sénat. Cette surprenante et longue attente étonnait les contemporains et ne manque pas d'intriguer l'historien. Quelle est la part de l'homme et de son tempérament ? Quelle est la part des circonstances ?

CHAPITRE PREMIER

Une enfance lorraine

Raymond Poincaré était un Français de l'Est ; il aimait à le rappeler ; il était fier de ses origines, curieux des générations qui l'avaient précédé. Il a grandi à Bar-le-Duc, petite ville de Lorraine d'où l'on se rendait facilement à Paris et à Nancy mais aussi chef-lieu d'un département rural et forestier. Quand on observait Raymond Poincaré à Paris, soit au Palais-Bourbon soit au Palais de justice, on se trouvait en présence d'un bourgeois policé, raffiné et cultivé jusqu'au bout des ongles ; on oubliait souvent qu'il était aussi un homme de la campagne, proche de la nature, des plantes, des arbres et des animaux domestiques et sauvages. Poincaré savait donner le change et ne se livrait guère. Les journalistes ne retenaient que les clichés et, au fil des années, se recopièrent les uns les autres. Ils ont fait surgir puis ont imposé la légende de « Poincaré le Lorrain ». Une bonne connaissance de sa jeunesse et de ses années de formation rend possible d'en dégager la part de vérité.

Pour bien comprendre un homme, il est essentiel de connaître l'environnement où il a vécu, le milieu familial, social et culturel d'où il est issu, car c'est dans l'intimité du foyer que la personnalité se forme, que l'individu acquiert des habitudes, des comportements, des façons de sentir qui marquent, parfois à son insu, une existence entière. Raymond Poincaré était un héritier ; il était l'héritier des Gillon et des Poincaré, deux familles rurales qui avaient accédé peu à peu à la bourgeoisie ; depuis plusieurs générations, ces familles étaient enracinées autour de Neufchâteau et de Nancy pour les Poincaré, de Bar-le-Duc pour les Gillon et les Ficatier. L'histoire de ces deux familles présentait de nombreux points communs : une ascension sociale lente et sûre les avait conduites sur plusieurs générations de la terre au négoce, puis du négoce aux professions libérales. Pour leur époque, ces deux familles avaient acquis une solide aisance et un niveau culturel élevé.

La souche maternelle : les Gillon

La mère de Raymond Poincaré, Marie-Nanine Gillon, appartenait à une famille bourgeoise de Bar-le-Duc dont le berceau était Nubécourt[1], localité du Clermontois incorporé en 1790 au département de la Meuse.

Nubécourt, où repose aujourd'hui Raymond Poincaré, était un petit village lorrain typique, peuplé d'environ 350 habitants en bordure de la route de Bar-le-Duc à Verdun. Le paysage doucement vallonné était dominé par les hauteurs proches et boisées de l'Argonne. Pour éviter les inondations de l'Aire, une petite rivière qui se jette dans l'Aisne, les paysans avaient construit leurs maisons un peu en retrait de la vallée, dont le cours sinueux et verdoyant était dessiné par un rideau de saules. De chaque côté de la vallée s'étendaient les prés et les champs ; sur les pentes des coteaux, vignes et vergers se mêlaient aux labours. Depuis la disparition du château, la vieille église gothique ornée d'un portail Renaissance dominait les maisons basses et jointives des paysans, parmi lesquelles se distinguaient celle du notaire, le château d'encre, et celle du meunier, le château d'eau.

Sur les registres paroissiaux dont les plus anciens remontent au début du XVIIe siècle, le patronyme Gillon est fréquent. Cette famille dont la généalogie (annexe, p. 683) n'a jusqu'à présent tenté encore aucun amateur, s'était ramifiée en de multiples branches. Un lointain parent de Raymond Poincaré, l'avocat Jean Nicolas Gillon (originaire de Troyon) fut député des baillages de Verdun et de Clermont-en-Argonne à l'Assemblée nationale constituante.

L'ascendant direct de Raymond Poincaré, son arrière-grand-père maternel, Joseph Gillon, était un laboureur aisé qui fut vingt ans maire de son village et conseiller d'arrondissement au début du XIXe siècle. Il avait eu cinq enfants de deux lits différents : trois filles (dont une morte en bas âge) et deux fils. La plus âgée des filles Marie-Ange Gillon se maria avec un greffier de Verdun, Joseph Dresch (1785-1865), d'où est issue toute une descendance ; la seconde, Ursule Émilie, épousa un receveur des impôts originaire de Sisteron, Henri Plauche, qui fut le premier maillon de la famille Plauche-Gillon actuelle.

Les deux fils de Joseph Gillon, Jean-Landry[2] et Paulin[3], firent des études secondaires à Verdun, Nancy et Bar, puis des études supérieures de lettres et de droit à Paris. Pour des jeunes gens de leur génération, ils reçurent une formation exceptionnelle. Au lieu de se laisser attirer, comme beaucoup d'autres, par la capitale et s'y fixer, ils préférèrent revenir tous les deux à Bar-le-Duc et s'y marier. Jean-Landry fut d'abord avocat, puis il entra dans la magistrature ; c'était un libéral modéré, partisan de la monarchie de Juillet ; il fut élu conseiller général et député de la Meuse ; il se rangea dans la majorité ministérielle et soutint le long ministère Guizot. La révolution de février 1848 mit fin à son activité politique. Il termina sa carrière comme conseiller à la Cour de cassation ; il était encore en activité lorsqu'il décéda à Bar-le-Duc le 6 mai 1856. De son mariage avec Marguerite Nanine Henrionnet, fille d'un notaire de Triaucourt, il avait eu deux garçons morts en bas âge et une fille, Marie-Nanine. Le frère cadet de Jean-Landry, Paulin Gillon, avait suivi une trajectoire proche de la sienne ; il avait ouvert un cabinet d'avocat et fait de la politique : il fut élu maire de Bar, député de la Meuse (1848-1851) à l'Assemblée constituante puis à l'Assemblée législative. Après le 2 décembre 1851, il s'était retiré sans faire d'opposition à l'Empire. Paulin Gillon était tolérant, bienveillant, cultivé et jouissait de la considération générale. Il s'intéressait aux lettres, aux arts, aux activités agricoles et était devenu le président de la Société d'agriculture de Bar-le-Duc. Les deux frères résidaient d'ordinaire à Bar et passaient la belle saison dans la demeure familiale de Nubécourt, une robuste maison de pierre qu'ils avaient aménagée en une agréable résidence campagnarde. Jean-Landry était très attaché à Nubécourt. En 1820, il avait réuni les restes de ses ancêtres dans un cimetière familial où il se fit ensuite ensevelir ainsi que son frère Paulin. Il avait fondé un service religieux à l'occasion duquel, chaque 7 avril, la famille se réunissait dans l'église paroissiale puis allait se recueillir dans l'enclos funéraire.

La fille de Jean-Landry Gillon, Nanine Sophie, épousa Antoine Ficatier, originaire de Revigny-sur-Ornain. On ne sait pas grand-chose sur les ascendants Ficatier. Le ménage Ficatier vécut quelques années à Neuilly-sur-Seine, où naquit en 1838 une fille, Marie-Nanine, puis un garçon qui mourut en bas âge. À la fin des années 1840, le couple revint à Bar où il acheta en 1850 une belle maison bourgeoise, 35, rue des Tanneurs. Antoine Ficatier était un propriétaire aisé et un grand chasseur devant l'éternel ; il s'occupait de ses terres, de ses forêts et de ses chasses.

La souche paternelle : les Poincaré

La famille Poincaré (voir annexe, p. 684) plonge ses racines dans le sud du duché de Lorraine[4]. On trouve mention de ce nom à partir du XIVe siècle sous des graphies diverses : Pointcarré, Poincarré, Poinquarré, etc., autour de Langres et de Neufchâteau. La plus ancienne mention du nom propre serait un certain Guiot Poincarré, sergent d'armes que Philippe le Hardi aurait établi en 1387 comme capitaine à Châtillon-sur-Seine. Un érudit messin prétend avoir retrouvé la trace d'un Poingquarré, étudiant du diocèse de Langres en 1603.

Le plus ancien des ancêtres connus de Raymond Poincaré est Jean Poincaré, paysan et mayeur (maire) de Landonville[5], petit village proche de Neufchâteau, ville du duché de Lorraine située à une soixantaine de kilomètres au sud de Nancy et aujourd'hui dans le département des Vosges. Jean mourut en 1692 et fut enterré dans la chapelle de la Vierge. L'un de ses fils, Nicolas, s'établit comme marchand à Neufchâteau. Parmi les quinze enfants de Nicolas, issus de deux lits différents, trois fondèrent une famille, dont Jean-Joseph, l'ancêtre direct de Raymond Poincaré. Plusieurs Poincaré appartenant à des branches collatérales sont connus. Un Joseph Hyacinthe, fondeur de cloches [6] a gravé son nom dans le bronze des cloches du Nivernais, du Poitou et du Limousin. Un Joseph Poincaré (1708-1789) fut longtemps curé de Val-de-Circourt, une paroisse proche de Neufchâteau [7]. Un Joseph Gaspard Poincaré [8] entra à l'abbaye bénédictine de Morimond. Après la dispersion des ordres religieux en 1790, il vécut une dizaine d'années à Paris, se sécularisa et fut relevé de ses vœux sacerdotaux. Il se fixa ensuite à Bourmont (Haute-Marne), où il enseigna au collège et où il mourut en 1837.

D'autres descendants de Jean Poincaré s'étaient installés à Épinal et à Nancy ; parmi eux on relevait des hommes de loi, des prêtres et des officiers. L'un d'eux, Amé Bernard Poincaré, avocat, s'était établi à Nancy et mourut à Bains-les-Bains en 1786. L'un de ses douze enfants, Amé François Poincaré fut commandant de la garde nationale de Nancy et participa au siège de Thionville en 1792. Puis on perdit sa trace ainsi que celle de l'un de ses fils, Nicolas Sigisbert, disparu lors de la retraite de Russie. Plusieurs auteurs et journaux (dont le très sérieux *Temps*), se sont obstinés à faire d'Amé François l'arrière-grand-père de Raymond Poincaré [9]. Il faut rectifier cette erreur souvent reproduite et que Raymond Poincaré n'a jamais relevée quand on la commettait en sa présence dans une cérémonie publique car elle établissait un lien familial avec la Révolution, un lien dont il était très fier.

Le véritable arrière-grand-père de Raymond Poincaré, Jean-Joseph Poincaré, était marchand de bois à Neufchâteau, où il habitait une belle maison de la Grand-Rue ornée d'un portail Renaissance. C'était un marchand aisé, « bourgeois de Neufchâteau » et qui décéda à l'âge de soixante-deux ans le 27 avril 1789 ; à défaut de connaître le partage de ses biens, on possède plusieurs actes concernant sa succession. L'un de ses fils, Jacques Nicolas [10], qui était aussi marchand de bois à Neufchâteau, avait reçu une bonne éducation ; il se maria avec Hélène Valette, dont le frère était notaire public et l'oncle négociant. Il eut au moins trois enfants : deux filles qui restèrent célibataires et un fils, Jacques Nicolas (1794-1865), qui apprit le métier de pharmacien chez un ami de la famille puis dans un hôpital militaire à Saint-Quentin. En 1817, il aurait ouvert une officine à Nancy, place de la Carrière. En 1823, il se maria à Neufchâteau avec Catherine Rolin, dont il eut cinq enfants, trois filles et deux garçons. Il dut acquérir une solide aisance et, peut-être grâce à un héritage, il acheta en 1833 au député libéral de Nancy, Marchal, un hôtel Renaissance de la Grande-Rue qui avait été construit par Christophe Cachat, médecin des ducs de Lorraine. Il fit ouvrir une vitrine sur la Grande-Rue et y installa son officine. Jusqu'à nos jours cette belle demeure sur laquelle est apposée une plaque rappelant la maison natale du mathématicien Henri Poincaré, le cousin germain de Raymond, est restée une pharmacie. Les vieux parents et leurs deux filles célibataires avaient quitté Neufchâteau en 1830 pour aller habiter à Nancy auprès de leur fils et y moururent. En 1850, Jean-Nicolas vendit la pharmacie et continua à vivre jusqu'à sa mort dans cette maison.

De son mariage avec Catherine Rolin[11], Jean-Nicolas Poincaré avait eu deux garçons et trois filles. Une seule de ses filles, Clémence, s'était mariée, et ce avec un pharmacien, Théodore Magnien, qui tenait une officine dans le centre-ville, rue Saint-Dizier, et qui avait acquis un belle maison de campagne à Heillecourt, dans la banlieue de Nancy. Les deux autres filles, Élisabeth et Hélène, restées célibataires, continuèrent à vivre auprès de leurs parents. Les deux fils Poincaré firent d'excellentes études secondaires qui les conduisirent au baccalauréat puis à des études supérieures à Paris. L'aîné, Nicolas Antoine, dit Antoni (né en 1825), était entré en 1845 à l'École polytechnique, d'où il sortit comme ingénieur des Ponts et Chaussées; le second, Émile Léon (né en 1828), fit des études de médecine et soutint une thèse sur « l'ophtalmie purulente des nouveau-nés »; il revint s'installer à Nancy, où il fonda une famille.

Bar-le-Duc, cité historique et ville moderne

Au milieu du XIXe siècle, Bar-le-Duc[12] qui avait sommeillé doucement pendant plusieurs décennies, s'ouvrit rapidement à la modernité. Dans les vallées de l'Ornain et de la Saulx s'étaient établies de multiples activités artisanales et industrielles liées au travail du fer. L'ouverture presque simultanée du canal de l'Est (1845) et de la ligne de chemin de fer Paris-Nancy-Strasbourg (1851) avait stimulé les industries et les échanges. Désormais on se rendait aisément de Bar à Paris ou à Nancy et la gare, construite un peu à l'écart de la ville, était devenue très fréquentée. La Compagnie de l'Est avait installé un dépôt de locomotives autour duquel un quartier nouveau s'était construit et animé. La Banque de France avait ouvert une succursale. Après avoir longtemps stagné autour de 10 000 habitants, la population passait à 12 496 habitants en 1831, puis 14 922 en 1861.

La ville de Bar se composait de deux parties bien distinctes : la ville haute ancienne et la ville basse étirée le long de l'Ornain.

La ville haute, qui était née autour du château ducal, avait été fortifiée de remparts dont il subsistait des vestiges; on y accédait par des ruelles et des rues raides ; le château avait été rasé ; il restait une église gothique et quelques belles demeures de l'âge classique.

La ville basse était désormais la partie vivante de la cité. On y trouvait la préfecture, la mairie, le nouveau marché couvert et la plupart des commerces. À partir d'un petit noyau ancien, autour de l'église Saint-Antoine, s'était développée la ville du xviiie siècle avec des maisons de qualité et quelques beaux hôtels particuliers. En 1790, Bar était devenue le chef-lieu du département de la Meuse puis la ville avait accueilli un préfet et ses services. Sous l'Empire et la monarchie constitutionnelle, le maréchal Oudinot, duc de Reggio, avait été le grand homme de la cité, puis ses fils s'étaient établis à Paris.

La principale activité de la ville, les filatures et les tissages, s'était installée le long de l'Ornain. En 1858 on comptait 34 entreprises employant plus de 2 000 salariés. L'industriel Werly fabriquait un corset sans coutures qui avait fait la réputation de Bar, au moins autant que sa traditionnelle confiture de groseilles épépinées. Dans le sillage de la région métallurgique de Saint-Dizier, plusieurs usines travaillaient le métal, comme l'usine Bradfer, ou s'étaient spécialisées dans la mécanique, créant un nombre d'emplois modeste, sans commune mesure avec ceux du textile.

Comme dans toute ville de province, l'autorité sociale était partagée. Les industriels et les fabricants qui travaillaient avec la capitale, les négociants, les gros commerçants de la rue de La Rochelle, devaient composer avec les professions libérales et les propriétaires. Le régime impérial s'attacha les industriels, dont plusieurs se succédèrent à la mairie. Les fonctionnaires les plus élevés en grade, qui avaient le privilège de recevoir un traitement de l'État, n'avaient à partager l'autorité sociale ni avec les magistrats ni avec le clergé. Héritage du temps des ducs de Lorraine, la cour d'assises de la Meuse siégeait à Saint-Mihiel. Quant à l'évêché, il était, depuis sa fondation au ve siècle, resté fixé à Verdun. Le clergé barisien, réparti en trois paroisses – Saint-Antoine, Notre-Dame et Saint-Étienne –, n'avait pas l'autorité de celui de la ville épiscopale ; l'influence sociale de l'Église était prolongée par des établissements congréganistes : les Frères des écoles chrétiennes, les Dames de Saint-Dominique, les Dames de la Croix, actives principalement dans l'éducation des jeunes filles. Comme chaque préfecture, Bar avait été dotée d'un collège public de garçons, devenu en 1854 le lycée impérial, dont les nouveaux bâtiments avaient été inaugurés en 1857. La bourgeoisie de Bar pouvait ainsi conduire ses garçons jusqu'au baccalauréat sans les mettre en pension.

La majorité des Barisiens étaient des gens modestes : ouvriers des filatures, des tissages, des firmes métallurgiques, artisans, jardiniers et vignerons. Le travail à domicile restait très répandu : tisserands, tricoteuses, trameuses, couseuses logeaient dans de petites masures basses, semi-rurales, ou dans des maisons humides de la vieille ville vite devenues des taudis insalubres. Ils luttaient sans espoir contre la concurrence des usines. Beaucoup avaient des revenus faibles, irréguliers. Ils vivaient pauvrement, complétant leurs maigres revenus en cultivant un jardin ou un lopin de terre. Au-delà de la ville s'étendaient jardins et prés tandis que vignes et vergers tapissaient encore les versants des côtes. Le pinot de Bar avait eu jadis une grande réputation. Comme à Toul le vignoble occupait encore plus de 200 hectares mais il était en déclin rapide et les journaliers vignerons comptaient parmi les plus pauvres de la cité. Dans les villages des alentours beaucoup de journaliers travaillaient dans les vignes ou dans les carrières de Savonnières dont la pierre blanche était appréciée à Paris pour la construction des immeubles haussmanniens.

Le chemin de fer avait rapproché Bar de Paris ; les jeunes gens pauvres gagnaient la capitale pour trouver du travail et échapper à la misère. Les notables cultivés qui avaient eux-mêmes suivi des études à Paris y envoyaient leurs fils. Depuis longtemps les notables lisaient les journaux de Paris et étaient sensibles à ses rumeurs et ses modes. Comme dans beaucoup de petites villes paraissait un tri-hebdomadaire, *L'Écho de l'Est,* alors soumis à l'influence de la préfecture.

UNE NOUVELLE GÉNÉRATION DE POINCARÉ

En 1855 arrivait à Bar-le-Duc Antoni Poincaré, jeune ingénieur des Ponts et Chaussées âgé de trente ans. La tradition familiale est restée muette sur ses premiers mois dans la préfecture de la Meuse. On ne sait ni où ni de quelle manière il vécut.

Revenons un peu en arrière pour situer le personnage. Le polytechnicien Antoni Poincaré[13], qui avait pris contact avec la vie, assez agitée à cette époque, de la capitale, était devenu comme beaucoup de ses camarades un républicain convaincu. C'était un jeune homme ouvert, intelligent, cultivé, ayant des préoccupations scientifiques et techniques. À sa sortie de l'École dans les premiers rangs en 1850, il avait choisi le corps des Ponts et Chaussées, et sa première nomination l'avait conduit au Mans. À peine avait-il pris la mesure de ses fonctions que survint le coup d'État du 2 décembre 1851, prélude à la restauration de l'Empire. Mettant ses actes en accord avec ses convictions, il refusa de prêter serment au prince Louis Napoléon Bonaparte ; on le laissa trois ans sans affectation. En 1854, il fut nommé à Laval ; deux ans plus tard, pour se rapprocher des siens, il demanda et obtint une mutation à Bar-le-Duc. C'est dans l'ancienne cité des ducs de Bar qu'il fonda sans tarder une famille et s'y établit pour près d'un quart de siècle.

L'arrivée dans une ville de province d'un jeune ingénieur célibataire ne pouvait passer inaperçue. C'était ce qu'on appelait à l'époque un « bon parti ». Antoni Poincaré fut remarqué et invité dans les meilleures familles de la ville. Nous ignorons dans quelles circonstances il rencontra Marie-Nanine Ficatier, fille d'Antoine Ficatier, négociant et propriétaire. Mariage d'inclination? Mariage arrangé? Nous n'en savons rien. La cérémonie religieuse fut célébrée à Bar en 1859 : Antoni avait trente-quatre ans, Marie-Nanine était de treize ans sa cadette. Une telle différence d'âge entre les conjoints était alors fréquente. Aucun témoignage, aucune rumeur ne fit jamais état d'un quelconque dissentiment entre eux. Les enfants arrivèrent vite. Un premier fils, prénommé Raymond Nicolas Landry, naquit le 20 août 1860, un second, Lucien, le 22 juillet 1862. En trois ans, une nouvelle famille Poincaré s'était fondée : avec quatre membres, elle avait atteint sa taille définitive, car les époux Poincaré n'eurent point d'autre enfant. On possède quelques photos du début des années 1860, classiques d'une famille bourgeoise du Second Empire. Antoni y apparaît comme un bel homme, de taille moyenne, au front large ; son visage dégagé s'orne d'une moustache et d'une courte barbiche noire ; sa femme, beaucoup plus jeune, porte une robe à crinoline ; un jeune garçon joue à leur pied avec un chien.

Le jeune ménage s'installa dans la maison de ses beaux-parents, qu'Antoine Ficatier avait acquise en 1850 ; c'était une vaste demeure bourgeoise[14] de la rue des Tanneurs, qui prit en 1875 le nom du docteur Nève. Cette rue était habitée par des familles bourgeoises et nobles, et les restaurations récentes de leurs demeures montrent la qualité de la construction et des matériaux. La maison Ficatier, qui existe encore aujourd'hui, est une maison de pierre, vaste, sévère et sobre, avec un rez-de-chaussée, un étage et un grenier orné de lucarnes.

Les deux ménages étaient indépendants et avaient chacun leurs propres domestiques. Dans le grand vestibule de l'entrée, un escalier conduisait au premier étage chez bonne-maman Ficatier, tandis que les Poincaré occupaient l'appartement très spacieux du rez-de-chaussée : une grande salle à manger et un petit salon côté rue et un grand salon côté jardin avec de belles boiseries Louis XVI, la chambre des parents, des chambres individuelles pour les enfants. Raymond et Lucien couraient d'un étage à l'autre et mangeaient souvent chez bonne-maman. Les dépendances, auxquelles on accédait par une porte cochère, étaient vastes et communes aux deux ménages : une écurie, une sellerie, un chenil pour les chiens de chasse, une buanderie, des chambres pour les domestiques. Une terrasse d'où l'on apercevait la ville haute et la tour de l'Horloge, l'un des vestiges du vieux Bar, prolongeait la maison ; elle ouvrait sur un petit jardin orné d'un massif fleuri et d'un yucca ; quelques arbres ombrageaient le bras de l'Ornain qui bornait la propriété. Ce fut dans cet environnement privilégié que grandit Raymond Poincaré.

Antoni Poincaré travaillait dans son cabinet de la préfecture, où il se rendait à pied en quelques minutes ; de temps à autre il sillonnait son département, observant le cours des rivières, s'occupant des routes, des ponts et des canaux. Il était chargé du service hydraulique et s'intéressait aux prévisions météorologiques, aux crues des cours d'eau, dont il cherchait par des travaux de régularisation à prévenir les méfaits. On possède encore, rédigée de sa main[15], une *Étude statistique des cours d'eau non navigables et non flottables de la Meuse*. Il avait également la responsabilité des canaux. Ce document montre un travailleur méthodique et précis qui remettait constamment à jour les données et qui avait une connaissance exacte du milieu naturel dont il avait la charge. En reconnaissance de ses qualités et de sa conscience professionnelles, ses supérieurs le proposèrent pour la croix de chevalier de la Légion d'honneur ; malgré ses convictions politiques, elle lui fut décernée en 1863 et remise en famille à Nubécourt le 15 octobre de la même année.

Le jeune ménage, qui vivait l'existence facile de la bourgeoisie provinciale, n'avait aucun souci matériel et était servi par des domestiques. Antoni recevait un salaire élevé, sa femme Marie-Nanine avait des revenus personnels. Elle menait la vie des jeunes bourgeoises de province ; elle se consacrait à l'éducation de ses enfants, qu'elle accompagnait à l'école et dont elle surveillait les devoirs et les jeux. Le couple recevait amis et parents et, de temps en temps, la grande salle à manger était illuminée et parée. Les enfants regardaient de loin les préparatifs puis dînaient avec la bonne chez les grands-parents. Quelques années plus tard Raymond notait dans son cahier[16] : « Ce soir, grand dîner ».

À Bar, la vie était calme et régulière, rythmée par l'école, les saisons et les fêtes religieuses. Marie-Nanine et sa mère fréquentaient l'église Saint-Antoine toute proche et la paroisse Notre-Dame, et étaient assidues aux offices. Le grand-père Ficatier et Antoni Poincaré, détachés de la pratique religieuse, ne les accompagnaient guère, mais on retrouvait aux offices d'autres membres de la famille, comme l'oncle et la tante Paulin Gillon. Encore dans la force de l'âge et robustes, les grands-parents s'occupaient aussi des jeunes garçons. Ceux-ci montaient l'été avec bonne-maman dans son jardin de la ville haute pour l'aider à cueillir les cerises, les mirabelles et les pommes ; ils jouaient sur les bords de l'Ornain où ils pêchaient les goujons à la « brouillée ». Assez souvent, bon-papa attelait et se rendait à Sampigny, à Courcelles-aux-Bois ou à Revigny surveiller ses bois et ses chasses. Avec l'hiver arrivaient le froid, la neige et les fêtes de fin d'année. Comme c'était la coutume en Lorraine, les enfants Poincaré recevaient des jouets à la Saint-Nicolas et, pour les découvrir, Raymond et Lucien passaient en revue toutes les cheminées de la maison. Noël était une fête religieuse ; la famille assistait à la messe de minuit et à l'office du jour. Au premier de l'an, les enfants recevaient selon la coutume des étrennes en argent des parents et des grands-parents. Puis la vie reprenait son rythme normal : le travail pour le père, l'école pour les deux garçons.

Pour les besoins du service, Antoni allait de temps en temps à Paris. Son épouse l'accompagnait volontiers. Le couple logeait à l'hôtel, allait au théâtre ou au spectacle, visitait les expositions. L'été, Antoni prenait des vacances et avait l'habitude de se rendre avec sa femme et ses deux garçons à Dieppe sur la côte normande.

Entre les Poincaré de Nancy et ceux de Bar-le-Duc, les relations étaient étroites. Le docteur Léon Poincaré[17] s'était marié plus jeune que son aîné Antoni avec Eugénie Launois, originaire d'Arrancy, un village de la région de Longwy; il avait deux enfants, Henri (né en 1854) et Aline (née en 1855), plus âgés que Raymond et Lucien. Les cousins de Nancy étaient très admirés par ceux de Bar-le-Duc. De temps en temps, les Poincaré de Bar prenaient le train de Nancy et descendaient chez leurs cousins, qui habitaient rue La Fayette. En juin 1867, deux petits garçons vêtus de velours violet, Raymond et Lucien, assistaient dans la basilique Saint-Epvre de Nancy à peine achevée à la première communion de leur cousine Aline Poincaré. En 1869, les Poincaré de Bar croisèrent à Dieppe leurs cousins de Nancy qui débarquaient d'un mémorable voyage en Angleterre. Plus tard, l'oncle Léon s'installa rue de Serre, à deux pas de l'université, où il donnait des cours d'anatomie et de physiologie puis d'hygiène sociale.

Les visites à la vieille grand-mère Poincaré, qui habitait Grand-Rue à Nancy, étaient moins réjouissantes ; elle vivait avec une fille célibataire, Hélène Charlotte, d'humeur assez chagrine, surnommée tante Minette. Les enfants Poincaré préféraient plutôt aller chez l'oncle et la tante Magnien, qui avaient une propriété de campagne à Heillecourt. Raymond y vécut des vacances heureuses, choyé par ses deux grandes cousines Gabrielle et Marie. Lors d'un passage à Nancy durant la guerre et dans les environs, il traversa Heillecourt et nota avec nostalgie : « Heillecourt où j'ai passé les meilleurs souvenirs de ma première jeunesse. Tout est encore si vivant. Je dus détourner mon visage pour que le roi [il s'agissait d'Albert Ier de Belgique] ne vît pas mes yeux mouillés[18]. »

Les relations étaient naturellement plus fréquentes avec les membres de la famille Gillon, car une partie de ce cousinage vivait à Bar-le-Duc ou dans les environs. Les cousins Bompard, qui étaient filateurs, avaient deux maisons, l'une à Bar, l'autre à Sampigny ; le chef de famille, Henry Bompard, s'intéressait aux affaires publiques et le gouvernement impérial l'avait nommé en 1867 maire de Bar-le-Duc ; il exerça cette fonction pendant un moment très douloureux de l'histoire de la ville, celui de l'occupation prussienne. Sans être des bonapartistes affirmés, les Bompard étaient plutôt conservateurs et partisans de l'ordre établi alors qu'Antoni était républicain; les relations familiales n'en demeuraient pas moins courtoises. Les Dresch, établis à Verdun, étaient restés très pratiquants et une cousine éloignée de Raymond était devenue religieuse.

Le vieux Paulin Gillon, le grand-oncle de Marie-Nanine, assurait le lien entre toutes les branches de la famille Gillon. Ancien maire de Bar, ancien député à l'Assemblée nationale en 1848, cet homme cultivé et bienveillant jouissait de l'estime générale; il avait volontairement renoncé à tout mandat électif (sauf à celui de conseiller municipal de Bar) depuis le coup d'État du 2 décembre 1851 et se consacrait aux lettres, aux arts et aux joies de la famille. Il présidait la Société des lettres, sciences et arts de Bar-le-Duc, dont son petit-neveu Antoni remplit en 1870 les fonctions de secrétaire annuel. Depuis sa jeunesse libérale il avait bien évolué et était revenu à la religion. Le couple Gillon, sans enfant, était très accueillant et ouvrait généreusement sa maison du boulevard de La Rochelle à ses neveux, petits-neveux et arrière-petits-neveux.

À la fin de l'été, Paulin réunissait dans sa grande maison de Nubécourt, soignée et fleurie, sa famille et ses amis. Toute une société amicale et cultivée entourait Paulin Gillon et son épouse : ses neveux et petits-neveux Dresch, Lecoy et Plauche, ses cousins Bompard, ses petits-neveux Poincaré. Des amis venaient aussi à Nubécourt et l'un d'eux, Albert Collignon[19], a laissé des souvenirs sur les vacances champêtres et littéraires de cette bourgeoisie provinciale. On y devisait gaiement, on parlait de littérature, on allait déjeuner dans les bois de la Héronnière. Le soir on écoutait de la musique et parfois même on dansait. Quand le temps était beau, on excursionnait à Waly, à Triaucourt-en-Argonne, jusqu'à l'ermitage Saint-Rouin ou jusqu'à Beaulieu, d'où l'on admirait le vaste panorama sur la Champagne voisine.

Raymond Poincaré accompagnait ses parents à Nubécourt, où il apprit à connaître sa parenté élargie, les Bompard, les Dresch, les Plauche, les Lecoy. Plus de cinquante ans après, il évoquait en des termes un peu critiques ces réunions de famille : « Ils composaient une société conservatrice un peu fermée dont les portes ne s'ouvraient pas à tout le monde. » Albert Collignon, qui était alors jeune professeur de lettres au lycée de Bar et dont la femme était cousine germaine de Mme Paulin Gillon, était parmi les invités. Il a laissé des *Souvenirs de Nubécourt* qui portent un regard un peu idéalisé sur une réalité plus prosaïque, car ils sont influencés par la carrière ultérieure de Raymond Poincaré; on y trouve cependant maints détails observés sur le vif, une tonalité, une atmosphère. Voici le portrait qu'il trace du jeune garçon :

> « *Vers l'âge de dix ans, avec sa physionomie douce mais où se lisait l'énergie, son large front bombé, ses yeux au regard vif et*

pénétrant, je le revois, soigné dans sa mise, revêtu d'un costume de velours violet qu'ornait un col brodé, les cheveux coupés à la mode des enfants d'Édouard. Déjà se révélaient en lui les traits qui s'accentueraient plus tard, un caractère décidé, une volonté ferme qui se conciliait avec beaucoup d'amabilité dans les manières; sérieux et réfléchi, il était espiègle à ses heures et se mêlait volontiers aux jeux de ses camarades. Mais il aimait aussi écouter les conversations des personnes plus âgées et à s'instruire auprès d'elles; il témoignait en tout d'une intelligence très éveillée et très heureusement douée. »

Jean-Landry Gillon était décédé avant la naissance de Raymond, lequel avait maintes fois entendu évoquer sa mémoire et sa personnalité; à chaque fois qu'il allait à Nubécourt, il ne pouvait manquer de regarder la statue de son arrière-grand-père que les villageois et les amis avaient fait élever en 1862 et qui se dresse encore aujourd'hui au rond-point de la route de Triaucourt. Le jeune Raymond avait été pris en affection par son arrière-grand-oncle Paulin et sa femme, appelée familièrement la tante Paulin. Auprès de lui il s'initia aux affaires publiques et s'imprégna de la tradition de représentation politique que les deux frères Gillon avaient illustrée. Il ne manqua pas d'y faire référence lors de son entrée en politique. A-t-il repris par la suite, d'une manière inconsciente, l'orientation juridique des Gillon? On peut en discuter à l'infini. Aucun texte explicite et décisif ne permet de trancher. En tout cas Raymond Poincaré était resté très attaché à la famille Gillon et à ces lieux où il avait passé des jours heureux.

Ainsi s'écoulaient les heures et les jours dans une famille de la bourgeoisie provinciale cultivée où l'on s'intéressait aux lettres et aux affaires publiques, où l'on avait le sens et la fierté de son rang social, où l'on était aussi convaincu de la nécessité du travail et de l'instruction. C'était par l'instruction et le travail qu'un homme s'accomplissait vraiment et qu'il préparait son existence et le rôle futur qu'il pourrait remplir dans la société. Durant ses jeunes années, Raymond Poincaré fut imprégné de ces valeurs fondamentales.

À la fin des années 1860 comme dans toute la France, la vie politique se ranimait et le courant républicain se régénérait; on l'observait surtout dans les villes, à Metz, à Nancy, à Épinal, à Lunéville, à Toul. Dans la Meuse où les députés étaient restés bonapartistes et les campagnes calmes et fidèles au régime, l'opposition gagnait du terrain en milieu urbain. Lors du plébiscite de mai 1870, la ville de Bar se prononça majoritairement pour le « oui » (1 857 électeurs), approuvant Napoléon III; une forte minorité de 1 054 électeurs avait voté « non ». On peut penser qu'Antoni Poincaré, une « victime » du 2 Décembre, était parmi ces adversaires de l'Empire.

La guerre franco-allemande et le séjour à Dieppe

Les événements militaires imprévus et imprévisibles de l'été 1870[20] bouleversèrent bien des existences. Certes, depuis quelques années une guerre entre la France et la Prusse était dans l'air, mais la soudaineté de la crise de juillet 1870 et surtout son dénouement rapide avaient été une surprise totale. Au cours de la deuxième et de la troisième semaine de juillet on vit passer sur la voie ferrée Paris-Metz des convois et des trains chargés de soldats qui se dirigeaient vers la frontière de l'Est. Comme tous les Français, les Barisiens pensaient que les opérations de guerre auraient lieu en Allemagne, sur le Rhin et au-delà. Personne n'imaginait une invasion et une occupation par l'ennemi : 1814 et 1815 étaient bien loin !

À la suite de l'annonce des défaites aux frontières, celles de Frœschwiller et de Forbach-Spicheren, l'angoisse gagna à partir du 10 août, les nouvelles étaient incertaines et inquiétantes, des rumeurs multiples et contradictoires se répandaient ; on savait que la guerre se déroulait en France et que des combats étaient à prévoir autour de la place de Metz. Les informations sérieuses étaient rares, toujours en retard de quelques jours sur les événements. On se doutait que la route de Paris était ouverte aux Prussiens. Bientôt on apprit que la troisième armée des forces allemandes confédérées, celle qui était commandée par le prince héritier Frédéric de Prusse, avait franchi le col de Saverne et se dirigeait vers Nancy, une ville qui était chère aux Poincaré. Le 15 août, Nancy était occupée sans résistance ; les Prussiens étaient à cent kilomètres de Bar, soit à trois jours d'étape. S'ils s'avançaient dans cette direction, comme c'était probable et logique, aucune troupe française ne pourrait arrêter leur progression car l'ex-armée d'Alsace, qui s'était repliée après la défaite de Frœschwiller, se regroupait sous le commandement du maréchal de Mac-Mahon autour du camp de Châlons.

Sur ces jours difficiles, on conserve un manuscrit rédigé[21] par Raymond Poincaré lui-même au début de 1874, soit plus de trois ans après les faits qui sont relatés. Peut-être s'appuyait-il sur des notes antérieures ? En raison de la mémoire fidèle de Poincaré et des vérifications de dates que nous avons opérées, on peut tenir la trame du récit pour exacte.

Tout se précipita dans l'après-midi du 13 août 1870. Raymond revenait de promenade quand son père l'appela pour lui annoncer l'arrivée prochaine des Prussiens. Il avait décidé d'envoyer sa femme et ses deux jeunes fils à Dieppe où, depuis quelques années, ils passaient leurs vacances d'été. Lui-même resterait à Bar, car le gouvernement avait convoqué la garde mobile sédentaire de la Meuse ; il était officier et il ferait son devoir. Dans la fébrilité, la famille prépara les bagages puis se rendit à la gare. La foule était anxieuse et agitée. De temps à autre passaient des convois « où étaient entassés de malheureux blessés ». Après une longue attente, on se sépara les larmes aux yeux ; Marie-Nanine et ses deux garçons montèrent le 14 août à une heure du matin dans l'un des derniers trains à destination de Paris.

Quatre jours plus tard, le 18 août dans l'après-midi[22], un petit détachement de cavaliers commandés par un lieutenant traversa la ville, d'où les soldats français s'étaient retirés, puis se rendit au bureau du télégraphe, qui était hors d'usage. Ce fut pour les Barisiens une « peine indicible et plus encore de l'étonnement ». Le lendemain, le 19 août, 150 hussards jaunes de Magdebourg campaient sur la place Reggio ; le gros de la troisième armée du prince héritier de Prusse suivit bientôt. Des rumeurs vagues et contradictoires faisaient état de batailles autour de Metz. Le 23, on annonça l'arrivée prochaine du roi Guillaume Ier ; pour loger le souverain et sa suite on réquisitionna l'immeuble de la Banque de France, boulevard de La Rochelle, et les maisons adjacentes. Le 24 août le roi de Prusse arriva à Bar accompagné de Moltke, de Bismarck et de nombreux officiers et princes allemands ; il en repartit le 26 dans l'après-midi afin de poursuivre l'armée de Mac-Mahon, qui avait quitté le camp de Châlons pour remonter vers le nord à la recherche de Bazaine.

Dans la capitale, on était à cent lieues de l'inquiétude des habitants de Bar ; une foule insouciante se promenait sur les Boulevards. Marie-Nanine conduisit ses deux garçons à une séance du « fameux Guignol » et leur fit visiter le palais de l'Industrie. Puis le trio prit le train pour Dieppe, où « Lavoine, un camarade de Papa, nous offrit un logement ». Raymond et Lucien retrouvèrent deux cousins éloignés, Louis Vinchon et Henri Pierson. Les familles se promenaient sur la plage et à la campagne. Les garçons se baignaient un peu (pas plus de cinq minutes !) car l'eau était froide et la mer souvent mauvaise. Raymond indiquait avec précision l'heure et la date de ses rares baignades. Au fil des jours, Marie-Nanine s'inquiétait : elle était sans nouvelles de Bar ; elle ignorait combien de temps elle serait séparée de son mari et de ses parents. Au début de septembre les affiches, les communiqués de la mairie et les journaux annoncèrent des nouvelles encore plus inquiétantes : avancée des Prussiens, capitulation de Sedan, captivité de l'empereur Napoléon III. Le 4 septembre 1870, la république était proclamée à Paris ; cette bonne nouvelle, transmise à Dieppe par le télégraphe, réjouit le cœur du jeune Raymond qui se mit à battre : la Troisième République naissante arriverait-elle à empêcher la défaite ? On pouvait légitimement l'espérer ; d'autres en doutaient car la guerre se poursuivait et les Prussiens se préparaient à engager le siège de Paris. À Dieppe, beaucoup de jeunes femmes dont les maris avaient regagné Paris pour défendre la capitale étaient dans la même situation que Marie-Nanine Poincaré. Pendant ce temps les garçons se promenaient, construisaient des cabanes, jouaient aux soldats. « Nos fusils étaient des bâtons et nos guerres des excursions sur les falaises. » Raymond proclamait fièrement : « C'était toujours moi qui étais le général. »

Le 30 septembre 1870, Marie-Nanine reçut enfin une lettre d'Antoni Poincaré (on ne sait comment elle était parvenue jusqu'à Dieppe) qui annonçait la capitulation de Strasbourg (survenue le 23 septembre) et l'avancée rapide des Prussiens à l'ouest de Paris. Dieppe risquait d'être occupée (en fait Dieppe ne le fut pas ou à peine en janvier 1871). Occupé pour occupé, n'était-il pas préférable de rentrer chez soi ? Marie en était convaincue ; elle apprit à Dieppe que les Prussiens donnaient des sauf-conduits aux civils qui passaient par la Belgique, ce qui la confirma dans ses projets. Mais elle s'interrogeait ; elle évaluait les risques ; elle hésitait à se lancer dans une aventure incertaine. Les cousins Pierson tentèrent les premiers leur chance et partirent le 9 octobre pour la Belgique. Le récit de Raymond était le reflet de leurs inquiétudes et de leurs perplexités : « Nous étions de plus en plus tristes. Il nous fallait partir. Comment partir ? » Le 13 octobre commença la grande aventure ; les Poincaré et les Vinchon quittèrent Dieppe en voiture et allèrent prendre le train à Saint-Valery-en-Caux. De là ils gagnèrent Lille, Calais, Tournai, où « nous couchâmes dans des draps sales », et enfin Namur, le 17. De cette ville ils écrivirent une lettre à Bar-le-Duc. Antoni dut la recevoir, car une dizaine de jours plus tard un homme de confiance arrivait à Namur pour ramener femme et enfants. Le 30 octobre, ils quittèrent Namur en voiture et traversèrent le champ de bataille de Sedan. À Stenay, ils virent le premier soldat prussien, « un hulan » (*sic*), puis ils arrivèrent à Sampigny, où ils couchèrent chez les Bompard. Vingt-cinq kilomètres seulement les séparaient de Bar, où ils parvinrent le 2 novembre 1870. Après un périple de dix-huit jours, la famille Poincaré était enfin réunie. Tout le monde était sain et sauf. Ce furent des embrassades joyeuses que Raymond commenta ainsi : « Nous embrassons papa, bonne-maman, bon-papa et jusqu'à Pompon qui remue joyeusement sa petite queue soyeuse. »

Le retour à Bar occupée par les Prussiens

Après le départ des dirigeants prussiens, Bar fut occupée par une forte garnison. Un préfet prussien et quelques fonctionnaires s'étaient installés à la préfecture ; un commandant d'armes était investi des fonctions de police et contrôlait la gare et la poste. La voie ferrée par laquelle transitaient le ravitaillement, les munitions et les équipements des armées allemandes engagées dans le siège de Paris, était surveillée avec vigilance car l'ennemi craignait les sabotages. Pour tenter de les éviter, les occupants firent monter des notables en otages sur les locomotives. Le maire Bompard, un parent des Poincaré, fut contraint d'accompagner une locomotive jusqu'à Vitry-le-François. Beaucoup de familles avaient dû loger des soldats ennemis. Chez les Poincaré tout le rez-de-chaussée était occupé par des officiers et dans la chambre des garçons couchait un officier prussien : « Je dis prussien car c'est plus fort qu'allemand ! » notait rageusement Raymond exilé au premier étage chez bonne-maman. Pendant un an et demi, il fallut supporter cette présence : « Nous savions nos paroles annotées, nos gestes observés. » Après la signature des préliminaires de paix, les fonctionnaires civils allemands partirent, mais Bar restait toujours occupée. Le lycée fut transformé en ambulance et les élèves firent leur rentrée « dans l'asile sombre du vieux collège ». Jusqu'en mars 1872 les parents Poincaré durent loger des officiers. Avant de réinstaller leurs fils, ils firent désinfecter puis revernir les chambres (journal du 6 mars 1872). Les dernières troupes d'occupation quittèrent Bar le 23 juillet 1873 ; le 24 juillet fut un jour de liesse où les Barisiens applaudirent à tout rompre les soldats, les drapeaux tricolores et les uniformes français d'un détachement du 94ᵉ régiment d'infanterie.

Pendant cette période difficile la famille n'avait pas fui les responsabilités. Le cousin Henri Bompard[23] dut, en raison de l'absence de toute autre autorité, affronter les multiples soucis de l'occupation : réquisitions, logement chez l'habitant des soldats et des officiers, incidents divers. Henri Bompard et Paulin Gillon furent élus le 8 février 1871 députés de la Meuse à l'Assemblée nationale sur la liste conservatrice ; ils allèrent siéger à Bordeaux puis à Versailles ; la mort dans l'âme, ils durent voter les préliminaires de paix puis le traité de Francfort. À la Noël 1871, les Poincaré se rendirent à Paris et à Versailles où le jeune Raymond, âgé de onze ans, assista le 22 décembre 1871 à une séance de l'Assemblée nationale ; ce fut son premier contact avec les assemblées délibérantes. « Nous avons vu Thiers, Trochu, Pouyer-Quertier, le duc d'Aumale, Grévy, Chanzy et Jules Simon », nota-t-il avec satisfaction dans son journal. Il acheva la journée par la visite des appartements de Louis XIV ; le soir, il dîna avec ses parents chez l'oncle Paulin.

Les événements de 1870-1871 restèrent gravés dans sa mémoire jusqu'à la fin de ses jours. Trente ans, quarante ans, cinquante après, Raymond Poincaré rappelait encore dans ses articles, ses interventions publiques et ses discours les événements malheureux de 1870-1871. Les souvenirs de la longue occupation de Bar qui dura jusqu'au 23 juillet 1873 étaient fréquemment évoqués. Dans son journal[24] il notait à la date du mercredi 23 juillet 1872 : « Départ des Prussiens, à 6 heures les cloches sonnent, drapeaux plein la ville, pétards et illuminations. » Ces notations précises et rapides d'un enfant de douze ans bientôt sont à la base de la réflexion de l'adulte qui écrivait plus tard à Ernest Lavisse : « Ces longs mois ont, mieux que les leçons de mes premiers maîtres, trempé mon âme et accoutumé mon esprit à la réflexion. J'ai toujours devant les yeux la vision de ces troupes allemandes manœuvrant dans les rues et les places de ma ville natale. » Pour cette génération qui avait vécu la défaite puis grandi dans le souvenir de Sedan et de la perte de l'Alsace-Lorraine, ces souvenirs gardaient une valeur exemplaire ; ils affleuraient à maintes reprises ; il évoqua les morts de 1870 à Longwy et à Remiremont. Devant les collégiens de Commercy, il affirmait en 1893 que sous les cieux de Lorraine « ne peuvent germer et fleurir les doctrines vénéneuses des internationalistes... Elles se dessécheraient vite dans l'air pur et sain que nous respirons ici et seraient emportées loin d'ici par les souffles qui nous viennent des provinces perdues[25] ». À l'occasion des fêtes du cinquantième anniversaire du lycée de Bar-le-Duc en 1907, il rappelait « ces uniformes étrangers rencontrés partout dans les rues avec le bruit insolent des sabres qui traînaient sur les trottoirs[26] ». Le 18 août 1910, il répondait à l'invitation du curé et de la municipalité de Mars-la-Tour[27] pour célébrer le quarantième anniversaire des combats de 1870. Devant un auditoire d'anciens combattants et d'Alsaciens-Lorrains réunis pour la circonstance, il affirmait : « Ici, les Français dont l'enfance a été comme la mienne bouleversée par l'invasion font un mélancolique retour sur eux-mêmes ; ils ont grandi dans l'espoir d'une justice réparatrice, sentant mieux que le temps passe et qu'ils n'auront pas rempli leur destinée. » Jusqu'à la fin de sa carrière politique « les heures sombres de 1870 » restèrent gravées dans sa mémoire et ses souvenirs surgissaient spontanément avec une étonnante fraîcheur, parfois, il faut le dire, un peu déformés. Les dramatiques événements de la Grande Guerre ne furent pas assez puissants pour effacer ces impressions de jeunesse nourries par la lecture des historiens, des écrivains militaires et des mémorialistes qui peuplaient les rayons de sa bibliothèque. En 1923, alors que les troupes françaises occupaient la Ruhr et que la situation en Allemagne était sa préoccupation constante, Raymond Poincaré fit une tournée de discours dans la Meuse où on pouvait relever de multiples références explicites à 1870. Par exemple, à Commercy, il rappelait les leçons de l'histoire : « Après la mutilation de 1871, la frontière s'était rapprochée de nous et du haut des côtes de Meuse, nous apercevions dans le lointain les forts de Metz captive... » Deux ans plus tard, le 29 mars 1925, dans un long discours[28] prononcé à Bar-le-Duc, il évoquait :

> « *L'arrivée de uhlans par la route de Ligny, la saisie de la poste et du télégraphe par la garde royale, le passage ininterrompu des escadrons prussiens et bavarois, le grand état-major ennemi, le roi Guillaume et sa suite installés à la Banque de France, Bismarck et*

son secrétaire Maurice Busch se promenant dans la ville comme chez eux... l'obligation imposée aux Barisiens de partager leurs maisons avec des vainqueurs insolents ou indiscrets, les froissements quotidiens, les humiliations cachées, les souffrances silencieuses... »

À l'exception des deux dernières lignes, il ne pouvait s'agir de souvenirs personnels car Raymond Poincaré n'avait pas été un témoin de l'arrivée des Prussiens à Bar; il faisait appel aux récits familiaux et à ses lectures, comme les *Souvenirs* de Busch sur Bismarck, que d'ailleurs il transposait quelque peu. Plus que l'exactitude des faits, ces textes permettent de comprendre comment s'est formé et fortifié le patriotisme de Poincaré. L'expérience de la défaite et la présence de l'occupant ennemi étaient intimement associées dans la prise de conscience de son identité de petit Français. À ses yeux les Allemands des années 1920 étaient les héritiers des Prussiens de 1870, des êtres barbares sans foi ni loi, capables des pires exactions et qui ne respectaient pas plus la parole donnée que les traités.

On a souvent qualifié, et encore des livres récents qui se voudraient des ouvrages de référence, Raymond Poincaré de « revanchard » ou de « nationaliste »; ces deux termes volontairement dépréciatifs sont commodes, mais ne rendent compte ni des réalités ni de la culture historique de Poincaré; dans ses lettres privées comme dans ses écrits et dans ses discours, on ne trouve pas un mot, pas une phrase qui puisse les justifier, à moins de les décrypter et de les interpréter à sa convenance. Poincaré n'est ni Paul Déroulède, ni Charles Maurras, ni Maurice Barrès. Il ne faut pas confondre et assimiler trop vite avec les nationalistes ce républicain patriote dans la ligne de Gambetta et de Ferry. Comme eux, il pensait que « les grandes réparations devaient venir du droit » et qu'il fallait attendre que l'heure sonnât « au clocher de la destinée ». Son patriotisme était vigilant, défensif, confiant dans la supériorité des principes politiques qui donnaient à la République un avantage historique sur une Allemagne attardée dans des institutions autoritaires et un rituel princier et impérial, à ses yeux, d'un autre âge et sans avenir. On pourrait résumer sa ligne politique par cette formule lapidaire : ni renoncement ni guerre. Dans l'une de ses dernières interventions publiques, quelques jours avant l'attaque qui le frappa, Poincaré parlant familièrement devant les Lorrains de Paris, évoquait encore les leçons qu'il avait tirées de 1870 : « L'invasion de 1870-1871, le traité de Francfort, la mutilation de notre province, m'apprirent enfin qu'il y avait une France, une et indivisible, une Lorraine une et néanmoins indivisible et que l'empire d'Allemagne venait cependant de diviser malgré elle... » Au même titre que sa réflexion sur la Révolution française dans le domaine des principes et des convictions, l'expérience vécue des événements de 1870 était une donnée constitutive de la culture politique de Raymond Poincaré. Il en avait tiré une certaine idée de la France qu'il avait incorporée à sa personnalité.

Un écolier et un lycéen modèle

Raymond Poincaré fut scolarisé très jeune et se révéla un élève précoce et brillant, à l'aise dans toutes les disciplines. Dès l'âge de quatre ans il fréquenta une école enfantine privée, dirigée par Eugénie Mairée, et située rue des Tanneurs, à quelques pas de la maison maternelle. En 1865 il fut envoyé à l'école Rollin, au sommet de la rue des Prêtres ; il apprit à lire et à compter dans la classe du père Forget, auquel il resta toujours reconnaissant. Raymond était un jeune garçon à l'esprit vif qui s'intéressait à tout, qui se mêlait à la conversation des grandes personnes et les étonnait par sa rapidité en calcul.

En 1867, il commença sa scolarité dans les petites classes du lycée[29], où il passa neuf années jusqu'à la classe de rhétorique. Le lycée de Bar était un établissement encore modeste issu d'un collège et qui portait ce titre envié depuis 1854 seulement. Les classes étaient peu nombreuses (12 élèves en sixième), les professeurs connaissaient personnellement leurs élèves et avaient le temps de suivre chacun d'eux. Raymond était un élève zélé, à l'intelligence rapide et dont la mémoire exceptionnelle impressionnait déjà ses maîtres et ses condisciples. Il avait l'esprit vif, la réplique facile et parfois acerbe ; il se battait facilement et n'avait pas toujours le dessus. Greiner, fils du directeur de la succursale de la Banque de France et qui fut condisciple de Raymond Poincaré au lycée de Bar, égrenait ses souvenirs devant Adam de Villiers en 1933 : « Eh bien voici. Raymond Poincaré a toujours été pour nous ses camarades, dès la première enfance un objet d'admiration.... Nous l'écoutions avec, mais oui, avec respect. Nous lui obéissions. » Souvenirs réels ou transposition inconsciente ? Nous ne trancherons pas. Quelques pages plus loin, Greiner raconte qu'à l'âge de sept ans Poincaré fit jouer ses camarades à la Chambre des députés (à cette date il n'y avait pas de Chambre mais seulement un Corps législatif). Raymond, qui présidait naturellement la séance, commença par vérifier le quorum. Greiner, qui ignorait tout de cette procédure, se souvient de la stupéfaction et de la perplexité de ses camarades : « Quand notre président nous parla de "quorum", nous sommes restés ébahis[30]. » Peut-on sans réserve accepter la légende dorée de la précocité politique ? Greiner ne fait-il pas quelque confusion de date ? Au-delà de la légende dorée, une réalité est certaine et peut être vérifiée par les récits de distributions des prix parus dans les journaux, Raymond Poincaré fut un excellent élève. Le recteur de l'Académie de Nancy, Louis Bruntz, auquel incomba la rédaction du discours prononcé en 1935 lors du « baptême » du lycée Raymond-Poincaré[31], a recensé avec une minutie de greffier les prix et les citations obtenus en l'espace de huit ans : il arriva à un total de trente-cinq ! Dans son décompte il avait oublié le premier prix de catéchisme obtenu le 26 novembre 1871, au sujet duquel le jeune garçon faisait cette remarque révélatrice de son tempérament : « Je suis peut-être bien fier mais dans un journal, il faut tout dire : j'ai le premier prix. » La récompense était indiquée à la ligne suivante : « On aura de la glace à la vanille[32]. »

Raymond Poincaré passa une jeunesse heureuse à Bar entre sa famille, ses amis et le lycée. Mme Poincaré était de santé fragile ; elle fut plusieurs fois sérieusement malade ; en 1871 et 1872, elle garda la chambre plusieurs semaines puis alla prendre les eaux à Aix-les-Bains. Pendant ce temps, bonne-maman et les domestiques prenaient soin des deux garçons, vifs et espiègles. Assez curieusement Antoni Poincaré est peu présent dans le journal de son fils : il était en voyage ou en déplacement ; il travaillait dans son cabinet où Raymond allait parfois sous son contrôle faire des thèmes latins. Il semble que le bon-papa Ficatier ait été plus proche des deux garçons, qu'il emmenait avec lui à la campagne. C'était une grande joie quand il leur proposait de l'accompagner et de quitter les parents et la maison pour quelques jours. Antoine qui était un grand chasseur, attelait les chevaux et préparait les trois chiens Bismarck, Finette et Pompon, un caniche blanc frisé, naturellement de la partie. L'ouverture de la chasse était un moment très attendu et les mois d'automne étaient dévorés par cette activité. Les exploits des chiens et les ruses des sangliers et des loups étaient au cœur des conversations. Bon-papa, lieutenant de louveterie, put aligner à son tableau quelques-unes de ces bêtes réputées alors féroces et nuisibles. Les retours de chasse offraient un spectacle animé ; dans la cour les garçons admiraient le tableau, assistaient au découpage des sangliers et Raymond notait avec précision et fierté : « Bon-papa a tué une louve » (21 septembre 1871)... « Bon-papa a tué un lièvre au gîte » (16 septembre 1872). De Courcelles-aux-Bois où il résidait jusqu'à la fermeture de la chasse, Ficatier envoyait du gibier à ses enfants et à ses amis : « Bon-papa nous envoie un magnifique cuissot de sanglier pour le donner au préfet, un beau morceau de filet et un lièvre énorme pour nous » (16 janvier 1875).

Raymond Poincaré était un garçon sociable qui avait de nombreux amis. Les trois plus proches – Pol Brouchot, Léon Oudinot et Henri Bohn – formaient avec lui la bande des « quatre inséparables ». Il était plus lié, semble-t-il, avec Pol Brouchot qui venait souvent à la maison, en compagnie de qui il allait à la pêche dans la rivière ou fabriquait des cerfs-volants dont l'un porta « les trois couleurs de la France ». Mme Poincaré appelait Pol son troisième fils, et Pol dit plus tard que Mme Poincaré avait été « sa seconde mère ». Raymond avait rimé ces vers :

*« L'un des meilleurs de Bar si ce n'est de la terre,
J'en ai déjà parlé c'est l'ami Pol Brouchot,
Tout le monde le sait, c'est tout dire en ce mot. »*

Pol Brouchot fit ensuite à Paris une belle carrière dans la magistrature qu'il termina comme président de chambre à la cour d'appel de Paris. Toute sa vie, il resta proche de son ami d'enfance. Léon Oudinot, le fils d'un cafetier, devint censeur du lycée Buffon, et Henri Bohn, le fils d'un épicier de la place Reggio, termina sa carrière comme inspecteur de l'enregistrement. Parmi ses condisciples, il faut citer Émile Rouillier, un bon élève, avec lequel il était sans cesse en compétition et qui devint magistrat. Il se lia aussi avec le fils d'un notaire de la rue du Bourg, Georges Robineau[33], en compagnie de qui il s'initia à l'escrime ; les deux jeunes gens se retrouvèrent plus tard à Paris.

Les vacances étaient un moment attendu avec impatience et pendant lequel la famille recevait ou voyageait. Aux vacances de Pâques 1874, Raymond passa quelques jours à Paris où il visita le Louvre, la Sorbonne où il entendit parler le professeur et député Henri Wallon, que son amendement n'avait pas encore rendu célèbre, le musée de Cluny et le Jardin d'Acclimatation. Il logea chez une cousine « dont le fils est à Polytechnique le conscrit d'Henri » et alla deux fois au Théâtre-Français (dont l'une avec Henri), où il vit *La Fille de Roland* et *Iphigénie en Aulide*. Aux grandes vacances il rejoignit sa mère qui prenait les eaux à Aix-les-Bains. Il fut enthousiasmé par la panorama des Alpes et visita la Grande-Chartreuse, puis revint par Genève et le lac Léman. Après la distribution des prix il partit chez ses cousins de Nancy où, pour se préparer aux épreuves qui l'attendaient l'année suivante, il assista à une séance du baccalauréat. Il fut rassuré car les examinateurs n'étaient pas trop sévères : « Je remarque que l'on n'est pas bien exigeant [en géographie]. » Raymond passa quelques jours agréables avec ses grandes cousines : Aline (Poincaré), Marie et Gabrielle (Magnien) ; un soir les Magnien donnèrent une fête et illuminèrent leur jardin d'Heillecourt « avec des lanternes vénitiennes ». Quelques années plus tard les mariages des deux filles Magnien, auxquels les Poincaré de Bar furent conviés, furent de grands événements familiaux. Puis Raymond revint à Bar quelques jours avant d'accompagner son grand-père à la chasse. Bonpapa lui fit cadeau d'un fusil Lefaucheux à un coup et, le 23 septembre, le jeune Nemrod tuait son premier lièvre. Le séjour à la campagne commençait cependant à le lasser, car il notait le 26 septembre : « Retour à Bar. Je ne suis pas fâché de retrouver les copains. »

Dans les carnets du jeune Raymond Poincaré, la vie religieuse et les offices tiennent une place que l'on ne peut négliger. Si, dans la famille, les hommes n'étaient plus guère pratiquants et si Antoni était même agnostique, les femmes étaient restées fidèles à l'Église et suivaient régulièrement les offices. Raymond et Lucien Poincaré reçurent une éducation religieuse [34]. Raymond suivit régulièrement le catéchisme et obtint plusieurs prix ; sa première communion eut lieu à Saint-Antoine le 16 juillet 1871 en présence de sa famille et de ses parents de Nancy. Avec sa précision coutumière le jeune Raymond n'omettait aucun détail : « Je me levai, dis mes prières et allai à la messe... Je communiai. Quel beau jour ! Quel jour heureux ! Quel jour mémorable ! » On connaît également le nom de son camarade de communion et tous les cadeaux qu'il reçut ce jour-là : une chaîne en or (de 155 francs !), un chapelet en corail, un porte-monnaie en nacre, un beau livre de communion, plusieurs livres de prière, un volume de l'*Imitation* offert par une cousine. Quelques jours plus tard, on fit son portrait chez le photographe, « moi seul, puis avec bonne-maman ». Malheureusement ces photos ont disparu alors qu'il avait conservé dans ses papiers une image souvenir un peu fanée de cet événement fondateur de la vie chrétienne. Chaque jour Raymond récitait ses prières et assistait régulièrement à l'office dominical où il communiait. Il acheva sa formation religieuse au catéchisme de persévérance, une année spéciale qui suivait la communion. On possède encore un cahier avec quelques appréciations sur les questions qui lui furent posées : le pape (assez bien). Qu'entend-on par le mot hérétique ? (bien), l'Ascension (très bien), la superstition (?). Raymond renouvela pour la première communion de Lucien puis fut confirmé à Notre-Dame de Bar le 20 mai 1873. Au fil des pages de son journal manuscrit, les événements religieux sont consignés avec une exactitude exemplaire. En août 1874, en vacances chez l'oncle Théodore Magnien à Heillecourt ; il notait : « 15 août. Assomption, messe, vêpres, procession ». Noël 1874 fut vécu avec piété : il se confessa le 24 dans l'après-midi, communia à la messe de 8 heures, retourna à celle de 9 h 30 et il ajouta : « je vais aussi aux vêpres ». En septembre 1875, il se rendit en pèlerinage au sanctuaire de Benoîte-Vaux (Meuse) où il assista au couronnement de la statue de la Vierge (8 septembre 1875). Quelques jours plus tard, il participait à Bar à la bénédiction d'un nouveau chemin de croix. La dernière notation que nous possédons est très brève : « Vais à la messe » (1er novembre 1875) alors qu'il était à Courcelles chez sa grand-mère. Vers l'âge de dix-sept ans, il abandonna – comme ce fut le cas pour les autres hommes de la famille – toute pratique religieuse ; il devint rationaliste et laïc, sans agressivité certes mais avec une inébranlable conviction. Sur cette éducation religieuse et sur les sentiments religieux de sa jeunesse, Raymond Poincaré garda par la suite un silence complet ; l'homme mûr n'y faisait jamais la moindre allusion, pas la moindre référence ; il n'émettait ni le moindre regret ni la moindre critique. C'était comme si une part de lui-même s'était à jamais évanouie.

Revenons au lycée de Bar, où Raymond Poincaré se montrait un élève excellent en lettres comme en sciences. Il aimait aussi écrire et dessiner. Le 8 août 1874, à la fin de sa classe de troisième, il obtint le prix d'excellence (7 prix et 5 accessits), son ami Rouillier le prix d'honneur. Il fut très fier de se faire couronner à la mairie de Bar par son cousin Henri Bompard ; au retour, les livres de prix étaient bien lourds à porter. L'après-midi, l'un de ses professeurs, M. Mélèze, lui apporta en récompense les *Méditations* de Lamartine, son poète préféré.

Raymond Poincaré avait plus de quatorze ans. Le petit garçon qui mettait encore ses souliers dans la cheminée de bonne-maman prenait des leçons d'escrime et des leçons de danse ; il savait maintenant danser la polka et le quadrille ! Un voisin, étonné de cette rapide transformation dans son physique et son comportement, lui fit un jour remarquer : « Quoi ! C'est vous M. Poincaré ! Que vous êtes grandi ! » Les cousins et cousines de Nancy vinrent passer à Bar les fêtes de fin d'année. On s'amusa bien : « Nous jouons, nous dansons car nos cousines apprennent aussi la danse à Nancy. » Les vacances ne pouvaient faire oublier au jeune lycéen la compétition scolaire. Les notations du journal nous le montrent agressif, acharné, parfois envieux, tenace, désireux d'être reconnu comme le meilleur. Ce trait de caractère est essentiel pour comprendre Poincaré. Cette année-là Émile Rouillier était devenu un redoutable concurrent : « Il va m'enlever le premier prix » (16 janvier 1875). « Rouillier est encore plus fort que moi » (30 janvier 1875). Heureusement, Raymond excellait en narration française et en thème latin. Le 19 mars, il exultait : « Enfin ! Enfin ! Je sais que je suis le premier... Si je suis content, le pauvre Rouillier ne l'est pas : il est second et perd son prix, pour un point ! » Le 7 octobre 1875, il entrait en classe de rhétorique avec de nouveaux professeurs ; il était « accablé de devoirs »... Il travaillait toujours de 6 heures du matin à 10 ou 11 heures du soir. Le 3 novembre 1875 son journal s'arrête sur ces deux mots : « je travaille... »

Bachelier

Raymond passa la première partie du baccalauréat à Nancy en juillet 1876 et fut reçu avec la mention « bien ». Dans une longue lettre à son camarade Émile Rouillier, il a raconté les épreuves écrites et les interrogations orales[35]. On connaît encore les sujets de ses interrogations orales : en grec il eut à traduire et à expliquer un passage des *Olynthiennes* de Démosthène ; en latin il tomba sur un texte difficile de Lucrèce. En littérature il dut présenter une scène d'*Athalie* ; en histoire il fut interrogé sur la Fronde et les parlements de province et, en géographie, sur les climats.

Tout en menant cette scolarité exemplaire, Raymond Poincaré s'intéressait aux affaires publiques. Son père demeurait fermement républicain tandis que l'orientation du grand-oncle, le député Paulin Gillon, était de plus en plus conservatrice; il avait souhaité la restauration puis voté la loi du septennat et enfin soutenu le maréchal de Mac-Mahon. En février 1875, il appartint à la minorité conservatrice qui vota contre la « Constitution du 25 février 1875 ». Après avoir été battu dans la circonscription de Bar, il refusa d'être sénateur et se retira des affaires publiques. Son parent Henri Bompard avait la même orientation; il fut battu aux élections législatives puis réussit à entrer au Sénat, où il siégea de 1876 à 1879 dans la majorité conservatrice. Ces divergences politiques entre les Gillon et les Poincaré n'avaient pas entamé la bonne entente familiale. Paulin Gillon continua à présider la Société des lettres, sciences et arts de Bar, et son petit-neveu Antoni Poincaré lui succéda pour l'année 1879.

Pour un garçon intelligent qui comptait si vite et si juste, l'avenir semblait tout tracé. Après le baccalauréat, il entrerait dans une classe préparatoire au concours de l'École polytechnique. Comme son père, il ferait une carrière d'ingénieur au service de l'État. Dans ce but, ses parents décidèrent de l'inscrire en mathématiques élémentaires au lycée Louis-le-Grand de Paris, alors qu'il aurait pu achever sa scolarité à Bar. Il semble qu'une autre raison soit intervenue en faveur du changement d'établissement. Au lycée de Bar-le-Duc, le professeur de philosophie était encore un prêtre et Antoni n'était pas désireux de lui confier la formation de son fils.

Au début d'octobre 1876, Antoni Poincaré conduisit son fils dans la capitale. Grâce à une lettre adressée à Émile Rouillier[36], son ancien condisciple au lycée de Bar, on peut saisir l'état d'esprit du jeune provincial déraciné : « Le lundi 2 octobre, la porte verrouillée s'est refermée derrière moi. La première impression est une impression de tristesse. N'avoir jamais été interne et l'être tout à coup à 60 lieues de son pays... » Au dortoir il s'était vu attribuer le lit 486 : « Le lit me paraît bien étroit, la nuit bien longue, le veilleur bien bruyant... Je ne dormais presque pas... » Au soir de sa vie, évoquant ces premières semaines, il rappelait : « Je n'avais qu'un rêve : ne pas subir trop longtemps les tristesses d'un internat imprévu. » Il fit la connaissance de nouveaux condisciples et se lia d'amitié avec certains d'entre eux : Christian Pfister, André Hallays, Maurice Paléologue, Henri Caïn et Alfred Baudrillart. Il faut citer aussi les noms d'autres compagnons d'études qu'il devait croiser au cours de sa vie, comme ceux d'André Lebon, futur ministre et homme d'affaires, et d'Édouard Michelin, futur dirigeant de la firme bien connue de pneumatiques de Clermont-Ferrand. Durant toute l'année il compta les jours qui le séparaient des rares sorties. Cette mélancolie ne l'empêcha pas de travailler; il s'adapta sans difficulté aux professeurs et aux méthodes de travail.

Il fut particulièrement intéressé par le cours de philosophie de M. Charpentier. « Le travail, je le regarde au moins comme un soulagement. Je m'y livre donc avec ardeur, j'ose le dire sans crainte de fausse modestie. » Bien qu'ayant affaire à plus forte partie qu'au lycée de Bar, ses notes étaient satisfaisantes.

Comme ses résultats l'y autorisaient et comme ses parents le souhaitaient, Raymond Poincaré se destinait après le baccalauréat à une préparation scientifique. Quand Émile Rouillier lui annonça son intention d'entrer à la faculté de droit, Raymond ironisa et chercha à le faire changer d'avis : « Je viens te demander si tu comptes toujours faire ton droit. C'est une carrière facile mais qui conduit rarement à bonne fin. Je suis persuadé, cher ami, qu'avec tes dispositions pour les mathématiques, tu arriveras facilement à l'École polytechnique. Mon plus grand désir est de te voir faire les Élémentaires avec moi l'an prochain... Je ne sais quelle mouche t'a piqué depuis mon départ. Tu es aussi peu pour le droit que je suis pour la gymnastique[37]... » Dans son âge mûr il était plus flou sur ses projets de jeunesse. En 1929, devant ses vieux camarades de Louis-le-Grand, il faisait cette confidence : « Chacun de nous songeait vaguement à son avenir mais on ne pressentait guère ce qu'il pouvait être. »

À plusieurs reprises, Raymond Poincaré fut malade à l'internat. Antoni vint le voir, le sortit au Théâtre-Français, à l'Opéra, lui fit visiter un salon de peinture. À la fin de mai 1877, il fallut le retirer de l'internat et Raymond rentra à Bar-le-Duc, où il travailla seul les matières du baccalauréat. Il était entendu qu'il se présenterait au baccalauréat ès lettres à la première session et au baccalauréat ès sciences à la seconde. Envisageant son avenir, il s'était mis dans la tête de devenir inspecteur des Finances. À Émile Rouillier, il écrivait enthousiaste : « C'est une position magnifique ; six mois de voyages, six mois de vacances à Paris, appointements considérables[38]. » Rêve de jeune homme assez ignorant au demeurant des données du concours de l'Inspection et du travail réel d'un inspecteur des Finances ! La même année, un jeune garçon qu'il ne connaissait pas encore, Joseph Caillaux, le fils du ministre des Travaux publics du duc de Broglie, formait le même projet et, dix ans plus tard, le réalisait. Dans les années 1890, à une date que nous ignorons, la politique allait permettre à leur chemin de se croiser.

En juin et juillet 1877, Raymond Poincaré prépara la seconde partie du baccalauréat ès lettres, qu'il passa à Nancy le 6 août 1877 ; il fut reçu avec la mention « bien » et des notes satisfaisantes dans toutes les matières. Ensuite il partit en vacances avec son oncle et ses cousins Poincaré pour la Suisse, à Zermatt[39], où ils firent quelques ascensions faciles dans le massif du Cervin. Dans sa correspondance et dans le journal inédit d'Aline, on trouve quelques récits plaisants sur les exploits de ces alpinistes amateurs. Au cours de ces mois d'été, il semble que ses projets d'avenir se soient modifiés et qu'il ait renoncé aux classes préparatoires. De retour à Bar, il travailla, semble-t-il sans conviction, les mathématiques et la physique. Le 6 novembre 1877, il était reçu à Nancy bachelier ès sciences avec la mention « assez bien » seulement. Le 8 novembre 1877, il se rendait à Paris et prenait sa première inscription à la faculté de droit. Comment expliquer cette volte-face ? Pourquoi Raymond Poincaré a-t-il renoncé à préparer Polytechnique pour entreprendre ces études de droit qu'il dénigrait si fort quelques mois plus tôt ? « Je te vois d'ici lever les bras au ciel en signe d'étonnement », écrivit-il à Émile Rouillier, « je t'entends même pousser les hauts cris. Je ne retourne pas au lycée, je ne fais pas mes Élémentaires, je dis adieu à l'École polytechnique... Je ferai mon droit avec toi. Je compte arriver dans cinq ans à l'agrégation et devenir professeur dans une faculté de droit ». Sur cette volte-face assez surprenante, on ne dispose pas d'éléments sûrs. La crainte d'une nouvelle année d'internat dans la sombre bâtisse de la rue Saint-Jacques aurait-elle suffi à le détourner d'une voie qui semblait naturelle ? Y avait-il d'autres raisons plus profondes, plus intimes ? À la suite de quels cheminements a-t-il pris une décision qui, dans un premier temps, a heurté ses parents et a surpris sa famille, ses amis et son entourage ? On ne peut apporter de réponse certaine. Ce choix était définitif et ne fut jamais remis en question.

Un étudiant en droit qui aime la littérature

Raymond Poincaré prit le chemin de la faculté de droit de Paris en novembre 1877. On ne sait ni s'il fut très assidu ni s'il entra en contact personnel avec les enseignants. Émile de Saint-Auban, futur bâtonnier de l'ordre des avocats de Paris, qui l'avait connu à Louis-le-Grand, rapporte qu'il avait été intéressé par les cours de Renaud en droit international et qu'ils en discutaient souvent ensemble. Le droit était loin d'occuper tout son temps ; il travaillait le grec, le latin et la littérature pour la licence ès lettres. Il lisait les auteurs romantiques, en particulier Lamartine, pour lequel il eut toujours un faible et sur lequel il donna plus tard une conférence, Victor Hugo, Alfred de Musset, *Les Nuits, La Confession d'un enfant du siècle, Lorenzaccio*. On possède encore de sa main un résumé chronologique des œuvres de Théophile Gautier avec cette appréciation assez sévère : « style faible, grammaire correcte, peinture imagée. » Il rimait et écrivait beaucoup[40] sur des cahiers, des feuilles volantes. Il égrenait des vers de sensibilité lamartinienne, des vers faciles et abondants sur la nature, les amours et le temps qui s'écoule. Voici la première strophe d'un poème intitulé *Nuits d'automne* :

> « *Faisons craquer sous nos pas*
> *Les premières feuilles mortes*

*Le bonheur que tu m'apportes
Reste vert et ne meurt pas.* »

Il écrivait des textes, des nouvelles, dont l'une, *Hébès,* eut même deux versions ; il esquissait des romans, dont l'un au moins fut publié plus tard en feuilleton sous le pseudonyme de Juliette Landry dans un journal de Bar-le-Duc. De cette période date un roman, *John Nelson.* L'intrigue se passait à Paris et à Neuilly, où ses grands-parents avaient vécu dans leur jeunesse. C'était l'histoire d'un jeune homme qui, comme lui, arrivait à Paris à l'âge de dix-sept ans ; dans ce roman, on relève divers éléments biographiques transposés, par exemple cette phrase qui résumait ses occupations : « Je partageais le temps des vacances entre la pêche, la chasse et la lecture des romans, trois sottes occupations, s'il en fut. » À moins de vingt ans, le jeune Poincaré était arrivé à une autonomie intellectuelle assez surprenante ; il avait des lectures variées, des classiques aux écrivains contemporains ; il s'intéressait aux affaires du monde ; on a conservé des notes qu'il avait prises sur le Congrès de Berlin (1878) ; il écrivait facilement dans des registres variés ; il savait travailler seul et fourmillait d'idées ; son esprit était toujours actif.

Poincaré était devenu indépendant de sa famille et logeait depuis octobre 1877 dans le quartier Latin à l'hôtel de Cluny, dans une chambre voisine de celle de son cousin germain Henri Poincaré, de six ans son aîné. Henri, qui avait été reçu premier à Polytechnique en 1875, était alors en troisième année de l'École des mines. Les deux cousins parlèrent beaucoup et restèrent liés pour la vie. Sous l'influence d'Henri, Raymond se détacha des croyances religieuses ; il avait cessé de pratiquer et était devenu laïc et rationaliste. Sur les deux années de séjour à Paris, 1877 et 1878, on ne dispose que de très peu d'informations : aucune correspondance, aucune note journalière de cette époque n'a été conservée. On sait qu'il prenait ses repas à la pension Laveur, rue Serpente, où, autour de la table, les débats politiques et littéraires étaient toujours très animés. Il fit la connaissance de Georges Payelle, de Gabriel Hanotaux, qui devinrent ses amis ; on ne sait quand il fit celle d'Alexandre Millerand ; on peut penser qu'il revenait à Bar pendant les vacances. Il passa le baccalauréat en droit avec aisance en août 1878 et fut admis le 24 juillet 1879 avec éloge aux premières épreuves de la licence.

Volontaire d'un an à la caserne Sainte-Catherine

En octobre 1879, Raymond Poincaré décida de faire son service militaire et s'engagea comme volontaire d'un an chez les chasseurs du

26ᵉ régiment d'infanterie, qui était cantonné à Nancy à la caserne Sainte-Catherine. Il fut affecté à la 2ᵉ compagnie du 4ᵉ bataillon. Cette disposition était une imitation du système allemand que le législateur avait introduit en France et qui resta en usage jusqu'à la loi de 1889. Elle permettait à un bachelier de choisir son arme et sa garnison et de recevoir durant un an une formation militaire à l'issue de laquelle il sortait sous-lieutenant de réserve.

Nancy était une ville familière et il suffisait à Raymond de traverser le parc de la Pépinière pour être accueilli chez son oncle Léon Poincaré ou chez sa tante Clémence Magnien. Il retrouva à la caserne des amis de chasse, Prosper Thonin, de Bislée, et Charles Gauchotte, de Courcelles-aux-Bois ; il se plia aux contraintes de la vie militaire et supporta assez aisément les marches et les manœuvres. Dans ses papiers[41], il avait conservé un cours de tir manuscrit professé aux appelés conditionnels par le sous-lieutenant Xardel, un cours de fortification et des notes sur l'utilisation des chemins de fer par l'armée. Au bout de six mois il était nommé caporal. Dans une lettre à sa mère, il racontait les manœuvres sur le versant lorrain des Vosges, les bivouacs et la construction de « gourbis en clayonnage » ; il était « brisé », il avait « l'estomac creusé », « les jambes lasses ». Au retour il était heureux d'aller dîner dans un petit restaurant de la rue Héré avec des étudiants. Il continuait à écrire et de cette période daterait un petit roman qui parut dans *L'Écho de l'Est*, en janvier-février 1880, sous le titre *Correspondance d'un avocat* et signé du pseudonyme de Juliette Landry. C'était une histoire sentimentale assez banale : elle mettait en scène un jeune étudiant en droit, Pierre Dupuc, qui tombait amoureux d'une jeune fille de quatorze ans, Marthe Maud, pensionnaire dans un couvent de Nancy. Cette passion n'était pas partagée par la jeune fille qui partait pour Paris où elle se mariait... puis, quelques années après, Pierre Dupuc la rencontrait de nouveau. Comme dans *John Nelson*, de nombreux détails sont autobiographiques et Raymond Poincaré a probablement transposé dans cette fiction des données personnelles.

On était à cent lieues de l'atmosphère de la caserne et des préoccupations plus terre à terre des jeunes soldats. À maintes reprises Poincaré a dû être surpris par la vulgarité des propos de chambrée ; il restait néanmoins amical avec ses camarades qui parfois, le soir, lui demandaient : « Caporal, puisque vous êtes avocat, vous devez très bien conter les histoires, maintenant que nous sommes tous couchés. » Et Raymond s'exécutait ! Souvent, pendant les temps libres, il s'isolait pour lire ou travailler son droit. Il avait obtenu l'autorisation d'aller travailler à la bibliothèque municipale et, le soir, un sergent-major le laissait étudier dans son bureau à la lueur d'une bougie. Ce fut à Nancy qu'il prépara et passa en effet ses derniers examens de licence. Le 10 août 1880, le doyen Lederlin, qui avait dispensé le jeune caporal de l'assiduité aux cours, notait en marge du bordereau : « Son examen a été très bon[42]. » Il passa également à Nancy les épreuves de la licence ès lettres, pour laquelle il obtint la mention « très bien ». Le doyen aurait bien voulu le retenir dans la profession, car il avait deviné que ce jeune homme avait l'étoffe d'un futur professeur d'université. En vain. Ce n'était pas dans ses intentions.

On a conservé une photo du caporal Raymond Poincaré en uniforme de chasseur à pied. Il était de petite taille, plutôt trapu. Son visage ovale et régulier était encadré par des cheveux courts ramenés vers l'avant qui masquaient un début de calvitie ; une moustache naissante ornait ses lèvres. Il fut successivement caporal, sergent et quitta l'armée à la fin d'octobre 1880 avec le grade de sous-lieutenant de réserve. Après son retour à l'état civil, Poincaré fit avec ponctualité les périodes réglementaires à Lunéville puis en Savoie. Quand il devint une personnalité connue, les journalistes trouvèrent à cette application une explication naturelle. De son passage à la caserne, Poincaré aurait gardé le pas rapide et l'« esprit chasseur ». Poincaré se garda bien de démentir ces propos complaisants ; il était fier d'avoir fait son service militaire et, jusqu'à la fin des années 1890, il accomplit avec exactitude ses périodes militaires. Comme tous les républicains de sa génération, il considérait le service national obligatoire comme le plus sûr garant de la sécurité de la France.

*
* *

À la fin de son service militaire, le jeune homme de vingt ans était sous-lieutenant de réserve, licencié ès lettres, licencié en droit.

Son avenir ne serait pas en Lorraine ; il se ferait au barreau de Paris où il se fit inscrire. Cette décision n'était pas un coup de tête personnel. Il accompagnait une partie de la famille Poincaré qui s'installait dans la capitale. Tout d'abord son père, Antoni Poincaré, qui vivait depuis plus de vingt ans à Bar-le-Duc, aspirait à une promotion. En 1880 il fut nommé inspecteur en chef des chemins de fer de l'État et vint s'établir dans la capitale avec sa femme et son fils cadet Lucien. Les cousins de Nancy, Aline et Henri, l'avaient aussi gagnée. Depuis la mort de l'oncle Paulin (novembre 1878), les rencontres estivales de Nubécourt appartenaient au passé et les cousins Bompard, qui avaient dû fermer la filature, habitaient aussi Paris. Les grands-parents Ficatier vendirent en 1881 la maison de Bar-le-Duc où Raymond avait passé son enfance et se retirèrent pour leurs vieux jours à Sampigny. L'environnement stable dans lequel Raymond Poincaré avait grandi s'était dispersé. Une nouvelle étape de sa vie débutait ; d'autres réseaux de relations étaient à construire.

Certes, il restait attaché à la Lorraine de Bar et de Nancy où il avait grandi et conservait des attaches. Mais il ne faut pas confondre le jeune homme ambitieux partant à la conquête de la capitale et le vieil homme fier et heureux de rappeler ses racines provinciales. Par exemple, en mai 1929, lors d'un voyage officiel, il se rendit à Neufchâteau (Vosges) et inaugura une plaque commémorative sur la maison[43] que ses ancêtres avaient quittée depuis plus d'un siècle. Poincaré accueilli par les vivats de ses compatriotes, fit cette profession de foi : « Lorrain des Vosges, Lorrain de Nancy, Lorrain de Bar-le-Duc, je me trouve par trois racines convergentes rattaché à notre vieille province et je me trouve plus fortement français. » En 1880, le jeune homme ne ressentait pas encore ces choses avec autant de netteté. Il avait une vie à construire, une carrière à mener, une ambition forte qui le poussait à être partout le premier. C'était à Paris qu'il pourrait le mieux et le plus sûrement réaliser tous ses projets.

CHAPITRE II

Les apprentissages parisiens : le Palais et le Parlement

En novembre 1880, Raymond Poincaré quittait sans regret ses amis, sa famille nancéienne pour s'installer à Paris où il s'inscrivit au barreau. Sa voie était tracée : il serait avocat. Le jeune homme de vingt ans songeait-il à autre chose ? Comme il aimait écrire, comme il en avait l'habitude, ne deviendrait-il pas journaliste et écrivain ? Et la vie publique, la politique ? Ne serait-il pas tenté aussi ? Depuis l'âge de onze ans il s'intéressait aux débats de la Chambre, il admirait Gambetta et Ferry. Mais avant de les rejoindre au Palais-Bourbon, le chemin à parcourir était long et semé d'embûches. Le barreau pouvait y conduire. À cette époque, c'était la voie royale pour l'entrée dans la politique. Rien n'interdit de penser que le jeune Raymond ait nourri cette triple ambition : avocat, écrivain, parlementaire.

Aucun document d'époque, aucun témoignage personnel n'autorise toutefois à l'affirmer avec certitude. Dans une existence, les circonstances, les rencontres, les sollicitations peuvent jouer un rôle décisif. Il suffit de les saisir. Le jeune Poincaré arrivait à Paris avec l'intention bien arrêtée de s'y faire un nom. Dans quels domaines ? Comment ? À vingt ans tout est encore flou et ouvert.

Avocat stagiaire et premier secrétaire de la conférence

Raymond Poincaré fut admis au stage et prêta serment le 18 décembre 1879. Il avait un peu moins de vingt ans. Il entra comme secrétaire au cabinet de Ferdinand Dreyfus[1], un jeune avocat républicain de trente et un ans qui était une relation de sa famille. Plus tard, la mère de Raymond rappelait avec reconnaissance à Ferdinand Dreyfus : « Vous avez eu une large part dans le succès de Raymond. Nous n'oublierons jamais que c'est chez vous qu'il a fait ses débuts. » Chez cet avocat, familier de Gambetta et admirateur de Ferry, le jeune

Poincaré s'initia aux coutumes du milieu et aux règles de fonctionnement de la machine judiciaire ; il rencontra plusieurs grands noms du parti républicain, dont Léon Gambetta lui-même. Dans une lettre à Alexandre Millerand[2], il annonçait qu'il reculait un rendez-vous avec lui pour se rendre avec son patron au Grand Orient y entendre une conférence d'Henri Brisson (4 septembre 1881). Nous ne savons pas combien de temps Poincaré resta le secrétaire de Dreyfus, probablement deux à trois ans. De son côté, Dreyfus, tout en continuant à plaider, était entré à la Chambre en 1881 comme député républicain de la Seine. Après son départ du cabinet, Raymond Poincaré garda des relations suivies avec son ancien patron, dans la famille duquel il était régulièrement reçu.

Raymond Poincaré aspirait à être reconnu comme le meilleur de sa génération. Le lieu de reconnaissance majeur était la conférence du stage. Il ne fallait pas y manquer son entrée par inexpérience. C'est pourquoi au lieu de s'inscrire immédiatement à la conférence, il attendit la seconde année du stage pour en affronter les épreuves. Il s'y prépara avec plusieurs amis, dont Alexandre Millerand avec lequel il prit des leçons de diction d'un acteur du Théâtre-Français. Sa préparation avait dû être excellente, car il réussit sa première prestation publique au-delà de toute espérance ; elle eut lieu le 6 février 1882. Des témoins dont le bâtonnier Henri Barboux[3] qui présidait la séance, ont raconté la plaidoirie de ce jeune stagiaire de vingt et un ans ; elle portait sur le thème « Indépendance et Liberté ». Poincaré fit une si forte impression sur son auditoire et sur ses juges que les témoins eurent l'impression d'assister à la naissance d'un jeune talent. Une seconde prestation en droit commercial fut tout aussi brillante que la première. Au terme de ces épreuves, Raymond Poincaré fut élu le 26 juillet 1882 premier secrétaire de la conférence du stage ; son camarade Alexandre Millerand dut se contenter de la septième place. Encore fort jeune, Poincaré entrait dans la cour des grands et cette éclatante distinction lui ouvrait bien des portes. La tâche principale du premier secrétaire et de ses assesseurs était de préparer les sujets pour la conférence suivante puis de participer aux épreuves de sélection. Elle s'accompagnait d'obligations mondaines dont le jeune Poincaré sut s'acquitter avec aisance.

À la fin de son mandat, le premier secrétaire devait prononcer le discours rituel devant les instances de l'ordre et les confrères. C'était un exercice convenu qui devait publiquement démontrer l'aisance et le savoir-faire de l'orateur. Poincaré choisit un sujet classique, l'éloge d'Armand Dufaure[4], un ancien bâtonnier et homme politique qui, après une vie bien remplie, venait de décéder plus qu'octogénaire en 1881. Armand Dufaure, dont le nom est aujourd'hui bien oublié, avait été un homme politique important dont la carrière s'était déployée de la monarchie de Juillet jusqu'aux débuts de la République à laquelle il s'était rallié. Dans les assemblées parlementaires, Dufaure avait été le collègue de Jean-Landry et de Paulin Gillon. Puis dans les années 1870, il avait été l'un de ces parlementaires libéraux qui avaient collaboré avec M. Thiers puis assuré une utile et habile transition entre la présidence de Thiers et la République des républicains. « Netteté, gravité, logique », tels étaient les trois mots, qui, selon Poincaré, résumaient le mieux le talent de Dufaure au barreau et au parlement. De son discours[5], on retire l'impression que Poincaré se regardait en Dufaure comme dans un miroir et qu'il retenait de la vie publique du vieux libéral ce qu'il souhaiterait que, plus tard, la postérité retînt de la sienne, c'est-à-dire « un précieux exemple de travail, d'indépendance et de dignité ». Certes dans ce genre d'exercice, la rhétorique est reine; tous ces éloges ont un air de famille et reprennent les mêmes lieux communs. Au-delà des lois du genre, ce texte révèle d'intéressantes données sur son auteur : il est d'abord remarquablement construit, écrit et conduit; il dessine ensuite un profil de carrière, celui du républicain libéral. Dans son texte Poincaré n'avait pas de lui-même rapproché ces deux mots. Avec le recul du temps, ce rapprochement s'impose à l'historien car il met en perspective la culture politique de l'auteur. Poincaré dessinait des modèles de carrière, Thiers et Dufaure; c'était ceux de l'ancienne génération. Ceux de la nouvelle génération, vers lesquels il avait les yeux fixés et dans les pas desquels il voulait placer les siens, c'étaient Léon Gambetta et Jules Ferry.

Tout en travaillant comme secrétaire de Ferdinand Dreyfus, Poincaré s'était inscrit en doctorat à la faculté de droit de Paris. Il prépara une thèse qu'il soutint en juin 1883. Elle portait sur le sujet suivant : « De la possession des biens meubles en droit romain, de la revendication dans l'ancien droit et le code civil dans le droit français[6]. » Il avait rédigé assez vite un travail bien construit et bien documenté, plus qu'honorable par rapport à la moyenne des thèses de l'époque. Ce n'était pas un simple exercice académique, car le jury lui accorda le titre de « docteur en droit » en nuançant son jugement puisqu'on trouva dans l'urne trois boules blanches d'approbation et deux boules rouges, signes de persistantes réticences. Raymond Poincaré était docteur à vingt-trois ans et il s'empressa de faire imprimer des cartes de visite avec ce titre envié.

Pour devenir un grand avocat, il était indispensable de poursuivre l'apprentissage du métier. Sur la recommandation du bâtonnier Barboux, Poincaré fut choisi comme secrétaire par Charles du Buit[7]. Cet avocat en vue, dont le cabinet était installé rue de Clichy, traitait de gros dossiers. Très vite, le jeune secrétaire sut se faire apprécier de ce patron exigeant chez lequel il resta jusqu'à ce qu'il eût acquis son indépendance professionnelle.

Journaliste au *Voltaire*

Depuis son plus jeune âge Raymond Poincaré aimait écrire. Sur des cahiers d'écolier il tenait un journal qu'il interrompit vers 1875. À partir de l'adolescence, d'une plume alerte et facile, il rimait, écrivait des poésies, des romans. L'un d'eux, *La Correspondance d'un avocat*, parut en feuilleton[8] sous un pseudonyme transparent dans *L'Écho de l'Est* de Bar-le-Duc. Son premier article publié dans la presse nationale serait paru dans le quotidien *Le XIXe Siècle* dirigé par l'écrivain Edmond About, dont son ami Georges Robineau était alors le secrétaire. Il s'agissait d'une critique d'un livre de Jules Claretie[9], le futur administrateur de la Comédie-Française. Plus tard, Poincaré qualifia lui-même cet article de « médiocre ». Cette collaboration en resta là car il eut la chance d'être présenté par un ami à Jules Laffitte, rédacteur en chef du *Voltaire*, un quotidien gambettiste[10] qui tirait entre 10 000 et 12 000 exemplaires et qui était installé dans un immeuble aujourd'hui disparu du boulevard des Italiens. Les grands collaborateurs de ce quotidien s'appellaient Arthur Ranc, Paul Bert et Alfred Naquet ; certains étaient proches des radicaux. À la rédaction, l'atmosphère était bon enfant. Poincaré, qui écrivait aisément, rédigea des chroniques judiciaires signées Me Aubertin, un pseudonyme emprunté à Émile Augier ; il publia également sous le nom de Sergine des articles de critique littéraire dont certains eurent les honneurs de la première page ! Dans son âge mûr, Poincaré évoquait avec émotion sa collaboration au *Voltaire* et le climat de la salle de rédaction[11] et se réclamait volontiers de la grande famille des journalistes. À l'entendre le journalisme aurait été un loisir, un passe-temps agréable. C'était l'impression qu'il donnait parfois. Par exemple lors d'une allocution prononcée devant l'Association de la presse de l'Est, il glissait cette phrase : « Lorsque le barreau de Paris offrait à ma jeunesse impatiente plus d'exemples que d'occupations, j'employais volontiers mes loisirs à rédiger des articles dans des journaux hospitaliers. » Sans négliger cet aspect, Raymond Poincaré souhaitait aussi ne plus être dépendant de ses parents et la collaboration aux journaux lui donna une relative autonomie financière ; ses piges lui rapportaient environ 150 francs par mois, ce qui lui permettait de payer le loyer de la modeste chambre qu'il avait louée rue de l'Odéon. Plus tard il confiait à de jeunes confrères : « Mon inscription au barreau de Paris ne m'avait procuré que la clientèle ordinaire de l'assistance judiciaire. C'est alors que j'ai cherché très jeune dans la presse un travail et, je le dis tout bas, plus rénumérateur[12]. » Au *Voltaire*, Poincaré se fit de nombreux amis, parmi lesquels Jules Lejeune, Émile Bergerat, Jean Rameau, Paul Strauss, le fondateur de l'Association des journalistes républicains, à laquelle il adhéra et resta toujours fidèle. C'est au *Voltaire* qu'il aurait rencontré pour la première fois Maurice Barrès qui y avait écrit quelques articles en 1885-1886. Il y fit également la connaissance de l'astronome Camille Flammarion et du compositeur Camille Saint-Saëns.

En charge de la chronique judiciaire, Poincaré était amené à fréquenter les différentes chambres et juridictions du Palais et à rendre compte, dans le journal, d'affaires très éloignées de ses préoccupations professionnelles. Avec Alexandre Millerand et André Hallays[13] qui, comme lui, gagnaient leur vie dans les journaux, il fonda une éphémère « Association des chroniqueurs judiciaires ». On ne peut fixer avec certitude la fin de sa collaboration au *Voltaire*, qui perdit beaucoup d'audience après 1885. Il semble que sa première cause au Palais ait été de plaider un procès intenté au *Voltaire*. Comme l'attestent des billets échangés avec Joseph Reinach[14], Poincaré a publié entre 1888 et 1892 quelques articles dans *La République*, l'ancien journal de Gambetta, que Reinach dirigeait alors.

Cette expérience des salles de rédaction a été essentielle pour Poincaré et il en a gardé la nostalgie toute sa vie. Il est aussi resté fidèle aux amitiés nouées au *Voltaire*. Dans sa correspondance et dans des circonstances parfois inattendues, on a la surprise de rencontrer un ancien du *Voltaire* qui demande un menu service au grand homme, lequel s'empresse de le lui rendre. Pendant toute sa vie et jusqu'à ses dernières années Poincaré s'est considéré comme un journaliste et a continué à écrire dans les journaux les plus divers. La recension de tous ses textes serait un travail de longue haleine. Plus important encore pour l'avenir, il faut souligner à quel point la fréquentation des milieux de presse a été précieuse pour lui ; l'homme politique était toujours attentif à ce qui s'écrivait dans les journaux et à la manière de les influencer ; il a toujours eu les plus grands égards pour les directeurs de journaux et les journalistes influents. Savoir communiquer avec les journaux, avoir des amis sûrs dans les rédactions et à l'agence Havas a été une préoccupation constante de Raymond Poincaré.

Famille et amis

En 1880, l'année où Raymond s'inscrivit au barreau, les parents Poincaré quittèrent Bar-le-Duc où ils habitaient depuis leur mariage. Depuis quelques années ils aspiraient à s'installer à Paris. « Nous avons le vif désir d'aller habiter Paris pour y suivre les études de nos enfants », écrivait Marie Poincaré le 10 juin 1878 à Mme Jules Develle[15]. Cette famille, originaire de Bar-le-Duc et amie de ses parents, va jouer un grand rôle dans la carrière politique de Raymond Poincaré. À cette date, Jules Develle était député républicain de Louviers.

Antoni Poincaré, âgé de cinquante-cinq ans, ne pouvait obtenir de promotion sur place. Depuis 1873, il piétinait comme ingénieur de 1re classe, chargé des affaires hydrauliques de quatre départements et plus spécialement de la construction du canal de l'Est. Jules Develle fit une démarche auprès du ministre Freycinet. Elle fut positive car, en 1880, Antoni était nommé ingénieur en chef au contrôle des chemins de fer de l'État. Il accepta un poste qui n'était pas dans sa spécialité car il voulait achever sa carrière comme inspecteur général des Ponts et Chaussées. Cette nomination lui permit de quitter Bar-le-Duc et de s'installer à Paris, comme il le souhaitait.

Quelques années passèrent et la nomination à laquelle il estimait avoir droit tardant à venir, Marie Poincaré prit une nouvelle fois sa plume pour demander à Jules Develle[16], devenu entre-temps ministre, d'intervenir en faveur de son mari auprès de son collègue Baïhaut : « Mon mari est au désespoir de ne pas avoir été nommé inspecteur général des Ponts et Chaussées. Il se demande ce que l'on peut bien avoir à lui reprocher pour le laisser de côté alors que ses camarades passent les uns après les autres... » (28 juillet 1886). On ne connaît pas la réponse de Jules Develle car Antoni, avant d'obtenir enfin satisfaction, dut avaler une nouvelle couleuvre. Marie s'indignait : « On vient de lui donner un nouveau chef de plusieurs années plus jeune que lui. C'est une humiliation... » (13 août 1886). Finalement, après une longue attente, la consécration vint enfin : Antoni Poincaré était nommé en 1887 inspecteur général du service de l'hydraulique rurale, poste où il prit sa retraite.

Les deux enfants du docteur Léon Poincaré de Nancy étaient aussi devenus des Parisiens. Émile Boutroux, l'époux d'Aline Poincaré, la cousine germaine de Raymond, était nommé en 1880 maître de conférences à l'École normale supérieure ; c'était l'antichambre de la Sorbonne, où il fut élu professeur en 1888. Henri Poincaré s'était fait remarquer très tôt par des dons en mathématiques qui laissaient augurer une carrière scientifique exceptionnelle ; après un passage rapide à l'université de Caen, il vint occuper à la Sorbonne une chaire de physique spécialement créée pour lui. Il avait fondé un foyer et habitait rue du Val-de-Grâce. Chaque été il revenait en vacances à Arrancy-sur-Crusnes où il avait conservé une maison de famille.

Au-delà de la famille, il n'est pas aisé de dessiner le réseau de relations de Raymond Poincaré. Il faut d'abord signaler quelques amis de Bar, qui, comme lui, étaient maintenant établis à Paris. En premier lieu il faut citer Georges Robineau qui, au lieu d'aller droit au but comme Raymond Poincaré, musardait et se mêlait à la vie parisienne ; il était devenu le secrétaire de l'écrivain et académicien Edmond About et il écrivait dans les journaux. Robineau était-il alors un intime de Raymond ? La réponse est difficile à donner ; à notre avis, à cette époque de sa vie, c'était plutôt une connaissance de jeunesse. La première strate était celle des amis du lycée Louis-le-Grand, parmi lesquels il faut citer Maurice Paléologue, le futur diplomate, Alfred Baudrillart, le futur cardinal, Henri Caïn, le futur écrivain et peintre. La deuxième strate était celle des habitués de la pension Laveur où Raymond avait pris ses repas quand il était étudiant : on peut citer les noms de Lucien Henry, Eugène Weill et Georges Laguerre. La troisième strate était celle des amis du Palais, des jeunes avocats de sa génération : Alexandre Millerand, André Hallays, Félix Decori, Gérald Nobel. Selon Fernand Payen, le plus proche semblait être Maurice Bernard, le fils du maire et sénateur républicain de Nancy. Alexandre Millerand et Raymond Poincaré se rencontrèrent à Paris à la fin de 1880 ou au début de 1881. Ils sympathisèrent et devinrent vite intimes; ils se donnaient rendez-vous au Café de Cluny; ils prenaient ensemble des cours de diction et Alexandre critiquait amicalement les articles de son camarade Raymond. André Hallays, qu'il avait aussi connu à la conférence du stage, ne fit pas une carrière d'avocat; il nourrissait plutôt une vocation de journaliste et de publiciste; il écrivit au *Parlement,* le journal d'Alexandre Ribot puis au *Journal des débats.* Tous ces jeunes gens se tutoyaient, dînaient souvent ensemble le jeudi chez Weber, mais chacun gardait son indépendance. À ce groupe vint s'agréger en 1886 Louis Barthou, un jeune Béarnais, souple et agile, aussi noir de poil que Poincaré était blond. Le fils du quincaillier d'Oloron-Sainte-Marie fut élu député républicain en 1889 et retrouva son ami au Palais-Bourbon. Les deux hommes devaient mener une carrière parallèle et s'épauler à maintes reprises.

La vie sentimentale et affective de Raymond était un mystère pour ses parents comme pour ses amis. Parfois sa mère s'inquiétait et aurait souhaité que son fils s'établît. Celui-ci éludait la question ou répondait que son père s'était marié à trente-quatre ans. Ses amis étaient intrigués et auraient aimé en savoir plus car on disait que ce jeune homme était un galant ami des dames. Dans ce domaine, il faut avouer que Poincaré est toujours resté discret et pudique et qu'il a gardé jalousement ses secrets pour lui. La destruction de ses papiers de jeunesse par Henriette Poincaré rend le mystère encore plus impénétrable.

À vingt-cinq ans, sa personnalité est déjà fixée : intelligence claire de type analytique, puissance de travail, volonté et application. Il portait dès lors la marque de cet esprit légaliste qui fut à la fois l'un de ses atouts et l'une de ses grandes faiblesses. Pour l'essentiel, son ambition était tournée vers la vie professionnelle, et la ténacité avec laquelle il a poursuivi dans cette voie jusqu'à la fin de sa vie active valide cette interprétation. Songeait-il à se lancer dans la politique ? À cette question qui brûle les lèvres il est impossible d'apporter une réponse sûre, d'autant plus que Poincaré, secret et mystérieux, ne se livrait guère. S'il avait investi l'essentiel de son énergie dans le barreau, cette orientation n'était nullement exclusive de la politique. Le barreau faisait office alors d'école de la vie publique et on passait naturellement du prétoire à la tribune des assemblées. La plupart des hommes politiques républicains en vue avaient suivi cette voie. Parmi bien d'autres, rappelons les noms de Dufaure, de Favre, de Gambetta et de Waldeck-Rousseau. Dans la position sociale qui était la sienne, Poincaré était bien placé pour saisir toute occasion qui se présenterait. Il était jeune et travailleur, il était disponible et introduit; il suffisait d'ouvrir les yeux et de vouloir.

Les heures exquises passées rue de Varennes

Il y a toujours eu plusieurs façons d'entrer en politique : la première est celle du militant convaincu qui combat pour des idées qu'il croit justes et envers lequel, un jour, le parti se montre reconnaissant. Une autre voie est celle du futur notable qui commence modestement à tisser sa toile dans le sillage de quelques anciens à partir d'un mandat local. Enfin, il y a celle du jeune homme ambitieux qui monte à Paris, tâte du journalisme, devient le collaborateur d'un ministre ou d'un dirigeant en vue, finit par voler de ses propres ailes. Raymond Poincaré se range sans discussion dans la troisième catégorie. Il est entré en politique à Paris par le sommet, dans l'ombre des cabinets ministériels, puis il n'a pas tardé à rechercher la légitimité du suffrage universel. De cette manière très moderne, dont bien des jeunes gens rêvent aujourd'hui encore sans parvenir toujours à leurs fins tant les périls sont grands, Raymond Poincaré a été en quelque sorte un précurseur, et un précurseur qui a réussi sur toute la ligne.

Les convictions politiques de Poincaré sont faciles à saisir. C'était un républicain libéral et patriote dont les modèles étaient Léon Gambetta et Jules Ferry. Contrairement à son ami Millerand, beaucoup plus avancé puisqu'il rejoignit les socialistes, Raymond Poincaré n'était guère un militant. Tout au plus peut-on signaler son appartenance à l'Union de la jeunesse républicaine dont il aurait été l'un des fondateurs au début des années 1880; c'est là qu'il aurait connu Louis Barthou; pour cette association il aurait donné « dans le quartier de Plaisance des cours gratuits de littérature française ». Nous n'avons trouvé aucune trace, ni dans les journaux ni dans les archives de la préfecture de police, de cette activité militante qu'il revendiquait avec fierté dans son âge mûr.

Très jeune Raymond Poincaré s'était intéressé à la politique. À onze ans il connaissait déjà les noms des ministres et des principaux députés de l'Assemblée nationale. Il avait hérité les convictions républicaines de son père, de qui il tenait aussi l'horreur du Second

Empire. Chez Ferdinand Dreyfus, son premier patron, il aperçut à plusieurs reprises Léon Gambetta. Il aurait été présent dans les locaux du *Voltaire* le soir fatal du 31 décembre 1882, quand on annonça la mort du héros de la Défense nationale. Il fallait une occasion pour que Poincaré s'engageât dans la politique active et dans la conquête des mandats électoraux. Le hasard, les amitiés, les circonstances ont joué un rôle qu'il n'est pas toujours facile d'évaluer. Dans le cas de Raymond Poincaré, ce fut une proposition qu'il finit par accepter qui lui mit en quelque sorte le pied à l'étrier.

En janvier 1886, Jules Develle, élu l'année précédente député de la Meuse, devint ministre de l'Agriculture dans le nouveau ministère Freycinet. Il faut ici présenter brièvement la famille Develle car elle fut pendant trente ans associée à la vie publique de Raymond Poincaré. La famille Develle descendait d'un prêtre de Bar-le-Duc qui s'était sécularisé puis marié au début de la Révolution. Son fils, Claude Develle[17], avait été longtemps chef de bureau à la préfecture de la Meuse, où travaillait Antoni Poincaré. Les deux fils de Claude, Edmond et Jules, firent des études de droit à Paris au cours desquelles ils se rangèrent parmi les jeunes avocats républicains qui, dans le sillage de Jules Favre, combattaient le régime de Napoléon III. L'aîné des deux frères, Edmond[18], s'était installé à Bar où il avait ouvert un cabinet d'avocat, puis il était devenu avoué. Il avait vite acquis une solide position politique : conseiller général de Revigny-sur-Ornain depuis novembre 1877, député en 1879 puis sénateur en 1885, il avait couronné cette ascension par la présidence du Conseil général (1885). Souriant, affable et discret, il avait bâti tout un réseau dans la vie associative locale : société de secours mutuel de Bar, société de secours mutuel des instituteurs, association des anciens élèves du collège puis du lycée de Bar, société d'agriculture de Bar. Le cadet, Jules, était plus doué et plus ambitieux que son aîné : il avait été premier secrétaire de la conférence du stage (1868-1869) et, à ce titre, avait prononcé l'éloge de Berryer. Le jeune avocat, qui avait été remarqué par Thiers et par Dufaure, s'engagea dans la carrière préfectorale. Il était préfet de l'Aube lorsqu'il fut révoqué au lendemain du 13 mai 1877 par le cabinet conservateur de Broglie. Les républicains de Louviers, dont il avait été auparavant le sous-préfet, le choisirent comme candidat aux élections législatives d'octobre 1877 et il fut aisément élu député ; il commençait une carrière politique parmi les républicains de gouvernement. En 1885 il se présenta à la fois dans l'Eure et dans la Meuse ; élu des deux départements, il opta pour la Meuse.

Les Develle connaissaient depuis longtemps la famille Poincaré ; ils avaient vu grandir le jeune Raymond et remarqué son intelligence, son application au travail, son esprit clair et méthodique. Comme Jules Develle, Raymond Poincaré avait été premier secrétaire de la conférence du stage. Cette distinction n'a peut-être pas été décisive mais on ne peut l'écarter. Ce jeune collègue et fils d'amis serait un collaborateur idéal. Raymond Poincaré fut surpris et probablement dérangé par cette proposition puisque son premier mouvement fut de la refuser. Les fonctions de chef de cabinet étaient alors incompatibles avec celles d'avocat. S'il acceptait, il faudrait se mettre en congé et il y répugnait. Il s'en ouvrit à son patron et au bâtonnier. « Ce fut dans l'âme de ce petit avocat un grand drame de vingt-quatre heures », car le bâtonnier lui conseilla d'accepter en lui proposant de rester inscrit au barreau à condition de s'abstenir de plaider[19]. Muni de cette autorisation, Raymond Poincaré répondit favorablement à Jules Develle.

En janvier 1886 il s'installa rue de Varennes, où il occupait un bureau proche de celui du ministre. C'était un premier et modeste contact avec les cercles et les lieux, mystérieux pour le citoyen ordinaire, où s'élaborent et se prennent les décisions politiques. Le chef de cabinet était un collaborateur personnel du ministre; il faisait le lien entre l'administration et la politique[20]. Il instruisait les affaires que le ministre lui confiait, recevait les solliciteurs et préparait les réponses au courrier personnel. Il rencontrait députés et sénateurs, observait de l'intérieur le fonctionnement de la machine gouvernementale, les péripéties des crises ministérielles. Il noua des relations avec le haut personnel républicain; il fit la connaissance de Tirard, Freycinet, Rouvier, Carnot, Loubet, etc. Il observa le général Boulanger, qui était le collègue de Develle; il vécut de près les tensions avec l'Allemagne de l'hiver et du printemps 1887, quand Bismarck agita la menace de guerre; il était auprès du ministre quand l'affaire Schnæbelé faillit conduire la France à un dénouement guerrier si la prudence et le sang-froid du président Jules Grévy n'avaient su trouver à cette crise imprévue une issue pacifique.

Develle initiait aussi son jeune collaborateur à la politique politicienne; il était le chef de file des républicains meusiens et à ce titre se rendait régulièrement à Bar-le-Duc. Poincaré le suivait et entrait en contact avec les conseillers généraux, les maires et les grands électeurs. Dans ses attributions il avait à répartir à bon escient les bureaux de tabac, les décorations et les subventions, ces menues faveurs que tout pouvoir accorde à ses amis. Il fallait aussi écarter les adversaires politiques gênants. Par exemple, Poincaré n'hésita pas à faire révoquer un vétérinaire « réactionnaire » des haras de Rosières-aux-Salines. Jules Develle faisait totalement confiance à ce jeune collaborateur encore un peu timide et un peu raide et qu'il avait paternellement accueilli dans son intimité familiale.

Conseiller général de la Meuse

Plus tôt qu'il ne l'avait prévu, Raymond Poincaré dut affronter le suffrage universel[21]. En juillet 1886, la moitié du conseil général de la Meuse était renouvelable. Dans cette assemblée que présidait depuis 1885 Edmond Develle, le frère aîné de Jules, la majorité républicaine était solide mais quelques sièges restaient fragiles. Lors des élections législatives de 1885, la liste républicaine sur laquelle avait été élu Jules Develle ne l'avait emporté qu'au second tour et les conservateurs avaient retrouvé de solides positions. Les républicains devaient être vigilants et particulièrement dans le canton de Pierrefitte-sur-Aire où le conseiller sortant, un client des Develle, avait démissionné. Sa succession était convoitée par un grand propriétaire monarchiste, le comte René de Nettancourt-Vaubécourt[22], maire de Thillombois, qui avait été battu de justesse en 1880 et qui était bien décidé à prendre sa revanche. Les deux candidats républicains potentiels, un agriculteur, Cirinin Pierre[23], maire de Courouvres, et le docteur Depautaine, risquaient la défaite. Pour faire « reculer la réaction toujours menaçante », selon la formule classique de la gauche, Jules Develle proposa la candidature de son jeune chef de cabinet. Il avait un nom, des appuis dans le canton. Comme souvent Poincaré hésita ; il avait d'ailleurs un bon argument : celui de n'être pas inscrit au rôle de l'impôt dans le canton. Develle aurait fait intervenir le grand-père Ficatier qui habitait dans le canton à Sampigny et qui aurait adressé à son petit-fils le télégramme suivant : « Sapins achetés à Courcelles-aux-Bois, présente-toi. » Et Raymond aurait cédé à cette injonction familiale. Dans le volume d'hommage publié en 1923 en l'honneur de son frère Lucien Poincaré, on trouve une autre version de l'histoire des sapins[24]. Ces fameux sapins de Courcelles auraient été plantés par les deux frères eux-mêmes sur un terrain que le grand-père Ficatier leur aurait donné. L'achat pour urgence électorale serait donc, si cette version était retenue, une pieuse légende. Dans les archives conservées à Sampigny, on trouve une mention de la vente de deux terrains à Courcelles-aux-Bois en 1894, soit quatre ans après la mort du grand-père Ficatier.

La candidature de Poincaré fut annoncée au début de juin 1886. Le sous-préfet de Commercy[25] faisait une prévision optimiste : « Raymond Poincaré entrera en lutte avec d'incontestables chances de succès ; sa famille a aux alentours de Pierrefitte des relations fort utiles ; ses fonctions actuelles (chef du cabinet de M. Jules Develle) et l'espoir d'obtenir des faveurs gouvernementales ne laisseront pas indifférents de nombreux électeurs. De plus M. Poincaré est fort intelligent, aimable causeur ; il a le vif désir de plaire et d'arriver » (24 juin 1886).

La tâche la plus urgente de Poincaré fut d'apaiser l'amertume d'un concurrent légitime qu'avec l'aide de Develle il avait supplanté. Selon un témoignage manuscrit du 29 juillet 1913 et déposé aux archives de la Meuse dans les papiers Develle[26] par un certain docteur D., Poincaré ne serait pas paru dans le canton et le docteur affirmait : « J'eus l'honneur de lui offrir une belle majorité. » Il est assez aisé d'identifier ce médecin ; il s'agit du docteur Paul-Léon Depautaine, maire et conseiller général de Gondrecourt-le-Château. Plus tard il se réconcilia avec Poincaré, qui reconnut de son côté qu'à l'époque « le docteur avait plus de titres que lui ». Dans ce texte il traçait du jeune avocat devenu président de la République un portrait humoristique plutôt corrosif : « Mais quel gringalet que ce pauvre potache étriqué, maigre et mal habillé que j'ai connu tout d'abord au conseil général, qui s'est physiquement un peu dégourdi quand Jules Develle en fit son chef de cabinet. Ce fut bien autre chose quand les ailes poussèrent à ce jeune ramier et qu'il voulut mordre au suffrage arrondissementier. »

Le candidat naturel qui avait été contraint de se retirer était Cirinin Pierre, un agriculteur, maire de la petite commune de Courouvres. Poincaré arriva chez lui alors que toute la maisonnée était affairée à rentrer la fenaison. Le maître de céans l'aurait accueilli en ces termes : « Dites-donc, jeune homme, que venez-vous faire dans notre pays ? Nous n'avons pas besoin de Parisien pour nous défendre ! Vous voulez représenter les agriculteurs, vous êtes le chef de cabinet du ministre, vous ne pourriez même pas décharger cette voiture de fourrage[27] ! » Mis au défi, Poincaré aurait tombé la veste, ramassé une fourche et aidé à rentrer les bottes. Dans une lettre publiée en 1924, Poincaré donnait une version assez proche. Cirinin Pierre lui aurait dit : « Je préfère vous soutenir, mais à une condition. Vous êtes chef de cabinet du ministre de l'Agriculture. Vous connaissez peut-être la théorie, c'est la pratique qu'il faut avoir. Aidez-moi à charger mon foin. Si vous vous tirez d'affaire convenablement, vous serez mon homme. » Et Poincaré de commenter : « Je fus un peu décontenancé, mais j'étais jeune, bien portant et vigoureux. Je chargeai le foin sans trop de peine. L'ami Cirinin Pierre tint parole[28]. » Poincaré avait gagné un grand électeur et un ami fidèle. Au moment de l'élection à la présidence de la République, Émile Hinzelin, un vieil ami de la famille Poincaré et l'un des journalistes qui ont le plus contribué à la légende dorée de Poincaré, donnait sa propre version des faits : « Dans les prés de Courouvres, il fallut que Raymond Poincaré conduisît la charrue de Cirinin Pierre. » Cette anecdote bucolique est invraisemblable car, à l'époque, on ne labourait pas un champ au mois de juillet ; elle était l'un des signes de l'apparition du merveilleux autour de la personne de Poincaré ; en 1886 la légende dorée n'était pas encore née. Pour gagner une élection, il ne suffisait pas d'avoir des convictions républicaines et un patron influent, il fallait aussi se mesurer à des défis inattendus.

Revenons maintenant aux aspects plus politiques de cette élection. Poincaré rédigea une profession de foi, la première de son existence ; elle parut en première page de *L'Avenir de la Meuse*[29], un journal contrôlé par les Develle. Les électeurs l'ont-ils lue et analysée ? Il est permis d'en douter. En tout cas elle était très révélatrice des intentions et du profil politique du jeune Poincaré. Celui-ci commençait par repousser le qualificatif insultant de « Parisien » qu'on ne cessait de lui lancer. À « ses chers compatriotes » il rappelait les noms de son arrière-grand-père Jean-Landry Gillon et de son arrière-grand-oncle Paulin Gillon puis, la main sur le cœur, il écrivait : « Je suis des vôtres ; je connais vos besoins... » Ses convictions politiques étaient résumées en deux formules : « fermement dévoué aux institutions républicaines et ennemi des aventures et des vaines agitations politiques ». La plus grande partie du texte était consacrée à l'énumération « des réclamations et des plaintes de l'agriculture ». Poincaré proposait une « répartition plus équitable des charges foncières » et en premier lieu de réduire celles du canton de Pierrefitte, « l'un des plus imposés de France » selon lui. Il affirmait avec résolution ses convictions protectionnistes ; il fallait lutter contre « la concurrence étrangère », puis il proposait « des réformes sérieuses » dont la liste montrait qu'il connaissait les dossiers et que les républicains au pouvoir étaient de meilleurs défenseurs des vrais intérêts de l'agriculture que les grands propriétaires monarchistes. Sur son bulletin de vote, Poincaré avait pris soin de faire figurer à côté de son nom sa profession « avocat » et son titre de « docteur en droit » ainsi que la mention « chef du cabinet de M. le ministre de l'Agriculture ».

Le 1er août 1886, Raymond Poincaré était élu au premier tour conseiller général du canton de Pierrefitte-sur-Aire avec 1 007 voix[30]. Il l'emportait avec 153 voix d'avance et 53 % des suffrages exprimés sur son adversaire monarchiste. C'était la victoire du candidat de la république contre le candidat des châteaux. Le résultat était net, quoique relativement serré. Les communes de Pierrefitte et surtout de Sampigny, où résidait son grand-père Ficatier, avaient fait la différence. La lutte avait été courtoise ; le comte de Nettancourt-Vaubécourt était un galant homme. Poincaré sut le reconnaître. Il rendit visite à son adversaire malheureux : « Après l'élection je suis allé à Thillombois et le comte m'a fait lui-même les honneurs de sa mairie. » Non loin du vaste château néo-Renaissance (devenu aujourd'hui propriété du département de la Meuse) et de son parc où résidait alors le comte, la mairie rurale de Thillombois était minuscule. On peut penser que le comte n'a pas prolongé la rencontre avec son heureux rival par une invitation au château. C'est pourquoi cette élection avait un sens : dans ce canton rural un jeune bourgeois républicain l'emportait sur un grand propriétaire noble. Poincaré interprétait son élection comme une nouvelle victoire de la république et de l'esprit de 1789 sur un représentant de l'Ancien Régime. Sans fréquenter cette famille qui cessa de jouer un rôle dans la politique locale, Poincaré resta avec elle en relations épistolaires intermittentes. En 1916, il lui adressa un télégramme de condoléances à la suite de la mort au champ d'honneur de Jean de Nettancourt.

Poincaré était maintenant obligé de revenir régulièrement en Meuse, certes pour assister aux sessions du conseil général – à cette époque, toutefois, c'était une obligation légère –, mais surtout pour occuper le terrain et ne pas laisser par son absence le champ libre à d'éventuels adversaires. Il acquit un pied-à-terre à Sampigny près de la maison de ses grands-parents. Il était maintenant installé dans son canton, près de Commercy, non loin de Saint-Mihiel. Oserait-on encore le traiter de Parisien ?

À vingt-six ans Poincaré franchissait les portes du conseil général de la Meuse. Selon le journal *La Meuse*, c'était « une excellente acquisition [31] ». Pendant près de dix ans, il fut le benjamin de cette vénérable assemblée où l'avait paternellement accueilli le président Edmond Develle. Celui-ci se plaignit un jour à son frère de la « gaminerie » et de l'indépendance d'esprit du nouvel élu. Le ministre apaisa l'irritation de son aîné et Poincaré montra à Edmond Develle qu'il savait travailler. Les tâches du conseil général étaient alors légères et les affaires étaient réglées en deux sessions annuelles, la première en avril, la seconde en août. Le jeune Poincaré fut un conseiller appliqué ; il prit sa part des rapports [32], principalement ceux qui concernaient l'agriculture, les communications et les voies d'eau. Il entrait dans les moindres détails et dissertait avec précision et compétence des secours contre la grêle, des comptes d'une école d'agriculture, de la construction d'un pont sur la Meuse entre Sampigny et Mécrin, des tares des étalons corneurs, etc. En feuilletant les débats de l'assemblée départementale, on constate que Raymond Poincaré a été un conseiller assidu, attentif et efficace.

Député de la Meuse à vingt-six ans

Au début de mai 1887 le ministère Goblet, auquel appartenait Jules Develle, donna sa démission. Le but de cette démission était d'écarter le général Boulanger, le ministre de la Guerre dont les imprudences verbales, pour ne pas dire plus, avaient inquiété l'Allemagne. L'affaire Schnæbelé avait créé entre les deux pays une brusque et redoutable tension qui aurait pu conduire à la guerre. Le nouveau président du Conseil, Maurice Rouvier, dont la première mission était d'apaiser cette tension, forma un cabinet sans solliciter le concours de Jules Develle. Celui-ci dut quitter la rue de Varennes. Longtemps après, Poincaré rappelait avec nostalgie « les heures exquises passées avec Jules Develle dans ce délicieux hôtel de la rue de Varennes ».

Raymond Poincaré était libre et rendu au Palais. Il envisageait aussi de renouer avec le journalisme. Dans ce but il reprit contact avec son ancien patron Ferdinand Dreyfus pour lui demander « de tâter le terrain auprès de Joseph Reinach, le disciple de Gambetta » afin qu'il lui procurât une collaboration régulière à *La République*, dont il était devenu le patron. Il expliquait : « Il ne me plaît qu'à moitié de rentrer au *Voltaire*... La place est conservée toute chaude... Je l'abandonnerai si je trouvais une collaboration régulière à *La République*[33]. » Le résultat a dû être positif car nous savons par la correspondance ultérieure entre Reinach et Poincaré que ce dernier jusque vers 1893 a placé quelques papiers dans *La République*.

À peine avait-il repris ces contacts que la politique vint de nouveau le solliciter. Le 27 mai 1887, Henri Liouville[34], député républicain de la Meuse et professeur à la faculté de médecine de Paris, mourut subitement à l'âge de quarante-neuf ans. Pour remplacer cette personnalité qui avait été à Tours aux côtés de Gambetta et qui avait assisté le grand homme dans son ultime combat contre la maladie, une élection partielle était nécessaire ; elle fut fixée au 31 juillet 1887. Jules Develle pensa tout de suite à son ancien chef de cabinet. Cette fois-ci Poincaré ne se fit pas prier et accepta immédiatement de poser sa candidature. Develle en avertit ses amis, dont un médecin installé à Nancy mais resté électeur dans la Meuse. Celui-ci lui répondit[35] : « Votre recommandation suffit à elle seule pour que j'adhère sans la moindre hésitation à la candidature de M. Poincaré... M. Poincaré m'a fait une excellente impression » (4 juillet 1887).

Comme la coutume s'en était établie et comme la prudence l'exigeait, il fallait faire désigner le candidat par les élus républicains de l'arrondissement puis du département. Le dimanche 17 juillet 1887, une centaine de délégués de l'arrondissement de Commercy se réunirent dans ce but à Saint-Mihiel. *Le Républicain de l'Est,* le journal de René Grosdidier[36], maire de Commercy, se déclara hostile au « candidat de M. Develle » et annonça qu'un « tel procédé appelle une candidature de protestation, ardemment souhaitée de toutes parts ». Un obscur conseiller général, adjoint au maire de Commercy, se fit le porte-parole des mécontents de ce « candidat parisien » et invita les notables à préférer un républicain de la veille à un républicain du lendemain. Devant un auditoire méfiant, le jeune Poincaré prononça un discours qui fit bonne impression. Il mit l'accent sur ses attaches meusiennes et sur les traditions républicaines de sa famille. Discret à l'égard du ministère Rouvier auquel son patron n'appartenait pas, il se plaçait dans la « majorité républicaine et progressiste ». Tout en se proclamant indépendant, il affirmait : « Je suis le partisan de toutes les réformes sages et bien étudiées. » Aux radicaux, il répondait que la séparation « immédiate » de l'Église et de l'État était dangereuse et qu'il approuvait la politique coloniale de Jules Ferry. En matière de politique extérieure, il était hostile « à toute politique d'affaiblissement, d'effacement et de recul[37] ». Puis on passa au vote. Poincaré recueillit 72 voix contre 25 à son adversaire sur 97 votants ; c'était une belle investiture. Le maire de Vaucouleurs rassurait en ces termes son ami Develle : « À la réunion de Saint-Mihiel le succès de M. Poincaré a été très grand... Nous méprisons trop Tugny, ses complices et protégés, pour faire attention aux articles injurieux du prétendu *Républicain* de Commercy. » Et il ajoutait cette remarque utile : « M. Grosdidier ne peut cacher son dépit ; il l'a dit à l'un de nos amis : "Le candidat officiel est à Vaucouleurs[38]..." »

La seconde étape était le congrès républicain départemental qui se réunit à Bar-le-Duc le dimanche suivant. Devant cette instance, les radicaux contestèrent le vote de Saint-Mihiel, attaquèrent Jules Develle qui, la semaine précédente, venait d'être élu vice-président de la Chambre contre l'un des leurs. Après avoir bruyamment manifesté contre le « candidat officiel » que Léon Tugny, journaliste et imprimeur à Commercy du *Républicain de l'Est,* avait accusé d'être l'otage de la droite, ils quittèrent la salle. D'autres délégués étaient sensibles aux critiques de *L'Écho de l'Est*, qui faisait remarquer perfidement : « Le jeune M. Poincaré vit continuellement éloigné de nous ; c'est un Parisien. Or, c'est un Meusien qu'il nous faut. » *Le Progrès de la Meuse,* sourd à toutes ces insinuations malveillantes, se contenta de relever que « les délégués qui admirent la politique de M. Jules Develle restent seuls dans la salle avec leur procuration[39] ». Raymond Poincaré fut alors désigné comme candidat républicain par 264 voix sur 292 suffrages exprimés. Toutefois, à l'intérieur de son propre camp, Jules Develle dut apaiser l'amertume d'un mécontent, René Grosdidier. Cet industriel de quarante et un ans, maire de Commercy, estimait avoir des titres à la candidature. Depuis dix ans il était l'âme des comités républicains et, avec ses deux beaux-frères, il avait activement soutenu Liouville. Le caissier-comptable de son usine, Brûlot, gérait la caisse électorale des républicains de l'arrondissement. Grosdidier finit par s'effacer en maugréant et accepta même de présider la première réunion électorale que Poincaré tint à Commercy. Assez vite les deux hommes devinrent amis et René Grosdidier fut longtemps pour Poincaré le plus dévoué des lieutenants.

Dans l'autre camp, les conservateurs décidèrent de se tenir à l'écart de la compétition électorale et préconisèrent l'abstention. Leurs journaux ironisaient sur « le jeune M. Poincaré », le « protégé de M. Develle », le « candidat officiel », le « Parisien ». Du côté des radicaux, l'hostilité à la candidature Poincaré persistait. Les comités parisiens se mêlèrent de l'élection de la Meuse. À plusieurs reprises le nom du général Boulanger fut prononcé. L'ancien ministre, qui commandait alors le 13e corps d'armée à Clermont-Ferrand, était inéligible et n'avait pas encore rompu avec les républicains. Dans son journal *La Justice,* Clemenceau fit avancer le nom d'un candidat que Jules Develle finit par dissuader. Un journal favorable à Poincaré dénonça en Georges Clemenceau « le mauvais génie de la République ». Les deux hommes ne se connaissaient pas encore ; ils n'étaient guère faits pour s'apprécier et se comprendre. C'est le début d'un long feuilleton dont nous vivrons au fil des années les épisodes.

Au dernier moment les radicaux présentèrent contre Poincaré Paul Hurel, marchand de vins à Revigny-sur-Ornain. Sa candidature fut soutenue par Léon Tugny, un instituteur révoqué après le 16 mai 1877 et qui s'était reconverti dans le journalisme. À la faveur d'une élection partielle, il était entré au conseil municipal de Commercy, où il combattait Grosdidier. Il engagea une vive campagne de dénonciation contre Develle et son protégé et contre les tares de la République opportuniste.

La profession de foi du candidat[40] à la députation était naturellement plus politique que celle du candidat au conseil général. À ceux qui se moquaient du « Parisien », il rappelait qu'il était « Meusien de race, de naissance et d'éducation ». Puis il affirmait avec conviction qu'il était républicain progressiste, défenseur résolu des institutions, ennemi des réactions et des retours en arrière. Il déplorait le déficit budgétaire, une tare qu'il fallait faire disparaître, « d'abord avec l'aide d'économies ». En matière de politique extérieure, il était partisan d'une ligne prudente. À la fin d'avril 1887, l'affaire Schnæbelé, l'arrestation surprise par la police allemande du commissaire spécial de la gare de Pagny-sur-Moselle, avait secoué l'opinion publique et, pendant quelques jours, on avait craint une nouvelle guerre avec l'Empire allemand. Grâce à la prudence du président de la République Jules Grévy, la crise franco-allemande avait été heureusement dénouée et la guerre évitée. Le ministre de la Guerre, le général Boulanger, partisan de tenter l'escalade guerrière, avait été écarté du cabinet Rouvier ; il restait très populaire. À ce moment il était encore en activité et n'avait pas encore rompu avec les républicains de gouvernement. Poincaré ne souffla mot de ces semaines de tension mais la guerre restait présente dans les esprits. C'est pourquoi le candidat se prononça en faveur d'une politique extérieure « prudente et ferme, digne et réservée. Ne faisons rien pour l'attaque ; ne négligeons rien pour la défense ». C'était l'orientation que le ministère Rouvier s'efforçait avec succès de mettre en œuvre. Faire du jeune Poincaré un revanchard relève soit de l'ignorance soit du procès d'intention. Cette profession de foi mesurée aurait pu être celle d'un politicien rassis : aucun élan, une volonté d'équilibre, un souci pratique un peu terre à terre. Le jeune Poincaré se glissait dans la république avec aisance comme un homme de mesure et du juste milieu. Le mot « réforme », son mot clé, signifiait en fait adaptation prudente. Beaucoup d'hommes politiques adoptent encore ce comportement et ce langage.

La majorité des électeurs de la Meuse était des paysans et des ouvriers ruraux. En ce mois de juillet ils achevaient la fenaison et préparaient la moisson ; ils n'étaient guère disposés à courir les préaux d'écoles. La campagne électorale se limita à quelques réunions dans les principales villes du département. Poincaré était accompagné par les élus et les maires républicains. Parmi eux citons un nom, celui d'Oscar Quilly, un paysan, maire de Taillancourt, futur conseiller général du canton de Vaucouleurs, qui selon Poincaré représentait « l'âme forte et droite de nos paysans meusiens ». Évoquant et idéalisant quarante ans plus tard ses souvenirs, Poincaré rappelait : « Lorsqu'un jeune conseiller général s'avisa, un peu témérairement de se présenter à la députation, ce furent les républicains du canton de Vaucouleurs qui appuyèrent les premiers cette candidature incertaine... M. Quilly vint spontanément se joindre à eux. » Le 23 juillet 1887, Raymond Poincaré parlait à la salle des fêtes de Bar-le-Duc. Un jeune homme de seize ans, d'une famille catholique, le futur historien et académicien Louis Madelin[41], vint l'écouter. Voici comment il présenta la scène aux lecteurs de *La Revue hebdomadaire* en 1913 :

> *« Il s'avança sur l'estrade : il était petit, mince, assez pâle, les cheveux en brosse, sa figure grave encadrée d'une barbe jeune ; sa taille menue était serrée dans une redingote très austère. Sa façon de parler parut excellente aux gens sérieux : les syllabes se détachaient nettement, les mots se découpaient à l'emporte-pièce... Ce jeune homme ne semblait point capable de sourire. »*

À Verdun, la deuxième ville du département, où Poincaré n'était pas chez lui comme à Bar mais où il avait de la famille, il reçut le soutien actif du député Charles Buvignier[42], un ancien proscrit de l'Empire. Ce dernier se serait écrié : « Citoyens ! Votez pour ce jeune homme ! Je le connais ! Il sera un jour président de la République ! » D'autres notables, Meusiens de Paris et aussi élus de la Meuse, le soutinrent discrètement et avec efficacité.

Le résultat de l'élection[43] du 31 juillet 1887 ne pouvait réserver de surprise. Malgré une forte abstention, Raymond Poincaré fut élu député de la Meuse au premier tour à une imposante majorité : il recueillit 34 984 voix contre 3 484 à son concurrent Paul Hurel. Comme dans toutes les élections partielles sans véritable enjeu, les abstentions étaient nombreuses ainsi que les bulletins blancs ou nuls. 5 561 suffrages s'étaient éparpillés sur divers noms, dont 684 sur celui du général Boulanger. En comparant ces résultats avec ceux de l'élection générale de 1885, on remarque une grande stabilité du corps électoral meusien. Raymond Poincaré avait recueilli un nombre de voix sensiblement égal à celui qui s'était porté sur la liste républicaine. Le rapport de forces entre la droite et la gauche était resté stable. Poincaré était l'élu d'un camp, celui de la gauche, celui des républicains. Le journal *La Meuse*[44] faisait cette remarque : « M. Poincaré a été élu tout simplement parce que la politique modérée dont il est le représentant a une majorité incontestée dans notre département » (6 août). De Sampigny où il résidait, il écrivit à Ferdinand Dreyfus[45] une lettre lucide : « Le succès a de beaucoup dépassé nos espérances... Develle ne cessait de dire : "Vous voyez que j'avais raison d'être rassuré." Il aurait au contraire les meilleurs motifs d'être inquiet. Le calme ici n'est qu'en apparence ; un coup de vent suffirait maintenant pour jeter la Meuse dans le radicalisme ou pour la rendre à la réaction. » Pour conjurer ces dangers latents, il se promettait d'être un député actif : « Je viens de faire une tournée de remerciements ; j'ai l'intention d'être un député ambulant » (8 août). Il remercia ses électeurs en ironisant sur « les réactionnaires qui n'avaient même pas osé affronter la lutte » et en lançant un appel amical aux radicaux, dont l'aurait seulement séparé « un malentendu passager. » Il concluait par la formule classique de la rhétorique unitaire : « Le parti républicain a été ce qu'il devait être, uni et discipliné. » À un siècle de distance, on mesure, au-delà des vicissitudes et des changements de générations, la remarquable permanence de ce vocabulaire politique et la rapidité avec laquelle Poincaré l'avait assimilé. À vingt-six ans, le plus jeune député de la Chambre était presque déjà un vieux routier !

À l'automne de 1887, Raymond Poincaré prit le chemin du Palais-Bourbon et retourna au cabinet de Me du Buit. Il essaya de mener de front les deux activités. Comme il l'a écrit plus tard : « Je n'y réussis guère. » Au Parlement le jeune avocat resta discret ; il ne prit pas la parole en séance publique, ce qui était d'ailleurs le cas de la majorité des députés. Ses adversaires meusiens ne manquèrent pas de le remarquer et le baptisèrent par dérision « le Muet ».

Raymond Poincaré, qui faisait son apprentissage parlementaire, admirait beaucoup Jules Ferry et il regretta de le voir en décembre 1887 écarté de la présidence de la République. Dans un éloge de Jules Ferry[46] prononcé un quart de siècle plus tard, où il disait son admiration pour l'homme d'État républicain injustement attaqué et calomnié, il évoquait avec gratitude l'accueil amical qu'il avait reçu de ce grand ancien : « Ma jeunesse inexpérimentée avait tout de suite rencontré au Parlement la protection bienveillante de Jules Ferry. » On ne sait quels furent ses premiers amis au Palais-Bourbon. Noua-t-il des liens d'amitié avec le jeune et élégant Paul Deschanel que l'Eure-et-Loir venait d'envoyer à la Chambre ? Continua-t-il, en dépit de leurs divergences politiques croissantes, de fréquenter Alexandre Millerand, élu de Paris ? On reste dans l'incertitude.

L'examen de ses votes montre que Poincaré se situait parmi les républicains ministériels, qu'il prit immédiatement position contre les ambitions du général Boulanger et de son mouvement. On ne dispose que de rares informations pour saisir son état d'esprit, alors qu'au cours de l'été et de l'automne de 1888 le mouvement révisionniste faisait de grands progrès dans le pays et que le général Boulanger, au grand dam des républicains, était devenu la coqueluche de l'opinion et des électeurs. Son ami Ferdinand Dreyfus[47] lui avait adressé une brochure qu'il avait rédigée et intitulée *Le Mal et le Remède*. Poincaré l'approuvait en ces termes : « Ce que vous dites de Boulanger est vrai sans réserves. » Puis il se livrait à une intéressante critique des opportunistes :

> « *Le "mal" est né dans l'affolement des opportunistes le jour de Lang Son... Ils ont négligé ce qui se passait en dehors d'eux... Ils ne se sont préoccupés ni du travail souterrain de l'opinion, ni de l'indifférence croissante des électeurs, ni de la constitution d'un personnel de rechange...* » Il concluait par un refus : « *pas de compromis avec le cléricalisme* » et par une approbation un peu sceptique de « *votre remède* » : « *Le scrutin d'arrondissement, soit! L'action présidentielle, soit!* ».

Nous n'avons aucune information sur les réactions de Poincaré lors des jours difficiles de janvier 1889 qui suivirent l'élection du général Boulanger dans la Seine.

Dans la Meuse, la situation politique se dégradait pour les républicains de gouvernement ; une partie de leurs adversaires radicaux, dont Léon Tugny, avait rejoint les boulangistes et attaquait le « député ministériel ». *L'Écho de l'Est*[48], où chaque jour le journaliste Daniel Laumonier tirait à boulets rouges sur les opportunistes, coordonnait la future campagne des adversaires de la République. Autant que les Develle, Poincaré était dans sa ligne de mire : « futur ex-député », « le châtelain de Sampigny », « le candidat honteux ». À sa manière Poincaré célébra le centenaire de la Révolution française en préparant deux conférences qu'il donna successivement à Bar, à Saint-Mihiel et à Commercy : l'une sur « Les femmes dans la Révolution » et l'autre sur « Camille Desmoulins ». Laumonier ironisait sur l'orateur républicain en ces termes : « Il ne nous a rien appris qu'on ne puisse lire dans les livres d'histoire, même dans le Larousse » (19 février).

Au niveau national, Poincaré appuyait le cabinet Tirard et le ministre de l'Intérieur, Constans, qui firent définitivement trébucher Boulanger. Dans la Meuse, ses votes au Parlement étaient recensés et critiqués. Sa position politique était sans équivoque : il était républicain, laïc et patriote, opposé à toutes les tentatives populistes, plébiscitaire ou césarienne. C'était un bourgeois libéral dans le droit fil de 1789. La république avait pour mission d'assurer les libertés publiques, de défendre la propriété privée et d'assurer l'ascension sociale et la promotion humaine par le travail et l'instruction.

Ses adversaires le traitaient dédaigneusement d'opportuniste et de ministériel.

Député de Commercy

À l'automne de 1889 se déroulèrent les élections générales pour renouveler la Chambre des députés. Elles furent organisées de main de maître par le ministre de l'Intérieur, Ernest Constans. À la différence du scrutin précédent, les candidatures multiples qui avaient servi à Boulanger de levier plébiscitaire furent interdites et on avait abandonné le scrutin de liste pour revenir sagement au scrutin d'arrondissement à deux tours. Le département de la Meuse fut divisé en quatre circonscriptions : Bar-le-Duc, Commercy, Montmédy et Verdun.

Raymond Poincaré se vit naturellement attribuer par ses amis républicains la circonscription de Commercy, un arrondissement rural de 75 000 habitants, répartis en 7 cantons et 176 communes dont beaucoup comptaient moins de 300 habitants. La circonscription de Commercy, qui était variée et étendue, était traversée par la Meuse du sud au nord. Après avoir pris sa source en Haute-Marne et arrosé Neufchâteau, berceau de la famille Poincaré, et Domrémy, le village de Jeanne d'Arc, elle pénétrait dans le département auquel elle avait donné son nom; c'était une rivière calme et paisible, bordée de prés entourés de saules, encore à peine aménagée par l'homme. Poincaré, qui aimait beaucoup ces paysages, fit plus tard construire sa maison à Sampigny à mi-pente de sa propriété pour contempler le beau point de vue sur la vallée et les forêts des Hauts de Meuse. Les principales villes, dont aucune n'atteignait 10 000 habitants même en comptant les militaires, s'égrenaient le long de la vallée de la Meuse : Vaucouleurs, où les ruines du château du sire de Baudricourt rappelaient la geste de Jeanne d'Arc, avait des fonderies. Commercy, le chef-lieu de l'arrondissement, dépassait tout juste 5 000 habitants lesquels étaient fiers de leur château, héritage des ducs de Lorraine, et des madeleines, une spécialité réputée. La ville était située sur la ligne de Paris à Nancy ce qui avait favorisé l'essor des forges que dirigeait René Grosdidier. Deux journaux paraissaient à Commercy : *Le Républicain de l'Est*, que Tugny avait arraché au maire Grosdidier, et *Le Patriote de l'Est*, que Grosdidier avait repris pour défendre la république menacée. Saint-Mihiel, l'antique cité judiciaire des ducs de Lorraine, avait conservé de belles maisons anciennes, des églises avec des sculptures de Ligier Richier, des bâtiments abbatiaux qui attestaient son passé de ville couvent. À la sortie de la ville, en bordure de la Meuse se dressaient les « demoiselles de Saint-Mihiel », deux rochers verticaux détachés de la côte. Cette curiosité naturelle était un lieu de promenade apprécié des habitants. Saint-Mihiel avait conservé une cour d'assises, ce qui maintenait sur place quelques familles de magistrats. Mais l'essentiel de l'activité provenait désormais d'une garnison en croissance rapide qui passa de 2 000 hommes au début des années 1880 à 7 000 hommes vers 1895 et à plus de 8 000 en 1913, en incluant les effectifs des casernes de Chauvoncourt construites sur la rive gauche et les unités des forts des Paroches et du Camp des Romains. Aux régiments d'infanterie vinrent s'ajouter des unités de cavalerie légère, de chasseurs à cheval et deux régiments d'artillerie. Une garnison de cette importance nécessitait des services divers : génie, intendance, hôpital mixte, hôpital vétérinaire. Poincaré était naturellement attentif aux besoins de l'armée, dont la place dans la vie sociale et économique des villes de l'Est était devenue considérable. Autour des familles d'officiers et de magistrats et du clergé se maintenait un noyau conservateur qui soutenait le tri-hebdomadaire *Le Narrateur de Saint-Mihiel,* tandis que les républicains lisaient *La Meuse, journal de la République conservatrice,* un titre qui rappelait plus Thiers que Gambetta et dont le principal journaliste, Lombard, était un ami de Poincaré.

De l'est vers l'ouest se succédaient les paysages classiques des pays de côte : la plaine de Woëvre aux terres lourdes et argileuses avec ses buttes et ses étangs était dominée par la côte de Meuse sinueuse et festonnée dont les villages sous les côtes étaient entourés de vergers et de vignes. Puis les Hauts de Meuse formaient une étroite bande sauvage et très forestière qui dominait d'une part la Woëvre et d'autre part la vallée de la Meuse. À l'ouest de la Meuse s'étendaient les ondulations monotones des plateaux du Barrois, à peine interrompues par la douce et verdoyante vallée de l'Aire. À l'horizon se dressaient les hauteurs boisées de l'Argonne. L'essentiel des activités tournait autour de l'agriculture : beaucoup de petites exploitations mixtes associaient culture des céréales et élevage; les villages des côtes paraissaient plus riants et plus prospères que ceux du plateau barrois et de la Woëvre, mais la crise de la viticulture les plongea dans un déclin durable. Depuis 1850 l'industrie rurale s'était lentement et irrémédiablement affaiblie; la grande affaire restait l'exploitation des carrières de pierre de Lérouville et d'Euville dont on tirait un calcaire blanc, fin et pur, très apprécié. Beaucoup de constructions de qualité de Paris, de Nancy et de bien d'autres villes ont utilisé la pierre d'Euville. À Pagny-sur-Meuse s'étaient installés des fours à chaux, clients de la métallurgie.

Les électeurs de Poincaré étaient des paysans, des artisans et des ouvriers ruraux, des forgerons, des carriers et des chaufourniers, des petits fonctionnaires et des artisans des bourgs et des petites villes, des petits-bourgeois républicains, c'est-à-dire le peuple français au sens où l'entendaient Michelet et Gambetta. La bourgeoisie urbaine était très faiblement représentée et les grands propriétaires nobles peu nombreux et sans réelle influence. Le seul corps qui pouvait gêner ou combattre Raymond Poincaré était le clergé. Chaque village ou presque avait un curé résidant ; ce clergé était dans l'ensemble paisible et la presse confessionnelle, encore inexistante, ne pouvait être un danger comme ce sera le cas dix ans plus tard. Poincaré prit toujours soin d'éviter l'agressivité et la dénonciation anticléricale et de se prononcer, quand la question était posée, pour le maintien du concordat. Il avait choisi clairement son camp, celui de la république laïque. C'est pourquoi l'électorat catholique ne lui était pas spontanément acquis. Si un candidat conservateur habile se présentait, il pourrait aisément le rallier à lui. Poincaré en était parfaitement conscient.

Comme l'ensemble de la Lorraine, le pays de Commercy avait été marqué par les événements de 1870 ; certes on s'y était moins battu qu'autour de Metz, Montmédy ou Verdun ; mais les Prussiens étaient passés puis avaient attentivement surveillé la voie ferrée de Paris. Après la signature du traité de Francfort l'occupation s'était prolongée à Commercy et à Verdun jusqu'en 1873. Elle avait laissé une foule de mauvais souvenirs, les réquisitions par les uhlans et les « casques à pointe »... La frontière avec l'Allemagne s'était dangereusement rapprochée et les forts de Metz menaçaient désormais ceux des Hauts de Meuse et de Verdun. Entre les deux camps retranchés de Verdun et Toul on avait construit, selon les instructions du général Séré de Rivières, un chapelet de forts qui démontraient aux habitants l'importance de la défense et la nécessité de se protéger contre une nouvelle invasion. Les garnisons de Verdun, Commercy, Saint-Mihiel s'étaient étoffées. Le souvenir de 1870 et la crainte d'une Allemagne désormais toute proche donnaient au patriotisme des Meusiens une intensité vigilante à laquelle Raymond Poincaré était parfaitement accordé.

La campagne commença tôt. Le 13 mai Poincaré tint une réunion à Saint-Mihiel, et le 20 juillet il fit un compte rendu de mandat à Commercy au cours duquel il fut apostrophé par un groupe d'excités en ces termes : « À bas les saucissonneurs ! À bas les tripoteurs ! À bas les voleurs ! » Pour la première fois, Raymond Poincaré partait à la bataille seul et sans protecteur. Depuis la fuite du général Boulanger en Belgique, les républicains avaient certes regagné du terrain mais le général « Revanche » conservait, malgré sa dérobade devant la Haute Cour, de nombreux partisans dans tout le pays et en Meuse, où des journaux, comme *L'Écho de L'Est* de Bar-le-Duc, le soutenaient. Aux élections cantonales d'août 1889, Boulanger avait été candidat à Bar-le-Duc et il avait talonné le candidat républicain, ami de Jules Develle. À l'occasion de ces mêmes élections cantonales, deux cantons de la circonscription de Commercy avaient élu des adversaires de la république : le conservateur Paul Salmon avait succédé à son père comme conseiller général de Vigneulles et Léon

Tugny, radical passé au boulangisme, avait été élu comme « révisionniste » à Commercy.

Depuis deux ans, Léon Tugny poursuivait Poincaré de sa hargne et signait chaque semaine contre lui dans *Le Républicain de l'Est* des articles violents et agressifs. En août 1889, il avait conquis le siège de conseiller général de Commercy[49], battant au second tour le maire René Grosdidier. Il s'était placé dans le sillage du général Boulanger qui remportait de nombreux succès dans les élections partielles. L'année suivante, alors que l'étoile du général Boulanger, qui s'était exilé en Belgique, avait singulièrement pâli, un incident opposa Tugny à Poincaré lors d'une session du conseil général de la Meuse. Poincaré avait refusé que sa signature figurât aux côtés de celle de Tugny. Entre les deux hommes le ton monta et la discussion ayant tourné à l'aigre, elle trouva sa conclusion sur le pré par un duel au pistolet. C'était une pratique sociale encore fréquente tant au Parlement qu'au barreau. Peu de temps auparavant, Charles Floquet avait blessé au bras le général Boulanger. Georges Clemenceau, très combatif, eut plusieurs duels dans sa longue carrière, dont l'un avec Paul Deschanel. En général on préférait l'épée, car les risques étaient moins grands. Dans ce cas on avait retenu le pistolet. Accompagné par ses deux témoins, un député et un sénateur, Poincaré se rendit sur le pré. Chacun des deux adversaires tira une balle sans résultat. Il nous reste de ce duel dont nous ne connaissons ni la date ni le lieu exact (août 1889), un récit presque à chaud de Poincaré : « J'ai voulu pour finir intervertir les rôles et je lui ai déclaré en pleine séance que je ne voulais pas que mon nom figurât à côté du sien. Il a réfléchi deux jours et m'a envoyé demander si j'avais visé l'homme politique ou l'homme privé. J'ai répondu que j'avais visé les deux. Il a bien fallu se battre. Il a choisi le pistolet, à 15 pas et au commandement[50]... » Le duel se poursuivit dans la presse puis dans les urnes ; Tugny traînait Poincaré dans la boue et dénonçait la malfaisance de la « coterie officielle des Develle ». Pendant la campagne électorale, *Le Républicain de l'Est* fut relayé par une feuille plus virulente encore, *La Tribune populaire de l'Est*. Poincaré était « le candidat muet qui n'avait jamais osé monter à la tribune », le représentant de « l'opportunisme menteur et tripoteur », l'homme de la « bourgeoisie judéo-maçonnique », le « patronné de la juiverie ». « L'élève du cumulard Develle » était copieusement insulté : « Vous êtes une vesse-de-loup ! Oh Poincaré ! Vous éclaterez avec un bruit bouffant. » En pleine campagne électorale, Poincaré[51] commentait ces péripéties en ces termes : « Le triste sire (le journaliste de Commercy) avec lequel je me suis battu et que vous connaissez, je crois, de réputation, a lieu au fond d'être très flatté de l'honneur que je lui fais. » (23 août 1889).

Le second adversaire de Poincaré était plus paisible et plus courtois mais peut-être plus dangereux. Il s'agissait du conseiller général de

Vavincourt, Auguste Gérardin, éleveur de chevaux à l'Étanche, lieudit à Deuxnouds-aux-Bois. Cet ancien conseiller à la cour d'appel de Nancy était un homme de sensibilité bonapartiste qui avait figuré en 1885 sur la liste conservatrice ; il avait l'appui du clergé et du journal catholique *L'Éclair de l'Est* ; il était le neveu du conseiller général de Vigneulles, Paul Salmon[52]. À plusieurs reprises Gérardin s'était pris de bec avec Poincaré au conseil général. S'il s'abstint d'attaques grossières contre sa personne, il dénonça le caractère parisien du député sortant, la mauvaise gestion des finances publiques et les « méfaits de l'opportunisme corrupteur » dont l'affaire Wilson avait déconsidéré la présidence de la République.

Poincaré, qui avait fait des comptes rendus de mandat à Saint-Mihiel et à Commercy au début de l'été, s'établit à Sampigny et mena campagne pendant plus de quatre semaines ; il visita la plupart des communes et tint des réunions parfois houleuses dans les villes. Celle de Saint-Mihiel fut particulièrement agitée ; il fut assailli par des interrupteurs bruyants auxquels il répliqua vertement. Poincaré était soutenu par de nombreux maires et plus efficacement par le maire de Commercy, René Grosdidier. Dans son nouveau journal *Le Patriote de l'Est,* il rendait coup pour coup à Tugny et ironisait sur Gérardin, « l'homme à cheval ». Pour donner une idée de la violence verbale de la campagne, voici un court extrait de la prose du *Républicain de l'Est*[53], le journal de Tugny :

> « M. Poincaré arrive sur la scène ; ce petit homme s'enfonce les deux mains dans les poches, hausse les épaules et regarde d'un air arrogant et dédaigneux les électeurs dont il veut solliciter les suffrages. C'est un Louis XIV au petit pied et à la voix aigrelette. »

L'article s'achevait par un cri antisémite : « À bas les juifs ! Vive Boulanger ! »

Dans une telle situation, un ballottage était à prévoir. Le député sortant, qui disposait d'un capital de sympathie que ses adversaires n'ignoraient pas, arriverait certainement en tête. Avec quelle avance ? Lequel de ses deux concurrents viendrait en second ? Tugny ou Gérardin ? Dans la seconde hypothèse, une inconnue demeurait : les voix de gauche que Tugny avaient conservées pourraient-elles se reporter en bloc sur le candidat conservateur ?

Le 12 septembre 1889, au soir du premier tour, Raymond Poincaré arrivait largement en tête avec plus de 46 % des suffrages exprimés ; le conservateur Gérardin était second avec 31 % ; le socialiste révisionniste était relégué loin derrière avec seulement 21 % des voix. Théoriquement les adversaires de Poincaré disposaient d'un léger avantage et Léon Tugny se retira en laissant entendre qu'il fallait battre le candidat officiel. Le calcul de Poincaré et de ses amis fut d'une simplicité biblique. Pour assurer la victoire de la république sur la réaction, de la gauche sur la droite, il fallait recueillir une partie des voix de gauche qui s'étaient « égarées » sur le candidat boulangiste. Ce calcul se révéla juste car, au second tour, la moitié environ des voix de Tugny revinrent à la république, de laquelle elles s'étaient temporairement écartées. Raymond Poincaré fut réélu avec 2 300 voix d'avance sur Gérardin et 55 % des suffrages exprimés. Il était en minorité dans deux cantons seulement, ceux de Void et de Vaucouleurs.

Dans le département de la Meuse la victoire des républicains était complète puisqu'ils conservaient aisément leurs quatre députés. À Bar, Jules Develle était réélu contre le conservateur Sébastien Madelin, un magistrat démissionnaire et président de la Conférence de Saint-Vincent-de-Paul; c'était le père du futur historien et académicien Louis Madelin, lequel rechercha plus tard le soutien de Poincaré. À Nancy, les républicains avaient été plus malmenés que dans la Meuse puisqu'au terme d'une campagne fertile en incidents le jeune Maurice Barrès, qui était encore un inconnu ou presque, fut élu député sous l'étiquette de « socialiste révisionniste », la même que celle que Tugny avait adoptée à Commercy. À Saint-Dié, Jules Ferry, l'homme d'État dont le jeune Poincaré admirait le talent, la probité et l'autorité, succombait face à la démagogie et à la haine coalisées et était battu par le commandant Ernest Picot. Tout en déplorant ces échecs, Poincaré jugeait à juste titre que la république avait surmonté sa première véritable épreuve. De Sampigny où il résidait quand il venait en Meuse, il remercia ses électeurs par une vibrante profession de foi républicaine où il se réjouissait que « la honteuse alliance » (celle des extrêmes) eût subi « un échec complet [54] ».

*
**

Raymond Poincaré était âgé maintenant de presque trente ans; il avait pris de l'assurance car les luttes politiques l'avaient aguerri. Il avait conquis de haute lutte un territoire électoral. Il avait acquis l'amitié de René Grosdidier qui, au début, l'avait quelque peu jalousé; il avait mis en place à son service des réseaux de notables et d'élus avec l'aide de Mirouel, Quilly, Curel, Phasmann; il n'était plus le protégé de quiconque mais le député de Commercy. Son assise électorale était assurée. Vingt-cinq ans plus tard, en 1913, alors qu'il venait d'être élu président de la République et qu'il faisait à Bar-le-Duc sa première visite officielle, il rappelait à Jules Develle qui était à ses côtés et aux Meusiens qui l'écoutaient tout ce qu'il devait à son patron, « mon introducteur et mon garant... c'est lui qui s'est fait auprès de moi l'éloquent avocat des traditions barisiennes et qui m'a réappris mon pays [55]... » Et il ajoutait cette petite phrase très révélatrice : « Sans Develle, je serais resté à Paris... » En acceptant la proposition de Jules Develle, Raymond Poincaré avait fait l'un des choix décisifs de son existence : il serait homme politique et, comme dans tous les domaines, il le serait au plus haut niveau. Pour réaliser ce projet, il avait redécouvert son département et la Lorraine car, après dix ans de vie parisienne, il avait oublié ou presque les « idées lorraines ». On ne peut s'empêcher de faire un rapprochement entre le jeune Raymond Poincaré et le personnage de Sturel que Maurice Barrès met en scène dans *Les Déracinés*. Sturel s'était défait de son accent et avait abandonné toute particularité lorraine. Le Poincaré de trente ans n'était-il pas un peu le modèle de cet homme-là, que Maurice Barrès était bien placé pour observer ?

Brillamment réélu, jeune et décidé, Raymond Poincaré devait maintenant se faire connaître au Palais-Bourbon et montrer que ses capacités pouvaient le porter au premier rang des républicains. Était-il en mesure de connaître un destin national ? Il disposait d'un fief électoral sûr, d'un potentiel personnel, d'un réseau d'amis dans le monde et l'appareil d'État. En outre et ce n'est pas le moins, il était animé par une ambition forte, sans cesse en éveil. Saurait-il être à la hauteur des circonstances et des événements ?

CHAPITRE III

Une étoile montante de la « République nouvelle »

En l'espace de quelques années, le jeune député de Commercy quitta l'anonymat parlementaire pour devenir un homme dont les interventions étaient écoutées, les propos, même les plus anodins, recueillis et les activités suivies par les journalistes parisiens. Cette rapide ascension fut aussi servie par la chance. En effet le scandale financier de Panamá, dans lequel des dirigeants républicains importants se trouvèrent compromis, écarta temporairement une partie du personnel politique. L'opinion publique attendait des hommes neufs. Le profil de Raymond Poincaré répondait à cette attente ; c'est tout naturellement qu'en 1893, âgé de trente-deux ans, il devint ministre pour la première fois.

Rapporteur général du budget

Pour la postérité Raymond Poincaré est demeuré « le sauveur du franc ». On se souvient surtout de sa fin de carrière couronnée par une réussite financière et monétaire aussi éclatante qu'éphémère. Mais on avait depuis longtemps oublié que sa notoriété parlementaire lui venait des finances publiques [1]. Un député ambitieux doit choisir une spécialité et s'y faire remarquer, à la limite s'y rendre indispensable ; ensuite il est toujours temps pour lui de travailler à élargir son horizon. Raymond Poincaré choisit un domaine aride, un domaine réservé à de rares spécialistes, et dans lequel le député moyen n'osait guère s'aventurer, celui du budget. Il intervint pour la première fois à la tribune de la Chambre le 24 octobre 1890 [2] à l'occasion d'un débat financier. Ce fut son baptême du feu. Très vite on remarqua sa mémoire exceptionnelle, son esprit précis et sa clarté d'exposition. Des qualités aussi éminentes n'auraient jamais suffi à le distinguer si ses idées n'avaient pas été en harmonie avec celles de la majorité de la Chambre. Poincaré avait l'avantage de ne rien prétendre bouleverser ; ce jeune homme si prudent obtint sans peine le patronage bienveillant des caciques du centre gauche, en l'occurrence du banquier Henri Germain, le fondateur du Crédit lyonnais[3], et de Léon Say, ancien ministre des Finances[4], qui passait pour un oracle en la matière. En 1890 Poincaré fut élu rapporteur général du budget ; cette fonction, alors annuelle, lui permit de quitter rapidement l'anonymat parlementaire, de se familiariser avec les finances publiques, d'entrer en contact avec les ministres, les hauts fonctionnaires des Finances et d'aborder les questions fiscales. Poincaré proposa à ses collègues de réformer et de rationaliser la présentation des documents budgétaires. Il avait inventé ou fait sienne une formule, « l'unité budgétaire », ce qui signifiait la suppression des budgets annexes des « usines », à savoir les budgets des tabacs, des allumettes et des Postes. Il souhaitait aussi parvenir « à la centralisation et à l'uniformisation de la comptabilité publique ». Ayant exercé cette délicate fonction à la satisfaction générale, il fut aisément réélu l'année suivante.

Les exigences du travail parlementaire étaient loin de dévorer tout son temps. Il parvenait encore à écrire des articles de journaux et à plaider quelques affaires. C'était un homme très occupé : « J'ai le rapport sur les sucres et vous savez si c'est gai... » écrivait-il[5] à Ferdinand Dreyfus (3 juin 1891). À Joseph Reinach[6] qui lui demandait un article pour *La République française,* il répondait qu'il était surmené : « J'ai trois ou quatre rapports à terminer pour la commission des Finances (pensions civiles, etc.) J'ai une maudite affaire à plaider que je n'ai pas encore eu le temps de regarder... » (29 septembre 1891). En mars 1892, au même Joseph Reinach qui lui tirait gentiment l'oreille car un article promis tardait, il assurait : « Non, je ne suis pas mort... je vais reprendre ma collaboration. » À l'automne suivant, en octobre 1892, il s'enfermait plusieurs jours durant « pour mettre sur pied mon rapport avant la rentrée ».

S'il est un domaine où les parlementaires devaient être vigilants, c'était bien celui de la fiscalité, car l'opinion publique était prompte à s'enflammer et un mot malheureux pouvait avoir des conséquences désastreuses. Les plus prudents, qui étaient aussi les plus nombreux, préféraient se taire ou n'aborder qu'avec circonspection un terrain aussi dangereux. Poincaré n'hésita pas à prendre position : il préconisa le « courage fiscal », une des formes du « courage civique ». Il n'hésita pas à dire qu'il était parfois du devoir et de l'honneur d'un gouvernement démocratique » de recourir à des impôts nouveaux à condition de déclarer la chasse aux gaspillages. « La chasse aux gaspillages » devint l'un des thèmes favoris de Poincaré durant toute sa carrière et il ne manquait jamais d'avoir recours à cette formule dès qu'il entrait en campagne électorale. Dans un beau mouvement d'éloquence républicaine, il proclama qu'il fallait « s'approcher tous les jours davantage de la justice et de l'égalité ». Cette incantation ne l'empêcha pas de s'opposer avec la dernière énergie à un projet d'impôt sur le revenu présenté par les radicaux[7]. Selon lui ce projet présentait un risque majeur », « celui de l'inquisition fiscale » et d'intrusion de l'État dans le patrimoine des particuliers. En s'opposant à l'impôt sur le revenu, il se faisait l'avocat des possédants et s'assurait la bienveillance des caciques du centre gauche ainsi que de tous les milieux liés au monde des affaires et du commerce. Avec la lutte contre les gaspillages, le refus de l'inquisition fiscale, et donc de l'impôt sur le revenu, devint l'un des thèmes favoris de Poincaré.

Le 30 novembre 1892, à la suite d'un conflit avec le Sénat, Raymond Poincaré démissionnait de ses fonctions de rapporteur du budget. En l'espace de dix-huit mois il avait acquis un nom, une compétence. et une réputation. Il était devenu un parlementaire en vue auquel ses collègues prédisaient un bel avenir. Il avait ses entrées à l'Élysée, où le président Sadi Carnot l'avait remarqué et où le colonel Brugère, aide de camp de Carnot, était devenu une connaissance utile.

Un brillant ministre de l'Instruction publique

Le scandale de Panamá avait éclaboussé une partie du personnel républicain. Dans la presse et dans les Assemblées, les passions les plus vives s'étaient déchaînées contre les « chéquards », surnom donné aux parlementaires accusés d'avoir reçu des chèques de la Compagnie. Les adversaires de la République pourchassaient ceux que Fernand de Lesseps avait si facilement corrompus. Georges Clemenceau, qui était l'un de leurs points de mire et dont l'honnêteté personnelle ne peut plus aujourd'hui être mise en doute, dut faire face à une campagne haineuse au terme de laquelle il fut écarté du Parlement.

Une expression était dans l'air du temps, celle d'« hommes nouveaux », d'hommes dont le nom n'avait pas été mêlé aux scandales financiers et aux affaires et qui incarneraient la « République nouvelle ». Les Français aspiraient confusément à un rajeunissement de leurs dirigeants. Le président de la République, Sadi Carnot, jugea légitime et indispensable de répondre à cette aspiration en appelant à la présidence du Conseil Charles Dupuy, un jeune député de la Haute-Loire[8]. Malgré son inexpérience, on espérait qu'il pourrait sortir le gouvernement de la République des ornières de la corruption. Il forma le 4 avril 1893 un cabinet composé de républicains de gouvernement et de trois radicaux modérés, dans lequel il avait réservé une place de choix à de jeunes parlementaires. Deux avaient à peine dépassé la trentaine : Louis Barthou[9] recevait le portefeuille des Travaux publics et Raymond Poincaré celui de l'Instruction publique et des Beaux-Arts.

Poincaré était-il ce que l'on appelle aujourd'hui « un jeune loup » ? À certains égards il en avait le profil et l'ambition. Mais son but était moins d'envoyer les anciens à la retraite que de se placer dans leur sillage ; il a toujours eu un côté héritier respectueux et n'a jamais cherché à tuer ses pères. C'est pourquoi la formule de Jean Estèbe, « les jeunes loups réussissent mieux dans les périodes de scepticisme politique que lors des flambées de foi et d'action [10] », est plus brillante qu'éclairante si on l'applique à cette génération.

Les journalistes furent étonnés moins par cette nomination que par le poste qui lui était confié, car certains d'entre eux voyaient déjà Poincaré ministre des Finances. Il n'y a jamais de fumée sans feu. Quelques jours plus tôt Jules Méline, qui avait été pressenti, lui avait effectivement fait cette proposition qu'il aurait refusée sur les conseils de Jules Develle ; les journalistes avaient seulement anticipé de quelques mois sur les événements. Poincaré devenait le collègue de Jules Develle, qui s'installait aux Affaires étrangères et qui, à ce titre, fut l'un des négociateurs de l'alliance franco-russe. Mme Antoni Poincaré s'inquiéta un peu de l'arrivée de son fils sur le devant de la scène. On lui prête ce mot : « Ministre ? Est-ce bien une situation pour un jeune homme ? ». En effet, lorsqu'il se présenta rue de Grenelle, on raconte que l'huissier n'avait pas voulu croire qu'il s'agissait de son nouveau ministre car il l'avait confondu avec le président d'une délégation d'étudiants auquel une audience avait été promise quelques jours plus tôt. Les journalistes ne manquèrent pas de décliner ce registre ; ils appelaient Poincaré et Barthou « les deux inséparables », « les deux gosses ». Raymond Poincaré était un jeune homme de taille moyenne, encore mince, d'une élégance discrète. Son visage régulier, d'un teint très blanc, était encadré d'un collier de barbe châtain clair, il portait une moustache fournie, taillée et redressée. Ses yeux très bleus étaient soulignés par des sourcils marqués ; pour masquer un début de calvitie, il ramenait ses cheveux en avant.

Le nouveau ministre prit très au sérieux ses fonctions. Comme les affaires de l'École et de l'Université ne lui étaient pas familières, il se mit à l'étude des dossiers, des questions en cours et les assimila si rapidement que les directeurs chevronnés du ministère dont il sollicitait les avis en furent très étonnés. Parmi eux retenons les noms de Ferdinand Buisson [11], qui avait été le collaborateur de Jules Ferry et qui était resté le directeur de l'Enseignement primaire, et du recteur Louis Liard [12], le directeur de l'Enseignement supérieur. De ces hommes, dont chacun aurait pu être son père, il se fit des collaborateurs et des amis qui lui restèrent très attachés, comme le montre sa correspondance ultérieure. L'une des premières interventions du ministre à la Chambre fut de promettre et d'obtenir une amélioration du traitement des instituteurs [13].

À l'Instruction publique était jointe la direction des Beaux-Arts. Avec son directeur de cabinet, Georges Payelle, il accorda une grande attention aux lettres et aux arts. Il s'entendit très bien avec le directeur des Beaux-Arts, Henry Roujon[14], collaborateur de *La République des Lettres* et de la *Revue bleue*. C'était un esthète délicat, à l'esprit un peu compliqué, qui aimait les honneurs et les positions de pouvoir. Les deux hommes devinrent amis et le restèrent même si parfois Raymond était agacé par ses revendications incessantes. Poincaré se comporta comme un « ministre de la Culture » de la Ve République. Il était présent là où il devait l'être, par exemple à la première de la *Walkyrie* à l'Opéra, le 11 mai 1893. Tout en assurant avec éclat les aspects officiels de sa fonction comme la distribution des prix du concours général à la Sorbonne, il sut donner du lustre aux inaugurations et aux manifestations auxquelles il était convié. Sa parole retenait l'attention ; il était à l'aise dans les plus banales allocutions de circonstance comme dans les interventions plus sérieuses où il devait évoquer une personnalité ou souligner l'originalité d'un savant ou d'un artiste. Il pouvait parler avec compétence d'un musicien, d'un historien, d'un savant, d'un écrivain. Ses éloges de Fustel de Coulanges et de Louis Pasteur sont demeurés à juste titre dans la mémoire de ses auditeurs. Devant le Congrès des sociétés savantes, il brossa un portrait remarqué d'Ernest Renan[15] qui venait de disparaître. Après avoir analysé son œuvre littéraire et historique, il montrait tout ce que le parcours de l'écrivain et du penseur pouvait apporter à la République : « Nul gouvernement républicain ne pouvait se méprendre sur la direction générale de sa pensée. Toute sa vie avait été consacrée au service de la science, à la réforme intellectuelle et morale du pays, au perfectionnement de l'humanité. » En deux phrases l'essentiel était dit et une étroite correspondance avait été établie entre la pensée de Renan, ses convictions et l'idéologie républicaine. Ernest Renan qui, comme son cadet Ernest Lavisse, s'était senti à l'aise dans le régime de Napoléon III, avait rejoint ensuite la République pour devenir l'une de ses références intellectuelles. La capacité d'assimilation et d'intégration de Raymond Poincaré n'avait d'égale que son aptitude à rendre accessible au plus grand nombre une démarche, une sensibilité, la trajectoire de toute une vie.

La Chambre des députés élue en 1889 arriva au terme de ses quatre années de mandat. Les élections législatives étaient fixées au mois d'août 1893. Raymond Poincaré ne s'engagea pas dans une campagne nationale qui, sauf dans certaines circonscriptions, comme celle de Clemenceau dans le Var, fut plutôt calme. Comme ministre il se rendit en Haute-Loire, le département du président du Conseil Charles Dupuy, pour exalter l'œuvre de la République. Lors de l'inauguration du lycée de jeunes filles du Puy, il prononça le 9 juillet 1893 un discours-programme sur l'éducation des jeunes filles[16] qui dut hérisser le clergé d'un département où l'enseignement confessionnel et congréganiste était encore très puissant. Puis il revint au début d'août en

Meuse. Aucun adversaire n'avait osé se dresser contre un ministre qui était entouré de la considération générale. Les maires et les notables, devenus ses obligés, l'accueillirent dans les principaux bourgs de sa circonscription : « Heureux ministre qui a pour lui le talent, la jeunesse, la popularité[17]... » Cette tournée triomphale s'acheva par un point d'orgue : la distribution des prix du collège de Commercy en compagnie de l'écrivain André Theuriet et le banquet des anciens élèves du lycée de Bar-le-Duc où il prononça « un émouvant discours sur la camaraderie ». Les adversaires se taisaient tandis que les journaux amis ne tarissaient pas d'éloges : « Quelle belle parole ! Quelle facilité d'élocution ! Que d'esprit entre temps ! Quelles pensées énergiquement exposées, élevées et patriotiques ! », s'exclamait *Le Patriote de l'Est*. On pourrait sans peine étendre encore le florilège.

Le 20 août 1893, le jour de ses trente-trois ans, Raymond Poincaré fut naturellement réélu député de Commercy avec 14 394 voix, soit 95 % des suffrages exprimés. Il avait gagné près de 5 000 voix par rapport à 1889. C'était un succès éclatant. Dans les départements de l'Est, beaucoup de républicains modérés furent aussi réélus au premier tour sans opposition ; les scandales et les affaires n'avaient été qu'une agitation superficielle qui n'avait pas modifié les convictions des électeurs. « La République est sortie triomphante des urnes et a reçu la consécration définitive qu'elle sollicitait du suffrage universel », titrait avec satisfaction *Le Patriote de l'Est*[18]. Trois jours plus tard, Poincaré rentra à Paris après avoir assisté en compagnie de Jules Develle à Bar-le-Duc à la fête annuelle des instituteurs et des institutrices.

Le ministre de la République laïque pouvait maintenant se présenter comme un homme disposé à l'apaisement avec l'Église. En Lorraine, le culte de Jeanne d'Arc, « la bonne Lorraine », connaissait une faveur croissante. Religion et patriotisme s'y mêlaient étroitement. Pour accueillir les pèlerins qui arrivaient en nombre croissant, les autorités religieuses décidèrent de construire une basilique à Domrémy, au lieu-dit le Bois-Chenu où Jeanne avait gardé ses brebis et aurait entendu les voix des saintes. Alors que beaucoup d'évêques français se montraient réservés sinon hostiles au « ralliement » à la République auquel les invitait le pape Léon XIII, l'évêque de Verdun, Mgr Pagis, s'était spontanément placé sur la ligne souhaitée par le pontife. Il invita le ministre à Domrémy, à la cérémonie de bénédiction des fondations de la future basilique. Ce n'était ni dans la circonscription ni même dans le département de Poincaré (Domrémy est dans le département des Vosges), mais c'était dans la vallée de la Meuse et tout près de Neufchâteau, le berceau de sa famille paternelle. Jeanne, meusienne et lorraine, était une compatriote dont le souvenir lui était cher. Il le montra en faisant classer monument historique la chapelle castrale de Vaucouleurs. Il accepta l'invitation de l'évêque à la condition de quitter Domrémy avant les cérémonies strictement religieuses.

Sur la base de ce compromis il se rendit à Domrémy le 17 juillet 1893 pour prononcer un discours [19] en l'honneur de Jeanne, un discours laïque et patriotique d'une tonalité très différente de celle que les catholiques avaient l'habitude d'entendre, un discours plus proche de la Jeanne d'Arc de Michelet (dont le texte semble avoir été consulté) que des panégyriques de Mgr Dupanloup. Raymond Poincaré présenta Jeanne comme le symbole le plus éclatant de l'unité nationale : « Jeanne appartient à la France entière et la France a raison de l'honorer... Elle incarne et résume ce qu'il y a de commun dans les sentiments de Français de tous les partis, l'inaltérable dévouement à la patrie, la passion de l'indépendance et de la grandeur nationales. » Après avoir incorporé Jeanne à l'héritage national et républicain, il se garda d'aller plus loin et de faire la moindre allusion au ralliement. À l'égard des catholiques, Poincaré maintenait la distance ; il ne se mêlait pas à eux et restait réservé quoique sans agressivité. Chacun campait sur son territoire.

Dans un autre domaine, Poincaré apprit rapidement à utiliser les ressources du pouvoir. Avec Jules Develle il avait été à bonne école. Il fit décorer de nombreux artistes et écrivains. Sur son intervention Edmond de Goncourt fut promu officier de la Légion d'honneur. Au banquet organisé à cette occasion par ses amis, Poincaré fut invité et prononça une allocution qui flatta la vanité du vieil écrivain. Anatole France, qui reçut également la Croix, lui écrivit : « Je suis flatté d'avoir reçu de votre main la croix d'officier. » Au-delà de ces frivolités parisiennes auxquelles il semblait prendre plaisir, Poincaré réalisa des réformes qui, à long terme, furent très utiles. Il fit obtenir la personnalité civile aux musées nationaux et joua un rôle dans la création de la caisse des musées nationaux, organisme qui a permis depuis un siècle d'enrichir le patrimoine national par de multiples acquisitions.

Le 25 novembre 1893, à la suite de débats houleux à la Chambre, Charles Dupuy, abandonné par ses ministres radicaux, donna sa démission. Le premier président du Conseil pressenti, Eugène Spuller, un vieux compagnon de lutte de Gambetta, gardait Raymond Poincaré rue de Grenelle mais ses négociations n'aboutirent pas. Pour décider Casimir-Perier, président de la Chambre, qui paraissait l'homme de la situation, le président Carnot chargea Poincaré d'être son intermédiaire auprès de lui. Casimir-Perier réussit à former un ministère modéré homogène, sans Poincaré qui dut quitter avec regret la rue de Grenelle. Ces six mois cependant avaient suffi pour le lancer dans la société parisienne. Les journaux parlaient de lui ; il avait acquis la réputation d'être un ami éclairé des écrivains et des artistes. C'était un homme connu qui était désormais invité à de multiples manifestations.

Premiers contacts avec la rue de Rivoli

À la fin de mai 1894, le cabinet Casimir-Perier fut renversé à son tour à la suite d'un débat sur le droit syndical du personnel des chemins de fer de l'État. La majorité modérée de la Chambre s'étant maintenue, le président Sadi Carnot fit d'abord appel au gambettiste Eugène Spuller, qui pria Poincaré de revenir rue de Grenelle. Spuller n'ayant pas réussi dans sa tentative, Sadi Carnot se tourna pour la seconde fois vers Charles Dupuy, qui réussit à former le ministère. Le 30 mai 1894, il se présentait à la tête d'un cabinet où il avait repris plusieurs de ses anciens ministres, dont Louis Barthou et Raymond Poincaré. Cette fois, ce dernier décrochait le portefeuille des Finances ; depuis qu'il avait occupé les fonctions de rapporteur général du budget, il avait acquis une grande familiarité avec les questions budgétaires et fiscales dont il passait pour un spécialiste averti. Son cabinet modeste se composait de Georges Payelle qui l'avait assisté rue de Grenelle et qui le suivit rue de Rivoli, de son adjoint Girard et de Georges Bernard, son secrétaire particulier. Le budget de 1894 était voté ; il fallait en suivre l'éxécution, préparer et faire voter le budget de 1895.

À peine le cabinet Dupuy était-il entré en fonction que le pays fut ébranlé par l'assassinat à Lyon, le 24 juin, du président Sadi Carnot[20] par l'anarchiste italien Caserio. Raymond Poincaré, qui ne faisait pas partie du voyage présidentiel, était resté à Paris, où il assurait l'intérim du ministre de l'Intérieur. Un quart de siècle après les événements, il évoquait encore l'angoisse qui l'étreignit durant la nuit tragique du 24-25 juin passée place Beauvau où il resta suspendu au télégraphe dans l'attente des nouvelles. Lors de l'organisation des obsèques, il s'attira la sympathie de la veuve, Cécile Carnot, et du frère cadet du défunt, Adolphe Carnot, directeur de l'École des mines de Paris. La famille Carnot resta en contact étroit avec lui et quand elle décida d'élever à Nolay, en Côte-d'Or, un monument commémoratif en l'honneur du président assassiné, Cécile Carnot invita Poincaré à prononcer le discours ; il accepta, fit un gros effort de documentation et de réflexion. Devant un parterre d'invités, il évoqua successivement le grand Lazare Carnot, Hippolyte Carnot, son fils, ministre de l'Instruction publique de la Deuxième République, avant d'achever par l'éloge du président disparu. Poincaré mit l'accent sur l'ancrage républicain de la famille, un ancrage séculaire depuis la Révolution, son attachement au bien public, son sens du progrès, ses aptitudes scientifiques. Les Carnot étaient des modèles de citoyens républicains. Cette évocation fut appréciée par la famille et par les pairs de Poincaré. Par exemple, Alexandre Ribot lui écrivit : « C'est un chef-d'œuvre, deux pages de premier ordre que Renan n'aurait pas désavouées[21]. » Comme sa correspondance l'atteste, Poincaré resta en relations suivies avec la famille Carnot, en particulier avec Adolphe Carnot, le fondateur de la future Alliance républicaine démocratique, une personnalité discrète qui joua un rôle essentiel dans l'histoire politique des vingt premières années du XXe siècle.

Pour remplacer Sadi Carnot, le Congrès réuni à Versailles choisit, dès le premier tour, le républicain modéré Jean Casimir-Perier, auquel Poincaré donna sans doute sa voix.

Poincaré se consacra exclusivement à ses fonctions et ne prit pas part aux discussions et aux débats concernant la loi sur les menées anarchistes, la fameuse « loi scélérate » qu'il approuva. En revanche, il se plaça au cœur du grand débat fiscal qui divisa pendant deux décennies les républicains, le projet d'un impôt sur le revenu. Ce projet avait les faveurs des radicaux et était défendu par Léon Bourgeois et Paul Doumer, qui avaient contresigné un projet de loi de « contributions directes » auquel Poincaré s'opposa deux mois après son arrivée au ministère[22]. Certes il concédait aux radicaux qu'il était « indispensable d'étudier résolument les réformes à introduire dans notre système fiscal », mais il était opposé « à toute méthode inquisitoriale ». Au terme du débat, durant lequel le jeune ministre obtint le soutien du vieux Léon Say, ancien collaborateur des Rothschild et ancien ministre des Finances, le projet Doumer-Cavaignac fut repoussé par la Chambre, quoique assez difficilement, par 267 voix contre et 236 pour. Pour la première fois (13 juillet 1894), une joute oratoire avait opposé Poincaré à Jean Jaurès, que les mineurs de Carmaux avaient envoyé à la Chambre sous l'étiquette toute nouvelle pour lui de « socialiste indépendant ».

De ce vif affrontement, Poincaré tira pour lui-même cette leçon : « On me reproche mon immobilité ; d'autres m'accusent d'avoir introduit une révolution dans notre régime fiscal. » Comme d'autres plus tard, il cherchait instinctivement le point d'équilibre, sans parvenir toujours à le trouver. À partir de l'automne commença l'examen du budget 1895. Pendant deux mois Poincaré fut sur la brèche à la Chambre[23] comme au Sénat où il eut à lutter contre une foule d'amendements abusifs qui augmentaient les dépenses de l'État sans fournir les recettes correspondantes. Au cours des débats, il fit preuve d'aisance, sachant être technique ou politique selon l'humeur de la Chambre. Il répondit avec habileté[24] au radical Camille Pelletan qui interpellait le gouvernement sur les dépenses de l'expédition de Madagascar ; il prononça un discours important sur la réforme de l'impôt sur les successions, puis il réussit à faire voter son budget dans les délais, un budget équilibré et non un « budget de résignation ».

Le début de l'année 1895 vit une crise parlementaire se doubler d'une crise de la présidence de la République. Casimir-Perier, de plus en plus mal à l'aise dans ses fonctions, était entré en conflit avec le président du Conseil, Charles Dupuy : il supportait si mal les critiques de la gauche qu'il envisagea de démissionner. Le 15 janvier 1895, le cabinet Dupuy était renversé; le lendemain, Casimir-Perier démissionna à son tour. Pendant que Dupuy expédiait les affaires courantes, le Congrès se réunit à Versailles pour trouver un successeur à Casimir-Perier. Le choix des parlementaires se porta sur un autre républicain modéré, jusque-là peu connu, Félix Faure[25], député du Havre.

Poincaré s'était prudemment tenu à l'écart de toutes ces péripéties; il avait géré son ministère avec prudence et habileté et s'était acquis le respect des parlementaires et des milieux professionnels. Il avait noué d'utiles relations avec la Banque de France et son gouverneur, Joseph Magnin. Les possédants avaient compris que ce jeune ministre ne les inquiéterait point.

De retour rue de Grenelle

Après son installation à l'Élysée, Félix Faure se préoccupa de trouver un successeur à Charles Dupuy. Il offrit d'abord la présidence du Conseil au radical Léon Bourgeois, qui échoua dans sa tentative; il se tourna ensuite vers Alexandre Ribot, député du Pas-de-Calais, l'un des dirigeants de la majorité de la Chambre. Le grand parlementaire libéral qui avait déjà été deux fois président du Conseil et ministre des Affaires étrangères souhaitait garder pour lui le portefeuille des Finances; il proposa à Poincaré de retourner à l'Instruction publique, et celui-ci accepta volontiers. Par rapport à son premier ministère, il avait reçu cette fois dans ses attributions la direction des Cultes.

Rue de Grenelle, Poincaré retrouva des questions et des hommes qui lui étaient familiers. Il appela les mêmes collaborateurs : Georges Bernard, promu chef de cabinet, fit ensuite carrière dans la préfectorale; Jean Grand[26], secrétaire particulier, entra plus tard dans l'administration des finances où il termina comme trésorier-payeur général du département d'Eure-et-Loir. Pol Neveux était chargé des contacts avec les journaux, d'adresser des notes aux agences et de réunir de la documentation pour le ministre. Il l'avait notamment aidé à rassembler les données nécessaires à la préparation du discours de Nolay.

La principale préoccupation du ministre fut de consolider l'école républicaine laïque qui, à ses yeux, était l'acquis majeur de la décennie précédente. Dès les premières semaines qui suivirent son retour aux affaires, une joute oratoire courtoise, sur les bases de la morale[27], l'opposa à Jean Jaurès, revenu à la Chambre comme député socialiste. Au tribun socialiste, le ministre rappela la doctrine républicaine :

« *Nous voulons une neutralité entière, sincère, faite non de négation mais d'impartialité... Le point d'appui de la morale enseignée dans nos écoles, le voilà : c'est la conscience intime, c'est la conscience humaine avec les notions naturelles du bien et du mal... l'affirmation du devoir de responsabilité ; c'est aussi dans la leçon salutaire du travail, dans tout ce qui est la consécration et la suite du travail, c'est-à-dire le respect de la propriété... Il est un autre point d'appui pour la morale que nous enseignons à nos enfants : la conscience humaine et le sentiment de la patrie..., l'essence, l'âme de notre éducation* » (11 février 1895).

Poincaré et Jaurès pouvaient tomber d'accord sur la laïcité. Pouvaient-ils être du même avis sur la signification du travail et sur la transmission du sentiment de la patrie ? Entre la majorité des républicains, dont le jeune ministre était le porte-parole, et Jaurès, les désaccords ne pouvaient que se confirmer. C'était au ministre d'affirmer sa politique et Poincaré pensait qu'il fallait soutenir les instituteurs. À leur intention il adressa aux préfets une longue circulaire[28] dont l'application devait permettre d'élargir l'influence sociale de l'École et il encouragea la création des délégations cantonales de l'École publique, des caisses d'école et des commissions scolaires. Il favorisa le lancement de cours d'adultes et des œuvres périscolaires. Ces œuvres complémentaires de l'École devaient être organisées grâce à la collaboration des associations et de l'État. C'est pourquoi il demanda l'appui de la Ligue de l'enseignement ; devant le congrès du Havre son intervention fut chaleureusement applaudie. La Ligue le félicita pour sa circulaire de juillet 1895 dans laquelle elle était heureuse de retrouver « nombre de questions dont elle avait abordé l'examen et pour lesquelles elle avait préparé des solutions ». Si l'École n'était plus au centre des débats parlementaires, elle était le thème sur lequel les républicains se retrouvaient et parfois se distinguaient.

Si l'enseignement secondaire classique ne retint guère l'attention de Poincaré, il prit la défense de l'enseignement moderne. L'essentiel de son énergie fut consacré à la loi sur les universités préparée depuis quelques années par le directeur Louis Liard. Divers obstacles avaient retardé sa présentation devant le Parlement. Très vite, Poincaré avait sympathisé avec Louis Liard qui réussit aisément à lui faire partager son projet. Un quart de siècle plus tard, Poincaré rendit un hommage chaleureux à son ancien collaborateur ; évoquant leur travail commun, il rappelait : « Il venait tous les jours conférer plusieurs heures avec moi et, dans ces entretiens prolongés, le ministre avait au fond de lui-même le sentiment de n'être en général que le disciple de son directeur. » Le projet de loi fut enfin déposé devant le Parlement, mais la chute du ministère Ribot intervint avant qu'il ne pût être discuté. Raymond Poincaré y tenait tellement que ses collègues le désignèrent comme rapporteur[29] ; il réussit à faire adopter le texte à l'unanimité. Il n'était pas peu fier de rappeler « cette loi de 1896 que j'ai déposée comme ministre et rapportée ensuite comme député devant la Chambre ».

Dans le domaine des Beaux-Arts, il installa le conseil des musées nationaux qu'il avait contribué à faire créer lors de son passage précédent au ministère.

Les affaires religieuses ne lui étaient guère familières. Inspiré par le directeur des Cultes, Dumay, il les géra en républicain convaincu, soucieux d'affirmer les droits de l'État sur l'Église ; il n'hésita pas à sanctionner plusieurs évêques par des suspensions temporaires de traitement. Il se conduisit en juriste gallican très pointilleux sur le respect des textes. À la suite d'une lettre adressée à *La Croix* (29 mai 1895) par l'archevêque de Cambrai, Mgr Sonnois, il répliqua devant la Chambre[30] par ces fières paroles républicaines :

> « *Il est inadmissible que les prêtres s'érigent en censeurs du Gouvernement et de ses actes... Le concordat doit être strictement appliqué par ceux qui en bénéficient comme par ceux qui payent les frais.* »

Au milieu du mois de novembre 1895, le cabinet Ribot, dont la situation était précaire depuis la rentrée parlementaire, fut renversé. Le président Félix Faure, désireux de mettre au pied du mur les radicaux qui avaient renversé quatre cabinets modérés, fit appel à leur dirigeant le plus en vue, Léon Bourgeois. Ce dernier accepta et forma une combinaison exclusivement radicale avec comme projet majeur l'impôt progressif sur le revenu. Poincaré, auquel, selon les rumeurs de la presse, Bourgeois avait proposé les Finances, se retrouvait simple député après trois années passées au cœur de la machine gouvernementale. Elles avaient façonné le personnage et lui avaient donné maturité et expérience. Les patriarches du parti républicain – Jules Simon, Léon Say, Trarieux, Spuller, Challemel-Lacour – s'étaient inclinés devant lui et avaient reconnu ce jeune talent. Les hommes mûrs le respectaient ; certains d'entre eux avaient identifié un rival avec lequel il faudrait compter et peut-être se mesurer. C'était le cas de René Waldeck-Rousseau, son collègue au barreau. La jeune génération de républicains modérés avait trouvé son chef de file. Encore fallait-il que Poincaré consentît à se placer à leur tête ! Barthou, Leygues, Delcassé, Hanotaux, Deschanel, Jonnart[31] étaient ses amis. On pourrait citer encore d'autres noms aujourd'hui complètement oubliés. Poincaré avait fait la connaissance de nombreux hauts fonctionnaires, au Conseil d'État, à la Cour des comptes, à l'Instruction publique, aux Finances, et il eut parfois recours à leurs services longtemps après. On peut citer le nom d'Olivier Sainsère, issu d'une vieille famille de filateurs de Bar-le-Duc[32], qu'il avait connu comme chef du cabinet de Charles Dupuy et de Louis Barthou, puis comme directeur du personnel au ministère de l'Intérieur et qu'il appellera vingt ans plus tard au secrétariat général de l'Élysée. On peut citer aussi le diplomate Paul Révoil, qui avait été directeur du cabinet de Develle puis d'Hanotaux. Les grandes familles républicaines comme les amis de Gambetta (avec l'influent Joseph Reinach et Eugène Étienne), les amis de Ferry, les amis de Carnot savaient qu'ils pouvaient compter sur lui. Dans le monde de la presse, de l'Université, de la culture, Raymond Poincaré s'était ménagé des amitiés, des appuis, des réseaux, des relais qui, au fil des ans, se ramifièrent et se révélèrent fort utiles. Sa réputation s'était étendue bien au-delà du milieu parlementaire; on saluait son art de la parole, on admirait l'étendue de ses connaissances et une culture à la fois littéraire, artistique et scientifique.

On prédisait à Raymond Poincaré, alors âgé de trente-cinq ans, le plus brillant avenir. À cet espoir de la République, les journaux républicains tressaient des couronnes : « travailleur acharné, esprit clair et précis, de parole claire et pénétrante, d'attitude loyale ». Les journaux cléricaux ou bonapartistes ironisaient sur « le jeune Poincaré », sur « le petit Poincaré ». Le bonapartiste Paul de Cassagnac n'était pas tendre à son égard : « Il veut sauver la république et la société en péril... Ce danger est l'œuvre de M. Poincaré et de sa bande... Si la France est à la recherche d'un vrai sauveur, ce n'est pas à M. Poincaré qu'elle s'adressera; il n'en a ni la taille ni l'envergure. » Un journaliste de *L'Estafette*[33], qui avait assisté à un discours lors d'un punch d'honneur offert par Poincaré à ses électeurs de Commercy, traçait un portrait assez grinçant : « Un petit homme, maigre et sec, le front découvert et obstiné, des cheveux sans couleur, une barbe clairsemée, une voix aiguë et perçante qui articule toutes les syllabes... » Il trouvait dans sa personne « quelque chose de nerveux, d'énergique et d'un peu crâne de quelqu'un qui sait qu'il est quelqu'un et qui, dès l'abord, l'impose sans conteste... » (30 août 1896).

À la sortie du ministère, Poincaré reprit ses activités au Palais. En quelques mois les clients affluèrent. Il avait acquis une double réputation, celle d'un ami des écrivains et des artistes et celle d'un expert capable de démêler les problèmes fiscaux les plus compliqués. En quelques années il devint l'un des avocats les plus en vue du Palais. Cette rapide ascension sociale l'obligea à quitter l'appartement de la rue Las-Cases, devenu trop étroit, pour s'installer rue des Mathurins avec son valet de chambre Joseph.

Au cœur de la politique républicaine

Redevenu simple député, Raymond Poincaré était néanmoins l'un des hommes les plus importants et influents de la Chambre. Celui qui avait été ministre pouvait l'être encore. Un parlementaire s'adressait à lui en ces termes : « Cher ancien ministre, cher futur ministre... » Il appartenait au groupe parlementaire des républicains progressistes, dont le chef de file était désormais Jules Méline[34], député de Remiremont et héritier politique de Jules Ferry. Mais durant cette fin de législature, il monta rarement à la tribune et fut souvent absent.

Comme tous ses amis, Poincaré se plaça dans l'opposition au gouvernement radical homogène de Léon Bourgeois[35]. Ce député de la Marne, chef de file d'un courant radical qui n'était pas encore organisé en parti, avait alors une réputation considérable. Avec l'aide de son ministre des Finances, Paul Doumer, il avait l'ambition de faire voter par le Parlement un projet d'impôt sur le revenu. Ce projet effrayait la plupart des possédants. Ministre des Finances, Poincaré avait déjà pris position contre l'impôt sur le revenu. On lui demanda de remonter à la tribune et il le fit sans hésiter. Aux radicaux qui avaient critiqué le conservatisme de la bourgeoisie française, il lança cette réplique[36] :

« Le gouvernement reste en effet et restera fidèle à ses idées. Et nous pensons qu'elles ne sont pas de nature à effrayer cette bourgeoisie française dont parlait si éloquemment M. Léon Say qui a eu et a toujours confiance dans le gouvernement de la République. Non, ce serait calomnier cette bourgeoisie qui se recrute dans le peuple et qui retourne au peuple, que de laisser involontairement supposer qu'elle est égoïste, intéressée, avide ; elle est libérale, elle est généreuse, elle est progressiste ; elle accomplira sans défaillance ses devoirs envers la démocratie... »

Ce beau morceau d'éloquence qui laisse aujourd'hui quelque peu perplexe ne troubla pas la majorité de la Chambre, qui, à trois reprises et avec une majorité confortable, se prononça en faveur de l'impôt sur le revenu et du ministère. Mais le Sénat veillait et, à trois reprises, à une majorité écrasante, il opposa un barrage infranchissable au projet de Léon Bourgeois. Allait-on vers une crise constitutionnelle opposant la Chambre élue au suffrage universel à la Haute Assemblée ? Après quelque hésitation, Léon Bourgeois, qui n'était pas un homme de combat, se résigna à apporter sa démission au président de la République.

Pour lui trouver un successeur, Félix Faure se tourna vers Jules Méline, déjà plusieurs fois pressenti. Le Vosgien tenace, fluet, un peu étriqué, sentit son heure venue ; il était celui qui avait les meilleures chances de ramener au bercail les républicains modérés qui avaient voté pour Léon Bourgeois. Il proposa naturellement les Finances à Poincaré ; celui-ci déclina poliment l'invitation, préférant rester en dehors du cabinet où son ami Louis Barthou avait accepté le portefeuille de l'Intérieur. En revanche il accepta d'être élu vice-président de la Chambre : cette fonction dont les obligations étaient réduites était un excellent poste d'observation de la machine parlementaire.

À partir du début 1896, il est difficile de voir clair dans le comportement de Poincaré, car on ne dispose pas d'assez de documents personnels suffisamment explicites. On peut faire état de deux certitudes. D'une part, sa profession d'avocat était devenue tellement absorbante qu'il se mit à négliger quelque peu le Palais-Bourbon. Il était souvent porté absent aux séances et ne prenait pas part aux votes. À plusieurs reprises, il envisagea de se consacrer exclusivement au barreau et d'abandonner la politique. Une lettre d'Ernest Lavisse[37], probablement une réponse à une lettre perdue dans laquelle Poincaré exprimait sa lassitude, abordait directement cette question et l'invitait « à rester dans la lutte ». L'historien insistait : « Je devine les sentiments que la vie politique comme elle est, doit inspirer à un homme comme vous ; mais un homme comme vous doit être plus fort que ces sentiments-là... Je vous en prie : restez dans la lutte... redevenez ministre de l'Instruction publique ; demeurez longtemps dans ce poste ; prenez en main tous les fils épars et tissez-nous une trame solide. J'ai peur que vous n'ayez pas une idée juste de votre autorité qui est grande et qui deviendra, quand vous le voudrez, très considérable » (20 septembre 1896). Dans sa correspondance avec René Grosdidier, Poincaré exprimait parfois une lassitude de la politique et de ses jeux stériles. Jamais il ne se décida à franchir le pas, c'est-à-dire à choisir entre le barreau et la politique.

D'autre part, Poincaré était contrarié par l'évolution du ministère Méline qu'il soutenait de ses votes et à la majorité duquel il appartenait. Jules Méline avait rejeté les radicaux dans l'opposition et comptait pour certains votes sur le soutien des catholiques ralliés. En ne s'appuyant pas franchement sur une majorité exclusivement républicaine, le ministère Méline tendait à diviser le parti républicain. Sans s'y opposer ouvertement, Poincaré déplorait cette orientation et aspirait à un retour à la concentration. Devant son ami Barthou, ministre de l'Intérieur, il regrettait que son parti n'eût « ni programme, ni chefs, ni discipline, ni méthode ». Ne portait-il pas lui aussi une part de responsabilité ? Allait-il pour revenir à cette formule politique prendre position contre un ministère où il n'avait que des amis ? Ce n'était pas possible car il avait le devoir de le défendre contre des attaques qu'il jugeait excessives et passionnées. Selon la formule[38] de son discours du Havre du 9 octobre 1897, il souhaitait que ce gouvernement poursuivît son « œuvre de réparation ».

Dans la vie associative, la presse et les revues, Poincaré restait présent. En avril 1897, il participa au Comité national républicain du commerce et de l'industrie[39]. En revanche il resta à l'écart du Grand Cercle républicain lancé au printemps de 1898 par le sénateur de la Loire René Waldeck-Rousseau[40]. Tous deux chassaient sur les mêmes terres modérées. Poincaré était plus jeune; il avait plus d'allant mais moins d'expérience et d'habileté que l'ancien ministre de l'Intérieur de Jules Ferry. Entre les deux hommes, qui se rencontraient régulièrement, une rivalité se dessinait.

Poincaré était désormais souvent invité en province. Répondre aux sollicitations pressantes de ses amis était un moyen d'entretenir sa notoriété, sa réputation et de répéter inlassablement les principes de la République. Poincaré se voulait un pédagogue de la république. Elle était le meilleur des régimes politiques possibles, le gage d'un progrès indéfini de la France et de l'humanité, auxquelles elle montrait la voie, à condition de poursuivre les réformes nécessaires et de corriger les mœurs parlementaires. Ses discours étaient reproduits et commentés dans la presse nationale comme des événements; il avait aussi ses entrées au *Temps*. Par la suite, Poincaré retint trois[41] allocutions comme dignes de publication : les discours de Nogent-le-Rotrou (14 mars 1897), du Havre (9 octobre 1897) et de Limoges (31 janvier 1898). Le discours de Nogent-le-Rotrou était un gage d'amitié à son ami Paul Deschanel[42]; de la même génération, ils appartenaient au même groupe parlementaire, étaient tous les deux vice-présidents de la Chambre et soutenaient le ministère Méline. Deschanel, qui n'était pas avare de compliments et dont l'éloquence emphatique était une seconde nature, présenta Poincaré comme « l'une des plus grandes forces, l'une des plus hautes espérances de la République ». Dans un discours de tonalité assez critique, le député de Commercy s'inquiéta de la tendance de la Chambre « à absorber en elle tous les pouvoirs, législatif, exécutif, judiciaire ». Il s'élevait contre la confusion, regrettable à ses yeux, entre ce qui relève de la délibération et ce qui concerne l'exécution, entre ce qui appartient aux Chambres et ce qui est le rôle du gouvernement. En allant au Havre, Poincaré avait répondu à l'invitation amicale du maire, Jules Siegfried, l'industriel d'origine alsacienne qui était son collègue au bureau de la Chambre. Poincaré y critiqua les débats de la Chambre, qui donnait souvent le spectacle d'une « tumultueuse impuissance », et s'insurgea contre « les parlementaires qui proposaient des amendements parasites qui dénatureraient les textes ». Pour y remédier, il envisageait une révision des règlements et des mœurs parlementaires et faisait l'éloge de la sagesse du Sénat. Il invitait « les républicains libéraux et progressistes » dont il se faisait le porte-parole à s'inspirer de la Déclaration des droits de l'homme et à se rassembler en associations. Le 31 janvier 1898, il était à Limoges[43] chez un autre de ses amis, Henri Lavertujon. Le thème central était toujours la célébration et la défense du régime républicain et de ses valeurs inaliénables : les libertés publiques, l'égalité des droits, la patrie. L'adversaire de la république, c'était le socialisme ou plutôt comme il disait « le collectivisme », qu'il fallait combattre sans relâche et sans concession. Pour défendre l'ordre social et le droit de propriété, Poincaré préconisait « l'accession du plus grand nombre à la libre propriété » et il invitait les industriels « à entrer en pourparlers avec leurs ouvriers au nom des intérêts matériels et moraux du pays ». C'était une nécessité pour consolider la république. Bonne méthode politique, réformes des mœurs parlementaires, défense et illustration des valeurs inaliénables du régime républicain. Dans tous ses discours, Poincaré se donnait un profil de républicain de gouvernement.

L'ENTRETIEN DU FIEF MEUSIEN

Poincaré, qui vivait habituellement à Paris, avait gardé un pied-à-terre à Sampigny, le village où s'étaient retirés ses grands-parents. Il se rendait dans la Meuse à des intervalles assez espacés et pour les sessions du conseil général[44]. Durant les vacances, il y séjournait six semaines, de la fin de juillet au début de septembre, parcourait sa circonscription, visitait les maires, resserrait les liens avec les notables, participait aux activités alors modestes de la vie associative.

La circonscription de Commercy était méthodiquement organisée : la plupart des maires, des conseillers d'arrondissement et généraux et des dirigeants d'associations agricoles lui étaient acquis. Une poche de résistance se maintenait dans le canton de Vigneulles, où les « réactionnaires » avaient de fidèles électeurs. La surveillance était si bien assurée qu'il aurait paru téméraire d'essayer de le déloger. En 1892, il fut réélu sans concurrent conseiller général de Pierrefitte-sur-Aire. Aux élections législatives de 1893 et de 1898, personne n'osa lui disputer le siège et il fut réélu député à la quasi-unanimité des suffrages exprimés.

Poincaré était le type même de l'homme politique de niveau national disposant d'une assise locale en apparence inexpugnable. Prenons garde de ne pas confondre le jeune Poincaré avec le sage, le patriarche respecté des années 1920. Il était perçu comme le chef d'un parti, celui des républicains laïcs, et il se comportait comme tel. Il était modéré, certes, mais se classait résolument à gauche alors qu'aujourd'hui on en fait facilement un homme de droite. Les sous-préfets de Commercy étaient ses obligés ; le préfet de la Meuse, avec lequel il dînait régulièrement, était son familier. L'un de ces préfets, Abel Combarieu, fit une belle carrière et devint secrétaire général de l'Élysée durant la présidence d'Émile Loubet (1899-1906).

Quand il revenait dans la Meuse, Poincaré prenait soin de rappeler qu'il était un enfant du pays, qu'il restait très attaché à son département, même si ses activités le retenaient une grande partie de l'année dans la capitale. À cette époque, il employait rarement l'adjectif « lorrain » ; il était d'abord un Meusien. Il assistait ponctuellement aux sessions du conseil général, dont il avait été élu en 1895 vice-président ; malgré ses occupations parisiennes multiples, il prenait sa part de rapports. Il suivait avec attention la presse républicaine et cultivait l'amitié de l'avoué Alphonse Lombard, l'un des créateurs et actionnaires de *L'Indépendance de l'Est*. L'été, il parcourait son arrondissement et assistait aux fêtes nationales, civiques et scolaires, aux distributions de prix, aux comices agricoles. Partout il prenait la parole d'une façon brève et appropriée au lieu et à l'auditoire. Par exemple, le 25 août 1901, il assistait au comice agricole de Sauvigny près de Vaucouleurs, où il parla « de la révision du cadastre avec sa compétence habituelle ». Selon le journaliste de *L'Est républicain* qui rendait compte, « l'éminent député de Commercy n'a cessé d'être l'objet des plus chaleureux témoignages de sympathie[45] ».

Poincaré était toujours accompagné des élus locaux, ses relais naturels auprès des électeurs et des animateurs des comités républicains. Les partis politiques au sens moderne du terme n'existaient pas encore et ces comités ne se réveillaient guère qu'en période électorale pour organiser des réunions ou des punchs où l'on pouvait apprécier le grand homme et entendre sa parole. Parmi les principaux d'entre eux retenons d'abord Augustin Phasmann[46], « sincèrement républicain », maire et conseiller général de Saint-Mihiel et surtout président du comice d'agriculture commun aux trois cantons de Saint-Mihiel, Vigneulles et Pierrefitte. Le plus efficace est déjà connu : il s'agit de René Grosdidier, maire, conseiller général de Commercy et aussi propriétaire des Forges et Aciéries de Commercy. Alors que la vieille métallurgie de la Meuse périclitait, il avait su moderniser et étendre ses affaires dans de multiples directions. Ce capitaliste avisé qui habitait le château de la Forge, était l'un de ces industriels acquis à la république la plus avancée tant qu'elle protégeait la propriété et défendait l'autorité. Il était franc-maçon et ouvertement athée alors que Poincaré ne parlait jamais de ces questions. Grosdidier avait des intérêts dans la presse locale et régionale : il contrôlait *Le Patriote de l'Est,* imprimé à Commercy, et il était devenu un actionnaire de *L'Est républicain* de Nancy. Comme le prouve leur correspondance, René Grosdidier[47] était l'homme de confiance de Raymond Poincaré : il surveillait l'arrondissement, engageait les dépenses, orientait les commentaires des journaux et organisait les tournées de Poincaré dans les communes rurales.

En contrepartie de ces services, Poincaré usait de son influence parisienne pour être agréable à Grosdidier. En 1892, le président Sadi

Carnot fit un voyage à Nancy. Sur les instances de Grosdidier, Poincaré obtint que le train présidentiel s'arrêtât quelques minutes en gare de Commercy pour que celui-ci pût présenter son conseil municipal à Carnot. Poincaré s'était aussi engagé à obtenir pour Grosdidier la Légion d'honneur mais le contingent normal était épuisé. Avec l'aide de Jules Develle, il obtint la croix tant convoitée sur le contingent de l'Élysée ! Le jeune Poincaré, qui était déjà bien introduit, put écrire à son ami : « Je suis heureux de la distinction qui vous a été conférée en raison de votre excellente administration et de vos titres industriels. » Certes ! Mais cette décoration était avant tout un geste de reconnaissance politique. Une dizaine d'années plus tard, René Grosdidier était à son tour devenu député de Commercy et les deux compères conjuguèrent leurs efforts pour décrocher une croix pour « l'ami Phasmann ». Les titres du brave maire de Saint-Mihiel étaient minces et l'affaire semblait si délicate que Poincaré crut utile d'écrire à Grosdidier : « Vous feriez bien de joindre vos efforts aux miens ; nous pourrions voir Étienne [c'était le ministre de la Guerre] ensemble. » Les deux quémandeurs finirent par avoir gain de cause et le bon Phasmann fut décoré. Poincaré ne se contentait pas d'obtenir des décorations pour ses amis politiques ; il mettait ses compétences au service des communes et intervenait en leur faveur auprès des administrations centrales si leurs doléances étaient justifiées. Les affaires de la ville de Saint-Mihiel[48], où depuis la guerre franco-allemande était installée une importante garnison, retinrent souvent son attention. À plusieurs reprises il intervint auprès du ministre de la Guerre sur l'épineuse question des frais de casernement et de l'abonnement de l'armée à l'octroi municipal. Sur ce dernier point, il négocia avec succès une transaction entre la municipalité et les autorités militaires.

Contrairement à ce qu'on laisse parfois entendre, les bourgeois étaient alors facilement élus par le peuple. Tout comme les paysans catholiques de l'Ouest élisaient de grands propriétaires monarchistes, l'électorat populaire de la Meuse, composé de paysans, d'artisans et de petits commerçants et d'ouvriers, accordait spontanément sa confiance à des bourgeois républicains dont il respectait l'instruction, les compétences et l'influence auprès des pouvoirs publics. Les tailleurs de pierre d'Euville, les carriers de Lérouville, les forgerons de Commercy se rangeaient derrière Raymond Poincaré, qui leur affirmait avec le plus grand sérieux que « contre la coalition menaçante de la réaction [...] le parti ouvrier doit à la République seule les réformes et les améliorations sociales ». C'était un propos bien audacieux ! Dans la circonscription on ne trouvait pas encore de délégué syndical pour lui porter la contradiction, mais Poincaré assurait qu'il pratiquait « le pardon des injures qu'il avait reçues de quelques égarés ». Poincaré était l'élu d'un peuple varié de paysans et de vignerons, d'ouvriers ruraux, d'artisans et de commerçants. Ses seuls adversaires résolus se trouvaient au sein du clergé, qui lui reprochait sa laïcité militante. Dans l'atonie des années 1890, les prêtres gardaient une prudente réserve. Au tournant du siècle, avec les passions soulevées par l'affaire Dreyfus, ils ne tarderont pas à se réveiller et à se rappeler à l'existence de Poincaré.

Le républicain convaincu

Raymond Poincaré était un républicain convaincu, un républicain tout court, un républicain sans épithète, et il ne cessa de le répéter jusqu'à la fin de ses jours. À partir des textes et déclarations qui jalonnent maintenant plus de dix ans de vie publique, ses convictions politiques se dégagent clairement. Être républicain, quel sens et quel contenu donnait-il à ce mot ?

Dans sa première profession de foi en 1886, il se définissait ainsi : « républicain progressiste, défenseur absolu des institutions, ennemi des réactions et des retours en arrière », et il ajoutait pour préciser l'adjectif « progressiste » qu'il était « partisan des réformes sagement élaborées et non des réformes hâtives et inconsidérées ». Deux termes doivent retenir l'attention : l'adjectif « progressiste » et le mot « réforme ». Le terme « progressiste », dont les significations ont été très différentes selon les époques, n'était pas encore entré vraiment dans le vocabulaire politique. C'est seulement au début des années 1890 que l'on commença à parler des « républicains progressistes », c'est-à-dire des républicains de gouvernement, héritiers de Ferry et de Gambetta ; à la Chambre il se constitua un groupe des républicains progressistes, auquel Poincaré adhéra. Le mot « réforme », peu compromettant et qui le distinguait des conservateurs, était l'un de ses mots favoris et il l'employait souvent ; il entendait par là une adaptation réaliste aux changements ou aux attentes de la société dans la fidélité aux grands principes fondateurs de la République. Ces réformes devaient être réfléchies et le jeune conseiller général de vingt-six ans raisonnait déjà comme un sénateur installé depuis dix ans dans les fauteuils profonds du Palais du Luxembourg.

L'événement historique auquel il se référait sans cesse était la Révolution de 1789, point de départ d'un monde nouveau, riche de promesses pour l'humanité. Dans sa thèse récente, Jean El Gammal[49] a attiré notre attention sur le poids du passé dans la vie et dans la culture politique. L'homme politique est naturellement tendu vers la prochaine échéance électorale, vers le proche avenir ; mais il l'envisage avec sa culture, avec des références qui viennent souvent d'un passé interprété ou reconstruit. Comme pour Gambetta, comme pour Ferry, comme pour Carnot, comme pour Clemenceau, être républicain, pour Poincaré, c'était travailler à l'accomplissement de la Révolution, un passé certes mais un passé vivant dans ses références et dans sa culture et un passé porteur de progrès. République et progrès, République et liberté, voilà deux associations de mots fréquentes. Dans l'*Histoire du Parti républicain au XIXe siècle* publiée en 1900 par Georges Weill[50], livre que Poincaré a lu et médité, on trouve les développements historiques et les thèmes idéologiques qui lui étaient chers. Plus près de nous et avec plus de recul que Georges Weill, Pierre Barral[51] a rassemblé les textes les plus significatifs des fondateurs de la Troisième République, que Poincaré admirait et dont il se voulait le fidèle héritier. Avec emphase et rhétorique, Poincaré les reprenait sans cesse dans ses discours et ne craignait pas de se répéter. Retenons parmi tant d'autres des extraits du discours[52] prononcé à Commercy le 30 juillet 1896 :

> « *Hâtons-nous, messieurs, de retourner aux sources mêmes de la doctrine démocratique, à celle qui a fondé la civilisation moderne, à celles, qui, de la France, se sont répandues dans le monde entier. Hâtons-nous de nous réchauffer à l'esprit de 1789 et de raviver dans la Déclaration des droits de l'homme, dans cette œuvre éternellement jeune et rayonnante, les principes générateurs de notre action politique.*
>
> *Souveraineté de la société civile, liberté inviolable de la conscience, respect de la propriété privée par l'État comme par les citoyens, égalité de tous devant la loi, devant les fonctions, devant les charges sociales, consentement des impôts par la nation, répartition de ces impôts selon les facultés des contribuables, fraternité active et solidarité efficace : c'est sur cette synthèse d'idées lumineuses que nos regards doivent rester fixés comme sur le but encore éloigné des efforts de notre démocratie.*
>
> *Oui, messieurs, nous ne saurions trop le répéter, tant pour calmer les impatiences fébriles que pour secouer les nonchalances et les inerties : l'édifice dont la Révolution française a jeté les fondements est encore inachevé et de longtemps même il ne sera point couronné. Avant que ne soit terminée la gigantesque entreprise que nos pères ont conçue et commencée, les générations sans doute succéderont aux générations. Évitons également de nous endormir dans un repos coupable et de nous enivrer d'ambitions chimériques. Nous sommes des ouvriers d'une heure, penchés sur une tâche plusieurs fois séculaire.* »

Voilà résumé en trois paragraphes le credo de Raymond Poincaré, la pierre angulaire sur laquelle il appuyait son action politique, une action dont il ne serait qu'un modeste maillon car, selon lui, elle devrait se poursuivre pendant des générations. La Déclaration des droits de l'homme et du citoyen de 1789 était le texte fondateur des « principes générateurs de notre action politique ». Comme Adolphe

Thiers auquel il se référait quelquefois, il n'assumait pas toute la Révolution et il n'a jamais fait sienne la célèbre formule de Clemenceau : « La Révolution est un bloc. » Poincaré a toujours refusé la Terreur et la violence terroriste de la rue. Plutôt que de polémiquer ou de dénoncer, il préférait le plus souvent garder le silence sur 1793. Poincaré a toujours été républicain alors que d'autres, qu'il admirait, avaient été des partisans de la monarchie parlementaire. « C'est la république qui est la tutrice légale des libertés humaines », affirmait-il dans son langage de juriste.

La liberté était une conquête : elle devait être défendue contre la tentation permanente d'un retour en arrière, et Poincaré de fustiger l'Ancien Régime, l'Empire et surtout le Second et l'Ordre moral, ces repoussoirs commodes. Poincaré était un « libéral » assurément et il revendiquait l'adjectif, comme le souligne à juste titre Jean Garrigues dans *La République des hommes d'affaires*. Poincaré, qui n'était pas et ne fut jamais un homme d'affaires, lui en associait deux autres, « progressiste et démocrate ». L'adjectif « démocrate », dévalorisé par tant d'utilisations abusives, n'est pas facile à éclairer dans son contexte de l'époque ; il signifiait certes un attachement jaloux au suffrage universel ; il allait plus loin : il avait une connotation populaire et sociale que Poincaré n'a jamais beaucoup explicitée. Dans un discours prononcé à la Chambre[53] alors qu'il était ministre des Finances, il répondait en ces termes à l'ancien ministre Léon Say qui l'avait amicalement critiqué :

> « *Nous aussi, nous sommes et nous voulons rester des libéraux. Mais M. Say sera le premier à nous applaudir si nous ajoutons qu'il ne suffit pas d'être libéral, qu'il faut aussi être progressiste et démocrate. La liberté est un but tant qu'elle n'est pas atteinte, mais dès qu'elle est assurée, et elle l'est sous un régime républicain, elle n'est qu'un moyen ; le but c'est désormais le progrès matériel et moral.* »

Comment le sage Léon Say, qui devait bientôt mourir, a-t-il réagi à cette admonestation ? Ce vieux routier a dû l'interpréter pour ce qu'elle était, un simple effet de tribune probablement, car Poincaré avait dans le domaine économique des convictions proches des siennes ; c'était un partisan convaincu de la propriété privée et de l'initiative individuelle, fondements de l'organisation sociale. Il a toujours combattu sans concession les socialistes, qu'il appelait à l'époque « collectivistes ». Par les affaires qui venaient à son cabinet d'avocat, il était à même de saisir les ressorts du capitalisme industriel et financier ; il s'inquiétait parfois de son emprise, de ses dérives, de ses déviations. Lui-même se détournait des hommes qui recherchaient la richesse ; il semblait imperméable à cette tentation à laquelle beaucoup succombent. Certes il gagnait de l'argent, il avait un train de vie confortable, il habitait à Paris un appartement bourgeois de location, mais son pied-à-terre dans la Meuse était modeste. Il était sensible aux désordres engendrés par l'égoïsme des possédants. C'est pourquoi, sans remettre en cause les fondements économiques de la société de son temps, Poincaré aspirait à les corriger par l'association et l'intervention de l'État. Il pensait que les hommes devaient se grouper entre eux dans un but d'assistance et de prévoyance. En conséquence, il encouragea la mutualité. Quant au rôle de l'État républicain, il était de préparer et de faire voter des textes puis de veiller à leur application. Poincaré avait des préoccupations voisines de celles de Léon Bourgeois, qu'il combattait à cette époque à cause de l'impôt sur le revenu mais dont il devint proche par la suite.

La république était un régime laïque. À cet égard, les convictions de Poincaré n'ont jamais varié : il les avait publiquement affirmées lors de son passage au ministère de l'Instruction publique. Dans la droite ligne du positivisme républicain défendu par Jules Ferry, il croyait que l'instruction et les progrès de la science étaient les leviers de l'affranchissement humain. Il était en communion d'esprit avec les scientifiques de sa famille ; il était fasciné par les découvertes des grands savants, Claude Bernard, Louis Pasteur, Marcelin Berthelot dont il avait été le collègue. Science et morale laïque étaient inséparables et dans ses discours il se plaisait à les associer. Son attitude à l'égard de l'Église catholique, dans laquelle il avait été élevé, était sans équivoque. Devenu agnostique, il repoussait ses dogmes, combattait ses interventions politiques et ses fonctions sociales et culturelles. L'Église avait longtemps soutenu les adversaires de la république ; le ralliement préconisé par le pape Léon XIII était un geste d'apaisement ; il était inspiré par le réalisme ; il ne signifiait pas l'acceptation par les catholiques des principes républicains. C'est pourquoi le concordat, héritage de l'histoire, devrait un jour ou l'autre être abrogé. Quand ? De quelle manière ? Sur ce sujet brûlant Poincaré a toujours gardé une prudente réserve, car il se rendait compte des conflits, des déchirements, peut-être des troubles que ne manquerait pas de faire surgir un projet de séparation. Poincaré n'était pas téméraire ; c'est pourquoi il ne prit jamais l'initiative d'une telle proposition. Quand les événements rendirent la séparation inévitable, Poincaré la vota sans hésitation ni état d'âme. Laïque, Poincaré n'était pas un anticlérical ; on ne trouve pas dans ses discours la moindre dénonciation polémique des prêtres, des congrégations ou du pape.

Cette laïcité, pour sereine qu'elle fût, était une conviction profonde ; ce n'était pas un positionnement tactique. Elle aurait pu le conduire à la franc-maçonnerie ; on ne trouve dans ses papiers aucune lettre, aucune invitation, aucun indice permettant d'affirmer un lien quelconque avec une loge. Plusieurs de ses proches, comme René Grosdidier et Jules Develle, étaient francs-maçons ; sur ce point, c'est le silence total. Pourquoi ? Il reste une part de mystère qu'il ne faut pas désespérer d'éclairer. Le cas de Poincaré n'est pas unique ; plusieurs grands politiques, au caractère indépendant, n'ont pas été maçons ; on peut rapprocher Raymond Poincaré de Georges Clemenceau, d'Édouard Herriot et de Léon Blum. Cela dit, Poincaré savait donner des signes à son camp ; il était proche des associations laïques. Par exemple, il était le soutien et le protecteur de la Ligue de l'enseignement. Il avait été le président d'honneur de ses sections meusiennes, assistait à leur assemblée annuelle et il se faisait le porte-parole de leurs vœux. Quand il passait à Verdun, ce n'était pas pour rendre visite à l'évêque mais pour présider une fête scolaire ou une manifestation des jeunesses laïques. Il n'entrait jamais dans la cathédrale, sauf pour assister à des obsèques où sa présence était requise. À Paris, Poincaré veillait à rester en bons termes avec les « grands prêtres » de la laïcité ; il était resté proche de Ferdinand Buisson, qui avait été son collaborateur au ministère. Poincaré partageait cette conviction laïque avec les radicaux et les socialistes ; même s'il était en désaccord avec eux dans de nombreux domaines, la laïcité de l'école était le lien entre tous les républicains ; elle séparait la droite de la gauche. C'est pourquoi il est vain de discuter, comme on le fait parfois aujourd'hui, l'appartenance de Poincaré à la gauche. Entre 1880 et 1914, un laïc était un homme de gauche, et il était perçu comme tel.

Comme toute la génération de républicains qui avait vécu l'humiliation de la défaite et la mutilation du territoire national, Poincaré était un patriote et il en était fier. Le terme mérite d'être expliqué tant il est aujourd'hui dévalorisé et obscurci par des appréciations négatives. Le patriotisme de Poincaré s'enracinait dans une histoire de France qu'il connaissait à la perfection et dans des références à la période de la Révolution, comme « la Patrie en danger », Valmy, etc. et avec l'interprétation qu'en donnait la tradition républicaine. Il s'enraçinait aussi dans les expériences et les leçons de la guerre de 1870. C'est pourquoi le nom de Léon Gambetta lui resta si cher. L'héritage de Gambetta, dont il se réclamait volontiers, est complexe et mérite réflexion : la Défense nationale restait une référence précieuse, mais les valeurs républicaines que Gambetta avaient défendues et illustrées, la politique prudente de réformes républicaines qu'il avait préconisée demeuraient des axes dont il ne s'écartait guère. Enfin, sur la nation et la patrie, Raymond Poincaré partageait les idées qu'Ernest Renan avait exprimées avec sensibilité et talent et qu'Ernest Lavisse avait fait passer dans les manuels scolaires.

Au lendemain de la défaite, la république avait régénéré le pays et le défendait avec une armée à laquelle désormais tous les citoyens étaient appelés. Poincaré voulait une France pacifique forte et respectée, ce qui signifiait qu'elle devait être protégée et défendue. En homme de l'Est proche de la nouvelle frontière, il entendait éviter une nouvelle invasion. C'est pourquoi il était attentif au perfectionnement et à la modernisation des places fortifiées et à tout ce qui touchait à l'armée. Poincaré évoquait son service militaire avec fierté et accomplissait scrupuleusement ses périodes d'officier de réserve chez les chasseurs à pied de Saint-Dié, de Lunéville, d'Annecy. Dans une allocution prononcée en juillet 1893 devant les collégiens de Commercy[54], il résumait son sentiment :

> « *Notre patriotisme, sans être plus sincère ni plus vrai que celui des autres Français, est peut-être mieux renseigné, plus éveillé, plus sensible. Nous n'avons hélas à faire aucun effort de mémoire pour nous rappeler les épreuves du passé. Nous demeurons à la fin du xixe siècle la marche de la France.* »

Il se félicitait de vivre sous le ciel de Lorraine, « sous lequel ne peuvent germer et fleurir les doctrines vénéneuses des internationalistes. Elles se dessécheraient vite dans l'air pur et sain que nous respirons et seraient emportées loin d'ici par les souffles qui nous viennent des provinces perdues ». On a souvent fait de Poincaré un « revanchard ». Comme tous les hommes de sa génération, il ne pouvait oublier les provinces perdues. S'il évoquait parfois les « patriotiques espérances », c'est-à-dire le retour de ces provinces, il ne se plaçait jamais dans une perspective de reconquête militaire ; il demeurait très discret, et l'Alsace-Lorraine, sauf rare discours de circonstance, n'était jamais au cœur de son propos. Dans la ligne de Gambetta, de Ferry, de Grévy, il souhaitait plutôt une réparation par le droit. Poincaré n'a jamais rêvé d'une guerre de revanche : il a toujours envisagé les questions militaires sous l'angle de la défense du territoire. C'est pourquoi il fallait défendre l'armée, « une école d'énergie, de sacrifice et d'abnégation », et combattre tout ce qui pouvait l'affaiblir. On comprend les déchirements qu'il vécut au moment de l'affaire Dreyfus. La France avait besoin « d'une armée républicaine, d'une armée dont les officiers seraient loyaux à l'égard de la république et respectueux des lois ». Jusqu'en 1912, Poincaré parlait rarement de l'Allemagne, quelquefois par allusion, et n'a jamais développé ni programme de politique étrangère ni réflexion géopolitique sur le système européen. Simplement la France restait la « grande nation », celle qui rayonnait sur le monde par la vertu universelle des « Immortels Principes ».

Voilà les lignes directrices d'une orientation politique modérée qui ne laissait place à aucune originalité. On ne trouvait chez Poincaré aucune recherche, aucun désir d'explorer des voies nouvelles, aucun désir de se distinguer. Il était très représentatif des aspirations, de la culture et de la sensibilité des bourgeois républicains de son temps.

C'est pourquoi ceux-ci se reconnurent en lui si rapidement, car il avait le talent de formuler avec aisance ce que beaucoup d'entre eux ne ressentaient que confusément ou intuitivement. Chez Poincaré le vrai problème n'était pas de parler mais plutôt de passer à l'action. Désirait-il le pouvoir ? Prendrait-il les moyens de le conquérir ? Nul ne pouvait encore répondre et probablement pas l'intéressé lui-même.

Candidat au pouvoir ?

Au printemps de 1898, le ministère Méline durait depuis deux ans, ce qui était une longévité exceptionnelle ; dans les couloirs de la Chambre qui bruissaient de rumeurs, on spéculait sur la prochaine combinaison. Les élections législatives, fixées au mois de juin, approchaient. Parmi les républicains progressistes, Raymond Poincaré était l'un des personnages les plus en vue de l'ancienne Chambre et semblait devoir jouer un rôle majeur dans la prochaine. Ses discours donnaient le ton et étaient reproduits et commentés favorablement dans la presse nationale. Le député de Commercy poserait-il sa candidature à la succession de Jules Méline, dont on susurrait que le ministère ne survivrait pas aux élections ? Bien entendu, il ne disait rien. Quand d'autres le disaient pour lui, il se gardait bien de les démentir. Dans la presse on lisait des portraits flatteurs de Raymond Poincaré. À Nancy, ville où il avait des attaches, le journal républicain *Le Progrès de l'Est*[55] était séduit par « le teint pâle et blanc de son visage, ses yeux bleus d'homme du Nord, la vague mélancolie de son regard ». Était-ce un dandy fin de siècle ? un écrivain à la mode ? un esthète ? Pas du tout. Poincaré avait l'étoffe de l'homme d'État : son éloquence était une « merveille de lucidité et de précision », sa pensée était « clairvoyante et féconde ». Un homme politique a toujours besoin de flatteurs et Poincaré sut vite les trouver. Encore cela ne suffisait-il pas, car il fallait faire ses preuves et convaincre ses pairs qu'on était soit le meilleur, soit l'homme de la situation. Signe de cette notoriété, Ernest Lavisse lui ouvrit les colonnes de la *Revue de Paris*, qu'il dirigeait depuis 1894[56]. Dans un souci d'équilibre, l'historien avait convié au même exercice Denys Cochin pour les conservateurs catholiques, Léon Bourgeois pour les radicaux-socialistes et Jean Jaurès pour les socialistes. Lors de son passage à l'Instruction publique, Poincaré avait fait la connaissance de l'historien ; les deux hommes s'étaient appréciés et Lavisse avait vite deviné que le jeune Poincaré avait de l'étoffe et de l'avenir ; ils restèrent en contact. Dans un article d'une vingtaine de pages, Poincaré se tira de cet exercice avec une grande maîtrise en présentant avec bienséance et pertinence le programme des républicains modérés. On savait que Jean Jaurès et Denys Cochin resteraient dans l'opposition, quels que fussent les résultats des élections. En revanche Poincaré et Bourgeois pouvaient, l'un ou l'autre, prétendre au pouvoir. Poincaré avait un bilan à défendre, celui de ses amis politiques, tandis que les trois autres, étant dans l'opposition ou ayant de fortes chances d'y rester, pouvaient exposer leurs projets sans risquer prochainement de les confronter à la réalité. Pour sa part, Poincaré avait évité de critiquer Méline et adopté un ton serein sans laisser percer trop d'ambition. Souhaitait-il succéder à Méline après les élections ? Certains de ses amis l'espéraient et l'y poussaient. L'intéressé gardait le silence ; mais, en son for intérieur, il restait probablement très indécis.

Le point central qui retint son attention était celui de la future majorité gouvernementale. Il la définissait par une double exclusion : à droite les monarchistes et les cléricaux, à gauche les collectivistes. Entre ces deux extrêmes se trouvait « un grand parti central, très large, encore homogène, le parti républicain ». En son sein s'exprimaient deux tendances qui pouvaient apparaître contradictoires, « l'ordre et le progrès ». À ses yeux elles apparaissaient plutôt comme les deux faces complémentaires d'un même principe. C'est pourquoi la future majorité devait rassembler ces républicains autour d'un « programme positif » organisé autour de trois axes : l'éducation nationale, les réformes fiscales et les questions sociales. Poincaré lançait un appel discret aux radicaux et sans que le mot fût prononcé, il souhaitait un retour à la concentration, c'est-à-dire à une recomposition vers la gauche de la majorité gouvernementale, dont les républicains progressistes continueraient d'être naturellement le pivot. La conjoncture semblait favorable à une telle solution, dont Poincaré pourrait être le maître d'œuvre. Tout cela était plus chuchoté qu'énoncé clairement.

Les élections générales de mai 1898 ne provoquèrent pas de changements significatifs : les socialistes et les radicaux progressaient sans remettre en cause la majorité des républicains progressistes. Ces derniers sauraient-ils conserver leur position dominante sans se déchirer ? Jules Méline, dont les ministres (sauf un) avaient été aisément réélus, serait-il en mesure de conserver le pouvoir ? C'était la grande inconnue.

Raymond Poincaré, qui n'avait pas d'adversaire et avait à peine fait campagne, fut réélu le 8 mai au premier tour et sans concurrent député de Commercy. « Veinard ! » lui écrivit Henri Lavertujon[57], en situation de ballottage à Limoges. Le beau succès de Poincaré était terni par la situation presque désespérée de son ancien patron Jules Develle, mis en ballottage à Bar-le-Duc par Henri Ferrette, un jeune avocat nationaliste qui avait pris l'étiquette de « radical ». Sa campagne populiste, démagogique et antisémite exploitait la lettre de Zola et un séjour récent de Mme Dreyfus chez des amis de Bar ; il avait déclenché dans cette ville jusque-là paisible une poussée antisémite, attisée par *La Croix meusienne*. La campagne fut ponctuée de plusieurs incidents violents. Poincaré fut si affecté qu'il proposa à Develle de démissionner pour qu'il pût se présenter à sa place au second tour à Commercy. Celui-ci déclina cette proposition probablement sincère. Une lettre d'Edmond Develle à Poincaré apporte un éclairage intéressant sur cette élection : « Nos amis veulent absolument que Jules affronte le scrutin de ballottage ; ils ne comprendraient pas qu'il désertât son parti, même sans espoir de vaincre. Nous comptons sur vos conseils et votre concours qui sont considérés comme nécessaires[58]. » Puis Edmond se plaignait du journaliste de Bar-le-Duc Daniel Laumonier, qui se serait « conduit comme un véritable gredin ». En revanche le préfet (il s'agissait d'Abel Combarieu, appelé plus tard à l'Élysée par Émile Loubet) avait « été parfait ». L'appui du préfet et le concours de Raymond Poincaré ne furent pas suffisants pour sauver Jules Develle, qui fut largement battu au second tour par Henri Ferrette[59]. Le nouveau député nationaliste de Bar-le-Duc avait conquis la place et s'installait pour trois mandats successifs. Ce succès n'était pas isolé en Lorraine car, à Nancy, deux « nationalistes » avaient aussi délogé deux sortants républicains. Poincaré proposa, une nouvelle fois, à Jules Develle de démissionner pour qu'il se présentât dans la circonscription sûre de Commercy.

D'après le courrier conservé et les témoignages recueillis, Poincaré semblait découragé : il parlait d'abandonner la vie politique pour se consacrer au barreau. Plusieurs de ses correspondants, dont Ernest Lavisse et René Grosdidier, cherchèrent à l'en dissuader. Les raisons exactes de cette dépression ne paraissent pas clairement établies. Ce n'était pas la première fois ; ce ne sera pas non plus la dernière. Dans son activité publique, rien de ce trouble intérieur n'avait transparu au grand jour.

Lors de la rentrée de la nouvelle Chambre, la correspondance de Charles Jonnart et le journal de Camille Krantz[60] montrent que Poincaré aurait bien aimé en devenir le président ; un autre vice-président sortant, son ami Paul Deschanel, était aussi sur les rangs. Le député de Nogent-le-Rotrou était aimable et habile ; c'était un concurrent redoutable ; c'est pourquoi Poincaré ne posa pas formellement sa candidature, puis laissa entendre que si le groupe progressiste préférait Paul Deschanel, il se rallierait à lui. Le 1er juin 1898, il proposa lui-même la candidature de Deschanel. Le député d'Eure-et-Loir fut élu de justesse avec cinq voix de majorité contre Henri Brisson, président sortant. « Poincaré applaudit au succès, mais aussi peut-être avec regret » (Camille Krantz). La mère de Paul, Adèle Deschanel[61], remercia l'ami fidèle avec effusion : « Je fais un rêve qui se réalisera car c'est à tous deux dans votre destinée que vous marchiez quelque jour la main dans la main pour faire rentrer la France dans la voie de ses gloires » (2 juin 1898). De son côté, Poincaré[62] écrivait à Gabriel Hanotaux : « J'ai fait mon devoir bien simplement. Et ce qui m'en a récompensé... c'est la joie touchante du père et de la mère de Deschanel. L'un m'a écrit, l'autre est venu me voir et m'a demandé de m'embrasser... » (3 juin 1898).

Cette élection montrait la fragilité du ministère Méline qu'appuyait le groupe progressiste à la tête duquel fut porté un comité directeur de cinq membres : Ribot, Dupuy, Leygues, Jonnart et Poincaré. Certes Méline disposait sur le papier d'une majorité, mais cette majorité était-elle exclusivement républicaine ? À gauche on en doutait et on voulut en faire la preuve. Dans l'hypothèse où le ministère se retirerait ou serait renversé, Poincaré serait-il en mesure de lui succéder ? Ce qui allait devenir en fin d'année l'affaire Dreyfus était placé, depuis quelques semaines, au cœur du débat public. Méline s'était prononcé contre la révision. Pourrait-il se maintenir sur cette position ? Méline restait hostile à la révision, revendication à laquelle il opposait l'autorité de la chose jugée. Poincaré continua de soutenir le ministère Méline que plusieurs députés modérés avaient déjà abandonné; il signa avec Ribot, Dupuy et Jonnart un ordre du jour favorable au ministère. Le vote décisif se fit le lendemain 15 juin 1898 sur ce texte auquel le radical Léon Bourgeois avait ajouté la formule suivante : « et appuyé sur une majorité exclusivement républicaine ». Cela voulait dire que ceux qui voteraient l'amendement refuseraient la présence des catholiques ralliés dans la majorité ministérielle. Méline refusa l'amendement Bourgeois et fut renversé par une coalition de la gauche et des nationalistes.

***

La crise fut longue à résoudre. Poincaré était un successeur potentiel de Méline. Était-il vraiment sur les rangs ? Camille Krantz, qui l'espérait, faisait cette analyse : « À ce moment, il tenait une majorité dans sa main, il avait conquis les nouveaux, il était désigné pour conduire l'armée progressiste. Un grand et beau rôle s'offrait à lui ; il se déroba... » Car Poincaré ne répondit pas à cette attente et laissa Félix Faure appeler successivement Ribot, Sarrien et Peytral. Après avoir constaté leur échec, Faure se tourna vers le radical Henri Brisson, qui venait de perdre la présidence de la Chambre et lui proposa la présidence du Conseil; celui-ci réussit dans sa tentative et succéda à Jules Méline en formant un cabinet plus orienté à gauche qui écartait tous les ténors du groupe progressiste. Poincaré était relégué sur les marges du nouveau ministère. Il se consola en se rendant à Poitiers présider la distribution des prix de la Société d'encouragement au Bien. Ses amis progressistes étaient furieux contre Félix Faure et bien décidés à mener la vie dure à ce ministère.

Au cours de l'été, le climat politique changea brusquement. Ce n'était plus la république sereine et sûre d'elle-même, mais un régime menacé, attaqué par le renouveau nationaliste et qui devait se défendre contre ses ennemis. Poincaré était un pilote tout désigné pour les jours calmes. Aurait-il la capacité d'affronter les tempêtes ? Tous reconnaissaient chez lui une intelligence hors pair, une capacité d'assimilation si rapide qu'elle étonnait ses proches et ses collaborateurs, un art de dire tout à fait exceptionnel. La faille de cette personnalité, si remarquable à bien des égards, était au niveau du caractère. Il était hésitant, ondoyant, velléitaire. Parfois il se dérobait, étonnant et décourageant ses plus chauds partisans. Il n'avait pas le désir d'être un chef de parti, un chef de majorité parlementaire. Contrairement à beaucoup, il n'apparaissait pas pressé d'arriver et cela étonnait. Il était un homme seul, cultivé, talentueux, habile. Il ne semblait pas encore être en mesure de faire surgir en lui les ressources de caractère et de décision qui font de l'homme politique un homme d'État.

CHAPITRE IV

L'inflexion de l'affaire Dreyfus

L'irruption de l'affaire Dreyfus dans le débat politique fut un événement imprévisible qui poussa les passions franco-françaises[1] à un paroxysme rarement atteint dans une histoire nationale pourtant agitée. Au cours de l'année 1898, l'affaire Dreyfus sortit du champ judiciaire où elle aurait pu, où elle aurait dû rester cantonnée, pour devenir l'Affaire : la dimension personnelle s'effaça presque totalement. Comme au moment de la crise du 16 mai 1877, comme au moment de la montée en apparence irrésistible du général Boulanger, la République parut menacée par le tapage nationaliste de Paul Déroulède et de ses amis et par la radicalisation de la presse catholique, en particulier de *La Croix* et de ses filiales provinciales. Les républicains de gouvernement, qui s'appelaient alors progressistes, furent surpris par cette bourrasque imprévue et dévastatrice. Ils furent incapables de l'apaiser et, au plus fort de l'orage, ils se divisèrent au lieu de trouver ensemble une solution de justice et d'apaisement.

Les péripéties complexes de l'Affaire[2] sont maintenant bien connues. Au ras de l'événement, les contemporains, égarés par le tourbillon incessant des rumeurs, des révélations, des coups de théâtre, des procès enchevêtrés qui les assaillaient, avaient du mal à trouver des repères. Raymond Poincaré s'était longtemps maintenu à l'écart du débat public. Il faisait partie des rares hommes qui pouvaient s'informer confidentiellement aux meilleures sources; pressé de toutes parts, il finit par se situer. Quand et comment a-t-il pris position ? Quelles furent les conséquences sur sa carrière, sur son positionnement politique, sur son image ?

De la condamnation d'un capitaine à l'affaire Dreyfus

L'arrestation, le procès et la condamnation à la détention perpétuelle pour espionnage au profit de l'Allemagne du capitaine Alfred Dreyfus se déroulèrent à la fin de l'année 1894. On ne perdit pas de temps. En quatre mois, tout était achevé. Le 5 janvier 1895, le « traître » Dreyfus était dégradé à l'École militaire puis envoyé en détention perpétuelle au bagne de Cayenne, où il fut assigné à l'île du Diable. À ce moment, Raymond Poincaré était ministre des Finances du cabinet Charles Dupuy. Comme ses collègues, il avait fait confiance au ministre de la Guerre, le général Mercier; il s'était tenu à l'écart d'une affaire dont il avait appris l'essentiel, dira-t-il par la suite, par les journaux. Peut-on absolument le croire ? La sentence rendue par le conseil de guerre semblait tout à fait fondée ; personne, d'ailleurs, ne la contesta, ni sur la forme ni sur le fond. Malgré les affirmations contraires de la plupart des journaux, l'accusé n'avait jamais avoué et, dans un climat défavorable et même franchement hostile, la famille Dreyfus commençait un long combat pour faire éclater la vérité. En vain. Bientôt le nom même d'Alfred Dreyfus fut oublié.

La politique suivait son cours ; pour sa part, Poincaré était retourné pour quelques mois rue de Grenelle dans le cabinet Ribot, puis il avait combattu le cabinet radical-socialiste de Léon Bourgeois qui se proposait d'introduire l'impôt sur le revenu. Après la chute du cabinet Bourgeois, les modérés avaient repris la direction des affaires et Jules Méline, le député de Remiremont, avait formé un cabinet auquel Poincaré avait refusé son concours et dont son ami Louis Barthou était devenu le ministre de l'Intérieur. Bon nombre de républicains trouvaient que le ministère durait trop longtemps et reprochaient à son chef d'avoir accepté le soutien des catholiques ralliés. À la fin de l'année 1897, Jules Méline avait dû affronter une campagne en faveur de la révision du procès Dreyfus dont l'un des chefs de file était Georges Clemenceau. À la tribune de la Chambre, Méline s'était opposé à la révision avec des paroles catégoriques : « Il n'y a pas d'affaire Dreyfus ! » Par la suite, on lui a beaucoup reproché cette phrase qui fermait la porte à la révision et dont les événements ultérieurs ont démontré l'aveuglement. À sa décharge, il faut rappeler qu'à cette date, il exprimait un sentiment probablement majoritaire dans l'opinion comme chez les politiques. Il fallut toute une série d'éléments nouveaux pour permettre aux révisionnistes d'agir sur l'opinion.

L'inculpation d'un officier douteux, le commandant Esterházy, fut le premier de ces éléments nouveaux qui pouvaient lever des objections et faire évoluer les esprits. L'acquittement scandaleux d'Esterházy décida Émile Zola à publier le célèbre « J'ACCUSE... ! » dans

L'Aurore, le journal de Clemenceau. Ce brûlot incendiaire qui mettait en cause directement de nombreux généraux et officiers entraîna un tollé ; les adversaires de la révision se déchaînèrent contre les juifs et les traîtres. Ils obtinrent l'inculpation de Zola, qui fut condamné (23 février 1898). Les partisans de la révision, jusque-là peu nombreux, commencèrent à s'organiser, et dans ce contexte fut fondée par le républicain modéré Ludovic Trarieux la Ligue des droits de l'homme et du citoyen. On ne connaît pas les réactions personnelles de Poincaré ; en tout cas, il dut désapprouver le coup d'éclat du romancier naturaliste, car, trois semaines après la publication de l'article, le 30 janvier 1898, il parlait à Limoges dans un banquet républicain où l'avait invité son ami Henri Lavertujon. Devant un parterre d'élus, il prononça un discours[3] dans lequel il définissait une politique de réformes contre le socialisme, c'est-à-dire la mutualité, le crédit agricole, la prévoyance sociale, l'enseignement vraiment moderne ; il appelait de ses vœux la formation d'une majorité de gouvernement sur une ligne de juste milieu qui se résumait par la formule « ni réaction ni révolution ». À mots couverts, il fit allusion au fameux « J'ACCUSE » d'Émile Zola qu'il qualifia sans plus d'« agitation superficielle ». Il n'avait pas deviné combien, dans les semaines et les mois à venir, le procès Zola allait retenir l'attention et cristalliser les positions des uns et des autres. L'intuition n'a jamais été la qualité majeure de Poincaré. En son temps le discours de Limoges n'a eu guère plus d'écho que le discours de Clermont-Ferrand prononcé le même jour par Léon Bourgeois ; les journaux et les Français l'ont vite oublié. Poincaré était loin d'être le seul à ne pas imaginer la tempête qui s'élèverait quelques mois plus tard à propos d'Alfred Dreyfus. Dans le numéro de la *Revue de Paris* où il avait publié son texte, au printemps de 1898[4], les trois autres contributeurs, et leurs noms ne peuvent laisser indifférent, puisqu'il s'agissait de Léon Bourgeois, de Jean Jaurès et de Denys Cochin, n'y avaient pas accordé la moindre attention : ni la gauche ni la droite n'avaient encore fait de ce qui allait devenir l'Affaire un cheval de bataille.

Au cours de l'été de 1898, la campagne d'opinion en faveur de la révision du procès Dreyfus s'amplifia. Ernest Lavisse[5] diagnostiquait « un examen pathologique de notre situation politique ». Il se disait « extrêmement inquiet ». À son avis, il fallait que « tous ceux qui ont quelque chose à dire parlent et très nettement, ne fût-ce que pour libérer leur âme... » (15 juillet 1898). Nous ne connaissons pas la réponse de Poincaré. Quinze jours plus tard (1er août), Lavisse esquissait la solution suivante : « Mettre entre les furieux un tiers parti » ; l'axe de ce tiers parti serait « un amour sincère, un respect sincère de l'armée stupidement attaquée depuis la déplorable lettre de l'inconscient Zola... » Dans l'esprit de Lavisse, Raymond Poincaré était destiné à devenir le chef de file de ce tiers parti. L'intéressé était-il prêt à tenir ce rôle ? Était-il prêt à parler « pour libérer son âme » ? Nous savons qu'il n'en fit rien.

Le président du Conseil, Henri Brisson, avait appelé au ministère de la Guerre le député républicain Godefroy Cavaignac ; proche des nationalistes, celui-ci s'en tint à la même attitude de refus de la révision que son prédécesseur. La combinaison Brisson était fragile, car le groupe progressiste de la Chambre supportait mal un cabinet radical et aspirait à un retour à la concentration. Au cours de l'été, Brisson dut affronter toute une série d'événements qui firent monter la tension : le premier fut la réaffirmation de la culpabilité de Dreyfus et donc le refus de la révision par le ministre Cavaignac ; le second fut la révélation du faux Henry, suivie de l'arrestation, des aveux et du suicide d'Henry au mont Valérien : on savait maintenant qu'Alfred Dreyfus avait été condamné à l'aide d'un faux forgé de toutes pièces ; sur la base de ce fait nouveau, Lucie Dreyfus déposa une demande de révision du procès de son mari. Ces révélations entraînèrent la démission successive de trois ministres de la Guerre et aussi l'inculpation du lieutenant-colonel Picquart, l'officier qui avait été à l'origine de la découverte des fausses pièces. Dans ce contexte, Brisson penchait désormais pour la révision et fit décider par le Conseil des ministres de transmettre à la Cour de cassation la demande de révision. Les péripéties de l'affaire avaient ébranlé le cabinet et provoquèrent sa chute (25 octobre 1898), à laquelle Louis Barthou, ami de Raymond Poincaré, ne fut pas, semble-t-il, étranger.

Le président Félix Faure chargea le modéré expérimenté Charles Dupuy de former le nouveau ministère (28 octobre 1898). Immédiatement, le président du Conseil pressenti s'annonça chez Poincaré qui avait été son collègue à deux reprises et sollicita son concours : il lui proposa la Guerre ou l'Intérieur. La réponse de Poincaré fut négative, car Charles Dupuy dut se résigner à présenter un cabinet (1er novembre) sans le député de la Meuse. La complicité amicale qui avait longtemps lié les deux hommes était rompue. Dans ses souvenirs inédits, Camille Krantz, député d'Épinal dont Dupuy faisait un ministre des Travaux publics, assure cependant que « Poincaré avait aidé Dupuy à faire son cabinet[6] ».

Pendant la crise ministérielle, la Cour de cassation avait déclaré recevable la demande de révision déposée par Lucie Dreyfus et ouvert une enquête confiée à sa chambre criminelle. Le nouveau ministère était décidé à laisser la procédure suivre son cours. Poincaré, qui présidait le groupe des républicains progressistes de la Chambre, devait soutenir le nouveau cabinet. Quelques billets conservés[7] dans sa correspondance montrent qu'il était invité à des conciliabules avec Méline, Barthou, Cruppi, Ribot et Krantz. Le 22 novembre 1898, il reçut un billet de Camille Krantz le conviant à l'une de ces réunions ; ce dernier lui annonçait : « L'idée d'un ministère de Défense républicaine fait son chemin et le parti progressiste, si l'on s'y prend bien, pourra être uni pour le soutenir... » phrase énigmatique que nous n'arrivons pas à éclairer mais qui montrait que la formule de la « Défense républicaine » était dans l'air et et que l'on ne peut, comme on le fait trop souvent aujourd'hui, en attribuer la paternité au seul René Waldeck-Rousseau.

Poincaré libère sa conscience

En l'état actuel de la documentation, il n'est pas possible de reconstituer l'évolution de Poincaré sur le cas Dreyfus. Comment était-il informé ? Quand a-t-il cherché à s'informer ? Des doutes multiples ont dû surgir dans son esprit tant sur la forme du procès – régularité de la procédure – que sur le fond – culpabilité de Dreyfus. Sa famille, sauf sa mère antidreyfusarde, le pressait de se prononcer contre une injustice qui avait envoyé au bagne un innocent. Le Palais de justice, milieu qu'il fréquentait quotidiennement, bruissait des rumeurs les plus contradictoires. Ses amis et ses familiers étaient divisés : son ancien patron, du Buit, était très hostile à la révision, alors que son ami Joseph Reinach[8] était l'un des chefs de file les plus actifs du camp adverse. Il connaissait tous les hommes politiques et pouvait interroger en privé ceux qui avaient été mêlés aux débuts de l'affaire comme l'ancien ministre de la Guerre, le général Mercier.

Aujourd'hui, après la confrontation de nombreux documents et témoignages, les faits sont mieux précisés. Après des dizaines de volumes touffus, parfois utiles, le livre intelligent et subtil de Jean-Denis Bredin a mis les choses au point. En revanche les contemporains ont été égarés par les campagnes fracassantes, les passions et les pseudo-révélations. Même les mieux informés ou ceux qui étaient susceptibles de l'être – et Raymond Poincaré était assurément de ceux-là – avaient du mal à démêler le vrai du faux, le sensationnel de la réalité. Sollicité par les partisans de la révision, Raymond Poincaré hésita longtemps avant de les rejoindre. Cette hésitation était dans son tempérament. Ses adversaires n'ont guère été tendres à son égard et ont assimilé sa prudence à de la faiblesse et même à de la lâcheté.

Tout en soutenant le ministère Méline, il n'était solidaire ni de ceux qui repoussaient obstinément la révision ni de ceux qui en faisaient une question de principe et dérivaient vite vers une attaque de l'état-major. Ses votes sur l'ordre du jour Jumel, puis sur l'ordre du jour Lavertujon en apportent la preuve. Son esprit de juriste déplorait la hâte et les obscurités qui avaient entaché le premier procès. L'envoi du colonel Picquart dans le Sud tunisien, les péripéties des procès Zola, la découverte des faux forgés par Henry lui avaient ouvert les yeux. D'après une information parue dans les journaux, il aurait réuni chez lui pour un grand dîner tous les membres du cabinet Dupuy de

1894 pour une concertation à propos d'une citation prochaine au procès Zola. Cette citation n'eut pas lieu; l'information montre en tout cas que Poincaré se préoccupait de l'Affaire sans vouloir prendre de position publique. Selon des documents que Fernand Payen[9] a eus en main et qui ont sans doute disparu, Poincaré a reçu d'amis très chers une foule de lettres. D'après le témoignage inédit de Camille Krantz[10] qui avait parlé avec lui au mois d'août, il « était extrêmement animé au sujet de l'affaire Dreyfus »; il ajoute même que, « devenu révisionniste passionné, il était particulièrement monté contre Méline et Billot ». De toute part on le pressait de prendre position. Ses parents, son frère Lucien, son cousin Henri allaient aussi dans ce sens. Poincaré s'en tenait à la procédure juridique : la Cour de cassation avait déclaré la demande de révision recevable et ouvert une enquête. Il fallait attendre sa décision, laquelle ne pouvait que déboucher sur une révision. Aucun document ne permet d'apprécier ni le cheminement de ses réflexions ni les arguments qui levèrent ses dernières hésitations.

Le 28 novembre 1898, au cours d'une séance houleuse de la Chambre[11], Raymond Poincaré saisit l'occasion d'une interpellation concernant le renvoi devant le conseil de guerre du lieutenant-colonel Picquart, l'officier qui avait découvert et démasqué le faux Henry, pour faire la déclaration suivante : « Aujourd'hui des faits nouveaux se sont produits; la Cour de cassation les examine, nous demandons qu'elle les examine en pleine indépendance, en pleine souveraineté et qu'il soit sursis à des procédures annexes et connexes qui ont le grave inconvénient d'avoir été engagées un ou deux ans trop tard ou quelques semaines trop tôt. » Raymond Poincaré se ralliait au principe de la révision; il laissait entendre que les charges relevées contre Alfred Dreyfus comportaient beaucoup d'incertitudes et d'irrégularités, que la justice militaire avait « deux poids et deux mesures » et il s'interrogeait : « A-t-on poursuivi tous les auteurs de faux et de divulgations ? » Il fallait mettre un terme rapide « aux abus intolérables qui se commettaient dans certains bureaux du ministère de la Guerre ». Poincaré disait aussi qu'il avait le sentiment d'accomplir « un acte de patriotisme éclairé », car « il avait trop longtemps attendu de libérer sa conscience », ce qui laissait entendre qu'il s'était tu par solidarité. Solidarité avec les ministres de 1894, patriotisme, c'est-à-dire respect de l'armée, et aussi peut-être perplexité durable sur un dossier complexe sont les explications possibles du long silence de Raymond Poincaré. Il avait fallu les faits nouveaux et incontestables de l'été de 1898 pour le décider à prendre position. Il ajoutait qu'il n'était pas le seul dans ce cas, car il parlait aussi « au nom de [ses] amis Louis Barthou, Georges Leygues et Théophile Delcassé qui, comme [lui], avaient appartenu au cabinet de 1894 ». « À l'heure actuelle mon silence et celui de mes amis serait une lâcheté », s'était-il écrié devant ses collègues. Louis Barthou se leva de son banc pour l'approuver et le soutenir. Au cours de cette brève intervention, la seule sur l'affaire Dreyfus, il fut interrompu à plusieurs reprises par des nationalistes. De retour chez lui il écrivit dans la nuit à son frère Lucien [12] ce bref billet :

> « *Je savais bien, mon cher Lucien, qu'en parlant je ferais plaisir à Marie-Andrée et à toi ainsi qu'à papa. Et cette pensée n'a pas été étrangère à ma décision. Je vous embrasse de tout cœur.* »

Peut-on interpréter cette intervention à la tribune, ainsi que le fait le plus récent historien de Poincaré, le Britannique J.F. Keiger [13], comme « un mea culpa », comme « une confession » ? Ce n'était guère dans son style ni dans ses habitudes. Ce qui frappe dans ce texte quand on le compare à beaucoup d'autres, c'est un ton plus personnel, un ton de sincérité chez un homme qui maniait la « langue de bois » avec un si grand naturel. Cette intervention était-elle préparée ? C'est très probable mais elle n'a été prononcée ni le jour ni dans le contexte où Poincaré aurait souhaité la faire ; il a probablement été poussé à intervenir par les circonstances. En tout cas le président du Conseil, Charles Dupuy [14], en fut profondément irrité car il n'en avait pas été prévenu. Il l'interpréta comme un complot contre son ministère. Il écrivit à Poincaré : « Je comprends vos scrupules, votre intervention dans le débat m'a surpris » (30 novembre 1898). Il chercha à désamorcer ce qu'il avait ressenti comme une offensive en le conviant à déjeuner au restaurant Ledoyen avec Leygues et Barthou. Que sortit-il de ce conciliabule ? Comment les progressistes dissidents justifièrent-ils leur prise de position ? Aucun document ne permet de l'expliquer. En tout cas le cabinet Dupuy ne fut pas dans l'immédiat menacé. Camille Krantz [15], qui connaissait les sentiments intimes de Poincaré, jugea très négativement sa déclaration publique : « Il avait fait du haut de la tribune une déclaration sur l'affaire aussi fâcheuse pour l'ancien président du Conseil de 1894 que pour celui de 1899. Bien entendu Barthou l'avait appuyé et imité, semant ainsi, dans le groupe progressiste dont il n'a cessé d'être le président qu'au lendemain de l'élection de Loubet, des graves ferments de discorde. » Il faut avoir dans l'esprit que ces réflexions ont été écrites le 24 juillet 1899, après la décomposition du groupe progressiste, après l'échec de Poincaré, après le départ de Camille Krantz du ministère de la Guerre et la formation du cabinet Waldeck-Rousseau.

Quelques jours plus tard, comme ses anciens collègues du premier ministère Dupuy, Raymond Poincaré déposait devant la chambre criminelle de la Cour de cassation, qui instruisait la demande de révision. Ses souvenirs concordaient avec ceux de Leygues, de Delcassé et de Barthou. Il avait appris l'arrestation de Dreyfus par un article de presse. Au Conseil de cabinet du 1er novembre 1894, des ministres se plaignirent. Mercier avait apporté le bordereau ; il le montra et le commenta devant ses collègues. Poincaré n'avait pas entendu porter contre le capitaine Dreyfus d'autre charge que celle du bordereau. Il n'avait eu connaissance d'aucune pièce diplomatique ni d'aucun dossier secret. Jamais à l'époque le président du Conseil ni aucun de ses ministres n'avaient entendu parler des prétendus aveux du capitaine Dreyfus. C'était toute l'argumentation du général Mercier qui s'écroulait. Et Poincaré ajoutait que s'il avait été question de communication de pièces secrètes devant le conseil de guerre, il n'en « aurait pas donné l'autorisation ». Cinq ans après les événements et à la lumière des faits nouveaux, Poincaré estimait « douteux que le bordereau ait été écrit par Dreyfus ». Et il concluait : « Je me demande maintenant si nous n'avons pas été victimes d'une mystification. »

La prise de position de Poincaré avait fait sensation ; pendant plusieurs jours, elle fit les gros titres de la presse. D'ordinaire si prudent, le jeune avocat s'était engagé. Les dreyfusards tentèrent de l'annexer à leur camp ; les journaux républicains modérés étaient soulagés et Jacques Cordier, dans *Le Progrès de l'Est*[16], saluait « l'admirable discours de M. Poincaré, admirable parce que courageux ». Les antidreyfusards et les nationalistes l'accablèrent. *La Libre Parole* de l'antisémite Drumont le couvrit d'insultes. Dans la Meuse, ses adversaires saisirent l'occasion qui leur était offerte. Poincaré, le patriote, le défenseur de l'armée, prenait maintenant la défense du « traître Dreyfus ». Les journaux du député Ferrette, qui avait rallié la Ligue de la patrie française, ainsi que *La Croix meusienne,* glosaient sur « le cas de M. Poincaré », sur « l'attitude singulière de M. Poincaré » ; ils lancèrent bientôt le slogan « Poincaré dreyfusard ! » On répétait qu'il avait été payé par les juifs. Sur place, René Grosdidier[17] faisait front et le soutenait : « Ne vous laissez pas aller au découragement... Laissons passer l'orage et continuons d'être les véritables enfants de la République, les défenseurs du droit opprimé et de la justice faussée. » Il ne cachait pas que l'opinion publique « ébranlée par une campagne perfide et mensongère » lui était devenue défavorable ; de vieux républicains, des agents électoraux, lui tournaient maintenant le dos. L'un d'eux aurait dit : « Tout ce que je peux faire, c'est de ne plus prononcer le nom de M. Poincaré. » Phasmann, le maire de Saint-Mihiel[18], le fidèle Phasmann, voulut faire circuler un texte de soutien à Poincaré. Grosdidier l'en dissuada, craignant de trop nombreuses défections. Il pressait Poincaré d'engager la contre-attaque et de publier un manifeste aux électeurs « pour expliquer les raisons de [son] attitude » (23 décembre 1898). Les dreyfusistes militants qui mettaient en place en province la Ligue des droits de l'homme et du citoyen, à laquelle Poincaré restait extérieur, étaient sévères à son égard comme à l'égard des chefs radicaux, aussi prudents que Poincaré. Le jeune physicien Louis Lapicque, arrivé à Nancy pour lancer la Ligue, ironisait sur

Léon Bourgeois « qui se promène dans les Carpates » et sur Poincaré « l'homme d'État à la manque qui a attendu quatre ans avant de prendre position[19] ». Au lieu de se mêler à ce tumulte, Poincaré préféra garder le silence ; il resta à Paris, où il était au cœur des rencontres qui cherchaient confusément une issue à la crise morale et politique dans laquelle l'Affaire avait précipité le régime et le pays.

Pressé de toute part, Poincaré devait-il répliquer ou garder le silence ? Henri Lavertujon[20], l'un des rares parlementaires à le tutoyer, lui prodiguait des conseils de prudence : « Je t'en prie, ne viens pas à la Chambre. Je crains que tu n'y commettes une irréparable faute. Tes amis du Palais te poussent à intervenir, tu ne sauras pas leur résister et ton intervention, quelle qu'elle soit, sera fâcheuse pour le cabinet et désobligeante pour tes anciens collègues. Quoique tu dises, on te cataloguera parmi les amis de Dreyfus et l'effet sera déplorable... Je t'en supplie, si tu m'aimes un peu, renonce à cette manifestation qui peut attendre assurément. Tu n'as pas le droit de frapper tes amis... Tais-toi, reste chez toi, je te le demande en grâce » (22 janvier 1899). Cette longue missive eut-elle l'effet dissuasif qu'elle cherchait ? Dans l'immédiat probablement, puisque Poincaré ne monta pas à la tribune. Quelques billets de Poincaré dont malheureusement la date exacte n'a pu être déchiffrée, conservés dans la correspondance de l'historien Ernest Lavisse, montrent l'extrême prudence de Poincaré et de beaucoup de parlementaires qui « sont réfractaires à toute manifestation tant que l'enquête n'est pas terminée ». Bourgeois, Ribot, Aynard étaient hostiles à toute intervention ; il fallait attendre « l'arrêt de la Cour de cassation ». Poincaré approuvait les articles écrits par Ernest Lavisse dans *Le Temps* et par Gaston Paris dans *Le Figaro*, car ils conciliaient « le respect de la justice et le respect de l'armée[21] ». Voilà la position de Poincaré et voilà ce qui le séparait des « dreyfusards militants ». S'il restait réservé devant les pétitions et manifestations, il travaillait dans les couloirs du Parlement, où il était l'une des chevilles ouvrières d'un nouveau groupe parlementaire en gestation, celui des « républicains de gauche » ; la séparation avec les républicains progressistes de Méline était en cours. Il était au cœur de la recomposition qui s'esquissait.

Depuis quelques semaines, Félix Faure et Charles Dupuy s'acheminaient vers la révision, du moins on peut l'estimer. Le gouvernement Dupuy avait présenté une loi dite de dessaisissement de la chambre criminelle afin de confier l'enquête à toutes les chambres réunies de la Cour de cassation. Avec Brisson, Bourgeois, Barthou, Jonnart, Sarrien, Pelletan, Viviani et Millerand, Poincaré signa un manifeste public contre la loi de dessaisissement (1er février). Jonnart, qui se reposait à Antibes, télégraphia pour le soutenir[22]. Poincaré fut l'un des rares députés de l'Est à s'opposer à cette procédure qui fut adoptée sans qu'il prît la parole. *L'Est républicain*[23] le prit à parti.

Félix Faure n'eut pas le temps de connaître les conclusions de l'enquête. Dans la soirée du 16 février 1899, pendant qu'il recevait dans un salon de l'Élysée Mme Steinheil, sa maîtresse, il fut frappé d'une congestion cérébrale qui l'emporta en quelques heures. On avait soigneusement caché au public cette aventure dont bientôt des détails croustillants, parfois inventés de toutes pièces, filtrèrent dans la presse. La fonction de président de la République était devenue soudainement vacante. Le Congrès se réunit à Versailles deux jours plus tard, le 18 février. Jules Méline semblait être le candidat naturel des modérés de la Chambre et du Sénat. Au handicap classique des inimitiés personnelles qui se révèlent brusquement s'ajoutaient les remous de l'Affaire ; on rappelait sans ménagement la phrase malheureuse qu'il avait prononcée l'année précédente : « Il n'y a pas d'affaire Dreyfus ». La gauche jeta l'exclusive contre Jules Méline. Clemenceau lança dans son journal le nom d'Émile Loubet, président du Sénat. Le sénateur de la Drôme, âgé de soixante ans, était un modéré et un sage. Ce Méridional discret au visage fin, encadré d'une barbe blanche, n'avait pas d'ennemi ; il garderait la maison et y maintiendrait fermement les traditions républicaines ; son profil était idéal. Poincaré et ses amis votèrent pour Émile Loubet qui, le 18 février 1899, fut élu au premier tour président de la République. Moins de deux cents voix de droite et du centre s'étaient portées sur Jules Méline, non candidat.

Par la courtoisie de ses manières et sa discrétion, Émile Loubet avait tout ce qu'il fallait pour rassurer. Immédiatement, le sage président fut pris pour cible par les nationalistes de Paul Déroulède, qui lui reprochèrent d'avoir été président du Conseil au moment de l'affaire de Panamá et d'avoir protégé les « chéquards ». Dans la rue parisienne, les démonstrations nationalistes quasi quotidiennes entretenaient l'agitation et prenaient à partie Loubet-Panamá. Comme à l'époque du boulangisme, on avait l'impression que la République était menacée.

POINCARÉ, L'HOMME DE LA DÉFENSE RÉPUBLICAINE ?

Émile Loubet avait choisi comme secrétaire général de la Présidence un homme que Poincaré connaissait bien, Abel Combarieu, préfet de la Meuse. Le journal intime de ce haut fonctionnaire apporte des informations très intéressantes sur les intentions de Loubet et sur la personnalité de Poincaré. Celui-ci avait démissionné de la présidence du groupe progressiste au lendemain de l'élection de Loubet. Dans l'hypothèse d'une crise ministérielle, l'Élysée envisageait un cabinet de Défense républicaine dont la formation aurait été confiée à Raymond Poincaré. Au mois de mars 1899, on ne prévoyait pas de crise dans l'immédiat et Poincaré fit son traditionnel voyage de printemps; cette année il avait choisi la Turquie. Durant son absence Lavertujon, qui se considérait comme le « poisson pilote » du futur président, rendit visite aux nouveaux hôtes de l'Élysée : si la succession de Dupuy s'ouvrait, Poincaré serait le candidat de Loubet; les intentions de Loubet furent confirmées par Combarieu, avec lequel il avait « causé à cœur ouvert ». À l'intention de son ami, Lavertujon dessinait avec fermeté l'architecture de son futur ministère : « Ton ministère devra être un ministère Poincaré et tenir toute sa force, toute son autorité de son chef. Nous t'avons mis à l'Intérieur, tu y seras très bien [24]. » Dans l'hypothèse où une évolution imprévue l'exigerait, Lavertujon proposait d'aller chercher le voyageur à la frontière afin de le mettre au courant pendant le voyage de retour des derniers développements de la situation. En réalité rien ne pressait ; le ministère Dupuy, quoique affaibli, survivait. Poincaré eut le temps de rentrer en France et de reprendre ses activités au Palais comme à la Chambre.

Au cours du printemps de 1899 son évolution personnelle l'éloignait de plus en plus du groupe des républicains progressistes, qui restait dominé par les adversaires de la révision. L'enquête de la Cour de cassation progressait et un arrêt de révision semblait probable. À la suite d'une polémique de presse, Raymond Poincaré adressa à Jules Méline une lettre de démission du groupe parlementaire progressiste de la Chambre. La lettre de Méline et la réponse de Poincaré ont été publiées dans le beau livre du bâtonnier Fernand Payen [25]. Le texte de Méline (19 mai 1899), bref et digne, gardait à l'égard de Poincaré une attitude amicale : « Vous avez soutenu mon cabinet jusqu'au bout ; vous n'avez pas d'ami plus sincère, plus dévoué que moi... L'attitude que vous avez prise dans l'Affaire n'a pas changé mes sentiments vis-à-vis de vous... Je vous mets bien au-dessus de l'Affaire ; c'est pour moi un véritable chagrin qu'elle ait pu faire de pareils ravages dans nos rangs. Réfléchissez. L'Affaire passera mais les grands intérêts, les intérêts permanents que notre parti a à défendre ne passeront pas... » La réponse de Poincaré (20 mai 1899), qui n'a pas été connue des contemporains, mériterait d'être citée en entier. L'article d'Arthur Ranc n'était pas la « raison déterminante » mais la « raison occasionnelle » de sa démission. Il reprochait d'abord à Méline d'avoir cessé d'être « le chef d'un parti républicain gouvernemental » pour devenir « le prisonnier d'une coalition réactionnaire »; il lui reprochait ensuite d'avoir fait la sourde oreille pendant deux ans, d'avoir laissé se commettre « les plus effroyables abus » au ministère de la Guerre, d'avoir toléré une « collusion entre certains officiers d'état-major et Esterházy », bref d'avoir été aveugle. Puis Poincaré développa les axes d'une politique militaire à court terme plus concrète que ce que suggéraient ses interventions publiques : faire comprendre à l'armée qu'elle a intérêt à répudier les solidarités compromettantes, réorganiser le commandement, rétablir dans les bureaux de la Guerre le respect du gouvernement, l'idée de la discipline et jusqu'à la conception de l'honneur; défendre en même temps cette armée contre les entreprises cléricales et contre les attaques des antimilitaristes. Cette politique, Poincaré était-il décidé à la mener si on lui offrait le pouvoir? Avec quels hommes? Avec quels moyens? La république ne pouvait être sauvée que par la reconstitution d'« un parti républicain à égale distance des extrêmes, dépouillé de toute compromission réactionnaire et abrité de toute influence collectiviste ». Méline ne pouvait plus être l'homme d'un tel projet; c'est pourquoi il le quittait. Raymond Poincaré avait-il l'étoffe et la volonté de se consacrer à cette tâche? Au Parlement et dans le pays? Certains étaient sceptiques. Assurément, Poincaré avait rompu avec les mélinistes, rupture politique, cela va sans dire. On peut cependant en douter, car ses relations avec Alexandre Ribot et une partie de l'entourage de Jules Méline, comme Camille Krantz et Henry Boucher, étaient toujours actives et fréquentes. Avec Jules Méline lui-même, Poincaré conserva des liens personnels d'estime. Seulement l'Affaire et les « compromissions » avec les ralliés avaient détruit une proximité politique de plus de dix ans.

AU SEUIL DU POUVOIR

Au cours des péripéties parlementaires de mai-juin 1899, Poincaré naviga avec une grande prudence. Désirait-il vraiment le pouvoir? Dans ses notes, Combarieu[26] était dubitatif; le 22 mai, il écrivait: « Crise possible à la rentrée parlementaire. Qui appeler? Deschanel refuse. Poincaré refuse, Ribot (?), Freycinet (?), Bourgeois (?). » Ce refus ne semblait pas impressionner outre mesure le président Loubet, car dans un climat latent de crise ministérielle, il confiait à Combarieu que « pour le ministère de demain, il pense à M. Poincaré » (5 juin 1899). Les votes de ce dernier ne sont pas faciles à interpréter: il s'abstint dans le vote de mise en accusation du général Mercier, mesure qui fut repoussée; il vota contre l'ordre du jour Massabuau, qui proposait l'ajournement de l'affichage de l'arrêt de révision de la Cour de cassation, et se prononça en faveur de l'ordre du jour Sembat, qui proposait le contraire et qui fut adopté; c'était un signe clair adressé aux révisionnistes. Dans les scrutins de procédure qui entraînèrent, le 12 juin 1898 la chute du cabinet Dupuy, il vota pour l'ordre du jour Ruau refusé par Charles Dupuy.

Le lendemain matin, Émile Loubet priait Poincaré de venir s'entretenir avec lui à l'Élysée. Combarieu écrivait: « Ce matin [...] le président m'a chargé de poster à M. Poincaré une lettre le convoquant pour ce soir et cela sans avoir consulté aucun autre personnel. » On possède encore dans les papiers de Poincaré la brève invitation de Loubet. Le président de la République lui proposa la présidence du Conseil (13 juin). Contre toute attente, Poincaré fit la fine bouche. Combarieu, qui assistait à la conversation, rapporte : « Monsieur Poincaré se défend, résiste ; il ne comprend pas la situation actuelle, elle est embrouillée et confuse, il est découragé, il ne se croit pas qualifié ; il prévoit des complications ; l'affaire Dreyfus touche à vif le sentiments des Français et du pays... Il craint que le conseil de guerre de Rennes ne condamne encore Dreyfus, ce qui créera une agitation folle... Il n'y a de place que pour un ministère Waldeck ou un ministère radical [27]. » En dépit de ses réserves, il finit par prendre en compte les arguments du président, qui ne « s'était pas rendu à ses objections ». Combarieu faisait cette réflexion : « Poincaré a la jeunesse, le talent, une vie irréprochable, une autorité incontestée, telle en tout cas qu'aucun autre parlementaire n'en a d'égale. » Le soir il dînait en compagnie de Paul Deschanel chez Madeleine Lemaire. Devant les réticences de Poincaré, Loubet avait également fait une proposition à Deschanel, lequel avait refusé, « ne se sentant pas préparé ». Les deux hommes n'étaient pas encore rivaux.

Le lendemain, 14 juin, Poincaré retourna à l'Élysée pour donner son accord puis commencèrent à son domicile rue des Mathurins ses consultations avec Georges Bernard, son chef de cabinet. Dans son courrier, il trouvait deux lettres d'encouragements. De Commercy, le fidèle Grosdidier [28] lui donnait ce conseil : « Il a toujours été préférable de faire une politique vraiment républicaine. Il va falloir aiguiller vigoureusement à gauche et prendre la direction du gouvernail... Qu'allez-vous faire personnellement ? Vous êtes tout désigné pour entrer dans la nouvelle combinaison. » Du cap d'Antibes, où il continuait de se soigner, Charles Jonnart [29] tenait le même langage et lui adressait ses « vœux les plus cordiaux et les plus ardents [...] pour la mission que vous devez accepter [...]. Il faut en finir avec les menées césariennes et cléricales. Le parti républicain doit rester fidèle à son idéal, à l'idéal de justice, de liberté et d'humanité qui est sa force et sa raison d'être ». Poincaré dut recevoir bien d'autres encouragements de ce genre, oraux ou écrits. Nous ignorons l'usage qu'il en fit.

Il s'orienta vers un cabinet de gauche acquis à la révision [30] et décidé à faire cesser l'agitation dans la rue. Au lieu de faire place nette et de proposer des postes à des jeunes de sa génération, il s'engagea vers une combinaison qui associerait plusieurs rescapés du cabinet Dupuy avec quelques caciques de la gauche parlementaire. Son intention première fut d'offrir les Affaires étrangères au radical Léon Bourgeois, qu'il fit revenir de la conférence de La Haye, et de faire passer Théophile Delcassé à l'Intérieur. Bourgeois ayant refusé, Delcassé resterait au Quai d'Orsay. Pour lui-même, il n'était plus question de prendre l'Intérieur comme il l'avait envisagé quelques semaines plus tôt, mais d'y installer un député radical, Ferdinand Sarrien, dont l'énergie et l'esprit de décision n'étaient pas les qualités dominantes. Combarieu[31] le qualifiait de « républicain honnête et consciencieux mais indécis, flottant et mal entouré ». Dans ce contexte, deux autres ministères étaient très sensibles : ceux de la Guerre et la Justice. Les notes inédites de Camille Krantz[32] éclairent les objectifs, les calculs et les hésitations de Poincaré. À la suite de la démission de Freycinet (5 mai), Krantz s'était installé rue Saint-Dominique. Poincaré alla le voir au début de l'après-midi du 15 juin pour lui demander son concours et lui exposa l'objectif de son futur ministère en ces termes : « Tâche unique, exclusive, terminer l'affaire Dreyfus. » Au cours de la conversation, Krantz fit part de ses doutes sur l'arrêt de la Cour de cassation et évoqua la possibilité d'une condamnation de Dreyfus par le futur Conseil de guerre. Devant ces réserves, Poincaré bondit : « Avec sa netteté et sa précision assez tranchantes, il me déclara qu'il avait consacré de longues heures à l'étude de l'enquête et qu'il connaissait le dossier comme s'il avait eu à le plaider. » En raison de ces divergences de vues, Krantz ne pourrait rester ministre de la Guerre ; en revanche, comme Poincaré souhaitait « son concours pour l'œuvre d'apaisement », peut-être pourrait-il retourner aux Travaux publics ? Le poste étant promis à Louis Barthou, Krantz ajourna sa réponse. À la Guerre, il fallait une personnalité incontestée ayant la confiance de l'armée et acquise à la révision ; il prit contact avec l'ancien président de la République Casimir-Perier, qui était convaincu de l'innocence de Dreyfus et favorable à son acquittement. À la Justice, il envisageait le sénateur radical Ernest Monis, proche de Ludovic Trarieux, le fondateur de la Ligue des droits de l'homme. Deux anciens présidents du Conseil qui passaient pour les chefs du radicalisme, Léon Bourgeois et Henri Brisson, devaient faire partie de la combinaison. Les modérés seraient représentés par Barthou, Ribot et quatre rescapés du cabinet Dupuy (Delcassé, Guillain, Delombre et Krantz). Cette formule de concentration associait les modérés favorables à la révision avec les dirigeants radicaux. La première difficulté vint du refus du modéré Casimir-Perier. La seconde difficulté était l'éventuelle participation d'un socialiste ; on prononçait le nom de René Viviani, un jeune avocat avancé, député de Paris et ancien premier secrétaire de la conférence. Millerand[33] alla plaider auprès de Poincaré la nécessité de cet élargissement et la cause de son ami : « J'allai trouver Poincaré pour lui conseiller de faire une place aux socialistes dans le cabinet qu'il était chargé de constituer. » En vain. Il lui suggéra d'offrir un portefeuille à René Viviani. « Je ne fus pas surpris de son refus », conclut Millerand.

Alors que ces deux difficultés étaient loin d'être résolues, les radicaux compliquèrent encore la tâche du président pressenti en lançant une exclusive contre Louis Barthou, l'ancien ministre de l'Intérieur de

Jules Méline que Poincaré voulait absolument à ses côtés. Pour amadouer les radicaux, Poincaré leur lâcha deux portefeuilles supplémentaires. Cette concession fut jugée insuffisante et les négociations engagées chez lui, rue des Mathurins, tournèrent à l'aigre. Dans la soirée du 16 juin, Sarrien annonça à Poincaré le refus des groupes radicaux. Aussitôt, il abandonna la partie et rendit son tablier à Loubet. Combarieu lui reprocha d'avoir manqué de souplesse et d'entregent : « Il ne sait pas faire l'aimable dans ses contacts, il ne promet rien[34]. » Est-ce la véritable raison du renoncement rapide de Poincaré ? L'appel de Loubet n'aurait pas dû le prendre au dépourvu ; depuis plusieurs semaines, il avait eu le temps de réfléchir aux dosages et au vocabulaire à employer. N'y avait-il pas une raison plus profonde ? Poincaré avait-il craint de ne pas être en mesure de dominer une situation troublée ? Joseph Reinach, qui était au courant des tractations et qui servit d'intermédiaire à Poincaré puis à Waldeck-Rousseau, jugeait son irrésolution avec sévérité ; il n'était pas le seul. Déjà, dans *L'Aurore*, Clemenceau avait pointé l'un des défauts de Poincaré et exécuté la combinaison avec des formules assassines : « Poincaré, cet autre Dupuy » ou encore « Poincaré avec Krantz et Barthou, c'est Méline au pouvoir ».

Quelques années plus tard, dans un discours prononcé en Lorraine[35], Poincaré a apporté sa réponse à ces critiques persistantes ; il voulait réfuter une « légende tenace » selon laquelle il « se serait dérobé aux responsabilités du pouvoir ». Contrairement à ce que ses adversaires avançaient, son renoncement n'avait pas été dû « aux exigences des progressistes » mais à deux raisons fondamentales : une exclusive des radicaux contre Barthou – « son nom souleva dans les gauches avancées une invincible résistance » – et la volonté des socialistes d'imposer la présence de René Viviani dans le cabinet : « Entre les collectivistes et nous, il y a un abîme que rien ne peut combler. » Poincaré refusait d'être l'architecte d'une combinaison gouvernementale qui, à ses yeux, ne s'imposait pas. L'exclusive des radicaux contre Barthou est confirmée par le journal de Combarieu. Pour convaincre ses auditeurs de sa bonne foi, il en appelait au témoignage de son ami Grosdidier qui, présent ce jour-là dans son cabinet, avait assisté à la plupart des conversations. Cette interprétation des faits n'est pas en contradiction avec celle que nous avons donnée précédemment. À Marcel Hutin, de *L'Écho de Paris,* il rappelait qu'alors la France était dans une « ère de fièvre et de folie ». Craignant de ne pas être en mesure de dominer la situation, il préféra renoncer ; il n'avait pas encore quarante ans, il pouvait attendre. On peut rapprocher ce comportement de celui de Léon Bourgeois, dont il était désormais proche. Néanmoins cette renonciation déclencha la colère des révisionnistes contre Poincaré, « l'homme de toutes les irrésolutions », « jugement fort injuste » selon Joseph Reinach[36].

Le lendemain de sa renonciation, le 20 juin, Raymond Poincaré[37] écrivait à Waldeck-Rousseau : « Je garde l'illusion qu'il eût été encore possible hier soir d'aboutir avec moi malgré les difficultés accumulées. Je comprends trop bien que vous ayez été découragé. J'ai éprouvé, moi aussi, le même sentiment. Mais il faut en finir. Je ne vois plus que deux combinaisons, une dont vous êtes le chef et je vous donnerai tout mon concours... La seconde combinaison possible serait celle où Bourgeois, vous et moi, nous serions ensemble et ou vous seriez l'un ou l'autre président. Mais je ne crois pas que l'on puisse offrir un portefeuille à un socialiste sans soulever à la chambre l'opinion modérée... » Prenant acte de cette situation, Émile Loubet se tourna vers un autre modéré, René Waldeck-Rousseau. Ce dernier appartenait à une génération plus ancienne ; il avait une expérience des hommes et des affaires, un flegme et une maîtrise de lui qui en imposaient. L'ancien disciple de Gambetta, l'ancien ministre de l'Intérieur de Jules Ferry avait un moment abandonné la politique active pour se consacrer exclusivement au barreau. Revenu au Parlement en 1892 comme sénateur de la Loire, il avait, à l'époque du ministère Méline, lancé le « Grand Cercle républicain » ; l'opération n'avait pas eu le résultat escompté, mais il était disponible et désireux d'exercer le pouvoir. Émile Loubet, qui l'avait fréquenté au Sénat, avait une haute idée de ses capacités et pensait qu'il était mieux placé qu'un radical pour conserver l'oreille de la Haute Assemblée. Le précédent du ministère Léon Bourgeois, qui s'était heurté à l'hostilité massive et irréductible du Sénat, était encore dans les mémoires. René Waldeck-Rousseau reprit l'idée de « Défense républicaine » : la présence d'un « collectiviste » dans le cabinet ne l'effrayait pas : il pensait non plus à René Viviani mais à Alexandre Millerand ; il était décidé à obtenir la révision, à clore l'affaire Dreyfus et à mater, au besoin par la force, l'agitation nationaliste.

Waldeck-Rousseau[38] sollicita le concours de Raymond Poincaré en lui offrant le portefeuille de l'Intérieur. Cette proposition se heurta à l'hostilité du *Siècle*. Clemenceau écrivit dans *L'Aurore* que Poincaré s'était fait offrir l'Intérieur. Dans une lettre privée à Waldeck-Rousseau, Poincaré bondit : « Vous savez mieux que personne que c'est une infâme calomnie ; j'ai cédé à vos instances inattendues ; je vous ai fait les observations que j'avais le droit de vous soumettre... J'ai accepté votre offre pour vous aider à aboutir... » (24 juin). Poincaré avait mis une seule condition à sa participation, le maintien des socialistes à l'extérieur de la nouvelle combinaison. Ce n'était pas la personnalité de son ami Alexandre Millerand auquel était proposé le Commerce (dont relevait la direction du Travail avant de devenir en 1906 un ministère à part entière) qui était en cause, mais la signification politique de son entrée au gouvernement. Il était impossible à Raymond Poincaré de siéger aux côtés d'un collectiviste. Waldeck-

Rousseau ayant refusé de céder, Poincaré préféra renoncer au portefeuille de l'Intérieur. Une lettre de Georges Leygues (qui entrait dans le nouveau cabinet comme ministre de l'Instruction publique) semble apporter une version différente[39] : Poincaré aurait retiré son concours à Waldeck à la suite d'un conflit entre Camille Krantz et Guillain. Dix ans plus tard, dans une lettre conservée dans les papiers Briand[40], Poincaré revenait sur cette affaire pour réfuter « une légende », pour récuser « ce que vous appelez une dérobade ». Ce n'était pas Poincaré qui avait refusé son concours à Waldeck, c'était Waldeck qui ne s'était pas adressé à lui. À défaut de la version de Waldeck que nous ignorons, voici celle de Poincaré : « Je lui avais promis [ma collaboration] d'une manière absolue... Lorsqu'il a reconstitué sa combinaison sur de nouvelles bases, c'est lui qui ne s'est pas adressé à moi. Je vous assure que j'aurais été très heureux d'être son collaborateur. »

Dans le nouveau ministère dont il était resté à l'écart, entraient trois de ses amis : Joseph Caillaux, Alexandre Millerand et Georges Leygues. À Millerand il écrivait cette lettre privée[41] dont le ton montrait un Poincaré assez inattendu : « Tu sais que je regrette infiniment la présence d'un socialiste dans le ministère. Je te l'ai dit à toi. Je ne l'ai caché à personne. Cela dit, tu es un vieil ami, plus près de mon cœur que nombre de mes amis politiques et je ne puis résister au plaisir de t'embrasser » (23 juin 1899). Une autre surprise de ce ministère fut la nomination au ministère de la Guerre du général de Galliffet. Le nom du « fusilleur de la Commune » souleva des tempêtes à l'extrême gauche ; par ce choix que Poincaré ne pouvait désapprouver, Waldeck-Rousseau espérait tenir l'armée. Ce calcul se révéla juste. Le 26 juin, le cabinet se présentait devant la Chambre dans une atmosphère tendue. Il obtint une courte majorité de 23 voix ; Raymond Poincaré était parmi les 271 députés qui votèrent en faveur du ministère. Ce n'était pas une adhésion enthousiaste ; au fond de lui-même il était mal disposé, sur la réserve. Un journal commentait ainsi son attitude : « M. Charles Ferry adopte une attitude analogue à celle de M. Poincaré. Ils acceptent l'un et l'autre le cabinet comme un mal nécessaire. L'avenir nous fixera sur la valeur et les conséquences de cette tactique[42]. » Dans la lettre à Briand citée plus haut, Poincaré portait une appréciation assez éloignée de ce commentaire : « Je pensais, moi comme beaucoup d'autres, qu'il était le seul président du Conseil possible. »

En quelques jours, Poincaré avait laissé passer deux chances. Il est permis de s'interroger : quelle fut la part des raisons politiques ? Quelle fut la part des raisons personnelles ? Les documents dont nous disposons ne permettent guère d'aller au-delà des hypothèses. En tout cas, Waldeck-Rousseau fut infiniment plus habile et plus décidé que Poincaré. Il sut s'attribuer l'idée de la « Défense républicaine », ce que l'histoire a retenu, alors que Poincaré l'avait laissée échapper. Il triompha de multiples difficultés et conduisit un cabinet certes fragile, attaqué de toute part, mais décidé à agir. Chez Poincaré, on a l'impression que souvent le courage, la volonté d'agir n'étaient pas au niveau de l'esprit d'analyse et que, au fond de lui-même, il avait en l'espèce reculé devant les redoutables responsabilités du pouvoir. Il n'était pas encore prêt à tenir lui-même la barre.

UN MINISTÉRIEL RÉSIGNÉ ?

Les manuels d'histoire ont longtemps présenté la formation du cabinet Waldeck-Rousseau comme une inflexion majeure dans l'histoire du régime républicain. Cette interprétation qui mérite d'être nuancée n'était pas apparue clairement aux contemporains, qui ne créditaient pas ce ministère fragile, tiraillé par des orientations contradictoires, d'une longue durée de vie. Waldeck-Rousseau avait reçu une mission précise : accompagner la révision du procès Dreyfus, obtenir ensuite, si les juges militaires condamnaient une seconde fois Dreyfus, sa grâce, sévir, s'il le fallait, contre les nationalistes et parvenir à l'apaisement dans la rue. Une fois ces objectifs atteints, son ministère disparaîtrait vite. Raymond Poincaré faisait-il aussi ce calcul ? On peut le supposer, sans en apporter aucune preuve.

Le gouvernement Waldeck-Rousseau géra avec habileté et détermination le procès de Rennes et ses conséquences, fit gracier Dreyfus par le président Loubet, mit fin à l'agitation nationaliste dans la rue parisienne et traîna Déroulède et ses amis devant la Haute Cour. Au cours de ces premiers mois, Poincaré soutint le ministère de ses votes ; en novembre 1899, il dut même faire insérer un rectificatif à l'*Officiel* où il était porté avoir voté contre le ministère alors qu'il était parti avant la fin de la séance... Il ne voulait pas être confondu avec Méline, Barthou et Dupuy pour ne pas être englobé dans les appréciations négatives formulées par la presse sur les progressistes. Les relations Poincaré-Waldeck ne relevaient pas de la seule politique : Poincaré admirait Waldeck-Rousseau et en même temps le jalousait, peut-être d'avoir réussi là où il avait lui-même échoué. Au fond les deux hommes étaient rivaux. Waldeck-Rousseau, qui le savait, ironisait parfois sur Poincaré : « Il est comme le chien du jardinier : il n'aime pas les fraises mais il ne veut pas que les autres les mangent... » Dans son journal, Abel Combarieu[43] se délectait de quelques autres bons mots de Waldeck-Rousseau sur « son éminent confrère ». Quelques années plus tard, le 8 mars 1907, Waldeck-Rousseau étant décédé depuis trois ans, Poincaré fit, lors d'une de ces grandes conférences parisiennes qu'il donnait de temps à autre, un vif éloge de l'orateur et de l'avocat, mais il avertit d'emblée ses auditeurs qu'il n'aborderait pas le terrain de la politique. Le temps n'était pas encore venu de parler de l'année 1899 avec la sérénité nécessaire, car les cicatrices de ces moments difficiles pour lui n'étaient pas complètement refermées.

Au printemps de 1900, bon nombre de républicains progressistes, qui avaient été écartés de la combinaison de Défense républicaine, se mirent à travailler à la chute du ministère. L'inflexion vers la gauche avait été trop loin ; il fallait revenir à l'union des républicains, écarter les socialistes de la majorité. C'était l'avis de Jules Méline, d'Alexandre Ribot et de beaucoup d'autres. Henri Lavertujon jugeait le ministère à bout de souffle. Il écrivait à Poincaré qui s'était mis en congé pour voyager et dont l'absence, une fois de plus, était sévèrement commentée : « Il a du plomb dans l'aile et il glissera sur la pelure avant l'ouverture de l'Exposition » (22 mars 1900). Il chapitrait son ami en ces termes : « Je voudrais faire du ministériel résigné un antiministériel impatient de donner l'assaut... Ta résignation n'est plus de mise [44]. » À peine Poincaré était-il rentré à Paris que Lavertujon se précipitait à son domicile : « Il faut prendre carrément position, sinon tu auras manqué à ce que tu dois à toi-même, à ce que tu dois à ton parti » (7 avril 1900). Des esprits plus pondérés, plus éloignés des combinaisons de couloir et des rumeurs des salles de rédaction allaient dans le même sens [45] : « L'essai tenté par Waldeck-Rousseau a été malheureux et n'a donné que de mauvais résultats. Il a assez duré à mon avis », lui écrivait de Commercy l'ami René Grosdidier (8 mai 1900). Raymond Poincaré était devenu l'un des espoirs les plus sérieux des antiministériels. Allait-il enfin se décider à franchir le Rubicon ? Contrairement aux invitations pressantes de Lavertujon et de quelques autres, il ne fit aucun geste susceptible de le désigner comme le chef des adversaires du ministère. Avait-il des liens avec le président du Conseil ? On peut en douter car, s'il admirait l'avocat, il désapprouvait l'homme politique et persistait à critiquer la présence d'un socialiste au ministère et des collectivistes dans la majorité. Une analyse serrée de ses votes montre une dominante, l'abstention. Il s'abstint lors du vote sur la déchéance de Déroulède, il s'abstint lors du vote de la loi d'amnistie (décembre 1900). On pourrait encore allonger la liste à tel point qu'un de ses collègues du barreau, voyant Poincaré traverser d'un pas rapide un couloir du Palais, se serait férocement écrié : « Il court s'abstenir. » Jacques Kayser [46] fait observer fort justement que « l'abstention est une forme de l'opposition ». Chef virtuel de l'opposition républicaine à Waldeck-Rousseau, Raymond Poincaré laissa passer les jours, les mois sans se décider ; selon ses amis, sa passivité était ce qui permettait au ministère de durer. Au début de 1901, Waldeck-Rousseau présenta un projet qui lui tenait à cœur, celui d'une loi sur les associations. Poincaré était en désaccord sur de nombreux points (autorisation des congrégations par le Parlement, droit des congrégations missionnaires d'avoir des séminaires en

France); après avoir bataillé, il fut battu sur tous ces points et vota contre le texte. Il se retrouva, en avril 1901, dans la minorité avec la droite et ses amis progressistes Aynard, Ribot, Krantz, Méline et Charles Ferry.

Le discours de Nancy (12 mai 1901)

Raymond Poincaré finit par céder aux instances de ses amis et accepta de prononcer à Nancy un grand discours[47]. La manifestation avait été préparée avec soin par Léon Goulette[48], le rédacteur en chef de *L'Est républicain,* un quotidien républicain modéré qui avait pris position contre la révision puis se tenait dans une réserve critique à l'égard du ministère Waldeck-Rousseau. Goulette avait jadis ironisé à mots couverts sur le ralliement de Poincaré à la révision; puis il avait salué sa tentative de juin 1899 et avait même annoncé un peu prématurément : « Notre compatriote M. Raymond Poincaré arrive à la présidence du Conseil [...] il paraît certain d'aboutir » et il annonçait que « grâce à son autorité et à son talent », il allait gouverner dans « un esprit d'apaisement ». Nous savons pourquoi cette tentative avait tourné court. Grâce à son ami nancéien M⁰ Henri Mengin, Poincaré avait noué des relations assez étroites avec Goulette. De son côté, celui-ci brûlait de jouer un rôle et de montrer à son concurrent de *L'Étoile de l'Est* qu'il était lui, l'ancien adversaire de la révision, capable de réunir les tendances du parti républicain. Il avait lancé de nombreuses invitations pour rassembler autour de Poincaré un parterre d'élus; la majorité d'entre eux étaient de l'Est, mais certains et non des moindres étaient venus de beaucoup plus loin, du Midi, de Paris, de l'Ouest. Selon *L'Est républicain,* ce fut « la plus imposante manifestation qui n'ait jamais été organisée en Lorraine par le parti républicain[49] ». Plusieurs dirigeants en vue, dont Jules Méline (sa présence aurait été trop compromettante), Alexandre Ribot et l'ami Louis Barthou, s'étaient abstenus de paraître à Nancy. Mais leurs troupes étaient bien présentes.

Raymond Poincaré commença par une exorde tout à fait classique : affirmation des principes républicains et désignation de ses adversaires, « la réaction cléricale et la révolution voulue par les collectivistes ». Contre ces deux adversaires, il développa ensuite « un large programme positif » : égalité devant la loi, respect de la propriété privée, laïcité de l'État, répartition de l'impôt selon la faculté des contribuables, liberté du travail, défense de l'armée dont il fallait assurer « la solidité, la cohésion et la puissance ». Rien dans ces propositions n'était original. C'était du déjà dit; il suffit pour s'en convaincre de relire ses articles et ses discours des dix années précédentes. Poincaré était un expert dans l'art de se répéter. L'auditoire l'attendait plutôt dans son appréciation de la conjoncture politique du moment : il eut des paroles respectueuses à l'égard du président de la République Émile Loubet et des propos aimables à l'égard de Waldeck-Rousseau. C'était une déception, car on l'aurait souhaité plus combatif. Il se garda de partir en guerre contre le ministère ; il laissa entendre qu'il était trop à gauche et qu'il fallait exclure les collectivistes de la majorité gouvernementale. Pour réaliser cette indispensable correction, il suffirait de décaler vers le centre cette majorité trop à gauche. Rien n'était dit aussi clairement. Tout était entre les lignes et Poincaré laissait à ses auditeurs comme à ses lecteurs le soin de le deviner et de le mettre en œuvre. On persévérerait dans une erreur qui a été souvent commise si l'on jugeait cette analyse politique uniquement dans une perspective d'actualité. Poincaré définissait un idéal auquel il ne cessera de se tenir et qu'il reformula à maintes reprises : en 1912, en 1922, en 1926, les trois ministères républicains qu'il dirigea, reposèrent sur ces bases. En 1901, il n'était pas question comme aujourd'hui d'une alternance, un changement de majorité était tout à fait impossible ; il ne s'agissait pas de substituer une majorité à une autre mais d'obtenir une inflexion dans une majorité dont la base « républicaine » devait rester identique. Comment parvenir à ce but ? Poincaré laissait ses auditeurs sur leur faim. Pouvait-il en être autrement ? S'il avait des projets, était-il opportun de les dévoiler sur la place publique ? S'il n'en avait pas, il valait mieux rester évasif et ne pas avouer son impuissance. Mais alors, le but de la manifestation était manqué. Ne s'agissait-il pas de le sacrer chef de l'opposition républicaine au ministère Waldeck-Rousseau ? Il avait pour lui le talent, la jeunesse, l'habileté ; c'était l'un des esprits les mieux organisés du Parlement.

À l'issue du discours, un banquet républicain réunit dans la grande salle du restaurant Walter la plupart des élus. Au dessert, on échangea des toasts. Le brave Henry Boucher, un industriel de Docelles, député des Vosges et ancien ministre de Jules Méline, lança à l'orateur : « Soyez notre chef ! il nous faut des chefs jeunes et vigoureux. Nous vous suivrons. » Raymond Poincaré ne répondit pas à cette amicale invitation, pas plus qu'à beaucoup d'autres. Il ne comprenait pas la nécessité d'un parti organisé, unifié, disait-on alors, comme s'en dessinaient les premiers balbutiements à gauche. En effet la fondation du parti républicain radical et radical-socialiste suivit de peu le discours de Nancy. Poincaré concevait l'activité politique comme celle d'un homme libre qui, dans la presse, dans les réunions, à la tribune du Parlement, pouvait entraîner par l'écrit et la parole. Cette vision de la vie publique, qui était celle de Gambetta, de Ferry, de Clemenceau, nous est devenue très étrangère.

Le discours de Nancy était destiné à l'opinion et à la classe politique. La presse ministérielle se montra assez critique. *L'Étoile de*

L'Est trouvait ce programme « assurément moins réactionnaire que celui de M. Méline car Poincaré a repoussé toute alliance avec la réaction. Mais c'était un programme négatif, critiquant tout ce qui a été fait, indiquant ce qu'il ne faut pas faire et ne disant rien de ce qui doit être fait[50]. » Dans les journaux parisiens, on rendit hommage à « ce remarquable morceau d'éloquence, vigoureux et limpide ». *Le Temps*[51] fit une interprétation plus politique : « Ce discours est un acte, l'acte que l'on souhaitait depuis longtemps, l'acte que M. Poincaré devait à la République et à son parti. » Cette interprétation qui était une invitation à l'action se révéla sans aucune portée pratique, car Poincaré se dispensa d'agir. Il ne prit pas la tête des anti-ministériels et le ministre Waldeck-Rousseau, que l'on se flattait de renverser, resta en place. Les divisions du parti républicain que déplorait le Nancéien Charles Fisson, n'étaient en rien atténuées. Raymond Poincaré restait sur l'Aventin et ne participa pas à la mise en place de l'Alliance républicaine démocratique qui vit le jour en juin ; ses actes n'étaient pas à la hauteur de ses discours. Comme tous les beaux morceaux d'éloquence sans portée pratique, le discours de Nancy fut vite oublié.

On peut s'interroger sur les raisons de cette passivité qui a surpris et déçu beaucoup de ses amis. Doit-on mettre en avant des raisons personnelles, intimes ? Poincaré, tombé amoureux d'Henriette Benucci, sa future femme, se serait détaché du quotidien de la politique, abandonnant provisoirement les ambitions qu'il aurait pu nourrir dans ce domaine. On peut mettre en avant des raisons professionnelles. Son cabinet avait de plus en plus de clients et son emploi du temps, très chargé, laissait peu de place aux autres activités. Poincaré préférait le barreau au Parlement et, comme en 1898, il songeait à abandonner la politique pour s'y consacrer totalement. Alors, si telle était son intention, pourquoi avoir rédigé et prononcé ce discours-fleuve qui était aussi un discours-programme ? Comment interpréter ce discours de Nancy ? Au pis, un discours d'adieu ? Au mieux, un discours d'attente ?

On peut aussi penser que Poincaré estimait que le projet politique dont le discours de Nancy était porteur n'était pas viable dans la conjoncture présente. Il comportait un risque, celui de le rejeter avec les mélinistes sur la droite. Était-il opportun de prendre ce risque ? N'était-il pas plus urgent d'attendre sans se couper des forces vives du camp républicain ? Un peu plus d'un mois après le discours de Nancy se tint à Paris à l'appel de journaux, de loges et de comités un congrès dont l'objectif était d'organiser la mouvance radicale ; ce congrès, qui passe pour l'acte fondateur du parti républicain radical et radical-socialiste, se situait à gauche et sur une ligne franchement ministérielle. Les amis de Raymond Poincaré n'étaient certes pas autour de Camille Pelletan, dont Combes fit un ministre de la Marine, mais ces républicains étaient fréquentables; on pouvait gouverner avec eux. La concentration suivant la formule « ni réaction ni révolution » ne pourrait se faire qu'avec eux. Quand? Comment? Avec qui? Les hésitations de Poincaré, son incapacité à exploiter pour son propre compte le terrain qu'on lui avait ouvert à Nancy incitèrent une autre fraction de ses amis, issus comme lui des républicains progressistes, à se regrouper dans la perspective des élections du printemps de 1902 avec l'objectif de maintenir des liens étroits avec la gauche. Ces efforts conduits par Adolphe Carnot, le frère du président Sadi Carnot, aboutirent en octobre 1901 à la naissance de l'Alliance républicaine démocratique. Dans l'immédiat, Poincaré n'avait pas l'intention de se lier à eux (il les rejoignit plus tard), mais il lui importait de rester proche, car plusieurs de ses amis très chers suivaient Adolphe Carnot. De toute façon, le ministère Waldeck-Rousseau durait depuis plus de deux ans; il ne serait pas éternel. Il ne fallait pas compromettre un repositionnement ultérieur par des décisions prématurées, peut-être nuisibles pour son avenir. Ces considérations tactiques incitèrent peut-être Raymond Poincaré à ne pas choisir. Manifestement son heure était passée.

Le député de Commercy menacé?

Les élections législatives du printemps de 1902[52] furent les plus disputées depuis celles de 1877. Waldeck-Rousseau avait regroupé ses partisans sous le nom de Bloc des gauches. Les antiministériels, c'est-à-dire les monarchistes, les catholiques, les nationalistes, côtoyaient désormais des républicains antiministériels. Dans beaucoup de circonscriptions on s'acheminait, au second tour du moins, vers un duel impitoyable, droite contre gauche. Dans ce contexte, Poincaré s'attendait à une offensive. Après deux élections triomphales, il lui faudrait se battre contre des concurrents agressifs et défendre son bilan. Cette fois-ci, il devrait compter sur ses seules forces.

Comme de coutume, René Grosdidier surveillait le territoire électoral et tenait Poincaré informé de ce qui se préparait dans la Meuse. Absents de la compétition depuis 1889, les catholiques, que le renouveau de la campagne anticléricale et l'application prochaine de la loi sur les associations inquiétaient, avaient l'intention de présenter un candidat; ce candidat aurait des électeurs mais ne mettrait pas Poincaré en péril. De leur côté, les nationalistes allaient-ils entrer en lice? Le député de Bar-le-Duc, Henri Ferrette, désormais leur chef de file départemental, contrôlait des journaux et des réseaux qu'il pouvait lancer contre Poincaré. Allait-il tenter de le déloger en lui suscitant un adversaire de poids? Bien des hypothèses étaient possibles. En novembre 1901, Grosdidier avertit Poincaré que la Ligue de la patrie française était décidée à soutenir un candidat contre lui et que Ferrette allait recevoir 25 000 francs pour la campagne. Cette rumeur n'effraya pas Grosdidier qui écrivait à Poincaré : « Nous avons assez d'argent pour nous offrir le luxe de nous défendre et d'attaquer. Dans tous les cas, il n'y a pas péril en la demeure et nous aviserons en temps et lieu[53]. »

Le candidat soutenu par la Ligue de la patrie française se déclara en janvier 1902. Il adopta l'étiquette de « républicain progressiste », celle dont Poincaré s'était longtemps réclamé à la Chambre, puis se mit à sillonner la circonscription. Il s'agissait de Ludovic Beauchet[54], professeur d'économie politique à l'université de Nancy, un Meusien d'origine qui avait conservé une maison près de Vaucouleurs. Il se mit en campagne très tôt, parcourant les villages, ironisant sur l'absence de M. Poincaré, toujours à Paris. Il était épaulé par les journaux de Ferrette, comme *Le Patriote meusien*. De leur côté, les catholiques présentaient un notable bien implanté, l'avocat Paul Salmon, conseiller général de Vigneulles, fils d'un ancien sénateur et président du conseil général. Dans l'hypothèse d'un ballottage, la conjonction de ces deux adversaires risquait d'être redoutable.

Sur place, Grosdidier préparait la riposte et se préoccupait de déblayer le terrain. Le plus grand danger pour Poincaré aurait été le surgissement sur sa gauche d'une candidature ministérielle, radicale par exemple, qui le prendrait en étau, le plaçant dans une position inconfortable. Le candidat potentiel des radicaux était le journaliste Léon Tugny; depuis longtemps, Poincaré et Grosdidier s'étaient réconciliés avec lui. Grosdidier, qui chassait avec Tugny, n'eut aucune peine à l'amener à soutenir le député sortant, qu'il avait jadis copieusement insulté. On était très loin de la situation de 1889 ! Poincaré serait le candidat unique des républicains et n'aurait pas d'ennemi à gauche. Le ministère, dont il n'était certes pas l'ami, ne lui susciterait pas d'adversaire.

Poincaré pouvait prendre son temps ; au lieu de s'épuiser à porter la contradiction à Ludovic Beauchet, il participa à un grand banquet républicain à Rouen[55] en compagnie de l'ancien ministre Camille Krantz (9 mars 1902). Dans le discours qu'il prononça, discours plus bref et moins solennel que celui de Nancy, il reprenait les mêmes thèmes : alliance indissociable de la république et des libertés ; il mettait l'accent sur « les libertés politiques », « la liberté d'enseignement » et « la liberté du travail ». « La République est la tutrice légale des grandes libertés humaines », affirmait-il, aux applaudissements des participants. Il se réclamait toujours du « parti républicain progressiste » et ironisait « sur les tentatives anticipées d'inhumation... le meilleur témoignage de notre vitalité... » Il faisait acclamer par les participants le nom du président Loubet, tout en se démarquant du ministère Waldeck-Rousseau, sans l'attaquer de front ; il développait un programme républicain rassurant, ponctué par les mots « bon sens, raison et sagesse » ; il ne se plaçait pas dans l'opposition ; il souhaitait des « réformes démocratiques accomplies dans l'ordre et par la loi » et répétait « son désaccord absolu avec les collectivistes ». Le programme de 1898 restait toujours valable. Pour l'appliquer, Poincaré souhaitait seulement un rééquilibrage de la majorité républicaine, c'est-à-dire l'exclusion des socialistes, et il semblait prêt à le réaliser. Avec Paul Doumer et Alexandre Ribot, Raymond Poincaré apparaissait comme l'un des chefs possibles du ministère qui serait constitué aux lendemains des élections. Aux électeurs de se prononcer. Si *Le Temps* commenta très favorablement cette orientation, il n'en alla pas de même de Georges Clemenceau. Le Tigre, qui venait d'être élu sénateur du Var après neuf ans d'absence au Parlement, écrivit dans son journal *Le Bloc* un article où il se moquait de Poincaré et forgeait le premier un néologisme, « poincarisme », qui fut repris ensuite par les historiens alors qu'il n'avait guère frappé les contemporains. Clemenceau constatait que « ce jeune homme plein de raison », l'un des prodiges de la République nouvelle, venait de parler à Rouen « au nom du parti modéré ». L'expression était venue naturellement sous la plume de Clemenceau et ce programme ne lui disait rien qui vaille. Plus encore, il reprochait à ce « jeune prodige » moins ses idées que son manque de caractère. L'article de Clemenceau s'appuyait sur des observations personnelles et sur un sentiment largement partagé dans les milieux parlementaires de gauche. Il n'eut pas, semble-t-il, dans l'immédiat, la moindre influence. En revanche il fut souvent repris ultérieurement par les adversaires politiques radicaux de Poincaré. Jacques Kayser l'a beaucoup utilisé dans la brochure de 1929 à laquelle nous avons fait allusion plus haut. Dès l'année suivante Clemenceau et Poincaré devaient se croiser dans les couloirs du Luxembourg. Ils se parlaient sans guère se fréquenter.

Maintenant, Poincaré devait mener une campagne vigoureuse et efficace. Pour la première fois depuis 1889, deux adversaires lui disputaient les faveurs des électeurs. Poincaré arriva dans la Meuse vers le 15 mars : Grosdidier l'attendait avec impatience. Sans être désespérée, la situation était sérieuse, car les catholiques nationalistes avaient le vent en poupe et les républicains modérés comme Poincaré, assimilés aux ministériels, étaient sur la défensive. Poincaré pouvait compter sur les journaux de Grosdidier et de Tugny, les plus lus dans l'arrondissement. *L'Écho de l'Est,* le quotidien conservateur de Bar qui l'avait longtemps combattu et qui avait fait chuter Develle en 1898, présentait cette fois-ci Poincaré comme « le candidat nécessaire ». Quant à *L'Est républicain* de Nancy, dont le rédacteur en chef, Léon Goulette, était l'un de ses amis, il publia un numéro spécial quotidien pendant toute la durée de la campagne électorale.

Dans le brouillon d'un discours conservé dans ses archives[56] et qui se présente comme un compte rendu de mandat, comme des « explications personnelles » à ses électeurs, on trouve un argumentaire et quelques formules intéressantes pour expliquer sa position. Selon ses propres termes, Poincaré était « abreuvé d'insultes », touché par « les calomnies », « attaqué avec violence »; il ne se laissa pas abattre et fit front sans faiblir. De cette démonstration, trois points forts se dégageaient.

Poincaré déplorait la tournure passionnelle qu'avait prise l'affaire Dreyfus. Trois ans et demi après la grâce accordée à Alfred Dreyfus, il estimait que « cette lamentable affaire avait ravagé cruellement le pays », qu'elle « était et aurait dû rester une affaire judiciaire ». Son exploitation dans des sens opposés avait entraîné les turbulences politiques dont le pays avait souffert. Sans excuser son « silence interprété dans les sens les plus contraires », il rappelait à ses électeurs qu'après la découverte des faux il avait donné « un témoignage de sincérité courageuse... un témoignage limité à ce que je savais... confirmé par mes anciens collègues de 1894 ». Il n'avait rien dit « qui empiétât sur l'appréciation libre et souveraine de la justice ». Ses électeurs n'étaient pas dreyfusards et il le savait; c'est pourquoi il ne faisait aucune référence au combat pour le droit et le justice; au fond de lui-même il avait souhaité que la formule malheureuse de Méline « Il n'y a pas d'affaire Dreyfus ! » fût restée la réalité. Nous savons qu'il en fut autrement et que Poincaré avait dû prendre position pour la révision, une prise de position plus judiciaire que politique. Sur le terrain où il aurait fallu rester, Poincaré avait « fait son devoir ». On comprend le ressentiment persistant des dreyfusistes à son égard.

Poincaré ne se situait pas dans la majorité gouvernementale, sans pour autant être vraiment contre elle. D'ailleurs, celle-ci ne lui opposait pas d'adversaire. Sans entrer dans les subtilités politiciennes et dans les manœuvres de coulisses, il expliquait une nouvelle fois à sa manière son rôle dans la crise ministérielle de juin 1899. Il saluait « les brillants talents de M. Viviani » et le « sobre et robuste talent de M. Millerand ». Il n'avait pas formé le ministère parce qu'il avait refusé la participation des « collectivistes » : « Je ne me ferais pas, quoiqu'il arrivât, l'agent de cette combinaison. » À l'égard de Waldeck, dans le ministère duquel il n'était pas entré, il affirmait : « Je n'ai ni refusé ni marchandé mon concours à Waldeck. » La clé de son attitude était sans ambiguïté; il ne pouvait cautionner « une alliance qui, à notre avis, ne s'imposait pas ». Il reprenait les deux mots qui résumaient la position du parti républicain progressiste et que nous connaissons bien : « ni réaction ni révolution ». Il déclinait ce thème en insistant sur le « progrès, une conquête patiente et pacifique du bien sur le mal, de la justice sur l'arbitraire, de la solidarité sur l'égoïsme ». Ce qu'il avait énoncé au printemps de 1898, ce qui avait été sa ligne de conduite en juin 1899, le restait au printemps de 1902. Pour le gouvernement de la prochaine législature, Poincaré aspirait à une recomposition gouvernementale dont les modérés seraient l'axe et qui rejetterait dans l'opposition les socialistes. L'association politique des républicains de gouvernement avec les collectivistes n'avait été qu'« un expédient néfaste ». C'était une condamnation voilée du gouvernement Waldeck, qui pourtant ne lui avait pas opposé d'adversaire. Sans le dire clairement, Poincaré n'avait pas rompu avec les républicains progressistes. Mais ces subtilités parisiennes étaient bien étrangères aux électeurs meusiens, auxquels il rappelait que « l'ordre [était] la condition première du progrès », qu'il était « un fervent serviteur de l'idée de patrie » et qu'il restait fidèle aux principes libéraux et démocratiques de l'État laïque.

Au nom de l'idéal républicain, Poincaré se dressait contre les attaques de ses adversaires, lesquels répandaient une « calomnie » : « On a osé dire que je m'étais associé par mon langage à une campagne contre l'armée nationale. » Puis il s'indigna d'une infâme invention : « On a répété que j'avais comme avocat une clientèle israélite, ce qui en fait est faux, matériellement faux. » Ce qui lui permit de dénoncer l'antisémitisme comme « une doctrine philosophiquement insoutenable » et « un programme monstrueux ».

Avec plus d'énergie que d'habitude, Poincaré visita tous les villages de sa circonscription, battit le rappel de ses partisans et se défendit pied à pied, contre-attaquant même ; ce n'était plus le jeune ministre triomphant, heureux et sûr de lui ; il était sur la défensive ; dans les principaux bourgs, Vaucouleurs, Commercy, Saint-Mihiel, il tint des réunions contradictoires ; l'une d'elles, au marché couvert de Commercy, fut assez mouvementée. Comme on dirait aujourd'hui, Commercy était devenu l'un des « points chauds » de la campagne électorale. À Paris, on avait entendu dire que M. Poincaré était menacé ; les journaux dépêchèrent sur place des envoyés spéciaux. Le reporter du *Figaro* fut impressionné par le candidat : « M. Poincaré, d'allure singulièrement décidée, le visage mâle dans lequel brillent des yeux expressifs, la parole nette et claire... M. Poincaré a été merveilleux d'entrain, de décision et d'à-propos... il court toute la journée, prononce quatre ou cinq discours par jour ; son adversaire aura du mal. » Poincaré fit flèche de tout bois. Lui qui ne buvait jamais d'alcool, mais qui avait besoin des voix des ruraux, défendit avec conviction le privilège des bouilleurs de cru. La main sur le cœur, il jura qu'il « livrera[it] le combat suprême contre la suppression des immunités accordées jusqu'ici aux vignerons ».

On présente habituellement Poincaré comme un bourgeois guindé, étriqué, rassis, coupé de ses racines populaires, comme le pur produit d'un milieu de légistes et de robins ; c'était seulement l'une des faces du personnage. Si Poincaré n'a jamais été drôle – ce que d'ailleurs les

Meusiens ne lui demandaient pas –, il a été jeune, actif, plein d'allant, sachant dominer des réunions contradictoires, un brin démagogue. Son adversaire, Ludovic Beauchet, était moins habile ; faire vibrer la fibre meusienne ne suffisait pas, il fallait aussi répondre aux contradicteurs et mettre la salle dans sa poche, la faire rire aux dépens de son adversaire. Or Beauchet avait un redoutable handicap : il n'avait pas fait de service militaire. À chacune de ses réunions, un partisan de Poincaré lui posait avec perfidie cette question en apparence anodine : « Où avez-vous fait votre service militaire ? » À sa grande honte, Ludovic Beauchet devait avouer qu'il avait été réformé ; ses partisans étaient décontenancés, ses adversaires ragaillardis, puis les attaques contre « Poincaré ministériel » se perdaient dans l'indifférence ou le brouhaha. On s'interrogeait. Pourquoi Beauchet prétendait-il écarter un homme aussi compétent, aussi populaire, aussi patriote que M. Poincaré ? Non, ce n'était pas acceptable. Si l'on examine sans passion les arguments du candidat Beauchet, on remarque que le « dreyfusisme » du député sortant n'était pas un reproche essentiel ; on lui pardonnait presque de s'être « laissé momentanément égarer ». En revanche, le grand reproche, c'était le « flottement », l'indécision, le manque de netteté, en un mot, le manque de caractère. « Votre parole fait illusion » lui lança un jour Beauchet qui, sans le savoir, était sur la même longueur d'onde que Georges Clemenceau. Dans son hebdomadaire *Le Bloc,* le Tigre, dans un article d'une ironie mordante[57] intitulé « Le poincarisme », mettait le doigt sur la faille d'un homme si heureusement doué : « Le caractère seulement lui fait défaut avec la petite flamme d'idéal qui meut les hommes et les jette aux nobles périls. » Poincaré aurait donc manqué de caractère ; il était censé parler sans jamais passer à l'action. Les amis de Beauchet enfonçaient le clou : « M. Poincaré a été au-dessous de tout ce qu'on pouvait attendre de lui. Qu'a-t-il fait, lui qui pouvait tout faire ? » Il n'avait jamais mis en accord ses discours et ses actes ; il avait toujours refusé de prendre la tête de la coalition antiministérielle. À la veille du scrutin, il répondait à ces critiques dans *L'Est républicain* : « Loin d'être partisan de la politique ministérielle, j'y suis délibérément opposé. » Ces arguments ont-ils touché les électeurs meusiens ? À la lecture des journaux hostiles à Poincaré, on aurait pu croire que celui-ci était définitivement perdu, que l'éloquence et les arguments de Beauchet avaient convaincu les plus indifférents. Dans l'un d'eux, *Le Libéral de l'Est,* on pouvait lire :

> « *L'assistance n'a pas ménagé ses applaudissements à M. Beauchet, dont la parole chaude et vibrante a convaincu les plus indifférents. Dans sa riposte très habile, trop habile, l'avocat a tenté de repêcher l'homme politique qui se voyait perdu, mais en vain, la cause était gagnée...* »

L'autre journal de Ferrette, *Le Patriote meusien,* avait lancé une offensive plus violente et tirait des numéros spéciaux et des tracts largement répandus. Il rappelait que « jamais M. Poincaré n'a vécu avec les ouvriers ». La veille du scrutin, il imprimait en caractères d'affiche :
« *Quel est le candidat des juifs ? M. Poincaré.*
Quel est le candidat des francs-maçons ? M. Poincaré.
Quel est le candidat des dreyfusards et des ministériels ? M. Poincaré. »

Une réélection aisée

On ne sait comment Poincaré vécut intérieurement cette campagne violente et diffamatoire ni quel était son pronostic. Était-il vraiment inquiet ? Pour la première fois depuis treize ans, il avait dû se battre. Pour ses adversaires qui espéraient sonner la « fin de bail » du « libéral » Poincaré, l'annonce des résultats fut une amère déception : Raymond Poincaré était réélu le 25 avril 1902 au premier tour avec la majorité absolue des suffrages : il obtenait 10 215 voix contre 4 019 à Beauchet et 3 405 à Salmon. Certes il perdait environ 5 000 suffrages par rapport à 1898 ; mais il restait toutefois au-dessus du résultat médiocre de 1889 et surtout il évitait le ballottage. C'était une performance exceptionnelle qui montrait que son crédit personnel n'était pas entamé car, dans les trois autres circonscriptions du département, ses amis républicains mordaient la poussière. Poincaré était le seul rescapé. Deux circonscriptions meusiennes étaient acquises au nationalisme : Verdun élisait le lieutenant-colonel Rousset, et Montmédy confirmait au Palais-Bourbon le baron de Benoist[58], fils d'un ancien député bonapartiste. Pour sa part, Henri Ferrette, qui avait fait un bout de chemin avec les antisémites, était aisément réélu à Bar-le-Duc. En Meurthe-et-Moselle et dans les Vosges, où l'on pouvait observer la même poussée nationaliste, les républicains avaient perdu plusieurs sièges. À Remiremont, Jules Méline était réélu de justesse avec l'appui de la droite. Contrairement à beaucoup de Lorrains, les électeurs de Commercy avaient maintenu leur confiance à leur député républicain. À l'issue de ce scrutin, le plus difficile de sa carrière, Poincaré fit ce commentaire : « La lutte a été vive. J'ai dû aller en réunion publique dans mes 176 communes. Autrement il ne nous serait pas resté un député républicain dans la Meuse. » Dans ses remerciements il ajoutait ce commentaire qui éclairait son profil politique : « C'est aux plus libéraux des républicains que les adversaires de la République ont réservé leur hostilité la plus hypocrite et la plus venimeuse. »

Pour gagner cette élection, Poincaré avait dû faire flèche de tout bois[59]. Les dépenses de presse avaient été lourdes. L'édition spéciale de *L'Est républicain* lui coûta plus de 1 200 francs ; il avait fallu aussi rémunérer les services clandestins du journaliste Daniel Laumonier, le rédacteur en chef de *L'Écho de L'Est,* le quotidien « réactionnaire » de Bar-le-Duc. Laumonier écrivait dans *L'Est républicain* et dans *Le Républicain de L'Est* (le journal de Grosdidier) sous le pseudonyme de « Quincy » des articles alertes et spirituels à la gloire de Poincaré. Ces articles ont-ils influencé les électeurs ? Il est impossible de se prononcer sur leur efficacité. Cette prose n'était pas gratuite ; chaque mois, Grosdidier lui versait 200 à 300 francs en argent liquide car « Quincy » n'aimait pas les chèques ! Poincaré remboursait ensuite Grosdidier ; en l'état fragmentaire des données dont nous disposons, il est impossible d'évaluer le coût précis de cette campagne électorale. Combien Poincaré a-t-il payé de sa poche ? Quelles dépenses ont été prises en charge par la caisse noire du Comité républicain gérée par Grosdidier ? L'historien doit avouer son ignorance. Il restait encore un peu d'argent pour organiser à Vaucouleurs un banquet républicain de soixante couverts par lequel Poincaré fêta sa réélection, entouré de Phasmann et de Grosdidier.

Les vieux amis de Poincaré se réjouirent de son succès. À Émile Loubet qui examinait les résultats des élections, Combarieu faisait remarquer « le caractère significatif » de l'élection de Poincaré, « élu comme antiministériel contre deux concurrents : un conservateur et un nationaliste patronné par la Patrie française ». Jules Méline, qui l'avait aussi emporté quoique plus difficilement, le félicitait. De Saint-Omer, Alexandre Ribot[60] lui écrivait : « C'est à votre énergie que vous devez la belle victoire que vous avez remportée. » À l'issue du premier tour, les pronostics du député du Pas-de-Calais étaient plutôt optimistes. « Somme toute, il ne semble pas que les élections soient si mauvaises. Les nationalistes et les socialistes n'ont pas débordé comme ils s'en vantaient l'armée républicaine. La république n'est pas menacée, elle ne l'a jamais été sérieusement. Notre parti a supporté mieux que d'autres le feu de la bataille. S'il sait ne pas se diviser, il sera maître d'imposer ses conditions » (2 mai 1902). Nous ne connaissons pas la réponse de Poincaré. En tout cas, le second tour ne devait pas répondre aux attentes d'Alexandre Ribot ; le « Bloc » l'emportait en sièges et les républicains modérés n'étaient plus les maîtres du jeu parlementaire.

Avant le scrutin, on prononçait encore le nom de Poincaré comme successeur possible de Waldeck-Rousseau « si les modérés l'emportaient ». Il aurait gouverné dans l'esprit du discours de Rouen. Au soir du second tour, il n'en était plus question ; malgré son succès personnel, Poincaré n'était plus en situation, son heure était passée pour rassembler une majorité. À l'Élysée, Émile Loubet en était parfaitement conscient et s'orientait vers un choix plus à gauche.

À la rentrée parlementaire, Poincaré reçut une lettre de Camille Krantz l'invitant à la première réunion du groupe progressiste :

« Ribot sera là... votre présence fera à notre parti renaissant un bien extrême... » (31 mai 1902). Cette correspondance montrait que Poincaré n'avait pas encore coupé les ponts avec les progressistes ; prudence ou lâcheté, il préféra se tenir à l'écart. Il ne pouvait ignorer qu'à l'Alliance républicaine démocratique, où plusieurs de ses amis étaient entrés, ses positions étaient mal comprises. La presse du parti avait critiqué les discours de Nancy et de Rouen. L'inflexion à gauche était telle que les modérés ne pouvaient plus espérer être l'axe de la nouvelle majorité. Waldeck-Rousseau, fatigué, en prenait acte et décidait de se retirer. Le futur président du Conseil devait être en harmonie avec la majorité et appartenir au parti radical. Waldeck-Rousseau suggéra à Émile Loubet le nom du sénateur Émile Combes. Ce sexagénaire était un médecin charentais plutôt terne dont le passage au ministère de l'Instruction publique n'avait pas laissé des souvenirs impérissables. Combes accepta la proposition de Loubet et forma un ministère plus orienté à gauche. Sur l'injonction pressante de ses amis, Alexandre Millerand s'était retiré un peu à regret du ministère ; toutefois les socialistes jaurésiens, dont il faisait partie, restaient dans la majorité. Delcassé conservait les Affaires étrangères. Pour rassurer le monde des affaires, les Finances étaient confiées au modéré Maurice Rouvier. L'objectif de Combes était d'appliquer aux congrégations la loi sur les associations et d'engager avec vigueur la lutte anticléricale.

Cette rude campagne avait fatigué Poincaré physiquement et moralement. Il fut secoué par une sévère pneumonie ; en août il partit se reposer sur la Côte d'Azur à Èze dans la propriété de son ami Maurice Bernard, puis acheva sa convalescence à Ville-d'Avray. Une fois de plus Poincaré était las de la politique, il parlait de se retirer ; il ne se sentait pas en harmonie avec la nouvelle chambre ; l'orientation du ministère Combes heurtait ses convictions profondes ; il s'abstint le 12 juin 1902 lors de la présentation du ministère, car il n'avait pas le tempérament de le combattre de front. Il venait rarement à la chambre ; toutefois, à deux reprises il vota avec la droite – notamment à la suite d'un débat sur l'application de la loi sur les associations, où il vota contre un ordre du jour ministériel aux côtés de Ribot et Méline (19 octobre 1902). Rester à la Chambre plus longtemps l'obligerait à prendre position et le marquerait à droite. Pouvait-il prendre ce risque ?

CHAPITRE V

Raymond Poincaré chez lui et en famille

Poincaré était un homme secret et discret qui ne parlait jamais de sa vie privée ni de ses sentiments personnels. C'était un domaine réservé dans lequel les amis étaient rarement admis. Avec une grande habileté Poincaré segmentait ses relations, et les différents cercles ne se recoupaient que partiellement, le cercle familial, le cercle des amis de jeunesse, les collègues du Palais ou du Palais-Bourbon, les relations mondaines. Regardons-le vivre avec ses proches dans les demeures qui furent les siennes. Essayons ensuite d'apprécier sa participation à la vie parisienne. Tentons enfin d'approcher sa vie affective et de cerner les traits majeurs de sa personnalité. Ce n'est pas une tâche facile dans la mesure où Henriette Poincaré a épuré la correspondance de Raymond de tout ce qui pouvait orienter les futurs historiens de son mari vers les femmes qu'il avait connues et aimées avant elle. On a perdu aussi ses lettres à ses parents, à son frère Lucien, à son cousin Henri. C'est pourquoi tout ce qui touchait à sa vie privée, à ses sentiments intimes et à ses relations familiales ne peut être saisi que d'une façon indirecte et malheureusement très incomplète.

LE CERCLE FAMILIAL

Raymond Poincaré vécut longtemps en célibataire jaloux de son indépendance, accordant aux affaires familiales une attention limitée tout en restant en bons termes avec tous.
La famille étroite (annexe p. 685) de Raymond Poincaré[1] était réduite à ses grands-parents Ficatier, à ses parents, Antoni et Marie-Nanine Poincaré, à son frère et sa belle-sœur, Lucien et Marie-Andrée Poincaré.
Les grands-parents Ficatier, qui avaient entouré ses jeunes années, étaient restés dans la Meuse ; ils avaient quitté Bar-le-Duc pour s'installer à Sampigny, un paisible village de la vallée de la Meuse, à une

dizaine de kilomètres au nord de Commercy. Le grand-père, dont il était proche, surveillait ses terres et ses bois et avait aidé son petit-fils lors de sa première campagne électorale ; cet appui familial n'avait pas été étranger en 1886 aux excellents résultats obtenus à Sampigny. De temps à autre, surtout l'été, Raymond passait quelques jours à Sampigny. En janvier 1892, il était revenu inquiet, car il confiait à son ami Joseph Reinach : « Je reviens de la Meuse ; mes grands-parents sont malades de l'influenza ; c'est inquiétant à cause de leur âge[2]. » Bonne-maman Ficatier ne se remit pas et mourut le 28 janvier. « Je viens de perdre ma pauvre grand-mère. Elle est morte, il y a quatre jours, dans la Meuse, de l'influenza », écrivait-il pour décliner une invitation de Ferdinand Dreyfus[3]. Son mari, qui lui survécut un peu plus de six mois, s'éteignit en septembre de la même année dans sa maison de Sampigny. Les époux Ficatier furent ensevelis à Nubécourt dans le cimetière familial des Gillon. Raymond, très affecté de ces deux disparitions, hérita la maison de Sampigny, ornée des trophées de chasse du grand-père ; elle lui servit de pied-à-terre lors de ses passages dans la Meuse. Au sein de la parenté plus éloignée des Ficatier, Poincaré était resté en relations suivies avec le docteur Antoine Ficatier et avec l'industriel Charles Deschamps ; ils se voyaient parfois dans la Meuse. Du côté des Gillon, le nom s'était éteint ; avec les branches alliées, comme les Dresch, les Bompard, les Plauche, les rapports étaient épisodiques ; Raymond leur envoyait des cartes de temps à autre et les recevait quelquefois, mais il ne semble pas avoir conservé des liens étroits avec ces cousins éloignés.

Les parents Poincaré s'étaient établis à Paris ; ils se fixèrent dans le sixième arrondissement où ils habitèrent successivement rue de l'Odéon et au 14, rue du Regard avant d'emménager au 10, rue de Babylone, dans le septième. Ce fut dans cette dernière maison qu'Antoni, qui avait travaillé jusqu'à soixante-quinze ans, prit sa retraite. Longtemps il était resté alerte. Sa femme Marie-Nanine, d'un tempérament plus maladif, était attachée à la Meuse où elle retournait chaque été, à Varennes-en-Argonne chez les Deschamps ou à Lisle-en-Rigault chez le docteur Antoine Ficatier. Les relations de Raymond avec ses vieux parents étaient bonnes ; il était attentif, il passait les voir souvent mais partait toujours trop vite à leur gré ; lors de ses déplacements et voyages à l'étranger, il ne manquait jamais de leur envoyer des cartes. Il refusa toujours d'utiliser ses fonctions pour faire obtenir un avantage quelconque à un membre de sa famille. Alors qu'il était ministre, on avait envisagé pour son père une promotion au grade d'officier de la Légion d'honneur. Dans une lettre à Alexandre Millerand, il expliquait : « J'étais ministre, mon père et moi nous avons refusé[4]. » En 1905, Antoni Poincaré fêta ses quatre-vingts ans ; sa santé commença à décliner ; il était perclus de douleurs et se déplaçait de plus en plus difficilement ; sa femme dut l'aider et bien que plus jeune que son époux, elle se fatiguait vite. Raymond fut très affecté par la décrépitude paternelle ; il passa plus souvent rue de Babylone, insista pour que sa mère se fît assister par une infirmière à domicile. En juin 1911, alors qu'il prenait les eaux à Sermaize-les-Bains (Marne), Antoni mourut subitement ; les obsèques religieuses eurent lieu à Nubécourt, le 21 juin 1911, par un jour d'été froid, avec un ciel clair et une bise aigre.

Marie-Nanine survécut trois ans à son mari ; elle acheva sa vie très retirée ; ses seules joies furent les succès de son fils : élection et réception à l'Académie française, accession à la présidence du Conseil, élection à la présidence de la République. En février 1913, alors qu'elle était déjà très affaiblie, d'une fenêtre elle put apercevoir le cortège présidentiel qui conduisait Raymond à l'Élysée ; elle put assister au premier dîner intime à l'Élysée, le 23 février. Henriette avait noté sur son cahier : « Maman, Lucien, Marie-Andrée, Lizy et nous deux[5] ». Le 6 avril 1913, elle retourna à l'Élysée, où « elle avait été très gaie et avait caressé Gris-Gris ». Une courte maladie l'emporta soudainement un mois plus tard, à l'âge de soixante-quinze ans. Poincaré ne put assister à ses derniers instants, car il fut averti trop tard de l'imminence du décès : « Je suis parti précipitamment. Elle était morte entre les bras d'Henriette et de Marie-Andrée ; je suis arrivé trop tard, » nota-t-il sobrement[6]. Elle fut ensevelie aux côtés de son époux dans la sépulture familiale de Nubécourt : « Je suis rentré à Paris après avoir montré mon pauvre cimetière à tous ces indifférents et ces curieux. »

À cinquante-quatre ans, Raymond Poincaré n'avait plus d'ascendants ; les liens avec les générations qui l'avaient précédé s'étaient naturellement dénoués. Dans sa génération il n'avait qu'un frère unique, Lucien Poincaré, de deux ans son cadet. Lucien était un scientifique[7] ; il était entré à l'École normale supérieure où il avait été le collègue de Paul Painlevé ; il avait passé l'agrégation de physique puis préparé un doctorat ; il n'avait pas les talents éclatants et exceptionnels de son cousin germain Henri. Après un passage dans le secondaire, il devint maître de conférences à Sèvres. Louis Liard et Octave Gréard lui proposèrent la Sorbonne en 1895. Raymond était alors ministre de l'Instruction publique ; il refusa de nommer son frère, qui dut se contenter quelque temps d'une délégation provisoire. Lucien s'intéressait davantage à la vulgarisation scientifique et à l'administration qu'à la recherche de haut niveau ; il fut ensuite nommé en 1900 inspecteur d'académie à Chambéry puis bientôt inspecteur général ; c'était un poste d'apprentissage et d'attente. Louis Liard, recteur de l'académie de Paris, et Paul Appell, doyen de la faculté des sciences, lui firent proposer en 1908 par le ministre de l'Instruction publique le poste de directeur de l'Enseignement secondaire. Comme Lucien hésitait à accepter, Paul Appell intervint auprès de son frère Raymond. On ne connaît pas la conversation que les deux frères eurent entre eux à ce sujet, mais Lucien accepta le poste et occupa avec distinction et efficacité la direction de l'Enseignement secondaire puis celle du supérieur. Les deux frères étaient très proches ; ils avaient les mêmes idées, les mêmes convictions politiques ; ils étaient tous deux attachés à la Meuse. Lucien avait épousé en 1893 une fille de la Meuse, Marie-Andrée Lemaire, issue d'une famille bourgeoise de Triaucourt-en-Argonne, apparentée aux Gillon ; le père Lemaire était conseiller à la Cour des comptes. Les « Lucien », comme on disait dans la famille, habitaient Paris et avaient acquis à Triaucourt-en-Argonne une propriété où Raymond se rendait quelquefois. Le couple n'eut pas d'enfant et resta proche des vieux parents Poincaré et de Raymond.

Du côté des Poincaré, les oncles et tantes de Nancy auxquels il rendait visite durant sa jeunesse avaient vieilli et moururent à la fin du siècle.

L'oncle Léon Poincaré[8], le père d'Aline et d'Henri, professeur d'hygiène sociale à la faculté de médecine de Nancy, était une personnalité connue et estimée de la ville. Cet homme de science doublé d'un écrivain aimait les voyages lointains : il avait parcouru la Tunisie, le Maroc, était monté jusqu'au cap Nord et s'était aventuré au Monténégro et même jusque dans le Caucase ! Malgré la soixantaine passée, il était resté un voyageur intrépide et curieux ; au cours de l'été de 1892, il s'était rendu en Sicile pour découvrir l'Etna ! Lors de l'ascension du cratère, il fit une chute dans des conditions que nous ignorons ; il put rentrer en France et même reprendre ses activités ; mais une aggravation subite et imprévue de son état l'emporta le 14 septembre 1892, à l'âge de soixante-quatre ans. Peu de temps après, sa veuve se retira à Paris auprès de ses enfants et la maison de la rue de Serre fut vendue. Raymond Poincaré n'avait plus de famille proche à Nancy.

L'oncle Théodore Magnien, un pharmacien en retraite, mourut dans sa propriété d'Heillecourt en août 1892 ; sa femme, née Clémence Poincaré[9], mourut à l'âge de soixante-dix-neuf ans en 1902. Leurs deux filles, aux mariages desquelles Raymond avait assisté, avaient épousé des officiers et quitté Nancy : Gabrielle Magnien était devenue la femme de Léon Lombard et Marie Magnien avait épousé l'officier de marine Louis Frébillot ; les relations avec ces deux couples de cousins étaient devenues épisodiques ; dans les dîners de famille, leurs noms étaient quelquefois cités.

Les cousins germains Henri Poincaré[10] et Aline Boutroux étaient installés à Paris. Henri et sa famille habitaient rue du Val-de-Grâce, tout près de la Sorbonne et de l'Observatoire où il enseignait et où il poursuivait ses recherches. Henri avait acquis une réputation scientifique internationale. Ses liens avec Raymond restent difficiles à cerner, car la correspondance entre les deux cousins n'a pas été retrouvée. En juillet 1912, Henri Poincaré, qui se remettait d'une opération de la prostate, était soudainement emporté par une embolie ; il n'avait que cinquante-huit ans. Ce fut un choc très douloureux ; Raymond était alors président du Conseil et se débattait au Palais-Bourbon dans un interminable débat sur la représentation proportionnelle quand il apprit la nouvelle fatale. Il se protégea contre la douleur par les obligations de sa charge. Il maintint un voyage qu'il avait prévu dans les Vosges et en Lorraine, ne l'écourtant que d'une étape, l'inauguration d'une salle des jeunesses laïques à Bruyères. Henri avait été une partie de sa jeunesse ; Henri avait éveillé son intelligence ; c'était tout un pan de sa vie qui se refermait brutalement. Raymond Poincaré participait chez Henri à toutes les fêtes de famille. En 1911, il assistait au mariage de son petit-cousin Jean Poincaré avec une fille de Mirecourt ; l'année suivante, il était témoin avec Émile Boutroux du mariage civil de sa cousine Jeanne Poincaré avec Léon Daum[11], un jeune polytechnicien, fils d'Antonin Daum, maître verrier à Nancy. Le lendemain, il assistait au mariage religieux, célébré à Saint-Jacques-du-Haut-Pas avec bénédiction et allocution du père Sertillanges.

Avec Aline et Émile Boutroux[12], les liens étaient étroits et affectueux. Aline était une femme vive et sensible qui partageait les préoccupations intellectuelles de son mari ; elle écrivait et traduisait des ouvrages de l'anglais. Raymond et Émile se tutoyaient. Émile Boutroux, qui enseigna la philosophie à la Sorbonne jusqu'en 1907, administra ensuite la fondation Dosne-Thiers. Son œuvre philosophique était importante et il écrivait dans les journaux et les revues. Il était membre de l'Académie des sciences morales et politiques et de l'Académie française. Par son intermédiaire, Raymond Poincaré recevait des informations de première main sur la vie feutrée des milieux académiques et universitaires. C'était une antenne précieuse et de toute confiance. Le couple Boutroux, très uni, avait deux filles et un garçon, Pierre[13], remarquablement doué pour les mathématiques et la réflexion philosophique et scientifique ; on plaçait en lui les plus grandes espérances. Après un bref passage à la faculté des sciences de Poitiers, il obtint une chaire de philosophie des sciences au Collège de France.

Un bel équilibre physique

Raymond Poincaré était de petite taille (1,70 m) ; il avait un corps ramassé et vigoureux et avait été doté par la nature d'une bonne santé et d'un bel équilibre mental et moral. Il était très sobre, ne fumait pas, buvait de l'eau, mangeait peu ; contrairement à beaucoup d'hommes politiques de l'époque, la bonne chère ne l'a jamais intéressé et il touchait à peine aux services copieux et raffinés des banquets républicains. S'il dormait peu, il savait se ménager le sommeil indispensable. En dehors de la marche il ne pratiquait ni exercice physique ni sport. Aux alentours de la quarantaine, il prit un peu d'embonpoint, sans excès d'ailleurs. Il avait un visage volontaire, un front large et bombé, des yeux bleus, un regard vif et droit, parfois fixe ; ses traits un peu poupins s'étaient durcis et sa fine barbe blonde, après s'être assombrie, commençait à grisonner. La moustache conquérante et redressée du jeune ministre était devenue plus fournie et tombante ; en apparence il était prématurément vieilli. Son corps demeurait vif et agile et Poincaré était sans cesse en train de courir à l'un de ses innombrables rendez-vous. Poincaré n'était pas ce que l'on appelait un bel homme ; il n'avait pas de prestance physique ; il était habillé sans recherche, d'une façon un peu conventionnelle qui n'attirait pas l'attention ; il ne cherchait ni à être remarqué ni à être admiré.

Jusqu'à la quarantaine Raymond Poincaré fut rarement malade. À peine signalait-il comme une chose sans importance, un enrouement, un rhume, une influenza : il dut « garder le coin du feu » en février 1891 ; il fut atteint d'une amygdalite au début de mars 1896. Sa mère n'était pas du même avis et était inquiète pour sa gorge et sa voix ; il fit quelques cures à La Bourboule et à Cauterets. En janvier 1898, il reporta de quinze jours un discours et un banquet à Limoges pour cause d'influenza. Après 1900, il se plaignit de fatigues et surmonta quelques ennuis plus sérieux. En février 1902, alors qu'une campagne électorale difficile s'annonçait à Commercy, il fut cloué au lit par une grosse bronchite ; au début de l'été de 1902, il dut se faire opérer d'urgence de l'appendicite ; il se remit lentement et alla se reposer en août sur la Côte d'Azur dans la propriété de Maurice Bernard. Quelques collègues lui envoyèrent des vœux de prompt rétablissement. Il reprit à l'automne ses activités habituelles ; certains amis, comme Paul Révoil[14], continuaient de s'inquiéter, lui donnaient des conseils : « Ménage-toi désormais ; mange moins vite. J'étais effrayé de ton déjeuner du matin dévoré en dix minutes... » L'année suivante il insistait : « J'ai su que tu étais soucieux de ton intestin mais que tu ne te ménageais pas davantage pour cela » (22 décembre 1903)[15]. En décembre 1905, il fut atteint d'une forte bronchite. Quelques mois plus tard, il souffrit d'une grave infection dentaire ; il écrivait à son ami Grosdidier : « Je commence à aller mieux ; un dentiste intelligent m'a tiré d'affaire ; jusqu'à son intervention je souffrais à me jeter par la fenêtre[16]. » Tant qu'il fut libre de toute attache, Poincaré n'en faisait qu'à sa guise et les conseils des amis les plus proches étaient pris avec un sourire amusé.

Tempérament et caractère

Poincaré était un homme secret qui ne se livrait guère et parlait peu de ce qu'il ressentait et éprouvait. C'est pourquoi ses aptitudes intellectuelles sont plus faciles à cerner que l'univers complexe de ses sentiments, de ses aspirations, de ses désirs. Le Poincaré public, celui que ses visiteurs et interlocuteurs habituels – clients, journalistes, hommes politiques – trouvaient en face d'eux, est bien connu : c'était un homme courtois, disert, informé qui les interrogeait, qui leur demandait des précisions comme s'il était en train de nourrir un dossier. Il ne parlait de lui que rarement ou à peine ; il était ponctuel, compétent, habile et savait s'adapter à de multiples situations. Cela dit, sous les apparences de la verve et de la courtoisie, il n'abordait personne familièrement et laissait toujours se dresser une barrière entre lui et ses interlocuteurs ou ses visiteurs ; son accueil était précis, correct, irréprochable ; il lui manquait cette cordialité spontanée qui attache les cœurs. Durant la Grande Guerre, lors de ses visites aux tranchées, il ne sut jamais trouver les mots et les gestes qui auraient conquis les soldats.

Certes dans la vie publique, la prudence et parfois le silence sont des vertus nécessaires. Pour limiter les manœuvres des uns et l'ambition des autres, il ne faut jamais abattre ses cartes trop tôt ou complètement. Le mystère intrigue et entretient l'intérêt. Très tôt Poincaré avait découvert et pratiqué ces règles non écrites de la vie sociale et politique. Alors qu'à la tribune il était à l'aise et que les éléments de son discours s'enchaînaient les uns aux autres sans la moindre hésitation et avec une parfaite maîtrise, il était au fond de lui-même hésitant, incertain, parfois découragé. Georges Clemenceau, qui l'observait depuis la fin des années 1880, a été l'un des premiers à mettre en doute son caractère. Intuitivement, il avait mis le doigt sur l'une des faiblesses d'une nature si heureusement douée. Alexandre Millerand et Paul Deschanel, qui l'avaient approché de près, ont fait à leur manière des remarques convergentes.

Une femme qui l'avait observé souvent en société disait que chez lui les dons de l'intelligence étaient supérieurs à ceux du cœur ; sa sensibilité était soigneusement masquée par une apparence froide, digne et rigide. Poincaré était toujours sérieux et ne souriait guère ; seuls ses amis de jeunesse et ses collaborateurs les plus proches comme Fernand Payen, ou encore sa famille, ont pu apporter un autre éclairage sur sa personnalité. Lui-même aimait cultiver la ressemblance avec le sévère et sérieux Jules Ferry, dont un contemporain avait dit que « ses roses poussaient en dedans ». Nous, qui pouvons lire aujourd'hui la correspondance de Jules avec Eugénie, aimerions pousser plus loin la comparaison entre les deux hommes. La disparition totale de la correspondance entre Raymond et Henriette nous empêche de connaître le versant intime de la personnalité de Raymond Poincaré. Or il savait être détendu et affectueux ; il n'était pas aussi indifférent et sec qu'on l'a écrit ; il souffrit cruellement des rumeurs et attaques lancées contre sa femme ; ses notes journalières en apportent la preuve, mais sa sensibilité restait intériorisée.

Un autre aspect du caractère de Poincaré était masqué par le vernis de la politesse et de l'homme du monde : il était jaloux, susceptible et vindicatif. En lisant ses cahiers de jeunesse, on saisit vite que la compétition scolaire occupait toute sa pensée : il voulait être le premier et il a été le premier. Devenu jeune homme et adulte, Raymond Poincaré a toujours été mû par l'esprit de compétition, par la volonté tenace de s'imposer et d'arriver dans tous les domaines à la première place ; certes il parlait aussi d'illustrer les belles-lettres, de servir la république et la patrie ; on ne doit pas écarter cette noble ambition ; elle était associée à la tenace volonté d'être le premier de sa génération. Il a été député à vingt-six ans, ministre de l'Instruction publique à trente-deux ans, ministre des Finances à trente-quatre ans, sénateur à quarante-deux ans, académicien à quarante-huit ans et la liste n'est pas encore close. Il était vaniteux, fier de ses réussites qu'il ne devait qu'à son intelligence et à son travail. C'est pourquoi ceux qui, volontairement ou involontairement, étaient ou pouvaient apparaître comme des obstacles ou des rivaux étaient tenus à distance sans jamais être combattus de face. Si des compromis avec eux étaient parfois nécessaires, il les trouvait, quitte à les abandonner dès qu'ils devenaient inutiles. Les relations complexes avec Paul Deschanel et avec Alexandre Millerand, amis très proches et rivaux pendant plus d'un quart de siècle, ne peuvent s'expliquer seulement par la politique pure. Quant à ceux qui, pour des raisons valables ou non, avaient trompé sa confiance ou l'avaient « trahi », ils étaient rejetés à jamais : Philippe Berthelot en fit la cruelle expérience. Joseph Caillaux ne fut jamais pardonné pas plus qu'il ne pardonna lui-même. Ses anciens collaborateurs, Maurice Colrat et Charles Reibel, vécurent douloureusement la rancune tenace de leur patron. Clemenceau, dont toute la France colportait les mots cruels sur M. Poincaré, était détesté. Poincaré dut se faire violence pour l'appeler au pouvoir. Comme il n'osait pas affronter le Tigre en face et qu'il était plus à l'aise la plume à la main, il lui adressait de longues lettres vindicatives auxquelles Clemenceau ne répondait pas. Raymond Poincaré avait été un enfant coléreux, ce trait de caractère ne s'était pas estompé avec l'âge ; certes il savait se maîtriser, mais il était parfois irritable et hargneux. La presse hostile ne se privait de le relever et d'ironiser. Dans le journal socialiste *La Petite République* du 18 mars 1898[17], on pouvait lire ce compte rendu grinçant d'une séance de la Chambre : « Le petit bull-terrier Poincaré préside ; il a l'air de méchante humeur... C'est un vice-président jappeur... Qui nous délivrera de ce bull-terrier dont les accès de rage se manifestent trop fréquemment ? » L'âge venant, son caractère eut tendance à s'aigrir et à se durcir ; ses collaborateurs durent subir les exigences impératives d'un maître d'école sévère. Plusieurs fois, à la Chambre, au cours des années 1920, sa colère éclata brusquement devant les députés ; le visage tout rouge, il répliquait rageur à l'impudent qui avait osé le braver.

Les différentes facettes de son intelligence avaient frappé tous ses contemporains. Comment peut-on les approcher ? Une première caractéristique était l'étendue de sa culture. Poincaré était à l'aise dans tous les domaines de la connaissance, de la philosophie à la mécanique en passant par l'histoire, le droit, les arts plastiques, la musique ; il s'intéressait aux sciences, ce qui, pour un homme politique de sa génération formé au droit et aux humanités, était exceptionnel. Par les conversations qu'il pouvait avoir avec Henri ou Lucien Poincaré, il pouvait se tenir informé des progrès scientifiques. Une œuvre biologique comme celle de Louis Pasteur, mathématique comme celle de Charles Hermite ou chimique comme celle de Marcelin Berthelot ne résistait pas à son esprit méthodique et clair. Il les comprenait et était capable de les vulgariser sans les trahir. Il avait naturellement fréquenté les grands auteurs de l'Antiquité et des Temps modernes ; il connaissait ses classiques français et latins et savait au moment opportun faire surgir de sa mémoire une référence à Homère, une citation de César, de Virgile, de Tacite, une réplique de Molière. Ses auditoires étaient surpris et charmés devant un esprit si orné qui leur restituait sa culture avec tant de naturel et d'à-propos. Devant les chambres de commerce, il cita un jour un vers de Dante en italien. Reçu à Glasgow à la fin de son septennat, il n'oublia ni la citation de Shakespeare ni la référence aux romans de Walter Scott qui avaient enchanté sa jeunesse. Il avait une importante bibliothèque, littéraire et historique, dont il savait faire usage pour préparer une allocution, un discours ; on possède encore des notes de lecture prises dans les œuvres de Barrès, travail préalable à la rédaction d'un discours en l'honneur de l'écrivain ; il ne parlait jamais dans une ville sans rappeler, parfois bien longuement, sa place dans l'histoire. De temps à autre il relisait ses classiques et recopiait des citations de La Rochefoucauld, de La Bruyère, de Rousseau, de Lamartine, de Victor Hugo, de Sainte-Beuve, sans oublier les orateurs de la Révolution (Mirabeau, Barnave, etc.), qu'il citait volontiers. Dans ses papiers, on trouve quelques traces de cette vieille habitude héritée de sa jeunesse. Avait-il le temps de lire et d'assimiler tous les livres qu'il recevait ? Vu son emploi du temps, on peut en douter. Du moins il les parcourait et donnait l'impression dans sa réponse à l'auteur qu'il y avait pris un grand intérêt. Un jour de verve (1908), Jean Jaurès aurait fait ce mot cruel : « Poincaré n'aime pas les lettres ; il les étudie comme un dossier. » Beaucoup ont, comme Jaurès, réduit facilement Poincaré à la tenue de ses dossiers.

Poincaré se tenait au courant des dernières parutions par la lecture des critiques du *Temps* et des *Débats*. Il complétait ses informations en parcourant la *Revue des Deux Mondes* et la *Revue de Paris*. Le cas échéant, il faisait commander le livre dont un auteur négligent ou distrait avait oublié de lui faire hommage. Avait-il conservé avec la littérature vivante le contact qu'il avait eu dans sa jeunesse ? On doit donner une réponse négative : Poincaré ne s'intéressait guère aux avant-gardes. Il prêtait surtout attention aux écrivains installés ou à ceux qui gravitaient dans les salons de la société parisienne ou dans les sphères académiques. Il en allait de même pour la peinture et la musique.

Sa culture historique était réelle et soigneusement entretenue par des lectures ; elle était plus livresque et événementielle que critique ; elle lui servait à orner ses discours de références ou à tirer éventuellement des leçons. Cette culture était enracinée dans l'histoire de France, dont il connaissait toutes les étapes. Il n'a jamais exprimé sa conception de la France à la manière d'un Jules Michelet ou d'un Charles de Gaulle. La France était moins une personne vivante incarnée dans un peuple qu'un État fondé sur des principes, les immortels principes de 1789, qui avaient une portée universelle. La France était la Grande Nation, elle avait une vocation dont il était fier et son patriotisme républicain prenait appui sur l'expérience de la Révolution française, qui était un puissant facteur de progrès pour l'humanité.

Le seul domaine qu'il n'abordait jamais en public, c'était celui des questions religieuses. Jamais la moindre allusion ou référence à la culture chrétienne, jamais la moindre citation de la Bible, des Évangiles ou d'auteurs catholiques ; ce domaine semblait rayé de ses préoccupations et volontairement refoulé. La plupart de ses collègues avaient des bases de culture religieuse auxquelles ils faisaient quelquefois allusion. Ce n'était pas son cas. Jamais il ne donna la moindre explication, jamais il ne se permit la moindre dérogation. Pourquoi cet interdit qui ne souffrit pas la moindre transgression ? À cette question que ses contemporains ne lui ont pas posée mais que doit se poser l'historien, Poincaré n'a jamais donné la moindre réponse. En contrepoint, il rappelait fréquemment son attachement fondamental à la laïcité de l'État et de l'école, une laïcité tolérante, respectueuse des croyances et ouverte. À ses yeux, c'était le fondement du progrès de l'esprit humain ; c'était le signe de son attachement inébranlable aux valeurs de la société moderne dont la république était la forme d'organisation politique la plus achevée. Laïcité et république étaient indissociables[18].

Poincaré avait la capacité d'analyser, de classer, de décrire les données les plus complexes et les plus variées, de les mettre à la portée de ses auditeurs et de ses lecteurs. Il travaillait vite et longtemps et n'apparaissait jamais lassé de devoir travailler. Un dossier embrouillé de propriété littéraire ou une question complexe de fiscalité étaient en quelques heures disséqués et résolus. Les qualités éminentes de Poincaré étaient la rapidité, l'application et la clarté. Cette clarté avait ses limites : clarté de l'expression à coup sûr ; pensée claire et juste, on pouvait le discuter. Un jour d'irritation, l'ambassadeur Paul Cambon [19] parla de « pensée floue ». Au fur et à mesure qu'on lui exposait une question, il progressait plus vite que son interlocuteur dans son examen et la solution élégante et rationnelle était déjà en vue alors que celui-ci n'avait pas encore achevé de lui présenter le problème. La rapidité de sa compréhension déconcerta plus d'une fois ses amis comme ses adversaires. Ses collaborateurs étaient étonnés par la facilité avec laquelle il prenait connaissance d'un dossier et la rapidité avec laquelle il le traitait. Quand il se mettait à sa table, sa plume courait presque sans rature sur la rame de papier. La rédaction était limpide, élégante même et aboutissait à des conclusions fermement pensées. Il n'avait que deux défauts : la longueur parfois accumulative qui n'épargnait à ses auditeurs ou lecteurs aucun détail et une voix stridente et aigrelette qu'il ne pouvait moduler et qui imposait à ses auditeurs une grande attention.

Sa mémoire était exceptionnelle et le resta longtemps. Après avoir écrit son texte il pouvait le réciter sans note à l'heure même où ce texte rédigé la veille ou l'avant-veille était publié dans les journaux. Un jour, un journaliste crut le prendre en défaut en lui signalant quelques menus changements par rapport au texte écrit, préalablement distribué à la presse. Poincaré sortit alors en souriant un papier de la poche de son veston et lui montra sur le manuscrit les légères corrections qu'il avait apportées au texte le matin même !

Une autre de ses aptitudes était de savoir s'adapter à des auditoires variés : il était simple et bienveillant devant les ruraux de la Meuse, précis et technique pour un exposé fiscal, solennel et cultivé s'il s'agissait de célébrer un événement de l'histoire ou de rendre hommage à un grand homme ; il excellait dans l'éloge universitaire ou académique. Cette palette de dons, cette diversité de registres, cette incroyable facilité que beaucoup lui enviaient lui donnèrent une place éminente parmi les hommes de sa génération ; on disait de lui qu'il était le plus brillant d'entre eux, ce qui le destinait naturellement aux fonctions les plus élevées. L'un des ressorts de cette activité débordante était l'ambition ; il avait conscience de sa valeur et de ce qui lui était dû ; mais cette ambition se devinait plus qu'elle ne s'affichait. Sut-il toujours saisir les opportunités qui s'offraient ? Un fonds de timidité et de réserve, un manque de hardiesse l'ont conduit à reculer, à refuser, à se replier sur lui-même. Peut-être aussi son manque d'intuition, son incapacité à partager avec les autres les grandes émotions ont-ils pu le desservir ou le faire passer à côté de quelque chose d'essentiel. Il faisait parfois la coquette, ce qui amusait les journalistes. Il savait aussi qu'il fallait patiemment préparer le terrain et savoir attendre. Il mit cette stratégie à l'œuvre pour entrer à l'Académie française, puis pour devenir bâtonnier de l'ordre des avocats. La première opération fut couronnée de succès, la seconde se solda par un cuisant échec qui blessa sa vanité. Il sut en tirer les leçons, et son retour aux premiers rangs de la politique ne fut probablement pas étranger à ce qu'il avait ressenti après tant de compliments publics comme une humiliation infligée par ses pairs.

LE CÉLIBATAIRE PARISIEN

Pendant plus d'une vingtaine d'années, Raymond Poincaré fut un Parisien de la Rive gauche. Jeune homme il habita près de ses parents une modeste chambre, rue de l'Odéon; puis il avait ensuite successivement loué deux petits appartements situés dans le septième arrondissement : 29, rue de Bourgogne, puis, à partir de 1891, 3, rue Las-Cases. Après son départ du ministère en 1896, Poincaré chercha une installation plus en rapport avec sa situation et ses fonctions sociales. Il quitta la Rive gauche pour la Rive droite et loua dans le quartier de l'Opéra, rue des Mathurins (9e arrondissement), près des Grands Boulevards. Il était à mi-chemin du Palais de justice et du Palais-Bourbon. Son choix s'était porté sur un appartement de rez-de-chaussée dans un hôtel qui avait appartenu à l'impératrice Joséphine. Le propriétaire avait fait installer le confort moderne et l'électricité, ce qui justifiait le loyer élevé de 3 200 francs par an.

La pièce principale était un vaste cabinet de travail avec une grande bibliothèque, où il s'installait le matin en compagnie de ses chats. Un valet de chambre fidèle, Joseph, aidé par du personnel de service et une cuisinière, tenait la maison. Raymond Poincaré pouvait recevoir et donner des dîners. Il recevait régulièrement les secrétaires de la conférence de 1882 et quelquefois réunissait des amis pour des réunions littéraires. Alexandre Millerand[20] conserva quelques invitations. Le 29 décembre 1895, Poincaré lui adressait cette missive : « On dîne demain chez moi avec les Révoil, les Bernard, les Doumic, les Roujon et les Hanotaux... tout cela dans la plus stricte intimité, une jaquette pour les ministres, une blouse pour les socialistes. » Le 28 décembre 1896, il invitait les Hanotaux pour le 30, « en redingote, en jaquette, en vareuse comme vous voudrez, prendre du lait, de l'eau de Vichy, tout ce que vous voudrez, avec les Révoil et les Bernard[21] ». Au début de janvier 1900, le maire de Commercy, René Grosdidier[22], recevait cette invitation : « Venez dîner chez moi demain en jaquette à 7 h 1/2; vous y trouverez Ribot, Waldeck, Barthou, Lavisse et quelques amis. »

Le rythme de son existence était réglé par l'année judiciaire et les sessions parlementaires; il passait à Paris la plus grande partie de l'année ; il ne s'éloignait de la capitale que pour peu de temps, soit pour un discours dans une ville de province, soit pour une plaidoirie auprès d'un tribunal. C'était un grand usager des trains. À la fin de juillet, il arrivait en Meuse, où il reprenait contact avec les maires et les conseillers généraux ; il était invité aux distributions de prix, aux comices agricoles et aux réunions diverses. Partout où il était convié, le député parlait, le conseiller général se penchait avec intérêt sur la moindre des questions locales dont, à Paris, il se tenait régulièrement informé. Officier de réserve, Poincaré mettait son point d'honneur à faire régulièrement ses périodes, d'abord à Lunéville puis chez les chasseurs alpins d'Annecy ; il accéda au grade de capitaine de réserve. Le printemps et le début de l'automne étaient les époques des voyages à l'étranger, de préférence en Italie et en Espagne où il visitait les musées et les villes d'art. Il voyageait soit seul, soit avec des groupes d'amis. La chronologie de ces voyages est très difficile à établir : en mai 1897, il passait à La Haye et à Amsterdam « pour voir quelques Rembrandt » ; au printemps de 1899, il était en Europe centrale ; en octobre 1901, il fit une croisière en Méditerranée qui le conduisit en Sicile puis en Bosnie d'où il revint par Mostar et Sarajevo.

Comme Georges Clemenceau, Raymond Poincaré se levait tôt. À six heures du matin, son réveil sonnait. Quelques minutes plus tard, enveloppé de ses vêtements d'intérieur, il travaillait dans son cabinet sous le regard de ses chats qui avaient tous les droits. Son domestique Joseph lui apportait son petit déjeuner, qui était vite expédié. Autant son esprit était ordonné, autant son bureau n'était guère rangé. Le cabinet de travail était encombré de livres, de revues, de journaux, de dossiers. La matinée était consacrée au travail ; il préparait ses plaidoiries, ses discours, ses articles de journaux et de revues ; il recevait un courrier considérable et mettait un point d'honneur à répondre à chaque lettre le plus vite possible. Il écrivait jusqu'à quarante lettres par jour, depuis le billet express de quelques lignes griffonné sur papier bleu jusqu'à la missive circonstanciée de plusieurs pages. En fin de matinée, il recevait chez lui ses clients et ses collaborateurs ; il était toujours ponctuel et attendait en retour la même exactitude. D'ordinaire, il déjeunait chez lui en dix, quinze minutes au maximum et avalait son café dans son bureau en feuilletant les journaux. Souvent, il déjeunait en ville avec des amis, chez Voisin, chez Ledoyen, à la Maison dorée. Par exemple, le 2 mars 1898, il déjeunait avec Barthou, Pichon, Cochery, Constans, Étienne et Hanotaux, soit deux ministres en exercice, trois anciens ministres et un futur ministre. En août 1898, il s'excusait presque d'inviter Gabriel Hanotaux[23] au restaurant, car « sa cuisinière était en congé ». L'après-midi il sortait, soit à pied de son pas agile et pressé, soit il hélait un fiacre, plus tard il prit le métro. Il se rendait soit au Palais de justice, soit au

Palais-Bourbon, ses deux ports d'attache. Puis le palais du Luxembourg remplaça le Palais-Bourbon. À sa nièce Lysie Lannes, il écrivait : « Je suis tantôt au Palais, tantôt au Sénat[24]. »

On présente souvent Poincaré comme un personnage austère et sévère, toujours en train de travailler. C'est seulement une perception du vieil homme; ce n'était pas la réalité de l'homme jeune. C'était un célibataire qui menait une vie assez libre, quoique remarquable de discrétion. Ses aventures féminines ne sont pas aisées à détecter, car il avait soin de les masquer même à ses amis les plus chers. Cette situation était loin d'être exceptionnelle; la plupart de ses amis ne prirent femme qu'à la trentaine sonnée. Mais Raymond, qui menait toujours une vie de garçon à plus de quarante ans, commençait à devenir un cas dont sa pieuse mère s'inquiétait. Lucien, son frère cadet, était marié depuis longtemps. Ses camarades et amis avaient tous fondé une famille. Paul Deschanel[25], le président de la Chambre, avait fini par se ranger et, à quarante-six ans, avait épousé Germaine Brice, une demoiselle de la bonne société, de vingt ans sa cadette. Son mariage, qui fut célébré en grande pompe à Saint-Germain-des-Prés, avait été une grande cérémonie mondaine et parisienne à laquelle plusieurs milliers de personnes avaient été conviées.

Presque chaque soir, Poincaré sortait, soit au théâtre, soit au concert, soit à l'opéra; il allait dans un dîner ou paraissait à l'une des multiples soirées auxquelles il était convié; il dînait chez Mme Delpech, chez Mme Alphonse Daudet, chez Mme Ferdinand Dreyfus, chez la marquise Arconati-Visconti, la fille du vieux républicain Alphonse Peyrat, qui lui adressait des billets charmants[26], et chez bien d'autres hôtesses. Il était invité aux soirées des frères Margueritte, rue de Passy. Le « petit Poinc » avait la réputation d'un causeur intarissable. Le côté mondain et parfois futile était l'une des faces du personnage, mais il savait faire la part des choses. Ce qui l'intéressait, c'étaient les contacts qu'il pouvait nouer, les rencontres qui s'offraient à lui. Rien de ce qu'il voyait n'était perdu; les observations qu'il était amené à faire se classaient et se gravaient presque instantanément dans sa prodigieuse mémoire. Poincaré n'avait rien d'un noctambule. Dès que la décence le permettait, vers 11 heures-11 h 30, il s'éclipsait discrètement et rentrait chez lui se reposer. Quelquefois il préférait une soirée plus intime, chez Maurice Bernard par exemple. On trouve dans la correspondance passive de Gabriel Hanotaux[27] ce simple billet de Maurice Bernard : « Lorsque vous aurez envie de passer la soirée intimement, dites-le à Gérald [Nobel] qui me préviendra, je le convoquerai avec Raymond. Simplement. »

Poincaré était très attentif à la vie associative; il collectionnait les présidences : président de la Société des amis de l'Université de Paris, président de la Société philotechnique de France, président de la Société des amis du Louvre; il était aussi devenu vice-président de la

Société d'encouragement au Bien, vice-président des Amis de Versailles. Avec Léon Bourgeois, Georges Leygues et Louis Barthou, il entrait à la Société populaire des beaux-arts ; il présida aussi pendant quelques années l'Union des philotechniques, qui avait adhéré en 1901 à la Ligue de l'enseignement, où il retrouvait Léon Bourgeois, Ferdinand Buisson, Paul Strauss et Marcelin Berthelot. Une place particulière doit être faite à la Ligue de l'enseignement, dont Poincaré fut toujours très proche. Il fut l'ami personnel de ses présidents successifs, Léon Bourgeois, Ferdinand Buisson, Arthur Dessoye. À plusieurs reprises, il répondit à des invitations de la Ligue ; par exemple, le célèbre discours Berthelot fut rédigé et prononcé à la suite de l'une d'elles. Grâce à cette reconnaissance de la Ligue, Poincaré avait ses entrées dans le monde laïque et était perçu, au moins autant que Jean Jaurès, comme un homme politique attentif aux problèmes de l'école laïque et aux besoins des instituteurs qui, dans la Meuse, furent longtemps ses grands électeurs.

Cette liste, loin d'être limitative, montre l'étendue des relations sociales et la variété des milieux où il pouvait être connu. À collectionner ainsi les présidences et les distinctions, il devait remplir des charges qui dévoraient son temps ; il lui fallait se rendre à des réunions, à des assemblées générales, à des banquets, et préparer et prononcer les discours pour lequels on l'avait sollicité et qu'il n'avait pas refusés. Poincaré était vraiment un homme très occupé ; dans une lettre à Ferdinand Dreyfus, il s'excusait en ces termes : « Je ne puis être prêt pour le 9 mars ; je fais une conférence le 4 mars à la *Revue bleue* ; j'ai promis un article à Lavisse le 8 et je plaide tous les jours[28]. »

Le premier cercle de ses relations, le plus étroit et le plus fidèle, était celui des amis de jeunesse, du lycée, de la faculté de droit et de la conférence du stage. Ceux-là, il les tutoyait. Nous avons déjà cité quelques-uns d'entre eux, comme Gérald Nobel, André Hallays, Henri Caïn et son frère Georges, conservateur du musée Carnavalet. Ce dernier lui écrivait des lettres très familières qui commençaient par : « mon cher Poin », « mon bon Poin »[29]. Il faut citer aussi le diplomate Paul Révoil, qu'il avait connu chez Jules Develle et chez Gabriel Hanotaux, dont il avait été le chef du cabinet. Avec l'historien Christian Pfister[30], qu'il avait connu à Louis-le-Grand, les relations étaient moins intimes ; elles devinrent plus étroites après la guerre quand Pfister retourna à Strasbourg.

Depuis le début des années 1890, il était mêlé à la vie du Tout-Paris. Certes, il continuait de fréquenter ses amis de jeunesse mais était moins assidu qu'autrefois aux déjeuners de la « Bombe ». Entre autres, il y retrouvait Georges Payelle, qui fut son premier chef de cabinet et qui resta son ami, Henry Roujon, chef de bureau puis directeur des Beaux-Arts, Henri Lavertujon, un joyeux drille, venu du Limousin et devenu député, et quelques autres.

L'ancien ministre, sûrement appelé à le redevenir, avait franchi un palier : il était admis dans les salons de Mme de Loynes et de Madeleine Lemaire. Il poussait même des portes qui n'étaient pas toutes républicaines puisqu'il répondait aux invitations du duc d'Aumale et se rendait aux soirées de Chantilly. En février 1898, il fut coopté au dîner Bixio, qui réunissait chaque mois dix-neuf convives aussi différents que le général de Galliffet, le prince d'Arenberg et Jules Claretie, administrateur de la Comédie-Française. « Il est venu pour la première fois, il a de l'esprit, c'est un causeur charmant », notait ce dernier[31] en mars 1898. Avec Paul Deschanel, Jean Cruppi et Louis Barthou, il établissait une jonction entre la politique et le monde. Cruppi avait épousé Louise Crémieux, la petite-fille d'Adolphe Crémieux, une femme charmante, élégante et cultivée qui tenait un salon rue Spontini où l'on chantait et l'on récitait des vers. Poincaré, qui fréquentait ce salon, retrouva au Palais-Bourbon Jean Cruppi, qui avait été élu député de Toulouse en 1898. Poincaré avait trouvé des entrées à la jonction du journalisme, de la politique et des milieux intellectuels et artistiques. Il connaissait Frédéric Masson, Gaston Boissier, Ludovic Halévy, Jean-Albert Sorel. Ernest Lavisse, l'historien quasi officiel de la République, lui demandait-il un article pour la *Revue de Paris* ? Il s'exécutait ; il était à son aise dans les milieux les plus divers et déployait une prodigieuse activité ; il parlait, il écrivait, il animait des réunions publiques en province, il semblait infatigable.

Le mariage avec Henriette Benucci

Le 17 août 1904, Raymond Poincaré épousait discrètement à la mairie du XVIIe arrondissement Henriette Benucci ; il avait presque quarante-quatre ans, Henriette en avait quarante-six. Le secret avait été bien gardé, car la plupart de ses amis n'avaient pas été prévenus et apprirent la nouvelle par les journaux.

D'après Fernand Payen[32], Poincaré aurait rencontré par hasard Henriette dans un dîner chez Mme Caël, dont le mari était directeur des Postes de la Seine. Ils se revirent, devinrent amants et voyagèrent ensemble ; leur intimité se serait accentuée en 1902 lors d'une bronchite de Raymond, puis de sa convalescence consécutive à son opération de l'appendice. Cette fois, c'était sérieux, Raymond aimait Henriette et lui proposa le mariage. Était-ce aussi simple que cela ? Dans une conversation avec Joseph Caillaux postérieure à la mort de Poincaré (novembre 1937), la veuve de Félix Decori[33], qui détestait Henriette, affirmait que c'était elle qui avait séduit Raymond : « Elle lui faisait des compliments de cuisinière qui veut être épousée. » Elle aurait trouvé une alliée objective en la personne de Mme Antoni Poincaré, qui jugeait que « son fils avait compromis Mme Bazire en l'acceptant comme garde-malade et qu'il devait l'épouser ». Et Magdeleine Decori ajoutait : « Quelle récompense pour des cataplasmes bien posés que l'Élysée ! » Que retenir de ces racontars trente-cinq années après les faits ? Henriette a fait disparaître lettres et papiers intimes après la mort de Raymond. C'est pourquoi le mystère a nourri les rumeurs, les suppositions, les hypothèses et finalement les calomnies. Tout cela s'est cristallisé au moment de l'élection présidentielle et dans les mois qui l'ont suivie.

Henriette était la fille naturelle d'une jeune domestique, Louise Mossbauer ; elle naquit à Passy le 5 mai 1858. Quelques années plus tard (14 juillet 1863), elle fut reconnue par un cocher d'origine italienne, Raphaël Benucci, qui, entre-temps, avait épousé Louise. La jeune Henriette passa une jeunesse pauvre dans le Paris populaire des années 1860-1880. Dans des conditions que nous ignorons, elle épousa en 1883 un Irlandais assez étrange, Dominic Killoran. Le couple ne s'entendit pas et un divorce intervint en 1890. Dès l'année suivante elle se remariait avec un industriel, Arthur Bazire, qui mourut en 1892. À l'approche de la quarantaine, Henriette, qui avait repris son nom de jeune fille, se retrouva seule et sans grands moyens d'existence ; elle se plaçait comme dame de compagnie chez des vieilles dames. Elle parlait l'anglais et l'italien, et était agréable, souriante, sympathique. Les deux amants firent plusieurs voyages ensemble en Italie ; dans ses *Mémoires*, Joseph Caillaux fit allusion à un voyage à Rome en 1903. Finalement le mariage civil fut célébré le 17 août 1904 à Paris dans la plus stricte intimité. Deux faire-part l'annoncèrent dans les journaux : l'un des parents Poincaré, l'autre de M. et Mme Auguste Lannes, beau-frère et sœur d'Henriette. Mme Antoni Poincaré, qui était restée pratiquante, aurait souhaité un mariage religieux ; ce ne fut pas possible car le premier mari, Dominic Killoran, dont Henriette était divorcée, était encore en vie aux États-Unis, où il était retourné. Raymond Poincaré envoya quelques cartes ; René Grosdidier en reçut une manuscrite ainsi rédigée : « Mes parents et moi avons le plaisir de vous annoncer mon prochain mariage avec une Parisienne, Veuve Madame Bazire. » Gratifié d'une carte de visite où étaient griffonnées quelques lignes, Alexandre Millerand était un privilégié : « [R.P.] annonce son prochain mariage avec Madame veuve Bazire. Si je te dis que c'est une idée [mot illisible], tu en concluras sans doute qu'elle est bonne[34]. » La plupart des nombreux amis de Raymond Poincaré ne furent ni avertis ni conviés et quelques-uns lui reprochèrent vertement sa cachotterie. Ils furent surtout surpris de son choix. Souvent lucide et toujours cruel, Caillaux commentait trente ans après cette union : « Poincaré seul aurait suffi à se tromper[35]. » Les parents Poincaré avaient espéré mieux pour leur fils ; ils s'inclinèrent devant son choix. Henriette s'intégra aisément dans sa nouvelle famille ; elle fut bien accueillie par ses vieux beaux-parents, qu'elle entoura d'une respectueuse affection. Raymond écrit dans son journal qu'elle fut « bonne » pour sa mère.

Le couple vint habiter dans l'appartement que Poincaré avait loué depuis juillet 1903 au 26, avenue des Champs-Élysées. Les Poincaré s'installaient sur la Rive droite et allaient y rester jusqu'à la fin de leur existence. Henriette prit en main l'organisation de la maison ; elle mit de l'ordre dans les papiers, les comptes, les finances de Raymond. À cet homme pressé et presque toujours dehors, elle chercha à donner un foyer. À partir de novembre 1904, elle commença à recevoir les amis les plus proches[36] ; au cours de la saison de novembre 1904 à juin 1905, elle donna deux ou trois dîners de douze à vingt couverts par mois auxquels furent invités les collaborateurs, les amis personnels de Raymond, des collègues du barreau, quelques parlementaires. Citons seulement les convives de ce premier dîner du 5 novembre 1904 : les Bernard, les Jules Develle, les Sainsère, les Barthou, les Millerand et les Decori ; tous ces noms sont déjà connus ; c'étaient des familiers qui furent désormais invités plusieurs fois par an. Le 5 mars 1905, Henriette donna un grand thé ; plus rarement le dîner se prolongeait par une réception d'une centaine de personnes. Par exemple, le 28 juin 1905, après un dîner d'une quinzaine de personnes auquel avaient été conviés entre autres Armand Fallières, président du Sénat, Pallain, gouverneur de la Banque de France et l'ami Henri Lavertujon, furent invitées pour la soirée une centaine de personnes – la famille, les collaborateurs, les amis. Parmi eux citons les Alexandre Ribot, les Develle, les Colrat, les Droz et les Révoil. Certains dîners étaient intimes et familiaux, d'autres plus élargis mêlaient les collaborateurs du cabinet, le barreau, les hommes de lettres et de presse.

Henriette trouvait l'appartement des Champs-Élysées trop petit et incommode. À la fin de 1908, le couple déménagea dans un hôtel, 5, rue du commandant-Marchand : « Nous nous installons près de la porte Maillot, » écrivait Henriette à sa nièce par alliance[37]. L'aménagement intérieur de cette maison l'occupa beaucoup. Au début de 1909, elle annonçait à sa nièce : « Le cabinet de l'oncle Raymond est à peu près organisé, mais pour le reste il s'en faut... Notre chambre nous plaît infiniment ; elle est très grande, presque aussi grande que celle de Sampigny... » Dans une autre lettre, elle parlait de « notre maison charmante », de « notre jardin délicieux ». Henriette avait les moyens de recevoir d'une façon plus somptueuse : un grand dîner « littéraire » (24 mars 1909) suivit l'élection de Raymond à l'Académie française. On y remarquait une quinzaine d'académiciens ou de futurs académiciens. À l'occasion du Congrès international des assurances sociales[38] auquel Poincaré avait participé, le couple Poincaré donna un grand dîner auquel participèrent des Allemands (dont le comte von Posadowsky-Wehner, ancien vice-chancelier de l'Empire allemand), des Belges, des Anglais, des Suisses. Ce fut l'une des rares fois où Poincaré avait convié des étrangers. À la réception qui suivit, Poincaré avait invité les parlementaires républicains modérés qui s'intéressaient aux questions sociales, et parmi eux Ferdinand Dreyfus, Camille Aynard, Paul Strauss (son ancien camarade du *Voltaire* et son futur ministre du Travail), Arthur Fontaine, Jules Siegfried. Pour fêter sa réception sous la Coupole, il invita chez lui des avocats, des parlementaires et des hommes de lettres.

Peut-on tirer de ces carnets quelques informations sur les relations de Poincaré? Ses invités étaient relativement peu nombreux. Parmi eux, il faut distinguer les habitués comme les Maurice Bernard, les Félix Decori, les Louis Barthou, les Olivier Sainsère, les Gérald Nobel, qui faisaient presque partie de la famille, les amis meusiens de Paris, comme les sénateurs Develle et Grosdidier, le magistrat Pol Brouchot, le futur gouverneur de la Banque de France Georges Robineau. À de rares exceptions près parmi lesquelles Maurice Barrès, les invités de Poincaré appartenaient tous à un milieu bien défini et assez étroit, celui de la bourgeoisie républicaine du barreau, de la haute fonction publique comme Georges Payelle et Henry Roujon, des professeurs comme le médiéviste Charles Diehl et des membres de l'Institut; en dehors de quelques amis personnels comme Alexandre Millerand, Louis Barthou, Paul Deschanel, les hommes politiques étaient très rares, les socialistes et les cléricaux totalement absents; on ne trouvait ni noble, ni prêtre, ni évêque, rien que des représentants du tiers état! Avant la guerre, au cours de laquelle Poincaré se fit des relations dans le milieu militaire, il ne fréquentait guère les officiers et les généraux et l'armée, qu'il avait pourtant défendue, n'était pas représentée parmi ses invités.

La vie commune du couple fut, en apparence, sans nuage. Henriette était active; elle s'occupait de son intérieur, écrivait, sortait, visitait les expositions et lisait quelques-uns des innombrables livres adressés à son mari. Henriette avait une bonne santé. Aux alentours de la cinquantaine, elle éprouva des troubles, des malaises, des lassitudes. Raymond écrivait à Lysie[39]: « Marraine est perpétuellement lasse, des brûlures d'estomac et d'intestin, des maux de tête et des insomnies » (avril 1911); puis ces malaises s'estompèrent. Le couple, qui n'avait pu avoir d'enfant, reporta son affection sur les animaux domestiques. Ceux-ci avaient tenu une grande place dans la vie de Raymond Poincaré. Chez le grand-père Ficatier, il y avait toujours eu des chiens de chasse. Dans son appartement de célibataire, les chiens et les chats étaient chez eux et avaient tous les droits. Henriette dut adopter ce petit monde qui avait une telle importance dans le cœur de son mari. Plusieurs générations de chats et de chiens se succédèrent. Les chiens s'appelaient Scott, Négro, Bobotte, « une petite chienne briarde »; les chats s'appelaient Chanoine, Miette et Grisgris. Grisgris qui était arrivé à l'âge de deux mois était devenu le favori;

son maître, qui s'y était beaucoup attaché, écrivait à Lysie : « Ce dernier grossit à vue d'œil ; ses mouvements deviennent plus alertes et plus vigoureux. On sent qu'il devient un personnage ; il a fini par s'imposer la nuit dans notre chambre à coucher » (décembre 1908). Henriette Poincaré avait deux nièces par alliance, Lysie et Yvonne Lannes. Les parents Lannes habitaient à Clermont-Ferrand puis Rouen. La jeune Lysie, le « cher liseron », était la préférée de son oncle par alliance ; quand elle était pensionnaire au lycée Molière, elle venait souvent chez les Poincaré, qui surveillaient ses devoirs – surtout l'orthographe et le français – et signaient ses bulletins scolaires. Poincaré était très affectueux à l'égard de ses nièces ; il ajoutait quelques lignes aux lettres de « Marraine », il leur donnait des nouvelles de Grisgris ou du « bon Scott qui vous lèche les menottes » ; lors de ses déplacements professionnels il leur envoyait des cartes signées « oncle Ray » ou encore des timbres ; quand il ne recevait pas de lettre, il se plaignait : « Paresseux Liseron, négligent Liseron, oublieux Liseron, je suis parti hier de Paris sans qu'il me fût encore arrivé la moindre lettre de vous ou Mad Vovonne. Vous est-il impossible d'écrire à titre d'exercice de style ? »

On a fait de Poincaré un Français à l'esprit étroit, un peu casanier et ignorant de ce qui se passait au-delà de l'Hexagone. Cette perception est largement inexacte. Dans sa longue jeunesse de célibataire, Poincaré avait beaucoup voyagé. Chaque année, le couple Poincaré faisait un grand voyage à l'étranger : en 1905, ils allèrent en Suisse ; en mars 1907, ils traversèrent la Méditerranée, visitèrent l'Est algérien et poussèrent jusqu'à El-Kantara, « la porte du désert » ; en avril 1908, ils visitèrent la Belgique et la Hollande et envoyèrent aux parents et aux nièces des cartes de Bruges et de Haarlem. À Pâques 1910, Jules Claretie, qui avait rencontré les Poincaré à Florence, confiait aux lecteurs du *Temps* : « Il profitait des vacances de Pâques pour visiter une fois encore cette Italie qu'il aime. » Il donnait du sénateur Poincaré l'image d'un humaniste cultivé qui savait utiliser ses vacances. Poincaré préférait l'Europe latine à l'Allemagne et aux pays anglo-saxons ; il n'est pas allé en Angleterre avant 1913 et n'a jamais traversé l'Atlantique.

La villa de Sampigny

Depuis 1887 Raymond Poincaré avait loué pour 700 francs par an à Gaston Thonin, agriculteur, une maison située route de Saint-Mihiel ; il hérita plus tard de son grand-père Ficatier une maison située au bourg où il entreprenait encore des travaux en 1908. En mai 1899 il loua à Anne Lombard et Pierre Georget une propriété appelée le Clos, un hectare de terres et de bois avec un chalet construit en bois. En octobre 1903 il fit l'acquisition pour une somme de 15 000 francs payée en espèces de la propriété du Clos[40], un domaine d'un hectare et demi qui, à mi-pente de la vallée de la Meuse, dominait le petit village lorrain de Sampigny. La vue sur la vallée était étendue et reposante ; une partie du terrain était boisée ; les constructions – un pavillon de pierre, un pavillon de bois et un hangar – n'étaient guère habitables.

Après son mariage, Poincaré décida de construire une villa dans ce village qui lui était cher. Ce fut l'une des grandes affaires de sa vie ; il prit contact avec un architecte réputé de Nancy, Désiré Bourgon (1855-1915). Bourgon était un architecte départemental qui avait vingt-cinq ans d'expérience professionnelle et de nombreuses réalisations à son actif ; il dressa un plan conforme aux désirs de son client. Le devis initial était de 150 000 francs pour l'habitation principale. Poincaré chercha à réduire les coûts, ce qui entraîna un petit conflit avec l'architecte et un échange de courrier assez désagréable. Avec les dépendances et les suppléments, l'ensemble revint à 166 000 francs, sans compter le vitrail de Janin, le mobilier et les aménagements intérieurs. Le gros œuvre fut commencé en 1905 et la maison fut achevée en septembre 1907.

La villa moderne de Poincaré fut baptisée le « château Poincaré » par les villageois de Sampigny, tant elle tranchait sur les maisons basses et jointives des paysans lorrains. C'était une grosse maison bourgeoise de style Louis XIII avec des décrochements adaptés à la courbe du terrain. Les fondations étaient en pierre d'Euville et les façades étaient un assemblage de pierre de Savonnières et de brique rose sans aucun élément sculpté. Hormis les ondulations de la grille d'entrée, rien n'évoquait les formes et les décors naturalistes de l'école de Nancy. Le rez-de-chaussée spacieux et clair, qui accueille aujourd'hui un petit musée Poincaré, s'ouvrait sur une terrasse qui dominait la vallée de la Meuse. Au premier étage avaient été installés le bureau et la bibliothèque du maître de maison, d'où tout en travaillant il pouvait contempler ses paysages favoris. Le mobilier initial a été détruit en 1914 ; le bureau était de style Renaissance, assez massif ; pour le salon, Henriette avait commandé des fauteuils de Majorelle dont nous ne savons ni le style ni la disposition. On possède une facture de 855 francs pour une banquette, un fauteuil, une table bureau et un fauteuil en raphia. Le couple faisait travailler les artisans locaux : le menuisier Émile Vincent, le maréchal-ferrant Albert Baudot, le fumiste Auguste Bernard, le charpentier Albert Forin, le peintre Jean Weiss. Il se fournissait auprès des commerçants de Saint-Mihiel ; pour les commandes plus importantes ou délicates, on faisait appel à des maisons de Nancy comme les Magasins réunis, Weiller pour les glaces et les voilages, Kronberg pour le charbon. Ce gros négociant livra en 1906 un wagon de charbon de 10 tonnes « au château de M. Poincaré ».

La maison fut prolongée par un jardin d'hiver qui coûta 8 400 francs, pose comprise ; elle était précédée sur la gauche par des jardinets en terrasses plantés d'arbustes à fleurs, de rosiers et de fleurs annuelles ; par une allée on gagnait une fontaine et un bassin où évoluaient des poissons rouges ; la partie haute du parc était restée boisée et un peu sauvage, à la grande fierté de son propriétaire. On avait construit plusieurs dépendances dont une basse-cour et une écurie pour le cheval Bijou. À l'entrée, près de la grille, se trouvait la maison du jardinier-gardien, Eugène Aujard, qui veillait sur la propriété, ses animaux et ses plantes et qui servait parfois de chauffeur. Jusqu'en 1912 le couple utilisa une voiture de louage fournie par le garagiste Humbert, de Saint-Mihiel.

Pour la première fois, Raymond et Henriette passèrent les vacances de 1908 dans leur nouvelle maison. Ils s'y plurent ; en mai 1909 ils vécurent quelques jours délicieux[41] : « Il a fait hier et avant-hier un temps délicieux. Les lilas sont tous fleuris, les pervenches montrent sous le petit bois un jolis tapis vert et mauve, les arbres du verger sont encapuchonnés de rose et de blanc, les sapins ont des petites pousses fraîches, nos trois Chantecler du poulailler célèbrent à l'envi le soleil ressuscité... Nous voudrions bien rester ici » (21 mai 1909). Le couple, qui faisait là de brefs séjours de quelques jours (par exemple octobre 1909), prit l'habitude d'y passer chaque année les mois d'août et de septembre. Ses nièces Lysie et Yvonne Lannes venaient chaque année en vacances à Sampigny où elles étaient attendues avec impatience : « Raymond est très joyeux d'avoir les enfants et moi de retrouver mes filles intermittentes », écrivait Henriette (3 août 1911), qui se plaisait au Clos et qui déplorait toujours les retours trop précipités de son époux vers la capitale.

Vers l'Académie française

Très jeune Raymond Poincaré avait pensé qu'un jour sa place serait à l'Académie française. Sans afficher cette ambition d'une façon trop voyante, il ne négligea rien pour y parvenir. Dès les années 1890, il fréquentait les académiciens et commença les travaux d'approche auprès d'André Theuriet, l'écrivain régionaliste meusien, auquel il fit attribuer la Légion d'honneur. Pour célébrer le centenaire de l'Institut de France, le jeune ministre de l'Instruction publique fit un discours si remarqué qu'on lui prédit qu'il en serait un jour. Il compta vite parmi ses amis Alfred Mézières, Ernest Lavisse, Jules Claretie, André Theuriet et Pierre Loti. Plus tard, il avoua un jour qu'il avait été saisi « par la fièvre verte ».

Une candidature académique se prépare, se conduit dans la durée par une série de gestes, de signes, d'attentions et de contacts. Il faut contourner les obstacles, neutraliser les adversaires (dont parfois la mort vous délivre!), entretenir la bienveillance des partisans, bref mener un jeu délicat sur un terrain mouvant où le moindre faux pas, l'empressement suspect pourraient tout compromettre. Pour être élu, est-il nécessaire d'avoir du talent ou même d'être un grand écrivain? Bien des exemples montrent qu'il n'en fut rien, qu'il suffit d'un bagage minimal et d'être reconnu digne d'appartenir à l'Académie. Pour un avocat qui était aussi un grand parlementaire, il n'était pas nécessaire d'avoir à son actif une œuvre écrite imposante, il suffisait d'être reconnu comme auteur et ami des lettres et de réunir un réseau d'amitiés sûres. Raymond Poincaré avait vite compris ce qu'il fallait faire. Comme il n'avait publié en dehors de l'éloge de Dufaure aucun livre, il fit rassembler ses discours, ses allocutions, ses conférences, ses plaidoiries dans trois volumes intitulés *Idées contemporaines*. Son ancien chef de cabinet et ami, Georges Payelle[42], accepta de faire le tri et de négocier avec l'éditeur Fasquelle. Celui-ci se montra rétif, discuta le titre proposé, auquel il aurait préféré *Études et Discussions*. Payelle finit par le faire céder et les trois volumes publiés dans le courant de l'année 1906 furent favorablement reçus par la critique. Certains laissèrent entendre que l'Académie française ouvrirait bientôt ses portes au grand avocat. Poincaré écoutait avec délectation ces bruissements et André Theuriet[43] leur faisait écho : « Le moment est venu... l'heure a sonné » (3 août 1906). Il énumérait tous les académiciens favorables, ceux du « groupe lorrain » : André Theuriet lui-même, Alfred Mézières, le cardinal Mathieu. D'autres trouvaient Poincaré un peu jeune et estimaient que la compagnie devait admettre avant lui des postulants plus méritants. Raymond Poincaré eut la sagesse de deviner qu'il fallait encore attendre. Parmi ces candidats se trouvaient le bâtonnier Barboux, dont l'œuvre littéraire était plutôt mince mais qui depuis longtemps brûlait d'envie de revêtir l'habit vert. Poincaré eut la délicatesse de s'effacer devant lui : « Si Barboux pouvait être élu, j'en serais heureux », écrivait-il à Alexandre Ribot[44]. Barboux fut élu et remercia Poincaré avec effusion. Le journal de Gabriel Hanotaux[45] permet de suivre par le menu les espoirs, les tentatives manquées, les approches détournées. Poincaré devait surmonter trois handicaps : son œuvre littéraire était mince, il était perçu de gauche dans une compagnie très conservatrice, enfin on venait d'élire son cousin germain Henri Poincaré. Il était donc convenable d'attendre. Poincaré devait attirer l'attention sur lui et faire quelque démonstration de son talent; il se fit bientôt remarquer en prononçant à la Sorbonne un remarquable éloge du chimiste Marcelin Berthelot[46] dont il avait été le collègue dans le ministère Dupuy. Non seulement la famille fut reconnaissante mais encore les journaux admirèrent la performance.

La mort d'Émile Gebhart, un Nancéien devenu professeur de littérature à la Sorbonne, libérait un fauteuil Quai Conti. Les amis de

Poincaré – Paul Hervieu, Ernest Lavisse, Alfred Mézières, Alexandre Ribot, André Theuriet – mirent aussitôt en avant son nom. La droite de l'Académie, entraînée par le comte d'Haussonville, pourtant lorrain, avança la candidature de René Doumic, le futur directeur de la *Revue des Deux Mondes*. Les amis de Poincaré lui assurèrent qu'il s'agissait d'une manœuvre qui ferait long feu. Freycinet lui écrivait : « Vous pouvez absolument compter sur ma voix... Il y a longtemps que je désire vous voir des nôtres » (8 juillet 1908). Quelques jours plus tard, il recevait dans son courrier cette missive d'Alexandre Ribot : « Vous n'avez pas à vous inquiéter de l'élection, elle se fera aisément » (13 juillet 1908). En effet René Doumic se retira et Raymond Poincaré, seul candidat, fut élu par 20 voix sur 31 votants, une partie de la droite académique s'étant abstenue.

Le secrétaire perpétuel de l'Académie, Paul Thureau-Dangin, avait pressenti Ernest Lavisse pour recevoir Poincaré. L'historien s'étant excusé, il se tourna alors vers Pierre Loti. Finalement Lavisse se ravisa et prépara soigneusement son discours[47]. Le 15 août 1909, il écrivait à Poincaré : « Je vais commencer mes fiches. J'espère les avoir écrites et classées à la fin du mois. Je me mettrai ensuite au discours. Il me demandera bien un mois car je suis un recommenceur. » La réception sous la Coupole, fixée au 9 décembre 1909, fut un grand événement parisien. Tous les Lorrains de Paris, du moins ceux qui comptaient ou croyaient compter, étaient réunis autour de Poincaré. Son discours fut assez quelconque, car la personnalité bien terne du sympathique Émile Gebhart n'était pas un grand sujet. Le sujet lui était imposé. Ce Nancéien, petit-neveu du général Drouot, avait fait ses classes dans le journalisme républicain, puis enseigné à la faculté des lettres et terminé honorablement sa carrière à la Sorbonne. C'était un amoureux de l'Italie et de la Toscane. Depuis 1875, date à laquelle il avait entendu parler d'un terrible examinateur au baccalauréat, Poincaré connaissait son nom et s'honorait de partager la même passion de l'Italie. Poincaré avait travaillé de son mieux et fait au moins deux brouillons, ce qui était exceptionnel. Il avait bâti un discours adapté aux attentes de ses auditeurs : réminiscences classiques, fleurs de rhétorique et conventions académiques jalonnaient un texte impeccable et conduisaient habilement Émile Gebhart[48] à l'immortalité, c'est-à-dire à l'oubli. Au détour, Poincaré avait glissé quelques phrases sur la Lorraine, dont l'une assez surprenante : « Les Lorrains ont trois passions dominantes, l'armée, l'art et la forêt. » Les assistants attendaient avec curiosité la réponse d'Ernest Lavisse[49] ; elle eut en effet beaucoup plus de relief que l'éloge de Gebhart ; l'historien passa vite sur l'œuvre littéraire, il préféra dessiner le portrait d'un homme politique qui avait certes un passé mais dont il cherchait à pressentir l'avenir. Ceux qui connaissaient l'œuvre historique de Lavisse ne purent être surpris de la perspicacité de l'analyse, de la vigueur et de la finesse du trait. Depuis son passage au cabinet de Victor Duruy, Lavisse était attentif aux hommes politiques et à l'exercice du pouvoir. Dans les colonnes de la *Revue de Paris*, il leur donnait souvent l'occasion de s'exprimer; il connaissait Poincaré depuis 1894-1895 et pensait qu'il était loin d'avoir jusqu'ici donné toute sa mesure et qu'il portait en lui un destin national. Devant le Tout-Paris rassemblé et attentif, il lui lançait cette invitation : « Une force est en vous qui peut devenir une puissance, le jour où vous croirez comme vos amis vous le disent qu'à certains moments la politique veut et veut tout son homme. » Poincaré saurait-il saisir le destin? Personne ne pouvait répondre. En tout cas, si cette prévision se réalisait, certains disaient que le jeune académicien de quarante-neuf ans ne serait guère assidu aux séances du Dictionnaire.

Jusqu'à la fin de ses jours, Poincaré fut un académicien soucieux de remplir les devoirs qui étaient les siens; il fit entrer dans le Dictionnaire le mot « mirabellier ». Il était attentif aux élections : il recevait les candidats, leur donnait des conseils, soutenait les efforts de ses amis. Même pendant la guerre et durant les années 1920, alors qu'il exerçait les charges les plus lourdes, il se déplaça pour les élections : Barthou, Baudrillart, Paléologue, Bérard et bien d'autres lui furent redevables de leur entrée dans la compagnie. L'une de ses dernières sorties parisiennes, en juin 1934, alors qu'il se déplaçait avec peine, fut pour l'Académie française.

Un couple d'avenir dans la société parisienne?

Le mariage a-t-il entraîné des changements importants dans la vie, les objectifs et le comportement de Raymond Poincaré? La réponse, qui doit être modulée, est délicate à donner. Dans le domaine politique et professionnel, Poincaré a poursuivi les activités qui étaient les siennes; entre les deux époux il ne pouvait y avoir ni partage ni collaboration. Henriette a dû s'adapter, supporter, parfois subir. Henriette avait son domaine, la maison; cette maison s'était ouverte et était devenue plus accueillante. Henriette était cordiale, spontanée, mais n'avait pas le don d'être une hôtesse à la mode; elle n'avait pas les qualités d'une femme du monde et ne savait pas tenir salon; on le lui fit quelquefois sentir. Si elle apporta à Poincaré la stabilité et l'affection qui lui manquaient jusque-là, elle le coupa d'une partie de ses anciens amis et relations; il sortit moins le soir; il alla moins au spectacle; il fut moins présent dans la vie un peu superficielle du Tout-Paris. Dans une lettre à Jacques Rouché[50], administrateur de l'Opéra et camarade de lycée de Lucien Poincaré, il s'excusait presque : « Je ne sors plus le soir ou si peu... » (11 juin 1910). Les amis de Poincaré étaient partagés à l'égard de sa femme. Certains parlaient de « votre charmante femme qui est votre bon génie » ; d'autres, plus discrets, se contentaient de banalités polies et lui reprochaient d'enfermer son mari, d'être étroite d'esprit, de penser petit. C'était par exemple l'avis de Gabriel Hanotaux. Les femmes étaient souvent plus cruelles que les hommes. D'ailleurs Henriette ne fit rien pour les conquérir et elles le lui rendirent bien. Denyse Decori, qui avait bien aimé Raymond, disait en 1937 : « C'est du passé révolu, mais elle est bête, sotte et méchante, très méchante. » Caillaux, son interlocuteur, acquiesça et ajouta, sans préciser de quelle manière il voyait les choses, qu'« elle lui avait nui politiquement [51] ».

***

Poincaré approchait de la cinquantaine. Serait-il capable de réaliser le grand destin que certains lui avaient prédit ? Son mariage allait-il l'aider ou serait-il un frein ? Question majeure à laquelle on ne peut apporter qu'une réponse incertaine. Henriette aspirait plus à une tranquille vie de famille qu'à une vie de représentation ; elle ne poussait pas son époux ; elle faisait ce qu'il attendait d'elle ; elle parlait l'anglais et l'italien, ce qui était un atout réel par rapport à Mmes Loubet et Fallières ; elle était aimable, sympathique, sans prétention ; sa culture était superficielle, ce qui n'était pas encore vraiment un handicap ; mais, sans s'en rendre compte, elle pouvait gêner son mari, car elle manquait de discrétion et n'arrivait pas à contrôler sa parole. Poincaré s'en tirait en la tenant soigneusement à l'écart des champs politique et professionnel. Les médisants ont relevé avec complaisance des réflexions naïves ou maladroites qui ne manquaient pas de faire sourire. Quant aux « mystères » de ses deux premiers mariages, ils étaient propices aux rumeurs, et la campagne de presse lancée contre Poincaré au moment de l'élection présidentielle braqua sans retenue le projecteur sur toutes ces zones d'ombre.

CHAPITRE VI

Un avocat d'affaires très occupé

Le 18 décembre 1879, Raymond Poincaré s'était inscrit au barreau de Paris. Il n'avait pas encore vingt ans. Le 20 décembre 1880, le jeune avocat prêtait serment. Désormais le Palais de justice de Paris devenait son port d'attache; trente ans plus tard, en 1910, le bâtonnier Busson-Billaut rappelait en ces termes cette fidélité : « C'est le port d'attache dont vous êtes parti et où vous revenez toujours. » Le barreau a été la vie professionnelle et la passion la plus durable de Raymond Poincaré. Comment a-t-il exercé son métier? Comment a-t-il été perçu par ses confrères? Le métier a-t-il eu une influence sur sa personnalité et son ouverture au monde? L'homme politique qu'il a été, l'homme d'État qu'il est devenu ont-ils été à ce point modelés par l'exercice du métier? Pourquoi a-t-on si souvent répété que Poincaré n'avait été rien d'autre qu'un avocat?

Un long apprentissage professionnel

La profession d'avocat est une profession libérale qui apporte à celui qui l'exerce avec talent l'aisance matérielle et la considération sociale; elle nécessite un long apprentissage de la jurisprudence, de la procédure et des techniques de confection et de progression d'un dossier; il faut aussi apprendre à gérer les relations avec les clients, pénétrer les arcanes du système judiciaire et des rapports avec les magistrats. Selon les règles alors en usage, le jeune avocat devait faire un stage de trois ans chez un avocat de son choix; mais cet apprentissage pouvait être beaucoup plus long lorsqu'il se combinait avec d'autres activités. Dans le cas de Poincaré, qui mena de front le journalisme puis la politique, il a été effectivement long. Ce ne fut qu'en 1895, soit à l'âge de trente-cinq ans, que l'ancien ministre a ouvert son propre cabinet et commencé à voler de ses propres ailes.

Le Palais de justice de Paris[1], que fréquentait le jeune Raymond Poincaré, n'était guère différent dans son aspect monumental et dans la disposition intérieure des lieux de celui que nous connaissons aujourd'hui. Pendant la première moitié du XIXe siècle, ces bâtiments historiques avaient subi de nombreuses transformations et de l'époque médiévale ne subsistaient plus guère que les tours de la Conciergerie et le joyau gothique de la Sainte-Chapelle. Durant la reconquête de Paris par les troupes versaillaises, un incendie s'était déclaré les 24-25 mai 1871, détruisant divers bâtiments, la bibliothèque des avocats (6 000 volumes brûlés) et ravageant la salle des Pas-Perdus. La reconstruction s'était étendue sur vingt ans et les locaux de la première chambre de la cour d'appel (ceux qui sont encore utilisés aujourd'hui) furent inaugurés en octobre 1891. Le Palais de justice de Paris était un monde qui abritait de nombreuses juridictions et services : la cour d'assises, la cour d'appel, la Cour de cassation, le parquet et sept chambres civiles. Dans cet ensemble devaient coexister, non sans difficulté, les magistrats, les avocats, les policiers et une grande variété de personnel administratif et d'auxiliaires de justice. Pendant l'année judiciaire, les galeries étaient une ruche bourdonnante où avocats, magistrats, policiers allaient et venaient avec aisance grâce à leur connaissance des lieux ; les prévenus et les justiciables cherchaient, tâtonnaient, attendaient ; parfois une cause célèbre attirait une grande foule de curieux ; c'étaient surtout les affaires criminelles qui passionnaient. Au début du mois d'août, le nombre des affaires diminuait et le Palais se vidait pour rester calme jusqu'à la rentrée judiciaire du 2 octobre.

Quand Poincaré commença à fréquenter le Palais, 715 avocats étaient inscrits au tableau ; leur nombre s'élevait à 1 003 en 1893 et à 1 415 en 1911 ; certains ne plaidaient guère et il est difficile d'évaluer ceux qui étaient réellement actifs[2]. Hier comme aujourd'hui, l'ordre est régi par des règles strictes ; il s'administre lui-même par l'intermédiaire d'un conseil élu et d'un bâtonnier élu pour deux ans qui est le chef, le représentant légal de l'ordre. L'ordre des avocats avait ses locaux au Palais. Le vestiaire, qui donne sur la salle des Pas-Perdus, est un lieu de passage obligé, la salle de récréation des avocats ; l'arrivant enfile sa robe et met sa toque avant de se diriger vers la salle d'audience ou la bibliothèque ; le plus souvent il salue ses confrères, bavarde avec l'un ou l'autre et s'enquiert des derniers jugements et des potins du Palais. La bibliothèque, qui a été restaurée et reconstruite sous le bâtonnat de Cresson (1890), est un lieu de travail et de rencontres notamment pour les jeunes ; elle est dotée d'une salle de lecture où l'on peut consulter les revues et journaux spécialisés et les recueils de jurisprudence.

L'ordre n'a pas simplement une fonction corporative et disciplinaire ; il doit faciliter l'intégration des jeunes stagiaires dans la profession, et chaque année il organise les épreuves de la conférence du stage ; à cette époque celle-ci comportait deux épreuves, l'une en droit civil, l'autre en droit commercial, auxquelles devaient participer tous les avocats inscrits au stage ; ceux-ci préparaient en temps limité un sujet imposé puis prononçaient leur plaidoirie devant un jury présidé par le bâtonnier et composé d'anciens bâtonniers et des secrétaires du stage de l'année précédente. Raymond Poincaré, qui était entré au cabinet de Me Ferdinand Dreyfus, ne s'inscrivit pas au stage la première année ; il préféra observer les lieux et les usages, se préparer aux épreuves pour mieux les affronter l'année suivante. Le 6 février 1882, devant un jury impressionnant présidé par le bâtonnier Henri Barboux[3], le jeune Raymond Poincaré fit une prestation brillante en droit civil démontrant que « les titres de noblesse d'une origine antérieure au décret du 1er mars 1808 » ne pouvaient être transmis « aux enfants naturels reconnus ». Près de quarante ans après cette prestation, le bâtonnier Barboux donnait ce témoignage :

> « *La première épreuve... me remplit à la fois d'étonnement et de joie. Je n'avais jamais rencontré chez un homme si jeune un si parfait équilibre de mérites toujours rares et qu'il est surtout prodigieux de voir réunis...*
> *M. Poincaré avait alors vingt et un ans et il ne paraissait pas avoir davantage : des yeux bleus, un regard doux et spirituel, une barbe blonde très fine et très légère, une voix bien posée et que n'altérait pas la fatigue de parler, le geste discret, presque nul, un plan de discours si simple et si naturel qu'on n'eût pas compris qu'il pût être différent.* »

Sa seconde prestation, qui porta sur un sujet technique et austère de droit commercial, eut lieu le 10 juillet 1882. Au terme du concours, il fut classé premier secrétaire de la conférence du stage de 1882-1883 ; parmi les autres lauréats de cette année figuraient Alexandre Millerand, le futur homme politique, et André Hallays, plus tard journaliste au *Journal des débats*, avec lesquels il resta lié toute sa vie. Le premier secrétaire devenait un homme public ; il était invité, dans les salons, à de multiples réceptions où on lui demandait de prendre la parole et où il devait se montrer à la hauteur de sa réputation naissante. L'une de ses obligations était de soumettre des sujets à discuter dans les séances mensuelles de la conférence. À la suite de l'énoncé, il fallait indiquer le résumé des principaux arguments (affirmative et négative) et terminer par une bibliographie sommaire. Poincaré déposa trois sujets de droit civil[4] dont voici les énoncés :

> « *La reconnaissance d'un enfant naturel, inscrite dans un testament authentique, subsiste-t-elle, malgré la révocation du testament ?* »

« *La femme, instituée légataire, qui reconnaît après l'ouverture de la succession un enfant naturel déjà reconnu du testateur et lui-même institué dans les limites légales, doit-elle être considérée comme personne interposée aux termes du § 2 de l'article 911 du code civil ?* »

« *Les tribunaux peuvent-ils, en cas du refus du mari, autoriser la femme à publier une œuvre littéraire et à faire représenter une œuvre dramatique dont elle est l'auteur ?* »

Le titre prestigieux de premier secrétaire fit connaître le nom de Raymond Poincaré à tout le Palais; il lui créa de multiples obligations et lui ouvrit bien des portes. Le bâtonnier Barboux, brillant et influent bâtonnier, lui-même ancien premier secrétaire, recommanda le jeune Raymond Poincaré à Charles-Henri du Buit[5], l'un de ses collègues qui cherchait un secrétaire. Me du Buit était un avocat d'affaires dans la force de l'âge qui jouissait déjà d'une grande réputation. Né en 1837 à Mulhouse, devenu Breton d'adoption, il était de la génération de Léon Gambetta et de Jules Ferry; il était l'ami du républicain libéral Alexandre Ribot. Dans le procès du krach de l'Union générale, il avait défendu le banquier Eugène Bontoux; il avait une belle clientèle de banques, parmi lesquelles le Crédit lyonnais, et de collectivités dont la Ville de Paris. Ce républicain libéral qui avait des convictions ne se laissa pas tenter par la politique. Auprès de lui, dans son cabinet de la rue de Clichy, le jeune Raymond Poincaré apprit le métier : préparer un dossier, rechercher la jurisprudence, construire une plaidoirie, esquisser et rédiger des conclusions. Il eut comme collègue un jeune Béarnais, Manuel Fourcade[6], futur bâtonnier. Pour sa part, du Buit accéda au bâtonnat en 1890-1892. Vingt ans plus tard, Poincaré, qui venait d'être élu à l'Académie française, fit l'éloge de son ancien patron encore vivant en ces termes : « un maître prestigieux qui, dans l'intimité d'une longue collaboration, m'a enseigné jadis la force souveraine de la dialectique, la beauté des lignes simples et la vertu de la lumière ». Il faut bien avouer que cet hommage académique n'était pas très éclairant. Un journaliste anonyme campait le bâtonnier en exercice d'une façon plus réaliste. C'était un homme grand, sec, très raide; il était glabre (alors que cette génération portait des favoris), ce qui lui composait « une figure osseuse de doctrinaire »; Poincaré lui-même l'avait qualifié de « janséniste » ! Du Buit plaidait « avec une rigueur impitoyable, le verbe dominateur ».

Poincaré s'entendit bien avec du Buit; il était reçu dans sa famille; il fut invité plusieurs fois dans sa magnifique propriété de vacances de Kerangoff, dans la rade de Brest. Il noua aussi des liens d'amitié avec son fils Jean, qui était de sa génération. Jean du Buit devint inspecteur des Finances et plus tard, dans les années 1920, Poincaré l'appela à son cabinet comme collaborateur. Après son passage au cabinet ministériel de Jules Develle, Raymond Poincaré revint chez du Buît et chercha à concilier son mandat parlementaire avec l'instruction des dossiers. Jusqu'à son arrivée rue de Grenelle, il prépara de gros dossiers pour son patron. Mais il devait avoir déjà quelques affaires personnelles, comme le laisse deviner une lettre adressée en 1889 à Joseph Reinach. En effet, il regrettait de ne pouvoir se rendre à Lille car il avait deux affaires à plaider et trois rapports à rédiger pour la Chambre.

L'un des meilleurs moyens de connaître le milieu des juges et des avocats était d'être chroniqueur judiciaire : on suivait des audiences très variées, on rencontrait des collègues, on était à l'affût des rumeurs et des informations. Chroniqueur au *Voltaire*, Raymond Poincaré fréquenta assidûment les différentes juridictions du Palais ; il acquit une connaissance précieuse des lieux, des habitudes, des rites et des usages et du personnel ; il assista aux audiences et aux procès les plus divers ; il pouvait apprécier les différents points de vue sur une affaire, les réputations et les talents des uns et des autres ; sa prodigieuse mémoire enregistrait tout ce qu'il voyait et entendait.

Poincaré était très sociable ; au début des années 1880, l'un de ses plus proches amis fut Alexandre Millerand, avec lequel il fonda une éphémère Association des chroniqueurs judiciaires. Tôt entré en politique, Millerand fut élu très jeune député radical de Paris, puis devint l'un des dirigeants en vue du socialisme parlementaire. Les relations entre Poincaré et Millerand connurent des hauts et des bas ; les choix « collectivistes » du jeune Millerand déplaisaient fort à Poincaré, mais ils ne rompirent jamais malgré de fortes tensions, ce qui facilita leur collaboration ultérieure. Du côté de Millerand, il semble que ce furent moins les désaccords politiques que le côté personnel, dissimulé, parfois égoïste de Poincaré qui lui posa à plusieurs reprises de vrais cas de conscience.

En 1886, Poincaré fit la connaissance de Louis Barthou, un jeune Béarnais au poil noir, vif et agile ; les deux hommes s'intéressaient à la littérature et furent saisis par la politique. Leurs convictions républicaines étaient très proches, ils cheminèrent côte à côte et collaborèrent souvent. Mais ses deux amis les plus intimes furent Félix Decori et Maurice Bernard. Félix Decori, de lointaine origine corse, était un pur Parisien ; il avait le même âge que Poincaré ; il s'inscrivit au barreau en 1883 et fut secrétaire du stage en 1886. Grand, les yeux noirs, la barbe blond-roux en pointe, il semblait sorti d'un tableau de la Renaissance ; il avait une voix chaude, persuasive et ne manquait pas de séduction ; son talent oratoire se révéla dans une affaire criminelle, l'affaire Eyrard ; il plaida l'incendie de l'Opéra-Comique puis se spécialisa dans la procédure civile. Il avait épousé une femme cultivée, exubérante et un peu envahissante.

Maurice Bernard était un Lorrain de Nancy ; après des études de droit, ce fils d'un maire républicain de la cité ducale vint s'inscrire au barreau de Paris; il fut secrétaire de Frédéric Lenté, pour lequel il prépara les dossiers de l'affaire Wilson; il gardait des attaches dans les Vosges, où il avait une belle propriété à Ramonchamp. Nous ignorons dans quelles circonstances il rencontra Poincaré. Leur amitié fut profonde, durable, sans nuages, bien que leur caractère et leur personnalité fussent très dissemblables. Autant Poincaré était réservé, un peu timide, autant Maurice Bernard était entraînant, amusant, charmeur. Dans un cercle plus élargi, il faut citer les noms de Jacques Henri-Robert, de Raoul Rousset, d'Albert Salle[7], de Charles Chenu[8]. Poincaré, qui tutoyait Chenu et Rousset, garda le vouvoiement avec Henri-Robert et Salle, de qui il devint très proche même s'ils n'étaient pas des amis de jeunesse. Poincaré noua aussi des relations avec des avocats plus âgés : le bâtonnier Rousse, qui passait pour la conscience du Palais, le bâtonnier Barboux, qui avait patronné le début de sa carrière, le bâtonnier Cresson, le bâtonnier Henri Aubépin, plutôt orienté à droite, original et cultivé ; on pourrait citer beaucoup d'autres noms encore dont on trouve la trace dans sa correspondance.

La percée décisive

Le 29 novembre 1895, le cabinet présidé par Alexandre Ribot tombait et Raymond Poincaré quittait à regret la rue de Grenelle. Il avait tout juste trente-cinq ans; il avait acquis une grande notoriété. Poincaré était maintenant connu du Tout-Paris, de celui des lettres comme de celui des affaires. Dans le cabinet d'avocat qu'il ouvrit les causes affluèrent, si nombreuses qu'il lui fallut d'urgence recruter des secrétaires pour les étudier.

Dans l'état actuel de la recherche, on ne connaît pas bien les premières causes que Poincaré eut à défendre. Quelques-unes d'entre elles avaient des aspects techniques desquels il était familier depuis sa plus tendre enfance : tout ce qui touchait aux fleuves, aux barrages, au domaine des eaux qui avait si longtemps été la spécialité de son père. Il plaida l'affaire du bec d'Ambès, une affaire complexe de frais de dragage; il défendit les ingénieurs de l'État, de jeunes collègues de son père, qui avaient dans leurs attributions la surveillance du barrage retenue de Bouzey[9] près d'Épinal dans les Vosges, dont les eaux servaient à régulariser le canal de l'Est. Le 27 avril 1895, ce barrage se rompit soudainement; il était 5 h 15 du matin. Un torrent d'eau et de boue, évalué à 7 millions de mètres cubes, dévala l'étroite vallée de l'Avière et parcourut vingt kilomètres en 55 minutes jusqu'à Charmes, dévastant tout sur son passage. Outre de nombreuses destructions, la catastrophe avait fait 88 victimes. Qui était responsable ? Les ingénieurs des Ponts et Chaussées qui avaient à surveiller le barrage construit en 1881 ? Quatre d'entre eux furent poursuivis « pour homicide par imprudence » et se retrouvèrent en mai 1897 sur les bancs du tribunal correctionnel d'Épinal. En compagnie d'Henri Mengin, son ami de Nancy, et d'un autre collègue, Ployer, Poincaré prit en main la défense des prévenus. Il fit remarquer que deux d'entre eux avaient quitté la circonscription en août et septembre 1894, soit plusieurs mois avant la catastrophe. Puis il décortiqua les rapports des experts, démontra leurs contradictions et la fragilité de leurs preuves et, plaidant le « cas de force majeure », il conclut à l'irresponsabilité des ingénieurs. Au terme d'une remarquable plaidoirie qui montrait que ce qu'il avait appris jadis auprès de son père l'avait aidé à comprendre et à exposer des questions très techniques, il obtint leur relaxe (28 mai 1897). Un journaliste d'Épinal, Nestor Denis, qui suivait le procès, dressa ce croquis d'audience : « Me Poincaré, c'est la science... il parle très nettement... son verbe rappelle ces grilles forgées par Lamour ; sous leurs formes délicates, leurs arêtes bien accusées à courbes gracieuses, on sent la force du fer... il a une pensée précise comme un théoricien... sur le terrain de la science, il a le pied sûr... les Poincaré ont le cerveau scientifique... Quant aux autres édificateurs d'hypothèses, il saisit leurs calculs d'une main vigoureuse ; on entend un craquement, un arrachement, un cisaillement et de ces affirmations et méthodes reste seulement, sur le plancher du prétoire, un peu de poussière... »

Pour la profession comme dans l'opinion publique, un succès éclatant lui valut la célébrité : la plaidoirie qu'il prononça en faveur de la validité du testament d'Edmond de Goncourt[10]. Le tribunal le suivit dans ses conclusions, ce qui permit la fondation de l'Académie Goncourt. Rappelons brièvement les faits. Edmond de Goncourt était mort le 6 juillet 1896 à Champrosay dans la propriété d'Alphonse Daudet. Par testament il avait désigné deux légataires universels, Léon Hennique et Alphonse Daudet, en leur donnant pour mission de fonder une académie littéraire de dix membres qui prendrait le nom d'Académie Goncourt. Le produit de la succession devait permettre d'assurer une rente aux dix académiciens et de doter le prix annuel qu'ils auraient pour mission de décerner. Edmond de Goncourt n'avait pas de famille proche connue ; après sa mort, des héritiers se révélèrent ; le plus coriace d'entre eux, Edmond Guérin, sous-directeur des contributions directes à Tizi-Ouzou, entraîna les autres requérants qui confièrent leur cause à un avocat connu, Charles Chenu, lequel leur conseilla de plaider la nullité du testament.

Dans les dernières années de son existence, Edmond de Goncourt avait rédigé plusieurs testaments olographes remis à son notaire Me Duplan ; le dernier document était un codicille du 23 mai 1893. Les deux légataires universels, auxquels Chenu contestait cette qualité (ils seraient seulement, selon lui, des exécuteurs testamentaires), confièrent leur cause à Raymond Poincaré. L'affaire aurait pu s'arranger ; des bribes de la correspondance de Poincaré laissaient espérer une transaction : « Avec un sacrifice total inférieur à 500 000 francs, on transigerait avec tous les demandeurs », écrivait-il à Alphonse Daudet. Pour des raisons qui nous échappent, aucune entente ne put se réaliser et la solution judiciaire s'imposa comme la seule issue. Poincaré comme Chenu était désireux d'aller vite et d'Épinal, où il plaidait l'affaire de Bouzey, il écrivait à Alphonse Daudet : « De retour à Paris, je m'occuperai de faire fixer l'audience du testament Goncourt » (11 mai 1897). L'affaire vint devant le tribunal civil de la Seine, où elle occupa cinq journées les 7, 8, 9 et 22 juillet et 4 août 1897. Chenu plaida la nullité, mit en avant les erreurs de date et chercha à faire valoir l'illégalité de la fondation, ce qui entraînerait la chute du legs. Poincaré lui répliqua par une brillante démonstration qui eut les honneurs de la *Revue des grands procès contemporains*. Il rappela « la volonté » d'Edmond de Goncourt, « une volonté ancienne, manifeste, renouvelée » de fonder une société littéraire. Ensuite il posait la question centrale : cette volonté « se brise-t-elle sur des objections de forme et sur le fond ? » Au terme de sa démonstration où il s'appuyait sur le codicille du 23 mai 1893, il concluait : « Il n'y a rien ni dans la rédaction même ni dans l'objet des dispositions qu'elles renferment, rien qui soit de nature à condamner une volonté indiscutable à l'impuissance et à l'inefficacité. » Dans ses conclusions, le substitut Seligman reprit dans une large mesure l'argumentation de Poincaré, qui remportait la victoire sur toute la ligne. Les plaignants firent appel et la cour d'appel de Paris confirma le jugement. On possède encore le texte dactylographié avec corrections manuscrites de Poincaré de la plaidoirie prononcée le 8 février 1900 devant le tribunal civil de la première chambre. Henri Céard, futur secrétaire de l'Académie Goncourt, le félicitait pour « ce triple succès comme orateur, comme jurisconsulte, comme psychologue ».

Le succès dans l'affaire du testament d'Edmond de Goncourt fonda la réputation professionnelle de Poincaré ; dans une affaire en or il avait vaincu un confrère réputé qui s'était emparé un peu à la légère d'une cause bien difficile à soutenir sur la forme comme dans le fond. Poincaré avait su exploiter les faiblesses de l'adversaire et trouvé les arguments juridiques décisifs. Chenu ne s'y était pas trompé puisqu'il avait commencé sa réplique par cette observation désabusée : « Mon adversaire a fait, hier et aujourd'hui, donner toute son armée... », il a fait preuve d'une « supériorité devant laquelle je m'incline ». Les deux hommes devinrent amis ; ils se tutoyaient, se transmettaient mutuellement des affaires et collaborèrent assez souvent.

Grâce à Raymond Poincaré, l'Académie Goncourt avait pu se constituer ; il devenait le protecteur de la nouvelle société littéraire ; il était l'ami personnel de la plupart de ses membres, il était invité à leur déjeuner annuel chez Drouant. Jean-Henri Rosny aîné, qui présida la société après le décès d'Alphonse Daudet, lui écrivait : « Si le vœu des Goncourt se réalise, c'est bien grâce à vous que nous le devons, vous avez surmonté des obstacles que l'on pouvait croire insurmontables. »

LES COLLABORATEURS

En l'espace de quelques années, Raymond Poincaré était devenu un avocat si important qu'il ne pouvait plus seul suffire à la tâche ; il dut recruter de jeunes secrétaires qui préparaient le travail selon ses instructions. Les secrétaires étaient des jeunes gens, en général des avocats stagiaires qui parfois, restaient chez le patron bien au-delà du stage réglementaire de trois ans. Le secrétaire n'étant pas ou peu payé, il fallait pour assumer les frais d'un tel apprentissage être issu d'une famille aisée ou trouver des revenus annexes. Selon le témoignage de Léon Bérard, Poincaré était alors l'un des rares à attribuer des honoraires à ses secrétaires dans les affaires qu'ils avaient contribuées à préparer. Entre 1896 et 1912, Poincaré a utilisé les services d'environ une quinzaine de secrétaires.

Certains des secrétaires de Poincaré ont eu ensuite une carrière politique ou professionnelle très brillante. À cet égard Poincaré n'a laissé aucun document synthétique. La chance ou parfois le hasard sourit à l'historien. Après son élection à la présidence de la République, les anciens secrétaires offrirent à leur ancien patron un banquet mémorable : grâce à cet événement l'historien a pu les retrouver.

Comment Poincaré choisissait-il ses secrétaires ? Le plus souvent la recommandation d'un collègue ou d'un ami était décisive, mais il est remarquable que la plupart d'entre eux furent, comme lui, des secrétaires de la conférence du stage. Poincaré distinguait de jeunes camarades et, comme du Buit l'avait fait pour lui, il leur donnait la chance d'une formation exceptionnelle. Les contraintes étaient légères : le jeune secrétaire n'était pas astreint à des heures de bureau ; il venait chercher les dossiers rue des Mathurins où le patron donnait ses instructions ; il travaillait ensuite à son rythme, puis le jour dit ou sur appel par télégramme, il fallait tout rapporter avec des réponses aux questions posées et une esquisse de démonstration. Quand l'affaire venait devant le tribunal, le secrétaire assistait Raymond Poincaré et pouvait apprécier la façon dont celui-ci avait utilisé son travail.

Les premiers secrétaires furent, semble-t-il, un dénommé Guiraud (1896-1897) sur lequel nous n'avons guère de renseignements et Maurice Colrat de Montrosier[11], un jeune homme originaire du Quercy, deuxième secrétaire de la conférence du stage de 1895-1896 ;

il entra chez Poincaré en 1895 avant sa plaidoirie à la conférence sur « le problème de droit dans le théâtre contemporain » qui attira l'attention sur lui. C'était un esprit curieux qui aimait les contacts et les relations ; il était attiré davantage par la politique et le journalisme que par le Palais. Après son départ du cabinet, il fut président de la conférence Molé-Tocqueville et fonda avec Henri Lémery et Charles Lyon-Caen l'Union républicaine et démocratique, une éphémère association de juristes républicains qui combattit en faveur de Dreyfus ; il garda des contacts suivis avec Poincaré, auquel il servait de relais dans les associations et les milieux qu'il fréquentait. Dans les années 1900-1912, un homme comme Maurice Colrat s'est beaucoup dépensé pour faire connaître son ancien patron, bien au-delà des milieux du Palais de justice et du Palais-Bourbon.

Puis arrivèrent au cabinet André Paisant[12], originaire de Senlis, qui avait une belle voix et qui fit ensuite une carrière politique, et Fernand Payen[13], un jeune Lillois, beau et éloquent, qui avait été premier secrétaire de la conférence en 1895-1896. Poincaré était très attentif. Ayant découvert que Payen cherchait à se loger dans une maison appartenant à son ancien patron Ferdinand Dreyfus, il intervint spontanément et discrètement pour aider son collaborateur à obtenir la location et il ajoutait : « Payen réussira partout où il ira. » Après s'être établi, Payen garda des liens affectueux avec son ancien patron, dont il fut le premier et pénétrant biographe.

Au début du siècle, les deux collaborateurs les plus proches du patron furent Fernand Payen et Léon Bérard. Le jeune Béarnais, qui avait été recommandé par Louis Barthou, fut premier secrétaire de la conférence pour l'année 1901-1902. On ne sait pas exactement quand Léon Bérard[14] prit contact avec Raymond Poincaré ; les deux hommes entrèrent en relation au cours de l'année de stage ; ce fut Poincaré qui lui suggéra comme sujet de la conférence de rentrée l'éloge d'Ernest Picard, l'un des cinq députés républicains du Corps législatif et ministre du gouvernement de la Défense nationale. Au lendemain de sa très brillante prestation, Léon Bérard fut accueilli comme collaborateur par Raymond Poincaré. Dans une lettre à sa mère et à sa tante citée par Pierre Tucco-Chala, Léon Bérard précisait les modalités de son entrée comme quatrième secrétaire de Me Poincaré : « Je dois d'abord vous dire que sans difficulté et sur présentation de Payen, j'ai été accepté comme secrétaire par Me Poincaré. Notre brillant maître m'a conseillé de réfléchir 24 heures avant de profiter de son acceptation. Avec un soin qui indique une conscience presque méticuleuse, il m'a exposé qu'il avait déjà trois secrétaires, tous anciens premiers secrétaires de la conférence, et que je ne viendrai donc qu'en sous-ordre. Il m'a dit qu'il avait plutôt de grosses affaires et que dans les débuts ma collaboration serait restreinte et modeste. Mais sur les conseils de Payen et de tout le monde... j'ai accepté tout de même... Il n'y avait rien à perdre avec un pareil maître et il peut y avoir beaucoup à gagner. » Poincaré avait fait observer à Bérard qu'il devenait son collaborateur « judiciaire » et non « politique ». Certes ! Mais était-il facile de séparer longtemps les deux domaines ? Poincaré était à la fois un modèle professionnel et un modèle politique, même s'il tenta parfois de détourner son jeune secrétaire de la voie dangereuse de la politique. Bérard ne suivit pas sur ce point les conseils de son maître car, dès 1904, à l'âge de vingt-huit ans, il fut élu maire de son village natal, Sauveterre-de-Béarn, ce qui entraînait des absences de Paris parfois bien longues au goût de son patron. Léon Bérard, qui avait beaucoup de talent, était servi par une voix grave, chaude et harmonieuse et il usait d'une langue pure, précise et fluide façonnée par une culture classique, remarquablement assimilée. Dès la fin de 1903, il suivit plusieurs affaires importantes dont un différend entre Delagrave et Larousse qui se termina par une condamnation de Larousse à 15 000 francs d'amende ; il travailla sur des dossiers adressés par la Société des artistes français. Lorsque Poincaré devint ministre des Finances, Bérard passa au ministère pour l'entretenir des affaires en cours, puis Poincaré confia à son collaborateur plusieurs affaires dont les intérêts de la Société des auteurs.

L'un des collègues de Léon Bérard était Georges Jeanningros [15], un solide Franc-Comtois qui avait été deuxième secrétaire de la conférence en 1902 ; il savait élaborer et développer un argumentaire et surtout, il était « moins papillonnant que Bérard ». Après son passage chez Poincaré, il ouvrit un cabinet à Besançon. Il mourut prématurément en 1922 alors que Poincaré était président du Conseil ; celui-ci n'hésita pas à quitter durant quelques heures les affaires de l'État pour faire lui-même l'éloge de son ancien collaborateur devant l'Association des secrétaires de la conférence ; il évoqua le jeune homme à la « taille haute, au corps élégant et souple, à la physionomie ouverte, aux yeux vifs », l'esprit clair, méthodique, ordonné auquel il avait confié « la préparation d'affaires importantes ». Jeanningros fut remplacé par Charles Reibel [16], un neveu de l'avocat Henri Mengin, un ami nancéien de Poincaré, et par Jacques Lyon, qui quitta le secrétariat en 1909. Les derniers secrétaires furent Dalens, qui avait été recommandé par Georges Payelle, et Olivier Jallu [17], dévoué, actif et méthodique ; il travailla sept ans avec Poincaré, qui lui laissa les dossiers en cours et ses clients quand il accéda à la présidence du Conseil. Olivier Jallu fit ensuite une très belle carrière d'avocat d'affaires.

Poincaré n'était pas très expansif et les liens de travail conduisirent rarement à une intimité plus poussée. Fernand Payen et Léon Bérard furent ceux qui devinrent les plus proches du patron et le restèrent. Après son élection, il honora ses anciens secrétaires et collaborateurs [18] en les invitant avec leurs épouses à l'Élysée, le 25 novembre 1913, à un dîner intime auquel participèrent vingt-six personnes. Ils avaient tous gardé des relations avec lui ; ils formaient une espèce de réseau grâce auquel le président de la République se renseignait. Pendant la guerre, Colrat, Payen, Bérard, Jallu, Paisant passaient à l'Élysée et étaient retenus de temps en temps à dîner.

Les affaires et les clients

Raymond Poincaré aimait si passionnément son métier d'avocat qu'à plusieurs reprises il avait songé à renoncer à la politique pour s'y consacrer entièrement. Il a souvent écrit ou prononcé des phrases de ce genre : « Je veux me consacrer tout entier au barreau. » Entre 1895 et 1910, il fut submergé par les affaires qui se présentaient et qu'il n'osait refuser. Henriette écrivait à sa nièce : « Il est accablé de travail » (4 décembre 1910). « Ton oncle est pris par le Palais et par sa clientèle ; il ne peut guère s'absenter que pour affaires » (12 mars 1911). Ces affaires l'appelaient dans la France entière. Au début de 1910, il écrivait à sa nièce Lysie : « Il y a trois semaines, j'étais à Perpignan, me voici à Douai. Tu vois que tu as un oncle commis voyageur. Ce n'est pas un métier plus sot qu'un autre, mais il est un peu fatigant. » Quelques semaines plus tard, il annonçait : « Je pars à l'instant à Bordeaux où j'ai une longue et ennuyeuse affaire à plaider[19]. »

Comme la clientèle de Poincaré était très diversifiée, on peut par commodité retenir trois domaines de prédilection : les affaires littéraires et artistiques, les affaires de presse et le droit des sociétés.

Depuis le succès remporté dans l'affaire du testament d'Edmond de Goncourt, Poincaré avait vu venir à lui les associations, les écrivains et les artistes, parmi lesquels il avait acquis une grande réputation ; il passait pour un avocat éclairé qui comprenait les écrivains, les artistes, les musiciens, les auteurs dramatiques. Outre l'Académie Goncourt, il avait dans sa clientèle la Société des gens de lettres, la Société des auteurs, compositeurs et éditeurs de musique, la Société des auteurs et compositeurs dramatiques, la Société des artistes français, l'Académie nationale de musique. Il plaida de multiples affaires de plagiat et de contrefaçon et contribua au développement du droit de la propriété littéraire et artistique. Par exemple, dans l'affaire « Enoch, Joubert et autres » dont il était le conseil, il gagna en appel un procès contre la Compagnie des phonographes[20], qui reproduisait à de multiples exemplaires de nombreuses œuvres musicales ; il fit admettre que la liberté absolue de reproduire les œuvres d'autrui causait aux auteurs de multiples dommages. Il fallait empêcher la fraude et punir les contrefaçons.

Parmi les particuliers qui lui confièrent leurs intérêts, on peut citer le dramaturge et journaliste Alfred Capus, les écrivains Émile Bergerat et Édouard Estaunié, le sculpteur Albert Bartholomé, les frères Rosny; il plaida pour Anatole France contre l'éditeur Lemerre. L'auteur du *Lys rouge* se félicitait du règlement d'une affaire : « Elle s'est bien terminée grâce à vous » et pour une seconde qui s'annonçait, il lui écrivait : « J'ai grand besoin de vos conseils [21]. » En 1901, il défend Dubut de La Forêt, une feuilletonneuse qui avait publié *La Traite des Blanches* et *La Tournée des grands-ducs*. Dans l'affaire Guibert, il se trouva face à son ancien patron, le bâtonnier du Buit. Poincaré travailla avec régularité pour la Société des auteurs et débrouilla avec Millerand une affaire très complexe concernant la direction de plusieurs théâtres. En 1908 il plaidait pour l'éditeur Hetzel à la suite d'un conflit surgi à propos d'une édition posthume d'un roman de Jules Verne. De temps à autre il plaidait pour un membre de l'Académie Goncourt, probablement gratuitement car il recevait en retour des lettres débordantes de reconnaissance adressées à « ce grand ami », à ce génie bienfaisant. Pour des écrivains, Poincaré pouvait aller au-delà des procès en propriété littéraire. Par exemple, il fut l'avocat dans une procédure de divorce de Paul Margueritte, le fils du général de cavalerie tué à Sedan; malgré une bonne plaidoirie, son client fut débouté et condamné à payer tous les dépens.

Depuis sa collaboration au *Voltaire*, Poincaré se considérait comme appartenant à la grande famille des journalistes. À ce « confrère », le syndicat de la presse parisienne confia un certain nombre de causes. Plusieurs grands journaux s'adressaient à lui. Il avait noué des liens amicaux avec Bunau-Varilla, le directeur du *Matin*. Il plaida avec succès en 1896 dans l'affaire Royère. En juillet 1901, Bunau-Varilla le félicitait en ces termes : « Magnifique plaidoirie pour *Le Matin*[22]... » En août 1902, il donnait une « remarquable consultation ». En février 1904, après un nouveau procès gagné, Bunau-Varilla s'exclamait : « Vous avez si bien plaidé ! » Parmi les clients de Poincaré on trouvait aussi *Le Petit Parisien* de Jean Dupuy, le plus gros tirage de la presse parisienne de l'époque. Dans un conflit entre la société du *Petit Parisien* et la Compagnie anglaise linotype, il collabora avec son ancien patron du Buit. L'affaire fut très longue, car les avocats n'arrivèrent pas à trouver un terrain d'entente et durent plaider. Le dénouement fut très favorable aux plaignants. Jean Dupuy félicita Poincaré pour son succès (26 mars 1910). Quant à du Buit, il ne tarissait pas d'éloges sur son ancien secrétaire : « Ce n'est plus un succès, plus même un triomphe, c'est l'enthousiasme débordant. »

Poincaré était aussi un avocat d'affaires; parmi ses clients il eut des sociétés importantes comme Saint-Gobain, le Crédit foncier, des maisons de champagne comme Roederer et Heidsieck, les Chargeurs réunis, la société des Steeple Chases, etc. Il suivit plusieurs affaires pour Édouard Michelin, dont il avait été le condisciple à Louis-le-Grand, et remporta un procès contre la firme allemande Continental condamnée

« pour concurrence déloyale ». Une autre fois Édouard Michelin lui télégraphia : « Gagnons, grâce à vous ! » En 1905, il plaida devant le tribunal civil de Besançon pour la société Solvay[23] et obtint la condamnation de A. Nicolas, ex-directeur des Salines et Soudières qui avait pris des engagements dans une société concurrente et l'avait fait bénéficier de son expérience. En 1910, il acceptait une autre affaire pour Solvay ; il plaidait pour des sociétés minières (comme les mines de fer de La Mourière) et métallurgiques. La même année il prit en main les intérêts de la Boulonnerie de Bogny-Braux, une entreprise ardennaise dont les pièces avaient été refusées par une compagnie de chemin de fer en raison d'une teneur en phosphore trop élevée. La Boulonnerie avait intenté un procès à son fournisseur, les Aciéries de Longwy. L'affaire fut plaidée à Briey (17 août 1910) puis à Nancy. Camille Cavallier, le président-directeur général des Hauts-Fourneaux et Fonderies de Pont-à-Mousson, en suivit avec attention les péripéties[24]. Au début des années 1910 Poincaré étudia quelques gros dossiers pour la Banque industrielle de Chine, pour la Société des auteurs, pour Saint-Gobain dans l'affaire des superphosphates.

Il ne faudrait pas par malveillance réduire ses activités à la défense des intérêts des capitalistes et des financiers. Poincaré plaida aussi des affaires de divorce, des affaires de propriété littéraire pour des auteurs mineurs ou inconnus ; il plaida aussi quelquefois, quoique rarement, pour défendre les intérêts de l'État ou du Trésor public. Par exemple sur la demande de Pallain, directeur des Douanes et futur gouverneur de la Banque de France, il défendit le Trésor devant le tribunal de Nantes à propos d'une application de la loi sur les sucres (1897). Dans ce procès il dut affronter un avocat réputé, lui aussi parlementaire et ancien ministre, en la personne de René Waldeck-Rousseau, futur président du Conseil.

Dans sa carrière Poincaré a gagné beaucoup de procès ; on trouve dans sa correspondance de nombreux remerciements admiratifs et sincères. Il lui est arrivé d'en perdre quelques-uns car il pouvait arriver que la cause fût fragile et que les bons arguments juridiques fussent entre les mains de la partie adverse. Par exemple, dans l'affaire Darracq (juillet 1907), son client fut débouté et condamné aux dépens. Quelques jours plus tard, après trois jours d'audience, il prenait sa revanche en gagnant un procès en faveur de la Compagnie des chargeurs réunis. Quand il lui arrivait de perdre, Poincaré perdait avec panache et donnait l'impression d'avoir gagné. Ce fut le cas dans un procès bien parisien, l'affaire Marthe Brandès[25]. L'actrice avait quitté la Comédie-Française parce qu'on avait refusé de l'admettre au bénéfice de la part entière, puis elle était entrée au Théâtre de la Renaissance. Par l'intermédiaire de Me du Buit, le Français lui demanda 250 000 francs de dommages et intérêts pour rupture de contrat. Lors du procès, Poincaré ne se laissa cependant pas impressionner par la présence de son ancien patron et tout en restant déférent et mesuré, il développa hardiment son argumentation. La cause était impossible à défendre, car Marthe Brandès avait méconnu et violé ses engagements. Un observateur du procès remarquait : « Homme de goût, de tact et de mesure, Me Poincaré a limité ses critiques aux strictes nécessités de la défense. » On comprend aisément pourquoi les réquisitions du substitut Pol Brouchot, un ami de jeunesse de Poincaré, furent favorables à la cause soutenue par du Buit. Marthe Brandès perdit son procès ; certains dirent que ce fut quand même un demi-succès pour son défenseur car le tribunal avait limité à 25 000 francs la somme que l'actrice défaillante dut verser au Français. Bien que Poincaré eût perdu le procès, il s'était si bien mis en vedette dans une affaire typiquement parisienne qu'il jugea utile de faire imprimer sa plaidoirie.

Si Poincaré a souvent gagné, c'était certes parce qu'il avait beaucoup de talent et de compétence, mais c'était surtout parce qu'il écartait les causes douteuses ou suspectes. Comme il était très sollicité, il pouvait se permettre de faire un tri parmi ses clients.

Poincaré travaillait aussi avec des juristes confirmés et en particulier avec un professeur de la faculté de droit, le doyen Charles Lyon-Caen[26]. Entre 1906 et 1912, ils échangèrent une importante correspondance d'affaires qui prouvait qu'ils étaient en lien constant. Les deux hommes se rencontraient l'un chez l'autre pour travailler. En juin 1907, Lyon-Caen écrivait à son ami : « Je suis à votre disposition même le dimanche après-midi, le matin est précieux pour le travail. » En 1909, il s'excusait de son retard dans l'examen d'une affaire commune car il avait été retardé par le jury d'agrégation. Ces affaires étaient des consultations demandées par des banques ou des sociétés, des arbitrages, des examens de convention... Dans beaucoup de domaines Poincaré était reconnu comme un expert incontesté. Lyon-Caen lui écrivait : « Votre consultation augmente ma conviction favorable aux solutions admises... » (26 février 1908) ou encore : « Votre consultation est vraiment très bonne ; je me suis borné à faire quelques additions insignifiantes » (27 mars 1908).

Le maître du barreau

De son vivant, Raymond Poincaré a été présenté comme un maître du barreau, comme le meilleur de sa génération ; l'intéressé était conscient de sa valeur et son ambition était d'être le premier de la classe. Pourtant Poincaré n'avait pas les dons naturels qui font le grand avocat : ni la taille, ni la prestance, ni le souffle, ni la fougue, ni la voix. On a souvent remarqué sa voix haut perchée et nasillarde, une voix sèche, coupante, aiguë qui aurait pu le desservir au lieu de le mettre en valeur. Il parlait nettement, clairement, détachait bien chaque mot. Le discours retenait l'attention; puis, au fur et à mesure que l'argumentation se développait, l'auditoire adhérait et était convaincu par la rigueur de la démonstration. Au lendemain de sa disparition, le futur bâtonnier René-William Thorp définissait Poincaré comme « l'avocat moderne », c'est-à-dire « celui dont l'éloquence n'est plus faite de la musique des mots mais procède de la souple architecture des idées. Et si sa parole atteint la beauté, c'est par le rythme régulier de sa raison[27] ».

Le voici croqué par un témoin qui l'avait souvent observé : « le pas rapide, le port droit, un regard d'acier dans un masque impassible », il se dirigeait vers la salle d'audience, où il retrouvait un secrétaire prêt à l'assister. Comme le tribunal, le client et l'adversaire, le secrétaire découvrirait à l'audience la plaidoirie qu'il avait contribuée à bâtir. Les feuillets soigneusement numérotés étaient rangés dans un classeur avec les pièces dont les cotes pouvaient être utiles. Le président l'invitait à la barre : « Le voilà qui se lève, court, trapu, le regard plus mobile que jamais et le voilà qui parle d'une voix haute et sèche... » Très vite il se met au diapason de son auditoire; tous ses secrétaires ont remarqué cette aptitude; l'avocat est autant une voix qu'une personnalité et Fernand Payen a souligné sa capacité rapide d'adaptation. « Il parle avec à-propos, avec intelligence, avec compétence ». La plupart du temps Poincaré plaidait dossier fermé ou se contentait de tourner les pages; il connaissait son texte par cœur et sa mémoire était si fidèle qu'il n'avait nul besoin de se reporter à l'écrit. Si ce n'était pas le cas, il s'arrangeait pour donner l'impression de parler à tel point que l'auditeur non prévenu pouvait être trompé.

La plaidoirie de Poincaré était une plaidoirie écrite; tout était préparé; rien n'était laissé à l'improvisation ou au hasard. D'autres excellaient dans l'improvisation ou, comme Fernand Labori dont la facilité était remarquable, semblaient improviser. Ce n'était pas le cas de Poincaré. Nous possédons encore quelques dossiers entièrement rédigés de sa main sur des fiches d'un fort papier bistre. Les pages étaient numérotées, avec à leur place les textes à lire et à commenter, les références de jurisprudence. Le développement, un peu long à notre goût, se divisait ordinairement en deux parties. La première était « un exposé minutieux et méthodique des faits »; la seconde, démonstrative et appuyée sur la jurisprudence, s'achevait par une conclusion soigneusement rédigée. Cette méthode était tout à fait classique. Où se trouvait donc la force de conviction de Poincaré puisqu'il n'était pas ce qu'on avait coutume d'appeler un orateur? Sa voix sèche et pointue, cantonnée dans les notes hautes, saccadée et sans nuances, ne pouvait séduire l'auditoire. En revanche il s'imposait par sa parfaite maîtrise de la jurisprudence et la clarté logique de la démonstration. Comme l'écrit Fernand Renouard, sa plaidoirie valait par « la sûreté de la discussion... par le calme logique de la documentation ». Les magistrats se trouvaient en face d'un homme qui connaissait son dossier, qui le décortiquait devant eux, qui préparait leur travail en évitant les mensonges et les à-peu-près dont la profession était et est encore encombrée. Dans plusieurs jugements, les magistrats reprirent assez largement ses conclusions et jusqu'aux termes même employés par Poincaré. On a déjà cité la plaidoirie du procès Goncourt, le point de départ de sa célébrité, on peut aussi signaler l'affaire Birkham[28], ce négociant russe de Moscou en conflit avec la Société générale des matériels de chemins de fer.

Comprendre, expliquer, ordonner, démontrer, voilà l'essentiel de sa « nature », expliquait admiratif son camarade Manuel Fourcade. « C'est un grand praticien », concluait son ancien secrétaire Fernand Payen dans un article du *Figaro*[29] publié en 1909. L'intéressé s'est rarement exprimé sur ses activités professionnelles, car il était peu porté à l'introspection ou au discours sur la méthode. Laissons-lui le dernier mot en citant un texte rédigé à Sampigny en août 1911 ; il s'agit d'une préface que lui avait demandé Georges Ransson, un magistrat, pour son livre *Essai sur l'art de juger*. Ramassant trente ans d'expérience, il énonçait en une phrase la méthode de l'avocat : « Elle consiste essentiellement à grouper sous une forme synthétique tous les arguments et toutes les pièces qui peuvent servir sa cause[30]. »

Il y a encore une facette du talent de Poincaré qu'il ne faudrait pas oublier : il était redoutable dans les interruptions, où sa réplique était prompte, si pertinente qu'elle désarma plus d'une fois l'adversaire. Il excellait en défense. Après avoir entendu la plaidoirie de l'adversaire, il était capable d'adapter la sienne aux besoins de la cause qu'il voulait faire triompher. Un de ses collègues écrivait, admiratif : « Il fallait pour juger M. Raymond Poincaré à sa valeur, l'entendre plaider contre un autre. » À cet égard sa plaidoirie contre Charles Chenu dans l'affaire du testament Goncourt fut si percutante que l'adversaire lui-même fut amené publiquement à rendre les armes.

Ce furent ses élèves, Fernand Payen et Léon Bérard, les bénéficiaires de « la vertu persuasive des leçons de choses » (Léon Bérard), qui ont le mieux décrit son travail. Le point de départ était la constitution d'un dossier solide. Quand un client se présentait, « il soumettait à un examen critique les dires et les vues de ceux qui lui confiaient leurs intérêts » et il lui arrivait d'écarter ceux dont l'honnêteté semblait douteuse ; il accordait beaucoup de soin à l'information du dossier, aux faits, au rassemblement des pièces les concernant ; puis il recherchait lui-même la jurisprudence et était heureux quand l'un de ses secrétaires lui apportait un arrêt qui lui avait échappé. La construction de l'argumentation se faisait progressivement ; il y apportait « une intelligence critique, aiguë et prompte. Il excellait dans l'ordonnance, c'est-à-dire dans la mise en place des faits, des arguments et de la jurisprudence. La plaidoirie était longue, l'exposé des faits précis et logique; la jurisprudence étayait la démonstration, sans aucun effet de manche, sans aucune improvisation, si brillante fût-elle ». Dans un procès littéraire, Poincaré montrait en fonction des circonstances sa culture par des citations bien choisies, tout en évitant les digressions inutiles. Sa plaidoirie suivait un déroulement précis et clair, méthodique et argumenté. Il commençait par l'exposé des faits et de la procédure puis réfutait les arguments adverses et présentait enfin ses propres arguments. Voilà la méthode qui l'avait conduit au succès. Mais l'art de la plaidoirie est tout d'exécution et Raymond Poincaré avait vraiment acquis une exceptionnelle supériorité.

Poincaré a-t-il été un avocat original? La réponse est sans hésitation négative. Poincaré n'a pas innové; il a été l'un des premiers d'une nouvelle génération d'avocats, celle des avocats d'affaires qui présentaient un dossier technique solidement établi. Par rapport aux avocats politiques, par rapport aux avocats d'assises, il était le type accompli de ces nouveaux civilistes et commercialistes dont le rôle grandissait avec le nombre croissant des affaires industrielles et commerciales. Le futur bâtonnier René-William Thorp avait parfaitement dégagé cette nouveauté. En ce sens, la réussite professionnelle de Raymond Poincaré avait été un exemple et un modèle pour le jeune barreau.

Les revenus de Poincaré

Les publications de la profession n'abordent que très rarement la question des honoraires; elles ne parlent jamais des revenus professionnels. Les éléments du train de vie, les maisons de campagne, la vie mondaine, les voyages, les achats de tableaux et d'œuvres d'art montrent l'aisance, parfois la richesse du grand avocat parisien, qui appartient aux couches supérieures de la bourgeoisie. Rares étaient les parvenus; la plupart d'entre eux étaient déjà des héritiers dont la fortune ou l'aisance familiale était venue soutenir les débuts d'une vie professionnelle obligatoirement ingrate. Le cas personnel de Poincaré s'intégrait dans ce processus de formation de l'élite nationale. C'était un exemple classique de l'ascension parisienne d'un fils de la bourgeoisie provinciale. Dans la génération précédente, Henri Barboux avait suivi le même parcours : il était né à Châteauroux dans une famille de négociants; après ses études de droit, il s'était rapidement taillé une place au barreau de Paris; grâce à ses revenus, il avait pu acquérir une belle propriété provinciale dans le Val de Loire, près de Vienne-en-Val.

D'après la tradition, Poincaré aurait été négligent pour les affaires d'argent : il ne faisait pas payer certains clients, il refusait des honoraires quand un compromis entre les parties aboutissait avant la décision de justice. Tant qu'il était célibataire, l'argent liquide et les chèques restaient entassés dans le tiroir d'un secrétaire dans lequel il puisait selon ses besoins. Henriette Poincaré mit bon ordre à ces négligences ; elle se mit à tenir des comptes, d'autant plus qu'il fallait maintenant entretenir un ménage, payer des domestiques, faire face à des frais de réception. D'autre part, Poincaré avait entrepris la construction de la maison de Sampigny, qui exigeait des sommes importantes. Il ne parut jamais avoir de difficulté à régler rubis sur l'ongle les mémoires de l'architecte puis les factures de mobilier et d'aménagement intérieur. À la mort de son père puis de sa mère, Raymond reçut sa part d'héritage ; on ne connaît pas le montant exact de ce patrimoine familial.

Comme l'intéressé n'a laissé aucune comptabilité privée, comme les revenus ne faisaient alors l'objet d'aucune déclaration fiscale, on est réduit à des estimations extérieures probablement très approximatives. Selon Abel Combarieu, un ancien préfet de la Meuse[31] qui fut secrétaire général de l'Élysée durant la présidence d'Émile Loubet, les revenus annuels de Poincaré auraient été vers 1900 de 100 000 francs-or. Combarieu commentait : « Il n'écorche pas ses clients. » On peut estimer qu'entre 1900 et 1910 ses revenus avaient doublé, peut-être même triplé. Pour une consultation dont nous ne connaissons ni le texte ni la durée de préparation, Poincaré avait reçu 12 500 francs à partager avec un confrère. Aux honoraires de l'avocat s'ajoutaient l'indemnité parlementaire et les piges pour des articles de journaux ou de revue ; ces dernières représentaient sans doute peu de chose par rapport aux autres ressources (500 francs pour un petit article en 1910). Après son mariage, Poincaré avait déménagé et s'était installé avenue des Champs-Élysées. Sans être somptueux, son train de vie était confortable ; il recevait régulièrement pour des dîners de quinze à vingt couverts ; ses nombreux voyages de tourisme à l'étranger étaient le signe d'une aisance incontestable.

Les Poincaré faisaient peu d'économies ; on ne connaît pas leurs placements. Ils devaient avoir un petit portefeuille d'actions et d'obligations, car les revenus de ce portefeuille furent mentionnés dans la première déclaration de revenus faite en 1917 par le président de la République. Contrairement à l'habitude dans ce milieu, ils ne cherchèrent pas à se constituer un patrimoine. On peut avancer une explication. Le couple était sans enfant et il n'avait pas de charges et rien à prévoir pour leur éducation et leur futur établissement ; certes leurs deux nièces Lannes bénéficièrent de la générosité de leur oncle Ray. Entre 1912 et 1920, les Poincaré vécurent des appointements de leurs charges ; ils sortirent de l'Élysée probablement moins aisés qu'à leur entrée car le couple avait beaucoup donné aux œuvres de guerre. Il fut juste en mesure d'acheter le modeste hôtel de la rue Marbeau où Poincaré vécut ses quinze dernières années. Raymond reprit alors sa plume, donna quelques consultations et rendit quelques arbitrages; il en alla de même entre 1924 et 1926, où l'on connaît quelques interventions au Palais dont un dossier de droit maritime. À la suite de sa retraite et malgré la maladie, Poincaré continua à écrire un peu pour les journaux et à donner quelques consultations. Par exemple, sur la recommandation de Raoul Rousset, il accepta d'être arbitre dans un différend entre la Caisse hypothécaire d'Égypte et le Crédit foncier d'Algérie (mars 1930), et reçut deux chèques en mars 1931. On sait que Poincaré malade connut la gêne et qu'en 1932 le Parlement vota une dotation annuelle aux anciens présidents de la République ayant bien mérité de la patrie. Jusqu'à la fin de ses jours Poincaré donna des consultations et l'une d'elle permit à l'un de ses clients, Louis Dreyfus, de gagner un procès en décembre 1935, soit quatorze mois après le décès de Raymond Poincaré. Dans une lettre émouvante adressée à la femme du président défunt, Dreyfus[32] écrivait : « Je tiens à vous informer personnellement et avec émotion que la cour d'appel vient d'adopter intégralement la consultation du Grand Disparu. Elle reste pour moi et pour tous mes successeurs un brevet d'honneur décerné par celui qui a bien voulu me l'accorder » (19 décembre 1935).

La participation à la vie de l'Ordre

Raymond Poincaré était très attaché à l'ordre des avocats; il fréquentait les avocats de sa génération, Albert Salle, Raoul Rousset, Manuel Fourcade, Henri Aubépin, Charles Chenu, qu'il introduisit au dîner Bixio, Jacques Henri-Robert; ils se tutoyaient, s'invitaient à dîner, se congratulaient, se consultaient et parfois se jalousaient. Avec les anciens, Poincaré restait respectueux et déférent; avec son ancien patron d'abord, avec Henri Barboux, son ancien bâtonnier, devant lequel il s'effaça pour un fauteuil à l'Académie française; même s'ils étaient un peu conventionnels, les compliments étaient sincères : « la souplesse de votre esprit, la jolie langue que vous écrivez[33] ». Ils aimaient tout deux l'Italie et Barboux lui écrivait parfois en italien. À sa mort, Poincaré lui rendit un bel hommage et rédigea en son honneur un texte délicat.

Raymond Poincaré était attentif à la vie associative des avocats; il participait aux élections annuelles du conseil de l'Ordre alors que beaucoup d'avocats ne votaient pas et il s'intéressait aux modalités de son fonctionnement. En juillet 1907, il fut élu au conseil de l'Ordre sous le bâtonnat de Raoul Rousset par 258 voix sur 488 votants; la majorité était courte; des résistances et des inimitiés s'étaient exprimées à cette occasion. Poincaré ne pouvait manquer d'en tenir compte. Feraient-elles obstacle à la prochaine étape, le bâtonnat ? Dans n'importe quel domaine, Raymond Poincaré avait l'ambition d'être le premier et d'obtenir la reconnaissance de ses pairs. Certes cette ambition n'était jamais ouvertement exprimée et se déguisait sous des formules courtoises d'une modestie affectée ; elle n'était pas moins toujours présente, attendant pour se manifester le moment opportun ; en 1908, il commença à donner des « dîners du barreau[34] », pas moins de sept, qui lui permirent d'accueillir chez lui plus de cent confrères. En 1908, 1909 et 1910, il fut aisément réélu au conseil de l'Ordre.

Le conseil de l'Ordre fut très honoré par l'élection à l'Académie française de l'un des siens[35]. Lors de la réception sous la Coupole, Poincaré fut entouré par trois bâtonniers, de nombreux collègues et ses secrétaires. Pour célébrer cet événement, le conseil de l'Ordre organisa le 24 janvier 1910 au Grand Hôtel un banquet confraternel auquel participèrent plus de trois cents avocats, dont Aristide Briand, président du Conseil, Louis Barthou, garde des Sceaux, et plusieurs avocats parlementaires importants comme René Viviani et Alexandre Millerand. L'ami Maurice Bernard avait été le grand organisateur de la fête. Dans ce contexte, les orateurs – le bâtonnier Busson-Billaut et le garde des Sceaux Louis Barthou – se livrèrent à des assauts d'éloquence laudative qui donnaient à penser que tous les avocats étaient fiers d'une pareille distinction qui honorait l'ensemble de la profession. Poincaré en retira l'impression que le bâtonnat était désormais à sa portée. Certes, il y aurait des opposants ; pour essayer de limiter leur nombre et leur influence, il crut habile d'inviter en masse ses collègues ; entre janvier et mai 1910, Henriette donna onze « dîners du barreau » d'une vingtaine de convives chacun ; à l'approche de l'élection, en janvier-février 1911, elle donna encore cinq dîners du barreau. On regrette de ne pouvoir citer et comparer les menus offerts aux chers confrères, car Henriette n'a rien conservé.

Toutes ces cajoleries furent vaines. Lors du renouvellement du conseil de l'Ordre, Poincaré dut affronter la candidature de Fernand Labori[36], un homme de sa génération qui avait été l'avocat d'Alfred Dreyfus et qui était aussi le rédacteur en chef de *La Gazette du Palais*. Labori n'était pas sortant comme Poincaré ; en 1905, lors d'une première tentative, il avait essuyé un échec contre Chenu, qui avait été l'avocat du commandant Esterházy ! Cette fois-ci il fut élu au premier tour avec 490 voix, devançant largement Poincaré le sortant (401 voix) qui, contraint au ballottage, préféra se retirer. Avec un tel résultat Labori se qualifiait pour devenir bâtonnier l'année suivante. On a vu parfois dans son succès une raison politique ; sans négliger cet aspect de l'élection, il n'était, croyons-nous, pas essentiel ; certains confrères ont voulu donner une leçon à une ambition trop voyante qui les agaçait. Cette rebuffade fut pour Poincaré une cruelle déception d'amour-propre ; c'était la première fois qu'il échouait à une élection et il échouait chez lui, au Palais, où il ne comptait que des amis et des admirateurs, et cet échec était public ; il fut ironiquement commenté dans la presse. Poincaré, beau joueur, félicita son heureux rival ; au fond de lui-même il était mortifié : il était repoussé par ses pairs auxquels il avait, maintes et maintes fois, répété que « le barreau était sa première vocation ». Ses collègues n'avaient-ils pas douté de son attachement au Palais ? N'avaient-ils pas pris ses multiples déclarations pour de la pure rhétorique ? L'actualité effaça assez vite ce camouflet, mais l'intéressé en son for intérieur en resta marqué. À court terme, cet échec ramena Poincaré vers la politique active ; il se mit à guetter une occasion propice. Son « ami » Joseph Caillaux venait d'accéder à la présidence du Conseil. Ses capacités étaient incontestables, mais les siennes, celles de Raymond Poincaré, n'étaient pas moindres. Il n'est pas exclu que la jalousie ait joué un rôle et que Poincaré ait été quelque peu agacé de voir Caillaux plastronner au premier rang. Il se mit à l'observer avec attention. Avec sa présomption habituelle, Caillaux pouvait commettre un faux pas. Serait-il interdit de l'exploiter ? Aucun texte ne permet de valider ce cheminement psychologique, mais le retour soudain des ambitions politiques pourrait s'expliquer par cet aiguillon. On a souvent expliqué son retour comme le fruit d'une conjoncture favorable. En janvier 1912, Poincaré aurait été l'homme d'une situation. Certes, il ne s'agit pas de récuser une analyse qui comporte une grande part de vérité, mais il faut aussi que dans une situation donnée un homme soit disponible et prêt psychologiquement à saisir une chance qui est par nature fugitive. L'échec au bâtonnat avait aiguisé un besoin de revanche que la politique, dont il se disait souvent las et détaché, allait lui offrir.

En janvier 1912, Raymond Poincaré devenait président du Conseil ; puis, en janvier 1913, il était élu président de la République. Les secrétaires de la conférence envoyèrent à leur grand ancien un joli panier de roses et de lilas. L'ordre, flatté du choix du Congrès qui montrait une fois de plus l'excellence de la profession tout entière, offrit le 6 mars 1913 au nouveau président un grand banquet au cours duquel la musique de la garde républicaine fit entendre la *Marche lorraine*. Cédons au plaisir de citer le menu officiel, car l'intitulé de quelques plats était volontairement symbolique :

> *Crème Hermine*
> *Suprême de barbue granvillaise*
> *Jambon d'York forestière*
> *Chapons de Bresse truffés rôtis*
> *Parfaits de foie gras de Nancy*
> *Cœurs d'artichauts au champagne*
> *Glace lorraine*

Les discours prononcés en cette occasion reprirent et amplifièrent les thèmes et les compliments déjà évoqués en 1910. L'échec de 1911 était un accident dont personne ne parlait plus. Pour sa part, l'intéressé souriait et savourait sa revanche. Sa vanité était satisfaite. Au fond de lui-même il n'avait rien oublié et s'il fit bonne figure aux bâtonniers successifs qui vinrent lui rendre visite à l'Élysée ou dans un quelconque ministère, il les enviait secrètement. C'est pourquoi il ne négligea rien de ce qui un jour lui permettrait d'effacer cet échec. En 1920, il accepta la présidence de l'Association amicale des secrétaires et anciens secrétaires de la conférence des avocats. Malgré ses obligations politiques écrasantes, il présida leur réunion annuelle en 1922, 1923, 1924, et au banquet qui suivait, il prononça toujours le discours rituel. En 1921, il entrait au conseil de l'Ordre et participa assez régulièrement à ses réunions. Il était en relation constante avec les bâtonniers Salle, Fourcade et Payen. Pour effacer l'échec de 1911, il dut patienter vingt ans en silence et ce fut son ancien secrétaire, Fernand Payen, qui eut la délicatesse de lui offrir à soixante et onze ans ce qu'il avait attendu toute sa vie.

Vie professionnelle et profil personnel

Une activité professionnelle façonne la personnalité de celui qui l'exerce. Dans le cas de Raymond Poincaré, que doit-on retenir d'un quart de siècle de présence active au Palais ? Il avait acquis des connaissances variées dans le domaine des affaires, dans celui de la vie économique et associative, dans celui de la vie culturelle et intellectuelle. Au cours de ses multiples déplacements à travers la France il avait parcouru le pays et apprécié l'esprit des différentes régions et les préoccupations des catégories socio-professionelles dont il défendait les intérêts. Certes, on peut objecter que les milieux populaires, les ruraux (en dehors des paysans de la Meuse) et les ouvriers, étaient exclus des milieux qu'il fréquentait et qu'il était fermé à leurs préoccupations comme à leurs modes de vie. La France de Poincaré était d'abord la France de la bourgeoisie moyenne et supérieure, la France des propriétaires et des bacheliers. En relisant les textes de Poincaré, en le regardant agir, on ne peut s'empêcher de remarquer l'empreinte de sa formation d'avocat sur sa façon d'aborder et de traiter de multiples questions. Un avocat nourrit, analyse et organise un dossier. Le discours politique de Poincaré est construit comme une plaidoirie ; il est souvent long, trop long pour ses auditeurs. Il les ennuie, parfois les endort, mais beaucoup sont sensibles à la performance et même admiratifs devant sa démarche logique et précise qui ne laisse rien dans l'ombre. Est-ce une marque professionnelle quasi obligatoire ? Relisons, à défaut de pouvoir les écouter, les interventions d'Aristide Briand, avocat lui aussi de formation mais avocat d'assises ; elles étaient loin d'être aussi nourries et argumentées mais l'orateur était souple, insinuant ; et tous ses auditeurs rappellent combien il savait moduler sa belle voix. Le droit, certes, n'était pas oublié, mais il n'était pas la pierre angulaire de son discours politique, il allait toujours au-delà. Chez Poincaré, le respect du droit était l'alpha et l'oméga ; c'était autant la marque d'un tempérament que le produit d'une formation professionnelle : il était précis, méticuleux, logique, respectueux de la lettre des textes. Ses multiples et féroces détracteurs n'ont souvent vu en lui qu'un médiocre produit du milieu, un robin étroit et rageur. La formule, qui a souvent été reprise, est injuste. Mais comme tous les mots tranchants, elle contient une part incontestable de vérité.

Un excellent avocat n'est pas forcément un orateur de premier ordre. On peut comparer Poincaré et Briand, Poincaré et Waldeck-Rousseau ; il est impossible de hisser Poincaré au niveau de Jean Jaurès, capable de conquérir un auditoire populaire autant que d'impressionner une assemblée parlementaire. Par ses attitudes et ses gestes, dont de nombreux croquis et dessins ont fixé l'expression, par la variété de ses registres, par une langue à la fois simple, magnifique et lyrique, Jean Jaurès[37] entraînait ses auditoires et les conduisait, au-delà de la politique politicienne, à des réflexions essentielles sur la société et l'humanité. Poincaré n'a jamais eu ni cette ambition pédagogique, ni cette volonté d'élever ses auditeurs, ni ce talent chaleureux, exceptionnel et unique dans une génération. Il est intéressant aussi de rappeler combien leur préparation était différente. Poincaré écrivait tout, vérifiait soigneusement ses références, puis parlait sans s'écarter du texte qu'il avait préparé. Jaurès réfléchissait à ses interventions ; en marchant, « il se parlait intérieurement les périodes les plus amples avant de les prononcer en public » (Madeleine Rebérioux) ; il arrivait à la réunion ou à la Chambre avec « quelques mots jetés sur une feuille », quelques citations, quelques images ; puis il se lançait. Rien de tel chez Poincaré, qui laissait peu de place à l'improvisation, à moins qu'il n'y fût contraint par la nécessité.

Le barreau avait aussi permis à Raymond Poincaré de se constituer un réseau diversifié de relations parmi les avocats et les magistrats, dans le monde de la presse, de la vie littéraire et du spectacle, parmi les milieux d'affaires et les chefs d'entreprise. Ce réseau débordait de très loin le noyau actif lié aux activités professionnelles. La réussite éclatante de Raymond Poincaré, son style et sa méthode, son aptitude à concilier des activités aussi diverses attiraient les ambitieux de la jeune génération. Celui qui était un patron et un maître était-il un modèle, comme l'a écrit Gilles Le Béguec[38] ? Pour quelques-uns Poincaré a sûrement été un modèle, car il était admiré pour avoir réussi un parcours sans faute qui trouva son couronnement en 1912-1913. Avec cette aura dont il disposait, il aurait pu, s'il l'avait voulu, réunir autour de lui toute une clientèle et tisser des réseaux. Il ne l'a pas fait, car c'était un individu solitaire, secret, timide, un peu distant. Il était très différent des chefs de parti d'aujourd'hui, qui sont à la recherche de jeunes hommes et de jeunes femmes de talent, qui rassemblent autour d'eux des équipes pour les aider à diriger l'État dans l'hypothèse de leur future arrivée aux affaires. Ce fut cette voie associant la séduction, la construction d'un parti, la recherche des compétences et des talents que « l'avocat » François Mitterrand a suivie avec un exceptionnel brio au cours des années 1970 ; elle était étrangère à Raymond Poincaré. Pas plus qu'Aristide Briand ou Georges Clemenceau, il ne s'imaginait dans le rôle de chef d'un grand parti organisé. Un réseau virtuel dont le noyau était formé d'anciens secrétaires s'était constitué autour de lui vers 1910. Poincaré ne les a ni encouragés ni découragés ; il s'est parfois servi de l'un ou de l'autre. Le plus talentueux d'entre eux, Léon Bérard, entra dans le ministère de 1912 ; trois d'entre eux crurent leur heure arrivée lors de la formation du ministère de 1922 puis le patron, après les avoir utilisés, les a laissés sur le bord du chemin, non sans un certain égoïsme ; aucun d'entre eux n'atteignit la stature d'un grand dirigeant. Entouré de nombreux amis, connaissances et obligés, Raymond Poincaré est resté toute sa vie un homme presque seul.

L'avocat discute, argumente, réfute, dégage des solutions, mais il ne décide pas. Par une stratégie argumentative bien conduite, il prépare une décision favorable à son client. Tout n'est pas joué d'avance. C'est aux juges de conclure, de trancher en disant le droit, tâche délicate et indispensable. L'homme politique doit aller plus loin que l'avocat ; il ne doit pas se contenter de nourrir ses dossiers ; il doit percevoir et tenir compte des aspirations, confuses et souvent contradictoires, des différentes catégories sociales ; il doit sentir les passions et les haines collectives. Il doit compter avec l'information et ses manipulations et les campagnes de presse où il peut être autant un acteur de l'ombre qu'une victime toute désignée. Ce sixième sens ne s'apprend guère au barreau. L'homme politique qui aspire aux plus hautes responsabilités (et c'était l'ambition de Raymond Poincaré) doit s'accoutumer à prendre des décisions, des décisions mineures et techniques et parfois des décisions plus graves qui engagent l'existence d'un gouvernement ou la survie d'un peuple. À l'évidence, le barreau n'est guère l'école de la décision, car la formation juridique incline à l'application des règles et de la jurisprudence. Dans sa vie privée comme dans sa vie publique, Raymond Poincaré n'a jamais été l'homme des décisions rapides ; il a mis du temps à les mûrir ; il a eu du mal à les prendre et il se décidait trop tard, voire jamais et quelquefois à contretemps. N'est-ce pas là affaire de tempérament et de caractère plutôt que le résultat d'une empreinte professionnelle ?

Le métier d'avocat a façonné incontestablement la personnalité de Raymond Poincaré; il lui a donné une méthode de travail et des habitudes d'exposition, une façon de décortiquer et de comprendre les textes qu'il a transposée aisément aux affaires publiques. Il ne l'a pas aidé à se défaire de certains travers personnels comme le manque d'intuition, le souci excessif du détail, l'étroitesse d'esprit et l'attachement rigide à la lettre des textes. Sur ce dernier point il faudrait peut-être nuancer. L'avocat doit faire des textes une lecture qui convient à la cause qu'il défend. En matière juridique, Poincaré a été plus souple dans sa pratique que ses biographes ou des détracteurs l'ont prétendu. Cependant il avait un esprit robin et pointilleux qui passait au Palais mais qui en politique a plus d'une fois exaspéré ses amis, ses collaborateurs et ses interlocuteurs. Dans les affaires publiques[39], il faut savoir gérer une situation, tenir compte d'une opinion publique toujours mouvante, faire face à l'imprévu, attendre et parfois anticiper, louvoyer et arbitrer, avoir la capacité de conclure et de décider. Bref, par sa formation, sa culture, la multiplicité de ses centres d'intérêt, sa ténacité et son habileté, Raymond Poincaré avait tout ce qu'il fallait pour être un homme politique de premier plan. Pourrait-il s'affirmer comme un homme d'État? Cette question, certains se la posaient pour lui. Se la posait-il lui-même? L'intéressé n'a laissé aucun texte qui permettrait d'apporter des éléments de réponse. Vers 1910 tout était encore possible. Qui pouvait prévoir cette mystérieuse alchimie qui place un homme en phase avec une situation, au diapason des attentes et des espérances d'un peuple et d'un pays? Deux ans plus tard, Poincaré accédait à la présidence du Conseil, puis à la présidence de la République, et il occupa le devant de la scène jusqu'à la fin des années 1920. Dans les intervalles des hautes fonctions publiques qui furent les siennes, il revint au Palais de 1920 à 1922 puis de 1924 à 1926, mais sans plaider. Aucune élection ne lui causa plus de joie en 1931 que celle de bâtonnier de l'ordre des avocats de Paris. Tardive et ultime reconnaissance de ses pairs à celui qui avait illustré le barreau puis gouverné le pays. Ce titre de bâtonnier lui apparaissait comme le couronnement indispensable de plus de cinquante ans de vie professionnelle et de toute son existence.

CHAPITRE VII

Un sénateur lorrain connu du Tout-Paris

À partir de janvier 1903, le port d'attache politique de Raymond Poincaré était devenu le palais du Luxembourg; il avait abandonné sans regret le Palais-Bourbon et ses tumultes. Au Sénat, où il prit vite ses habitudes, il observait les jeux de la politique avec un apparent détachement. En réalité, il était très attentif à tous les signes qui pourraient lui être favorables. Poincaré pouvait sembler lointain et détaché; il veillait et attendait.

Aller « lézarder » au Sénat !

Depuis quelque temps Raymond Poincaré portait ses regards vers la Haute Assemblée, où les débats étaient plus feutrés qu'à la Chambre et où la durée du mandat assurait une protection contre les incertitudes du suffrage universel. En décembre 1902, le vieux sénateur républicain de la Meuse, Charles Buvignier, mourut; Poincaré décida immédiatement de saisir cette occasion. Le 24 décembre 1902, il assistait à la cathédrale de Verdun au premier rang des officiels aux obsèques de ce collègue qui avait parrainé sa première élection. Sans rien dévoiler de ses intentions, il laissa toutefois courir le bruit de son éventuelle candidature. Le fidèle René Grosdidier, qu'il avait laissé dans l'ignorance de ses intentions, lui écrivait le 5 janvier 1903, cette lettre excédée : « Il est grand temps d'aviser[1]. » Quelques jours plus tard, Poincaré levait le voile et annonçait sa candidature. Dans les rangs de ses partisans, des réserves se manifestèrent; des maires de l'arrondissement de Commercy se plaignirent « d'être lâchés par leur député ». Les frères Develle étaient froissés et relevaient sans indulgence les liens qui s'étaient établis entre le journaliste Laumonier, « Quincy », leur constant adversaire, et Raymond Poincaré. Comme de coutume, une réunion préalable des élus républicains devait désigner leur candidat à l'élection partielle. Edmond Develle écrivait à Jules : « La réunion de Verdun désignera certainement Poincaré mais on prévoit des abstentions et même des votes hostiles[2]. » Cette prévision était un peu pessimiste ; Poincaré sut cajoler les grands électeurs et apaiser les mécontents. Lors d'une réunion préparatoire tenue à Verdun, il obtint le désistement des deux candidats potentiels, René Grosdidier et l'ancien député de Verdun Prudhomme-Havette ; puis une motion votée à l'unanimité annonça la candidature de M. Poincaré « sur le nom duquel l'accord de toutes les fractions du parti républicain paraît devoir se réaliser[3] ».

Le 1er février 1903, le Congrès se réunissait à Verdun sous la présidence du sénateur Boulanger. Certes les délégués de Commercy regrettèrent une fois de plus la candidature de leur député. « À ceux qui l'accusaient d'aller lézarder au Sénat[4] », il répondit par un éloge appuyé des sénateurs : « Ils travaillent peut-être moins que les députés mais ils travaillent souvent mieux ; ils ne prennent pas l'agitation pour de l'activité. » Devant cette assemblée d'élus en grande majorité ruraux et où quelques-uns de ses adversaires comme le député baron de Benoist étaient présents et s'exprimèrent, Raymond Poincaré fit une profession de foi républicaine ; il déclara être l'adversaire déclaré du cléricalisme, assimilant ce dernier à la réaction : « Cléricalisme et réaction ne font qu'un. » La main sur le cœur, il s'écria : « L'étiquette républicaine ne suffit pas. Je demande à un républicain d'avoir l'esprit républicain, c'est-à-dire d'aimer la démocratie, le progrès, la liberté et d'être résolu à s'opposer à toute tentative de réaction. » À l'issue du scrutin, Raymond Poincaré était proposé par les grands électeurs comme candidat républicain : il obtenait 394 voix sur 424 votants. Le scrutin officiel du 22 février 1903 n'était plus qu'une formalité, d'autant que la droite ne lui opposa pas d'adversaire : il était élu au premier tour sénateur de la Meuse par 774 voix sur 832 votants, les irréductibles, principalement des catholiques, n'étant qu'une petite minorité impuissante. Raymond Poincaré remercia les républicains de la Meuse d'avoir choisi un sénateur « qui avait eu, l'an passé, à lutter contre les assauts de la réaction et qui en avait triomphé ». Il annonça qu'il suivrait « une politique résolument républicaine et démocratique[5] ». Sans avoir fait la moindre allusion au ministère Combes et à sa politique, Poincaré continuait de se positionner sans ambiguïté à gauche.

Le passage de Poincaré à la Haute Assemblée libérait le siège de député de Commercy ; dans un délai de deux mois il serait pourvu par une élection partielle. Pour la succession de Poincaré un nom s'imposait entre tous, celui du fidèle René Grosdidier ; il avait maintenant cinquante-sept ans et attendait la place depuis vingt ans : tout vient à point pour qui sait attendre ! Poincaré lui proposa avec élégance sa succession : « Je vous présenterai à ceux que vous ne connaîtriez pas, j'annoncerai votre candidature et je vous accompagnerai dans les endroits les moins connus. » Était-ce bien nécessaire ? Grosdidier connaissait sûrement mieux les électeurs que Poincaré ! La campagne fut brève et sans passion ; la droite ne présenta pas de candidat. René Grosdidier, qui avait naturellement pris l'étiquette de « républicain », annonça aux électeurs : « Je suivrai la trace de M. Poincaré. » Il fut élu au premier tour à une forte majorité, mais avec un nombre de voix plus faible que celui obtenu l'année précédente par Poincaré, car dans les élections partielles sans enjeu les abstentions sont toujours nombreuses. À la Chambre, Grosdidier ne s'inscrivit à aucun groupe mais se plaça dans la majorité qui soutenait le ministère Combes. Chez ce franc-maçon anticlérical, la politique du petit père Combes ne provoquait aucun trouble de conscience.

Une discrétion initiale

Pour un député qui avait rempli plusieurs mandats à la Chambre, le passage au Sénat était une promotion naturelle. On peut citer de très nombreux exemples. Dans le cas de Raymond Poincaré, ce qui étonnait, c'était sa jeunesse : devenir sénateur à quarante-deux ans était alors exceptionnel. Poincaré n'a jamais expliqué clairement sa décision ni en public ni en privé. Était-ce une semi-retraite ? On doit plutôt interpréter ce nouveau mandat comme une position d'attente car au Sénat, il n'était pas obligé de prendre part au débat politique quotidien ; il était à même de réfléchir et voir venir. Nous pouvons seulement le supposer. Poincaré laisse souvent, et ce n'est pas la première fois, ses biographes dans l'embarras sur ses véritables intentions. Était-ce une volonté délibérée de dissimulation ? N'était-ce pas plutôt un trait fondamental de son tempérament ?

L'atmosphère feutrée et courtoise du palais du Luxembourg convenait parfaitement à un homme qui souhaitait prendre du recul par rapport aux aléas de la politique quotidienne. Depuis 1876, la Haute Assemblée avait trouvé son rythme et son ton ; elle abordait les textes qui lui étaient soumis avec une sage lenteur ; elle les étudiait... Les débats restaient toujours de bonne compagnie et n'y prenaient jamais la tournure passionnée et dramatique fréquente au Palais-Bourbon. Depuis vingt ans, la majorité républicaine s'était élargie, réduisant les conservateurs catholiques à une minorité sans influence. Le groupe majoritaire de l'Union républicaine rassemblait les héritiers de Gambetta et de Ferry ; beaucoup de ses membres étaient d'anciens députés et leur orientation prolongeait celle de l'ancien centre gauche. Les sénateurs les plus avancés, radicaux ou radicalisants, avaient formé le groupe de la Gauche démocratique qui, peu à peu, étoffait ses rangs.

En 1902, il avait accueilli Georges Clemenceau, que le Var avait enfin élu après neuf ans de purgatoire. Poincaré et Clemenceau se retrouvaient collègues, mais le premier avait dix-neuf ans de moins que le second. Le Tigre avait été longtemps un des adversaires les plus acharnés de la Chambre haute ; il avait fini par taire ses critiques et laisser aux socialistes le monopole des invectives contre cette institution orléaniste, bourgeoise et rurale. À plusieurs reprises le Sénat avait été le rempart de la république, au moment du boulangisme, au moment de l'agitation nationaliste ; il avait montré aussi qu'il pouvait renverser un ministère et en 1895 le radical Léon Bourgeois l'avait appris à ses dépens ; il avait montré qu'il pouvait bloquer indéfiniment les projets qui lui déplaisaient, comme celui de l'impôt sur le revenu ou le vote des femmes. Dans les instances du régime, les sénateurs occupaient une place privilégiée : Scheurer-Kestner avait été l'honneur du Sénat et de la république ; le président du Sénat, Émile Loubet, avait été élu en 1899 président de la République ; les deux derniers présidents du Conseil, René Waldeck-Rousseau (1899-1902) et Émile Combes (depuis 1902), étaient issus des rangs du Sénat.

Raymond Poincaré fut accueilli par le sage président Fallières, dont la barbe fleurie et la cordiale bonhomie faisaient régner au Luxembourg une atmosphère paisible et détendue. Si beaucoup de visages lui étaient peu connus, il sut très vite s'adapter et se faire accepter par ses collègues ; il s'inscrivit au groupe de l'Union républicaine où il retrouva le frère de son ancien patron Edmond Develle et Alfred Mézières, de Meurthe-et-Moselle, entré au Luxembourg deux ans plus tôt. Il fut bientôt rejoint par Jules Méline, dont le collège sénatorial des Vosges avait fait le successeur de Jules Ferry.

Nous avons peu d'éléments sur les débuts de Poincaré au Sénat. On ne sait ni dans quelle commission il s'inscrivit ni quelle part il prit au travail législatif. En 1903, 1904, 1905, il était peu présent, prenait rarement la parole en séance plénière et continua à faire preuve d'une grande virtuosité tactique. Dans le système républicain, la pire des fautes était d'être rejeté à droite ; Jules Méline et Alexandre Ribot venaient de l'apprendre à leurs dépens. Raymond Poincaré était hostile à la formule du Bloc des gauches, car il désapprouvait toute alliance avec les socialistes, qu'il appelait les « collectivistes » ; il prit soin de ne pas combattre de front le ministère Combes, laissant à d'autres comme Waldeck-Rousseau, d'ailleurs malade et proche de la mort, le soin de protester ; comme la personnalité et le style du « petit père » l'indisposaient, il resta volontairement en retrait. On peut toutefois trouver dans ses votes quelques indications : par exemple, le 4 juillet 1903 il s'abstint sur l'autorisation de la congrégation des Salésiens. Puis pendant près de six mois le Sénat débattit de l'abrogation de la loi Falloux : il vota contre la suppression de l'enseignement congréganiste (novembre 1903) ; il s'abstint sur un amendement concernant l'enseignement secondaire libre (février 1904), puis vota contre son application aux colonies. En revanche malgré ces réserves, il vota l'ensemble de la loi le 5 juillet 1904.

La Fédération républicaine, créée en 1903, aurait pu être une structure d'accueil pour Poincaré, qui fut approché par ses fondateurs. D'instinct il se tint à l'écart, conscient que, s'il entrait dans cette formation, il serait rejeté à droite. Après la chute du gouvernement Combes (janvier 1905), une recomposition de la majorité républicaine s'esquissait ; le Bloc des gauches n'était plus qu'une formule et les socialistes, qui allaient bientôt se réunir dans un parti unifié, avaient quitté la majorité gouvernementale. Dans ce contexte Raymond Poincaré pouvait de nouveau être en situation ; son nom fut suggéré à Loubet par Armand Fallières, le président du Sénat, qui estimait que « Poincaré pourrait mener à bien la liquidation de l'affaire des fiches[6] » et rassurerait l'armée. Raymond Poincaré fit des réserves, il s'était trop longtemps tenu à l'écart et était peu connu à la Chambre. Combarieu remarquait : « Poincaré est estimé mais il s'est trop tenu à l'écart des débats politiques ; son influence sur le Parlement a diminué. » C'est pourquoi le président Loubet préféra faire appel au ministre des Finances du cabinet sortant, Maurice Rouvier, mieux placé pour se faire accepter par les députés qui avaient soutenu Combes et qui souhaitaient une réorientation discrète de la majorité gouvernementale. « Rouvier a plus d'emprise sur la Chambre ; il a pour lui la majorité du Sénat », confirmait Abel Combarieu. Poincaré, qui avait assuré Rouvier de son appui et de son soutien, se vit proposer par le président pressenti le portefeuille de la Justice ; après neuf ans d'absence Poincaré pouvait rentrer au gouvernement à un poste de premier plan. Connaissant le Palais et n'ayant nulle envie d'en être le tuteur, il préféra décliner la proposition de Rouvier. Comme l'écrit joliment Combarieu, le député Chaumié, qui « guettait à la porte », obtint enfin la Justice, qu'il convoitait depuis longtemps.

Ce refus était l'une de ces coquetteries dont Poincaré était coutumier ; il est clair qu'il se situait désormais dans la majorité dont les socialistes étaient sortis. Après quelques années d'hésitation et de solitude, il entrait à l'Alliance démocratique, à laquelle appartenaient déjà ses amis Joseph Caillaux, Charles Dupuy et Louis Barthou.

L'ENTRÉE À L'ALLIANCE DÉMOCRATIQUE

L'entrée de Poincaré à l'Alliance reste un peu mystérieuse. Il aurait pu dès 1901 être l'un de ses membres fondateurs ; il s'était tenu à l'écart au grand regret d'Adolphe Carnot et pour des raisons réelles qui nous échappent encore, probablement parce qu'il voulait garder sa liberté vis-à-vis du gouvernement Waldeck-Rousseau. Poincaré ne participa ni à la première assemblée générale, qui se tint à Paris le 16 décembre 1901, ni à la deuxième du 31 mai 1902. Son ami Louis Barthou, qui venait d'être réélu député, participa à cette dernière et fut élu quelques jours plus tard l'un des six vice-présidents. Poincaré, lui, rejoignit l'Alliance alors qu'il était déjà sénateur. Ses relations avec le secrétaire général de l'Alliance, Charles Pallu de La Barrière, et avec son adjoint Albert Casabona n'ont guère laissé de traces ; leur correspondance a disparu ; les deux hommes ne pouvaient s'ignorer. Poincaré fut élu en février 1905 à la commission exécutive de l'Alliance et, le 19 juillet 1905, il en présida le banquet annuel. Dans un discours probablement prononcé à cette occasion, dont un brouillon incomplet et raturé[7] a été conservé, Poincaré présentait son entrée dans le parti de la manière suivante : « J'ai donné de grand cœur l'adhésion qu'il a bien voulu me demander lui-même. » Ce « il » est aisé à identifier ; il s'agissait d'Adolphe Carnot, le fondateur de l'Alliance, au sujet duquel Poincaré rappelait : « Il y a onze ans, j'étais le collaborateur de son frère », allusion transparente au président de la République Sadi Carnot, dont il avait été le ministre. Poincaré entra tout de suite à la commission exécutive centrale, avant de devenir l'un des nombreux vice-présidents du parti. Il expliquait son adhésion en soulignant qu'il était en étroite communion d'idées « sur les points essentiels du programme républicain », c'est-à-dire « ni réaction ni révolution ».

La suite de l'exposé reprenait les thèmes classiques des discours antérieurs du Havre, de Nogent-le-Rotrou, de Limoges, de Nancy, de Rouen. En premier lieu il affirmait une double exclusion : « Nous tenons à tracer avec une vigoureuse netteté les frontières de notre parti [...] ni les réactionnaires, ni les révolutionnaires, ni les partisans plus ou moins déguisés de l'influence cléricale dans les affaires publiques, ni les propagandistes éhontés ou honteux de la violence et du désordre. » Puis après avoir sonné la charge rituelle en dénonçant les ennemis de la République, c'est-à-dire l'Empire, « l'ordre moral et le 16 mai 1877 », avec lesquels il amalgamait « l'éternel mirage du collectivisme », il énonçait le programme positif : « fermeté laïque et progrès social ». Il insistait sur trois points qui lui semblaient d'actualité : « le bon ordre de nos finances », la séparation « qui sera libérale ou ne sera pas » et la situation dans l'armée, où « les officiers doivent donner aux soldats l'exemple de la soumission aux lois républicaines ». Sur le premier point, Poincaré pouvait dormir sur ses deux oreilles ; avec la présence de Maurice Rouvier aux affaires, les classes possédantes seraient rassurées et les finances bien gérées. Toutefois les budgets des années 1904 et 1905 avaient accusé un déficit, d'où cette vigilance un peu inquiète qu'il manifesta à la commission des finances du Sénat, dont il avait été élu rapporteur général. La séparation de l'Église et de l'État ? Poincaré, qui l'avait longtemps écartée, en prenait avec réalisme son parti ; elle était maintenant devenue

« inéluctable » ; grâce à l'Alliance, elle pouvait être « libérale ». Avec sa prudence habituelle il resta à l'écart du débat public et des controverses. Quand le texte arriva enfin au Sénat, il le vota sans état d'âme particulier comme l'avaient fait ses amis de la Chambre, Albert Lebrun et René Grosdidier. La presse de droite brocarda le « ministériel », « l'ami des blocards » ; ces attaques furent excellentes pour lui ; à ceux qui doutaient encore, elles étaient la preuve éclatante de sa véritable identité : Raymond Poincaré était bien un homme de gauche ; d'ailleurs il se présentait comme tel à l'opinion et devant ses électeurs de la Meuse.

Un retour éclair au ministère des Finances

Le 13 mars 1906, le cabinet Rouvier était renversé. Le président Loubet confia le soin de former le ministère à un parlementaire aussi chevronné que terne, le sénateur de la Saône-et-Loire Fernand Sarrien. C'était une vieille connaissance de Poincaré. Le sénateur obtint le concours d'hommes de premier plan dont certains n'avaient jamais été ministres : le sénateur du Var Georges Clemenceau prit le portefeuille de l'Intérieur avec mission de préparer les prochaines élections législatives ; c'était l'homme fort du ministère. Raymond Poincaré, que le Sénat venait d'élire un mois plus tôt rapporteur général de la commission des Finances, accepta sans se faire prier cette fois le portefeuille des Finances ; Léon Bourgeois, ancien président du Conseil et radical-socialiste, alla au Quai d'Orsay, tandis qu'Aristide Briand, qui avait été le rapporteur habile et apprécié de la loi de séparation, obtenait l'Instruction publique, les Beaux-Arts et les Cultes, avec mission d'apaiser l'affaire des inventaires. Le 14 mars 1906, Raymond Poincaré retrouvait une responsabilité ministérielle, la première depuis plus de dix ans. Ses amis l'en félicitèrent ; la presse parisienne accueillit favorablement le retour de cet homme honnête et estimé qui ne tarda pas, par deux grands discours, l'un à la Chambre, l'autre au Sénat, à montrer dans quel sens il exercerait ses responsabilités[8].

Immédiatement, le nouveau ministre dut se plonger dans un dossier hérité de son prédécesseur et duquel il n'était guère familier, celui d'un emprunt russe, le plus gros jamais négocié. Il fallait faire vite, car on était désireux d'aboutir avant les élections législatives. Cet emprunt était la contrepartie financière du soutien apporté par la Russie[9] à la France à la conférence d'Algésiras. La thèse de René Girault a apporté sur ces négociations entre les deux pays des analyses et des précisions très éclairantes. Le ministre des Finances du tsar, Kokovtzov, écrivit à Poincaré sur un ton si pressant que le nouveau ministre en fut interloqué : « C'est le paiement d'une dette qu'il vient réclamer à la France. Il m'a parlé de services rendus à Algésiras sur un ton presque gênant pour moi. » Moins de deux semaines après son retour

Rue de Rivoli, l'ambassadeur russe Nelidov lui adressait une lettre personnelle cordiale mais d'un ton comminatoire : « L'affaire presse ; il est urgent de lancer l'affaire avant les élections... il n'y a pas un jour à perdre ! » D'un autre côté Poincaré découvrait ses propres compatriotes : « Les exigences françaises sont un peu avides » remarquait-il pudiquement en parlant des banques. Il n'eut guère le temps de tempérer les appétits des uns et des autres, car le dossier dut être conclu et le fut dans les deux mois.

Les élections législatives des 6 et 20 mai 1906 furent un succès pour le ministère et se traduisirent par une poussée à gauche au bénéfice des radicaux-socialistes. Nous verrons plus loin que le ministre des Finances joua un rôle important dans la Meuse. L'Alliance démocratique, dont il était l'un des cinq ministres, se félicita de ce succès et du rôle éminent joué par les siens dans un gouvernement républicain. Le ministère paraissait consolidé par ces résultats et Sarrien se maintint au pouvoir. En réalité, Clemenceau piaffait d'impatience et souhaitait au plus vite remplacer « cette borne » qu'était Sarrien pour donner plus d'allant, d'énergie et d'efficacité au gouvernement. Sarrien, qui n'avait pas été désavoué par les électeurs, répugnait à se soumettre aux oukases du Tigre ; une opportune maladie lui permit de se retirer avec élégance et, sans avoir été mis en minorité, il démissionna le 18 octobre 1906. Dans la presse et dans les couloirs des Assemblées, on prononça rituellement le nom du ministre des Finances et sénateur de la Meuse. L'intéressé déclina courtoisement les propositions du président Fallières. « M. Poincaré s'est refusé absolument à former le cabinet ; il a ajouté qu'il ne croyait pas que ses opinions fussent en parfaite communion avec la majorité de la Chambre, ce qui est indispensable pour un président du Conseil. » En effet, au cours des discussions budgétaires en commission, des désaccords étaient apparus entre le ministre et une partie de sa majorité et ils annonçaient peut-être des moments difficiles pour l'adoption du budget en séance plénière. D'autre part, Poincaré avait compris que l'heure de Clemenceau avait sonné ; il s'effaça avec élégance, restant en réserve de la République.

Fallières appela naturellement Georges Clemenceau [10] à former le nouveau ministère. Le Tigre proposa à Poincaré les Affaires étrangères, que Bourgeois abandonnait pour des raisons de santé. Poincaré déclina ; on peut penser que Clemenceau avait fait cette offre parce qu'il savait qu'elle serait refusée, car ce fut avec une satisfaction visible qu'il installa au Quai d'Orsay son fidèle ami Stéphen Pichon. Poincaré aurait-il supporté la tutelle du Tigre ? Rien n'est moins sûr. En tout cas, après huit mois de présence aux affaires, il quittait sans regret la rue de Rivoli. En apparence du moins, car en son for intérieur pouvait-il se réjouir du retour au ministère des Finances de son « ami » Joseph Caillaux ? Celui-ci affichait l'intention de faire voter l'impôt sur le revenu. Depuis dix ans l'attitude de Poincaré avait évolué ; il n'y était plus fondamentalement hostile, mais il entourait le vote de ce nouvel impôt de telles restrictions que leur adoption le viderait de tout contenu. Caillaux ne pouvait ignorer l'hostilité à ses projets de son prédécesseur, ami et rival.

Lors de ce bref retour aux affaires, Poincaré se contenta de gérer les affaires courantes sans beaucoup d'éclat, mais il en tira trois avantages : le premier, de se faire connaître comme adversaire de l'impôt sur le revenu, le deuxième, de s'initier au volet financier de l'alliance franco-russe, le troisième, d'apprendre à connaître et à apprécier des collègues avec lesquels il pourrait travailler plus tard et parmi lesquels il faut retenir les noms de Gaston Doumergue, d'Aristide Briand et d'Albert Sarraut.

Dans la Meuse et en Lorraine

Poincaré retournait régulièrement dans la Meuse. Dans le canton de Pierrefitte-sur-Aire, où il était réélu au premier tour sans concurrent à la quasi-unanimité des suffrages exprimés, il lui suffisait de faire appel à ses compatriotes en ces termes : « J'ai de plus en plus resserré les liens qui m'unissaient à notre canton ; j'y conserve mon domicile politique, j'en fais ma résidence préférée[11]. » Poincaré devait toujours tenir compte des frères Develle. Après la défaite de Jules, Edmond était resté sénateur et président du conseil général. Il était âgé, peu actif et avait laissé les réactionnaires conquérir trois sièges de députés sur quatre et les mairies de plusieurs villes importantes, dont Bar-le-Duc et Verdun.

Pour redresser la situation, Poincaré décida de s'occuper personnellement des échéances électorales. Aux élections sénatoriales du 7 janvier 1906, il conduisit la liste républicaine des trois sénateurs républicains sortants : Raymond Poincaré, Edmond Develle et Ernest Boulanger. Il se heurta à une liste concurrente, une liste « libérale » soutenue par les catholiques et conduite par le populaire maire de Bar-le-Duc, Pol Chevalier. Poincaré avait voté la séparation et *La Croix meusienne* lançait contre lui de virulents anathèmes. Sa réélection personnelle paraissait assurée, mais ses deux vieux colistiers, âgés et inactifs, étaient vulnérables. Avec l'aide de Grosdidier, Poincaré prit la campagne électorale en main ; il repartit pour la Meuse, fit passer des notes dans la presse, visita les maires et réunit les délégués républicains par arrondissement[12]. Devant un tel effort les espoirs des libéraux et des catholiques s'évanouirent. Au premier tour, la liste républicaine était réélue tout entière, Poincaré arrivait largement détaché devant ses deux colistiers. Cependant il n'obtenait que 544 suffrages, contre 774 en 1903, soit 230 de moins ; c'était le prix du vote de la séparation, mais en revanche, ce qui n'était pas pour lui déplaire, il était repositionné à gauche.

Pour la préparation des élections législatives de mai 1906, Raymond Poincaré avait l'autorité du ministre. Il soutint les candidats de gauche dans les quatre circonscriptions et il s'engagea plus spécialement dans les trois détenues par la droite, celles de Bar, Montmédy et Verdun. À l'issue du scrutin, les républicains ministériels conservaient Commercy (réélection facile de Grosdidier) et gagnaient deux sièges : Lefébure battait le baron de Benoist à Montmédy et Charles Humbert, un nouveau venu de quarante ans, enlevait au lieutenant-colonel Rousset le siège de Verdun. Henri Ferrette, seul rescapé du camp antiministériel, était réélu aisément à Bar et entamait un troisième mandat. Il semble que Poincaré n'avait pas souhaité le combattre à fond et qu'il ménageait cet adversaire.

Cet incontestable succès fut fêté par les comités républicains qui se réunirent à Commercy[13]. La présence du ministre des Finances, l'un des artisans de la victoire, était requise. Dans un discours attendu, Poincaré célébra « le réveil triomphal de l'idée républicaine et démocratique dans nos départements de l'Est ». Comme à son habitude et avec un de ces balancements oratoires dont il avait le secret, il rejeta dos à dos les « ennemis éternels de l'esprit moderne » et les « espérances des révolutionnaires et des anarchistes ». Puis il appela les « gauches » au travail et à l'action ; il mit l'accent sur trois réformes : la disparition du déficit budgétaire, un impôt sur le revenu « qui ne devra affecter ni une forme inquisitoriale ni un caractère vexatoire » et la mise en application des retraites ouvrières. Le gouvernement, auquel il appartenait, donnait « l'exemple salutaire d'une large concorde républicaine » ; il correspondait aux aspirations de la majorité des Français. Poincaré était satisfait et heureux ; par rapport aux élections de 1902, l'horizon s'était dégagé et la république avait repris sa marche en avant.

Un succès n'est jamais complet. Dans son propre camp, un personnage ambitieux et remuant, Charles Humbert[14], était entré sur la scène et allait chercher à l'occuper tout entière. Le nouveau député de Verdun, entreprenant et démagogue, avait une personnalité à l'opposé de celle de Poincaré. Enfant naturel, issu d'un milieu populaire, il avait travaillé très jeune, exerçant les métiers les plus divers. Il s'était engagé dans l'armée, était devenu officier et était entré au cabinet du général André, le ministre de la Guerre d'Émile Combes. Il s'en était retiré lors de l'affaire des fiches. Puis il était entré dans la presse, avait conquis rapidement une position importante puisqu'il était devenu secrétaire général du *Matin*, le puissant quotidien dirigé par Bunau-Varilla, dont Poincaré était l'un des avocats. En juin 1906,

Humbert se fâcha avec Bunau-Varilla ; il entra ensuite au *Journal*, dont il devint l'un des rédacteurs et où il publia des articles à sensation et lança de violentes campagnes de presse. La spécialité de Charles Humbert était les affaires militaires et il s'engagea dans les débats avec toute la fougue et la passion dont il était capable, se plaisant à polémiquer et à dénoncer. Humbert ne cachait pas qu'il aimerait être ministre de la Guerre ! L'arrivée dans la Meuse de cet homme remuant allait créer bien des difficultés à Raymond Poincaré.

Les ambitions de Charles Humbert n'avaient pas été comblées par son entrée à la Chambre ; il convoitait un siège de sénateur. La mort du vieil Ernest Boulanger (novembre 1907) aiguisa les appétits du « gros Charles », qui posa immédiatement sa candidature. Poincaré, qui destinait ce siège à son ami René Grosdidier, fut fort mécontent. Charles Humbert ne voulut rien entendre et se lança dans une vigoureuse campagne. Une lettre du président Edmond Develle montrait combien les craintes de Poincaré étaient partagées : « Je ne puis me résoudre à donner mon suffrage à Humbert ; je voterai pour Grosdidier sans enthousiasme [15]. » Pour trancher ce conflit, un congrès républicain se réunit à Verdun le 10 janvier 1908 sous la présidence de Poincaré. Humbert obtint la majorité absolue des délégués et Grosdidier dut se retirer devant le nouveau venu malgré ses états de service. Poincaré, la mort dans l'âme, proclama Humbert unique candidat des républicains. Le 19 janvier 1908, Humbert qui avait pris l'étiquette de « républicain radical » était aisément élu au premier tour sénateur de la Meuse, quelques irréductibles avaient voté Grosdidier ; le gros des adversaires qui ne pouvaient donner leur voix à un collaborateur du général André, l'homme des fiches, s'était reporté sur l'ancien député nationaliste Benoist.

C'était un sérieux échec pour Poincaré ; toutefois les relations entre les deux hommes se détendirent un peu car Humbert se montra accommodant pour sa succession au Palais-Bourbon ; il soutint la candidature d'Albert Noël, un ami de Poincaré. Poincaré et Humbert se retrouvaient collègues au Sénat. Humbert, passionné par les questions militaires, devint rapporteur du budget de l'armée coloniale mais son insatiable activisme l'amenait à participer à des missions, à intervenir dans la presse et à prendre des positions fracassantes. Le « gros Charles » étalait sa richesse avec une naïveté de parvenu ; il était bavard, remuant et bousculait les manières policées de Poincaré. On disait à son sujet : « Il serre les mains, tape sur les ventres, plaisante, semble s'intéresser aux enfants à la mamelle. » À Dugny-sur-Meuse il avait acheté au baron de Benoist un « château » où il recevait amis et obligés. Les personnalités des deux hommes étaient trop dissemblables pour s'entendre durablement.

La succession d'Edmond Develle et l'arrivée d'André Maginot

En 1910, le sénateur Edmond Develle mourut à Paris d'une « bronchite capillaire ». Jules tint Poincaré au courant de la lente agonie de son frère, durant laquelle « il [avait] gardé toute sa lucidité et une présence d'esprit étonnante [16] ». Poincaré fut très touché par la disparition d'un homme de la génération de ses parents, avec lequel il avait noué des liens presque filiaux. En raison de sa maladie et de sa faiblesse croissante, Edmond Develle, qui avait été réélu président du conseil général le 28 septembre 1909 pour la vingt-cinquième fois, s'appuyait de plus en plus sur son vice-président Raymond Poincaré : « L'état de ma santé et la faiblesse de ma voix me rendraient cette tâche difficile si je ne comptais sur le concours de mon collègue et ami Raymond Poincaré. » Comme prévu, Poincaré recueillit naturellement sa succession et René Grosdidier devint vice-président. Poincaré annonça qu'il poursuivrait « une politique d'entente et d'action républicaine ». Puis il fit l'éloge du défunt, dont il rappela le patriotisme, l'esprit net et méthodique, l'expérience administrative consommée et la parole entraînante.

Poincaré destinait le siège de sénateur d'Edmond Develle à son frère cadet Jules, son ancien patron. Après sa défaite de 1898, Jules Develle avait repris sa profession d'avocat à Paris et était resté à l'écart du Parlement, où il aspirait à rentrer. Une seconde fois, René Grosdidier se mit sur les rangs. Poincaré était très ennuyé, car les deux candidats étaient parmi ses proches. Toutefois, la dette de reconnaissance à l'égard de son ancien patron l'emporta sur l'amitié. Poincaré pria Grosdidier de retirer sa candidature ; Grosdidier n'en fit rien et décida de tenter sa chance. Au journaliste meusien Arthur Thirion, Poincaré donnait cette consigne : « Je ne cacherai à personne que je donnerai mon suffrage à Develle, mais je ne veux pas lire dans le journal de formule ou de mot qui impliquerait une intervention de ma part contre Grosdidier qui ne serait amicale ni pour lui ni pour mes anciens électeurs [17]. » Une seconde fois, René Grosdidier dut s'incliner devant la volonté de Poincaré et Jules Develle fut élu sénateur de la Meuse à une confortable majorité. Au palais du Luxembourg, le nouvel élu retrouva beaucoup d'anciens députés républicains et fut très vite à l'aise. Il s'inscrivit à l'Union républicaine, qui l'appela bientôt à sa présidence. À la Haute Assemblée, Develle devint une antenne de Poincaré aussi discrète qu'efficace.

Le siège de conseiller général de Revigny-sur-Ornain laissé vacant par Edmond Develle était convoité par André Maginot, un jeune haut fonctionnaire alors en poste en Algérie, auprès du gouverneur général Jonnart. Ce serait Jonnart, un ami politique de Poincaré qui, à Alger en 1906, aurait présenté au sénateur de la Meuse son jeune compatriote. Cet enfant du pays envisageait depuis longtemps d'entrer en politique; il gardait le contact, séjournait de temps en temps dans la Meuse et écrivait des articles dans l'hebdomadaire *Le Réveil de la Meuse*. Il posa sa candidature au nom des républicains. Avait-il été appelé par Poincaré? S'était-il porté lui-même candidat? En l'absence de document décisif, le doute subsiste. Il semble toutefois que ce fut Maginot qui prit lui-même l'initiative et qui ensuite chercha et obtint l'appui de Poincaré. Une lettre de Maginot conservée dans les papiers de Poincaré montre qu'il a sollicité son patronage : « Il n'existe dans l'arrondissement de Bar-le-Duc, comme dans toute la Meuse, qu'une seule forte position politique, la vôtre. Nos Meusiens n'écouteront personne avec autant de déférence que vous, car, indépendamment de la haute admiration qu'ils ont pour votre personne et votre talent, ils savent que vous êtes l'homme capable de leur donner le meilleur conseil dans l'intérêt du pays... Un mot de vous, laissant entendre en termes opportuns, que je suis, passez-moi l'expression, votre homme, suffirait, j'en ai la conviction, à déjouer la tactique perfide de mes adversaires... J'espère que ce mot, Monsieur le sénateur, vous voudrez bien le dire. Vous rendriez je crois un grand service au parti républicain en m'aidant à triompher du vilain Monsieur [allusion au député sortant Ferrette] qui nous représente et vous n'obligeriez pas, je vous l'assure, un ingrat [18]. »

Au terme d'une campagne vigoureuse, André Maginot était élu le 6 février 1910 conseiller général républicain de Revigny-sur-Ornain. Il ne cachait pas que ce mandat était une première étape; dans quelques semaines il se présenterait aux élections législatives pour arracher le siège au député Henri Ferrette. Cette candidature n'était pas pour déplaire à Poincaré et il envoya une lettre de soutien à Maginot sans toutefois participer directement à sa campagne électorale. Maginot était soutenu par Jules Develle et le comité républicain de Bar, dont le notaire Jules Gaxotte (le père du futur académicien et membre de l'Action française, Pierre Gaxotte) était l'un des membres les plus influents. Jules Develle écrivait à Poincaré : « La lutte sera chaude bien que les chances de Maginot soient devenues très sérieuses, mais les subsides lui seront très utiles. À qui l'adresser [19]? » Nous ne connaissons pas la réponse de Poincaré, mais il semble que le comité Mascuraud ait été sollicité et ait apporté une aide à un candidat dont le profil lui était très sympathique. Le 24 avril, André Maginot arrachait à Ferrette le siège de député de Bar-le-Duc. Raymond Poincaré n'était pas intervenu activement dans une campagne où bien des coups furent échangés. N'avait-il pas pris ombrage du patronage un peu encombrant que Charles Humbert avait apporté au jeune Maginot? D'après des témoignages non confirmés, Poincaré aurait été mêlé à quelques aspects peu reluisants de la cuisine électorale; d'une part, il aurait été le « juge de paix » de l'utilisation personnelle par Maginot du bonus de la caisse électorale et d'autre part, il aurait soldé une partie du déficit de la campagne de Ferrette, l'adversaire de Maginot. Doit-on prendre au pied de la lettre les insinuations malveillantes de Daniel Laumonier, un journaliste de Bar, une vieille connaissance de Poincaré ? Laumonier était vénal. La « blanche hermine » n'avait-elle pas trouvé là l'une de ses limites ? Le doute subsiste, car Poincaré restait très secret et n'a jamais étalé sur la place publique le financement des campagnes électorales.

Cela dit, Poincaré allait trouver en André Maginot[20] un lieutenant jeune, actif, compétent et sûr, non seulement dans la Meuse mais encore au Palais-Bourbon, où Maginot n'allait pas tarder à se tailler une position. Leurs tempéraments allaient se heurter plus d'une fois, mais l'estime mutuelle, l'entente sur les grands problèmes du pays allaient permettre entre les deux hommes une collaboration inébranlable dans la Meuse et à Paris.

En 1910, les républicains détenaient tous les mandats de la Meuse et Raymond Poincaré était leur chef. Certes, Charles Humbert était imprévisible et pouvait ruer dans les brancards ; René Grosdidier était un homme sûr, mais il ne travaillait guère et « les fredaines du Taureau de la Meuse », dont on disait qu'il « passait des nuits chez Maxim's », pouvaient lui valoir quelques ennuis. Poincaré était admiratif devant « sa vigueur étonnante ». « L'union des républicains », « l'accord des républicains » restait sa ligne de conduite. Lors des allocutions de rentrée du conseil général, il brodait sur ces thèmes classiques que la presse nationale, en raison de sa notoriété, reprenait respectueusement.

Un Lorrain de Paris ?

Le sénateur de la Meuse était une personnalité en vue de la capitale ; il savait aussi que beaucoup de Parisiens étaient d'origine provinciale et que les associations les regroupant à ce titre étaient des lieux privilégiés pour asseoir et entretenir sa notoriété. L'Association meusienne de Paris, présidée par l'écrivain et académicien André Theuriet, organisait chaque année un banquet, suivi d'un bal, auquel Poincaré participait et prenait volontiers la parole. En 1898, Georges Lagrosillière et Alfred Mézières fondèrent l'Association des Lorrains de Paris ; Poincaré était lié avec Mézières de longue date ; il lui rendait de temps à autre de menus services, comme celui de prendre son neveu à son cabinet en 1906 ; il fut tout de suite intéressé par cette association. Depuis quelques années, la clientèle politique de Poincaré s'était étendue aux départements de l'Est. Albert Lebrun, jeune député de la région industrielle de Longwy-Briey, président du conseil général de la Meurthe-et-Moselle depuis 1907, était l'un de ses amis et l'une de ses antennes au Palais-Bourbon. Poincaré restait attentif à ce qui se passait à Nancy où il était devenu un modeste actionnaire de *L'Est républicain*. Il était lié de longue date à Léon Goulette et il compta vite le nouveau directeur René Mercier parmi ses soutiens les plus dévoués. De temps à autre il revenait dans la ville où il avait fait son service militaire et où il conservait quelques amis, dont le bâtonnier Henri Mengin. En mai 1909, il répondit à l'invitation des étudiants de Nancy et présida la séance de clôture de leur congrès. En cette circonstance, il rappela avec nostalgie sa jeunesse nancéienne : « Il n'est pas en effet une pierre dans Nancy qui n'évoque à mes yeux quelque chose du passé. Dans la vieille ville passe mon enfance tandis que, sur la majestueuse place Stanislas, j'y vois défiler un petit caporal du 25ᵉ R.I. qui me ressemble comme un frère. Et la Pépinière me rappelle le temps où, un livre à la main, je partageai quelque après-midi entre le travail et la rêverie[21]... » Poincaré n'oubliait pas qu'il était homme politique et il invita ses auditeurs à acquérir durant leurs études « le sens de l'universalité, la claire notion de la patrie, la compréhension des intérêts régionaux ». Cet ordre n'était pas un pur exercice rhétorique ; il exprimait une conviction profonde, la petite patrie lorraine était au service de la grande, les deux étant intimement associées.

Un dépouillement attentif des débats du Sénat montre qu'il était peu présent aux séances publiques et qu'il intervenait rarement à la tribune. On relève deux interventions en 1907[22], trois en 1908, deux en 1909, aucune en 1910, une en 1911. Elles portèrent principalement sur le budget et l'exécution de la loi de finances. Il était un membre influent de la commission des Finances, qui l'avait élu rapporteur général. Spécialiste et ancien ministre, il fit le 23 décembre 1907 lors de la discussion de la loi de finances une brillante démonstration de ses capacités. Après un exposé historique bourré de chiffres et de références et dans lequel il n'hésita à s'autoféliciter à propos de la suppression des budgets spéciaux – « C'est l'honneur du parti républicain d'avoir pris l'initiative de cette grande réforme fiscale » –, il se livra à un examen critique du budget pour 1908, tout en répliquant aux interrupteurs de droite et en ferraillant à fleurets mouchetés avec le ministre. Le pays souhaitait « clarté et vérité » et il débarrassait la présentation des artifices et des paillettes dont Caillaux l'avait enrobée. « Le seigneur Jupiter sait dorer la pilule », ironisait-il en citant *Amphitryon* de Molière. À sa grande satisfaction, le projet d'impôt sur le revenu n'avait pas été présenté. Clemenceau, président du Conseil, annonça qu'il serait déposé l'année suivante. En décembre 1908, le même scénario se reproduisit pour le vote du budget 1909. Poincaré était toujours rapporteur général et Caillaux toujours ministre. L'impôt sur le revenu n'était pas encore à l'ordre du jour et l'exercice s'achevait par des plus-values de 168 millions de francs. Dans ces conditions la critique était bien difficile et Poincaré se borna à ironiser sur quelques artifices de présentation et à préconiser des économies. Il tressait des couronnes au ministre en ces termes : « M. Caillaux n'est pas seulement du reste un artiste fort expert ; c'est un médecin fiscal très justement renommé... Il cherche à tranquilliser. » Poursuivant dans l'hyperbole et la fausse modestie, il ajoutait : « Je n'ai assurément pas sa compétence ni son expérience technique ni son autorité. » *Le Journal officiel* nota que le ministre, un peu agacé, « fit un geste de protestation ». Bien entendu, Raymond Poincaré vota ces budgets ; mais il avait tenu à marquer sa place. C'était un sénateur important, moins par son rôle quotidien dans les travaux de l'assemblée du Luxembourg que par son équation personnelle et les fonctions élevées qu'il serait un jour ou l'autre destiné à occuper.

Le nom de Poincaré apparaissait souvent dans les grands journaux ; il y écrivait des articles ; on sollicitait des déclarations de sa part ; on citait très largement ses interventions et ses discours et on les commentait. Il avait sa place dans les journaux réputés sérieux, comme *Le Temps*[23], *Les Débats, L'Écho de Paris*, ou dans les grandes revues, comme la *Revue des Deux Mondes*, la *Revue de Paris*, la *Revue politique et parlementaire*, la *Revue bleue*. Il intéressait la grande presse : *Le Petit Parisien, L'Écho de Paris, Le Matin* le présentaient avec un profil positif ; les journaux de province reprenaient les articles de la presse parisienne. Pour *L'Est républicain,* c'était depuis longtemps une valeur sûre. On le sollicitait pour des conférences ; il ne prenait que des « grands sujets » et chacune d'elle était un grand événement parisien. En 1907, il parla de Waldeck-Rousseau ; en 1908, il présenta Jules Ferry[24] en présence de la famille Ferry et de Ferdinand Buisson ; le texte fut publié par la *Revue politique et littéraire*. Raymond Poincaré était une personnalité d'envergure nationale et, au-delà des milieux de la justice et de la politique, son nom était connu de nombreux Français ; il émergeait de la grisaille parlementaire et politicienne ; on savait que c'était un homme de talent, que c'était un modéré, qu'il avait, par-delà le maquis des intérêts particuliers, le sens de l'intérêt national, mais le reste demeurait flou ; on pressentait qu'il aurait un avenir. Lequel ?

Son souci avait toujours été « l'unité du parti républicain », qui devait surmonter ses divisions pour s'unir sur les grands intérêts nationaux. Or ce vœu n'était que trop rarement réalisé, car les aléas de la politique politicienne ne cessaient de le contrarier.

Poincaré, qui n'avait pas le tempérament d'un chef de parti et qui avait refusé de le devenir, avait fini par comprendre, alors que se constituaient à gauche des « partis unifiés », combien il serait dangereux de rester un isolé. C'est pourquoi il était entré à l'Alliance républicaine d'Adolphe Carnot, dont il devint l'un des multiples vice-présidents. Depuis 1905, l'Alliance était dans la majorité ministérielle ; elle participait à tous les cabinets sans toutefois les diriger. Il est très difficile de démêler la place réelle de Poincaré dans les instances de l'Alliance et le jeu subtil qu'il y joua. Sans y consacrer beaucoup d'énergie militante – ce n'était pas dans son tempérament –, il était présent dans les congrès ou les banquets (par exemple le 16 juin 1908) où, à plusieurs reprises, il fut chargé de prononcer le discours-programme.

Depuis 1902 Raymond Poincaré avait surtout parlé à Paris et dans la Meuse. Au nom de l'Alliance, il accepta quelques discours en province. Il s'exprima à Belfort le 17 juillet 1909[25] au banquet du Commerce et de l'Industrie. En novembre 1909, il était à Bordeaux l'invité du Cercle Voltaire, où il parla de la réforme budgétaire et fiscale. Il prononça une conférence le 4 mars 1910 où, après avoir classiquement critiqué la « méthode parlementaire et souhaité un meilleur fonctionnement des services publics », il se prononça en faveur de la représentation proportionnelle avec les arguments suivants : « Il faut que la représentation nationale soit à l'image vraie de la nation ; la représentation proportionnelle obligera les partis à s'organiser rationnellement. Elle ne changera pas les hommes. Elle ne les rendra pas miraculeusement vertueux, mais elle facilitera l'exercice de la vertu... » Ces arguments en faveur de la proportionnelle furent repris dans un article publié par *Le Temps* le 7 mars.

Dès qu'il fut devenu président du conseil général de la Meuse, comme nous l'avons vu plus haut, Poincaré prit l'habitude de prononcer à l'ouverture de la session un petit discours de politique générale dont il veilla à ce qu'il fût diffusé et commenté dans la presse nationale. Le premier de ces « discours de Bar-le-Duc » reprenait ce qu'il répétait depuis vingt ans – un exposé plus en forme avait paru le 15 avril 1910 sous le titre « Vues politiques » –, fut prononcé le 11 mai 1910 et reproduit et commenté les jours suivants. Le 31 octobre 1910, il prononçait un discours à Poitiers dont *Le Temps* rendit compte le lendemain et publia de larges extraits[26]. Il comportait une profession de foi dont voici la phrase principale : « Nous sommes des républicains de gauche, défenseurs résolus des droits de la société laïque et dans toutes les heures difficiles nous sommes au premier rang de ceux qui combattent pour la liberté. » Puis il dressait le drapeau du parti de l'ordre face aux menaces réelles ou supposées du syndicalisme révolutionnaire en félicitant le gouvernement et le ministre des Travaux publics « de la vigueur et de la sérénité dont ils ont fait preuve face à une grève qui était... un essai de mobilisation révolutionnaire ». Poincaré se présentait explicitement comme un homme d'ordre.

Il convient de rapprocher ce discours de Poitiers d'un autre texte prononcé à Mars-la-Tour le 16 août 1910 où, invité d'honneur, il accompagnait le sénateur Alfred Mézières et le député Albert Lebrun aux cérémonies du quarantième anniversaire des combats de Mars-la-Tour[27]. On retient ordinairement de ce discours l'évocation discrète des provinces perdues et la tonalité gambettiste de son patriotisme. L'homme de l'Est, l'homme de la frontière était réellement pacifique ; tout en détournant ses auditeurs d'un bellicisme insensé, il partageait leur espérance. À partir de cet unique discours prononcé sur ce thème depuis plus de dix ans, faire de Poincaré « l'homme de la revanche » et le rapprocher abusivement de Déroulède paraît tout à fait inacceptable. Cela dit, dans la tradition gambettiste, on peut deviner les vrais sentiments de Poincaré en rappelant la célèbre phrase à propos de l'Alsace-Lorraine attribuée à Gambetta : « Pensons-y toujours, n'en parlons jamais ! » Effectivement, sauf cette exception, il restait fidèle au silence recommandé par Gambetta.

L'autre versant du discours de Mars-la-Tour annonçait et préparait ce qu'il dirait quelques semaines plus tard à Poitiers :

> « *La première nécessité, la première condition d'existence de la République, c'est l'ordre...* » et il énumérait les différentes applications de ce principe général : « *l'ordre administratif, l'ordre parlementaire, l'ordre électoral, l'ordre financier... Il faut rétablir partout l'ordre menacé... pour préparer les voies aux réformes financières et sociales auxquelles nous sommes prêts à collaborer.* »

À la lecture de ces lignes, on devine que Poincaré, comme beaucoup de parlementaires et de bourgeois républicains, a été soucieux devant la montée du syndicalisme révolutionnaire, du développement des mouvements de grève et de la contestation de l'idée de patrie. Son ami et ancien collaborateur, Georges Payelle, le félicita pour « l'énergique discours de Poitiers[28] ». La république, le meilleur des régimes politiques, le plus progressiste, le seul ayant la capacité à ses yeux de mettre en place et de faire accepter les réformes nécessaires, devait trouver en elle-même, et dans le respect de l'ordre public et de la propriété privée, les moyens de résoudre ces redoutables tensions sociales. Dans de nombreux textes, Poincaré se déclara en accord avec les projets de retraites ouvrières et paysannes, il s'intéressait à la mutualité et était favorable aux assurances sociales ; il en suivait les projets depuis longtemps et était au courant des législations étrangères. Dans cet état d'esprit il participa au congrès des Assurances sociales[29] qui se tint à La Haye les 6, 7 et 8 octobre 1910. Il prononça un discours et selon la *Revue politique et parlementaire*, il présida l'une des séances « avec autant d'éloquence que de tact et d'impartialité ». Il ne faudrait pas faire de Poincaré un réformateur social ; il ne prit dans ce domaine aucune initiative et ne déposa aucun projet de loi, mais il n'était ni fermé ni indifférent. Cela dit, il était l'adversaire de l'agitation dans la rue, des grèves, des cortèges, des discours enflammés ou révolutionnaires; il avait du mal à comprendre les aspirations des ouvriers organisés et des syndicats.

Avec Joseph Caillaux et Louis Barthou, il était l'un des espoirs du Parti républicain démocratique, le nouveau nom de l'Alliance, dont le premier congrès se tint à Paris en décembre 1911. Joseph Caillaux et Poincaré étaient maintenant séparés sur la question décisive de l'impôt sur le revenu, dont Caillaux avait fait son cheval de bataille. Au ministère des Finances, Caillaux travaillait à le faire adopter, tandis qu'au Parlement et dans le pays Poincaré était l'un de ceux qui en dénonçaient inlassablement les éventuels dangers. La rupture entre les deux n'était pas encore consommée, mais ils se combattaient à fleurets mouchetés.

Au-delà des péripéties politiciennes et des événements, par son vocabulaire, par son état d'esprit, par sa culture politique, Raymond Poincaré s'inscrivait dans une triple filiation. La première était celle d'Adolphe Thiers, le fondateur de la république. L'homme du Comité de la rue de Poitiers, l'homme qui avait réprimé sans état d'âme la Commune de Paris, l'homme qui avait choisi « la république conservatrice », aurait sûrement approuvé le ferme discours de Poitiers et la dénonciation permanente des « collectivistes ». Poincaré l'admirait et projetait d'écrire sa biographie; malgré ses dévorantes activités, il réunissait des matériaux[30] et rédigeait des fragments de temps à autre; il avait promis le livre à Hachette pour la collection « Figures du passé ». Nous savons par Payen que c'était l'une de ses constantes préoccupations et qu'il dut y renoncer en 1912 quand il devint président du Conseil. Il ne reste aucune trace des documents et textes rassemblés pour ce livre qui ne vit jamais le jour. Jules Ferry était son deuxième modèle; il n'eut de cesse de prolonger et de fortifier son œuvre scolaire; il partageait son intérêt pour l'éducation et la formation et il pensait, comme lui, que la république devait être un gouvernement. Dans l'hommage qu'il lui rendit en 1908 en présence de Mme Jules Ferry perçaient son admiration et sa gratitude. En janvier 1912, Mme Ferry ne s'y trompa pas, car elle envoya au tout nouveau président du Conseil un petit mot de félicitations: « le succès au plus digne, au plus vaillant parmi les serviteurs de la Patrie et de la République[31] ». À l'arrière-plan se devinait toujours l'image de Léon Gambetta. Si Poincaré était plus proche par tempérament, par son caractère, par ses préoccupations, de Ferry que de Gambetta, il gardait à l'homme de la Défense nationale un attachement quasi filial. Thiers, Gambetta, Ferry, les trois fondateurs de la république étaient ses modèles et ses guides; par des réformes sages et étudiées, il prolongerait leur action et consoliderait le régime.

Relations et réseaux

La quarantaine active, Raymond Poincaré pressentait que son heure pourrait un jour se présenter à condition d'être prêt à saisir le signe du destin. C'est pourquoi il était si soucieux de son image et de ses relations.

Poincaré cultivait les amitiés bien au-delà de la formation politique à laquelle il avait donné son adhésion. Il conservait des soutiens chez les progressistes ; il était lié avec Alexandre Ribot, le député du Pas-de-Calais ; il avait conservé des relations avec le sénateur Jules Méline. Plus loin vers la droite, il était en relation avec Maurice Barrès, Denys Cochin et Albert de Mun, trois hommes qu'il rencontrait à l'Académie.

C'était vers la gauche, du côté des radicaux et des radicaux-socialistes, que Poincaré portait toute son attention. Il était indispensable de se ménager au sein de cette mouvance des appuis sûrs et des amitiés fidèles. Dans l'hypothèse d'une arrivée au pouvoir, il faudrait gouverner avec eux. Léon Bourgeois, le penseur du solidarisme, la conscience morale du parti, était devenu un ami intime ; depuis plus de quinze ans il était lié avec Ferdinand Buisson, le collaborateur de Jules Ferry qu'il avait connu à l'Instruction publique ; il entretenait des relations avec Théodore Steeg, un homme discret lié aux loges et à la haute administration républicaine. Au sein de la jeune génération, Raymond Poincaré avait noué des rapports confiants avec les frères Albert et Maurice Sarraut. Sur leur conseil, le directeur de *La Dépêche du Midi*, Arthur Huc, lui avait proposé de donner un article mensuel au grand quotidien toulousain. Poincaré n'hésita pas un instant afin d'établir, selon lui, un pont entre l'Est et le Midi et de mieux faire comprendre la Lorraine aux républicains du Midi. Pour des électeurs radicaux, être un collaborateur régulier de *La Dépêche*[32] était une puissante recommandation.

Au-delà des radicaux se trouvaient les républicains socialistes ; ces hommes n'étaient pas entrés en 1905 dans le parti socialiste unifié, qui avait pris le nom de SFIO. Parmi eux se trouvaient entre autres René Viviani, Alexandre Millerand, Paul Painlevé et Aristide Briand. Avec Millerand, un ami de trente ans, les désaccords avaient été nombreux, mais l'évolution politique de Millerand les rapprochait l'un de l'autre. On ne sait comment Briand et Poincaré entrèrent en relation. Au Palais? Au Parlement? Probablement au Palais et avant 1906. Dans les papiers, rien n'a été conservé avant cette date. Est-ce une preuve suffisante? Les deux hommes étaient très différents tant au point de vue du tempérament que de la sensibilité. On les a souvent opposés. En réalité, ils surent trouver des terrains d'entente et collaborèrent pendant vingt ans. Leurs relations eurent des hauts et des bas, mais il n'y eut jamais entre eux de rupture définitive. Enfin, un troisième homme doit être mentionné, Paul Painlevé ; ce professeur de mathématiques à la Sorbonne que Raymond avait connu par Paul Appell, Henri et Lucien Poincaré, jouait alors un rôle politique modeste ; il grandit durant la guerre au point d'occuper le ministère de la Guerre puis la présidence du Conseil.

Ces amitiés politiques à gauche étaient renforcées par une grande attention aux activités des associations laïques et en particulier à celles de la Ligue de l'enseignement. Au-delà des partis, ces associations regroupaient toute la sensibilité de gauche. Sans être un militant associatif, Poincaré était un laïc convaincu. Il avait commencé comme président de la section de Bar-le-Duc puis était devenu président d'honneur de la section meusienne de la Ligue, dont il ne manquait jamais l'assemblée annuelle. À Paris, il était proche de ses dirigeants et fut associé aux deux cérémonies exceptionnelles organisées par la Ligue en l'honneur de Jules Ferry et de Marcelin Berthelot[33]. Dans les deux cas, il fut chargé de prononcer le grand discours d'hommage. À plusieurs reprises, il fit des conférences rue Récamier. En mars 1910, il parla devant la Ligue sur « l'idée de patrie » et développa le thème classique et cher à la Ligue « du rôle de l'école dans l'éducation patriotique[34] ». C'était l'année des grandes inondations et, devant cette calamité naturelle inattendue qui avait touché Paris, un grand élan de solidarité s'était manifesté. Poincaré en avait conclu : « Une patrie qui se retrouve ainsi devant le péril ou devant la douleur ne périra pas. » Il n'était pas, semble-t-il, adhérent au cercle parisien, mais il se définit en 1912 comme « ligueur ». Le 11 août 1911, dans la ville épiscopale de Verdun, il prenait la parole devant le congrès des Jeunesses laïques. La même année, il publiait un article sur la neutralité scolaire dans le *Manuel général de l'enseignement primaire* et il apporta sa caution à Ferdinand Buisson, maintenant député radical et qui avait été le collaborateur de Jules Ferry et le sien au ministère. Buisson avait réuni divers articles dans un livre intitulé *La Foi laïque*. Poincaré rédigea une préface[35], dont la conclusion pouvait résonner comme un défi aux oreilles catholiques : « Puisse sa voix être écoutée ! C'est celle de la raison et de la liberté. » Le souci tactique de se garder à gauche était évident et la laïcité en était la pierre d'angle. Toutefois, habileté tactique et convictions profondes peuvent s'associer ; c'était le cas chez Raymond Poincaré. Ces prises de position, qui n'étaient pas nouvelles, montraient son ancrage dans le camp laïc et républicain et lui valurent de vives attaques de ses adversaires politiques et de journaux catholiques. Dans *L'Éclair de l'Est*, où son adversaire Henri Ferrette écrivait souvent, parurent deux articles anonymes[36] très agressifs. Dans le premier on lisait : « Il est venu justifier, approuver les sottises, les erreurs, les affirmations dangereuses que contiennent hélas ! les manuels scolaires condamnés par les évêques. » Le second continuait dans la même veine : « Jusque-là considéré comme un tolérant et un sage par les progressistes et quelques libéraux [...] il propose des formules perfides qui sont en réalité la négation du droit des familles. Il entend respecter la liberté du père de famille ; il la supprime purement et simplement ; il la subordonne à la volonté de l'enfant et à la tyrannie de l'État. »

Poincaré avait des amis dans les milieux les plus divers, le barreau, la presse, les affaires, la haute administration, les intellectuels et les enseignants. Nous avons vu plus haut ses entrées dans les milieux artistiques, littéraires et académiques. Partout où l'on parlait, partout où on pouvait lui offrir une tribune, il ne se dérobait pas si on lui proposait un sujet digne d'être traité. Dans le cadre des conférences de la *Revue bleue*, il s'exprima salle Récamier sur un sujet inépuisable, toujours d'actualité et qui lui était familier : « La réforme parlementaire ». Il était l'ami d'Adolphe Brisson et de sa femme Yvonne Sarcey qui l'invitèrent à plusieurs reprises à parler devant le public choisi et élégant des *Annales*. En 1910, il fit une conférence intitulée « La femme devant la loi[37] ». Poincaré, qui n'était certes pas un féministe, avait toujours voté au Parlement en faveur du vote des femmes. À propos de l'accession des femmes aux fonctions publiques, il sut trouver l'une de ces phrases balancées dont il avait le secret : « La politique y gagnerait peut-être ; les femmes y perdraient certainement » et sa conclusion était prudente : « Laissons faire le temps. » L'année suivante, le 14 mars 1911, il revint devant le public des *Annales* parler de Lamartine[38].

Poincaré était présent partout ; il avait ses entrées partout ; il était connu d'une foule de personnes ; il étonnait toujours par sa rapidité, son don d'ubiquité, la variété de sujets qu'il pouvait aborder ; ce qu'il disait n'était pas marqué par l'originalité ; dans tous les domaines il exprimait avec aisance et bonheur les idées moyennes de la bourgeoisie de son temps. Sa faiblesse majeure était de rester un homme seul car il n'avait ni derrière lui un parti ni autour de lui une équipe prête à le servir et à l'aider à gouverner. Cette situation qui nous étonne aujourd'hui, car on sait combien une candidature à la présidence de la République se prépare dans la longue durée, avec le support d'un grand parti et l'appui d'équipes diversifiées et coordonnées, était à ce moment normale. Gambetta avait peut-être été le seul à pressentir cette nouveauté et avait rassemblé autour de *La République française* de multiples et brillants collaborateurs. Ferry, Briand, Clemenceau, Caillaux ne s'étaient pas engagés dans cette voie moderne. Poincaré, s'il en avait eu la volonté et s'il en avait perçu l'intérêt, aurait peut-être pu le faire. D'anciens collaborateurs continuaient de travailler pour lui et lui servaient d'antenne, dans des milieux qu'il ne pouvait lui-même aisément approcher. Le plus actif d'entre eux fut Maurice Colrat[39]. Ce jeune homme, originaire du Quercy, avait été deuxième secrétaire de la conférence du stage (1895-1896), puis avait travaillé quelques années au cabinet de Poincaré. Il s'était ensuite lancé dans la vie associative et politique ; c'était un homme de coulisses et de contacts, « un virtuose du montage politique », selon la formule de Gilles Le Béguec. En compagnie de Georges Bonnefous, il anima les Jeunesses démocratiques. Avec Louis Guitard et Charles Reibel, il était l'un des conférenciers de l'Alliance démocratique. Il était ami d'Henry de Jouvenel. Il écrivait dans les journaux et les revues, en particulier dans *L'Opinion* et *Le Matin*. Plus tard, il fonda l'Association d'études fiscales et sociales, puis devint président de l'Association de défense des classes moyennes où il retrouva Charles de Lasteyrie et Léon Bérard. Raymond Poincaré s'intéressait depuis longtemps à ces catégories sociales. En juin 1907, il était l'invité de l'assemblée générale des commerçants détaillants ; il avait des contacts réguliers avec la Fédération nationale des employés. Colrat le fit inviter au congrès de l'Association de défense et d'études fiscales[40] où il fut la vedette du meeting tenu le 28 novembre 1910 à la salle Wagram. Devant plus de 4 000 industriels et commerçants il conclut la réunion en ces termes :

> « *Oui, messieurs, je me plais à le redire après vos orateurs, réclamer le respect de la propriété individuelle, la liberté du foyer domestique, le secret des affaires, le fonctionnement régulier des services publics, la sécurité du travail, ce n'est pas faire œuvre maussade ou rétrograde, ce n'est pas opposer aux réformes financières ou sociales une hostilité préconçue, c'est vouloir que sous les couleurs du progrès ne s'insinuent pas hypocritement dans nos lois l'inquisition et la tyrannie.* »

Au début de l'année 1910 était fondée l'Union des intérêts économiques, qui se proposait de fédérer toute une série d'associations professionnelles. Elle porta à sa tête Paul Forsans, le président du syndicat national des vins, cidres, spiritueux et liqueurs de France. Un mensuel, *Le Réveil économique,* défendait les intérêts de ces corporations. Dans la coulisse agissait Ernest Billiet[41], un homme discret qui n'avait pas réussi encore à décrocher de mandat électif, mais qui avait la particularité de distribuer des fonds électoraux. Les activités diverses de Maurice Colrat avaient introduit Poincaré dans toutes sortes de milieux qui étaient autant de relais par où cheminait son influence.

SPECTATEUR DÉTACHÉ DES ÉLECTIONS LÉGISLATIVES DE 1910 ?

Poincaré n'était pas candidat et il ne soutint aucun candidat. Il se garda bien d'intervenir directement dans les luttes électorales, mais il prit soin d'indiquer aux Français et à la classe politique qu'il était toujours là et qu'on ne pouvait pas l'ignorer.

Comme en 1898, il répondit à l'invitation d'Ernest Lavisse et publia dans la *Revue de Paris*[42] un article intitulé « Vues politiques » où il faisait « un exposé complet des réformes qui s'imposent et des tâches qui s'offrent au Parlement de demain ». Dans les jours qui suivirent, la presse républicaine de province publia les extraits les plus significatifs de cet article. Parmi ces réformes, il y avait l'adoption du scrutin proportionnel, dont il se faisait l'avocat depuis plusieurs années. Selon Poincaré, « il faut que la représentation nationale soit à l'image de la nation ». Certes, ce n'était pas un remède miracle : « Elle ne changera pas les hommes, elle ne les rendra pas miraculeusement vertueux, mais elle facilitera l'exercice de la vertu... et obligera les partis à s'organiser rationnellement. »

Dans la Meuse, les élections furent très favorables à ses candidats ; le dernier député « réactionnaire » fut enfin battu. Raymond Poincaré utilisa l'ouverture de la session du conseil général de la Meuse, dont il venait de prendre la présidence, pour faire ses commentaires. Après avoir dit sa satisfaction des résultats, il traçait à mots couverts un programme de gouvernement à la nouvelle législature : « [La France] a manifesté sa volonté persistante de maintenir la neutralité scolaire et la laïcité de l'État, d'assurer en même temps le respect des croyances individuelles et le libre exercice des cultes, d'établir sans esprit de vexation une plus juste répartition des charges fiscales, de restaurer par des économies courageuses l'équilibre de nos budgets, de poursuivre dans la légalité l'accomplissement des réformes sociales... d'introduire dans le régime électoral des transformations fondamentales et enfin... de s'avancer résolument à la conquête de nouveaux progrès[43]. » En 1898 il avait déjà dit la même chose ; quinze ans plus tard il tiendrait aux Français avec quelques adaptations de circonstance le même discours. Il est à remarquer combien la politique extérieure tenait peu de place dans ses analyses et préoccupations.

Parmi les jeunes députés entrés à la Chambre en 1910, trois noms méritent d'être cités : ceux de Léon Bérard, ancien secrétaire de Poincaré, élu à Orthez, d'André Maginot, élu à Bar, et de Georges Bonnefous, élu en Seine-et-Oise. Raymond Poincaré allait avoir cinquante ans dans le courant de l'été ; il était parlementaire depuis vingt-trois ans ; il avait déjà été quatre fois ministre et un plus grand nombre de fois encore sollicité. Il avait un solide réseau de relations, une notoriété, mais pas plus que ses concurrents il ne disposait d'un parti sur lequel il pouvait s'appuyer. C'était un homme de talent relativement seul. Il n'avait aucun projet, aucun programme précis ; il s'en tenait à une ligne politique que l'on peut résumer par cette formule : « ni réaction ni révolution », c'est-à-dire la conjonction des centres.

À plusieurs reprises son nom avait été prononcé pour la présidence du Conseil ; en juin 1899, il avait fait un tour de piste sans aboutir, puis aucune occasion favorable ne s'était représentée. À chaque crise ministérielle, son nom circulait dans la presse ; l'intéressé déclinait avec le sourire. Il démentait vigoureusement les rumeurs qui couraient sur ses dérobades et ses refus [44]. Une chance sérieuse se présenterait-elle un jour ? Raymond Poincaré saurait-il la saisir et forcer le destin ? Certains en étaient persuadés, d'autres s'interrogeaient encore. Cette législature allait-elle lui donner une chance ? Dans l'immédiat rien ne le laissait encore pressentir. En février 1911, le cabinet Briand était renversé et *L'Est républicain* prenait ses désirs pour des réalités : « M. Poincaré, successeur de M. Briand [45] ». Comme d'autres hommes politiques, Poincaré avait été appelé en consultation par le président Fallières, qui s'adressa finalement au sénateur de la Gironde, Ernest Monis [46]. Le président du Conseil pressenti se rendit chez Poincaré, qui « en principe lui promit son concours ». Le 2 mars 1911, le cabinet Monis était formé avec Joseph Caillaux de retour au ministère des Finances. Le nom de Poincaré s'était évanoui dans la nature sans que fût donnée la moindre explication. Certes la réponse coulait de source ; dans le ministère du brave Monis, c'était ou Poincaré ou Caillaux ; il n'y avait pas de place pour les deux. Pour être moins voyante que l'ambition de Joseph Caillaux, qui piaffait d'impatience d'occuper la première place, celle de Raymond Poincaré n'en était pas moins tenace. Il se préparait pour le pouvoir. Sans avoir l'air d'y mettre la main, il participait à une subtile préparation de l'opinion ; il donnait des interviews aux journaux [47], marquait sa place ; il était présent sur tous les fronts.

Le 5 juillet 1911, dans la salle des ingénieurs civils de la Seine, Adolphe Carnot et Raymond Poincaré prononcèrent devant six cents participants deux grands discours pour célébrer le dixième anniversaire de la fondation de l'Alliance et annoncer sa prochaine transformation en Parti républicain démocratique. Poincaré fut chaleureusement applaudi et approuvé. Dans sa thèse récente sur l'Alliance démocratique républicaine, Rosemonde Sanson souligne à juste titre que ce texte « occupe une place à part dans l'anthologie des discours du sénateur de la Meuse ». Il eut un tel retentissement que, quinze jours plus tard, ses amis l'élirent, à l'unanimité et par acclamation, vice-président du futur Parti républicain démocratique. La presse nationale et régionale y accorda une grande importance. *Le Temps* du 7 juillet, ce qui ne saurait étonner, publia une véritable apologie de Raymond Poincaré. Dans son intervention, Poincaré reprenait et commentait les grands thèmes défendus depuis dix ans par l'Alliance. Comme à l'accoutumée, il rappela qu'il ne fallait pas « pactiser avec la réaction et ses succédanés occasionnels et qu'il ne fallait tendre la main qu'aux républicains de gauche d'esprit laïque et pénétrés de leurs devoirs envers la démocratie ». Mais il allait plus loin. Il préconisait un nécessaire renforcement du pouvoir exécutif et esquissait une méthode de l'action gouvernementale : le gouvernement « doit diriger l'action » et « faire respecter la loi par tous ». Le gouvernement doit aussi administrer, c'est-à-dire « diriger efficacement les services publics et ne pas se laisser diriger par eux ». Il doit « guider et conseiller les chambres » et faire progresser la législation sociale. Acceptant du bout des lèvres l'impôt sur le revenu, il le désirait « sans inquisition ». Ce qui avait frappé les auditeurs, c'était la netteté et la fermeté de ton, dans le droit fil du discours de Poitiers où il avait fait référence à la notion d'« ordre républicain ». Par rapport aux programmes de Nancy et Rouen, la différence de contenu et d'orientation était minime, mais Poincaré était devenu l'un des chefs d'un grand parti républicain, axe des majorités gouvernementales et qui le soutiendrait au cas où...

Alors que Poincaré semblait faire une critique voilée du gouvernement en place, plus ou moins accusé de faiblesse et d'immobilisme, Joseph Caillaux, encore membre de l'Alliance, même si l'on devinait qu'il regardait vers les radicaux, venait de remplacer à la présidence du Conseil Ernest Monis, victime d'un accident sur un terrain d'aviation. Devant les congressistes, Poincaré s'en réjouissait publiquement :

> « M. Caillaux est des nôtres. Il est un vice-président de l'Alliance ; il a collaboré à notre programme ; il nous a prêté à maintes reprises le concours précieux de son intelligence si souple et si fertile... Dans le sens le plus précis et le plus élevé du terme, c'est un homme de gouvernement et même un homme d'État... Nous sommes donc tout disposés à lui faciliter la tâche qu'il vient d'assumer. »

Le sénateur de la Meuse pensait-il vraiment tout ce qu'il venait de dire devant ses amis ? À la lumière de ce qui se passera par la suite, on peut en douter. Mais on peut aussi admettre qu'il était largement sincère, qu'il devait tenir un discours public nécessairement différent de ses appréciations privées. Sur ce point, faute de document, nous sommes réduits aux hypothèses. La rupture entre les deux hommes n'était pas encore consommée ; la crise d'Agadir ne faisait que commencer ; nul ne pouvait prévoir ni sa gravité ni la façon dont elle serait gérée par le chef de gouvernement. Personne ne pouvait prévoir que Caillaux commettrait des faux pas et que Raymond Poincaré, grâce à Clemenceau, en empocherait les bénéfices. En six mois, l'environnement politique et les aspirations de l'opinion peuvent se modifier. Dans le destin d'un homme subsiste toujours une part de mystère et d'incertitude sur la manière dont il saura tirer parti des circonstances. L'heure de Raymond Poincaré approchait.

DEUXIÈME PARTIE

Au sommet de l'État

En janvier 1912, Raymond Poincaré devenait président du Conseil et ministre des Affaires étrangères. L'année suivante, il était élu président de la République. Pendant plus de huit ans, de janvier 1912 à février 1920, Raymond Poincaré a occupé les fonctions les plus élevées. Pour les Français comme pour les étrangers, il a incarné et personnifié la république et la France. Comment a-t-il exercé ses deux responsabilités successives ? Comment a-t-il été perçu par les Français ? Quels ont été les regards des étrangers, ceux des alliés de la France et ceux de ses adversaires ?

Quand Poincaré arriva aux affaires en janvier 1912, les angoisses de l'été de 1911 s'étaient dissipées, la canonnière *Panther* avait regagné son port, la France et l'Allemagne avaient négocié et conclu un accord, les risques d'une guerre avaient reculé, mais cette redoutable éventualité ne cessait d'être présente dans l'esprit des Européens. On sentait confusément qu'une guerre pouvait survenir et de nombreuses hypothèses étaient évoquées. Quand éclaterait-elle ? Dans quel contexte ? Quelle serait sa durée et son issue ? Ce qui s'est effectivement passé, ce qui a été vécu par les Français et les peuples européens – et qu'aujourd'hui nous pouvons connaître dans les moindres détails – a dépassé toutes les prévisions des contemporains. Placé au sommet de l'État, Raymond Poincaré a-t-il eu des responsabilités dans le déclenchement du terrible conflit qui a ravagé l'Europe pendant plus de quatre ans ? Il en a souvent été accusé ; il a toujours repoussé avec énergie ces accusations. À défaut de pouvoir être tranché, ce débat mérite d'être repris et éclairé. Pendant cinquante-quatre mois, Poincaré a partagé les angoisses, les souffrances et les attentes des Français. Il a vécu ces mois interminables, à tâtons, comme enfermé dans un tunnel dont il n'apercevait pas la sortie ; il a assumé ses fonctions sans défaillance, assurant la continuité de l'État. Puis, la victoire obtenue, il a transmis le pouvoir à son successeur désigné par le Congrès de Versailles, dans le respect le plus total du calendrier et de la légalité républicaine.

CHAPITRE PREMIER

Un président du Conseil habile et populaire

Le 13 janvier 1912, Raymond Poincaré devenait enfin président du Conseil[1] et ministre des Affaires étrangères : il avait cinquante et un ans et vingt-cinq ans d'expérience parlementaire. Après des années d'attente où sa tenace ambition fut inextricablement associée à la tentation du repli sur le métier et la vie privée, il accédait aux responsabilités majeures. Les Français eurent l'impression que sa personnalité tranchait avec celle des chefs de gouvernement qui l'avaient précédé, que ses intentions et son style étaient accordés à une attente un peu floue ; il disposait d'un capital de sympathie incontestable. Qu'en ferait-il ? Serait-il seulement un habile gestionnaire de la vie publique ? Dans ce cas il décevrait assez vite et le régime républicain retomberait inévitablement dans le marécage parlementaire. Imprimerait-il sa marque personnelle à la conduite des affaires et aux événements ? Comment réagirait-il face aux aléas et aux imprévus qui ne manquent jamais de surprendre ceux qui sont à la tête des gouvernements et des États ? Serait-il ce dirigeant que les Français implicitement attendaient ? Dans quelle mesure ? Jusqu'où ? Dans une Europe où la menace de guerre s'était de nouveau profilée au cours de l'été de 1911, agirait-il pour apaiser les tensions, rassurer les adversaires, conserver la confiance des Alliés ? Autant d'inconnues. Pour la première fois, Poincaré tenait entre ses mains le destin de la France.

L'ARRIVÉE AU POUVOIR

Poincaré avait toujours été proche du cercle magique du pouvoir. Mais dans la mesure où il avait quitté la Chambre depuis neuf ans, son influence sur les députés ne pouvait s'exercer qu'indirectement. Il n'était plus en prise quotidienne sur le Palais-Bourbon, où se construisait la nécessaire majorité dont tout ministère a besoin pour exister.

Paradoxalement, ce furent des données extérieures au Palais-Bourbon qui le mirent en situation d'accéder aux responsabilités suprêmes : la conjoncture internationale, l'évolution subtile de l'opinion publique et l'appui de plusieurs grands organes de la presse parisienne. Tout cela aurait été insuffisant si Georges Clemenceau, pas précisément un ami de Raymond Poincaré, n'avait fait trébucher au Sénat le ministère Caillaux. Ce fut le Tigre qui créa les conditions parlementaires de l'accession de Raymond Poincaré aux affaires.

Depuis quelques mois, depuis Agadir, le nom de Poincaré le Lorrain, de Poincaré le patriote, était régulièrement cité dans la grande presse. Sans démentir ni confirmer, l'intéressé se préparait tranquillement à cette éventualité. Au cours du mois de novembre 1911, la commission sénatoriale des Affaires étrangères se réunit pour examiner les deux traités conclus avec l'Allemagne le 4 novembre 1911 par le gouvernement de Joseph Caillaux. Elle élut à sa tête Léon Bourgeois et proposa à Raymond Poincaré d'être son rapporteur. Il commença par refuser, se qualifiant par coquetterie de profane ; il n'en fut pas moins élu à l'unanimité. Tout en prenant connaissance du dossier, il laissa aux adversaires de Caillaux, et plus spécialement à Georges Clemenceau, le soin d'embarrasser le ministère. Y-a-t-il eu entre les deux hommes un « complot » pour abattre Caillaux ? Rien ne permet de l'affirmer. Clemenceau était assez grand garçon pour agir par lui-même. Ce furent les réponses maladroites du ministre des Affaires étrangères, Justin de Selves[2], lors d'une réunion de la commission le 9 janvier 1912, qui contraignirent deux jours plus tard Joseph Caillaux à remettre le 11 janvier 1911 la démission de son cabinet au président Fallières. Entre-temps, Caillaux avait proposé le portefeuille des Affaires étrangères à Raymond Poincaré, « qui n'en veut pas, par manque de compétence, dit-il[3] ».

Le président Armand Fallières commença immédiatement ses consultations et le ballet rituel des présidents des Assemblées et des chefs de groupes parlementaires se succéda à l'Élysée. Puis il proposa la formation du ministère à Léon Bourgeois et à Théophile Delcassé[4] ; comme d'habitude le premier déclina la proposition qui lui était faite. Le second brûlait de l'accepter, encore fallait-il être en situation ; il comprit vite que son intérêt était de renoncer plutôt que d'échouer. Fallières se tourna alors vers le sénateur Raymond Poincaré, qu'il convoqua à l'Élysée le 13 janvier à 10 heures. Raymond Poincaré accepta immédiatement de former le nouveau ministère : « Je n'ai pas le droit de me dérober », annonça-t-il aux journalistes.

Un ministère habilement composé

Poincaré mena ses négociations chez lui, rue du Commandant-Marchand, attirant une foule de journalistes grouillant au milieu d'un encombrement d'automobiles. Il alla si rapidement qu'aucune manœuvre oblique ne put les faire échouer. En fin de soirée, il présentait au président un cabinet composé de douze ministres et de quatre sous-secrétaires d'État, soit douze députés et quatre sénateurs. La composition politique et le choix des hommes étaient habiles. En raison des circonstances, le président du Conseil prit pour lui les Affaires étrangères et alla s'installer au Quai d'Orsay. C'était la première fois qu'il occupait cette responsabilité. En prenant lui-même en charge le Quai d'Orsay, Poincaré innovait ; certes, à deux reprises, en 1880 et 1886, Freycinet avait été président du Conseil et ministre des Affaires étrangères ; mais depuis longtemps le ministre des Affaires étrangères était soit un technicien qui travaillait avec le président de la République, comme l'avait fait Théophile Delcassé, soit un homme politique ignorant du détail des affaires, qui se laissait guider par les bureaux et les grands ambassadeurs. Avec Raymond Poincaré et le contexte international et intérieur dans lequel il arrivait au pouvoir, la conduite du ministère serait sûrement plus politique.

Par égard pour la Chambre des députés, à laquelle il n'appartenait pas, il offrit à Aristide Briand la vice-présidence du Conseil et la Justice. C'était la première fois aussi que ces deux hommes si dissemblables collaboraient. Ce sera loin d'être la dernière. Les radicaux-socialistes étaient au nombre de cinq et parmi eux des hommes aussi considérables que Théodore Steeg à l'Intérieur, Léon Bourgeois au Travail, Louis Klotz aux Finances. Après une longue absence, Alexandre Millerand, qui avait fait sa rentrée dans le cabinet Briand, obtenait la Guerre. Par rapport au cabinet Caillaux, la rupture était loin d'être totale, puisque quatre ministres sur douze conservaient leur portefeuille : Théophile Delcassé, Albert Lebrun, Jules Pams et Louis Klotz, et qu'un cinquième, Théodore Steeg, passait de l'Instruction publique à l'Intérieur. Un ancien secrétaire du nouveau président, Léon Bérard, député d'Orthez, était nommé à l'âge de trente-six ans secrétaire d'État aux Beaux-Arts. Le cas de Théophile Delcassé, que Poincaré connaissait depuis le ministère Dupuy et qu'il tutoyait, mérite quelque attention. L'ancien ministre des Affaires étrangères, qui, après six ans de purgatoire, avait été appelé à la Marine par Monis puis conservé par Caillaux, fut confirmé dans cette fonction par Poincaré. Était-ce à cause de leur vieille amitié ? Était-ce à cause de sa compétence particulière ? Était-ce pour des raisons d'équilibre interne au cabinet ou de soutien parlementaire ? Était-ce parce qu'il semblait moins dangereux à l'intérieur du cabinet qu'à l'extérieur ? Toutes ces raisons ont dû jouer, mais ni les papiers de l'un ni ceux de l'autre ne permettent de trancher entre elles.

Le fait majeur, peu perceptible dans l'immédiat aux profanes, paraissait être le recul des radicaux-socialistes ; tout en étant là en nombre, ils avaient cessé d'être l'axe du ministère. Ils se résignèrent à voter pour lui. Les socialistes, la seule opposition déclarée, ironisèrent sur la décomposition et l'abdication des radicaux. La présence de Briand « le renégat » et de Delcassé le « nationaliste » était à leurs yeux de mauvais augure. Étaient-ils vraiment hostiles au nouveau cabinet ? La lecture de *L'Humanité* laissait apparaître de multiples nuances. Dans un article du *Bulletin de la Société d'études jaurésiennes*[5], l'historien allemand Gerd Krumeich a montré que l'accueil des socialistes au sein du cabinet Poincaré était moins négatif qu'on aurait pu le penser au regard des polémiques et des dénonciations de l'après-guerre. Jean Jaurès, Marcel Sembat et Édouard Vaillant étaient des adversaires plutôt bienveillants ; certes, le « grand ministère » (allusion ironique au ministère Gambetta qui avait duré seulement 55 jours) ne leur disait rien qui vaille : « Avec Poincaré on va carrément en arrière... [toutefois] il sait classer ses dossiers, n'en point égarer, les faire préparer et il les plaidera aussi parfaitement qu'il plaidait ceux des Finances. » Jean Jaurès, qui était conscient du « caractère conservateur » (Gerd Krumeich) du cabinet de Poincaré et le combattait, le créditait cependant de deux avantages : « Créer une atmosphère de paix et de confiance internationale et faire voter tout de suite la représentation proportionnelle, la vraie. »

Une déclaration ministérielle décidée et rassurante

Le 16 janvier 1912, Poincaré se présenta devant la Chambre en annonçant son intention[6] « de grouper dans un même sentiment toutes les fractions du parti républicain ». Les initiés reconnurent sur cette variation le thème classique de la concorde républicaine qui était le sien depuis 1898 et qu'il reprendra inlassablement jusqu'en 1930. Puis il énonça ses objectifs en commençant par la politique étrangère : assurer la ratification définitive du traité voté par la Chambre et organiser le protectorat marocain en « maintenant avec l'Espagne des relations de courtoisie et de franchise ». En politique intérieure, il annonçait « un budget sincèrement équilibré », la « défense de l'école laïque », un statut fixe aux fonctionnaires, la « poursuite de la réforme électorale », c'est-à-dire le vote de la proportionnelle. Le plus étonnant était une apparente conversion à l'impôt sur le revenu puisqu'il déclarait qu'il fallait « hâter le vote d'une réforme fiscale qui aboutisse enfin sans procédés vexatoires à une répartition plus équitable des charges publiques ». Cette formulation habile et vague pouvait provisoirement apaiser les adversaires comme les partisans. La déclaration ministérielle fut massivement approuvée par 440 voix contre 6. Les socialistes s'étaient abstenus ainsi qu'une fraction de la droite. Les républicains socialistes, les radicaux-socialistes, la gauche radicale soutenaient le ministère ; la plupart des progressistes, bien que tenus à l'écart du cabinet, avaient voté en sa faveur. L'appareil radical, sourdement hostile, fit taire son mécontentement, car les soutiens dont disposait Poincaré dans la grande presse l'obligèrent à attendre des jours meilleurs avant d'engager les opérations classiques de harcèlement. Les socialistes unifiés furent les seuls à voter contre. L'un d'eux, Albert Bedouce, jugeait qu'avec Delcassé et Briand, « le cabinet Poincaré porte en lui-même le poison dont il mourra » et ne pronostiquait pas pour ce ministère « des chances assurées de longue durée ». À l'épreuve des faits, cette majorité pouvait se révéler fragile, en dépit des apparences, d'autant plus que le président du Conseil se sentait dépaysé devant tant de visages inconnus.

Beaucoup d'historiens ont interprété la formation du ministère Poincaré comme une inflexion vers la droite [7], inflexion que confirmerait la suite, c'est-à-dire l'élection à la présidence de la République puis l'Union nationale des années 1920. Poincaré était-il déjà passé à droite? L'intéressé, sentant monter les suspicions, s'en défendait avec véhémence et multipliait les professions de foi républicaines dès que l'occasion s'en présentait. On cite toujours à ce propos la réplique lancée au député modéré de Paris Charles Benoist [8] le 5 mars 1912 devant la commission du Suffrage universel. On y débattait de la représentation proportionnelle. Poincaré, sentant l'hostilité irréductible d'une partie des « républicains » à ce mode de scrutin, déclara qu'un gouvernement républicain qui entendait gouverner avec une majorité républicaine ne pourrait passer outre à cette hostilité. Charles Benoist qui, depuis des années, militait en faveur de la représentation proportionnelle et qui, sur cette question, avait cru trouver en Poincaré un allié, protesta et lança au président du Conseil : « De vous à moi il n'y a pas tant de différence ! » Poincaré saisit la balle au bond et avec l'art de la réplique qui était le sien, il lui répondit : « De vous à moi, il y a toute l'étendue de la question religieuse. Je n'ai jamais changé et j'ai toujours été dans mon département combattu par la droite et défendu par la gauche. » Charles Benoist, d'habitude si disert, resta bouche bée. Cette apostrophe de Poincaré, qui comportait une part d'habileté tactique, pourrait être rapprochée de multiples autres déclarations antérieures ou postérieures, déclarations spontanées ou textes plus réfléchis. Tout au cours de l'année, Poincaré chercha à « rassurer l'opinion républicaine » et multiplia les clins d'œil aux laïcs en participant aux manifestations de la Ligue de l'enseignement, en assistant à son congrès annuel.

Quelques semaines plus tard, Poincaré faisait écho à ce débat devant le conseil général de la Meuse, qu'il présidait, en déclarant : « J'ai loyalement servi dans notre chère Lorraine au premier rang des républicains [9]... » Reprenant presque mot pour mot les termes qu'il avait employés en 1898 dans un article publié dans la *Revue de Paris,* il dessinait ses frontières politiques. D'un côté, il écartait « les partis qui professent sur les relations de l'Église et de l'État des opinions qui sont la dénégation de la doctrine républicaine ». D'un autre côté, sans exclure, sans fermer de porte, il constatait que « dans les questions vitales – ordre public, devoir des fonctionnaires, institutions militaires, conception du patriotisme –, le groupe des socialistes unifiés met son point d'honneur à élever lui-même la barricade entre lui et les républicains gouvernementaux ». Vis-à-vis de ceux qu'il avait appelés jadis les collectivistes, Poincaré n'avait pas changé d'attitude ; toutefois, si les hommes évoluaient, s'ils abandonnaient leur intransigeance doctrinaire, une collaboration devenait possible avec eux. Alexandre Millerand, avec lequel en 1899 il avait refusé de collaborer, était devenu son ministre de la Guerre. Il en allait de même pour Aristide Briand, puis bientôt pour René Viviani. Le nouveau gouvernement rejetait les deux extrêmes et réalisait une concentration qui « groupait dans un même sentiment toutes les fractions du parti républicain ». Avec ce gouvernement, les conquêtes laïques et « l'École neutre garantie par la laïcité de l'État » étaient défendues sans aucune concession. À cet égard la droite catholique ne nourrissait aucune illusion. C'est pourquoi faire de Poincaré un homme de droite relève soit du procès d'intention délibéré, soit d'un anachronisme, soit d'un manque de jugement. Selon les critères retenus à l'époque, Poincaré était encore un homme de gauche ; c'était un libéral attaché à la propriété privée, très réservé sur les interventions de l'État dans le domaine des entreprises ; il était plus attentif aux individus qu'aux groupes et aux associations mais sa volonté de « recherche persévérante des améliorations sociales » ne peut être mise en doute.

Raymond Poincaré fut un président du Conseil populaire ; la personnalisation de cette fonction était un phénomène nouveau ; certes, aucun Français n'avait oublié le nom de Georges Clemenceau, mais lors de son passage au pouvoir le Tigre n'avait pas été vraiment populaire et avait déchaîné à gauche une forte hostilité. Ses successeurs, en dépit de leurs qualités, étaient vite retombés dans l'anonymat parlementaire dont quelques-uns n'étaient même jamais sortis. La France a-t-elle connu en ce début de l'année 1912 un « effet Poincaré » ? C'est impossible à mesurer. L'un des grand atouts de Poincaré fut l'appui qui lui donnèrent la grande presse et les quotidiens « sérieux » comme *Le Temps* et *Les Débats ;* dans l'opinion ils répandirent d'une manière diffuse l'idée que Raymond Poincaré était l'homme d'État dont la France et la république avaient besoin. « Rarement ministère a été aussi bien accueilli que celui de M. Poincaré », constatait la *Revue des Deux Mondes*. La presse parisienne était relayée par les quotidiens de province comme *La Petite Gironde*, *La Dépêche de Toulouse* et bien d'autres. Dans les journaux de l'est de la France, qui étaient déjà attentifs à ses faits et gestes avant son accession à la présidence du Conseil, ses interventions étaient mises en perspective ; au-delà des choix politiques, on insistait sur sa personnalité, sur son profil. *L'Est républicain* de Nancy soulignait « son ardeur admirable », « son caractère républicain », sa « remarquable clarté sans esprit de clocher... sans niaiserie provinciale... » Cette popularité où la propagande avait une faible part – où du moins la part de fabrication était sans comparaison avec la manière dont les agences de communication d'aujourd'hui façonnent une personnalité et un profil – se développa au cours de l'année 1912 ; elle fut sans doute renforcée par le voyage en Russie. La racine nationale de cette popularité doit être soulignée sans être exagérée : Poincaré avait rendu à la France sa fierté. C'est pourquoi il était populaire dans la France bourgeoise et paysanne des villes moyennes et petites et des campagnes ; il était accepté par les élites, auxquelles il appartenait ; il était toléré par les catholiques, qui le préféraient aux politiciens radicaux, les « sectaires », responsables de la Séparation et de la politique antireligieuse. Un segment de la société lui était totalement étranger, celui des ouvriers des banlieues et des localités industrielles ; c'était un monde qu'il ne connaissait pas, auquel il ne savait pas parler, et qu'il avait d'ailleurs la prudence d'éviter. À son égard, sa fraction syndicalisée et politisée, celle que les historiens ont ensuite appelée le mouvement ouvrier, ne pouvait nourrir qu'une vive hostilité. Dans la France des années 1910, ces catégories étaient très minoritaires ; quand elles descendaient dans la rue lors d'une grève ou pour célébrer le 1er Mai, elles faisaient peur. Par sa personnalité, Poincaré non seulement rassurait contre le danger collectiviste et révolutionnaire, mais encore il représentait les aspirations et les valeurs d'une majorité de Français qui se reconnaissaient en lui.

LA GESTION DE LA POLITIQUE ÉTRANGÈRE

Raymond Poincaré s'installa au Quai d'Orsay dans le bureau de Vergennes. Il avait l'ambition de donner aux affaires une impulsion personnelle. Pour la première fois il assumait cette responsabilité. Poincaré lisait tous les télégrammes et rapports d'agents ; il esquissait les réponses et souvent rédigeait lui-même notes et instructions sans cesser d'exercer un contrôle sur la politique générale du ministère. Il lia cette responsabilité à la politique de défense et travailla en liaison étroite avec le nouveau ministre de la Guerre, Alexandre Millerand, et avec le ministre de la Marine, Théophile Delcassé. Ses collaborateurs les plus proches étaient deux diplomates de carrière, les ministres plénipotentiaires William Martin et Jules Dæschner – lequel avait été le collaborateur de Maurice Rouvier et de Paul Cambon –, secondés par le secrétaire d'ambassade Bizouard de Montille, sous-chef de cabinet. Un autre collaborateur, Adolphe Pichon, venait du Conseil d'État. Marcel Gras était chargé du secrétariat particulier. Pour la gestion du département, il faut retenir deux noms, ceux de Maurice Paléologue[10] et de Pierre de Margerie[11] : le premier, qui revenait de Sofia, était un ami de jeunesse qu'il avait appelé à la direction politique du Quai d'Orsay ; le second, également diplomate de carrière, devint son adjoint ; on le retrouvera dix ans plus tard ambassadeur à Berlin lors de l'occupation de la Ruhr. Ces deux hommes établissaient des liens avec le monde conservateur. Les discussions ultérieures sur le cas Paléologue ont jeté une certaine ombre sur cette collaboration. Dans une décision de Poincaré, il est difficile de démêler ce qui revenait à Poincaré lui-même de ce qui découlait de l'influence de Paléologue. Tous deux étaient d'accord pour opérer un redressement national sans faire monter la tension internationale et sans se laisser entraîner dans une nouvelle phase de tension avec l'Allemagne. La crise d'Agadir était encore présente dans tous les esprits. La clé de ce redressement passait par un meilleur fonctionnement de l'alliance franco-russe et une modernisation des forces armées. Poincaré ne changea pas le personnel en place ; il travailla avec les ambassadeurs de la République : Paul Cambon à Londres, Jules Cambon à Berlin, Camille Barrère à Rome, Maurice Bompard à Constantinople et Georges Louis à Saint-Pétersbourg. Ceux-ci comprirent vite qu'ils avaient désormais un patron parfois impérieux et dont il fallait suivre les instructions, et ils pestaient contre ses notes pointilleuses et précises auxquels les ministres précédents ne les avaient pas habitués. « Poincaré tient ses dossiers comme un avocat », écrivait Paul Cambon à son frère Jules. Sous sa plume ce n'était pas un compliment ! Camille Barrère, Maurice Bompard, Philippe Crozier eurent maille à partir avec ce patron peu commode. Avec Georges Louis, malade, frileux et inactif, qui représentait la France à Saint-Pétersbourg depuis 1909, les malentendus et les désaccords ne cessèrent de se multiplier.

Poincaré arrivait au pouvoir avec un héritage de traités et d'accords qu'il devait assumer et un système international déjà en place dont il devait gérer les données. Avec la Russie et la Grande-Bretagne, la France appartenait à ce qu'on appelait la Triple-Entente et, depuis près de vingt ans, était liée par un traité d'alliance à l'Empire russe. La différence de régime politique, la différence de développement économique, les divergences de vues en matière de politique balkanique et orientale ne facilitaient pas la gestion de cette alliance que Poincaré souhaitait consolider. La France avait bénéficié du soutien diplomatique de la Grande-Bretagne durant la crise d'Agadir, mais l'Entente cordiale entre les deux pays ne reposait sur aucun traité, sur aucune obligation réciproque. Les adversaires, ceux d'en face, étaient réunis autour de l'Empire allemand dans la Triple-Alliance ou Triplice. Pour Poincaré le plus urgent était de faire ratifier et d'appliquer le traité franco-allemand du 4 novembre 1911 conclu par son prédécesseur. Il arrivait aux affaires avec la ferme intention de « maintenir entre la France et la grande nation voisine, dans un esprit sincèrement pacifique, des relations courtoises et franches inspirées par un mutuel respect des intérêts et de la dignité ».

Quelques jours après son arrivée au pouvoir, Poincaré dut faire face à un incident imprévu avec l'Italie[12]. L'alliée de l'Allemagne, qui se préparait à renouveler avec celle-ci le traité dit de Triplice pour la cinquième fois mais qui, depuis 1902, avait pris des engagements à l'égard de la France, s'était lancée dans une guerre contre la Turquie à propos de la Tripolitaine dont elle souhaitait faire une colonie. Camille Barrère, depuis longtemps ambassadeur à Rome, avait négocié un accord avec l'Italie qui lui reconnaissait des droits en Tripolitaine dans le cas où la France s'installerait au Maroc. En Tripolitaine, l'installation des Italiens rencontrait l'hostilité de la confrérie des Senousis armée par les Turcs, ce qui lui interdisait la conquête de l'intérieur. L'Italie accusa la France, sans aucune preuve, de faciliter par la Tunisie l'armement des Senousis. Le 16 janvier le navire postal le *Carthage*, qui assurait la liaison Carthage-Marseille, fut arraisonné en haute mer par les Italiens et conduit au port sarde de Cagliari. Camille Barrère, l'ambassadeur français à Rome, qui était alors à Paris, conseilla la voie diplomatique. L'affaire se serait réglée aisément si un second incident n'avait mis le feu aux poudres : deux jours plus tard, le 18 janvier, un autre bateau, la *Manouba*, fut arraisonné sous prétexte qu'il transportait des armes et des « officiers turcs » déguisés en infirmiers du Croissant-Rouge. Legrand, chargé d'affaires à l'ambassade, céda aux injonctions de Rome et les vingt-neuf Turcs furent livrés aux autorités italiennes. Les deux bateaux repartirent ensuite vers Marseille. Poincaré, mécontent de la façon dont le chargé d'affaires s'était comporté, prononça d'un ton raide et patriotique le 22 janvier 1912 devant la Chambre un discours dont la version écrite, publiée à l'*Officiel*, avait été volontairement édulcorée ; une grande partie de la presse et de l'opinion l'approuva ; le coq gaulois s'était dressé sur ses ergots : la France avait montré qu'elle était une grande puissance et qu'elle entendait se faire respecter. L'ambassadeur italien Tittoni perçut cette déclaration « comme un affront personnel » et déplora « cette explosion de nationalisme ». Poincaré eut conscience qu'il avait commis un faux pas et que les relations avec la « sœur latine » en seraient durablement affectées. De retour à Rome, l'ambassadeur Barrère chercha à renouer les fils, soumis à la pression d'un Poincaré qui lui adressait des instructions d'un ton sec, voire comminatoire. Finalement, le 29 janvier, les Turcs furent remis au vice-consul de Cagliari, transférés à Marseille ; un seul d'entre eux, reconnu coupable de fraude, fut expulsé vers la Suisse ; les vingt-huit autres, libérés, furent embarqués pour Tunis. Pour cet incident mineur, Poincaré soumit à rude épreuve l'amour-propre italien et réaffirma le rôle militaire de la France en Méditerranée occidentale. Sur ce point précis, il obtenait le soutien de la Grande-Bretagne. Le dossier juridique fut transmis à la Cour de justice internationale de La Haye, qui rendit pour les deux affaires, en mai 1913, une sentence équilibrée qui ne faisait ni vainqueur ni vaincu.

Par rapport à ses prédécesseurs, le comportement de Poincaré était nouveau par le ton et les mots, plus que par la politique envisagée et poursuivie. Ce ton plut à l'opinion publique française et il irrita durablement les Italiens. Les historiens en tirent argument en faveur du « nationalisme » de Poincaré. Certes, loin de vouloir aggraver les choses, Poincaré souhaitait « trouver une solution prochaine aux deux incidents [...] dans une conversation amicale entre les deux gouvernements[13] ». Il chercha à se rattraper en parlant de l'entente franco-italienne et en prononçant en Sorbonne un discours italophile célébrant Léonard de Vinci. Cette affaire laissa des traces : l'ambassadeur Barrère en fut profondément mortifié ; alors qu'il avait contribué à désamorcer la crise, il subit les foudres de Poincaré et, pendant quelques mois, fut « disgracié » et presque mis à l'écart. De leur côté, plusieurs hommes politiques italiens, dont Giovanni Giolitti, Francesco Nitti et quelques autres, en gardèrent rancune à Poincaré. Dans l'opinion publique de la « sœur latine », Poincaré ne trouva jamais beaucoup de sympathie. Et pourtant il aimait l'Italie et la culture italienne !

Le plus important était la politique de détente à l'égard de l'Allemagne et la ratification des accords du 4 novembre 1911 conclus par son prédécesseur. Le texte déjà voté par la chambre était encore en instance devant le Sénat. Il parvint aisément et rapidement à obtenir l'assentiment de la Haute Assemblée. Les débats de ratification durèrent six jours, du 5 au 10 février[14]. Présent au banc du gouvernement, il intervint souvent dans les débats pour défendre le texte : « un traité qui n'est pas parfait [...] qui impose de lourdes contreparties [...] de cruels sacrifices mais qu'une impérieuse nécessité impose de voter » (10 février 1912). Dans sa conclusion, il résumait ainsi la politique extérieure de la France : « Notre alliance avec la Russie, notre entente cordiale avec l'Angleterre sont des articles intangibles de notre programme extérieur... La France républicaine est profondément pacifique mais elle voit le meilleur gage de la paix dans la conservation jalouse de sa puissance militaire, navale et financière [...] dans une défense attentive et persévérante de nos droits et de nos intérêts ». C'était l'avis de Clemenceau qui, après avoir émis de sévères critiques à l'endroit du traité, vota en faveur de sa ratification. Le Sénat le suivit à une très forte majorité par 212 voix contre 42.

Poincaré veilla ensuite à ce que le traité fût scrupuleusement appliqué. Lors de son arrivée au pouvoir, il était un quasi-inconnu pour l'opinion allemande. Les grands journaux, peu attentifs à la politique intérieure française, n'avaient cité son nom que fugitivement et sans appréciation particulière. Les premiers rapports de l'ambassadeur allemand à Paris, Schoen, et du chargé d'affaires Lancken à leur gouvernement étaient plutôt positifs. Pour sa part, Schoen insistait sur le fait que, dans les affaires balkaniques, Poincaré était très circonspect et poussait à la négociation et à la paix. C'est pourquoi les relations avec l'Allemagne restèrent correctes. À Berlin, l'ambassadeur Jules Cambon [15] travaillait dans ce sens et signalait à son ministre que l'empereur et le chancelier étaient favorables à la détente et qu'ils prononçaient même le mot « rapprochement ». Dans les papiers Cambon sont conservés les brouillons des lettres personnelles de l'ambassadeur à son ministre. Malheureusement, nous ne connaissons pas les réponses de celui-ci. Elles confirment ce que nous savons par ailleurs des attentions particulières de Guillaume II et du chancelier Bethmann. L'empereur lui prit la main et lui annonça qu'il avait « un poids de moins sur la poitrine » ; quinze jours plus tard il lui fit dire qu'il se rendrait à l'ambassade ; une autre fois, il fit « compliment à l'ambassadeur de la façon dont se sont terminés les débats de la Chambre » (23 mars). Quelques jours plus tard, Bethmann vint dîner à l'ambassade, où il déclara qu'« il souhaitait du fond du cœur l'apaisement entre les deux pays » (27 mars). Poincaré prenait acte de ces assurances mais restait méfiant, car il savait qu'une rupture de la politique allemande avec le passé n'était pas possible. À propos de l'attitude du gouvernement allemand il notait : « Il semble poursuivre avec une obstination inlassable un rapprochement que seule une réparation complète du passé rendrait possible. » Le mot clé était « réparation », qui faisait référence à une phrase bien connue et souvent répétée de Gambetta : « Les grandes réparations doivent venir du droit. » À cet égard, Poincaré, qui n'était pas naïf, savait bien que Guillaume II, appuyé par l'opinion publique allemande, n'était pas prêt à aller jusque-là. Pour quelques satisfactions illusoires en Alsace, pouvait-on risquer de perdre le bénéfice de la politique de rapprochement et d'alliances menée depuis des années avec la Russie et la Grande-Bretagne ? Évidemment non ; dans l'esprit du président du Conseil, il fallait à la fois appliquer loyalement le traité avec l'Allemagne et consolider les traités avec la Russie et l'Entente cordiale avec la Grande-Bretagne.

Politique étrangère et amélioration de l'armée étaient dans l'esprit de Poincaré, comme d'ailleurs dans celui des dirigeants allemands, étroitement associés : augmenter la valeur des éléments offensifs et renforcer nos moyens défensifs. Il s'appuya sur Alexandre Millerand, qui avait quitté le parti socialiste depuis plus de dix ans ; cet ami qu'il tutoyait se montra un ministre actif, travailleur, remarquablement épaulé par son directeur de cabinet, le commandant Buat ; il réorganisa le haut commandement, s'intéressa aux progrès de l'aviation militaire. Poincaré et Millerand cherchèrent à rapprocher l'armée de la population en remettant à l'honneur, ce qui leur a parfois été reproché comme un signe de nationalisme cocardier, retraites militaires et revues, aussi bien à Paris qu'en province. Ils furent tous deux attentifs à l'utilisation des crédits et aux critiques des parlementaires. Lors d'un passage à Verdun après son retour de Russie, Poincaré[16] fut frappé par la lenteur des travaux d'aménagement des réseaux télégraphiques souterrains aux abords des forts. Il fit part de son inquiétude à son ministre : « 100 000 francs débloqués, pas un centime utilisé ! » Au sénateur Charles Humbert qui, dans un discours, avait critiqué la politique militaire du gouvernement, il fit de telles remontrances que celui-ci s'excusa en ces termes : « Je n'ai ni attaqué le gouvernement avec une extrême vivacité ni mis en cause la responsabilité du président du Conseil personnellement » (26 septembre 1912). Ce n'était ni le premier ni le dernier accrochage entre Poincaré et Charles Humbert !

LE PROTECTORAT MAROCAIN

Dans les premiers mois de 1912, la France installait le protectorat marocain et le traité de Fès était signé avec le sultan le 30 mars 1912. L'Allemagne s'était résignée à la présence française dans ce pays. Il fallait maintenant désigner un résident général dans le nouveau protectorat. Un civil ou un militaire ? Parmi les civils, Charles Jonnart[17] ancien gouverneur de l'Algérie, pouvait être un excellent candidat ; son collègue et ami Alexandre Ribot se fit son avocat et rencontra plusieurs membres du gouvernement, dont le président Poincaré (9 avril 1912). Celui-ci préférait Paul Révoil, qui était l'un de ses amis personnels et qu'il connaissait mieux.

Sur le terrain, malgré l'accord avec le sultan, la situation se dégrada au cours du mois d'avril 1912 ; les tribus du Rif et de l'Atlas étaient entrées en rébellion ; des incidents graves éclatèrent à Fès et à Marrakech. Léon Bourgeois proposa alors de choisir un militaire. Poincaré penchait pour le général d'Amade ; ce fut Millerand qui fit prévaloir le nom du général Hubert Lyautey, qui commandait depuis 1910 la région militaire de Rennes. Après une expérience coloniale longue et variée, Lyautey avait été de 1903 à 1910 en poste en Algérie et connaissait parfaitement les confins algéro-marocains. Il fut nommé résident général au Conseil des ministres du 27 avril 1912[18]. Le lendemain, Poincaré et Lyautey déjeunaient chez Millerand à Versailles. Puis Lyautey se prépara à ses nouvelles fonctions et débarqua à Casablanca le 13 mai 1912. Il inaugurait un proconsulat remarquable qui allait durer plus de douze ans. Poincaré et Lyautey se connaissaient et se rencontraient depuis la fin des années 1890 ; les deux hommes s'appréciaient ; ils étaient trop différents pour être des amis ; la sensibilité monarchique et aristocratique de Lyautey, son dédain parfois affiché et cruel à l'égard du personnel républicain et des manœuvres parlementaires n'étaient pas faits pour les rapprocher. Lyautey reprochait à Poincaré d'être insaisissable, de manquer de courage par rapport au milieu parlementaire ; il était informé par Paléologue, qu'il rencontrait dans le monde, par Pierre de Margerie, l'un de ses correspondants, et par André Tardieu de ce qui se passait dans les coulisses du pouvoir.

Le débat sur la représentation proportionnelle

À son arrivée au ministère, Raymond Poincaré trouva un débat qui empoisonnait la vie parlementaire depuis 1905, celui de la représentation porportionnelle. L'ensemble de la droite espérait de ce mode de scrutin une meilleure représentation. Les socialistes unifiés le désiraient aussi et Jaurès s'était prononcé maintes fois en sa faveur. Les adversaires les plus déterminés de la proportionnelle se rencontraient chez les radicaux, qui craignaient d'en faire les frais. À plusieurs reprises, Poincaré s'était prononcé en faveur de la proportionnelle, mais il serait osé d'en faire un militant convaincu de ce mode de représentation.

En janvier 1912, il s'engagea à faire aboutir un projet de loi établissant le mode de scrutin proportionnel pour l'élection des députés à une seule condition : il fallait qu'une majorité républicaine se dégageât en faveur de ce mode de scrutin. Un débat long, confus et peut-être même dangereux pour le ministère était à prévoir. Au lieu de faire traîner les opérations, Poincaré s'engagea et déploya une énergie peu commune sur un sujet où les manœuvres et les arrière-pensées étaient permanentes. Au terme d'un débat fertile en rebondissements, Poincaré posa en juillet la question de confiance et fit adopter un projet à une belle majorité par 339 voix pour et 217 contre [19]. À cette occasion une partie de ses amis les plus fidèles, parmi lesquels André Maginot, s'étaient séparés de lui.

Maintenant il fallait franchir l'obstacle du Sénat, où les adversaires du projet étaient redoutables, parmi lesquels Clemenceau et Combes, qui avaient fondé pour le combattre un Comité de défense du suffrage universel. Poincaré souhaitait trouver un compromis avec la Haute Assemblée. Il déclarait en effet aux députés : « Nous restons prêts à rechercher avec les majorités républicaines des deux Chambres toutes les améliorations que peut comporter le projet, mais qu'on ne nous demande ni de renoncer à la réforme ni d'en abandonner les idées maîtresses. » Cette énergique déclaration était le prélude à un enterrement de première classe dans les cartons du Sénat. Dans les papiers

Poincaré, on trouve le brouillon d'une lettre non datée adressée au sénateur Georges Clemenceau (mais sûrement postérieure au vote du 20 juillet) dans laquelle il demandait à son « cher adversaire et ami [...] de reprendre la conversation à ce sujet [afin de] mettre d'accord les républicains sur un texte positif ». Il rappelait à Clemenceau, qui n'avait nul besoin qu'on lui mît les points sur les i, que « la très grande majorité des républicains étaient groupés autour du cabinet[20] ». Nous ne connaissons pas la réponse de Clemenceau ; nous ne savons même pas s'il répondit. En tout cas, le Sénat repoussa en mars 1913 à une large majorité le projet de la Chambre, et la réforme électorale fut enterrée pour de longues années. Sur ce point, Poincaré n'était pas pressé d'aboutir...

Le voyage en Russie

La partie la plus délicate de l'activité de Raymond Poincaré fut la gestion de l'alliance franco-russe dans une période où les conflits balkaniques se réveillaient. Les Russes se mirent à intervenir avec vigueur et à négocier directement avec la Bulgarie. Dans un important article intitulé « Les Balkans dans les relations franco-russes[21] », René Girault a repris l'ensemble du dossier et versé quelques pièces nouvelles. Il éclaire les activités de l'ambassadeur russe en France, Alexandre Isvolski, qui a négocié directement à Paris, prenant à contre-pied l'ambassadeur français à Saint-Pétersbourg, Georges Louis[22]. Celui-ci fut pratiquement mis hors jeu, ce dont il éprouva une vive amertume et un ressentiment durable à l'égard de Poincaré, dont il désapprouva les initiatives. Poincaré eut beaucoup de mal à démêler l'imbroglio balkanique où les Russes négocièrent avec les Serbes et les Bulgares et prirent des engagements à l'insu des Français. Comment Poincaré était-il informé ? Quels conseils donna-t-il à cet allié de la France dont les engagements lui paraissaient dangereux ?

Poincaré noua des relations étroites avec Isvolski[23]. Ce personnage a tellement été caricaturé et calomnié qu'il est très difficile aujourd'hui de se faire une idée exacte de sa personnalité, de son action et de son influence réelles. Ancien ministre russe des Affaires étrangères (1906-1910), très versé dans les affaires balkaniques, Isvolski était arrivé à Paris en 1910. Il prit l'habitude d'aller fréquemment au Quai d'Orsay discuter avec le ministre, à tel point que l'on a souvent parlé de l'influence d'Isvolski sur Poincaré. Influence réelle ou influence supposée ? Dans quelles circonstances ? Jusqu'où ? On a écrit et répété que Poincaré était devenu l'homme d'Isvolski, qu'Isvolski voulait la guerre et qu'il aurait entraîné le président français sur la pente fatale. Poincaré était trop intelligent pour se laisser dominer par l'ambassadeur d'un pays allié. S'était-il déjà laissé dominer par d'autres ? Mais il n'y a pas de fumée sans feu. Comment décrire et expliquer cette relation qui va se prolonger jusqu'en 1917 et qui a connu des hauts et des bas ? Dans les deux premiers volumes de ses Mémoires[24] publiés en 1926, Poincaré multiplia les remarques critiques à l'égard d'un Isvolski qui, à cette date, était déjà décédé. En accentuant ses réserves, Poincaré ne cherchait-il pas à répondre aux attaques qu'Ernest Judet, Alfred Fabre-Luce et d'autres pamphlétaires anonymes lançaient contre lui ? Le portrait d'Isvolski tracé par Poincaré n'était guère flatteur ; cependant, c'était son devoir de recevoir régulièrement l'ambassadeur d'un pays allié ; il recevait Isvolski comme il recevait le Britannique Francis Bertie et d'autres encore. De là à en déduire qu'il entrait dans ses vues et qu'il était l'auxiliaire de ses manœuvres !

L'alliance franco-russe avait une histoire à laquelle Poincaré n'avait pas été directement mêlé. Certes, par Alexandre Ribot, par Jules Develle, il avait été informé de la façon dont elle avait été conclue ; son premier contact de responsable avec le versant financier de l'alliance se situait en 1906 lors de son bref passage Rue de Rivoli. Depuis 1892 l'alliance avait évolué et, en 1909, lors de la crise bosniaque, la France était restée en retrait ; elle n'avait pas appuyé la Russie contre l'Autriche-Hongrie ; la Russie avait fait des reproches à son alliée. Depuis cette crise balkanique il y avait eu l'affaire d'Agadir durant laquelle la France avait obtenu le soutien diplomatique de la Grande-Bretagne, la Russie étant restée plus en retrait. Dans ses Mémoires, Poincaré affirmait qu'il ne connaissait pas le texte exact de la convention militaire entre les deux pays : « Mon premier soin avait été de me faire ouvrir l'"armoire de fer" où se trouvait le document de 1892, conservé dans une enveloppe qui portait une annotation de la main de Félix Faure... » Puis il reproduisait en entier ce texte dont il écrivait qu'« il est impossible d'en contester le caractère défensif et pacifique[25] ». Dans le nouveau contexte marqué par l'accroissement de la puissance militaire allemande, Poincaré estima qu'il devait chercher à rétablir « une pratique plus intime, plus étroite de l'alliance ». À la différence de Stéphen Pichon, qui en 1909 n'avait pas soutenu la Russie contre l'Autriche-Hongrie, il ne « [voulait] pas exposer la France à recevoir de la Russie les mêmes reproches qu'en 1909 », orientation dont Isvolski se réjouit.

Dans les semaines qui suivirent son arrivée au pouvoir, Poincaré vit se succéder informations et avertissements de plusieurs ambassadeurs au sujet des intentions de la Russie dans les Détroits, dans l'hypothèse d'un effondrement de l'Empire ottoman ; elle cherchait à se rapprocher de l'Italie et de l'Autriche-Hongrie ; le ministre Sazonov[26] se dérobait aux contacts, tandis que l'ambassadeur Georges Louis, âgé et malade, était incapable d'obtenir de ses interlocuteurs les informations utiles. La question de son remplacement fut posée, d'abord par les Russes eux-mêmes. Poincaré fut irrité au plus haut point par une information concernant un pacte secret serbo-bulgare conclu sous l'égide de la Russie sans que la France eût été consultée. Les péripéties de la guerre italo-turque en Méditerranée orientale étaient un autre sujet d'irritation, car Poincaré avait les preuves que la Russie soutenait l'Italie.

Une plus grande confiance réciproque passait par une meilleure connaissance des hommes, de leurs projets et de leurs intentions. Poincaré devinait que dans les Balkans, les Russes menaient leurs propres affaires sans informer leurs alliés, car les Anglais aussi étaient tenus à l'écart. Pour restaurer une communauté de vues et d'action entre les deux alliés, Poincaré décida de se rendre en Russie et d'y prendre contact avec le tsar Nicolas II et les dirigeants russes. À la fin de mars, les Russes acceptèrent le principe d'un voyage officiel du président du Conseil pour le mois d'août.

Le 5 août 1912, Poincaré s'embarqua à Dunkerque sur le *Condé* en direction de Saint-Pétersbourg; c'était la première fois depuis la conclusion de l'alliance qu'un président du Conseil se rendait en Russie et qu'il s'y rendait seul, car Briand, Millerand et Delcassé restèrent à Paris. Poincaré était accompagné seulement de son chef de cabinet Dæschner et de son fidèle valet de chambre Joseph. Le vendredi 9 août, par un temps splendide, le *Condé* jetait l'ancre au large de Saint-Pétersbourg. Un yacht vint les chercher pour les conduire à terre. Poincaré fut reçu très chaleureusement par ses collègues russes, le président du Conseil, Kokovtzov, dont il avait fait la connaissance en 1906 comme ministre des Finances, et le ministre des Affaires étrangères du tsar, Sazonov, qu'il n'avait jamais rencontré; il eut avec le tsar Nicolas II un tête-à-tête d'environ une demi-heure le 11 août. Dans ses papiers comme dans les archives du Quai d'Orsay, il ne reste aucune trace de cette conversation. Sachant que le tsar n'avait sur les détails de la politique russe qu'une influence réduite, faut-il attribuer à ces conversations une importance décisive? Ce fut à Saint-Pétersbourg que Poincaré apprit l'existence de l'alliance secrète serbo-bulgare. « Jusqu'à ma première rencontre avec M. Sazonov, nous n'avions eu, malgré nos démarches réitérées, aucun aperçu de ce document. Nous en connaissions seulement l'existence par des allusions qui avaient été faites par M. Isvolski à propos d'emprunts bulgares [27] ». Cette surprise de Poincaré fut-elle feinte ou réelle ? Après avoir fait des reproches aux Russes – « c'est un traité qui conduit à la guerre ! » –, Poincaré estima qu'il devait « prendre [son] parti des accords balkaniques puisqu'ils avaient été signés à notre insu et qu'ils existaient ». Pour Poincaré, la Russie était un allié précieux qu'il convenait de ménager. Cela dit, il fallait éviter une guerre dans les Balkans et, si par malheur elle se produisait, la France ne pourrait se décider à une action militaire pour des raisons purement balkaniques. Et il répéta à Sazonov : « Nous remplirons les obligations de notre alliance ; nous ne les dépasserons pas. » Dans un ouvrage en langue anglaise sur les origines de la Première Guerre mondiale, l'historien allemand Hans Joachim W. Koch[28] écrivait en 1972 (2ᵉ édition, 1984) cette phrase dans l'introduction : « Que Poincaré ait donné très tôt dans l'année ce qui équivalait à un chèque en blanc en promettant le soutien de la France dans n'importe quelle circonstance, transformant de ce fait l'alliance franco-russe de 1894 d'une alliance défensive en une alliance offensive, ce qui rendait pour le moins la première guerre balkanique possible, est un fait que Fischer [l'historien allemand Fritz Fischer] ignore. » Cette interprétation très extensive de la politique de Poincaré est une affirmation qui ne s'appuie sur aucun document précis et d'ailleurs, dans les développements du livre, l'auteur et ses collaborateurs l'ont oubliée et ne la prolongent pas. Ils ont négligé l'important et toujours utile article de Pierre Renouvin publié en 1934 sur l'évolution de l'alliance franco-russe.

À notre avis, on ne peut accepter cette expression de « chèque en blanc ». Jamais Poincaré n'a été jusque-là. Il s'est en revanche placé résolument dans une politique de bloc, « à la tête du bloc de la Triple-Entente ». Cette orientation pouvait comporter un risque, celui d'inquiéter l'Allemagne et d'aller dans le sens d'une politique de guerre. René Girault n'est pas loin de le penser. Mais elle pouvait aussi signifier que la paix reposerait sur l'équilibre des forces. Après une journée de tourisme à Saint-Pétersbourg et à Moscou, où il visita le Kremlin guidé par l'ambassadeur Isvolski, suant et soufflant, Poincaré de retour à Saint-Pétersbourg, le 16 août, dut discuter d'une note autrichienne avec son collègue russe. Il le quitta en « le priant d'agir avec l'Angleterre et avec nous dans l'intérêt de la paix ». Était-ce là donner à son allié un chèque en blanc ?

Le 20 août au soir le *Condé* était de retour à Dunkerque ; le lendemain, Poincaré débarquait, était reçu par la ville de Dunkerque puis rentrait à Paris où ses ministres l'attendaient.

Que penser de ce voyage et de ses résultats ? Il n'est pas facile à interpréter. Il est clair qu'entre les articles publiés par la presse parisienne et les réalités, la discordance était grande. D'après les journaux, Poincaré était l'homme de l'alliance, un patriote clairvoyant ; il était presque devenu un héros national. À travers les lignes des Mémoires de Poincaré, on devine que les conversations n'ont pas été faciles avec Sazonov et que le déjeuner d'adieu à bord du *Condé* fut plutôt morne. Pas de discours ni de toasts. René Girault commente : « Jamais la température n'a été aussi basse... Poincaré, l'air morne, paraissait se battre les flancs pour trouver quelque chose à dire à ses deux voisins. Bref un enterrement de première classe... » Sans aller jusqu'à une interprétation aussi pessimiste, il est clair que Poincaré a été loin de soutenir ses interlocuteurs ; il leur a donné des conseils de modération. Il avait compris qu'en cas d'un embrasement général dans les Balkans, il y aurait un désaccord, à la limite une incompatibilité entre les objectifs russes (les Détroits) et les intérêts français, et qu'il faudrait peut-être à ce moment faire un choix douloureux. Dans son livre *Krieg der Illusionen* (« La Guerre des Illusions »), publié en 1969, l'historien allemand Fritz Fischer[29] est en retrait par rapport à cette interprétation. Il écrit : « Sazonov voulait le soutien de la France à la politique qu'il avait entreprise dans les Balkans ; jusque-là Poincaré avait en effet refusé de considérer comme acquis le protocole d'alliance au cas où la Russie serait attaquée par l'Autriche-Hongrie pour la défense de ses intérêts balkaniques. Dans l'intérêt d'une pratique plus étroite de l'alliance, il modifia sa position précédente et assura que la France interviendrait au cas où l'Allemagne, à la suite d'une attaque russe contre l'Autriche-Hongrie, attaquerait la Russie en application du traité de la Triple-Alliance ; ce complément fut confirmé encore une fois après son retour à Paris à l'ambassadeur Isvolski. Sans aucun doute cela signifiait un élargissement du précédent traité franco-russe. » L'historien allemand fait ce commentaire : « Dans ses Mémoires, Poincaré a nié avoir accordé au gouvernement russe cet élargissement[30] » ; toutefois il ne peut subsister aucun doute sur ce point précis : à l'automne de 1912, la politique française n'était pas en mesure d'empêcher le gouvernement russe et ses alliés balkaniques d'engager une politique menaçant la paix dans les Balkans. Fischer faisait allusion à l'entrée en guerre des États balkaniques contre la Turquie le 15 octobre 1912. Cette guerre était-elle une conséquence directe du voyage de Poincaré en Russie ? En aucun cas Poincaré n'avait donné le feu vert aux Russes, position confirmée par des déclarations publiques prudentes et modérées : « Il faut localiser le conflit par une action commune avec l'espérance que la guerre restera confinée dans les Balkans et pourra être arrêtée par l'Europe au premier moment opportun. » Ce texte avait une tonalité qui montrait un Poincaré circonspect et prudent. Dans une lettre de septembre 1912 au Belge Camille Huysmans, le socialiste Édouard Vaillant allait dans ce sens.

On indique souvent aussi que Poincaré aurait favorisé l'amélioration des armements russes et accepté de financer la construction de nouvelles lignes ferroviaires stratégiques. Sur ces points les négociations se poursuivaient. Apporter à son allié les moyens financiers et techniques de ne pas être surpassé par son adversaire, est-ce conduire à la guerre ? Assurément non et cela n'était pas contradictoire avec une politique de modération dans les Balkans. Faut-il l'opposer au discours prononcé à Nantes le 26 octobre 1912[31] ? Le ton, vigoureux et national, a été interprété comme « une préparation de l'opinion au conflit, même s'il comporte les affirmations pacifiques rituelles ». Deux mois plus tard, lors du banquet Mascuraud, Poincaré revenait à une ligne plus prudente et définissait la position française :

« Prêter à nos alliés un concours effectif et veiller au maintien de la paix européenne [32]. » Dans ses entretiens avec les Russes, Poincaré avait-il été au-delà de ce qu'il est légitime d'apporter à un allié ? N'avait-il pas compris que son rôle était d'abord de « retenir » les Russes comme longtemps Bismarck l'avait fait avec les Autrichiens ? Renforcer les alliances pouvait être un facteur d'équilibre et donc faire reculer les menaces de guerre. C'est cette interprétation que donnait Jean Jaurès [33] à la tribune de la Chambre lors de la discussion sur la conférence des puissances à Londres :

> « *Nous sommes d'accord, monsieur le président du Conseil : j'enregistre avec joie le signe d'assentiment que vous me faites... Ce qu'il y a de rassurant dans la conférence de Londres et dans le commentaire qu'en a donné M. le président du Conseil, c'est que chacun des groupements, tout en restant fidèle à ses contrats, a compris que ce qu'il existe en Europe, c'est un système d'équilibre et non un système d'antagonisme et que, si les puissances sont divisées en deux, c'est pour mieux négocier et se mettre d'accord* » (21 décembre 1912).

Pendant et surtout après la guerre, quand les adversaires de gauche de Poincaré se mirent à instruire son procès, lui reprochant d'avoir soutenu la Russie sans discernement, ils ont examiné à la loupe les actes de son premier ministère pour y trouver les preuves de leur conviction. À notre avis, ils ont accordé trop d'importance à un seul témoignage, celui de l'ambassadeur Georges Louis, témoignage où le ressentiment l'emporte sur une analyse sereine de la situation. En effet Georges Louis, dont le remplacement avait été évoqué lors du voyage de Poincaré, avait été maintenu en fonctions malgré ses insuffisances. Rien n'autorise à accuser Poincaré d'avoir au cours de son ministère de 1912 mis le doigt dans l'engrenage fatal de la guerre. En Allemagne, la perception de Poincaré demeurait positive. Ni le discours du Havre (départ pour la Russie) ni le discours de Dunkerque (retour de Russie) n'avaient été relevés comme dangereux par la presse. Selon les rapports de l'ambassadeur Schoen, Poincaré ne s'écarterait pas du modus vivendi franco-allemand pour se lancer dans une aventure guerrière.

Les résultats de ce voyage, qui furent bien médiocres et très loin des espoirs, contribuèrent à donner à Poincaré une stature internationale. Nous touchons là l'un des premiers actes politiques de Poincaré à être controversé et versé au dossier de la légende noire. Tous les adversaires de Poincaré reprennent et interprètent ce voyage, depuis Georges Michon jusqu'à Alfred Fabre-Luce dans *L'Histoire démaquillée* publiée en 1967. Il faut bien dire qu'à ce jour nous n'avons pas, et nous ne les aurons probablement jamais, les documents décisifs qui permettraient de trancher sans appel la controverse.

Tant qu'il subsistera des zones d'ombre, les adversaires de Poincaré auront matière à interpréter dans un sens défavorable ses intentions.

La gestion de l'Entente cordiale

Accorder une attention exclusive aux affaires franco-russes conduirait à passer sous silence les relations avec la Grande-Bretagne[34]. Depuis 1904, les relations entre Paris et Londres étaient bonnes et plus faciles à gérer que celles avec la Russie ; l'Entente cordiale n'avait pas supprimé comme par enchantement les désaccords et les compétitions en matière coloniale mais ils avaient perdu tout caractère aigu. Cependant entre les deux pays, il n'y avait aucun traité d'alliance et aucun accord d'assistance dans le cas d'une guerre européenne. Certes la menace allemande les avait rapprochés mais, en Grande-Bretagne, une partie des hommes politiques ne désespérait pas de trouver un accord naval avec l'Allemagne. Au début de l'année 1912, alors que Poincaré s'installait au Quai d'Orsay, le ministre britannique de la Guerre, Lord Haldane, se rendait à Berlin avec un bon espoir de signer un accord. L'ambassadeur Paul Cambon qui avait minoré cette négociation dut faire face à la colère de Poincaré. Heureusement pour lui, l'intransigeance allemande ne permit pas à Haldane de parvenir à ses fins et le rapprochement germano-britannique qui aurait résulté d'un tel accord resta mort-né, ce qui facilita des négociations navales ultérieures entre les deux pays, négociations que Cambon mena avec beaucoup d'habileté. Cet accord que matérialisa un échange de lettres entre le secrétaire d'État au Foreign Office, lord Grey, et Cambon (novembre 1912) prévoyait une concentration de la flotte française en Méditerranée pour protéger notamment les intérêts anglais. En contrepartie la flotte anglaise se concentrerait dans la Manche et dans l'Atlantique-Nord. Il ne s'agissait pas d'un traité avec des obligations réciproques ; chacun des deux pays restait libre et ne prenait aucun engagement d'assister l'autre dans l'hypothèse d'un conflit européen. Les Anglais restaient libres, mais ils se concertaient avec les Français, et les deux pays pouvaient envisager une stratégie commune et complémentaire. Poincaré a probablement surestimé la portée de ces accords. La Grande-Bretagne n'avait donné aucune garantie à la France, mais elle ne négociait plus des « vacances navales » avec l'Allemagne.

À la fin de l'année 1912, la situation internationale apparaissait plus tendue que lors de l'arrivée de Poincaré au pouvoir. Les guerres balkaniques avaient assombri le climat européen et les relations entre les grandes puissances s'étaient dégradées. Poincaré n'avait pas ménagé ses efforts pour apaiser les belligérants et circonscrire le conflit. La ligne qu'il a suivie était celle qu'il avait définie dans son discours de Nantes : « Localiser le conflit par une action commune avec l'espérance que la guerre restera confinée dans les Balkans et pourra être arrêtée par l'Europe au premier moment opportun. » On ne peut dire que Poincaré ait réalisé ce projet ; il n'en avait pas eu les moyens ; mais en aucun cas il n'a eu des comportements qui auraient pu aggraver les choses. La Turquie et les États balkaniques avaient signé un armistice et les ambassadeurs des grandes puissances étaient réunis à Londres pour la négociation du traité de paix. L'alliance avec la Russie avait survécu à de dangereuses tensions. L'Entente cordiale s'était renforcée.

Les grands ambassadeurs avec lesquels il travaillait l'observaient d'un œil plutôt critique et ne le trouvaient pas toujours à la hauteur. Voici ce qu'écrivait dans une lettre privée[35] Paul Cambon, qui représentait la France à Londres depuis 1898 et qui resta à ce poste jusqu'en 1920 :

> « *Il faut en prendre notre parti : Poincaré ne comprendra jamais ce que c'est qu'une conversation diplomatique ni son rôle de président du Conseil et de ministre des Affaires étrangères. Il parle et écrit constamment en soumettant ses moindres paroles au Conseil des ministres, c'est-à-dire en s'arrangeant pour avoir les mains liées et il est incapable d'une action quelconque ou d'un dessein personnel.*
>
> *Avec tout son talent et son intelligence, Poincaré est inconsistant. Il faut toujours prendre garde et ne jamais le laisser se dérober. La peur de la responsabilité est le meilleur moyen d'action sur lui* » (28 novembre 1912).

Doit-on prendre au pied de la lettre un jugement aussi féroce ? Évidemment non. Mais il prouve que les collaborateurs de Poincaré étaient loin d'être impressionnés par ses capacités, par son intelligence, par sa personnalité. Ils savaient garder une distance critique tout en lui apportant le soutien de leurs compétences et de leurs avis. Poincaré n'était ni un homme dangereux ni un va-t-en-guerre.

Dans les méandres de la politique politicienne

C'était l'un des domaines où Poincaré excellait. Il savait trouver les mots qu'il fallait et utiliser au mieux les circonstances. On peut en citer de multiples exemples, convergeant tous vers le même but : affirmer son ancrage indéfectible dans la république patriote et laïque. L'un des plus réussis dans le genre fut le pèlerinage aux Jardies, cette modeste propriété de banlieue où, loin des turbulences parlementaires et des salles de rédaction, Léon Gambetta abritait ses amours avec Léonie Léon. Les amis de Gambetta prirent l'habitude d'aller y évoquer le souvenir du grand homme[36]. Poincaré prononça ce jour-là un discours sorti du cœur où il rappelait sa filiation gambettiste :

« *Pour moi, Messieurs, c'est à peine si tout jeune homme j'ai rencontré deux ou trois fois et timidement écouté de loin celui que plusieurs d'entre vous ne se sont jamais consolés d'avoir si tôt perdu. J'ai cependant été élevé dans le culte de son nom. Je me rappelle comment, pendant la guerre, ces trois syllabes sonores vibraient à mes oreilles d'enfant. Dans la Lorraine envahie se répercutaient comme un appel de clairon l'écho de ses admirables proclamations qui invitaient la France à sauver l'honneur et à espérer contre toute espérance.* »

Puis Poincaré poursuivait en rappelant les discours du tribun à travers la France au cours des années 1870, son rôle majeur dans la campagne électorale qui suivit la crise du 16 mai 1877 et son destin trop tôt interrompu. Il concluait par cette proclamation : « Ceux dont la première jeunesse a connu cette époque républicaine sauront demeurer toute leur vie passionnés pour la liberté. » En avril 1912 mourut Henri Brisson, président de la Chambre des députés depuis 1902. Poincaré sauta sur l'occasion pour brosser devant les députés un portrait chaleureux[37] de ce vieux républicain, insistant sur « son honnêteté, la fermeté de ses convictions, sa foi démocratique, son patriotisme ». Cette disparition permit à l'élégant et pétulant Paul Deschanel, auquel Brisson avait dix ans plus tôt soufflé le perchoir, de retrouver la présidence de la Chambre. L'élection de ce modéré qui se voulait au-dessus des partis, apparut comme une défaite des radicaux et fut portée au crédit du ministère et de son chef. Était-ce vraiment un atout pour Poincaré ?

Quelques semaines plus tard, il se rendit en Côte-d'Or pour inaugurer un monument en l'honneur de Joseph Magnin[38], un ami de Jules Favre et de Jules Simon que Gambetta avait fait nommer gouverneur de la Banque de France. Magnin, qui avait été sénateur inamovible plus de trente ans, avait été un financier prudent. Poincaré, qui l'avait côtoyé au Sénat, utilisa le personnage pour faire habilement l'éloge de la gestion financière et monétaire avisée de la République.

En juillet, la Ligue de l'enseignement tint son congrès à Gérardmer. Surmontant un deuil récent et cruel, ce « fidèle ami » alla encourager « les meilleurs ouvriers de l'instruction populaire et les plus anciens et plus fidèles amis de l'école publique[39] ». Convictions, sincérité et sens tactique pouvaient ici s'harmoniser. Le thème clé de sa déclaration ministérielle, l'union des républicains, était décliné selon les auditoires. À Gérardmer (21 juillet), il assurait devant les congressistes de la Ligue : « Après des divergences momentanées et accidentelles, le parti républicain retrouvera demain, pour de nouvelles victoires, la cohésion et l'union. » Quelques jours plus tard, en compagnie d'Albert Lebrun, il faisait une visite officielle à Nancy[40], ville qui était chère à son cœur et à sa famille et qui venait de retrouver « une municipalité républicaine ». L'accueil chaleureux qu'il reçut de la part de la population l'incita, lors du banquet républicain de plus de 2 000 couverts qu'il présida au parc Sainte-Marie, à se réjouir de « l'approbation publique que vous donnez à son programme d'union républicaine ». Puis il rappela aux convives « ce que représentait la République » : « la souveraineté du suffrage universel, les institutions parlementaires, la liberté de conscience, l'école neutre garantie par la laïcité de l'État, la recherche persévérante des améliorations sociales ». Depuis vingt-cinq ans de vie publique, Poincaré gardait la même orientation politique et prononçait le même discours.

À la rentrée parlementaire, le mécontentement des radicaux-socialistes se manifesta au congrès de Tours (octobre 1912). Poincaré, qui visitait Nantes en compagnie du ministre Guist'hau, insista sur la défense de l'école laïque, puis leur renvoya la balle en ces termes : « Le gouvernement a besoin du concours de tous les républicains » (29 octobre).

Enfin, à la fin de l'année, Alfred Mascuraud invita le président du Conseil au banquet annuel de son association, le Comité républicain pour le commerce et l'industrie. Devant ce groupe de pression aussi discret qu'efficace dont la fonction principale était de collecter des fonds électoraux, Poincaré parla d'économie, ce qui était rare à l'époque ; il se félicita de « l'augmentation générale de la production, de l'aisance de la trésorerie, du développement dans l'ordre et la sécurité ». Il fit ensuite cette remarque : « Dans une année où les événements extérieurs n'ont guère cessé de préoccuper les esprits, les signes ordinaires de la fortune nationale sont restés presque tous favorables. » Par cet auditoire qui était acquis d'avance, Poincaré fut chaleureusement applaudi.

Malgré diverses turbulences, la majorité qui soutenait le ministère avait maintenu sa cohésion. Certes, les radicaux-socialistes traînaient les pieds sans se résoudre à passer à l'acte, tandis que les anciens progressistes, écartés du pouvoir depuis bientôt quinze ans, votaient pour lui. À condition de patienter et de rester discrets, ils s'approcheraient peut-être du gouvernement après des années de purgatoire. Poincaré pouvait se flatter d'avoir maintenu l'union des républicains.

*
**

Au terme d'un an d'exercice du pouvoir, Poincaré avait surmonté de multiples obstacles et demeurait solide, plus populaire dans l'opinion publique qu'au Parlement. Aurait-il duré encore quelques mois, une année supplémentaire ? Tout pronostic est impossible tant un climat parlementaire peut se dégrader soudainement.

On doit enfin s'interroger sur les résultats obtenus en les mettant en parallèle avec les annonces de sa déclaration ministérielle. Poincaré avait-il été en mesure de réaliser ce qu'il avait annoncé ? En matière de politique extérieure, le contrat avait été largement rempli : ratification et application du traité franco-allemand, organisation du protectorat marocain, maintien de relations de courtoisie et de franchise avec l'Espagne. L'Entente cordiale avec la Grande-Bretagne avait été consolidée, le voyage en Russie, à défaut d'avoir dénoué les ambiguïtés des relations franco-russes, avait donné à Poincaré cette stature internationale qui jusque-là lui faisait défaut. Avec l'Italie, la méfiance persistait, et Francesco Nitti lui garda longtemps rancune. En terme de politique intérieure, la loi sur la représentation proportionnelle restait en instance devant le Sénat, le statut fixe pour les fonctionnaires n'était toujours pas élaboré, la « grave question de l'assurance-invalidité » était toujours à l'étude, l'impôt sur le revenu et la réforme fiscale étaient encore dans les limbes. En terme de réalisation, le bilan était plutôt quelconque ; en revanche en terme de perception, le bilan était très positif.

Un article peut-être orienté paru dans la *Revue du mois*[41] en donnait une clé ; c'étaient moins les résultats qui étaient appréciés que le profil : compétence, hauteur de vues, sens de l'intérêt général, volonté pacifique.

Les catholiques libéraux du *Correspondant*, qui n'avaient pas ménagé leurs critiques au cours de l'année écoulée, avaient de la sympathie pour cette candidature « nationale ». Dans la *Revue des Deux Mondes*, Francis Charmes remarquait « quelque chose de plus » dans les derniers discours et soulignait que la « force du ministère actuel » était « son caractère national ». Dans la presse parisienne et dans les journaux de province, on pouvait lire de nombreux articles présentant Raymond Poincaré comme l'homme de la situation. Ne reposaient-ils pas sur des impressions incertaines et fragiles ? Pouvait-on raisonnablement faire des prévisions sur la capacité d'intervention de Raymond Poincaré dans les affaires internationales ? Comme l'explique le plus récent biographe de Poincaré, J. F. Keiger, c'était la politique étrangère qui avait mis Raymond Poincaré en situation, qui lui avait valu une vraie popularité dans le pays et qui lui permettait de poser avec des chances de succès sa candidature à la magistrature suprême.

CHAPITRE II

Le président de la République : un acteur ?

Le 17 janvier 1913, Raymond Poincaré était élu à Versailles président de la République. Les circonstances de son élection sont connues et ont été maintes fois racontées [1]. Il est nécessaire d'en reprendre le récit et indispensable d'expliquer pourquoi Poincaré s'est présenté et dans quel contexte et avec quelle majorité il a été élu. En effet cette candidature intrigue. Depuis 1879, la fonction de président de la République était plus honorifique que politique. En 1887, les parlementaires avaient écarté l'énergique Jules Ferry et préféré le terne Sadi Carnot. Quelques années plus tard, constatant son impuissance, Casimir Perier avait démissionné. Pourquoi Raymond Poincaré, qui avait encore un avenir et était perçu comme un homme de caractère et de gouvernement, en vint-il à postuler une fonction dont il ne pouvait ignorer les limites ?

Candidat à l'Élysée

Le président sortant, le paisible et fin Armand Fallières, avait soixante et onze ans ; il aspirait à finir ses jours dans son Sud-Ouest natal en surveillant ses chères vignes du Loupillon. Comme il avait annoncé clairement ses intentions, les grandes manœuvres de la succession commencèrent au cours de l'été de 1912. Les radicaux souhaitaient installer à l'Élysée l'un des leurs. Leur candidat naturel paraissait devoir être Léon Bourgeois, ministre du Travail de Poincaré. Cet ancien président du Conseil avait derrière lui une longue carrière parlementaire et ministérielle. Au fond de lui-même, il avait refusé de poser sa candidature mais il restait silencieux. Pour la première fois, il s'ouvrit de cette question devant Poincaré en avril 1912 et lui suggéra de poser sa candidature. Poincaré lui fit toutes sortes d'objections. À plusieurs reprises, les deux hommes en reparlèrent et Poincaré chercha amicalement à faire revenir son ami sur son refus. Dans l'attente d'une candidature Bourgeois soutenue par les radicaux, deux prétendants se déclarèrent parmi les modérés : Paul Deschanel[2] et Alexandre Ribot[3]. Le premier, qui appartenait à la même génération que Poincaré, venait de retrouver la présidence de la Chambre. Fils d'un proscrit du 2 Décembre, il était né en exil à Bruxelles et il aimait à rappeler cette conception républicaine; il était aimable, cordial, élégant; il était à l'aise dans le monde et savait tourner les discours de circonstance; toutefois il paraissait bien léger et, de surplus, il n'avait jamais eu la moindre expérience gouvernementale. Le second, Alexandre Ribot, député de Saint-Omer, était sage, respecté et expérimenté; c'était un grand parlementaire; il avait l'âge et les qualités requises (il avait été trois fois président du Conseil), mais il était écarté des affaires depuis longtemps et n'était pas assez marqué à gauche. Poincaré lui avait laissé entendre qu'il le soutiendrait. Quand Poincaré annonça sa candidature, il s'estima trahi! Un autre ministre de Poincaré, le sénateur Jean Dupuy[4], l'influent patron du *Petit Parisien*, se mit aussi sur les rangs sans trop croire à ses chances.

À la fin de décembre 1912, au grand embarras de ses amis radicaux, Léon Bourgeois fit savoir que pour des raisons de santé il renonçait à la candidature. Raymond Poincaré annonça immédiatement la sienne et trouva spontanément l'appui de la grande presse. Poincaré avait-t-il déjà pris sa décision avant l'annonce du retrait de son collègue? Connaissait-il déjà les intentions de Léon Bourgeois? Cette donnée est-elle la seule à prendre en considération? Doit-on, comme l'affirme l'historien britannique J.F. Keiger[5], mettre l'accent sur sa volonté de veiller sur l'orientation de la politique étrangère et d'en maintenir l'unité avec l'accord de ministres responsables? On peut le déduire de ses déclarations et de ses comportements ultérieurs. Était-ce le mobile profond de sa candidature? Jamais Poincaré ne s'est exprimé clairement sur ce point. Avait-il intérêt d'ailleurs à le faire? De nombreux témoignages font état aussi d'une rivalité latente entre Raymond Poincaré et Paul Deschanel, le premier étant exaspéré par l'activisme du second. À ces données politiques vinrent s'ajouter les rumeurs d'une campagne de presse de *L'Œuvre* et de *L'Éclair*, alimentée par des articles anonymes qui attaquaient Mme Poincaré. Pour des raisons obscures, Ernest Judet[6], directeur de *L'Éclair*, journal plutôt orienté à droite, s'était prêté à cette manœuvre et, dans les couloirs des assemblées, des parlementaires radicaux propageaient avec complaisance des ragots sur les mystères de sa naissance, sur sa « bigamie », sur son mariage civil. Selon le témoignage de Gheusi[7] qui s'était rallié à la candidature Deschanel parce que Poincaré lui avait catégoriquement déclaré qu'il ne serait pas candidat, ce furent les attaques et les calomnies lancées contre sa femme qui l'auraient décidé à « relever le défi ». Une part de mystère demeure néanmoins sur les mobiles exacts de cette candidature de Raymond Poincaré à l'Élysée. Ce fut Maurice Bernard qui porta à l'Agence Havas, le 26 décembre 1912 à 11 heures du soir, une note « qu'il avait finie par m'arracher ». Sa candidature fut tout de suite considérée comme définitive.

Cette annonce mit les radicaux en émoi, car ils craignirent de voir la présidence échapper à leur parti. Le plus mécontent de tous fut Georges Clemenceau qui, jusque-là, s'était tenu en retrait. Il entra en campagne pour trouver un candidat de gauche. Depuis 1887, date à laquelle il avait fait échouer Jules Ferry puis élire Sadi Carnot, il était le faiseur de rois et aucun président n'avait été élu sans son accord ou son soutien. Le Tigre trouva un candidat en la personne de Jules Pams[8], ministre de l'Agriculture de Poincaré. C'était un radical du Midi, bon vivant, sympathique et de surcroît d'envergure limitée. Il avait le profil idéal pour continuer dans le style des Loubet et Fallières. Selon Poincaré, qui n'avait d'abord pas pris cette candidature au sérieux, elle aurait été en réalité « préparée de longue date ». Le but de Clemenceau était d'écarter Poincaré; les deux hommes s'étaient fait des politesses mais ne s'étaient jamais beaucoup appréciés. Clemenceau avait soixante-douze ans et le temps lui était compté; il pressentait que, si Poincaré s'installait à l'Élysée, il perdrait tout moyen de pression et d'action et serait probablement définitivement écarté du pouvoir. Ce calcul n'a pas été étranger à son intervention active dans l'élection. D'autres adversaires se dressèrent contre lui, dont Joseph Caillaux qui annonça dans les couloirs qu'il ferait tout « pour barrer la route au sénateur de la Meuse ». À gauche également, le président du Sénat, Antonin Dubost[9], décida de tenter sa chance; cette fonction semblait lui ouvrir les portes de l'Élysée; il était théoriquement le candidat idéal; cet homme sans envergure contre lequel Clemenceau et Caillaux multipliaient les sarcasmes cruels ne pouvait être vraiment dans la course. S'il persévérait malgré tout dans ses intentions, on devinait qu'il ne dépasserait pas le premier tour.

De son côté, Poincaré, loin de se laisser intimider, s'engagea à fond; il recevait des parlementaires et orchestra dans la presse une formidable campagne en sa faveur. L'objectif était de prouver que le pays se prononçait pour sa candidature, qu'en quelque sorte les Français attendaient son élection et que les parlementaires n'avaient plus qu'à ratifier leur vœu. Depuis le début du régime républicain, c'était la première fois qu'une telle opération se déclenchait. Poincaré y était-il totalement étranger? On ne peut le croire, mais la démonstration scientifique, irréfutable est impossible. Non seulement *Le Temps*, *Le Matin*, *L'Écho de Paris* et la grande presse parisienne, mais encore de nombreux quotidiens républicains de province entrèrent en campagne. Le directeur de *L'Est républicain*, René Mercier, était enthousiaste : « Un seul homme est véritablement désigné pour la présidence de la République : c'est Raymond Poincaré. Seul de tous les candidats, il a su préserver l'estime de tous les partis républicains ; il a mis son immense talent au service de la République... M. Poincaré n'a pas connu les pressions de partis même dans les luttes les plus dures. Il est considéré par tous dès maintenant comme un arbitre des intérêts français. Et les difficultés présentes l'ont élevé bien plus haut encore, puisque toute l'Europe hier écoutait sa voix et aujourd'hui s'en félicite puisque ses conseils ont calmé les colères grondantes des peuples armés ; puisque sa parole a apaisé la menace des canons et adouci l'éclair des baïonnettes [10]... » On pourrait citer venant de toutes les régions de France des textes de ce genre. Ce mouvement si impressionnant ne pouvait être entièrement spontané.

Un incident de dernière heure faillit tout compromettre : le 10 janvier 1913 parut au *Journal officiel* un arrêté qui réintégrait le commandant du Paty de Clam. Cet officier qui avait interrogé Dreyfus à la prison de la Santé en octobre 1893, avait été à l'origine de son inculpation puis du premier procès devant le Conseil de guerre. Cette réintégration souleva une tempête à gauche. Le ministre de la Guerre Millerand expliqua qu'il s'agissait « de tenir un engagement pris par un de mes prédécessseurs et auquel je ne pouvais pas me soustraire [11] ». Au lieu de soutenir son ministre, qui était aussi son ami personnel, Poincaré lui demanda sa démission. Millerand fut ulcéré. Trente ans après, rédigeant ses Mémoires, il commentait cette affaire en ces termes : « Le courage civil ne fut jamais la caractéristique de Poincaré. Il avait à un degré que j'ai rarement vu atteint la phobie des responsabilités. Il manifesta que ma démission lui paraissait la solution préférable. Je ne la lui fis pas attendre [12]... » À la suite de l'effervescence qui s'était emparée des milieux politiques, Poincaré était devenu très pessimiste [13] : « Je considère maintenant mon élection comme impossible. Mais peu importe ! L'essentiel est que l'erreur que tu as commise et les conséquences politiques qu'elle a entraînées laissent intacte notre vieille amitié », s'excusait-il le 13 janvier auprès de Millerand.

Pendant ce temps, les procédures de consultation des parlementaires républicains suivaient leurs cours. Depuis 1879, les groupes républicains des deux Chambres avaient coutume de se réunir au palais du Luxembourg pour désigner leur candidat commun au Congrès de Versailles. Les groupes de droite étaient naturellement exclus de cette réunion préparatoire. Toutefois, un problème délicat se posait à propos des républicains progressistes. Devait-on inviter à la réunion les parlementaires de cette famille politique qui, manifestement, n'appartenait plus à la gauche ? Leur présence ou leur absence pouvait être déterminante. On adopta une solution assez étrange : les 44 députés du groupe républicain progressiste de la Chambre furent exclus tandis que les 46 sénateurs républicains progressistes furent conviés parce qu'ils étaient membres du groupe de la Gauche républicaine. Parmi eux se trouvait l'ancien président du parti, Jules Méline, qui avait toujours été invité à la réunion préparatoire et qu'il aurait été maladroit d'exclure. Les socialistes unifiés déclinèrent l'invitation.

À l'issue du premier tour de la réunion préparatoire, les voix se dispersèrent entre sept candidats. Raymond Poincaré arrivait en tête, très loin de la majorité absolue; il ne devançait Jules Pams que de quelques voix seulement. Le deuxième tour de scrutin paraissait très ouvert.

Premier tour de la réunion préparatoire

Inscrits : 746 – Votants : 634

Raymond Poincaré	180 voix
Jules Pams	174
Antonin Dubost	107
Paul Deschanel	83
Alexandre Ribot	52
Jean Dupuy	22
Théophile Delcassé	7
Divers	9

Arithmétiquement, Jules Pams, en faveur duquel Antonin Dubost, président du Sénat, s'était désisté, devait prendre la tête au deuxième tour. Les autres candidats ne s'étaient pas prononcés en faveur de Poincaré : Paul Deschanel s'était retiré purement et simplement. Alexandre Ribot avait fait de même en termes moins précis.

Deuxième tour de la réunion préparatoire

Inscrits : 746 – Votants 622

Jules Pams	283 voix
Raymond Poincaré	272
Alexandre Ribot	25
Paul Deschanel	22
Antonin Dubost	8
Jean Dupuy	7
Théophile Delcassé	3
Divers	2

Pams gagnait plus de voix que Poincaré et le devançait maintenant de 9 suffrages. Malgré leur retrait, les candidats modérés avaient encore fixé sur leur nom une soixantaine de voix. Les chefs de groupe, considérant qu'aucun candidat n'avait obtenu la majorité absolue, convoquèrent une troisième réunion au palais du Luxembourg pour l'après-midi du 16 janvier.

À la suite des résultats décevants de ce deuxième scrutin, Poincaré aurait eu une conversation en tête à tête avec Léon Bourgeois : « J'ai prié et supplié Bourgeois de laisser poser sa candidature qui arrangerait tout. Il a encore tout refusé[14]... » Dans ces conditions, il décida de maintenir sa candidature. Son argument était le suivant : comme les deux candidats étaient républicains, la discipline républicaine n'avait pas à jouer; c'était au Congrès de choisir entre eux. À Alexandre Millerand[15] qui, malgré sa démission et son ressentiment, faisait quand même campagne en sa faveur, Poincaré expliqua pourquoi, après de longues consultations, il posait sa candidature au troisième tour : « Le résultat dépend des voix qui sont restées fidèles à Deschanel et à Ribot. Je ne sais si le premier sera disposé à faire le geste que tu lui avais conseillé après l'horrible campagne qu'il a désavouée et à laquelle tout le monde me dit qu'il s'est associé... »

Troisième tour de la réunion préparatoire

Inscrits : 748 – Votants : 647

Jules Pams	323 voix
Raymond Poincaré	309
Divers	15

Le troisième tour ne modifia pas le classement des deux candidats restés en lice. Jules Pams creusait l'écart avec Raymond Poincaré, qu'il devançait maintenant de quatorze voix, mais il manquait d'une voix la majorité absolue. Arguant que son concurrent n'avait pas obtenu la majorité absolue, Raymond Poincaré prit la décision de se maintenir. En son for intérieur, il l'avait sans doute prise dès le début des opérations électorales. On ne peut toutefois l'affirmer avec certitude. Ce maintien sonna comme un défi aux dirigeants radicaux-socialistes. Une délégation conduite par le président Émile Combes se rendit l'après-midi du 17 janvier au Quai d'Orsay pour sommer Poincaré de respecter la discipline républicaine. Celui-ci reçut la délégation debout; comme Combes souffrait d'une extinction de voix, il pria Clemenceau de prendre la parole. Le Tigre demanda à Poincaré de se retirer; celui-ci lui répondit que la majorité absolue n'ayant pas été atteinte, le vote avait une valeur indicative et que le Congrès trancherait entre deux candidats républicains. Joseph Caillaux, présent, ne prit pas la parole. Clemenceau se retira furieux. Depuis 1887, c'était la première fois qu'on bravait sa volonté. Il écrivit à Poincaré une lettre courroucée qui commençait par cette phrase : « J'ai le plaisir de vous annoncer que je ne vous connais plus[16]... » Entre les deux hommes, c'était la rupture. Nous aurons l'occasion d'en mesurer toutes les conséquences. Dans la soirée, Poincaré[17] reçut la visite du député radical Ferdinand Buisson, son ancien collaborateur. De cet entretien, il retira une impression positive : « Il me resterait fidèle », griffonna-t-il dans ses notes journalières. Puis il fut réconforté par ses amis et les membres de son cabinet.

À Versailles

Le 17 janvier 1913, l'Assemblée nationale se réunit à Versailles pour élire le successeur d'Armand Fallières. Le nombre des votants était de 892, soit 146 de plus qu'à la réunion préparatoire des groupes républicains. Au nom des socialistes unifiés Édouard Vaillant posa sa candidature ; il pouvait espérer recueillir les suffrages de ses amis. La droite ne présenta aucun candidat. Il n'était pas douteux qu'une grande partie de ses voix allait se porter sur Raymond Poincaré plutôt que sur Jules Pams. Jules Claretie[18], administrateur de la Comédie-Française, venu en curieux, observait le Congrès d'une des tribunes du public : « J'attends la lettre P. Celle des deux candidats. Pams est très applaudi mais je sens qu'il est battu. Poincaré applaudi moins que je ne l'eusse cru. Après le vote, on attend. Les journalistes, du haut de la tribune, nous disent les résultats : vingt pour cent d'avance pour Poincaré. Je le devinerais à l'allure hostile, furieuse de Clemenceau, entrant en séance les mains dans les poches et s'asseyant violemment en regardant l'assemblée d'un air de mauvaise humeur bourru. « Les résultats du premier tour confirmèrent cette prévision : Poincaré gagnait 120 voix par rapport à la réunion préparatoire et dépassait maintenant Pams de 102 voix ; il s'approchait à 6 voix de la majorité absolue. Il était aisé de franchir la barre car la trentaine de voix qui s'étaient dispersées sur les noms des modérés Ribot et Deschanel pouvait rallier sa candidature au second tour.

Résultat du premier tour

Votants : 867. Suffrages exprimés : 867. Majorité absolue : 434

Raymond Poincaré	429 voix
Jules Pams	327
Édouard Vaillant	63
Paul Deschanel	18
Alexandre Ribot	16
Divers	14

Pressentant que le second tour ne serait plus qu'une formalité, Joseph Caillaux dépité, préféra ne pas voter et quitta Versailles. Le scrutin fut sans surprise. Avec 483 voix, Raymond Poincaré était aisément élu; il gagnait une soixantaine de suffrages et dépassait la majorité absolue de 47 voix. C'était une belle élection. Jules Pams, pour sa part, était descendu au-dessous de 300; une trentaine de parlementaires de gauche supplémentaires avaient voté en faveur de Poincaré tandis qu'Édouard Vaillant avait continué à fixer sur son nom les suffrages socialistes.

Résultats du second tour

Votants : 870 – Suffrages exprimés : 859 – Majorité absolue : 430

Raymond Poincaré	483 voix, élu
Jules Pams	296
Édouard Vaillant	69
Divers	11

Le résultat fut proclamé à 18 h 45. Jules Claretie, qui avait été un témoin attentif, raconte la scène et l'atmosphère du Congrès à ce moment décisif :

> « *Je vais voir par la porte d'entrée la salle du Congrès. Sur les sièges rouges les redingotes noires sont nombreuses. Les tribunes font là-bas une frise féminine élégante. En haut les larges chapeaux, en bas les crânes chauves... Ces législateurs me font l'effet de figurants. On joue là un drame en vérité. Et je vois passer les acteurs : Deschanel, rouge, le visage un peu contracté. Ribot, son chapeau rond sur la tête, partant assez attristé et regardant vaguement devant lui. Aussi naïvement mélancolique que Clemenceau est nettement féroce.*
> *Le bureau arrive. J'entends derrière le rideau de velours la proclamation du scrutin. Applaudissements au nom de Poincaré. Ovations faites par la gauche au nom de Vaillant.*
> *— Vive la Commune !*
> *— À bas le dictateur !*
> *Et je veux le voir, le dictateur vers lequel se pressent, se poussent ceux-là même qui n'ont pas voté pour lui. C'est une cohue de sénateurs, de députés, de journalistes. Le salon Marengo est envahi et on s'étouffe sur le petit escalier qui mène au salon où Poincaré attend. Briand lui parle. On n'entend rien. Il répond. Je n'entends pas. Je monte... La foule entoure le nouveau président...*
> *Poincaré est là avec ses ministres.*
> *— Bonne journée, me dit Klotz, et il ajoute, grande journée !*

Poincaré rayonnant, un bon sourire éclairant son visage, me dit :
— Vous savez que j'irai jeudi à l'Académie.
— Vous y serez bien reçu.
Serrement de main à Briand aimable, à Lebrun, à Guist'hau et je sors, mais suis arrêté par la foule qui attend dans la galerie des Bustes le départ du président.
Le cortège passe : "Vive Poincaré!" Il salue. Un flot, un ruisseau, un torrent humain le suit, les pousse presque. L'ovation est complète et brutale. Et dans la nuit je gagne la gare... Les flammes des lances de dragons flottent, éclairées par les phares des automobiles. Et ces troupes, fantassins, gendarmes, cavaliers ont dans l'ombre des aspects fantastiques, impressionnants... »

Raymond Poincaré avait seulement cinquante-deux ans. Depuis Casimir-Perier, c'était le premier président du Conseil qui accédait directement à la magistrature suprême. « Dans les circonstances présentes, nul choix, semble-t-il, ne pouvait être meilleur », écrivait Bernard de Lacombe dans *Le Correspondant* (23 janvier 1913).

Interprétation de l'élection

Au-delà de cette scène à Versailles et du retour à Paris, il faut interpréter l'élection de Raymond Poincaré. Le vote étant secret, il est très délicat d'apprécier la couleur politique de chaque bulletin déposé dans l'urne et recueilli par Raymond Poincaré. À coup sûr il a obtenu les voix de la droite catholique et nationaliste, et les suffrages des républicains progressistes s'étaient aussi portés sur son nom ; sa majorité allait loin vers la gauche car une partie des radicaux, et non des moindres, avaient préféré Poincaré à Pams. On le sait avec certitude pour quelques poids lourds du parti comme Léon Bourgeois, Théodore Steeg et Ferdinand Buisson. Ces hommes avaient entraîné derrière eux des parlementaires de base dès le premier tour. Ce mouvement s'était accentué au second tour. De son côté, Aristide Briand avait fait une campagne de couloir parmi les parlementaires du centre gauche. C'est pourquoi Poincaré a toujours dit et répété avoir été élu avec une majorité républicaine. Imaginons un scénario électoral théorique en défalquant les 146 suffrages des parlementaires de droite dont la quasi-totalité s'était portée sur Poincaré ; dans ce cas de figure celui-ci conservait une confortable majorité relative sur son concurrent : 337 voix contre 296 voix à Pams. Ce dernier aurait pu être élu au troisième tour avec les voix socialistes si Vaillant s'était retiré ou désisté en sa faveur. Devant cette menace la droite n'aurait-elle pas reconsidéré sa position ? Nous sommes là dans le domaine de la politique-fiction puisque ce scénario est resté virtuel. Les socialistes n'ont jamais envisagé de voter en faveur d'un candidat de gauche soutenu par Clemenceau. Pourquoi ? Préféraient-ils l'élection de Poincaré à celle d'un client de Clemenceau ? On peut s'interroger. Poincaré lui-même savait que les socialistes unifiés ne lui étaient pas hostiles et que le bloc des gauches ne se reconstituerait pas contre lui. Parmi les socialistes qui se réjouirent en privé de son élection, il faut citer le député Joseph Paul-Boncour, futur ministre et président du Conseil [19], qui le félicita « pour une victoire à laquelle il n'[avait] pas participé » (26 janvier 1913). Paul-Boncour n'a pas dû être le seul parmi les socialistes. Au-delà de toutes ces hypothèses qui sont restées d'école, le scrutin avait confirmé que Raymond Poincaré avait obtenu une majorité « républicaine » relative.

Dès le lendemain de l'élection, les adversaires de Poincaré ont affirmé qu'il avait été élu grâce à des « voix impures », des voix d'une droite avec laquelle il aurait passé « un pacte », le pacte mystérieux du 17 janvier. Certes nous savons que Poincaré avait eu des conversations avec le comte de Mun ; il ne l'a jamais nié. Dans ses notes journalières comme dans la correspondance passive conservée, Poincaré ne souffle mot de ses contacts avec de Mun et Piou et n'a pas gardé le moindre document à ce sujet. Sans doute par un réflexe de prudence. Il écrit seulement que « de Mun est venu me dire spontanément que lui et ses amis voteraient pour moi... Il ne m'a demandé aucun engagement ; je n'en ai pris aucun. » Quelques mois plus tard, le général Lyautey [20], un ami personnel d'Albert de Mun, qui avait eu connaissance de ces contacts un moment presque journaliers, n'était pas sans s'étonner de la prudence un peu lâche de Poincaré : « Je partage votre avis sur Poincaré l'énigme. Je me bats les flancs sans parvenir à mettre avec lui la confiance qu'il faudrait... » (25 novembre 1913). Le témoignage de Maurice Barrès [21] dans une note sans date de *Mes Cahiers* apporte quelques éléments d'interprétation :

> « *Le plus haut point du succès, de la gloire d'Albert de Mun fut [...] quand il parut jouer un grand rôle dans l'élection de Poincaré et dans le vote de la loi des trois ans. On le faisait venir au ministère, on lui montrait des documents [Briand] ; on semblait le consulter ou le mettre au courant. Peut-être en abusa-t-il, sembla-t-il vouloir prendre un rôle de protecteur. Dans l'été 1913 il y eut dans un article un mot malheureux, excessif ; il parla du pacte de janvier [est-ce janvier ? Versailles ?] Ce fut la fin. Là-dessus, Clemenceau fit sa campagne. À l'Élysée, au ministère, on prit peur. Si l'on ne rompit pas avec lui, c'est à cause de l'Académie (Barthou), mais c'était fini.* »

L'historien américain Benjamin Martin, qui a eu accès aux papiers d'Albert de Mun, donne aussi quelques éléments sur les contacts entre les deux hommes. À cet égard, l'« union sacrée » ne peut se comprendre sans cet arrière-plan ; en août 1914, Poincaré envisagera faire entrer de Mun dans le ministère d'union sacrée. Ce ne sera pas possible.

Les adversaires de gauche de Poincaré, puis les historiens de cette mouvance dénoncèrent les convergences entre Poincaré et la droite et l'accusèrent d'avoir pris des engagements en échange de ses voix. Sur quoi auraient porté ces engagements ? Ont-ils même été pris ? On ne dispose d'aucun document écrit, tout au plus peut-on mettre en avant des présomptions et des hypothèses. Poincaré aurait été l'élu du « mouvement national » – la formule est bien vague – et aurait pris l'engagement (lequel ? devant qui ?) d'adopter une attitude plus ferme à l'égard de l'Allemagne. Si l'on peut déceler un tel mouvement d'opinion, il était largement extérieur aux groupes et aux partis et il dépassait très largement les frontières habituelles de la droite. De toute façon, en raison des pouvoirs réels de la fonction présidentielle et de la conception « républicaine » que Poincaré s'en faisait, comment aurait-il été en mesure de les honorer ? Ces accusations que l'on trouve dans la presse de gauche dès les lendemains de l'élection restèrent alors de l'ordre des polémiques politiciennes. Pour les radicaux, elles prouvaient que Poincaré était devenu le chef de file de leurs adversaires. Un an après, alors que le climat politique s'était aigri et que le président avait perdu la belle popularité de ses lendemains d'élection, l'entourage de Caillaux et divers hommes politiques de gauche les reprirent avec insistance. Pouvait-on maintenir à l'Élysée quelqu'un qui y avait été porté avec des voix impures ? Poincaré fut ulcéré par ces attaques et il se défendit autant que sa fonction lui permettait. La guerre mit provisoirement fin à ces polémiques, mais elles resurgirent par la suite avec l'interprétation de l'Union sacrée et de l'Union nationale. Pour une partie des hommes de gauche, cette élection de janvier 1913 avait été le signe qui annonçait le passage à droite de Poincaré, signe concrétisé par son positionnement politique ultérieur et par ses décisions gouvernementales des années 1920. Poincaré restait très susceptible sur cette question. En 1924, à un député modéré de la Marne, Pierre Forgeot [22], qui rappelait : « C'est l'homme que toute la droite a porté à l'Élysée », Poincaré se dressa du banc des ministres et, le visage rouge et d'une voix coupante, il répliqua à l'impudent : « Les voix de la droite, à elles seules, n'eussent pas suffi à me porter à l'Élysée. M. Forgeot appartient au département de M. Léon Bourgeois, un des plus fermes soutiens de ma candidature. Dans ceux qui m'ont porté à la présidence, il y a eu des patriotes de toutes nuances et ce sera l'honneur de ma vie. »

Reprenons pour la valider la comptabilité de tout à l'heure : Poincaré avait réuni sur son nom à Versailles à la fois une majorité républicaine et l'appui de toute la droite, ce qui avait creusé l'écart avec Pams. La tonalité de cette élection avait été plus patriotique et nationale que républicaine, ce qui explique et permet de comprendre l'interprétation « de droite » de l'élection de 1913, que reprend à son compte Jean-Denis Bredin[23], ou celle d'« élu de la droite contre le radical Pams » (Serge Berstein). Mais la droite n'était pas majoritaire et n'avait pas fait l'élection. Il est vrai que, si l'on se place uniquement dans la perspective d'un partage binaire de la vie politique, Poincaré a été, *nolens volens*, le candidat de la droite et Pams celui de la gauche.

D'autres vont plus loin encore et font de Poincaré le maillon d'une chaîne « autoritaire » qui relierait le boulangisme au gaullisme. Rien n'autorise à affirmer que Poincaré, dans une ligne néoboulangiste, aurait allègrement sacrifié le régime républicain pour entrer à l'Élysée. Tout son comportement ultérieur a démontré le contraire. Lui qui était si attaché à la légalité, à la séparation des pouvoirs, au parlementarisme, était étranger à la tradition plébiscitaire ou césarienne du rassemblement national. Il n'avait jamais cherché à être un chef de parti. En octobre 1923, il fut choqué par le discours prononcé à Évreux par le président Millerand et ne fit rien – bien au contraire – pour encourager Millerand à restaurer l'autorité du président. En 1928, alors qu'il aurait pu distribuer des investitures, il se contenta de laisser utiliser son nom. Polémiques politiciennes des adversaires contemporains, déformations des réalités par les commentateurs et les historiens, rien n'a été épargné à Raymond Poincaré.

Dans l'opinion publique, l'élection de Raymond Poincaré à la magistrature suprême fut favorablement accueillie ; les Parisiens firent une ovation au nouveau président. Pendant plusieurs semaines, l'accueil de la rue parisienne fut très chaleureux. Dans l'Est, ce fut un mélange de satisfaction et de fierté ; on saluait le nouveau président avec une gravité déférente mêlée d'espoir ; même les catholiques qui n'avaient guère eu à se féliciter de ses prises de position étaient favorables. *L'Est républicain*, d'ordinaire peu porté aux effusions lyriques, exultait : « Le vœu est exaucé. Rien ne peut plus troubler la joie des républicains réfléchis ni ternir l'éclat dont se pare la magistrature suprême de notre démocratie... La Lorraine a le droit d'être fière, la France aussi[24]. » En Lorraine annexée, l'élection de Poincaré à la magistrature suprême fut ressentie avec un brin de fierté, plus spécialement dans la partie de langue française, où les deux journaux francophones, *Le Lorrain* et *Le Messin*, dirent leur satisfaction de voir un compatriote appelé aux plus hautes responsabilités. Sans faire le tour des grands quotidiens de province, relevons l'accueil très positif de *La Petite Gironde* (Bordeaux), de *La Dépêche de Toulouse*, avec un article d'Alphonse Aulard, et des journaux républicains de Lyon, dont le jeune Édouard Herriot était déjà le maire. En terres radicales, Poincaré, le républicain laïc, passait mieux chez les électeurs que chez les militants et les caciques du parti.

Qu'attendaient les Français de Raymond Poincaré ? Qu'il représentât la république avec dignité ? Avant lui Émile Loubet et Armand Fallières l'avaient fait et bien fait. Confusément, l'opinion attendait autre chose. De par ses fonctions, le président de la République devait laisser les initiatives au président du Conseil et aux ministres. Toute la tradition républicaine s'opposait à ce qu'il occupât le devant de la scène. Poincaré était trop averti de cette règle non écrite pour la transgresser, car il n'avait nulle envie de subir le sort d'Adolphe Thiers et de Casimir-Perier. Confusément, le pays cherchait un homme plus jeune, plus déterminé en qui il pût s'identifier. Poincaré pouvait-il être cet homme ? N'était-il pas trop timoré et trop prisonnier du système politique pour incarner un renouvellement ? N'était-il pas déjà un jeune vieux ? N'était-il pas trop hésitant ? D'ailleurs il avait été élu dans la continuité, et ses électeurs ne lui demandaient surtout pas d'innover.

Comment cette élection a-t-elle été perçue à l'étranger et plus spécialement en Allemagne ? Contrairement à ses prédécesseurs immédiats, Loubet et Fallières, qui, au moment de leur élection, étaient des inconnus pour les hommes politiques et les journalistes étrangers, Raymond Poincaré avait, pendant une année, occupé le devant de la scène. Au lieu de voir arriver à l'Élysée un père conscrit calme et placide, on se trouvait en présence d'un homme jeune dont on pouvait penser qu'il allait chercher à jouer un rôle, car les étrangers mesuraient mal la fonction réelle du président. Du côté des alliés et plus spécialement du côté russe, on se félicita de l'élection de Raymond Poincaré qui serait le garant sûr et efficace des alliances. Du côté allemand, le nom de Poincaré n'inspirait pas vraiment d'inquiétude dans la presse et les milieux officiels ; il est vrai que l'on ne le connaissait guère. Certes, ce petit-bourgeois n'appartenait pas à leur monde, mais il avait fait voter puis appliquer le traité du 4 novembre 1911 ; cet héritier de Gambetta et de Ferry avait beau avoir une sensibilité « nationale », il n'avait jamais donné de gage aux milieux de la revanche. Les sociaux-démocrates avaient suivi avec attention ce qui s'était passé à Versailles, et les commentaires anonymes de leur quotidien berlinois, le *Vorwärts*[25], probablement rédigés par un remarquable connaisseur de la politique intérieure française, ne manquaient pas de pertinence : Poincaré avait réalisé « son ambition » ; il était l'élu des républicains modérés ; beaucoup de radicaux avaient voté pour lui ; il avait obtenu le « soutien des droites et cette tache persistera pendant toute la durée de sa présidence ». Deux jours plus tard, le journaliste était plus catégorique : « Poincaré est l'élu des droites ; à ce sujet il est inutile de discuter et d'argumenter. » Il concédait cependant qu'il n'était pas un « prisonnier de la réaction » et qu'il ne fallait

pas voir en lui « une nature combative, nationaliste et conservatrice ».
Il soulignait « le réalisme et le sang-froid du nouveau président, qui évitera toute aventure guerrière ».

LA TRANSITION

Entre l'élection et la prise de fonctions, près d'un mois s'écoula. Avec l'accord de Poincaré, Armand Fallières avait confié la présidence du Conseil à Aristide Briand, vice-président du Conseil et garde des Sceaux. Ce jour-là, le 19 janvier, Poincaré se rendit à la Sorbonne pour le jubilé d'Ernest Lavisse. L'universitaire s'adressa au président élu en ces termes : « Vous franchissez vos étapes du pas alerte d'un chasseur à pied de la frontière lorraine. » Ce n'était pas l'avocat républicain qui avait retenu l'attention de Lavisse mais l'homme de la frontière, le Lorrain. Cette simple phrase montrait que l'élection était interprétée sous le signe du national.

Avec Aristide Briand qui avait été l'un des grands électeurs de Poincaré, c'était le ministère Poincaré qui semblait continuer. Le seul changement de personne notable fut la nomination au Quai d'Orsay de Charles Jonnart[26], député du Pas-de-Calais et ancien gouverneur général de l'Algérie. Jonnart appartenait à la même génération que Poincaré et avait la même orientation politique. Comme il était assez ignorant du détail des affaires et sous prétexte de le mettre au courant, Poincaré passait tous les matins au Quai. Parmi les diplomates se répandit vite le bruit que Poincaré continuait à diriger les affaires. Poincaré lui-même le dit clairement à l'ambassadeur d'Autriche-Hongrie. Une lettre assez critique et fort peu bienveillante de Paul Cambon à son frère Jules, alors en poste à Berlin, en apportait des preuves (29 janvier 1913); elles se recoupent avec les remarques de Poincaré lui-même dans ses notes journalières : « Je dirige toujours Jonnart; je vais au Quai d'Orsay chaque matin[27]... ». Puis ses visites s'espacèrent et cessèrent après son installation à l'Élysée. Mais sans qu'on puisse la mesurer, son influence continua de s'exercer par l'intermédiaire du directeur des Affaires politiques Maurice Paléologue. Cette préoccupation majeure est confirmée par les entretiens qu'il eut avec les ambassadeurs étrangers; l'ambassadeur Isvolski écrivait le 31 janvier 1913 : « J'ai eu un long entretien avec Poincaré. Il m'a expliqué que dans sa fonction de président de la République, il essaierait autant que possible d'exercer une influence sur la politique étrangère de la France. Il ne manquerait pas de s'occuper de ces affaires pour assurer au cours de son septennat la permanence de la politique reposant sur une étroite alliance avec la Russie. » Cela dit, comment interpréter cette conversation ? Était-ce la volonté d'intervenir dans la conduite des affaires ou seulement de veiller comme c'était le devoir et la fonction du futur président aux alliances de la France ? C'est la seconde interprétation qui sera la bonne.

L'un des points délicats et controversés de cette période de transition a été la nomination pour une mission temporaire de Théophile Delcassé[28] à l'ambassade de Saint-Pétersbourg. Le député de l'Ariège, qui avait un moment espéré être candidat à l'Élysée, et qui finalement ne s'était pas déclaré, avait voté pour Jules Pams et n'avait pas été maintenu par Aristide Briand rue Royale. Ses relations avec Poincaré ne semblaient pas avoir été affectées par les péripéties élyséennes. En raison de son passé de ministre des Affaires étrangères, de son rôle dans l'alliance franco-russe et de la perception que l'on avait de lui à Berlin, la nomination de Delcassé n'était pas un choix anodin. Dans ses Mémoires posthumes, Georges Louis a soutenu qu'il avait été révoqué par Poincaré et que son successeur Théophile Delcassé avait été nommé par Poincaré. Il est clair que Poincaré, irrité par les insuffisances croissantes de Georges Louis, n'a pas été étranger à cette mesure. Mais la décision a été prise par Briand et Jonnart en accord avec Poincaré. Dans les papiers Delcassé, la lettre de Jonnart du 16 février 1913 est assez explicite pour que la légende propagée par le ressentiment de Georges Louis et reprise sans examen critique par les adversaires de Poincaré soit écartée. Le décret de nomination a été signé le 21 février 1913 par Poincaré trois jours après son entrée en fonctions. Quelques jours plus tard, dans une lettre particulière au tsar Nicolas II, dont il avait fait la connaissance personnelle en août 1912, Raymond Poincaré, gardien supérieur des alliances françaises, traçait le cadre de la mission du nouvel ambassadeur : « resserrer encore les liens de l'alliance franco-russe », puis il ajoutait : « le gouvernement français va entreprendre un gros effort militaire » (allusion à la décision encore confidentielle du gouvernement Briand), ce qui, en contrepartie du côté russe, pourrait se traduire « par l'utilité de hâter la construction de certaines voies de chemin de fer sur la frontière occidentale de l'Empire ». Cette lettre, qui pourrait apparaître comme un acte de diplomatie personnelle du président, reprenait mot pour mot les termes de la lettre de Jonnart à Delcassé du 16 février. Il faudrait alors admettre que la lettre de Jonnart avait été écrite sous la dictée de Poincaré. Ce n'est pas absolument impossible. Mais comment le prouver ? De toute façon, Jonnart n'avait pas adressé cette lettre sans avoir discuté de son contenu avec Poincaré et Briand. Nicolas II répondit par une lettre officielle, à laquelle il ajouta à la main deux lignes banales. Quand Delcassé arriva à Saint-Pétersbourg le 23 mars 1913, Jonnart avait été remplacé au Quai d'Orsay par Stéphen Pichon. Nous aurons à examiner comment Delcassé a conduit sa mission et s'il a mené une politique personnelle avec le président de la République.

Pendant ce mois de transition, Poincaré prit beaucoup de contacts et reçut chez lui des hommes politiques, des hauts fonctionnaires, des journalistes et des officiers généraux. Pour organiser sa maison présidentielle, il reçut au moins à deux reprises le général Brugère, ancien généralissime, un général « politique » qui avait servi Carnot et Loubet et qui était resté un familier de l'Élysée[29]. Certains avaient proposé au président de prendre comme secrétaire général un officier au sommet de la carrière ; il repoussa cette suggestion car « on l'accuserait de dictature... de faire du pouvoir personnel ». Il aurait souhaité un secrétaire général ayant plus de prestige que Combarieu et Le Gall. Après mûre réflexion, il choisit un juriste issu du conseil d'État, Adolphe Pichon. Le secrétaire particulier, un homme d'une absolue discrétion, s'appelait Marcel Gras. Pour la formation de sa maison militaire, il s'en remit à Fallières et à Brugère et il choisit la continuité en maintenant en fonctions les quatre collaborateurs de Fallières, les colonels Aldebert, Boulangé, Jouffroy et Pénelon. Il les coiffa par le général Beaudemoulin[30], qui fut vite dépassé par sa fonction et remplacé par le général Duparge[31]. L'officier le plus proche du président fut le colonel Pénelon[32]. Cet officier du génie, adroit et souple, avait été l'ordonnance du général Brugère quand celui-ci était vice-président du Conseil supérieur de la guerre ; puis Brugère l'avait placé auprès de Fallières. Le maintien de Pénelon à l'Élysée permettrait à Brugère d'être informé et de continuer à avoir ses entrées auprès du président.

Poincaré reprit à Fallières ses équipages : ses quatre chevaux – Porthos, d'Artagnan, Aramis et Brest –, ses trois voitures – un landau, un coupé et un break – et une automobile Panhard, le tout pour 33 823 francs.

Poincaré devant la fonction présidentielle

La transmission des pouvoirs eut lieu le 18 février 1913. Il faisait un froid vif, et une brise glacée soufflait dans les rues pavoisées de la capitale. Henriette avait voulu faire mettre à Raymond une pelisse et un foulard. Mme Poincaré mère s'y opposa. Le soir même Raymond Poincaré et sa femme couchaient à l'Élysée, où ils vécurent pendant tout le septennat. Le nouveau président avait été très applaudi par la foule parisienne. Cette popularité de Poincaré était attestée par beaucoup de signes et de témoignages. Elle étonnait même certains amis du nouveau président. Dans son journal, Jules Claretie[33] consignait cette réflexion : « Louis Dausset me disait son étonnement de voir croître cette popularité soudaine de Poincaré qui, petit et froid, un peu distant, ne semblait pas fait pour être populaire et qui l'est, et qui, depuis son élection, est transformé, souriant, cordial, abordable. Il y a là un phénomène singulier, quelque chose d'inexplicable, d'irrésistible » (18 février 1913).

Depuis Sadi Carnot, Raymond Poincaré avait connu personnellement tous les présidents de la République, les membres de leurs cabinets civils et militaires, leurs entourages. Il avait même été lié avec certains d'entre eux ; il savait parfaitement comment s'agençaient les rouages du pouvoir. Il savait ce que la « Constitution » Grévy avait laissé au chef de l'État ; il s'était toujours placé dans ce cadre et on ne peut trouver aucun texte où il aurait envisagé un retour à une stricte application des lois de 1875 : il était républicain, c'est-à-dire que le pouvoir réel appartenait au président du Conseil soutenu et contrôlé par le Parlement[34] ; depuis janvier 1912 il avait été ce président du Conseil et il savait parfaitement ce qui restait au bon Fallières : les fonctions de représentation, le droit de grâce, le choix après consultation du président du Conseil, la présidence du Conseil des ministres, un droit de regard mal défini mais bien réel sur la politique étrangère et militaire grâce auquel il partageait certains secrets dont ceux qui touchaient à l'alliance franco-russe.

La déception de Poincaré a été immédiate. Maurice Paléologue, qui avait travaillé quotidiennement au Quai d'Orsay avec le président du Conseil, raconte son premier tête-à-tête à l'Élysée avec le président récemment installé. La scène se passe le 22 février 1913, quatre jours après son entrée en fonction : « Je me crois en prison ou plutôt je crois habiter la maison des Morts. Ah ! cher ami, comme je regrette l'année de suractivité que je viens de passer avec toi ! » Puis Poincaré se reprend : « Enfin je ferai pour le mieux. D'abord je ne serai pas une simple machine à signer[35]... » Le 25 février 1913, Poincaré, désormais locataire du « Palais des Champs paradisiaques », adressait à Léon Bourgeois qui se reposait sur la Côte-d'Azur le court billet suivant :

> « Mon cher ami,
> Je t'ai rendu un service sur l'énormité duquel je ne veux pas insister... Je ne t'ai jamais rien demandé jusqu'ici mais puisque tu te reposes dans les mimosas et que je te sais un artiste méconnu, je te demande de faire mon portrait et de l'envoyer au Cannet, au cottage des Néfliers [résidence de Ferdinand Bac] où un courrier spécial attend ton arrivée.
> Je te serre la main, très cordialement.
> Raymond.
> P.S. : Veinard, va ! Moi je suis collé pour sept ans ! »

À peine était-il entré à l'Élysée qu'il avait des doutes, qu'il avait l'impression d'être pris au piège. Avec le recul, l'historien ne peut que s'étonner. Poincaré avait pu observer depuis son entrée au Parlement ce qu'étaient les pouvoirs réels du président. Alors pourquoi avait-il voulu une fonction dont il ne pouvait ignorer les limites ? Pour être le premier ? Pour être un président de la République dans l'Europe des rois ?

On doit bien constater combien était grande la distance entre les attentes confuses des Français et l'état d'esprit de leur nouveau président. Poincaré sera-t-il en mesure de devenir un acteur ou devra-t-il se contenter de représenter et de conseiller à la manière discrète et souriante de Loubet et de Fallières ? Il savait que ses adversaires le surveillaient et attendaient la première faute pour dénoncer le « pouvoir personnel » et prendre éventuellement l'offensive. C'est pourquoi, pour prévenir ces critiques, lors de son premier voyage en province à Montpellier[36], il se présenta comme « le premier serviteur de la Constitution et des lois ».

À plusieurs reprises, Poincaré a eu des velléités d'action. Il s'est interrogé. Par exemple en mai 1913, sentant monter l'hostilité parlementaire contre la loi des trois ans, il confiait à Paléologue : « J'userai de tous les pouvoirs que la Constitution m'attribue ; j'irai jusqu'à demander au Sénat la dissolution de la Chambre ; si le Sénat ne me soutient pas, je me retirerai[37]. » Il s'agit là d'une confidence privée. Si Poincaré avait tenu publiquement de tels propos, on l'aurait accusé de vouloir endosser les habits du maréchal de Mac-Mahon, et les républicains l'auraient rejeté. C'est pourquoi Poincaré n'est jamais passé à l'acte et a toujours respecté scrupuleusement la « Constitution Grévy ». Poincaré était un homme qui respectait les textes et les usages, qui ne voulait ni innover ni forcer le destin. D'une part, mal à l'aise dans « la prison de l'Élysée », il a souvent confié à son journal[38] et à ses proches son désenchantement et son impuissance. On trouve même sous sa plume des phrases comme celle-ci : « Je n'aurai même pas un rayon de soleil dans ma prison » (10 août 1915). D'autre part, il va s'attacher à remplir sa mission sans la moindre défaillance, pour accomplir son devoir vis-à-vis des Français et pour se prouver qu'il avait l'énergie et la volonté de conserver une fonction qu'il avait conquise de haute lutte et que certains auraient aimé lui ravir ou lui voir perdre.

Le mariage religieux secret

Henriette avait désiré un mariage religieux. C'était impossible tant que Dominic Killoran, son premier mari, était toujours vivant ; il mourut à Milwaukee le 10 novembre 1911 et fut enterré quelques jours plus tard à New York. Ce fut Alfred Baudrillart[39], recteur de l'Institut catholique de Paris, ancien condisciple de Raymond Poincaré au lycée Louis-le-Grand et ami du couple, qui fut chargé d'opérer les vérifications nécessaires. Henriette avait gardé des relations épisodiques avec une sœur de Dominic, Agnes Killoran, veuve d'un officier, nommé de Baleine, et vivant à Pasadena, en Californie. C'est cette belle-sœur qui l'aurait informée du décès de Killoran. Lors d'un voyage aux États-

Unis, Alfred Baudrillart recueillit des témoignages et vérifia la véracité du décès du premier mari. On lui montra l'acte de décès de Dominic Killoran. Veuve, Henriette Benucci-Killoran pouvait épouser religieusement Raymond Poincaré. Alfred Baudrillart se chargea d'organiser et de célébrer la cérémonie du mariage secret du président de la République. Celui-ci eut lieu non dans la chapelle désaffectée de l'Élysée comme la rumeur en courut dans Paris, mais le 5 mai 1913 rue de Babylone, dans la chambre encombrée d'objets de piété où Marie-Nanine Poincaré était décédée quelques semaines plus tôt. L'un des deux témoins fut l'ami Maurice Bernard. Un secret n'est jamais complètement gardé ; des indiscrétions filtrèrent. Baudrillart, qui avait fait avertir le pape Pie X, cite dans ses Mémoires les noms des bavards : le curé de la Madeleine, Rivière, les cardinaux Amette, archevêque de Paris et Vanutelli. Des rumeurs se répandirent dans les milieux politiques. Selon Baudrillart, Joseph Caillaux chercha à les exploiter en laissant entendre que Poincaré avait promis le mariage religieux à Henriette pour obtenir les voix de la droite. Au début de 1914, plusieurs journaux parisiens firent état de ces rumeurs dont *L'Univers*, un journal catholique, *Le Bonnet rouge* et *La Vérité*. Baudrillart lui-même a tout raconté au pape Benoît XV en décembre 1914. Dans ses Mémoires comme dans ses notes journalières, Poincaré ne souffle évidemment mot de ses affaires privées. Après son décès, Henriette a pris soin de tout faire disparaître. Le journal d'Alfred Baudrillart, récemment publié, est la seule source disponible pour éclairer ce versant demeuré longtemps mystérieux de la vie conjugale de Raymond Poincaré.

Style et train de vie

Poincaré fit transporter le mobilier de son cabinet de travail et sa bibliothèque à l'Élysée ; il installa son bureau officiel, celui où il recevait, près du salon d'Argent. Pour accéder à lui il fallait passer successivement par le cabinet des officiers, celui du général, celui de l'adjoint au chef de cabinet et enfin celui du chef du cabinet. Il prit tout de suite les affaires en main, ce qui surprit Brugère[40], qui notait dans son journal : « Pénelon me dit : Poincaré s'occupe des moindres détails. Il ne sort jamais se promener. Il veut tout voir et tout examiner » (1er mars 1913). Ce comportement est confirmé par Fallières, qui ajoutait en plus critique : « Poincaré ne suit l'avis de personne... il veut tout juger et faire par lui-même ; il se met facilement en colère. » En dehors du Conseil des ministres, Poincaré tenait des conférences restreintes à l'Élysée avec le président du Conseil, les ministres des Affaires étrangères et de la Guerre ; parfois Joffre et Paléologue venaient se joindre à ces débats restreints qui préparaient les décisions futures. Plus tard, Pénelon confia que Poincaré « agit beaucoup sur le ministre des Affaires étrangères et sur celui de la Guerre ».

Poincaré garda à l'Élysée ses habitudes de travail strictes et régulières ; il se levait tôt, lisait les journaux et les rapports diplomatiques et préparait ses discours et ses interventions, comme par le passé, la plume à la main. L'après-midi, il sortait dans Paris une ou deux fois par semaine et se rendait aux manifestations où la présence du président était requise. En fin d'après-midi, il recevait les visiteurs : ses notes journalières donnent beaucoup d'informations sur ces visites qui, avec les voyages officiels et la presse, étaient ses contacts avec le monde extérieur. Poincaré n'a probablement pas tout noté et a omis des noms. Parmi ses visiteurs on remarquait des parlementaires, des préfets, des généraux, des ambassadeurs français et étrangers, des académiciens, des directeurs de journaux et des journalistes. Ces derniers étaient nombreux. « Ce sont les seuls qui entrent à l'Élysée sans lettre d'audience », confiait Pénelon à Brugère. Parmi les plus fréquemment reçus, citons les noms de Bunau-Varilla et Stéphane Lauzanne (*Le Matin*), d'Adrien Hébrard et d'André Tardieu (*Le Temps*).

Les adversaires politiques (socialistes et cléricaux) ainsi que les représentants de l'aristocratie et du clergé étaient tenus à l'écart. Il refusa de recevoir le cardinal Amette, archevêque de Paris, pour parler du futur conclave. En revanche Léon Bourgeois, Adolphe Carnot, le président du Parti républicain démocratique, Alfred Mascuraud, président du Comité républicain du commerce et de l'industrie, étaient des familiers de l'Élysée. On voyait aussi souvent des parlementaires de la Meuse, comme Jules Develle, René Grosdidier et André Maginot, ainsi que d'anciens collaborateurs du Palais dont Maurice Colrat et Fernand Payen. Le soir, Poincaré sortait rarement, au maximum une ou deux fois par semaine. Il préférait travailler jusqu'à une heure avancée de la nuit.

Le train de vie de l'Élysée était bien modeste et les réceptions, assez rares, gardèrent une simplicité bourgeoise. Son fidèle valet de chambre Joseph fut promu maître d'hôtel. De temps en temps, il fallait recevoir des chefs d'État et des souverains. Le premier visiteur fut Albert Ier, roi des Belges, le 1er avril 1913, puis Alphonse XIII, roi d'Espagne, passa à l'Élysée et à Fontainebleau en mai. Poincaré quittait peu le palais présidentiel ; il séjourna durant le mois d'août 1913 dans sa maison de Sampigny, devant laquelle quelques gendarmes débonnaires montaient la garde et écartaient les importuns. Il y reçut la visite de Maurice Bernard, « l'ami le plus attentif et le plus délicat », et fut flatté du télégramme que le roi d'Angleterre George V lui fit parvenir à l'occasion de son cinquante-troisième anniversaire. Le colonel Pénelon, qui avait suivi le couple présidentiel à Sampigny, a laissé quelques lettres admiratives sur les hôtes du Clos : « Madame Poincaré, délicieusement bonne, si simple si discrète ». Le président, dont Pénelon admirait les capacités de travail, se détendait en jouant au croquet avec ses deux nièces ou se promenait dans les bois. En octobre 1913, Poincaré séjourna une quinzaine de jours à Rambouillet dans le vieux château de François Ier et bien que maintenant non chasseur, il tint à faire les honneurs des chasses présidentielles à de nombreux invités, parmi lesquels le roi d'Espagne, Alphonse XIII.

Voyages présidentiels

Poincaré devait se montrer aux Français; il prit ce rôle très au sérieux. Henriette accompagnait son mari dans ses déplacements officiels et accepta avec dévouement de donner son patronage à une foule de bonnes œuvres.

Les voyages officiels en province et à l'étranger étaient moins fréquents qu'aujourd'hui. Son premier déplacement fut pour le congrès de la Mutualité qui se réunissait à Montpellier (30 mars 1913); le 7 juin, il assistait à Toulon aux manœuvres navales; en août 1913, il alla de Sampigny à Commercy puis à Bar-le-Duc. Lors de ces « grandes journées de Lorraine », l'enfant du pays fut accueilli avec enthousiasme et Poincaré fit applaudir son ancien patron, Jules Develle, qui était assis à ses côtés. Daniel Laumonier lui tressait des louanges : « C'est un bienfait que nous devons à la personnelle influence de Raymond Poincaré et aux sentiments d'admiration qu'il inspire au monde entier[41]. » Il se rendit en Limousin; le voyage fut préparé par Henry de Jouvenel, directeur du *Matin*, et par Henri Queuille, tout jeune maire de Neuvic et futur ministre de Poincaré. Le général Brugère, natif d'Uzerche, tint à en présenter lui-même à son président « le beau panorama[42] ». Dans le courant d'octobre, à son retour d'Espagne, il s'arrêta dans les Landes et à Marseille, d'où il remonta jusqu'à La Bégude, près de Montélimar, où était retiré son prédécesseur Émile Loubet. Puis il se rendit en Eure-et-Loir; il parla à Chartres, Dreux et Nogent-le-Rotrou, le fief de Paul Deschanel, dont le sous-préfet, Georges Bernard, avait été son chef de cabinet en 1895. Après avoir admiré des étalons percherons, il participa à un banquet républicain où le maire rendit un hommage appuyé « à ces deux nobles carrières tout entières consacrées à la France ». S'adressant au président, Paul Deschanel salua « la continuité efficace d'un labeur acharné qui est le propre du caractère lorrain[43] ». Le fumet public de l'encens était la contrepartie des critiques que l'aimable Paul ne manquait pas de distiller dans la coulisse et dans les salons. Poincaré dut apprécier! Enfin, le président se devait de faire un geste envers l'un de ses grands électeurs et l'une de ses cautions à gauche : il se rendit à Reims le 19 octobre, où il fut accueilli par Léon Bourgeois. Le dernier voyage en province des temps de paix (personne ne pensait la guerre aussi proche) fut une visite officielle à Lyon (22, 23 et 24 mai 1914) où il évoqua avec délicatesse le souvenir du président Carnot; il fut reçu par le maire radical-socialiste, le sénateur Édouard Herriot.

Poincaré fit deux voyages à l'étranger. Du 23 au 27 juin 1913, il se rendit à Londres pour célébrer l'Entente cordiale. Puis, au début d'octobre, il répondit à l'invitation du roi Alphonse XIII, qu'il avait déjà reçu à l'Élysée à deux reprises. Le voyage à Madrid[44], préparé par Louis Barthou, avait pour but principal d'examiner les modalités d'application du traité de Fès; c'est pourquoi la présence aux conversations franco-espagnoles du général Lyautey était indispensable; il fut invité par Alphonse XIII et eut de nombreux entretiens avec les ministres espagnols; dans la perspective d'une guerre européenne, un rapprochement avec l'Espagne pouvait assurer la neutralité bienveillante de ce pays. Poincaré semble avoir noué des relations personnelles, quoique à notre avis assez superficielles, avec Alphonse XIII tout comme avec le roi des Belges Albert Ier.

Poincaré remplissait sa fonction de représentation avec gravité et application, sans toutefois la bonhomie cordiale et souriante d'Armand Fallières. Dans ses discours officiels, il reprenait avec quelques variantes les mêmes thèmes : l'attachement à la République et à la patrie, le respect et de la Constitution et l'unité nationale. La cote du président dépendait essentiellement de ce que disait la presse. Jusqu'au printemps de 1914, à l'exception des feuilles socialistes et syndicales, les journaux parisiens et de province restèrent dans l'ensemble favorables et respectueux. On peut même dire que Poincaré, personnage public, vit se développer une sorte de culte. On se mit à éditer des cartes postales représentant le président en tenue officielle ou inaugurant un monument ou participant à une cérémonie. Dans la Meuse, un éditeur tira et diffusa une série de cartes postales, représentant le Clos, la propriété de M. Poincaré. Les Meusiens étaient fiers de ce signe matériel incontestable de la réussite de leur grand homme. *L'Est républicain* offrit en prime à ses lecteurs « un magnifique buste de M. Poincaré ». L'objet était ainsi présenté : « C'est une édition française genre biscuit ou ivoiriné. Il est monté sur socle de bois, teinte de noyer ciré et pèse 525 gr. C'est une œuvre d'art qui doit prendre place dans toutes les maisons, dans toutes les écoles, dans toutes les maisons des bons Lorrains. » On trouve encore quelquefois cet objet dans les brocantes ou chez les antiquaires.

La guerre qui vient : le service militaire de trois ans

Comment Poincaré se représentait-il la situation internationale en janvier-février 1913 ? On se battait sauvagement dans les Balkans. Le conflit resterait-il limité ou entraînerait-il, un jour ou l'autre, les grandes puissances ? Sur ce point, la politique française avait été très prudente et on ne peut accuser Poincaré d'avoir jeté de l'huile sur le feu en soutenant l'allié russe trop nettement. En dépit des apparences, était-ce le problème le plus inquiétant ? Ne devait-on pas craindre plutôt l'Allemagne, bien que le Kaiser Guillaume II, qui fêtait le vingt-cinquième anniversaire de son couronnement, se fît passer pour l'empereur de la paix ? La loi militaire votée le 14 juin 1912 entrait en application. Elle se traduirait à terme par une importante augmentation des effectifs en temps de paix. L'équilibre des forces n'allait-il pas être rompu au détriment de la France ? Les rapports de Jules Cambon et de l'attaché militaire français à Berlin tiraient la sonnette d'alarme. Suffisait-il de resserrer les alliances ? N'était-il pas nécessaire d'augmenter les effectifs de l'armée française ? Nous ne savons pas comment toutes ces données ont cheminé dans l'esprit de Raymond Poincaré, car ce qu'il a écrit dix ans plus tard dans *Au service de la France* a été nécessairement influencé par les événements de la guerre et ne correspondait plus à l'état d'esprit des semaines qui avaient suivi son élection à la présidence de la République. En l'absence de tout document personnel fiable, nous cheminerons avec toute la prudence indispensable.

L'augmentation du service militaire a été la grande affaire des premiers mois du septennat de Poincaré. Il s'en préoccupait déjà depuis quelque temps. Dans ses souvenirs inédits, Alexandre Millerand[45] rappelait qu'il avait fait étudier la question depuis l'automne de 1912 et que ses successeurs avaient trouvé « dans les cartons de la rue Saint-Dominique le projet dont j'avais ordonné l'étude ». Il est tout à fait improbable que ce projet soit resté une affaire interne au ministère de la Guerre. Millerand avait dû en discuter avec Poincaré mais les papiers des deux hommes n'en conservent aucune trace. Deux jours avant son installation à l'Élysée, soit le 15 février, Poincaré écrivait dans ses notes journalières : « Étienne[46], ministre de la Guerre du cabinet Briand, est venu m'entretenir de la nécessité d'augmenter le service militaire. *Le Temps* commence aujourd'hui une campagne sur les effectifs. » En effet, un article du quotidien officieux de la République accrochait le grelot : la réponse de la France la plus appropriée aux accroissements d'effectifs allemands en temps de paix serait le retour au service militaire de trois ans. Deux jours plus tard, Poincaré faisait allusion sans plus de précisions aux « projets militaires d'Étienne et de Barthou ». Ces projets inquiétèrent les socialistes, et Jaurès[47] lança à la veille de son entrée en fonctions un « grave avertissement » (Gerd Krumeich) au nouveau président de la République :

> « [...] Que le nouveau Président se méfie [...] des applaudissements et des enthousiasmes. Beaucoup de ceux qui l'aiment

s'aiment en lui. Ils veulent donner à sa présidence quelque chose de monarchique, et faire chanter dans sa popularité soudaine, comme dans une trompette neuve, leur nationalisme qui s'essoufflait en des clairons fêlés. Le Président, qui a eu la faiblesse de se mettre sous leur main dès le premier jour, saura-t-il les ramener à la mesure ? Saura-t-il percevoir, à travers les acclamations dont il sera enveloppé, l'inquiétude et le malaise de beaucoup de républicains et de démocrates qui ne furent point des ennemis, mais qui n'ont pas renoncé à juger les hommes et les choses ? Surtout, saura-t-il se souvenir, lui « le Lorrain », que si la France est éprise d'indépendance et d'honneur, elle veut profondément et sincèrement la paix, qu'elle considère les chauvins brouillons et stupides comme ses pires ennemis ? Osera-t-il dire assez tôt, et assez haut pour être entendu de ceux qui demain crieront sa gloire, qu'il ne veut pas que sa présidence soit le septennat de la réaction et de la guerre ? »

L'avertissement était net : les ponts n'étaient pas rompus ; ce n'était encore qu'une mise en garde. De son côté, dans une lettre privée du 18 mars, Albert de Mun le suppliait : « N'abandonnez ni les Affaires étrangères ni la Guerre[48]. »

Les raisons de ces projets sont aisées à comprendre ; ils étaient liés à la discussion alors en cours au Reichstag concernant une future augmentation des effectifs de l'armée allemande en temps de paix. Millerand, le prédécesseur d'Étienne, avait déjà indiqué que la loi du 21 mars 1905 qui avait ramené à deux ans le service militaire obligatoire devrait être, en raison de la baisse des effectifs de la classe d'âge, révisée pour remédier au déséquilibre des forces qui ne cessait de se creuser entre les deux armées. Le 24 février, Poincaré appelait Brugère[49] à l'Élysée pour parler de la durée du service militaire ; dans son carnet, le général Brugère faisait le pointage des hommes politiques favorables à l'augmentation, parmi lesquels Georges Clemenceau se trouvait en bonne place. Dans son journal, Paléologue parlait de « la nécessité des trois ans » (4 mars). Après avoir consulté le Conseil supérieur de la guerre, qui se prononça à l'unanimité pour le retour aux trois ans, le gouvernement Briand déposa un projet de loi devant la Chambre (6 mars 1913). Le ministre Eugène Étienne fit une déclaration générale, puis le texte fut renvoyé en commission.

La chute du cabinet Briand, renversé au Sénat à propos du débat sur la représentation proportionnelle, ralentit un peu le cheminement du projet. Poincaré proposa la succession de Briand au radical Léon Bourgeois qui, comme à son habitude, refusa. Il s'adressa alors à son ami personnel le plus proche, Louis Barthou. Depuis vingt-cinq ans, les deux hommes cheminaient côte à côte. Le député d'Orthez, qui était aussi vice-président du Parti républicain démocratique et avait déjà une grande expérience ministérielle, accepta aussitôt et forma le 22 mars 1913 un cabinet plus orienté vers le centre que le précédent. Les radicaux-socialistes étaient seulement quatre sur quinze ministres. Le point essentiel était le maintien à la Guerre d'Eugène Étienne. Stéphen Pichon[50], qui avait été un dévoué ministre des Affaires étrangères de Clemenceau et qui restait son ami, retournait au Quai d'Orsay où il garda le personnel qui avait entouré Poincaré, Klotz s'installait à l'Intérieur et Étienne Clémentel[51], un jeune député d'avenir, à l'Agriculture.

Une nomination irrita la gauche, celle du député de Marseille Joseph Thierry[52], un dissident du groupe progressiste auquel avaient été attribués les Travaux publics. Louis Barthou se heurta à l'opposition décidée des socialistes et à la mauvaise humeur des radicaux, toujours méfiants vis-à-vis de l'ancien ministre de l'Intérieur de Méline. Poincaré suivait avec attention les longues discussions de la commission de l'Armée et les débats du Reichstag allemand. Après avoir lu les discours du chancelier Bethmann-Hollweg, il écrivait dans ses notes journalières[53] : « Le meilleur artisan de la loi des trois ans a été Bethmann-Hollweg » (7 avril 1913). Les discussions en commission furent très longues et le gouvernement Barthou jugea opportun de demander, en application de la loi de 1905, le maintien sous les drapeaux de la classe libérable. Il fut approuvé par une large majorité qui préfigurait l'adoption de la loi des trois ans. Les socialistes et une partie des radicaux-socialistes avaient voté contre ; une autre partie des radicaux s'était abstenue. Une opposition de gauche se formait contre les trois ans et contre le cabinet. Aux manifestations antimilitaristes organisées par la CGT, le ministère réagit vivement, accentuant la pression de la gauche. La discussion sur le projet de loi des trois ans commença devant la Chambre le 2 juin ; elle dura plus d'un mois et s'acheva par un vote favorable le 19 juillet. Le ministère l'emporta par 358 voix contre 204. La moitié des députés radicaux et le tiers des radicaux-socialistes avaient voté les trois ans. En raison de l'âge (soixante-neuf ans) et de la faible combativité d'Eugène Étienne, le président du Conseil Louis Barthou avait dû s'engager en première ligne et prendre une part active aux débats. Tous les votes hostiles venaient de la gauche ; les radicaux s'étaient partagés, mais une majorité du groupe (86 sur 139 membres) avait voté contre. L'adversaire le plus dangereux du projet fut l'ancien président du Conseil Joseph Caillaux, qui reprocha à Louis Barthou (et derrière lui à Poincaré) de ne pas faire voter cette loi par une majorité exclusivement républicaine. Joseph Caillaux, qui avait déjà quitté l'Alliance, se rapprochait des radicaux, qui cherchaient un chef. Le Sénat adopta le texte à une majorité écrasante le 7 août ; les dirigeants radicaux Clemenceau, Monis, Doumergue avaient voté pour les trois ans. Émile Combes, le président du parti, s'était abstenu, Édouard Herriot, maire de Lyon, avait voté contre. Poincaré pouvait être satisfait. Vu la lenteur habituelle des procédures parlementaires, le cabinet Barthou avait mené l'affaire rondement; il fallait maintenant appliquer un texte qui posait des problèmes psychologiques et politiques et pour lequel on devrait à brève échéance dégager de nouveaux moyens financiers.

Les débats avaient révélé la renaissance d'une opposition de gauche et un mécontentement croissant des radicaux-socialistes pourtant représentés au cabinet. Ceux de la Chambre étaient en flèche alors que ceux du Sénat approuvaient en majorité les trois ans. Les radicaux-socialistes, exaspérés contre Poincaré depuis l'échec de Pams – ils parlaient de « pouvoir personnel » –, cherchaient un terrain pour le mettre en difficulté et choisirent celui des trois ans. Les jours du cabinet Barthou, contre lequel Joseph Caillaux s'était dressé, étaient comptés. La législature élue en 1910 s'achevait en avril 1914 et l'approche de l'échéance électorale aiguisait la compétition entre les partis. Réunis en congrès à Pau[54], les radicaux-socialistes se prononcèrent contre les trois ans, dont ils réclamèrent l'abrogation; quelques députés de base critiquèrent la « politique personnelle », allusion transparente à l'hôte de l'Élysée. Puis, sur la proposition d'Émile Combes qui se retirait, ils portèrent le 19 octobre 1913 Joseph Caillaux à la présidence du parti. Jusque-là extérieur au parti radical, Joseph Caillaux, ancien ministre des Finances, ancien président du Conseil, y entrait par la grande porte; il devenait le chef du parti le plus nombreux de la Chambre; en vue des élections du printemps il prépara une alliance de gauche avec les socialistes de Jaurès, l'abrogation des trois ans étant le ciment de cette alliance. Dans ce contexte, les jours du cabinet Barthou étaient comptés et Caillaux engagea un harcèlement qui aboutit à sa mise en minorité et à sa démission le 2 décembre. C'était moins la personne de Louis Barthou qui était visée que celle du président de la République, l'inspirateur de la politique militaire et étrangère.

Le choix inattendu de Gaston Doumergue

Poincaré engagea à l'Élysée les consultations d'usage où se succédèrent dans un ballet rituel bien réglé les présidents des Assemblées, les chefs de groupes et de partis et les personnalités. Le président pressentit successivement les modérés Alexandre Ribot et Jean Dupuy, qui se heurtèrent tous deux aux exigences des radicaux-socialistes; il comprit que l'axe du futur ministère devait être le parti radical-socialiste. Logiquement, il aurait dû confier le soin de le former à son nouveau chef, Joseph Caillaux. Il le reçut à l'Élysée pour lui refuser la fonction; dans ses notes journalières, il s'en expliquait de cette manière : « J'ai nettement dit à Caillaux que je ne le chargerai pas de constituer le cabinet car il serait mal accueilli en Angleterre, en Russie et en Espagne. Il a paru très étonné[55]... » Caillaux, un peu piqué, répondit ne pas vouloir de la fonction; il accepterait néanmoins d'entrer comme ministre des Finances dans la future combinaison. Dans une conversation avec Brugère, Jean Dupuy estimait que Poincaré, en refusant le ministère à Caillaux, avait commis une grosse faute. Caillaux aurait formé un ministère de combat qui n'aurait pas réussi et qui aurait laissé le terrain libre, tandis que maintenant Caillaux apparaissait comme l'homme fort d'un cabinet qu'il ne dirigerait pas. Situation inconfortable pour Poincaré! La désignation de Gaston Doumergue[56], un sénateur de cinquante ans, fut une surprise car, en dépit d'une carrière ministérielle déjà bien remplie, il n'était guère connu du grand public. Si l'on suit les affirmations de Caillaux dans ses mémoires, ce serait lui qui aurait suggéré à Poincaré le nom de son collègue; selon d'autres témoignages, ce serait Léon Bourgeois qui aurait conseillé son nom parce qu'il avait voté les trois ans et acceptait de les maintenir et qu'il était partisan de la continuité en matière de politique extérieure. Poincaré, qui connaissait Doumergue au moins depuis leur participation commune au ministère Sarrien, se montra réceptif à cette double suggestion. De toute façon Doumergue ne pouvait accepter que si Caillaux donnait le feu vert et entrait dans la combinaison avec un grand portefeuille, en l'occurrence celui des Finances. Cela dit, Doumergue n'était pas l'homme de Caillaux, pas plus que celui de Poincaré. On a souvent écrit qu'en poussant Doumergue à prendre le portefeuille des Affaires étrangères Poincaré faisait ainsi d'une pierre deux coups : il écartait Pichon, un ami de Clemenceau, et favorisait l'arrivée aux affaires d'un ministre ignorant, ce qui lui permettrait peut-être de continuer à diriger le Quai d'Orsay par personne interposée. Il faut corriger cette assertion ; il est vrai que Doumergue n'était pas au courant des affaires en cours, mais il était travailleur et, sous la conduite de Paléologue, il en assimila très vite les données essentielles.

Le cabinet Doumergue présentait deux caractéristiques insolites : il ne comprenait aucun ministre du cabinet précédent, ce qui était exceptionnel, et il était le plus orienté à gauche de tous les cabinets français : il comptait en effet quatorze radicaux indépendants et radicaux-socialistes sur seize ministres et sous-secrétaires d'État. L'homme en vue était le ministre des Finances Joseph Caillaux, et Poincaré fut froissé lors de la présentation du ministère par « l'attitude silencieuse et impertinente de Caillaux ». Deux ministres seulement représentaient la nuance des républicains de gauche : Albert Lebrun aux Colonies, un ami personnel de Poincaré, « entré au cabinet pour me défendre le cas échéant », et le jeune député de Bar-le-Duc, André Maginot[57], nommé sous-secrétaire d'État à la Guerre avec mission de veiller à l'application concrète de la loi des trois ans. D'ailleurs les deux tiers des ministres avaient voté la loi des trois ans et il était convenu que celle-ci ne serait pas remise en cause avant les élections du printemps. L'intention de Doumergue était d'assurer une transition et de tenir jusqu'aux élections d'avril. Il ne pouvait mettre en œuvre qu'un programme limité. Il s'engagea toutefois à faire aboutir l'impôt sur le revenu, ce qui accordait au ministre des Finances une place de premier plan.

La politique étrangère ne pouvait être que de continuité : poursuivre avec la Russie « l'intime et étroite collaboration » et « développer avec la Grande-Bretagne « la confiante intimité ». Entre le président de la République et son ministre, il ne pouvait y avoir de désaccord fondamental. Certes, Doumergue abordait pour la première fois un département dont Poincaré connaissait le personnel, les rouages et les dossiers. En janvier 1913, Doumergue offrit à Paléologue la succession de Delcassé, qui ne souhaitait pas la prolongation de sa mission temporaire en Russie. À la suite du départ pour Saint-Pétersbourg de l'ami du président de la République, son adjoint, Pierre de Margerie, également collaborateur en 1912 de Poincaré, était nommé directeur des Affaires politiques au Quai d'Orsay. Peut-on affirmer que, sous l'autorité théorique de Doumergue, Poincaré gardait la haute main sur les Affaires étrangères ? On a souvent présenté cette politique comme très cassante à l'égard de l'Allemagne et conduisant directement à la guerre. Il faut réviser ce type d'appréciation trop polémique. Selon l'historien anglais J.F. Keiger[58], la fermeté n'excluait pas la quête d'accords et ne signifiait nullement une politique de confrontation. Dans les conflits balkaniques, la politique française fut prudente et pacifique. Dans les dossiers franco-allemands, on rechercha l'accord plutôt que l'affrontement. L'un deux traînait depuis quinze ans : c'était la fameuse affaire du chemin de fer, dit de Bagdad, que l'Allemagne voulait construire de Constantinople au golfe Persique. En février 1914, au terme de négociations longues et épineuses, on finit par aboutir à un accord dont Doumergue se félicita et par lequel Poincaré attendait une détente dans les relations franco-allemandes. Dans la même région, une négociation internationale à laquelle étaient intéressés la France, l'Allemagne, la Grande-Bretagne et les États-Unis s'était engagée à propos du gisement de pétrole de Mossoul, aujourd'hui en Irak, alors dans l'Empire ottoman ; elle aboutit en avril 1914 à un accord qui donnait satisfaction aux intérêts respectifs de la France et de l'Allemagne. Cette modération dans la conduite des affaires pouvait être associée à un discours public d'une tonalité plus nationale. Un observateur attentif, le baron Guillaume, ambassadeur de Belgique à Paris, expédiait le 10 mars à son ministre un rapport de synthèse où on lisait les phrase suivantes : « Poincaré mêle à ses discours une note plus ou moins chauvine qui flatte les populations... La chute du cabinet Barthou est un échec pour la politique militariste et nationaliste qu'il poursuit systématiquement... Avec Millerand et Delcassé, il préconise inlassablement l'œuvre de relèvement politique et militaire... Il a envoyé Delcassé à Saint-Pétersbourg chercher par tous les moyens à exalter les bienfaits de l'alliance franco-russe... » Ce rapport qui était resté confidentiel fut découvert par les Allemands en 1915 dans les archives belges à Bruxelles ; ils s'empressèrent de le publier comme l'une des preuves de la participation active de Poincaré à la préparation de la guerre. C'était aller un peu vite en besogne. Que visait Poincaré en cultivant les alliances et en essayant de rétablir l'équilibre des forces terrestres entre la France et l'Allemagne ? Il entendait d'abord donner à son pays les moyens nécessaires au cas où la France serait attaquée, c'est-à-dire que son optique était purement défensive ; il cherchait aussi les moyens de négocier avec l'Allemagne ; la France ne pouvait être respectée que si elle était forte et ferme. Le mot « fermeté » que Poincaré a employé pour définir les relations avec l'Allemagne ne devait pas être confondu avec confrontation et provocation. Il devait, dans le respect mutuel des intérêts des deux pays, aboutir à des accords comme ceux que nous venons d'évoquer plus haut.

À l'approche des échéances électorales, le climat de politique intérieure se dégrada. Joseph Caillaux, qui faisait figure de véritable chef du ministère, s'orientait vers un accord avec les socialistes et menait campagne en faveur de l'abrogation des trois ans ; il attaquait sans ménagement Aristide Briand et Louis Barthou, les amis du président, qui avaient fondé la Fédération des gauches dans les locaux du *Petit Parisien*. Ceux-ci répliquaient et diverses obscures affaires de corruption, au centre desquelles se dressait l'affaire Rochette, aigrissaient le climat politique. Joseph Caillaux[59] laissait dire par ses amis ou des journalistes que si le président de la République s'opposait à l'abrogation des trois ans, il serait acculé à la démission. Une crise politique se profilait à l'horizon. Certes, dans l'affaire des trois ans, le président de la République, chef des armées, n'avait pas dépassé ses prérogatives constitutionnelles. Mais la fraction de la gauche qui n'avait pas accepté l'élection de janvier 1913 avait trouvé un terrain d'attaque favorable. Dans son journal *L'Homme libre*, Clemenceau avait engagé une campagne contre Poincaré, campagne que le baron Guillaume dans le rapport cité plus haut qualifiait de « violente et perfide ». Il la commentait en ces termes : « Il a déjà démoli dans sa longue carrière un grand nombre de ministères. Aujourd'hui il vise plus haut... » (10 mars 1914). Joseph Caillaux sentait la revanche à portée de main ; il était combatif ; il irait jusqu'au bout, quitte à sacrifier le président de la République.

En l'espace d'un an, la popularité de Poincaré avait beaucoup diminué. Non seulement il était attaqué à gauche, mais il avait déçu certains de ses partisans. Henri Simond, de *L'Écho de Paris*, était très mécontent de Poincaré, « qui se borne à faire des discours et n'agit pas. Le président de la République n'a pas su tirer parti de la situation exceptionnelle qui lui était faite à son élection. Il sera réduit à démissionner après les élections, qui lui seront défavorables ». Brugère, qui dînait à l'Élysée le 10 mars, se serait enhardi au point de conseiller au président « d'être énergique et de changer de ministère ». Poincaré refusa, considérant « l'acte comme un coup d'État[60] ».

L'affaire Caillaux

Le 16 mars 1914, en fin d'après-midi, les Français apprenaient qu'Henriette Caillaux, femme du ministre des Finances, s'était rendue dans les bureaux du *Figaro*, qu'elle avait demandé à rencontrer le directeur du journal, Gaston Calmette, et qu'à peine introduite dans son bureau, elle avait sorti une arme de son manchon de fourrure et l'avait blessé mortellement.

Depuis le mois de décembre 1913, ce dernier avait lancé contre le ministre des Finances une campagne de presse d'une rare violence, qui a été analysée par Jean-Claude Allain[61]. Il publiait des documents authentiques, parmi lesquels des lettres privées écrites de la main de la première femme de Caillaux. Qui avait fourni ces lettres ? Pourquoi Calmette les publiait-il ? Quels hommes politiques étaient derrière cette campagne ? Caillaux se posait de multiples questions. Il pensa que Poincaré seul avait les moyens d'y mettre un terme. Poincaré, qui avait été le témoin de son second mariage, savait tout de sa vie privée. Caillaux alla à l'Élysée avec Doumergue, le 16 mars au matin, puis resta seul avec le président. On ne connaît de cet entretien que la version de Caillaux[62]. Il n'obtint rien de précis de son ancien ami, sinon que de prendre conseil de l'avocat Maurice Bernard, leur ami commun.

On ne sait si après cette visite infructueuse Caillaux eut un entretien avec son épouse. Blessée au plus profond d'elle-même, celle-ci alla acheter une arme chez l'armurier Gastinne-Renette puis demanda, à l'insu de son mari, un rendez-vous à Calmette. Dès qu'elle fut entrée dans son bureau, elle sortit le revolver de son manchon et tira à bout portant sur Calmette qui s'écroula. Henriette Caillaux se laissa arrêter et fut écrouée à la prison Saint-Lazare. Joseph Caillaux était au Sénat quand il apprit le crime commis par sa femme ; le lendemain, 17 mars 1914, il démissionna de ses fonctions de ministre des Finances pour se consacrer à la défense de sa femme. Dans l'opinion l'émotion fut intense. Barthou la prolongea en lisant à la tribune de la Chambre un document judiciaire, le rapport Fabre, qui n'aurait jamais dû tomber entre ses mains et qui indiquait que, dans l'affaire Rochette, ce magistrat avait été l'objet de pressions politiques inacceptables. Barthou donna l'impression à Caillaux et à ses amis qu'il avait été l'une des chevilles ouvrières de la campagne. En raison de la personnalité de la criminelle, les journaux accordèrent une grande place à ce fait divers et suivirent dans le moindre détail les péripéties de l'instruction. Au moins autant que celui de son épouse, certains semblaient préparer le procès de Joseph Caillaux lui-même.

L'affaire Caillaux avait indubitablement un versant politique. Qui avait fourni à Calmette les documents ? Qui l'avait poussé à engager cette féroce campagne de presse ? Dans l'entourage de Caillaux, on murmurait : « C'est Poincaré ! » Dans ses *Mémoires*[63], Caillaux maintint ses accusations ; on avait cherché à le discréditer, à le salir, à le pousser à bout ; c'était le cri d'un homme blessé à vif dont le ressentiment à l'égard de Poincaré était à la mesure d'une amitié déçue et des épreuves subies pendant la guerre et après guerre. Il accusait Poincaré d'avoir encouragé ou manipulé Louis Barthou. Beaucoup d'historiens, et notamment ceux de sensibilité de gauche, ont été et vont encore dans ce sens. La biographie de Jean-Denis Bredin publiée en 1983 en est un exemple parmi d'autres. Après un examen attentif des notes journalières de Poincaré, l'historien allemand Gerd Krumeich[64] ne retient pas ces accusations : Poincaré n'aurait pas monté l'affaire Caillaux. Bien que menacé par Caillaux et par la gauche, il n'aurait pas cherché à salir son ancien ami par une campagne de diffamation. Après l'éclatement du scandale, il aurait cherché à en « amortir les conséquences néfastes ». Le 30 mars 1914, Gabriel Hanotaux[65] rencontra le couple présidentiel en villégiature sur la Côte d'Azur. Il ne put parler en tête à tête, car étaient présents d'autres amis, dont Alexandre Millerand. Hanotaux trouva le président préoccupé par les accusations auxquelles son devoir de réserve l'empêchait de répondre. Henriette Poincaré l'était encore plus : « Sa pauvre femme paraissait bien absorbée, le visage tendu, et pâlie comme une bête traquée. Ce n'est pas le bonheur. » La curiosité d'Hanotaux resta insatisfaite ; il aurait aimé en savoir plus, et en repartant, il continuait de s'interroger : « Je n'ai pu me rendre compte du véritable sentiment du ménage sur le fond de l'affaire. »

Si nous retenons cette analyse et ce témoignage et si nous écartons la responsabilité directe de Poincaré, une autre question reste ouverte. Poincaré avait-il eu connaissance des dessous de cette campagne de presse ? Si oui, comme c'est probable, pourquoi n'avait-il rien fait pour l'arrêter ? En effet les meneurs du jeu semblent avoir été deux hommes de premier plan proches du président, Aristide Briand et Louis Barthou. En raison des liens étroits existant entre Poincaré et Barthou, il semble impossible que le premier ait été tenu totalement à l'écart. Poincaré a été probablement averti de cette campagne et il aurait au moins toléré son lancement. Ensuite, un peu effrayé, il semblerait avoir fait vainement pression sur Louis Barthou pour rechercher un apaisement, peut-être par l'intermédiaire d'un ami commun, l'avocat Maurice Bernard. Après avoir lu à Stockholm le 26 juillet 1914 des journaux de Paris relatant le procès Caillaux, Poincaré faisait cette réflexion : « Il [Caillaux] insinue que j'aurais pu arrêter la campagne et le meurtre. Or j'ai fait plus que je devais pour lui en lui offrant l'entremise de Maurice Bernard[66]... » Les papiers de Maurice Bernard, mort en 1921, apporteraient peut-être des éléments de solution. Ils sont jusqu'à présent introuvables. Cette intervention n'aurait pas donné les résultats attendus. Après l'assassinat de Calmette, Poincaré aurait préféré garder le silence pour ne pas exposer Briand et Barthou. S'il avait agi autrement, n'aurait-il pas été conduit, comme l'écrit Gerd Krumeich, à une « véritable autodestruction » ?

Jusqu'au procès qui se déroula du 20 au 28 juillet 1914, l'affaire Caillaux tint la vedette dans les journaux avec son lot d'informations déformées, de suppositions, d'accusations, de rumeurs et de commentaires. Poincaré ne fut pas épargné ; il réussit à ne pas être déstabilisé ; son hostilité à l'égard de Caillaux ne fit que se renforcer ; elle était devenue irréductible. De son côté, Caillaux le lui rendait bien et ne lui pardonna jamais, alors que plus tard il reprit contact avec Aristide Briand. Henriette Caillaux fut acquittée le 28 juillet 1914 et libérée le 31. Des événements internationaux et militaires d'une tout autre ampleur que les péripéties de ce procès allaient retenir durablement l'attention des Français.

Face à la victoire de la gauche

L'affaire Caillaux n'eut guère d'influence sur le résultat des élections législatives des 26 avril et 10 mai 1914. Pour sa part, Joseph Caillaux était réélu député au premier tour dans sa circonscription de Mamers, mais le procès de sa femme l'avait placé hors jeu. La poussée de la gauche était sensible ; les socialistes unifiés conduits par Jean Jaurès étaient les principaux bénéficiaires et gagnaient plus de trente sièges. Le groupe radical-socialiste devenait le plus important de la nouvelle Chambre. Les socialistes, les radicaux-socialistes et les républicains socialistes atteignaient un total de 268 députés sur 602 ; ils étaient à 35 sièges de la majorité absolue. Certains interprétèrent les résultats comme une défaite du président. Il pourrait être acculé à la démission. S'il se maintenait à l'Élysée, il serait privé de tout moyen d'action. La France allait retomber dans le marécage parlementaire avec un exécutif faible. C'était l'interprétation de l'ambassadeur allemand Schoen, qui voyait là un gage de paix. Dans une lettre privée (début juin), le grand industriel de la Ruhr Hugo Stinnes[67] estimait que le résultat des élections législatives était « une protestation contre la politique de Poincaré », ce qui était à ses yeux plutôt un signe favorable.

En réalité, Poincaré disposait d'une marge de manœuvre appréciable, dans la mesure où la gauche, hostile aux trois ans, n'avait plus de chef de file depuis que Caillaux était disqualifié. D'autre part les adversaires des trois ans, même s'ils avaient gagné du terrain, n'avaient pas la majorité dans la nouvelle Chambre, car une fraction des radicaux-socialistes et des républicains socialistes étaient favorables au maintien de la loi. Dans l'immédiat, les socialistes se mirent à tirer à boulets rouges sur le président. On reprenait contre lui l'alternative bien connue dans laquelle Gambetta avait enfermé Mac-Mahon : « Se soumettre ou se démettre ». Si les socialistes criaient fort pour défouler leurs militants et faire pression sur les radicaux, ils n'étaient pas en mesure d'acculer Poincaré à la démission. De son côté, le président de la République expliquait à Lyon [68] qu'il respecterait les indications du suffrage universel :

> « *La France qui a fait la triste expérience du pouvoir personnel et qui ne la recommencera pas, entend se diriger elle-même et contrôler souverainement par l'entremise des représentants élus qu'elle se donne l'action quotidienne des cabinets responsables. En même temps elle veut que, dans l'État, toutes les fonctions, les plus modestes et les plus hautes, soient consciencieusement remplies par ceux à qui elles sont confiées et elle attend du président de la République [...] qu'il s'acquitte intégralement et sans défaillances des devoirs qui lui incombent...* » (24 mai)

Poincaré aurait volontiers reconduit Gaston Doumergue [69] à la tête du gouvernement ; celui-ci aurait pu, après avoir remanié son ministère, réunir une petite majorité ; mais le sénateur du Gard n'était pas un combattant ; il préféra se retirer pour laisser la place à une personnalité mieux accordée à la sensibilité de la nouvelle Chambre. Sa démission (2 juin 1914) ouvrit une crise ministérielle de plusieurs semaines fertiles en péripéties. Après les consultations d'usage, Poincaré fit appel à René Viviani [70], ministre de l'Instruction publique du cabinet sortant ; le député de la Creuse, qui appartenait au petit groupe charnière des républicains socialistes, avait cinquante et un ans et était très marqué à gauche ; il était détesté des catholiques pour son anticléricalisme affirmé et agressif ; il avait été trois ans ministre du Travail de Clemenceau ; il gardait des liens avec les socialistes, notamment avec Jean Jaurès, il avait voté contre les trois ans mais acceptait de les maintenir. Il avait deux qualités utiles dans cette conjoncture : c'était un orateur parlementaire écouté et il était bien accepté à gauche. Sa première tentative, peut-être prématurée, échoua.

Poincaré se tourna alors vers une personnalité connue, Alexandre Ribot. Le grand parlementaire libéral sous le ministère duquel, vingt ans plus tôt, avait été conclue l'alliance franco-russe était depuis quinze ans à l'écart de la majorité ; certes il avait des amis dans tous les groupes, mais sa désignation apparut comme une provocation à l'égard de la gauche avancée. Jaurès se déchaîna contre « la réaction militariste ». Ribot forma un cabinet auquel le dirigeant radical-socialiste Léon Bourgeois (aux Affaires étrangères) et le président du groupe de la Gauche radicale, Théophile Delcassé (à la Guerre), apportèrent leur concours. Le jour même de sa présentation, le 12 juin, Ribot fut renversé par la Chambre. Cela ne s'était pas encore vu dans l'histoire du régime ! Lors de la présentation du ministère Ribot, les socialistes avaient crié très fort contre « l'homme du tsar », qui se moquerait de « la volonté populaire ». On laissait entendre que « la vie anormale de l'Élysée » avait « épaissi l'intelligence de cet homme que l'on croyait posséder une certaine lucidité de pensée ». On manifestait sur les Boulevards contre les trois ans et en criant sur l'air des lampions « Poincaré démission ! Poincaré démission ! »

Poincaré fut-il impressionné ? On a de la peine à le croire ; il dut néanmoins se résigner à faire machine arrière et à rappeler René Viviani. Le terrain était déblayé et il constitua un cabinet à dominante radicale où les parlementaires du Parti républicain démocratique, l'ancien parti du président, étaient écartés du pouvoir. Viviani avait repris seulement trois membres du cabinet Doumergue. Il s'était appuyé principalement sur la Chambre et n'avait fait appel qu'à trois sénateurs seulement. Sur les quatorze députés devenus ministres, neuf, dont le ministre de la Guerre Messimy, avaient voté les trois ans. Le nouveau ministère était assez terne – « un gouvernement médiocre mais pacifique », écrit fort justement Jean-Jacques Becker –, car Viviani avait écarté toutes les personnalités marquantes. Il avait pris pour lui-même les Affaires étrangères et appelé à ses côtés comme secrétaire d'État un jeune député de talent, Abel Ferry[71], le neveu de Jules Ferry. Jean-Louis Malvy[72] à l'Intérieur rassurait la gauche. Viviani s'était engagé à maintenir provisoirement les trois ans en échange d'un vote rapide par le Sénat de l'impôt sur le revenu. L'un des points noirs était l'ignorance à peu près complète de René Viviani des dossiers concernant les affaires étrangères. Depuis quelques mois un voyage des dirigeants français était prévu en Russie ; dans le courant de juin, l'ambassadeur Paléologue[73] était venu à Paris en vue des dernières mises au point ; lors de leurs entretiens, Viviani ne cessait de grommeler et de jurer, montrant à quel point lui pesait cette corvée à laquelle il ne pourrait pas se dérober.

Poincaré s'était tiré d'une mauvaise passe au prix d'une chute spectaculaire de sa popularité ; il avait de nouveau l'impression d'être sous surveillance et d'être réduit à l'impuissance constitutionnelle, un peu comme Casimir-Perier vingt ans plus tôt. Resterait-il ? Partirait-il au terme d'une crise ? Il était trop tôt encore pour savoir s'il serait un jour acculé à la démission. Mais il pouvait se féliciter d'avoir maintenu le cap en politique militaire et étrangère et pouvait tirer parti de l'inexpérience de Viviani. Après ces semaines de tension, la vie politique s'apaisait; les nouveaux ministres s'installaient quand on apprit à Paris, le 29 juin, l'assassinat à Sarajevo du prince héritier d'Autriche-Hongrie, l'archiduc François-Ferdinand. Poincaré fut averti de ce crime alors qu'il assistait au Grand Prix à l'hippodrome de Longchamp. Eut-il immédiatement conscience qu'une page nouvelle s'ouvrait et que la guerre entre les grandes puissances, jusque-là conjurée, allait se déchaîner sur l'Europe ?

La crise de juillet 1914

Dans un premier temps, Raymond Poincaré, pas plus que l'immense majorité des Français, n'eut le pressentiment de la catastrophe qu'allait déchaîner sur l'Europe le crime de Sarajevo. La foule parisienne déambulait paisiblement sur les Boulevards; les discussions parlementaires se poursuivaient comme à l'accoutumée avec leurs péripéties et leurs incidents; les journaux racontaient les cérémonies funèbres de Vienne et préparaient leurs lecteurs au prochain procès de Mme Caillaux. C'était l'une des principales préoccupations de Poincaré. Au Quai d'Orsay, à l'Élysée on s'interrogeait; on ignorait bien entendu toutes les consultations secrètes qui avaient commencé entre Vienne et Berlin. Quelles seraient les conséquences de cet assassinat? L'Autriche allait-elle essayer de régler son compte à la Serbie? Dans ce cas, on risquait un rebondissement des crises balkaniques avec une intervention militaire directe de l'Autriche contre la Serbie. Le conflit resterait-il limité aux Balkans ou comporterait-il un risque d'élargissement pouvant conduire à une guerre européenne? Dans un premier temps au moins, jusqu'au 23-24 juillet, ce fut la première interprétation qui semblait la plus plausible. La Serbie, qui avait été l'un des grands bénéficiaires des récentes guerres balkaniques, devrait payer le prix fort; on protégerait comme on pourrait ce petit pays allié, mais on ne prendrait pas pour lui le risque d'un conflit européen.

La France avait adopté une attitude modératrice, un peu en retrait. Ses dirigeants étaient mal informés des préparatifs allemands et austro-hongrois et n'avaient pas compris que ces derniers avaient délibérément accepté le risque d'une guerre européenne. Depuis plusieurs mois était prévu un voyage en Russie du président de la République et du président du Conseil, le second voyage de ce type depuis celui de Félix Faure en 1897. La longue crise ministérielle l'avait retardé; malgré les tensions consécutives à l'assassinat de Sarajevo et à la mauvaise humeur des radicaux et de socialistes, il ne fut pas remis. Aux critiques de Jaurès, Viviani répondit à la Chambre par une défense de l'alliance. Le programme du voyage, qui s'accomplirait par mer, comportait au retour un crochet par les pays scandinaves, le Danemark, la Suède et la Norvège. Dans les journaux français et allemands courut le bruit que Viviani reviendrait par le train et s'arrêterait à Berlin au retour; ce n'était qu'une rumeur.

Le 16 juillet, Poincaré[74] et Viviani accompagnés du diplomate Pierre de Margerie, directeur des Affaires politiques, s'embarquaient à Dunkerque sur le cuirassé *France* escorté du *Jean-Bart* et des torpilleurs d'escadre *Stylet* et *Trouble*. La situation internationale était plus préoccupante qu'inquiétante. Pouvait-on deviner que l'Allemagne se préparait à la guerre alors que le Kaiser Guillaume II naviguait à bord de son yacht le long des côtes de Norvège? Rien d'important ne pouvait être décidé en son absence. En France l'intérim des Affaires étrangères avait été confié au ministre de la Justice, Bienvenu-Martin, un homme politique complètement ignorant des affaires de ce département. Son secrétaire d'État, Abel Ferry, plus vif et plus actif, avait lui aussi tout à apprendre. Ils étaient secondés par le directeur adjoint, Philippe Berthelot. Comme les liaisons radio étaient encore dans l'enfance, les dirigeants français en déplacement avaient avec Paris des contacts lents et incertains et des informations insuffisantes pour être en mesure d'agir utilement dans l'hypothèse d'une aggravation de la situation internationale.

Selon le quotidien berlinois *Der Berliner Tagesblatt*[75], qui avait un correspondant à Paris, ce voyage n'avait rien pour inquiéter l'Allemagne. Les conversations porteraient « sur la paix, la situation dans les Balkans, la question albanaise ». Poincaré pourrait aussi être, selon la formule de Bismarck, « un honnête courtier » pour l'application de la convention navale anglo-russe.

Le séjour des Français devait durer quatre jours, du 20 au 23 juillet au soir. Il comportait des cérémonies officielles, des réceptions, des revues militaires, une visite à Saint-Pétersbourg, des dîners. La traversée, favorisée par un temps beau et chaud, fut « enchanteresse ». Poincaré se promena sur le pont, fit quelques lectures d'auteurs scandinaves et initia Viviani au dossier diplomatique complexe qu'il aurait à traiter. Il notait le 18 juillet[76] : « Je suis effrayé de son ignorance ; j'essaie de le mettre au courant... » Dans l'après-midi du 20 juillet, le *France*, qui ne pouvait accéder jusqu'au port de Peterhof, fut accosté par le yacht impérial *Alexandria*, où le tsar Nicolas II en personne accueillit les Français. Le président resta auprès de l'empereur à l'arrière du yacht et eut avec lui une première conversation politique. Nicolas II lui parla de l'alliance « avec beaucoup de fermeté » puis les deux hommes évoquèrent une éventuelle « politique de rapprochement avec l'Allemagne » de la France, de la Russie et de la Grande-Bretagne, et dont les acteurs pourraient être selon le tsar Caillaux, Witte et Lloyd George. Nicolas II demanda à Poincaré ce qu'il pensait de Witte. Le Français lui répondit : « Il passe pour favorable à l'Allemagne... ne mérite pas beaucoup de confiance. » Le tour d'horizon s'acheva par la constatation commune que cette politique de rapprochement était « chimérique ». Les opérations de débarquement commencèrent et après les cérémonies d'accueil, les Français furent conduits dans leurs appartements. Aux yeux des dirigeants russes, c'était Poincaré l'interlocuteur majeur aussi bien pour Nicolas II que pour le ministre Sazonov; mais c'était Viviani qui était censé conduire la politique française. Dans ses notes journalières, on sent Poincaré choqué par l'incompétence de Viviani, par ses sautes d'humeur, par un comportement jugé inconvenant : « Il maugrée, bougonne, jure au point de se faire remarquer par tout le monde. Paléologue essaie en vain de le calmer... » En dépit de ces constatations, il prenait soin de se placer derrière Viviani pour ne pas sortir de son rôle constitutionnel. Était-ce vraiment la réalité ? Cette interrogation court tout au long de ces jours et de ces semaines et la réponse n'est jamais claire.

Depuis le premier voyage d'août 1912, l'alliance franco-russe avait évolué : les deux pays avaient signé une convention navale et surtout une convention militaire (13 juillet 1913) par laquelle la Russie s'engageait à mettre en ligne sur le front oriental 800 000 hommes le quinzième jour qui suivrait le début des hostilités. L'accord financier, signé le 31 décembre 1913 pour permettre la construction dans les quatre ans de chemins de fer stratégiques, était en cours d'exécution. On a souvent dit et écrit que la mise en route de ce projet avait incité l'état-major allemand à engager une guerre dans les plus brefs délais, avant qu'il ne fût trop tard pour l'Allemagne. Cette affaire a été évoquée dans les débats secrets des dirigeants allemands concernant une éventuelle guerre préventive. A-t-elle pesé d'une manière décisive dans les décisions de juillet 1914 ? En quoi engage-t-elle la responsabilité personnelle de Raymond Poincaré ?

Le 20 juillet 1914, l'hypothèse d'une guerre européenne était encore improbable. Nul ne pouvait prévoir le cataclysme qui s'abattrait sur l'Europe dans les quinze jours à venir. Entre les deux pays, la seule obligation réciproque était définie par l'article premier du traité : « Seule une attaque allemande oblige la France et la Russie à s'accorder l'appui mutuel. » Le seul et unique tête-à-tête entre Poincaré et Nicolas II eut lieu au Peterhof dans la matinée du 21 juillet. D'après les notes journalières de Poincaré[77], deux thèmes furent abordés : les rapports anglo-russes et le conflit austro-serbe. Nicolas II demanda l'appui français pour améliorer les relations avec l'Angleterre et « hâter » la conclusion d'un accord naval. La position de l'Autriche à l'égard de la Serbie était « la préoccupation la plus vive » et rendait « l'accord complet entre les deux gouvernements plus nécessaire que jamais ». Comment interpréter cette phrase ? Accord complet sur quoi et pour faire quoi ? À ce moment des conversations entre les deux alliés, le risque venait non de l'Allemagne mais de l'Autriche-Hongrie ; des rumeurs non confirmées annonçaient une intervention contre la Serbie. Dans l'hypothèse où la Russie se porterait au secours de la Serbie attaquée, pourrait-elle obtenir le soutien français? La réponse ne pourrait être que négative sauf si, à la suite d'une extension du conflit, l'Allemagne attaquait le territoire russe. Au cours de cet entretien, Poincaré a-t-il, comme on l'en a accusé plus tard, encouragé le tsar à la fermeté alors qu'il aurait fallu le freiner? Quelle fut la teneur de ses conversations avec le ministre des Affaires étrangères, Sazonov, qui, dans les jours suivants, fut l'un des partisans de l'entrée en guerre et qui entraîna à la décision fatale un Nicolas II toujours hésitant?

Après cet entretien dans l'après-midi et la soirée du 21 juillet, Poincaré eut des conversations avec les ambassadeurs étrangers et mit fermement en garde l'ambassadeur d'Autriche-Hongrie contre une telle éventualité. Il reçut un télégramme de Paul Cambon « fort inquiétant », car l'Allemagne ne s'opposerait pas à la démarche projetée par l'Autriche. Poincaré commentait : « Encore du bluff, évidemment. » Le soir, au dîner, Poincaré se trouva placé près du ministre Sazonov, « préoccupé et peu disposé à la fermeté sur l'Autriche ». Certes les notes journalières ne disent pas tout et cette source unique demanderait confirmation. Mais peut-on écrire que le président français serait entré consciemment dans l'engrenage des alliances et aurait agi avec la Russie comme l'Allemagne agissait avec l'Autriche-Hongrie ? Peut-on dresser un parallèle entre le comportement de Guillaume II et celui de Poincaré? Comme le cabinet de Berlin, les dirigeants français, en refusant de tenir la bride sur le cou à un allié imprudent et belliqueux, auraient favorisé l'application mécanique des traités. Doit-on se ranger à cette interprétation qui ferait de Poincaré l'un des principaux responsables de la guerre ? Quels sont les textes, les arguments qui iraient dans ce sens?

Les notes journalières de Poincaré confirmées par les témoignages de divers ambassadeurs indiquent que les Français ont réaffirmé la solidarité de l'alliance. Pouvaient-ils faire moins ? En revanche, ils n'ont point encouragé le tsar et ses généraux à une attitude belliqueuse. Poincaré n'a pas donné carte blanche aux dirigeants russes dans l'hypothèse d'une guerre balkanique. C'est aussi le jugement du récent biographe de Poincaré J.F. Keiger[78], s'appuyant sur un rapport de l'ambassadeur anglais en Russie George Buchanam, qui avait recueilli les témoignages de Sazonov et de Paléologue. L'éventualité d'une action de l'Autriche contre la Serbie avait été envisagée entre les deux partenaires. Dans le télégramme adressé par Sazonov au chargé d'affaires russe à Vienne, on trouvait le mot fermeté ; ce mot lui avait-il été soufflé par Poincaré, lequel, dans ses conversations sur le bateau avec Viviani, l'avait à plusieurs reprises employé au sujet de l'attitude à tenir vis-à-vis de l'Allemagne ? Mais la fermeté peut aussi s'accompagner de modération. Avertir l'Autriche de ne pas prendre à l'égard de la Serbie des mesures irrévocables pouvait être de la fermeté, sans pour autant pousser à la guerre. Dans sa récente biographie de Nicolas II, Hélène Carrère d'Encausse[79] consacre à peine une page au voyage de Poincaré, dont le nom n'est cité qu'une seule fois. Elle retient que le président français a été impressionné par la revue militaire du 23 juillet et qu'il « s'agit encore, à ce moment, de sauver la paix, non de préparer la guerre et de transformer la Triple-Entente en Triple-Alliance pour faire face aux menaces de conflit ». En revanche, elle met l'accent sur l'état d'esprit du tsar, qui estime que cette fois-ci il ne pourra plus reculer devant l'Autriche-Hongrie sous peine de perdre la face et, pour la Russie, d'abandonner son statut de grande puissance. Dans quelle mesure les conversations des Russes avec Poincaré et Viviani ont-elles confirmé cette intention ? On l'ignore.

Le 23 juillet, les dirigeants russes furent reçus sur le *France* pour un dîner d'adieu dont un orage et une pluie battante avaient perturbé les préparatifs ; on ne connaît pas la teneur de ces dernières conversations entre les Russes et les Français. Dans la nuit, le *France* quitta Cronstadt pour prendre la direction de la Suède. Sur le bateau, Poincaré lut la presse française et internationale puis reçut des radiogrammes inquiétants. Ce fut le moment délibérément choisi par l'Autriche-Hongrie et l'Allemagne pour lancer l'ultimatum à la Serbie. L'Autriche-Hongrie, qui avait décidé d'écraser la Serbie et qui, depuis le 5 juillet, avait obtenu l'appui inconditionnel de l'Empire allemand, avait attendu sur le conseil de l'Allemagne le départ du président français pour adresser à la Serbie l'ultimatum qui allait engager l'Europe dans la guerre. Le but recherché était d'empêcher la France et la Russie de se concerter pour trouver une parade commune. C'est pourquoi on avait exigé de la Serbie une réponse rapide dans les quarante-huit heures. Les Français apprirent en mer par radio-télégramme le contenu de la note autrichienne. Poincaré commentait et s'interrogeait : « Dans ces exigences une part est inacceptable par la Serbie. Que va faire la Russie ? Que va faire l'Autriche ? » Après discussion avec Poincaré et Margerie, Viviani télégraphia à Londres, Saint-Pétersbourg et Belgrade, demandant à la Serbie d'accepter toutes les conditions de l'Autriche qui n'étaient pas contraires à son honneur. Il formulait ensuite deux requêtes : une prolongation au-delà de vingt-quatre heures du délai de réponse à l'ultimatum et la constitution d'une commission internationale d'enquête sur l'assassinat de Sarajevo. Était-ce s'engager tête baissée dans un processus de guerre ? La journée du 25 juillet[80] fut « sinistre » : aucune nouvelle de Belgrade ; un télégramme de Jules Cambon annonçant que l'Allemagne approuvait la note autrichienne et qu'il n'y avait plus qu'une chose à faire :

« localiser le conflit ». Donc une nouvelle guerre balkanique, cette fois entre la Serbie et l'Autriche, était sur le point d'éclater alors que les dirigeants français étaient en mer. Poincaré et Viviani s'interrogeaient : fallait-il dans cette hypothèse poursuivre le voyage ou revenir d'urgence en France ? Ils ne tranchèrent pas immédiatement.

Les dirigeants français débarquèrent le 25 juillet à Stockholm anxieux et impuissants : « Rien de précis de Saint-Pétersbourg, rien de précis de Paris. » Ils étaient informés surtout par les journaux ; ils comprirent qu'il ne faisait plus guère de doute que l'Allemagne était derrière l'Autriche-Hongrie et qu'elle avait cessé de faire confiance au concert européen et abandonné la voie de la concertation et de la négociation qui avait été encore la sienne en 1912-1913. Un tournant décisif venait d'être pris par l'Allemagne. On apprit le retour de Guillaume II à Kiel. Dans la presse anglaise circula une rumeur – ce n'était qu'une rumeur – faisant état d'une rencontre à Stockholm entre M. Poincaré et Guillaume II[81].

Au départ de Stockholm (26 juillet), Poincaré et Viviani décommandèrent les visites prévues au Danemark et en Norvège et prirent la décision de rentrer à Paris ; ils recevaient des radiogrammes confus et difficilement compréhensibles ; ils avaient conscience de l'aggravation de la situation internationale. À Paris, Bienvenu-Martin étalait autant sa bonne volonté que son insuffisance. Poincaré craignait « qu'il ne se soit montré trop faible » vis-à-vis de l'ambassadeur allemand. Désormais, c'était le comportement de l'Allemagne, où Guillaume II était rentré à Berlin, qui était le plus inquiétant et qui serait décisif. À un Viviani déprimé, qu'il décrit comme « nerveux, agité », avançant des mots et des phrases imprudents qui montraient une complète ignorance des affaires étrangères, Poincaré expliquait que la ligne de conduite à tenir à l'égard de l'Allemagne était désormais celle de la fermeté, que seule la fermeté serait payante avec elle. Par ses notes quotidiennes, on saisit la part active qu'il prenait à la préparation et à la rédaction des textes signés Viviani. Il écrit par exemple : « À Margerie je conseille de faire télégraphier[82]... » C'était lui Poincaré et non Viviani qui était au cœur du processus de décision.

De leur côté, les Russes avaient appris après le départ des Français l'ultimatum de l'Autriche à la Serbie. L'ambassadeur Paléologue, qui avait reçu des instructions de Poincaré et Viviani alors en mer, les a-t-il interprétées trop librement en laissant croire aux Russes que la France était prête « à remplir ses obligations de l'alliance » ? A-t-il dépassé ses instructions ? Sazonov a-t-il été encouragé à durcir sa position jusqu'à la mobilisation ? Aucun diplomate averti ne pouvait ignorer qu'une mobilisation russe serait interprétée du côté allemand comme le signal de la guerre. On ne peut trancher et assurer avec certitude si l'attitude de Paléologue avait incité les Russes à la mobilisation partielle du 28 juillet puis à la mobilisation totale du 29, deux décisions qui conduisirent les dirigeants allemands à l'escalade et à la déclaration de guerre. La publication récente de textes inédits et les travaux de Jean Stengers[83] insistent sur la perturbation des communications entre Paris et Saint-Pétersbourg à la suite du décryptage par l'Allemagne du chiffre de l'ambassade ; les télégrammes envoyés à Paris par d'autres voies mettaient beaucoup plus de temps et le gouvernement français était informé avec retard de ce qui se passait en Russie. Cette donnée invite à réévaluer le rôle de Paléologue, que l'on rendait habituellement responsable. A-t-il poussé les Russes à l'intransigeance ? A-t-il informé son gouvernement de ce qui se passait à Saint-Pétersbourg ? Sans être en mesure de répondre absolument par l'affirmative sur le cas Paléologue, il apparaît aujourd'hui que cette transmission défectueuse et tardive des informations a mis dans l'embarras le gouvernement français ; non seulement il n'a pas encouragé la Russie à mobiliser, mais plus encore il a été mis par son allié devant le fait accompli.

Dans cet enchaînement qui conduit à la guerre[84], dans quelle mesure la responsabilité directe de Poincaré était-elle engagée ? Voyons d'abord une perception contemporaine parmi d'autres. La lecture du *Berliner Tagesblatt*[85] est un point d'observation intéressant. Après avoir reproduit les toasts prononcés à Peterhof, le quotidien berlinois faisait ce commentaire : « À l'égard du président Poincaré, Nicolas II fut débordant d'amabilité et de cordialité ; vraisemblablement on espère par ces assurances très appuyées renforcer la position du président, dont la politique est en France affaiblie et a conduit lors des dernières élections à une situation proche d'une défaite. Pour le reste, le toast du tsar écarte toute allusion guerrière, se réjouit beaucoup de la paix et explique ce que la Russie entend par équilibre européen. » Dans la réponse de Poincaré, on retint surtout ses phrases en faveur de la paix et de l'équilibre européen. Le 24 juillet, alors que Poincaré venait de quitter Cronstadt, le journal berlinois reprenait un commentaire du *Giornale d'Italia* : « En aucun cas le tsar n'a donné des appuis aux idées françaises de revanche. De toute façon le prestige personnel de Poincaré a fort décliné depuis son échec de Londres. En aucun cas la Russie ne pense imprimer à sa politique une orientation hostile à l'Allemagne. » Enfin, le 26 juillet, alors que l'Autriche avait déclaré la guerre à la Serbie, on pouvait lire dans un article intitulé « Poincaré et le tsar » l'appréciation suivante : « Si on doit croire les mots qui ont été échangés avec le président de la République française, on ne doit pas prendre les choses au tragique puisqu'ils disent vouloir maintenir l'équilibre et la paix en Europe. » Le *Berliner Tagesblatt*, qui ne débordait pas d'une sympathie particulière à l'égard de Poincaré et qui ne pouvait être informé de la réalité des conversations auxquelles il faisait allusion, ne reflétait pas l'opinion des milieux allemands officiels. Il retenait deux données : l'affaiblissement du prestige de Poincaré et des propos publics apaisants favorables à la paix et au maintien de l'équilibre européen. En aucun cas il n'était question de « Poincaré-la-guerre ».

La lecture du tome IV des Mémoires de Poincaré, *L'Union sacrée*, donne une impression à la fois de confusion et de malaise. Ils ont été rédigés entre 1925 et 1927 et publiés alors qu'il était président du Conseil ; ils sont encombrés de documents destinés à réfuter les accusations lancées contre lui. On a beaucoup de mal à distinguer entre ses analyses, ses appréciations, son état d'esprit et ses sentiments de juillet 1914 et ce qu'il pensait en 1925-1927. En juillet 1914, en dépit des informations dont il disposait, une partie de la réalité lui était cachée. Elle commença à être révélée durant la guerre puis au début des années 1920. Comme l'avait écrit avec vigueur et concision Pierre Renouvin dès 1924 : « L'Allemagne a créé avec l'Autriche, de concert avec l'Autriche, la situation dont la guerre est sortie[86]. » Depuis le 5 juillet, les deux pays avaient envisagé la guerre de sang-froid. Les documents allemands et autrichiens publiés depuis lors ont plus que confirmé ce jugement lucide. Dans le premier livre de Fritz Fischer[87], *Griff nach der Weltmacht*, qui a connu quatre éditions allemandes et une traduction française abrégée parue sous le titre *Les Buts de guerre de l'Allemagne impériale*, le nom de Raymond Poincaré n'est mentionné que trois fois, et encore, d'une façon marginale. En aucun cas il n'a été au cœur du processus allemand de décision ; il l'a subi. Dans le second livre du même auteur, *La Guerre des illusions (Krieg der Illusionen)*, qui reprend les trois années 1911-1914, c'est la politique du chancelier Bethmann-Hollweg qui est au cœur de sa recherche et de sa réflexion. Raymond Poincaré est cité sans jamais être au centre de son propos. Dans ces livres qui ont suscité des controverses sur les responsabilités allemandes, le nom de Raymond Poincaré n'apparaît que marginalement. Pour la totalité des historiens allemands actuels, le débat sur les responsabilités est d'abord un débat allemand ; les thèses de Fischer ont fini par être admises et par passer dans les manuels scolaires. Cela dit, il convient de ne pas limiter la recherche aux responsabilités allemandes. Dans ce cas, comment situer et apprécier les responsabilités de Poincaré en sortant de l'enlisement de l'invective et du discours franco-français ? Dans un article « War guilt 1914 reconsidered », Karl Dietrich Erdmann[88] affirme qu'aucun dirigeant européen ne voulait une guerre mondiale. Chacun d'eux, tôt ou tard, a vu le danger d'une guerre générale et, à un moment ou un autre, a pris certaines précautions qui montraient leur désir de l'éviter. Dans le cas de Poincaré, il retient « l'avertissement à la Russie de ne pas provoquer l'Allemagne ». Puis il ajoute : « Aucun d'eux n'avait la volonté de payer le prix de la paix. » Quelques lignes plus loin, il reprend à son compte une réflexion de Lloyd George[89] qui plaçait tous les protagonistes responsables au même niveau :

« *S'il y avait eu dans une position de responsabilité un Bismarck en Allemagne, un Palmerston ou un Disraeli en Grande-Bretagne, un Roosevelt en Amérique ou un Clemenceau à Paris, la catastrophe pouvait être évitée, et, je crois, l'aurait été. Mais personne de cette qualité n'était sur le pont dans aucun grand État. Bethmann-Hollweg, Poincaré, Viviani, Berchtold, Sazonov et Grey étaient tous des marins capables, expérimentés, pleins de conscience et respectables, mais ils manquaient fondamentalement de l'imagination, de la vision et des ressources qui auraient sauvé la situation ; c'étaient tous des marins habiles sur une mer calme mais impuissants face à un typhon...* »

Cette phrase de Lloyd George mérite d'être mise en perspective car le nom de Poincaré, qu'il n'appréciait guère, n'est presque pas cité dans ses *Mémoires de guerre* pour le mois de juillet 1914 et le Premier ministre britannique fait porter « la responsabilité principale de ce qui est arrivé » sur « ce fou de Berchtold ». Jamais Poincaré n'apparaît comme décideur. Peut-on alors en faire un responsable ?

C'est à ce niveau qu'il faut se placer pour apprécier la responsabilité de Poincaré et situer un reproche qui lui a été souvent fait dans le débat franco-français. Le 29 juillet 1914, à huit heures trente du matin, le *France* mouillait à Dunkerque ; Poincaré et Viviani furent frappés par la gravité de l'accueil qu'ils reçurent. Dans le tome IV de *Au service de la France*[90], publié en 1927, Poincaré fait le récit de son débarquement et de son retour à Paris ; il a écrit son texte sous le coup de la violente campagne lancée contre lui en France et en Allemagne, lui le « belliciste » qui serait allé « se concerter avec les Russes pour avoir enfin sa guerre de revanche ». Comme l'explique Gerd Krumeich, Poincaré étale des preuves du contraire et cite une lettre datée du 10 juin 1926 dans laquelle le sénateur du Nord, Jean-Baptiste Trystram, attestait que le président de la République lui avait donné l'assurance en arrivant que « tous les efforts possibles seraient tentés en vue de maintenir la paix ». Abel Ferry, sous-secrétaire d'État aux Affaires étrangères, qui attendait les deux hommes, notait dans son journal, à la date du 29 juillet : « À leur débarquement à Dunkerque, ni Viviani ni Poincaré ne voulaient croire à la guerre. » Puis ils montèrent rapidement dans le train présidentiel. « Pendant trois heures, je leur lus et commentai le dossier[91]. »

Les propos rapportés par Abel Ferry peuvent s'interpréter de deux manières : soit les deux hommes pensaient sincèrement que la paix pouvait encore être préservée, soit ils avaient déjà accepté en leur for intérieur la guerre comme une fatalité à laquelle ils ne pouvaient plus s'opposer. Divers auteurs et publicistes affirment que la seconde interprétation est seule valable, car Poincaré ne pouvait désirer autre chose que l'heure tant attendue de la revanche. C'était faire de Poincaré le disciple et le compagnon de feu Paul Déroulède et laisser entendre que, durant près de trente ans de vie politique, il avait menti à ses électeurs et aux Français. Dans cette lignée se range l'un des polémistes, les plus injustes et les plus constants dans la dénonciation de Poincaré, Alfred Fabre-Luce[92]. Depuis *La Victoire*, publiée en 1924, jusqu'à *L'Histoire démaquillée* de 1967, Fabre-Luce n'a pas varié dans ses affirmations hostiles et ses commentaires agressifs. Fabre-Luce est avant tout un essayiste qui aime la polémique et ne résiste pas aux paradoxes et aux bons mots; il ne va que rarement aux sources de première main; il argumente sur des textes qu'il coupe, manipule et passe au filtre de ses perceptions et de ses préjugés. Il n'est pas sans avoir eu une certaine influence. C'est également l'avis, plus habilement formulé, de Jean-Denis Bredin[93]; après avoir opposé Caillaux, le pacifiste réaliste, à Poincaré, « le nationaliste », il interprète ainsi l'attitude de Poincaré : « Il sait qu'elle [la guerre] est inévitable; il ne peut, il ne veut l'éviter. » C'est cet « il ne veut l'éviter » qui est gênant.

Les présidents arrivèrent à la gare du Nord à une heure vingt. Ils furent accueillis par des groupes poussant des acclamations patriotiques; on sut par la suite qu'il ne s'agissait pas d'un mouvement spontané des Parisiens, mais que ces vivats avaient été orchestrés par la Ligue des patriotes[94]. Poincaré avait-il été mis au courant par la police? On l'ignore. En tout cas, il les a accueillis avec une grande satisfaction. Qu'on en juge par ces réactions tirées des notes journalières : « Jamais il ne m'a été donné d'assister à un spectacle plus émouvant, de la simplicité, de la grandeur, de l'enthousiasme, de l'union, de la gravité, tout contribue à faire de cet accueil quelque chose d'inoubliable. » Il ajoutait même que la journée du 19 février 1913 (celle de son installation à l'Élysée) n'était « rien à côté de celle-ci... » Ces quelques lignes interrogent l'historien. Comment interpréter cette satisfaction un peu naïve? Était-ce la conscience d'avoir rempli son devoir et d'avoir retrouvé la confiance des Parisiens? Correspondait-elle à la résurgence de sentiments plus profonds que, par prudence, il avait jusque-là soigneusement maîtrisés? Ces acclamations avaient-elles flatté la fibre patriotique, voire nationaliste de Poincaré?

Les notes journalières ne permettent pourtant pas de faire une lecture nationaliste de l'univers mental et affectif de Poincaré; son patriotisme était un patriotisme républicain dans la ligne de Gambetta et de Ferry; son attachement à l'Alsace-Lorraine était réel, mais le culte et le vocabulaire de la revanche lui étaient étrangers; certes, dans ses discours on peut trouver une pointe chauvine et cocardière que certains observateurs comme le baron Guillaume, ambassadeur de Belgique, avaient signalée en son temps à leur gouvernement; cela dit, sa culture nationale était celle de « la Patrie en danger », de Valmy et de la Grande Nation; comme tous les hommes de sa génération, il gardait le souvenir de la défaite de 1870 et de l'injustice du traité de Francfort. Mais l'Alsace-Lorraine n'était que très rarement évoquée ; cette absence ne signifiait pas qu'elle était oubliée. Poincaré avait présent à l'esprit le déroulement de la crise de juillet 1870, la façon habile dont Bismarck avait provoqué le gouvernement de Napoléon III et l'avait acculé à déclarer la guerre, une guerre dont la France isolée avait dû porter la responsabilité. Poincaré voulait éviter à la France le renouvellement de ces fautes : d'abord celle de l'isolement qui serait fatale, plus encore qu'en 1870, et ensuite celle de porter la responsabilité de la guerre ; c'est pourquoi la France devait se garder de tout geste inconsidéré, de toute provocation. En aucun cas, elle ne devrait déclarer la guerre. Si la guerre malheureusement devait survenir, la seule forme acceptable serait celle d'une guerre défensive et d'une guerre du droit. L'unité nationale, dont il était le garant, était à ce prix. C'est pourquoi son attitude à l'égard de l'Allemagne était dictée par sa culture politique et ses expériences récentes ; il en avait tiré la conviction que la meilleure attitude à l'égard de l'Allemagne était celle d'une « grande fermeté » ; à plusieurs reprises il avait tenté d'en persuader un Viviani manifestement peu réceptif. C'était cette conviction qui avait inspiré ses conversations avec les Russes et non celle « de crâner », comme l'écrit un peu vite Gerd Krumeich ; c'était encore cette conviction qui lui faisait écrire en mer[95] pendant le voyage de retour : « La faiblesse vis-à-vis de l'Allemagne était toujours mère de complications et [...] la seule manière d'écarter le danger était de montrer une fermeté persévérante et un impassible sang-froid » (27 juillet). On peut penser qu'il était encore dans ces dispositions d'esprit quand il débarqua à Dunkerque le 29 juillet : ni bellicisme ni pacifisme à tout prix. Pensait-il alors que déjà les jeux étaient faits et qu'il fallait se résigner à l'inévitable ? Il pouvait se douter que l'Empire allemand allait exploiter la crise austro-serbe, mais il n'avait pas les preuves décisives – celles que nous avons aujourd'hui et qu'aucun historien sérieux ne peut plus contester – qu'il avait déjà pris délibérément le risque d'une guerre européenne. Dans quelle mesure sa culture a-t-elle eu une place dans l'acceptation de la guerre dont il pressentait les drames et les souffrances ? L'historien n'a pas de réponse certaine et définitive.

*
* *

Au terme de dix-huit mois de mandat, alors que les risques de guerre ouvraient nécessairement une nouvelle phase, est-il possible d'esquisser un rapide bilan ?
Poincaré s'était attaché à rester dans son rôle constitutionnel. Il avait exercé sa principale prérogative, celle de choisir le président du Conseil. Il avait fait deux choix personnels, ceux de Louis Barthou et d'Alexandre Ribot ; le premier a tenu huit mois, le second trois jours.

Les deux autres présidents avaient été des choix de compromis : avec Gaston Doumergue il avait entretenu des relations correctes, quoique dépourvues de cordialité. Avec René Viviani, qui avait accepté provisoirement le maintien des trois ans, les trois ans de Joffre et Castelnau, les trois ans des républicains de gauche et de Clemenceau, les trois ans soutenus par la droite et combattus par la gauche avancée, il venait d'engager une « cohabitation ». Dans cette situation, ce terme est-il vraiment opératoire ? Il concernait moins la personne de Viviani, sur lequel très vite Poincaré avait pris un ascendant personnel, que la majorité parlementaire de gauche. Le compromis avec celle-ci aurait-il duré ? Combien de temps ? Joseph Caillaux, libéré par l'acquittement de sa femme, n'aurait-il pas à l'automne de 1914 cherché à pousser dehors le président avec l'aide de Jaurès ? On ne pouvait exclure cette hypothèse. Les événements en décidèrent autrement.

La politique étrangère a été le domaine le plus controversé du début de son septennat. Aux ministres des Affaires étrangères successifs Poincaré avait tenu la bride sur le cou et imposé une continuité de la politique extérieure et de la politique militaire. Comme c'était la mission du président de la République, il avait maintenu le cap. Lors du second voyage en Russie, il avait auprès de lui un Viviani qui détenait formellement la réalité du pouvoir, un Viviani faible, dépressif, mal informé et peu désireux de jouer le premier rôle. Par la force des choses, tout en respectant formellement les prérogatives de son président du Conseil, Poincaré avait défini les objectifs, géré les négociations. Au fil des notes journalières et des conversations entre les deux hommes en Russie ou sur le bateau, on saisit leurs inquiétudes, leurs hésitations, leurs perplexités. Finalement, c'est Poincaré qui a conduit les opérations et qui, comme l'écrit l'historien britannique J.F. Keiger, a été « le principal décideur[96] ». Après la guerre, Viviani a donné des interviews, publié une série d'articles dans *Le Matin*[97]. Ces articles, écrits de mémoire, vagues et mal informés, amnésiques sur l'essentiel, donnent l'impression au lecteur d'aujourd'hui que Viviani avait vraiment conduit la politique française, ce dont l'intéressé était probablement persuadé ; l'analyse des notes journalières de Poincaré ne permet pas de valider cette manière de voir. De toute façon, Viviani est toujours resté solidaire de Poincaré. Dans un débat parlementaire des années 1920, Viviani, proche de la mort, a soutenu Raymond Poincaré et n'a pas cherché à tirer son épingle du jeu. Seuls des documents nouveaux pourraient lever cette part de mystère qui a favorisé toutes sortes d'hypothèses et conduit à des affirmations non fondées. L'historien ne doit pas inventer ce qu'il ignore.

Dans l'opinion publique, où son élection avait fait naître des espérances, son comportement peu différent de celui de ses prédécesseurs avait causé des déceptions ; sa popularité s'était effritée ; il avait perdu du terrain à gauche, d'où fusaient de temps à autre des accusations de trahison et de « pouvoir personnel » qui le paralysaient. Il n'en avait pas non plus vraiment gagné à droite. Assez souvent Poincaré ressentait un sentiment d'impuissance ; puis il se reprenait, mais restait ligoté par ses scrupules juridiques, par le souci de ne pas déborder le cadre de sa fonction, par la crainte des intrigues parlementaires et politiciennes. C'est pourquoi Poincaré apparaissait parfois comme l'homme sans autorité, l'homme qui parle et qui n'agit pas ; on peut citer bien des lignes cruelles[98] qui comportent une part de vérité.

En juillet 1914, Raymond Poincaré avait presque cinquante-quatre ans. Il avait réalisé ses ambitions les plus secrètes ; il était devenu le premier des Français. Il avait souhaité être un acteur ; il ne l'était pas vraiment devenu. Dans la guerre européenne dont la proximité ne faisait plus guère de doute, resterait-il un président honorable à la Loubet ou à la Fallières, ou saurait-il imposer une marque personnelle au destin de la nation ? Aurait-il l'étoffe d'un Carnot ou d'un Gambetta ? Deviendrait-il un homme d'État, une figure de l'histoire de France ?

CHAPITRE III

Le président de l'Union sacrée

Le 3 août, l'Allemagne déclarait la guerre à la France, et le lendemain elle envahissait la Belgique; la guerre commençait. Ce jour-là, René Viviani lut à la chambre un message du président de la République où se détachaient ces deux mots : « l'Union sacrée », deux mots que les contemporains remarquèrent à peine. Lors des premières semaines de la guerre ils furent peu employés; dans les journaux on parla plutôt de « trêve des partis ».

La déclaration de guerre puis le début des opérations militaires ouvrirent pour le président de la République une situation inédite et à laquelle il n'était pas préparé. Il devrait bientôt faire face à des événements imprévus, peut-être dramatiques, nouer des relations avec les chefs militaires, coordonner l'action du gouvernement sans paraître empiéter sur ses prérogatives, servir de lien entre tous les Français. A-t-il été le président de l'Union sacrée ? Rédigeant ses souvenirs [1] dans les années 1920, Poincaré se présentera comme celui qui, face à l'agression ennemie et bientôt à l'invasion, avait fait taire les interminables querelles gauloises et appelé les Français à s'unir pour la défense du sol et de la patrie en danger. Dix ans après, ne s'attribuera-t-il pas pour l'Histoire un rôle qu'il aurait voulu tenir mais qu'il n'avait pas vraiment tenu ? Par la magie de ce message, s'était-il transformé en août 1914 en un vrai chef, au sens gaullien du terme ?

Entre l'Élysée et le Quai d'Orsay

Au début de l'après-midi du 29 juillet, Poincaré était de retour à l'Élysée; de son côté Viviani reprenait possession de son bureau du Quai d'Orsay. Ils prirent tous deux connaissance de la masse des télégrammes et des informations qui s'étaient accumulés en leur absence. Un premier Conseil des ministres se tint à l'Élysée à la fin de l'après-midi. Les souvenirs et les notes journalières[2] de Raymond Poincaré permettent de reconstituer avec assez d'exactitude son emploi du temps, ses préoccupations et son état d'esprit. C'était au Quai d'Orsay, le centre nerveux de la politique étrangère, qu'arrivaient les télégrammes et les communications des gouvernements étrangers ; c'était au Quai d'Orsay que Viviani recevait les ambassadeurs allemand, italien, anglais, autrichien. C'était du Quai d'Orsay que partaient les dépêches et communications du gouvernement français. En fait, Poincaré, qui lisait toute la correspondance diplomatique, avait aspiré à l'Élysée la réalité du pouvoir : « Je tiens à suivre moi-même l'action de Viviani ; je crains qu'il ne soit hésitant et pusillanime. » Durant ces jours cruciaux et interminables où il a souvent été dérangé pendant la nuit, il a gardé un calme et une maîtrise de lui-même tout à fait remarquables et déployé une activité en apparence infatigable, alors que plusieurs témoignages font état des hésitations voire de l'effondrement psychologique de Viviani. La direction des affaires était à l'Élysée où se tenait, jusqu'à deux fois par jour, le Conseil des ministres et où Viviani et les ministres responsables venaient conférer avec le président. La délibération a joué un grand rôle dans les prises de décision. Poincaré remarquait : « Le Conseil des ministres se tient presque en permanence. »

Le fait majeur de la fin de la soirée du 29 juillet fut l'annonce par le chargé d'affaires russe de la mobilisation partielle de l'armée russe ; le ministre Sazonov donnait comme raison la mobilisation autrichienne et un danger de guerre imminent. Il priait son chargé d'affaires de remercier le gouvernement français pour la déclaration de soutien qu'en son nom il avait reçue de l'ambassadeur de France. Or Viviani n'avait rien demandé de tel à Paléologue, de qui il recevait avec beaucoup de retard des informations insuffisantes ; il fut tellement troublé par ce message qu'il se rendit à l'Élysée, où il conféra avec Poincaré jusqu'à deux heures du matin. Ils rédigèrent ensemble une réponse qui fut envoyée le lendemain. La France avertissait clairement la Russie de ne procéder « à aucune mesure qui pourrait offrir un prétexte à l'Allemagne pour une mobilisation totale ou partielle de ses forces[3] ». C'était une tentative pour retenir la Russie : si une guerre était déclarée les prochains jours avec l'Autriche puis avec l'Allemagne, il fallait que tous les torts fussent du côté allemand. Que pouvait faire le gouvernement français débordé par son allié ? Devait-il le désavouer au risque de casser l'alliance et de donner aux empires centraux un succès qui modifierait en leur faveur l'équilibre européen ? C'était impensable. C'est pourquoi, dans la nuit du 29 au 30 juillet, moins de vingt-quatre heures après son retour à Paris, Viviani adressait à l'allié russe un communiqué approuvé par Poincaré dans lequel il disait : « La France est résolue à remplir toutes les obligations de l'alliance. » C'était le service minimal. Pouvait-il faire moins ? Était-ce ce texte qui aurait fourni le prétexte à l'Allemagne pour franchir la ligne rouge ? On peut en douter.

Depuis le début de la crise, Viviani et Poincaré avaient fixé une stratégie : la seule guerre qui serait admise et comprise par le pays et à laquelle il fallait le préparer serait la guerre défensive ; au Conseil des ministres qui se tint dans la matinée du 30 juillet et dont nous avons un compte rendu succinct d'Abel Ferry, les deux hommes maintinrent fermement cette ligne de conduite. Le gouvernement français était dans l'incertitude la plus complète en raison du manque d'informations en provenance de Saint-Pétersbourg. Ce déficit d'informations était lié à la découverte par les services allemands du chiffre de l'ambassade, d'où la nécessité pour l'ambassadeur d'envoyer ses messages par des voies plus longues que les voies habituelles, à savoir par la Belgique et les pays scandinaves. Par exemple, le télégramme de Paléologue[4] annonçant les premières mesures de la mobilisation générale russe expédié le 30 juillet à 19 h 30 arriva vingt-quatre heures plus tard à Paris. Un second télégramme expédié le 31 juillet à 8 h 30 du matin et annonçant la mobilisation générale mit douze heures pour parvenir au Quai d'Orsay. À ce long délai d'acheminement s'ajouta une demi-heure supplémentaire pour son déchiffrement. Ce dysfonctionnement des communications entre Saint-Pétersbourg et Paris explique pourquoi le 31 juillet, à 19 heures, l'ambassadeur allemand Schoen vint annoncer au Quai d'Orsay que son gouvernement avait proclamé à la suite de la mobilisation russe « l'état de danger de guerre ». Ce fut lui qui apprit aux Français la mobilisation générale de leur allié. Viviani, d'abord incrédule, télégraphia à Paléologue pour lui demander des informations sur cette « prétendue » mobilisation russe que l'on venait de lui apprendre. La France avait été mise devant le fait accompli par son allié, ce que Poincaré déplora, trouvant cette mesure trop précipitée[5]. L'état de danger de guerre permettait au gouvernement allemand de prendre toute une série de mesures militaires, de décréter l'état de siège, de fermer les frontières, d'arrêter les trains, le courrier, le téléphone et le télégraphe. C'était lourd de menaces à venir. La France ne pouvait rester sans réagir et devait prendre des mesures de précaution au cas où... Au cours de cette nuit tragique, Viviani et le ministre de la Guerre Messimy vinrent deux fois conférer à l'Élysée, à 11 heures du soir et à 4 heures du matin.

Dans la journée du 31 juillet de nombreux hommes politiques et des militaires s'étaient succédé à l'Élysée ; parmi eux Théophile Delcassé, que Poincaré avait fait convoquer par Adolphe Pichon[6]. On ne connaît pas la teneur exacte de leur entretien. Abel Ferry[7], qui rencontra Delcassé le soir, notait : « Il m'apparut brusquement comme l'élément principal de la situation. » Il voulait suggérer par là que le retour au Quai d'Orsay du député de l'Ariège était imminent ; à divers interlocuteurs, Delcassé répétait : « C'est au Quai d'Orsay que je suis attendu. » Cette affirmation était pour le moins prématurée !

L'annonce de la mobilisation russe était accompagnée d'un ultimatum de l'Allemagne au gouvernement français, lui demandant quelle serait sa position en cas de guerre germano-russe. Les conditions allemandes étaient provocantes : au cas où la France entendait rester neutre, l'Allemagne exigeait d'occuper pendant toute la durée du conflit les camps fortifiés de Toul et de Verdun. C'était inacceptable pour les Français. À cet ultimatum une réponse rapide était exigée : le lendemain 1er août à 13 heures. On peut penser que la décision de mobilisation russe avait été le pas décisif vers la guerre. Ce fut aussi l'interprétation de Poincaré. On lit dans ses notes journalières à la date du 30 juillet : « La Russie a ordonné la mobilisation générale parce qu'elle a appris que l'Allemagne avait commencé sa propre mobilisation. L'Allemagne a aussitôt demandé à la Russie de suspendre sa mobilisation, c'est la guerre à peu près inévitable[8]. » En cette fin de soirée du 31 juillet, il avait pris conscience que l'engrenage fatal ne pouvait plus être enrayé. Que fallait-il faire ? Gérer « l'inévitable » en liaison avec la Russie et la Grande-Bretagne ? Aurait-il dû lancer un appel solennel à la paix ? Avec quelle chance d'être entendu ? On sait depuis longtemps que la détermination allemande était implacable et qu'aucune réponse positive ne pouvait être donnée à un tel appel. Fallait-il quand même tenter l'impossible pour sauver la paix ?

Dans la soirée du 31 juillet, un Conseil des ministres se réunit à l'Élysée pour délibérer sur la réponse à donner à l'ultimatum allemand qui expirait le lendemain 1er août à 13 heures. Alors que les ministres étaient réunis, Poincaré reçut un papier annonçant l'assassinat du dirigeant socialiste Jean Jaurès survenu au café du Croissant une demi-heure plus tôt. Après une vive discussion et un moment d'affolement, on décida sur proposition du ministre de l'Intérieur Malvy[9] de ne pas appliquer le Carnet B, c'est-à-dire de laisser en liberté les militants pacifistes, principalement des syndicalistes, qui devaient être arrêtés en cas de guerre. Le préfet de police craignait des troubles dans la rue ; ils ne se produisirent pas. René Viviani, qui avait été longtemps proche de Jaurès, quitta le Conseil pour se rendre à son chevet. Dans la nuit, Poincaré apprit l'identité de l'assassin, Raoul Villain ; on comprit rapidement qu'il avait commis un acte individuel. Dans son journal, il qualifia ce crime « d'abominable et de sot ». Il adressa plusieurs lettres de condoléances, dont l'une à Mme Jaurès, une lettre habile qui fut publiée et qui, selon l'historien J.F. Keiger[10], était « un mélange de sympathie authentique, d'habileté politique et de claire compréhension du rôle de la presse comme instrument d'une politique ». Poincaré savait combien les socialistes et plus encore les syndicalistes de la CGT étaient hostiles à la guerre ; il espérait que sa politique de la guerre défensive combinée au contexte émotionnel découlant de l'assassinat du dirigeant socialiste rendrait possible une évolution vers l'union nationale. C'était son rôle de la préparer. À son avis, Jean Jaurès l'aurait aidé et serait probablement entré au ministère ; il interprétait son évolution politique de la manière suivante : « Jaurès avait depuis huit jours expié bien des fautes. Il avait aidé le gouvernement dans son action diplomatique et, si la guerre éclate, il aurait été de ceux qui auraient su faire leur devoir. » Plus de cinquante ans après les événements, en avril 1968, l'historien Ernest Labrousse s'interrogeait sur l'attitude de Jaurès : « Comment deviner en histoire ? » Sa réponse était la suivante : « Je pense bien, sans doute, que Jaurès aurait souscrit à l'Union sacrée en août 1914. » Et il ajoutait, pensant aux deux révolutions russes, « le risque de présomption aurait été tout autre... en avril et octobre 1917 ».

Le lendemain, le dimanche 1er août, Poincaré présida deux Conseils des ministres, de trois heures : l'un le matin, l'autre le soir. Selon Abel Ferry qui y assista, « il y développa ses admirables qualités de précision, de mesure, de décision et de connaissance. Il fut le Président que j'avais rêvé en votant pour lui[11] ». Le texte de la réponse française à l'ultimatum allemand fut rédigé et remis à l'ambassadeur Schoen ; il était à la fois ferme et prudent. Pour éviter toute provocation, il avait été décidé de retirer les troupes de couverture à dix kilomètres en arrière de la frontière ; répondre de la sorte, c'était affirmer que la France n'avait aucune intention agressive.

L'ultimatum posait aux dirigeants français une question majeure : la France pouvait-elle rester les bras croisés et l'arme au pied devant la mobilisation allemande ? Le général Joffre avait jugé indispensable la mobilisation française ; après une longue discussion et les réserves de plusieurs ministres, la décision fut prise de lancer pour le lendemain, dimanche 2 août à 16 heures, un ordre de mobilisation générale. C'était une décision capitale : le dimanche 2 août, la terrible affiche blanche fut apposée sur les murs de toutes les mairies de France, tandis que les gendarmes portaient dans les foyers les premières feuilles de route. Alors qu'en juillet 1870 seule l'armée de métier était partie pour le théâtre des opérations, cette fois-ci c'étaient tous les Français en âge de porter les armes qui étaient concernés. La vie quotidienne des familles et des entreprises allait être bouleversée. C'était un choc moral et psychologique considérable. Pour expliquer aux Français l'annonce de la mobilisation, un « Appel à la Nation française » fut rédigé par Viviani[12] et contresigné par Poincaré. Dans les années 1920, Poincaré possédait encore dans ses papiers le manuscrit raturé et corrigé de la main de Viviani. Ce texte grave qui ne désignait pas l'ennemi par son nom faisait état des menaces qui pesaient sur le territoire ; il affirmait que la France était placée dans une situation défensive, qu'elle n'avait aucune intention agressive à l'égard de ses voisins et qu'elle espérait encore une solution pacifique de la crise. L'une des phrases clés était la suivante : « La mobilisation n'est pas la guerre. Dans ces circonstances présentes, elle apparaît, au contraire, comme le meilleur moyen d'assurer la paix dans l'honneur. » Ultérieurement on a beaucoup ironisé sur cette phrase et sur l'illusion qu'elle prétendait maintenir. On l'a utilisée pour accabler Poincaré. Que les autorités de la République pouvaient-elles dire d'autre alors que la France était menacée d'une agression par l'Allemagne ? Devant cette agression inqualifiable, tous les Français ne devaient-ils pas s'unir pour la défense du sol de la patrie ? Le président du Conseil et le président de la République avaient pour fonction d'assurer l'unité nationale et de réunir dans une volonté défensive toutes les énergies des Français.

La journée du 2 août fut aussi remplie que la précédente. On avait appris le viol de la neutralité luxembourgeoise et la déclaration de guerre de l'Allemagne à la Russie. L'ambassadeur russe, Isvolski, alla à l'Élysée demander le soutien de la France à son allié. Poincaré décida immédiatement de convoquer un Conseil des ministres pour confirmer que la France tiendrait ses engagements et respecterait l'alliance. Dans son esprit, assurer l'unité nationale était essentiel. L'Union sacrée était dans l'air. Elle serait d'autant plus aisée à réaliser que la guerre serait défensive. Les socialistes, secoués par la mort de Jaurès, se ralliaient par la force des choses à la défense nationale et à la défense de la patrie en danger ; pour rassurer les catholiques, on suspendit un décret ordonnant la fermeture des maisons religieuses. Après avoir même songé à rapporter la loi d'exil de 1886 frappant les familles ayant régné sur la France, Poincaré n'osa pas le proposer. Le principal souci du président était d'ordre extérieur : assurer la participation de la Grande-Bretagne aux côtés de la France. Rien n'était acquis, car celle-ci était libre de tout engagement juridique et, dans le cabinet britannique, plusieurs ministres étaient hostiles à une entrée en guerre sur le continent. Poincaré était inquiet des lenteurs des Britanniques. Sans se faire beaucoup d'illusions, il écrivit au roi George V pour lui faire part de ses craintes. Au moins transmettrait-il sa lettre au Premier ministre. Poincaré comptait sur Grey pour vaincre les réticences et les réserves des Communes et de l'opinion anglaise. Beaucoup plus que les interventions de Poincaré, ce fut l'ultimatum brutal de l'Allemagne à la Belgique puis son invasion qui accélérèrent la prise de conscience des Anglais et affaiblirent les partisans d'une non-intervention sur le continent.

Le 3 août 1914, l'Allemagne déclarait la guerre à la France. Lors de sa dernière visite au Quai, l'ambassadeur von Schoen l'avait laissé entendre. À 6 heures 30 du soir, « nous avons reçu de lui un pli qui contenait cette déclaration ». Nous pouvons lire dans ce texte, qui a été publié, des prétextes variés, parmi lesquels un bombardement par des avions français de lignes de chemin de fer à Karlsruhe et à Nuremberg ; « une audacieuse invention », commenta Poincaré. Les responsabilités étaient clairement établies : « Ainsi, l'Allemagne assume toute la responsabilité de cette guerre épouvantable. » Dans son esprit, il n'y avait aucun doute et il n'y en aura jamais le moindre. Les réactions et les attitudes ultérieures du Poincaré des années 1920 ne peuvent se comprendre qu'en référence au vécu de ces jours terribles.

Au terme de cette soirée intervint un petit remaniement ministériel, dans l'attente d'un plus large. Au grand soulagement de Poincaré, Viviani quittait le Quai d'Orsay pour ne garder que la présidence du Conseil. Alors que beaucoup attendaient Delcassé, Viviani et Poincaré lui avaient préféré Gaston Doumergue, qui avait habilement géré le ministère jusqu'en juin 1914 ; Gauthier, le ministre de la Marine, « complètement gâteux » selon Poincaré, était remplacé par Augagneur, tandis qu'Albert Sarraut allait aux Colonies.

Le 4 août au matin, les troupes allemandes entraient en Belgique. Joffre décida d'appliquer le plan XVII et d'engager les offensives prévues en Alsace et en Lorraine. Le même jour, l'Allemagne déclarait la guerre à la Grande-Bretagne, tandis que l'Italie, qui n'était tenue par aucune obligation à l'égard de l'Allemagne, annonçait sa neutralité.

Nul n'était en mesure de prévoir ni les péripéties ni l'issue du conflit. La plupart des militaires (et les Allemands les premiers) croyaient en une guerre courte, quelques semaines, quelques mois tout au plus, on rentrerait chez soi pour Noël. On pensait qu'une guerre de mouvement rapide permettrait l'écrasement de l'un des deux protagonistes. Pour leur part les Allemands étaient persuadés qu'ils l'emporteraient sur le front de l'Ouest avant que les Britanniques n'eussent le temps de former des soldats et de mobiliser les ressources de leur Empire colonial. Les faits ont apporté un cruel démenti à ces prévisions optimistes !

Au terme de cette analyse, on voit combien il est difficile d'apprécier la part personnelle de Poincaré dans la rédaction des textes et la prise des délicates décisions que nous venons d'énumérer. Les documents diplomatiques ou gouvernementaux, les notes journalières ne disent pas tout. Il faut les interpréter et les évaluer. Dans ces cinq jours de tension croissante où tout évoluait si vite, Raymond Poincaré a vraiment été au cœur du dispositif gouvernemental ; il était l'un des rares à disposer de toutes les informations disponibles, à avoir les moyens de les interpréter et d'en faire la synthèse. Le palais de l'Élysée où sous sa présidence se tenaient les Conseils des ministres a été le lieu où se sont élaborées les décisions ; il a exercé une influence majeure sur un président du Conseil à l'autorité défaillante. Selon l'appréciation sévère et en partie injuste de Brugère, qui le tenait de Pénelon, René Viviani « n'est qu'une loque [13] ». Ce fut Raymond Poincaré qui a conduit la politique de la France. Ses adversaires ont répété qu'il l'avait délibérément conduite vers la guerre. Avait-il une véritable marge de manœuvre ? Pouvait-il choisir entre la guerre et la paix ? Nous avons essayé de montrer qu'à partir du 31 juillet 1914 il avait été mis au pied du mur par la mobilisation russe et que la guerre lui avait été imposée par une politique allemande sur laquelle il n'avait plus aucune prise. Devant cette menace qu'il ne pouvait écarter, sa marge de manœuvre était quasi nulle ou du moins très faible. La ligne politique qu'il avait établie et que le gouvernement français sous sa conduite a mise en œuvre peut se résumer ainsi : définition d'une stratégie purement défensive, préservation des alliances, appel à l'unité nationale pour riposter à l'agression.

L'Union sacrée

Poincaré avait préparé un message au Parlement qu'il avait soumis le 2 août au Conseil des ministres. Ce jour-là le président de son propre parti, Adolphe Carnot, avait lancé un appel à « l'union patriotique ». Dans l'ébauche du 2 août, il était explicitement question de l'Alsace-Lorraine ; sur la suggestion de plusieurs ministres, il décida de supprimer cette référence pour rester sur le terrain d'une guerre uniquement défensive. J.F. Keiger[14] estime aussi que Poincaré tint compte, pour d'ultimes retouches, du discours prononcé la veille par sir Edward Grey devant la Chambre des communes, « un discours d'une habileté suprême ». Dans la matinée du 4 août avaient eu lieu les obsèques de Jean Jaurès, cérémonie que Poincaré interpréta comme « une manifestation de la solidarité nationale ». L'après-midi, le message qu'il avait rédigé fut lu en son nom devant le Sénat par le garde des Sceaux et devant la Chambre par le président du Conseil, René Viviani. Au-delà du Parlement, il s'adressait à tous les Français. En voici les passages les plus significatifs :

> « *La France vient d'être l'objet d'une agression brutale et préméditée, qui est un insolent défi au droit des gens.*
>
> *Avant qu'une déclaration de guerre nous eût encore été adressée, avant même que l'ambassadeur d'Allemagne eût demandé ses passeports, notre territoire a été violé...*
>
> *Depuis plus de quarante ans, les Français, dans un sincère amour de la paix, ont refoulé au fond de leur cœur le désir des réparations légitimes...*
>
> *Depuis que l'ultimatum de l'Autriche a ouvert une crise menaçante pour l'Europe entière, la France s'est attachée à poursuivre et à recommander une politique de prudence, de sagesse et de modération.*
>
> *On ne peut lui imputer aucun acte, aucun geste, aucun mot, qui n'ait été pacifique et conciliant.*
>
> *À l'heure des premiers combats, elle a le droit de se rendre solennellement cette justice qu'elle a fait, jusqu'au dernier*

moment, des efforts suprêmes pour conjurer la guerre, qui vient d'éclater, et dont l'empire d'Allemagne supportera, devant l'Histoire, l'écrasante responsabilité...

Dans la guerre qui s'engage, la France aura pour elle le droit, dont les peuples non plus que les individus ne sauraient impunément méconnaître l'éternelle puissance morale.

Elle sera héroïquement défendue par tous ses fils, dont rien ne brisera devant l'ennemi l'Union sacrée, et qui sont, aujourd'hui, fraternellement assemblés dans une même indignation contre l'agresseur et dans une même foi patriotique.

Elle sera fidèlement secondée par la Russie son alliée; elle est soutenue par la loyale amitié de l'Angleterre...

Pour interpréter ce message [15], il faut toujours garder en mémoire le contexte dramatique et émotionnel dans lequel il a été rédigé; il faut rappeler ensuite qu'il ne s'agissait pas d'un acte personnel du président de la République, car il avait été délibéré et approuvé par le Conseil des ministres; il faut enfin prendre garde à ne pas le réduire à la seule formule d'« Union sacrée », soigneusement isolée puis mise ensuite en perspective. Poincaré affirmait avec netteté et vigueur des idées et des interprétations qui étaient certes les siennes, mais qui étaient partagées alors par la classe politique et l'immense majorité des Français. Il les reprendra inlassablement pendant la guerre, puis tout au cours des années 1920 :

– La France avait eu un comportement pacifique; elle n'était pas l'agresseur; elle avait été brutalement attaquée comme la Belgique, sa voisine, dont le traité de neutralité avait été froissé comme « un chiffon de papier », selon le mot du chancelier allemand, Bethmann-Hollweg.

– L'Allemagne portait, « devant l'Histoire, l'écrasante responsabilité » du conflit. Poincaré l'affirmait le premier jour du conflit et tous les Français alors pensaient comme lui; il l'affirmera jusqu'à son dernier souffle.

– La France n'était pas seule; elle était soutenue par ses alliés. C'était la grande différence avec les guerres du siècle passé : en 1814-1815, Napoléon Ier s'était battu contre l'Europe coalisée; en 1870, Napoléon III s'était trouvé isolé à la suite d'une diplomatie aventureuse et d'une conduite désastreuse de la crise de juillet 1870. Ce n'était plus le cas cette fois.

– La France ne cherchait aucune revanche, aucune conquête; elle menait une guerre pour le droit, pour les droits des peuples, pour les droits de l'homme; elle se battait autant pour protéger son territoire que pour défendre des principes qui avaient été bafoués par les agresseurs. Elle était soutenue par « tout le monde civilisé ». Cette antithèse « barbarie-civilisation », qui était ici à peine esquissée, connaîtra dans les semaines et les mois à venir une fortune extraordinaire. L'interminable énumération des crimes allemands apporta aux Français et à leurs alliés de multiples preuves qu'ils menaient bien une guerre du droit.

Dans ce contexte la décision de mobilisation du 2 août avait été un acte de sauvegarde, de « préservation » selon la formule de Viviani, que la suite des événements avait malheureusement justifié. Maintenant la France était contrainte de livrer une guerre défensive. Le président de la République, garant de l'unité nationale, ne pouvait faire moins que d'appeler tous les Français à la défense du sol : « Elle sera héroïquement défendue par tous ses fils dont rien ne brisera, devant l'ennemi, l'Union sacrée... » Comme l'Assemblée législative en 1792 avec « la Patrie en danger », comme Gambetta en 1870 avec la « Défense nationale », Poincaré sut trouver une formule, « l'Union sacrée », qui est ensuite passée dans l'Histoire. Pourtant, dans l'immédiat on la remarqua à peine ; par exemple, dans les journaux allemands coupés de leurs correspondants parisiens, elle passa inaperçue. L'Union sacrée avait d'abord un sens militaire avant d'avoir une signification politique ; c'était certes aussi un appel à la trêve des conflits religieux : l'ostracisme qui frappait les relations avec les autorités religieuses et le clergé depuis la séparation fut tacitement levé ; les religieux exilés depuis les lois anticléricales revinrent en masse remplir leurs obligations militaires. L'Union sacrée, cela signifiait aussi que l'on avait renoncé aux mesures de police prévues contre les syndicalistes et les antimilitaristes. À la suite de l'émotion consécutive à l'assassinat de Jean Jaurès et du ralliement des socialistes allemands à la politique de guerre et que scellait leur vote au Reichstag des crédits militaires, les socialistes français ne pouvaient plus se dérober au devoir de défense nationale. La France était attaquée et la malheureuse Belgique se défendait héroïquement contre les envahisseurs. En France comme en Allemagne, les socialistes ne pouvaient se couper de la nation en guerre. À Berlin, la social-démocratie se plaçait dans la majorité parlementaire : elle votait les crédits de guerre demandés par le chancelier Bethmann-Hollweg sans être conviée à entrer dans le cabinet. À Paris, on était décidé à aller beaucoup plus loin qu'à Berlin, puisque dans la logique de l'Union sacrée des représentants de la SFIO trouveraient bientôt leur place dans le gouvernement élargi de René Viviani.

PREMIÈRES SEMAINES DE GUERRE : ATTENTE ET ANGOISSES

Le 4 août, le général Joffre [16] vint faire ses adieux à l'Élysée avant de partir pour les armées. Chargé de la conduite de la guerre, il avait décidé d'installer son état-major en dehors de Paris pour échapper à la pression des parlementaires et des hommes politiques. Il était seul responsable des opérations militaires ; il devait informer de ses décisions le gouvernement et le président mais il n'était nullement obligé de solliciter leur avis ; son organe de liaison essentiel restait le ministère de la Guerre, où le ministre Adolphe Messimy montra dès les premiers jours qu'il n'avait ni l'autorité ni le sang-froid nécessaires pour une telle fonction. Avec la formation de ce pôle militaire, l'Élysée et le président furent placés dans une position marginale, dans une situation d'attente d'autant plus irritante que les informations arrivaient au compte-gouttes et avec beaucoup de retard. Poincaré notait[17] avec amertume : « J'apprends par les journaux que... » C'était moins une volonté de le tenir à l'écart que l'improvisation, l'incurie, l'incapacité à établir des liaisons rapides et fiables. Devant un tel désordre, il lui arriva de soupirer : « Charles Humbert n'avait pas tout à fait tort » (8 août). Pour glaner quelques informations, Poincaré envoyait au quartier général de Joffre les officiers de sa maison militaire.

Par contraste avec les quatre longues années de la guerre de position qui suivirent et qui ont fait oublier le début de la guerre, les premières semaines du conflit furent fluides et mobiles. Appliquant le plan Schlieffen, l'armée allemande prit l'offensive sur la Meuse et traversa la Belgique. Pour sa part, l'armée française attaquait en Lorraine entre Metz et les Vosges et descendait des crêtes des Vosges vers la plaine d'Alsace. Durant les premiers jours de la guerre, Poincaré paraît avoir été assez optimiste et l'entrée des soldats français en Alsace lui causa une grande joie. Il se félicita de l'occupation du Donon, de Sainte-Marie-aux-Mines. « Nous tenons les crêtes des Vosges », écrivait-il. Le soir du 17 août on apporta dans la cour de l'Élysée[18] un drapeau allemand pris à l'ennemi par des chasseurs de Saint-Dié, « un immense drapeau à hampe très longue ; l'étamine est d'un rose groseille coupé d'une croix blanche avec l'aigle impériale au milieu ». À Henriette et Maurice Bernard il fit part de son émotion devant « ce témoin de nos premières victoires ». Après l'annonce de la prise de Mulhouse, il était selon Paul Deschanel « tellement confiant qu'il m'a invité à aller avec lui et toute la Chambre à Strasbourg et à Metz[19] ». Cette joie fut de courte durée, car moins de quarante-huit heures après sa libération, Mulhouse était évacuée, ce qui le conduisit à cette remarque désabusée : « Il ne fallait pas y aller si on ne pouvait pas y rester. »

À partir du 20 août, la situation militaire se dégrada si rapidement que l'anxiété et l'angoisse s'installèrent au sommet de l'État.

Les informations qu'il recevait étaient tardives et partielles : « Aucun détail sur la retraite que j'ai apprise ce matin par la presse » (21 août). « Notre quartier général ne nous renseigne pas... *J'exige* qu'on me donne tous les jours des renseignements précis... » (22 août). Ce « *J'exige* » souligné, pathétique et dérisoire, était le signe de son impuissance. Pendant trois semaines, Poincaré avait été au cœur de la décision politique et diplomatique ; depuis quinze jours il avait l'impression d'être marginalisé et d'être à la remorque d'événements militaires sur lesquels il n'avait aucune prise. Il n'était pas le seul ; les autres ministres, sauf celui de la Guerre, étaient dans la plus complète ignorance. Selon Paul Deschanel, Poincaré lui aurait répété à plusieurs reprises : « Je ne sais rien ; on ne me dit rien. » Il apprit par des articles du *Temps* les atrocités commises par les armées allemandes en Belgique et dans le nord de la Lorraine.

En Lorraine, l'offensive française avait échoué et à la suite de la défaite de Morhange (18-19 août), les Allemands s'avançaient en Meurthe-et-Moselle et dans les Vosges ; ils entraient à Saint-Dié et Lunéville, où le président avait fait des périodes militaires, ils s'approchaient de la trouée de Charmes, ils menaçaient Nancy. Poincaré était informé de la rupture temporaire des communications avec cette ville qui lui était chère. En Alsace, les gains initiaux devaient être abandonnés et seul était conservé un petit angle avec les villes de Thann et d'Altkirch. Plus grave encore, les opérations allemandes en Belgique étaient couronnées de succès, la forteresse de Liège capitulait, Bruxelles était occupée, la ville de Lille était menacée, la trouée de l'Oise était ouverte. Sur un front d'une cinquantaine de kilomètres entre Verdun et l'Oise s'avançaient cinq armées allemandes. Dans le nord de la Lorraine, le Pays-Haut était occupé, Longwy et Montmédy avaient capitulé, la forteresse de Verdun était menacée. Le 24 août, il parlait d'« un échec sur toute la ligne », du probable investissement de Paris, du probable départ du gouvernement pour Bordeaux. Contre cette éventualité, Poincaré s'insurgeait et griffonnait dans ses notes : « Je proteste [20] ! » Ces deux mots donnaient la mesure du pouvoir réel du président de la République dans une situation de guerre. Il subissait les événements...

Ce fut dans ce contexte qu'intervint au terme de longues négociations le remaniement ministériel. Depuis la mise en congé du Parlement, l'Élysée était resté le centre nerveux des activités politiques. « Viviani, Doumergue, Malvy, Messimy, Augagneur sont en permanence à l'Élysée. » Même Clemenceau [21] poussa la porte du bureau présidentiel ; il avait provisoirement abandonné sa rancune, les deux hommes n'avaient pas parlé tête à tête depuis l'élection présidentielle et dans son journal, *L'Homme libre*, Clemenceau n'avait pas ménagé le président. Clemenceau se rendit au moins six fois à l'Élysée au cours du mois d'août ; ces échanges de vues devaient déboucher sur un remaniement ministériel. Si la présence de Caillaux était exclue (on lui avait trouvé une fonction de trésorier-payeur général aux armées), celle de Clemenceau pouvait être envisagée. Mais à quelle fonction ? Clemenceau ne voulait que la présidence du Conseil, fonction que Viviani entendait conserver... Finalement, alors que les mauvaises nouvelles se succédaient, le nouveau cabinet « d'Union nationale » était formé le 26 août. Ce fut « très long, très laborieux », avec « des heures de véritable écœurement ». René Viviani, qui gardait la seule présidence du Conseil, avait appelé à ses côtés quatre dirigeants expérimentés : Théophile Delcassé remplaçait aux Affaires étrangères Gaston Doumergue, qui acceptait de glisser aux Colonies, Aristide Briand prenait la Justice, Alexandre Ribot allait aux Finances et Alexandre Millerand, ancien ministre de la Guerre du gouvernement Poincaré, remplaçait rue Saint-Dominique un Messimy qui vivait sur ses nerfs, avait eu des mots avec Poincaré et ne s'entendait pas avec Joffre. Avant de quitter son poste, Messimy[22] nomma l'énergique général Gallieni gouverneur militaire de Paris. Millerand était chargé des relations avec le général en chef Joffre, tâche éminemment délicate dans le contexte d'un recul rapide et qui pouvait devenir catastrophique des armées françaises. Dans un article récent, Vincent Duclerc a revu le cas Messimy, « un bouc émissaire, débarqué par le président de la République »; il est vrai que Millerand, l'ami du président, avait exigé le portefeuille. Selon Vincent Duclerc, Messimy auquel on ne pouvait rien reprocher de grave « a payé pour Joffre »; il s'engagea immédiatement dans l'armée et fut le seul parlementaire à terminer la guerre comme général.

L'événement politique le plus important fut l'entrée des socialistes dans le cabinet. Alors qu'en Allemagne ils étaient toujours tenus à l'écart, deux parlementaires, et non des moindres, recevaient des portefeuilles : le vieux Jules Guesde[23] devint ministre d'État et l'énergique Marcel Sembat[24], l'un des meilleurs lieutenants de Jaurès, alla aux Travaux publics. Louis Barthou, l'ami personnel du président, fut écarté à cause de sa lutte contre Caillaux. « Il en était tout malheureux », selon Deschanel. Pour lui, le purgatoire fut de longue durée. Malgré les vœux de Poincaré, l'élargissement du gouvernement ne s'était pas étendu à la droite catholique, qui avait été conviée à faire son devoir mais que Viviani ne jugea pas opportun, même symboliquement, d'associer aux affaires. Le plus dur pour Poincaré fut d'accepter le retour d'un Delcassé « franchement odieux », et qui croit « que tout le monde l'attend[25] ». Dans ses souvenirs inédits, Millerand signale au moins une scène violente entre les deux hommes. Poincaré qui s'était bien entendu avec Doumergue, « laborieux, attentif, ayant du jugement et du sang-froid », ne voulut pas qu'il fût congédié comme Messimy et insista pour qu'il restât au gouvernement.

L'une des conséquences du remaniement fut une nouvelle brouille entre Poincaré et Clemenceau. Le 28 août, Poincaré eut une vive altercation avec lui. En arrivant à l'Élysée, Clemenceau vit sortir du cabinet présidentiel le journaliste Alfred Capus. À l'hôte de l'Élysée, il lança furieux : « Voilà à quoi vous pensez à l'heure présente, à vous faire encenser par *Le Figaro* ! » Blessé jusqu'au fond de lui-même,

Poincaré épancha son amertume en ces termes : « Pauvre homme, envieux, haineux, grande inintelligence, âme basse et boueuse. » *L'Homme enchaîné* n'allait pas tarder à reprendre sa campagne de dénigrement contre le président de la République.

Peut-on parler à la suite de ce remaniement de ministère d'Union sacrée ? La formule est trop extensive, d'ailleurs on parlait plutôt de « trêve des partis » que d'Union sacrée. Ce fut un peu plus tard, sans que l'on puisse vraiment fixer une date, que l'expression « Union sacrée » s'imposa pour désigner une politique et un comportement nationaux et que Poincaré, devenu son garant, finit par l'incarner. L'expression ne fut guère employée par Poincaré dans ses déplacements et allocutions. On peut citer un cas à Nancy en janvier 1916. À partir de 1916-1917, avec le renforcement progressif parmi les socialistes des adversaires de la participation gouvernementale, l'expression « Union sacrée » acquit un sens négatif[26] et Poincaré dut subir les attaques contre une orientation dont il apparaissait l'initiateur et la pierre angulaire. Métamorphose et durée d'une formule que son auteur ne soupçonnait sûrement pas quand elle tomba sous sa plume. Le *Berliner Tagesblatt* ne parlait pas d'Union sacrée mais qualifiait ce ministère de « cabinet de défense nationale comme on disait en 1870 ».

Paris menacée

Les derniers jours d'août furent des jours d'angoisse fiévreuse où les nerfs et le moral du président furent mis à rude épreuve. Après avoir occupé la Belgique, les armées allemandes avançaient rapidement vers Paris ; leur marche semblait irrésistible ; les unités françaises reculaient, livrant quelques combats de retardement ; la retraite s'opérait au prix de lourdes pertes, quoique sans débandade ni désorganisation majeure. En quelques jours la situation était devenue critique. Paris était menacée ; un avion allemand avait lâché trois bombes et fait quelques victimes civiles. Un siège, auquel il fallait se préparer, s'annonçait comme probable. Le 26 août, le général Gallieni, qui était devenu le 30 juillet l'adjoint et le successeur éventuel du général Joffre, était nommé commandant du camp retranché et des armées de Paris. C'était un homme actif et énergique, un ancien combattant de 1870 (il s'était battu à Bazeilles puis avait été en captivité en Allemagne !) et qui avait derrière lui une belle carrière coloniale. Avec lui Paris serait défendue et les Parisiens, qui commençaient à fuir la capitale, seraient rassurés.

Joffre avait gardé tout son sang-froid et n'avait perdu ni le sommeil ni l'appétit. Jeune sous-lieutenant de dix-huit ans, élève à l'École polytechnique, il avait combattu dans Paris assiégée. Il était soucieux de ne pas recommencer les erreurs de 1870 et de ne pas laisser le gouvernement prisonnier dans Paris. Le 30 août, il estima ne plus être en mesure de pouvoir empêcher les Allemands d'entrer dans Paris. C'est pourquoi il demanda au président et au gouvernement de quitter la capitale et d'aller s'installer à Bordeaux. Poincaré était opposé au départ précipité ; il ne partirait qu'à la dernière extrémité, après avoir assisté à la bataille de Paris. Son souci était de partager toutes les difficultés et souffrances que ne manqueraient pas de subir les Parisiens. Le 1er septembre, quand il apprit par les journaux les communiqués de la journée, il voulait encore rester à Paris « le plus longtemps possible ». Mais Joffre et Gallieni furent si pressants qu'il fallut céder. C'était 1870 qui recommençait ! À Paris, un début de panique avait saisi la population. De nombreux Parisiens quittaient précipitamment la capitale. Le général Brugère, qui se rendait dans sa propriété du Loiret, notait : « Au-delà de Fontainebleau, des files de voitures, de réfugiés qui fuient devant les Allemands. Spectacle navrant[27]... »

À l'Élysée, l'atmosphère était lugubre : « Toutes les espérances de Joffre sont déçues ; on est en retraite partout. » Poincaré craignit même que Paris ne fut pas défendue ; or c'était « une nécessité morale, politique et internationale ». Au moment du départ, « Henriette est effondrée et sanglote éperdument ». Lui-même appréhendait l'interprétation négative de son départ par la population parisienne, qui l'assimilerait à une fuite devant l'ennemi : « Hélas ! Avoir le courage de paraître lâche[28]. » Le couple présidentiel quitta Paris le 2 septembre à 23 h 10 par le train du gouvernement en compagnie de Viviani, Briand, Ribot, Millerand et quelques autres ministres. Dans les journaux berlinois qui, tous les jours, publiaient des bulletins de victoire, on ironisait sur « la fuite de Poincaré », qui rêvait de chausser les bottes de Gambetta et auquel on ne manquait pas de promettre le même sort, c'est-à-dire la défaite.

Le *Berliner Tagesblatt*[29] qui, comme tous ses confrères allemands, avait été saisi par l'ivresse patriotique d'août 1914 et qui tous les jours publiait de glorieux et enthousiastes communiqués de victoire, avait oublié Poincaré pendant le mois d'août. C'était à peine si son nom avait été cité. Le 3 septembre 1914, il publiait contre lui un article anonyme d'une rare virulence :

> « *Monsieur Poincaré a dû quitter Paris avec des sentiments peu agréables et on doit bien dire qu'il faut se réjouir de cette humiliation qui lui est personnellement infligée. Cet homme vaniteux, faible de caractère et assoiffé de gloire qui est arrivé à l'Élysée seulement avec l'aide du nationalisme et poussé par les instincts chauvins, porte en première ligne la responsabilité qu'aujourd'hui le malheureux peuple français apprenne à connaître la triste condition de vaincu. Du premier coup d'œil on doit le désigner*

comme l'adversaire d'une politique amicale à l'égard de l'Allemagne et de la réconciliation à laquelle aspiraient les radicaux. Il a dans sa vanité qui n'est pas fondée sur des talents d'hommes d'État, travaillé contre l'Allemagne avec les Grey, les Nicholson, les Isvolski... et il a conduit son pays dans la situation actuelle... M. Poincaré se rêve aujourd'hui dans le même rôle, dans le rôle d'un Gambetta plus réussi et plus couronné de succès... »

Il est probable que Poincaré n'a pas eu connaissance de cet article et quelques autres de la même encre, du moins dans l'immédiat. Contrairement aux analyses du journaliste allemand, Poincaré n'avait pas chaussé les bottes de Gambetta, car il n'en avait ni le désir ni les moyens. Il est intéressant de souligner que ce journal, qui avait oublié ses commentaires mesurés du mois de juillet, faisait désormais de Poincaré le responsable majeur de la guerre du côté français, le prisonnier ou le porte-parole des nationalistes et des chauvins. Cette interprétation du personnage de Poincaré va devenir une constante dans la presse et la propagande allemande, à l'intention certes des Allemands, mais aussi de l'étranger et des populations occupées de Belgique et de France.

Les heures sombres de Bordeaux

En arrivant à Bordeaux, le couple présidentiel fut acclamé par la population : « Ces vivats me crèvent le cœur... » Il s'installa avec Henriette à la nouvelle préfecture, où ils furent rejoints par Lucien et Marie-Andrée. Les liaisons avec Paris étaient incertaines et lentes : le chiffre n'était pas installé et les télégrammes arrivaient irrégulièrement. Tant bien que mal, le colonel Pénelon assurait le lien avec le quartier général. Les premiers pas du gouvernement n'étaient guère encourageants : « Viviani, énervé... distrait, ne dirigeant rien, ne concluant rien... Delcassé obscur, confus, ne connaissant pas ses dossiers[30]. » Briand, Millerand, Sembat et Doumergue étaient les seuls à faire face à une situation incertaine et pleine de périls. Selon le témoignage de Millerand, le gouvernement, qui se réunissait presque chaque matin, paraissait sans prise sur les réalités : « Pendant deux heures et plus, on parlait, le plus souvent pour ne rien dire d'important. » Il se plaignait d'Aristide Briand, qui multipliait « les intrigues personnelles » et du président, qui subissait les événements, ce qu'il interprétait comme la « manifestation fatale de son manque de caractère ».

Durant une semaine, Poincaré et son entourage vécurent dans la crainte et l'incertitude du lendemain. Les premiers jours furent angoissants. Deschanel, qui le voyait presque chaque jour, notait :

« Avant la bataille de la Marne, il était extrêmement découragé, me disant : "Si nous perdons encore cette bataille, je ne sais ce que je deviendrai[31]". » Le 7 septembre, Pénelon télégraphiait une bonne nouvelle : Joffre reprenait l'offensive. À partir du 9 septembre, l'horizon s'éclaircit quand, après une soirée d'angoisse sur le sort de Nancy, on apprit successivement la victoire du Grand-Couronné remportée par Castelnau, qui délivrait Nancy d'une occupation allemande, puis ce qui est passé dans l'histoire sous le nom de la victoire de la Marne (6-11 septembre 1914). Le 11 septembre, Poincaré s'interrogeait avec lucidité : « Victoire ? » Certes, les armées allemandes avaient reculé en quelques jours d'une cinquantaine de kilomètres pour se fixer au nord de l'Aisne. La menace terrible qui pesait sur Paris était levée et l'armée française était sauvée du désastre qui la menaçait. Le général Brugère, de passage à Bordeaux (14 et 15 septembre), rencontrait Duparge, du cabinet présidentiel, et put causer quelques minutes avec le président : « Il parle de la victoire remportée ! Il trouve Joffre trop optimiste et que le gouvernement est parti trop vite. » Le 21 septembre Pénelon arrivait à Bordeaux, chargé par Joffre de dire au président : « Tout va bien[32]. » Poincaré était cependant conscient que les Allemands n'étaient pas encore vaincus, puisque la guerre se poursuivait sur le sol national...

Pendant que Poincaré travaillait dans son bureau de la préfecture, Henriette alla servir comme infirmière dans un hôpital ouvert par le barreau bordelais. En dehors des ministres, on ne connaît les noms que d'une partie de ses visiteurs : son ancien collaborateur Maurice Colrat vint l'entretenir de l'état d'esprit des parlementaires et des Parisiens, le député Anatole de Monzie lui rapporta une conversation avec Caillaux, lequel se serait vanté la veille de la déclaration de guerre en ces termes : « Qu'on me donne le pouvoir 24 heures, j'assurerai la paix. » Le sénateur Charles Humbert vint lui dire : « Défiez-vous de Caillaux. Il est homme à tout. Il est même capable de vous tuer » (11 octobre). Des parlementaires importants étaient aussi allés à Bordeaux, dont Clemenceau et Albert de Mun. Clemenceau fit reparaître *L'Homme libre*, qu'il imprimait à Toulouse. Ses attaques irritaient à ce point Millerand qu'il voulut l'interdire. Poincaré « lui donna le conseil de ne pas sévir »... Et Clemenceau continua. Quant à Albert de Mun, que Poincaré aurait souhaité faire entrer au gouvernement, il mourut à Bordeaux. Ce fut Paul Deschanel, président de la Chambre, qui prononça l'oraison funèbre de celui qu'il appela « un chevalier, un orateur, un apôtre ». Dans ses notes privées, Deschanel était nettement plus critique : « Il a accumulé les fautes, il a renversé Barthou, il a avec Poincaré poussé à la guerre avec l'Allemagne[33]. » Après avoir assisté à ses obsèques, Poincaré nota à son usage les réflexions suivantes : « C'était une âme trop noble. Son ardent catholicisme ne l'empêchait pas de rendre justice à la république. Il n'avait vu en moi que le Lorrain et m'avait soutenu sans arrière-pensée, non seulement au moment de l'élection présidentielle mais depuis » (10 octobre). Il ne fit pas la moindre allusion au « pacte secret », tout en confirmant qu'il avait reçu le soutien de la droite.

Pendant son séjour à Bordeaux, le couple Poincaré fut personnellement atteint par la guerre. Les Allemands occupèrent quelques jours Triaucourt (où ils pillèrent la maison de Lucien) et Nubécourt, où se trouvaient ses tombes de famille. Il eut la satisfaction d'apprendre que la maison de Nubécourt était intacte et que ses « chères tombes n'avaient pas été profanées ». Lors de l'offensive allemande de septembre qui allait aboutir à la formation du fameux saillant de Saint-Mihiel (que les Allemands réussiraient à conserver pendant quatre ans jusqu'en septembre 1918), l'artillerie allemande s'approcha suffisamment du village de Sampigny pour attaquer la maison de campagne du président. Le 25 septembre 1914, une cinquantaine d'obus furent tirés volontairement sur le Clos, détruisant partiellement la maison et saccageant le parc. Poincaré fut averti en fin de soirée par un télégramme du préfet de la Meuse : « Allemands, maîtres de Saint-Mihiel et du camp des Romains, bombardent Sampigny [34]. » Une lettre un peu mystérieuse de Poincaré à Briand montre que dans ces circonstances difficiles, l'humour n'avait pas perdu ses droits. Il écrivait en effet à son ministre : « J'ai reçu le joli panier d'obus... Il trouvera sa place naturelle à Sampigny. » Puis il lui lançait cette invitation : « Vous viendrez pendre la crémaillère. » À notre connaissance ce fut seulement en août 1928 que Poincaré fit à Briand les honneurs de Sampigny !

Une quinzaine de jours plus tard, un rapport du brigadier Duchenois apportait les précisions suivantes sur le bombardement du « château de Monsieur le Président de la République » : il avait relevé les traces de quarante obus, les chambres du premier étage et l'escalier étaient détruits. Le lendemain (10 octobre), le préfet parlait d'un obus de 220 et précisait : « autour rien n'est tombé sur le village même de Sampigny ; tous les tirs ont été dirigés sur le Clos et, à n'en pas douter, c'est exclusivement la propriété du Président que l'ennemi a voulu anéantir ». « Simple goujaterie », aurait grommelé le général Joffre. Le jardinier récupéra les meubles, qui furent transportés à Bar-le-Duc, tandis que Grosdidier hébergeait à Commercy les animaux qui avaient survécu. Poincaré le remerciait en ces termes : « Merci d'avoir été jusqu'à Sampigny et d'avoir hospitalisé Bijou et Bravo. Je pense que vous utiliserez au moins le cheval pour votre service personnel. Quels comptes n'aurais-je à régler avec vous à notre prochaine rencontre ? » L'ami Grosdidier, qui était resté à Commercy placée depuis trente-cinq jours sous le feu des canons allemands et qui était angoissé par la disparition aux armées de son plus jeune fils, écrivit à Bordeaux pour donner des nouvelles de ses pensionnaires : « Bijou se porte bien... Bravo est très gentil et très caressant... Il est lâché dans le parc et on lui fait sa toilette tous les jours » (25 octobre 1914). Grosdidier prit longtemps soin de Bijou, car il écrivait à Poincaré en septembre 1915 : « Bijou se livre à ses ébats dans la prairie du parc. » Dans son journal, Poincaré notait mélancoliquement : « Pauvre Clos ! Pauvre maison que j'ai été si heureux de faire construire dans les derniers jours de mes chers parents ! Pauvres arbres que j'aimais tant ! » Il faut rappeler que, bien que placé sous le feu des canons allemands installés dans la forêt d'Apremont, le village de Sampigny ne fut jamais occupé. S'il fut en partie détruit par l'artillerie ennemie, il fut aussi pillé par les soldats français. Comme témoignage de la barbarie allemande, on édita des cartes postales du Clos dévasté par l'artillerie ennemie presque au même titre que la cathédrale martyre de Reims. Un mois plus tard, une autre nouvelle meusienne atteignit douloureusement Poincaré, l'annonce de la grave blessure subie par André Maginot[35], le sergent-député Maginot, touché au genou droit lors d'une patrouille à Gincrey dans la Woëvre, le 9 novembre 1914.

Le séjour à Bordeaux se prolongeait, car Joffre et Gallieni n'étaient pas pressés de voir revenir à Paris le président, le gouvernement et les chambres. Poincaré se plaignait sans cesse d'être mal informé et tenu à l'écart des décisions ; il avait hâte de regagner Paris où seuls Briand et Sembat étaient revenus. Finalement, Joffre accepta un voyage du président sur les champs de bataille de septembre. Le 5 octobre, Poincaré était reçu au quartier général de Romilly-sur-Seine par un Joffre qui « n'a pas l'esprit plus vif qu'à l'ordinaire » ; puis il parcourut les champs de bataille et les territoires libérés ; à Épernay, il coucha dans une chambre qu'avait occupée le général von Bülow. Puis il revint à Paris par la vallée de l'Oise, « un spectacle de désolation », et visita le camp retranché de Paris, où il apprécia les « excellentes mesures prises par Gallieni ». Après un rapide crochet dans un Élysée « désert et presque démeublé », il était de retour à Bordeaux le 9 octobre.

À la fin du mois d'octobre et au début de novembre il fit un second voyage discret de six jours : après avoir visité l'est et le nord du camp retranché de Paris, il poussa jusqu'à Amiens, Dunkerque et Cassel, où il rencontra le général Foch et le roi Albert. Foch raconta à sa femme la journée du 2 novembre où il reçut Poincaré à déjeuner à Cassel. Le président, surpris de « tomber dans une pleine bataille », était « gris et piqué ; il voulait sa victoire et ne l'avait pas encore[36] ».

Depuis l'établissement et la stabilisation d'un front continu, Paris n'était plus menacée et les pouvoirs publics pouvaient revenir sans danger dans la capitale. Cependant, le retour se fit attendre et les points noirs se multipliaient : le cabinet était fragile ; des incidents éclataient en Conseil ; Briand puis Viviani menaçèrent successivement de démissionner. Briand cherchait à supplanter tantôt Viviani tantôt Millerand. Les nouvelles que l'on recevait de Russie n'étaient pas fameuses ; Raspoutine était revenu auprès de l'impératrice. L'incurie et le désordre se développaient. Poincaré était irrité par son sentiment d'impuissance, le manque de déférence avec lequel on le traitait, les critiques injustes qu'il sentait monter contre lui : « On me reproche d'avoir abandonné une ville qui m'avait tant aimé et de l'avoir sacrifiée » (12 novembre 1914). Le 25 novembre, Poincaré quittait Bordeaux sans regret et arrivait à Paris le 26 novembre à huit heures du matin. L'« exil » à Bordeaux avait duré moins de trois mois. Poincaré était revenu fatigué, l'air vieilli, critiqué et impopulaire. Il rendit Joffre responsable de cette perte de popularité. Un jour qu'il lui reprochait de l'avoir contraint de quitter Paris, Joffre lui aurait brutalement répondu : « Je vous avais conseillé de partir ; je ne vous avais pas conseillé de foutre le camp. » Entre les deux hommes le contact ne fut jamais rétabli et Poincaré resta un adversaire discret mais tenace de Joffre ; il guettait son usure et aurait souhaité envoyer à sa place Gallieni au quartier général de Chantilly, mais il n'en avait pas les moyens. Poincaré n'a jamais oublié cette expérience amère de Bordeaux et, aux heures difficiles du printemps de 1918, quand il fut une seconde fois envisagé de quitter Paris, Poincaré refusa catégoriquement.

Collaborateurs et entourage

Poincaré retrouva l'Élysée en décembre 1914. Il vécut là dans un palais un peu triste au personnel réduit et dont il fallait éteindre les lumières pour ne pas attirer l'attention des « taubes », ces avions allemands qui lâchaient à l'improviste des bombes sur Paris. Il travaillait sans relâche, lisant les dépêches diplomatiques et les rapports de police, harcelant les ministres de notes et de demandes de renseignement. « Il dort à peine ; pendant les repas, on l'appelle sans cesse. Je ne sais comment il peut résister », écrivait Henriette à sa nièce Lysie Lannes [37]. En dépit des craintes de sa femme, sa robuste constitution a résisté ; il a maintenu son rythme de travail ; il a rempli toutes les obligations de sa charge ; il a maintenu son équilibre nerveux ; il n'est pas tombé malade. Henriette l'aidait de son mieux dans tout ce qui concernait les dons, les soutiens, les visites aux multiples associations et œuvres qui s'occupaient des blessés, des mutilés, des veuves, des pupilles de la Nation, des réfugiés, des prisonniers, etc. Sa place à l'Élysée est difficile à apprécier ainsi que son influence réelle sur le président. Poincaré était très discret et une seule fois, le 10 août 1915, dans ses notes journalières, apparaissent quelques lignes critiques à l'égard d'Henriette sous la mention insolite « tristesses privées » : « Henriette, en mon absence, a ouvert les tiroirs de mon bureau et lu les lettres de Lysie [il s'agissait de sa nièce préférée Lysie Lannes].

Malgré la pureté de notre correspondance, elle a prévenu Lucien, Marie-Andrée, Prisca. Je n'aurai même pas un rayon de soleil dans ma prison[38]. » Aucun élément ni dans les papiers de Lysie ni dans la correspondance conservée et triée par Henriette après la mort de Raymond ne permet d'éclairer ce désaccord intime qui surgit là, à l'improviste, entre un voyage en Alsace et un Conseil des ministres.

Henriette Poincaré n'avait pas que des amis ; les Decori étaient réservés ; Sainsère s'en méfiait ; depuis 1912 ses faits et gestes étaient commentés sans indulgence ; on colportait ses maladresses de langage ; on disait que Maurice Bernard était son amant. Selon Magdeleine Decori[39], Maurice Bernard aurait répondu : « On dit cela depuis deux ans mais on ne le croit pas. »

L'entourage du président était loin d'être aussi étoffé que celui d'aujourd'hui. L'Élysée n'abritait pas alors une sorte de cabinet *bis* avec des collaborateurs qui doublaient chaque ministre. Le premier de ses collaborateurs était le secrétaire général. Il avait appelé auprès de lui, après le départ aux armées d'Adolphe Pichon, Félix Decori, un ami de jeunesse qu'il tutoyait, un avocat de sa génération, familier des milieux politiques. D'après Magdeleine Decori, la présence de Félix, sa franchise auprès du président, était « une chose excellente » car « le ton de la maison était la flatterie... Poincaré avait des amis intéressés à l'illusionner ». Decori filtrait les entrées auprès du président et remettait les choses au point quand cela était nécessaire. Les Decori recevaient beaucoup, principalement des hommes politiques. Malheureusement pour Poincaré ce collaborateur habile et intelligent était cardiaque ; il avait déjà eu des avertissements graves, des suffocations et des syncopes. Le 18 octobre 1915 au soir, en rentrant d'un dîner à Rambouillet, il tomba dans le salon de la Rotonde et son front heurta l'angle d'une commode. Les Poincaré étaient déjà couchés. Averti par un domestique, Raymond passa une robe de chambre et trouva Félix, assis dans un fauteuil : « Il était déjà mort, les yeux fixes, la bouche ouverte, le teint blême. » Henriette, qui l'avait suivi, ferma les yeux de Félix puis courut chercher Magdeleine et Denyse. « Nuit tragique, nuit d'angoisse, nuit de douleur. » Poincaré fut très affecté de cette mort subite ; après la cérémonie civile au Père-Lachaise, il notait : « C'est fini et, hier encore, il était si gai, si amical[40]. » Il est mort « d'avoir trop ardemment vécu sa vie », rapporte avec discrétion Gheusi. Poincaré garda des relations suivies avec sa veuve Magdeleine et sa fille Denyse ; Magdeleine Decori, qui était une femme un peu extravagante, mondaine, vive et primesautière, lui envoyait des billets signés « Decora » ; elle lui rendait souvent visite à l'Élysée où elle lui apportait un peu d'air et des informations sur ce qui se colportait dans le Tout-Paris ; elle le défendait dans les salons.

Poincaré remplaça Félix Decori par un conseiller d'État, Olivier Sainsère[41]. C'était un enfant de Bar-le-Duc, de huit ans plus âgé que le président et qui, comme lui, avait fait aussi carrière à Paris. Vingt ans plus tôt il avait appartenu aux cabinets de Dupuy et de Barthou et avait une grande expérience de l'appareil de l'État et des milieux politiques. C'était un homme aimable et subtil qui arborait une longue et élégante moustache blanche. Ce mondain lettré et artiste, qui achetait des tableaux de Picasso chez Kahnweiler, était aussi un juriste sûr, discret et efficace qui connaissait bien les hauts fonctionnaires et les parlementaires. Il filtrait les demandes d'entretien et préparait les audiences que le président donnait presque chaque soir. Il recevait les ministres, les confessait un peu. Briand venait griller quelques cigarettes dans son bureau. Il maintenait les contacts avec les directeurs de journaux et les journalistes. Quels étaient les liens entre Sainsère et son patron ? Ils ont dû être bons puisque Sainsère est resté jusqu'à la fin du mandat. Quelle influence exerçait-il, s'il en exerçait une ? Selon Magdeleine Decori, il était parfois déprimé, découragé, « en raison du manque d'homme à la hauteur nulle part, même pas notre président Poincaré[42] ». Une fois, il se plaignit de l'égoïsme de Raymond Poincaré, puis de son manque de fermeté.

L'un des liens de Poincaré avec le monde extérieur était les visites qu'il recevait. Les Mémoires et les notes journalières de 1914 et 1915 ne citent qu'une partie de ces visiteurs ; d'autres noms ont été soigneusement omis. Ils appartenaient tous au même monde : parlementaires, hauts fonctionnaires et diplomates, avocats amis et membres de l'Institut, directeurs de journaux et journalistes (comme Jean Herbette du *Temps*, Stéphane Lauzanne du *Matin*, Barbier de l'Agence Havas). Certains étaient quelquefois invités à déjeuner ou à dîner. La plupart gravitaient autour des milieux gouvernementaux, mais Maurice Barrès était un visiteur assez fréquent ; les nationalistes Henri Galli et Marcel Habert furent reçus plusieurs fois, de même Charles Maurras avec lequel Poincaré correspondait. Le président lisait attentivement les éditoriaux de Maurice Barrès dans *L'Écho de Paris*, les commentaires que Joseph Reinach faisait paraître dans *Le Figaro* sous le pseudonyme de « Polybe », les chroniques militaires du colonel Rousset dans *Le Petit Parisien*.

En période de guerre, le bon fonctionnement du cabinet militaire était une nécessité pour être informé de ce qui se disait et se préparait dans l'entourage de Joffre et des principaux commandants d'armées. Il fallait assurer des liaisons avec le gouverneur militaire de Paris, le ministre de la Guerre et le quartier général. Un homme a joué un rôle important, le vieux général Brugère, un général d'antichambre qui, depuis Sadi Carnot, assistait les présidents de la République. Le chef du cabinet militaire fut d'abord le général Duparge, puis lui succéda le colonel Pénelon, qui resta à l'Élysée jusqu'en 1917. Il assurait les relations entre le commandant en chef et l'Élysée ; il faisait sans cesse la navette entre Paris et Chantilly, où l'entourage de Joffre l'avait surnommé « Sourire d'avril »; il s'efforçait de tirer des informations et de transmettre, la plupart du temps sans aucun succès, les avis de son patron. Il était l'antenne, l'informateur, le conseiller militaire du président. Il l'accompagnait dans ses voyages sur le front. Dans les souvenirs de Poincaré, on lit souvent : « Pénelon m'a dit », « Pénelon m'a rapporté », « d'après Pénelon ». Pénelon fut ensuite nommé directeur du Génie tout en restant en contact fréquent avec son ancien patron, qui eut du mal à le faire nommer général. Pénelon revint à l'Élysée en 1919. Les autres officiers n'eurent pas cette continuité dans le service qui crée la complicité et l'affection ; il faut signaler le général Duparge, le colonel Herbillon, les lieutenants-colonels Blavet et Nodet et le commandant Fontana, plus spécialement chargé de l'organisation des voyages officiels.

Une donnée a toujours préoccupé Raymond Poincaré, ce furent les multiples atrocités commises contre les populations civiles par l'armée allemande en août-septembre 1914 en Lorraine, en Champagne et dans le Nord. Le président de la République fut naturellement sollicité pour accorder son patronage aux victimes. Au fur et à mesure que la guerre durait, les besoins augmentaient et la tâche s'alourdissait. Poincaré était naturellement attentif à ce qui était lorrain et plus spécialement aux demandes du Comité des réfugiés meusiens. Indigné par les informations qu'il recevait, il fut à l'origine du décret du 23 septembre 1914 instituant une commission d'enquête « en vue de constater les actes commis par l'ennemi en violation du droit des gens ». À sa tête, il fit placer son ami Georges Payelle, conseiller-maître à la Cour des comptes. La commission se mit immédiatement au travail et recueillit des documents photographiques et de nombreux témoignages d'habitants de localités ayant été occupées de quelques jours à quelques semaines au cours de l'été de 1914. Les cas d'incendies et de destructions volontaires, de pillages, de viols, de séquestrations, d'exécutions sommaires, de déportations individuelles ou collectives étaient malheureusement nombreux et la plupart incontestables. Le premier volume fut publié en 1915, suivi de onze autres[43]. Poincaré conservait ces volumes à portée de main ; il était très attentif à ce qui s'était passé en Lorraine à Rouvres, à Éton et dans le Pays-Haut, à Nomeny, à Gerbéviller, à Blâmont, à Badonviller ; il y puisait des informations pour ses discours et y renforçait sa conviction que la France menait contre l'Allemagne une guerre du droit.

Rapport avec le haut commandement

L'organisation des opérations et les décisions militaires relevaient du commandant en chef ainsi que l'essentiel des nominations. D'une part le commandant en chef ne devait pas empiéter sur le terrain politique du gouvernement, d'autre part l'autorité du commandant en chef dépendait du gouvernement, qui pouvait le remplacer et nommer un autre général, opération théoriquement possible mais combien délicate. En août 1914, le général Joffre était en place, sa personne n'était pas contestée ; après un mois d'août désastreux, la victoire de la Marne lui apporta la confiance de l'armée, de la classe politique et de la nation.

Les premières semaines qui suivirent le retour du président à Paris furent consacrées à des voyages aux armées : le premier le conduisit en Lorraine, à Verdun où il se rendit au chevet d'André Maginot, à Commercy où il déjeuna chez Grosdidier et reçut un accueil joyeux de son cheval Bravo, à Nancy d'où il gagna le Grand-Couronné et la forêt de Brin, où l'on s'était sauvagement battu en septembre. Il observa la ligne de front : « De l'autre côté de la Seille dans les villages de la rive droite, ce sont les Allemands. Aujourd'hui tout est calme, on le mesure au regard... » (30 novembre 1914). Deux jours plus tard il accompagnait Joffre à Saint-Omer auprès du commandement anglais ; il rencontrait le roi George V, comme toujours « timide, affable, embarrassé ». Son dernier déplacement de l'année fut pour le front de Champagne ; il se rendit à Châlons et à Reims, où la cathédrale des sacres avait été sévèrement touchée par les tirs allemands : « Je suis resté longuement rêveur devant cette ruine grandiose et lamentable » (15 décembre).

Ces déplacements étaient purement protocolaires, car la guerre se faisait sans lui. Joffre et son entourage avaient pris l'habitude de décider sans consulter les autorités civiles. Dans les carnets d'Abel Ferry, on trouve à la date du 22 décembre le récit d'un entretien avec le président : « Vu Poincaré. Il m'a semblé assez monté contre les chefs militaires... L'État-Major laisse évidemment le président dans l'ignorance des événements militaires. Il en est ulcéré et plus d'une fois reviendront en Conseil ces mots "Nécessité de rétablir la suprématie du pouvoir civil[44]". » Poincaré aurait voulu aller en Alsace reconquise. Joffre, au moins dans un premier temps, le lui refusa. Henriette Poincaré dut se contenter d'envoyer aux enfants de Thann les jouets qu'elle avait préparés à leur intention. Abel Ferry commentait : « Son erreur aura été d'être trop respectueux de la forme, d'avoir été, en des temps révolutionnaires, prisonnier des règlements, des compétences, des bureaux. » Il portait ce jugement sur le président : « Trop intelligent ; peut-être, pas assez de volonté. » Rapprochons cette appréciation d'une invitation du ministre Albert Sarraut recopiée dans les notes journalières. Celui-ci lui avait dit à Bordeaux (28 octobre) : « Faites un peu de pouvoir personnel... » À son usage, Poincaré avait poursuivi la réflexion : « Sans faire aucun pouvoir personnel, j'ai certainement dans l'intérêt du pays le devoir de ne pas m'effacer toujours[45]... » Le problème de Poincaré était de trouver sa place dans la guerre. Était-il en mesure, s'il y parvenait, de se la faire reconnaître ? Ce fut jusqu'au bout son problème.

Les relations qui passaient par le ministère de la Guerre laissaient plus qu'à désirer. Le chef de cabinet de Millerand, le colonel Buat[46], trouvait Viviani « nerveux, irritable, facile à émotionner », remarques qui sont confirmées par beaucoup d'autres. À l'égard de Poincaré, Buat était sans la moindre indulgence : « Encore plus lamentable [que Viviani]. Il a la frousse et donnerait la frousse à n'importe qui. Les idées les plus simples n'entrent plus dans son cerveau et, au contraire, il est prêt à adopter les plus ineptes, les racontars. Il voudrait remplacer les officiers d'état-major par des officiers de troupe... Lui avocat et parlementaire, il a fait tous les ministères avec une égale incompétence... » (21 janvier 1915). Ce portrait au vitriol, fort injuste au demeurant, étonne de la part d'un collaborateur immédiat de Millerand, pourtant un vieil ami de Poincaré, même si des divergences de vues passagères pouvaient les séparer. Il s'explique par la crainte permanente des officiers de haut rang d'une immixtion des civils, des empiètements des parlementaires dans les affaires militaires.

La prolongation de la guerre, l'échec des tentatives de percée, l'extension du conflit en Italie et dans les Balkans, l'absence apparente d'issue militaire usèrent le haut commandement et posèrent le problème de l'articulation entre le gouvernement et le haut commandement. Poincaré tenait à être au courant. Or il était mal informé ou informé incomplètement et indirectement. De son côté, Joffre craignait que le président ne nouât des relations personnelles avec les chefs de corps et les commandants d'armée ; c'est pourquoi il l'accompagnait systématiquement. Poincaré voulait un entretien hebdomadaire avec le général en chef : soit il se rendait à Chantilly, soit Joffre se rendait à l'Élysée. La correspondance du général Foch[47] avec sa femme apporte un exemple parmi d'autres de ces malentendus et incompréhensions : le 5 juillet 1915, Poincaré arrivait à Chantilly. Au cours de la réunion il attaqua Joffre en ces termes : « Vous aviez promis que la guerre serait finie en juin. » Joffre lui aurait répliqué : « Je ne sais si je vous l'avais promis mais si je vous l'avais promis, je me suis trompé ! » Après le départ du président et de sa suite, Joffre fit ce commentaire peu amène : « Ouf ! les voilà partis ! Nous aurons huit jours de tranquillité. »

Poincaré voulait aussi donner son opinion sur les affaires en préparation ou en cours. Par exemple, il aurait voulu repousser l'offensive prévue en Champagne ; Joffre, qui ne l'entendait pas de cette oreille, n'hésitait pas parfois à déborder de son champ de compétences. Avec prudence et sans succès, Poincaré cherchait à le lui faire comprendre[48] : « Je lui ai fait remarquer (combien doucement pourtant) que les considérations diplomatiques échappaient à ses compétences. Notre Joffre est décidément un peu grisé et un peu susceptible » (5 août). On comprend pourquoi Joffre et ses bureaux étaient avares d'informations sur leurs projets. Ils ne voulaient pas d'intervention des civils, même les plus haut placés. Poincaré se plaignit à Millerand : « En tout cas, Viviani, toi et moi, nous devons être exactement renseignés avant l'offensive... Trop de fautes et de trop lourdes ont été commises depuis quelques mois par le commandement en Woëvre, en Champagne, en Artois, pour que nous puissions renoncer à être renseignés en temps utile » (23 septembre 1915). Furent-ils renseignés ? Nous n'avons pu en trouver la preuve. En tout cas, quelques jours plus tard (29 septembre), Poincaré paraissait si convaincu du résultat des opérations que venaient de mener avec succès en Artois et en Champagne les armées alliées qu'il écrivait : « Nos troupes ont définitivement affirmé leur supériorité sur l'ennemi. » On croit rêver.

Avec la formation du ministère Briand, le général Gallieni[49], réputé pour son énergie, avait remplacé Alexandre Millerand à la Guerre. Poincaré était impressionné par la personnalité et la volonté de Gallieni, mais il s'en méfiait. Pendant l'éloignement du président et du gouvernement à Bordeaux, l'ancien gouverneur de Paris s'était entouré d'un cabinet politique à la tête duquel il avait placé un vieux rival de Poincaré, Paul Doumer. Cet épisode était resté gravé dans sa mémoire.

L'un des premiers problèmes politiques posé par le commandement fut la place à donner au général Sarrail[50]. C'était un « général de gauche » dont l'anticléricalisme n'était guère apprécié de ses pairs et dont les aptitudes militaires étaient discutées. Son commandement en Argonne avait plus que laissé à désirer ; Joffre voulait le remplacer. Que faire, car Sarrail avait des amis et des soutiens chez les radicaux-socialistes, « la bande à Sarrail » ? Une sanction contre lui était impossible et il fallait lui procurer un commandement pour lequel il n'aurait pas de comptes à rendre à Joffre. On trouva une solution en lui confiant le commandement de l'armée d'Orient. Sarrail accepta et partit pour Salonique.

Cette affaire réglée, la question de la réorganisation du haut commandement restait posée. Le remplacement de Millerand par le général Gallieni était aussi le signe que Joffre ne devait plus seul prendre certaines décisions, qu'il devait en discuter davantage avec le gouvernement. On reprochait à Joffre d'être mal entouré, d'être coupé de la base par un groupe de jeunes officiers d'état-major, les « jeunes Turcs », réputés pour « leur dogmatisme », parmi lesquels Gamelin et Renouard. Au Parlement, dans les ministères, à l'Élysée, on pensait qu'il fallait faire le ménage à Chantilly. La composition de l'état-major de Joffre[51] « est inadmissible » notait Poincaré (14 décembre 1915), mais comment le lui dire car il ne fallait pas « le froisser » ?

Plusieurs semaines de discussion furent nécessaires avant d'arriver le 1er décembre, à la suite d'un accord entre Poincaré, Briand et Gallieni, à la nomination de Joffre comme général en chef de toutes les armées françaises, ce qui lui conférait autorité sur Sarrail et l'armée d'Orient. Il était convenu aussi qu'on lui donnerait un adjoint avec le titre de « chef d'état-major général des armées ». Cet adjoint pourrait être un successeur éventuel ; Joffre avait bien senti cette menace et il n'était pas pressé de voir arriver à Chantilly celui dont le nom était sur beaucoup de lèvres, c'est-à-dire Castelnau[52]. À la question de Poincaré « Qui proposez-vous ? » le ministre Gallieni répondit : « Le premier que je propose, c'est Castelnau, le second Castelnau, le troisième Castelnau. » Un autre général, Dubail, pouvait remplir la fonction, mais Poincaré remarquait : « Je ne puis dire trop crûment à Joffre que Dubail le doublerait sans le compléter. » Le choix de Castelnau, le « Capucin botté », connu pour ses convictions religieuses et son refus viscéral de la politique républicaine, se heurtait à toutes sortes de difficultés, principalement politiques ; le Capucin botté ne pourrait pas être le successeur de Joffre. Pour d'autres raisons, l'entourage de Joffre freinait de toutes ses forces. Finalement, si l'on en suit les notes journalières, plusieurs réunions à quatre (Poincaré, Joffre, Briand, Gallieni) ou à trois (Poincaré, Briand, Gallieni) se succédèrent à l'Élysée pour aboutir à la nomination de Castelnau, acceptée par Joffre et ratifiée par le Conseil des ministres avec le titre de major-général. Par cette procédure, on comprend que le président ne pouvait ni décider ni imposer seul ; un choix de cette importance était le résultat d'une succession de réunions restreintes auxquelles il participait ; il n'était pas le décideur, mais un codécideur. La nomination de Castelnau en décembre 1915 et plus tard celles de Nivelle (décembre 1916) et de Pétain (mai 1917) en apportèrent la confirmation.

Parfois, des conversations se passaient en dehors de lui, par exemple tête à tête entre Joffre et Briand : « Joffre appelé par Briand qui ne m'en a rien dit », notait-il, quelque peu dépité. Si l'on en croit Poincaré lui-même, il se plaignait souvent de ne pas pouvoir donner son avis par manque d'information. En réalité, pour apprécier l'influence réelle du président de la République, il faudrait tenir compte des multiples réunions et rencontres informelles et des conversations où s'échangeaient les informations et se discutaient les questions. Par exemple, dans la salle à manger de l'Élysée, on préparait d'autres réunions, comme celles du conseil de défense, où l'on discutait des nominations à venir.

Un président critiqué

À la suite du retour à Paris et de la rentrée parlementaire (12 janvier 1915), la politique reprit ses droits. Si la censure limitait la liberté d'expression des journaux, les couloirs et les coulisses bruissaient de rumeurs. Poincaré avait deux attributions constitutionnelles qu'il remplissait scrupuleusement : la présidence du Conseil des ministres et la présidence du Comité de guerre. Les réunions de ces deux instances se tenaient à l'Élysée ; en l'absence de procès-verbaux, les notes journalières et les souvenirs du président donnent des indications qu'il faut essayer de critiquer et de compléter par les témoignages de très nombreux participants.

Le gouvernement, et plus spécialement son chef, René Viviani, avait vu diminuer notablement son crédit, et, à partir de février, l'hypothèse d'une crise ministérielle était dans l'air. La personne même du président était contestée ; Poincaré avait perdu beaucoup de sa popularité et il était critiqué même par ses partisans. Dans un long texte qui éclaire la perception de Poincaré par ses ministres et ses proches, Abel Ferry[53] remâchait sa déception :

> « *Nous sommes en guerre. Est-ce le chef attendu ? Hélas ! non. Il n'est ni Gambetta, ni Danton, ni Carnot. Pour être juste, nul rôle n'est plus difficile à tenir car la Constitution est faite contre le pouvoir personnel, ne lui permet d'agir que par ministre interposé. Mais nul, avant la guerre, n'eut plus de popularité. Il l'a dépensée sans agir. Nul n'a plus que lui une profonde érudition. Nul n'est plus grand et plus facile travailleur. Nul plus que lui n'a de prestige sur ses ministres. Pourquoi donc apparaît-il sans pouvoir ?*
>
> *Les décisions du Conseil ne sont pas exécutées. Chaque ministre agit à sa guise. Le grand Quartier général le traite en "princesse lointaine", il lui laisse ignorer tout, jusqu'au chiffre des morts.*
>
> *C'est que Poincaré manque de décision.*
>
> *Les Conseils devraient être de sa part un acte continu de volonté ; ils ne sont que des bavardages sans conclusion... Aujourd'hui, Viviani, pour la dixième fois, s'est ouvert à moi sur ce sujet.* »
>
> « *Le Président. Mon avis est fait depuis longtemps sur ce personnage. Il tourne à tous les vents. Il est sans méthode. Il parle, parle sans intérêt. Il dirige mal les Conseils... D'abord c'est un avocat et les avocats ne sont pas hommes politiques. Ils ne savent que parler : ils ignorent l'action.* »

Les sévères critiques d'Abel Ferry étaient assez largement partagées. Paul Deschanel, président de la Chambre et candidat perpétuel à l'Élysée, flattait les parlementaires et laissait parler dans les couloirs. Baudrillart[54] notait : « On en a assez de Poincaré. Il a déçu tous ses amis et n'a désarmé aucun de ses ennemis. » L'un des thèmes favoris de Deschanel était d'insister sur les responsabilités de Poincaré en juillet 1914. Poincaré, qui était averti par des informateurs de ces propos de couloir, écrivait le 18 décembre 1914 : « Deschanel aurait dit que j'avais personnellement la responsabilité de la guerre... Milliès-Lacroix aurait tenu au Sénat un propos analogue : Si Fallières était encore là, la guerre aurait été évitée... » Pour sa part, le socialiste Marcel Cachin incriminait Poincaré et Delcassé : « Sans doute l'agresseur est Guillaume II, mais on aurait pu l'arrêter comme un chien enragé ; au contraire Poincaré dans son voyage en Russie a excité le tsar, Delcassé a été l'esclave d'Isvolski, et Albert de Mun avec ses articles "L'Heure décisive" et sa campagne pour Poincaré ont été l'un des responsables de la guerre. »

Même en temps de guerre la politique intérieure ne perdait pas ses droits ; les hommes s'usaient encore plus vite qu'en temps de paix et les rapports de forces entre groupes politiques ou à l'intérieur de chacun d'entre eux évoluaient. Poincaré recevait régulièrement les parlementaires les plus influents et les chefs de groupe. L'un de ses atouts était une bonne connaissance des hauts fonctionnaires et du personnel politique. Comme le montre ses Mémoires et ses notes journalières, il recevait au minimum les jours ouvrables une dizaine de personnes. Au printemps de 1915, André Maginot[55], qui avait subi plusieurs opérations du genou, revint au Palais-Bourbon appuyé sur des béquilles. Poincaré l'invita à déjeuner à l'Élysée avec Aristide Briand (avril 1915).

Le ministère souffrait de deux difficultés chroniques : la première était la médiocrité de Viviani, trop souvent déprimé, hésitant et sans énergie pour diriger le cabinet ; parfois il pleurait. Félix Decori l'appelait ironiquement le « saule pleureur ». La seconde était le manque de coordination et de confiance entre le généralissime Joffre et les dirigeants civils. Joffre dirigeait la guerre de Chantilly, insensible aux critiques, inabordable, de plus en plus désagréable et entier. En conflit avec la commission de l'armée, Millerand dut démissionner. Le journal de Brugère[56] bruissait des rumeurs de couloirs. Il notait le 10 juin 1915 : « Clemenceau et Deschanel veulent acculer Poincaré à la démission. Il faut avouer que nous n'avons pas de gouvernement. Poincaré est très faible tout en paraissant énergique en paroles et Viviani fait la noce en passant son temps avec de petites femmes. » En août 1915, dans les couloirs de la Chambre, le président du Conseil Viviani était pris à partie. On le rendait responsable avec Paléologue de la guerre, de l'envoi de Delcassé à Saint-Pétersbourg, qui avait donné « un caractère agressif à l'alliance franco-russe ». Quant à Deschanel, il rapportait que Poincaré aurait dit avant de partir pour la Russie : « Je vais secouer la veulerie des Russes. » Baudrillart notait : « Deschanel répète habilement et plaisamment ce mot[57]. » Poincaré, qui avait des antennes parlementaires, connaissait les insuffisances de Viviani et les critiques de Deschanel. À propos du premier, il était lucide[58] : « Viviani toujours flottant, ne sait pas ce qu'il veut faire... se plaint de ne pas être obéi, or il ne commande pas. Plus nécessaire de changer de président que de ministre de la Guerre » (10 août). Or, à bien des égards, la médiocrité de Viviani, qu'il déplorait, lui convenait ; elle le mettait un peu à l'abri, car il n'ignorait pas que « derrière une crise ministérielle, on cherche une crise présidentielle » (28 août). Cette crainte était toujours présente dans son esprit. À plusieurs reprises, il s'interrogea : faudrait-il ou non prendre un jour Paul Deschanel comme président du Conseil ? Il ne put jamais s'y résoudre, s'abritant derrière l'hostilité déclarée de Briand et de Ribot.

On reprochait aussi à Poincaré de ne pas savoir présider. Il n'est pas facile de se faire une opinion sur la façon dont Poincaré présidait, conduisait les débats et préparait les décisions. Le 13 février 1916, l'industriel Louis Loucheur[59] assistait pour la première fois à un Conseil des ministres. Voici ses impressions, qui n'étaient pas très favorables :

> « Ce matin, j'ai assisté pour la première fois à un Conseil des ministres – à 9 h 1/2, heure fixée, j'arrive. Viviani et Herriot sont déjà là, mais comme il convient dans un milieu où l'imprécision est la règle, ce n'est qu'à 10 heures moins 20 que l'on s'assoit. Quand le président de la République arrive, on lui serre la main mais sans effusion !
>
> Tapis vert banal, salle relativement petite, il y a de très beaux portraits dans les trumeaux du salon ; l'un d'eux est, paraît-il, celui de François-Joseph enfant, cruelle ironie !
>
> La séance commence... » Elle dure près de trois heures et la conclusion de Loucheur trahit sa déception :
>
> « Aucun ordre du jour, aucun procès-verbal et bien entendu on ne parle pas de la guerre. On s'en va à midi et demi. On aurait pu dire en une heure et demie tout ce qu'on a raconté. »

À plusieurs reprises, Loucheur reprocha à Poincaré de ne pas savoir présider, de laisser le Conseil palabrer sans l'amener à des décisions. En Conseil Poincaré intervenait souvent, par exemple pour apaiser les incidents survenant dans les discussions ou donner son avis en matière de politique étrangère. C'était la même chose en Comité de guerre. Quelquefois on lui reprocha de trop parler, à la limite de sortir de son rôle constitutionnel. On en trouve un exemple dans une conversation (début 1917) entre Ribot et Freycinet rapportée par Loucheur. Ces craintes n'étaient guère fondées car un simple soupçon, un simple murmure suffisaient à faire rentrer Poincaré dans sa coquille.

Les réflexions sur le manque d'énergie de Poincaré sont nombreuses et convergentes. On lui reprochait souvent de traiter toutes les affaires en avocat. S'il n'était pas au courant de toutes ces critiques, il n'était pas sans en connaître la plupart. Il eut le courage de ne pas se laisser démonter et de tenir. Poincaré n'était pas un homme d'action ; il avait du mal à se décider ; il lui était parfois impossible de passer des paroles aux actes mais il avait le sens de ses responsabilités constitutionnelles. Ni les attaques ni les haines ne le firent renoncer. Il a tenu.

Dans les territoires dévastés et dans la boue des tranchées

La fonction traditionnelle de représentation du président de la République avait pris avec la guerre une dimension nouvelle. Il fallait maintenant réconforter les populations éprouvées et aller sur le front, parler aux soldats, ce qui n'était ni facile ni agréable. Avec son application habituelle, Poincaré se consacra à ces tâches.

À partir de février 1915, Raymond Poincaré fit de fréquentes visites sur le front, dans les territoires dévastés et dans les villages recouvrés d'Alsace. Ces voyages[60] étaient brefs. Il partait de Paris de nuit par le train présidentiel avec un entourage militaire réduit, puis circulait en voiture. Il rentrait de nuit par le train et le lendemain matin il était à son bureau à l'Élysée. De nombreuses photos le montraient dans la zone du front, revêtu d'une tenue semi-militaire qui fit la joie des humoristes et des caricaturistes : sa veste sombre de style militaire n'attirait pas l'attention ; en revanche, on remarquait sa casquette, de chauffeur de taxi disaient les uns, de chef de gare disaient d'autres, ses bandes molletières de cycliste et ses bottes. Poincaré était courageux. Il n'hésitait pas, coiffé d'un casque, à descendre dans les tranchées, d'où il revenait crotté et boueux. On le vit au Bois-le-Prêtre, aux Éparges, aux environs de Saint-Mihiel. Ces tournées auraient dû lui valoir beaucoup de prestige ; il n'en fut rien, car il fut incapable de trouver les mots un peu chaleureux qui auraient réconforté les soldats. Les témoignages abondent et sont convergents. Retenons une visite aux tranchées racontée par un témoin bienveillant, P.-B. Gheusi[61] :

> « *Il nous arriva dans une tenue sans prestige qui déconcerta nos poilus. Son souci d'aborder la "grande muette" en toute simplicité lui avait fait revêtir un costume banal, avec une casquette de chauffeur civil et des molletières de cycliste. Très ému quand il déboucha sur la contrescarpe du premier épaulement, il se souvint qu'il avait été capitaine de réserve des chasseurs à pied et fit un salut militaire en trois temps aux terrassiers de la batterie lourde. Je leur avais au préalable laissé entendre que leur visiteur serait le président de la République et que les quelques mots qu'ils l'entendraient certainement leur adresser devraient déchaîner parmi eux des acclamations de bienvenue et de remerciement.*

> *Personne d'entre nous n'avait prévu que le chef de l'État, figé un moment dans un geste purement militaire, ne trouverait pas un seul mot à leur dire. L'antenne irrésistible qu'un Briand, un Deschanel, un Barthou, un André Tardieu n'eussent pas manqué de jeter entre eux et la troupe visitée ne fonctionna pas : un silence inerte pesa sur la scène émouvante, retombée très vite à l'indifférence.* »

Son premier voyage officiel de guerre fut pour la Lorraine, sa province, où il parcourut les champs de bataille de septembre 1914. Il se rendit à Nancy, à Lunéville, à Pont-à-Mousson, à Gerbéviller « la martyre », où il décora la sœur Julie, la supérieure de l'hospice, qui avait sauvé ses vieillards de l'incendie allumé par les soldats allemands. Il était attentif, un peu raide, réconfortant les uns, décorant les autres, demandant à tous de tenir, de défendre le sol de la patrie. Ses propos étaient simples, élémentaires, d'autant plus crédibles qu'il s'adressait à des compatriotes de l'Est qui vivaient la guerre de près.

Au printemps de 1915 [62], il parcourut les villages alsaciens libérés, Saint-Amarin, Munster, Thann, Altkirch ; il entra dans les écoles, où il félicita les enfants qui apprenaient le français sous le regard attentif des sœurs de Ribeauvillé ; il reçut les notables et leur confirma que la France saurait respecter la législation à laquelle ils tenaient et spécialement le concordat et les écoles confessionnelles. Au nom de la France, il confirma la promesse politique que le général Joffre avait faite à l'automne de 1914. On ne se fit pas faute de lui rappeler dans les années 1920, quand Édouard Herriot voulut introduire en Alsace les lois laïques. Il revint en Alsace à plusieurs reprises, notamment en août 1915.

Au mois de mai 1915, il était de nouveau en Lorraine [63] et visita les soldats dans les tranchées ; il passa au Bois-le-Prêtre, à l'ouest de Pont-à Mousson, où de sanglants combats s'étaient déroulés au printemps ; il alla au bois d'Ailly en bordure de la forêt d'Apremont, d'où il put, à l'aide de jumelles, lire l'heure à l'horloge du clocher de l'abbatiale de Saint-Mihiel occupée. Il coucha le soir à Commercy chez René Grosdidier. Henriette prit froid dans une maison non chauffée. Courbatue et grippée, elle accompagna le lendemain son époux à Sampigny pour constater les dégâts causés par les tirs d'artillerie de septembre. « Nous sommes entrés par une brèche du mur... toutes les cloisons ont disparu ; l'escalier est effondré... on ne peut plus monter au premier étage ; les arbres sont brisés ; c'est bien triste [64] ! » Le 24 août, il était encore en Lorraine, à Pont-Saint-Vincent, à Fléville, à Heillecourt, à Nancy ; il montait voir les avions au plateau de Malzéville avant de se rendre près du front jusqu'au Mont-Saint-Jean.

Le 5 septembre 1915, Poincaré arrivait à Is-sur-Tille, remontait en train jusqu'à Neufchâteau, le pays de ses ancêtres (où il fut acclamé), puis gagnait le front de Champagne ; il visita les services militaires de l'arrière puis vint s'entretenir avec les généraux chargés de préparer une offensive qui l'inquiétait fort. Il reçut à dîner dans son wagon-salon les généraux Langle, Castelnau et Pétain ; les affaires balkaniques tournaient mal ; il était opposé à l'offensive qui se préparait et l'avait déjà dit à Calais. L'offensive de Champagne, commencée le 22 septembre, dut être arrêtée le 29 ; quelques résultats localisés, comme la conquête de la côte de Tahure, n'étaient pas négligeables, la percée tant espérée restait une chimère. Le coût humain de l'offensive de Champagne avait été si élevé qu'il fallait se résigner à la poursuite de la guerre de position. Au début de novembre (8-9), Poincaré revint en Champagne pour décorer Joffre de la grand-croix de la Légion d'honneur puis, guidé par Castelnau[65], il parcourut le terrain reconquis en septembre, où il fut très impressionné par le système défensif allemand. « Nous avançons tous quatre sur un champ de désolation. Çà et là des groupes de travailleurs militaires. Le général de Castelnau les hèle, les arrête, ils sont interloqués. » Et il ajoute : « Les hommes semblent enchantés de me voir. » Il eut des entretiens avec Castelnau, Pétain et Langle, puis parla tête à tête avec Castelnau.

Quelques jours plus tard, il retournait en Lorraine. Le 14 novembre, il était à Pont-à-Mousson, où il montait de nouveau jusqu'au Bois-le-Prêtre, où, par un temps froid, neigeux et triste, il visita des tranchées marécageuses, puis il passa à Saint-Nicolas-de-Port et à Nancy.

Le 1er janvier 1916, la ville de Nancy fut bombardée par un canon allemand à longue portée installé dans la forêt de Hampont près de Château-Salins. Les dégâts étaient importants et les tirs durèrent pendant plus d'un an jusqu'au mois de mai 1917, date à laquelle Max – c'était le surnom donné par les Nancéiens à l'obusier – fut mis hors service par l'aviation française. Averti par le préfet Mirman, Poincaré se rendit à Nancy dès le 7 janvier[66] pour apporter aux habitants le soutien des autorités de la République. Il visita les hôpitaux, les réfugiés et réconforta les victimes. À l'hôtel de ville, il prononça devant les corps constitués une allocution où il employa, ce qui était rare, la formule « Union sacrée » :

> « *Depuis près de vingt-deux-mois, vous avez, messieurs, connu de cruelles épreuves ; elles vous ont trouvés calmes et résolus. Votre conseil municipal, où sont représentées les opinions les plus diverses, a répondu au vœu de tous ses administrés en réalisant cette Union sacrée dont j'ai battu le rappel le jour où l'Allemagne s'est jetée sur nos frontières, et qui a si complètement déjoué les prévisions de nos ennemis. Le maintien de cette heureuse concorde ne vous a coûté aucun effort.* »

Au mois de mai, avant de se rendre à Verdun, il retrouvait Nancy. Il se rendit ensuite à Lunéville pour remettre à la ville la croix de la

Légion d'honneur ; dans son allocution, il rappela les souvenirs du jeune chasseur à pied qui, au retour d'une manœuvre, avait couché à la caserne de la place des Carmes. Puis il se rendit en forêt de Parroy où passait la ligne de front. Les soldats lui offrirent de gros bouquets de muguet des bois, et les Lunévillois virent le président revenir les « guêtres couvertes de la boue des tranchées qu'il vient de visiter à Parroy[67] ».

Après la guerre, on a beaucoup daubé sur le style de ces déplacements présidentiels. Journalistes et intellectuels se sont moqués de Poincaré, de sa casquette et de ses guêtres, de son accoutrement un peu ridicule. Ils ignoraient la psychologie populaire des temps de guerre. La simplicité de Poincaré, son sens du devoir, son souci de l'intérêt national qui savait s'élever au-dessus des appartenances idéologiques et religieuses entretenaient autour de lui une popularité de bon aloi. Mais il était timide, guindé, ne trouvait que trop rarement le mot de réconfort qui allait droit au cœur.

Déplacements de Poincaré (août-décembre 1915)

	Paris	Province
Août		Dunkerque avec le roi des Belges
		8-9 Alsace-Vosges
		23 Chantilly – Rethondes
Septembre		5 Is-sur-Tille – Neufchâteau
		11-12 Lyon et sa banlieue
		13 Belfort
Octobre		
Novembre	1ᵉʳ cimetière d'Ivry	
		8-9 Champagne
	10 maison des Aveugles	
		14-15, Lorraine

Regards présidentiels sur les relations avec les Alliés et les neutres

Les relations entre les Alliés et avec les neutres étaient suivies par Poincaré avec une attention particulière. Il se préoccupait des rapports interalliés et il intervint dès le 26 août pour que fût abordée avec les Anglais la question du refus d'une paix séparée ; la négociation conduite par Théophile Delcassé aboutit très rapidement aux accords interalliés du 5 septembre, qui stipulaient que les trois gouvernements – français, britannique et russe – s'engageaient à ne pas entreprendre de « négociations de paix séparées pendant la présente guerre ». Pour donner plus de force à cette manifestation de solidarité, l'accord fut rendu public.

Poincaré lisait le courrier diplomatique, l'annotait et accablait le ministre de notes et de suggestions. Il recevait les ambassadeurs de passage à Paris; il les connaissait depuis longtemps, et des hommes comme Barrère, Jules et Paul Cambon, Paléologue et Saint-Aulaire avaient sa confiance; ce personnel resta stable pendant toute la guerre et Jules Cambon, l'ancien ambassadeur à Berlin, devint secrétaire général du Quai d'Orsay. Pour les nouvelles nominations, Poincaré était consulté puisqu'elles étaient soumises à sa signature. Mais quelle était son influence réelle sur les affaires? Théophile Delcassé a été au Quai d'Orsay un ministre indépendant, ombrageux, d'un maniement difficile. Poincaré fut immédiatement déçu par le retour de Delcassé aux affaires. Comme il s'estimait investi de la responsabilité supérieure des alliances françaises, il le rencontrait souvent tête à tête, ou en petit comité avec Millerand, Briand et Viviani. Il notait quelquefois : « d'accord avec le ministre ». Mais souvent le ministre ne mettait ni le président ni ses collègues au courant des affaires. À plusieurs reprises Abel Ferry releva « une légère opposition entre les deux hommes » (13 décembre). Après avoir corrigé un télégramme qu'il lui avait montré, Poincaré fit au sujet de son patron la remarque suivante : « Parbleu j'ai bien vu qu'il ne voulait pas entendre; je connais sa tête qui n'entend pas. »

En mars 1915 un grave conflit éclata entre Poincaré et Delcassé à propos d'un « brusque changement dans les intentions de la Russie que rien ne laissait pressentir ». Poincaré avait découvert que la France avait promis à la Russie Constantinople et les Détroits sans avoir été mis au courant et sans qu'une discussion eût eu lieu avec la Grande-Bretagne. Pour en avoir le cœur net, il écrivit une lettre personnelle à Paléologue, conservée dans les papiers de Stéphen Pichon. Dans la réponse de Paléologue qui retraçait les négociations avec la Russie, Poincaré apprit que son ministre n'avait non seulement pas réagi aux « exigences exorbitantes de l'allié » mais encore avait négligé « tout échange de vues avec Londres ». C'en était trop pour Poincaré. Nous ne connaissons pas la nature de l'échange avec le ministre. Avec l'appui de Viviani et de Briand s'opéra une reprise en main, comme semble en témoigner la seule lettre de Delcassé conservée dans les papiers Poincaré; elle était datée du 20 avril 1915 : « Comme je vous l'avais dit ce matin, j'ai suggéré à sir Francis Bertie [l'ambassadeur anglais à Paris] l'idée de faire adresser comme vous l'avez fait vous-même par le roi George un appel personnel à l'empereur de Russie. Télégraphié à Cambon. Appuyé auprès de Grey... » Cette « crise[68] » montrait une plus grande distance critique de Poincaré à l'égard des prétentions de la Russie que l'on ne le dit habituellement. L'offensive victorieuse de l'armée allemande en

Pologne, l'échec de l'opération des Dardanelles avaient rendu caduques les prétentions de l'allié russe; d'autres dossiers plus urgents prirent la relève. Les relations entre Poincaré et Delcassé s'étaient dégradées et Poincaré sur la réserve prêtait une oreille attentive aux adversaires de Delcassé, c'est-à-dire à Viviani et à Briand. En Conseil, il trouvait qu'il rendait compte « avec un peu de confusion de la situation extérieure ».

L'heure d'Aristide Briand

La mise en place du cabinet Briand[69] a été longue et précédée de multiples manœuvres obliques et souterraines et d'incidents imprévus. Le plus important a été la démission de Théophile Delcassé. Depuis le début de septembre 1915, le ministre des Affaires étrangères, qui s'était épuisé à la tâche, avait des défaillances physiques et nerveuses. Poincaré déplorait « cette impossibilité d'agir... ces réflexions prolongées qui confinent à l'inaction ». En Conseil des ministres, il l'aida même à rédiger un télégramme. Au-delà de la fatigue et de la dépression, ce furent des désaccords et des échecs sur les questions bulgare et grecque qui l'isolèrent et le conduisirent à donner sa démission. Cette démission arrangeait Briand, car il souhaitait associer la présidence du Conseil et le ministère des Affaires étrangères. Poincaré savait aussi qu'il faudrait écarter son ami Millerand, ministre de la Guerre, jugé trop inféodé à Joffre et à l'état-major. Un entretien avec Léon Bourgeois, qui avait accepté d'être ministre sans portefeuille, éclairait l'arrière-plan de la formation du cabinet Briand. Il fallait élargir le cabinet et faire entrer des hommes comme Freycinet, Méline. L'obstacle sur lequel on butait était le nom de Clemenceau, impossible à la Guerre (« il pourrait être dangereux ») et à l'Intérieur (ce serait « le signal de la défection des socialistes »). On répétait que les Allemands tiraient parti de ses articles, qu'il avait des hommes liges dangereux comme Chéron et Charles Humbert. Selon Poincaré, les trois mots qui caractérisaient sa personnalité étaient : « légèreté, impulsivité, instabilité ». Si Clemenceau était impossible, Aristide Briand était-il l'homme de la situation ? Certes il était admirablement intelligent, mais était-il assez laborieux ? « Il a des allures nonchalantes, insouciantes, il ressemble à un Oriental, à un Levantin, s'enveloppe de la fumée de ses cigarettes, rêve et ne paraît guère agir. » Finalement, René Viviani, à bout de souffle, démissionna sans avoir été mis en minorité par la Chambre et, ainsi qu'il l'envisageait depuis plusieurs semaines, Poincaré fit appel à Aristide Briand.

Comme les négociations traînaient, le président lui adressa cette mise en demeure : « Je vous en conjure; aboutissez avant midi... Le pays veut de la rapidité et de l'énergie dans l'action[70]... » Il voulait

« un ministère d'Union nationale »; sinon « ce serait l'indignation générale et quel cri de triomphe pousserait l'Allemagne »! Le 29 octobre, Briand constituait enfin un cabinet « d'Union nationale ». Il est intéressant de souligner qu'il reprenait cette formule que Poincaré avait préféré à celle d'Union sacrée; son assise était plus large que celle du cabinet précédent puisqu'il allait des catholiques aux socialistes. Ce n'était pas un cabinet de rupture : Ribot restait aux Finances, Malvy à l'Intérieur. Viviani, malgré toutes ses insuffisances, n'était pas écarté, il prenait la vice-présidence du Conseil et la Justice. Quatre vieillards encadraient symboliquement le président du Conseil : Charles de Freycinet, Émile Combes, Jules Méline et Jules Guesde. La présence du premier, presque nonagénaire, était un rappel symbolique de l'esprit de la Défense nationale et de Gambetta; l'arrivée du « petit père » Combes, presque octogénaire, montrait que la République restait ancrée à gauche; Jules Guesde assurait le maintien des socialistes dans le cadre de l'Union sacrée. Enfin, Jules Méline revenait aux affaires dix-sept ans après son éviction. La Guerre était confiée à un militaire, l'énergique général Gallieni, très populaire auprès des Parisiens et dont on pensait qu'il serait en mesure de contrebalancer l'influence de Joffre. Au Commerce et à l'Industrie était nommé un député du Puy-de-Dôme, Étienne Clémentel, qui voyait régulièrement Poincaré à l'Élysée. Les progressistes étaient réintégrés dans la majorité avec Joseph Thierry. L'originalité de la combinaison était la présence de deux socialistes, Marcel Sembat aux Travaux publics, et Albert Thomas, qui se révéla un très efficace ministre de l'Armement. La conduite de la guerre étant l'affaire du général en chef, le ministre de la Guerre et ses secrétaires d'État spécialisés étaient surtout des techniciens chargés de l'intendance et des relations avec les parlementaires.

Aristide Briand s'installa au Quai d'Orsay. Pour la direction du gouvernement, Briand était assisté de trois collaborateurs : le chef du cabinet, Gilbert Peycelon, le conseiller d'État Théodore Tissier pour les questions juridiques et Émile Buré, qui faisait les couloirs. Un officier assurait la liaison avec le quartier général de Chantilly. Au-delà de ses lacunes et de ses défauts, Briand avait une remarquable intelligence des situations, un art pour conduire une réunion, apaiser une assemblée, associer dans une même tâche des gens très différents. Son don oratoire et sa capacité de séduction exceptionnelle l'avaient rendu indispensable. Au Quai d'Orsay, il confia la direction de son cabinet à un diplomate de profession, Philippe Berthelot[71], le fils du grand chimiste républicain Marcelin Berthelot. Briand était paresseux, nonchalant, fuyant et souvent insaisissable. Comme il ne rédigeait jamais un papier ou presque, il laissait à Berthelot le soin de lui faire les synthèses, d'attirer son attention sur l'essentiel et surtout de rédiger les notes et télégrammes. Philippe Berthelot devint le collaborateur indispensable et le « directeur de conscience » du ministre.

Les relations entre Poincaré et Briand, que nous avons déjà abordées, méritent de nouveau une attention particulière. Poincaré était à la fois sensible à sa capacité de séduction et exaspéré par son ignorance et son laisser-aller. Les deux hommes étaient si différents que l'on pouvait parfois se demander comment ils pouvaient se supporter et travailler ensemble. Ils ne se tutoyaient pas, du moins dans leur correspondance. Ils collaboraient en se tenant à distance. Je n'ai pas trouvé entre eux cette familiarité amicale, parfois cette franchise que l'on observe entre Poincaré et Barthou ou entre Poincaré et Millerand. Leur collaboration dura dix-huit mois et s'acheva sans rupture. Avec Briand, Poincaré pouvait-il espérer dire son mot en matière de politique étrangère ? Donner des avis, sûrement, peser sur les décisions, c'était bien incertain. Les quelques lettres de Poincaré conservées dans les papiers Briand montrent qu'il n'hésitait pas à donner « son sentiment » ou « son avis personnel [72] » au président du Conseil ; puis celui-ci en tirait les conséquences qu'il jugeait utiles. Si les deux hommes tombaient d'accord, un entretien ou une réunion officieuse à l'Élysée réglait la question. Entre Briand et Poincaré, les tête-à-tête étaient fréquents. Si Poincaré a parfois levé un petit coin du voile, on ne possède pas et on ne possédera probablement jamais la version de Briand. Par exemple, le 7 mars 1916, en présence de Briand, Gallieni, torturé par un cancer de la prostate, annonçait sa démission du ministère de la Guerre. Poincaré était très attaché à Gallieni, « le sauveur de Paris ». Ils décidèrent de ne pas accepter sa démission et de le remplacer temporairement en attendant son rétablissement par son adjoint, le général Roques. En réalité il était touché à mort ; il subit deux opérations et mourut des suites de la seconde en mai 1916. Poincaré déplora sincèrement sa mort et aurait dit en rentrant des obsèques officielles : « la France n'a pas de chefs militaires... » L'un des obstacles à une collaboration plus étroite entre les deux présidents était Philippe Berthelot, le directeur du cabinet de Briand ; il tenait Poincaré à l'écart, ne lui communiquait qu'avec parcimonie les dépêches et n'allait jamais le voir seul à l'Élysée. Poincaré était rancunier et son ressentiment longtemps contenu à l'égard de Berthelot éclatera en 1922 avec cette pugnacité juridique dont il avait le secret. En attendant, il rongeait son frein et contournait Berthelot en cherchant l'appui de Jules Cambon, qu'il avait fait nommer secrétaire général du Quai.

Briand avait une capacité rare, celle de savoir séduire les parlementaires. Devant les critiques et les attaques, il savait plier sans rompre. On a oublié aujourd'hui qu'il fut le président du Conseil de l'année de Verdun et qu'il eut le mérite de tenir sans faiblir, de traiter la maladie et la démission de Gallieni, de contenir et d'apaiser les multiples critiques qui s'élevaient contre Joffre. Au cours de l'année 1916, il dut faire face à un réveil des parlementaires. Entre l'état-major, le Parlement et le président, la souplesse manœuvrière d'Aristide Briand fut plus d'une fois mise à rude épreuve. La guerre de position s'éternisait ; les offensives frontales de Joffre n'avaient donné aucun résultat ; les pertes humaines continuaient d'être très lourdes ; on était dans un tunnel obscur sans aucune issue apparente. Plus la population donnait des signes de lassitude, plus les critiques parlementaires retrouvaient une certaine virulence.

Verdun

Poincaré avait toujours eu du mal à trouver sa place dans la conduite de la guerre ; il était théoriquement au courant de tout ; il ne pouvait décider de rien ; il cherchait certes à influencer tel ou tel. Jusqu'ici, on ne peut pas dire qu'une décision importante, qu'une nomination importante, en dehors du choix d'Aristide Briand comme président du Conseil, ait porté sa marque. Les avis qu'il donnait étaient écoutés poliment, sans plus. Pourtant, il présidait le Comité de guerre, cette extension du Conseil supérieur de la défense nationale que Briand avait réunie et qui associait les ministres et les chefs militaires. Au début de l'année 1916, la réunion du 5 janvier, qui débattit de la question de Salonique, dura sept heures ; le Conseil se réunit de nouveau les 12 janvier et 2 février. Castelnau, que Poincaré avait fait inviter, jetait un regard critique sur les débats interminables de ce petit Parlement qui se sépara sans prendre de décisions. Il critiquait Poincaré : « M. Poincaré ne sait pas présider... » De son côté, Poincaré était conscient de son impuissance. Quelque temps auparavant il aurait répliqué au général qui le pressait d'agir : « Mais il y a la Constitution ! » Castelnau déplorait de voir Poincaré paralysé par des scrupules juridiques et une vision trop politicienne des choses. Était-ce l'unique réponse ? Une confidence à un ami politique, un homme de la coulisse, le secrétaire général du Parti républicain démocratique, Charles Pallu de La Barrière, éclaire peut-être une facette du personnage. Pallu avait écrit : « Nous avons un président de la République qui a des prérogatives élevées : qu'il en use[73] ! » Quelque temps après, Pallu était reçu à l'Élysée ; Poincaré, qui avait lu son article, dit son désaccord avec son interprétation. De leur entretien, Poincaré fit le commentaire suivant : « Il reconnaît avec un peu de confusion que je n'en ai aucune. »

Le 21 février 1916, l'état-major allemand lançait contre Verdun une vigoureuse offensive qui se développa avec une redoutable intensité jusqu'au cœur de l'été. Le but initial du général Falkenhayn, le commandant en chef de l'armée allemande, était moins de prendre le secteur fortifié de Verdun et la vieille forteresse que de « saigner à blanc l'armée française ». En quelques jours, la ville de Verdun devint un enjeu décisif. Raymond Poincaré était attentif à ce qui se passait à Verdun ; depuis sa jeunesse il avait noué des liens étroits avec la vieille cité épiscopale et militaire située à une vingtaine de kilomètres au nord de Sampigny ; il en connaissait l'histoire. Il avait appris à l'école la honte de la capitulation de 1792 et, dans sa jeunesse, il avait souvent entendu parler autour de lui du siège et de la capitulation de 1870. À maintes reprises, il avait assisté à Verdun à des manifestations auxquelles on l'avait invité. Il connaissait la place fortifiée et gardait présentes à l'esprit les graves menaces qui avaient pesé en septembre 1914. Le 7 février, il avait visité ce qu'on appelait alors la région fortifiée de Verdun[74]. « Il me semble que nous avons peu de troupes sur le front. Je communique cette impression au général Herr. Il trouve comme moi qu'il faudrait renforcer nos effectifs combattants et laisser dorénavant moins d'hommes en réserve. » Il avait eu l'impression que les troupes étaient insuffisantes ; il l'avait fait savoir au commandant, le général Herr, sans résultat, semble-t-il.

L'annonce de l'offensive allemande du 23 février 1916 déclencha chez lui une vive angoisse ; ses pressentiments étaient confirmés ; il suivit les événements avec une attention extrême, réclamant des informations, insatisfait de celles qu'on lui communiquait. La prise de Verdun serait un désastre militaire et psychologique dont les conséquences seraient incalculables, peut-être fatales. Au Conseil des ministres du 26 février, où fut évoquée l'offensive allemande contre Verdun, Poincaré apparut très préoccupé, « avec sa figure du mois d'août 14 ». On demanda à Joffre d'aller lui-même se rendre compte sur place ; celui-ci avait déjà envoyé à Verdun son adjoint Castelnau avec carte blanche pour prendre les décisions qu'il jugerait opportunes. Ce fut grâce à la détermination et à l'esprit de décision de Castelnau que Verdun ne fut pas abandonnée. Il s'opposa catégoriquement à l'évacuation de la rive droite de la Meuse (Verdun sera défendu sur la rive droite) et conseilla la nomination du général Pétain à la tête du secteur. Alors que Pétain venait d'installer son état-major à Souilly, Poincaré y passa le 1er mars ; il y revint le 24 en compagnie du général Joffre et du prince Alexandre de Yougoslavie, après un circuit qui l'avait conduit à Baccarat, Pont-à-Mousson et Nancy. De nouveau, le président de la République passait à Verdun le 19 avril ; le 16 juillet, il parcourait la ville, ruinée par les bombardements. Quelques jours plus tôt, l'extrême avance allemande était venue mourir sur les superstructures du fort de Souville, d'où les soldats avaient pu apercevoir la silhouette de la cathédrale. Toutefois, la situation demeurait critique, car les Allemands tenaient encore solidement Vaux et Douaumont. La dernière visite eut lieu le 13 septembre 1916, alors que la menace allemande avait été écartée au prix de pertes considérables et que l'offensive sur la Somme avait déplacé l'attention. Poincaré était entouré de plusieurs ministres, des généraux Joffre, Pétain, Nivelle et Mangin et des représentants des puissances alliées. Dans les casemates de la citadelle, devenues aujourd'hui un lieu du tourisme militaire, se déroula une cérémonie au cours de laquelle Poincaré remit à la ville martyre la croix de la Légion d'honneur, la croix de guerre et diverses décorations étrangères. Dans une allocution qui faisait de multiples références à l'histoire de Verdun, Poincaré[75] consacrait la cité comme le rempart privilégié de la défense nationale :

> « *Ce nom de Verdun [...] représente chez les neutres comme chez nos alliés ce qu'il y a de plus beau, de plus pur, de meilleur dans l'âme française. Il est devenu comme synonyme synthétique de patriotisme, de bravoure, de générosité.* »

Par la construction et le choix des termes, ces phrases étaient tout à fait révélatrices de l'éloquence classique de Poincaré. Elles faisaient appel au registre bien connus des sentiments héroïques ; elles auraient pu être prononcées n'importe où, dans toutes les remises de décorations. Aujourd'hui elles sont tellement datées qu'elles ne peuvent ni toucher ni retenir la moindre attention. Personne n'oserait encore parler de Verdun et de la bataille de Verdun en ces termes.

Cela dit, on doit encore se poser une question : Poincaré a-t-il joué un rôle quelconque dans la bataille de Verdun ? La réponse est négative, car les décisions militaires relevaient de Joffre, et celui-ci n'admettait pas les interventions des civils, même des plus haut placés. Il omettait de transmettre à Poincaré les informations que celui-ci réclamait et ne le consultait pas quand il prenait une décision. Alors que l'offensive allemande continuait et était loin d'être enrayée, Joffre écarta Pétain du secteur de Verdun pour l'élever au commandement des armées du Centre et le remplacer par Nivelle. Poincaré, fort mécontent, ne put que protester. En vain.

Jusqu'à la fin des années 1920, Poincaré reviendra souvent à Verdun. À chaque fois il y parlait. Cette ville et cette bataille représentaient l'un des sommets les plus douloureux de la guerre. Au nom des morts de Verdun, il fallait assurer la victoire, maintenir une paix française et obliger l'Allemagne à payer pour réparer toutes les destructions dont elle était responsable. L'enfer de Verdun avait été l'un des lieux majeurs de la confrontation, l'un des lieux où la ténacité française s'était manifestée à la face du monde avec le plus d'éclat. On était encore loin des analyses d'Antoine Prost[76] et des mises en perspective d'aujourd'hui.

**

La guerre durait depuis plus de deux ans. Poincaré avait tenu. Avait-il agi, avait-il eu la tentation d'agir ? Poincaré était très conscient de ses limites. Son rôle réel était grossi par la propagande allemande[77], qui le présentait comme le soutien principal du « parti de la guerre ». En France ses adversaires parlaient de « pouvoir personnel ». Excédé, il confiait à son journal[78], qui lui servait d'exutoire : « Tout le jeu de Clemenceau est de m'attribuer un pouvoir personnel illimité et par la suite la responsabilité de fait. Il écrivait : "Le bon Dieu, je veux dire M. Poincaré". Il sait très bien qu'il ne dit pas la vérité, que la Constitution ne me laisse aucun droit et que je suis trop scrupuleux pour sortir du cercle étroit où elle m'enferme. Mais il sait aussi que le peuple ignore mes entraves et me croit très puissant ; on s'adresse à moi comme à la Providence » (décembre 1915). Poincaré a été souvent critiqué ; on lui reprochait à la fois le pouvoir personnel et ses hésitations. Jamais les critiques n'ont débouché sur une mise en cause ; son respect scrupuleux de la Constitution rendait peu crédible les accusations de pouvoir personnel, tandis que son comportement légaliste et hésitant irritait certains officiers qui déploraient son manque d'envergure et d'esprit de décision. Les appréciations des historiens sont plus nuancées. Pierre Renouvin, rendant compte en 1931 du tome VI des Mémoires, *Les Tranchées*, remarquait : « Une constatation s'impose peu à peu sans que l'auteur n'ait rien fait pour la suggérer : c'est l'importance du rôle joué par le président de la République[79]. » Pour appuyer sa remarque, Renouvin citait en contrepoint une remarque du roi George V, qui se plaignait de « son inaction ». Renouvin fondait son jugement sur ce que Poincaré avait bien voulu écrire ; il ignorait les véritables sentiments du président.

Alors que la bataille de Verdun perdait de sa redoutable intensité et que l'échec allemand se dessinait, Poincaré adressait à son ami Joseph Reinach une lettre[80] où il faisait le point, non de la guerre mais de l'exercice de sa fonction. En temps de paix, le président de la République avait « un rôle décoratif et une influence générale très faible ». Après deux ans de guerre, son bilan était bien modeste : « Il avait la possibilité de donner des conseils qu'on écoute ou qu'on écoute pas, un droit de surveillance qu'il n'est pas facile d'exercer, quelquefois les moyens d'empêcher des maladresses, quelquefois l'occasion et la faculté de stimuler les énergies, quelquefois le sentiment douloureux de son impuissance. » Ce constat quelque peu désabusé ne l'avait pas abattu ; il était au milieu de son septennat ; il avait encore trois ans et demi de mandat à parcourir ; il tiendrait jusqu'au bout et, l'espérait-il, jusqu'à la victoire. Il n'était pas question pour lui de s'en aller : « Tout cela n'est pas une raison pour imiter Casimir-Perier, surtout devant l'ennemi, mais peut-être y aurait-il intérêt à ce que le public n'exagérât point les pouvoirs du président. » Avec de telles dispositions d'esprit, Poincaré ne pouvait être le Gambetta de la Première Guerre mondiale. Il ne serait jamais un acteur.

CHAPITRE IV

1917. Dans les incertitudes de l'année trouble

L'Année trouble. En donnant ce titre au neuvième volume de ses *Souvenirs*[1], volume qui commence d'ailleurs en octobre 1916, Raymond Poincaré reprenait une formule familière de l'époque. Ce n'était ni une volonté délibérée d'intriguer le lecteur ni une simple commodité éditoriale. De quel « trouble » s'agissait-il ? Était-ce le trouble dans les esprits marqués par le fléchissement du moral de la nation, le fléchissement de la volonté de continuer la guerre ? Était-ce l'angoisse et l'anxiété devant l'ampleur des pertes qui augmentaient chaque jour, de l'absence de solution autant militaire que diplomatique ? Était-ce l'apparition des « affaires » et leur jonction inévitable avec le politique ? Les rapports de police, le contrôle postal, le courrier reçu par le président, le réveil des aspirations pacifistes en apportaient des signes convergents. Était-ce aussi le trouble dans son propre esprit, les inquiétudes, les hésitations, les incertitudes, la difficulté permanente à apprécier la situation, à faire des prévisions, à dégager et à faire prévaloir lors d'une crise la meilleure des solutions ? Toutes ces interprétations sont probablement étroitement imbriquées. C'est pourquoi cette formule si commode est passée ensuite dans l'Histoire. Les contemporains ont eu conscience d'un enlisement, d'une usure, d'un fléchissement dangereux du moral et des énergies. Cette situation n'était pas propre à la France ; tous les belligérants la ressentaient à des degrés divers, aussi bien l'Allemagne que l'Italie, tandis que venant de Russie se succédaient les mauvaises nouvelles.

Parlant sans ambages devant Maurice Barrès, le soir du 11 novembre 1918, Poincaré esquissait cette comparaison : « L'année grave fut 1917. En 1918, même aux pires heures, je voyais les arrivées américaines. Même si Paris était sous leur canon, on pouvait attendre. En 1917, je sentais la solitude autour de moi[2]... » Cette réflexion sur un vécu encore tout proche correspondait-elle à ce que Poincaré avait vraiment ressenti ?

Sortir du tunnel ?

Au terme de la bataille de Verdun, la ligne de front n'avait guère bougé; la percée allemande avait échoué; l'armée française avait contenu l'offensive allemande; malgré des pertes sévères, elle n'avait pas été saignée à blanc. Quant à l'offensive française sur la Somme elle n'avait pas apporté les résultats escomptés. Les belligérants se battaient toujours sur le sol français; aucune issue positive ne se dessinait. Le commandement paraissait usé; le gouvernement Briand aussi. Un fléchissement des énergies se devinait. Rien n'était clair; tout était flou, en demi-teinte du côté des alliés de l'Entente comme dans les Empires centraux. Comment sortir du tunnel ?

Lors de la réunion des états-majors des sept gouvernements de l'Entente qui s'était tenue à Chantilly le 18 novembre 1916, on avait pris la décision de lancer en mai 1917 sur le front ouest une offensive franco-anglaise. On jugeait indispensable de reprendre l'initiative. Dans quel secteur du front? Avec quels moyens? Avec quels objectifs? Selon quelles modalités? Tout cela restait à débattre et à organiser.

En premier lieu, le problème du commandement en chef était posé. Le général Joffre était en fonction depuis 1911. Poincaré avait collaboré avec lui très étroitement lors de la préparation et de l'application de la loi des trois ans. Il appréciait son robuste bon sens, son flegme, sa fidélité sans faille à la République. Mais Joffre, qui était sur la brèche depuis le début de la guerre, vieillissait et paraissait usé. Il semblait avoir perdu l'allant indispensable pour un changement de stratégie. Avec lui on avait résisté plutôt qu'agi. Briand et son nouveau ministre de la Guerre, le général Hubert Lyautey, répugnaient à sacrifier Joffre, qui n'avait pas démérité. Du côté allemand, la guerre avait déjà dévoré deux généralissimes, Moltke puis Falkenhayn. Pour remplacer Joffre, plusieurs noms circulaient : d'abord celui de son adjoint, Castelnau[3], le vainqueur du Grand-Couronné; le major-général avait pris les décisions qui, en février 1916, avaient sauvé Verdun; il avait de l'allant, des capacités, de l'expérience, mais ses convictions cléricales et antirépublicaines plaidaient en sa défaveur. Le « Capucin botté » ne serait jamais commandant en chef des armées de la République. On commença par l'éloigner de Chantilly en lui confiant une mission temporaire en Russie. Foch avait de l'énergie, de la ténacité, le sens du commandement; Pétain[4] avait des qualités qui avaient fait merveille à Verdun, mais il répugnait à l'offensive. Comment remplacer Joffre? Quand? Par qui? Telles étaient les lancinantes et insolubles questions que se posaient les responsables.

Poincaré, de son côté, s'interrogeait. Ne devait-il pas jouer un rôle plus actif, au risque de sortir de l'espace constitutionnel? Des visiteurs l'encourageaient à aller dans ce sens. Un rôle plus actif ? Mais avec qui ? Pour quoi faire ? Était-ce seulement une réflexion fugitive qui traversa son esprit ? Était-il à la recherche d'un projet ?

En raison de l'attention portée à la bataille de Verdun, Poincaré fut amené à rencontrer, à remarquer et à apprécier le général Georges Nivelle[5], le successeur de Pétain à Verdun. C'était un officier brillant, de bonne présentation, qui semblait avoir des idées et qui n'était pas marqué sur le plan politique. Au cours de l'été de 1916, il avait fait face aux derniers assauts allemands et en novembre, avec l'aide du général Mangin[6], il avait repris les forts de Vaux et de Douaumont. Ce succès symbolique l'avait mis en vedette et le plaçait parmi les successeurs potentiels de Joffre, dont l'étoile commençait à faiblir. Nivelle était intelligent, actif et ouvert, bref aux antipodes du père Joffre, massif, prudent et taciturne.

En relation avec les modifications envisagées dans le haut commandement, l'autorité d'Aristide Briand était affaiblie et il avait proposé à Poincaré de démissionner, alors qu'il conservait la confiance de la Chambre. Poincaré refusa la démission de Briand[7] en ces termes : « Vous avez une majorité des deux tiers; vous avez pris l'engagement de réformes du commandement. C'est à vous d'entreprendre et de faire aboutir ces réformes. » Briand se laissa convaincre et remania son gouvernement : il gardait Viviani, Ribot et Malvy, tout en se délestant de ses quatre vieux ministres d'État. Deux socialistes quittaient le gouvernement, Jules Guesde et Marcel Sembat. Albert Thomas[8] gardait le ministère essentiel de l'Armement, pour lequel il obtenait la nomination de deux sous-secrétaires d'État, dont un industriel du Nord, Louis Loucheur[9]. Celui-ci allait révéler des capacités d'organisateur hors pair et devenir en quelques années un homme politique de premier plan. La grande nouveauté était l'arrivée au ministère de la Guerre en remplacement de l'obscur général Roques, qui était l'homme de Joffre, du général Hubert Lyautey, rappelé du Maroc, où il était résident général depuis 1912. Lyautey avait-il les aptitudes requises pour occuper un poste aussi exposé ? Comment réagirait-il devant les demandes des parlementaires ? Saurait-il leur parler ? Ne risquait-il pas de les brusquer ou, par une parole tranchante ou expéditive, de provoquer une tempête ? Avec Hubert Lyautey, Aristide Briand avait pris un risque dont il n'allait pas tarder à mesurer le danger. En outre, on avait resserré le dispositif gouvernemental en créant un Comité de guerre restreint composé de cinq membres : Briand, Lyautey, Lacaze, Ribot et Thomas.

Ce fut ce ministère Briand recomposé qui mena à bien le remaniement du haut commandement en discussion depuis plusieurs semaines. Poincaré était activement intervenu pour écarter Joffre et pousser Nivelle. Avant même que cette nomination fût officielle, Poincaré avait convoqué le 22 décembre un Comité de guerre, « sans le général Joffre ». Au terme de tractations complexes, le 27 décembre 1916, Joffre était élevé à la dignité de maréchal de France puis abandonnait le commandement en chef au bénéfice du général Nivelle, finalement préféré par Aristide Briand à Philippe Pétain, dont le nom avait aussi circulé.

Ce remaniement avait-il renforcé le ministère Briand ? On peut en douter. Toutefois, son chef, souple et habile, continuait à manœuvrer à vue au milieu des écueils parlementaires. Pour combien de temps ? Foch était sceptique. Dans une conversation avec Lyautey, il ne mâchait pas ses mots[10] : « On ne décide rien, on ne fait rien, on parle. Briand ne travaille pas, n'étudie pas... Il t'a pris pour sauver son ministère qui faisait eau. Il a comme appuis Poincaré, Albert Thomas ; tout le reste, c'est de la vaseline... » (18 février 1916). L'un des adversaires les plus résolus de Briand, André Maginot, le « sergent Maginot », qui traînait dans les couloirs sa jambe raide et souffrante, avait été élu président de la commission de l'Armée ; il souhaitait le départ de Briand. De son côté Poincaré, qui avait retenu Briand en décembre, ne serait pas fâché maintenant de se séparer de celui qui l'écartait du Quai d'Orsay ; il se préparait à une crise. Le 14 mars 1917, un incident parlementaire obligea le général Lyautey à démissionner et entraîna dans sa chute le cabinet Briand (16 mars 1917).

Le ministère Ribot, un ministère Poincaré ?

Le choix du successeur de Briand était une prérogative du président de la République. Pourrait-il se servir de cette occasion pour reprendre la main ? Les candidats valables n'étaient pas nombreux : Clemenceau n'était toujours pas possible, Caillaux devait être écarté à tout prix. Depuis longtemps, un homme important, le président de la Chambre, Paul Deschanel, s'agitait dans les coulisses et se répandait en propos hostiles contre Poincaré. Dans les carnets de Mgr Baudrillart, le nom de Deschanel revient souvent : « Il impute à Poincaré et à son ministère de ne pas avoir tout fait pour éviter la guerre » (30 novembre 1916). Poincaré était informé de ces rumeurs, mais entre les deux hommes, qui se tutoyaient, les ponts n'étaient pas rompus. Le papillonnant Paul Deschanel était-il vraiment candidat au pouvoir ? On pouvait se demander s'il était prêt à l'exercer. Son éventuelle nomination posait en effet une vraie question[11]. Pouvait-on confier la direction d'un gouvernement de guerre à un homme qui n'avait jamais exercé la moindre responsabilité gouvernementale ? En réalité, ce dont Deschanel rêvait depuis longtemps, c'était de l'Élysée et non de la présidence du Conseil. Pour réaliser son rêve, il aurait fallu déloger Poincaré, qui n'avait nullement l'intention de se laisser faire ! À la suite de la démission de Briand, Poincaré convoqua le président de la Chambre et lui fit comprendre qu'il n'était pas l'homme de la situation.

Sur les conseils de Briand, Poincaré décida de confier la présidence du Conseil à son vieil ami Alexandre Ribot qui, depuis août 1914, avait la lourde charge de gérer les finances de guerre et de lancer les emprunts indispensables. Longiligne, un peu courbé, le visage orné d'une fine barbe blanche, Alexandre Ribot était intelligent, travailleur et au courant de toutes les affaires ; il était strict et digne ; mais il avait deux défauts : son âge – soixante-quinze ans – et ses perpétuelles hésitations. Il s'attribua le portefeuille des Affaires étrangères, pour lequel il avait été un moment question de Stéphen Pichon. Poincaré pouvait-il espérer trouver un ministre plus malléable que Briand ? Philippe Berthelot, le directeur de conscience de Briand, que Poincaré détestait parce qu'il l'écartait de tout, avait pris du champ. Toutefois, Ribot était bien décidé à gouverner et à ne pas être sous la tutelle du président de la République.

Le ministère Ribot restait dans la logique de l'union nationale avec un socialiste (Albert Thomas) et un représentant de la droite (Denys Cochin) ; les radicaux-socialistes étaient bien représentés avec Léon Bourgeois, Théodore Steeg, Louis Nail et Maurice Viollette ; ce dernier remplaçait Édouard Herriot, soulagé de retourner à sa mairie de Lyon. Les ministres radicaux avaient été choisis sans consultation de la direction du parti, toujours entre les mains de Joseph Caillaux. La continuité avec le ministère Briand était marquée par le maintien de Viviani, de Malvy, de Sembat, de Thierry, de Loucheur et de Lacaze. Les deux nouveautés les plus remarquées étaient l'arrivée de Paul Painlevé[12] à la Guerre et d'André Maginot[13] aux Colonies. Professeur à la Sorbonne, républicain socialiste, Painlevé s'était spécialisé à la Chambre dans les questions militaires. André Maginot, qui était proche de Poincaré, avait contribué à saper la position de Briand ; surmontant les blessures lancinantes de 1914 dont il continuait à souffrir, il voulait prendre sa part aux grandes décisions. C'est pourquoi il obtint d'entrer dans le Comité de guerre, qui fut élargi à neuf membres.

L'ÉCHEC DRAMATIQUE DE L'OFFENSIVE DE NIVELLE

Le 20 mars 1917, le jour même de la présentation du cabinet Ribot devant la Chambre, un décret présidentiel paraissait au *Journal officiel* et nommait le général Georges Nivelle généralissime. Le nouveau ministre de la Guerre, Paul Painlevé, qui était réticent, ne fut pas en mesure d'empêcher cette nomination. Nivelle était un partisan de l'offensive et se faisait fort d'obtenir cette fameuse percée que Joffre avait en vain recherchée en 1915.

Le plan que Nivelle avait préparé en liaison avec les Alliés améliorait et modifiait quelque peu le projet initial de Joffre ; il fut présenté et discuté lors d'une réunion extraordinaire du Conseil de guerre [14] qui se tint à Compiègne le 6 avril 1917 sous la présidence de Poincaré, avec la participation de quelques généraux. Nivelle subit de vives critiques : Pétain se prononça catégoriquement contre l'offensive et Painlevé, le ministre de la Guerre, fut plus que réservé. Devant cette levée de boucliers, Nivelle envisagea alors de démissionner. Finalement, au terme de débats longs et confus, le Conseil renouvela sa confiance à Nivelle et, avec l'aide des généraux Mangin et Micheler, l'invita à engager l'offensive qu'il avait préparée sur l'Aisne. Au cours des débats, Poincaré et Maginot furent parmi les avocats les plus convaincus du généralissime.

L'offensive Nivelle, prévue pour le 8 avril, fut repoussée de quelques jours et lancée au Chemin des Dames le 14 avril. Ludendorff, qui avait eu vent du projet français, avait fait reculer ses troupes en arrière du front sur une ligne fortifiée dite ligne Hindenburg. L'attaque française vint se briser sur un puissant barrage d'artillerie qui provoqua une hécatombe et bloqua toute progression sérieuse ; le gain de quelques kilomètres de terrain avait été extraordinairement coûteux. Le 19 avril, cinq jours après le début de l'offensive, Nivelle donna l'ordre de l'arrêter en raison des pertes considérables ; l'attaque de l'infanterie s'était brisée sur la puissance du feu ; la percée tant espérée était devenue inaccessible. Le général en chef comprit que sa situation était devenue impossible. Il songea à démissionner. Poincaré l'en dissuada. La première victime fut le général Mangin, « le boucher Mangin », qui fut mis à la disposition du ministre (29 avril). Le crédit du généralissime était tombé si bas qu'il entraînait avec lui les hommes politiques comme Poincaré qui l'avaient soutenu encore quelques jours. Le ministre Painlevé, qui avait repris les affaires en main, était décidé à obtenir son départ. Depuis le Conseil de guerre du 6 avril, il avait trouvé le successeur en la personne du général Philippe Pétain. Sa nomination n'était plus qu'une question de jours. Le 30 avril, Pétain était nommé major-général et, le 10 mai, commandant en chef des forces françaises ; quelques jours plus tard, le général Foch devenait son adjoint comme major-général. Pour sa part, Nivelle était mis à la disposition du ministre ; quelque temps après, il fut envoyé à Alger ; son rôle militaire était définitivement terminé. Le destin de la guerre reposait maintenant sur le tandem Pétain-Foch.

Par un ricochet un peu inattendu, l'échec de Nivelle rejaillit sur le président ; l'intéressé s'en rendit compte et se fit tout petit ; en raison de la censure, l'opinion publique n'avait pas été informée de cette incursion malheureuse du président dans les affaires militaires. Au Parlement, il fut mis en cause au moins à deux reprises en comité secret ; curieusement, on ne lui reprocha pas ses interventions dans les affaires militaires récentes mais son rôle dans la crise de juillet 1914 et ses relations avec la Russie. Le 1er juin[15], en comité secret, plusieurs députés socialistes évoquèrent son rôle dans la définition des buts de guerre et dans les traités avec la Russie. À la suite de la chute du tsarisme, Marcel Cachin[16] et quelques socialistes s'étaient rendus en Russie. À leur retour, ils racontèrent qu'on avait trouvé des lettres du président de la République au tsar Nicolas II qui poussaient son correspondant à la guerre. Le bruit courut que Poincaré allait démissionner ; en fait ces fameuses lettres auxquelles les adversaires de Poincaré ont si souvent fait allusion n'ont jamais été produites, car elles n'avaient existé que dans leur imagination. Une seconde fois, le 30 juin, Poincaré fut mis en cause par un obscur parlementaire radical, Albert Favre[17], à propos de son intervention favorable à Nivelle lors du Conseil de guerre du 6 avril. Le président Alexandre Ribot dut monter à la tribune et affirmer que « ce n'est pas le président de la République qui gouverne, c'est le cabinet et son chef le président du Conseil ». À cette occasion, il rappela le rôle du président de la République : « Il a le droit et le devoir de donner son opinion sur toutes les questions qui engagent non seulement la politique d'un cabinet mais la politique nationale, parce qu'il est l'élément fixe de notre Constitution. Il doit traduire les intérêts suprêmes du pays pour tous les cabinets qui se succèdent afin d'établir la tradition et l'unité. » Poincaré, qui avait été blessé par ces mises en cause qu'il estimait mensongères, trouva que Ribot l'avait défendu trop mollement ; en raison de sa fonction, il garda un silence total.

L'une des conséquences de l'échec sanglant de l'offensive d'avril 1917 fut le surgissement soudain de mutineries dans les régiments de l'arrière ; le malaise dont le contrôle postal révélait l'ampleur menaçait de faire rapidement tache d'huile ; il fut heureusement circonscrit et habilement résorbé par le général Pétain. De nombreuses arrestations furent opérées et les mutins déférés devant des conseils de guerre. Guy Pedroncini[18] a fait un comptage précis des condamnations qui furent prononcées. Les dossiers des condamnés à mort furent soumis au président pour recours en grâce. Guy Pedroncini assure qu'il en gracia neuf sur dix. La lecture de *L'Année trouble* montre que le président, partisan de la fermeté, a parfois résisté longtemps aux sollicitations de clémence du ministre de la Guerre et qu'il gracia certains d'entre eux contre sa conviction intime. Au total, quarante-neuf condamnés à mort furent exécutés.

Toutes ces difficultés et incertitudes incitèrent Poincaré à rester à Paris ; la liste de ses déplacements en province se compte en jours et s'égrène ainsi : 1 jour en janvier, 2 jours en février, 3 jours en avril, 2 jours en juin, 3 jours en juillet, 6 jours en août, 4 jours en septembre, 4 jours en octobre, soit au total 25 jours d'absence, dont quatre (du 12 au 16 août 1917) en Italie du Nord. À l'exception de deux voyages à Lyon et à l'arsenal de Lorient, c'étaient des sorties d'une journée à proximité du front, autour de Noyon, Compiègne, Reims (où le 17 juin il remettait la Légion d'honneur au cardinal Luçon) et Verdun; elles associaient des visites et des discussions avec les généraux, des entretiens avec les souverains étrangers, le roi des Belges et le roi d'Angleterre et un passage dans les tranchées. Les contacts avec la population étaient rares et limités, sauf en Alsace et en Lorraine. D'ailleurs le président ne les recherchait guère. Raymond Poincaré réfléchissait, méditait, cherchait une issue.

Les relations avec les Alliés

Poincaré suivait avec attention les relations avec les Alliés; il se faisait communiquer les dépêches; il avait des affinités avec Jules Cambon, mais l'adjoint de celui-ci, Philippe Berthelot, était plus que méfiant à son égard. Il recevait les ambassadeurs des alliés – Bertie, Gaiffier, Isvolski –, les ambassadeurs de pays neutres (Suisse et Espagne), correspondait ou rencontrait les chefs d'État et les souverains; c'était la plupart du temps des visites de courtoisie ou des conversations à bâtons rompus sans portée pratique. Avec le roi d'Espagne Alphonse XIII, les relations n'allèrent guère au-delà. Alfred Baudrillart, qui visitait à Madrid son ami le roi en avril 1916, rapportait que le roi Alphonse XIII « aime bien Poincaré » et trouve « Mme Poincaré agréable ». Que dire de plus ? Malgré ses efforts obstinés, Poincaré n'était pas toujours rapidement et totalement informé de ce qui se disait au cours des nombreux conseils de cabinet qui se tenaient au Quai d'Orsay.

À partir de l'automne de 1916, l'allié russe se désintégrait chaque jour davantage. Les Français étaient mal informés d'une situation obscure, incertaine, insaisissable. Poincaré, qui déplorait l'influence de Raspoutine et s'en inquiétait, eut du mal à interpréter les conséquences de son assassinat (décembre 1916). Depuis le renvoi de Sazonov (juillet 1916), il ne connaissait plus personne au gouvernement russe et l'ambassadeur Isvolski, mandataire d'un gouvernement à la dérive, avait perdu tout crédit. De loin et totalement impuissant, Poincaré assistait à la désagrégation du régime tsariste. Les liens avec le tsar Nicolas II, que ses adversaires des années 1920 n'ont cessé de dénoncer, étaient à peu près inexistants. Auraient-ils même existé qu'ils n'auraient probablement rien empêché ! Pour se rendre compte de la situation, le gouvernement décida d'envoyer sur place une mission conduite par Gaston Doumergue et le général de Castelnau. Elle revint le 4 mars 1917. Poincaré reçut Doumergue et Castelnau le lendemain; ils rendirent compte de ce qu'ils avaient vu et entendu[19] : ce n'était guère encourageant; ils apportaient aussi à Poincaré une lettre du tsar Nicolas II, banale et sans intérêt.

Quelques jours après le retour de la mission française à Paris, la révolution éclatait à Petrograd ; le tsar Nicolas II abdiquait, la république était proclamée ; le gouvernement provisoire assura qu'il resterait fidèle aux alliances et qu'il continuerait la guerre, mais il était fragile, sans autorité, miné de l'intérieur par la présence du socialiste révolutionnaire Kerenski[20]. N'aurait-il pas la tentation de négocier une paix séparée ? Paléologue était revenu à Paris en juin et ses pronostics sur l'avenir de la Russie étaient très pessimistes ; il s'attendait à un éclatement prochain de l'empire, à une victoire des révolutionnaires et à la conclusion d'une paix séparée. Du côté français, on observait avec désespoir une Russie qui s'enfonçait dans l'anarchie ; la succession de Paléologue à Petrograd fut proposée à Stéphen Pichon puis à Marcel Sembat, qui refusèrent ; finalement, on nomma Joseph Noulens, un député radical assez terne, peu au courant de la situation[21] et dont les rapports furent loin d'être des modèles de perspicacité politique. De Paris, Poincaré assistait sans réagir à la désagrégation de l'alliance qu'il avait tenté de consolider. On ne connaît pas sur cet échec ses sentiments intimes. En août 1917, il reçut à l'Élysée la visite de Isvolki, qui quittait son ambassade. Au lieu de retourner en Russie, il se retirait à Biarritz. Ce fut leur dernière rencontre.

La défection prévisible de la Russie serait compensée par l'entrée en guerre des États-Unis ; le camp de l'Entente serait renforcé, mais en attendant la guerre sous-marine faisait rage et la présence américaine ne pourrait guère se manifester sur le front avant le printemps de 1918. Tiendrait-on jusque-là ? C'est pourquoi tout ce qui pouvait manifester le soutien américain[22] était mis en perspective. Poincaré écrivit à plusieurs reprises à Wilson. La foule parisienne fut conviée à accueillir le général Pershing, le chef du futur corps expéditionnaire, qui arriva dans la capitale le 13 juin 1917. Poincaré se félicita de cet accueil chaleureux. Le 4 juillet, un bataillon américain était présenté aux Invalides. Puis il reçut André Tardieu qui partait en mission pour les États-Unis.

Les relations avec la Grande-Bretagne n'étaient pas au centre des préoccupations de Poincaré qui ne parlait pas l'anglais et n'avait guère d'affinités avec les Britanniques. Il avait noué des relations confiantes et amicales avec l'ambassadeur Francis Bertie. À la suite de l'arrivée aux affaires de David Lloyd George[23], devenu Premier ministre en décembre 1916, Poincaré fut relégué à des relations purement protocolaires car Lloyd George, qui ne l'appréciait guère, préféra traiter avec les vrais responsables, c'est-à-dire avec Briand et Ribot. Poincaré aurait souhaité que la Grande-Bretagne appuyât explicitement le retour de l'Alsace-Lorraine à la France et il chargea Ribot d'obtenir une déclaration. Quand Clemenceau devint l'interlocuteur des gouvernements alliés, Poincaré se retrouva totalement hors jeu. Avec les Belges, dont le gouvernement s'était, par la force des choses, installé en France, Poincaré chercha à établir des relations privilégiées ; il noua des liens assez étroits avec le roi Albert et plusieurs de ses ministres et se présentait volontiers comme le protecteur du peuple belge martyr et ami de la France. Les Belges étaient reconnaissants de ces attentions, mais ils évitèrent de se lier de trop près à ce protecteur un peu encombrant.

L'ombre de la trahison et des affaires

Dans les trois premières années de la guerre, les affaires de trahison avaient été limitées à des cas particuliers et sans portée. À partir du milieu de l'année 1916, au fur et à mesure que la guerre se prolongeait, les Allemands s'intéressèrent à l'état d'esprit de l'opinion française. Par le canal de la Suisse, l'une des plaques tournantes de l'espionnage, des agents allemands cherchèrent à toucher la presse parisienne afin d'y favoriser une propagande pacifiste. L'une des clés de la guerre, c'était le moral de l'adversaire. Il fallait faire saisir aux Français qu'au lieu de la poursuite d'une guerre sans issue, il existait une solution de rechange, celle d'une négociation avec l'adversaire qui conduirait à la paix, probablement à une paix blanche. Du côté allemand, la solution alternative qu'il était intéressant de favoriser serait l'arrivée au pouvoir de l'ancien président du Conseil Joseph Caillaux, toujours président du parti radical-socialiste et qui passait pour un homme ouvert à une éventuelle négociation. Caillaux n'a jamais été approché directement par l'Allemagne et n'avait jamais envisagé de prendre des contacts avec elle, mais on cherchait à l'atteindre par la bande, par le biais d'agents ou d'intermédiaires de second plan qui véhiculaient l'argent corrupteur, l'argent de la trahison. C'est pourquoi les affaires de transfert d'argent allemand, de corruption avaient toutes, plus ou moins, un lien supposé ou imaginé avec Caillaux et son entourage.

La première affaire fut celle dite de Bolo pacha. C'était un personnage qui avait de l'entregent et des relations mondaines. Il avait même réussi à se faire recevoir par Poincaré à l'Élysée, introduit par un ami commun, Henri Caïn, le 6 novembre 1916[24]. Bolo était une relation de Caillaux, avec lequel il avait correspondu ; il était aussi entré en rapports avec un sénateur de la Meuse, Charles Humbert, qui avait besoin d'argent pour le journal qu'il dirigeait. Poincaré, qui était friand des rapports de police et du contre-espionnage, fut alerté à la fin de l'année 1916 sur le cas Bolo et sur ses relations supposées avec Caillaux et Humbert. Le 31 janvier 1917, Briand vint faire part à Poincaré des soupçons pesant sur le sénateur Charles Humbert. Depuis cette date la police surveillait Bolo ; un dossier avait été ouvert sur lui ; Poincaré faisait souvent allusion à ce personnage qui restait en liberté car il pensait qu'il était protégé.

À la suite de l'échec de l'offensive Nivelle, des mutineries, de la tenue du congrès socialiste de Stockholm, les idées pacifistes trouvèrent des relais dans l'opinion ; une minorité syndicaliste et socialiste active défendait ces thèses ; dans la presse, malgré la censure, filtraient des thèmes pacifistes, notamment dans un journal *Le Bonnet rouge,* dirigé par Miguel Almeyreda (de son vrai nom Eugène Vigo), qui avait un moment soutenu Joseph Caillaux. Almeyreda, plutôt de sensibilité anarchiste, était connu de longue date des services de police. À plusieurs reprises depuis juillet 1914 il avait eu des contacts personnels avec le ministre de l'Intérieur, Jean-Louis Malvy.

Des journaux comme *L'Action française* et *L'Écho de Paris* commencèrent à s'en prendre aux « traîtres ». L'une de leurs cibles favorites était Malvy, dont on dénonçait les complaisances à l'égard de l'extrême gauche ; on l'accusait de protéger les traîtres [25] ou du moins de refuser de sévir contre eux. Il fut attaqué très vivement dans *L'Homme enchaîné* puis au Sénat par Clemenceau [26] en personne (23 juillet). Touché par ces attaques, Malvy partit en congé. Viviani, qui avait pris l'intérim de l'Intérieur, se résolut à faire arrêter Almeyreda, le directeur du *Bonnet rouge,* le 7 août. Quelques jours plus tard, le 20 août, celui-ci était retrouvé mort dans sa cellule. Cette mort suspecte obligea Malvy à se retirer (31 août), affaiblissant le cabinet Ribot. Le successeur de Malvy, le sénateur Théodore Steeg [27], qui avait été le ministre de l'Intérieur de Poincaré en 1912, fit arrêter Bolo le 29 septembre 1917. L'instruction commença ; comme on avait trouvé chez Bolo des lettres de Joseph Caillaux, l'ancien président du Conseil fut auditionné par le magistrat instructeur.

Parallèlement à l'affaire Bolo, il faut citer les affaires Duval, Lenoir et Turmel [28]. Ce dernier était un député qui avait fait des voyages suspects en Suisse et qui fut arrêté au retour de l'un d'eux avec une grosse somme d'argent liquide dont il ne put prouver l'origine. Il mourut subitement en prison sans avoir été jugé. Plus proche de Poincaré, il y avait tout ce qui touchait le sénateur de la Meuse, Charles Humbert. Poincaré et son collègue se détestaient cordialement depuis longtemps ; cela ne les empêchait pas de garder des relations.

Poincaré était friand de tous les détails des rapports de police. Il était persuadé qu'il y avait des liens entre toutes ces affaires et Joseph Caillaux et qu'il fallait les établir. Selon lui, Caillaux bénéficiait d'appuis dans l'appareil de l'État, ce qui retardait les inculpations, égarait ou limitait les investigations des magistrats instructeurs. Plus grave encore, ce qui filtrait dans la presse, les rumeurs qui se répandaient dans l'opinion publique ne pouvaient qu'avoir un effet débilitant sur le moral des Français. De son côté, Caillaux pensait que Poincaré était l'instigateur de toute l'affaire.

Les nouvelles désastreuses qui venaient de Russie étaient source d'inquiétudes croissantes ; les gouvernements Ribot et Painlevé étaient fragiles; leurs chefs n'avaient pas l'énergie suffisante; ils devaient instruire des affaires de trahison, et aussi faire face à l'évolution des socialistes, dont la minorité pacifiste gagnait du terrain et exigeait le départ des ministres du gouvernement. On s'acheminait vers la rupture de l'Union sacrée. À gauche, un homme, Joseph Caillaux, semblait disponible pour mener une autre politique, c'est-à-dire ouvrir des négociations conduisant à une paix blanche. Avait-il vraiment ce projet? Ses biographes[29] ont toujours répondu par la négative. Dans l'hypothèse d'une crise ministérielle qui pouvait survenir à tout moment, faudrait-il se résoudre à appeler Joseph Caillaux? Raymond Poincaré, qui n'avait plus aucun contact personnel avec lui depuis mars 1914, y pensait souvent et se faisait informer sur les faits et gestes de celui qui avait été son ami et que maintenant il détestait. Revenons au texte de Barrès cité plus haut. Poincaré lui aurait affirmé : « Je recevais des lettres d'injures et de menaces des députés caillautistes. Ils me sommaient de quitter la place. » Comme Poincaré a détruit toutes ces lettres, l'historien ne dispose plus d'aucune preuve. Peut-être quelques documents inconnus ressortiront-ils un jour? Changeront-ils vraiment notre interprétation? En son for intérieur, Poincaré était parvenu à cette conclusion alors que le cabinet Painlevé se débattait dans l'impuissance : tout, plutôt que l'abandon de la poursuite de la guerre, tout plutôt que l'appel à Caillaux, même l'appel à Georges Clemenceau, dont il savait qu'il le réduirait à sa fonction de représentation.

Poincaré et la définition des buts de guerre français

C'est l'un des points les plus délicats de l'analyse. On connaît les buts de guerre expansionnistes du gouvernement impérial allemand tels qu'ils ont été formulés par le chancelier Bethmann-Hollweg dans le programme du 9 septembre 1914 et analysés par l'historien Fritz Fischer[30]. Ils étaient subordonnés à une paix de victoire allemande. Dans leurs grandes lignes ils restèrent valables jusqu'au début de juillet 1918.

Pour sa part, le gouvernement français[31] a été plus lent à formuler les siens. Il n'avait pas déclaré la guerre, il était victime d'une agression. Il n'avait pas rédigé de document aussi précoce et aussi précis. Notre objectif ici est d'essayer de dégager la part prise par Poincaré dans la définition de ces buts de guerre. La première difficulté est de cerner les buts de guerre de Poincaré lui-même et d'apprécier dans quelle mesure ils ont évolué au cours du conflit. La seconde difficulté est de connaître les idées que Poincaré a défendues au cours des multiples réunions auxquelles il a participé.

On peut affirmer qu'au début du conflit Poincaré partageait les convictions de sa génération : la restitution des provinces perdues, de l'Alsace-Lorraine, allait de soi. Puis, sans aucun doute, la vallée de la Sarre annexée en 1814-1815 par la Prusse devrait aussi être reprise. Au-delà de ce minimum, que devait-on faire ? Devrait-on recouvrer ce qu'on appelait alors les frontières naturelles, c'est-à-dire la ligne du Rhin ? Il était clair que la Rhénanie devrait être arrachée à la Prusse. Devrait-on l'enlever au Reich ? Rien ne permet de dire que c'était le but de guerre de Poincaré.

Le problème des buts de guerre a été posé aux Français par les Russes à partir de la fin de 1914. Des échanges de vues s'engagèrent avec comme principaux interlocuteurs le ministre Théophile Delcassé, le secrétaire général Jules Cambon et son adjoint Philippe Berthelot. Dans l'état-major de Joffre on en discutait aussi. Quelle était l'opinion de Poincaré ? Il lisait les dépêches des chefs d'État étrangers, il recevait presque chaque jour le ministre des Affaires étrangères, Théophile Delcassé, qu'il tutoyait ; même s'il n'avait pas de pouvoir de décision, il pouvait formuler des avis, faire des suggestions. Dans ses notes journalières comme au fil des pages d'*Au Service de la France*, on devine un Poincaré très attentif.

Une première question a, semble-t-il, été vite tranchée. Les Alliés s'étaient engagés entre eux à ne pas négocier de paix séparée. Le but commun était d'« en finir avec l'hégémonie du militarisme prussien ». On ne pouvait envisager avec l'Allemagne de paix de compromis. Dans ses discours publics, Poincaré s'en tenait à ce point de vue. Par exemple à Nancy, le 14 mai 1916, alors que l'on pouvait entendre la nuit le bruit sourd de l'artillerie de Verdun, il affirmait : « Nous ne voulons pas que nos ennemis nous offrent la paix ; nous voulons qu'ils nous la demandent. Nous ne voulons pas subir leurs conditions, nous voulons imposer les nôtres. » Il ne s'agissait pas d'une position personnelle mais de l'affirmation, en accord avec le cabinet, de la position de la France. En pleine bataille de Verdun, la France n'envisageait, au moins officiellement, qu'une paix de victoire.

Une constante dans les préoccupations de Poincaré concernait la Belgique, alors presque totalement occupée et dont le gouvernement était réfugié au Havre. Il fallait nouer avec elle d'étroites relations d'alliance militaires et économiques. Pour y parvenir, il ne fallait pas l'effrayer en cherchant à annexer le grand-duché de Luxembourg. Dès août 1914, Poincaré proposait d'encourager la Belgique à exprimer ses revendications sur le grand-duché. À plusieurs reprises en juin 1915 et notamment devant le président du Conseil belge, Broqueville, Poincaré alla dans ce sens. D'autres dirigeants, tel Delcassé, étaient plus prudents ou plus réservés ; Berthelot était franchement hostile aux ambitions belges, alors qu'une note de Jules Cambon rédigée en 1916 leur était plutôt favorable. En 1916, appuyé par les frères Cambon, Poincaré était toujours partisan d'accorder le Luxembourg à la Belgique, mais il dut s'incliner devant les adversaires de cette solution conduits par Berthelot.

Poincaré a-t-il souhaité l'annexion de la rive gauche du Rhin ? Une réponse précise à cette question éclairerait peut-être sa politique des années 1920. Nous ne pouvons pas la donner. Quelles étaient sur ce point ses opinions personnelles ? Les a-t-il exprimées ? C'est un sujet délicat sur lequel les indices sont fragiles et les certitudes minces. La question de la Rhénanie fut posée par les Russes : ils proposèrent aux Français la rive gauche du Rhin en leur demandant en contrepartie de soutenir leurs prétentions sur Constantinople. Delcassé, qui avait été approché par les Russes, en avait vite averti Poincaré. Celui-ci réagit avec vigueur « contre les prétentions inacceptables de la Russie en Orient ». Au sujet des compensations généreusement offertes par les Russes en Rhénanie, il restait évasif et flou ; en son for intérieur, il envisageait sûrement des annexions. En mars 1915, il écrivait à Paléologue et sondait ses visiteurs sur les modalités de la paix future. Il évoqua la question avec Augagneur, ministre de la Marine, le 19 avril, puis le 21 avec Viviani, Ribot et Millerand. Le 21 mai, il s'en entretint avec l'historien Ernest Lavisse, qui était « opposé à l'annexion de la rive gauche du Rhin, mais favorable à la réintégration de l'Alsace de 1790. Il accepterait pour la rive gauche du Rhin la constitution d'un État neutre, protégé par la France et, au besoin, occupé militairement par nous ». Poincaré enregistrait sans faire de commentaires ni donner son avis personnel. De son côté, Joffre, invité à rédiger des conditions d'armistice, les compléta par l'ébauche d'un traité de paix où la future frontière de la France serait celle de 1789. C'étaient vraiment des conditions minimales.

En août 1916, les discussions reprirent entre les principaux dirigeants politiques. Sous la présidence de Poincaré, une réunion en comité restreint se tint à ce sujet à l'Élysée le 7 octobre 1916. Les participants étaient Briand, Bourgeois, Freycinet, Deschanel et Dubost. Bourgeois était hostile à une annexion immédiate de la Rhénanie défendue par les présidents Deschanel et Dubost. On s'entendit sur les objectifs suivants : frontière de 1790, séparation de la Rhénanie de l'Allemagne et son occupation militaire prolongée. L'annexion de la rive gauche du Rhin n'avait pas été retenue, sans être explicitement écartée. Le mot clé du texte final était le mot « garanties » ; l'une d'elles pourrait être d'ordre territorial. Au cours des années 1920, ce mot revint comme un leitmotiv dans les discours de Poincaré.

Lors de la présentation de son ministère, Ribot annonça que la France ferait la guerre jusqu'à la victoire complète, de manière à reprendre l'Alsace-Lorraine et assurer les réparations et garanties nécessaires. Ribot avait ajouté ces deux mots : « sans esprit de conquête ». Ils firent sursauter Poincaré, qui écrivit à son président une lettre fort polie où, après avoir présenté les deux thèses (l'Alsace-Lorraine seule ou des garanties territoriales complémentaires), il expliquait qu'il aurait fallu éviter la formule « sans esprit de conquête » pour laisser la question ouverte, ce qui signifiait sans le préciser clairement que lui, Poincaré, irait au-delà d'une paix de restitution. Durant les pires difficultés de l'année 1917, on mit une sourdine aux projets rhénans, mais on continua à parler « de garanties sur la rive gauche du Rhin ». En juin 1917, lors d'une séance du comité secret, Alexandre Ribot revint sur les buts de guerre ; il fut très modéré et, à propos de l'Alsace-Lorraine, employa le mot de « restitution ».

De tous ces débats et interrogations, on peut retenir concernant Poincaré trois éléments :
 – Sa position personnelle ne peut pas être définie avec exactitude, car elle a évolué avec le temps. Il voulait protéger efficacement son pays « contre le retour périodique des provocations » ; il voulait obtenir « la garantie d'une paix durable, d'une paix solide ». C'est pourquoi la Rhénanie devait être détachée de l'Allemagne et la frontière militaire entre les deux pays repoussée à la ligne du Rhin. La France devait-elle annexer la rive gauche du Rhin ? Sans le préconiser, Poincaré ne l'écartait pas ; c'était une question ouverte.
 – Le personnel politique dirigeant français était divisé sur la Rhénanie. Les plus exaltés, comme Maurice Barrès, voulaient le retour de la Rhénanie. Les plus lucides se rendaient bien compte du caractère allemand des populations rhénanes et des risques que comporterait leur éventuelle annexion à la France. Ce qui avait été possible sous la Révolution et l'Empire ne l'était plus au XXe siècle, après un siècle d'intégration à la Prusse. À défaut, on pouvait se rabattre sur une solution intermédiaire, celle d'un État rhénan séparé du Reich. Les Anglo-Saxons l'accepteraient-ils ? Cet État serait-il viable ? On pouvait s'interroger.
 – La paix future ne serait pas une paix française. Si les revendications russes pouvaient être écartées, le poids des Anglo-Saxons allait se renforcer. Comment le président Wilson allait-il envisager la paix future ? Dans quelle mesure tiendrait-il compte des buts français ? Tout était encore vague à l'automne de 1917. Avec la publication des quatorze points (janvier 1918), les positions américaines commencèrent à se préciser. Mais à cette date Poincaré n'avait plus son mot à dire !

Vains espoirs de paix

La mort du vieil empereur François-Joseph le 21 novembre 1916 avait placé sur le trône l'empereur Charles Ier. Poincaré ne le connaissait pas et ne l'avait jamais rencontré. À l'égard de l'Autriche, il partageait les préjugés du personnel politique républicain. Il avait de la sympathie pour les Polonais, pour les Tchèques, pour les Serbes et souhaitait la disparition de cet État autocratique et catholique tout droit venu du Moyen Âge. Le jeune empereur Charles Ier était conscient de la fragilité de son État et de l'étreinte mortelle qu'était son alliance avec l'Allemagne ; il chercha vite des ouvertures. Il écrivit à Poincaré, pour lui faire part de son sincère désir de paix, une lettre où il relevait « les justes renvendications françaises concernant l'Alsace-Lorraine ». L'une des plus sérieuses de ces ouvertures de paix fut conduite au printemps de 1917 par son beau-frère, le prince Sixte de Bourbon-Parme, qui se rendit à Paris, où il rencontra plusieurs dirigeants français dont Briand et Ribot ; à trois reprises, les 5 mars, 31 mars et 12 avril, il fut reçu secrètement par Poincaré [32] à l'Élysée. La négociation tourna court en juin 1917. La responsabilité de cet échec ne peut être imputée à Poincaré.

Au cours de l'été, à la suite du vote de la résolution de paix par le Reichstag (juillet 1917), le pape Benoît XV, qui observait attentivement la situation depuis son élection en septembre 1914, décidait de faire une proposition de paix. Une note fut publiée le 14 août. L'un de ses principaux conseillers était le jeune Mgr Pacelli (le futur pape Pie XII), alors nonce à Munich. En juin et en juillet 1917, Pacelli fit plusieurs voyages à Vienne et à Berlin, où il vit Guillaume II, le chancelier et divers hauts fonctionnaires des Affaires étrangères. Son objectif était d'amener les belligérants à négocier entre eux et à préserver l'existence de l'empire d'Autriche-Hongrie, le dernier des grands États catholiques. Il mettait l'accent sur la Belgique, demandant la fin des déportations, l'échange des prisonniers belges avec l'espoir final d'une restauration de l'État belge ; dans ces tractations, l'Alsace-Lorraine restait au second plan ; sa restitution à la France était écartée ; tout au plus pouvait-on envisager sa constitution en un État autonome. Depuis 1904, le gouvernement de la République n'avait plus de représentant auprès du Saint-Siège ; parmi les intermédiaires officieux, on peut citer Mgr Alfred Baudrillart, recteur de l'Intitut catholique de Paris, et le député catholique Denys Cochin ; pour sa part le cardinal Amette, archevêque de Paris, avait déjà plusieurs fois transmis à l'Élysée des messages du pape, par exemple en décembre 1914 sa proposition de trêve de Noël. L'ancien ministre Gabriel Hanotaux s'était rendu en mission à Rome et avait rendu compte de cette visite à Poincaré. Le gouvernement français accueillit la proposition de Benoît XV très négativement, car il y voyait une forme de « paix allemande ». Ribot songea à la repousser sans l'explorer plus avant, lui reprochant entre autres de ne pas aborder avec clarté la restitution légitime de l'Alsace-Lorraine [33]. Sur la suggestion de la Grande-Bretagne, il consentit à être moins expéditif, mais une réponse négative ne faisait aucun doute. Comme le gouvernement, Poincaré eut des réactions très hostiles [34]. La personnalité du nonce à Munich, Mgr Eugenio Pacelli, était à Paris perçue négativement. Quelques mois plus tard, en mai 1918, Poincaré se plaignait à l'archevêque de Paris des « menées pacifistes de Pacelli » et lui faisait dire par le ministre Pichon présent à l'entretien que « d'après les déchiffrements, nous ne pouvons avoir aucune confiance en ses sympathies pour les Alliés ».

Une approche plus indirecte fut les contacts à distance entre Aristide Briand, ancien président du Conseil, et le baron de Lancken, un diplomate allemand qu'il avait connu avant la guerre à Paris et qui était en poste en Belgique occupée. Nous écrivons « contacts à distance et par intermédiaires », car les deux hommes ne se rencontrèrent jamais.

Depuis mars 1917, Aristide Briand avait quitté le pouvoir tout en restant très présent. Au cours de l'été de 1917, il fut abordé par des aristocrates belges qui lui firent des propositions de la part du baron de Lancken. Celui-ci disait être mandaté par le gouvernement allemand et suggérait à Briand une rencontre en Suisse pour discuter de la paix. Ouverture réelle ou piège? Briand, très prudent, avertit Painlevé, Poincaré et Ribot; il obtint leur accord pour aller rencontrer Lancken en Suisse. Poincaré, selon Briand, aurait répondu le 13 septembre : « Favorable en principe, s'il est possible de prendre toute précaution pour éviter piège[35]. » Le 17 septembre, il aurait réitéré le même avertissement. Puis il écrivit une note à Ribot pour demander l'accord des gouvernements alliés. Ribot, qui était resté réticent, fit en sorte que le feu vert ne fût donné ni par la Grande-Bretagne ni par l'Italie. C'est pourquoi Briand ne se rendit jamais en Suisse et ne rencontra pas le baron de Lancken, qui l'attendit en vain. De leur côté, les Anglais (Balfour et Lloyd George) tout comme Poincaré et Ribot étaient défavorables à cette rencontre; ils croyaient que Briand était victime d'illusions. À la suite d'une visite du ministre belge Broqueville, Poincaré serait revenu sur cette fâcheuse impression et Briand alla rendre compte à l'Élysée le 15 octobre. Ces contacts tournèrent court eux aussi.

LE FAIBLE CABINET PAINLEVÉ

Le 8 septembre 1917, le cabinet Alexandre Ribot était démissionnaire. Après une vaine tentative de replâtrage, Ribot abandonna définitivement la partie, et Poincaré proposa à Paul Painlevé, ministre de la Guerre depuis mars, de prendre la présidence du Conseil. Au terme de quatre jours de négociations complexes, Painlevé présentait son ministère. Sa principale caractéristique était le départ d'Albert Thomas, avec lequel Poincaré s'entendait bien et qui dut, sous la pression de ses amis socialistes, quitter le ministère de l'Armement. Pour la première fois depuis août 1914, les socialistes se plaçaient en dehors du ministère. Les fonctions qu'Albert Thomas avait exercées avec tant d'efficacité furent confiées à son adjoint Louis Loucheur, qui recevait pour la première fois un portefeuille à part entière. Louis Barthou, un ami de Poincaré qui, depuis décembre 1913, était resté à l'écart des gouvernements, espérait les Affaires étrangères ; il dut se contenter d'un ministère d'État, Painlevé ayant maintenu Alexandre Ribot au Quai d'Orsay.

Le cabinet Paul Painlevé, constitué le 13 septembre, était une solution fragile et temporaire ; son chef, brouillon et velléitaire, avait encore moins d'autorité que Ribot sur ses collègues et sur le Parlement ; il fut vite paralysé par le rebondissement des affaires et par les mauvaises nouvelles extérieures : désastre sur le front italien, confusion croissante en Russie depuis le retour des bolcheviks. Son ministre des Affaires étrangères, Ribot, était très discuté. À la suite d'un débat à la Chambre le 15 octobre, Ribot fut acculé à la démission. Painlevé le remplaça par l'ancien président du Conseil Louis Barthou[36]. Cette nomination ne renforça pas le ministère. À l'extérieur, Clemenceau rongeait son frein et piaffait d'impatience. Dans *L'Homme enchaîné*, il ne se privait pas d'attaquer Poincaré. Aurait-on le courage de faire appel à lui ? Parfois il en doutait. Il ne voulait pas solliciter la fonction. Il était prêt et il attendait qu'on la lui proposât. Le pays n'avait plus l'impression d'être gouverné. Pourtant, sur le plan militaire, Pétain et Foch avaient redressé la situation. Pratiquant une stratégie prudente d'économie des forces, le commandement restait sur la défensive ; il ménageait les hommes et attendait, selon la formule de Pétain, « les Américains et les chars ».

Après deux mois d'une existence difficile, le cabinet Painlevé, malmené par des interpellations à propos des affaires de trahison, était mis en minorité le 13 novembre. C'était la première fois depuis le début de la guerre que la Chambre renversait un ministère par un vote. Raymond Poincaré était maintenant au pied du mur. Appellerait-il ou non Georges Clemenceau ? Depuis des mois il réfléchissait, interrogeait ses visiteurs et notait leurs réactions et leurs évolutions. La décision finale appartenait à lui seul. Elle était redoutable. La prendrait-il ?

*
**

Au début de cette année 1917, Poincaré avait été tenté de sortir de son rôle constitutionnel. Placé au cœur du dispositif étatique, il était souvent consulté et associé aux décisions, mais il ne pouvait les prendre seul et n'a jamais cherché à le faire. Après l'échec dramatique de l'offensive Nivelle, il était rentré dans sa coquille et prit garde de ne plus s'aventurer, tant les rumeurs des couloirs de la Chambre le paralysaient. Au-delà de cette impuissance à gouverner qui l'angoissait, il avait une conviction profonde : il fallait tenir en attendant les Américains et ne pas se résigner à une paix blanche, à une paix de compromis. Il voulait pour la France une paix de victoire. Ce fut cette conviction qui le guida après la chute du ministère Painlevé.

CHAPITRE V

Le président de la République : un spectateur impuissant

Le 14 novembre 1917, Raymond Poincaré appelait en consultation à l'Élysée Georges Clemenceau, sénateur du Var; le lendemain, il l'appelait de nouveau pour lui proposer la présidence du Conseil. Le Tigre, qui se préparait à cette fonction depuis longtemps, accepta sans hésiter. Dans le septennat de Poincaré[1], cette date est un tournant décisif, car le président se doutait bien que pour les deux années qu'il aurait encore à passer à l'Élysée, son rôle actif serait terminé. Clemenceau prendrait seul ses décisions et le confinerait dans ses fonctions de représentation. Il fit ce choix pleinement conscient par devoir, parce qu'il l'estimait commandé par l'intérêt suprême du pays. Dans la magistrale biographie qu'il a consacrée à Georges Clemenceau, le regretté Jean-Baptiste Duroselle[2] a déjà longuement évoqué les relations Clemenceau-Poincaré; nous ne reprendrons pas ses analyses pénétrantes et nuancées qui font autorité et que nous partageons pour l'essentiel. Dans notre perspective, il importe de se placer du point de vue de Raymond Poincaré pour saisir ses réactions, analyser ses conflits avec Clemenceau et finalement comprendre sa rageuse impuissance.

L'HEURE DE GEORGES CLEMENCEAU

Le 13 novembre 1917, la Chambre des députés mettait fin à la longue agonie du cabinet de Paul Painlevé. C'était la troisième crise ministérielle depuis le mois d'avril après les démissions successives de Briand et de Ribot. C'était la première fois aussi qu'un cabinet était mis en minorité. Poincaré était au pied du mur.
Depuis l'été, le président sentait se rapprocher une échéance redoutable. Il faudrait désigner un nouveau président du Conseil qui assurerait avec énergie la conduite de la guerre, fermerait la porte à toutes

les intrigues et à toutes les « trahisons », et saurait s'imposer aux Chambres, au pays, aux Alliés.

Il se préparait à un choix qui, avec le recul du temps, apparaît simple et logique. En réalité, au ras des événements, dans un contexte intérieur, militaire et extérieur, fruit de trois ans de guerre, beaucoup de données établies maintenant par l'historien étaient alors insaisissables. Le moral de la population française était rongé par une guerre interminable; les pertes humaines s'accumulaient et l'issue du conflit semblait fort incertaine; le front occidental était figé sur le sol français et, depuis l'échec de l'offensive de Nivelle, la percée paraissait impossible. Du côté des Alliés, les motifs d'inquiétude étaient multiples : la défection russe, dont la portée était mal appréciée tant la situation intérieure semblait confuse, laissait craindre à terme une offensive allemande sur le front occidental. Pourrait-on y faire face? Sur le front italien, un désastre avait été évité de justesse. La Grande-Bretagne s'était dotée d'un cabinet de guerre dirigé par Lloyd George et avait surmonté les pertes de la guerre sous-marine. Sur le front continental, l'armée anglaise conservait son propre secteur et le commandement unique interallié restait une utopie. La seule lueur d'espoir était la participation croissante des États-Unis à l'effort de guerre des Alliés, participation dont on pouvait penser qu'elle finirait par inverser le rapport de force. Jusque-là il fallait tenir sur des positions défensives tant la question des effectifs était cruciale. C'était la stratégie appliquée avec succès depuis mai par le général Pétain.

À la Chambre des députés, la situation était confuse; les groupes se désagrégeaient; une minorité de députés, à laquelle il manquait un chef de file, aspirait à la fin des combats et se résignerait à une paix de compromis. Parmi les socialistes, la tendance pacifiste – les minoritaires – dénonçait l'union sacrée et faisait des progrès rapides. Les majoritaires, comme Sembat et Thomas, qui avaient participé au gouvernement depuis 1914, étaient restés à l'écart du gouvernement Painlevé. Était-ce un retour définitif à l'opposition? Les coulisses de la politique étaient bruissantes d'affaires, de contacts avec l'Allemagne *via* la Suisse, la Suède, la Norvège ou l'Italie. Les rumeurs et la censure rendaient impossible à la plupart des Français la recherche de la vérité. On pressentait le rôle corrupteur de l'argent allemand dans la naissance d'une presse pacifiste. Certains élus, comme le sénateur Charles Humbert, pêchaient en eau trouble ou étaient manipulés. Toutes ces rumeurs donnaient l'impression que le pays n'était plus gouverné. Jean-Louis Malvy, ministre de l'Intérieur depuis 1914, et pourtant soutenu par le président de la République, avait dû démissionner dans des circonstances qui avaient aggravé le malaise au lieu de le dissiper.

Pour explorer les voies d'une éventuelle paix de compromis, un homme était disponible, Joseph Caillaux, ancien ministre et ancien président du Conseil. Depuis la biographie approfondie et probe de Jean-Claude Allain[3], les données complexes de sa personnalité et de ses activités sont pour l'essentiel éclairées, même s'il subsiste – et probablement pour toujours – quelques zones d'ombre. Depuis les affaires du printemps de 1914, les deux hommes ne se parlaient plus et leur ancienne complicité s'était muée en haine. Dans les notes journalières de 1914 et 1915, les réflexions sur Caillaux sont nombreuses et presque toutes négatives. En raison de tout ce que Caillaux représentait et non pas tant en raison de ce qu'il avait fait, Poincaré ne pouvait ni parler directement avec lui ni à plus forte raison l'appeler aux affaires. À défaut de Caillaux, Poincaré aurait pu s'adresser à René Viviani, qu'il connaissait bien et qui avait déjà eu l'expérience du pouvoir. Mais René Viviani, dont la maladie mentale ne faisait que s'aggraver, était sujet à des moments de dépression ; il était devenu inapte à des fonctions qui réclamaient une énergie inébranlable et un équilibre psychique solide. Une autre solution était de reprendre Aristide Briand. Depuis son départ des affaires, il avait, avec l'accord de son successeur Alexandre Ribot, exploré un éventuel compromis avec l'Allemagne ; les contacts indirects qu'il avait eus avec Lancken n'avaient guère été encourageants. Souple, ondoyant, intelligent, Briand avait des appuis dans la presse et le milieu parisien ; il aurait pu réunir une majorité à la Chambre. Continuerait-il la guerre ou négocierait-il? Personne ne savait ce qu'il ferait vraiment, et pas davantage l'intéressé lui-même. D'ailleurs il sentait que son heure n'était pas revenue. Aucun des hommes politiques consultés par Poincaré ne suggéra sérieusement l'hypothèse d'un nouveau ministère Briand.

Le nom de Georges Clemenceau était sur toutes les lèvres, même sur celles de qui redoutait ou désapprouverait ce choix. Depuis août 1914, il s'était mué en professeur d'énergie. À la tête de deux commissions sénatoriales, celle des Affaires étrangères puis celle de l'Armée (novembre 1915), il avait aiguillonné chefs militaires, gouvernements et administration. Dans son journal *L'Homme enchaîné*, envers lequel la censure était toujours restée indulgente, il avait critiqué sans ménagement la faiblesse des chefs de gouvernement successifs, en n'épargnant pas de ses sarcasmes le président lui-même. Il avait fustigé sans relâche les embusqués, les faibles, les traîtres et les lâches ; il avait contribué à la chute du ministre Malvy ; il se tenait prêt à assumer un rôle historique à sa mesure et il disait à ses familiers qu'il était disposé à prendre le pouvoir. Il était populaire dans l'armée et dans le pays, ce qui était un atout de premier ordre.

Le choix de Clemenceau pouvait se heurter à bien des objections, dont la première était son âge, car il avait maintenant soixante-seize ans et était devenu un peu sourd. Certes, il était apparemment en bonne santé et étonnait par sa vitalité, mais on pouvait se demander s'il trouverait encore en lui les ressources physiques et nerveuses nécessaires pour assumer une fonction aussi éprouvante. La seconde objection était son tempérament entier et autoritaire : le vieillard n'écoutait plus personne et ne supportait plus la contradiction. Il était impulsif, tranchant, parfois d'une incroyable légèreté, défauts qu'aujourd'hui on a plutôt oubliés. Il ne pouvait travailler qu'avec des fidèles dévoués ou soumis et on n'ignorait pas qu'il écarterait les talents qui lui porteraient ombrage. Briand, Barthou, Millerand, Doumer et quelques autres pouvaient s'attendre à être tenus à l'écart. Quant au président de la République, il savait qu'il n'aurait plus voix au chapitre et que Georges Clemenceau s'imposerait partout à la première place. En dépit de ce pressentiment dont l'avenir allait vérifier le bien-fondé, Poincaré avait choisi : il écarterait la recherche hasardeuse d'une paix de compromis et choisirait celui qui manifestait la volonté d'aller jusqu'au bout dans la guerre et les affaires judiciaires. Une brève conversation ultérieure[4] entre les deux hommes confirme cette analyse de novembre 1917. Alors qu'en juin 1918 le front se rapprochait dangereusement de Paris et qu'un éventuel départ du gouvernement était de nouveau envisagé, Clemenceau déclara : « Même si le gouvernement est obligé de s'éloigner, je suis résolu à continuer la guerre. » Et il commentait sa résolution en ces termes :

> *« Lorsque M. le président de la République m'a fait appeler, c'est le premier mot que je lui ai dit : "Je n'accepte qu'à condition de continuer la guerre jusqu'au bout.*
> *— Oui, dit-il et je vous ai répondu que c'était la raison pour laquelle moi-même je vous avais fait appeler" » (2 juin 1918).*

Ce dialogue qui éclaire le contexte et la raison déterminante de la décision présidentielle n'exclut pas un long cheminement et de multiples consultations. Avant d'appeler Clemenceau, Poincaré recueillit de multiples avis et hésita jusqu'au bout, « craignant de faire une erreur ». Caillaux ou Clemenceau ? « Mon choix est fait », écrivait-il dans ses Mémoires, « j'appelle Clemenceau sans illusion ». Le 14 novembre, Clemenceau était reçu à l'Élysée ; le 15, il était désigné comme président du Conseil ; le 20, il présentait son ministère à la Chambre.

Clemenceau forma son ministère en moins de vingt-quatre heures. Il comprenait treize ministres et dix sous-secrétaires d'État (dont deux non parlementaires). Ce n'était pas un ministère de têtes, car aucun des ténors du Parlement n'avait été pressenti. La plupart des ministres du cabinet précédent furent écartés, dont Louis Barthou, ministre des Affaires étrangères depuis le 23 octobre et ami de Poincaré ; Clemenceau l'avait jugé « pas assez sûr ». Trois anciens seulement furent maintenus : l'industriel du Nord Louis Loucheur au portefeuille clé de l'Armement, le député du Puy-de-Dôme Étienne Clémentel au Commerce, où il négociait avec succès avec les États-Unis, et Louis Klotz aux Finances. Ce dernier choix fut à proprement parler désastreux car le ministre laissa dériver les finances publiques, ce qui allait peser sur l'après-guerre. Clemenceau, qui prit pour lui le portefeuille de la Guerre, se déchargea de tâches secondaires sur quatre secrétaires d'État, dont la fonction nouvellement créée de secrétaire d'État à la Justice militaire, confiée au discret Édouard Ignace[5]. Pour le reste, il s'entoura d'hommes de second plan : le fidèle Stéphen Pichon, qu'il ne se privait pas d'humilier, retrouva les Affaires étrangères, Jules Pams, l'ancien rival de Poincaré, fut placé à l'Intérieur, Georges Leygues alla à la Marine et le radical Nail à la Justice. Aucun familier du président n'avait été sollicité. Toutefois, avec quatre portefeuilles, ceux de Jonnart, Leygues, Ignace et Boret, le Parti républicain démocratique (ex-Alliance) n'était pas le plus mal servi. La démission de Jonnart pour raison de santé, dès le 23 novembre, permit de réparer un oubli peut-être involontaire. Clemenceau proposa le Blocus et les Régions libérées à Albert Lebrun, lequel se fit prier ; il fallut toute l'insistance de Poincaré pour que le député de Meurthe-et-Moselle acceptât de se placer sous l'autorité de Clemenceau. Clemenceau avait maintenu le Comité de guerre, un comité restreint de cinq membres où, sous la présidence du président de la République, siégeaient Georges Clemenceau, Jules Jeanneney, Louis Loucheur, Georges Leygues et Albert Lebrun.

L'assise politique du nouveau ministère paraissait assez étroite puisque les socialistes avaient refusé d'y entrer et que la droite n'y avait pas été conviée. La plupart des ministres étaient des radicaux ou des radicalisants, mais le parti, très affaibli, n'avait pas été consulté et n'était pas en mesure de faire pression sur Clemenceau. Dans un Parlement émietté, l'ascendant d'une personnalité exceptionnelle appuyée par la confiance du pays put aisément s'imposer. En apparence c'était une rupture de l'Union sacrée ; en réalité, Clemenceau avait choisi une voie autrement efficace que celle des partis pour rassembler autour de lui les Français. Le 20 novembre 1917, Clemenceau se présenta devant la Chambre, où il obtint une très forte majorité.

L'arrivée aux affaires de Georges Clemenceau se traduisit par un renforcement de la présidence du Conseil. Pour la première fois, le président était assisté d'un secrétaire d'État, en la personne de Jules Jeanneney[6], sénateur de la Haute-Saône. À la tête de son cabinet civil, Clemenceau appela le jeune Georges Mandel[7], un bourreau de travail totalement dévoué à son patron et qui remplit un rôle efficace de coordination, de renseignements et de transmission des ordres. Les questions relatives à la conduite de la guerre, aux relations avec les chefs militaires français et alliés furent confiées au directeur du cabinet militaire, le général Henri Mordacq. Ces trois hommes – Jeanneney,

Mandel et Mordacq – suivaient le détail des affaires, tenaient les dossiers et préparaient les décisions de leur patron.

Grâce à la personnalité de Clemenceau, grâce à l'énergie qui émanait de lui et qu'il savait communiquer aux autres et au pays, au ton de ses discours, le nouveau cabinet provoqua dans le pays le sursaut moral indispensable à la poursuite de la guerre. Poincaré avait désigné Clemenceau pour l'action. À cet égard il avait vu juste.

Le prisonnier de l'Élysée

Depuis la chute du cabinet Briand, Poincaré avait été au cœur des affaires civiles, militaires et diplomatiques; il avait participé à toutes les décisions majeures; désormais il pouvait craindre d'être tenu à l'écart. Sans faire de promesses, Clemenceau avait été plutôt encourageant et, dans les premières semaines, les rapports entre les deux hommes furent plutôt bons. Ils se tendirent bien vite, tant les méthodes de travail et les caractères étaient différents.

Au-delà des tensions sur lesquelles nous reviendrons, l'accord entre Poincaré et Clemenceau s'était fait sur la poursuite de la guerre et l'arrestation des traîtres. Sur ces deux points essentiels, Clemenceau donna entière satisfaction au président de la République. La poursuite de la guerre, il l'annonça dans son premier discours à la Chambre en des termes qui sont restés célèbres. Il s'appuya sur Pétain et Foch, préférant manifestement le second au premier. Il réussit en mars 1918 à placer Foch à la tête du haut commandement interallié. Sa parfaite connaissance de l'anglais facilita les relations avec les dirigeants anglo-saxons, même si elles ne furent pas toujours faciles.

La lutte contre les « menées pacifistes » fut conduite avec détermination. On frappa non seulement les comparses mais aussi les dirigeants politiques, et en premier lieu l'ancien président du Conseil Joseph Caillaux. Dans les jours qui suivirent l'arrivée au pouvoir du Tigre, une longue lettre de Poincaré à Clemenceau posait le cas Caillaux[8]; elle était précise, argumentée et dans le fond malveillante. Un Conseil des ministres exceptionnel réuni à l'Élysée examina l'hypothèse d'une inculpation de Caillaux; la plupart des ministres opinèrent dans ce sens. Poincaré garda le silence. On ignore le sentiment exact de Clemenceau. Croyait-il à la culpabilité de Caillaux? On peut en douter; en revanche, il estima son arrestation nécessaire pour des raisons d'État : montrer à l'Allemagne qu'aucune manœuvre n'était plus possible de ce côté, montrer aux Français la détermination et l'énergie du gouvernement et détourner leurs ressentiments sur des boucs émissaires. Par ses imprudences, ses relations, ses voyages à l'étranger, Caillaux avait prêté le flanc aux accusations et aux rumeurs. Il fut placé sous surveillance policière à partir du 12 décembre, et la question de la levée de son immunité parlementaire fut examinée par une commission dont le rapporteur, André Paisant, député de l'Oise, avait été jadis le secrétaire de Poincaré. Elle approuva la levée de l'immunité. Le 14 janvier 1918, Joseph Caillaux était arrêté et écroué à la prison de la Santé. Charles Humbert, sénateur de la Meuse que nous avons déjà croisé à de multiples reprises et qui, depuis le début de novembre, était sous le coup de procédures judiciaires, avait quitté le 10 décembre 1917 la direction du *Journal* à la suite d'une demande de levée de son immunité parlementaire. La Chambre la décida le 18 décembre « pour complicité de commerce avec l'ennemi ». Il fut arrêté le 17 février 1918 dans son château de Mesnil-Guillaume (Calvados) et écroué le lendemain à la prison de la Santé. Poincaré, qui s'était toujours méfié de son collègue, l'avait reçu à de nombreuses reprises à l'Élysée et pour la dernière fois le 13 février 1917. L'inculpation d'Humbert était liée au rachat du quotidien parisien *Le Journal*. Pour se procurer des fonds il avait eu recours aux services financiers d'un aventurier qui entretenait des relations avec les services allemands, Paul-Marie Bolo, dit Bolo pacha. Humbert aurait utilisé, sans en connaître l'origine, de l'argent fourni par Bolo et qui provenait de l'Allemagne. Quant à Clemenceau, il avait longtemps eu recours aux services d'Humbert, qui avait été vice-président de la commission sénatoriale de l'Armée. Il n'hésita pas à l'inculper dès qu'il apprit les soupçons qui pesaient sur lui. À propos de l'arrestation de Charles Humbert, Poincaré nota dans son journal : « Je l'ai appris par les journaux [9]. » Cette phrase laissait entendre qu'il était en dehors de cette affaire, affirmation un peu surprenante car Poincaré ne pouvait ignorer que l'arrestation du « Gros Charles » avait été envisagée depuis la mi-novembre. Un autre personnage de moindre envergure, le journaliste Ernest Judet, directeur de *L'Éclair*, était, en raison de ses fréquents voyages en Suisse et en Italie, sous la surveillance de la police. Poincaré détestait Judet [10], qui avait orchestré la campagne de diffamation contre Henriette dans les jours précédant l'élection présidentielle. Ce journaliste un peu trouble, « un gros mangeur de fonds » selon un rapport de police, avait des contacts très éclectiques, aussi bien dans les milieux catholiques romains qu'avec Almereyda du *Bonnet rouge* et l'entourage de Caillaux. Sentant la surveillance de la police, il jugea prudent de quitter la direction de *L'Éclair* (décembre 1917) et de se réfugier en Suisse.

Poincaré s'entretenait des affaires en cours avec Clemenceau et recevait souvent Édouard Ignace, le sous-secrétaire d'État à la Justice, qui était spécialement chargé de les suivre. Il se faisait communiquer les minutes des interrogatoires des accusés et les examinait avec une minutie de greffier. Sans intervenir dans le cours de la justice, il se félicita de la rapidité avec laquelle furent menés les procès de Bolo pacha, de Mata-Hari et quelques autres comparses et de la sévérité des peines prononcées. Bolo pacha fut condamné à mort ; son défenseur,

Albert Salle, un ami de Poincaré, vint solliciter sa grâce ; le président la refusa et Bolo fut exécuté le 18 avril 1918. Au fil du tome X des *Souvenirs* se succédèrent les refus de grâce, celui de deux espions (2 mai), celui d'Émile Duval (16 juillet), qui fut fusillé le lendemain. Jusqu'au bout Poincaré se montra inflexible. Un comparse de l'affaire Humbert, Pierre Lenoir, l'un de ceux par lesquels avait transité de Suisse l'argent allemand, fut condamné à mort par un conseil de guerre pour « intelligence avec l'Allemagne ». Poincaré refusa de le gracier, et il fut fusillé à Vincennes le 24 octobre 1919. *L'Intransigeant* commentait ce refus en ces termes : « Il faut bien mal connaître le président de la République pour croire qu'il aurait enfin accordé la grâce de cet homme [11]. »

Les tempéraments de Clemenceau et de Poincaré étaient si différents que leurs conflits furent multiples et prirent parfois un tour aigu. Poincaré exerçait ses prérogatives constitutionnelles ; il présidait le Conseil des ministres et le Comité de guerre, mais ces organes ne décidaient plus de rien. Poincaré se plaignait des Conseils des ministres, réduits au minimum, où plus rien ne se traitait. Dans le journal de Poincaré, on trouve de nombreuses réflexions de cette nature : « Conseil des ministres vide et court. Le gouvernement existe de moins en moins en dehors de Clemenceau » (23 avril). Les affaires militaires, et en particulier les nominations, échappaient totalement au président ; il n'était pas consulté et guère informé, sauf dans quelques cas exceptionnels. Par exemple, lors de la réunion du Comité de guerre du 13 décembre 1917, Poincaré appuya le général Pétain, en se prononçant contre toute idée d'offensive : « Voulons-nous jouer le sort sur un coup de cartes ? Ou, au contraire, attendre l'heure où nos objectifs seront ceux que nous espérons ? Il n'est pas possible de jouer le va-tout de la France... Nous pouvons tenir. Nous tiendrons. Le général en chef est couvert par le président du Conseil. Nous lui faisons confiance [12]. » Dans la grave crise de mars 1918, alors que sur la Somme une rupture du front ne pouvait être écartée, Poincaré promit de soutenir Clemenceau « de toutes ses forces, de tous ses moyens, de toute son influence » pour obtenir des Anglais la nomination du général Foch comme commandant en chef des forces alliées. Louis Loucheur, qui assista à l'entretien préparatoire à l'Élysée, le constatait en ces termes : « Nous étions tous les trois d'accord [13]. » En rentrant rue de Bellechasse, Clemenceau confia à Loucheur : « M. Poincaré a été très bien. » Le soir même, Poincaré et Clemenceau se rendaient à Compiègne chez Pétain, où ils retrouvèrent Foch et Milner. Le 26 mars, à la mairie de Doullens, Poincaré présida la grande réunion interalliée ; puis Clemenceau rédigea le texte de l'accord confiant au général Foch le commandement des armées alliées devant Amiens. Poincaré approuva et conclut la séance par cette phrase : « Je crois, messieurs, que nous avons bien travaillé pour la victoire. » Clemenceau se félicita devant Mordacq « d'avoir eu l'idée de le faire venir ».

Peu de temps après, le 14 avril, les Anglo-Saxons acceptaient enfin le commandement unique.

Clemenceau était le vrai patron de la conduite de la guerre. C'était lui qui donnait les ordres, discutait avec Foch, Pétain, Haig et Pershing et prenait les décisions. N'avait-il pas dit un jour à Pétain, qui le répéta à Poincaré : « Le Comité de guerre, c'est moi... » (7 juin) Comme le Conseil des ministres, le Comité de guerre était une instance assez largement formelle. Donnons-en un exemple parmi d'autres. Alors que les troupes allemandes avaient franchi la Marne et qu'on envisageait une éventuelle évacuation de Paris, Clemenceau avait prévu une réunion du Comité de guerre et en avait informé le président de la République. Voici le récit de Poincaré [14] :

> « Clemenceau m'avait dit hier : "À demain matin" et, en effet, il avait convoqué le Comité de guerre pour ce matin à dix heures. Mais sans crier gare, il est parti avant l'aube pour les armées. Où ? Je ne sais. Pourquoi ? Je le sais moins encore. Le Comité s'est donc réuni sans lui et, naturellement, on n'a pu examiner que des questions secondaires. »

Un domaine tenait plus encore à cœur à Poincaré, celui des affaires étrangères. Il se plaignait de ne plus être tenu au courant des questions en cours et des nominations. Le ministre Stéphen Pichon, qui était entièrement dépendant du cabinet de Clemenceau, exécutait les ordres de son patron, qui n'hésitait pas à le rabrouer. De temps à autre, il écrivait amicalement au président ou allait bavarder avec lui.

Aux multiples notes et demandes d'informations dont le bombardait Poincaré, Clemenceau ne répondait pas. Quelquefois le Tigre, bougonnant un peu, faisait un effort ; il arrivait à l'Élysée à l'improviste, sans prévenir. Le 11 mars à 12 h 30, il se plantait devant le président qui commençait à déjeuner et se mit à parler. Ce jour-là, il voulait être prévenant, cordial. Le plus souvent, il était impulsif et brutal. Un jour Clemenceau dit au président : « Je suis populaire et vous ne l'êtes pas. » Poincaré, qui le savait, fut mortifié de cette sortie expéditive. Dans son journal, il s'interrogea : « Comment le serais-je ? Tout le monde croit que c'est Clemenceau qui a sauvé les armées les 24, 25 et 26 mars. Mon action ne s'extériorise jamais. Je ne puis ni prononcer un mot ni faire un geste ; je suis une âme sans corps. Je dois faire ce sacrifice à la Patrie » (23 avril).

De temps à autre, les ministres Pichon, Clémentel, Klotz ou Lebrun allaient lui rendre visite et cherchaient à apaiser son amertume. À plusieurs reprises, les deux présidents furent au bord de la rupture. Poincaré finit toujours par céder, car Clemenceau avait une majorité à la Chambre et le pays derrière lui ; il n'était pas question de le renvoyer. On ne sait ce qu'il répondit à Albert Thomas quand celui-ci lui écrivit le 11 mars 1918 : « Non, je n'ai qu'un grief contre vous, c'est de nous avoir donné Clemenceau [15]. » Quant au Tigre, qui n'était pas dupe des sentiments réels de l'hôte de l'Élysée à son égard, s'il parla à plusieurs reprises de démissionner, ce fut une menace qu'il se garda bien de mettre à exécution.

À défaut de peser sur le cours des événements, Poincaré reporta ses énergies sur sa fonction de représentation ; il consacrait beaucoup de temps à recevoir les hommes politiques, les ambassadeurs, les souverains étrangers de passage à Paris... Il participait aux cérémonies officielles, peu nombreuses à la vérité, où la présence du chef de l'État était requise et il y prononçait les paroles qu'on attendait de lui. Le 1er mars, le jour anniversaire de la protestation de Bordeaux, il présida à la Sorbonne [16] une grande cérémonie organisée en l'honneur de l'Alsace-Lorraine.

Les heures difficiles du printemps de 1918

Le 21 mars 1918, Ludendorff engagea à l'ouest l'offensive allemande ; son premier coup de boutoir fut lancé sur la Somme à la charnière des troupes anglaises et françaises et sembla en mesure de provoquer rapidement la rupture. Les civils furent aussi avertis de la détermination allemande. Paris, qui avait déjà été souvent bombardée par des avions ennemis, les taubes, fut attaquée par une pièce à longue portée que les Parisiens baptisèrent la grosse Bertha, du prénom de l'héritière de Krupp. Les premiers tirs commencèrent le 23 mars et touchèrent divers quartiers de la capitale. Durant l'office du vendredi saint, la voûte de l'église Saint-Gervais s'effondra, faisant de nombreuses victimes civiles. Toutes affaires cessantes, sans apparat, Poincaré se rendait sur les lieux, souvent accompagné de Mme Poincaré ; il visitait ensuite les hôpitaux et faisait accélérer les secours aux victimes et à leurs familles.

Le 24 mars, Clemenceau envisagea l'évacuation de Paris et demanda au président de s'y préparer. Poincaré refusa tout net. Clemenceau répliqua : « Vous comprenez, vous êtes impopulaire ; moi, je suis populaire ; mais ce sera la même chose si nous sommes battus. Il faut partir en province ; nous formerons un petit gouvernement que nous laisserons à Paris ; moi, je partirai le dernier en avion [17]. » La stabilisation du front devant Amiens évita le recours à cette solution extrême.

Le 27 mai, Ludendorff lançait une troisième offensive surprise en Champagne, au Chemin des Dames ; le front français était rompu et quelques jours plus tard les Allemands occupaient Château-Thierry ; le 3 juin ils franchissaient la Marne. Une nouvelle fois Paris était menacée et l'évacuation des services publics était dans l'air. Cette fois, on parlait plutôt d'aller seulement à Blois. Poincaré, qui avait conservé un mauvais souvenir de son séjour à Bordeaux, refusa une seconde fois de quitter l'Élysée. Puis l'offensive allemande s'essouffla et, grâce à la ténacité de Pétain et de Buat, la progression ennemie fut contenue. Jusqu'au milieu de juillet la situation resta préoccupante.

Comme durant les années précédentes, Poincaré continua de visiter les chefs militaires, de se rendre sur le front, où il n'hésitait pas à s'engager dans les tranchées jusqu'à proximité des lignes allemandes. Ces déplacements étaient de courte durée, un ou deux jours. On peut en égrener la liste : deux jours en mars, quatre jours en avril, deux en juin, quatre en juillet, et cinq en août dont deux à Brest. Le président voyageait de nuit en train présidentiel, accompagné de quelques ministres et des membres de son cabinet militaire. Son itinéraire ne croisait que rarement celui du président du Conseil, qui préférait se rendre seul dans les tranchées. Pour la circonstance Poincaré revêtait son habituelle tenue semi-militaire : tunique, grosses chaussures, guêtres ; dans les tranchées il s'aidait d'une canne. Au plus fort des difficultés françaises, Poincaré visitait Foch et Pétain à Chantilly le 10 juillet 1918.

Malgré les multiples soucis de la guerre, Poincaré ne perdait pas de vue les élections académiques [18] ; il recevait les candidats qui le sollicitaient, évaluait leurs chances et, si son emploi du temps le permettait, il participait aux votes ; il favorisa ainsi l'élection de deux de ses amis : Louis Barthou (2 mai 1918), qui succédait à son ancien chef de cabinet, Henry Roujon, et Alfred Baudrillart, recteur de l'Institut catholique, son ancien condisciple à Louis-le-Grand, qui avait célébré son mariage religieux et qu'il recevait régulièrement à l'Élysée.

Visites aux régions libérées

La seconde victoire de la Marne, la contre-attaque victorieuse du général Mangin dans la forêt de Villers-Cotterêts, le recul allemand en Picardie furent les premiers signes du renversement du rapport de force en faveur des alliés. Foch et Clemenceau commençaient à avoir le sourire ; la victoire demanderait encore de lourds sacrifices ; elle ne faisait plus de doute. Certes, le 5 août au matin des obus tombaient encore sur l'esplanade des Invalides et avenue Marceau ; mais on pouvait raisonnablement penser que la capitale serait bientôt définitivement à l'abri des tirs allemands.

Poincaré eut à cœur de visiter les localités libérées et d'apporter aux rares habitants qui étaient restés sur place le soutien de la République. Le 11 août, il était sur la Somme autour de Montdidier, le 26 août, il visitait Château-Thierry et Épernay ; puis il se rendit en Argonne au bois d'Hauzy, où « par des boyaux il arrivait jusqu'aux tranchées de résistance au milieu des hommes. » À son retour, le général Gouraud lui dit aimablement qu'il n'avait pas assez parlé aux soldats. Dans son journal Poincaré notait : « Peut-être a-t-il raison ? Mais j'ai toujours peur de provoquer des réclamations auxquelles je n'ai pas le droit de répondre et je suis figé par mon absence d'autorité[19]. » Bien douloureuse constatation ! Le 30 août il était avec Albert Lebrun au quartier général de Fayolle, au nord de Soissons ; une dizaine de jours plus tard, en compagnie du même Fayolle (11 septembre), il visitait Noyon libérée.

Le voyage qui lui causa la plus grande satisfaction fut celui qu'il fit à Saint-Mihiel au milieu de septembre 1918. La petite ville meusienne, qui était captive depuis quatre ans, venait d'être libérée grâce à l'offensive réussie des Américains[20]. La bonne nouvelle lui fut annoncée par Clemenceau le 13 septembre pendant une séance du Comité de guerre. Le lendemain il partit par le train en compagnie d'Henriette et d'Albert Lebrun. À Commercy ils retrouvèrent le sénateur Grosdidier ; puis ils montèrent en voiture pour se rendre à Saint-Mihiel. Poincaré revit avec émotion des paysages et des horizons familiers, ceux qu'ils avaient parcourus dans sa jeunesse, ceux qu'il apercevait de la fenêtre de sa bibliothèque. En descendant sur Saint-Mihiel, son cœur battait. L'accueil de ses compatriotes, dont les plus âgés avaient été jadis ses électeurs, fut émouvant ; on le reconnut et on l'embrassa. Le lendemain le couple présidentiel se rendit à Heudicourt, au pied des côtes de Meuse, un village qui avait été occupé quatre ans par les Allemands. Le journaliste Percival Martin[21] assistait à la messe quand un bruit se répandit dans l'église :

« Venez vite ! M. Poincaré vient d'arriver avec madame Poincaré ! En un clin d'œil, l'église est vide... et l'officiant reste seul à l'autel avec son enfant de chœur qui voudrait bien s'en aller aussi voir le Président. M. Poincaré est là, en effet, sur la place, coiffé, non de sa fameuse casquette, mais d'un feutre mou gris, veste de même couleur, culotte de cheval, guêtres noires fermées sur le côté... et toujours son allure fringante d'ancien fantassin de la "division de fer" mué en chasseur alpin !

Auprès de lui se trouve Mme Poincaré, simple et bonne. Tous deux causent gentiment avec les habitants d'Heudicourt accourus et qui se pressent autour d'eux avec cette familiarité déférente des paysans lorrains qui sait si bien ménager la dignité des uns et des autres et mettre chacun à sa place...

Un touchant élan de confiance sûr de lui-même a groupé, tout contre le couple présidentiel, tous ces hommes découverts et ces femmes attentives qui croient en Poincaré, leur compatriote, tenace et réfléchi. J'entends madame Poincaré dire avec une grande simplicité : "Ne vous tourmentez pas ! Ça s'achève !

Encore un ou deux mois... et tout sera fini ! – Bon, alors... tant mieux ! Tant mieux !" répondent les paysans.
Autour du groupe de civils, un grand cercle de "poilus" s'est formé. Les autos présidentielles stationnent sur la chaussée... »

Pour aller plus loin, il fallut une intervention spéciale du général Pershing. Sur la route de Thiaucourt, encore sous le feu des canons allemands, la voiture présidentielle se fraya difficilement un chemin dans une zone bouleversée par la guerre[22] :

> « Campagne désolée, inculte, hérissée de réseaux de fils de fer, creusée de tranchées sinueuses, toutes nos anciennes premières lignes... Regniéville et Fey... un monceau de pierres au milieu des terres bouleversées... le sol est labouré d'obus. Partout des cadavres de chevaux, des tombes américaines surmontées d'un petit drapeau étoilé. »

Une dizaine de jours plus tard Poincaré voulut se rendre en Argonne, où les Américains venaient d'engager une offensive. Retranchés dans des blockhaus, les Allemands résistaient avec acharnement et infligèrent aux Américains des pertes très élevées, dont les immenses cimetières montrent aujourd'hui encore l'ampleur. Les routes étaient bloquées par des embouteillages monstres et le cortège présidentiel ne put dépasser Esnes, entre Verdun et Vauquois.

Hostilité à un armistice prématuré

Au début d'octobre 1918, l'Allemagne était à bout de souffle. La nomination d'un nouveau chancelier et la formation du cabinet parlementaire du prince Max de Bade étaient des signes annonciateurs de changements décisifs. Sur le terrain, la situation militaire était chaque jour plus favorable aux Alliés ; bientôt l'Allemagne serait acculée à demander un armistice et il fallait préparer les conditions qu'on lui imposerait. Depuis longtemps Poincaré réfléchissait à ces questions et bombardait Clemenceau de lettres et de notes auxquelles celui-ci, comme à l'accoutumée, négligeait de répondre. Poincaré, averti des contacts pris par Max de Bade avec le président Wilson, était hostile à un armistice prématuré et il reprocha à Clemenceau de « couper les jarrets de nos soldats ». En lisant cette phrase, Clemenceau se mit en colère.

Le mercredi matin 8 octobre les ministres attendaient à l'Élysée la réunion du Conseil quand Stéphen Pichon, ministre des Affaires étrangères, vint leur dire que le Conseil n'aurait pas lieu. Le lendemain, Loucheur, appelé dans le cabinet de Clemenceau, rencontra le Tigre entouré de ses collaborateurs, qui lui dit[23] :

« *Poincaré fait des siennes. Il m'accuse de vouloir couper le jarret de nos soldats par un armistice. Il vous met en cause à propos du 25 mars. Il paraît que je ne voulais pas défendre Paris. J'en ai assez. Il me dégoûte. Je ne veux pas donner ma démission en ce moment. Je lui ai écrit une lettre un peu vive, il est vrai. Il m'a répondu en m'insultant.* »

Loucheur fut chargé de négocier; il alla voir Poincaré à l'Élysée et « chercha à arranger les choses ». Ce ne fut pas facile, car Poincaré discutait, ergotait et finit par poser à Loucheur pas moins de quatorze questions écrites. C'est « un juge d'instruction ! » s'exclama Loucheur. Il rédigea une réponse qu'il montra à Clemenceau et à Pichon. Finalement les choses s'apaisèrent, non sans rancœurs réciproques et arrière-pensées. Dans les débats et discussions concernant l'armistice, Poincaré était partisan d'achever la défaite militaire de l'Allemagne avant de le négocier. Sur ce point comme sur beaucoup d'autres, il ne fut pas entendu.

Le 11 novembre 1918 au matin, Raymond Poincaré rentrait de Bruges, où il s'était entretenu avec le roi des Belges. Quelques minutes après son arrivée à l'Élysée, le général Mordacq[24] vint lui annoncer que la délégation allemande avait signé l'armistice à Rethondes. Après cinquante-quatre longs mois de combats meurtriers, les armes allaient enfin se taire ce jour-là, 11 novembre, à 11 heures du matin.

UNE VICTOIRE DOUCE-AMÈRE

Au début de l'après-midi du 11 novembre, un rapide Conseil des ministres précéda la déclaration que Clemenceau fit devant la Chambre. Au lieu d'être profondément heureux, d'être à l'unisson de tous les Français, Raymond Poincaré éprouvait une vive amertume. Il ne regrettait pourtant pas ce qu'il avait décidé un an plus tôt. À Maurice Barrès qui lui rendait visite à l'Élysée à sept heures du soir, il rappelait : « Je me suis mis d'accord avec Clemenceau sur deux points : 1° Arrêter Caillaux. 2° Combattre jusqu'au bout. » Cette réflexion donne probablement la clé du choix de novembre 1917.

La popularité de Clemenceau était à son zénith et portait ombrage à un président de la République qui paraissait oublié des Français. La préparation d'un voyage en Alsace-Lorraine libérée faillit déclencher un nouveau drame entre les deux hommes. Le président du Conseil voulait être reçu le premier à la tête des troupes dans les provinces libérées. Finalement, il renonça à son projet initial et accepta un voyage officiel à Metz et à Strasbourg qui aurait lieu au début de décembre. Pour préparer les retrouvailles avec les provinces perdues,

Raymond Poincaré prononça à Paris, le 17 novembre 1918, un grand discours au pied de la statue de Strasbourg[25], « cette statue de la tristesse et de la captivité ». Il rappela que la restitution de l'Alsace-Lorraine devait être « pure et simple » car elle était fondée sur la géographie, l'histoire, le droit, la volonté des habitants et que l'idée lancée par certains d'un plébiscite était « un leurre... un déni de justice... » Sur ce point il avait pu s'exprimer, car ses propres vues étaient en concordance totale avec celles du gouvernement. L'injustice du traité de Francfort était effacée. La victoire justifiait sa ténacité et ses renoncements. Pourrait-il au moins peser sur les négociations de paix ? Rien n'était moins sûr. Clemenceau l'avait réduit aux utilités, à recevoir les chefs d'État étrangers et à visiter les territoires libérés et les provinces recouvrées.

Le voyage d'État en Alsace-Lorraine[26] se déroula les 8, 9 et 10 décembre 1918. Une foule d'ambassadeurs, de ministres, de députés, de hauts fonctionnaires, d'officiers et d'invités divers accompagnaient les deux présidents. Le 8 décembre au matin, Poincaré débarqua à Metz « dans la grande gare massive et colossale » ; pour la première fois depuis la guerre il avait revêtu l'habit orné du grand collier de la Légion d'honneur. Accueilli sur le quai par le maréchal Foch, il fut conduit au salon dit « de l'Empereur », où l'attendaient les personnalités. Une scène est restée gravée dans les esprits et a même été reproduite en carte postale. L'après-midi, sur l'esplanade, il remit à Philippe Pétain le bâton de maréchal de France en lui donnant l'accolade. Georges Clemenceau était à ses côtés. Dans ses souvenirs Poincaré raconte : « Poussé par un mouvement irrésistible, je lui dis : "Et vous aussi, il faut que je vous embrasse." – "Bien volontiers", répondit-il, et nous nous embrassons aux acclamations frénétiques des tribunes et des fenêtres. » Ce geste spontané d'affection ne changea rien à la réalité des choses et aux rapports très difficiles entre les deux hommes. Malgré le temps froid et brumeux, cette journée se déroula magnifiquement. « Ces couleurs françaises au cœur de Metz, ces troupes, ces sonneries de clairon, tout cela me remue de plus en plus. » Dans le grand salon de l'hôtel de ville, devant tant de témoignages de la « fidélité messine », il sentit monter en lui « un trouble sacré » : « J'ai grand-peine à répondre quelques mots, dont les derniers arrachent des larmes à tous les yeux. » Un an plus tard, revenant à Metz, Poincaré déclara avoir éprouvé ce jour-là « la plus grande émotion de [sa] vie ». Dans le volume publié en 1933, il concluait par ces mots : « Journée d'une beauté souveraine. Maintenant je peux mourir[27]. » Le lendemain, 9 décembre 1918, le même accueil enthousiaste se renouvelait à Strasbourg. L'Alsace était une province pour laquelle Poincaré éprouvait une affection particulière. Avant la guerre, il s'y était rendu à plusieurs reprises et avec sa femme avait visité Strasbourg et Colmar en 1910. Durant la guerre, il avait reçu à l'Élysée de nombreux Alsaciens réfugiés, comme Helmer, l'abbé Émile Wetterlé et le docteur Pierre Bucher; il avait suivi attentivement les travaux de la conférence d'Alsace-Lorraine, présidée par son ami Louis Barthou, et il en avait médité les recommandations.

Au lendemain de ce voyage triomphal, Poincaré reçut à l'Élysée une délégation de son parti, l'Alliance démocratique, conduite par le président Adolphe Carnot. Il fut remercié « pour le concours efficace qu'il avait apporté à la Défense nationale ». Cette formule était un peu étrange au regard de tout ce qui précède. Avec la victoire, il aurait été indécent de regretter, comme un an plus tôt, « les pouvoirs effacés » du président de la République, dont « le rôle est ingrat ». Poincaré en était intimement persuadé et avait épuisé tous les charmes de la fonction.

À l'écart des négociations de la paix

Après ce voyage triomphal dans les provinces retrouvées, le président revint à Paris pour accueillir les multiples hôtes de la France : le président Wilson et son épouse débarquèrent à Brest, puis le train présidentiel les conduisit à la gare du bois de Boulogne le 14 décembre, d'où ils se rendirent en landau à l'Élysée, escortés de la garde républicaine. Le roi d'Italie Victor-Emmanuel arriva à son tour. Paris redevenait la capitale du monde.

Au début de l'année 1919, Poincaré ouvrit le 18 janvier la séance plénière de la conférence de la Paix[28]. Dans son discours, il flétrit l'Allemagne qui, « dans sa folie d'orgueil, avait violé les droits de l'humanité et créé le plus grand scandale qui se fût produit dans les annales du genre humain ». Cet acte officiel accompli, il resta en dehors des négociations de paix qui s'engagèrent entre les Dix. Georges Clemenceau avait pris les choses en main et n'aurait pas toléré la moindre intervention du président. Presque toujours, celui-ci était mal informé ou avec un retard tel qu'il ne pouvait faire connaître son point de vue. Cette inaction forcée fut très dure. On sait combien cela lui coûta de devoir ronger son frein en silence. Raymond Poincaré était entré à l'Élysée poussé par l'opinion publique; il achevait son septennat en spectateur impuissant. Georges Clemenceau conduisait la politique de la France et lui avait ravi la première place dans le cœur et l'affection des Français.

Du 15 février au 14 mars 1919, le président Wilson retourna aux États-Unis. Les négociations du traité de paix, qui ne furent jamais tout à fait interrompues, entrèrent après son retour à Paris dans une phase active et, à partir du 23 mars 1919, l'essentiel se passa dans le Conseil des Quatre, entre Wilson, Clemenceau, Lloyd George et Orlando. On connaît assez bien les détails de leurs discussions à la suite de la publication des procès-verbaux de l'interprète français Paul Mantoux, *Les Délibérations du Conseil des Quatre*. Poincaré était tenu totalement à l'écart des pourparlers ; il était perpétuellement aux aguets, car il pressentait que Clemenceau s'engageait dans des directions qui lui déplaisaient. À ses divers visiteurs, comme l'ambassadeur Dutasta, secrétaire général de la conférence, Jules Cambon ou Stéphen Pichon, il exprimait son mécontement. Sur le problème des réparations, il eut « une attrapade » selon le mot de Loucheur avec Clemenceau (le dimanche 7 avril). La tension la plus grave entre le président de la République et le président du Conseil se produisit sur la question de la Sarre et de la Rhénanie. Autant que l'on puisse le savoir, Poincaré était partisan de l'annexion de la Sarre (la frontière de 1814) et de la formation d'un État rhénan détaché de l'Allemagne. Il partageait les vues du maréchal Foch, commandant en chef des forces alliées, qui, à plusieurs reprises, avait déjà présenté à Clemenceau des recommandations à ce sujet. La frontière militaire qui assurerait la sécurité future de la France devrait être la frontière du Rhin. « Il faut tenir le Rhin. La valeur de l'obstacle est durable. » De plus en plus irrité par les concessions de Georges Clemenceau aux Anglo-Saxons et par l'abandon des projets rhénans, le maréchal Foch alla à l'Élysée le 29 mars solliciter l'appui de Raymond Poincaré. Deux jours plus tard, Foch fut reçu devant le Conseil des Quatre ; il exposa ses vues sans réussir à les convaincre.

Au début d'avril, le désaccord entre Foch, soutenu par Poincaré, et Clemenceau était patent. Clemenceau, d'humeur massacrante, menaça de démissionner. Poincaré lui répliqua que, dans ce cas, il ferait de même, « pour avoir le droit de parler[29] ». Clemenceau fit remarquer au maréchal qu'il n'était pas délégué et qu'il n'avait pas à peser sur les négociations. Au milieu de ces rudes tensions, Poincaré n'en poursuivait pas moins ses activités de représentation. Le 13 avril 1919, il se rendait avec sa femme et le ministre Albert Lebrun dans sa ville natale de Bar-le-Duc. À la descente du train, il tombait une pluie froide et glacée ; et ce fut dans une atmosphère hivernale qu'il remit devant de nombreux Barisiens la Légion d'honneur à son ami, le « sergent » André Maginot. Le temps se leva un peu quand le cortège officiel se rendit dans « la Meuse mutilée », dans les localités détruites en septembre 1914 de Vassincourt et de Revigny-sur-Ornain. Dans le discours de Bar-le-Duc, les initiés relevèrent une phrase qui était une critique voilée des négociations en cours : « L'Allemagne doit, comme le demandent les chambres françaises, payer le mal qu'elle a fait. Vous avez assez souffert pour avoir droit à une paix de justice et de réparation. Nous sommes maîtres de l'imposer à l'ennemi vaincu[30]. » En préconisant la fermeté, Poincaré ne sortait pas de son obligation de réserve, car il s'abritait derrière l'avis des Chambres. Cette phrase et quelques autres furent reprises par la presse nationale et provinciale.

Le maréchal Foch, qui était tenace, revint trouver Poincaré à l'Élysée, le 15 avril, pour lui demander de prendre en main la négociation. Selon les carnets de la maréchale [31], les deux hommes étaient d'accord sur l'analyse de la situation : Wilson dirigeait tout, Clemenceau le suivait et la « France serait privée de garanties ». Poincaré l'écrivit à Clemenceau. La réponse du Tigre vint deux jours plus tard, sèche et cinglante : « Laissez-moi faire mon métier de négociateur. Vous n'avez pas à intervenir. » Allait-on vers une crise majeure et un affrontement direct avec Clemenceau ? Poincaré, trop respectueux de ses devoirs constitutionnels, n'avait pas l'intention de sortir de la tradition républicaine. La mort dans l'âme, il invita le maréchal à se soumettre au point de vue du gouvernement. Pendant quelques jours la presse continua et Le Matin publia le 17 avril un article de Stéphane Lauzanne inspiré par le maréchal. C'était un baroud d'honneur car, sur ce point délicat, la négociation s'achevait par l'accord anglo-franco-américain du 22 avril sur l'occupation temporaire de la Rhénanie. Au Conseil des ministres du 25 avril devant lequel Foch vint faire un exposé d'une heure et demie, Poincaré se trouva isolé après le départ du maréchal, car tous les ministres suivirent Clemenceau. Comme on n'avait pas tenu compte de son avis, il décida d'insister en écrivant une nouvelle lettre personnelle à Clemenceau le lendemain 26 avril 1919. Dans ce texte publié l'année suivante par Le Temps [32], Poincaré développait trois arguments : l'occupation de la rive gauche et des têtes de pont de la rive droite est une garantie de sécurité car « le Rhin est la seule barrière qui assure la défense commune ». Ensuite, il convenait de « ne pas se dépouiller d'un gage avant que la créance n'ait été totalement payée ». À cet égard, il rappelait le précédent de l'occupation allemande de l'est de la France pour assurer l'application du traité de Francfort. La France pouvait parfaitement agir de même. Était-il judicieux d'appliquer aux Allemands une occupation qui avait été si difficile à supporter par les Français ? Poincaré ne se posait pas la question. Enfin, il pensait que le pacte de garantie promis par les Anglo-Saxons ne porterait ni sur la garantie de la créance ni sur la durée de l'occupation. Clemenceau communiqua cette lettre à Lloyd George et à Wilson, qui répondirent par un refus courtois. L'occupation devrait conserver une durée limitée, car elle serait une provocation pour les populations rhénanes et conduirait à de multiples et graves incidents. L'avocat Raoul Persil [33], qui observait la situation parisienne pour le compte de Millerand, installé à Strasbourg depuis un mois, annonçait à son patron qu'une démission de Poincaré était exclue, car l'exemple malheureux de Casimir-Perier était encore assez présent à son esprit pour l'en dissuader. En revanche, le président n'écartait pas un départ précipité du Tigre, soit pour raison de santé, soit à la suite de circonstances fortuites. Dans ce cas, le président laisserait de côté Briand, « malgré tous ses efforts pour arriver à le faire sortir d'où il est ». C'était une allusion aux intrigues de Briand et du *Matin*. L'intention du président était d'appeler Millerand. Selon un témoignage de Paléologue, il aurait aussi dit : « Si la chambre le renverse le premier jour, je donnerai ma démission et rentrerai dans le rang pour lutter. » Cette hypothèse que Poincaré caressait resta une hypothèse, puisque Clemenceau conserva le pouvoir.

Malgré un premier échec, le maréchal Foch[34] retourna à l'Élysée le 2 mai pour demander une nouvelle fois au président d'intervenir dans les négociations ; Poincaré lui répondit : « Je ne puis que démissionner en m'expliquant publiquement. » Dans ce cas, ajouta-t-il, « je vous demanderai de partir avec moi ». Les deux hommes allaient-ils engager une crise politique majeure ? Ils discutèrent de cette éventualité le soir du 4 mai à l'Opéra, puis le 5 mai à l'Élysée. Pendant plusieurs jours, Poincaré s'interrogea et consulta famille et amis : « Henriette est d'avis que je parte, surtout si Foch part », notait-il le 5 mai ; il écrivit à Wilson et à Lloyd George. Conscient que tout le monde voulait la paix, Foch ne partit pas et Poincaré écarta cette solution extrême qui n'était pas conforme à son tempérament. Le 18 mai, il était résigné : « Dans neuf mois je serai libre[35]. »

Quelques années plus tard, lors d'un débat parlementaire, le 23 novembre 1923[36], Poincaré lèvera une partie du voile. Il avait usé « de son autorité morale pour s'opposer au projet ». Devant son échec il avait menacé de démissionner ; il avait pesé le pour et le contre, avait consulté le maréchal Foch et les présidents des assemblées pour conclure que « son devoir était de rester ». Il s'était soumis à « la tradition républicaine », qu'il énonçait ainsi :

> « J'ai, quant à moi, une conception qui est, je crois, conforme à la tradition républicaine, c'est que le président de la République n'est pas au gouvernement... L'autorité appartient au gouvernement responsable devant les Chambres. »

Après avoir cité et commenté ces textes, le juriste Léon Duguit, qui était à cette époque une autorité reconnue, concluait que « l'attitude présidentielle avait été véritablement correcte au point de vue constitutionnel ».

L'ORDONNATEUR DES CÉRÉMONIES ET DES FÊTES DE LA VICTOIRE

En juin 1919, Poincaré était réduit à des activités protocolaires. Alors que Clemenceau achevait la négociation du traité et que les trois s'efforçaient d'arracher à l'Allemagne sa signature, il reçut à Paris le maharaja de Kapūrthala, puis la reine Marie de Roumanie, qu'il trouva jolie. Il se rendit dans l'Est, à Briey, à Metz, à Nancy, où il présida la fête des sociétés de gymnastique (8 juin). Émile Hinzelin, qui était du voyage, en fit un récit épique dont quelques extraits parurent dans la presse parisienne. Il fut enthousiasmé par le discours « d'une élégance, d'une forme impeccable »... « par l'organe si clair et si perçant de notre compatriote ». Lors de la visite de la caserne Sainte-Catherine, « le président reconnut la petite chambre aux voûtes cintrées où il avait couché comme bleu ». Ces anecdotes montrent que Poincaré en était réduit à une pure figuration et était tenu totalement à l'écart des affaires. Lors de la cérémonie officielle de la signature du traité de Versailles, son rôle se limita à recevoir les hôtes de la France républicaine dans la galerie des Glaces.

À défaut de pouvoir peser sur les choix politiques et diplomatiques, Raymond Poincaré se résigna à tenir la première place dans les fêtes de la Victoire et à visiter la France martyre et la France libérée.

Les 13 et 14 juillet 1919, il présida à Paris les fêtes de la Victoire. La fin de l'été et le début de l'automne, alors que les Chambres débattaient de la ratification du traité de Versailles, furent consacrés à des voyages officiels dans le Nord, en Champagne, en Picardie, en Alsace et en Lorraine, où il remit des Légions d'honneur et des croix de guerre. Il fut partout bien accueilli par des foules émues et parfois enthousiastes. Il fit des discours à tonalité historique et patriotique, évitant les questions politiques et les débats en cours. Les 11 et 12 août, il visitait Dunkerque, Bergues et Hazebrouck en compagnie du ministre Georges Leygues. Puis le président entreprit en compagnie de son épouse un grand voyage de plus d'une semaine dans l'Alsace et la Lorraine libérées. Parti de Paris le 18 août, il ne regagna l'Élysée que le 26 au matin. Le circuit commença par le sud de l'Alsace, Altkirch, « la première ville alsacienne libérée », Mulhouse, puis le cortège présidentiel traversa les villages du vignoble, Riquewihr, Ribeauvillé. Il monta au château impérial du Haut-Kœnigsbourg ; l'envoyé spécial du *Temps* suivait le cortège officiel[37] : « Le cortège escalade la montagne dominée par le Haut-Kœnigsbourg, qui fut de tout temps un repaire de brigands et dont le dernier possesseur [allusion au Kaiser Guillaume II en exil aux Pays-Bas] médite en terre étrangère sur la fragilité des choses humaines. » Au pied du Vieil-Armand, où s'étaient déroulés en 1915 des combats très sanglants, il rendit hommage aux morts. Au mont Sainte-Odile, sanctuaire de l'Alsace, Poincaré parla de miracles sur un mode humoristique : « On disait jadis que sainte Odile guérissait les aveugles ; sainte Odile a fait un autre miracle ; pendant quarante-huit ans, elle a frappé l'Allemagne de cécité ; pendant quarante-huit ans, elle a empêché l'Allemagne de comprendre l'Alsace. L'Allemagne s'en est allée définitivement de ce pays, ignorante comme toujours du droit et de la vérité. » À Sélestat il fut accueilli par le maire, Auguste Stoffel, l'un de ses cousins. Stoffel[38] avait cette particularité d'avoir vécu et mené une carrière de magistrat français à Nancy sans jamais perdre le contact avec son Alsace natale. En 1919 il était rentré dans sa ville dont ses concitoyens l'avaient élu maire. Le point d'orgue de la visite présidentielle s'acheva à Strasbourg où il s'adressa à la population du balcon de l'Aubette. Avant de gagner la Lorraine, il visita les champs de bataille de 1870, Wœrth et Wissembourg. Le parcours mosellan fut long et détaillé : Bitche et Phalsbourg, où il rappela une fois de plus les sièges de 1870, Thionville et la région industrielle avec des arrêts à Hagondange, ancien siège des usines Thyssen, et à Hayange, où il fut reçu par François de Wendel. L'accueil de Metz fut triomphal ; l'envoyé spécial du *Temps* évoqua « les rues décorées, la haie bleue de soldats français, le joyeux essaim des jeunes Messines, la présence des associations qui avaient été les gardiennes de l'idée nationale ». Porté par cette atmosphère chaleureuse, Poincaré prononça ce qui fut peut-être l'un de ses meilleurs discours. Puis il fit une excursion dans les campagnes francophones du Saulnois ; il s'arrêta à Morhange, dont les casernes allemandes l'impressionnèrent, puis monta au signal de Marthil pour embrasser le champ de bataille où les Bavarois avaient les 18-19 août 1914 brisé l'offensive française de Lorraine. À Dieuze, le maire le reçut par ces mots : « Le 4 août 1914 les Allemands annonçaient que Paris était en flammes et que Poincaré était assassiné car vous étiez pour eux, monsieur le président de la République, le Français le plus détesté. Vous étiez pour nous le Français le plus aimé... » Poincaré acheva le voyage par un crochet dans le Pays-Haut. Briey, Longwy et Longuyon, fief électoral de son ami le ministre Albert Lebrun, avaient été occupées plus de quatre ans. Partout le président fut accueilli par les corps constitués et les maires dans des villes pavoisées de drapeaux avec des groupes d'enfants en costumes régionaux, les vétérans de 1870 avec leurs médailles, les poilus blessés ; une foule déférente et amicale entourait les officiels et applaudissait les propos du président dont, au-delà des multiples variations locales, s'imposait cette forte conviction : « Maintenant la Lorraine et la France sont indissolublement unies. »

À peine rentré à Paris, Poincaré se rendait dans le Sud-Ouest. Le 6 septembre, le train présidentiel arrivait à la pointe de Grave. Accompagné de l'ambassadeur des États-Unis, Hugh Wallace, Poincaré allait poser la première pierre d'un futur monument en l'honneur des soldats américains qui, en 1917-1918, débarquèrent si nombreux : « La locomotive était garnie de feuillages et décorée d'un trophée de drapeaux français et américains. Il fit un discours historique où il évoqua le souvenir de La Fayette. » Le 14 septembre, ce grand voyageur passait une nouvelle journée dans le Nord pour remettre la Légion d'honneur aux villes de Douai et Cambrai.

En octobre 1919, Raymond Poincaré retourna deux fois en Meurthe-et-Moselle. Il commença son voyage par le champ de bataille du Bois-le-Prêtre, où il s'était déjà rendu deux fois et où pendant quatre ans Français et Allemands s'étaient âprement combattus. Puis il arriva aux fonderies de Pont-à-Mousson, dont la reconstruction commençait et où il alluma le premier haut-fourneau. Camille Cavallier, le président-directeur général, l'accueillit avec des mots qui lui mirent du baume au cœur : « Vous avez été pendant quatre ans le grand pilote clairvoyant, infatigable. Si vous n'avez pas été écrasé par ces cinq ans de guerre, c'est grâce à votre santé physique, puissamment soutenue par votre santé morale et par votre profond amour de la Lorraine et pour la patrie sacrée [39]. » Comme Adolphe Thiers, auquel il fut comparé à plusieurs reprises, il était devenu le « Libérateur du territoire », « le Lorrain fervent qui rend la Lorraine à la France » et qui avait fait de Metz « le joyau retrouvé ». Le 12 octobre il remettait à la ville de Nancy, à laquelle tant de liens familiaux l'attachaient [40] et où il avait effectué son service militaire, la croix de la Légion d'honneur. À cette occasion, il traça une fresque historique d'où la politique était absente et où, faute de mieux, il évoqua la place éminente tenue par la Cité des ducs dans l'histoire nationale.

LE CRITIQUE ACERBE DE LA PAIX

Poincaré avait été tenu à l'écart des négociations. Malgré les efforts du maréchal Foch, il n'avait pas voulu sortir de sa réserve constitutionnelle pour défendre une autre position dans la question rhénane. Au cours de l'été de 1919, il suivit avec attention les débats parlementaires sur la ratification du traité dont le rapporteur à la Chambre fut son ami Louis Barthou. Barthou, qui avait des entretiens fréquents avec Poincaré, mit l'accent sur la sécurité de la France et la nécessité de garanties. Si les garanties promises par les Anglo-Saxons venaient à faire défaut, il y aurait lieu d'en trouver d'autres et Barthou avertissait qu'il faudrait appliquer le traité « avec une rigueur inexorable ». C'était l'esquisse de ce que Poincaré appela bientôt la politique d'exécution. Barthou vota finalement le traité. Devant ses visiteurs, Poincaré ne se privait pas de faire des critiques acerbes. Le général Fayolle, qui venait prendre congé, notait dans son journal [41] : « Nous parlons des traités de paix. Il ne se gêne pas pour rendre responsables des lacunes graves qui s'y trouvent, en ce qui concerne la sécurité de la France, Clemenceau et Tardieu. C'est une paix anglaise, dit-il » (23 octobre 1919).

Cette appréciation éclaire ses décisions ultérieures et notamment celles de 1922-1923 qui conduisirent à l'occupation de la Ruhr. Poincaré estimait que la sécurité de la France ne serait vraiment assurée que dans la mesure où la ligne du Rhin deviendrait la frontière militaire définitive entre la France et l'Allemagne. Comme beaucoup de

Français et plus spécialement de Français de l'Est, Poincaré vivait dans la hantise d'une nouvelle invasion et il pensait – les événements lui donnèrent bientôt raison – que la garantie anglo-saxonne serait illusoire. Il était aussi le représentant d'une région qui avait été dévastée et les réparations étaient la juste compensation de quatre années de souffrances, d'exactions et de destructions. Le principe était inscrit dans le traité, mais ni le montant ni les modalités de paiement n'étaient encore fixés. Enfin, Poincaré était convaincu de la seule responsabilité de l'Allemagne dans le déclenchement du conflit. Dans une allocution prononcée à Hayange le 1er septembre 1919[42], il affirmait : « Je sais que, pendant la guerre notamment, on a essayé de vous faire croire que la France avait une responsabilité dans le conflit mondial dont l'Allemagne a été seule l'auteur. À la vérité, je ne me lasserai pas de le répéter parce qu'il ne faut pas que la légende puisse prévaloir contre l'Histoire, que nous souffrions de vous sentir si près de nous, mais jamais nous n'aurions pris la responsabilité de déchaîner la guerre sur le monde. » Poincaré s'adressait à des Lorrains qui avaient été soumis à la propagande allemande durant la guerre.

Les derniers mois du septennat furent plus faciles que les premiers. N'étant plus au cœur de la décision politique, il n'était ni suspecté, ni critiqué ni dénoncé. Il était moins oublié qu'on ne l'a dit et écrit. Insensiblement il regagnait du terrain en termes de considération et de notoriété, sinon de popularité.

Au moment où Poincaré quittait l'Élysée, le débat sur ses propres responsabilités n'avait pas encore commencé ; il ne savait pas que bientôt, en France et en Allemagne, il serait lui aussi placé sur le banc des accusés et qu'il lui faudrait se défendre. Il fut cependant quelques années plus tard un exécutant pointilleux d'un traité qu'il n'avait pas négocié et dont il désapprouvait bien des dispositions.

Au cours des années 1920, Poincaré se gardera d'émettre des critiques publiques sur les négociations qui avaient conduit au traité de Versailles. Il prenait le traité tel qu'il était. Jamais il ne faisait la moindre allusion à Georges Clemenceau ; le nom de cet homme était rayé de son vocabulaire. Pendant son premier ministère, il ferrailla contre André Tardieu, le collaborateur de Clemenceau qui était resté dans l'opposition. Il se tint à l'écart des polémiques de l'année 1929 provoquées par la publication par Raymond Recouly du *Mémorial de Foch*, contre lequel Clemenceau s'éleva avec véhémence dans son dernier livre, *Grandeurs et Misères d'une victoire*. Après la mort de Clemenceau, en novembre 1929, Poincaré lui-même convalescent mais peut-être pas encore retiré des affaires fit paraître un article apaisé dans *La Nación* de Buenos Aires[43], dont l'essentiel fut repris dans la presse française. En dix ans, son agressivité s'était émoussée. Lui-même avait échoué dans la Ruhr et il avait dû consentir à l'évacuation anticipée de la Rhénanie. C'est pourquoi, sur la négociation de 1919 qui l'avait tant exaspéré, il portait un regard désormais serein : « M. Clemenceau a dû négocier les traités ; je n'ai pas alors approuvé ses méthodes. Mais qui peut assurer que d'autres moyens eussent mieux réussi ? Qui peut affirmer que M. Clemenceau ait manqué dans la négociation de vigueur ou d'habileté ? »

Une nouvelle identification avec la Lorraine ?

Le passage à l'Élysée et la guerre ont-ils modifié le rapport que Poincaré entretenait avec sa province natale ? Nous avons vu à quel point, jusque-là, Raymond Poincaré était ce qu'il était convenu d'appeler « un Lorrain de Paris ». Après 1919, il semble en être allé différemment. Dans quelle mesure ? Pourquoi ?

L'épreuve avait rapproché Poincaré de ses compatriotes. Il avait souffert avec eux ; il avait été humilié avec eux ; les paysages de son enfance avaient été bouleversés ; sa propriété de Sampigny avait été volontairement détruite par l'artillerie allemande. À Dieuze, sur un arc de triomphe, on pouvait lire cette inscription : « Au grand patriote, premier Lorrain de France. »

À ses yeux, la victoire de 1918 était la victoire du droit, la victoire de la civilisation sur la barbarie ; elle réparait l'injustice du traité de Francfort et accomplissait l'un de ses rêves d'enfant et de jeune homme. Comme chez la plupart des hommes de sa génération, le souvenir de 1870 était au cœur de sa culture politique et nationale. Dans chacun de ses discours et pas seulement dans les discours commémoratifs, le lien avec 1870 était rappelé et souligné. La France fermait une parenthèse malheureuse de son histoire. Lors de ses visites en Alsace et en Lorraine libérées, il soulignait la volonté inébranlable des deux provinces recouvrées et rappelait que les annexés avaient vécu dans l'attente. Son discours de Metz[44] était nourri d'arguments historiques pour prouver le caractère français de la ville ; il avait médité tous les bons auteurs, comme Auguste Prost dont les livres étaient à la portée de sa main dans sa bibliothèque. Il feignait de croire que l'Allemagne, loin d'avoir broyé les Messins, avait amplifié le mouvement protestataire. Contre les évidences, il affirmait à la grande satisfaction de ses auditeurs : « Les années ont passé sur Metz et Metz n'a pas changé. » Or celui qui connaissait tant soit peu le Metz des années 1910 ne pouvait que constater le contraire, même s'il était vrai qu'une partie de ses habitants était demeurée irréductible. Mais était-il possible en 1919 à un président de la République, lorrain de surcroît, de tenir un langage différent ? « Le mauvais rêve était évanoui » ; il suffisait maintenant de fermer la parenthèse comme si rien ne s'était passé. Toutefois, le réalisme invitait à plus de prudence ; le retour au régime départemental et l'introduction immédiate des lois françaises auraient été des erreurs graves. Il fallait accorder des délais, maintenir certains acquis de l'annexion et respecter les promesses faites en 1914-1915 en matière religieuse et scolaire et dont il était en quelque sorte le garant. C'est pourquoi il s'efforça de modérer le zèle jacobin du gouvernement Clemenceau et favorisa en mars 1919 la nomination d'Alexandre Millerand comme haut commissaire de la République à Strasbourg. Désormais Poincaré était attentif aux affaires d'Alsace-Lorraine.

En Moselle libérée, Poincaré était spontanément populaire. Ce petit-bourgeois d'aspect sévère, honnête et sérieux, était un compatriote qui rassurait et sur lequel on comptait pour contenir le zèle laïc et centralisateur des fonctionnaires. Dans beaucoup de villes et de localités, des rues, des places, des avenues furent baptisées Raymond-Poincaré, à Metz, à Thionville, à Morhange. Par exemple, dans la localité minière d'Algrange, la ville aux cinq mines, la Kaiserstrasse devint la rue du Président-Poincaré[45]. Cet hommage spontané n'était pas purement de circonstance. En 1945, la plupart d'entre elles ont retrouvé ce nom que les nazis avaient supprimé. Dans le modeste espace politique qui lui restait, Poincaré aimait évoquer l'unité de la Lorraine, thème dont Clemenceau ne pouvait prendre ombrage. Dans un discours prononcé à Thionville[46], il s'adressait au maire, François Zimmer, en ces termes :

> « Monsieur le maire, vous avez raison de dire que nous sommes compatriotes. Non seulement pour les sources et les causes que vous venez d'expliquer, mais je m'en faisais la réflexion ce matin même, il n'y a pas de différence à faire : ce sont partout en Lorraine les mêmes coutumes, les mêmes paysages, les mêmes physionomies... Jamais d'ailleurs ne m'est apparue avec plus de clarté qu'aujourd'hui la vanité des efforts auxquels s'est livrée l'Allemagne pour tâcher de rompre des liens indissolubles. Le traité de Francfort avait coupé la Lorraine en deux morceaux. Il avait imaginé une frontière... De la vallée de la Meuse à celle de la Moselle, je retrouvais les mêmes mœurs, les mêmes physionomies humaines, les mêmes aspects des plaines et des coteaux, la même impression de solidarité provinciale. »

Cette sensibilité lorraine à laquelle faisait écho le discours de Thionville et dont on pourrait trouver maints autres exemples n'était pas une évocation affective et nostalgique ; elle correspondait à des sentiments profonds. La Lorraine était « française », la Lorraine était une ; il n'y avait aucune différence entre le Lorrain des bords de la Meuse et le Lorrain des bords de la Moselle. La frontière artificielle qui les avait séparés arbitrairement était définitivement effacée. Sans doute idéalisait-il un peu et ne faudrait-il pas prendre au pied de la lettre des phrases agréables à ses auditeurs et dont la portée pratique était nulle. Elles dessinaient toutefois une sensibilité et une culture. La Lorraine était française par son histoire et par la volonté de ses habitants. C'était une adhésion consciente et imprescriptible à la communauté nationale. Avec l'autorité de sa fonction, Raymond Poincaré se devait de rappeler et d'affirmer cette adhésion aux valeurs de la nation et de la république, toutes deux inséparables dans sa pensée.

Le Poincaré de 1919 n'avait guère changé par rapport à celui de 1913. Sa conception de la nation, ses convictions républicaines étaient restées les mêmes; elles avaient été confirmées et mûries par les événements; elles avaient, en quelque sorte, reçu le baptême du feu. En revanche, ce qui avait changé, c'était la perception de sa personnalité par les Français. Malgré l'ombre faite par Clemenceau, les Français avaient retenu confusément que Poincaré était un Lorrain, qu'il avait supporté sans faiblir l'épreuve de la guerre parce qu'il était lorrain. Un homme originaire d'une autre province n'aurait probablement pas tenu de la même manière. En quelque sorte, Raymond Poincaré avait été porté, sans le vouloir, par le mythe lorrain dont Maurice Barrès était devenu le grand prêtre dès avant la guerre et qui s'épanouit dans l'immédiat-après-guerre. La canonisation de Jeanne d'Arc en 1920 et sa désignation comme patronne secondaire de la France en furent des manifestations parmi d'autres. Il paraît étrange de rapprocher Poincaré le républicain, Poincaré le laïc, de cette vision d'une France chrétienne sur laquelle veillait la Providence. Malgré tout le respect et l'affection qu'il avait pour la fille des bords de Meuse, Poincaré ne pouvait croire que Jeanne d'Arc venait, une fois de plus, de sauver la France. Mais on oublie trop souvent que le mythe lorrain avait aussi un versant laïc et républicain. Sans l'avoir vraiment cherché, le personnage de Poincaré l'exprimait et le symbolisait. Un certain nombre de journalistes lorrains et parisiens dessinaient ce portrait; au premier rang d'entre eux se trouvait Émile Hinzelin[47], qui rendit un hommage appuyé au « septennat du Grand Lorrain ». Poincaré ne pouvait que rougir de satisfaction! À la fin de l'année 1919 et en janvier 1920, on pouvait lire de nombreux articles bilans construits autour de ce thème flatteur. Dans la dernière année du septennat, alors que Poincaré inaugurait sans gouverner, la consolidation de cette perception devint l'un des atouts ultérieurs de sa personnalité publique.

Un départ qui prépare un retour

Par son journal et ce qui reste de sa correspondance, nous savons combien Poincaré rongeait son frein et enrageait d'être réduit à des fonctions protocolaires. Il avait déjà pris sa décision. À sa sortie des palais officiels, le « prisonnier de l'Élysée » ne se cantonnerait pas dans une retraite dorée ; il reprendrait du service actif et solliciterait un nouveau mandat électif. À plusieurs reprises cette intention filtra dans la presse. En août 1919, le conseil d'arrondissement de Commercy lui rendit un hommage appuyé et, ayant appris qu'il continuerait à se consacrer aux affaires du pays, il accueillait cette « nouvelle avec une satisfaction rehaussée d'espérance ». Poincaré répondit : « Si un jour l'occasion m'est offerte de me représenter de nouveau dans les assemblées politiques, je ne déclinerai certainement pas cet honneur[48]. » Quelques semaines plus tard, le conseil d'arrondissement de Bar-le-Duc émit le vœu « que M. Poincaré [reprît] parmi les sénateurs de la Meuse la place qu'il a jadis si brillamment occupée ». Le président répondit en ces termes : « Je considérerai comme un devoir de ne pas décliner cette offre. » On ne pouvait être plus clair. Poincaré serait candidat aux prochaines élections sénatoriales dans la Meuse, d'une manière qu'il n'était pas encore opportun de préciser et qu'il ne connaissait pas encore lui-même. *Le Temps* ne s'y trompait pas puisqu'il titrait « M. Poincaré et le Sénat[49] ». À la fin du mois d'octobre, Jules Develle mourut subitement ; un siège de sénateur devenait vacant dans la Meuse. En son for intérieur, Raymond Poincaré se préparait à succéder à son ancien patron sans toutefois rien laisser transparaître encore de ses intentions.

En dehors des documents officiels et de sa participation à diverses cérémonies, nous ne savons pas comment Raymond Poincaré a vécu ses dernières semaines à l'Élysée. Certes, il ne se mêla ni aux controverses électorales ni à la formation du Bloc national, mais il suivit avec son attention coutumière les opérations électorales et leurs résultats. Après quelques hésitations, Georges Clemenceau laissa entendre qu'il serait candidat à l'Élysée et qu'il confierait à Alexandre Millerand la direction du futur gouvernement, mais il refusa d'annoncer formellement sa candidature. Ce successeur ne disait rien qui vaille à Raymond Poincaré, car il savait qu'il serait écarté de toute fonction ministérielle ; il en était de même pour Aristide Briand qui, depuis novembre 1917, avait été l'adversaire masqué mais le plus tenace de Clemenceau ; il fut l'âme de toutes les manœuvres qui aboutirent à la candidature de Paul Deschanel et à la mise en minorité de Clemenceau à la réunion préparatoire du 16 janvier 1920. Certains ont vu aussi dans cet échec l'action de l'Élysée. On savait que la préférence de Poincaré allait à Paul Deschanel et qu'il l'avait fait connaître, mais il n'avait pas mené campagne. Selon des propos rapportés par Mordacq, Clemenceau aurait dit plus tard : « Que M. Poincaré ait fait connaître ses préférences à son entourage, je trouve cela fort naturel et je ne saurais lui en vouloir. En tout cas, à ma connaissance, il l'a fait avec tant de tact, tant de discrétion que personne n'a pu apporter le moindre fait contre lui. Je me plais et je tiens à le reconnaître[50]. »

Le 17 janvier 1920, le Congrès se réunissait à Versailles et élisait au premier tour à une très forte majorité Paul Deschanel président de la République. Poincaré et Deschanel appartenaient à la même génération républicaine et se connaissaient depuis longtemps ; les deux hommes avaient sensiblement les mêmes idées politiques. Déjà, en 1912, Deschanel avait présenté sa candidature et s'était retiré après le premier tour ; cette fois-ci il fut aisément élu moins à cause de ses qualités personnelles que comme candidat de compromis parlementaire. Raymond Poincaré pouvait partir la tête haute, le sentiment du devoir accompli, sans laisser la place à un adversaire ou à un homme qui lui porterait ombrage. Car, sans aucun doute, après son départ de l'Élysée il participerait à la vie publique. À Barrès qui lui rendait visite la veille à l'Élysée, il avait confié qu'il « préférait s'en aller et réapparaître à un poste de combat car il n'avait pas l'âge de la retraite ».

Dans les semaines qui précédèrent l'installation de son successeur, Poincaré honora ses dernières obligations officielles : un voyage dans les Flandres belges, où il se rendit à Furnes, Nieuport, Dixmude et Ypres et où, en compagnie du roi Albert, il célébra l'amitié franco-belge (28-29 janvier). Revenu quelques jours à Paris, il endossait l'habit vert et, sous la coupole de l'Institut, il recevait le maréchal Foch[51] à l'Académie française (8 février). De cet éloge académique, avec ses limites et ses finesses, on peut retenir cette phrase allusive que seuls les initiés purent alors comprendre : « C'était à vous de faire la guerre ; ce n'était plus à vous de faire la paix. » Raymond Poincaré reçut ensuite un hommage qui lui alla droit au cœur ; la Chambre nouvellement élue vota le texte suivant[52] : « M. Raymond Poincaré, président de la République française pendant la guerre, a bien mérité de la Patrie » (10 février 1920). Ce texte fut gravé sur une plaque scellée sur la façade de sa maison natale, rue Nève à Bar-le-Duc, où l'on peut encore le lire aujourd'hui.

Raymond Poincaré fit son dernier voyage officiel en Champagne pour décorer de la croix de guerre les villes martyres de Châlons-sur-Marne, Épernay, Soissons et Saint-Quentin. Il acheva par la Lorraine : Thionville d'abord, qu'il visitait pour la seconde fois et enfin Verdun, le 14 février. Poincaré et le cortège présidentiel se rendirent le matin sur les champs de bataille de la rive droite, aux forts de Douaumont et de Vaux, puis ils entrèrent dans la ville, dont les ruines commençaient à être déblayées. Poincaré gagna à pied l'hôtel de ville et, selon un journaliste admiratif : « M. Poincaré a conservé le pied leste du capitaine de chasseurs alpins qu'il fut en Savoie[53]. » Il y prononça un discours interminable où il fit le récit de la bataille de Verdun et rappela sa visite présidentielle du 14 septembre 1916 sous la menace des canons allemands. Après le repas officiel, il monta jusqu'à la cathédrale, où Mgr Ginisty le reçut sur le seuil. En fin de soirée, le train présidentiel prit la direction de Paris. Le 17 février, il adressait un message aux Chambres qui fut lu par Alexandre Millerand. Après avoir donné son interprétation de la guerre et de la victoire, il revenait sur l'« union nationale » : « Je n'ai pas la vanité de croire qu'elle s'est formée à mon appel du 4 août. Elle était déjà dans le cœur du peuple et s'est spontanément révélée, le jour où elle est devenue nécessaire au salut du pays[54]. » L'usage de cette formule plus politique et moins religieuse que celle d'« Union sacrée » montre que, si elle avait correspondu à la situation de 1914, elle pourrait un jour ou l'autre redevenir d'actualité.

Dans ce texte comme dans la brève allocution prononcée lors de la transmission des pouvoirs à Paul Deschanel, Raymond Poincaré n'évoqua pas la fonction présidentielle ; il se borna à constater que « la constitution, telle qu'elle est, a eu le mérite d'assurer devant l'ennemi le maintien de l'ordre dans la liberté ». Ce n'était que partie remise. Dans une série de trois articles parus dans *Le Temps*[55] à la fin de l'été de 1920, il abordait longuement la question ; il le faisait à son habitude en juriste, sans la moindre allusion à ses scrupules, à ses troubles de conscience, aux humiliations subies. Il adoptait un point de vue conservateur ; il ne fallait pas changer des institutions qui avaient fait leurs preuves. Voici ses deux principales remarques :

> « *La Constitution ne laisse au président que l'autorité morale que peuvent lui avoir donné son expérience, sa connaissance des hommes, ses services. Que ce soit beaucoup ou que ce soit peu, l'état actuel de l'Europe ne nous permet pour l'instant ni d'en rien retrancher ni d'y rien ajouter.*
>
> *L'éternelle chimère des hommes est de chercher à mettre dans les Constitutions la perfection qu'ils n'ont pas eux-mêmes. Notre Constitution laisse beaucoup à désirer mais elle a sur la jument de Roland ou sur les fougueux dadas de tous les paladins de la révision la supériorité de ne pas être morte et, tant qu'elle n'a pas été changée, il faudra pour éviter les heurts et les cassures que les cabinets gouvernent, que les Chambres légifèrent, que les présidents conseillent...* »

« Que les présidents conseillent... » Poincaré ne voulait plus conseiller ; il voulait désormais gouverner.

Le 18 février 1920 se déroulèrent les cérémonies officielles de la passation des pouvoirs entre le président sortant et le nouveau président. Paul Deschanel, tout heureux, s'installait à l'Élysée, tandis que Raymond Poincaré rentrait chez lui rue Marbeau. Georges Clemenceau avait quitté Paris et préparait un grand voyage en Égypte.

*
**

Raymond Poincaré avait exercé une présidence modeste ; le bilan dément sans appel les accusations de pouvoir personnel ; il avait eu l'immense mérite de tenir toute la durée de la guerre; malgré l'impression d'inutilité, malgré les déconvenues et les humiliations, il n'avait pas succombé à la tentation de Casimir-Perier, celle de la démission; il s'était accroché à son mandat, non par intérêt, mais par sens du devoir. Aux yeux des Français, il avait représenté la stabilité, la légitimité, la garantie du fonctionnement régulier des institutions, bref, dans les pires épreuves il avait assuré sans crise la continuité de la république. L'impuissance dans laquelle il s'était morfondu avait aiguisé sa volonté de puissance et son désir de pouvoir; il n'avait pas dit son dernier mot.

Dans la dernière année de sa présidence, Poincaré avait conquis un capital de confiance dans les couches moyennes de la bourgeoisie et la paysannerie. Si la popularité du Tigre avait largement éclipsé la sienne, les Français n'ignoraient pas que Clemenceau appartenait au passé tandis que Poincaré pouvait encore avoir un avenir. Poincaré ne manquait pas d'adversaires irréductibles et pugnaces, mais ils ne furent jamais en mesure de détruire l'image qu'il s'était construite, celle d'un homme intègre, expérimenté, sage et raisonnable, sachant faire passer les intérêts du pays avant les intérêts particuliers. C'était ce capital qu'il allait utiliser pour retrouver le pouvoir.

En novembre 1913, Maurice Barrès[56] notait pour son usage personnel dans *Mes Cahiers* : « Poincaré est un avocat. Aujourd'hui il plaide le dossier de président de la République; dans sept ans il mettra une sangle et plaidera un autre dossier. » En février 1920, le dossier élyséen était bouclé; deux autres dossiers s'ouvraient : celui de l'application du traité de Versailles, qu'il n'avait pas pu négocier, et celui de la fixation du montant des réparations puis de leurs modalités de paiement. Poincaré allait très vite faire savoir aux Français et à la communauté européenne qu'il était disponible pour ces deux tâches et qu'il se mettrait au service du pays non en avocat mais en homme d'État responsable, mûri par l'expérience douloureuse de la guerre.

TROISIÈME PARTIE

Le recours

Le 18 février 1920, Raymond Poincaré quittait le palais de l'Élysée après avoir accompli son septennat jusqu'au bout. Il le quittait avec tous les honneurs. Il aurait pu se retirer de la vie politique, se consacrer à la reconstruction de sa maison de Sampigny et au soutien des multiples associations humanitaires et culturelles qui se seraient empressées de solliciter son patronage. Pas un instant il ne songea à la retraite. Il n'avait pas encore soixante ans, se sentait en pleine possession de ses moyens physiques et intellectuels, il aspirait à se libérer d'une vie de représentation pour être de nouveau libre de ses mouvements, de ses actes, de sa parole. Il retrouva son petit hôtel de la rue Marbeau et reprit ses activités dans la vie publique, à l'Académie, au Sénat, avec une frénésie qui compensait la réserve que l'Élysée lui avait imposée.

Sept années de présidence de la République ne peuvent être dans une vie une simple parenthèse. À son insu, la fonction l'avait transformé ; il n'était plus le même homme ; il avait désormais un statut particulier dont il tirait une certaine fierté. Pour beaucoup de Français et d'Européens, il restait Monsieur le Président ou plutôt le Président tout court. Son autorité et son prestige étaient devenus considérables. Dans les annales de la République, c'était un cas jusque-là unique, car ses prédécesseurs avaient été vite oubliés. Poincaré demeurait disponible et nul ne l'ignorait. La soixantaine alerte, l'intelligence mûrie par l'expérience, il affectait de se placer au-dessus des luttes immédiates et des agitations partisanes. Il était en réserve de la République. Il pouvait être un recours. Si les circonstances le permettaient, il serait la figure de proue du rassemblement national et de la concorde républicaine.

Aujourd'hui, le retour de Raymond Poincaré aux affaires paraît inscrit dans le déroulement naturel de l'histoire de la République et de la France. Il est associé à l'Union nationale, comme Édouard Herriot l'est au Cartel des gauches ou Léon Blum au Front populaire. Or ce retour de Raymond Poincaré n'était pas acquis d'avance. Quelle fut la part des circonstances ? Quelle fut celle de l'opinion et de son habile utilisation ? Quelle fut enfin la part de l'homme lui-même ?

Ce retour de Poincaré présente au moins deux caractéristiques originales. La première est sa rapidité puisque, moins de deux ans après son départ de l'Élysée, il était président du Conseil ; la seconde est le remarquable rebond qui le ramènera une nouvelle fois au pouvoir en juillet 1926. À part le retour du général de Gaulle en 1958 douze ans après sa démission soudaine, le cas de Raymond Poincaré est resté jusqu'à nos jours unique. Cette double singularité intrigue et mérite interrogation et examen.

CHAPITRE PREMIER

Un retour rapide sur la scène politique

Raymond Poincaré renoua sans effort et sans rupture apparente avec les multiples activités que, depuis quarante ans, il avait coutume de mener de front. Il était encore plus sollicité qu'auparavant. Dans le cœur des Français, il avait deux grands rivaux : Clemenceau et Briand. Le premier, qui s'était retiré définitivement de la politique active, n'était plus un concurrent. Le second le demeurait ; Briand et Poincaré étaient l'un et l'autre des hommes indépendants des partis ; ils avaient l'un et l'autre des réseaux, des clientèles et des appuis dans la grande presse et au Parlement ; ils chassaient en partie sur les mêmes terres, celles de la majorité du Bloc national ; dès le début de l'année 1921, leur rivalité feutrée était devenue une donnée majeure du jeu politique. Briand emporta la première manche ; puis, en le marquant habilement, Poincaré reprit le pouvoir en janvier 1922.

Entre Paris et la Meuse

Raymond Poincaré partageait sa vie entre Paris et la Meuse, mais d'une manière très inégale. Dans la capitale, son petit hôtel de la rue Marbeau, prolongé par un jardinet, était sa résidence habituelle ; c'est là qu'il travaillait et menait ses activités publiques. Dans la Meuse, il prenait de rares moments de détente et retrouvait des horizons familiers. Jusqu'à la reconstruction du « Clos », Raymond et sa femme résidèrent dans la propriété de Lucien à Triaucourt-en-Argonne. En septembre 1920 et 1921, le couple se reposa à Cabourg dans une villa qui appartenait à Henriette, « après le départ des baigneurs pour mieux goûter la solitude », écrivait Raymond à Joseph Reinach[1]. La reconstruction du Clos[2] de Sampigny, dont l'architecte était décédé pendant la guerre, fut confiée à Victor Berg, de Nancy. Poincaré estimait les pertes subies à 382 500 francs; quand les travaux commencèrent en 1920, Poincaré demanda au préfet de la Meuse de lui verser 25 % de l'acompte, soit 95 625 francs, pour payer les mémoires des entrepreneurs; des travaux supplémentaires entraînèrent le dépassement des prévisions et Poincaré paya des factures jusqu'en 1923. Toutefois, en août 1921, les travaux étaient suffisamment avancés pour que le couple pût fêter au Clos le soixante et unième anniversaire de Raymond. Les belles années de l'avant-guerre semblaient bien lointaines, comme le soulignait avec nostalgie une lettre de Raymond à sa nièce Lysie[3] : « J'ai passé un mélancolique anniversaire avec Marraine et Madame Lucien... Nous avons retrouvé les photographies de 1913. Que de morts et d'absents! La maison se reconstruit... Des hôtes d'autrefois, il ne reste plus que Grisgris et Bravo. Le bois est défiguré : abris creusés dans le sol, tôles ondulées, barbelés... Les vaches ne sont pas revenues... » (27 août 1921). La reconstruction fut achevée en 1922. Les travaux avaient coûté plus de 380 000 francs, sans compter le mobilier, somme qui fut loin d'être couverte par les dommages de guerre[4]. Le couple vendit la villa de Cabourg et ne garda que deux propriétés immobilières : l'hôtel parisien de la rue Marbeau et le Clos de Sampigny.

À Paris ou dans la Meuse, Poincaré était pressé de multiples sollicitations auxquelles il ne savait pas se dérober. L'âge semblait n'avoir émoussé ni son application ni la variété de ses centres d'intérêt. Pour lui, le travail était toujours une seconde nature; même en vacances, il travaillait.

Une famille réduite

La famille de Raymond Poincaré n'avait jamais été très étendue. Au fil des années elle s'était réduite, car les décès n'avaient pas été compensés par le renouvellement des générations. En 1912, il avait perdu son cher cousin Henri; l'année suivante sa mère, fatiguée depuis quelques années, s'était discrètement éteinte. En 1919, Raymond perdit sa cousine germaine Aline Boutroux, avec laquelle il était très lié; son mari Émile, le philosophe et académicien, lui survécut seulement deux ans[5]. Puis leur fils Pierre Boutroux, un mathématicien auquel on prédisait un brillant avenir, mourut prématurément.

Le choc le plus rude, parce que le plus inattendu, fut la mort soudaine de son frère cadet, le physicien Lucien Poincaré. Les deux frères et les deux couples étaient très liés. Pendant la guerre, Lucien avait suppléé comme vice-recteur le recteur de l'Académie de Paris, Louis Liard, puis avait assuré ses fonctions après sa démission (1er octobre 1917). Sa santé avait été affectée par les rudes tensions des années 1916-1918. Au cours d'un voyage en Grande-Bretagne, il avait été saisi d'essoufflements et de palpitations. Alors que tout paraissait être rentré dans l'ordre, une attaque cardiaque le terrassa soudainement le 9 mars 1920 dans son appartement de la Sorbonne. Lucien Poincaré avait seulement cinquante-sept ans[6]. « Mon pauvre frère est mort subitement tout à l'heure. Tu comprends ma douleur et mon accablement... » annonçait-il sobrement à Alexandre Millerand. Après un hommage officiel à la Sorbonne, les obsèques religieuses et l'inhumation eurent lieu à Triaucourt-en-Argonne; son éloge funèbre fut prononcé par le vicaire général Aubert. Cette mort laissa Raymond triste et morose; il ne s'en sortit que par un surcroît de travail. À ce deuil intime vint s'ajouter la disparition de son vieux camarade Maurice Bernard[7], avec lequel il était lié depuis son arrivée à Paris; il écrivait à Alexandre Millerand : « J'ai accompagné le pauvre Maurice d'abord au four crématoire du Père-Lachaise et de là au cimetière Montparnasse. Quel long et douloureux calvaire ! »

Comme lui-même et son frère étaient sans enfant, les seuls descendants de la famille Poincaré étaient les enfants et petits-enfants d'Henri. L'un d'eux, Jean Poincaré, travailla quelque temps au cabinet de Raymond; un autre petit-cousin, par alliance celui-là, l'ingénieur Léon Daum, qui fut employé quelques années aux houillères domaniales de la Sarre, lui adressait des informations sur ce territoire et l'état d'esprit de ses habitants. Plus tard, Léon Daum entra aux Aciéries de la Marine-Homécourt où il devint l'un des proches collaborateurs du président, Théodore Laurent. Avec les Frébillot, les Bompard, les Plauche, les liens s'étaient distendus, mais on se voyait encore de temps en temps. Du côté des Ficatier, Poincaré conservait quelques parents éloignés, dont un docteur Antoine Ficatier, qui le renseignait parfois sur ce qui se passait dans la Meuse, et un industriel de Lisle-en-Rigault.

La famille d'Henriette était limitée à sa sœur, mariée à un fonctionnaire de police, Lannes, et à ses deux filles, Yvonne et Lysie, qui allaient avant guerre en vacances à Sampigny. Les deux couples Lannes et Poincaré ne se fréquentaient guère. À la suite de l'« assassinat » de Philippe Daudet, le fils de Léon Daudet, une affaire encore aujourd'hui un peu mystérieuse, l'*Action française* s'empara du nom de Lannes, qu'elle accusa d'avoir dissimulé des éléments de l'enquête et d'avoir contribué à étouffer l'affaire. À plusieurs reprises, on fit des allusions aux liens de famille entre Lannes et Poincaré. Celui-ci ne répondit pas aux attaques et aux allusions perfides de la presse. Léon Daudet lui en garda rancune; les liens anciens entre Poincaré et la famille Daudet furent rompus et Léon Daudet[8] se vengea de Poincaré en publiant un pamphlet illustré, violent et mesquin, *Le Nain de Lorraine*.

Au début des années 1920, les deux nièces Lannes s'étaient mariées. Lysie, la filleule, la préférée de Raymond, avait épousé un

Breton, François Guionnic, qui avait été présenté à la famille par Georges Robineau, le gouverneur de la Banque de France. François fut placé par son oncle par alliance comme secrétaire du délégué français à la Commission des réparations, puis il entra dans la banque. Poincaré correspondait avec son neveu par alliance et portait sur la situation politique des appréciations d'une grande franchise. Le jeune couple resta proche de Marraine et d'« oncle Ray » mais ne paraissait plus que rarement rue Marbeau. Henriette et Raymond Poincaré, qui avaient réussi à préserver un petit espace de vie privée des regards des journalistes indiscrets, étaient très seuls; ils se replièrent sur eux-mêmes et reportèrent leur affection sur les chiens et les chats qui, depuis longtemps, étaient les familiers de leur maison.

Collaborateurs et amis

Selon son habitude, Poincaré travaillait seul. Il classait lui-même ses dossiers et rédigeait ses notes, discours, articles et plaidoiries de son écriture fine et rapide; la plume courait toujours avec autant de vélocité sur le papier et sa correspondance était toujours aussi fournie. Il répondait avec ponctualité au courrier qui l'accablait, aux solliciteurs innombrables, aux admirateurs et flatteurs, aux femmes du monde, aux auteurs inconnus qui imploraient une reconnaissance.

Ses anciens collaborateurs du Palais étaient depuis longtemps autonomes; ils avaient leurs affaires et leur cabinet, mais ils avaient gardé une respectueuse déférence et de la reconnaissance vis-à-vis de leur ancien patron[9]. Poincaré pouvait compter sur leur soutien. Quelques-uns d'entre eux avaient à sa suite engagé une carrière politique : Léon Bérard était entré à la Chambre en 1910; Maurice Colrat et Charles Reibel durent attendre la vague du Bloc national et furent élus tous les deux par la Seine-et-Oise. Ils furent des informateurs et des relais indispensables pour saisir l'état d'esprit de la nouvelle Chambre, dont beaucoup de parlementaires étaient pour Poincaré des inconnus.

Dans la haute administration, à la Cour des comptes, au Conseil d'État, à la Banque de France, Poincaré avait des amis fidèles et des obligés. Sa connaissance intime de l'appareil de l'État, de ses rouages et de son personnel était un atout précieux. Mais les hommes qu'il appréciait étaient relativement âgés; c'étaient des hommes de sa génération, proches de la retraite, et le contact avec les plus jeunes lui faisait défaut. Parmi les intimes, relevons les noms de Georges Robineau, gouverneur de la Banque de France, où il avait succédé à Pallain, et qui avait été son camarade à Bar-le-Duc, et de Georges Payelle, vice-président de la Cour des comptes, qui avait été jadis son chef de cabinet rue de Grenelle et auquel il restait très lié.

Poincaré ne renoua pas tout de suite avec le Palais; il fit une visite au bâtonnier le 8 juin. Plutôt que de recommencer à plaider, il donna des consultations, car il devait gagner sa vie. Sa notoriété était telle qu'il parvint aisément à retrouver une clientèle. Il donna de nombreuses consultations : en 1921 il conseilla la Société des banques de province qui avait engagé des poursuites contre des anciens directeurs. Sa déclaration d'impôt sur le revenu pour l'année 1921[10] montre qu'il avait touché des honoraires confortables puisque ses revenus, au moins en francs constants, dépassèrent les indemnités qu'il avait reçues dans sa dernière année de président de la République.

Sa correspondance montre qu'il avait conservé des contacts avec les anciens du barreau et que les grands avocats étaient restés ses amis. Il était en bons termes avec le bâtonnier de la guerre, Henri-Robert, et il tutoyait son successeur, Albert Salle. Celui-ci lui facilita sa rentrée au conseil de l'Ordre, où il fut élu en juin 1921. Dans son esprit, c'était la voie ouverte vers le bâtonnat ; il n'avait pas oublié son échec de 1911 et il souhaitait l'effacer. Autant que ses activités le lui permirent, il participa aux réunions du conseil de l'Ordre et, à la demande d'Albert Salle[11], il intervint au Sénat pour accélérer la discussion de textes intéressant la profession. Il joua un rôle dans la fondation de la caisse de retraite de l'Ordre.

L'ASSISE POLITIQUE MEUSIENNE

Un homme politique républicain est d'abord un élu du peuple. Raymond Poincaré, qui savait la valeur de cette règle non écrite, retrouva rapidement ses mandats électifs dans la Meuse. Il dut aussi renouer avec ses relations dans la presse, car il avait besoin de tribunes pour s'exprimer et de journalistes pour parler de lui.

Un an avant son départ de l'Élysée, Poincaré songeait déjà à un nouveau mandat de sénateur. « Ce n'est un mystère pour aucun de ceux qui s'honorent de son amitié que M. Poincaré a l'intention de rentrer dans la vie active », laissait filtrer *L'Est républicain*. Le renouvellement du Sénat, qui venait à la fin du processus électoral, était prévu pour 11 janvier 1920, un mois avant la fin de son mandat présidentiel. Le président n'annonça pas sa candidature et laissa à André Maginot, devenu le patron politique du département et qui venait d'être réélu député, le soin de fabriquer une liste[12]. La Meuse devait élire trois sénateurs ; un seul sortant se représentait, René Grosdidier ; Charles Humbert était écarté de la liste Maginot à cause de son procès devant la Haute Cour ; le troisième, Jules Develle, était décédé le 30 octobre 1919. Maginot forma une liste de trois noms : René Grosdidier, sénateur sortant, maire de Commercy, Albert Noël, ancien député et ancien maire de Verdun, Pol Chevalier, maire de Bar-le-Duc, ancien adversaire de Poincaré et qui avait acquis une grande popularité pour son activité durant la guerre. Il la fit ratifier par un groupe d'élus réunis à Bar le 24 décembre. Charles Humbert[13], qui avait gardé des obligés et dont le dévouement en faveur des réfugiés avait été incontestable, avait déjà annoncé sa candidature ; il pouvait menacer l'un des candidats de la liste Maginot. Lors du congrès républicain qui se tint à Verdun le 4 janvier 1920, des échanges très vifs opposèrent Charles Humbert d'une part, André Maginot et Lucien Poincaré d'autre part ; sans attaquer Raymond Poincaré, Humbert rappela qu'il avait fait quinze mois de cellule et qu'« on espérait [le] faire crever ». La réunion s'acheva dans la confusion.

Raymond Poincaré décida de ne pas poser sa candidature ; il était entendu qu'Albert Noël s'effacerait plus tard en sa faveur. Poincaré attendit les résultats dans la maison de son frère à Triaucourt-en-Argonne. Au premier tour[14], René Grosdidier et Pol Chevalier furent aisément élus. Pour le troisième siège, Albert Noël venait en tête du ballottage avec 339 voix devant A. Vautrin (259) et le général Hutin (233). Charles Humbert avait quand même recueilli 178 voix. 156 suffrages s'étaient portés sur Raymond Poincaré, non candidat. À la suite de ce résultat qui montrait l'influence persistante de Charles Humbert sur les grands électeurs meusiens, Maginot se précipita à Triaucourt-en-Argonne pour conférer avec Poincaré. La seule éventualité d'une réélection de Charles Humbert suffit à le décider à poser sa candidature. Au début de l'après-midi, Maginot revint à Bar ; il réunit les grands électeurs et leur annonça la candidature du président de la République. Les autres candidats s'effacèrent, même Charles Humbert. Raymond Poincaré fut élu sénateur de la Meuse avec 742 suffrages sur 780 votants. Ses anciens adversaires s'étaient inclinés ou avaient fait, comme Henri Ferrette, voter pour lui. « C'est une manifestation de reconnaissance nationale sur le nom de M. Poincaré. » Le Sénat attendit qu'il eût quitté l'Élysée pour valider son élection.

Quelques semaines plus tard, à la suite du décès de son frère Lucien, conseiller général de Triaucourt-en-Argonne, les maires du canton lui proposèrent de poser sa candidature. Il accepta sans hésiter la succession de son frère : « C'était une dette de famille que j'avais à payer », expliqua-t-il[15]. Il fut élu sans concurrent le 17 avril 1920 à la quasi-unanimité des votants. Raymond Poincaré était de nouveau l'élu du suffrage universel.

Avant l'ouverture de la session du conseil général, André Maginot qui, depuis 1913, présidait l'assemblée départementale de la Meuse, s'effaça devant lui[16] : « C'est avec joie que je vous verrai reprendre à notre tête la place qui est la vôtre » (10 août 1920). Poincaré ne se fit pas prier et fut élu à l'unanimité le 17 août 1920 à la fonction qu'il avait abandonnée à la suite de son accession à la présidence de la République. Il affectait parfois de considérer cette charge comme secondaire : « Non je n'ai pas la moindre illusion d'être écouté ni même entendu, je suis un homme en marge », annonçait-il un jour de morosité à Joseph Reinach[17]. Cela ne l'empêcha pas de renouer avec sa vieille habitude de prononcer à Bar-le-Duc une allocution de politique générale que tous les journaux nationaux et même européens, servis par l'Agence Havas, où Poincaré avait ses entrées, s'empressaient de reproduire et de commenter. On en eut la preuve pour son discours de rentrée du 17 août 1920, dont le texte fut largement diffusé. Après avoir fait des vœux « pour le relèvement de notre chère Meuse... victime de la barbarie », Poincaré se prononça pour « une exécution intégrale du traité de Versailles... L'Allemagne a reconnu devant les Alliés assemblés qu'elle était responsable de la guerre et qu'elle devait indemniser tout à la fois les peuples vainqueurs, les pensionnés militaires et les particuliers des dommages qu'ils avaient subis... C'étaient les revendications irréductibles des populations martyrisées ». Le 24 août, il se rendit à Rouvres, petit village près d'Étain dont la population avait été victime de la barbarie allemande de l'été de 1914. Comme il avait l'habitude de le faire, Poincaré présida la cérémonie officielle d'hommage aux quatre-vingt-quatorze victimes civiles, puis partit au moment où Mgr Ginisty, évêque de Verdun, arrivait pour la cérémonie religieuse. Ce partage des rôles, dont il était coutumier, manifestait son appartenance au camp laïque et maintenait un lien avec la gauche.

Poincaré demeura très attentif aux affaires de la Meuse et à tout ce qui concernait la reconstruction, les dommages de guerre, la réinstallation des réfugiés. Quand il était sollicité et qu'il avait l'impression qu'il s'agissait d'une affaire utile pour son département, il donnait ou souscrivait. Il encouragea la fondation des Coopérateurs de Lorraine pendant la guerre à Bar-le-Duc par l'inspecteur d'académie Bugnon[18] pour commercialiser à bon marché les produits alimentaires. Il fut aussi l'un des trente premiers souscripteurs du capital de la modeste Banque populaire de la Meuse, fondée en 1921 ; il avait acquis 60 actions sur 600, soit un capital de 3 000 francs.

Poincaré était également très attentif aux jeunes gens appartenant à de bonnes familles meusiennes qui venaient chercher conseil et appui auprès de celui qui était un modèle en matière d'apprentissage politique et de consécration sociale. Il les recevait volontiers ; c'est ainsi qu'il proposa au jeune Pierre Gaxotte, le fils du notaire républicain de Revigny-sur-Ornain, de travailler pour lui. Après avoir hésité, Gaxotte refusa ; puis il entra à l'Action française, ce qui était loin de la république de Poincaré. Il mena une brillante carrière de journaliste et d'historien pour le grand public qui le conduisit, comme Poincaré mais avec un bagage littéraire nettement plus étoffé, à l'Académie française.

Les relations avec les médias régionaux et nationaux

Cette touchante attention à la personne du grand président aurait pu se dissiper rapidement si elle n'avait pas été entretenue par un appareil de presse. Le vénérable *Écho de l'Est*, le doyen de la presse meusienne, n'avait plus guère d'audience; il sombra au début de 1922. *Le Républicain de L'Est*, l'hebdomadaire de l'arrondissement de Commercy, qui après l'avoir jadis combattu, le soutenait, cessa sa publication en avril 1920. *L'Est républicain*, dont Grosdidier et Poincaré étaient depuis longtemps des actionnaires, ouvrit des bureaux à Bar et à Verdun et devint le quotidien régional le plus diffusé dans la Meuse. C'était un support de premier ordre. Pour limiter l'influence de la catholique *Croix meusienne*, le plus lu des hebdomadaires départementaux, *Le Réveil de la Meuse* fut réorganisé sous l'impulsion d'André Maginot; le rédacteur en chef de cet hebdomadaire, Jean-Marie Simon, qui avait été jadis recommandé par Jules Develle, fut remercié par Maginot, qui lui reprochait d'être toujours « l'homme d'Humbert ». Dans un moment d'irritation, Maginot écrivait à Poincaré[19] : « Il va encore falloir se battre contre ce monde-là... on se battra » (3 janvier 1922). On le remplaça par un homme sûr, Léon Florentin. Cet instituteur, grand mutilé de guerre, était né à Vignot près de Commercy; son père avait longtemps été conducteur de travaux sous l'autorité d'Antoni Poincaré. Il serait le collaborateur fidèle, l'interprète autorisé qui, chaque semaine, conforterait les Meusiens dans l'admiration affectueuse de leur cher président.

Poincaré avait toujours été un homme de presse et il ne manquait jamais de le rappeler lors des congrès ou des assemblées générales annuelles auxquels il était régulièrement convié. Durant son mandat, il s'était abstenu d'intervention directe; à peine sorti de la « prison de l'Élysée », il reprit contact avec les directeurs et les journalistes. Il invita à dîner Adrien Hébrard, le directeur du *Temps*; le journal lui offrit un bronze de Dalou[20] « en souvenir de vos rapides passages chez nous » (28 mai 1920). Il était en étroites relations avec Henry de Jouvenel, le directeur du *Matin*[21], qui lui arracha quelques articles, et avec son secrétaire général, Stéphane Lauzanne. Il était lié à Léon Bailby, directeur de *L'Intransigeant*. Les propriétaires de *L'Illustration*, les frères Baschet, lui étaient tout dévoués; il recevait Marcel Hutin de *L'Écho de Paris*, Jean Herbette du *Temps*, Émile Hinzelin[22], qui écrivait dans une foule de journaux de Paris et de province où il répandait la légende poincariste. Poincaré prit soin de faire entendre sa voix dans les journaux et les revues. Il donnait à *L'Excelsior* un article par quinzaine; il reprit sa collaboration à *La Dépêche de Toulouse*, à laquelle il adressa deux articles par mois à partir de septembre 1921. L'homme de l'Est qu'était Raymond Poincaré avait ressenti le besoin de rester au contact des populations du Sud-Ouest et de maintenir un lien discret et amical avec cette frange des radicaux qui suivaient Albert et Maurice Sarraut[23].

Dans *Le Temps*, il publia quatre lettres libres sur le traité de paix et son application « avec des extraits de sa correspondance avec Clemenceau ». La prestigieuse *Revue des Deux Mondes* lui ouvrit ses colonnes et publia chaque quinzaine une chronique de douze pages où Raymond Poincaré, de l'Académie française, disséquait l'actualité avec sa minutie habituelle et un apparent détachement. Pendant sept ans, il avait dû « faire silencieusement, lorsqu'il le fallait, le sacrifice de [ses] opinions ». Il avait retrouvé une tribune où il pouvait librement s'exprimer. Trois jours environ s'écoulaient entre la remise du manuscrit et la publication de la chronique. La première parut le 8 mars 1920 et les autres suivirent avec une régularité de métronome. René Doumic[24] était enchanté par cette « histoire vivante » : « Vous avez non seulement la manière mais encore la longueur exacte. » Il les fit traduire en anglais pour en vendre les droits à la presse britannique et américaine et il se félicitait du « retentissement des chroniques à l'étranger et sur l'opinion européenne ». Les textes furent réunis et publiés chez Plon sous le titre *Histoire politique. Chronique de quinzaine*. Quatre volumes se succédèrent. Poincaré travaillait vite ; il avait assimilé les ouvrages récents de Charles Andler, Henri Hauser et Edmond Vermeil. Grâce aux services de l'argus de la presse, il avait à sa disposition la presse anglaise et allemande et il en sélectionnait les citations qui étayaient ses thèses. C'était plus habilement cousu que véritablement réfléchi et critique.

Conférences, voyages et discours dominicaux

Poincaré savait qu'un homme politique doit être vu et entendu. C'est pourquoi il répondait facilement aux invitations des associations et de préférence des municipalités meusiennes et lorraines. À partir de juin 1920, son calendrier fut bien rempli : le 11 juin, il parlait aux Lorrains de Paris ; le 13 juin, il présidait à Strasbourg l'assemblée constitutive des Amis de l'université de Strasbourg aux côtés du docteur Bucher et de son « vieil ami » Christian Pfister. Le 19 juin, à l'occasion d'une manifestation en l'honneur des régions libérées et des villes martyres, il prononçait un grand discours à la Sorbonne.

Après les manifestations dominicales de l'été, il honora à Nancy, ville qui lui était chère à tant d'égards, une invitation de la Société industrielle de l'Est[25] pour la remise de ses prix. Dans un grand discours à la salle Poirel (12 octobre), il fit l'éloge de cette société qui s'était inspirée du modèle de Mulhouse et il affirma : « Nous voulons que nos dommages soient intégralement réparés et que l'Allemagne paie sa dette. » Le 11 novembre 1920, il était dans le cortège officiel qui conduisit au Panthéon le cœur de Léon Gambetta. Ce fut naturellement Alexandre Millerand, le président de la République, qui prononça le discours d'hommage au héros de la Défense nationale, et au fondateur de la Troisième République.

Le calendrier meusien et lorrain[26] de l'année 1921 fut extraordinairement rempli : le 10 avril, il parlait à Commercy ; le 4 mai, il s'adressait aux anciens élèves du lycée de Bar-le-Duc ; le 4 juin, il prononçait à Bar-Le-Duc son allocution d'ouverture devant le conseil général. En juillet il poussa une petite pointe jusqu'à Metz pour répondre à une invitation de la municipalité. Dans un grand discours, il avait mis l'accent sur le destin français de Metz[27] et la « personnalité immortelle de notre Lorraine, notre vieille province romane ». En août, il passait à Sampigny des vacances actives : le 18, il était reçu solennellement à Verdun, où il rendit hommage à l'héroïque cité qui l'avait fait « citain de Verdun » ; le 20, il était invité à Étain, où il rappela longuement les événements douloureux de l'invasion et de l'occupation d'août 1914. En octobre, il revenait à Bar-le-Duc, où il ouvrit la session du conseil général par un discours documenté, sur les dommages de guerre et « le relèvement de notre chère Meuse ». Partout Poincaré était accueilli avec déférence et fierté. On était convaincu que le Lorrain avait encore un avenir. Poincaré n'oubliait pas l'Alsace, et depuis qu'il était devenu président de la Société des amis de l'université de Strasbourg, il assistait régulièrement à l'assemblée générale annuelle. En novembre 1921, il associa à son voyage à Strasbourg l'inauguration d'un monument à Reichshoffen (19 novembre 1921). Le 4 décembre, il était l'invité du Gala francobelge, organisé au Trocadéro par la Ligue française pour le droit des femmes, où il se prononça explicitement en faveur de l'attribution de la capacité civique aux femmes. On a fait parfois de Raymond Poincaré le spécialiste du discours commémoratif, l'homme des inaugurations des monuments aux morts, des stèles et des plaques des cimetières militaires. Ce n'était qu'un aspect parmi d'autres de ses activités ; il répondait aux invitations et elles étaient variées.

Cette activité inlassable se conciliait aisément avec une participation à la vie parisienne. On voyait Poincaré à des soirées, à des dîners, à des banquets, à des manifestations diverses ; il était autant à l'aise dans la simple allocution de circonstance que dans un discours plus élaboré. À la fin de l'année 1920, il parla devant les Lorrains de Paris puis donna à la Société des conférences une série de six causeries sur « les origines de la guerre européenne ». Le 21 mars 1921, il présidait le banquet du vingt-cinquième anniversaire de la Société des conférences. Le 22 mars, à l'invitation du recteur Paul Appell, il parlait à la Sorbonne devant la Société des étudiants. Le 2 juin, il prononçait un grand discours littéraire où il célébrait le talent de Dante, « colonne milliaire de la latinité[28] ». Le 24 décembre, il revenait à la Sorbonne. À l'automne de la même année, il avait participé au banquet annuel des Lorrains de Paris; il présida en séance solennelle la distribution des prix de vertu de l'Académie. Enfin, dans la bibliothèque de l'ordre des avocats, un hommage solennel[29] lui fut rendu par l'Ordre assemblé lors de l'inauguration de la plaque sur laquelle on peut encore lire la phrase : « Raymond Poincaré a bien mérité de la Patrie. » Aux manifestations parisiennes vinrent s'ajouter quelques déplacements en province : il se rendit deux fois à Lyon, la première fois pour rendre hommage aux Diables bleus, les chasseurs alpins, son ancienne arme, la seconde pour parler en faveur de l'Alliance française. À la fin de l'année il se déplaça à Bordeaux et à Saulieu.

Les voyages à l'étranger étaient rares et limités. Pour l'année 1921, on peut citer seulement un déplacement à Anvers et un voyage de deux jours à Londres, sur invitation de l'Alliance française. Initialement prévu pour avril, il fut reporté à l'automne. Le 31 octobre, Poincaré assista à l'assemblée générale du bureau britannique de l'Office national des universités, puis il se rendit à l'université de Londres, où il prononça un discours qui fut en partie traduit. Le lendemain, le roi George V, qu'il avait connu pendant la guerre, le reçut en audience privée à Buckingham Palace. Il ne semble pas avoir eu d'entretiens politiques et la presse anglaise n'accorda à cette visite[30] qu'une attention aussi courtoise qu'éphémère.

DEVANT LE NOUVEAU PAYSAGE POLITIQUE

Poincaré s'adapta aisément au nouveau paysage politique tel que l'avaient dessiné les élections législatives de novembre 1919. Pour la première fois depuis longtemps, le centre et la droite s'étaient associés sous l'étiquette du « Bloc national » et avaient gagné les élections. Cette Chambre où les anciens combattants donnaient le ton fut appelée « bleu horizon ». Poincaré était resté à l'écart des négociations complexes qui avaient abouti à ce résultat, car il était encore à l'Élysée. Il se tint aussi à l'écart des manœuvres qui entraînèrent la retraite du Tigre et où Briand et Barthou avaient joué un rôle décisif. Il ne fut pas fâché d'accueillir à l'Élysée l'élégant et superficiel Paul Deschanel, avec lequel il avait été en compétition, plutôt que l'incommode et irascible Clemenceau. Le vrai chef de la majorité parlementaire était Alexandre Millerand, que Deschanel appela à la présidence du Conseil. Un événement imprévu modifia le cours des choses : Paul Deschanel, atteint du syndrome d'Elpénor, dut donner sa démission en septembre 1920 et Alexandre Millerand recueillit sa succession. La majorité parlementaire, qui n'avait plus de chef issu de ses rangs, dut se résigner au retour des dirigeants écartés par Clemenceau : Aristide

Briand, Louis Barthou et Paul Doumer. Ces hommes avaient l'oreille du Sénat, où les vieux républicains et les radicaux modérés étaient restés majoritaires. À la Haute Assemblée, le groupe de la Gauche démocratique occupait la moitié des sièges; Poincaré y avait de nombreux amis, mais il préféra s'inscrire à son ancien groupe, celui de l'Union républicaine. La majorité sénatoriale souhaitait la concentration, c'est-à-dire l'alliance des républicains et des radicaux modérés, pour tenir en échec la fraction cléricale et conservatrice de la nouvelle Chambre. C'était aussi l'avis de Poincaré, qui était en harmonie avec les présidents successifs du Sénat, ses amis Léon Bourgeois et Gaston Doumergue.

Poincaré n'avait jamais été un militant de parti politique; il reprit contact avec l'Alliance démocratique dont il avait longtemps été l'un des vice-présidents. La *Correspondance politique et agricole*[31] annonçait la rentrée de Poincaré dans l'Alliance qui connut de profondes transformations à la suite de la démission puis de la mort de son président-fondateur, Adolphe Carnot. L'Alliance prit le nom de Parti républicain démocratique et social et porta à sa présidence (1er juin 1920) son ami Charles Jonnart. Poincaré n'entra pas dans ses instances dirigeantes. Il était désormais au-dessus des partis. Il approuvait Millerand d'avoir fait de larges concessions à la majorité sénatoriale en décalant son gouvernement puis celui de Leygues vers le centre gauche, au grand mécontentement de l'Entente, le groupe parlementaire le plus nombreux de la Chambre.

Après l'élection aisée d'Alexandre Millerand[32] à l'Élysée, la présidence du Conseil fut confiée à Georges Leygues, un spécialiste de la Marine, et un vétéran de la politique républicaine. Depuis les temps lointains du ministère Dupuy, Poincaré et Leygues étaient amis; ils appartenaient à la même génération et avaient des idées assez proches. Les Leygues avaient déjà accueilli les Poincaré sur la Côte, dans leur propriété de Boulouris. Georges Leygues écrivit à Poincaré[33] : « Ma tâche est lourde; votre concours l'allégera vraiment. Jamais je n'ai mieux senti le prix de votre amitié » (9 octobre 1920). Le ministère Leygues était bien fragile et l'amitié de Poincaré ne suffit pas à donner à son chef l'autorité dont il était dépourvu; il se traîna quelques mois jusqu'en janvier 1921, où une intervention du président de la Chambre, Raoul Péret[34], le fit trébucher. Millerand chargea Raoul Péret, le responsable de la crise, de la dénouer. Celui-ci chercha à former un ministère avec Poincaré et Briand. Au premier il aurait proposé successivement les Finances et les Affaires étrangères. Poincaré, qui n'avait nullement l'intention de servir sous les ordres de Péret, laissa la combinaison échouer. Selon la maréchale Foch[35], c'était Poincaré que Millerand aurait dû appeler. Mais « Millerand et lui sont en pique et le président de la République n'y consentira sans doute pas ». Cette prévision était juste. Millerand fit appel à Aristide Briand.

Celui-ci réussit là où le médiocre Péret avait échoué et forma un nouveau cabinet, mais sans Poincaré. Après quatre ans de purgatoire, celui que Clemenceau avait résolument écarté revenait aux affaires. Conformément aux vœux de la majorité, il s'était engagé à la reprise des relations diplomatiques avec le Saint-Siège et à la liquidation du lourd contentieux de la séparation à condition que la laïcité de l'École et de l'État ne fût pas remise en cause. Avec réalisme, Poincaré accepta de voter les crédits de l'ambassade, tout heureux de laisser à Briand le soin de les défendre.

L'EXÉCUTION DU TRAITÉ DE VERSAILLES

Poincaré était très soucieux d'assurer à la France les bénéfices de la victoire ; c'est pourquoi il consacra aux affaires internationales l'essentiel de son attention. Il fallait obliger les Allemands à exécuter le traité et conserver l'amitié et le soutien des Alliés.

Assurer « l'exécution du traité de paix », « une exécution loyale », précisait-il, était la principale préoccupation de Raymond Poincaré et de l'immense majorité des Français. Au début de 1920, le Sénat américain avait refusé de ratifier le traité de Versailles. Les Américains s'étaient retirés chez eux et semblaient se désintéresser de l'Europe. Les Anglais, soudainement inquiets de la puissance militaire française, étaient soucieux de ne pas écraser une Allemagne qui pourrait, soit être saisie par le démon de la revanche, soit être la proie de désordre, de type bolchevique. Après avoir difficilement gagné la guerre, la France n'allait-elle pas perdre la paix ? Face à une Allemagne qui multipliait les manœuvres, que fallait-il faire ? Devait-on être ferme, lui imposer l'application du traité au besoin par la force ? Fallait-il plutôt chercher la conciliation avec l'ancien ennemi, dont la jeune et fragile république méritait d'être soutenue ? Cette alternative facile à poser aujourd'hui était loin d'apparaître alors avec autant de clarté. La majorité des Français, que l'on avait bercés imprudemment avec un slogan facile, « l'Allemagne paiera », n'était pas disposée à tolérer le moindre recul. On énumérait les morts, les blessés, les mutilés, les atrocités commises, les ruines des régions dévastées. L'Allemagne devait payer des réparations. Le traité de Versailles en avait posé le principe.

Comme l'immense majorité des Français, Raymond Poincaré pensait que les réparations étaient la compensation des dommages matériels subis par les régions occupées et dévastées et les villes martyres, et qu'elles permettraient à la France épuisée financièrement de rembourser les dettes contractées pendant la guerre auprès des alliés anglo-saxons. C'est pourquoi il accepta la proposition d'Alexandre Millerand d'être nommé président de la Commission internationale des réparations. C'était le 21 février 1920, trois jours après son départ de l'Élysée ! Au pied levé, il remplaçait son ami le sénateur Charles Jonnart, qui avait démissionné le 19 février, moins d'un mois après son installation. Les raisons de Jonnart, dont la démission était presque une seconde nature, demeurèrent obscures. Raisons de santé ? Lassitude ? Mesure de la vanité de sa tâche ? Poincaré accepta non sans hésitation une fonction officielle qui allait, peut-être, lui permettre d'appliquer dans le sens qu'il souhaitait ce traité de Versailles, de la rédaction duquel il avait été totalement écarté. Dans une lettre à Millerand[36] écrite après qu'il eut causé avec Jonnart, il expliquait son embarras : « Je vais accepter ta proposition... Je ne puis quant à moi envisager aucune transaction sur le traité... Je ne peux pas refuser d'essayer. » Mais il envisageait déjà « de [se] retirer plutôt que de faire des concessions... Il faudra alors chercher quelqu'un d'autre. Je serai tiré d'un réel embarras. » Les amis qui ignoraient ses réserves le félicitèrent d'avoir accepté. Louis Loucheur[37] lui écrivait : « C'est un véritable soulagement... Tout le pays vous devra une nouvelle reconnaissance » (21 février 1920). Le gouverneur de la Banque de France, Pallain[38], le remerciait d'« avoir accepté une mission difficile entre toutes ». Les difficultés que Poincaré devinait surgirent sans tarder ; il se heurta aux délégués anglais et se plaignait du délégué français Avenol, « faible, inerte, complaisant » aux thèses anglaises. Le 9 mai, il était déjà à bout : « Je me demande à quoi pourra désormais servir la Commission des réparations. » Poincaré pensait que les Allemands pouvaient payer et il fut conforté dans sa conviction par les résultats d'une expertise de Barnisch, un dirigeant de la firme belge Solvay, qui assurait que l'Allemagne, contrairement aux affirmations de son gouvernement, avait une réelle capacité de paiement. Le 18 mai, il adressait sa démission à Alexandre Millerand. « La voie dans laquelle on est engagé me paraît trop dangereuse pour que je ne reprenne pas ma pleine liberté de parole et d'action », écrivait-il dans une lettre privée[39] à son neveu par alliance, François Guionnic (18 mai 1920). Quelques échos filtrèrent dans la presse : il aurait été mécontent du montant de l'indemnité globale fixée à la conférence de San Remo. D'autres assurèrent que « la raison déterminante » était le refus des Anglais d'admettre la priorité pour les régions dévastées. Personne ne s'y trompa. Il était de nouveau disponible.

Les chroniques de quinzaine publiées dans la *Revue des Deux Mondes*[40] et les multiples déclarations publiques permettent de dégager nettement les conceptions de Poincaré et les orientations qui seraient les siennes s'il revenait au pouvoir. On peut les résumer de la manière suivante :

L'Allemagne était coupable et responsable ; elle cherchait à se dérober à ses obligations ; elle était « incorrigible ». À son égard, « plus qu'avec tout autre peuple, méfiance est mère de sûreté ». On pourrait multiplier les citations ; elles correspondaient à des convictions profondément enracinées et étayées par des faits puisés dans l'interminable chronique de la guerre et de l'occupation. Elles s'appuyaient aussi sur une information abondante puisée dans les journaux, les revues et les déclarations des hommes publics allemands. Poincaré utilisait des traductions fournies par l'argus de la presse ou des services spécialisés du Quai d'Orsay ; il ne connaissait guère l'allemand, ne rencontrait aucun homme politique allemand ; il ne pouvait pas voyager en Allemagne pour se rendre compte de la situation réelle. Il avait donc une connaissance sélective et limitée par la « banque de données » où il puisait les innombrables citations qui allaient toutes dans le sens de ses convictions et de ses préjugés. Quelle était alors son analyse de la situation ? Son intime conviction était que l'Allemagne n'avait pas changé ; la république n'était qu'un paravent ; les forces de l'ancien empire étaient intactes et n'avaient rien abandonné de leurs objectifs et de leurs prétentions. À son égard, la plus grande vigilance s'imposait donc.

Une restauration des Hohenzollern ne pouvait être exclue. Au-delà des changements de régime et d'institutions, c'était la continuité qui prévalait en Allemagne. Il ne vint pas à l'idée de Poincaré de chercher à prendre contact avec des sociaux-démocrates comme Ebert, avec des catholiques comme Wirth ou des libéraux comme Rathenau pour tendre la main au régime de Weimar.

La révision des traités que proposait le « livre fameux de M. Keynes », *Les Conséquences économiques de la paix*, paru en 1919, était une orientation inacceptable car la France avait des droits inaliénables. Nous savons que Poincaré avait lu le livre de Keynes et suivi avec attention les polémiques et débats qui avaient entouré sa publication. Dans une lettre à François Guionnic, il faisait allusion à un texte de Keynes paru dans *Le Temps* où ce dernier « prétendait avoir tenu compte de la dévalorisation de l'or ». Poincaré constatait : « Je ne vois aucune trace de cette correction dans son livre » et il demandait à François de lui donner son sentiment. Nous ne possédons malheureusement pas la suite de cette intéressante correspondance. Poincaré jugeait que l'argumentation et les calculs de Keynes reposaient sur « une erreur fondamentale » : « Tout est exprimé en marks-or... Or l'or est une marchandise comme d'autres et depuis 1913 elle a changé de valeur. » En second lieu, il pensait que l'Allemagne était restée globalement un pays riche avec un capital presque intact et un potentiel industriel et commercial. Pour payer les réparations destinées en priorité à reconstruire « les terres dévastées », elle pouvait emprunter comme la France l'avait fait après 1870, et avec quel succès ! C'est pourquoi il refusait d'accorder le moindre crédit « à un bruit qui a fait le tour du monde selon lequel le traité de Versailles, s'il était jamais appliqué, consacrerait la ruine de l'Allemagne ». Il était au courant, au moins partiellement, des mouvements financiers des banques allemandes vers leurs filiales hollandaises.

La France devait agir avec ses alliés et malgré les difficultés et les inévitables conflits d'intérêts, elle devait coûte que coûte maintenir l'Entente cordiale avec la Grande-Bretagne. Il ne fallait pas réintégrer l'Allemagne dans le cercle des grandes puissances, tant qu'elle n'aurait pas rempli les obligations découlant du traité.

Les commentaires de Poincaré n'étaient pas des opinions originales et isolées ; elles correspondaient à ce que ressentaient une grande majorité de Français. Dans l'un de ses derniers articles publié par la *Revue de Paris*, le vieil Ernest Lavisse[41], avec lequel Poincaré était lié depuis plus d'un quart de siècle, résumait ses « Sentiments à l'égard de l'Allemagne » en ces termes : « Sur les origines de la guerre, ils mentiront ; sur la fin de la guerre, ils mentiront : l'Allemagne n'a pas voulu la guerre ; l'Allemagne n'en est pas sortie vaincue. » Poincaré partageait les appréciations de Lavisse ; c'est pourquoi le devoir de vigilance s'imposait. Les commentaires de Poincaré avaient d'autant plus de poids qu'ils émanaient d'un homme qui aspirait à redevenir un acteur majeur de la politique. Ses textes étaient repris et commentés par la plupart des journaux français et étrangers. Dans la presse allemande on parlait du « grand inquisiteur Poincaré » et on allait même jusqu'à écrire : « C'est Poincaré qui gouverne la France sous le nom de Briand. » Poincaré affectait de sourire de ces « enfantillages ». Ces commentaires prouvaient que Poincaré était rentré à l'intérieur du cercle magique du pouvoir et qu'il disposait en permanence de contacts et d'informations de première main. L'ancien ministre socialiste Albert Thomas, désormais à Genève à la tête du Bureau international du travail, était resté en relation avec lui ; les deux hommes s'écrivaient et se rencontraient. Le 7 avril 1921, il avertissait Poincaré[42] : « Je suis à un poste d'observation intéressant... Je ne suis pas toujours d'accord avec vous. Je demeure convaincu, aujourd'hui comme hier, que nous ne nous soucions pas assez des mouvements intérieurs de l'Allemagne, mouvements très lents et cependant sensibles, nous ne cherchons pas assez à comprendre les diverses opinions publiques... »

L'héritage de la guerre

Raymond Poincaré avait été profondément marqué par la guerre, par ce qu'il avait vu, entendu, subi. Il avait incorporé cette douloureuse expérience à sa culture et à sa personnalité ; c'était l'un de ses principaux sujets de réflexion puisqu'il était sans cesse sollicité pour en parler. À l'arrière-plan, la mémoire de 1870 était encore présente et dictait la conduite à tenir à l'égard de l'Allemagne. On ne comprend pas son acharnement à exiger des réparations sans la référence aux 5 milliards de francs-or du traité de Francfort et à la rapidité avec laquelle la France les avait trouvés et payés. Comme la France, l'Allemagne devait lancer un emprunt pour payer sa dette. La Grande Guerre s'était déroulée sur le sol français où elle avait laissé des ruines et des destructions, des provinces sinistrées et des villes martyres. Poincaré était le représentant de la Meuse, un département dévasté. De la fenêtre de son bureau de Sampigny, il embrassait la zone rouge au-dessus de Saint-Mihiel. Souvent, en automobile, il se rendait au Bois-le-Prêtre, au Mont-Sec, à Vauquois, à Verdun, en Argonne, etc. Plus que beaucoup d'hommes politiques français, il avait une connaissance précise des destructions et des tâches et du coût de la reconstruction du pays.

Poincaré était convaincu et de la responsabilité de l'Allemagne et d'avoir tout fait pour éviter le déclenchement du terrible fléau; il avait mené avec les Alliés une guerre du droit. Cette conviction n'avait pas été partagée par tous, en Allemagne d'abord, en France non plus. À peine avait-il quitté l'Élysée que commençait un débat sur ses responsabilités dans la crise de juillet 1914. Les accusations venaient de divers côtés, notamment des amis de Joseph Caillaux dont le procès se déroula devant la Haute Cour en mars 1920. L'ancien président du Conseil René Viviani, venu déposer le 18 mars, évoqua cette accusation : « On a prêté à l'ancien chef de l'État une attitude belliqueuse ; j'ai tout de suite élevé une protestation circonstanciée ; je la renouvelle non pas pour moi mais pour la vérité historique. » Faisant référence ensuite à un article de Caillaux intitulé *Les Responsables*, il parlait d'« accusations monstrueuses » et affirmait : « J'écarte la responsabilité du chef de l'État. » Cette déposition n'a arrêté ni les rumeurs ni les accusations.

À la fin de 1920, le débat sur les responsabilités rebondit à la suite de la parution d'un véritable brûlot rédigé par un ancien combattant, mutilé de guerre, Gouttenoirre de Toury. Cet homme aisé qui habitait avenue Montaigne était révolté par la guerre, hanté par elle. Il se rapprocha de l'extrême gauche et écrivit quelques articles dans *L'Humanité* et *Le Journal du peuple*. Son livre[43] fut préfacé par l'écrivain Henry Barbusse, proche de l'extrême gauche et bientôt adhérent du tout jeune Parti communiste. Poincaré, blessé au fond de lui-même, riposta immédiatement par des articles dans la presse parisienne et par une série de quatre conférences bientôt réunies dans un livre. La presse de province se fit l'écho de ces controverses et se plaça du côté de Poincaré. Celui-ci demanda à la Ligue des droits de l'homme de se saisir du dossier. Son président, Victor Basch[44], rapportait en ces termes dans *L'Ère nouvelle* un entretien avec Poincaré : « La France, en 1914, était résolument, éperdument pacifique ; elle l'a prouvé lorsqu'éclata le conflit austro-serbe. Personne n'a cru d'abord à la possibilité d'un conflit mondial. » Il concluait en qualifiant de « légendes, ces fameuses conventions avec le tsar où la guerre aurait été préparée ». Pour sa part, Victor Basch se disait « déterminé à détruire les misérables légendes qui se colportent ». La Ligue des droits de l'homme examina ce qu'elle pouvait connaître du dossier et déclara les accusations sans fondement à l'unanimité moins deux abstentions. Poincaré pouvait être moralement satisfait puisque l'association républicaine qui avait été le fer de lance du combat en faveur de la révision du procès Dreyfus l'avait lavé de tout soupçon. La rumeur n'en continua pas moins de courir dans la presse allemande, où l'on refusait la culpabilité collective, dans les associations d'Alsaciens-Lorrains expulsés, pour lesquelles Poincaré était un bouc émissaire commode de leurs malheurs. En France, dans les milieux pacifistes proches du jeune Parti communiste, chez une partie de socialistes, les accusations continuèrent et, lors d'une séance de la Chambre en juillet 1921, plusieurs orateurs s'en firent l'écho et les journaux reproduisirent et commentèrent leurs propos.

Un observateur critique de la politique internationale d'Aristide Briand

Le 16 janvier 1921, Aristide Briand revenait au pouvoir après presque quatre ans de purgatoire ; il n'était ni chef de parti, ni chef de groupe, ni chef de majorité ; il fut accepté par la majorité du Bloc national à laquelle il avait promis de rétablir les relations avec le Vatican. Briand avait maintenant plus de cinquante-huit ans. Légèrement voûté, le pas un peu traînant, les cheveux et la moustache grisonnants, il n'avait rien perdu ni de sa capacité de séduction, ni de son art du compromis, ni de son talent de parole. Il s'installa au Quai d'Orsay, annonçant sans surprise le maintien des alliances et l'application des traités. Raymond Poincaré et Aristide Briand avaient longtemps collaboré ; ils n'en étaient pas moins rivaux. Ce fut en marquant Aristide Briand que Raymond Poincaré prépara son retour au pouvoir.

Raymond Poincaré salua la formation du ministère Briand en mêlant habilement aux compliments et fleurs de rhétorique quelques épines acérées. Briand était certes « le grand magicien de la parole... l'orateur prestigieux » qui savait convaincre et émouvoir, mais il était toujours « un peu embarrassé lorsqu'on le prie de prendre la plume ou de faire une lecture ». Puis Poincaré ironisa sur la composition du ministère (où pourtant figuraient ses amis Barthou et Maginot), sur la « luxuriante floraison des sous-secrétaires d'État », sur les dosages qui « ont tout de même à l'heure grave où nous sommes quelque chose de futile... » Un mois après le retour de Briand au Quai d'Orsay, Poincaré était élu président de la commission des Affaires étrangères du Sénat. De ce poste stratégique qui lui procurait toute l'information nécessaire, il pouvait observer, discuter, avertir.

Au printemps de 1921, les Allemands, auxquels les Alliés avaient imposé les réparations, discutèrent les premiers versements et cherchèrent à ne pas payer. Briand parla « de mettre la main au collet du mauvais payeur ». Soutenu par Lloyd George et par les Alliés, il fit occuper trois têtes de pont sur la rive droite du Rhin, les villes de Duisburg, Ruhrort et Düsseldorf. De mauvaise grâce le gouvernement allemand s'exécuta. Poincaré approuvait et ne tarissait pas d'éloges sur « l'art prodigieux », le « talent infatigable » du président du Conseil et qualifiait son discours sur le traité de Trianon prononcé devant le Sénat de « chef-d'œuvre de finesse et de tact ».

À l'automne de 1921, les difficultés avec l'Allemagne furent ravivées par les décisions de la conférence interalliée, réunie à Spa en Belgique, qui avait enfin fixé le montant global des réparations (132 milliards de marks-or) et leur répartition entre les principaux bénéficiaires (la France avait obtenu 52 % de ce total). Poincaré était mécontent des résultats de la conférence, « un projet inique qui priverait de charbon les provinces dévastées » et il refusa de les approuver au Sénat. Plutôt que d'engager une nouvelle épreuve de force, Briand envoya son ministre Loucheur négocier avec l'industriel Walter Rathenau les accords de Wiesbaden. Était-ce un changement de politique, réfléchi et délibéré ? Était-ce, comme on l'a insinué, parce que Briand subissait l'influence du Premier britannique David Lloyd George qui s'était rendu compte que les Alliés s'engageaient dans une impasse ? Briand n'avait-il pas intuitivement perçu que toute tentative française autonome était tôt ou tard vouée à l'échec ? On peut à juste titre s'interroger. C'est pourquoi la dégradation de la position intérieure de Briand vint moins de sa gestion des relations franco-allemandes que de la perception de ses relations avec les Anglo-Saxons.

En octobre 1921, Briand se rendit à la conférence de Washington sur la limitation des armements maritimes. Il fut absent de France plus de cinq semaines. Les commentaires de Poincaré se firent plus incisifs ; il continuait de couvrir Briand de fleurs : « Les qualités personnelles du président du Conseil, son merveilleux talent oratoire, son charme, sa bonne grâce ajoutaient beaucoup à ses actions » ; puis il enfonça avec élégance la lame : « Il ne parlait pas anglais... il était le point de mire des journalistes... Il était naturellement exposé à ce qu'on dénaturât ses paroles et à ce qu'on travestît sa pensée. » Rien d'étonnant à ce qu'il revînt en France « avec une valise vide[45] ! » Selon Paul Cambon, Poincaré et Barthou « travaill[ai]ent avec acharnement » à miner la position de Briand dans l'espoir de recueillir sa succession.

Puis Briand se rendit à Londres, où le Premier ministre britannique, Lloyd George, lui proposa de réunir une nouvelle conférence à Cannes. Briand accepta. N'était-ce pas cautionner une opération identique à celle de Washington ? Les informations que Poincaré recevait d'Allemagne n'étaient pas encourageantes. Le gouvernement Wirth n'était qu'un « gouvernement de façade... Le maquillage démocratique continue de tromper nos amis... Tout l'appareil du vieil empire demeure intact. Ils n'ont d'autre but que de soustraire l'Allemagne à ses engagements et de préparer la revanche ». Et Poincaré de prédire : « Qui empêchera les délégués réunis de toucher à tout et de remanier tout[46] ? » La conférence de Cannes commençait mal. Le président de la République, Alexandre Millerand, et de nombreux ministres de Briand partageaient l'interprétation de Poincaré et cherchaient l'occasion favorable pour se débarrasser du président du Conseil. À la Chambre, les élus « bleu horizon » étaient indignés et demandaient son départ. Une photo de presse qui montrait Briand et Lloyd George sur un terrain de golf, où Briand semblait recevoir une leçon de son homologue britannique, mit le feu aux poudres. On y vit le symbole des abandons qu'il était en train de consentir. La presse parisienne se mit à gronder. Comme en 1912, Raymond Poincaré apparaissait le recours, l'homme qui donnerait le coup d'arrêt.

Alors que faiblissait l'étoile de Briand, dont l'ondoyante souplesse inquiétait, celle de Raymond Poincaré brillait de nouveau d'un vif éclat ; il était l'homme qui tiendrait une fois de plus les Alliés et l'Allemagne en respect. Millerand indigné convoqua à deux reprises le cabinet. Au nom de la commission sénatoriale des Affaires étrangères, Poincaré adressa un télégramme à Briand soulignant que « rien ne peut devenir définitif sans la collaboration des Chambres ». Devant cette levée de boucliers, Aristide Briand revint à Paris. Une explication orageuse eut lieu avec Millerand. Il réunit le 12 janvier un Conseil des ministres « qui décida de refuser tout moratorium qui ne serait pas assorti de gages et de sanctions ». Dans ses Souvenirs inédits, Millerand s'élève contre « une légende qui s'est formée à propos de la conférence de Cannes », légende selon laquelle « j'aurais dicté une politique personnelle que j'aurais pris sur moi de leur imposer ». Après ce Conseil, durant lequel Briand et Loucheur se sentirent isolés de leurs collègues, Briand se rendit au Palais-Bourbon ; devant une Chambre houleuse, il se justifia par un discours qui s'achevait par ces mots : « Voilà ce que j'ai fait ; voilà où nous en étions quand j'ai quitté Cannes ; d'autres feront mieux que moi. » Sans provoquer un vote qu'il aurait peut-être remporté s'il avait forcé le destin, il donna sa démission. Millerand l'accepta avec empressement.

L'opinion française et les milieux politiques étaient loin d'avoir perçu l'intérêt de la voie dans laquelle Briand s'engageait. Ils étaient persuadés du contraire. L'Allemagne devait payer des réparations ;

puisqu'elle ne voulait pas les payer, il fallait « prendre des gages ». Ce serait la contrepartie des multiples destructions matérielles opérées pendant la guerre sur le territoire français par l'armée allemande. La France avait des droits imprescriptibles. D'où le décalage croissant entre Aristide Briand, sa majorité parlementaire et l'opinion publique, et finalement sa démission.

Poincaré n'avait pas compris ce que Briand avait intuitivement senti. Comme la majorité des Français, il restait attaché à une exécution des traités. Ce fut cette correspondance avec l'opinion qui imposa au président Millerand le choix de Poincaré, même si les deux hommes étaient loin d'être d'accord sur tout. Dans sa dernière chronique, parue dans la *Revue* le 15 janvier 1922, Poincaré résumait les choses à sa manière : « Contrairement au désir de M. Briand, c'est cependant la direction opposée qu'a prise dès sa première séance le Conseil suprême... Avec la conférence de Gênes nous plongeons dans l'inconnu... » Enfin, erreur suprême, Briand avait donné l'impression que « la France avait eu la pénible sensation d'être à la remorque[47] », sous-entendu de la Grande-Bretagne. Le ministère Briand tombait sur une crispation nationaliste et une tension grave entre la France et la Grande-Bretagne.

Le retour à la présidence du Conseil et au Quai d'Orsay

Alexandre Millerand dénoua rapidement la crise. Après les consultations d'usage où le nom de Raymond Poincaré était sur toutes les lèvres, il appela le sénateur de la Meuse à l'Élysée et lui proposa de former le nouveau gouvernement. Poincaré n'était pas le tombeur de Briand, mais il se situait sur une ligne dure qui recueillerait à coup sûr l'assentiment de la majorité de la Chambre. Au cours de leur conversation, Millerand et Poincaré s'étaient-ils mis d'accord sur une ligne de conduite ? Aucun document ne permet de l'affirmer et on peut en douter en raison de la conception que Poincaré se faisait des fonctions de président de la République. Il n'avait sûrement pas l'intention de partager le pouvoir avec Millerand, dont il accepta immédiatement la proposition.

Poincaré mena tambour battant ses consultations et forma rapidement une équipe plus restreinte que la précédente (19 ministres contre 24). Comme en 1912, il prit pour lui-même le portefeuille des Affaires étrangères. C'était le domaine qui réclamait toute son attention.

La majorité sur laquelle il s'appuyait s'étendait à quatre groupes de la chambre : l'Entente, l'Action républicaine et sociale, les Républicains de gauche et la Gauche républicaine et démocratique. Les radicaux-socialistes étaient maintenant en dehors de la majorité. Leur chef, le maire de Lyon, Édouard Herriot, avait repoussé les avances de Poincaré[48], de même que Gaston Doumergue, le président de la Gauche démocratique du Sénat. Malgré une large hostilité des parlementaires et de la base du parti, Édouard Herriot avait dû se résigner à laisser entrer dans la combinaison trois parlementaires : Albert Sarraut, Paul Strauss et Paul Laffont. Le plus important des trois, Albert Sarraut, ami de longue date de Poincaré, entraînait derrière lui une partie du radicalisme du Sud-Ouest et assurait à Poincaré la neutralité bienveillante de la puissante *Dépêche de Toulouse*.

Le plus étonnant était la continuité avec le ministère Briand : même dosage politique, même majorité, même personnel. Douze ministres de Briand restaient avec Poincaré ; c'étaient ceux qui avaient désapprouvé les ouvertures de Briand à Cannes, et parmi eux André Maginot et Louis Barthou. Ce dernier quittait la Guerre pour devenir garde des Sceaux et vice-président du Conseil ; il était l'homme de confiance de Poincaré qu'il pouvait, le cas échéant, suppléer. « C'est l'intérêt national... C'est un service personnel que je demande... » Et l'autre s'est laissé attendrir... » note Buat dans son journal[49]. André Maginot obtenait le portefeuille de la Guerre, qu'il ajoutait à celui des Pensions. C'était une grosse responsabilité, car il fallait faire voter par le Parlement le retour au service de dix-huit mois. Au sein de l'armée il était loin de faire l'unanimité, mais on comptait sur le maréchal Pétain, inspecteur général de l'armée, pour maintenir le cap.

Parmi les partants, il faut retenir les noms de deux hommes qui n'avaient jamais fait bon ménage avec Poincaré : Paul Doumer, en qui il avait toujours perçu un rival, et Louis Loucheur, qui avait négocié avec Rathenau les accords de Wiesbaden. Avec le second, d'ailleurs, les ponts n'étaient pas coupés même si les deux hommes se méfiaient l'un de l'autre. Le ministère de l'Intérieur était convoité par l'Entente de la Chambre et par la Gauche démocratique du Sénat. Maginot aussi se serait bien installé place Beauvau. Poincaré trouva une de ces solutions politiciennes dont il avait le secret : il confia l'Intérieur à Jacques Maunoury, un député modéré d'Eure-et-Loir assez insignifiant[50] et dont le nom était agréable à l'Entente et aux militaires, et dont on savait qu'il ne porterait ombrage à personne. Il était sympathique et nonchalant et laissa faire les préfets. Selon Millerand, cet homme « charmant et passif n'était qu'un ministre soliveau ».

L'Entente, à laquelle étaient inscrits de gros bataillons parlementaires, n'avait que trois ministres. L'ouverture à droite était limitée à Charles de Lasteyrie, un ancien collaborateur de Denys Cochin au Blocus qui reçut les Finances. Georges Leygues, un ami sûr, revenait à la Marine. Henry Chéron allait à l'Agriculture. Yves Le Trocquer[51] conservait les Travaux publics et les Transports. Quelques portefeuilles avaient été réservés à ses anciens collaborateurs du Palais :

Léon Bérard allait à l'Instruction publique, Charles Reibel[52] aux Régions libérées, Maurice Colrat, avec le titre de sous-secrétaire d'État à la présidence du Conseil, assistait directement le président. L'aile gauche, c'est-à-dire les radicaux de la Chambre et du Sénat, avait trois portefeuilles : les Colonies étaient confiées au député de l'Aude Albert Sarraut, qui était lié avec Poincaré depuis qu'ils avaient été collègues dans le ministère Sarrien (1906); l'Hygiène, l'Assistance et la Prévoyance sociale furent attribuées à un sénateur de la Gauche démocratique de la Seine, Paul Strauss[53], tandis que le député de l'Ariège Paul Laffont[54] conservait le sous-secrétariat d'État aux Postes et Télégraphes. Les ouvertures en direction d'André Tardieu[55] restèrent vaines. L'ancien collaborateur de Clemenceau, avec lequel Poincaré avait récemment polémiqué, venait de prendre la tête du journal *L'Écho national*. Dans une longue lettre du 14 janvier, il énuméra tous les motifs de désaccord qui le conduisaient à refuser cette proposition, qui le cantonna dans l'opposition.

Poincaré avait annoncé un gouvernement de large concentration; il n'avait pas vraiment réussi, car tous les hommes de premier plan qu'il avait sollicités s'étaient dérobés à l'exception de Louis Barthou. Les ministres étaient soient des hommes de second plan, soit des inconnus. À lui seul il incarnait le ministère et il devait en assumer la responsabilité politique.

Poincaré se présenta devant la Chambre le 19 janvier 1922; il fit une déclaration brève, lisse comme un miroir. Il l'avait entièrement rédigée de sa main. Il n'annonça aucun programme, il ne fit aucune critique de son prédécesseur, dont volontairement il ne cita pas le nom; il se plaçait en apparence dans la continuité et n'envisageait aucune action en dehors des Alliés et de la commission des réparations. En revanche son langage, son allure, son ton étaient bien différents; il se fit applaudir en évoquant les victimes, les sacrifices et les ruines; il fustigea une Allemagne qui ne voulait pas payer mais qui serait contrainte de s'exécuter. Il mit l'accent sur les droits de la France. Évoquant « l'observation des traités », il s'interrogeait : « Sur cette question vitale, comment la France pourrait-elle céder[56] ? » Sa détermination était déjà une réponse. Poincaré ignora l'expression « Bloc national », coalition dont il n'était pas l'élu, et préféra se réclamer de la « concorde nationale ». La Chambre fit un excellent accueil à ses propos et lui accorda une majorité très forte, soit 439 voix sur 519 votants; c'était celle qu'Aristide Briand avait obtenue un an plus tôt; d'ailleurs, sans rancune, celui-ci vota pour son successeur. Les radicaux-socialistes, dont leur chef Édouard Herriot, s'étaient en majorité abstenus. Seuls les socialistes et les communistes se placèrent résolument dans l'opposition.

L'ACCUEIL DU NOUVEAU MINISTÈRE

Le retour de Poincaré aux affaires fut très positivement accueilli par l'opinion et la presse. La grande presse et les journaux de province étaient les plus favorables, tant était grand le prestige de Poincaré. Le directeur de *L'Intransigeant*, Léon Bailby, écrivait à Poincaré pour le féliciter et souhaiter « très sincèrement le succès de vos patriotiques efforts[57] ». Il traduisait probablement là le vœu de la majorité des Français. Il faudrait pouvoir éclairer les relations de Poincaré avec les directeurs de journaux et les journalistes influents. Poincaré en recevait certains discrètement, leur communiquait des informations et glissait des consignes. On peut citer Jean Herbette, l'un des rédacteurs du bulletin de politique étrangère du *Temps*, des journalistes du *Matin* et de *L'Écho de Paris* et beaucoup d'autres moins connus. Dans l'opinion publique, la popularité de Poincaré était considérable; les Français avaient le sentiment qu'ils seraient gouvernés et qu'il obligerait enfin les Allemands à s'exécuter. Les adversaires étaient limités aux socialistes et aux communistes. *Le Populaire* et *L'Humanité* étaient hostiles au nouveau président du Conseil et inspiraient les journaux de province et la presse syndicale qui étaient dans leur sillage.

Les personnes averties étaient beaucoup plus sceptiques. Après avoir lu le texte de la déclaration ministérielle, le général Buat notait : « Beaucoup de choses nettes, en tout cas, la caractérisque des dires et écrits de Poincaré. Les actes seront-ils conformes aux paroles et aux écrits ? Le passé ne permet pas de nourrir de grands espoirs à ce sujet. » L'ambassadeur belge Gaiffier était sans illusion : « Il lui sera difficile sinon impossible d'appliquer au pouvoir les principes qu'il professait dans ses écrits[58]. »

La lecture de la presse étrangère était moins encourageante que celle de la presse française. Dans la presse belge seuls les journaux socialistes manifestèrent une franche hostilité, et un article de Louis De Brouckère publié par *Le Peuple* fut repris par la presse allemande. Les grands journaux de Berlin[59] de toutes tendances étaient effrayés. L'arrivée de Poincaré était interprétée comme « le retour certain de l'impérialisme et du nationalisme français ». C'était « une grave menace pour l'Allemagne » selon *Germania*, organe officiel du Centre catholique. Le grand journaliste libéral Theodor Wolff concluait son éditorial du *Berliner Tagesblatt* par cette phrase : « Reconnaissons que le discours de M. Lloyd George se distingue de celui de M. Poincaré comme celui d'un être doué de raison se distingue d'un autre qui en est dépourvu. » Les commentaires de la *Berliner Borsen Zeitung* étaient encore plus agressifs : « Poincaré n'a rien oublié ni les garanties ni les gages ni les sanctions ni les coupables de la guerre ni l'affirmation purement arbitraire que les délais d'occupation n'ont pas encore commencé à courir. Cette politique qui dissimule à peine les visées françaises sur la rive gauche du Rhin a du moins l'avantage d'être claire. Elle prouvera au reste du monde que l'impérialisme français n'est pas une légende propagée par l'Allemagne. » On pourrait multiplier les citations de ce genre. Désormais, tous les lundis ou mardis, les journaux allemands prirent l'habitude de donner des extraits des discours dominicaux de Poincaré et de les accompagner de commentaires acerbes, parfois franchement insultants. À Londres, où le départ de Briand était regretté, le nom de Poincaré éveillait de multiples appréhensions; on craignait des incompréhensions, des tensions et peut-être une crise grave dans les relations entre les deux pays.

Les milieux officiels étaient tenus à plus de réserve que les journaux. Ils n'en étaient pas moins inquiets et considéraient avec pessimisme le changement de gouvernement. Walter Rathenau, qui avait eu des contacts directs avec les Anglais, prit en charge la responsabilité de la Wilhelmstrasse le 1er février 1922, attendait une situation plus nette avec peut-être une rupture entre la France et l'Angleterre. Personnellement, le chancelier Wirth était très hostile à la personne de Poincaré. Le député socialiste Breitscheid, un dirigeant important du parti, fit un commentaire mesuré qui ne poussait pas au pire : « L'avènement de M. Poincaré diminue les chances d'une paix durable, mais les premiers discours de M. Poincaré ne sont guère différents de ceux de M. Briand. » Officiellement la politique d'exécution restait la doctrine officielle du gouvernement allemand. La nomination de Rathenau allait dans ce sens. Mais pour combien de temps ? De Genève où il observait la situation avec une certaine distance, Albert Thomas écrivait à Poincaré[60] : « Malgré certaines divergences d'appréciation, je suis heureux de vous voir au gouvernement. Je vous fais confiance. J'ai foi en votre lucidité d'esprit, en votre labeur. J'ai travaillé avec vous trois rudes années. J'ai gardé la nostalgie de l'Union nationale complète ; j'ai aussi gardé l'espoir d'une paix où la reconnaissance par vainqueurs et vaincus de ce qui est juste permettra la collaboration nécessaire à l'avenir de l'Europe. Je n'ai cessé de dire aux Allemands dont vous êtes l'épouvantail que vous seriez le meilleur artisan de la paix vraie avec eux » (février 1922, date incertaine). Poincaré était-il disposé à suivre ce sage conseil ?

Premiers pas au Quai d'Orsay

Poincaré s'installa au Quai d'Orsay, où il retrouva avec une vive satisfaction le bureau de Vergennes. Il connaissait les lieux, les habitudes, le personnel ; en plus, ce qui n'était pas toujours le cas pour un nouveau ministre, il connaissait à fond les affaires et il ne lui était pas nécessaire de se mettre au courant. Poincaré restait un laborieux attaché à son travail, il n'avait pas besoin d'une « plume » pour exprimer ce qu'il avait à dire, car il rédigeait lui-même ses discours et interventions et annotait les télégrammes et les dépêches de remarques impératives.

Sauf pendant la session parlementaire, où son emploi du temps était chargé, le président du Conseil était d'accès facile et se montrait aimable et courtois avec ses interlocuteurs, non sans parfois des accès de mauvaise humeur et d'agressivité. Son cabinet était géré par trois jeunes collaborateurs : Henri Grignon, conseiller à la cour d'appel de Paris, discret chef de cabinet qui avait la particularité d'avoir épousé une fille de feu le sénateur Jules Develle; André Chênebenoit, qui avait travaillé avec Louis Loucheur et qui fit ensuite une belle carrière au *Temps* avant de l'achever au *Monde* après la Seconde Guerre mondiale; Marcel Ribière, un jeune avocat de vingt-huit ans qui avait été présenté à Poincaré par son père, un sénateur républicain de l'Yonne, beau-frère du député Pierre-Étienne Flandin. Au cabinet du ministre des Affaires étrangères étaient attachés deux diplomates : un directeur, le ministre plénipotentiaire Louis Hermite, qui avait été conseiller à Berlin au temps de Jules Cambon; c'était le fils du mathématicien Charles Hermite, professeur à la Sorbonne qui avait eu Henri Poincaré pour élève. Le directeur adjoint, Dæchner, avait déjà travaillé à ses côtés en 1912; les mauvaises langues disaient de lui qu'il n'avait « jamais été que l'ombre de M. Poincaré ».

Parmi le personnel du Quai d'Orsay, les collaborateurs les plus proches furent Jacques Seydoux[61], directeur des Affaires commerciales, Émile Peretti de La Rocca, directeur des Affaires politiques, Jules Laroche et Pierre de Margerie, ambassadeur à Bruxelles qui fut muté à Berlin en juillet 1922. Un nom doit être évoqué ici, celui de Philippe Berthelot, le secrétaire général du Quai, qui avait démissionné de ses fonctions en décembre 1921; on lui reprochait d'être intervenu dans l'affaire de la Banque industrielle de Chine sans mandat de son ministre; l'enquête montra qu'il avait agi ainsi largement par solidarité familiale, pour aider son frère. Poincaré fit traduire Philippe Berthelot devant une commission de discipline qu'il présida lui-même. Au terme de la procédure, il prit une sanction très dure : une mise en non-activité pour une durée de dix ans. Vu l'âge de Berthelot, c'était l'écarter à tout jamais des affaires. Dans sa biographie de Philippe Berthelot[62], Jean-Luc Barré a publié l'interrogatoire de Berthelot par un Poincaré qui n'apparaît pas là sous son meilleur jour; il se montra, comme il l'était parfois, procédurier, méthodique, acharné à mettre en défaut l'« accusé ». Pour comprendre cet acharnement, il faut rappeler un arrière-plan, le présence de Berthelot aux côtés d'Aristide Briand et de Stéphen Pichon, la volonté délibérée de Berthelot de tenir à l'écart le président de la République, les bons mots cruels qu'il colportait dans la société parisienne. Poincaré, vindicatif, n'avait rien oublié et ne lâcha pas sa proie.

Parmi les titulaires des grands postes, les plus proches de lui étaient Maurice Herbette, Charles Laurent, ambassadeur à Berlin, Charles de Saint-Aulaire, ambassadeur à Londres, Charles Jonnart, qui était en mission auprès du Saint-Siège, et Pierre de Margerie, ambassadeur à Bruxelles. Poincaré n'était pas facile avec ses subordonnés et ses collaborateurs ; il était tatillon, ergoteur et coléreux ; il les déroutait en changeant d'avis sans crier gare ! De temps à autre il donnait des dîners diplomatiques où, entouré de ses proches collaborateurs, il recevait les ambassadeurs en poste à Paris.

Poincaré sortait peu dans le monde. Une réponse positive était exceptionnelle. Depuis son séjour à l'Élysée, il avait noué des relations avec les militaires et la noblesse catholique, milieux qui, jusque-là, lui avaient été fermés ; par l'intermédiaire des œuvres caritatives, Henriette était entrée en contact avec des femmes de l'aristocratie. C'est pourquoi on ne sera pas étonné, en plein cœur de la crise de la Ruhr, de trouver la trace d'un dîner en ville le 5 mars 1923 chez S.A.R. le duc de Vendôme où, parmi les convives, on remarquait le ministre des Finances Lasteyrie, l'ambassadeur Peretti de La Rocca, le général Weygand et quelques académiciens conservateurs.

Contrairement à ce qui avait parfois été écrit, la difficulté majeure des premières semaines du gouvernement Poincaré ne fut pas les rapports franco-allemands, domaine où, dans l'immédiat, il poursuivit la politique de son prédécesseur. En revanche, les relations franco-britanniques s'étaient profondément dégradées. Poincaré connaissait Lloyd George depuis longtemps ; les deux hommes ne s'entendaient guère. Le Premier ministre britannique, qui regrettait Aristide Briand, trouvait Poincaré « procédurier, rigide, méticuleux et cassant » ; il lui reprochait « son manque de liant ». Un premier entretien entre les deux hommes, qui eut lieu à Boulogne-sur-Mer le 27 février, se termina très mal et Lloyd George fit sur son partenaire des commentaires sans indulgence. Poincaré refusa de se rendre à Gênes. Lors de son voyage à Gênes, Lloyd George s'arrêta quelques heures à Paris (7 avril), mais il ne rencontra pas Poincaré. Paul Cambon faisait ce commentaire désabusé[63] :

> « Voici les deux plus grandes nations de l'Europe, de l'accord desquelles dépendent la paix et la reconstruction générale, conduites par deux hommes incapables de s'entendre et subordonnant leurs attitudes à des questions de vanité. Lloyd George avait le désir de causer avec Poincaré mais il voulait que celui-ci lui demandât une entrevue. Poincaré de son côté exigeait que l'autre lui fît la première ouverture... et Lloyd est passé à Paris dans son train sans que Poincaré s'arrangeât pour le rencontrer ! Ces

hommes politiques n'ont ni l'un ni l'autre les qualités d'hommes d'État. »

Au milieu de juin 1922, Poincaré passa trois jours à Londres. Il n'était pas l'invité du gouvernement anglais, mais d'une association Verdun-Londres ; il arriva accompagné de sa femme et du maréchal Pétain ; on les logea au Claridge. Le 17 juin il assista à un match de polo et la coupe fut remise à l'équipe victorieuse par Mme Poincaré. Le lendemain Poincaré participa à un banquet à la chambre de commerce, où il prononça un discours. Le soir eurent lieu les cérémonies Verdun-Londres. Pétain parla en français et un colonel traduisit l'essentiel pour les auditeurs. Le lendemain, Poincaré eut des entretiens politiques avec Lloyd George sur lesquels nous n'avons pas d'informations, puis il rentra à Paris.

Les affaires de Rome

En arrivant au Quai d'Orsay, Poincaré avait trouvé en suspens la question des relations diplomatiques avec le Vatican. Pour négocier avec le Saint-Siège, Briand avait confié une mission de six mois avec le titre d'ambassadeur extraordinaire au sénateur du Pas-de-Calais Jonnart. Poincaré avait approuvé l'envoi d'un ami personnel dont il partageait depuis longtemps les idées politiques. Quelques jours après la formation de son ministère, le pape Benoît XV décédait à la suite d'une courte maladie. Poincaré demanda à Jonnart de prolonger sa mission à Rome pour suivre le conclave et présenter le dossier français au successeur du pontife défunt. Jonnart accepta et resta à la villa Bonaparte (siège de l'ambassade de France près le Saint-Siège) plus longtemps qu'il ne l'avait prévu ; il assista aux premiers mois du pontificat de Pie XI et sa mission se prolongea jusqu'en novembre 1923, coupée, il est vrai, par de fréquents séjours à Paris.

À la lecture des textes[64], on s'aperçoit que Poincaré a suivi le dossier romain avec une attention sourcilleuse et une vigilance laïque qui, plus d'une fois, ont mis son ambassadeur et le nonce Cerretti dans une position délicate vis-à-vis de leurs interlocuteurs romains. Techniquement, deux personnes eurent un rôle majeur : le directeur des Affaires politiques, Peretti de La Rocca, qui était l'interlocuteur habituel du nonce et, sous son autorité, le futur conseiller d'État Louis Canet. Cet ancien collaborateur de Camille Barrère à Rome avait acquis une connaissance remarquable des milieux ecclésiastiques, de leurs habitudes et de leur mentalité. Ses notes précises et réfléchies furent pour le président de précieux documents de travail.

À son arrivée aux affaires, Poincaré aurait dit en privé : « Je suis heureux de la reprise des relations diplomatiques ; je n'ai pu le faire pendant ma présidence ; j'en étais partisan. Il est impossible de faire plus. » Il ajoutait : « Pour les cultuelles [il s'agissait des associations diocésaines, dont le statut était en discussion], le clergé doit appliquer purement et simplement la loi », ce qui signifiait que le Saint-Siège ne pouvait espérer aucune modification de la loi de séparation et de celles qui l'avaient suivie. Sur les congrégations, il voulait bien fermer les yeux, mais ne rien céder sur le fond, et il renvoyait à « plus tard quelque chose pour deux ou trois congrégations missionnaires ». L'essentiel de cette interminable discussion porta sur le texte du décret concernant les futures « associations diocésaines ». Il ne peut être question ici d'entrer dans le détail de négociations où les deux interlocuteurs majeurs, Poincaré d'une part et Pie XI d'autre part, ne se rencontrèrent jamais et ne travaillaient que par intermédiaires. Le Saint-Siège espérait une attitude coopérative du gouvernement français et son aide sur la question des Lieux saints. De février à décembre 1922, Poincaré bloqua tout ou presque. Il fit seulement deux gestes positifs : pour des raisons de rayonnement de la France, il s'intéressa à l'Œuvre d'Orient et il approuva les statuts de la faculté de théologie de Strasbourg. Pour l'essentiel, Poincaré donnait l'impression de faire du sur-place. Par conviction profonde ou pour des raisons de politique intérieure ? On peut en discuter à l'infini. Jonnart fut tellement excédé qu'il demanda à être relevé de sa mission (23 septembre), car Poincaré refusait tout soutien au Saint-Siège sur les Lieux saints, la Sarre et les locaux de Saint-Sulpice. Pour ménager l'aile gauche de sa majorité, Poincaré refusa les conversations préalables sur la nomination des évêques et ne donna pas la moindre suite à une proposition de Jonnart en ce sens (novembre 1922), car il refusait un retour à la pratique concordataire. Jonnart fit un dernier effort auprès de Poincaré sur l'affaire du recrutement des missionnaires français. Mais il eut l'impression une fois de plus d'avoir échoué. « Sa conversation avec Poincaré a été lamentable », rapportait Paul Cambon à son fils Henri[65], qui était à Rome le collaborateur direct de Jonnart (13 novembre 1922). Une dizaine de jours plus tard (25 novembre), les difficultés insurmontables semblaient aplanies. Jonnart rencontrait un Poincaré très différent. Voulait-il cette fois accorder une satisfaction à son aile droite ? Avait-il jugé comme un geste de bonne volonté le rappel par Rome du père Salvien ? Cet assomptionniste qui était un intermédiaire actif entre les intransigeants français et romains était, selon Jonnart, « le roi des intrigants[66] ». Bientôt, le naturel raide et gallican de Poincaré reprit le dessus. On en trouve la preuve dans ses notes marginales sur une lettre d'Henri Cambon. Celui-ci avait peut-être imprudemment laissé entendre à ses interlocuteurs romains un assouplissement de la législation de la séparation. Avec la sécheresse coupante qui le caractérisait, Poincaré foudroya le malheureux chargé d'affaires[67] : « Il n'est pas admissible que M. Cambon donne au Saint-Siège des espérances contraires aux déclarations publiques et réitérées de tous les gouvernements. » Puis il rappelait sa ligne politique : « L'ambassade a été rétablie pour : 1) Constituer la paix religieuse. 2) Favoriser la politique étrangère traditionnelle de la France, mais nullement pour préparer l'abrogation des lois existantes. »

Le Saint-Siège ne devait se faire aucune illusion. La poursuite des négociations fut entravée par l'affaire de la Ruhr, que nous traiterons au chapitre suivant, et par les hésitations du pape Pie XI. Poincaré fut très mécontent d'une lettre pontificale sur les réparations, qu'il qualifia de « nuisible » et il redoutait la persistance des influences germanophiles dans l'entourage du pape. Malgré la charge de travail qui l'accablait, Poincaré continua à suivre de près le dossier[68]. Le texte sur les diocésaines était approuvé par les deux parties, mais le pape exigea un débat public à la Chambre et un vote du Parlement. Poincaré n'en voulait à aucun prix ; certes, il répondit à une interpellation à la Chambre (15 juin 1923) sur les congrégations missionnaires et sur les diocésaines puis, avec l'aide de Briand, il défendit le budget de l'ambassade lors des interpellations qui suivirent (6 juillet 1923). En novembre, Jonnart[69], qui était sur le départ, déplorait « l'entêtement du Saint-Père » ; de son côté Poincaré parlait de « malentendu irréductible » (29 novembre 1923). L'affaire se dénoua par la renonciation du pape à l'avis du Parlement ; il accepta de se contenter d'un avis du conseil d'État qui, à l'unanimité, déclara le projet légal (13 décembre 1923). Le lendemain Poincaré, impatient du dénouement, fit télégraphier la nouvelle à Rome « pour que le pape se contente de cela[70] ». Avant d'annoncer par une déclaration publique qu'il acceptait les diocésaines, Pie XI fit traîner les choses encore un mois. Il fit transmettre à Poincaré la demande suivante : au cas où celui-ci serait interpellé au Parlement, il devrait répondre : « L'affaire est terminée et le pape a approuvé les diocésaines. » Louis Canet note sobrement : « Poincaré consent. »

La tentation de l'occupation de la Ruhr

Pour la plupart des Français, le bassin de la Ruhr était le signe de la puissance industrielle de l'Allemagne. On énumérait ses riches mines de houille, ses innombrables cokeries, ses multiples entreprises métallurgiques. La firme la plus connue des Français était les établissements Krupp d'Essen, le fabricant des célèbres canons, le symbole de la liaison intime entre l'industrie lourde et le militarisme conquérant.

Au cours du mois de novembre 1918, les troupes alliées s'étaient avancées jusqu'au Rhin sur lequel elles voyaient circuler les chalands chargés de charbon et de produits métallurgiques ; elles étaient aux portes de la Ruhr. Malgré les troubles sociaux et les difficultés de l'après-guerre qui avaient réduit la production, la Ruhr était une zone de prospérité relative par rapport aux provinces dévastées du nord et de l'est de la France.

Dans les mois qui suivirent l'armistice pour faire pression sur une Allemagne qui tardait à en exécuter les clauses, l'état-major de Foch envisagea l'occupation de la Ruhr; une seconde fois en juin 1919, pour faire céder l'Allemagne qui refusait de signer le traité de paix, Foch résolut de la frapper au cœur de sa puissance industrielle. Son état-major avait préparé un plan d'occupation de la Ruhr par trois divisions françaises et une division belge. Cette opération serait aisée et rapide à réaliser, dans la mesure où les troupes alliées étaient déjà sur la rive gauche du Rhin et où l'Allemagne serait dans l'incapacité militaire de s'opposer à une extension de la zone d'occupation sur la rive droite. Les Allemands sentirent le danger et vinrent signer le traité de Versailles.

Le traité de Versailles prévoyait l'occupation de la rive gauche du Rhin par les alliés pour une durée de cinq ans (zone de Cologne), de dix ans (zone de Mayence), de quinze ans (zone de Coblence). Le dispositif militaire avec les zones d'occupation respectives de chacun des Alliés se mit en place au début de l'année 1920. La zone française était la plus étendue (75 %); il sembla logique que le commandant des troupes françaises, le général Jean-Marie Degoutte[71], fût aussi celui de toutes les unités alliées. Pour gérer les questions administratives liées à l'occupation militaire, on mit sur pied un organisme civil interallié appelé la Haute Commission interalliée des territoires rhénans (H.C.I.T.R.) dont les pouvoirs furent définis par un document interallié appelé « l'arrangement rhénan ». À la présidence de cette Haute Commission fut nommé un conseiller d'État de cinquante ans, Paul Tirard, un ancien collaborateur de Barthou, de Lyautey et de Foch. Tirard, qui avait installé ses services à Coblence et qui resta en fonction jusqu'en 1930, se rendait fréquemment à Paris, où il avait de nombreuses relations dans l'armée, l'administration et le personnel politique. Autant qu'on puisse l'affirmer, son objectif était de faire craquer l'État allemand unifié construit par Bismarck et conservé par la République naissante, et d'aboutir, si possible, à sa destruction.

Le problème le plus épineux de l'après-guerre fut celui de la fixation du montant des réparations allemandes. On y parvint à la conférence de Spa qui en fixa le montant total à 132 milliards de marks-or. Pour mettre au point les modalités de paiement, une négociation avec le gouvernement allemand était nécessaire. Elle s'engagea très mal, car celui-ci, appuyé sur son opinion publique, refusait ce qu'il appelait le Diktat et trouvait les annuités prévues beaucoup trop élevées. Pourrait-on en remplacer une partie par des versements en nature? Il fallait trouver des accords avec les syndicats d'industriels. Or les industriels de la Ruhr, qui avaient perdu tous leurs établissements de Lorraine, de Luxembourg et de Sarre, avaient réorienté vers la Suède leurs sources d'approvisionnement en minerai de fer et délaissaient la minette lorraine qui n'avait jamais été une matière première essentielle. En revanche, la sidérurgie française continuait d'avoir un besoin vital du charbon et du coke de la Ruhr; le syndicat charbonnier d'Essen pouvait à sa guise en moduler les prix et les livraisons. Entre les mains des dirigeants allemands, la fourniture de charbon et de coke restait un moyen de pression sur la France. Devant la mauvaise volonté mise par l'Allemagne à commencer les paiements, une démonstration de force des Alliés sembla nécessaire et en mars 1921 ils décidèrent trois sanctions. La plus importante des trois était le franchissement du Rhin et l'occupation militaire de Düsseldorf, la capitale financière et commerciale de la Ruhr et des deux ports de Duisburg et de Ruhrort, les deux poumons sur le Rhin du bassin de la Ruhr. Pour accentuer la pression, le gouvernement d'Aristide Briand fit préparer des plans d'occupation de la Ruhr auxquels, outre les militaires, Loucheur, Tirard, Le Trocquer et les fonctionnaires du Quai d'Orsay prirent une part active. Les préparatifs furent poussés très loin puisque de nombreuses unités furent massées, prêtes à intervenir. Briand se heurta au refus catégorique de Lloyd George, et les Alliés se mirent d'accord sur l'envoi d'un ultimatum. Un nouveau gouvernement allemand, présidé par le catholique Joseph Wirth[72], se résigna à accepter l'ultimatum allié et à s'engager dans la politique d'exécution (*Erfüllungspolitik*).

Après les tensions du printemps de 1921, Briand eut l'impression qu'il s'aventurait dans une impasse, que la France n'avait pas les moyens d'une politique autonome et qu'elle devait rester solidaire des Anglais, dont l'opinion publique évoluait vers une attitude plus souple à l'égard de l'Allemagne. Briand et Loucheur s'engagèrent donc dans la voie des négociations. Le second négocia et signa avec son homologue allemand, Walter Rathenau[73], les accords de Wiesbaden (6-7 octobre 1921). Puisque l'Allemagne disait ne pas avoir les moyens financiers d'honorer les versements, elle pourrait en contrepartie livrer des matières premières comme le charbon et le coke, c'est-à-dire payer des réparations en nature. Le problème était moins de signer un tel accord que de l'appliquer car, de part et d'autre, en France comme en Allemagne, il se heurta à de fortes résistances.

Quand Poincaré arriva aux affaires, une politique avait été définie et tout un personnel administratif et militaire était en place pour, le cas échéant, passer à l'exécution. Pour les territoires rhénans occupés, les hommes clés, Tirard et Degoutte, qui avaient été préparés à une épreuve de force n'ayant pas eu lieu, étaient toujours en poste. Ils attendaient des occasions et des instructions. Au Quai d'Orsay, Jacques Seydoux conseilla plutôt à Poincaré de donner vie aux accords de Wiesbaden signés par Loucheur et que Briand n'avait pas cherché à appliquer. Sur cette question, il réussit à faire lever le veto du gouvernement anglais. En Allemagne, la nomination au ministère des Affaires étrangères de Walter Rathenau, le signataire de ces accords, laissait espérer leur application. C'est pourquoi les projets techniques d'occupation de la Ruhr qui avaient été élaborés depuis trois ans n'étaient plus d'actualité. Dans sa déclaration ministérielle, Poincaré n'avait ni employé le mot Ruhr ni fait la moindre allusion à l'éventualité d'une occupation militaire. Voilà pourquoi sa politique allemande initiale s'inscrivit dans la ligne de celle de son prédécesseur. Les projets que nous avons évoqués auraient pu rester pour toujours enfouis dans les cartons et finir comme documents d'archives. Le destin en décida autrement.

La conférence de Gênes, une défaite diplomatique française ?

La conférence de Gênes[74] était une conférence internationale sur la reconstruction de l'Europe à laquelle le Premier ministre anglais, Lloyd George, avait convié trente-quatre États, dont l'Allemagne et l'Union soviétique. Poincaré dut tolérer cette conférence à laquelle Aristide Briand avait donné son accord ; il y fut d'emblée hostile, car il craignait un engagement vers une révision graduelle des traités. Ses relations avec Lloyd George, qui n'avaient jamais été confiantes, se dégradèrent. Une brève rencontre entre les deux hommes à Boulogne le 24 février tourna court. « Je n'ai jamais parlé si durement avec un autre homme d'État français qu'avec lui », aurait dit Lloyd George, qui porta un jugement très sévère sur « son allié ». Toutefois, Poincaré réussit à faire enlever les réparations de l'ordre du jour de la future conférence. Après réflexion, il refusa de se rendre lui-même à Gênes, où il craignait une innovation qui permettrait à l'Allemagne de se soustraire aux obligations du traité. Il confia la direction de la délégation française au garde des Sceaux, Louis Barthou, auquel il donna instruction de n'accepter aucune dérogation aux droits de la France. Celui-ci, qui avait été le rapporteur à la Chambre du traité de Versailles, était en parfaite communion d'esprit avec le président du Conseil et suivrait scrupuleusement ses instructions. À Paris, la préparation des aspects économiques de la conférence était confiée à Jacques Seydoux, sous-directeur des Affaires commerciales, qui travaillait sous l'autorité directe du président.

La conférence s'ouvrit le 10 avril 1922. Les discussions furent complexes et confuses. Le plus important fut ce qui se passa en marge de la conférence : à Rapallo[75], une station balnéaire proche de Gênes, des rencontres et des discussions eurent lieu entre Allemands et Soviétiques ; elles aboutirent à la signature entre les deux pays du traité de Rapallo, le 16 avril 1922. Ce texte et les conversations secrètes qui l'ont entouré ont fait couler beaucoup d'encre et engendré une historiographie abondante. Dans notre propos, il importe moins de démêler les arrière-pensées des Allemands et des Soviétiques que de connaître les réactions de Poincaré et les conséquences qu'il en a tirées. Son interprétation immédiate fut la suivante : le rétablissement des relations diplomatiques entre l'Allemagne et l'URSS, assorti d'une renonciation simultanée et réciproque aux dettes de guerre et aux réparations, était le point de départ d'une coalition des puissances révisionnistes contre le traité de Versailles. L'Allemagne cessait d'être isolée et retrouvait une certaine liberté de manœuvre.

L'émotion fut si considérable en France que Poincaré fut amené à durcir sa position et à envisager contre l'Allemagne des sanctions, même unilatérales. Devant le conseil général de la Meuse[76], il déclarait le 23 avril :

> « *Avant le 31 mai prochain, l'Allemagne est dans l'obligation de se conformer au programme qu'a dressé la Commission des réparations, c'est-à-dire de s'engager à voter tout un ensemble d'impôts nouveaux et d'accepter un contrôle interallié sur ses finances. Si l'Allemagne résiste et si, à l'heure fixée, la Commission constate un manquement volontaire, les Alliés ont le droit, et par conséquent le devoir, de prendre pour protéger leurs intérêts des mesures qu'il serait sans aucun doute infiniment désirable d'adopter et d'appliquer d'un commun accord entre eux, mais qui, au terme du traité, peuvent en cas de besoin être prises respectivement par chacune des nations intéressées... Nous souhaitons ardemment maintenir en cette occasion capitale le concours de tous les Alliés mais nous défendrons en pleine indépendance la cause française et nous ne laisserons tomber aucune des armes que nous a données le traité.* »

Sans renoncer à la négociation et à la coopération avec les Alliés, Poincaré envisageait une intervention française, même unilatérale, au cas où la sécurité française paraîtrait menacée. Il fixait une échéance, celle du 31 mai, date à laquelle l'Allemagne devrait reprendre le paiement des réparations. Cette fermeté fut approuvée par la grande presse, qui évoqua à titre de sanction une occupation de la Ruhr. La réactivation d'une éventuelle occupation de la Ruhr fut une conséquence directe des rencontres de Cannes et de Rapallo. La conférence de Gênes s'acheva par un échec le 19 mai 1922 : son seul résultat fut le retour de l'Allemagne et de l'URSS sur la scène internationale, d'où le traité de Versailles les avait imprudemment exclues.

CHAPITRE II

L'occupation de la Ruhr

Le 11 janvier 1923, Raymond Poincaré donna aux troupes françaises l'ordre de pénétrer dans le bassin minier et industriel de la Ruhr[1]. Cette décision fut l'acte majeur de son second ministère. En France, en Allemagne, en Europe, ses répercussions furent considérables. Il importe de comprendre dans quel état d'esprit et avec quels buts Poincaré a engagé l'occupation militaire de la Ruhr, de rechercher ses responsabilités personnelles, d'en apprécier les répercussions et les résultats. Les contemporains ont été partagés et les jugements de la postérité sont dans l'ensemble plutôt négatifs. Les travaux de Jacques Bariéty puis la thèse récente de Stanislas Jeannesson[2], *La France, Poincaré et la Ruhr (1922-1924)*, ont apporté de nombreuses données et interprétations qui permettent de préciser et de corriger la façon dont Poincaré a conduit l'affaire de la Ruhr.

L'occupation militaire de la Ruhr par l'armée française n'a jamais été une idée personnelle de Raymond Poincaré. Depuis 1918 elle était dans l'air du temps. Pourquoi, après plusieurs mois d'hésitation, Raymond Poincaré donnait-il enfin le feu vert? Dans quel but? Et avec quels objectifs?

UNE LONGUE PHASE DE RÉFLEXION ET D'HÉSITATION

La relance d'une action préventive contre l'Allemagne se dessina à la fin du mois d'avril 1922. Dans la presse parurent de nombreux articles envisageant une éventuelle action dans la Ruhr. Le 25 avril, un dîner réunit à Coblence André Maginot, ministre de la Guerre, Paul Tirard et et le général Degoutte pour discuter de cette éventualité. Bientôt toute une série de notes convergèrent vers le bureau du président du Conseil, envisageant la « saisie d'un gage productif » et donc l'occupation de la Ruhr. Dans la presse allemande, des rumeurs faisaient état de projets français d'occupation. De son côté, le haut-commissaire de la Commission interalliée des territoires occupés, Paul Tirard, se rendit à Paris; il était en poste à Coblence depuis 1919 et avait fait la connaissance de Poincaré en Alsace durant la guerre. Le degré de ses relations personnelles avec Poincaré mériterait d'être éclairé, mais les documents ne sont pas disponibles. Tirard laissa au président du Conseil plusieurs notes qui préconisaient un renforcement des contrôles et de nouvelles mesures coercitives. En convergence avec cette orientation, il faut citer le rapport parlementaire rédigé par un député républicain de gauche Adrien Dariac (28 mai 1922) qui, lors d'un voyage dans les territoires rhénans, avait rencontré Tirard et des officiers généraux et avait été largement influencé par leurs thèses; il préconisait lui aussi la saisie d'un gage productif. Dans les milieux parlementaires, parmi les officiers de l'armée d'occupation, dans l'entourage du président du Conseil, l'idée d'occuper la Ruhr faisait son chemin. À mots couverts, lors d'une intervention en commission des Affaires étrangères (7 juin 1922), Poincaré fit allusion à cette éventualité. Il chargeait une commission dont la présidence fut confiée au maréchal Foch de préparer un nouveau plan d'occupation de la Ruhr.

La politique officielle restait celle de la négociation dans le cadre de la Commission des réparations et de l'application des accords de Wiesbaden. Au début de juillet, c'était encore l'objectif de Poincaré. Or, en quelques semaines, la situation se modifia : l'Allemagne renonça à lancer un emprunt international pour payer les réparations; l'assassinat du ministre Walter Rathenau (24 juin) laissa augurer l'abandon par celle-ci de la politique d'exécution du traité; la poursuite de la dépréciation rapide du mark était interprétée comme un moyen utilisé volontairement par l'Allemagne pour échapper à ses obligations. Le chef du gouvernement était assailli par les doléances des industriels qui se plaignaient de l'irrégularité des livraisons de charbon et de coke allemands et de leur coût élevé. Ils avaient l'impression que les magnats de la Ruhr voulaient empêcher la reconstruction industrielle de la France.

Le 12 juillet le gouvernement allemand de Wirth présenta une nouvelle demande de moratoire. Que ferait la Grande-Bretagne à la Commission des réparations ? Allait-elle soutenir le point de vue allemand ? On sentait qu'elle était de moins en moins solidaire de la France et, parmi le personnel politique et diplomatique britannique, certains envisageaient ouvertement un assouplissement du traité de Versailles au détriment de la France. Poincaré était tiraillé entre les exigences des Français qu'il partageait et la nécessité de ne pas se couper de la Grande-Bretagne. Or avec Lloyd George et le secrétaire d'État au Foreign Office, lord Curzon[3], ses relations personnelles s'étaient dégradées. Quant à l'Italie, affaiblie par des troubles intérieurs, elle ne pouvait guère jouer de rôle actif. Seule la Belgique, à laquelle Poincaré avait toujours porté une amicale attention, était susceptible de soutenir le point de vue français.

Parallèlement au dossier des réparations allemandes, Raymond Poincaré fut contraint d'ouvrir celui des dettes interalliées[4], c'est-à-dire celui du remboursement des emprunts contractés pendant la guerre auprès des Anglo-Saxons. Certes, juridiquement les deux dossiers étaient distincts. L'opinion française toutefois ne l'entendait pas ainsi, car elle liait le remboursement des dettes interalliées au paiement des réparations allemandes. Il était inconcevable que la France commençât à rembourser ses alliés alors que l'Allemagne envisageait d'interrompre ses paiements. Les États-Unis maintenaient fermement un point de vue opposé : la France devait honorer ses propres dettes même si l'Allemagne interrompait le versement des réparations.

Au cœur de l'été, Raymond Poincaré avait prévu un bref voyage à Londres pour examiner avec les dirigeants anglais la demande de moratoire présentée par les Allemands. Peu avant son départ il écrivait au maréchal Lyautey : « Je pars dans 2 heures pour Londres où m'attendent de rudes batailles. Je suis touché de vos encouragements et de vos vœux. Quoiqu'il puisse arriver, nous ne céderons plus rien de nos droits[5]. » Avec un tel état d'esprit la négociation ne pouvait que tourner court. Poincaré défendit devant les Anglais Lloyd George et Curzon les propositions qu'il présenterait à l'Allemagne comme contrepartie au moratoire : renforcement du contrôle des Alliés sur le budget allemand, maintien de l'état des paiements de 1921, saisie hors opération militaire de « gages productifs ». Le gouvernement anglais refusa de soutenir le point de vue français sur les réparations tandis que certains de ses agents, comme lord d'Abernon, ambassadeur à Berlin, encourageaient les Allemands à résister aux exigences françaises. L'Entente cordiale n'était plus qu'une façade et le gouvernement français était isolé. Paul Cambon[6] faisait ce commentaire lucide et pessimiste : « L'échec de la conférence de Londres est lamentable. Il tient à l'antinomie absolue du Celte et du Lorrain qui ne pourront jamais s'entendre. Lloyd George y met une passion et l'autre une raideur qui rendent le rapprochement difficile. On dit qu'on se réunira de nouveau en novembre ! Et puis ? »

Certes la France disposait encore de la force militaire. Cet outil lui permettrait-il de faire prévaloir son point de vue ? Pouvait-il être utilisé sans risque ? Il est difficile, presque impossible, de connaître l'état d'esprit et les intentions exactes de Poincaré. À son retour se tint un conseil de cabinet à Rambouillet (16 août 1922) en présence du maréchal Foch, revenu d'urgence de vacances, et du général Degoutte. On ne sait ce qui s'y est exactement passé. Selon les historiens Fernand L'Huillier[7] et Stanislas Jeannesson, le principe de l'occupation aurait été adopté au cours de ce conseil de cabinet. Nous inclinons, mais sans preuve décisive, à penser qu'au fond de lui-même Poincaré n'était pas encore décidé à passer aux actes. Certes, les discours publics prononcés les jours suivants étaient d'une grande fermeté. Parmi ceux-ci se détachait une allocution prononcée le 21 août lors de l'inauguration de la Voie sacrée ; elle se terminait par cette phrase catégorique : « Nous voulons être payés et nous le serons. » Étaient-ce seulement des paroles pour rassurer ses auditeurs et ses lecteurs ? Était-ce une préparation de l'opinion française à une action militaire ? Paul Cambon réagissait en des termes très critiques : « La presse française jubile, mais la presse internationale n'est nullement impressionnée... tous les journaux anglais critiquent le discours de Bar-le-Duc... On met en cause sa personne et sa façon de raisonner » (28 août). Et il ajoutait quelques jours plus tard : « Poincaré est très populaire, ce qui lui fait perdre la notion des réalités » (9 septembre).

Pendant près de deux mois soumis à des pressions contradictoires, Poincaré hésita ; il prêtait une oreille attentive aux inquiétudes de son ministre Lasteyrie, qui craignait des difficultés financières ; il était soumis aux pressions des nationalistes qui lui reprochaient son immobilisme. Au début d'octobre, la rentrée parlementaire l'obligea à durcir le ton ; il repoussa tout moratoire sans compensation et remplaça le président de la Commission des réparations (5 octobre 1922), Louis Dubois[8], dont il déplorait les insuffisances. À sa place, il fit nommer son ami Louis Barthou, un partisan de la fermeté. Cette nomination parut une mainmise de Poincaré sur la Commission puisque, avec Barthou, il aurait toute latitude pour agir.

À l'automne de 1922 le paysage politique européen s'était modifié et Poincaré dut s'adapter à de nouveaux interlocuteurs. En Italie, à la suite de la marche sur Rome, le jeune chef du parti fasciste, Benito Mussolini, avait formé un gouvernement parlementaire où ses partisans étaient encore minoritaires. Les Affaires étrangères restaient pour peu de temps encore entre les mains du diplomate libéral le comte Sforza, mais le futur Duce avait déjà son mot à dire. En Grande-Bretagne, le Premier ministre anglais, le libéral David Lloyd George, qui était au pouvoir depuis 1916 et avait été l'un des principaux négociateurs du traité de Versailles, dut se retirer. Il fut remplacé par un gouvernement conservateur, dont le chef, Bonar Law, était moins imprévisible et plus courtois. En continuité avec le cabinet précédent il refusa catégoriquement de lier le remboursement des dettes interalliées au versement des réparations allemandes. Sur ce point, il restait dans le sillage des États-Unis. Les deux autres hommes forts du cabinet de Londres, Stanley Baldwin et lord Curzon, le rugueux secrétaire d'État au Foreign Office, n'étaient pas des inconnus pour Poincaré.

En Allemagne, le gouvernement Wirth, dont la base parlementaire s'affaiblissait, avait abandonné la politique d'exécution. Soutenu en sous-main par la Grande-Bretagne, il publia le 13 novembre 1922 une note demandant la suspension de tous les versements, y compris les livraisons en nature. Cette fermeté ne suffit pas à le maintenir au pouvoir. Il dut démissionner. Le président Ebert proposa la succession de Wirth, en accord avec les chefs de partis, à un homme d'affaires non parlementaire et sans expérience gouvernementale, Wilhelm Cuno, directeur général de la grande compagnie maritime de Hambourg, Hamburg-America. Cuno, qui était très antifrançais, avait de nombreuses connaissances et sympathies dans le monde anglo-saxon; il avait reçu en août à Hambourg avec les plus grands égards l'économiste britannique Keynes; il forma un cabinet de coalition bourgeoise, le plus à droite depuis novembre 1918. Le ministre des Affaires étrangères, von Rosenberg, était un diplomate conservateur hostile à la politique d'exécution. Dans sa déclaration ministérielle, Cuno se plaçait dans la ligne de la note du 13 novembre. Sur cette base, il obtint la confiance des parlementaires allemands. Paris interpréta cette prise de position comme une volonté délibérée de l'Allemagne de se dérober. Pour l'obliger à reprendre les paiements il faudrait utiliser la force. Poincaré durcit le ton et prononça plusieurs discours dont la presse allemande releva la détermination et l'intransigeance.

Vers la décision

Dans ce contexte, l'idée d'une occupation militaire de la Ruhr s'imposa aux responsables français. Il ne suffisait plus d'en agiter la menace; il fallait maintenant passer aux actes.

Les préparatifs militaires commencèrent avec le passage à Paris du général Degoutte, qui proposa bientôt un plan dit de « Ruhr intégrale », assez différent de celui envisagé par le maréchal Foch. Poincaré restait hostile à l'opération. Au Conseil des ministres du 13 novembre 1923, un échange tendu opposa Millerand[9] à son président du Conseil; à la suite d'une intervention durant laquelle Poincaré avait longuement insisté sur les périls de l'opération, Millerand aurait répliqué : « L'opération militaire ne sera ni un désastre ni une banqueroute. » Piqué au vif, Poincaré lança : « Je vous donne ma démission », sans toutefois passer à l'acte. Le 24 novembre, on débattit de nouveau de l'entrée dans la Ruhr lors d'une réunion à l'Élysée à laquelle assistaient le maréchal Foch, le général Buat et Paul Tirard, président de la Haute Commission interalliée des territoires rhénans. On connaît la position de Poincaré par les remarques acides des carnets du général Buat[10] : « On peut dire que Poincaré a parlé tout le temps pour montrer les difficultés de l'entreprise et ne pas dire un mot de sa nécessité... Comme il demandait le coût de l'opération et que je parlais d'indemnité de déplacement à donner aux officiers, il a fait une sortie violente sur les militaires qui ne voulaient absolument pas tenir compte de notre situation financière... » À l'issue de cette réunion aucune décision ferme n'avait, semble-t-il, encore été prise.

Dans les milieux politiques on murmurait contre les « indécisions » de Poincaré; sa position personnelle paraissait à tel point ébranlée que, dans les couloirs, on évoquait la formation d'un cabinet Raoul Péret ou même d'un cabinet Maginot. Rumeurs classiques ou amorce d'une opération de déstabilisation de Poincaré ? Maginot s'était-il laissé entraîner dans ces manœuvres pour forcer la main au président du Conseil ou lui était-il resté loyal ? Le dernier biographe de Maginot, Marc Sorlot[11], n'est pas en mesure de trancher. Pendant tout le mois de décembre circulèrent des bruits dont les carnets du général Buat se firent à plusieurs reprises l'écho. De son côté, la presse allemande reprenait avec délectation ces rumeurs; elle évoquait « le crépuscule » de Poincaré et se réjouissait de sa chute probable. Un informateur parisien anonyme de la chancellerie du Reich rapportait à la suite d'une conversation avec Raoul Péret que la situation de Poincaré était devenue insoutenable, que Maginot intriguait contre lui dans son propre camp. Millerand, qui pensait que Poincaré cherchait une sortie, aurait demandé à Raoul Péret s'il était prêt à former un ministère. Poincaré, très conscient de ce malaise, décida de vider l'abcès. Le 7 décembre un Conseil des ministres adoptait la thèse de la Ruhr intégrale et chargeait le général Degoutte de la conduite des opérations. Celui-ci accéléra les préparatifs techniques et obtint du ministre André Maginot les renforts qu'il avait demandés.

Il ne restait plus qu'à fixer la date de l'intervention et à donner le feu vert. C'était du ressort de Raymond Poincaré. Passerait-il aux actes ? Dans une longue lettre personnelle[12] à Millerand écrite le 16 décembre, où il s'exprimait « en toute franchise », il se livrait à un historique de ses rapports avec son ami le président. Il commença par lui reprocher d'avoir, à la chute du cabinet Leygues, empêché Raoul Péret de le prendre comme ministre des Affaires étrangères. Puis il enfonçait le clou : « Tu as délibérément formé un cabinet Briand à une heure où il fallait non du talent et de l'éloquence mais du travail, de l'attention, de l'esprit de suite... » Il soulignait qu'il ne pouvait user d'une « liberté que je sens depuis plusieurs mois très entravée et [...] qu'il y a un état de choses qui ne peut durer ». Il avançait trois reproches : les attaques des familiers de l'Élysée, les interventions au Quai d'Orsay d'un dénommé Vignon, un agent de Millerand, et enfin la conception que Millerand se faisait de sa fonction. Celui-ci avait dit : « Le président du Conseil sans portefeuille, c'est le président de la République. » Cette orientation qui annonçait le futur discours d'Évreux d'octobre 1923 ne pouvait être celle de Poincaré, qui envisageait de démissionner : « Si tu trouves que je me suis trompé à Londres, je te donnerai sans hésiter ma démission et tu chargeras un plus capable de former le ministère. Si, au contraire, tu désires que je continue ma tâche, je te prierai instamment de ne pas la compliquer. » Le lendemain 17 décembre, en fin de soirée, Millerand et Poincaré eurent à l'Élysée un entretien tête à tête. Rien ne filtra de leur conversation. Poincaré resta en fonctions. Toutes ses hésitations étaient-elles levées ? Dans ses souvenirs, Millerand ne fait aucune allusion ni à cette lettre ni à cette discussion. Les rumeurs du départ prochain de Poincaré s'évanouirent. Poincaré était-il décidé à agir ? Le jour de Noël, Foch doutait encore de sa détermination puisque sa femme notait cette confidence : « M. Poincaré semble vouloir peu agir. Il ne se montre ni grand homme d'État ni homme d'action. Tout le monde s'inquiète de l'indécision de Poincaré. M. Millerand a dit à M. Barrère que, quand il verrait Poincaré faire quelque chose, il le croirait vraiment [13]. »

Pendant ce temps, au Quai d'Orsay, des réunions spécialisées auxquelles participaient Tirard, Tannery et l'ingénieur général des Mines Émile Costes préparaient les modalités techniques d'une éventuelle occupation de la Ruhr. En Allemagne, des industriels de la Ruhr furent informés de l'imminence de l'intervention ; ils cherchèrent alors à négocier. Leurs ouvertures furent interprétées comme de nouvelles manœuvres dilatoires.

Pour sa part, Poincaré cherchait le concours des alliés de la France. Du côté anglais, les choses étaient claires : aucun soldat anglais n'entrerait dans la Ruhr aux côtés des Français. Poincaré demandait seulement à la Grande-Bretagne de ne pas entraver l'opération. Il s'attendait à des critiques, voire à une condamnation, mais l'essentiel était de pouvoir agir. Du côté italien, on pouvait espérer un soutien diplomatique minimal, mais pas de troupes. C'est pourquoi, pour ne pas rester seule, pour maintenir la fiction d'une opération alliée, il était indispensable d'obtenir la collaboration active de la Belgique, qui avait une zone d'occupation en Rhénanie et des représentants dans tous les organismes interalliés. La population belge, qui avait subi une dure occupation de plus de quatre ans, était convaincue du bien-fondé des réparations et de la culpabilité de l'Allemagne. Les relations franco-belges [14] sont loin d'être simples et les récents travaux de Marie-Thérèse Bitsch et d'Éric Bussière ont éclairé cette complexité. Poincaré s'était toujours présenté comme un ami de la Belgique martyre, dont il pensait que les intérêts coïncidaient avec ceux de la France ; il connaissait personnellement beaucoup d'hommes politiques belges, dont le Premier ministre, Georges Theunis [15], et le ministre des Affaires étrangères, Henri Jaspar [16]. Il ne pouvait non plus ignorer que la Belgique avait des intérêts nationaux et que ceux-ci ne coïncidaient pas forcément avec ceux de la France ; en raison de sa position géographique, la Belgique était placée entre trois grands pays : la France, l'Allemagne et la Grande-Bretagne. Si elle s'alignait sur la France, ne risquait-elle pas de se couper de la Grande-Bretagne ? Les dirigeants belges étaient conscients de ce danger, mais deux éléments conjoncturels allaient les pousser du côté français. Entre l'Allemagne et la Belgique, un problème important restait encore en suspens, celui de la revalorisation des marks-or de la guerre. La Belgique avait tenté une « liquidation » de cette créance par une négociation bilatérale directe ; l'ancien Premier ministre Delacroix[17] se rendit à Berlin, où il rencontra le chancelier Wirth et le ministre des Finances, Hermes. Un accord signé le 19 septembre 1922 semblait régler cette délicate affaire et un emprunt allemand permettrait de dégager les fonds. Bientôt, les Belges s'aperçurent que les Allemands refusaient de l'appliquer. Puis les Anglais, qui avaient promis de donner leur garantie aux Belges, se dérobèrent à leur tour. Cette double déception et aussi quelques autres mécomptes poussèrent les Belges du côté des Français.

Une conférence interalliée de la dernière chance fut réunie à Paris les 2, 3 et 4 janvier 1923 pour discuter d'un plan présenté par le Premier ministre anglais, Bonar Law. Les débats ne firent que confirmer les désaccords franco-anglais. Le Premier ministre belge, Theunis, rejeta le plan anglais, « une profonde déception », et se rallia « à toutes les objections présentées par M. Poincaré... J'ai la certitude absolue d'un juré qui répond "coupable". L'Allemagne a systématiquement appliqué la politique du pire » (3 janvier). Après le retour à Bruxelles des ministres belges, un Conseil présidé par le roi Albert décida à l'unanimité de suivre les Français dans la Ruhr. Éric Bussière[18] a montré que, depuis mai 1922, Theunis était prêt à suivre Poincaré ; il avait toutefois besoin d'arguments pour entraîner son ministre des Affaires étrangères et son ambassadeur à Paris, le baron de Gaiffier d'Hestroy[19], qui étaient beaucoup plus réservés. Que voulait la Belgique en s'associant à la France ? Éric Bussière met l'accent sur les raisons économiques et financières. Voulait-elle simplement exercer une pression sur l'Allemagne ? Voulait-elle aller plus loin ? Les deux pays n'avaient pas clairement défini leurs objectifs communs. Était-il à ce moment possible de sortir de l'ambiguïté ?

À Paris, alors que la conférence interalliée débattait du plan Bonar Law, un Conseil des ministres réuni le 3 janvier décida de déclencher l'opération. Selon des propos de Maginot rapportés par Buat, Poincaré « serait tout à fait décidé cette fois et Millerand jette du feu[20] ». La Commission des réparations ayant constaté de nouveaux manquements aux obligations de livraison, l'opération militaire trouvait une base juridique incontestable. En fait, Poincaré avait hésité jusqu'au bout, désireux de préserver l'entente franco-anglaise. Foch, qui lui rendit visite le 4 janvier au Quai, le trouva « un peu anxieux de ce qui va se passer[21] ». Aiguillonné par une partie de sa majorité, harcelé par Millerand et la quasi-totalité de ses ministres, encouragé par les officiers de l'armée d'occupation, il finit par donner le feu vert et par assumer la responsabilité politique de l'opération. Quel objectif lui assignait-il ? Il est impossible de fournir une réponse nette, car les textes, et notamment les discours publics, laissent une impression de rigidité. Une interprétation a été proposée par Pierre de Margerie[22] quelques jours après la remise de ses lettres de créance à Berlin et alors que Poincaré hésitait encore à donner le feu vert. En tête à tête, il expliquait à son collègue belge : « Quant à moi, je partage entièrement la manière de voir de M. Poincaré quand il parle de gages et de sanctions ; cependant l'occupation éventuelle de la Ruhr ne doit jamais être pour nous qu'un "moyen" et non pas un "but". C'est bien ainsi d'ailleurs que le comprend le président du Conseil, bien que, je dois le reconnaître avec regret, l'impression contraire semble parfois se dégager de ses discours » (16 décembre 1922). Au fil des semaines et des mois, cette interprétation s'était durcie sans fondamentalement se modifier.

Jusqu'au bout, Poincaré a hésité. C'est ce que rappelle encore un article d'André François-Poncet paru dans *Le Figaro littéraire* à la fin des années 1940[23], où il évoquait des confidences que lui aurait faites Poincaré lui-même. Poincaré aurait déconseillé l'intervention ; au Conseil des ministres du 5 janvier, le président de la République insista : « Il faut agir avant la rentrée des Chambres » ; tous les ministres, notamment André Maginot, l'y auraient poussé avec tellement d'insistance qu'il ne s'était pas cru en droit d'aller contre leur sentiment. Les hésitations de Poincaré sont confirmées par de nombreux témoignages. Dans son *Journal*, Jean de Pange[24] relate une conversation avec Léon Blum le 2 février 1932 : « En ce qui concerne l'occupation de la Ruhr, lui-même n'arrive pas à discerner les causes qui décidèrent Poincaré, qui avait commencé par y être hostile. » Peut-on accepter qu'il ait seulement suivi ses troupes et se soit placé à leur tête, contraint et forcé ? On connaît d'autres situations où Poincaré avait refusé de s'engager et répondu non aux sollicitations les plus pressantes. Dans le cas de la Ruhr, il a fini par assumer une responsabilité politique dont il savait par avance qu'il la paierait au prix le plus élevé.

Il faut replacer cette décision dans un contexte plus large[25] que celui des réparations et des livraisons de coke. Poincaré était conscient de la dégradation de la position internationale française, qui était menacée par un double mouvement : un rapprochement germano-russe dont la conférence de Rapallo avait été le signe, et un rapprochement germano-britannique, dont les dépêches diplomatiques lui apportaient chaque jour de nouveaux indices. La France devait donner un coup d'arrêt à cette dégradation et reprendre l'initiative. Si elle restait passive, la position qu'elle avait reconquise par sa victoire de novembre 1918 s'effriterait très rapidement. La question des livraisons en nature de coke et de charbon, raison véritable ou prétexte ? À la fois l'une et l'autre. L'opération de la Ruhr allait bien au-delà. N'était-ce pas l'ultime sursaut du coq gaulois pour assurer une victoire française ?

L'ENTRÉE DANS LA RUHR

Le 11 janvier 1923, les troupes françaises et belges entraient dans la Ruhr, occupaient les puits de mine et les cokeries, les gares et les nœuds de communication. L'inspecteur général Émile Costes, placé à la tête de la Mission interalliée du contrôle des usines et des mines (Micum), un organisme créé pour la circonstance, était à pied d'œuvre à Düsseldorf. Costes se rendit ensuite à Essen ; tous les jours il correspondait avec le général Degoutte. Les Anglais désapprouvaient tout en laissant faire. En quelques jours, l'appareil militaire était déployé et le périmètre prévu occupé sans incident majeur. Il fut étendu peu de jours après à Dortmund. Le gouvernement français expliquait qu'il ne s'agissait pas d'une conquête, mais qu'en raison des manquements répétés du gouvernement allemand les Français et les Belges venaient saisir des « gages productifs ». Les soldats ne faisaient qu'escorter les techniciens et les ingénieurs.

Le jour de l'entrée des troupes françaises, Poincaré fit une déclaration devant la Chambre[26] dans laquelle il justifia en ces termes le déclenchement de l'opération : « Nous allons chercher du charbon et voilà tout ; si cette recherche nous fournit l'occasion de causer demain ou plus tard avec une Allemagne devenue plus conciliante ou avec des industriels moins exigeants, nous ne fuirons pas la conversation. » Poincaré obtint le soutien massif des députés : 452 voix pour et seulement 72 contre ; les radicaux-socialistes, qui étaient représentés dans le cabinet par trois ministres, étaient partagés. Leur chef, Édouard Herriot, prit soin de se démarquer de Poincaré et l'avertit en ces termes : « Cette politique n'est pas celle de notre parti et nous n'en acceptons pas la responsabilité... L'opération de la Ruhr se jugera par son bilan... Il s'agit du sort même du pays... Plaçant au-dessus de tout intérêt le devoir national », les radicaux pouvaient, si l'affaire tournait mal, proposer une autre politique. En attendant, Édouard Herriot s'abstint, mais 42 députés radicaux votèrent pour le gouvernement. Les radicaux du Sénat étaient derrière Poincaré. Par exemple, le président Léon Bourgeois, que des raisons de santé obligèrent bientôt à démissionner, écrivait à Poincaré : « Je suis avec sympathie le développement du plan d'action que tu poursuis dans la Ruhr » (15 février 1923). Son successeur à la présidence de la Haute Assemblée, Gaston Doumergue, était un vieil ami de Poincaré et il avait la même position.

Les communistes et les socialistes se placèrent dans l'opposition. Sur ordre du Komintern, les communistes engagèrent une campagne de dénonciation, d'agression et d'obstruction. *L'Humanité* adopta un ton violent et dénonciateur, martelant des slogans tels que « Poincaruhr », « Poincaré-la-Guerre », qui furent ensuite repris pendant des années. Certains militants allèrent jusqu'à se placer dans l'illégalité et lancèrent des opérations de sabotage qui leur valurent d'être arrêtés et condamnés. L'opposition des socialistes était plus mesurée. Léon Blum s'inquiétait de l'isolement de la France et marquait les limites d'une politique de force. En se séparant de ses alliés et en heurtant la sensibilité nationale des Allemands, la France ne risquait-elle pas de perdre ce que des concessions négociées auraient pu lui assurer? De Genève, Albert Thomas était sur la même longueur d'onde : l'opération avait heurté les Allemands, qui se raidissaient dans la résistance et qui refusaient toute conversation officieuse. À Paris, l'opinion publique, orientée par les grands journaux, approuvait le gouvernement et Poincaré. Dans sa correspondance privée, le vieux Paul Cambon jugeait l'opération avec une extrême sévérité : « Je trouve la situation mauvaise. D'abord la Ruhr est un gros risque. Nous sommes seuls et ailleurs on agira sans nous... Avec ses discours, ses menaces, ses prévisions hasardeuses, Poincaré nous a jetés dans un imbroglio complet. » Maurice Paléologue[27], maintenant ambassadeur à la retraite, donnait au maréchal Lyautey son sentiment en ces termes : « C'est le cinquième acte de la guerre qu'on avait négligé de jouer et qui commence aujourd'hui. De toute façon il faut que nous gagnions la partie et nous la gagnerons. Mais si nous voyons se dresser devant nous l'Allemagne de 1813, l'affaire sera peut-être assez rude » (28 janvier 1923). Mettons en parallèle cette réaction individuelle d'un grand bourgeois cultivé avec celle de quelques jeunes gens de bonne famille comme Bertrand de Jouvenel, le fils d'Henry. En désaccord avec l'expédition de la Ruhr, ils organisèrent une manifestation de protestation qui passa inaperçue; ils furent un peu plus nombreux l'année suivante.

Une vague d'indignation secoua l'Allemagne et la Rhénanie occupée. La France avait engagé un combat, elle avait presque déclaré une guerre. Dans la presse, qui se déchaîna contre Poincaré, le mot guerre était souvent employé. Le peuple allemand, agressé, était placé en état de légitime défense; le gouvernement de Cuno, qui n'avait aucun moyen de s'opposer par la force à l'intervention française, décréta la résistance passive (13 janvier 1923). Il demanda aux mineurs et aux salariés des entreprises de se mettre en grève et aux fonctionnaires de ne pas répondre aux ordres de réquisition des Français. Cet appel fut très largement suivi, car la plupart des mines et usines s'arrêtèrent et les chemins de fer cessèrent de fonctionner. Les Français occupaient un bassin d'où on n'extrayait plus une tonne de charbon. Dans toute l'Allemagne, des fonds de soutien étaient ouverts pour collecter de l'argent et des vivres en faveur des grévistes. Du côté allemand, ce que l'on a appelé le combat pour la Ruhr, le *Ruhrkampf*, commençait. Le gouvernement allemand avait rappelé son ambassadeur à Paris, sans rompre toutefois les relations diplomatiques. Pour sa part, le gouvernement français avait maintenu à Berlin l'ambassadeur Pierre de Margerie.

En Europe et aux États-Unis, comment était perçue la décision de Poincaré ? Globalement, elle était plutôt vivement critiquée et les intentions de la France plus encore. On la suspectait de visées annexionnistes et on lui reprochait de ne pas vouloir traiter avec l'Allemagne alors que cette dernière serait prête à le faire. L'opinion publique anglaise était hostile et s'inquiétait des visées annexionistes de la France ; le gouvernement anglais ne pouvait se permettre de la contrarier. Dans une note du 10 janvier 1923, intitulée « L'entrée dans la Ruhr », l'ambassadeur belge Gaiffier portait ce jugement lucide :

> « *Cette solution était, pour ainsi dire, exigée par le président de la République. Il est peu probable qu'elle réponde aux désirs secrets du président du Conseil dont le tempérament répugne à l'action et dont l'esprit pénétrant incline à voir plutôt les inconvénients que les avantages d'une décision... Sans doute, M. Poincaré aurait bien voulu reculer, mais, ligoté par ses discours électoraux et ses écrits d'opposition, il fut fatalement entraîné par le courant...* »

Il concluait par une prévision prémonitoire : « Quoi qu'il en soit, l'action de la France déposera un ferment de haine dans chaque cœur allemand : la guerre de revanche non pas tout de suite, mais dans quelques années, devient de plus en plus probable... »

Albert Thomas inquiet[28] mettait Poincaré en garde. Il fallait absolument rester dans le cadre du traité, rassurer les alliés de la France et notamment l'opinion britannique : « Il faut faire comprendre les intentions de la France... il faut marquer avec insistance et par tous les moyens et sans lassitude les intentions vraies du gouvernement français » (10 février 1923).

Aux États-Unis, en Grande-Bretagne et dans beaucoup de pays neutres, on avait la conviction que « M. Poincaré cherche à établir l'hégémonie de la France en Europe ».

La gestion de l'occupation

Presque chaque jour, Poincaré réunissait au Quai d'Orsay un conseil de guerre comprenant le maréchal Foch, bientôt assisté du général Weygand, le ministre de la Guerre, André Maginot, le ministre des Finances, Charles de Lasteyrie, et le ministre des Travaux publics et des Transports, Yves Le Trocquer. Il était en liaison constante avec le général Degoutte et le haut-commissaire Paul Tirard, lesquels retournaient tous deux souvent à Paris. Ces débats étaient loin d'être toujours sereins, car le maréchal Foch[29], simple conseiller du gouvernement, était en désaccord fréquent avec Maginot et Degoutte. Il trouvait tout cela « trop précipité, pas assez mûri ». Il critiquait le président du Conseil, qui « ne décide rien, n'agit pas ». Il se demandait s'il allait continuer à assister à « ces parlotes » et il lâchait à son épouse : « Ils vont perdre la bataille de la Ruhr » (11 février). Il déplorait la manière dont les affaires de la Ruhr étaient conduites par Maginot, qui « mène tout et n'y entend pas grand-chose » (11 mars). Pour redresser la situation, Foch proposa d'envoyer dans la Ruhr son chef d'état-major, le général Maxime Weygand, avec le titre de haut-commissaire. Pendant deux mois, il fit sans succès le siège de Poincaré qui, finalement, éloigna Weygand du théâtre des opérations en le nommant haut-commissaire au Levant (avril 1923). En privé, Foch tempêta auprès de sa femme : « C'est dans la Ruhr qu'on aurait dû le nommer haut-commissaire » (27 avril 1923). Il finit par s'incliner et se séparer de son adjoint, avec lequel il travaillait depuis neuf ans. Le jour des adieux, Weygand pleura. Ce conflit entre Foch et Poincaré pose une question majeure : pourquoi Poincaré a-t-il délibérément écarté Weygand ? Est-ce pour des raisons politiques ? Lesquelles ? Est-ce en raison de l'opposition de Maginot ? Était-ce la crainte d'une réaction des radicaux à l'égard d'un général qui n'était pas perçu comme un « républicain » ? Le mystère subsiste. Il n'interdit pas de s'interroger sur la portée éventuelle de ce remplacement. L'arrivée de Maxime Weygand à Düsseldorf aurait-elle changé le cours des choses ?

Pour faire échec à la résistance passive, le gouvernement français dut envoyer des renforts militaires, mettre en place une régie franco-belge des chemins de fer et séparer la Ruhr du reste du Reich par une frontière douanière intra-allemande. En l'espace de quelques semaines, l'armée française réussit à limiter et à surmonter les troubles. Maginot fit un voyage d'inspection dans la Ruhr (11-13 mars), puis se rendit à Bruxelles, où il retrouva Poincaré à une réunion de concertation avec les dirigeants belges. La mission interalliée réussit, non sans difficultés, à remettre en marche les chemins de fer grâce à l'envoi de 11 600 cheminots français et belges, à faire travailler une partie des mines et fonctionner des fours à coke avec l'aide de mineurs de nationalité polonaise. Les stocks sur les carreaux, qui étaient importants, permirent de charger des trains qui roulèrent vers la France. Au bout de trois mois, la Ruhr était devenue un gage productif. Un rapport de Guillaume, directeur des mines (16 mai 1923), faisait le point des résultats techniques.

Cette occupation militaire étrangère exaspérait au plus haut point le sentiment national de la population. Certes, la résistance était soutenue financièrement et politiquement par Berlin, mais ce soutien était loin de tout expliquer. On ne put éviter des incidents, des attentats, des blessés et des morts parmi les soldats français comme parmi les manifestants et les grévistes allemands. Les affrontements les plus graves se produisirent à Essen (6 morts). La répression était inévitable ; on dut procéder à des arrestations et traduire les agitateurs et les meurtriers devant des tribunaux militaires qui prononcèrent des condamnations à mort. Parmi les exécutions, il faut citer celle de Leo Schlageter (26 mai 1923), dont les communistes d'abord, puis plus tard les nazis, firent un héros.

Soutenu par l'immense majorité de la population, le gouvernement Cuno refusa toute négociation avec la France. La condition préalable à la conclusion d'un « libre accord sur pied d'égalité » était l'évacuation pure et simple. En avril 1923, il croyait être en mesure de maintenir la résistance passive pendant au moins un an encore. En Allemagne, un homme comme le grand industriel de la Ruhr Hugo Stinnes[30] cherchait avec l'énergie du désespoir des contacts avec des Français qui pourraient sortir de l'impasse les relations entre les deux pays. On approcha en vain Paul Reynaud, un jeune député modéré encore inconnu et réservé à l'égard de Poincaré. Puis Stinnes prit contact en mars avec le sénateur alsacien Lazare Weiller, par qui il chercha à toucher de Selves, Doumergue et Loucheur. Il s'entretenait également à Berlin du voyage de Loucheur à Londres avec un intermédiaire bien connu aujourd'hui entre la France et l'Allemagne, le professeur Haguenin. Stinnes était désespéré par l'absence de résultat de tous ces contacts et par la solidité de ce gouvernement Poincaré dont on lui décrivait la fragilité. Il escomptait une chute qui ne se produisait pas. Cette déception fait écrire à son récent biographe, Gerhard Feldmann : « En dépit du chaos qui régnait dans la politique française, Poincaré gardait à peu de chose près les cartes en main. »

Poincaré répétait inlassablement qu'« il resterait dans la Ruhr jusqu'à ce qu'il ait obtenu des paiements de l'Allemagne ». À chacun de ses discours, les Allemands répliquaient par des commentaires dénonçant son intransigeance dédaigneuse et sa volonté de démembrer le Reich. On était engagé dans une guerre d'usure qui paraissait sans issue. L'ambassadeur anglais à Berlin, lord d'Abernon[31], qui était germanophile, ne voyait une issue que dans un changement de gouvernement à Berlin et à Paris : « Aussi longtemps que M. Poincaré sera au pouvoir, ce rapprochement n'est pas possible. Il n'est pas possible de s'entendre avec cet homme dur, cassant et autoritaire. Je viens de lire dans les journaux que M. Poincaré ne retirerait pas un soldat de la Ruhr aussi longtemps que la France ne serait pas payée. De semblables déclarations sont de nature à empêcher le gouvernement allemand de faire des ouvertures, même s'il en avait l'intention. Pour arriver à une solution, un changement de gouvernement est aussi nécessaire en France qu'en Allemagne » (11 avril).

Les affaires communes avec l'allié belge étaient traitées lors de réunions intergouvernementales qui se tenaient soit à Paris soit à Bruxelles. Les principales eurent lieu les 11-12 février, les 12-14 mars, les 13-14 avril, le 6 juin ; elles s'achevaient par des communiqués communs qui mettaient l'accent sur la collaboration des deux alliés. Les Belges souhaitaient une victoire rapide suivie d'une négociation. Leur ministre des Affaires étrangères, Jaspar, voulait « frapper vite et fort ». Parallèlement, ils avaient engagé avec les Français une négociation commerciale qui aboutit aux accords du 12 mai 1923. À Paris, l'ambassadeur Gaiffier[32] dressait un premier bilan plutôt mitigé : « Depuis quatre-vingts jours nous occupons la Ruhr. Le but assigné à nos efforts n'a pas été atteint. Certes l'Allemagne donne des signes de fléchissement. Ne faudrait-il pas négocier et lui proposer des conditions raisonnables ? » Il s'interrogeait, dubitatif, sur les intentions de la France : « Celles de la France seront-elles raisonnables ? » Comme le soulignait la presse allemande, les deux alliés continuaient d'agir de concert. Cela durerait-il longtemps encore ?

De son côté, le président Millerand[33] cherchait à éviter une rupture ouverte avec la Grande-Bretagne. Sur sa suggestion, on proposa à l'ancien ministre de Briand, l'industriel Louis Loucheur, le négociateur des accords de Wiesbaden, une mission en Grande-Bretagne. Loucheur, qui était aussi un homme de presse et inspirait *Le Petit Journal*, avait beaucoup de contacts et, en cas d'échec de Poincaré, il pouvait apparaître comme celui qui réconcilierait les Alliés. Poincaré avait perçu Loucheur comme un rival et un successeur possible, il se fit tirer l'oreille, puis finit par accepter cette proposition ; il reçut Loucheur le 29 mars et lui proposa de sonder les dirigeants anglais pour « arriver à une solution raisonnable du problème allemand ». Loucheur parlait l'anglais et avait de nombreuses relations personnelles à Londres. Il rencontra Bonar Law (déjà malade) et Stanley Baldwin (qui allait bientôt lui succéder). Il leur dit que la France respecterait les déclarations de Bruxelles et évacuerait progressivement la Ruhr. De retour à Paris, il rendit compte à Poincaré et il donna ce conseil : « L'heure est propice pour une négociation franco-britannique, ne la laissez pas passer » (4 mai 1923). Poincaré écouta et n'en fit rien. Le 10 mai, après un déjeuner avec Barthou, Maginot et Jouvenel, Loucheur notait : « Les interrogations de Maginot sur mon voyage : il reconnaît que Poincaré lui a raconté *tout* différemment. Il ne lui a notamment pas dit un mot de l'intervention de Le Trocquer. "Décidément, Poincaré est toujours le même", dit Maginot. "Cet homme vous poignarde toujours dans le dos", dit Jouvenel. » De ce voyage officieux, il ne sortit rien de concret et Loucheur fut profondément meurtri par le comportement politicien de Poincaré, qu'il assimila à une trahison.

Poincaré, qui se sentait en position de force, essayait de renouer les fils. Il répétait aux Anglais que la Ruhr n'était pas une affaire française; d'ailleurs les recettes qu'on en tirait étaient versées sur le compte général des Alliés à la Commission des réparations. À cet égard, le gouvernement anglais avait publié un mémorandum (13 juin) auquel Poincaré voulut donner une réponse franco-belge commune. Il se concerta d'abord avec Millerand. Tous deux tombèrent d'accord pour faire figurer dans la réponse à Londres un paragraphe exigeant de l'Allemagne la cessation de la résistance passive. Quand Poincaré prit contact avec son allié belge pour lui dicter sa réponse, il s'aperçut qu'il ne serait pas suivi. Poincaré avait affirmé à l'ambassadeur de France à Londres, Saint-Aulaire [34] : « La Belgique a exactement les mêmes intérêts que la France; c'est pourquoi elle nous a accompagnés dans la Ruhr » (29 juin). Or il découvrit brusquement que, pour se démarquer des Français, les Belges [35] avaient l'intention de rédiger une réponse distincte. En effet, le ministre Jaspar n'avait pas lu les documents « avec les mêmes lunettes que M. Poincaré » : le but de la politique belge était de « rétablir des relations intimement cordiales avec l'Angleterre pour assurer notre sécurité ». Poincaré, qui voulait absolument une note commune, se mit en colère et fit une scène à l'ambassadeur Gaiffier avec lequel il eut un entretien orageux : « M. Poincaré est habitué à commander plutôt qu'à accueillir les suggestions ou les conseils... Je l'ai convaincu de notre loyauté mais je n'ai pas réussi à le détourner de cette intransigeance, de ce dogmatisme qui risquent, hélas, de faire échouer tous nos efforts à Londres; je n'ai pas réussi à lui faire prendre comme base de discussion les études belges... Lui en parler serait non seulement inutile mais nuisible... La Belgique a besoin de réparations; elle a besoin par-dessus tout de paix, de sécurité. Nous n'en jouirons pas tant que l'occupation de la Ruhr persistera dans les conditions actuelles » (7 juillet). Ces désaccords filtrèrent dans la presse allemande. On déplorait « la soumission de la Belgique aux ordres de M. Poincaré », tout en espérant l'en détacher peu à peu. Sans entrer dans le détail de ces relations compliquées, une réflexion de Jaspar éclaire très bien le comportement de Poincaré avec les Belges : « Il est très sévère avec nous dans la forme comme dans le fond; il ne veut pas admettre la possibilité d'une politique belge d'un point de vue belge » (3 août 1923). Imperturbable, du moins en apparence, Poincaré gardait le cap, car il se sentait près du but.

Les radicaux-socialistes passent dans l'opposition

L'occupation de la Ruhr ne pouvait manquer d'avoir des répercussions en politique intérieure. L'opposition des communistes les engagea dans une campagne antimilitariste qui attira sur eux des mesures de répression. Les socialistes avaient une attitude plus mesurée et se gardèrent de lancer des actions illégales et violentes. Les radicaux étaient embarrassés et cherchaient à prendre leurs distances. En novembre 1922, Herriot avait encore pris soin de distinguer « le chef du gouvernement... un homme tourné vers nous », de la majorité parlementaire, « qui fait renier à la France le plus clair de son passé ». Maintenant il fallait clairement se démarquer de Poincaré. En mai 1923, le président du Conseil dut faire approuver une demande de crédits supplémentaires. Après avoir essuyé les critiques d'André Tardieu, Poincaré dut répliquer à Édouard Herriot qui déplorait une politique ne servant qu'à renforcer le pangermanisme. Il assura que l'armée française ne s'installerait pas dans la Ruhr : « Si nous sommes entrés dans la Ruhr, ce n'est pas pour nous installer à demeure et définitivement » (23 mai) ou encore : « La Ruhr peut être évacuée si l'Allemagne contracte des emprunts internationaux pour payer les réparations » (29 mai). Par rapport à des ministres comme Maginot et Le Trocquer, Poincaré était en retrait. La Chambre vota les crédits demandés à une très forte majorité, par 505 voix contre 67.

Le mois suivant, les radicaux-socialistes passèrent carrément à l'opposition[36]. Les trois ministres radicaux, Albert Sarraut, Paul Strauss et Paul Laffont, furent invités à démissionner ; ils refusèrent et restèrent solidaires de Poincaré. Lors du débat parlementaire, Poincaré chercha à donner des gages à la gauche en polémiquant avec le député royaliste Léon Daudet. Au grand mécontentement de sa majorité, il se lança dans une longue profession de foi républicaine à faire rougir de confusion Édouard Herriot et Léon Blum. On était loin de la Ruhr ; on était retombé avec délices dans les ornières de l'éternel débat franco-français. Les radicaux-socialistes n'emboîtèrent pas moins le pas aux socialistes et votèrent contre le ministère. Pour les futures élections législatives, ils s'engageaient dans la voie de l'alliance à gauche avec les socialistes. Le gouvernement recueillit une confortable majorité de 357 voix contre 200 ; toutefois, à la suite de la défection de son aile gauche, Poincaré apparaissait désormais comme le chef d'un gouvernement de Bloc national. Certes, au-delà du Parlement, Poincaré disposait de nombreux soutiens dans l'opinion publique ; toute la France de l'Est et du Nord, celle qui avait subi l'occupation allemande, celle qui avait été touchée par les destructions de la guerre, approuvait Poincaré à propos des réparations. Loucheur le constatait parmi les populations du Nord. Mais Poincaré pouvait-il se laisser enfermer dans une majorité dont son gouvernement n'était pas le reflet ?

Un nouvel interlocuteur allemand, Gustav Stresemann

Au milieu de l'été, le gouvernement du chancelier Cuno était à genoux. Pour financer la défense passive, il avait laissé filer l'inflation ; chaque jour, chaque heure même, le mark se dévalorisait ; l'inflation galopante dévorait les économies des ménages et était un facteur croissant d'insécurité et d'instabilité. Les Allemands utilisaient des billets valant des millions et des milliards de marks ; des troubles éclataient un peu partout ; dans la Ruhr, la résistance passive s'essoufflait et une partie des mineurs, acculés par la misère, avaient repris le travail. Le gouvernement Cuno, qui avait perdu toute autorité, démissionna le 12 août. On avait l'impression que l'Allemagne était au bord du gouffre, que le Reich allait se défaire. Dans cette situation critique, le président de la République, Friedrich Ebert, se tourna vers le chef du parti populiste, Gustav Stresemann[37], auquel il proposa par téléphone le poste de chancelier du Reich. Celui-ci accepta et, le 13 août, forma un gouvernement de grande coalition avec les socialistes, les catholiques et les démocrates. Gustave Stresemann avait quarante-cinq ans. C'était un homme trapu, au visage rond orné d'une petite moustache, des yeux vifs et globuleux. Cette forte personnalité dont le nom avait été déjà prononcé à plusieurs reprises avait été élu en 1907 au Reichstag, où il avait été l'adjoint puis le successeur du chef national-libéral Bassermann ; durant la guerre il avait soutenu les projets annexionnistes ; en 1919, il avait fondé avec l'industriel Hugo Stinnes le Parti du peuple allemand, un parti libéral de centre droit ; il avait voté contre la Constitution républicaine, puis s'était résigné au régime. Depuis quelques mois, il sentait son heure venir et s'y préparait. Dans un grand discours au Reichstag prononcé en avril, il avait dégagé des perspectives. La condition préalable n'était plus l'évacuation de la Ruhr, mais la renonciation de la France « à vouloir détruire l'unité allemande » et il formulait la ligne politique qui serait la sienne s'il parvenait un jour au pouvoir : « Nous disons à nos adversaires : si vous voulez des réparations, nous pouvons nous entendre, si vous voulez les pays rhénans une entente est impossible. »

Le chancelier Stresemann prit lui-même la direction des Affaires étrangères. Poincaré et les hommes politiques français ne le connaissaient guère ; ils ne tardèrent pas à découvrir, souvent à leur détriment, son talent, sa ténacité, son sens de la manœuvre. Pendant six ans, jusqu'à sa mort prématurée survenue en octobre 1929, il fut l'interlocuteur coriace, habile et réaliste des dirigeants français. Aussitôt installé à la Wilhelmstrasse, Gustav Stresemann prit contact avec Londres et Washington pour essayer de trouver un terrain de négociation. Son intention était de lever la consigne de « résistance passive » ;

mais il voulait le faire sans perdre la face afin de désamorcer les attaques des nationaux-allemands qui l'accusaient de capituler et de trahir l'Allemagne.

Poincaré n'avait jamais rencontré Gustav Stresemann ; depuis plusieurs mois, il devinait qu'il serait le successeur probable de Cuno ; il continua de poser comme condition préalable la fin de la résistance passive et la reprise des paiements, c'est-à-dire la capitulation complète de l'Allemagne. Pierre de Margerie[38] chercha à ouvrir les yeux de Poincaré. Le jour de l'arrivée de Stresemann à la chancellerie, il écrivait à Poincaré : « S'il faut en vérité amener l'Allemagne à capituler, il y a intérêt à ce qu'elle ne voie pas là de notre part un simple désir de l'humilier. J'ai toujours pensé et je me suis permis de l'indiquer dès la fin de juillet que l'emploi de ce mot forcerait pour ainsi dire tout gouvernement ici à se cabrer. Il faut écarter de la discussion une expression qu'on nous jette sans cesse à la tête... Il faut donner des signes au nouveau gouvernement... » (12 août). Deux jours plus tard il insistait : « Le chancelier pourrait s'appuyer pour abandonner la résistance passive sur des assurances françaises. » Après avoir rencontré à plusieurs reprises le chancelier et le secrétaire d'État, il pouvait assurer au président du Conseil que le souci majeur de Stresemann était de conserver l'intégrité de son pays ; celui-ci soupçonnait Poincaré de vouloir détruire l'Allemagne, de séparer les provinces du Rhin du Reich. « Ma première impression est qu'il faudra parler clair, sans détour pour combattre un esprit de soupçon invétéré. » Poincaré était-il disposé à écouter ce sage et lucide avertissement ? On peut en douter car le ton de ses discours, dont Stresemann scrutait chaque mot, n'était guère encourageant[39]. Celui de Charleville (20 août) n'apportait « rien de nouveau » ; il était même plus dur dans le ton que les précédents discours (ceux de Chassey et de Gondrecourt). Poincaré répétait : « Payez-nous, sinon nous restons dans la Ruhr. » Le discours de Villers-Cotterêts (23 août 1923) fut transmis à Berlin par l'agence Wolff, avec cette appréciation finale : « Toutes les arguties de l'avocat Poincaré ne peuvent en aucun cas masquer que sa politique veut la domination économique et militaire de l'Europe. » À l'ambassadeur Margerie, Stresemann fit part de sa déception : il n'avait pas trouvé « un seul mot d'encouragement » (30 août), il voudrait pouvoir « obtenir de M. Poincaré à titre pour ainsi dire personnel une indication lui permettant de pouvoir dire à son gouvernement que la négociation pourrait s'engager » (4 septembre). Stresemann disait à l'ambassadeur : « le temps du règlement est arrivé pour mon gouvernement » et il avait l'intention de proposer un pacte de statu quo et de non-agression avec la France et la Grande-Bretagne. « Il laissait entendre que, s'il recevait un signe de Paris, il était disposé à rapporter toutes les ordonnances concernant la résistance passive. Poincaré interpréta ces ouvertures comme des signes de faiblesse car il voulait le retrait pur et simple des ordonnances. Il donna à Margerie la consigne d'écouter en évitant tout ce qui aurait l'apparence d'une ouverture de négociation. Stresemann attendait un geste de son adversaire. Il interpréta le discours de Damvillers comme un progrès lui permettant de poursuivre la conversation franco-allemande ; c'était une illusion ; il eut plusieurs entretiens avec l'ambassadeur Margerie, lui proposant de retirer les ordonnances contre quelques concessions françaises comme la réintégration des expulsés, l'amnistie des condamnés, l'abandon des immixtions dans les entreprises industrielles. Obéissant à son impérieux patron, Margerie s'en tint à la consigne reçue : « Écouter sans négocier ». Stresemann prit acte de ce refus et interrompit toute conversation sur la fin de la résistance passive, même indirecte.

Parallèlement, Stresemann, qui avait compris que la Belgique était un maillon faible, se tourna vers le chargé d'affaires belge à Berlin[40]. Celui-ci accueillit avec circonspection cette ouverture : « C'est un partenaire avec lequel nous devons négocier si l'occasion s'en présente, mais avec une méfiance et une prudence excessives. » Lors d'un second entretien, Stresemann alla plus loin. Pour répondre aux exigences de sécurité de la Belgique et de la France, il envisageait la négociation d'un traité dans lequel interviendraient « toutes les puissances directement intéressées au Rhin ». C'était l'amorce du futur pacte de Locarno. Enfin il proposa de remplacer la Ruhr par un autre gage, par exemple « une hypothèque sur les chemins de fer et leurs bénéfices qui seraient remis aux Alliés comme gages productifs et réels ». Le chargé d'affaires belge se demandait si, « avec un partenaire aussi fin et retors que Stresemann, il n'était pas permis de craindre un piège ». Les ministres belges s'interrogèrent : fallait-il répondre aux propositions du chancelier allemand ? On pourrait l'envisager si Poincaré se montrait plus accommodant. Margerie[41], qui était au courant des contacts de son collègue, plaidait en faveur de négociations. Le professeur Haguenin vint aussi à plusieurs reprises argumenter en ce sens. L'ambassadeur Gaiffier[42] espérait que Poincaré écouterait ces conseils de sagesse. En vain. Poincaré, entêté, exigeait la capitulation sans condition et refusa de tendre la moindre perche au chancelier. Le discours de Brieulles fut une nouvelle fin de non-recevoir. Finalement les Belges restèrent associés aux Français et ne répondirent pas aux propositions de Stresemann. Celui-ci, mécontent, convoqua le chargé d'affaires pour lui dire son regret de ne pas avoir reçu « l'aide qu'il avait sollicitée de la Belgique ». Poincaré, qui dut avoir vent de ces ouvertures, fit une scène terrible[43] à l'ambassadeur belge à Paris : « Votre arrangement est une mystification. Je ne l'oublierai pas ; il était destiné à m'empêcher d'agir seul et de prendre des sanctions ; il retarde les paiements dus à la France et à cet égard, ils lui ont porté préjudice... Vous avez été guidés par la pensée de vous faire payer. À l'avenir, j'agirai seul sans consulter la Belgique. »

Jusque-là, Poincaré avait été soutenu par Alexandre Millerand et par le maréchal Foch. Celui-ci [44] alla au Quai d'Orsay le 18 septembre porter une note rédigée avec son nouveau chef d'état-major, le général Desticker, et dont nous ignorons le contenu, mais à laquelle il attachait une grande importance : « Nous la limons, la relisons, la recommençons. C'est notre travail actuel. » Le ministre anglais Baldwin se rendit à Paris, où il eut une conversation à Rambouillet le 19 septembre avec Millerand. Le président de la République [45] lui tint un langage qui aurait pu être celui de Poincaré : « J'ai toujours pensé que cette occupation serait nécessaire, déjà à Spa... Nous avions le droit d'aller dans la Ruhr... La France n'a aucune idée d'annexion. Elle est allée dans la Ruhr pour se faire payer. Un point, c'est tout. Nous sommes nous-même des débiteurs. » Pas plus qu'à son président du Conseil, Stresemann ne semblait lui inspirer confiance : « Mon impression est qu'il essaie encore de nous rouler... Il est à la recherche d'une solution qui soit agréable aux socialistes et aux nationalistes. C'est la quadrature du cercle. » Pour ces semaines cruciales, aucun document sur les entretiens, les conversations, les échanges de notes entre Millerand et Poincaré n'a été conservé.

Poincaré victorieux et isolé

Sans avoir obtenu la moindre concession de Poincaré, Stresemann fit annoncer le 25 septembre 1923 par l'agence Wolff l'abandon pur et simple de la résistance passive. La fin de la résistance passive était l'apparence d'une victoire ; elle n'avait rien résolu. Il fallait maintenant transformer cet essai en un succès politique. Poincaré était-il en mesure d'y parvenir ?

La presse française criait victoire. La popularité de Raymond Poincaré était au zénith ; on lui disait partout qu'il avait gagné, et il recevait de nombreuses lettres de félicitations. Son ami le bâtonnier Albert Salle [46] lui écrivait : « Avec quelle admiration je suis l'action que vous avez engagée depuis dix-huit mois et qui aurait déjà réussi sans l'hostilité jalouse de l'Angleterre... Vous avez eu Lloyd George et Cuno ; vous avez Baldwin et tous les successeurs de Cuno ; vous ne les lâcherez pas avant qu'ils ne se soient inclinés... » (24 août). Un mois plus tard, l'amitié lui dictait une nouvelle lettre admirative : « Vous remportez aujourd'hui la plus belle victoire pacifique de l'histoire, la plus difficile aussi, car vous aviez à lutter contre l'hypocrisie de certains alliés non moins que contre la perfidie de l'ennemi... La France entière était derrière vous et vous a fait confiance » (25 septembre 1923).

Recevoir un tel courrier peut inciter à persévérer. Cela ne donne malheureusement pas la moindre indication sur les initiatives à prendre ; la balle était désormais dans son camp. Quels étaient son état d'esprit et ses intentions ? Était-il décidé à agir ? On ne dispose sur ces jours cruciaux ni de lettres ni de textes personnels de Poincaré. Dans un discours prononcé au Bois-d'Ailly il donnait à Stresemann la réponse suivante : « La proclamation maussade d'une trêve inévitable n'est rien, c'est l'exécution qui est toute. Nous attendons l'Allemagne à l'œuvre » (30 septembre). C'était demander à l'Allemagne d'autres signes ; c'était le refus de l'ouverture ; Poincaré n'était pas décidé à engager les négociations bilatérales auxquelles le poussaient maintenant le président de la République, une partie des ministres et des chefs militaires comme Foch et Degoutte.

En Allemagne, Poincaré était détesté ; il était perçu comme un ennemi impitoyable dont on relevait tous les défauts, tous les travers, la moindre des phrases. Il faut bien dire que, sans le vouloir, par ses discours hebdomadaires, Poincaré alimentait la critique, la hargne et la haine. Les magazines satiriques *Simplicissimus* et *Kladdarratasch* multipliaient les caricatures féroces, comme celle, si souvent reproduite, montrant Poincaré dévorant les enfants de la Ruhr.

Le président de la République, Alexandre Millerand, faisait maintenant une autre analyse [47] : il souhaitait s'adresser au pays par un message présidentiel, engager une négociation directe immédiate avec l'Allemagne et, dans la foulée du succès, dissoudre la Chambre des députés et appeler les Français à des élections générales. Poincaré était en total désaccord avec un tel scénario. Un article du ministre Charles Reibel, les souvenirs de Maurice Colrat et le témoignage de Raoul Persil, un proche de Millerand, apportent des indications convergentes. Poincaré repoussa tout net la suggestion de message présidentiel et d'élections anticipées ; c'était lui qui gouvernait et non le président de la République, dont il ne souhaitait pas que le rôle fût restauré. À cette affaire fut mêlé aussi le maréchal Foch, que Poincaré reçut à plusieurs reprises chez lui rue Marbeau.

Dans les papiers Millerand [48] sont conservées des notes du ministre Charles Reibel intitulées : « Après la capitulation de l'Allemagne ». Le récit débute par une conversation à l'Élysée entre Millerand et Reibel, le jour où le chargé d'affaires allemand von Hoesch alla annoncer à Poincaré la fin de la résistance passive, « le plus grand événement depuis l'armistice ». Devant Reibel, Millerand envisagea un message présidentiel pour souligner la portée de cette victoire l'intention des Français. Leur dialogue s'engagea en ces termes :

Reibel : « *Poincaré n'acceptera pas. Au fond, je me demande ce qu'il va faire.*
Millerand : *Comment ? ce qu'il va faire ! Il va traiter immédiatement avec l'Allemagne.*

> Reibel : *J'ai essayé de savoir sur quelles bases... A-t-il un plan ? Peu vraisemblable en raison de son caractère.*
> Millerand : *Mais alors, pourquoi serions-nous allés dans la Ruhr ? Il est tragique de se poser une telle question à un pareil moment.* »

Pour en avoir le cœur net, Charles Reibel se rendit immédiatement au Quai d'Orsay et commença par féliciter le président. Les deux hommes eurent le dialogue suivant :

> Reibel : « *C'est vraiment votre victoire. C'est une très grande journée pour vous et pour le pays. L'Allemagne met le genou à terre.*
> Poincaré : *Comment pouvez-vous parler ainsi ?*
> Reibel : *Vous êtes le maître de la situation.*
> Poincaré : *Que pensez-vous que je vais faire ?*
> Reibel : *Causer immédiatement avec l'Allemagne et lui imposer vos conditions.*
> Poincaré : *Causer avec l'Allemagne ! Vous me brouillez avec l'Angleterre.*
> Reibel : *Si vous êtes dominé par cette crainte, il ne fallait pas aller dans la Ruhr.*
> Poincaré : *Causer sur quoi ?*
> Reibel : *Causer sur les réparations et la sécurité... envisager la coopération du charbon de la Ruhr et de la minette lorraine.* »
> Poincaré répondit d'une voix sèche : « *En tout cas je ne ferai pas cette politique, et si l'on voulait m'y forcer, je donnerais plutôt la démission du cabinet... Je vais saisir la Commission des réparations.* »

Après avoir regagné son ministère, Reibel appela Millerand au téléphone pour lui donner les résultats de sa visite ; il sentit « son effondrement au bout du fil ». Vingt ans après, dans ses souvenirs inédits rédigés en 1941-1942, Millerand ne décolérait pas et persistait dans ses appréciations sévères : « Incroyable inertie, refus entêté de tirer parti d'un succès sans précédent ». Il s'indignait encore, car « la France tint dans sa main la victoire et elle la laissa échapper *par la défaillance d'un homme* ». La dernière formule a été rayée à la main, mais ce jugement terrible, « défaillance d'un homme », est quand même venu sous sa plume ! Cet homme, c'était Raymond Poincaré, l'un de ses plus vieux amis, un ami de plus de trente ans.

Reibel joua une dernière carte et se rendit chez le maréchal Foch qu'il avait déjà fait intervenir à la fin de juillet et qui avait vu plusieurs fois Poincaré en août et en septembre. Il lui raconta sa conversation avec Poincaré et lui demanda un ultime effort. Foch prit contact avec le président du Conseil, qui était rentré chez lui rue Marbeau, et chez lequel il obtint un rendez-vous presque immédiat. En quittant Reibel, il lui aurait dit : « Je vais voir si, une seconde fois, on loupera la paix. » Il eut un entretien d'une demi-heure avec le président. À son retour, il appela Reibel au téléphone et lui dit : « J'ai fait sur lui un effort complet. Il n'y a plus rien à faire. Tout est perdu ! »

Nous avons rapporté presque intégralement ces trois dialogues. Nous ne savons à quelle date ils ont été transcrits par Reibel et nous ne pouvons avoir la certitude de leur authenticité absolue. Ils montrent un désaccord fondamental entre d'une part Poincaré et d'autre part Millerand, Reibel et Foch ; ils montrent aussi la difficulté, voire l'impossibilité de discerner la ligne directrice de la politique de Poincaré, son incapacité à travailler en équipe, une sorte d'entêtement buté qui décourageait ses meilleurs collaborateurs. Le lecteur se remettra en mémoire le jugement déjà ancien de Paul Cambon : « parole claire certes, mais esprit flou ». Entre Millerand et Poincaré, le désaccord était tel que le premier songea, comme il l'avait déjà fait avec Briand en janvier 1922, à provoquer la chute du cabinet. Une crise politique grave fut sur le point d'éclater ; à part quelques proches, personne ne fut dans la confidence. À l'intérieur du ministère, Charles Reibel et Maurice Colrat se seraient-ils prêtés à la manœuvre avec l'appui d'André Maginot ? On ne dispose à ce sujet d'aucune indication sérieuse car, à peine esquissé, le projet était déjà abandonné parce qu'impraticable. Poincaré était trop populaire et il aurait été impossible d'expliquer sa brutale éviction alors que l'opinion publique savourait sa victoire sur l'Allemagne et que le charbon de la Ruhr arrivait en France. Cette manœuvre avortée, restée inconnue des contemporains, ne fut pas sans laisser des traces. Entre Millerand et Poincaré, les relations s'étaient tellement détériorées qu'elles ne se rétablirent jamais vraiment. Le discours prononcé par Millerand à Évreux le 14 octobre 1923 fut une réaction à ce désaccord fondamental qui avait été caché à l'opinion et sur lequel Poincaré garda une totale discrétion. Millerand souhaitait que les fonctions constitutionnelles du président de la République fussent restaurées et il fit l'éloge du Bloc national, ce qui pouvait être interprété comme un désaveu de Poincaré. En s'engageant de la sorte, Millerand scellait à moyen terme son destin. Quant aux deux ministres, Colrat et Reibel, qui auraient « comploté » avec Millerand, il semble bien que le « patron » eut vent de leurs tractations. Poincaré ne les sanctionna pas tout de suite, mais il était rancunier et son « équipe », si équipe il y a eu un jour, se dissocia pour ne jamais se reformer.

Refus d'une négociation directe avec l'Allemagne

À Berlin, Stresemann devait affronter une situation chaotique et mouvante. La « grande coalition » était si fragile qu'elle se défit bientôt, le 4 octobre. Même dans son propre parti, le chancelier était contesté, notamment par Hugo Stinnes ; on lui reprochait de n'avoir obtenu aucune concession de Poincaré en contrepartie de l'abandon de la résistance passive.

Stresemann était à ce point indispensable qu'il reforma un cabinet sans les sociaux-démocrates. Il était sur tous les fronts à la fois, travaillait vingt heures par jour et était contraint à d'épuisants palabres avec les chefs de parti. Il fallait faire cesser l'inflation galopante et mettre en place le Rentenmark, la nouvelle monnaie dont le principe avait été adopté. Plus grave encore, il fallait lutter contre les menaces de désintégration du *Reich* : insurrections communistes en Saxe, à Hambourg et en Thuringe, complots autonomistes en Bavière, agitations séparatistes en Rhénanie. La France n'allait-elle pas utiliser ce dernier levier pour tenter de séparer la Rhénanie du Reich ? On ne pouvait l'exclure. Un dirigeant socialiste allemand important, Rudolf Breitscheid[49], mettait Poincaré en garde : « Nous déclarons à M. Poincaré que les pays rhénans sont et doivent rester allemands. La politique française trouble le repos de l'Europe et renforce la vague de nationalisme en Allemagne. Si M. Poincaré continue, il pourra se vanter un jour d'avoir été le destructeur de l'Europe » (9 octobre).

Stresemann espérait toujours une négociation directe avec Paris. À deux reprises, Poincaré reçut le chargé d'affaires allemand, Leopold von Hoesch ; il refusa toute négociation sur les détails de l'abandon de la résistance passive car, à son avis, elle n'avait pas encore entièrement cessé et renvoya l'examen des éventuelles propositions allemandes à la Commission des réparations. Parallèlement à ces contacts officiels, Stresemann essaya de toucher Poincaré par l'intermédiaire d'Albert Thomas. Les papiers Millerand[50] ont conservé deux lettres du 12 octobre 1923, l'une adressée à Millerand, l'autre étant la copie d'une lettre à Poincaré. Il concluait la première par cette phrase : « Je persiste à penser que plus tôt on parlera, meilleur ce sera. » La lettre à Poincaré, beaucoup plus longue, comportait le récit d'une conversation avec Stresemann d'où ressortait le désir de celui-ci d'entamer des négociations ; il proposait d'envoyer à Paris un envoyé officieux pour discuter des conditions. Thomas expliquait : « Si la France veut des réparations, il ne faut pas de politique tendant à la séparation et à la dissolution de l'Allemagne... L'heure presse. » Nous ne connaissons pas la réponse de Poincaré, dont il y a tout lieu de penser qu'elle fut négative. Par d'autres sources, nous savons que plusieurs émissaires privés passèrent à Paris sans être reçus.

L'Association des mines décida la reprise du travail, et une commission de six membres, comprenant Hugo Stinnes[51], fut formée pour négocier. Après avoir rencontré Stresemann, Stinnes et ses collègues entrèrent en contact à Düsseldorf avec le général Degoutte (5 octobre); puis Stinnes retourna à Berlin pour rendre compte de ses entretiens et il prit part à une réunion avec des membres importants du gouvernement.

Poincaré semblait être moins intransigeant que les mois passés; le discours prononcé à Ligny-en-Barrois[52] était plus mesuré. Buat s'en déclarait satisfait, car il notait : « Je préfère cette attitude ferme simplement à une intransigeance maussade qui ne peut rien apporter de bon. » Selon les notes de Buat[53], Poincaré estimait ne pas avoir les moyens d'envoyer des renforts supplémentaires dans la Ruhr; il n'avait guère à se louer de l'appui des Belges; il savait qu'une forte partie de l'opinion belge était en retrait et que le ministre Jaspar souhaitait coller à la politique anglaise. Enfin l'Italie n'était guère sûre. Poincaré craignait un incident qui pouvait naître « du jour au lendemain avec la dictature italienne à la tête d'une immense officine de propagande... il fallait maintenir la couverture sur les Alpes... et se tenir sur nos gardes à notre frontière du sud-ouest ». Allait-on revenir à une situation comparable à celle des années 1890, celle de Crispi et de la Triplice ? Cette réminiscence historique a sûrement traversé l'esprit de Poincaré.

Stresemann demanda aux cheminots allemands de reprendre leurs postes; il attendait de ce geste une ouverture qui ne vint jamais. Poincaré refusa délibérément de s'engager dans la voie d'une négociation bilatérale qui aurait pu être féconde. L'ambassadeur Margerie[54], placé à Berlin dans une position intenable, confia à son collègue belge que Poincaré, très nerveux, lui avait adressé « des instructions sur un ton qu'il n'est pas d'usage d'employer ». Il commentait ainsi sa situation : « Quant à moi, j'ai reçu des ordres si rigoureux et me coupant à tel point toute initiative que je suis réduit à ne plus ouvrir la bouche. J'ai envie de prendre un congé; ma présence à Berlin n'est guère utile » (19 octobre). Margerie, en fin de compte, resta stoïquement à son poste. On a l'impression que Poincaré était dans l'incapacité d'utiliser les talents d'un homme qui lui était tout dévoué. On mesure là l'une des grandes limites de Poincaré. Le résultat de cette attitude bornée fut de pousser Stresemann aux pires extrémités, dont l'une des manifestations fut le discours chauvin et nationaliste prononcé à Hagen où il dénonçait « le mensonge de la responsabilité unique de la guerre ». Cette intransigeance contribua aussi à encourager Stresemann à tourner les positions françaises pour isoler cet adversaire qui refusait de devenir un partenaire. Quelques jours avant sa chute, Stresemann se félicitait d'avoir commencé à renverser la tendance : « Toutes nos mesures ont contribué par la collaboration méthodique des Anglo-

Saxons, par l'éloignement de l'Italie, par l'attitude hésitante de la Belgique, à placer la France dans une situation que ce pays ne pourra plus longtemps supporter » (18 novembre 1923). Abandonné par les socialistes, le cabinet Stresemann était renversé le 23 novembre.

Vers une réinternationalisation du problème des réparations

Après un temps d'inaction, probablement dû à la visite officielle en France du président tchécoslovaque, Tomáš Masaryk, Poincaré décida de réinternationaliser le dossier des réparations, ce qu'il avait clairement annoncé à Charles Reibel. La difficulté était d'expliquer à sa majorité parlementaire et à l'opinion française une réorientation qui semblait en contradiction avec toutes ses déclarations antérieures. À la recherche d'une porte de sortie, Poincaré crut la trouver dans une suggestion américaine de confier à une commission d'experts internationaux une évaluation des capacités de paiement de l'Allemagne ; cette commission travaillerait sous l'égide de la Commission des réparations et à titre consultatif ; il écartait définitivement les négociations bilatérales pour s'en remettre à des tiers, il abandonnait sans contrepartie une situation de force. Il faut s'interroger sur les mobiles de Poincaré. Pas plus ses déclarations publiques que ses papiers n'apportent de réponse. Sentait-il, en dépit des apparences, la partie compromise ? Voulait-il regagner la confiance des Anglo-Saxons seuls susceptibles de favoriser les transferts financiers qui permettraient à terme la reprise des paiements ? Poincaré a-t-il pris sa décision seul ou après s'être entouré d'avis ? Dans ce cas, lesquels ? Il semble qu'il ait été conseillé en ce sens par Louis Barthou, mais nous n'avons pu en apporter la preuve formelle. Entre le 23 et le 25 octobre 1923, Poincaré se rallia à une proposition américaine d'expertise des capacités de paiement de l'Allemagne, approuvée par les gouvernements britannique et belge. Les Anglais furent les premiers surpris de son accord. Lord Curzon pensait que Poincaré refuserait et qu'on se passerait de lui. Un télégramme expédié de Washington par André de Laboulaye le 23 octobre a-t-il contribué à la prise de décision ? On peut le penser, sans pouvoir le prouver.

En s'engageant dans la voie de l'expertise internationale, Poincaré n'avait pas renoncé à la politique du gage productif. Des négociations avaient commencé entre les industriels allemands et la Micum sur l'approvisionnement de la France en charbon. À côté de Stinnes, qui joua un rôle important, les Français négocièrent aussi avec d'autres propriétaires de mines, dont Albert Vögler. « Les deux hommes travaillèrent la main dans la main et se partagèrent le travail. » Un accord, signé le 23 novembre 1923, assurait des livraisons de charbon jusqu'au 15 avril 1924.

La mise en place de l'expertise butait sur l'intangibilité du montant de la créance allemande de 132 milliards de marks-or fixée en mai 1921, ce qui conduisit le gouvernement américain à refuser d'y participer. On pouvait penser que tout serait bloqué. Or, coup de théâtre, le 13 novembre, sur instruction de Poincaré, Louis Barthou proposait à la Commission des réparations la désignation d'un comité d'experts. C'était un renversement de la position française. Tout alors s'accéléra : le 30 novembre, deux commissions étaient constituées, dont l'une présidée par l'Américain Dawes, pour apprécier les capacités de paiement de l'Allemagne.

L'affaire des réparations était réinternationalisée sans aucune négociation franco-allemande. Bientôt la commission Dawes se réunirait à Paris pour élaborer en quatre mois un plan de paiement pour les cinq années à venir, plan qui allait passer dans l'histoire sous le nom de plan Dawes.

Dans l'imbroglio rhénan : Poincaré joue et perd

Alors qu'il prenait cette nouvelle orientation, Poincaré essaya de tirer parti de la situation chaotique dans laquelle se débattait le Reich pour reprendre le projet avorté en 1919 de la formation d'un État rhénan. Poincaré avait-il déjà une politique rhénane bien définie ? A-t-il été poussé par Foch, Maginot et Tirard[55] ? En tout cas, il adressait le 23 octobre 1923 des instructions à Tirard allant dans le sens d'une République rhénane, espérant mettre les Anglais devant le fait accompli. On ne sait pas, d'une part, ce que pensait personnellement Poincaré d'un tel projet et, d'autre part, ce qu'il jugeait possible d'obtenir. Dans cette affaire où les flottements et les incohérences furent multiples, on peut douter de l'existence d'une politique délibérée et de l'exécution d'un plan réfléchi. On peut ainsi l'interpréter comme une tentative – malheureuse – d'essayer de tirer parti des circonstances.

L'idée d'un État rhénan[56] était dans l'air depuis 1918. Le maréchal Foch l'avait préconisée. En 1919 des hommes politiques rhénans importants, comme le bourgmestre de Cologne, Konrad Adenauer[57], avaient souhaité la séparation de la Rhénanie de la Prusse et la création dans le cadre du Reich d'un État rhénan. Cette ville était dans la zone anglaise d'occupation, et l'assise territoriale du futur État rhénan aurait été à cheval sur la rive gauche du Rhin, occupée par les Alliés, et sur la rive droite, où la souveraineté allemande restait entière. L'Assemblée constituante de Weimar avait écarté cette solution et maintenu l'État prussien tel qu'il existait depuis 1815.

Au cours de l'été de 1923, Konrad Adenauer et l'industriel Hugo Stinnes relancèrent l'idée d'un État rhénan ; ils obtinrent l'accord de

Stresemann pour entrer en contact avec le haut-commissaire français à Coblence, Paul Tirard, qu'ils rencontrèrent le 14 septembre 1923. Pour ce dernier, c'était l'un des nombreux contacts qu'il prenait dans les territoires occupés. Les liens entre Tirard et Poincaré étaient étroits, mais des points restent obscurs : Tirard avait-il une liberté de manœuvre ou agissait-il uniquement sur instruction ? Quelle marge d'autonomie avait-il sur le terrain ? Le gouvernement du Reich était de nouveau confronté à la question de la formation d'un État rhénan. Ce n'était plus cette fois un problème interne à l'Allemagne, à résoudre entre Allemands, mais une affaire internationale où l'on était placé sous la pression des Français. Devait-on négocier avec eux ? Comment ? À quel niveau ? Avec quels objectifs ? Le 24 octobre se tint à Barmen-Elberfeld une réunion entre les représentants politiques et économiques des territoires occupés et le chancelier Stresemann. Adenauer se heurta durement à Stresemann sur l'opportunité de créer un État rhénan séparé de la Prusse. Le premier demandait à explorer la question, le second répondait « non » sans hésitation. Le mot « Rhénanie » et la formule « État rhénan » sont ambigus et susceptibles d'interprétations contradictoires. Il faut rappeler que, pour Adenauer, il ne s'agissait en aucun cas d'une sécession mais d'un remodelage à l'intérieur du Reich. La Rhénanie envisagée par Adenauer resterait allemande et serait un État du Reich. Au contraire, le maréchal Foch et de nombreux Français souhaitaient que la Rhénanie fût un État séparé de l'Allemagne, avec ses propres institutions et sa propre monnaie. À Paris, beaucoup espéraient un éclatement du Reich qui verrait la Rhénanie avec la Ruhr s'en séparer toute seule. C'était ce qu'on attendait dans l'entourage de Pétain ; dans celui de Foch, on voulait aller plus loin et donner un soutien actif aux autonomistes rhénans radicaux. Les événements de l'automne semblèrent encourager les seconds.

À Aix-la-Chapelle, dans la zone d'occupation belge, des autonomistes appuyés par des officiers belges proclamèrent une République rhénane (21 octobre 1923). Il semble que cette opération ait été préparée par des Belges partisans d'une grande Belgique agissant sans l'accord de leur gouvernement. Après quelques jours d'attente, le gouvernement belge se prononça contre les autonomistes et approuva la vigoureuse position hostile du gouvernement anglais (31 octobre). C'est dans ce contexte qu'il faut placer la proclamation dans la zone d'occupation française, à Mayence et à Spire, le 12 novembre 1923, d'une République palatine. La population et les groupes politiques rhénans s'opposèrent à ces autonomistes appuyés par des officiers français. Poincaré, qui était au courant des débats internes allemands et qui avait l'impression que le Reich se désagrégeait sous ses yeux, décida de fournir son appui à cette relance spectaculaire de l'autonomisme rhénan. Il donna l'impression qu'une seconde fois après leur échec de 1919 les Français voulaient obtenir la séparation de la Rhénanie du Reich. C'était à la fois indisposer les Anglo-Saxons et provoquer les Allemands.

Cette décision a été une très lourde faute. Les autonomistes n'avaient aucune assise populaire ; ils ne se maintenaient dans les bâtiments officiels qu'avec l'appui des troupes françaises ; on ne put éviter des affrontements avec la foule ; le sang coula. Les alliés de l'occupation de la Ruhr, avec lesquels les relations s'étaient aigries, étaient divisés sur cette affaire capitale. Les Belges auraient probablement accepté une Rhénanie autonome dans le Reich, tandis que Poincaré se dirigeait vers la création d'une République rhénane indépendante.

Les négociations internationales étaient compliquées par les incidents sur le terrain et par l'activité brouillonne de groupes séparatistes qui étaient appuyés par des officiers français. Malgré des difficultés de toutes sortes – dont le putsch tenté à Munich par un Hitler encore inconnu et le général Ludendorff n'était pas la moindre –, malgré la fragilité du cabinet Stresemann qui, miné par ses contradictions internes, démissionna le 23 novembre, le Reich allemand ne se défaisait pas aussi vite qu'on l'avait espéré. Avec le concours des Anglo-Saxons, le ministre des Finances, Hans Luther[58], assisté du Dr Hjalmar Schacht[59], le commissaire du Reich à la Monnaie, lançait une nouvelle unité monétaire, le Rentenmark, et préparait un redressement rapide et spectaculaire.

Le 1er décembre 1923, le député catholique de Cologne Wilhelm Marx formait un nouveau cabinet de coalition bourgeoise dans lequel Gustave Stresemann conservait les affaires étrangères. Dans ce domaine, il assurait une continuité redoutable dont Poincaré n'allait pas tarder à éprouver le danger. Avec la souplesse inventive qui était dans sa manière, Stresemann chercha à mettre en difficulté ce Poincaré rigide qui ne voulait toujours pas négocier. Stresemann était fondamentalement hostile à tout État rhénan, car il considérait la Prusse comme l'armature essentielle de l'Allemagne. Les Français occupaient toujours la Ruhr et leur seule présence donnait en Allemagne de multiples aliments aux passions nationalistes, dont le réalisme de Stresemann comprenait la nocivité. Albert Thomas, qui avait déjà rencontré Stresemann à Berlin en août 1923, chercha, par l'intermédiaire d'un directeur de la Deutsche Bank, à renouer contact. Stresemann, accablé par une charge de travail considérable, ne répondit pas immédiatement, puis se déclara sceptique sur la possibilité d'améliorer l'atmosphère. Cependant, il envoya à Paris un négociateur informel, Heinrich Freund[60], avec une lettre privée d'accréditation pour discuter des réparations. Au Quai d'Orsay, on jugea ce document insuffisant pour une entrevue avec le président du Conseil, et Freund retourna à Berlin sans avoir rencontré Poincaré. De son côté, Poincaré eut un entretien avec un avocat d'Essen, le Dr Grimm[61], qui venait demander la libération des prisonniers de la Ruhr incarcérés au pénitencier de Saint-Martin-de-Ré. Grimm s'attendait à un accueil désagréable; il fut tout surpris de se trouver le 4 décembre 1923 en présence d'un Poincaré aimable qui promit quelques libérations. Devant son interlocuteur, il réaffirma, pour qu'il les transmît à Berlin, les deux principes de base de sa politique : « en première ligne, la sécurité de la France; en seconde ligne, le paiement des réparations ». Ce n'était pas nouveau et il n'y avait là aucune ouverture pour d'éventuelles négociations. Poincaré campait sur ses positions.

Au cours de ces mois de novembre-décembre 1923, les projets rhénans de Poincaré mériteraient d'être tirés au clair. Au niveau des principes, il s'en tenait « au droit des populations à disposer librement de leur sort ». Au niveau de la politique concrète il est très difficile de démêler tous les fils : en avril 1922, Poincaré avait reçu un autonomiste rhénan radical, Dorten, qui avait été introduit auprès de lui par le général Mangin; l'avait-il encouragé? Aucun élément ne permet de l'affirmer. En cette fin de l'année 1923, a-t-il eu des contacts directs avec des séparatistes et des autonomistes rhénans? Peut-être, mais c'est improbable, dans la mesure où les contacts étaient assurés par Paul Tirard et d'autres intermédiaires.

En raison des fonctions qu'il a occupées par la suite et des responsabilités qui ont été les siennes comme chancelier de la république fédérale d'Allemagne de 1949 à 1963, les contacts pris alors par Konrad Adenauer avec les Français ont intrigué les historiens. K. D. Erdmann et H. P. Schwarz ont tiré au clair l'essentiel. Adenauer n'a jamais personnellement rencontré Poincaré. Le 29 novembre 1923, Tirard exposa au bourgmestre de Cologne les principes sur lesquels devrait reposer la future République rhénane : une confédération autonome de plusieurs États avec leurs parlements souverains, leurs gouvernements et leurs représentations extérieures. C'était très éloigné de ce qu'Adenauer envisageait : un État rhénan séparé de la Prusse mais qui resterait à l'intérieur d'une Confédération germanique à définir; cet État rhénan serait doté de sa propre banque d'émission avec une monnaie spécifique. À une telle initiative qui risquait de menacer la souveraineté allemande sur cette région, le commissaire de la Reichsbank, Schacht, était totalement opposé.

Sur ce terrain miné, Adenauer poursuivit néanmoins les contacts puisque, le 4 décembre, il recevait à l'hôtel de ville de Cologne l'ingénieur Arnaud, un ami de l'ancien ambassadeur de France à Berlin Laurent, avec lequel il rédigea un texte à l'intention de Poincaré. Adenauer en rendit compte au chancelier Marx, qui resta sceptique tout en lui laissant carte blanche pour une poursuite des contacts privés. Adenauer expliqua à Tirard que ce nouvel État confédéré allemand ne pourrait agir dans le cadre du Reich que s'il était libéré de l'occupation et de la tutelle de la Commission rhénane. Il pourrait alors peser dans le sens d'un travail pacifique et durable avec la France. Adenauer reçut le soutien de l'industriel Hugo Stinnes. Celui-ci pensait que la détresse de la population rhénane était telle qu'elle ne pourrait opposer aucune résistance aux projets français. D'autres industriels, et parmi eux Klöckner et Silverberg, préférèrent négocier des accords directs avec les représentants de l'industrie lourde française ; ils prirent aussi, de leur côté, langue avec Tirard. Les industriels français, d'ailleurs divisés entre eux, voulaient être assurés des livraisons de charbon et de coke ; ils ne souhaitaient pas prendre le contrôle des mines allemandes. C'est pourquoi ils se prêtèrent à des conversations avec leurs fournisseurs allemands. Robert Pinot, l'homme fort du Comité des forges, reçut plusieurs émissaires.

Par son ami l'industriel Hamspohn, Konrad Adenauer fut mis en contact avec l'ancien ambassadeur Charles Laurent et son attaché commercial Vincent Arnaud, qui lui fit comprendre que Poincaré serait favorable à ses projets. C'était probablement une négociation parallèle à celle menée par Tirard, lequel laissait entendre que Poincaré avait autorisé ce type de contact. C'est dans ce contexte qu'il faut placer la rédaction par Hugo Stinnes [62] de son dernier mémoire sur les réparations, dans lequel il abordait de front les relations nécessaires entre l'industrie lourde rhénane et celles du Luxembourg et de la Lorraine. Il envisageait des accords de partenariat et des prises de participation de sociétés françaises, des fusions et restructurations industrielles dont il n'est pas question ici de détailler des projets ; d'ailleurs elles ne virent jamais le jour. L'essentiel est de souligner que Stinnes, hostile au capitalisme anglo-saxon, mettait tous ses espoirs dans une coopération continentale et estimait, comme une nécessité, la création d'un nouvel État rhénan séparé de la Prusse mais non de l'Allemagne. Il était indispensable d'articuler ces propositions avec les discussions sur la création d'une banque d'émission rhénane. Il faut rappeler que celle-ci avait été envisagée dès septembre 1923, avant la crise séparatiste proposée par plusieurs banquiers rhénans qui souhaitaient échapper à la dépréciation catastrophique du mark. Le projet avait une dimension politique : qui contrôlerait cette banque ? Ne serait-elle pas l'une des pièces maîtresses de la séparation ? Plusieurs solutions furent envisagées. Pour sa part, Hugo Stinnes dessinait son futur capital comme suit : 50 % allemand, 30 % français, 10 % belge et 10 % pays neutres. Adenauer a-t-il été au courant du plan Stinnes ? Sans aucun doute. Quel usage en a-t-il fait ? Nous l'ignorons. Stinnes était tenace et exposa son plan le 13 décembre lors d'une conversation avec Marx et Luther. Il était prêt, s'il obtenait le feu vert, à aller lui-même le présenter à Paris aux plus hauts représentants de l'industrie et de l'État. À cette date le Rentenmark avait été lancé ; son succès dépendait du soutien anglo-saxon; le voyage de Schacht à Londres (30 décembre-3 janvier) fut décisif pour sa réussite.

En Allemagne, la décision finale relevait de Stresemann, qui ne vit « aucune raison de donner son accord à la proposition de Stinnes ». D'autre part, la fin de non-recevoir de Poincaré fit sur Adenauer l'effet d'une douche froide, même si Arnaud avait adouci l'amère pilule de quelques belles phrases. Le 9 janvier 1924[63] eut lieu, avec le chancelier Stresemann et les principaux ministres allemands et plusieurs industriels, une réunion décisive. Fallait-il donner aux industriels Stinnes et Vögler un mandat pour aller à Paris discuter de la solution de la question des réparations et de la formation d'un État rhénan? Adenauer fit le point de ses contacts indirects avec Poincaré et de ses conversations avec Tirard et Arnaud. Jarres puis Stresemann s'opposèrent une nouvelle fois à la création d'un État rhénan. Stresemann rencontra ce même jour et le lendemain Ernest Weyl, un industriel français proche de Millerand, auquel il déclara que « Stinnes n'avait pas la confiance du gouvernement allemand ». De son côté, Adenauer avait rencontré Weyl puis un homme d'affaires américain du nom de Heinemann qui lui apprit l'opposition catégorique de Stresemann aux projets de Stinnes. Ce fut Adenauer qui ouvrit les yeux de Stinnes, qui ne se doutait de rien et avait déjà pris son billet de train pour Paris. Dans un entretien qu'il accorda en 1965 à l'historien Karl Dietrich Erdmann, Adenauer a levé un coin du voile. Bien entendu Poincaré ne pouvait être informé de ce que les historiens commencent aujourd'hui à percevoir. Aurait-il reçu Stinnes et Vögler s'ils étaient allés à Paris? Aurait-il trouvé avec eux un terrain d'entente? Leurs conversations auraient-elles débouché sur la création d'un État rhénan et d'une banque rhénane? La plus grande prudence s'impose, car aucune de ces hypothèses ne s'est réalisée.

On doit en revanche s'interroger sur les calculs de Stresemann. Intuitivement, Stresemann pensait que Poincaré allait bientôt connaître de graves difficultés sur le plan intérieur comme sur le plan monétaire. Ce serait une faute d'apporter à cet adversaire coriace un quelconque succès en discutant avec lui d'un éventuel État rhénan. Stresemann ne partageait pas les analyses trop régionales de Stinnes et d'Adenauer, car il voyait venir des pays anglo-saxons des signaux positifs; la nouvelle politique monétaire allemande était favorablement perçue. Schacht rentrait de Londres où il avait négocié avec le gouverneur de la Banque d'Angleterre, Norman Montagu, un soutien massif au tout jeune Rentenmark; dans les semaines à venir, c'était le franc qui risquait à son tour de connaître des turbulences. Quant au projet de banque rhénane, préparé par les services de Tirard, l'opposition résolue des banquiers allemands et de leurs amis anglais et hollandais permettrait de faire avorter l'opération. À la suite de l'opposition intransigeante de la Grande-Bretagne, la position des séparatistes palatins, qui avaient voulu faire homologuer par le haut-commissariat interallié une série d'ordonnances, devint intenable. Ceux-ci n'avaient aucun soutien dans la population. Poincaré, conscient de leur inconsistance, les abandonna à leur triste sort (14 janvier 1924). La république du Palatinat s'effondra bientôt.

Maintenant, du côté allemand, il n'était plus question de donner la moindre suite à ces pourparlers. Dans une lettre au chancelier Marx (16 janvier), Stresemann précisait et justifiait son point de vue. Poincaré préférait avoir en face de lui des négociateurs mandatés par le gouvernement allemand plutôt que des intermédiaires privés qui ne pouvaient s'engager ou qui risquaient d'être désavoués. D'autre part, il mesurait les très fortes oppositions au plan Stinnes car, du côté des industriels allemands, tous étaient loin de partager ses vues. La Prusse et la Bavière seraient hostiles, sans compter une levée de boucliers prévisible du côté des politiques. Par-dessus tout, Stresemann refusait de dessaisir le gouvernement du Reich d'une compétence capitale. C'était l'autorité de l'État qui était en jeu. Stresemann l'avait affirmé; on était loin de l'effondrement du Reich qu'encore quelques semaines auparavant Poincaré estimait probable et souhaitable. Les propositions d'Adenauer et de Stinnes n'étaient plus d'actualité.

Poincaré n'a jamais rencontré Konrad Adenauer. Que savait-il de cet homme? Qu'en pensait-il? Aucun texte n'apporte la moindre indication à ce sujet. Poincaré, qui avait bien d'autres soucis, tourna rapidement la page; le bourgmestre de Cologne aurait pu être utile; ce ne fut pas le cas. De son côté, Adenauer garda le silence sur ses contacts avec les Français, qui lui furent reprochés par les nazis en février-mars 1933. De Poincaré, il avait gardé une opinion négative; il incarnait l'exemple même d'un homme de la frontière qui ignorait l'autre, qui était le représentant d'un nationalisme français avec lequel un homme politique allemand aurait le plus grand mal à trouver un terrain d'entente. C'est pourquoi, à l'arrière-plan de la politique française et européenne du chancelier Adenauer des années 1950, on ne doit jamais perdre de vue les leçons qu'il avait pu tirer de cette expérience malheureuse.

À partir de la mi-janvier 1924, la question des réparations échappa aux contacts privés avec des industriels allemands pour être de nouveau confiée à des commissions d'experts internationaux. Comme Poincaré et Stresemann étaient d'accord sur cette procédure, les projets de Hugo Stinnes furent définitivement enterrés; déjà gravement malade, le « roi de la Ruhr » ne fut pas en mesure de rebondir; atteint d'un cancer du foie, il mourut à Berlin le 10 avril 1924 après quelques semaines d'une douloureuse maladie.

Les commissions Dawes et Mac Kenna se réunirent à Paris à partir du courant de janvier 1924 pour évaluer la situation et faire des propositions. En leur sein, les banquiers et financiers américains jouaient un rôle important et, parmi eux, deux d'entre eux allaient laisser leur nom dans l'histoire, Dawes et Young. Millerand avait compris qu'avec le rétablissement de sa situation monétaire l'Allemagne commençait à remonter la pente, tandis que la France avait cessé d'être la maîtresse du terrain. Le comité d'experts était un arbitre entre la France et l'Allemagne et paralysait la politique française dans la Ruhr. Il n'est pas question ici de faire l'histoire détaillée de ces négociations.

Parmi les experts qui vinrent à Paris se trouvait l'allemand Hjalmar Schacht, le père du Rentenmark. Le futur directeur de la Reichsbank était alors peu connu, car la réussite du nouveau mark allemand n'était pas encore définitivement assurée. Après avoir déposé les 23 et 24 janvier devant les commissions, le Dr Schacht réussit à se faire recevoir par Poincaré. Il a laissé deux versions de sa rencontre avec le président français. La plus proche des événements nous est connue par une lettre à l'industriel Weyl qui la transmit à Millerand[64]. Schacht rapportait à son correspondant son dialogue de sourds avec Poincaré, auquel il aurait tenté en vain de faire comprendre que Stresemann était « le seul homme qui peut réaliser une politique de rapprochement avec la France. M. Poincaré déclara ne pas vouloir évacuer la Ruhr un instant avant que le dernier sou des réparations n'ait été payé. À cela je répondais que je ne voyais donc aucun espèce d'espoir de solution... Je sors de cette pièce avec beaucoup moins d'espoir que je n'en avais en y pénétrant ». Dans son livre de souvenirs *Mémoires d'un magicien,* rédigé beaucoup plus tard, Schacht[65] expliquait qu'il s'était trouvé en présence d'un homme très intelligent qui « insistait pour être payé et n'en sortait pas... Une seule chose lui importait : maintenir sa pression sur l'Allemagne ». Dans ces conditions, Schacht décida de rompre l'entretien. Très satisfait de lui, il rapportait l'anecdote suivante : « Quelques jours plus tard, j'appris par une personne de son entourage que, selon Poincaré, j'avais été le premier Allemand à lui dire clairement ce que l'Allemagne voulait et le premier homme à rompre une conversation avec lui. » Nous ne pouvons pas comparer cette version des faits avec celle de Poincaré. Est-ce Schacht qui a rompu l'entretien ou est-ce Poincaré qui l'a poussé vers la porte de son cabinet ? La personnalité de Schacht, sa collaboration ultérieure avec les nazis, le ton de ses Mémoires ne peuvent que mettre en garde le lecteur. Il n'en reste pas moins que Schacht, comme Stresemann, nourrissait à l'égard de Poincaré une hostilité fondamentale ; c'était l'adversaire principal contre lequel il faudrait lutter avec tous les moyens à sa portée. Il revint aussi à Berlin avec la conviction que la situation du franc était très préoccupante, et cet affaiblissement de la monnaie française n'était pas pour lui déplaire. À défaut d'une négociation bilatérale au plus haut niveau que Poincaré refusait obtinément, des conversations pratiques se poursuivirent et avec l'accord de Poincaré, Pinot et Seydoux puis Pinot et

Léon-Lévy, du Comité des forges, conférèrent en février-mars 1924 avec les dirigeants allemands sur les modalités de livraisons de charbon et de coke à l'industrie française. Les dirigeants allemands relevaient la tête et, au début de février, Stresemann, Schacht et Marx tinrent des discours qui en apportaient la preuve. Millerand commentait leurs déclarations avec une lucidité morose[66] : « Notre position excellente, il y a trois mois, est devenue politiquement mauvaise... Il reste l'occupation de la Ruhr et les gages. »

En deux mois, les projets rhénans entrevus par les Français s'étaient effondrés. Aucun État rhénan ne vit jamais le jour. Poincaré avait-il eu des objectifs précis ? Avait-il seulement voulu exploiter une occasion ? Nous penchons pour la seconde interprétation. Poincaré a été à la remorque d'événements qu'il n'avait ni correctement analysés ni justement appréciés. On touche là encore l'une de ses limites.

POINCARÉ SUR LA DÉFENSIVE

Beaucoup de données relatées plus haut étaient ignorées des contemporains; mais elles eurent une influence indirecte sur l'état des esprits. En l'espace de trois mois la situation s'était retournée. Le Poincaré triomphant de la fin de l'été de 1923 était maintenant en difficulté au Parlement, sur le marché des changes et sur la scène internationale. Dans l'opinion publique, sa popularité avait baissé et la maréchale Foch, à qui son mari répétait qu'il « manque d'action et de décision », s'en faisait l'écho.

En novembre 1923, Poincaré avait encore remporté de grands succès parlementaires; puis brusquement le climat s'aigrit.

L'Intransigeant, qui avait des liens avec l'Élysée, semble avoir été l'un des éléments moteurs de cette campagne. Ce journal du soir, qui tirait alors à 400 000 exemplaires, était une puissance. Poincaré demanda à Millerand d'intervenir auprès de son directeur, Léon Bailby; il semble avoir été entendu. Les critiques de Léon Blum relayées par les articles du *Populaire* n'étaient guère dangereuses, car elles influençaient seulement la partie de l'opinion qui lui était déjà hostile. Celles d'André Tardieu et de Paul Reynaud en revanche (discours du 28 décembre) exprimaient le malaise d'une frange des modérés. Paul Reynaud avait des contacts en Allemagne, il se rendit deux fois au moins à Berlin et avait parmi ses correspondants l'industriel Arnold Rechberg. Le vrai danger venait de la défection définitive du centre gauche, qui s'engageait dans une alliance électorale avec les socialistes. En juin 1923, le parti radical avait demandé à ses trois ministres de quitter le cabinet; ceux-ci avaient refusé. Dans la perspective des élections législatives de mai 1924, le congrès du parti somma les trois ministres de donner leur démission[67]. Ils refusèrent une nouvelle fois d'obtempérer; par égard pour Poincaré, on décida, au lieu de les exclure, de les mettre en congé de parti. L'assise parlementaire de Poincaré s'était d'autant plus affaiblie que beaucoup d'élus de droite lui reprochaient de trop ménager les radicaux. Le garde des Sceaux, Louis Barthou[68], adressait au maréchal Lyautey en poste à Rabat ce commentaire : « Ici la Chambre agonise. Poincaré, victime de l'imprévoyance de ses ministres, a vu brusquement le péril dont d'autres soucis l'avait détourné. Il a pris avec courage des initiatives que je crois tardives et il montre une méticuleuse endurance. Je crois qu'il aura le dessus et je le souhaite pour le bien du pays. Le voilà prisonnier d'une majorité qui, *au fond*, n'est pas la sienne et les élections s'en ressentiront » (10 février 1924). Comme Barthou le pressentait, le ministère était affaibli et à la merci d'un incident parlementaire. Cette fièvre, cette nervosité venait surtout des aigreurs et des inquiétudes de la majorité du Bloc national. Dans l'immédiat, l'opposition de gauche n'était pas menaçante : Herriot ne proposait pas vraiment de politique de rechange; il était beaucoup plus évasif que Léon Blum; il ne demandait pas l'évacuation systématique et inconditionnelle de la Ruhr; il préconisait surtout le rétablissement d'une communauté de vues avec le gouvernement anglais. Briand, qui était resté longtemps silencieux, se réveilla et prononça le 24 février à Carcassonne un discours qui l'orientait vers la gauche; alors que l'étoile de Poincaré pâlissait, Briand[69] prenait date pour l'avenir.

Le changement le plus important fut l'arrivée aux affaires en Grande-Bretagne du dirigeant travailliste Ramsay MacDonald (12 février 1924). C'était un homme de gauche qui avait des contacts avec Blum et Herriot; dans l'opposition, il avait combattu la politique française. Louis Barthou, familier de Poincaré, n'était pas hostile au nouveau gouvernement anglais, dont il espérait « une détente ». Dans une lettre à Lyautey, il faisait ce commentaire[70] : « Je ne veux pas être trop optimiste. Nous n'avons plus lord Curzon... C'est déjà un progrès. » Albert Thomas, qui avait des informations sur les intentions du nouveau Premier ministre britannique, annonçait au président du Conseil l'envoi prochain d'une lettre personnelle pour plaider la cause d'un règlement franco-allemand. Effectivement, Poincaré reçut quelques semaines plus tard cette lettre qui a été conservée dans ses papiers; mais nous ignorons les termes de sa réponse. MacDonald fut un interlocuteur plus aimable pour Poincaré, mais sur le fond aussi soucieux que ses prédécesseurs conservateurs des intérêts de la Grande-Bretagne.

L'arrivée de MacDonald au pouvoir à Londres dégrada les relations entre la France et son allié belge. La Belgique[71], dont la monnaie était elle aussi emportée dans la spirale de l'inflation, cherchait à se retirer et à prendre appui sur la Grande-Bretagne. Une nouvelle fois, Jaspar se heurta à l'intransigeance de Poincaré (26 janvier 1924). Comme le franc français, le franc belge était malmené par la spéculation. À la Chambre belge, l'atmosphère était tendue et les députés repoussèrent le 24 février l'accord commercial franco-belge signé le 12 mai 1923 ; c'était moins le texte précis que toute la politique générale depuis un an et demi qui était visée. Theunis démissionna puis, sur ordre du roi Albert, forma un nouveau gouvernement (12 mars) où le libéral et anglophile Paul Hymans remplaça Jaspar aux Affaires étrangères. Le nouveau ministre, qui avait été le négociateur belge du traité de Versailles, fit vers Londres le demi-pas que Jaspar avait déjà esquissé. Il s'apprêtait à approuver sans réserve le plan des experts, à la rédaction duquel, par l'intermédiaire de leur représentant, le financier Francqui, proche des Anglais, les Belges avaient fortement contribué. C'était un tournant important dans les relations franco-belges et un échec sérieux pour Poincaré, même si les apparences étaient sauves.

Dans le courant de mars, les experts avaient beaucoup progressé : ils buttaient encore sur quelques obstacles comme les contrats intervenus entre les industriels et la Micum qui expiraient le 15 avril, le réseau ferré exploité par la régie franco-belge et le contrôle militaire interallié. Vis-à-vis de l'Allemagne, les sentiments profonds de Poincaré restaient les mêmes. Sur une note du directeur politique qui relatait un entretien avec le chargé d'affaires allemand, il griffonnait en marge : « Ne pas lâcher la proie pour l'ombre » (22 mars 1924).

Des attaques contre le franc au Verdun financier

Dans ce contexte politique mouvant, Poincaré dut affronter une crise monétaire grave. La tornade fut d'autant plus inattendue et soudaine que ses prémices étaient passées inaperçues des contemporains. L'occupation de la Ruhr avait mis à la charge du Trésor des dépenses imprévues qui, à plusieurs reprises, au cours de l'été de 1923, ne furent assurées que par des subterfuges. Le gouverneur de la Banque de France, son vieil ami Georges Robineau[72], avait averti confidentiellement Poincaré et l'avait mis en garde contre des manœuvres monétaires en provenance de Londres. Il lui avait aussi rappelé le mot d'Arthur Meyer : « Deux ennemis, c'est trop. » En apparence rien n'était visible, « car les bilans étaient assez rassurants pour maintenir la confiance ». Jusqu'à la fin de l'année 1923, aucune inquiétude ne filtra dans les journaux.

L'événement monétaire le plus important de la fin de l'année 1923 fut le rétablissement spectaculaire du mark par le Dr Schacht. Très vite, on comprit que l'opération Rentenmark réussirait et que l'Allemagne sortirait vite du désastre de l'inflation. Bientôt, l'attention de la presse internationale fut soudainement attirée par la faiblesse du franc[73], qui baissait sur le marché des changes, alors que la livre, le dollar et le mark montaient. En quelques semaines, ce fut la dégringolade, la course accélérée vers l'abîme. La livre, qui était autour de 76 francs en octobre 1923, passait à 95 francs en février 1924, pour culminer à 128 francs le 8 mars! À son tour le franc n'allait-il pas connaître le sort infortuné du mark? À l'intention de Poincaré, Albert Thomas[74] soulignait le retournement extraordinaire de l'état moral et psychologique de l'Allemagne : « Fini le désespoir », écrivait-il le 25 janvier 1924. Il s'était rendu en Allemagne, où il avait parlé avec Ebert et Stresemann. Il était opportun d'entrer en négociations. « Il ne faut pas laisser passer un pareil moment », concluait-il. Poincaré restait imperméable à une négociation bilatérale; à de nombreuses reprises, il l'avait déjà montré, il était têtu, aussi ne répondit-il pas à cette amicale et pressante invitation.

Poincaré devait maintenant faire face à une préoccupation urgente, la baisse rapide du franc et les difficultés du Trésor. Après quelques hésitations, il trouva une parade technique, réussit à renverser la tendance et à calmer le marché des changes. En quinze jours il redressa le franc, et l'opinion publique vola au secours du vainqueur. On salua le succès avec emphase : Poincaré aurait remporté un « Verdun financier ».

Cette tornade monétaire aussi brève qu'heureusement dénouée pose de multiples questions. Elles ont été remarquablement dégagées par Jean-Noël Jeanneney. La première est celle de l'origine de cette spéculation. Quels en étaient les acteurs et quels étaient leurs mobiles? On a souvent accusé les financiers anglo-saxons d'avoir voulu atteindre le gouvernement de Poincaré par son talon d'Achille, la monnaie. Pour résumer cette thèse, la spéculation aurait été une arme diplomatique pour contraindre la France à lâcher prise dans les négociations internationales. Par plusieurs déclarations publiques, Poincaré aurait accrédité cette thèse que, selon le témoignage de Jacques Bariéty, il aurait confirmée à Pierre Renouvin. Si, aux yeux du grand public, il était facile d'attribuer les malheurs du franc aux manœuvres des financiers anglo-saxons, cette conviction n'était guère partagée par les gens de métier, qui réduisaient à peu de chose la manipulation politique. La spéculation avait été conduite par des maisons hollandaises (avec des capitaux allemands) et autrichiennes qui détenaient des capitaux flottants en partie français et qui jouèrent à la baisse en cherchant à exploiter à leur avantage une conjoncture politique qui leur paraissait propice. Elles utilisèrent les relais dont elles disposaient sur les places européennes et américaines, et c'est pour cette raison que l'on a parlé de manœuvres anglo-saxonnes. Les interminables débats d'obstruction qui retardaient au Sénat le projet du gouvernement d'augmentation de 20 % des impôts directs, connu sous le nom de double décime, semblaient démontrer que le retour à l'équilibre budgétaire était une pure illusion. La rumeur aurait fait plus de dégâts que la spéculation elle-même. En effet, aucune des conditions qui, habituellement, déclenchent les bourrasques monétaires n'étaient réunies : la France ne connaissait ni chômage, ni récession industrielle, ni déficit du commerce extérieur et, en dépit du harcèlement parlementaire, Poincaré conservait la confiance de l'opinion.

Comment Poincaré a-t-il fait face à la crise et trouvé les moyens de l'enrayer ? Il a été remarquablement conseillé par trois hommes qui ont réuni les informations et démonté les mécanismes de la spéculation : Lazare Weiller, industriel et financier, sénateur du Haut-Rhin, Maurice Bokanowski, financier et député, et l'ambassadeur Jacques Seydoux, l'un des hommes clés du Quai d'Orsay. Ils ont ensuite pris contact avec les dirigeants de la banque Lazard afin de négocier un emprunt auprès de la banque privée américaine Morgan. Poincaré a hésité, car il refusait de garantir cet emprunt au moyen des réserves d'or de la Banque de France. Il a finalement donné son accord à la garantie lors d'une réunion à l'Élysée (9 mars) avec les régents de la banque de France ; puis, l'emprunt Morgan conclu, il a donné son feu vert à la contre-offensive bancaire qui a mis les spéculateurs en déroute.

Les gouvernements anglais et américain s'étaient tenus à l'écart de ce qui était resté une négociation privée entre une banque d'affaires et un gouvernement. Le gouvernement français a été aidé par les banques, et la biographie récente d'Horace Finaly par Éric Bussière montre comment la Banque de Paris et des Pays-Bas a participé à la contre-offensive qui a permis la remontée du franc. En l'espace de quelques jours, la spéculation était dégonflée et le franc avait retrouvé un niveau convenable sur le marché des changes. Les pertes furent sévères pour un certain nombre de spéculateurs et pour les banques autrichiennes qui s'étaient lancées imprudemment dans l'affaire.

Poincaré n'avait ni inventé la solution ni conduit le mouvement ; il s'était contenté de donner son accord et de prendre le risque politique ; sur ce plan au moins, il avait gagné. C'est pourquoi on a parlé d'un « Verdun financier », dont il aurait été l'acteur et dont il escomptait être le bénéficiaire.

Un pas vers le centre gauche

La discussion parlementaire des mesures financières et budgétaires s'était poursuivie durant les mois de février et de mars. La majorité du Bloc national rechignait à voter des impôts nouveaux à trois mois des élections législatives, dont la proximité échauffait les esprits. Finirait-elle par s'y résigner ? Dans les couloirs de la Chambre, les récriminations contre Poincaré s'étaient multipliées. On s'acheminait vers un classique affrontement bipolaire, Cartel des gauches contre Bloc national, et la majorité sortante craignait un retour du balancier électoral vers la gauche.

Au sein du ministère, André Maginot voulait engager l'offensive ; il proposa à Poincaré un remaniement du cabinet. Pour sa part, il prendrait le ministère de l'Intérieur et ferait les élections. Maginot multipliait les contacts et s'entretenait de cette éventuelle combinaison avec Louis Loucheur et Jean Fabry. Depuis plusieurs mois, Poincaré faisait la sourde oreille. Contrairement à son ministre de la Guerre, il n'avait pas l'intention de conduire à la bataille électorale la majorité du Bloc national, car celle-ci le supportait sans le soutenir vraiment. Il n'avait pas davantage l'intention de se laisser enfermer à droite et de se couper des radicaux qui, certes, le combattaient, mais avec lesquels il espérait bien, un jour, collaborer de nouveau.

Tous ces calculs entretenaient la nervosité des parlementaires. Sur le bureau de la Chambre, un texte délicat restait en souffrance : le projet de double décime, c'est-à-dire une augmentation de 20 % des impôts directs. Le ministre des Finances, Charles de Lasteyrie, défendit avec maladresse un texte qui réduisait les crédits du régime des pensions et des retraites et qui fut repoussé à une faible majorité, 271 voix contre et 264 pour. Le 26 mars 1924, le cabinet était à terre ; il avait été renversé en l'absence de Raymond Poincaré, par mégarde si l'on peut dire. Beaucoup de députés rectifièrent ensuite leur vote. Poincaré n'en présenta pas moins sa démission. On était à deux mois des élections générales. Comme la personnalité de Poincaré n'était pas contestée, Millerand le chargea de reconstituer le cabinet. Poincaré[75] aurait pu se contenter de reprendre les ministres sortants pour expédier les affaires courantes. Il n'en fut rien ; il remercia la plupart de ses ministres, les poids morts comme Maunoury, Dior et Lasteyrie, le maladroit qui n'avait pas su parler aux députés ; il écarta aussi ses anciens collaborateurs Maurice Colrat et Charles Reibel, dont la collusion avec Millerand l'avait agacé ; il sacrifia Léon Bérard, dont la gestion de l'Instruction publique et la défense des études classiques déplaisaient à la gauche.

Trois jours plus tard, le 29 mars, il présentait un nouveau cabinet plus orienté à gauche que le précédent. Parmi les nouveaux arrivants, Henry de Jouvenel[76], sénateur de la Corrèze et directeur du *Matin*, recevait l'Instruction publique, Charles Daniel-Vincent, un parlementaire qui avait des contacts avec les radicaux, le Travail, et surtout Louis Loucheur était chargé du Commerce. Le député du Nord, actif et entreprenant, avait été l'un des ministres les plus en vue de Briand ; il avait maintenu des contacts internationaux à la fois dans les milieux politiques et industriels ; il connaissait bien les Anglais et les Belges ; il avait désapprouvé l'expédition de la Ruhr sans être un opposant ; dans le dossier complexe des réparations, il pouvait être immédiatement opérationnel. À plusieurs reprises, Poincaré l'avait perçu comme un rival potentiel ; ce risque étant peu probable tant que Millerand serait à l'Élysée, il lui proposa le portefeuille du Commerce et de l'Industrie. C'était un signal donné aux partisans de la négociation. Loucheur accepta d'entrer dans ce cabinet de transition. Si les circonstances le permettaient, ne pourrait-il pas succéder à Poincaré lui-même ? Loucheur a probablement fait ce calcul. Pour ne pas trop irriter sa majorité, Poincaré fit entrer dans la combinaison deux parlementaires de droite : Frédéric François-Marsal aux Finances et le député de Nancy Louis Marin, qui ne l'aimait guère et auquel il confia le portefeuille des Régions libérées. Les ministres qui s'occupaient de l'occupation de la Ruhr, Maginot et Le Trocquer, conservaient leur portefeuille. À défaut d'obtenir l'Intérieur qu'il convoitait, André Maginot était maintenu à la Guerre.

Poincaré fit une brève déclaration ministérielle dont l'essentiel était la phrase suivante : « La France ne demande que le respect des traités. » Ce n'était plus un discours de combat ; la porte était entrouverte à la négociation. La Chambre vota aisément la confiance par 383 voix contre 131 et 42 abstentions. Les radicaux-socialistes étaient passés à l'opposition.

Dans la majorité, certains espéraient que Poincaré, dont la popularité restait considérable, allait enfin se placer à leur tête pour les conduire à la bataille électorale. C'était encore, semble-t-il, la carte que Maginot lui proposa de jouer. Ce n'était toujours pas dans ses intentions. Il pressentait une poussée vers la gauche. Il lui importait de ne pas se couper du camp républicain. Cette attitude fut sévèrement jugée du côté de l'Élysée. Dans ses souvenirs, Raoul Persil, le confident de Millerand[77], écrit sévèrement : « Il reniait par son silence ceux qui l'avaient soutenu pendant deux ans. Ce n'était pas seulement pour lui une question politique, mais il ne voulait faire de peine même légère ni à M. Herriot ni à M. Blum. » En effet Poincaré ne fit pas ce qu'on appelle habituellement de campagne électorale ; on peut seulement signaler deux interventions de sa part ; la principale fut un discours[78] devant la Fédération républicaine, alors présidée par Auguste Isaac, député de Lyon, et dont son ministre Louis Marin était l'étoile montante. Il refusa de s'engager et traça en ces termes le devoir de son gouvernement : « Assurer la liberté des élections et laisser le suffrage universel formuler en pleine indépendance ses volontés souveraines. » Cela dit, pour faire passer cette pilule amère, il se lança à la grande satisfaction de son auditoire dans une vive attaque contre les socialistes unifiés et annonça que leur alliance avec les radicaux « n'était pas tenable » ; ce n'était qu'une « ingénieuse combinaison électorale ». À son avis, « socialistes et radicaux étaient séparés par un abîme... il n'est pas d'entrepreneur assez habile pour dresser sur de tels gouffres des passerelles de longue durée ». Édouard Herriot était averti ; son accord avec Léon Blum ne durerait pas, car les projets politiques de leurs partis respectifs étaient inconciliables. Sa seconde intervention publique fut une courte allocution prononcée le 6 mai

1924 au banquet des chambres de commerce. À quelques jours de l'échéance électorale, il n'était plus décent de se jeter dans la mêlée, ce qu'il avait jusque-là réussi à éviter. À la grande joie des convives, il se contenta de brocarder aimablement Léon Blum qui avait écrit dans la *Revue de Paris* « un article subtil et ingénieux... où il s'efforce de définir l'idéal socialiste ». C'était moins une consigne électorale qu'un signal.

Dernières semaines au Quai d'Orsay

Poincaré consacra les semaines précédant les élections législatives à la politique étrangère. Le plan des experts fut rendu public le 9 avril. Au banquet du Parti républicain démocratique et social (15 avril 1924), son ancien parti, dont il était le président d'honneur, il esquissait une ouverture prudente en matière de politique extérieure. Commentant le rapport des experts, il avançait qu'après la mise à exécution de leur plan par l'Allemagne, « on pourra nous demander d'échanger des gages », ce qui signifiait en clair que l'évacuation de la Ruhr était envisageable. Sous quelle forme ? Quand ? Comme toujours chez Poincaré, la moindre ouverture était masquée par un vocabulaire irritant pour ses partenaires puisque, sous les applaudissements des participants, il avait rappelé que l'Allemagne « était capable de payer » et qu'au-dehors s'imposait une « vigilance de tous les instants ». Le lendemain 16 avril, malgré de très fortes surenchères encouragées par la campagne électorale, le gouvernement allemand Wirth-Stresemann acceptait le plan des experts. « La réponse allemande est une acceptation de principe ; nous la considérons comme une base politique de négociations. » Poincaré attendit le 26 avril pour donner son approbation, non sans multiplier les réserves. Il fallait concilier son assentiment au rapport des experts avec ses déclarations antérieures et se porter garant de la sécurité de la France. Deux jours plus tard, il recevait le ministre belge Paul Hymans, qui l'incitait à la modération. *Germania,* quotidien berlinois du Centre catholique, se félicitait de l'« influence modératrice des ministres belges sur l'endurcissement de M. Poincaré ». Les Belges[79] lui rappelèrent que l'occupation de la Ruhr n'avait jamais été un but, mais un moyen pour obtenir des garanties efficaces, c'est-à-dire « des garanties matérielles », et ils lui demandèrent en conséquence de modifier le régime de la Ruhr. Ils se rendirent ensuite à Londres, où MacDonald leur dit le 3 mai : « M. Poincaré doit être forcé de consentir des concessions. » Le basculement des Belges du côté des Anglo-Saxons était en cours.

L'application du plan des experts était suspendue aux résultats des élections législatives françaises et allemandes. Du côté français, on pouvait tenir l'application pour certaine puisque la gauche l'approuvait aussi. Du côté allemand un progrès de la droite, c'est-à-dire des nationaux-allemands, pourrait bloquer le plan Dawes. On ne pouvait l'exclure. Les élections allemandes eurent lieu le 5 mai, une semaine avant les élections françaises. Comme prévu, les nationaux-allemands gagnèrent de nombreux sièges sans remporter toutefois un succès décisif. Parviendraient-ils à former un cabinet et à bloquer le processus des négociations ? Il fallut attendre quelques semaines pour connaître la réponse.

De son côté, Poincaré espérait bien se maintenir au pouvoir ; les prévisions des préfets n'envisageaient aucun changement profond. Devant son ami P.-B. Gheusi[80], qui lui annonçait de mauvaises élections dans le Midi, Poincaré affichait une certaine sérénité et répondait : « Certes il y aura des surprises », mais il n'envisageait pas un renversement spectaculaire de majorité ; il resterait aux affaires et conduirait la tête haute le retrait de l'armée française de la Ruhr. C'était également l'avis de Maginot[81] qui, dans une interview donnée en août 1924, affirmait : « D'après tous nos renseignements, M. Poincaré prévoyait un succès marqué, voire un triomphe pour sa politique. » C'est pourquoi il donna un signe non équivoque de ses intentions en prenant un rendez-vous avec Ramsay MacDonald : il le rencontrerait le 19 mai à Chequers, la résidence de campagne des Premiers ministres britanniques. Or, le 11 mai, les élections législatives donnèrent la victoire au Cartel des gauches. Raymond Poincaré fut surpris de l'ampleur de la nouvelle majorité parlementaire ; après un examen des résultats, il prit la décision de se retirer. Au Conseil des ministres du mardi 12 mai, il remit la démission de son cabinet au président de la République. Certains de ses collègues auraient souhaité que cette annonce fût différée. Il ne suivit pas leur avis. À l'ambassadeur belge Gaiffier[82], qui lui rendit visite le 17 mai, il confirma son intention ; il était sceptique sur la durée de vie du futur gouvernement Herriot et espérait bien revenir ensuite au pouvoir. Il attendit la fin du mois pour donner son appréciation sur la nouvelle donne politique. Comme souvent, ce fut devant le conseil général de la Meuse qu'il s'exprima le 26 mai. Il commença par saluer « le grand et légitime succès de M. Maginot ». Après avoir constaté que le Cartel avait obtenu un nombre de voix suffisant « pour déplacer l'axe de la majorité », il en tirait la conclusion : « Nous devons laisser à l'opposition d'hier les responsabilités du pouvoir. » Comme il n'avait pas fait campagne, il ne s'estimait ni vaincu ni désapprouvé. À son avis les élections n'avaient pas désavoué « la politique extérieure que le gouvernement a suivie » et il affirmait : « Je demeure convaincu qu'il ne pourra rien y être changé ! » Il tint une fois de plus à rappeler qu'il était entré dans la Ruhr « non en vertu d'un plan préconçu... mais en désespoir de cause » et il lançait cette prédiction : « Nous quitterons la Ruhr à mesure des paiements de l'Allemagne. » Enfin, au-delà des conseillers généraux de la Meuse, il faisait devant les Français cette profession de foi : « Je resterai jusqu'à mon dernier souffle aussi bon républicain que fervent patriote[83]. »

La démission de Poincaré, effective le 1er juin 1924, fut accueillie avec une satisfaction discrète à Bruxelles, avec un sentiment de soulagement à Londres, avec l'impression d'une délivrance à Berlin, où la haine à l'égard de Poincaré était féroce. La lecture des journaux apporte une foule de citations parfois pittoresques. Les dirigeants anglais se félicitaient d'une situation qui allait leur permettre de reprendre la direction du système international et d'engager un règlement des affaires européennes dans le sens de la détente et des intérêts britanniques. Poincaré annula le rendez-vous pris avec MacDonald pour le 19 mai. Quelques jours après les élections françaises, le baron Moncheur, ambassadeur de Belgique à Londres, notait le soulagement des dirigeants anglais : « Aucun d'eux ne cachait sa satisfaction des résultats. » Puis il rendit visite au roi George V. Le souverain, qui connaissait Poincaré depuis plus dix ans, se réjouissait de l'arrivée aux affaires d'Édouard Herriot et surtout d'Aristide Briand (il anticipait seulement d'un an), « *a good man* », et ajoutait : « Je considérais un arrangement presque impossible tant que M. Poincaré serait au pouvoir[84]. » Il traduisait là un sentiment général en Grande-Bretagne. Le nouvel interlocuteur français du gouvernement anglais serait Édouard Herriot ou Aristide Briand ; il aurait une souplesse qui contrasterait avec la raideur hargneuse de M. Poincaré. Comme il ne connaîtrait pas les dossiers aussi bien que son prédécesseur, il serait de surcroît un partenaire plus accommodant.

Sa décision prise, Poincaré expédia tranquillement les affaires courantes. Le 1er juin 1924, il quitta le Quai d'Orsay pour rentrer chez lui rue Marbeau. Il s'abstint de toute déclaration publique ; les jours suivants, il reçut à son domicile de nombreuses visites : André Maginot, qui voulait présenter sa candidature à la présidence de la Chambre, lui demanda son avis ; Poincaré déconseilla la tentative ; Maginot passa outre et fut battu par Paul Painlevé, le candidat du Cartel. Certains hommes politiques de la majorité sortante pensaient que Poincaré pourrait encore réussir à former un cabinet de concentration. Il aurait été la dernière carte de Millerand. Ni l'un ni l'autre n'était décidé à le tenter. Millerand en voulut beaucoup à Poincaré, dont il disait au député Jean Fabry[85] : « Voilà quarante ans que je le connais. Dans les quinze dernières années, il m'a abandonné et presque renié trois fois. » Poincaré gardait rancune à Millerand du projet de message présidentiel et des tentatives de remaniement caressées avec Reibel et Colrat. Il laisserait Millerand se débattre seul avec la majorité de la nouvelle Chambre et n'interviendrait pas pour le défendre. Fabry tirait de ce comportement deux conclusions personnelles : « 1) M. Poincaré n'aime pas se battre. 2) M. Poincaré triomphe aujourd'hui de M. Millerand. »

Poincaré se tint à l'écart de la formation du cabinet minoritaire formé par Frédéric François-Marsal et laissa Millerand aux prises avec le Cartel. Bientôt celui-ci dut quitter l'Élysée, car la nouvelle majorité de la Chambre refusa toute collaboration avec lui ; elle lui reprochait le discours d'Évreux et sa tentative déjà manquée de restaurer la fonction présidentielle. Poincaré resta insensible aux humiliations subies par son ancien camarade. Celui-ci ne pardonna sans doute jamais. Dans les notes journalières[86], à la date du 25 novembre 1924, deux lignes sans commentaire en disent long : « Dîner chez Chenu. Millerand vient, arrive après moi, me tend fraîchement la main et ne dit rien. » Dans la brève campagne qui s'ouvrit pour sa succession, Poincaré prit position discrètement en faveur de la candidature de Gaston Doumergue, président du Sénat. Celui-ci fut aisément élu président de la République le 13 juin 1924. Il battait Paul Painlevé, candidat du Cartel. Quelques jours plus tard, Poincaré fut l'un des grands électeurs de Justin de Selves, candidat de la droite sénatoriale, qui recueillit la succession de Doumergue contre un candidat du Cartel. L'arrivée de Doumergue à l'Élysée était un échec pour le Cartel et elle combla les vœux les plus secrets de Poincaré ; il pouvait espérer que, si des circonstances favorables se présentaient, Doumergue ne manquerait pas de lui proposer de nouveau le pouvoir. Raymond Poincaré était un homme de calcul ; sa retraite n'était pas définitive. Il restait toujours disponible au cas où...

Un bilan contrasté

Pendant vingt-huit mois Raymond Poincaré avait exercé les responsabilités suprêmes, et il quittait le pouvoir sans vraiment avoir vu sa politique désavouée. Certains historiens s'obstinent encore à interpréter les élections législatives de mai 1924 comme une défaite personnelle de Poincaré. Peut-on parler de défaite alors qu'il ne s'était pas battu à la tête de la majorité sortante et qu'il n'avait été candidat nulle part ?

Le bilan de son ministère est plus facile à critiquer d'un point de vue polémique qu'à apprécier avec sérénité. Poincaré avait une nouvelle fois fait montre d'une aptitude qu'on lui connaissait déjà, le sens de la manœuvre parlementaire. La thèse de Nicolas Roussellier[87] apporte à maintes reprises les preuves de cette grande habileté tactique ; il fait de Poincaré « l'homme du présidentialisme parlementaire » ; certes, la liberté de vote des députés restait entière ; mais, pour discipliner cette majorité, Poincaré usa de la question de confiance et de l'appel à l'opinion publique ; il avait dominé une majorité qui le supportait plus qu'elle ne l'approuvait. Il avait divisé les radicaux et, jusqu'au bout, il en avait conservé à ses côtés. Cette majorité qui n'était pas fermée avait évolué au fil des scrutins et pouvait se recomposer.

Sa gestion financière n'avait pas été à la hauteur de sa réputation : l'expédition de la Ruhr, qui avait coûté cher, avait creusé le déficit budgétaire et contribué à affaiblir le franc. Néanmoins, Poincaré avait conjuré la tempête monétaire de mars 1924 avec un tel brio apparent qu'on avait salué le redressement spectaculaire du franc comme une réussite personnelle ! Il n'avait pas hésité non plus à augmenter les impôts, au risque de l'impopularité. À son départ, la question du franc restait entière et ses successeurs ne tardèrent pas à s'y heurter. En dépit de ce passif, il conservait un énorme capital de confiance. N'avait-il pas remporté un « Verdun financier » ?

La politique étrangère[88] était évidemment le domaine le plus discuté du bilan. L'opération de la Ruhr avait eu des adversaires et des partisans, Poincaré avait mis des mois avant de prendre la décision puis avait été incapable, à partir des résultats acquis sur le terrain, d'engager une vraie négociation avec l'Allemagne. Une partie de ceux qui l'avaient soutenu le lui ont ensuite reproché. Dans les *Carnets* du cardinal Baudrillart[89], on peut lire cette phrase assassine : « Poincaré lui-même a lâché la Ruhr alors que nous tenions la victoire » et il recueillait les confidences de Tirard sur « l'abandon de la Ruhr par Poincaré lui-même ». Poincaré vécut encore dix ans après son départ du pouvoir. Sur ce sujet, il n'a jamais fait la moindre autocritique. Il a toujours fait remarquer que si la Ruhr n'avait rien rapporté à la France, elle avait apporté aux alliés un solde net de 424 millions de francs-or qui fut ensuite réparti entre eux par la Commission des réparations (discours de juin 1929). En décembre 1929, la *Revue de Paris*[90] publia un article qui rendait compte d'un ouvrage anglo-saxon et qui reprochait, entre autres, à Poincaré d'avoir « laissé passer l'heure d'un accord direct avec l'Allemagne » à l'automne de 1923. Poincaré répliqua en ces termes : « Il est exact qu'après la cessation de la résistance, j'aurais sans doute pu négocier avec l'Allemagne un accord direct et isolé... Et pourquoi ? Parce qu'avant d'occuper la Ruhr, j'avais expressément déclaré aux Chambres et, en même temps, à l'Angleterre, à la Belgique, à l'Italie, que la France défendrait également les droits de tous les créanciers de l'Allemagne au titre des réparations. Je n'entendais pas manquer à la parole donnée... » À un accord séparé, il avait jugé préférable de travailler à la préparation d'un règlement commun : « C'est ainsi qu'avait eu lieu l'expertise à laquelle le général Dawes a donné son nom. Ce plan Dawes, je ne l'ai pas seulement accepté en principe, j'ai suivi attentivement les travaux des experts et j'ai accepté leur programme tel qu'ils l'avaient établi. » Poincaré formulait ensuite un vif regret, celui de l'évacuation trop rapide de la Ruhr, que « nous avions toute liberté de négocier quand et comme nous l'entendions ». Le nom d'Édouard Herriot, avec lequel il venait de collaborer pendant plus de deux ans, n'était pas cité ; il n'en maintenait pas moins son hostilité aux accords de Londres négociés et signés le 30 août 1924 par son successeur. Cette appréciation était portée à quelques mois de l'évacuation de la Rhénanie (le 30 juin 1930), évacuation à laquelle Poincaré lui-même avait fini par se résigner. Sept ans après les événements, Poincaré ne regrettait rien ; il continuait à se justifier. Quels étaient ses sentiments intimes ? Aucun document ne permet de répondre à la question. On peut penser qu'ils n'étaient guère différents, car Poincaré n'était pas l'homme du double ou du triple langage...

Raymond Poincaré ne pouvait ignorer qu'il avait dressé l'opinion publique allemande non seulement contre sa personne mais aussi contre la France et qu'il avait donné des arguments et une mine inépuisable de citations à la propagande nationaliste. Au lieu d'apaiser l'antagonisme entre les deux peuples, il avait contribué à attiser chez les Allemands la haine de la France et l'esprit de revanche. Quand il quitta le pouvoir en juillet 1929, il pouvait avoir un sentiment différent. Avec l'évacuation prochaine de la Rhénanie, on s'acheminait vers un modus vivendi pacifique entre les deux pays. Or, dès l'automne de 1930, il pouvait déjà mesurer la vanité de cet espoir. Les nazis remportaient leur première grande victoire électorale et commençaient leur marche vers le pouvoir. Dans *Un voyageur dans le siècle,* Bertrand de Jouvenel, le fils d'Henry, rappelle[91] : « Raymond Poincaré symbolisait en quelque sorte cette attitude. Nous l'eûmes en horreur. Plus tard j'écrirai qu'il était en quelque sorte le parrain d'Hitler. » Cette formule paradoxale et injuste n'en comporte pas moins une part de vérité. L'affaire rhénane, qui avait été une réussite militaire et technique, avait été un fiasco complet sur le plan politique et psychologique. Plus que des actes, car Poincaré n'avait pas démembré l'Allemagne comme on l'avait répété, il faut tenir compte des mots et des attitudes. Dans les multiples discours dominicaux prononcés par Poincaré devant des auditoires français, la presse allemande relevait son ton déplaisant, ses mises en garde comminatoires, ses exigences pointilleuses et comptables, sa volonté de traiter les Allemands comme des coupables, son refus d'engager avec eux des relations sur un pied d'égalité. Cette perception négative de Poincaré était très générale ; elle n'était pas liée uniquement à des campagnes de presse ; c'était en quelque sorte une seconde nature de la presse allemande, des communistes aux nazis ; les catholiques rhénans n'étaient pas plus tendres à l'égard du laïc Poincaré, un héritier de la Grande Nation conquérante. Dans les *Papiers* de Stresemann[92] publiés en traduction française en 1932, les appréciations à l'égard de Raymond Poincaré n'étaient guère flatteuses. Hjalmar Schacht, le directeur de la *Reichsbank,* le futur ministre de Hitler, était dans les années 1920 un négociateur allemand important du dossier des réparations. Il publia un livre où il se livrait à des attaques violentes contre Poincaré, attaques fortement atténuées dans la traduction française de l'ouvrage.

Il faut également faire le bilan de la gestion des alliances. Si dans les journaux, dans les textes, on disait encore l'Entente, les Alliés, ce n'était guère plus qu'une façade. Avec les dirigeants anglais, les relations avaient été mauvaises; Lloyd George, Bonar Law, Curzon, Baldwin, Balfour n'avaient pu s'entendre avec Poincaré, et les disputes et incompréhensions avaient été multiples, sans toutefois aller jusqu'à la rupture. Avec Ramsay MacDonald s'amorça une amélioration qui se poursuivit avec Herriot. L'arrivée aux affaires en Italie de Benito Mussolini, dont il était difficile alors d'apprécier la portée, n'apporta guère d'embellie aux relations franco-italiennes. Poincaré rencontra une fois le dictateur italien, puis resta sur ses gardes. Quant au petit allié belge, qui avait accompagné les Français dans la Ruhr, Poincaré s'était comporté à son égard comme un maître d'école, et même les hommes politiques les mieux disposés envers lui furent à ce point malmenés qu'ils cherchèrent leur salut dans le rapprochement avec la Grande-Bretagne. Poincaré porte-t-il seul la responsabilité de ce « basculement belge vers le camp anglo-saxon » (Ginette Kurgan-Van Hentenryk)? Ce serait excessif de le lui attribuer mais il y a fortement contribué. Avec la Pologne et la Tchécoslovaquie, les relations ont été mieux gérées et ont abouti en janvier 1924 à la signature d'un traité entre les deux pays. Mais les dirigeants tchécoslovaques ont toujours évité de choisir entre la France et la Grande-Bretagne. À l'égard de l'URSS, Poincaré, après avoir songé à une régularisation des relations diplomatiques, a maintenu une attitude intransigeante, moins par anticommunisme que par ressentiment à l'égard des signataires du traité de Rapallo.

Les historiens anglo-saxons ont jugé sévèrement ces deux années passées par Raymond Poincaré au Quai d'Orsay; ils les interprètent comme l'ultime sursaut du coq gaulois pour imposer une victoire française. Poincaré avait-il envisagé délibérément une telle politique? On ne peut l'écarter avec certitude; on ne peut pas non plus l'affirmer en alignant comme preuves des morceaux choisis de ses discours dominicaux. Chez les hommes politiques, il faut toujours faire la part des mots et chez Poincaré, entre les mots et l'action, la distance était et reste grande!

En revenant aux affaires, Poincaré avait probablement la conviction qu'il fallait tirer le maximum du traité de Versailles; il n'arrivait ni pour négocier ni pour baisser discrètement la garde; il voulait assurer la sécurité de la France et le paiement des réparations; pour atteindre ces buts, il dut vite admettre qu'une politique purement française n'était qu'une illusion, que la France n'avait pas les moyens de dicter ses exigences à l'Europe et au monde et que la solution des réparations était internationale. En ce sens, l'inflexion majeure intervint au cours du mois d'octobre 1923, quand Poincaré se rallia à la suggestion américaine d'une commission d'experts internationaux pour évaluer la capacité de paiement de l'Allemagne. En avril 1924, il acceptait officiellement le plan de ces experts, qui devait permettre à la France de sortir de l'impasse et de l'isolement relatif. C'est pourquoi il serait dangereux et probablement faux d'opposer systématiquement la mauvaise politique étrangère de Raymond Poincaré à la bonne politique d'Édouard Herriot, la politique du Bloc national à celle du Cartel. Avec sa personnalité propre, Édouard Herriot a poursuivi en l'infléchissant la voie ouverte par Poincaré au printemps de 1924.

Comment aujourd'hui interpréter cette intransigeance irréaliste ? Poincaré, qui avait été écarté de la rédaction du traité de Versailles, a tenté de l'appliquer dans le sens du maintien des droits français, ce dont était convaincue la grande majorité des Français. Poincaré traduisait une aspiration. La tentative a échoué, dans la mesure où les moyens financiers et militaires de la France n'étaient plus à la hauteur de ses ambitions. Les historiens anglo-saxons et allemands ont été à l'égard de la politique de Poincaré beaucoup plus sévères que les Français de l'époque. Sans doute ceux-ci manquaient-ils du recul nécessaire pour mesurer le déclin de la position internationale de leur pays. Comme la plupart des Français de son temps, Poincaré avait trop présumé des moyens et des atouts de la France : il avait sous-estimé la permanence de l'influence de la Grande-Bretagne et sa capacité d'opposition aux projets français ; il avait cru, en raison de l'inflation galopante et des troubles intérieurs de multiple nature, que le Reich allemand était au bord de la désagrégation ; il a été pris de court par la rapidité de son redressement monétaire et politique à partir de novembre 1923. Stresemann, avec lequel il avait refusé de négocier, avait beaucoup plus de finesse, d'intuition et de capacité de réaction.

Aujourd'hui, près de quatre-vingts ans après les événements, on peut comprendre et expliquer la politique allemande de Raymond Poincaré ; on ne peut plus ni l'approuver ni la défendre. L'homme d'État doit essayer de se dégager des passions et des préjugés de son temps pour mener une politique favorisant la paix et la réconciliation. Poincaré ne l'a pas fait. S'il avait proposé une telle politique, il est probable qu'il ne serait pas revenu au pouvoir ou ne s'y serait pas maintenu si longtemps. Pas plus en France qu'en Allemagne, la majorité des habitants n'était alors disposée à accepter une politique fondée sur la reconnaissance réciproque et l'égalité des droits. C'est pourquoi, aux yeux de la majorité des Français de l'époque, en voulant faire payer l'Allemagne, Poincaré avait tenté de réaliser un but légitime de la nation entière ; il n'avait pas réussi mais il n'avait pas démérité ; aussi n'était-il pas atteint par l'usure du pouvoir ; il conservait un capital de confiance et de popularité. Pour beaucoup de Français il restait une valeur sûre, un espoir et, peut-être une fois encore, un recours.

CHAPITRE III

En réserve de la République

Raymond Poincaré avait quitté le pouvoir avec discrétion. Il avait soixante-trois ans et se sentait encore capable de le reconquérir. En apparence à l'écart des péripéties politiciennes, il restait très présent dans la vie publique et attendait son heure. Un observateur familier des coulisses du pouvoir, Georges Suarez[1], a intitulé sa chronique de deux années, 1924-1926, *De Poincaré à Poincaré*. L'historien qui connaît l'aboutissement peut juger logique le retour triomphal de juillet 1926. Poincaré ne pouvait l'imaginer ; il ne pouvait que l'espérer sans savoir ni quand ni comment il se ferait. Il lui faudrait utiliser les événements, rester aux aguets puis forcer une nouvelle fois le destin. Et il a réussi ! Le récit de ces deux années montre un homme en situation d'attente, attentif et vigilant, prêt à revenir au pouvoir si les conditions psychologiques et politiques étaient réunies. Et il ne devait rien négliger lui-même pour les rendre favorables.

Un sénateur toujours sur la brèche

Le sénateur de la Meuse Raymond Poincaré restait un homme politique de premier plan ; ses amis comme ses adversaires le savaient. C'est pourquoi ses interventions, ses prises de position étaient toujours attendues, sollicitées, remarquées et discutées. Certes, l'homme ne fut épargné ni par les polémiques ni par les attaques. Le débat sur ses responsabilités en juillet 1914 connut plusieurs rebondissements, auxquels il fit front avec sa pugnacité et sa détermination habituelles.

Édouard Herriot avait été investi par la Chambre le 18 juin 1924 ; il avait pris pour lui le portefeuille des Affaires étrangères et s'installa au Quai d'Orsay dans les lieux et fonctions que Poincaré avait occupés pendant plus de deux ans. Immédiatement, il fut confronté aux réalités et décida de s'entretenir avec le Premier ministre britannique de la mise en route du plan Dawes[2]. MacDonald reçut amicalement à Chequers (21-22 juin) le successeur de Poincaré. Nous ignorons comment celui-ci fut informé de l'évolution des affaires et s'il l'était aussi complètement qu'il l'aurait souhaité. Il avait des amis dans la place et il fit savoir aux journaux qu'il interviendrait dans les débats, non seulement pour des mises au point historiques mais « pour éclairer le présent et l'avenir ». Il ne se contenterait pas d'être un simple spectateur, mais il resterait un acteur avec lequel il faudrait continuer de compter. Au début de juillet, MacDonald, convié par Édouard Herriot, vint à Paris lui proposer la réunion prochaine, à Londres, d'une conférence internationale où l'on négocierait d'abord entre alliés puis où l'Allemagne serait invitée. Herriot accepta cette proposition. Avant de repartir pour Londres, il fit une déclaration devant les Chambres.

Au Sénat, où Raymond Poincaré avait repris son fauteuil, et surtout dans l'opinion, on attendait avec une certaine curiosité la façon dont il se situerait par rapport à son successeur. Le 10 juillet, il prit la parole et parla cinq heures d'horloge. Il commença d'abord par rendre hommage « au patriotisme et au courage de M. Herriot », puis il revint sur les travaux des experts pour lui rappeler que « sans l'occupation de la Ruhr, le plan Dawes n'aurait pas été possible[3] ». Nous épargnerons à nos lecteurs les kilomètres de citations inutiles qui ont dû assoupir les sénateurs. Retenons le commentaire mi-admiratif, mi-ironique de l'ambassadeur belge Gaiffier qui l'écouta de la tribune du corps diplomatique : « Si l'endurance oratoire figurait au programme des jeux Olympiques, l'ancien président du Conseil détiendrait le record. » Herriot répondit courtoisement et un bref dialogue public s'engagea entre les deux hommes. Avec l'immense majorité des sénateurs, Poincaré vota l'ordre du jour favorable présenté par son ami Chéron. On ne dispose d'aucun document personnel de Poincaré pour expliquer le sens de son intervention[4], et l'on en est donc réduit à des hypothèses. Dans son grand livre auquel nous sommes très redevable, Jacques Bariéty[5] l'explique par le souci de la continuité de l'État et la volonté de peser sur Herriot, ce qu'il ne pourrait pas faire s'il se drapait tout de suite dans une attitude d'opposant intransigeant.

La conférence de Londres s'ouvrit le 16 juillet. Poincaré partit en vacances pour Sampigny ; on ignore comment il se tint informé. Au début d'août, il eut une conversation avec un journaliste du *Daily Mail*, qui publia deux articles repris par la presse française. Poincaré, qui n'abordait pas les négociations en cours, voulait seulement rappeler aux Anglais quelques vérités : les origines de la guerre ? Elle découlait « des ambitieux projets de suprématie formés par l'Allemagne des Hohenzollern ». La victoire ? « L'Entente avait permis de gagner la guerre. » Cela pouvait aussi vouloir dire que lui Poincaré approuvait Herriot et qu'il serait aussi allé à Londres s'il était resté au pouvoir. Enfin, les réparations étaient nécessaires « pour relever et reconstruire les régions dévastées ». L'Angleterre, qui n'avait pas subi la guerre sur son sol, devait comprendre et soutenir cette légitime revendication des Français.

Édouard Herriot signa les accords de Londres le 16 août 1924. Entre autres choses, il avait promis l'évacuation militaire de l'ensemble du bassin de la Ruhr dans un délai d'un an. Des négociation orales complexes assorties de lettres confidentielles permirent aux Allemands d'espérer un allégement plus rapide de l'occupation. De retour à Paris, Herriot fut accueilli par une foule qui scandait « Herriot-la-Paix ! », puis il informa le Parlement des résultats de la conférence, mais sans lui soumettre de texte à ratification. Le débat fut animé par les anciens ministres de Poincaré, Maginot, Le Trocquer et Reibel, lequel fut, de loin, le plus incisif. Tous les trois se rangèrent dans la minorité qui refusa la confiance à Herriot. Le 26 août, le débat s'ouvrit au Sénat. On attendait l'intervention de Poincaré[6]. Serait-il à l'unisson de ses anciens ministres ? Comme le 10 juillet, il fut courtois à l'égard d'Édouard Herriot ; en revanche il releva d'une manière acerbe les propos tenus par Léon Blum à la Chambre, comme s'il voulait creuser le fossé entre Herriot et ses alliés socialistes. Puis, au fil de l'intervention, son ton se fit plus critique et, à mots couverts, il reprocha à Herriot une évacuation trop rapide de la Ruhr ; dans l'analyse des accords, il qualifia de « fâcheux tout ce qui a trait à l'évacuation de la Ruhr ». Après avoir fait allusion aux entretiens entre Herriot et Stresemann qu'il n'avait pas lui-même cru bon de rencontrer, il émit le vœu que la démocratie allemande respectât « mieux les traités que l'Allemagne impériale ». Il acheva par cette mise en garde péremptoire : « Il n'y aura jamais de paix si l'exécution du traité n'est pas obtenue et pour que le traité soit exécuté, il faut que notre pays, sûr de son droit, conscient de sa valeur, ne commette pas l'irréparable faute de s'abandonner. Et cette faute vous ne la commettrez point ! » La discussion qui suivit ne rapprocha pas les points de vue. Le Sénat approuva facilement un ordre du jour de confiance par 204 voix contre 40. Cette fois, avec 73 collègues dont Chéron, Méline et Lecourtier, Poincaré s'était abstenu. Il commençait à prendre ses distances.

Vacances meusiennes actives

Raymond Poincaré passa l'été de 1924 dans sa maison de Sampigny, où il reçut discrètement de nombreux visiteurs, dont Stéphane Lauzanne, secrétaire général du *Matin*[7]. Il était attentif à ses anciens ministres. Par exemple, il mettait en garde André Maginot contre son tempérament impétueux et ses critiques excessives du Cartel[8]; il félicitait Yves Le Troquer, son ancien ministre des Travaux publics[9], d'avoir dans un article du *Matin* « poussé un premier cri d'alarme » (14 août 1924).

Presque chaque dimanche le président sortait et prononçait un discours soigneusement préparé que les journaux régionaux, nationaux et parfois internationaux reproduisaient et commentaient. Énumérons les principales de ses sorties : le 27 juillet, il remettait leur drapeau aux anciens combattants de Fresnes-en-Woëvre. L'imminence du débat de politique étrangère au Sénat l'obligea à renoncer à un déplacement prévu à Rouvres et à Nouillonpont ; les discours qu'il avait rédigés furent lus à sa place par le sénateur Lecourtier et le député Didry. Le 2 août, il se rendait à l'université de Liège[10], où il prononça un discours devant l'Association française pour l'avancement des sciences. Le 7 août, il présidait à Sampigny le rite annuel de la distribution des prix des écoles; le 17 août, il parlait à Lunéville; le 25 août, il inaugurait à Metz[11] une plaque en l'honneur de Maurice Barrès sur la maison où avait vécu Colette Baudoche, l'héroïne messine de son roman. Après avoir rendu un vif hommage « à l'humble captive d'une ville désaffectée », il salua les dames de Metz qui l'avaient reçu au cimetière de Chambière; devant un auditoire acquis d'avance, il évoqua ses liens avec Maurice Barrès, « mon ami de quarante ans », liens sur lesquels il gardait d'habitude une prudente discrétion. Au-delà des divergences politiques, il était reconnaissant à Barrès à un double titre : d'une part, « il a été le bon veilleur qui ne veut même pas sommeiller pendant que d'autres s'endorment »; d'autre part, il avait été aussi « celui qui m'a appris sinon à mieux aimer, du moins à mieux sentir, à mieux goûter notre commune Lorraine ». En fin d'après-midi, il se rendit en compagnie d'Albert Lebrun au petit village de Noisseville où en 1908, durant l'annexion, le Souvenir français avait élevé un monument en l'honneur des soldats morts durant la guerre de 1870 ; ce second discours fut plus bref que le premier. Le journaliste concluait son reportage en ces termes : « Il est presque 18 heures ; les clairons sonnent, les cris de "Vive Poincaré !" accompagnent jusqu'à la voiture le président qui nous quitte pour regagner sa demeure familiale de Sampigny. »

Le 14 septembre il présidait l'inauguration du monument aux morts de Sedan[12] et, dans un long discours, montrait comment la France avait su tirer les leçons de la défaite de 1870 : « Le nom de Sedan n'éveille plus des idées de désastre ; il est désormais le symbole radieux de la victoire du droit. » Il concluait par un avertissement à l'Allemagne, à laquelle il reprochait de s'en tenir « à l'intolérable prétention de la révision ». Le dimanche suivant 21 septembre fut consacré à une activité presque intime, puisque Poincaré remettait le drapeau à la section des vétérans de Nubécourt, le village où il passait jadis ses vacances d'enfant chez son grand-oncle Paulin Gillon. En attendant l'arrivée du président, les villageois assistèrent d'abord « à une messe en musique ». À 11 heures, Poincaré descendit ponctuellement de son automobile et la cérémonie officielle commença. L'après-midi, il honora un autre village du canton de Triaucourt : « Il pleuvait à torrents et le président s'abrita sous le parapluie du maire, M. Bigorgne[13]. » Sa dernière sortie lorraine, le dimanche 5 octobre, fut consacrée à la petite ville mosellane de Dieuze[14], qui célébrait la mémoire de deux de ses enfants, l'écrivain Edmond About et le mathématicien Charles Hermite, dont l'un des neveux, fils du général Hermite, fut son chef de cabinet. Il s'y rendit en compagnie de sa femme et du journaliste Émile Hinzelin. Il parla longuement des deux héros du jour, qu'il avait l'un et l'autre personnellement connus. Puis Poincaré retourna à Paris, où il fut repris par le tourbillon de ses activités habituelles.

PLAIDOYERS

La fin de l'année 1924 et le début de l'année 1925 apportèrent à Poincaré plus de désagréments que de satisfactions. Le gouvernement d'Herriot avait promis à sa majorité l'amnistie des hommes politiques condamnés par la Haute Cour, et les débats s'engagèrent au Sénat sur les cas de Jean-Louis Malvy et de Joseph Caillaux. Poincaré ne prit pas la parole ; on savait qu'il était favorable à l'amnistie en faveur de l'ancien ministre Jean-Louis Malvy qui, à ses yeux, n'était pas coupable de trahison mais seulement « responsable par légèreté ». Avec l'immense majorité de ses collègues du Sénat, il vota l'amnistie (18 novembre). Cette décision – pas facile à prendre – lui fut reprochée. Dans les quelques pages des notes manuscrites[15] conservées pour l'année 1924, il notait : « lettres d'injures continuent à affluer (pas gardées) ». En revanche, le cas de Joseph Caillaux, contre lequel l'hostilité de larges secteurs de l'opinion modérée n'avait pas désarmé, posait problème aux parlementaires et à Poincaré ; dans un souci d'apaisement, beaucoup de sénateurs se résignèrent à voter l'amnistie. Poincaré ne prit pas part au vote ; Caillaux ne lui pardonna jamais cette dérobade.

Les débats sur les responsabilités de la guerre avaient toujours en France une tonalité antipoincariste. La revue *Europe*[16] publia quelques bonnes feuilles des carnets de Georges Louis avant leur parution en librairie. L'ancien ambassadeur à Saint-Pétersbourg, qui n'avait jamais pardonné à Poincaré son rappel, notait dans ces carnets les ragots venimeux colportés dans les salons parisiens. Ces extraits furent reproduits et commentés dans la presse nationale et internationale. Poincaré, qui présidait à Strasbourg une assemblée de la

Société des amis de l'université, riposta immédiatement et fit publier dans la presse des démentis par Jules Cambon, Stéphen Pichon, Maurice Paléologue. Les textes de Georges Louis n'apportaient aucune révélation, et encore moins de preuve décisive et incontestable, mais ils avaient été rédigés par un homme sincère dont on disait qu'il était informé (ce qui n'était pas toujours le cas). Comme il était mort depuis sept ans, il n'était plus en mesure de confirmer ou de préciser les faits qu'il rapportait. Les adversaires de Poincaré y virent une confirmation supplémentaire de leur thèse et la *Frankfurter Zeitung* publia un article intitulé « La responsabilité de guerre de Poincaré », où on pouvait lire cette phrase : « S'il fallait une preuve de la responsabilité de Poincaré... » Au bout de quelques jours, la polémique s'apaisa, car les révélations de Georges Louis étaient d'un intérêt bien limité, mais elle rebondit vite, car d'autres acteurs vinrent l'alimenter. En premier lieu, l'éditeur des *Carnets* de Louis, le journaliste Ernest Judet[17] qui n'avait pas l'intention de baisser la garde, continua à inspirer la campagne antipoincariste. Sans que l'on puisse établir un lien formel, un jeune publiciste parisien à la plume agile, Alfred Fabre-Luce, publia un venimeux pamphlet, *La Victoire*[18], où il reprenait les accusations habituelles sur les promesses faites lors des voyages en Russie d'août 1912 et de juillet 1914. Fabre-Luce qui fréquentait alors la gauche – il dînait chez Léon Blum le 6 mars 1925, chez Joseph Caillaux les 13 mars et 11 juin 1925 – n'apportait rien de nouveau par rapport aux articles de Pierre Renouvin, qu'il connaissait d'ailleurs ; il était plus facile à lire et donnait l'impression à ses lecteurs d'avoir été au fond des choses et de mettre sous leurs yeux des pièces décisives. En réalité, la volonté de nuire à Poincaré l'emportait sur la recherche sereine de la vérité. Dans une conversation privée avec Fabre-Luce, Léon Blum, que l'on ne peut ranger dans le camp des adversaires de Poincaré, lui faisait deux objections : il lui reprochait d'avoir négligé le rôle capital du roi Édouard VII et d'avoir donné à la politique de Poincaré « plus de continuité et de suite qu'elle n'en a eue ». Quant au slogan Poincaré-la-Guerre, que Blum savait à l'occasion manier dans la presse, il était conscient de son caractère redoutablement simplificateur. Blum s'interrogeait à haute voix devant Fabre-Luce : « Je me demande si la guerre était inévitable. Berthelot, que je voyais tous les jours à ce moment, la considérait comme inévitable... » Alors, que devaient faire les responsables français dans une telle situation, qu'ils n'avaient pas créée ? La réponse de Léon Blum plus de dix ans après la crise de juillet 1914 était : « Il fallait agir comme si elle [la guerre] était évitable. » C'était probablement le seul reproche que l'on pouvait faire à Raymond Poincaré. Alfred Fabre-Luce, qui avait consigné pour son propre usage ces lucides réflexions du dirigeant socialiste, se garda bien de les utiliser, car elles remettaient en cause sa thèse centrale.

Au mois de février 1925, la campagne anti-Poincaré trouva un nouvel aliment avec la publication d'un livre de Charles Humbert. L'ancien sénateur de la Meuse, qui n'avait jamais pardonné d'avoir été traduit en Haute Cour et qui rendait Poincaré responsable de tous ses malheurs, alimentait financièrement cette campagne; le premier époux de sa fille adoptive Jeanne Levylier, Me Henri Torrès, avait été l'assistant de Me Moro-Giafferi, le défenseur d'Humbert devant la Haute Cour; il avait adhéré au Parti communiste et fut probablement l'un des intermédiaires entre Humbert et l'extrême gauche. Pour sa part, Charles Humbert rédigea et publia un brûlot incendiaire, intitulé *Chacun son tour*[19], dont il attendait un succès retentissant. C'était un amalgame où le ressentiment et les affirmations gratuites étaient mêlés à des données exactes comme la publication de sa correspondance inédite avec Poincaré en 1915. Contrairement à d'autres détracteurs, Charles Humbert reprochait à Poincaré de ne pas avoir préparé la guerre; il dénonçait son tempérament de « chicanier » et lui criait : « Vous avez toujours eu peur... Vous avez peur du peuple, vous êtes toujours en fuite comme sur la route de Bordeaux. » Sans apporter la moindre révélation, son texte pouvait nourrir le mépris et le ressentiment, et certaines de ses formules furent reprises dans la polémique antipoincariste. Poincaré aurait pu garder le silence, car le « gros Charles » était un isolé qui n'était guère pris au sérieux, et son livre n'avait guère eu le succès escompté. Comme il avait été parlementaire de la Meuse, Poincaré rédigea une mise au point intitulée « Lettre à mes compatriotes de la Meuse[20] ». Ce texte fut publié en première page du *Réveil de la Meuse* et du *Bulletin meusien*; de larges extraits en furent repris par la presse nationale. Poincaré réduisait le rôle de Charles Humbert à celui d'une mouche du coche : « Les mouches du coche peuvent être utiles pour stimuler les chevaux; ce ne sont pas elles qui traînent la voiture », écrivait-il un peu ironiquement. À la vérité, Humbert n'était guère dangereux, car il n'avait plus ni tribune ni moyen de pression. Il engagea bien quelques procès de presse. En vain. Personne ne l'écoutait. Le jugement de Poincaré sur Humbert était sans appel : « Il n'a pas été complice; il a été dupe et dans des conditions qui ne permettraient à personne d'accorder le moindre crédit à son jugement et à sa clairvoyance politique. » Au nom du sentiment des convenances, il lui demandait le silence. Deux ans plus tard, alors que Poincaré était redevenu président du Conseil, Charles Humbert mourut d'une congestion cérébrale. Il était totalement oublié.

En revanche, le retour de Joseph Caillaux sur le devant de la scène politique était pour Poincaré plus inquiétant que les vaines insultes de Charles Humbert. Caillaux avait du talent, des amis, une capacité d'entreprendre et de nuire. Il voulait prendre sa revanche. Ses amis lui étaient restés fidèles. Paul Painlevé lui offrait le portefeuille des Finances, ce qui était une réhabilitation. Puis les grands électeurs l'élurent sénateur de la Sarthe, ce qui lui permit de faire une entrée triomphale au palais du Luxembourg. Poincaré, qui le croisa un jour dans les couloirs, ne put s'empêcher de remarquer qu'il « était là comme chez lui... avec son effronterie naturelle[21] ». Caillaux n'engagea pas d'offensive frontale contre Poincaré mais, à l'occasion ou par la bande, il ne manquait pas la réflexion perfide ou critique. Par exemple, dans une revue anglaise dont nous n'avons pas retrouvé la référence, il avait qualifié l'intervention dans la Ruhr de « politique d'aventure ». Poincaré lui répliqua vertement lors d'une réunion de la Fédération des anciens de la Ruhr et de la Rhénanie (janvier 1926) et lui dénia le droit de parler de politique d'aventure alors qu'il s'agissait « d'une politique de précaution et de garanties[22] » approuvée par le vote massif des Chambres. Les deux hommes ne se réconcilièrent jamais ; une rencontre en 1927 resta vaine et, dans ses Mémoires, Caillaux accabla Poincaré, alors qu'il ménageait Briand et Barthou.

Une lutte à fleurets mouchetés avec Édouard Herriot

Dans les premiers mois du gouvernement Herriot, Poincaré resta courtois à l'égard de son successeur. Avait-il avec lui des relations personnelles ? Les deux hommes se connaissaient depuis la guerre, durant laquelle le maire de Lyon avait été reçu à plusieurs reprises à l'Élysée. On n'a pas retrouvé entre eux de correspondance privée comme entre Poincaré et les Sarraut, mais ils se parlaient et s'estimaient et jamais Poincaré ne se permit à l'égard d'Édouard Herriot les égratignures et les piques dont il ne manquait pas de gratifier Léon Blum. Dans ses notes journalières, Poincaré[23] relevait avec satisfaction un bref dialogue entre Mme Waldeck-Rousseau et Herriot :

> Mme Waldeck-Rousseau : « *M. Poincaré m'aurait affirmé que vous étiez bon patriote.* »
> Édouard Herriot : « *Mais certainement madame, M. Poincaré et moi, nous nous estimons réciproquement.* »

On comprend pourquoi, au-delà des divergences politiques normales, Poincaré se garda bien de critiquer Herriot par des déclarations fracassantes dans la grande presse. Il conservait certainement l'espoir de pouvoir un jour collaborer avec lui. Il s'abstint également d'attaquer la politique monétaire et fiscale du ministre des Finances Étienne Clémentel. Il fréquentait régulièrement le Sénat, assistait aux réunions du groupe de l'Union républicaine présidé par son ami Chéron, sans prendre la parole dans les débats financiers et budgétaires. En octobre 1924, il signa une motion du Parti républicain démocratique s'élevant contre l'autorisation par simple circulaire des syndicats de fonctionnaires et la réintégration des cheminots révoqués. Pour quelqu'un qui affectait de se placer au-dessus des querelles politiciennes, c'était une manifestation d'opposition. En décembre 1924, il eut l'élégance de signer dans la presse un appel en faveur de l'emprunt : « Amis et adversaires du gouvernement, nous devons tous dans la mesure de nos moyens aider au succès de l'emprunt. C'est pour la Patrie. Elle est au-dessus de la politique. » On savait qu'il était opposant. C'est pourquoi Marcel Hutin, le directeur de *L'Écho de Paris*, qui combattait avec violence la politique étrangère du Cartel des gauches, lui proposa : « Si vous avez quelque chose à exprimer, je me tiens respectueusement à votre disposition » (20 février 1925)[24]. Poincaré écarta cette offre de collaboration qui l'aurait trop marqué à droite.

Au printemps de 1925, la tempête se mit à souffler sur le cabinet Herriot. Le ministre des Finances, Étienne Clémentel, désavoué par le président du Conseil, donna sa démission et Herriot le remplaça par Anatole de Monzie. Le député du Lot avait du talent mais il était bien mal préparé à ces délicates fonctions, ce qui obligea Édouard Herriot à monter en première ligne. Raymond Poincaré était parfaitement renseigné sur la situation par le gouverneur de la Banque de France, Georges Robineau ; il décida d'intervenir le 10 avril 1925 au Sénat dans un débat qui porta le coup de grâce au ministère Herriot. L'ancien ministre des Finances François-Marsal avait déposé une interpellation « sur les déclarations financières de M. le président du Conseil ». Après un réquisitoire de François-Marsal, Herriot prit la parole pour défendre sa politique ; il fit des retours en arrière qui lui valurent deux interruptions sèches de Poincaré. Comme Herriot faisait allusion aux « imprudents qui ont laissé peser sur notre pays 91 milliards et demi de dettes flottantes », Poincaré, se sentant visé, répliqua[25] :

M. Raymond Poincaré : « *Ces opérations ont été autorisées par le Parlement.* »
M. Mollard : « *On n'a pas cherché à les consolider.* »
M. Raymond Poincaré : « *M. Herriot s'est opposé à cette consolidation.* »

Après cette interruption, Herriot évoqua les conditions dans lesquelles l'emprunt Morgan avait été conclu et critiqua la « contrepartie de l'opération... l'engagement pour nous de ne rien dépenser, même pour nos régions dévastées ». Poincaré bondit :

M. Raymond Poincaré : « *De ne rien dépenser sans gager.* »
M. le président du Conseil : « *Oui, sans gager.* »
M. Raymond Poincaré : « *Ce n'est pas la même chose.* »

Cet échange de répliques donnait le ton du discours à venir. Comme à l'accoutumée, Raymond Poincaré fut à la fois courtois à l'égard de la personne d'Herriot et incisif à propos de la politique financière du gouvernement. Le dépassement du plafond des avances de la Banque de France était une illégalité qu'il fallait sanctionner. Au-delà des aspects financiers, Poincaré abordait la politique générale. Édouard Herriot n'était pas un ennemi politique ; c'était un républicain avec lequel il souhaitait collaborer. Il lui rappela qu'en janvier 1922, il lui avait proposé un portefeuille pour « consolider l'Union sacrée que je croyais aussi nécessaire pour gagner la paix que pour gagner la guerre ». Édouard Herriot avait alors refusé. Deux ans plus tard, le 14 février 1924, le même Édouard Herriot avait déclaré : « L'union de tous les Français est nécessaire pour la défense de l'intérêt national. C'est cet intérêt qui nous dépasse tous, qui conditionne, si j'ose employer ce mot, l'action de tous les partis. » Poincaré avait pris bonne note de cette déclaration dont il approuvait tous les termes et il demanda alors à Herriot de passer aux actes : « Rien de plus juste, messieurs, mais ne faisons pas seulement l'union en paroles, faisons-là en réalité, ne la faisons pas sans une partie de la France ! Faisons-là avec la France tout entière ! » L'heure de « l'union des républicains » avait-elle sonné ? Herriot ne l'entendit pas de cette oreille car il interpréta le discours de Poincaré « plus comme un réquisitoire que comme un appel à la paix ». Poincaré, qui parlait moins pour le présent que pour l'avenir, revint rageusement à la charge pour reprocher au gouvernement « des écritures irrégulières » et « non pas une illégalité mais deux ».

Au terme de cette passe d'armes, un ordre du jour hostile au ministère fut présenté par Henry Chéron, président du groupe de l'Union républicaine et ancien ministre de Poincaré. Le Sénat l'approuva par 156 voix contre 132. Le cabinet Herriot était touché à mort. Quelques jours plus tard il démissionnait.

Discours meusiens et lorrains à usage national et international

Au cours de l'année 1925 Poincaré fut très présent en Lorraine et dans la Meuse, où il prit la parole à de nombreuses occasions. À chaque fois ses discours, qui étaient adaptés aux lieux et aux auditeurs, comportaient des remarques, des avertissements, des prises de position sur les relations franco-allemandes et la politique internationale. Poincaré ne parlait pas seulement à ses compatriotes : au-delà il s'adressait à la classe politique nationale et internationale et il veillait à ce que l'agence France-Presse communiquât son texte à ses clients. C'est pourquoi on ne s'étonnera pas de retrouver dans la presse anglaise et allemande des extraits d'un discours de Poincaré prononcé le dimanche précédent au pied d'un monument meusien.

Le rebondissement de son conflit avec Charles Humbert l'amena à publier des articles, à donner des interviews aux journaux qui étaient proches de lui. *Le Réveil de la Meuse* ne cessait de rendre des hommages appuyés à « l'honnête homme » qui avait « les mains nettes », au citoyen parfait et désintéressé, « au soldat d'une noble cause, celle de la patrie et de la République ». Le 29 mars 1925, Poincaré se rendit à Bar-le-Duc[26] pour inaugurer un monument en l'honneur de ses anciens patrons, les frères Jules et Edmond Develle. À sa descente du train de Paris, il fut accueilli en gare aux cris de « Vive Poincaré ! » Il prononça un discours à la fois républicain et patriotique où il évoquait sa jeunesse, la guerre de 1870 et sa collaboration confiante avec les Develle. D'un revers de main, le journaliste qui rendait compte de la cérémonie balayait « toutes les calomnies odieuses qu'on essaye de jeter à la face de notre cher Président ».

Poincaré revint à plusieurs reprises dans la Meuse à la fin du printemps. Le 3 mai, il rendait hommage aux défenseurs du fort de Troyon qui, en septembre 1914, avaient bloqué la progression par le sud des unités allemandes en direction de Verdun ; il parlait le 17 mai à Érize-Saint-Dizier (canton de Vavincourt). Il ouvrit la session de printemps du conseil général (18-19 mai 1925). Avec son application coutumière, il prit sa part de rapports : cette année-là il intervint sur l'abattage des peupliers, les consultations de nourrissons, les chemins de fer d'intérêt local et la date de l'ouverture de la chasse au chevreuil[27]. Quelques jours plus tard, il était invité à Montmédy par l'Association des otages français à Holzminden, de Saxe, du Palatinat, de Hesse. Devant cet auditoire tout acquis à la fermeté à l'égard de l'Allemagne, il rappela l'axe majeur d'une politique française : « exiger la loyale exécution des traités ». Puis il fit un commentaire de l'actualité : « À nos manifestations de bienveillance, elle répondit par l'élection de M. Hindenburg et par les discours ironiques de Stresemann. Ne lui laissons pas croire qu'elle puisse impunément préparer la revanche, rétablir la monarchie et se dérober aux obligations du désarmement[28]. » C'était un simple commentaire qui ne critiquait pas la politique du nouveau ministre Briand et qui ne proposait pas d'ailleurs une autre attitude que celle de la vigilance. Cette orientation correspondait aux attentes de ses auditeurs. Est-ce un programme de gouvernement ? En juin il se rendait à Mécrin, à Void et à Verdun, où il accueillit le lord-maire de Londres.

Pendant les longues vacances d'été qu'il passa à Sampigny, il honora de multiples invitations meusiennes : inauguration le 15 août du monument aux morts de Lérouville, où il prononça « un magnifique discours écouté religieusement et longuement ovationné ». Il était à Sivry-sur-Meuse le 27 août, à Beaulieu-en-Argonne le 13 septembre, à Marbotte, à Apremont et à Saint-Mihiel, le 20 septembre.

Dans cette ville[29] toute proche de Sampigny, il présida à l'inhumation du corps d'un enfant du pays, l'aviateur Robert Thiery, le fils de son ancien collègue et ami le docteur Thiery, maire de Saint-Mihiel. Cette fois – et c'était plutôt rare – Poincaré parla avec ses souvenirs et son cœur, stupéfiant le journaliste, qui écrivait, admiratif : « Il est impossible d'analyser le discours de ce maître de la parole qu'est M. Poincaré. » Au début de septembre, il fit un voyage de plusieurs jours en Moselle[30] où il remit la croix de la Légion d'honneur aux villes de Phalsbourg et de Bitche ; il visita la région industrielle, Maizières-lès-Metz, Uckange, Hayange et Thionville ; il fit une incursion dans le bassin houiller jusqu'à Saint-Avold et Forbach, sans toutefois oser pousser jusqu'en Sarre. Il revint par Sarrebourg, Morhange, Dieuze et Château-Salins, localités qu'il avait déjà visitées. Poincaré voyageait simplement avec son automobile personnelle et son chauffeur ; il était souvent accompagné de sa femme. Partout il était reçu par les maires et les corps constitués ; les bâtiments officiels et les rues principales étaient pavoisés de tricolore. On l'accueillait avec une affection déférente. Pour tous ces Lorrains, il était « Monsieur le Président » ; il représentait la République et la France.

Les jours où le président restait au Clos, il travaillait dans son bureau comme à l'accoutumée et faisait quelques pas dans son jardin en compagnie de ses animaux familiers. Henriette l'appelait le « papa aux bêtes » tant il aimait les chiens, les chats et même les poissons. Il infligea à l'écrivain suisse Guy de Pourtalès, qui l'avait rencontré lors d'un dîner chez Marie-Louise Pailleron, « une longue dissertation » sur l'aquarium de leur hôtesse. En mars 1925[31] il avait eu un chagrin privé qui l'avait beaucoup affecté : la mort de son chat Grisgris, à la maladie et à la disparition duquel il consacra plusieurs pages émues de ses notes journalières ; il tint à enterrer lui-même ce fidèle compagnon dans le jardin de la rue Marbeau. On a du mal à imaginer aujourd'hui le président Poincaré, le futur sauveur du franc, une bêche à la main, en train de creuser un trou dans son jardin pour y placer la boîte contenant la dépouille mortelle du regretté Grisgris.

Ce chagrin domestique ne le détourna guère de ses tâches d'écriture. À l'aide des notes journalières qu'il avait conservées, il entreprit la rédaction de ses Mémoires, pour l'édition desquels il traita avec la maison Plon. Il leur donna un titre général, *Au service de la France*, tout à fait révélateur de la façon dont, avec le recul du temps, il situait maintenant son action de président du Conseil et de président de la République. Le premier volume était consacré à l'année 1912, qu'il avait passée au Quai d'Orsay et durant laquelle il avait conduit la politique étrangère de la France ; il parut sous le titre *Le Lendemain d'Agadir*. Avant la sortie en volume la coutume était alors de publier des bonnes feuilles dans une revue prestigieuse comme la *Revue des Deux Mondes*. René Doumic[32], son directeur, aurait souhaité en ouvrir à Poincaré les colonnes. Mais Poincaré, qui était en froid avec Doumic pour des raisons qui nous échappent (16 juin 1925), traita avec la *Revue de Paris* et *L'Illustration*.

Cette année-là, Poincaré resta dans la Meuse jusqu'à l'ouverture de la session d'automne du conseil général, devant lequel il prononça le 1er octobre son habituelle allocution, où il demandait « une rapide indemnisation des victimes de guerre, des dommages et des sinistres »; il jugeait indispensable « une trêve passagère à nos querelles politiques » et souhaitait « une sincère et durable volonté d'union républicaine et patriotique[33] ». Il acheva la série de ses discours dominicaux meusiens à Nonsard et à Heudicourt où, le 22 octobre 1925, il rappela le souvenir des soldats américains, les libérateurs de ces deux villages du saillant de Saint-Mihiel qui avaient été occupés pendant quatre ans par les Allemands. La tonalité de son allocution était très patriotique et dénonçait « les esprits égarés, les insensés qui veulent détruire l'idée nationale[34] ».

Au début des années 1920, de nombreux monuments commémoratifs furent érigés dans les cimetières et sur les champs de bataille de la France du Nord et de l'Est. Poincaré était souvent invité aux inaugurations car il s'était imposé comme un spécialiste du discours patriotique. Cette omniprésence ainsi que le ton adopté et les mots utilisés étaient critiqués à gauche et même dénoncés par les groupes pacifistes.

Dans un roman écrit d'une plume alerte et incisive, *Bella. Histoire des Fontanges*, l'écrivain et diplomate Jean Giraudoux[35], un ami de Philippe Berthelot, que Briand venait de réintégrer au Quai d'Orsay, mettait en scène deux familles, les Rebendart et les Dubardeau; les allusions étaient transparentes; les Rebendart étaient les Poincaré, et les Dubardeau les Berthelot. Rebendart était aisément reconnaissable : c'était un fabricant infatigable de discours interminables; il était précis, méthodique et tenace. Il poursuivait ses adversaires avec une minutie juridique rageuse et redoutable. Il avait une grande spécialité, celle d'inaugurer les monuments aux morts :

> « *Je lisais dans les journaux que Rebendart était le symbole des Français. Tous les dimanches au-dessus de ces soldats de fonte, plus malléables que lui-même, inaugurant son monument hebdomadaire aux morts, feignant de croire que les tués s'étaient simplement tenus à l'écart pour délibérer sur les sommes dues par l'Allemagne, il exerçait son chantage sur ce jury silencieux dont il invoquait le silence.* »

Le livre de Giraudoux eut un succès d'estime; Berthelot se délecta à la lecture du récit parodique du procès que Poincaré lui avait fait subir cinq ans plus tôt; le texte fit les délices des milieux politiques et littéraires. Poincaré lui-même, beau joueur, félicita l'auteur pour un roman dont la plume était plus agile que la sienne. Cette satire eut-elle une influence quelconque ? On peut en douter car, dans la France profonde où personne ne connaissait les Rebendart, la popularité de Poincaré demeura intacte. Toutefois, jusqu'à nos jours, les adversaires de Poincaré n'ont jamais manqué de faire allusion ou d'emprunter une citation amusante et juste au roman à clés de Jean Giraudoux.

Un censeur vigilant de la politique étrangère de Briand

Après la démission d'Édouard Herriot, le nouveau président du Conseil, Paul Painlevé, avait confié les Affaires étrangères à Aristide Briand qui, après trois ans de purgatoire, réussissait un brillant retour sur le devant de la scène. Aristide Briand poursuivit la politique de détente inaugurée par Herriot, politique qui conduisit à la signature du pacte de Locarno. Comme il l'avait déjà fait en 1921 dans ses chroniques de la *Revue des Deux Mondes*, Poincaré se mit à marquer Briand, sans jamais citer son nom, sans jamais l'attaquer de front. Briand pouvait redevenir un futur partenaire ! Dans chacune de ses allocutions dominicales, Poincaré commentait la situation, donnait des avertissements et se présentait comme le défenseur du traité et le gardien intraitable des intérêts de la France. De tous ces textes se dégageaient trois orientations générales :
– Le traité de Versailles devait être appliqué. « C'est un contrat ferme et irrévocable entre toutes les puissances signataires [...]. Nous entendons que nos dommages soient réparés par l'Allemagne vaincue et que notre sécurité ne puisse plus être troublée. Rien ne nous fera fléchir dans cette double revendication[36]. »
– L'Allemagne demeurait un danger. Or les dirigeants allemands, avec Stresemann à leur tête, avaient lancé « une offensive pacifiste ». Pour être crédible, il faudrait que l'Allemagne se mît en règle avec les « clauses de désarmement ». Or toutes les informations dont Poincaré disposait indiquaient le contraire !
– La France avait besoin de sécurité. Elle ne devait pas abandonner ou diminuer ses propres moyens de protection contre « des apparences de garantie ou des mirages de sécurité ».

À Aristide Briand qui, dans le cadre de la Société des nations, avait engagé des négociations avec Stresemann, Poincaré lançait chaque semaine des avertissements : « Je demande simplement que nous ne cédions pas une parcelle de nos droits et que nous n'ayons pas la candeur de fonder notre sécurité sur de nouveaux chiffons de papier » (27 août). Il se situait sur la ligne de la stricte application du traité et refusait toute concession à l'égard d'un pays vaincu qui était toujours l'ennemi de la France. La France et les Français ne devaient pas être frustrés de leur victoire.

En dépit de ces avertissements, Briand signait le 16 octobre 1925 à Locarno le « pacte rhénan », bientôt appelé traité de Locarno, par lequel l'Allemagne reconnaissait librement ses frontières de l'ouest et acceptait implicement le retour de l'Alsace-Lorraine. Le pacte rhénan, auquel la Grande-Bretagne et l'Italie avaient apporté leur signature, fut considéré comme un grand succès et comme le début d'une ère nouvelle. « C'était le départ de la réconciliation franco-allemande et l'espoir, sous l'égide de la Société des Nations, de l'établissement d'une paix durable en Europe. Aucun document personnel ne permet de dire quelles furent les réactions immédiates de Raymond Poincaré. Il attendit un mois (19 novembre 1925) pour prendre publiquement position dans une interview à l'agence United Press[37]. Il ne désapprouvait pas le pacte rhénan ; il se contentait de mettre en parallèle, d'un ton mesuré, tous les manquements de l'Allemagne concernant le désarmement et les réparations avec les multiples concessions de la France, puis il relevait que le gouvernement de la République avait « voulu donner au monde une nouvelle preuve des sentiments pacifiques dont il est animé », que les conventions avaient été « signées dans un esprit de paix et détente ». En raison des interprétations « qui en sont données par les Allemands », elles risquaient « d'être frappées de précarité et de stérilité ». Ce texte ne condamnait pas la politique mise en œuvre par Briand ; il en soulignait les ambiguïtés et les risques, et il déplorait qu'on se dirigeât vers une solution sans « vainqueur ni vaincu ». À ses yeux, il y avait un vaincu, l'Allemagne et un vainqueur, la France. En présentant les choses de cette façon, la réconciliation franco-allemande envisagée par Briand serait sinon impossible, du moins très lointaine. Poincaré restait encore le défenseur de la politique d'exécution.

L'ambassade d'Allemagne à Paris suivait Poincaré pas à pas et analysait ses interventions et prises de position ; Leopold von Hoesch signalait sa position critique à l'égard de Locarno, « qui n'assurait pas encore la sécurité de la France » ; il relevait un article en ce sens intitulé « Après Locarno », paru dans une revue belge. Il faisait de longues citations d'un discours justificatif prononcé devant la Fédération des anciens de la Rhénanie et de la Ruhr (17 janvier 1926). Poincaré restait un adversaire. Dans l'intérêt de l'Allemagne, il était préférable qu'il ne revînt jamais au pouvoir.

À L'ÉCOUTE DES TURBULENCES PARLEMENTAIRES

Au cours de l'année 1925 et au début de l'année 1926, la vie parlementaire fut très agitée. La majorité cartelliste de la Chambre n'était pas encore désagrégée, mais le processus était en cours. Poincaré, qui restait prudemment à l'écart de tout ce bouillonnement, attendait une séparation prochaine des radicaux et des socialistes, et, dans cette hypothèse, il pourrait réaliser la concentration républicaine qu'il appelait de ses vœux.

Après la démission d'Herriot, le président de la République, Gaston Doumergue, confia sa succession au républicain socialiste Paul Painlevé. L'ancien président du Conseil décida d'appeler Aristide Briand au Quai d'Orsay et Joseph Caillaux à la Rue de Rivoli. Si le retour du premier était acceptable pour Poincaré, la réhabilitation politique du second ne pouvait que lui déplaire. Non seulement Caillaux conservait à son égard une haine intacte, mais encore il chercherait à parader et à occuper le devant de la scène.

Au fur et à mesure que la majorité cartelliste se dégradait, les partisans de Poincaré se remettaient à espérer. Son ancien ministre Le Trocquer lui faisait sa cour[38] : « Le temps travaille pour vous. Des républicains avancés disent : "Quand reverrons-nous le temps où M. Poincaré était au pouvoir ?" » (14 août 1925). Un peu plus tard, revenant sur l'affaire de la Ruhr, il résumait ce qu'avait été la politique de Poincaré : « La Ruhr n'a jamais été une fin mais un moyen ; c'est elle qui a permis d'aboutir au plan Dawes que vous avez approuvé dès avril 1924 » (27 décembre 1925). Pour sa part, Poincaré prenait ou maintenait les contacts. Dans ses souvenirs sur Tardieu, Michel Missoffe[39] raconte comment il fut convoqué au Palais de justice par Poincaré qui, entre le Palais et le Sénat, lui demanda de sonder confidentiellement « [son] ami Tardieu » pour savoir quelle attitude il adopterait dans l'hypothèse d'un éventuel retour aux affaires. Sans connaître la réponse de Tardieu, nous pouvons la deviner puisque Tardieu entra dans le ministère d'Union nationale. Les conversations confidentielles ont dû se multiplier au fur et à mesure que le Cartel des gauches se désagrégeait. La plupart d'entre elles n'ont laissé aucune trace. Le journaliste Georges Ponsot, qui l'observait, notait dans *L'Ère nouvelle* : « Prudemment, M. Poincaré s'écarte de la bande. M. Poincaré est trop intelligent des hommes et des événements. Il sait que l'attente n'est pas le plus grand des maux mais la forme de l'habileté[40]. »

En décembre 1925, à la suite d'un débat au Sénat sur une convention avec la Banque de France adoptée par 190 voix contre 55, Poincaré vota contre. Dans le tourbillon des ministères et des ministres des Finances, la chute du cabinet Briand-Péret marqua une date ; après un tour de piste d'Édouard Herriot, Briand refit surface et offrit le ministère des Finances à Raymond Poincaré. Georges Robineau, le gouverneur de la Banque de France, vieil ami de Poincaré, servit d'intermédiaire. Poincaré demanda le vote de 7 à 8 millions de francs d'impôts nouveaux.

Briand refusa et, devant la défection de Poincaré, se retourna alors vers Joseph Caillaux, auquel il proposa le portefeuille. Celui-ci accepta d'emblée. Sa première décision fut de révoquer le gouverneur Georges Robineau et de le remplacer par Émile Moreau, gouverneur de la Banque d'Algérie. Dans l'attente de nouveaux rebondissements, Raymond Poincaré préféra garder le silence. Le 17 juillet 1926, le cabinet Briand-Caillaux était à terre et Édouard Herriot, qui avait été le grand exécuteur de Caillaux, était chargé par Doumergue de former le nouveau cabinet. À cette combinaison, on n'accordait que peu de chances de succès ; c'était la dernière hypothèque à lever. En ces jours décisifs, Poincaré se cachait et était impossible à joindre sauf par l'intermédiaire de Marcel Ribière, son chef de cabinet, et quelques rares familiers. Difficilement constitué, le cabinet Herriot était renversé par la Chambre le jour même de sa présentation. La voie était libre pour un retour de Raymond Poincaré, orchestré en fanfare par la grande presse parisienne et attendu par la bourgeoisie de province.

Si l'on réfléchit au comportement de Poincaré durant ces deux années, on peut faire deux remarques : il était toujours présent dans le débat politique, quoique rarement en première ligne ; il ne faisait pas figure de chef de l'opposition ; il avait beaucoup d'amis ; il avait des partisans ; mais il ne songea pas un instant à se placer à la tête d'une coalition politique qui serait une alternative au Cartel des gauches. Il ne s'était pas lancé dans une tournée dans tout le pays en prononçant de grands discours-programmes comme il l'aurait fait vingt ou trente ans plus tôt. Ce qu'il attendait, ce qu'il préparait, ce qu'il souhaitait, ce n'était pas un retour devant le suffrage universel, ce n'était pas une victoire électorale de l'opposition : il voulait être l'artisan de la recomposition parlementaire de la majorité républicaine. Certes, les Français ne seraient pas exclus de cette opération ; on leur serait reconnaissant de la désirer puis de la soutenir. Édouard Herriot était un adversaire et un futur partenaire ; il convenait de le détacher, lui et son parti, de l'illusion de l'alliance avec les socialistes et ensuite de gouverner au centre. C'était la signification que Poincaré donnait à la concorde républicaine et à l'Union nationale.

CHAPITRE IV

Au chevet de la mère malade

Vingt-cinq mois après sa démission, Raymond Poincaré revenait triomphalement aux affaires et formait un gouvernement d'Union nationale qui compte parmi les plus longs ministères de la Troisième République. Le retour de Poincaré était étroitement lié aux turbulences qui, depuis des semaines, agitaient le marché des changes. Il était appelé pour sauver le franc, ce que les contemporains ont traduit par une formule passée en proverbe : « Poincaré, le sauveur du franc ». La postérité n'a pas manqué d'ironiser, car les vicissitudes ultérieures du franc ont prouvé la fragilité et la précarité des résultats obtenus. D'emblée, l'historien doit faire remarquer que si le sort du franc a été la préoccupation première de Poincaré, elle fut loin d'être la seule. Poincaré a été un vrai président du Conseil, qui s'est intéressé à d'autres départements ministériels que le sien ; il a essayé d'imposer sa marque ; le plus souvent il a dû passer des compromis, notamment en politique étrangère, où ses relations tout en nuances avec Briand méritent une attention particulière.

LE RETOUR TRIOMPHAL

Dans la nuit du 21 au 22 juillet, le président de la République, Gaston Doumergue, faisait appeler à l'Élysée le sénateur de la Meuse Raymond Poincaré pour lui proposer de former un nouveau gouvernement. Poincaré accepta immédiatement. Il constituerait un gouvernement d'Union nationale pour sauver le franc. L'atmosphère était électrique : la valse des ministères et des ministres des Finances donnait l'impression que le pays n'était plus gouverné et allait à la dérive. Tandis que se succédaient des gouvernements faibles et sans autorité, un brutal accès de fièvre habilement provoqué sur le marché des changes donna l'impression que le franc était aux abois ; les cours de la livre et du dollar s'envolaient et atteignaient des niveaux sans précédent ; à défaut de mesures énergiques, la nation était au bord du gouffre. Il fallait un sauveur, un recours pour créer dans l'opinion un choc psychologique et ramener la confiance. Le sénateur de la Meuse mit une condition : il fallait réaliser autour de lui l'Union nationale et la trêve des partis.

L'appel à Poincaré n'était ni le fait du hasard ni un choix solitaire du président de la République. Depuis quelques semaines, le « grand homme » se tenait prêt à toute éventualité et prenait les contacts nécessaires. Lesquels ? On ignorera la plupart d'entre eux, car on ne dispose plus de ses notes journalières. Le lendemain de la chute du cabinet Herriot, son nom faisait les manchettes de la grande presse ; dans un contexte de dramatisation, il s'imposait, toutes affaires cessantes.

La formation du ministère d'Union nationale fut une opération complexe qui comporta plusieurs volets en dépit de la rapidité et de l'aisance apparente avec laquelle elle s'effectua. Elle s'accompagna de toute une campagne de presse sur le thème de « Poincaré-la-Confiance » à laquelle « l'illustre homme d'État » était loin d'être étranger, même s'il l'a accompagnée plutôt que fabriquée. L'appui de la grande presse parisienne, des grands quotidiens de province et de larges couches de la population étaient les conditions de la réussite, celles qui obligeraient les appareils de parti à se plier à ses exigences. Pour revenir au pouvoir, il fallait que la formule politique qui avait sa préférence, c'est-à-dire celle de la concentration ou de la conjonction des centres, pût être acceptée, non seulement par l'opinion, ce qui était aisé, mais aussi par le milieu parlementaire, ce qui était de loin plus difficile. La préhistoire de la formule « Union nationale » est obscure. Bien qu'elle ne soit pas récente, la recherche en paternité reste délicate. Georges Leygues l'avait déjà utilisée en septembre 1920 ; puis on la trouve dans la presse de l'époque. Édouard Herriot a aussi prononcé la formule. Poincaré l'a reprise à son propre compte en ayant l'habileté de la rapprocher de celle d'Union sacrée, qu'il avait lui-même lancée en 1914. Il prit soin, sans les confondre, de dériver sur la plus récente la force émotive qu'avait conservée la première. L'Union sacrée avait signifié le rassemblement immédiat et instinctif de la nation tout entière pour faire face à l'invasion. L'Union nationale, c'était une trêve des partis, c'était une trêve temporaire entre la gauche et la droite pour résoudre un problème urgent, celui du franc. Son synonyme plus technique et moins symbolique était celui de concentration. On aurait pu dire aussi un gouvernement centriste (l'expression n'était pas encore inventée) ou bien « un gouvernement du milieu » comme en Allemagne (cette formule ne s'acclimata jamais en France). Les journalistes allemands traduisirent « Union nationale » par l'expression allemande *Burgfrieden*, la formule qui, en août 1914, avait été synonyme d'Union sacrée.

Un cabinet équilibré

Le 23 juillet 1926, le nouveau ministère était présenté et la traditionnelle photographie sur le perron de l'Élysée faisait la « une » de tous les journaux.

Poincaré avait négocié avec quelques dirigeants, mettant les partis devant le fait accompli. Par rapport aux pléthoriques cabinets précédents, il formait un ministère restreint de treize membres seulement, sans aucun secrétaire d'État. Poincaré avait réuni autour de lui cinq anciens présidents du Conseil : Aristide Briand, Louis Barthou, Georges Leygues, Édouard Herriot et Paul Painlevé. Ce n'était pas un ministère de rupture puisque trois anciens présidents des gouvernements dits de Cartel – Édouard Herriot, Aristide Briand et Paul Painlevé – entouraient Poincaré et que trois anciens ministres du gouvernement Herriot – Aristide Briand, Henri Queuille et Paul Painlevé – conservaient leur portefeuille. Le maintien au Quai d'Orsay d'Aristide Briand, l'homme de Locarno et de la Société des Nations, était le fait marquant ; Poincaré l'avait consulté le premier et avait obtenu son concours. En confirmant Briand au Quai d'Orsay et en s'installant rue de Rivoli, Poincaré signifiait que son second ministère ne ressemblerait pas au premier et il indiquait à l'Europe qu'il acceptait la poursuite de la politique de Locarno et de l'apaisement avec l'Allemagne. Dans ce domaine essentiel où la sensibilité française était à vif, Raymond Poincaré, l'homme auquel l'expédition de la Ruhr collait à la peau, ne méditait ni une nouvelle opération militaire ni une revanche quelconque. La page de la Ruhr était définitivement tournée. Dans son ensemble, la presse allemande, un peu surprise, parlait d'un « nouveau Poincaré » et s'abstint, dans l'immédiat du moins, des appréciations désagréables ou injurieuses dont elle était coutumière à son égard. Toutefois, ceux qui s'intéressaient aux affaires d'Alsace-Lorraine ne furent pas sans remarquer que ce département avait été rattaché à la présidence du Conseil et passait sous l'autorité directe de Poincaré.

La structure du cabinet est intéressante à examiner : les ex-cartellistes – radicaux-socialistes et républicains socialistes – obtenaient six portefeuilles, soit autant que leurs adversaires. Au-dessus de la mêlée, Raymond Poincaré établissait le lien naturel et unique entre les deux composantes du ministère.

Les radicaux-socialistes, le groupe de gauche le plus nombreux au Parlement, étaient les mieux représentés dans le cabinet, avec quatre ministres : Édouard Herriot (Instruction publique), Henri Queuille (Agriculture), Léon Perrier (Colonies) et Albert Sarraut (Intérieur). Leur chef, Édouard Herriot, dont le cabinet venait d'être renversé deux jours plus tôt, acceptait de se placer sous l'autorité de Poincaré.

Il entrait dans ce ministère sans avoir consulté ni le comité exécutif du parti ni le groupe parlementaire; il acceptait un poste symbolique, celui de l'Instruction publique. Avec lui on savait que la laïcité serait bien défendue. Il était heureux de s'installer rue de Grenelle, mais son autorité et son influence dépassaient de très loin le département dont il avait reçu la charge. Il avait été président du Conseil; il pouvait le redevenir; nul ne l'ignorait.

L'un des pivots de la combinaison était Albert Sarraut, dont l'amitié avec Poincaré était ancienne et qui était resté solidaire de lui en 1924. À peine venait-il d'être réintégré dans le parti qu'il acceptait le ministère de l'Intérieur; il apportait au ministère l'appui des radicaux du Sud-Ouest et celui de *La Dépêche de Toulouse*, le principal quotidien régional de cette grande région, qui s'empressa de célébrer les vertus de « la large union républicaine ». Les deux autres ministres radicaux étaient moins en vue : le député de la Corrèze, Henri Queuille[1], qui conservait l'Agriculture, avait un profil de gestionnaire et un souci de conciliation dont il donna par la suite de nombreuses preuves. Quant à Léon Perrier[2], sénateur de l'Isère, qui s'installait aux Colonies, il se situait à l'aile gauche du parti mais, comme Queuille, il avait aussi le souci de la gestion des affaires publiques.

Les Affaires étrangères et la Guerre étaient confiées à deux républicains socialistes, Aristide Briand et Paul Painlevé, deux hommes expérimentés qui avaient été présidents du Conseil et qui, sous l'autorité de Poincaré, avaient dirigé des cabinets de guerre. Ils avaient eu des divergences avec Poincaré mais ils s'estimaient et pouvaient collaborer ensemble. Aristide Briand était, avec Édouard Herriot, l'autre homme clé du cabinet. Sa popularité était grande, mais pas dans les mêmes secteurs de l'opinion que Poincaré, son audience internationale reconnue : il fallait poursuivre la politique de Locarno, mener à bien l'entrée de l'Allemagne dans la Société des Nations et obtenir de celle-ci des garanties pour la sécurité de la France. Pour sa part, Paul Painlevé avait une longue expérience des affaires militaires et des relations avec les officiers généraux. En 1917, il avait nommé le général Pétain commandant en chef; en 1925, il avait envoyé le maréchal Pétain au Maroc pour finir la guerre du Rif; il le retrouvait maintenant comme vice-président du Conseil supérieur de la guerre, où il était l'inspirateur de la politique française de défense. La France allait devoir se retirer de la ligne du Rhin, au plus tard dans neuf ans. D'ores et déjà, il fallait préparer la défense du pays.

La composante non cartelliste du cabinet était arithmétiquement équivalente; son poids politique était plus faible. L'Alliance républicaine et démocratique était représentée par trois ministres qui étaient aussi de vieux amis du président, des hommes de sa génération. Le plus en vue était le sénateur des Basses-Pyrénées, Louis Barthou, qui avait participé au cabinet de 1922-1924. Il était d'une fidélité absolue.

C'était un homme de talent et de manœuvre qui dominait l'ensemble des questions politiques et qui pouvait suppléer le président. Poincaré en fit un garde des Sceaux et un vice-président du Conseil. Georges Leygues, qui retrouvait la Marine, et André Fallières[3], de la Gauche radicale, auquel était confié le Travail, géreraient habilement leur département, avec toutefois une autorité politique et une influence limitées. Du côté du centre droit, le fait marquant fut l'entrée d'André Tardieu[4] qui avait été un critique vigilant et incisif du premier ministère Poincaré. C'était un homme jeune encore (cinquante ans); il avait du talent et de l'avenir. Il venait de rentrer à la Chambre à la suite d'une élection partielle à Belfort (14 février 1926). Poincaré lui offrit un portefeuille technique, celui des Travaux publics, de la Marine marchande et des Régions libérées. En acceptant, il savait qu'il serait rejeté par son ancien patron, Georges Clemenceau, qui lui reprocherait sa trahison. Il franchit sans hésitation le Rubicon. Un autre modéré, inscrit au groupe des Républicains de gauche, Maurice Bokanowski[5], reçut le ministère du Commerce, de l'Industrie et de l'Aéronautique; c'était un avocat, proche des milieux d'affaires; la gauche ne lui était pas hostile et sa compétence en matière financière était appréciée du président du Conseil.

La droite pure était réduite à la portion congrue avec un seul portefeuille attribué à Louis Marin, le président de la Fédération républicaine et président du groupe de l'Union républicaine démocratique; il obtenait la Santé publique et les Pensions. Poincaré ne l'aimait guère et le « Sanglier de Lorraine » le lui rendait bien. C'était un maigre lot de consolation, car Marin n'était guère en mesure de peser sur la politique du ministère; il aurait l'avantage d'être informé et de servir de contrepoids à Briand. Aucun catholique n'avait été sollicité; la coloration laïque était donc intégralement préservée. On pouvait s'étonner de l'absence d'André Maginot[6]. L'ancien ministre de la Guerre et des Pensions avait été l'un des adversaires les plus virulents du Cartel des gauches et avait succédé à Alexandre Millerand à la tête de la Ligue républicaine nationale. À l'heure de la « concorde nationale », la présence du « voltigeur » Maginot était inopportune. D'autre part, Maginot, qui avait été malade, était très affecté par la mort de son fils unique Jean. C'est pourquoi Poincaré laissa en dehors de la combinaison le député de Bar-le-Duc, qui était aussi le patron politique de la Meuse.

On doit aussi remarquer qu'aucun des anciens secrétaires de Poincaré n'entrait dans le nouveau cabinet. Depuis les événements de 1924, les rapports avec Colrat et Reibel[7] s'étaient détériorés; Reibel s'était éloigné de son ancien patron; Colrat, qui continuait à le rencontrer, avait négocié avec Herriot et accepté un portefeuille dans un ministère éphémère. Quant à Léon Bérard, ses positions en matière de programme scolaire auraient irrité les radicaux. En fait, Poincaré était un homme presque seul; il n'avait plus d'équipe autour de lui; il n'avait plus personne à placer ou à préparer au pouvoir. C'est pourquoi son cabinet ressemblait à un syndicat des anciens, et le souci d'économiser les deniers de l'État expliquait l'absence de secrétaires d'État, postes réputés inutiles et budgétivores.

Beaucoup d'historiens ont mis l'accent sur la rupture. L'Union nationale signifiait la fin du Cartel des gauches et le retour de la droite au pouvoir. En réalité, l'Union nationale n'était pas le renversement d'une majorité et son remplacement par une autre, mais une inflexion qui associait le centre droit aux responsabilités. Ce n'était pas une rupture. La droite n'avait pas succédé à la gauche. Si le mot de rupture a parfois été employé, si certains ont pu avoir cette perception, c'était parce que le retour de Poincaré avait modifié le climat psychologique. Au niveau du personnel politique, la continuité était très forte et la culture politique d'un Poincaré et d'un Barthou était sensiblement la même que celle d'un Briand ou d'un Herriot.

Après cette analyse politique, terminons par une note humoristique qu'une lecture buissonnière nous a fait découvrir chez Georges Clemenceau. Le 26 juillet 1926, le Tigre, détaché de la politique mais toujours attentif, écrivait ces lignes à son ami Claude Monet malade et proche de la mort : « Que devient monsieur Claude Monet ? C'est très bien d'être malade. Encore faut-il, de temps en temps, en dire ce qu'il en est à ses amis. Monsieur Claude Monet a-t-il chaud ? A-t-il froid ? Est-il de bonne ou de méchante humeur ? Croit-il, comme notre Poincaré, qu'en réunissant une douzaine de Bouguereau on fait un Vélasquez ou un Rembrandt ? Toutes ces questions se posent dans la candeur de mon âme et j'attends que Monet (Claude) les éclaircisse... » Une douzaine de Bouguereau[8], une nouvelle lecture de l'Union nationale ? De son côté, Alfred Fabre-Luce[9] soupirait : « Je suis un peu triste d'être sauvé par Poincaré. Peut-être n'est-ce pas pour longtemps ? La sottise humaine est forte; on lui accorde ce que Caillaux ne pouvait obtenir. Les Français sont inintelligents... »

Le retour de Poincaré aux affaires n'avait pas surpris les gouvernements européens; il s'opérait dans un contexte totalement différent de celui de 1922. Poincaré était alors revenu dans un climat de crispation nationaliste pour appliquer le traité de Versailles. Il était appelé cette fois pour sauver le franc et rétablir la confiance. L'appui des milieux d'affaires et de la bourgeoisie française n'était pas suffisant; il avait besoin de la bienveillance des milieux financiers internationaux et, en premier lieu, de la City et de Wall Street. On allait le juger moins sur les mesures financières et fiscales techniques que sur sa capacité à maintenir la politique de détente internationale dont le pacte de Locarno avait été le signe. Le maintien de Briand au Quai d'Orsay rassurait les alliés de la France et l'Allemagne. Les correspondants des grands journaux allemands à Paris présentaient Poincaré encadré par Édouard Herriot et Aristide Briand, tandis que Tardieu et Marin étaient relégués dans des postes techniques. Certes, Poincaré était le président du Conseil ; il n'avait rien oublié, et récemment encore il avait justifié sa politique d'avant guerre et d'après guerre. Aucun de ses interlocuteurs n'ignorait ni son passé, ni ses idées, ni son tempérament. Il aurait son mot à dire et il le dirait, mais la politique d'exécution appartenait au passé, tandis que l'avenir était à la coopération internationale dans le cadre de la Société des Nations. Du moins pouvait-on le croire.

Une large assise parlementaire

Poincaré se présenta devant la Chambre des députés le 27 juillet 1926 pour lire une déclaration ministérielle brève, vigoureuse et apaisante. On en possède encore le texte manuscrit, cinq feuillets sur un papier à en-tête du Sénat. Il arrivait dans un climat de « réconciliation nationale », de « salut public » ; il annonçait la création d'une Caisse nationale d'amortissement qui permettrait de résorber la dette flottante. Grâce à des économies importantes et à « un supplément de recettes indispensable », la crise du franc serait enfin conjurée. Poincaré, qui annonçait qu'il travaillerait « en collaboration avec la Chambre », ne disait rien de la politique extérieure ; et au-delà des décisions techniques, ses remèdes étaient politiques – la trêve des partis – et moraux – la confiance et la probité. Le maître mot était confiance.

Poincaré obtint un large vote de confiance avec une impressionnante majorité. Cette majorité était beaucoup plus étendue vers la droite que la composition politique de son cabinet. Les groupes de la droite et du centre votèrent pour Poincaré, car son principal mérite était de les avoir débarrassés de ce qu'ils appelaient la « tyrannie du Cartel ». Ils murmuraient parfois mais suivaient. Chez les radicaux-socialistes la majorité des députés suivit leur chef. On doit toutefois relever une ombre au tableau : quarante-neuf députés radicaux, soit environ le tiers du groupe, s'étaient abstenus, et parmi eux Édouard Daladier, l'un des espoirs du parti. La base avait été surprise par la volte-face de ses dirigeants ; elle restait attachée au Cartel. Assez isolé, Caillaux remâchait son amertume et guettait le moment favorable pour prendre sa revanche. Environ un tiers du groupe était hostile et dans l'attente de jours meilleurs oscilla entre l'abstention et l'opposition. À cette époque et jusqu'à nos jours, toute une tradition de gauche a expliqué que l'Union nationale avait été une manœuvre utilisée pour casser une majorité de gauche au profit de la droite. Il se serait agi d'un véritable détournement du suffrage universel, dont certains radicaux se seraient rendus coupables. En réalité, les élus radicaux n'avaient pas conscience de trahir la gauche, mais simplement d'accompagner l'évolution de leur électorat qui, très largement, approuvait Poincaré. La droite était d'ailleurs plus invitée à soutenir qu'à participer.

Dans l'immédiat, l'opposition à Poincaré se réduisait aux socialistes et aux communistes. Les premiers se calèrent dans une opposition confortable sans agression inutile. Poincaré était aimable et courtois avec les dirigeants, Léon Blum, Vincent Auriol et Joseph Paul-Boncourt, plus incisif avec les seconds rôles comme Pierre Renaudel. Seuls les communistes s'agitèrent et insultèrent rageusement le ministère capitaliste et colonialiste; leurs imprécations véhémentes ne dépassèrent guère les milieux réduits qu'ils influençaient alors.

Si le nouveau ministère disposait d'une majorité imposante à la Chambre, le Sénat lui était massivement acquis. Il était soutenu non seulement par les groupes modérés, mais aussi par celui de la Gauche démocratique, où étaient inscrits les radicaux-socialistes. Le soutien politique et moral de la Haute Assemblée, qui avait fait défaut à ses prédécesseurs cartellistes, était un atout maître de Raymond Poincaré. Certes le président de la Haute Assemblée, Paul Doumer, n'était pas précisément un ami de Poincaré, mais il était loyal à l'égard du gouvernement. Le premier vice-président, Albert Lebrun, était un ami sûr. La présidence de la commission des Finances était occupée par son ancien ministre de l'Agriculture, Henry Chéron. Il n'avait à redouter ni manœuvre de couloir ni question traîtresse. Poincaré se considérait comme chez lui au Sénat, mais il participait rarement aux débats; les déclarations du gouvernement étaient lues par le garde des Sceaux, Louis Barthou; c'était lui aussi qui répondait. Grâce à cet appui, il put faire triompher une nouvelle fois le vieil idéal de concentration qu'il énonçait déjà dans un article de la *Revue de Paris* de 1898 et dont il continuait de vanter régulièrement les mérites devant le conseil général de la Meuse.

La majorité parlementaire qui soutenait Poincaré avait aussi des assises dans le pays. Par un habituel mouvement de balancier, le centre et la droite avaient, depuis les élections de 1924, regagné de l'influence parmi les électeurs. La formation du ministère Poincaré correspondait à une attente du pays.

Le succès de Poincaré ne serait-il pas éphémère? Sa majorité composite et divisée n'était-elle pas fragile? Ne tarderait-elle pas à se dissocier? À cet égard les observateurs français et étrangers n'ont pas manqué de s'interroger sur la durée du ministère Poincaré. La crise du franc conjurée, le sauveur ne serait-il pas renvoyé à ses chères études? Les menaces pouvaient venir de la gauche comme de la droite. Les radicaux-socialistes étaient les plus inquiétants. Ils étaient entrés dans la combinaison à contre-cœur. Ne seraient-ils pas tentés de reconstituer une majorité de Cartel avec les socialistes, sur certains points d'abord pour montrer au président du Conseil qu'il ne contrôlait pas vraiment sa majorité ? Poincaré n'était pas à l'abri des turbulences parlementaires ; il surveillait de près les couloirs du Palais-Bourbon et les agitations du microcosme ; il était prêt à quelques replis tactiques. Par exemple, au renouvellement du bureau de janvier 1927, la présidence de la Chambre échappa à Raoul Péret. Un député socialiste de Marseille, fort modéré d'ailleurs, Fernand Bouisson[10], fut porté au perchoir (11 janvier 1927). La Chambre élue en 1924 restait la Chambre du Cartel. Poincaré s'était parfaitement adapté à cette donnée.

Collaborateurs, entourage et méthodes de travail

En s'installant rue de Rivoli, Poincaré montrait aux Français que les questions budgétaires, financières et monétaires retiendraient en priorité son attention. Mais il serait aussi un vrai président du Conseil qui s'intéresserait à tous les domaines, à la politique générale et aux affaires d'Alsace-Lorraine, dont les services furent rattachés à la présidence du Conseil et auxquelles il avait toujours depuis 1919 porté une attention particulière. Au Quai d'Orsay, où Briand assisté de Berthelot semblait indéracinable, Poincaré n'était plus chez lui mais on savait qu'il se tiendrait au courant des affaires.

L'entourage immédiat du président était limité à quelques collaborateurs personnels[11]. Il confia la direction de son cabinet à Henri Grignon. Ce conseiller à la cour d'appel de Paris et gendre de Jules Develle avait déjà travaillé avec lui en 1922-1924 ; son bureau était à gauche de celui de Poincaré ; il avait le « fil direct ». Son adjoint, Marcel Ribière[12], s'occupait de l'extérieur et plus spécialement des affaires parlementaires. En juillet 1926, il aurait passé des heures de taxi à nouer des contacts pour Poincaré. À droite du bureau du ministre s'était installé Jean du Buît, un haut fonctionnaire que Poincaré avait connu enfant chez son ancien patron. Il fut chargé de suivre les affaires financières et monétaires avec la collaboration de deux jeunes inspecteurs des Finances, Jean Laurent et Éric Haguenin. Ces quelques hommes étaient d'une fidélité absolue. Le chef adjoint du cabinet, Joseph Susini, venait de la préfectorale, où il s'était occupé pendant dix ans des affaires d'Alsace-Lorraine ; c'était un ami du futur professeur à la Sorbonne Charles-Henri Pouthas ; il quitta le cabinet pour un poste sensible et exposé, celui de préfet du Haut-Rhin, où il fallait surveiller les autonomistes alsaciens. À ce noyau de proches Poincaré adjoignit à titre d'attachés au cabinet quelques brillants jeunes gens qu'on lui avait recommandés : un inspecteur des Finances promu plus tard à la célébrité, Jacques Rueff, arriva en octobre 1926 ; Pierre Cot, un jeune avocat qui avait été lauréat de la conférence du stage et qui devint plus tard député radical-socialiste, puis ministre.

Parmi ses collaborateurs immédiats, il faut citer les hauts fonctionnaires de la Rue de Rivoli et en premier lieu Clément Morey, le directeur du Mouvement des fonds et Barnaud son adjoint, ainsi que le directeur du Budget, Pierre Fournier. Dans ses *Souvenirs d'un gouverneur de la Banque de France*, Émile Moreau [13] rapporte que, lorsqu'il avait des entretiens avec le président, celui-ci avait toujours Clément Morey à ses côtés, qu'il le consultait souvent et que ce dernier semblait avoir sur lui une certaine influence. Poincaré n'était ni un chef facile ni un interlocuteur commode. Les souvenirs d'Émile Moreau montrent combien les premiers contacts avaient été difficiles ; il sentit une attitude « visiblement hostile ». Poincaré se mit même plusieurs fois en colère. Certes, Moreau, que Caillaux venait de nommer, avait remplacé un vieil ami du président, Georges Robineau [14] (l'un des premiers gestes de Poincaré fut de « réparer une mauvaise action commise par Caillaux » en lui conférant la grand-croix de la Légion d'honneur). Puis, par la suite, leurs relations s'améliorèrent et une collaboration s'établit, non sans brusques phases de tension car, à côté des désaccords techniques, Moreau reprochait à Poincaré son attentisme, son refus de prendre des décisions, son manque de caractère. Il était parfois choqué par son autoritarisme (« Poincaré me convoque ») ou embarrassé par son manque de franchise. Poincaré ne disait que ce qu'il voulait bien dire ; il fallait deviner ce qu'il pensait, qui l'avait conseillé ; sa sensibilité extrême aux humeurs parlementaires était irritante, car il attendait, différait les décisions, agissait au jour le jour. Parmi les hommes d'influence, il faut citer les noms d'Émile Mireaux [15], directeur du *Bulletin quotidien*, très lié aux groupes patronaux, et dont Moreau dit qu'il était « un conseiller écouté de Poincaré », et de Robert Lacour-Gayet, attaché financier à Washington, dont les avis étaient sollicités.

Poincaré avait des habitudes très régulières ; il arrivait ponctuellement au ministère chaque matin un peu après huit heures, après avoir travaillé chez lui. Il voyait d'abord Grignon ; puis Morey, le directeur du Mouvement des fonds, l'informait des nouvelles financières et notamment des nouvelles en provenance de Berlin, qui « parlait alors une heure avant Paris ». Il consultait les demandes d'audience puis travaillait à la correspondance avec son secrétariat particulier. Vers 9 h 30 commençaient les audiences, qui duraient jusqu'au midi. Poincaré rentrait chez lui en voiture, où sa femme l'attendait ; le déjeuner était rapidement expédié ; puis il travaillait dans son bureau-bibliothèque, entouré de ses chats ; vers 15 heures, il revenait au ministère, voyait Grignon et du Buît puis recevait Morey ; il donnait ensuite quelques audiences et quittait le ministère vers 19 heures. Cette vie régulière et monotone était rythmée par le Conseil hebdomadaire des ministres à l'Élysée et par les Conseils de cabinet qui se tenaient rue de Rivoli. Les déplacements en province se faisaient par le train et presque toujours en fin de semaine. Poincaré ne prit pas de vacances l'été de 1926. Pour son âge, il avait une santé robuste et était très rarement malade. On signale une absence de deux à trois jours pour une grippe en janvier 1929. Dès le 20 janvier, la presse annonçait qu'il avait repris ses occupations au ministère des Finances.

En période de session parlementaire, cette régularité était bousculée par une multitude d'obligations. Poincaré s'était fait une règle de suivre intégralement la discussion du budget, depuis les débats en commission jusqu'aux séances plénières. Il travaillait à partir de notes brèves et précises qui lui étaient remises par Fournier. Sa mémoire demeurait infaillible et, à partir des notes de Fournier, il pouvait argumenter. Il rédigeait lui-même ses discours, dont on possède encore la plupart des manuscrits. Il les lisait à la tribune de sa voix monocorde et nasillarde; au lieu de le désarçonner, les interruptions le stimulaient; il répondait souvent avec courtoisie, parfois avec vivacité et agacement; quelquefois même il s'emporta tout rouge, quand un adversaire ou un impertinent l'avait irrité. Avant de quitter la Chambre ou le Sénat, Poincaré téléphonait rue de Rivoli pour savoir si une affaire urgente l'obligeait à repasser; le plus souvent, il pouvait rentrer directement rue Marbeau.

Une partie de l'emploi du temps de Poincaré était réservée aux contacts politiques, aux relations avec les financiers, les banquiers, les ambassadeurs, les directeurs de journaux et les journalistes. François de Wendel, le baron Édouard de Rothschild autant que Léon Jouhaux, secrétaire général de la CGT, étaient discrètement reçus et écoutés. Il recevait également Émile Mireaux. De son passage au Quai d'Orsay, Poincaré avait conservé des relations avec une partie du personnel diplomatique. Certes, Briand était un patron qui n'aurait pas toléré une intervention directe, mais certaines questions étaient du ressort des deux hommes; ils devaient se concerter et Poincaré se tenait informé; il semble bien que Margerie (Berlin) et Herbette (Bruxelles) aient gardé des relations personnelles avec Poincaré. À plusieurs reprises, Moreau se plaignit des informations erronées sur la Belgique adressées par Herbette à Poincaré. Parmi les ambassadeurs étrangers, celui de Belgique Gaiffier d'Hestroy[16] était fréquemment et amicalement reçu. Poincaré avait des antennes parlementaires qui l'informaient des rumeurs de couloir et de l'état d'esprit des groupes. Au cours de l'année 1927, la mauvaise humeur ne cessa de régner au groupe Marin. Poincaré était informé par Michel Missoffe[17], qui se tenait en étroit contact avec Ribière : « Au groupe Marin je suis le guetteur attentif et fidèle au milieu des sourds, des aveugles et des imbéciles » (30 mars 1927). Il annonçait au président : « Votre chute serait un désastre. »

Une des facettes du travail de Poincaré était d'entretenir ses relations avec la presse écrite; depuis longtemps, il avait su se ménager des entrées et des amitiés parmi les directeurs comme parmi les journalistes influents; chaque année, il assistait au banquet des journalistes républicains; il était bien introduit à l'Agence France-Presse, au *Temps*, à *L'Écho de Paris* (Marcel Hutin), au *Matin* (Marcel Knecht, secrétaire général, et Stéphane Lauzanne, rédacteur en chef), à *Excelsior* (Marcel Pays), au *Petit Parisien*. Un journaliste d'origine nancéienne, Émile Hinzelin, qui travaillait au *Petit Journal*, donnait des papiers « poincaristes » dans la presse de province, où Poincaré disposait d'un réseau de relations qu'il cultivait avec habileté. La revue *L'Illustration*, qui avait à l'époque environ 150 000 abonnés et dont le directeur, René Baschet[18], était un ami personnel du président, était un maillon précieux du réseau d'influence et participait au culte de « l'illustre homme d'État ». Faveur exceptionnelle mais peut-être aussi calculée, Poincaré accepta une invitation à déjeuner un dimanche de 1927. L'habileté consommée avec laquelle il a su utiliser les médias de son époque est une des données qui expliquent son retour et son autorité sur l'opinion.

En revanche, on ne dispose guère d'informations sur ses relations personnelles avec Gaston Doumergue et sur la façon dont se déroulaient les Conseils des ministres. De temps à autre, il réunissait des conseils de cabinet rue de Rivoli.

Poincaré n'avait plus de famille proche; en dehors de sa belle-sœur, la veuve de son frère Lucien, il voyait un peu les nièces de sa femme, maintenant mariées, et ses petits-cousins, les enfants de son cousin germain Henri Poincaré, Jean Poincaré et Léon Daum. Il n'assistait qu'exceptionnellement à une cérémonie mondaine ou à un dîner en ville. Par amitié pour le sénateur Albert Lebrun, il accepta d'être le témoin du mariage civil de sa fille Marie (28 octobre 1927). Une fois par an, Poincaré présidait les banquets des Lorrains de Paris[19] et de l'Association meusienne, dont il était le président; c'était pour lui l'occasion de maintenir des liens avec de vieux amis, d'évoquer des souvenirs et de rappeler ses racines lorraines. Il ne prenait pas de détente, peu de vacances; en 1926, la session parlementaire se prolongea trop tard pour qu'il pût se rendre comme de coutume à Sampigny où il passait la quinzaine de Pâques et le mois d'août. Le 1er septembre 1928[20], il reçut chez lui à Sampigny ses collègues à l'occasion de son soixante-huitième anniversaire. Painlevé, arrivé la veille, coucha au Clos. Tardieu quitta une journée Vittel où il prenait les eaux. Marin arriva de sa Lorraine natale. Les autres ministres gagnèrent Commercy par le train de Paris. Au nom de ses collègues, Louis Barthou offrit à Mme Poincaré un vase de cuivre, œuvre de Jean Duval. La photographie de famille sur la terrasse de Sampigny fit la une des journaux français et étrangers.

La coutume des discours dominicaux était alors une donnée des mœurs politiques et les journaux du lundi en rapportaient fidèlement les phrases essentielles. Sans s'astreindre à une sortie chaque dimanche, Poincaré voyageait souvent en province; il se déplaçait toujours en train; il prononça plusieurs de ses grands discours à Strasbourg, à Metz, à Carcassonne et à Bordeaux. Il aimait à se rendre en Alsace et en Lorraine, où il refusait rarement les invitations. Par exemple, il vint inaugurer la lanterne des morts, le monument érigé sur la colline de Sion-Vaudémont en l'honneur de Maurice Barrès.

Le retour de la confiance

Raymond Poincaré avait été rappelé pour sauver le franc. Il gagna rapidement son pari.

En l'espace de quelques semaines, sa seule présence ramena le calme sur le marché des changes. Le franc remonta rapidement. Dès le 27 juillet, le soir du vote de confiance, la livre était repassée au-dessous de 200 francs; à la fin de septembre, elle était autour de 140 francs; à la fin de l'année, après le vote aisé du budget 1927, elle oscillait autour de 120-125 francs. Les autorités de la Banque de France estimaient que la revalorisation du franc était suffisante et qu'il serait dangereux de le laisser remonter davantage. Les menaces de faillite qui semblaient peser sur les finances publiques s'étaient comme par enchantement dissipées. Ce « miracle » fut attribué à l'équation personnelle de Poincaré et à la confiance qu'il avait su inspirer. « Poincaré-la-Confiance » ne cessait-on de répéter. Les choses ont-elles été aussi simples ? Le retour aux affaires d'un vieil homme politique, si expérimenté et si bien intentionné fût-il, suffisait-il à redresser une situation que l'on avait décrite comme désespérée ? Poincaré a-t-il été ce magicien des finances qui aurait réussi là où tous les autres avaient lamentablement échoué ? À cet égard, il faut être net et dissiper les légendes. Pourquoi Poincaré a-t-il réussi ? Il a réussi parce qu'il avait su réunir dans son jeu quelques atouts dont ses prédécesseurs étaient dépourvus :

– Une large majorité parlementaire qui lui permit de faire adopter rapidement plusieurs mesures techniques : majoration des impôts, économies budgétaires, équilibre de la trésorerie, amortissement de la dette flottante.

– L'appui de l'opinion publique apaisée par les journaux alors que ses prédécesseurs avaient été harcelés par des campagnes de presse qui accréditaient l'idée de leur incapacité ou de leur malhonnêteté.

– L'appui des milieux d'affaires, qui cessèrent de spéculer, ce qui orienta le franc vers des cours plus proches de sa valeur réelle.

La première mesure importante fut la création d'une Caisse autonome de gestion des bons de la défense nationale et d'amortissement de la dette publique; cette caisse serait alimentée par des ressources propres. Le but était de résorber progressivement la dette à court terme dont les échéances pesaient en permanence sur les finances publiques. La caisse d'amortissement n'était pas une idée personnelle de Poincaré; cette création avait été préconisée dans le plan des experts que ses prédécesseurs avaient adopté, mais que la Chambre avait rejeté et que la grande presse avait tourné en dérision. Poincaré sut la faire accepter et lui faire attribuer des ressources fiscales spécifiques pour l'alimenter. La Chambre adoptait le texte le 6 août 1926 à une forte majorité (420 voix pour, 140 contre); le Sénat le suivit bientôt, puis un congrès se tint à Versailles pour voter la modification constitutionnelle nécessaire. La caisse fut mise en place rapidement et commença à résorber la dette flottante. À la présidence du conseil d'administration de cette caisse fut nommé le sénateur de Meurthe-et-Moselle Albert Lebrun, un ami de longue date de Raymond Poincaré.

Une deuxième série de mesures se proposait de revenir à l'équilibre budgétaire par des économies. Il est facile de le dire, mais plus difficile de le réaliser. Une idée simpliste était très répandue dans l'opinion publique : l'État avait un train de vie trop coûteux, les dépenses publiques étaient excessives, les « budgétivores », comme on disait alors, étaient insatiables. Allant dans le sens de cette impression, Poincaré fit adopter et appliquer un plan d'économies administratives, supprimant des sous-préfectures et des tribunaux. Ce fut une erreur car pour des économies minimes, Poincaré accentua la sous-administration du pays.

La troisième série de mesures fut une majoration des impôts. Instruit par l'expérience électorale malheureuse de 1924 (le fameux double décime), Poincaré préféra cette fois ne pas toucher aux impôts directs; il augmenta divers impôts indirects, apportant ainsi au Trésor un supplément de ressources.

À la fin de septembre 1926, Poincaré se rendit dans la Meuse pour ouvrir la session de son conseil général. Devant ses collègues il s'excusa d'avoir laissé en dehors du gouvernement « notre ami Maginot »; mais sans en dire plus il laissa entendre qu'il n'avait pas obéi « à des préférences personnelles ». Puis il énuméra les trois objectifs de son gouvernement[21] : l'équilibre budgétaire, l'amortissement de la dette publique et le redressement du franc « pour préparer le rétablissement d'une monnaie saine ». Il rappela avec humour la phrase – « on ne vous voit que dans les jours de malheur » – qu'un député communiste lui avait jetée un jour. Il assortissait cette citation de ce commentaire personnel : « Il croyait sans doute me lancer un outrage, mais je n'y ai trouvé qu'un éloge. »

Depuis plusieurs années, le vote du budget était le calvaire des gouvernements; les débats étaient longs, agités et rarement clos en temps utile; il fallait commencer l'année suivante avec des douzièmes provisoires et cet expédient faisait le plus mauvais effet sur les milieux financiers et le marché des changes. Poincaré avait pris l'engagement de faire voter un budget 1927 dans les délais légaux et en équilibre. Grâce à son autorité sur les parlementaires, il y parvint aisément. Le 20 décembre 1926, le budget était adopté à une forte majorité. Ce résultat obtenu dans la foulée de ceux des cinq mois précédents se traduisit par un afflux de capitaux et une nouvelle remontée sensible du franc. Cette situation favorable permit de lancer avec succès des emprunts qui servirent à réduire l'endettement du Trésor auprès de la Banque de France. L'année suivante, le budget 1928 était voté une nouvelle fois par les Chambres dans les délais.

Contrairement à des prédictions alarmistes (notamment celles des socialistes Léon Blum et Vincent Auriol) et à des analyses soit superficielles, soit erronées, la situation économique était loin d'être aussi catastrophique qu'on l'avait dépeinte. Les entreprises étaient prospères; les rentrées fiscales furent plus importantes que prévu et le retour à l'équilibre budgétaire était acquis (ou presque) avant l'arrivée du « sauveur ». La rapidité du redressement s'explique à la fois par des conditions objectives, par des mesures spécifiques et par une action psychologique qui a entraîné l'adhésion. À la fin de l'année 1926, le franc était sorti des turbulences; il s'appréciait sur le marché des changes, la livre oscillait entre 120 et 125 francs, contre plus de 220 francs dans les jours de fièvre de juillet précédent, et le Trésor public avait retrouvé l'aisance qu'il avait perdue.

Le redressement rapide du franc a-t-il eu des conséquences négatives sur l'économie française? À la fin de 1926, on enregistra dans certains secteurs une baisse rapide des exportations, car la hausse du franc rendait les produits français plus chers; dans certaines branches, un chômage partiel apparut. D'autre part l'opinion s'inquiéta des difficultés de certaines grandes firmes comme les automobiles Citroën. À plusieurs reprises, selon le témoignage de Jacques Rueff, Léon Jouhaux fit des visites discrètes à Poincaré pour le mettre en garde contre ces risques. Le redressement monétaire pouvait nuire à l'économie, entraîner du chômage et un mécontentement social justifié que la CGT devrait prendre en charge.

À cette question, Pierre Mendès France, un jeune économiste encore inconnu[22], proche de la gauche du parti radical, essaya d'apporter une réponse dans sa thèse de doctorat *Le Redressement financier français en 1926 et 1927*. Il saluait « un redressement monétaire dont les heureux aspects sont incontestables », il admirait « l'aspect technique du travail de M. Poincaré... la dextérité, l'ingéniosité, la sûreté », il rendait hommage à « la probité, la droiture que chacun lui reconnaît mais aussi à l'intelligence, l'autorité, le sang-froid de l'homme qui sut en ce jour difficile prendre des responsabilités écrasantes ». Cela dit, ce succès préparait des lendemains inquiétants. Poincaré « n'a pas vu s'effacer doucement la fumée des usines, s'éteindre les hauts-fourneaux et s'arrêter les marteaux-pilons ; il n'a pas vu se ralentir les extractions de nos mines et les importations de nos industries... Il n'a pas vu des commerçants sans clients, ni des salariés sans travail ; il n'a pas vu ni la misère, ni le chômage, ni les faillites... Longtemps encore le pays souffrira du choix que, dans une heure cruciale, M. Poincaré a fait... » Pierre Mendès adressa sa thèse au président du Conseil, qui lui en accusa réception par une réponse un peu sèche d'une douzaine de mots (19 mars 1928) où se détachaient ces mots : « Je ne fais aucune difficulté de reconnaître les imperfections de l'œuvre accomplie. » En lisant des attendus aussi sévères, le lecteur d'aujourd'hui pourrait être amené à penser que la grande crise avait déjà tout ébranlé. Or il n'en était rien et personne n'imaginait alors la catastrophe qui allait s'abattre sur le monde au début des années 1930. L'économiste distingué, un peu trop pressé de jouer au procureur, avait été victime du court terme. Certes, l'économie française avait subi une brève récession conjoncturelle très creusée de décembre 1926 à avril 1927, puis s'était remarquablement redressée. En trente et un mois, de mai 1927 à décembre 1929, la production industrielle s'était accrue de près de 40 % pour atteindre en 1929 un niveau supérieur d'un tiers à celui de 1913. Sans attribuer le bénéfice de cette croissance au seul redressement monétaire, il est indubitable que le retour de la confiance avait favorisé le retour des capitaux et l'accroissement de la consommation, et que les appréciations de Pierre Mendès France doivent être corrigées. On pouvait croire alors que la page de la guerre mondiale était définitivement tournée. Éphémère embellie !

FAUT-IL STABILISER LE FRANC ?

En 1926, le gouvernement conservateur anglais, dirigé par Stanley Baldwin et dont Winston Churchill était le chancelier de l'Échiquier, avait décidé la revalorisation de la livre à son niveau de 1914. En France cette opération était impossible, mais certains la regardaient avec admiration. Dès que le marché des changes fut apaisé et que la remontée du franc s'accentua, un grand débat interne divisa les milieux politiques, économiques et financiers. Fallait-il laisser remonter le franc jusqu'à ce qu'il eût retrouvé la parité de 1914 ? Fallait-il au contraire tirer parti du redressement réalisé et stabiliser le franc à un niveau inférieur en procédant à une dévaluation ? Il est très difficile, presque impossible, de connaître la conviction profonde de Poincaré. Selon Émile Moreau, « il n'a aucun plan monétaire » ; le gouverneur de la Banque de France n'était pas le seul à faire cette remarque. L'ambassadeur Gaiffier d'Hestroy[23] informait régulièrement son ministre dans ce sens. Retenons cette unique citation : « J'ai demandé à mon interlocuteur quand il comptait stabiliser la monnaie. Il m'a répondu : "Ce n'est pas une affaire de trois semaines, et même de trois mois, mais peut-être de trois ans !" » (2 septembre 1926). En conséquence, Poincaré observait, écoutait, pesait les arguments des uns et des autres, puis il attendait. Cette attente, que certains prirent pour de l'indécision et jugèrent sévèrement, allait se prolonger pendant dix-huit mois, au cours desquels un interminable débat aux accents passionnés que Poincaré laissa se développer opposa les « stabilisateurs » aux « revalorisateurs ».

Les « stabilisateurs » s'appuyaient sur des données réalistes. La valeur du franc avait été fortement amputée, beaucoup plus que celle de la livre-sterling, qui n'avait perdu qu'environ 10 % de sa valeur. C'est pourquoi la revalorisation de la livre opérée en 1926 avait été possible. Serait-elle longtemps tenable ? Nul n'était capable de le prévoir. En revanche, faire remonter le franc à son niveau de 1914 était utopique et de surcroît dangereux. Une hausse trop forte du franc compromettrait les ventes de l'industrie française et développerait le chômage. L'exemple anglais était là pour montrer le chemin qu'il ne fallait pas suivre. C'était l'avis d'Émile Moreau, gouverneur de la Banque de France, qui ne cessait de le répéter au président[24] ; il était appuyé par Charles Rist, le sous-gouverneur, depuis quelques années converti à la dévaluation, et par plusieurs ministres importants comme André Tardieu. Dans son journal, Moreau notait en décembre 1926 : « La revalorisation du franc au-delà du cours de 120 francs serait une catastrophe nationale et je ne puis croire que, malgré ses désirs secrets et ses conseillers intéressés, M. Poincaré s'y laisse prendre. » Quelques jours plus tard, il avait de nouveau des doutes et notait au conditionnel : « Il serait favorable à une revalorisation jusqu'au cours de 100 francs la livre. »

Les « revalorisateurs » au contraire voulaient restaurer le crédit de l'État et rembourser les rentiers qui, au cours de la guerre, avaient apporté leur or et souscrit aux multiples emprunts. François de Wendel, député de Meurthe-et-Moselle, régent de la Banque de France et membre influent de la Fédération républicaine, était l'un des partisans les plus convaincus de la revalorisation ; la thèse de Jean-Noël Jeanneney nous permet de connaître le détail de ses interventions, les réseaux qu'il animait ; il faisait paraître des papiers dans la presse ; il aiguillonnait ou tempérait son ami Louis Marin, ministre et chef de parti ; il avait ses entrées auprès du président du Conseil, qui l'écoutait d'une oreille attentive. Poincaré comprenait les arguments raisonnables des stabilisateurs, il était de cœur avec les revalorisateurs, car il ne voulait pas passer à la postérité comme le fossoyeur de la monnaie et le spoliateur des rentiers. À ses yeux, c'était une question de justice et d'équité. Pendant dix-huit mois, il écouta attentivement les uns et les autres, et notamment le jeune inspecteur des Finances Jacques Rueff, attaché à son cabinet. Il ne se résolvait pas à prendre une décision, ne fermant aucune porte. Tantôt il jugeait une stabilisation prématurée, tantôt il reculait devant une opération qui aurait imposé de trop lourds sacrifices aux classes moyennes. Il maintenait habilement le mystère sur ses intentions.

Beaucoup commençaient à s'impatienter. Même l'opposition socialiste estimait nécessaire « une stabilisation prochaine ». Albert Bedouce puis Vincent Auriol le dirent à la tribune (24 et 26 janvier 1928). Ils s'attirèrent une vive réplique du président. Quelques jours plus tard, les 2 et 3 février, Poincaré prononça un discours-fleuve [25] étalé sur deux jours qui laissa les journalistes et les commentateurs incertains et perplexes. D'autres interprétaient le discours dans leur sens. Après avoir publié le « grand discours sur l'admirable redressement financier de la France », *L'Éclair de l'Est*[26], qui reflétait les opinions de Louis Marin et attaquait de temps en temps le gouverneur Émile Moreau, était catégorique : Poincaré était « hostile à la stabilisation... Il la juge impossible, plus dangereuse que profitable... Ses préférences vont évidemment à une revalorisation... Mais cette opération exigera un long délai d'années ». René Mercier, le directeur de *L'Est républicain*[27], était plus prudent : « Poincaré sait où il va. Il étudie, il réfléchit, il suit d'un œil attentif la marche des événements ; il parlera à l'heure qui conviendra. Pas avant... » (12 février). Contrairement aux commentaires rassurants de René Mercier, Poincaré ne savait pas où il allait ; il hésitait (ce n'est pas la première fois que nous le remarquons !) sans se résoudre à prendre une décision que l'opinion publique, qui lui maintenait une confiance totale d'ailleurs, ne lui demandait pas.

Cette hésitation, cette indécision, cet immobilisme attentiste irritaient au plus haut point Émile Moreau[28]. On peut l'expliquer par des raisons de pédagogie ; il fallait que les Français prissent conscience des enjeux, des avantages et des inconvénients de l'une ou l'autre des solutions. On rêvait tellement du franc-or de 1914 qu'il fallait que peu à peu les yeux s'ouvrissent pour accepter une dévaluation inévitable du franc germinal. Poincaré a-t-il eu cette préoccupation en tête ? On peut le penser, mais aucun texte de sa main, aucune déclaration explicite ne permet d'affirmer qu'il avait une stratégie dans la durée et qu'il était dans l'attente du moment psychologiquement opportun pour agir. À notre avis, l'explication principale était politique et Poincaré ne l'a jamais cachée. Dans son discours du 3 février, il disait clairement : « Je répète qu'en ce qui me concerne je la [la stabilisation] crois possible dès demain. Le problème auquel on se heurte n'est pas technique mais politique... Si le gouvernement tarde, c'est qu'il veut pouvoir dire aux électeurs : Nous ne stabiliserons le franc que lorsque l'Union nationale sera elle-même stabilisée. »

La lutte anticommuniste

Raymond Poincaré était un adversaire du régime soviétique et du Parti communiste, qui en était le prolongement en France. Lors de l'affaire de la Ruhr, il avait été contraint à prendre des mesures contre la campagne antimilitariste du Parti communiste. Après un apaisement en 1924 avec Herriot, les gouvernements du Cartel, qui virent se dresser la révolte d'Abd el-Krim dans le Rif marocain, durent faire face aux campagnes anticolonialistes du Komintern et aux violences organisées par Jacques Doriot et la CGTU. De nombreux communistes furent inquiétés et condamnés. La répression anticommuniste se prolongea et s'accentua sous le ministère Poincaré. Même si l'étendue du soutien financier accordé par l'Union soviétique n'était pas connue avec autant de précision qu'aujourd'hui, aucun doute n'était permis à ce sujet. Poincaré était rancunier et n'avait oublié ni la campagne lancée contre lui lors de l'affaire de la Ruhr ni les dénonciations injurieuses de la presse communiste. Le ministre de l'Intérieur, le radical-socialiste Albert Sarraut, engagea contre les réseaux clandestins communistes une offensive policière[29]. « Le communisme, voilà l'ennemi! » lançait à Constantine le ministre de l'Intérieur. En mai 1927, une demande d'autorisation de poursuite contre quatre députés communistes fut déposée devant la Chambre, mais l'affaire traîna, car les députés nommèrent une commission hostile à la levée de l'immunité parlementaire. Finalement, Marcel Cachin et le journaliste Paul Vaillant-Couturier furent arrêtés à la sortie de la Chambre le 12 janvier 1928, incarcérés à la prison de la Santé puis inculpés. André Marty, le fameux « mutin de la mer Noire », fut condamné à deux ans de prison sans sursis (10 février 1928). Gabriel Péri, Paul Vaillant-Couturier et Jacques Doriot furent aussi condamnés. Ce dernier, qui s'était réfugié en Belgique pour échapper aux poursuites, était rentré illégalement en France pour participer à une réunion à Valenciennes. Il fut arrêté par la police et transféré à la Santé (20 avril 1928). Le nouveau secrétaire général du parti, Maurice Thorez, fut condamné à sept mois de prison et, pour échapper à l'incarcération, il se réfugia dans la clandestinité jusqu'en juin 1929. Cette ardeur répressive inquiéta quelques consciences de la gauche dont le vieux radical Ferdinand Buisson, qui écrivit à Poincaré, dont il était l'ami de longue date, pour lui demander « de remettre Marty au régime politique... afin d'éviter que les communistes n'exploitent le terrain[30] » (8 septembre 1927). Sur le plan électoral, les communistes gagnèrent effectivement des voix aux élections législatives d'avril 1928; ils ne purent toutefois en tirer bénéfice, car la tactique dite « classe contre classe », imposée par Staline, leur interdisait d'appliquer la discipline républicaine; en conséquence, en raison de leur isolement, ils perdirent des sièges au scrutin de ballottage.

La poursuite de la politique de Locarno

Au Quai d'Orsay, Aristide Briand était le ministre depuis avril 1925. Philippe Berthelot, dont la sanction qui l'avait frappé avait été levée, avait retrouvé le secrétariat général du Quai. Il avait pour adjoint Alexis Saint-Léger Léger, en littérature Saint-John Perse, qu'il avait protégé et dont il avait favorisé la carrière. Maintenant, les deux hommes étaient discrètement rivaux. Auprès de lui, Briand avait besoin de collaborateurs rompus aux affaires, capables de rendre compte des dossiers les plus complexes et de rédiger les notes dont il pouvait avoir besoin. Contrairement à Poincaré, toujours en train d'écrire, Briand rédigeait peu ; il parlait et essayait ses projets ou ses formules sur ses interlocuteurs successifs.

Les relations Briand-Poincaré restent encore mystérieuses ; les papiers de Poincaré ne livrent rien ou presque, ceux de Briand guère plus. Dans la presse française, on trouve souvent des allusions à des désaccords entre les deux hommes. Jamais Briand ne parlait en public de Poincaré, et Poincaré ne commentait jamais ses éventuels désaccords avec Briand. Cela restait de l'ordre du chuchotement.

Lors de la formation du ministère, les deux hommes avaient passé un accord. Lequel ? Même si Briand avait une large liberté d'action et de rencontre, il ne pouvait décider seul la politique de la France. Poincaré devait et voulait être informé, et la décision finale ne pouvait qu'être le résultat d'une concertation et d'un accord ; elle devait passer par le Conseil des ministres, où d'autres avis pouvaient s'exprimer et où Poincaré pouvait être assuré de trouver, avec Louis Marin et quelques autres, des adversaires vigilants de toute concession à l'Allemagne. Aucune décision capitale ne pouvait être prise sans son agrément. Gustav Stresemann, le ministre allemand des Affaires étrangères, en était si profondément persuadé que le retour de Poincaré au pouvoir lui fut très désagréable. Il se demanda si le processus mis en route à Locarno n'allait pas être retardé ou même entravé. Il était si attentif à l'opinion de Poincaré qu'il pria son ambassadeur à Paris, Hoesch, de le tenir informé de tout ce que pouvait penser, envisager ou dire Raymond Poincaré, qu'il n'avait d'ailleurs pas encore rencontré. Derrière Briand, Poincaré s'imposait comme un interlocuteur invisible et redouté. Il serait toujours un frein. Avec lui, il fallait toujours se tenir sur ses gardes.

Quand Poincaré arriva aux affaires, le plan Dawes, à la négociation duquel il avait participé et qu'il avait approuvé, était en application depuis près de deux ans et les Allemands en payaient les échéances régulièrement. Briand avait négocié le pacte de Locarno (octobre 1925) et ouvert à l'Allemagne les portes de la Société des Nations et de la reconnaissance internationale. Les relations Briand-Stresemann étaient à la fois cordiales et méfiantes. Les objectifs de Stresemann étaient bien connus : évacuation anticipée de la Rhénanie, retour de la Sarre, récupération de l'égalité des droits, remise en cause limitée mais significative du traité de Versailles. Le 10 septembre 1926, la délégation allemande conduite par Stresemann fut admise à la Société des Nations. C'était un événement international considérable que Briand salua en improvisant un discours qui eut un grand retentissement : « Arrière les fusils, les mitrailleuses, les canons... » Quelques jours plus tard, le 17 septembre, Stresemann et Briand se rencontraient secrètement chez La Mère Léger, une auberge suisse réputée de Thoiry. La rencontre entre les deux hommes était préparée depuis deux mois par le professeur Oswald Hesnard, qui assista comme interprète à l'entretien. Dans ses travaux, Jacques Bariéty a éclairé cette rencontre, son arrière-plan et ses prolongements. Les deux ministres ébauchèrent un plan global de remise à plat des relations franco-allemandes, ce qu'on a appelé dans la presse « le plan de Thoiry ». Ils parlèrent aussi librement et Briand fit quelques confidences qui durent ravir son interlocuteur, à tel point qu'il les reproduisit dans ses Mémoires [31] :

> « Cet homme [Poincaré] n'a jamais vécu avec ses semblables. Il a passé son existence au milieu des dossiers du Palais de justice puis dans les paperasseries politiques. Il suit avec ténacité le fil de sa pensée ; il connaît chaque phrase de chaque note. Mais il ignore les sentiments du peuple français et n'a pas la moindre idée de l'esprit qu'exigent les temps nouveaux. »

Malgré son manque d'intuition, Poincaré ne pouvait ignorer le sentiments de son éminent collègue à son égard ; il était toujours irrité par sa nonchalance, ses à-peu-près ; mais il devait le tolérer, car il était populaire et le gardait à gauche. Mis au courant après coup de ces entretiens, il fut très mécontent. Depuis son retour au pouvoir, il freinait Briand et le mettait en garde contre des concessions à l'Allemagne. Briand rendit compte de ses conversations au Conseil des ministres du 21 septembre, au terme duquel un communiqué rassurant fut publié. Avait-il fait part de tout ce qui s'était dit ? On peut en douter. Quelques jours plus tard, Poincaré prit la parole à Bar-le-Duc et répondit indirectement à Stresemann. Après avoir évoqué un rapprochement franco-allemand, il réaffirma, ce qui ne saurait surprendre, la thèse de la responsabilité du gouvernement impérial dans la déclaration de guerre et il s'étonna qu'on pût se permettre de la mettre en doute. Puis il expliqua que l'assainissement financier serait réalisé par la France seule. En clair, Poincaré répondait à Stresemann que la France n'avait pas besoin d'un soutien financier allemand, qu'il faudrait payer beaucoup trop cher par des contreparties politiques. Dès son retour au pouvoir Poincaré avait écarté cette hypothèse.

Au « plan » de Thoiry se greffait une autre affaire très désagréable pour Poincaré. Quelques jours après son retour au pouvoir, il avait été informé que l'ancien ministre belge Francqui avait proposé à Stresemann de négocier le retour à l'Allemagne des cantons d'Eupen et de Malmédy[32], moyennant un règlement favorable à la Belgique de la question des réparations. Stresemann avait sauté sur la proposition et s'était efforcé de la mettre en forme. Dans deux articles importants, Jacques Bariéty a éclairé ce dossier dont nous retenons seulement ici la façon dont Poincaré l'a traité. Cette rétrocession ne pouvait rester une affaire germano-belge ; elle concernait toutes les puissances qui avaient signé le traité de Versailles, et au premier chef la France. Dès la fin de juillet, Poincaré avait mis les Belges en garde contre une telle concession. Bientôt des bruits filtrèrent dans la presse. Poincaré était furieux et mit son veto. L'affaire fut évoquée au Conseil des ministres et Briand dut battre en retraite. Au cœur des négociations franco-belges, l'un des homme clés était le financier Francqui, très désireux de parvenir à la stabilisation du franc belge. Francqui aurait volontiers accepté une stabilisation stimultanée des francs belge et français. Il s'en ouvrit à Poincaré[33]. Pour y parvenir, il aurait fallu des concours extérieurs et des concessions politiques que Poincaré refusa de faire. Il aurait notamment fallu donner un signe aux Anglo-Saxons en faisant ratifier les accords sur les dettes de Londres et de Washington. Poincaré resta imperméable à tous les arguments en faveur d'une telle solution. « Le souci d'indépendance nationale de Raymond Poincaré et le débat entre stabilisation et revalorisation firent opter celui-ci pour une opération sans concours extérieur et plus lente » (Éric Bussière). En conséquence, la Belgique stabilisa seule sa monnaie le 25 octobre 1926.

Dans les papiers de Poincaré ont été conservées quelques lettres de Maginot[34], alors très hostile à Briand. Le 20 septembre, trois jours après la rencontre de Thoiry, il écrivait : « Je crois être un bon Français et je suis sûr d'être votre ami. C'est ce qui me donne le tranquille courage de vous dire qu'à votre place je ferais savoir formellement à M. Briand que je me séparerai de lui plutôt que de consentir à une évacuation anticipée de cette barrière du Rhin dont M. Herriot a dit lui-même en pleine Chambre qu'elle était la plus sûre et peut-être la dernière barrière de notre sécurité. » On ne sait en quels termes Poincaré répondit à Maginot. Dans d'autres lettres, Maginot rappelait le passé, « l'homme des tractations avec Loucheur », « l'homme de Cannes est resté le même » et Maginot de dénoncer avec la vigueur qui était la sienne « une politique extérieure de lâcheté » (21 novembre 1926). Poincaré ne suivit pas ce conseil qui aurait été probablement fatal à son cabinet ; on ignore s'il y eut des explications tête à tête entre les deux hommes. Poincaré choisit probablement de marquer Briand. De son côté, Briand, qui avait compris la manœuvre de son président, se livra à un savant recul tactique, art dans lequel il était passé maître. À Thoiry, il s'était aventuré sans aucune protection ; ses collaborateurs les plus proches auraient dû le mettre en garde ; il passa la fin de l'année à temporiser pour sauver la politique de Locarno. Il fit même retoucher par Hesnard en novembre les notes que celui-ci avait prises à Thoiry ! Une occasion nouvelle se présenterait peut-être et permettrait de revoir le dossier avec de meilleures chances....

Poincaré a-t-il fait échouer le « rêve de Thoiry » et la tentative de révision du traité de Versailles ? La réponse est sans ambiguïté. Il a bloqué les négociations des Belges d'abord, puis celles de Briand ; c'est incontestable. On comprend pourquoi, comme l'écrit Christian Bæchler, Poincaré était devenu la « bête noire » de Stresemann, qui cherchait par tous les moyens à l'écarter du pouvoir. Ces négociations auraient-elles abouti sans Poincaré ? Aucun historien ne pourra jamais répondre à cette question.

Au cours de l'année 1927, la position de Poincaré resta identique : pas d'évacuation anticipée de la Rhénanie, pas d'accord prématuré sur la Sarre. Poincaré était encouragé à tenir bon par de nombreux visiteurs, dont le maréchal Foch. Son épouse notait dans ses carnets : « Ce qui inquiète toujours Ferdinand, c'est la politique étrangère de Briand, les avances qu'il fait à l'Allemagne... il est allé voir plusieurs fois Poincaré et lui a démontré les dangers de cette politique [35]. » Le maréchal Foch, qui était résolument hostile à l'évacuation anticipée de la Rhénanie, aurait dit à ce sujet : « Tant que M. Poincaré et M. Doumergue sont là, je suis tranquille. »

À de nombreuses reprises, Stresemann insista auprès de Briand pour une réduction des effectifs d'occupation en Rhénanie. Il semble que la position de Poincaré à l'égard de l'Allemagne ne se soit guère infléchie. Dans un discours prononcé à Lunéville (19 juin), il rappelait une fois de plus les responsabilités de l'Allemagne et le non-respect du désarmement. À Orchies (24 juillet), sa position restait la même. Stresemann ne pensait pas à un assouplissement avant les élections législatives d'avril 1928 où il souhaitait un succès des partisans de Locarno, en clair une défaite de Poincaré. Il faisait verser des fonds par des canaux très divers aux opposants, en particulier aux autonomistes alsaciens. Était-ce réaliste ? Briand lui laissa entendre à Genève en septembre qu'une victoire du Cartel des gauches était possible. Eau bénite de cour ? Paroles en l'air ?

Lors de la campagne électorale, Poincaré aborda la politique étrangère dans le discours de Bordeaux [36] ; il abandonnait sa classique position intransigeante pour affirmer la nécessité de la collaboration et de la paix entre les peuples. Stresemann interprétait positivement et releva une phrase qu'il commentait ainsi : « M. Poincaré a dit : "Que nous importe le passé." Je suis complètement d'accord et je crois dans l'intérêt de nos relations qu'il n'est pas désirable de revenir sur le passé et sur les oppositions qui existaient alors. » Les grands journaux libéraux comme la *Frankfurter Zeitung* ou le *Berliner Tagesblatt* allaient dans le sens de l'apaisement et espéraient qu'une entente entre le France et l'Allemagne n'était plus un rêve impossible.

Cet avis était partagé par le journaliste Victor Schiff qui publiait le 7 mai, dans le quotidien social-démocrate *Vorwärts*, un article intitulé « Poincaré veut-il l'entente avec l'Allemagne ? Impressions d'une conversation avec le président du Conseil. » Sa réponse à la question était sans ambiguïté : « Je répondrai par un oui formel que j'exprime dans la pleine conscience de ma responsabilité. » Il ajoutait le commentaire : « Le sobriquet de Poincaré-la-Ruhr qu'il portait à juste titre... semble par conséquent périmé. » Cela dit, il serait prématuré de voir en Poincaré un partisan sûr de l'entente européenne ; cependant il n'était plus perçu comme « l'adversaire incorrigible d'autrefois ».

À la même période, le baron de Fontenay, ambassadeur auprès du Saint-Siège, eut une conversation à Rome avec Theodor von Guerard, un député important du Centre, qu'il avait connu au gymnase de Düsseldorf. Il lui aurait assuré que le régime républicain était consolidé, que la restauration monarchique n'était plus à craindre, que le gouvernement allemand aspirait à un rapprochement loyal avec la France et que ce « rapprochement [devait] se faire sous vos auspices ». « Il m'a demandé si je croyais que ce fût possible, si vous étiez disposé à travailler à un rapprochement. » Fontenay avait prudemment assuré : « Nous ignorons s'il y eut une réponse de Poincaré à ce qui n'était qu'une conversation privée. » Ce témoignage, parmi d'autres, suggère que certains Allemands espéraient qu'on allait peut-être enfin pouvoir causer avec Raymond Poincaré.

En septembre 1928 eut lieu à Paris, dans le salon de l'Horloge du Quai d'Orsay, la signature solennelle du pacte Briand-Kellogg mettant la guerre hors la loi. L'espace d'une signature, Paris redevenait le centre des relations internationales. Celles-ci furent de nouveau dominées par la question des réparations, car le plan Dawes venait à échéance en septembre 1929 et il fallait négocier le plan définitif qui le prolongerait. Ce fut dans cet état d'esprit que Stresemann, déjà très malade, décida de se rendre à Paris. Sa visite avait un sens symbolique ; c'était la première fois qu'un ministre allemand des Affaires étrangères se rendait à Paris et y était reçu officiellement ; malgré sa fatigue, il voulait rencontrer Briand et surtout Poincaré, avec lequel il n'avait jamais causé. L'entretien, qui se déroula au ministère des Finances, dura une heure et fut courtois. Poincaré resta sur ses positions, mais il admit que le comité d'experts qui se réunirait à Paris comprendrait des membres allemands et qu'au fur et à mesure de la progression des négociations la question de la Rhénanie pourrait être envisagée. Poincaré ne fit aucune promesse précise, mais il ne ferma pas la porte.

L'attention aux affaires d'Alsace

Depuis son passage à l'Élysée, Raymond Poincaré s'intéressait à l'Alsace. Il voulait donner à la province redevenue française les moyens de s'intégrer dans la patrie retrouvée. Il estima que son action personnelle devait porter sur la culture et plus spécialement sur la réinsertion de l'université de Strasbourg dans l'espace culturel français. En 1919, avec André Hallays et le docteur Bucher, il fonda la Société des amis de l'université de Strasbourg, dont il fut élu le président. Poincaré exerça réellement son mandat et, plusieurs fois par an, il se rendait à Strasbourg pour participer aux différentes activités de cette société. À cette occasion, il se tenait informé des questions alsaciennes et rencontrait les hommes politiques alsaciens républicains, minoritaires par rapport aux socialistes et aux catholiques. Lors de l'offensive laïque du gouvernement Herriot qui souleva le tumulte dans l'Alsace catholique au cours de l'été de 1924, Poincaré désapprouva sans faire de déclaration publique.

Entre le gouvernement de la République et l'Alsace, les relations s'étaient dégradées. On parlait de « malaise alsacien », et ce malaise se cristallisa sous la forme d'un mouvement autonomiste qui allait beaucoup plus loin qu'une simple réaction contre les projets d'Herriot, d'ailleurs abandonnés. C'était le refus du projet républicain unitaire, interprété comme une volonté délibérée de détruire la personnalité alsacienne. L'autonomisme s'exprimait par deux tendances distinctes, l'une cléricale et l'autre communiste. Entre les deux, il y avait des contacts et certains thèmes étaient communs, plus précisément celui de l'usage de la langue allemande à l'école primaire ; l'autonomisme allait beaucoup plus loin que le refus du laïcisme et ne pouvait uniquement s'expliquer par un cléricalisme de culture allemande. Le 9 mai 1925 parut à Strasbourg un hebdomadaire autonomiste, *Die Zukunft* (« L'Avenir »), dont l'éditeur était Eugène Ricklin, l'ancien président du Landtag d'Alsace-Lorraine ; le journal trouva vite des lecteurs et servit de vecteur à tout un courant qui publia le 8 juin 1926 le manifeste dit du Heimatbund. Signé par quatre-vingt-dix-huit personnes, ce texte se proposait de défendre les droits du pays *(Heimatrechte)*, bafoués par la République. Le gouvernement français dans lequel Pierre Laval était ministre de la Justice, responsable des affaires d'Alsace-Lorraine, prit des sanctions et révoqua les maires et les fonctionnaires qui avaient signé le manifeste. La répression a presque toujours l'effet inverse de celui qui est recherché ; les sanctionnés firent figure d'innocentes victimes ; ils trouvèrent des soutiens et, chaque jour, les quotidiens autonomistes – *Die Zukunft* et *L'Humanité d'Alsace-Lorraine* – dénonçaient l'arbitraire et soufflaient sur le feu. En Allemagne, les associations d'Alsaciens-Lorrains observaient avec intérêt la situation tandis que les services spéciaux, exploitant ce terrain favorable, firent transiter des fonds pour soutenir la presse et la propagande autonomiste.

En arrivant au pouvoir, Raymond Poincaré trouva le dossier ouvert et les autonomistes en pleine effervescence ; il aurait pu se contenter de le suivre de loin en rattachant les services d'Alsace et de Lorraine à un ministère quelconque, la Justice ou l'Intérieur. Il fit du dossier alsacien une affaire personnelle et rattacha le service à la présidence du Conseil. Le Commissariat général avait été dissous en 1925 et les services (sauf ceux des cultes) transférés à Paris avaient été placés sous l'autorité du conseiller d'État Paul Valot, un ancien adjoint de Paul Tirard au Haut-Commissariat des territoires rhénans et très attentif aux affaires allemandes. Poincaré s'entendit très bien avec Valot, qui devint un collaborateur efficace et zélé.

Poincaré estimait qu'il était de son devoir de doter l'État d'un moyen d'action contre les tendances séparatistes. Une quinzaine de jours après son retour au pouvoir (31 juillet 1926), il fit déposer devant la Chambre par le garde des Sceaux, Louis Barthou, un projet de loi destiné à réprimer « toute propagande politique visant à soustraire une partie du territoire à l'autorité du gouvernement national ». Poincaré, son ministre de la Justice et ses préfets furent pris à partie par la presse communiste régionale et nationale, relayée à la tribune du Palais-Bourbon par les députés communistes. Ceux-ci étaient très virulents et appliquaient des directives de l'Internationale, pour laquelle Poincaré était l'homme à abattre. Il était l'homme de la Ruhr, l'homme des trusts, l'homme de l'impérialisme français conquérant. On retrouvait dans leurs discours tous les clichés de la presse communiste allemande. À ce premier groupe d'adversaires s'en ajoutait un second, celui qui s'exprimait dans la *Zukunft*. Il mettait l'accent sur les données culturelles et religieuses et ne cessait de dénoncer la centralisation jacobine comme la tare permanente de l'État français. Ces thèmes étaient partagés par une partie des électeurs et des élus du parti catholique, l'Union populaire alsacienne [37]. L'aile autonomisante de l'Union suivait une forte personnalité, l'abbé Xavier Hægy [38], qui était à la tête d'un puissant groupe de presse installé à Colmar, la Société d'édition de haute Alsace, appelée Alsatia à partir de 1925. Le titre principal était le quotidien l'*Elsässer Kurier*. Dans son sillage gravitaient d'autres quotidiens, des hebdomadaires et des mensuels. La presse hægyste, qui avait été à la pointe du combat contre les projets du Cartel, entraînait dans son sillage le quotidien catholique de langue allemande en Lorraine, *Die Lothringer Volkszeitung*. Ces hommes et leurs journaux observaient Poincaré le laïc avec une réserve méfiante ; ils attendaient une occasion, une phrase imprudente pour entrer en campagne contre lui.

Le bruit, le tumulte et les insultes de ces adversaires pourraient laisser croire que Poincaré ne disposait d'aucun soutien dans les provinces recouvrées. En Moselle, Poincaré était approuvé par tous les parlementaires, tous les conseillers généraux et les maires des principales villes. La presse « nationale », plus puissante et plus lue qu'en Alsace, lui était acquise. En Alsace, la situation était plus complexe. La gauche, en particulier les socialistes de Strasbourg et de Mulhouse, était à ses côtés sur place, si au Palais-Bourbon elle le critiquait et votait contre lui. Cette connivence était mise en relief par la presse liée à l'abbé Hægy. Si M. Poincaré était l'ami de M. Peirotes, maire socialiste de Strasbourg[39], ou s'il recevait le député socialiste Georges Weill, qui avait soutenu les projets d'Herriot d'introduction des « lois républicaines », il ne pouvait comprendre et prendre en charge les intérêts du peuple catholique d'Alsace.

Au cours du mois d'octobre, Poincaré fit un voyage en Alsace et en Lorraine (11-13 octobre) pour s'informer et esquisser des solutions. Le point crucial était la place de la langue allemande parlée et écrite par la majorité de la population dans les administrations et à l'école. À son retour à Paris, il adressa au recteur de l'académie de Strasbourg, Sébastien Charléty (14 octobre), une lettre dans laquelle il reconnaissait la nécessité du bilinguisme à l'école. Au-delà de l'affirmation du principe, il fallait l'appliquer concrètement ; les difficultés commencèrent et la presse s'impatientait de la lenteur de l'application. À deux reprises, Poincaré s'en entretint à Paris (3 janvier et 9 février 1927) avec les parlementaires d'Alsace et de Lorraine. Il réaffirma le principe du bilinguisme scolaire le 21 avril à Strasbourg lors d'une réunion de la Société des amis de l'université de Strasbourg. Pour négocier les solutions et les faire accepter par les Alsaciens, il comptait sur son vieil ami Christian Pfister[40], dont il avait été le condisciple à Louis-le-Grand. Le savant médiéviste, né à Beblenheim, avait fait sa carrière universitaire en France, d'abord à Nancy puis à Paris. En 1919, il avait décidé de quitter sa chaire de la Sorbonne pour la nouvelle université française de Strasbourg. Poincaré réussit à lui faire accepter les fonctions ingrates de recteur de l'académie de Strasbourg. Aussi notait-il avec satisfaction cette lettre de Sébastien Charléty, le 1er mars 1927 : Pfister sort de mon cabinet, il est « très touché et ému de l'offre... il est ébranlé..., il se sent peu capable de refuser ce dernier service à son pays et à vous ». Après la mutation de Charléty à Paris, Pfister fut nommé recteur de l'académie de Strasbourg et, pour apaiser les esprits, il rédigea une circulaire sur le bilinguisme à l'école primaire (30 août 1927) qui entra en application à la rentrée.

Le bilinguisme n'était qu'un aspect de la question alsacienne, et une solution scolaire de compromis n'était pas en mesure d'apaiser le « malaise alsacien ». L'autonomisme divisait l'Union populaire, c'est-à-dire le parti catholique, au sein duquel la ligne de démarcation entre les autonomistes convaincus et ceux qui, sans partager toutes leurs aspirations, les approuvaient, était incertaine et mouvante. Le maître à penser du parti catholique était l'abbé Xavier Hægy; son but était de protéger et de défendre l'identité catholique alsacienne. Il était « au service de l'Église et du peuple [alsacien] ». Poincaré, le laïc, qui avait une autre vision de l'Alsace française, ne pouvait guère être un ami politique; il était certes plus modéré qu'Herriot et les gens du Cartel, mais ses convictions profondes étaient les mêmes.

Au cours de l'été de 1927, la police acquit les preuves de la collusion de certains autonomistes avec les agents allemands et Poincaré engagea des mesures répressives. Un décret du 12 novembre 1927 supprima trois journaux autonomistes, *Die Zukunft*, *Die Volksstimme* et *Die Wahrheit*. Cette interdiction suscita un tollé en Alsace; on rappela la « dictature » de l'époque allemande. Bien peu approuvèrent la suppression de « ces feuilles immondes ». L'affaire prit des développements judiciaires et le parquet fit arrêter l'instituteur Joseph Rossé le 1er décembre 1927 pour atteinte à la sûreté de l'État. Celui-ci avait été révoqué pour avoir signé le manifeste du *Heimatbund*. Des perquisitions eurent lieu dans la nuit du 24 décembre et de nouvelles arrestations les jours suivants. Lancer une opération policière la nuit de Noël était pour le moins une maladresse et ne pouvait qu'entraîner des réactions indignées. Eugène Ricklin, ancien président du Landtag de l'époque allemande, fut arrêté chez lui à Dannemarie (16 mars 1928), incarcéré à Mulhouse, et inculpé d'atteinte à la sécurité de l'État. Ces arrestations furent suivies d'une instruction et d'un procès que l'on annonçait à Colmar pour le mois de mai 1928; elles troublèrent la préparation des élections législatives. À l'invitation des maires d'Alsace, Poincaré alla à Strasbourg le 12 février 1928; il les réunit à l'Orangerie pour leur exposer sa politique. Il reçut une adresse signée par 559 maires sur 562 dans laquelle ceux-ci renouvelaient « leur inaltérable attachement à la France ». Puis, du balcon de l'Aubette, il parla à la foule rassemblée sur la place, avec à ses côtés le maire socialiste de Strasbourg Jacques Peirotes. Il se rendit ensuite à la gare à pied, acclamé par ses partisans. Le député communiste Hueber et de petits groupes firent pousser des « À bas Poincaré ! » sans créer d'incidents. Cette visite et le soutien explicite de nombreux maires n'empêchèrent pas un progrès des autonomistes aux élections d'avril 1928, qui amenèrent le succès de trois candidats autonomistes, dont deux dans le Haut-Rhin et un dans le Bas-Rhin. Les deux élus du Haut-Rhin, Joseph Rossé et Eugène Ricklin (ancien député au Reichstag), étaient en prison; ils avaient bénéficié des suffrages de l'aile autonomisante de l'UPR.

Le procès de Colmar, qui s'ouvrit le 1er mai 1928, fut émaillé d'incidents divers. Poincaré ne se laissa pas intimider par les déclarations et le tintamarre et il se rendit à Strasbourg présider l'assemblée générale des Amis de l'université de Strasbourg, devant laquelle il réaffirma sa politique alsacienne (5 mai). Lors des débats du procès de Colmar, le ministère public ne put faire la preuve certaine que les accusés avaient reçu de l'argent allemand. Nous savons aujourd'hui avec certitude qu'ils en avaient reçu du ministère allemand des Affaires étrangères et, comme toujours, cet argent avait cheminé par des voies très complexes. C'est pourquoi quatre accusés seulement (Rossé, Ricklin, Fashauer et Schall) furent condamnés à un an de prison et à cinq ans d'interdiction de séjour, les autres furent acquittés. Le député alsacien Alfred Oberkirch entra au gouvernement Poincaré remanié comme sous-secrétaire d'État au Travail, à l'Hygiène et à la Prévoyance sociale. Rapidement les autres députés alsaciens (sauf Pfleger et Oberkirch) posèrent au Parlement la question de l'amnistie des autonomistes.

Dans sa déclaration ministérielle du 7 juin 1928, Poincaré tint de nouveau des propos apaisants : « Le gouvernement tient à répéter qu'il réserve pour eux le droit de garder intact aussi longtemps qu'ils le désireront le régime scolaire et religieux qu'ils ont toujours suivi. » Cette affirmation n'empêcha pas le gouvernement de faire repousser deux propositions de résolution qui demandaient la mise en liberté provisoire des députés emprisonnés et l'amnistie des autres condamnés : la motion Uhry le 14 juin et la motion Walter le 28 juin. Alors que Charles Reibel défendait la motion Walter, qui réclamait la libération des députés autonomistes alsaciens emprisonnés, Poincaré, furieux, se dressa sur son banc. On lit encore au *Journal officiel*[41] cette remarque : « M. Poincaré interrompt l'orateur avec une grande véhémence : "C'est une honte de tenir un pareil langage à cette tribune." » Cependant, le gouvernement fit un geste ; il laissa entendre qu'une amnistie présidentielle pourrait intervenir. À la suite de cette assurance, l'abbé Hægy accepta de se rendre à Paris, où il rencontra Poincaré pendant une heure, mais les deux hommes avaient une culture et des préoccupations trop différentes pour pouvoir s'écouter et s'estimer. La conception jacobine et unitaire de la nation dont Poincaré était imprégné jusqu'à la moelle, faisait horreur à Hægy, attaché par toutes les fibres de son être à son catholicisme intransigeant et à sa terre alsacienne. La promesse fut tenue et, le 22 juillet 1928, une grâce présidentielle permit à Rossé et à Ricklin de sortir de prison, mais ils restaient sous contrôle judiciaire et leur élection n'avait pas encore été validée par la Chambre.

Poincaré continuait d'être attentif aux affaires d'Alsace. Il félicita son vieil ami et admirateur Émile Hinzelin, qui lui avait fait hommage de son livre, *L'Alsace, la Lorraine et la paix*, par une lettre autographe où il disait entre autres : « Le cœur de l'Alsace n'a pas changé, car les malentendus ne sont que superficiels », et il mettait les incidents autonomistes sur le compte « de faux Alsaciens qui cherchent à les exploiter et à les étendre ». À la mi-septembre, Poincaré se rendit de nouveau à Strasbourg pour inaugurer la foire-exposition. À l'automne de 1928, sous la conduite du comte de Leusse et d'Alfred Oberkirch, les éléments nationaux quittèrent l'Union populaire et fondèrent l'Action populaire nationale d'Alsace (APNA). Poincaré joua un rôle dans cette opération et aida financièrement, sur fonds secrets, la société du journal *L'Avenir alsacien*, devenue à partir d'avril 1929 les Éditions d'Alsace. Cette société publia l'*Elsässer Bote*, le concurrent national de l'*Elsässer* de Hægy. L'action engagée contre les autonomistes Ricklin et Rossé aboutit au vote par la Chambre de la déchéance de leur mandat (8 novembre 1928). Lors des élections partielles qui suivirent, les autonomistes remportèrent les deux sièges : à Altkirch, René Hauss, présenté par Ricklin, était élu au premier tour, tandis qu'à Colmar Marcel Sturmel, protégé de Rossé, devait attendre le second.

Un grand débat sur l'Alsace eut lieu à la Chambre en janvier 1929. Poincaré prononça un long discours de dix heures[42] qui se prolongea sur trois séances et où il exposa ses conceptions et les raisons de sa lutte contre les menées des autonomistes ; il apporta quelques preuves des soutiens financiers qu'ils avaient obtenus de source allemande. Il refusa toute concession et « repoussa l'idée de rétablir le commissariat général pour le confier au maréchal Lyautey, dont l'esprit d'ouverture respecterait les traditions propres de l'Alsace, comme naguère celles du Maroc » (Pierre Barral). L'un des arguments qu'il opposait à cette ouverture était le refus des Mosellans et des Messins de se placer, comme au temps du Reichsland, sous la tutelle de Strasbourg. Au cours de ce débat, Robert Schuman, député de la Moselle depuis 1919, prit la parole. Il reprocha à Poincaré d'avoir refusé de décorer un instituteur mosellan retraité qui, dans ses manuels scolaires, avait manifesté son loyalisme à l'égard de l'Empire allemand. Puis il expliqua au président et aux parlementaires dans quel état d'esprit vivaient les Alsaciens-Lorrains avant 1914. Ce texte, sur lequel Pierre Barral a attiré notre attention, mérite d'être cité, car il fait percevoir le décalage entre les conceptions unitaires et républicaines de Poincaré et la sensibilité avec laquelle Robert Schuman abordait la période de l'annexion, encore toute proche :

> « *Nous passions nécessairement par l'école allemande. Nous étions en contact avec l'administration allemande, témoins de l'essor prodigieux que l'Empire [...] prenait dans tous les domaines, créant de toutes pièces une législation civile, commerciale, administrative et sociale adaptée aux nécessités économiques contemporaines. De la France, nous gardions au fond de notre cœur, comme dans un sanctuaire, un culte presque mystique. Elle était pour nous un idéal de plus en plus lointain, entretenu et*

transfiguré par la tradition familiale, d'autant plus chère et plus vénérée que le tempérament de nos compatriotes se heurtait violemment à la dure réalité de la domination impériale. »

Schuman ne proposait pas ici une autre politique, mais il expliquait pourquoi il fallait comprendre et ménager les Alsaciens-Lorrains au lieu de vouloir les assimiler rapidement aux « Français de l'intérieur ». La France devait respecter des étapes et maintenir l'héritage positif de l'Empire allemand et notamment les lois scolaires et religieuses. S'il n'y eut pas vraiment de dialogue entre les deux hommes, Poincaré tint à distinguer Schuman : « un orateur dont nous connaissons tous les sentiments patriotiques et dont nous apprécions tous aussi le caractère... un excellent Français ». Ce débat mesurait la distance entre le Lorrain de la Meuse élevé dans le souvenir des défaites de 1870 et le Lorrain mosellan qui avait grandi au Luxembourg, fait ses études juridiques en Allemagne et qui, dans ses activités professionnelles, avait été en contact quotidien avec l'administration allemande. Leur vision de la France et des rapports franco-allemands ne pouvait pas être la même.

La politique alsacienne de Poincaré fut loin d'être couronnée de succès. Au lieu de briser le mouvement autonomiste, les maladresses policières et judiciaires lui donnèrent des aliments et lui amenèrent des défenseurs et des soutiens. Les élections municipales de mai 1929 furent plutôt défavorables aux partis nationaux. À Strasbourg et à Colmar, l'alliance des communistes et des autonomistes triompha, et le communiste Hueber fut élu maire de Strasbourg, où il succéda à Jacques Peirotes, le socialiste républicain dont Poincaré avait espéré la réélection. Après le départ de Poincaré, une coalition des partis nationaux permit à Joseph Pfleger d'être élu sénateur du Haut-Rhin contre l'abbé Hægy, le père spirituel de l'autonomisme alsacien (novembre 1929).

Au cours des années 1930, l'audience des autonomistes se réduisit pour d'autres raisons. Le ralliement des autonomistes à l'Allemagne nazie, puis l'ouverture des archives allemandes montrèrent que Poincaré avait vu clair et que les accusations dont il fut poursuivi étaient sans fondement. Toutefois, malgré son attachement sincère à l'Alsace, il n'avait pas su trouver les mots qui auraient apaisé et rassuré.

CHAPITRE V

Le franc Poincaré

Poincaré était au pouvoir depuis dix-huit mois ; son crédit dans l'opinion restait intact : il avait stabilisé le franc à un niveau jugé satisfaisant et mis fin aux turbulences sur le marché des changes. Allait-il s'en tenir là ? Allait-il réaliser l'opération chirurgicale sur la monnaie pour laquelle il avait été appelé et qu'il était probablement le seul à pouvoir faire accepter par les Français ? En maintenant l'incertitude et le mystère sur ses intentions, Poincaré limitait les intrigues et manœuvres des parlementaires et des partis. Après les élections législatives du printemps de 1928 qui lui furent favorables, il dut se résoudre à la dévaluation et à créer ce que l'on a tout de suite appelé le franc Poincaré. Cette opération réalisée et réussie, le sauveur n'était plus nécessaire. À la rentrée parlementaire de 1928, les observateurs jugeaient que le cabinet pouvait être menacé sur ses deux ailes, soit à droite, soit à gauche. Ce fut l'aile gauche qui fit défection. Malgré le départ des radicaux-socialistes, Poincaré réussit à se maintenir au pouvoir, qu'il ne quitta que vaincu par la maladie en juillet 1929.

Les élections poincaristes du printemps de 1928

Après plus de dix-huit mois de vie commune, la coalition gouvernementale avait résisté ; par rapport à l'usure rapide des années 1924-1926, c'était une longévité remarquable. Dans le pays, la popularité de Poincaré était à son zénith ; on pensait que le « sauveur du franc » allait rester longtemps au pouvoir.

Au printemps de 1928, la Chambre élue en juin 1924 arrivait au terme de son mandat. À plusieurs reprises, on avait évoqué une dissolution et des élections anticipées, mais Poincaré, qui n'était ni audacieux ni téméraire, était trop respectueux des coutumes républicaines pour se lancer dans une opération qui aurait menacé son cabinet et sa majorité. À la grande satisfaction des radicaux, le scrutin de liste avait été remplacé par le scrutin d'arrondissement à deux tours. Cette opération, qui briserait les listes de coalition de 1919 et de 1924, donnerait le champ libre à chaque formation politique de présenter ses candidats au premier tour. Au scrutin de ballottage, des regroupements s'opéreraient et permettraient au ministère de conserver sa majorité. Poincaré s'engagea dans la campagne électorale d'une façon inédite. Dans cette France du Midi qui, en 1924, avait voté en faveur du Cartel des gauches, il prononça deux grands discours où, après avoir dressé le bilan de son gouvernement, il demanda aux Français de lui donner les moyens de continuer son œuvre. Il prit soin de ne pas se lier par un programme et ne souffla pas un mot d'une éventuelle stabilisation du franc. Le pilote avait fait ses preuves; il était volontaire pour continuer.

Le premier discours fut prononcé à Bordeaux[1] le 25 mars 1928 devant 3 000 participants, dont beaucoup de maires et d'élus invités par l'Alliance républicaine démocratique et la chambre de commerce; Poincaré était accompagné de trois ministres, les modérés Georges Leygues et André Fallières et le radical-socialiste Henri Queuille; il avait orienté son propos vers les modérés. Il commença par une rétrospective : « Quand nous avons pris le pouvoir, la maison brûlait... On se trouvait devant l'imminence de la catastrophe. » Puis il mit résolument l'accent sur les résultats obtenus : équilibre budgétaire, aménagements des échéances, consolidation partielle de la dette flottante, stabilisation de fait du franc. Au fil des phrases, il eut l'habileté, pour donner un exemple significatif de « la concorde républicaine », de reprendre une phrase bien connue de son ministre Édouard Herriot : « Les fils ne se battent pas au chevet de la mère malade. »

Le dimanche suivant, le 1er avril 1928, Poincaré se rendit par le train à Carcassonne[2], chef-lieu du département de l'Aude et fief de son ministre de l'Intérieur, le sénateur radical-socialiste Albert Sarraut. Poincaré arriva à Carcassonne sous les nuages. « L'accueil de la foule fut aussi très gris. Quelques rares applaudissements, quelques cris "Vive Poincaré!" s'échappent de la foule pourtant assez dense. » Les partis socialiste et communiste avaient apposé des affiches hostiles. Devant un parterre d'élus locaux réunis autour d'un banquet républicain, Albert Sarraut se félicita de collaborer avec un homme qui illustrait « l'exemple républicain, qui n'a jamais failli à la foi laïque et à la défense des grandes libertés dont la République a doté la France ». L'après-midi, devant 3 000 auditeurs réunis au Grand Manège et sur l'esplanade attenante, Raymond Poincaré dressa le bilan de son gouvernement; il parla avant tout en républicain : « Je reste ce que j'étais hier, ce que je serai jusqu'à mon dernier jour, un républicain, fils de républicain, frère de républicain, fermement attaché à la liberté de conscience, depuis longtemps imprégné de l'esprit démocratique et laïque et un Français qui a toujours cru, qui continue à croire que la meilleure façon de servir l'humanité est de commencer par aimer sa patrie. » Suivait un commentaire de la « vieille devise de la Révolution française : Liberté, Égalité, Fraternité » qui était dans le droit fil de ce que Poincaré répétait depuis quarante ans. Un passage particulièrement destiné aux vignerons du Languedoc faisait l'éloge de la vigne et du vin et les encourageait à poursuivre dans la voie de l'association en développant « caves et distilleries coopératives », qualifiées d'« intéressantes entreprises ». Un autre passage du discours attaquait vigoureusement le communisme : « Il y a au fond dans cette conception une très grosse illusion et un très grand enfantillage. » Après avoir mis en garde « les quelques Français qui se laissent attirer par le mirage communiste », il assurait ses auditeurs que son gouvernement réagirait fermement à toutes les activités subversives comme « soulever nos colonies contre la métropole » ou « désorganiser l'armée et la marine ». Il achevait par cette phrase très ferme : « Demain comme hier, chaque fois qu'un crime sera commis, il sera réprimé... » Après ce discours, une éclaircie bienvenue permit à Poincaré de faire une petite promenade sur les remparts médiévaux avant de repartir pour Paris.

Tous ces thèmes furent repris et commentés les jours suivants par la presse nationale, par *La Dépêche de Toulouse* et la presse de province qui était dans son sillage. La gauche socialiste et communiste l'attaqua sans ménagement. Du côté des catholiques, les réactions furent vives. Poincaré, le laïque, était décidément incorrigible. Certains retrouvaient le Poincaré de toujours. D'autres firent une distinction entre son œuvre de relèvement national, qu'ils approuvaient, et le reste. *Le Lorrain* (Metz) invitait les catholiques à « aider M. Poincaré dans son œuvre de relèvement national tout en gardant leur indépendance au point de vue des idées morales et religieuses ». C'est pourquoi il était légitime de voter pour des candidats désireux de soutenir son action. D'ailleurs Poincaré avait annoncé et répété qu'il était décidé à poursuivre : « L'œuvre commencée doit être continuée par les méthodes dont nous nous sommes servis et avec une majorité républicaine résolue à se discipliner elle-même et à soutenir nos efforts. » Pour la première fois de sa vie, Poincaré s'engageait dans une élection nationale et laissait utiliser son nom par les candidats. C'est pourquoi on a parlé de candidats « poincaristes », puis d'« élections poincaristes ». On comprend pourquoi les journalistes et ensuite les historiens qui les ont suivis ont employé ces mots commodes. Ils sont trompeurs, car Poincaré n'avait distribué ni labels ni investitures. Était-il intervenu dans le détail de la « cuisine électorale » ? Ce n'est pas impossible, mais nous n'en avons pas trouvé de preuves concrètes. Comme tous les ministres de l'Intérieur, Albert Sarraut a utilisé les ressources des fonds secrets et a reçu des mains d'Émile

Moreau[3] « 500 000 francs en billets de banque pour soutenir ses candidats ». Comme il était naturel, Sarraut et Poincaré s'étaient partagé les rôles : le premier avait pris en charge la cuisine politicienne ; le second s'était placé au-dessus des partis, tel un sage garant du « sentiment de concorde républicaine ». En évitant de se salir les mains, il pouvait se présenter comme le serviteur de la Constitution républicaine et du régime parlementaire.

Le premier tour des élections législatives eut lieu le 22 avril ; il dégagea une tendance favorable à la continuation de l'expérience Poincaré. Toutefois, 177 députés seulement (sur 612 sièges à pourvoir) avaient été élus. La Bourse et les journaux étaient plutôt satisfaits. Pour avoir la confirmation de la tendance du premier tour, il fallut attendre les résultats du scrutin de ballottage du 29 avril où les électeurs assurèrent une large victoire au président du Conseil. On notait toutefois une ombre sérieuse au tableau : en Alsace et en Lorraine, quelques sièges étaient tombés entre les mains des autonomistes ou de communistes soutenus par les autonomistes. Par rapport à 1924, les déplacements de voix étaient faibles et l'interprétation des résultats délicate. Certes, les partis présents dans le cabinet obtinrent une large majorité. Parmi ceux-ci, les radicaux-socialistes avaient subi un léger fléchissement (125 députés dont 118 en métropole). Continueraient-ils à soutenir l'expérience Poincaré ? Dans l'immédiat, personne n'en doutait. Mais, à terme, la majorité qui la soutenait pouvait être amenée à se défaire. Les deux tiers des députés radicaux-socialistes avaient été élus au second tour grâce aux voix socialistes, c'est-à-dire grâce une alliance du Cartel des gauches. Ne seraient-ils pas tentés de se dégager de la férule de Poincaré ? Le centre droit gagnait des sièges car, lors du scrutin bipolaire du second tour, une partie des voix radicales avait rejoint le camp des modérés. Ne chercherait-il pas à pousser son avantage alors qu'il était traité en parent pauvre par Poincaré ?

Plus d'un mois s'écoula entre le second tour et la rentrée de la nouvelle Chambre. Jusqu'au 1er juin le ministère expédia les affaires courantes. Poincaré profita du répit qui lui était accordé pour faire un voyage à Strasbourg, où il présida l'assemblée annuelle des Amis de l'université de Strasbourg (5 mai), et à Metz où il fut reçu par les maires de la Moselle (6 mai) ; le soir, il couchait chez lui à Sampigny, et le lendemain (7 mai) il se rendait à Bar-le-Duc pour prononcer la traditionnelle allocution d'ouverture de la session du conseil général de la Meuse. Poincaré se félicita de la sagesse des électeurs français, démontra l'exigence d'« une majorité compacte et permanente », puis il traça quelques lignes directrices : organisation du travail, assurances sociales, soutien au logement et à la natalité. Il condamna le communisme et réaffirma ses convictions républicaines : « Que serait la République si elle n'était pas le progrès[4] ? » Dans presque chaque discours depuis sa première élection, Poincaré affirmait cette conviction ; c'était sa manière de rappeler son attachement aux valeurs de la gauche. Enfin il faisait une allusion discrète à la situation internationale : la France travaillait à « l'affermissement de la paix » et au « rapprochement de toutes les nations et particulièrement des nations européennes ». La presse reproduisit le discours de Bar-le-Duc et chercha à y lire le programme du futur gouvernement.

À Paris, pendant que les groupes parlementaires se constituaient, les négociations de couloir allaient bon train. L'un des enjeux était de savoir si le centre droit allait être en mesure de prendre le contrôle de la nouvelle Chambre et d'obtenir à l'occasion d'un remaniement ministériel une plus importante participation au cabinet. Le président de la Fédération républicaine, Louis Marin, dont le groupe parlementaire, l'URD, annonçait 110 membres, menait l'offensive. Il fallait cesser de le traiter en « parent pauvre » et entendre quelques-unes de ses légitimes exigences. Poincaré faisait la sourde oreille. Averti par des députés amis de ces redoutables appétits, Poincaré aurait fait ce commentaire devant son chef de cabinet : « Ils n'en ratent pas une... tant pis, je m'en irai. Ils stabiliseront sans moi[5]. »

Il n'eut pas à aller jusqu'à cette extrémité ; d'ailleurs la majorité des Français n'aurait pas compris son départ. Conscient de la fragilité de sa position, il jugea opportun de conserver l'architecture de son ministère fragile et se contenta de remplacer le ministre du Travail André Fallières, battu aux élections par le député du Nord Louis Loucheur[6]. Cette forte personnalité d'une grande expérience avait déjà occupé de nombreux portefeuilles ministériels ; c'était un ami d'Aristide Briand ; il était peu marqué à droite et avait de l'influence sur le milieu des affaires et sur la presse parisienne. C'était un excellent choix qui renforçait dans le ministère le camp des stabilisateurs. Dans l'hypothèse d'une démission de Poincaré, Loucheur, qui approchait de la soixantaine, était un successeur possible pour faire la stabilisation. Le nom de Loucheur resta attaché à une loi sur les habitations à loyer modéré connue sous le nom de loi Loucheur. L'autre innovation était modeste : c'était la création en faveur du député alsacien Alfred Oberkirch[7] du poste de sous-secrétaire d'État à l'Hygiène, au Travail et à la Prévoyance sociale. Poincaré distinguait le député alsacien patriote et fidèle plutôt que le membre du groupe Marin.

La formation du bureau de la Chambre fut défavorable à la droite. Poincaré soutint discrètement la candidature du président sortant, le socialiste modéré Fernand Bouisson, contre celle de Franklin-Bouillon, le bien médiocre candidat de la droite. Il fut aisément réélu, ce qui mit Louis Marin en fureur. Ensuite, la droite ne sut pas exploiter sa position et se divisa à tel point que la plupart des présidences des grandes commissions lui échappèrent. Celle des Affaires étrangères fut attribuée au socialiste Joseph Paul-Boncour et celle des

Finances au radical-socialiste Jean-Louis Malvy. La seule exception notable fut l'élection d'André Maginot à la présidence de la commission de la Guerre.

LA STABILISATION DU FRANC : UNE DÉCISION LONGUE À PRENDRE

Poincaré avait dit qu'il ne ferait pas la stabilisation avant les élections et que la stabilisation était moins une affaire technique qu'une question politique. Émile Moreau[8] le pressait de prendre « des décisions définitives au sujet de la stabilisation du franc » (22 mars 1928). Un jour, Poincaré paraissait acquis à cette opération ; un autre jour, il paraissait n'avoir pris aucune décision et la repoussait. Le lendemain du discours de Carcassonne, le 2 avril, Moreau rencontra le directeur du Mouvement général des fonds, Morey, qui lui assura : « M. Poincaré fera la stabilisation à la date que je lui indiquerai comme opportune. »

À peine les élections étaient-elles passées que Moreau revint à la charge. Poincaré n'était pas convaincu ; il rencontrait des obstacles au sein du cabinet : Briand, Herriot et surtout Louis Marin, qui menaçait de démissionner. Le président de la République, Gaston Doumergue, était du côté des revalorisateurs. Le 16 mai, Moreau fixa à Poincaré une échéance ; il ne faudrait pas aller au-delà du 15 juillet. Devant la poursuite des hésitations de Poincaré, Moreau mit sa démission dans la balance (31 mai). La rumeur filtra dans la presse. Il partirait si Poincaré renonçait à la stabilisation. De son côté, Poincaré agita la menace d'une démission, au grand scandale d'Émile Moreau. En réalité, il n'avait nullement l'intention de partir. Jean-Noël Jeanneney[9] parle à juste titre d'un « stratagème » de Poincaré.

Dans sa déclaration ministérielle du 7 juin 1928, Poincaré ne souffla mot de la stabilisation du franc alors que cette question était sur toutes les lèvres. Dans les couloirs, selon Émile Moreau, il se serait engagé à faire la stabilisation. Sa principale difficulté venait moins des parlementaires que des oppositions au sein du cabinet. À l'intérieur, Briand et Herriot faisaient encore des objections ; ils finirent par se résigner. Louis Marin était le plus acharné et le plus entêté de tous. Depuis des semaines, la presse de la Fédération républicaine et tout d'abord son hebdomadaire, *La Nation*, faute de pouvoir s'en prendre directement à Poincaré, tirait à boulets rouges sur les techniciens comme Émile Moreau. Jusqu'au bout, Marin fit de l'obstruction, soutenu par son ami François de Wendel. Il brandissait l'arme de la démission et montrait la lettre qu'il avait préparée. Sa personnalité et son comportement irritaient Poincaré au plus haut point. Mais Marin[10] n'avait pas les moyens de ses désirs. Isolé, laminé, il ne fut pas en mesure d'aller jusqu'au bout de sa menace et resta dans le cabinet.

Pas à pas, Poincaré avait fini par aplanir tous les obstacles. Il avait pesé longuement les arguments des uns et des autres, les avantages et les inconvénients de l'une ou l'autre solution. Au fond de lui-même, il aurait souhaité la revalorisation; par raison et par réalisme, il avait consenti à la stabilisation sur les bases proposées par Moreau, stabilisation acquise de fait depuis plus d'un an. Poincaré était le seul homme politique à pouvoir faire accepter aux Français une dévaluation. Bien entendu, ce mot infâme fut soigneusement évité. À partir du 10 juin des informations commencèrent à filtrer dans la presse. « On va stabiliser. » Même Joseph Caillaux, peu suspect de sympathie à l'égard du président du Conseil, déclarait, beau joueur, dans la Sarthe : « La stabilisation [...] s'impose. Notre entier concours est acquis au gouvernement » (10 juin 1928). Les rangs des adversaires de la stabilisation se clairsemaient et on prévoyait, sans en connaître encore l'étendue exacte, un grand succès du président du Conseil. Celui-ci aurait souhaité obtenir un très large assentiment parlementaire, si possible jusqu'aux socialistes.

Le projet de loi, qui était assorti de deux conventions, l'une avec la Banque de France et l'autre avec la Caisse d'amortissement, fut présenté à la Chambre le 21 juin. Poincaré gravit la tribune d'un pas allègre et étala devant lui un copieux dossier[11]. Il commença par ironiser sur une remarque du socialiste Vincent Auriol qui avait critiqué la longueur de sa déclaration ministérielle du 7 juin précédent. Puis il se lança dans l'une de ces longues démonstrations dont il avait le secret; il fut écouté avec une grande attention et fort peu interrompu; une ou deux fois, au-dessus des députés, il s'adressa à Léon Blum qui, depuis son échec aux élections, assistait aux séances dans la tribune du public. Il expliqua que « l'idéal serait de pouvoir procéder à une revalorisation totale » afin de ne pas amputer le capital des rentiers qui avaient fait confiance à l'État. Puis il détailla « les inconvénients multiples de la revalorisation ». Avec un franc qui conservait seulement « un cinquième de sa valeur ancienne », on ne pouvait pas revaloriser comme l'avaient fait les Anglais avec la livre. Une fois de plus, Poincaré avait réalisé une performance. Ce « grand et excellent discours » fut salué par des commentaires admiratifs. « C'est un avocat qui sait plaider de façon magistrale son dossier », notait Émile Moreau, encore plus satisfait d'avoir reconnu dans le texte « des passages des notes que nous lui avions fournies ». La loi fut votée le 25 juin 1928 à une très forte majorité par 452 voix pour et seulement 18 voix contre (les communistes et quelques isolés, dont François de Wendel). Par solidarité gouvernementale, Louis Marin avait été obligé de voter la stabilisation!

La valeur du nouveau franc Poincaré était fixée au cinquième du franc germinal, ce qui plaçait la livre à 125 francs et le dollar à 25 francs. Ainsi naquit le franc Poincaré, le franc à quatre sous selon certains humoristes. Les « revalorisateurs » remâchèrent leur amertume mais aucun de leurs partisans dans le cabinet ne démissionna, par crainte de favoriser un retour du Cartel. François de Wendel calma les plus excités de ses amis, qui parlaient de faire tomber le cabinet. Cette opération avait encore consolidé le capital de confiance que les Français accordaient à Poincaré. De tous les hommes politiques, il était probablement le seul à pouvoir faire accepter cette indispensable et réaliste amputation du franc.

Le sauveur menacé par la grogne des partis

Les modérés restaient mécontents d'être si mal traités. Depuis deux ans ils soutenaient Poincaré sans être payés de retour. Le groupe Marin était particulièrement amer et *La Nation*, l'hebdomadaire de la Fédération républicaine, prenait ses distances. Parmi les jeunes élus de la droite, Paul Reynaud, qui n'avait jamais apprécié Poincaré, ne faisait pas mystère de son hostilité, mais il ne pouvait pas le dire publiquement de crainte d'être foudroyé et incompris de ses électeurs. Même à l'Alliance démocratique Poincaré n'avait pas que des amis et son ancien secrétaire, Charles Reibel, vice-président de l'Alliance, menait la guérilla contre son ex-patron, avec lequel il s'était brouillé.

Du côté des radicaux, on souffrait de la férule de Poincaré, auquel on reprochait ses manières de maître d'école ; beaucoup aspiraient à se rapprocher des socialistes, et les militants parlaient de trahison. Cependant, au terme de débats internes complexes, le groupe vota presque entièrement (107 députés sur 115) l'ordre du jour de confiance qui suivit la déclaration ministérielle du 28 juin 1928. Poincaré leur avait accordé de nombreuses satisfactions : retour au scrutin d'arrondissement, vigilance laïque, politique étrangère favorable à l'arbitrage de la SDN. Toutefois, avec certains radicaux les relations avaient tourné à l'aigre. Le nouveau président de la commission des Finances, Jean-Louis Malvy, harcelait Poincaré et multipliait les réserves. Le conflit dépassait la salle des séances pour être évoqué dans la presse. Dans *Le Populaire*, Paul Faure campait un Poincaré « tout à fait à cran, pas à toucher avec des pincettes, barbiche en bataille et s'écriant : "Non, non, aucune réserve, aucune..." » Une quinzaine de jours plus tard (8 juillet), un violent incident de séance opposa à la Chambre le président à Gaston Bergery. Marié à la fille de l'ambassadeur soviétique Krassine, c'était un personnage, mêlé à la vie du Tout-Paris. Il avait été secrétaire général de la délégation française à la Commission des réparations, où il avait travaillé avec Poincaré. Il avait profité de sa situation pour fournir à Herriot des documents lui permettant d'attaquer son ancien chef. En 1924, Herriot le prit comme chef de cabinet puis le fit élire député de Mantes. Il semble que Bergery fût passé dans la clientèle de Caillaux, dont il devint le poisson pilote à la Chambre. Chez ce personnage que Poincaré détestait, il y avait une volonté provocatrice. Devant l'attaque de l'impudent, Poincaré, cramoisi, frappa du poing sur son pupitre et voulut s'élancer sur son interrupteur; il fallut le retenir par son veston. Dans les couloirs, Poincaré ne décolérait pas contre Bergery et aurait dit à Renaudel : « S'il veut m'envoyer des témoins, ce ne sera pas lui le plus jeune ! » Poincaré[12], pugnace et rageur, faisait allusion à l'unique duel de sa carrière, celui qui l'avait opposé à Tugny dans la Meuse en 1888, il y avait plus de quarante ans ! Bien sûr, il n'était pas question d'aller sur le pré, mais la simple évocation de cette éventualité montrait l'extrême irritation du président.

Le danger venait moins de ces voltigeurs que du nouveau président du parti radical, Édouard Daladier[13]. Le « Taureau du Vaucluse » avait été dès le début hostile à l'Union nationale ; son but était d'en faire sortir son parti et il chercha à marquer des points sur Édouard Herriot, prisonnier de la solidarité ministérielle. Ainsi s'engageait, à fleurets mouchetés, la « guerre des deux Édouard », qui fit longtemps les délices des chroniqueurs politiques. C'était, à moyen terme, de mauvais augure pour la poursuite de l'expérience Poincaré.

Les vacances parlementaires permirent à Poincaré de passer un paisible été dans sa maison de Sampigny ; ses déplacements[14] furent limités à un voyage dans les Vosges, à Remiremont, où il alla inaugurer un monument en l'honneur de Jules Méline. Le 2 septembre, l'avion du ministre Maurice Bokanowski s'écrasa dans un champ près de Toul ; Poincaré fut douloureusement éprouvé par ce deuil imprévu où disparaissait l'un de ses plus actifs collaborateurs. Lors du petit remaniement ministériel qui suivit, le sénateur Henry Chéron rentra au cabinet et Poincaré créa un ministère autonome de l'Air (6 septembre), qu'il confia au radical indépendant Laurent-Eynac ; son heureux titulaire eut beaucoup de difficultés à définir ses nouvelles attributions et Poincaré dut arbitrer un conflit de compétence entre la Guerre, la Marine et l'Air.

Le 25 septembre, Poincaré rentra à Paris pour suivre les travaux de la commission des Finances. La discussion du budget est toujours une période éprouvante pour le ministre des Finances, qui est placé en première ligne. Les relations tournèrent à l'aigre entre Poincaré et deux parlementaires radicaux-socialistes importants, Jean-Louis Malvy, président de la commission des Finances, et Lucien Lamoureux, rapporteur de cette même commission. Poincaré repoussa une grande part de leurs exigences. Puis un incident sérieux se produisit à propos des articles 70 et 71 de la loi de finances : le premier proposait la restitution aux associations cultuelles des biens d'Église non aliénés ; le second concernait l'installation en France des noviciats des congrégations missionnaires. Les radicaux y virent une atteinte intolérable aux lois laïques et le préalable à une autorisation sans contrôle des congrégations. Édouard Herriot s'opposa à ce texte sur lequel on finit par trouver un compromis.

Les radicaux lâchent Poincaré

Quelques jours plus tard, alors que cet incident paraissait réglé, le congrès du parti radical-socialiste se réunissait comme prévu à Angers[15] ; il se déroulait paisiblement et la participation des ministres radicaux au cabinet Poincaré ne semblait pas remise en cause. Le 6 novembre au soir, les quatre ministres radicaux quittèrent le congrès et prirent le train de Paris. Avec l'appui du président Daladier, Joseph Caillaux, resté un adversaire irréductible de Poincaré et qui n'avait pas pardonné à Herriot d'avoir torpillé sa tentative de 1926, obtint une séance de nuit supplémentaire, au cours de laquelle il fit voter une motion demandant le retrait des ministres et le retour à une politique d'union des gauches. À leur arrivée à Paris, les ministres apprirent avec stupeur ce vote nocturne. Que faire? Fallait-il se soumettre ou non à une motion qui aurait été repoussée s'ils avaient été dans la salle? Fallait-il respecter la solidarité ministérielle et demander un vote de confiance du Parlement? Édouard Herriot et ses trois collègues, Henri Queuille, Léon Perrier et Albert Sarraut, se concertèrent ; ils savaient que les cadres de leur parti étaient en majorité hostiles à l'Union nationale et qu'ils souhaitaient le départ des ministres. Ils présentèrent donc leur démission à Poincaré. Devant cette défection soudaine qui ne pouvait guère surprendre les initiés, Poincaré avait deux solutions : replâtrer son ministère ou démissionner. Le replâtrage, comme on disait alors, consistait à prendre acte de la situation, à remplacer les ministres démissionnaires puis à solliciter un vote de confiance de la Chambre. S'il adoptait cette voie, c'était consommer la rupture avec les radicaux et se ranger à droite, c'est-à-dire aller à l'opposé de ce qu'il avait toujours voulu. C'est pourquoi il préféra remettre sa démission au président de la République. Une crise ministérielle s'ouvrait sans un vote du Parlement. L'institution parlementaire était bafouée par les dirigeants d'un parti qui, en d'autres temps, s'en étaient faits les défenseurs sourcilleux. La grande presse, toujours favorable à Poincaré, dénonça la « trahison des radicaux », « le coup d'Angers ». Dans la presse de province, les radicaux n'étaient pas mieux traités. René Mercier, le directeur de *L'Est républicain*, un partisan décidé de la concentration, était navré de ce comportement : « Jusqu'à maintenant, c'était la Chambre qui représentait les électeurs et, ayant la responsabilité de ses actes, avait le droit et le pouvoir de renverser les ministères. Parfois le Sénat faisait au gouvernement une existence tellement pénible que les ministres se désistaient... Aujourd'hui, c'est une assemblée de partisans non élus au suffrage universel, dépourvus de mandat, qui oblige ses chefs à se retirer, détruit le ministère d'union auquel nous devions l'assainissement financier de la nation et où étaient représentés presque tous les partis par leurs chefs les plus autorisés. C'est une méthode nouvelle dont l'application est désastreuse[16]. » Cette longue citation qui mettait le doigt sur un point capital, le non-respect des règles du régime parlementaire, montrait que la crise dont celui-ci souffrit dans les années 1930 était en réalité bien antérieure.

À l'arrière-plan du congrès d'Angers, deux noms se profilaient, ceux de Jean Montigny et de Gaston Bergery, qui étaient passés dans la clientèle de Caillaux. Le premier était un avocat d'affaires qui avait travaillé pour l'Union des mines et qui était entré en conflit avec Poincaré à propos d'une affaire de fraude. À ces deux voltigeurs il faut ajouter un vétéran, le président de la commission des Finances, Jean-Louis Malvy. On a souvent parlé d'un « complot » dont Caillaux aurait été la tête pensante. C'était une opinion très répandue et partagée par l'entourage immédiat de Poincaré. Dans une note écrite ultérieurement, alors que les passions étaient retombées, Jean du Buît était plus dubitatif et jugeait la responsabilité directe de Caillaux « douteuse, encore qu'à l'époque j'y crus fermement comme tout le monde ». Il remarquait toutefois que les attaques lancées dans les journaux n'avaient guère été coordonnées. La chute du ministère d'Union nationale était due à « l'environnement radical » plus qu'à un complot ourdi et conduit par le « général » Caillaux. D'ailleurs, si celui-ci apparut pendant quelques jours comme le grand vainqueur, il n'en tira aucun avantage.

Un nouveau ministère Poincaré

Si la formule de l'Union nationale avait fait son temps, Poincaré n'avait pas perdu de sa popularité, et sa personne n'était pas contestée. Après le ballet rituel des consultations à l'Élysée, Gaston Doumergue lui demanda de former un nouveau gouvernement.

Poincaré commença par chercher un terrain d'entente avec les radicaux, auxquels il offrit quatre portefeuilles. Les négociations tournèrent court et, à regret, Poincaré dut se priver de leur concours. Pour montrer que son cabinet avait toujours la même coloration de gauche, il remplaça les radicaux par des républicains socialistes. Un peu fatigué, Poincaré abandonna le portefeuille des Finances et se contenta de garder la présidence du Conseil. Il continua de résider rue de Rivoli. René Mercier se félicita de « l'heureuse persévérance de Poincaré » et souhaita « bonne chance à ce nouveau gouvernement de concorde républicaine ».

Les piliers étaient toujours les quatre anciens présidents du Conseil : Aristide Briand aux Affaires étrangères, Louis Barthou à la Justice, Paul Painlevé à la Guerre et Georges Leygues à la Marine. Dans une lettre personnelle, Painlevé[17] avait assuré Poincaré de sa collaboration et de son dévouement, « afin de poursuivre à vos côtés une œuvre qui vous vaut justement la reconnaissance nationale » (10 novembre 1928). Les questions monétaires étant résolues et l'aisance budgétaire étant revenue, Raymond Poincaré confia le portefeuille des Finances au sénateur du Calvados Henry Chéron[18] qu'il avait fait entrer dans le cabinet après la mort de Bokanowski. C'était un brave homme au ventre rebondi et qui portait une magnifique barbe blanche; il était économe, satisfait et un peu sentencieux; il ne risquait ni de porter ombrage à son chef ni de prendre des initiatives osées. Il assurerait une gestion prudente; sa personnalité et ses propos étaient à l'unisson de la petite bourgeoisie de province, qui était la base sociale du poincarisme. L'inflexion vers la droite était marquée par la promotion d'André Tardieu, qui s'installait à l'Intérieur, et par le retour d'André Maginot[19], qui obtenait le portefeuille des Colonies. Une nouveauté était la nomination de plusieurs secrétaires d'État, parmi lesquels André François-Poncet, qui reçut l'Enseignement technique et les Beaux-Arts. Ce normalien, agrégé d'allemand, qui avait dirigé le bureau de presse français à Düsseldorf, était un bon connaisseur de l'Allemagne et avait des relations dans les milieux d'affaires; il était dans une position d'attente et d'observation qui lui permit utilement de se faire remarquer; en 1932, il fut nommé ambassadeur de France à Berlin. La Fédération républicaine, dont le groupe parlementaire était le plus nombreux de la majorité (près de 120 députés), était toujours traitée en parent pauvre. Pour équilibrer le départ des ministres radicaux, Poincaré n'avait pas hésité à laisser sur la touche son président, Louis Marin[20]. En juin, alors que celui-ci songeait à démissionner ou faisait semblant de le vouloir, Poincaré l'avait retenu par les basques de sa veste. Maintenant il débarquait sans aucun ménagement le « Sanglier de Lorraine » et le remplaçait par l'un des vice-présidents de la Fédération en la personne du député de Seine-et-Oise Georges Bonnefous[21], auquel il attribuait le portefeuille du Commerce. Marin fut ulcéré de cette éviction et lui en garda une vive rancune. Bien que Poincaré l'eût remplacé par un parlementaire de sa tendance, il fut courroucé d'avoir été sacrifié « aux rancunes misérables des radicaux ». Son éviction était « un geste d'une rare inélégance ou pour parler plus précisément d'une belle muflerie ». Le groupe qu'il présidait n'en était pas mois acculé à voter pour ce ministère! La crise ouverte par le congrès d'Angers paraissait donc avoir été résolue.

Dans sa déclaration ministérielle du 16 novembre 1928[22], Poincaré adopta un ton modéré et lança un appel « à la concorde des républicains », reprenant sa formule favorite, qu'il avait déjà placée dans le discours de Carcassonne. Ce clin d'œil aux radicaux irrita Louis Marin : « Il ne parle plus d'Union nationale mais de "concorde républicaine" ! » Poincaré n'avait pas coupé les ponts avec les radicaux. Il obtint la confiance par 330 voix contre 129, les radicaux s'étant abstenus, sauf sept qui avaient voté pour et sept qui avaient voté contre. Poincaré ne désespérait pas de retrouver leur soutien sur une question de politique étrangère où des défections à droite étaient toujours à craindre. Lors du vote de la loi militaire, les radicaux se divisèrent : 55 voix pour, 61 contre, dont leur président Daladier. Poincaré était désormais soumis à une guérilla parlementaire harassante ; à plusieurs reprises, il menaça de démissionner, mais n'en fit rien.

Au début de l'année 1929, Poincaré engagea de nouvelles négociations avec les radicaux et proposa un portefeuille à Édouard Daladier ; on se serait acheminé vers une majorité qui aurait exclu le groupe Marin et se serait décalée vers la gauche. Cette opération tourna court une nouvelle fois. Lors du débat qui s'engagea ensuite à la Chambre, Daladier somma Poincaré « de choisir entre Méline et Waldeck-Rousseau ». Des députés de la base qui n'avaient que faire de ces références historiques et des prudences de leur président attaquèrent Poincaré de front. Aux critiques du député radical-socialiste Léon Meyer, Poincaré répliqua[23] : « J'ai toujours été au premier rang pour défendre le régime parlementaire. Je ne suis pas ici d'hier, j'y étais longtemps avant vous... On me verra toujours remplir de toutes mes forces et de tout mon cœur mon devoir de vieux républicain » (11 janvier). Lors du vote qui suivit, la quasi-totalité du groupe radical passa dans l'opposition, et 116 députés sur 125 votèrent contre le cabinet. À quelques exceptions près, le groupe parlementaire campait dans l'opposition. Son nouveau secrétaire administratif adjoint, le jeune et actif Jacques Kayser, venait de publier contre Poincaré une brochure bien documentée intitulée *L'Action républicaine de M. Poincaré* où il s'efforçait de démontrer que ce « républicain » n'était plus depuis longtemps un véritable homme de gauche. Auprès d'Édouard Daladier, il avait été nommé délégué à la propagande.

Au début de mars 1929, la presse s'interrogeait une nouvelle fois sur un éventuel remaniement ministériel et un retour des radicaux dans le cabinet. C'était un faux espoir et la guérilla parlementaire reprit de plus belle. Une partie des radicaux attaquait désormais la personne même de Poincaré. C'étaient des jeunes ou des parlementaires de base qui posaient les banderilles, car les dirigeants restaient prudemment à l'écart. Au député radical Aimé Berthod, qui l'avait accroché, Poincaré répliquait : « Je n'ai pas de leçon à recevoir de vous... J'ai toujours défendu le régime parlementaire non seulement par les paroles mais par ma manière d'exercer mon mandat[24]. » Ces échanges acerbes n'empêchaient pas Poincaré de ménager les radicaux et d'espérer les réintégrer un jour dans le cabinet. Celui-ci n'était pas en danger et plusieurs votes délicats furent franchis sans encombre. Le ton fut donné par le pamphlet de Jacques Kayser[25], représentatif de l'état d'esprit très critique des jeunes radicaux vis-à-vis du vieux républicain Poincaré. Un journaliste notait avec finesse la position de ce dernier vis-à-vis des radicaux : « Bien qu'il soit un homme de gauche et qu'il ait toujours pour certains grands chefs du parti radical-socialiste des amitiés et des complaisances, jamais il n'a été disposé à se placer sous leur dépendance et à trahir à leur profit la confiance que la nation a mise en lui. » Au Sénat, Poincaré conservait une majorité massive. Dans l'opinion, où, d'ordinaire, l'usure des hommes politiques est rapide, son crédit demeurait exceptionnel.

Autour de la négociation du plan Young

Au cours du premier semestre de 1929, les préoccupations de politique étrangère reprirent le pas sur celles de politique intérieure, auxquelles elles étaient du reste étroitement associées. Poincaré jugeait essentiel de trouver une solution aux réparations allemandes, puisque le plan Dawes arrivait à échéance en septembre 1929. Les questions liées à l'évacuation de la Rhénanie et à la Sarre devaient, contrairement aux désirs maintes fois exprimés par les Allemands, être traitées après les réparations.

Lors de la visite à Paris du secrétaire d'État américain Kellogg (27 août 1928), venu signer le pacte contre la guerre, Poincaré avait accepté la réunion d'un comité d'experts indépendants pour mettre au point un plan définitif de paiement des réparations allemandes. Chacun des six pays auraient deux représentants et, cette fois-ci, l'Allemagne serait membre à part entière. Comme le comité précédent, il serait présidé par un Américain. Le département d'État désigna Owen Young. Dans le comité qui se réunit à Paris à partir de février 1929, les Allemands étaient représentés[26] par le président de la Reichsbank, le Dr Hjalmar Schacht, et par un industriel de l'industrie lourde, Albert Vögler[27], proche des milieux nationalistes; ils étaient assistés d'un banquier et d'un haut fonctionnaire. Les délégués français étaient Émile Moreau, gouverneur de la Banque de France, et Pierre Quesnay, l'un des meilleurs experts français en matière de réparations et de transferts financiers internationaux. Schacht et Moreau se connaissaient et s'étaient déjà rencontrés à plusieurs reprises à Berlin et à Paris. Il s'agit maintenant d'essayer de dégager le rôle de Poincaré dans les relations franco-allemandes et la perception qu'en ont eue les Allemands.

Ceux-ci s'installèrent confortablement pour quatre mois à l'hôtel Royal Monceau et participèrent à des réunions presque quotidiennes.

De la lecture des fréquents rapports que Schacht[28] adressait au chancelier social-démocrate Müller et à son ministre des Affaires étrangères se dégage une donnée fondamentale : Poincaré était l'adversaire principal, mais c'était un adversaire invisible, car il ne participait pas aux négociations et les délégués allemands ne le rencontraient jamais. L'interlocuteur quotidien de Schacht était son homologue Émile Moreau; Schacht avait l'impression qu'il n'était pas libre. Quand Moreau disait : « Je suis obligé de dire... », Schacht y voyait la traduction diplomatique des directives de Poincaré, que Moreau rencontrait presque tous les jours. Et il ajoutait : « Du côté français, l'indépendance des experts n'est qu'une apparence... » L'était-elle davantage du côté allemand? On peut en douter. Malheureusement, Émile Moreau n'a pas tenu de journal de ces négociations. On peut penser que ses rencontres et entretiens avec Poincaré durent être aussi fréquents que durant les années précédentes.

On ne s'étonnera pas de l'extrême attention avec laquelle Schacht suivait les péripéties de la politique intérieure française. Parfois les débats parlementaires lui donnèrent de faux espoirs! « Ce serait sans doute très désirable pour l'Allemagne si Poincaré venait à tomber pendant la conférence », notait-il un jour. La volonté probablement délibérée de Poincaré de ne pas se laisser approcher irritait Schacht au plus haut point. En février 1929, Poincaré donna une grande réception officielle au ministère des Finances. Schacht[29], qui avait été invité, fit ce commentaire : « Poincaré n'a pas échangé un seul mot avec un Allemand; au demeurant il n'a rien dit au président de la conférence Owen Young. » Pourtant Schacht ne se rebuta pas; par un ami il chercha à approcher Poincaré. En vain, pendant quatre mois, le bureau de Poincaré resta pour lui inaccessible.

On comprend dans ces conditions la lenteur et les difficultés des négociations. À la mi-avril les tensions étaient telles que l'on parut proche de la rupture. Schacht avait présenté un plan qui mit le feu aux poudres. Les délégués étaient perplexes et sur le qui-vive. Albert Vögler voulut s'en aller. Stresemann s'inquiéta, le chancelier Müller aussi. Dans la presse de droite, on voulait la rupture. Pour Stresemann et le chancelier Müller[30], dans l'immédiat l'essentiel n'était pas tant les réparations que la libération des contrôles et des gages et un accord sur l'évacuation anticipée de la Rhénanie. Si l'on avait des chances de l'obtenir, il fallait signer le compromis proposé par Owen Young. Ce texte encore très contraignant était loin de faire tomber « les chaînes de Versailles ». Le 20 mai, on s'interrogeait toujours à Berlin et à Paris sur les conséquences d'une absence de solution (*Nichtlösung*); ce serait une décision politique avec des conséquences désagréables et imprévisibles. Ce jour-là, Poincaré était au fort de Douaumont où il prononça un discours assez dur. Vögler demanda à être déchargé de ses fonctions pour ne pas avoir à signer. Finalement, le chancelier social-démocrate Müller, qui avait dix ans plus tôt, au moment du traité de Versailles, vécu une situation de ce type, donna l'ordre de poursuivre et de signer. Après quatre mois d'âpres discussions la signature du texte qui allait devenir le plan Young intervint à Paris le 31 mai 1929. Schacht signait au nom de l'Allemagne le plan Young, plan qu'il jugeait inapplicable, « un non-sens économique », et dont il pensait qu'il serait rapidement abandonné dès que la Rhénanie serait libérée de l'occupation française. Il quitta Paris et rentra à Berlin.

Le plan Young avait été signé par le gouvernement allemand sous la pression internationale. Il maintenait les réparations tout en abaissant leur montant. Il prévoyait d'étaler leur paiement sur une durée cinquante-sept ans (soit jusqu'en 1987), à raison de trente-cinq annuités de 2 milliards de marks-or et de vingt-deux annuités dites conditionnelles qui ne seraient exigibles que si les États-Unis réclamaient le remboursement de leurs créances. Les sommes seraient versées par l'Allemagne à la Banque de règlements internationaux, laquelle effectuerait les transferts entre les ayants droit.

En Allemagne, la signature de cet accord fut accueillie par un tollé général ; il était inacceptable de continuer à payer pendant cinquante-sept ans ! Pour apaiser l'indignation de ses compatriotes, Stresemann[31] fit valoir que l'acceptation du plan Young permettrait l'évacuation anticipée de la Rhénanie. Du côté français, depuis plusieurs années on s'interrogeait et Poincaré avait toujours refusé cette concession. Maintenant que l'on tenait un accord sur les réparations, fallait-il se résoudre à l'abandon de la ligne militaire du Rhin ? Certes, dans l'hypothèse de l'évacuation française, la rive gauche du Rhin, conformément aux dispositions de Locarno, resterait démilitarisée. Pour combien de temps ? Poincaré était sans illusion. Avec Maginot et les chefs militaires, il finit par se résigner à suivre sur ce point capital Aristide Briand. Au retour d'un voyage en Espagne, Stresemann s'arrêta une journée le 19 juin 1929 à Paris ; c'était la seconde fois qu'il se rendait dans la capitale française. Il conféra avec Briand au Quai d'Orsay, puis il eut un entretien d'une heure avec Poincaré. L'essentiel fut acquis ; la France accepta l'évacuation de la Rhénanie avec un calendrier assez rapide : le 10 janvier 1930 pour la zone de Coblence, le 30 juin 1930 pour celle de Mayence ; quant à la troisième et dernière zone, elle serait seulement évacuée après la mise à exécution du plan Young. Une conférence devait se réunir pour en définir les modalités. Schacht avait souhaité qu'elle se tînt à Londres, « le lieu le plus adéquat, où l'Allemagne pourrait espérer le meilleur soutien à sa position ». On choisit un terrain neutre, La Haye, capitale des Pays-Bas ; l'ouverture de la future conférence était prévue pour le 5 août 1929.

Malgré cette lancinante préoccupation, Poincaré continuait de déployer une grande activité. Au printemps de 1929, il parla au banquet des auteurs dramatiques puis devant les chambres d'agriculture. Les exigences de l'actualité l'amenèrent à prononcer aux Invalides l'éloge funèbre du maréchal Foch[32], avec lequel il avait travaillé. Il n'avait pas toujours été d'accord avec lui et Foch lui reprochait son indécision et son manque de caractère. Au-delà de ces divergences, les deux hommes s'estimaient et pour Poincaré, qui avait déjà reçu Foch à l'Académie française, c'était, comme il l'écrivait à la maréchale, un devoir de témoigner « à sa famille et en particulier à vous-même, les sentiments de tout le peuple français[33] ». Le futur académicien André Maurois[34], qui avait assisté à la cérémonie au milieu des mutilés et des blessés de guerre, écrivait quelques jours plus tard (29 mars 1929) à Mme Poincaré : « Admirable discours... sa voix, une fois de plus, était la voix de la France ; il nous a profondément émus » et il remarquait « la confiance que M. Poincaré inspire au peuple de Paris ». Il faut sans doute tempérer cette appréciation ; le « peuple de Paris », c'étaient les anciens combattants, les classes moyennes et non les ouvriers des arrondissements de l'Est ou de la proche banlieue, qui déjà votaient largement communiste. En avril 1929, Poincaré se rendit en Alsace et, devant l'université de Strasbourg, fit le bilan de sa politique alsacienne (20 avril 1929). Il arrivait directement de Sampigny, où il s'était reposé quelques jours, et il dîna à Strasbourg chez son ami le recteur Christian Pfister. En mai, il fit un voyage officiel de trois jours en Lorraine et passa à Domrémy et à Neufchâteau, où il inaugura une plaque commémorative sur la maison de son arrière-grand-père. Puis il se rendit à Saint-Étienne au Congrès national des anciens combattants, où il prit la parole (25 mai), et à Saint-Émilion (26 mai). Poincaré paraissait inébranlable et l'âge ne semblait avoir aucune prise sur lui. En réalité, sans le dire, il se sentait fatigué. Lors d'une visite rue de Rivoli, P.-B. Gheusi trouva « le président fatigué, nerveux, plus pâle que de coutume. Il cache son état de santé à ses intimes. Ribière m'assure qu'il se porte bien[35]... »

Les dernières batailles parlementaires

Il fallait maintenant faire ratifier par la chambre le plan Young. Convenait-il de lier cette ratification avec celle de deux accords internationaux concernant les dettes interalliées[36] ? Le premier texte, les accords Mellon-Bérenger, avait été signé avec les États-Unis le 30 avril 1926 ; le second, les accords Churchill-Caillaux, avait été signé avec la Grande-Bretagne le 12 juillet 1926. En arrivant au pouvoir, Poincaré trouva cet héritage. Comme il désapprouvait ces deux conventions, il ne les avait jamais présentées au Parlement. Maintenant qu'un accord général sur les réparations avait été obtenu, la

France devait ratifier ces deux textes demeurés en souffrance et commencer à rembourser ses dettes. De nombreux visiteurs, dont Stéphane Lauzanne, secrétaire général du *Matin*, l'incitaient à faire ratifier ces accords. Poincaré ne se laissait pas convaincre. Toutefois, une échéance fixée au 31 juillet 1929 rendait urgente la ratification des accords Mellon-Bérenger. Si la ratification n'était pas acquise à cette date, la France devrait payer aux États-Unis une somme de 400 millions de francs, correspondant à la valeur du matériel laissé sur son territoire en 1919 par les Américains.

Un argument majeur emporta la décision de Poincaré : un plan de règlement définitif concernant le paiement des réparations allemandes était enfin mis sur pied ; il avait obtenu l'accord de toutes les parties ; il serait désormais possible de rembourser les Anglo-Saxons. Certes, les deux textes étaient indépendants l'un de l'autre ; le plan Young n'avait établi entre eux aucun lien juridique, mais dans l'esprit de Raymond Poincaré, leur application était étroitement liée, car seul le paiement régulier des réparations allemandes assurerait le remboursement des dettes interalliées.

La bataille de la ratification s'engagea dans le courant du mois de juin. L'assise parlementaire du cabinet était devenue si fragile qu'il était à la merci d'un incident de séance. Certains journaux étrangers, tel le quotidien socialiste allemand *Vorwärts*, annonçaient comme « inévitable[37] » une crise à l'intérieur du gouvernement et de sa majorité. En acceptant l'évacuation anticipée de la Rhénanie, Poincaré avait abandonné ce qu'il avait promis à Foch de conserver coûte que coûte ; il savait que la Fédération républicaine ouvrirait les hostilités. Son président, Louis Marin, qui avait voté contre le traité de Versailles, qu'il avait trouvé trop doux, se déchaînerait. Entraînerait-il tous ses amis derrière lui ? Poincaré serait-il en mesure de compenser à gauche les défections prévisibles à droite ? Rien n'était moins sûr. Comment faire passer une politique étrangère qui était réputée de gauche alors que l'assise naturelle du cabinet était à droite ? C'était la quadrature du cercle.

Poincaré décida de commencer par la ratification des accords sur le plan Young. Les discussions s'engagèrent le 17 juin devant les commissions réunies des Finances et des Affaires étrangères (88 membres). Elles durèrent plus de huit séances au cours desquelles Poincaré plaida et argumenta ; il eut plusieurs accrochages, dont un sérieux avec le socialiste Vincent Auriol. Dans la presse, on pensait que la majorité suivrait Poincaré, « malgré les embûches politiques ». Au sein de la Fédération républicaine, la position du président Louis Marin, un adversaire farouche de la ratification, se dégradait. Quand les débats s'ouvrirent en séance plénière (11 juillet), la majorité du groupe Marin paraissait résignée à voter la ratification. Après avoir annoncé qu'il « accomplir[ait] sa mission jusqu'au bout », Poincaré s'engagea dans un discours marathon[38] de plus de dix heures étalé sur trois séances et interrompu par les fêtes du 14 Juillet. Sans faiblir malgré une fatigue visible, il fit face aux critiques de la gauche et aux craintes de la droite qui dénonçaient les abandons. Jean de Pange commentait la première manche : « Je lis le discours que Poincaré a prononcé hier à la Chambre pour obtenir la ratification des dettes. Il se déjuge entièrement de la politique qu'il suivait en 1922, et par là, il faut le reconnaître, il fait preuve d'intelligence[39]. »

Si un dialogue courtois put s'établir avec Édouard Herriot et Léon Blum, des incidents opposèrent le président du Conseil à Louis Marin, qui claironna : « Nous sommes plus que jamais les adversaires de l'évacuation. » À son ancien collaborateur Charles Reibel, qui soutenait Louis Marin, il lança : « Laissez-moi vous dire à vous, M. Reibel [...] qu'une fois de plus, vous vous faites une illusion[40]. » Après le président, Briand monta à la tribune avec l'intention visible d'apaiser les gauches. L'été était torride et l'atmosphère dans l'hémicycle étouffante. Une motion préjudicielle d'ajournement fut présentée et défendue par Louis Dubois et Louis Marin ; elle recueillit seulement 239 voix : les communistes, les socialistes, 57 radicaux (dont Daladier) et seulement 18 URD (dont Marin, Warren et Wendel). Édouard Herriot n'avait pas pris part au vote. Les partisans du ministère qui s'étaient opposés à la motion étaient au nombre de 304. Poincaré avait arraché la ratification du plan Young avec une majorité confortable de 65 voix.

Puis les débats s'enchaînèrent immédiatement sur les dettes interalliées. Le 17 juillet, alors qu'on discutait un amendement Blum, on annonça qu'une forte fièvre tiendrait le président du Conseil écarté de la tribune ; sur son ordre la discussion continua sous l'autorité d'Aristide Briand, ministre des Affaires étrangères, et de Louis Barthou. En son absence les deux conventions furent adoptées le 21 juillet par 300 voix pour et 292 contre, soit avec huit voix de majorité seulement !

Poincaré comprit vite que sa maladie était sérieuse ; il restait alité avec de la fièvre ; dans la presse, on parla d'abord d'une indisposition passagère due au surmenage, puis d'une intoxication alimentaire ; on ne souffla mot de la maladie réelle dont il souffrait, une infection de la prostate. Bientôt ses médecins lui annoncèrent qu'il devrait subir deux interventions chirurgicales successives ; il comprit alors qu'il ne pourrait assister, comme prévu, à la conférence de La Haye, qui devait s'ouvrir au début du mois d'août. Il en tira sans tarder les conséquences. Après avoir consulté Doumergue, Tardieu et Briand, il adressait le 26 juillet au président de la République une lettre de démission rendue publique dans laquelle il annonçait que devant subir deux interventions chirurgicales successives, il avait « besoin de repos complet ». Comme la politique du cabinet n'était pas en cause, Doumergue confia à Aristide Briand la direction du ministère et le soin de représenter la France à la conférence de La Haye. Pour la seconde fois

un cabinet Briand succédait à un cabinet Poincaré, mais la similitude s'arrêtait là, car les conditions de 1929 n'étaient plus celles de 1913.
Trois ans après son retour triomphal Poincaré quittait le pouvoir. Il ne devait plus y revenir. Le combat contre la maladie prenait désormais la place du combat politique.

Un bilan en trompe l'œil

Poincaré quittait le pouvoir en pleine gloire, car, pendant ces trois années, aucune aventure comme celle de la Ruhr n'était venue en ternir l'image.

Le bilan monétaire et financier avait été une réussite incontestée. La dévaluation du franc, pudiquement baptisée stabilisation, avait été acceptée par l'opinion française, et les catégories sociales qui en avaient payé le prix avaient pardonné à leur cher président. La croissance économique appuyée sur une conjoncture mondiale favorable se poursuivait depuis plusieurs années ; elle était particulièrement spectaculaire dans des industries de pointe comme l'automobile. En 1929, la production industrielle enregistrait ses meilleurs résultats depuis la fin de la guerre, et certaines branches dépassaient d'un tiers les résultats de 1913. La reconstruction était presque achevée et la richesse nationale commençait à se reconstituer. Certes, la puissance financière de la France était loin d'avoir retrouvé ses moyens d'avant guerre ; elle avait dû abandonner aux financiers anglo-saxons et allemands de nombreux domaines, notamment en Europe centrale et orientale, où sa faiblesse était devenue inquiétante. On ne peut imputer à la seule gestion de Poincaré ces résultats satisfaisants, d'autant plus satisfaisants aux yeux de l'historien qu'il les compare à la dépression des années 1930 et au cataclysme de la Seconde Guerre mondiale ! Les années Poincaré ont pu apparaître rétrospectivement comme un âge d'or !

Le gouvernement Poincaré a poursuivi l'adaptation de la législation française dans de nombreux domaines. Il fit voter une loi qui organisa la profession cinématographique, une loi sur l'industrie pétrolière à laquelle François Mitterrand fera une fois allusion dans une conférence de presse ; il réduisit le service militaire actif à un an (janvier 1928). En matière sociale, on doit au ministère Poincaré deux lois importantes : la loi sur les assurances sociales du 18 mars 1928 qu'il eut le mérite de faire sortir de l'enlisement parlementaire et de faire aboutir et la loi sur les habitations à loyers modérés, dite loi Loucheur, qui relança la construction des logements individuels.

La conduite de la politique extérieure demande une analyse plus nuancée. Poincaré avait dû laisser le devant de la scène à Aristide Briand, qui avait fait de la coopération internationale dans le cadre de la Société des Nations et du rapprochement franco-allemand la pierre angulaire de la politique de la France. Malgré de fortes réticences, Poincaré avait suivi. Les rapports avec les Alliés, qui s'étaient dangereusement dégradés pendant l'affaire de la Ruhr, s'étaient rétablis, et Briand avait noué avec Stresemann des relations convenables, même si, de part et d'autre, les arrière-pensées et les non-dits étaient multiples. L'Allemagne avait réintégré la communauté des nations; elle avait signé le plan Young et obtenu l'évacuation anticipée de la Rhénanie; elle pouvait à terme retrouver l'égalité des droits. Avec un réalisme un peu terre à terre, Poincaré avait fait à Briand les concessions nécessaires.

En juillet 1929 la situation internationale était apaisée et rien ne menaçait la paix européenne; les grandes puissances paraissaient tenir la situation en main. Marqué par les souffrances de la Grande Guerre, Poincaré avait l'obsession de la sécurité, et ce fut sous son ministère que fut décidée la construction de la ligne fortifiée du Nord-Est, à laquelle le hasard donna plus tard le nom de ligne Maginot. Cette conception purement défensive montre bien que Poincaré n'avait plus d'intention agressive à l'égard de l'Allemagne. La parenthèse de la Ruhr était refermée.

Il restait une grande question à laquelle, dix ans après la guerre, aucune solution satisfaisante n'avait été trouvée, celle des réparations. Elle avait été le dernier grand souci de Poincaré. Le plan Young que le Parlement français, avec beaucoup de réticences, avait fini par ratifier était-il viable? On pouvait s'interroger. Était-il raisonnable d'exiger d'un grand pays comme l'Allemagne des paiements pendant une durée de cinquante-sept ans, soit jusqu'en 1987? Certes, Stresemann avait accepté le plan Young. Les projets de référendum lancés contre ce plan par les nazis et les communistes avaient été des échecs. En serait-il longtemps de même? La lutte des Allemands contre les paiements ne risquait-elle pas de reprendre? Une fois l'évacuation militaire de la Rhénanie acquise, l'Allemagne ne demanderait-elle pas un nouveau moratoire? N'obtiendrait-elle pas l'appui des Anglo-Saxons? Sur ce point décisif qui pouvait entraîner une dégradation du climat international et un grave recul de la France, l'incertitude demeurait.

Poincaré n'avait préparé aucun successeur. Il n'avait derrière lui ni parti, ni groupe, ni association de soutien; il avait des amis, principalement dans sa génération; il avait quelques collaborateurs fidèles; il n'avait aucun disciple, aucun héritier dans les générations nouvelles. Ses anciens secrétaires qui, entre 1920 et 1924, l'avaient épaulé, s'étaient éloignés de lui; ils avaient été rebutés par son individualisme invétéré, par son égocentrisme. André Maginot, pourtant proche, ne pouvait être considéré comme son héritier. Avec la retraite de Poincaré, c'était toute une génération qui s'en allait. Certes, quelques-uns étaient toujours aux commandes : Gaston Doumergue, Louis

Barthou, Georges Leygues, Paul Doumer, Aristide Briand. Leur temps était compté. En l'espace de cinq ans, ils allaient tous disparaître.

S'il n'avait pas d'héritier, Poincaré laissait-il au moins un héritage politique ? Son dernier ministère avait montré toutes les ambiguïtés du régime parlementaire français, même s'il avait paru les dominer.

Il avait été le chef d'une coalition mouvante et instable dont il ne contrôlait aucune des composantes. Il n'avait aucune prise sur les partis et les groupes parlementaires. Ses partisans les plus fidèles se recrutaient dans les petits groupes parlementaires du centre, malheureusement trop émiettés et rivaux pour être un appui sûr. Il avait des amis partout qui l'informaient sur les humeurs parlementaires et les intrigues de couloirs. Son habileté avait été d'inclure dans son gouvernement deux chefs de parti – Louis Marin et Édouard Herriot – et de les faire cohabiter tant bien que mal. Mais Herriot dut abandonner la présidence du parti radical et l'élection d'Édouard Daladier fut à terme fatale au ministère Poincaré.

Poincaré avait réuni trois atouts maîtres : sa popularité dans l'opinion, l'appui de la grande presse et des quotidiens de province et le soutien sans faille du Sénat. Il serait abusif de parler de république sénatoriale. Poincaré s'adressait en premier lieu à la Chambre et ce fut au Palais-Bourbon qu'il prononça la plupart de ses grands discours. Mais nul n'ignorait au Palais-Bourbon le soutien dont il disposait au Luxembourg.

Dans le fonctionnement du système parlementaire, le gouvernement de Poincaré avait mis en évidence deux failles :

– La première découlait du rôle croissant des partis et des groupes. Ce fut au congrès radical d'Angers que fut décidée la fin de l'Union nationale. En bonne logique, Poincaré aurait dû demander à la Chambre de se prononcer pour mettre les députés radicaux à l'épreuve. Il ne le fit pas et préféra démissionner sans solliciter un vote du Parlement. Pour des raisons de commodité, Poincaré et les dirigeants radicaux avaient mis en quelque sorte le Parlement entre parenthèses. Pour des partisans convaincus du système parlementaire, c'était un comble.

– La seconde était la discordance à partir de novembre 1928 entre la composition du cabinet et la majorité qui le soutenait. La majorité était à droite, le gouvernement était au centre et cherchait à mener une politique de centre gauche. Tôt ou tard, la majorité parlementaire sortie des urnes en avril 1928 n'allait-elle pas réclamer sa place et renvoyer le président sur les fauteuils du Sénat ? La retraite soudaine de Poincaré laissa cette question ouverte. Elle fut résolue à la chute du cabinet Briand par André Tardieu, qui forma un ministère où les groupes de droite obtenaient enfin les portefeuilles convoités, dont Poincaré les avait si longtemps privés.

À moyen terme, le bilan financier et monétaire de Poincaré n'a pas résisté à la nouvelle conjoncture européenne et mondiale. La grande crise économique, que Poincaré, pas plus que d'autres, n'avait prévue, eut des conséquences monétaires, économiques et politiques dévastatrices.

La double et importante dévaluation du dollar et de la livre montra à quel point les arguments des revalorisateurs étaient irréalistes. Dès 1932, le franc Poincaré était surévalué par rapport aux autres grandes devises et la question d'une nouvelle dévaluation fut de nouveau posée. Paul Reynaud s'en fit le défenseur réaliste et isolé. Dans leur majorité les Français repoussaient avec horreur et indignation une nouvelle amputation de leur monnaie. Le gouvernement de Front populaire, après avoir hésité plus de trois mois, dut s'y résoudre en octobre 1936. Par une ironie du sort, ce fut Vincent Auriol, ministre des Finances de Léon Blum et qui avait été l'un des critiques parlementaires de Poincaré, qui dut réaliser et assumer cette opération. Le franc Poincaré avait duré un peu plus de huit ans contre cent vingt-cinq ans au franc germinal !

La politique extérieure du tandem Briand-Poincaré fut ruinée encore plus vite que sa politique monétaire. La mort de Stresemann (octobre 1929) sonna le glas de la coopération franco-allemande. Poincaré vit la montée du nazisme, la fin des réparations, l'arrivée de Hitler au pouvoir, l'impuissance croissante de la Société des Nations, la rapide détérioration des positions françaises. La politique de défense à laquelle il avait donné son soutien fut poursuivie après son départ par Maginot. En mai-juin 1940, la tragédie de la ligne Maginot apporta la preuve de son inefficacité.

En juillet 1940, moins de onze ans après la démission de Raymond Poincaré, c'était le régime parlementaire et républicain, sa raison de vivre, qui s'effondrait dans la catastrophe militaire et nationale. Après le vote du 10 juillet 1940 et la mise en place du régime de Vichy, plus rien ne subsistait de la République de Poincaré.

Raymond Poincaré a été un habile gestionnaire du court terme. Mais il n'a pas innové ; il n'a rien fondé ; il n'a eu aucune intuition de l'avenir. Il n'avait ni la volonté de former des hommes qui continueraient son action ni le souffle nécessaire. Il s'était coulé dans le moule de la république parlementaire avec application, habileté et le souci de ce qu'il croyait être l'intérêt national.

QUATRIÈME PARTIE

Déclin, légendes et mémoire

Après sa démission, Raymond Poincaré vécut encore cinq années. Il avait conscience que sa vie active était achevée et qu'il appartenait désormais à l'Histoire. Il consacra ses ultimes forces à présenter son propre témoignage en poursuivant la rédaction de ses Mémoires, *Au service de la France*. Il n'eut d'ailleurs pas le temps de les achever puisque le dernier volume de ses notes journalières, qui se rapportait au premier semestre de l'année 1919, fut publié plus de trente ans après sa mort par les soins de Jacques Bariéty et de Pierre Miquel. Ses cinq dernières années furent celles d'une décrépitude rapide que la médecine de l'époque fut dans l'incapacité d'enrayer. Il les vécut dans la discrétion, soutenu par l'affection de sa femme et de ses proches.

Au-delà de la mort, que reste-t-il de Raymond Poincaré ? Il a donné son nom à de nombreuses rues, avenues et places de nos villages et de nos villes. Elles font partie du paysage et du patrimoine. Pour ce qui est de son inscription dans l'Histoire, on doit s'interroger. À quel titre, à quel niveau se souvient-on de son nom ? Avec le recul du temps, quelles perceptions les Français ont-ils retenues de sa carrière, de sa personnalité, de son activité politique ? La mémoire collective est sélective et réductrice et, avec la relève des générations, Poincaré est refoulé dans un passé un peu flou. Ce qui paraissait essentiel aux yeux de ses contemporains peut être totalement oublié ou tenu pour secondaire deux ou trois générations plus tard. Les expressions « Union sacrée », « concorde républicaine », « Union nationale », « sauveur du franc » ont-elles encore un sens pour les Français d'aujourd'hui ? Les positions prises au moment de l'affaire Dreyfus ne sont-elles pas maintenant perçues comme plus importantes qu'une tempête parlementaire, la participation à un ministère ou même la présidence de la République ? Dans une logique franco-française, on peut privilégier son habileté à gérer la politique républicaine ou mettre en avant l'évolution complexe de son positionnement politique. Mais on doit aussi avoir un autre regard : un regard franco-allemand d'abord et un regard international, puisque Poincaré a voulu appliquer ce traité de Versailles de la négociation duquel il avait été écarté.

Comme beaucoup d'hommes publics, Poincaré a été à la fois idolâtré et traîné dans la boue. Dès sa jeunesse, il avait été porté par une légende dorée dont on peut scander les étapes : le brillant jeune homme, le jeune ministre d'avenir, le maître du barreau et enfin l'illustre homme d'État. En contrepoint, le personnage avait sécrété de vives oppositions et des haines tenaces : une légende noire aux facettes variées a accompagné ses vingt dernières années et l'a poursuivi au-delà de la tombe. Le débat sur ses responsabilités dans le processus qui avait conduit à la Première Guerre mondiale a duré jusque dans les années 1960. Son appartenance à la gauche, à laquelle il s'était naturellement agrégé dans sa jeunesse, a été discutée et est encore contestée, voire rejetée. Au-delà de ces deux grandes controverses, quelle place Raymond Poincaré tient-il dans la mémoire nationale ? La légende dorée l'a-t-elle emporté sur la légende noire, ou les deux légendes se sont-elles transmises, donnant naissance à deux traditions, à la fois appauvries et recomposées ? La plupart de ses contemporains avaient reconnu en lui un homme d'État. La postérité a-t-elle confirmé ou non ce jugement ? Dans l'histoire de la République, où doit-on situer Poincaré ? Un fondateur, un dirigeant ou un habile gestionnaire ? Doit-on le considérer comme un homme politique un peu au-dessus de la moyenne ou au contraire lui reconnaître la stature de l'homme d'État ?

CHAPITRE PREMIER

Un vieil homme diminué

En juillet 1929, Raymond Poincaré subit la première grave épreuve de santé de sa vie ; il allait avoir soixante-dix ans. Il ne se remit jamais vraiment de l'ablation de la prostate qu'il subit en août 1929 ; sa légendaire robustesse l'avait abandonné. En décembre 1930, il fut frappé par une attaque cérébro-vasculaire ; cette seconde épreuve le laissa paralysé du côté gauche. Bien qu'il eût la chance de conserver sa lucidité, il n'était désormais plus qu'un vieillard dépendant, condamné à mener une vie au ralenti, assisté en permanence par sa femme et par une infirmière.

L'ABLATION DE LA PROSTATE

Le 1er août 1929, Raymond Poincaré subit une intervention chirurgicale à la prostate à la clinique Velpeau, tenue par les sœurs de Niederbronn, rue de la Chaise (VIIe arrondissement). L'intervention, qui dura vingt-cinq minutes, fut pratiquée par le docteur Marion en présence du professeur Antonin Gosset[1] et du docteur Boidin. Antonin Gosset était au faîte de sa réputation ; il avait ouvert le premier centre de transfusion sanguine et était un membre actif de la Société d'anesthésie. Il avait opéré avec succès en 1912 Georges Clemenceau, puis le maréchal Lyautey. À cette époque, l'opération de la prostate était une intervention délicate dont les complications pouvaient être redoutables. En juillet 1912, le cousin germain de Raymond, Henri Poincaré, avait succombé soudainement à une embolie pulmonaire survenue quelques jours après l'opération. Dans le cas de Poincaré, l'intervention se passa bien ; il reprit assez vite ses forces et ne souffrit d'aucune complication grave. Au bout de trois semaines, le 14 août, il quitta la clinique et rentra en voiture chez lui rue Marbeau ; il restait sous la surveillance attentive des docteurs Marion, Bridier et Pérard.

Georges Marion lui écrivait le 18 août : « Croyez que je ne me désintéresse pas de votre sort [...] et que, bien des fois en une journée, j'envisage votre situation, désireux de vous permettre de reprendre au plus vite votre activité indispensable[2]. » Sa porte était condamnée et seuls quelques rares intimes, dont André Maginot, furent admis à le voir.

Dès l'annonce de la maladie et de l'intervention, Poincaré avait reçu une foule de lettres d'amis, de connaissances et de multiples anonymes, dont quelques-unes seulement ont été conservées. Relevons celle d'un inconnu qui les résume toutes : « J'ai appris avec une immense joie que l'opération avait réussi[3]. » Beaucoup d'hommes politiques et d'écrivains avaient déposé leur carte avec un petit mot affectueux. « M. Gosset a sauvé ma belle-mère ; il a sauvé ma femme. Ses conseils éclairés rendront au président la santé... De tout cœur nous souhaitons que la prompte guérison de Monsieur le Président apaise nos inquiétudes », écrivait à Henriette le sénateur radical-socialiste et directeur de *La Dépêche de Toulouse*, Maurice Sarraut, le 27 juillet[4]. Un « écrivain », qui avait appris la nouvelle de la maladie de Poincaré par les journaux alors qu'il était en voyage dans l'Est, s'arrêta à Domrémy, le village de Jeanne d'Arc, et, à la basilique du Bois-Chenu, il pria la Pucelle pour le rétablissement de la santé du président.

Il semble que le rétablissement du malade ait été assez lent ; plusieurs bulletins parlaient d'« état de santé satisfaisant », ou aussi satisfaisant que possible, mais d'autres indiquaient qu'« il devait rester alité » (2 septembre) ou que « le repos était prescrit » (9 septembre). À son amie Simone Bréguet[5], petite-fille de Jules Develle, Henriette écrivait dès le 3 août : « Les mauvaises heures sont passées ; mon mari va de mieux en mieux et, aujourd'hui, il a commencé à s'alimenter et on lui a permis de lire... Ce serait parfait si je ne savais la seconde intervention inévitable... » Le premier texte de Poincaré qui a été retrouvé est un petit mot adressé à Magdeleine Decori, la femme de son très cher ami Félix, décédé à l'Élysée en 1915, à laquelle il confiait le 12 septembre : « Les quatre médecins sont d'accord pour exiger huit jours de lit[6]. » Dans les jours qui suivirent, Poincaré se remit à son courrier et écrivit même deux articles qui parurent dans le quotidien argentin *La Nación*, le premier sur « La Conférence de La Haye », le second sur les « États-Unis d'Europe » (28 septembre) ; ils furent tous deux traduits et publiés dans *Le Temps*. Il remerciait la maréchale Foch qui lui avait envoyé, avec une statuette de son mari, une précieuse canne « qui a soutenu mes premiers pas dans le jardin de la clinique[7] ».

Dès le début, les médecins avaient prévu une seconde intervention ; ils attendaient les conditions favorables. Elle fut réalisée le 21 octobre par le docteur Marion dans la même clinique que la première et en présence des mêmes praticiens. Les bulletins médicaux qui furent publiés les jours suivants n'étaient explicites ni sur le mal dont souffrait Poincaré ni sur la nature de l'intervention, plus sérieuse que la première. Le chirurgien procéda, semble-t-il, à l'ablation de la glande. Poincaré dut arrêter sa correspondance, car c'était Henriette qui répondait aux lettres des admirateurs. Elle était plutôt optimiste. Auprès de Paul Valéry qui avait témoigné de sa sympathie, elle se voulait rassurante : « Depuis hier, le Président est, à moins de complications tout à fait imprévues, hors de danger » (29 octobre). À l'écrivain Charles Sylvestre, qui avait adressé à son mari le livre *La Prairie de la flamme*, paru en feuilleton dans *Le Temps*, elle annonçait le 4 novembre : « Le Président va de mieux en mieux ; sa guérison n'est plus qu'une question de jours[8]. » Poincaré lui-même reprenait la plume : le 21 novembre, il remercia Georges de Porto-Riche pour le magnifique bouquet de violettes qu'il lui avait fait envoyer. Les bulletins de santé publiés par les médecins laissaient entendre que Poincaré était guéri et que le président pourrait bientôt reprendre ses activités, ce que des fidèles traduisaient ainsi : « Enfin, enfin, chère Madame, elles sont finies les angoisses. Notre pauvre pays va encore être sauvé par son cher Président. J'ai pleuré de joie en lisant le bulletin arrivé aujourd'hui[9]. »

Poincaré quitta la clinique au bout de deux mois, le 19 décembre ; il resta quelques jours chez lui rue Marbeau, puis il partit en convalescence dans le Midi, chez Gabriel Hanotaux à Roquebrune, où il se promena, se reposa et se remit au travail ; il écrivit dans *La Nación* un article sur Clemenceau qui venait de mourir ; il restait discret sur tout ce qui l'avait opposé au Tigre. Les journaux annonçaient même qu'il préparait un voyage en Argentine ! Sans doute en écho à cette rumeur, Marcel Hutin, de *L'Écho de Paris*, lui posait cette amicale question : « Avez-vous retrouvé vos jambes de chasseur à pied ? » Il avait emmené avec lui les notes journalières qu'il avait écrites à l'Élysée et poursuivait la rédaction de ses Mémoires. Albert Kahn, avec lequel il était lié depuis longtemps, lui proposa l'hospitalité de sa propriété de Cap-Martin, séjour que le professeur Mendelsohn, de l'Académie de médecine, lui déconseilla en raison d'un climat dangereux, « trop humide, plus excitant que stimulant, qui agit mal sur le cœur, la tension artérielle, les nerfs et le sommeil[10] ». Poincaré resta à Roquebrune chez les Hanotaux du 24 décembre 1929 au 3 février 1930.

De retour à Paris

Le 4 février 1930, Raymond Poincaré revenait à Paris ; à sa descente du *Train bleu*, il était accueilli par quelques officiels et par ses collaborateurs. Il rentra rue Marbeau, où il reprit avec prudence ses activités habituelles ; il suivait l'actualité politique, recevait ses amis. À

Paul Valéry, qui lui avait fait hommage de *Variété II*, il écrivait le 7 février : « Après cinq semaines passées chez Hanotaux, je suis de nouveau noyé dans la brume parisienne... C'est une joie pour une convalescence de s'attarder sur un tel trésor[11]. » Dans l'immédiat, il ne retourna pas au Sénat mais, à la chute du cabinet Tardieu, Gaston Doumergue l'appela en consultation à l'Élysée et lui proposa de former le nouveau gouvernement (18 février 1930). Il déclina sans hésitation cette proposition et, après une vaine tentative de Camille Chautemps, André Tardieu reprit la direction du gouvernement. Il fit ensuite sa rentrée au Sénat, sans toutefois y reprendre la parole.

La rédaction de ses souvenirs était son occupation principale ; elle ne l'empêchait pas de donner quelques articles à des journaux et des revues. Il collaborait régulièrement à *Excelsior*. Le premier article rédigé dans le Midi, consacré à la seconde conférence de La Haye, parut le 15 janvier 1930. Il écrivit également à l'intention de *La Nación* (25 janvier) un article intitulé : « Dix ans après. Pourquoi avoir signé le plan Young ». La presse française le reprit très largement. Poincaré donnait deux arguments pour justifier la signature : « Nous paraissions en mesure d'être payés » et « les chiffres calculés paraissaient nous permettre le remboursement des dettes interalliées ». Puis il donnait cet avertissement aux hommes et aux partis qui, dans le Reich, se proposaient de « torpiller le plan Young » : « La France ne demande qu'à pratiquer envers l'Allemagne une politique de rapprochement cordial. Mais les circonstances l'ont faite créancière de sa voisine et, entre les nations comme entre les individus, les bons comptes font les bons amis. » Stresemann venait de disparaître, la crise boursière et bancaire américaine n'avait pas encore fait sentir ses conséquences dévastatrices. Poincaré pressentait que l'Allemagne chercherait, d'une manière ou d'une autre, à se dérober aux paiements ; il plaçait toujours les relations entre les deux États et les deux peuples dans une perspective purement comptable, perspective qui ne pouvait conduire qu'à l'incompréhension et aux impasses. Il reflétait en cela l'opinion de nombreux Français.

Pour vivre, Poincaré avait besoin d'écrire. On sait qu'il n'avait guère fait d'économies et que le pouvoir ne l'avait pas enrichi. Probablement pour cette raison, il accepta une chronique mensuelle dans *L'Illustration*. Toutefois, sa gêne financière ne l'empêcha pas de décliner des offres intéressantes : René Doumic lui proposa de reprendre ses chroniques à la *Revue des Deux Mondes*. Plusieurs fois, il revint à la charge sans aucun succès[12] ; de même le directeur du *Temps*, Louis Mille, qui lui avait aimablement demandé de publier « des impressions » et quelques textes libres, se heurta à un refus. On peut se demander si Poincaré ne nourrissait pas quelque ressentiment à l'égard du quotidien de la rue des Italiens, puisqu'il donna les bonnes feuilles du futur tome de ses souvenirs aux *Débats*, au *Figaro*, au *Matin*. Louis Mille se plaignit que *Le Temps* eût été « mis de côté » et qu'on lui eût infligé « le traitement inverse de celui qui aurait dû lui être réservé [13] ». Parmi les divers travaux littéraires de cette année, il faut signaler la rédaction de deux préfaces : la première ouvrait les Souvenirs de Kokovtzov, l'ancien ministre du tsar qui avait été l'un de ses interlocuteurs entre 1909 et 1913 et qui, depuis la révolution d'octobre, vivait en exil à Paris. La seconde présentait un ouvrage de Georges Lafond intitulé *Bolívar et la libération de l'Amérique du Sud*.

Poincaré, qui était retourné au Palais le 27 février, suivait quelques affaires. Dans ses papiers, on trouve une correspondance relative à un legs à l'Académie Goncourt, le legs Longchampt [14], que des héritiers naturels avaient contesté devant le Conseil d'État. Au printemps de 1930, Poincaré fut sollicité pour chercher une transaction entre les parties mais, à sa grande déception, le Conseil d'État rendit un avis défavorable à l'Académie Goncourt. Il accepta aussi une offre d'Albert Salle, qui lui proposait d'être le troisième arbitre dans un différend entre la Caisse hypothécaire d'Égypte et le Crédit foncier d'Algérie (mars 1930).

Poincaré pensait qu'il était rétabli. Henriette avait repris ses dîners : quatre en février, quatre en mars, un en avril. Les convives étaient moins nombreux que par le passé : quatre, six, douze couverts au maximum pour ne pas fatiguer le président; c'étaient tous des amis anciens : les Nobel, les Caïn, les Payelle; Paléologue et Pfister passèrent ainsi rue Marbeau. Poincaré accepta quelques invitations en ville – par exemple il dîna chez Émile Moreau, le gouverneur de la Banque de France, le 4 juin 1930 – ainsi que quelques déplacements en province. Le 3 mai 1930, il se rendit à Strasbourg à une réunion de la Société des amis de l'université pour y prononcer un remarquable éloge d'André Hallays, son ancien condisciple de Louis-le-Grand, un journaliste et homme de lettres qui connaissait bien l'Allemagne. C'était un vieil ami très cher qui, à de nombreuses reprises, l'avait informé ou aidé. Durant la guerre, il avait été l'un des collaborateurs les plus efficaces de Pierre Bucher au service de renseignements installé à Réchézy (Territoire de Belfort). Ensuite, il était devenu la cheville ouvrière de la Société des amis de l'université de Strasbourg, dont Poincaré avait été élu président. Poincaré attachait sans nul doute beaucoup d'importance à cet hommage amical puisqu'il prit soin de le recopier personnellement avant de le publier dans la revue *L'Alsace française* [15]. Il passa la fin de mai à Sampigny. Avant les vacances, sa dernière intervention parisienne fut une allocution de circonstance prononcée le 1er juillet à la maison des Nations américaines. Poincaré avait repris sa place dans la vie publique.

En juillet 1930, après un séjour à la campagne chez Gabriel Hanotaux, il partit pour sa maison de Sampigny, où il passa l'été à la rédaction du volume de ses souvenirs sur « Verdun ». Il y reçut divers amis, dont Germain Martin, le ministre du Budget du gouvernement Tardieu. Comme à l'accoutumée, il présida la distribution des prix de l'école primaire du village. Il rappela aux écoliers de Sampigny les malheurs de la guerre, puis les exhorta à travailler avec énergie. Ses déplacements furent plus limités que les années précédentes : deux petits discours dans la Meuse à Muzeray et à Forges et une escapade automobile en Alsace jusqu'à Kaysersberg.

Les papiers personnels qui ont été conservés montrent combien Poincaré était préoccupé par l'affaiblissement de la position internationale de la France. Les troupes françaises venaient d'évacuer la rive gauche du Rhin pour se replier sur l'Hexagone. Cette concession qu'il avait acceptée alors qu'il était encore au pouvoir, loin d'apaiser les relations franco-allemandes, avait encouragé les discours et les comportements nationalistes. Les circonstances du voyage du maréchal Hindenburg en Rhénanie évacuée par les troupes françaises d'occupation l'avaient troublé. Dans un brouillon d'article intitulé « La crise allemande », il s'inquiétait de la présence aux côtés du vieux maréchal des casques d'acier, « cette provocante garde d'honneur » ; il s'interrogeait sur les conséquences de la dissolution du Reichstag par le chancelier Brüning. Avec une prudence qui reflétait sa perplexité, il concluait : « Je me garderai de tout pronostic [...] il appartient à l'Europe et au monde d'observer attentivement ce qui se passe chez elle, inconnue dont dépend dans une large mesure la paix universelle[16]. » L'article n'a, semble-t-il, pas été publié.

À la fin de septembre, comme à l'accoutumée, il ouvrit la session du conseil général de la Meuse, devant lequel il prononça une allocution de mise en garde. Quelques jours plus tard, le microcosme parisien fut soudainement en effervescence à la suite d'un voyage-éclair et inattendu à Bar-le-Duc du président du Conseil André Tardieu. Le 2 octobre à 11 h 45, celui-ci descendait du train de Paris et se rendait dans un salon particulier de l'Hôtel de Metz, où il déjeunait avec Poincaré et sa femme et André Maginot ; puis il repartit pour Paris dès 16 h 41 sans faire la moindre déclaration. Les journalistes se livrèrent à de multiples commentaires contradictoires et certains avancèrent que Tardieu préparait le retour au pouvoir de Poincaré. Dans un contexte international assombri par le succès des nazis aux élections législatives allemandes du 14 septembre, à la suite desquelles les Français découvraient l'existence et le nom d'Adolf Hitler, Raymond Poincaré semblait le recours nécessaire. En réalité ce voyage ne déboucha sur rien de concret. Peut-être Tardieu avait-il, par ce déplacement insolite, voulu seulement frapper l'opinion et lui montrer qu'il avait le soutien du sage de la nation. En tout cas les relations entre Poincaré et Tardieu, après avoir été longtemps difficiles et conflictuelles, s'étaient à ce point apaisées que Poincaré faisait un vibrant éloge de son cadet. Dans un article publié le 13 novembre 1930 dans

La Nación et largement reproduit par la presse française, il s'exprimait en ces termes : « Partout où il passe depuis sa jeunesse, il se signale par la vivacité de son intelligence et l'éclat de son talent. Diplomate, écrivain, il montre tant d'ordre et de clarté d'esprit qu'il exerça toujours sur ceux avec lesquels il fut en contact une grande force de séduction intellectuelle [17]. »

Dans le courant d'octobre, Raymond Poincaré rentra à Paris ; il se consacra à la correction des épreuves du tome VI d'*Au service de la France, Les Tranchées, 1915*, qui parut en librairie au début de décembre. Il continuait de rédiger son article de quinzaine publié simultanément dans *La Nación* et *Excelsior*. Celui du 30 novembre était consacré aux relations franco-allemandes et commentait d'une façon très critique les dernières déclarations du ministre allemand des Affaires étrangères, Julius Curtius, le successeur de Stresemann ; il concluait par deux phrases peu optimistes : « Oui, plus elle mange, plus l'Allemagne a faim. Cet appétit croissant n'est pas, semble-t-il, une garantie très rassurante pour l'avenir. » Pour l'anniversaire de la seconde intervention, son médecin Georges Marion lui écrivait : « Je suis heureux que vous ayez repris votre activité et je suis heureux d'espérer que vous pourrez éviter de nouvelles erreurs en reprenant la direction des affaires » (20 octobre 1930) [18]. Poincaré paraissait rétabli ; il se rendait régulièrement à l'Académie et aux séances du Sénat ; le 18 novembre, la Haute Assemblée lui fit une ovation. La situation du cabinet Tardieu, qu'il soutenait, se dégradait rapidement et il était indigné par les attaques lancées contre lui. Le 4 décembre 1930, dans une assemblée où les débats restaient d'ordinaire mesurés, on assista à une brusque flambée passionnelle. Poincaré, excédé, interrompit l'un des adversaires de Tardieu, Victor Boret ; son soutien fut inutile puisque le soir même, le cabinet était à terre. Le 5 décembre, Poincaré était appelé à l'Élysée par le président Gaston Doumergue, qui lui proposa de former le nouveau ministère. Après avoir conféré avec Tardieu, Laval, Barthou et Steeg, il déclina cet honneur, « n'étant pas encore en état d'assumer une charge aussi lourde ». Ce fut sa dernière apparition dans les palais nationaux. Quelques jours plus tard, il présidait le banquet annuel des Lorrains de Paris, où il prononça une petite allocution [19].

L'attaque cérébrale

Depuis cette séance du Sénat, il était dans un état d'excitation nerveuse qui inquiétait ses proches. Il n'en continuait pas moins à travailler aux deux discours qu'il devait prochainement prononcer, l'un devant l'Association meusienne, l'autre, le 15 décembre, au Centre d'études germaniques de la Sorbonne, à la fondation duquel il avait apporté, comme à celui de sa chère université de Strasbourg, un patronage actif. Le second était de loin à ses yeux le plus important. Il fit ou refit de nombreuses lectures, prit des notes abondantes dans les livres récents de Charles Andler, d'André François-Poncet, de Ferdinand Baldensperger. Il semble aussi avoir consulté une traduction du livre de Friedrich Sieburg, *Dieu est-il français*? En examinant les brouillons conservés [20] dans ses papiers, on mesure l'ampleur de ce travail, qui dépassait de loin la préparation d'une simple allocution de circonstance. Poincaré avait l'intention de dresser devant ses auditeurs une vaste synthèse des relations culturelles franco-allemandes, depuis Mme de Staël jusqu'à la fin des années 1920. L'idée qui l'inspirait était sans équivoque : « Il y a un danger à ce que les deux peuples s'ignorent [...] une mutuelle compréhension est préalable à tout rapprochement politique. » C'est pourquoi il fallait « les amener à reprendre au profit de l'Humanité entière une collaboration longtemps interrompue [...] afin d'établir une coopération intellectuelle durable et préparer une entente réfléchie ». Voilà le programme auquel Poincaré conviait le Centre d'études germaniques. En Allemagne surtout, mais aussi en France, on a souvent présenté Raymond Poincaré comme un adversaire simpliste, primaire et irréductible de l'Allemagne. De nombreux discours et textes ont favorisé une telle interprétation. On a fait et on pourra toujours faire de très nombreuses citations pour appuyer cette thèse. Doit-on en rester là et figer définitivement l'image de Poincaré comme celle d'un adversaire irréconciliable de l'Allemagne ? Au minimum, il conviendrait de nuancer cette perception car, avec l'âge, son attitude avait évolué. Se sachant désormais écarté du pouvoir pour des raisons de santé, il avait compris qu'il devait consacrer ses dernières forces à un travail de rapprochement sur le long terme entre les deux peuples. Le temps ne lui en fut pas donné et les circonstances ne l'auraient sans doute pas permis.

Cette analyse que nous faisons à partir de textes inédits et inachevés ne pouvait effacer toutes les perceptions antérieures négatives. Le grand journaliste libéral Theodor Wolff, qui avait une longue expérience des affaires publiques et des relations franco-allemandes, n'écrivait-il pas le 5 décembre 1930 qu'avec « Poincaré, on se heurte à un mur » ? Le publiciste Emil Ludwig, auteur d'une biographie de Guillaume II, publiait le 1er juillet 1932, dans la *Revue de Paris*, le récit d'une rencontre avec Poincaré qui avait eu lieu dans le courant de l'année 1930 à son domicile personnel de la rue Marbeau. En entrant, Ludwig aperçut, au fond d'un long corridor, une Victoire en bronze, « un cadeau du roi Albert Ier », objet symbolique annonçant peut-être un entretien difficile. Il fut accueilli par un vieux monsieur, « remarquablement petit », distant et sur ses gardes. En réponse à ses questions, Ludwig trouva un avocat qui plaidait, un escrimeur qui déviait habilement tout ce qui le gênait. Sur deux événements majeurs, Poincaré campait sur ses positions de toujours : en juillet 1914, il était parti en Russie avec des « dispositions d'esprit pacifiques », puis avait été surpris par l'ultimatum à la Serbie. Quant à l'occupation de la Ruhr, elle avait été rendue nécessaire par le refus de l'Allemagne de payer les réparations : « Nous sommes toujours à une époque où l'on doit payer ses dettes », avait-il conclu. Poincaré n'avait fait à Ludwig aucune ouverture en direction de l'Allemagne et des Allemands, il n'avait pris aucune distance par rapport à la politique qu'il avait conduite quand il était au pouvoir ; comme toujours, il avait plaidé. À la fin de l'entretien, l'atmosphère se détendit un peu et Poincaré invita son visiteur à revenir. Celui-ci se contenta de publier un peu plus tard des impressions qui donnaient une appréciation négative de la personnalité de Poincaré, d'autant plus qu'il était mis en parallèle avec d'autres personnages au profil très positif : Lloyd George, Coolidge, Hoover, Einstein et Mme Curie.

Le vendredi 13 décembre 1930, Raymond Poincaré était frappé à son domicile par une attaque cérébrale. Nous ne savons ni quelles en furent les manifestations, ni s'il perdit ou non connaissance. Henriette nota sobrement : « Raymond est tombé malade le 13 décembre[21]... » Alité et paralysé du côté gauche, il était hors d'état de participer à la cérémonie de la Sorbonne. Ses amis crurent sa fin proche. Les journaux parlèrent de « spasme vasculaire » puis de congestion pulmonaire. Comme son frère Lucien, il était soudainement et brutalement frappé. Contrairement aux pronostics pessimistes, Poincaré se remit ; dans les jours qui suivirent, les médecins qui le soignaient à son domicile parlèrent de « rétablissement sensible » sans toucher mot du mal qui l'avait frappé ; ils dirent même qu'il n'avait « ni paralysie ni urémie », ce qui était un mensonge. Le communiqué médical publié le 17 décembre était rassurant : « L'amélioration s'accentue très nettement. Le Président s'est alimenté normalement. Bon pouls, pas de fièvre. » À son retour de Rome, l'évêque de Verdun, Mgr Ginisty, ayant appris l'« indisposition » de son « illustre diocésain », écrivait à Henriette[22] : « Je prie Dieu de rétablir complètement la santé de ce grand serviteur de la France, qui a encore tant besoin de ses lumières et de son dévouement si actif et si éclairé. » Nous ne connaissons ni les réactions du président ni la réponse d'Henriette. Manifestement l'intercession de Mgr Ginisty ne fut pas entendue du Très-Haut.

Pendant plus d'un mois il resta alité et fut dans l'incapacité de lire. Une nouvelle fois, Henriette dut lui faire la lecture des journaux. Il avait suspendu toutes ses collaborations. Poincaré se leva le 20 janvier ; il fit quelques pas dans sa chambre puis dans sa maison. Les visites étaient interdites. Payen, qui suivait avec une « angoisse quasi filiale l'évolution de la maladie[23] », demanda la faveur d'être admis auprès du président. On ne sait si sa requête fut immédiatement acceptée. Payen et Grignon furent reçus quelques minutes dans le courant de mars. Poincaré, qui se levait et marchait un peu, put faire quelques sorties en automobile au bois de Boulogne, mais il était resté paralysé du côté gauche et avait perdu l'usage du bras gauche; il ne se déplaçait plus sans le secours d'une infirmière ou de sa femme. Le bruit courait qu'il avait des syncopes. Une agence américaine annonça même sa mort, qu'il fallut faire démentir par Havas. Tous ces soins coûtaient fort cher et le bruit s'était répandu dans les milieux parlementaires que Poincaré était dans la gêne. Manifestement, il ne s'était pas enrichi dans ses fonctions et, après son départ du pouvoir, il avait cherché pour des raisons financières des collaborations dans la presse. En février 1932, sur proposition de la commission des Finances, le Parlement vota une pension de 200 000 francs (réversible à moitié) pour tout président de la République dont une loi aurait déclaré qu'il avait « bien mérité de la Patrie ». Poincaré était le seul à être dans ce cas; cette loi s'appliquait à un homme qui n'avait ménagé ni son temps ni ses forces au service de l'État et du pays. C'était un geste de reconnaissance nationale.

En mai 1931 Poincaré quitta Paris pour Sampigny. Il espérait probablement qu'un séjour dans la Meuse lui apporterait une amélioration. Il eut cette impression, car il écrivit plus tard : « Je n'ai véritablement recouvré la pleine santé que lorsqu'il m'a été donné l'occasion d'aller passer quelques semaines dans notre Meuse. L'air du pays natal a aussitôt miraculeusement complété l'œuvre des médecins. » Cette appréciation était bien optimiste. Poincaré était désormais un grand malade dont le complet rétablissement était impossible. Quelques parents, dont ses neveux par alliance les Guionnic, furent admis à visiter le malade. Maginot passa à Sampigny; il en parla à Loucheur, qui nota laconiquement dans son journal le 1er mai : « Ai vu Poincaré. Mal[24]. » De Paris, Georges Payelle, très attentif, espérait que « le bon air lorrain » rendrait la santé au président[25]. Il alla au Clos avec sa femme les 19 et 20 juillet, puis visita à Triaucourt, la pouponnière de Mme Lucien Poincaré. Marcel Ribière, l'ancien chef de cabinet, qui poursuivait sa carrière au Conseil d'État, se rendit deux fois à Sampigny.

Maintenant, la principale ambition de Raymond Poincaré était de réaliser le plus vieux rêve de sa vie, celui d'être élu bâtonnier de l'ordre des avocats de Paris. Il était resté secrètement dépité de l'échec que lui avait infligé en 1911 Fernand Labori. Ses proches sentaient combien il aspirait à l'effacer. Vingt ans s'étaient écoulés et les circonstances avaient changé. Fernand Payen, son ancien collaborateur, bâtonnier en titre, prit l'affaire en main et proposa à son ancien patron de s'effacer devant lui et de soutenir sa candidature : « Vous serez élu au premier tour avec une très grande majorité, des jeunes comme des vieux... Tous les confrères que je vois sont de cet avis... » (mai 1930). Après une résistance de principe, Poincaré accepta volontiers. Mais il fallait entrer au préalable au conseil de l'Ordre, qu'il avait quitté en 1927. Il laissa poser sa candidature ; sur place, à Paris, Fernand Payen préparait l'élection et alla conférer à Sampigny avec Poincaré le 15 juin. Le lendemain, Poincaré était élu membre du conseil de l'Ordre, avec 804 suffrages sur 981 votants et 952 suffrages exprimés ; il venait au quatrième rang des quinze élus et précédait ses amis Salle, Aubépin, Chenu et Fourcade. Une semaine plus tard, il était élu bâtonnier, et Payen, qui s'était effacé devant lui, alla en personne à Sampigny lui annoncer cette heureuse nouvelle [26] ; il était hors de question qu'il prît ses fonctions et avec sagesse on avait écarté une visite du conseil de l'Ordre à Sampigny.

On ne sait pas très bien comment Poincaré, qui avait conservé toute sa lucidité, vécut sa maladie. Appuyé sur Henriette, il faisait quelques pas dans le jardin que soignait Jean Nicolas. Il se plaisait dans ce décor de verdure et, de son balcon, il embrassait du regard sa chère vallée de la Meuse. À un journaliste [27] qui l'interrogeait, il masquait un peu la triste réalité : « Au Clos je suis tranquille ; on respecte mon repos... Je parcours à pied mon jardin, mon bois, je vais jusqu'à la basse-cour rendre visite à mes amies les poules [dont quelques-unes avaient été offertes par Édouard Herriot]. » Les vaches et les chevaux d'antan n'avaient pas été remplacés ; deux chiens, Flon, un griffon grognon, et Dany, un berger athlétique, suivaient les pas hésitants du président. Quelquefois il faisait une promenade en voiture dans les environs avec son chauffeur Raymondin. En juillet 1931, il tint à assister comme de coutume à la distribution des prix de l'école de Sampigny. Il pouvait encore écrire, mais son écriture s'était dégradée et son information n'avait plus la précision et la richesse d'autrefois. On le constate en parcourant les brouillons d'articles qui ont été conservés. Henriette avait pris beaucoup d'ascendant sur son mari, désormais totalement dépendant ; elle répondait au courrier et filtrait les demandes d'entretien ; pour rendre visite au président, il fallait passer par son intermédiaire.

Un grand malade en sursis

Au cours de l'été de 1931, Raymond Poincaré reçut au Clos les Hanotaux, les Nobel, les Payelle. Ce dernier faisait des recherches pour Poincaré et vérifiait divers points de chronologie ; la population de Sampigny fêta le 20 août avec respect l'anniversaire du président. À la fin de l'été, Raymond Poincaré n'avait pas recrouvré la santé ; son état restait stationnaire. Non seulement les séquelles de l'attaque l'avaient laissé cruellement diminué, mais les problèmes urinaires persistaient, comme le laissait entendre une lettre du docteur

Marion[28]. Il devait s'astreindre à des soins quotidiens et une infirmière devait l'assister pour les moindres gestes de la vie. Il était incapable de se déplacer seul ; il était incapable de travailler. Il ne pouvait plus paraître en public. En septembre, il dut laisser au fidèle André Maginot le soin d'ouvrir à Bar-le-Duc la session du conseil général de la Meuse. Puis, la mort dans l'âme, il décida de renoncer à la fonction de bâtonnier de l'ordre des avocats de Paris. Le 20 octobre 1931, il adressait sa démission. Au nom du conseil de l'Ordre, Fernand Payen lui répondit par une lettre émue[29]. À sa vieille amie Magdeleine Decori, il expliquait lucidement sa décision : « Les médecins m'ayant annoncé que je serais inférieur aux devoirs du bâtonnat, je n'ai pas hésité de suivre leur conseil et je ne le regrette nullement. Félix, à ma place, aurait, j'en suis sûr, fait comme moi » (28 octobre 1931)[30]. Par délicatesse, ses collègues le réélurent au conseil de l'Ordre (novembre 1931). Dans les semaines et les mois qui suivirent Poincaré démissionna des dernières présidences qu'il avait conservées, comme celle de l'Association des anciens secrétaires de la Conférence et de l'Association des étudiants de doctorat. En novembre, la presse signala un déplacement du président à Nancy et se livra à toutes sortes de supputations. D'après les papiers d'Henriette, il était allé s'y faire examiner par le professeur Étienne, afin de savoir s'il était opportun de continuer les séances de massage avec un médecin de Verdun. Les flatteurs, les importuns, les solliciteurs, les naïfs continuaient d'écrire ou de se manifester de la manière la plus diverse. En voici un parmi d'autres, Fernand Maillaud[31], qui présentait ses vœux à Henriette pour 1932 en ces termes :

> « [...] Il faut remonter jusqu'à Saint Louis pour retrouver pareille âme, pareille ferveur du peuple à son souverain. Ô madame, dites à notre cher Président que je voudrais tant que la prière, la vénération de tous les Français lui apporte la guérison complète. Nous avons encore tant besoin de lui ! » (25 décembre 1931).

Les témoignages sur Poincaré malade sont d'une telle discrétion qu'on a beaucoup de mal à saisir comment il vivait sa maladie. Un journaliste de *Paris Soir*, Yves Krier, se rendit au Clos à la fin de l'été de 1931 et revint avec un papier optimiste : « Je courus au Clos tout au sommet de ce vallon. Je gravis en hâte la raide vallée délicieusement ombragée qui conduit à la grille du château. Je le trouvai assis sur un banc de son parc, en compagnie de son ange gardien, sa belle-sœur, Mme Lucien Poincaré [Henriette était aux eaux à Dax]. Il est vêtu d'un complet gris et d'un canotier de paille. "J'ai fait beaucoup plus de progrès depuis quinze jours que je suis ici qu'en cinq mois à Paris. Je suis mieux à Sampigny, n'est-ce pas vrai ? Mes amis ont voulu m'emmener sur la Côte d'Azur..." » Un récit, resté confidentiel, du secrétaire général du *Matin*, Stéphane Lauzanne[32], qui fut reçu à Sampigny le 30 janvier 1932, donnait un tout autre son de cloche :

> « *C'est Mme Poincaré qui m'accueille elle-même à mon entrée...* "*Mon mari, me dit Mme Poincaré, est, en ce moment, entre les mains de son masseur. Mais il aura fini dans trois quarts d'heure environ et sera certainement heureux de vous voir.*" *On me fait entrer dans un grand salon avec de larges baies vitrées donnant sur la campagne... Je profite de l'absence du président pour m'enquérir minutieusement de sa santé. Mme Poincaré affirme qu'elle est sensiblement meilleure. La paralysie du côté gauche tend à diminuer. Par suite d'un effort progressif de volonté, le président parvient à placer la main gauche, qui est totalement inerte, sur les feuilles de papier où il écrit pour les maintenir. Mais le travail est devenu difficile, car, de sa main droite, seule demeurée vivante, il ne peut feuilleter sans aide dossiers et calepins.* "*Ce qui m'inquiète le plus, c'est l'extrême émotivité de mon mari. Son attaque de paralysie fut due en grande partie à l'état de surexcitation où l'avait mis la fameuse séance du Sénat où on renversa le cabinet Tardieu. Il revint hors de lui et, quelques jours après, fut frappé de son terrible mal. Nous lui épargnons donc toute cause de souci ou d'inquiétude.*"
>
> *Cependant, même à Sampigny, les curieux, les importuns, les reporters viennent à chaque instant troubler le repos de la maison. Les lettres de sollicitation affluent comme par le passé. Et il ne se passe pas de jour où quelque missive ne vienne demander un bureau de tabac, une recommandation, un permis de chemin de fer...*
>
> *Soudain au milieu de la conversation, la porte du salon s'est ouverte et M. Raymond Poincaré, appuyé sur le bras d'un valet de chambre, est apparu... Apparition presque tragique. Le teint n'a pas changé, la blancheur des cheveux et de la barbe ne s'est pas accentuée, l'œil est resté clair et vif : en un mot l'enveloppe extérieure est identiquement la même qu'il y a quatre à cinq ans, mais cette enveloppe qui paraît intacte est en réalité cassée par la paralysie du côté gauche. Le président marche un peu comme un automate, avec son bras gauche recroquevillé et tordu. Il se pose sur le bord d'un fauteuil près de la cheminée. Et alors je m'aperçois que, m'étant par malheur assis à sa gauche, son regard ne peut se tourner vers moi. Pendant notre demi-heure de conversation, il m'interrogera et me répondra sans me regarder jamais, son profil tourné vers Mme Poincaré, qui s'était installée à sa droite. D'ailleurs sa voix, si elle a gardé le même son métallique, ne peut s'exprimer qu'avec lenteur. Détail curieux, sa mémoire est restée*

intacte et son intelligence parfaite; mais son jugement s'est durci et, jamais dans le passé, je ne l'avais entendu parler avec autant de sévérité...

Cependant le président s'est levé. Il s'est approché à pas titubants de la grande baie vitrée qui donne sur la vallée de la Meuse. Et me montrant les coteaux sur lesquels la brume hivernale s'est levée et qu'éclaire un pâle soleil de janvier, il me dit :

– Croyez-vous que c'est beau ? Croyez-vous qu'on ait cela à Nice ou à Paris ? Pour moi cela me suffit. Paris ne me reverra jamais...

Et dans ces dernières paroles, consacrées à sa chère Lorraine, il a mis une étrange douceur – la seule peut-être, dans sa voix, au cours de l'entretien. »

Poincaré avait soixante et onze ans; il savait que jamais il ne pourrait reprendre une activité quelconque. Autour de lui, la mort frappait ses contemporains et même ses cadets. Le 22 novembre 1931, Louis Loucheur, qui avait été l'un de ses ministres et peut-être aussi un rival, mourait âgé de cinquante-neuf ans, terrassé par une crise cardiaque. En janvier 1932, la disparition brutale du ministre de la Guerre, André Maginot, fut un coup très dur qui l'assombrit ; il était trop diminué pour assister aux obsèques. Sa femme et sa belle-sœur le représentèrent aux cérémonies funèbres de Paris et de Revigny-sur-Ornain. Les deux hommes avaient combattu côte à côte et aucun dissentiment passager n'avait pu les séparer. Dans *Excelsior*, Poincaré fit l'éloge du ministre « des plus expérimentés et des plus courageux... une perte à peu près irréparable... on savait qu'il ne demandait que les crédits indispensables à notre sécurité et on les lui accordait ». Et il terminait non sans quelque exagération : « Tous les partis lui faisaient confiance. Aussi bien les radicaux que les autres[33]. » On ne sait comment il réagit à l'annonce du décès d'Aristide Briand, qui s'éteignit à Paris, le 7 mars 1932. Les deux hommes, pourtant si différents, avaient été amis et il n'y avait jamais eu de rupture entre eux. Poincaré n'avait sans doute plus la force de faire pour Briand le bref article qu'il avait consacré à Maginot. Pourtant, sans être vraiment optimiste, Henriette croyait encore à la guérison puiqu'elle écrivait à son amie Simone Bréguet : « La santé du Président s'améliore, mais bien lentement, ce qui laisse l'espoir d'arriver avec de la patience à une complète guérison » (9 avril 1932).

Aux élections législatives du printemps de 1932, Poincaré put mesurer l'affaiblissement de son influence politique. Sans cesser de l'entourer d'un affectueux respect, les Meusiens ne le suivaient plus guère. Dans la circonscription de Bar, Henri Ferrette reprenait le siège dont André Maginot l'avait dépossédé vingt-deux ans plus tôt. Dans son ancienne circonscription de Commercy, son ami Louis Taton-

Vassal, député sortant et maire de Saint-Mihiel, vit se dresser contre lui un jeune Meusien de Paris, Louis Jacquinot[34], secrétaire général des Lorrains de Paris. Il était le fils d'un marchand de bois, longtemps maire de Gondrecourt-le-Château et fidèle soutien de Poincaré et de Maginot; il avait appris la politique avec Maginot, au cabinet duquel il avait appartenu. Poincaré resta fidèle à Louis Taton-Vassal et le fit savoir aux électeurs. Son soutien, comme celui de *L'Est républicain*, fut inutile car, au premier tour, Louis Jacquinot était élu député de Commercy; le soir de son succès, il envoyait à Mme Poincaré un bouquet de roses rouges, les roses de la victoire. Ainsi Louis Jacquinot commençait-il, malgré Poincaré, une carrière politique meusienne et nationale qui allait durer plus de quarante ans.

Pour sa part, malgré sa maladie, Raymond Poincaré n'envisageait pas une retraite définitive. Son mandat de sénateur de la Meuse s'achevait en novembre 1932; il se porta de nouveau candidat; les électeurs sénatoriaux savaient qu'il ne siégerait plus guère au Luxembourg; par respect et gratitude, ils le réélurent à une très forte majorité.

Désormais Poincaré n'était plus qu'un grand malade en sursis sur lequel Henriette veillait avec affection. Il n'était plus capable d'assister à une cérémonie publique; quelquefois, Henriette le représentait, par exemple aux obsèques de la femme du bâtonnier Albert Salle, son collègue du barreau, dont il avait été très proche. Cependant il pouvait être transporté entre Paris, Sampigny l'été et la Côte d'Azur l'hiver. En 1933 il séjourna dans des propriétés amies à Roquebrune, chez Gabriel Hanotaux, à Hyères, à Saint-Raphaël. Il recevait peu, car Henriette écartait les visites inutiles. Un de ses anciens collaborateurs, le directeur du service d'Alsace-Lorraine à Paris, Paul Valot, sollicita un entretien par l'intermédiaire de l'ancien chef de cabinet Ribière. Henriette fit répondre qu'en raison de l'état du président cette visite serait inopportune. Valot insista et il fut finalement invité à une date que nous ignorons; il remercia Henriette par une lettre où il l'assurait du « culte que je garde pour celui dont l'affectueuse indulgence a fait l'honneur de ma carrière[35] ». Georges Payelle, que Poincaré avait fait grand officier de la Légion d'honneur et qui avait pris sa retraite de la Cour des comptes, lui écrivait régulièrement: « Il n'est pas de jour où votre nom ne soit prononcé par ceux qui se rappellent 1926 et votre œuvre merveilleuse d'alors[36]. » Le plus cruel était la disparition de ses amis et contemporains. La mort de Christian Pfister, qui avait été son condisciple à Louis-le-Grand, survenue le 16 mai 1933, l'affecta profondément. Il n'en continuait pas moins à écrire quelques heures par jour et put achever le tome X d'*Au service de la France*, *Victoire et Armistice*, qui parut en décembre 1933. Il semble que le couple avait quelques difficultés financières, car le manuscrit fut vendu aux enchères en décembre 1933. À cette occasion, il reçut de vieux amis auxquels il avait adressé des exemplaires d'auteur des lettres chaleureuses. Parmi celles-ci se détachaient celles de Sébastien Charléty, recteur de l'Académie de Paris, avec lequel il était lié depuis longtemps, et d'Henri Bergson, son collègue à l'Académie française [37].

Poincaré s'affaiblissait. Il ne pouvait plus se servir de son bras gauche et faisait juste quelques pas appuyé sur sa canne. Il était très entouré par sa femme et par un personnel très dévoué : son valet de chambre Eugène, sa fidèle infirmière, Mlle Germaine, sa cuisinière (la mère de Jacques Chérèque, le futur ministre) et son chauffeur, Raymondin. Les anciens chefs de son cabinet, Ribière et Grignon, qui poursuivaient leur carrière l'un dans la préfectorale, l'autre à la Cour des comptes, lui permettaient de maintenir quelques contacts avec le monde extérieur. Poincaré avait maintenant du mal à tenir un stylo ; son information laissait à désirer et la merveilleuse facilité d'écriture qu'on lui avait tellement enviée semblait l'avoir abandonnée. Il était de plus en plus coupé de l'actualité. Quelques sujets continuaient de retenir son attention, comme la révision constitutionnelle et la réforme de l'État, les deux chevaux de bataille d'André Tardieu, l'adversaire véhément des gouvernements radicaux. Poincaré, qui s'était à partir de 1926 rapproché d'André Tardieu, ne s'était pas départi à son égard de ses vieilles réserves, et ses visiteurs étaient parfois étonnés de sa sévérité. La révision constitutionnelle que ce dernier préconisait ne lui disait rien qui vaille. Dans un texte non publié, il jugeait un voyage à Versailles « parfaitement inutile car il nous exposerait aux pires aventures ». À son avis les inconvénients que l'on pouvait observer dans le régime politique ne venaient pas de la Constitution, mais « des mauvaises coutumes parlementaires et du mauvais fonctionnement des deux Chambres [38] ». Depuis 1898, l'opinion de Poincaré sur ce sujet n'avait pas varié d'un pouce et l'expérience du pouvoir ne l'avait en rien modifiée. Cet article resta à l'état de brouillon.

Dans deux autres textes de 1933, très raturés et à l'écriture incertaine, Poincaré revenait sur le danger allemand et commentait l'arrivée de Hitler au pouvoir. Il voyait Hitler « installé sur le fauteuil de Bismarck », préparant « une éventuelle restauration » avec « peut-être demain les Hohenzollern sortant de la coulisse ». L'Histoire n'a pas confirmé cette hypothèse que Poincaré n'avait pas été le seul à faire ; le régime national-socialiste avait vite pris un tour plus radical et plus dangereux et était très éloigné des références historiques qui pouvaient venir à son esprit. Le départ de l'Allemagne de la SDN (octobre 1933) confirma ses craintes : « L'Allemagne hitlérienne a claqué la porte à Genève... Ce geste de violence ne nous apprend rien de nouveau. » Devant cette renaissance du danger allemand, le service militaire d'un an lui paraissait « insuffisant ». Cet article recopié de la main d'Henriette n'a, semble-t-il, pas été publié. Poincaré, qui avait de plus en plus de mal à rédiger, remania une dernière fois son testament[39] le 25 septembre 1933 ; il y ajouta un codicille le lendemain. Le département de la Meuse était désigné comme légataire universel, avec à charge d'établir dans la maison de Sampigny un orphelinat dont les bénéficiaires seraient en priorité des enfants de la Meuse. Jusqu'à sa mort Henriette conserverait l'usufruit de tous ses biens, à savoir : la maison de Sampigny, la maison de la rue Marbeau, la moitié d'une ferme à Stainville (Meuse), des terres et des herbages dans le Calvados.

Dans le courant de décembre 1933, il partit passer l'hiver à Saint-Raphaël. On ne possède aucun document sur ses réactions à la suite des événements parisiens du 6 février 1934. À ce moment il se reposait à Boulouris dans la villa de Mme Georges Leygues. On peut simplement penser que l'appel à Gaston Doumergue et la formation d'un ministère d'Union nationale avaient été des solutions conformes à ses vœux les plus chers.

Depuis qu'il avait été saisi par la fièvre verte, Poincaré s'était toujours intéressé aux élections académiques. Les candidats lui écrivaient et il leur répondait ou faisait répondre. S'il pouvait se déplacer pour une élection, il le faisait ; il alla encore sous la Coupole le 1er juin 1934, soutenu par Georges Lecomte, pour participer à l'élection de François Mauriac. Léon Bérard[40] sollicita son appui pour sa candidature au fauteuil de Camille Jullian (janvier 1934). André Bellessort fit de même pour celui de l'abbé Bremond (juin 1934). Sa dernière sortie parisienne fut à l'Académie, où il se rendit en juin 1934 pour voter en faveur du duc de Broglie. Le même mois, il eut la douleur de perdre son neveu par alliance François Guionnic, le mari du « petit liseron », qui avait été son collaborateur au début des années 1920. Le couple s'était établi à Nancy. Raymond était si fragile qu'il ne fut pas question pour lui de se rendre aux obsèques[41].

Au début de juillet 1934, on put néanmoins le transporter à Sampigny pour les vacances ; ce fut son dernier été lorrain. Il reçut quelques visites amicales, celles de ses anciens collaborateurs, Léon Bérard et Fernand Payen. Le président de la République Albert Lebrun et sa femme allèrent au Clos le 20 août fêter son soixante-quatorzième anniversaire. Poincaré était très affaibli. En septembre 1934, quand il alla se recueillir sur la tombe des siens à Nubécourt, il fallut le soutenir pour faire le court trajet qui séparait la voiture du cimetière familial.

Malgré sa fragilité, il accepta de se représenter au conseil général de la Meuse. Au fidèle Léon Florentin[42], du *Réveil de la Meuse*, il donnait cette consigne : « Je m'en rapporte à votre appréciation sur la question des affiches ; quant au nombre des bulletins, je désirerais qu'ils fussent aussi nombreux que les électeurs » (17 septembre 1934). À la fin de septembre, il regagna Paris ; il ne devait plus revoir Sampigny. Le 7 octobre, il était réélu sans concurrent conseiller général de Triaucourt-en-Argonne. De la part de ses électeurs, c'était un geste de reconnaissance affectueuse, car ceux-ci savaient qu'il n'exercerait plus son mandat.

La mort et les obsèques nationales

À peine Raymond Poincaré était-il rentré dans son hôtel de la rue Marbeau que l'assassinat du ministre Louis Barthou, survenu le mercredi 9 octobre 1934 à Marseille où il était allé accueillir le roi Alexandre de Yougoslavie, lui porta un coup terrible. Avec la mort tragique de Louis Barthou, c'était comme si une partie de lui-même avait disparu. Il écrivit sur les « deux gosses de 1893 » quelques phrases où perçait une réelle émotion. Ce furent ses dernières lignes.

Le matin du jeudi 10 octobre il put encore faire une petite promenade ; l'après-midi, il fut frappé d'une attaque et on dut l'aliter ; il était paralysé ; le curé de Saint-Honoré-d'Eylau alla l'administrer le dimanche ; jusqu'au soir du 14, il resta lucide. Veillé par sa femme et sa belle-sœur, il s'éteignit sans parler ni souffrir le lundi 15 octobre vers 3 h 30. Au petit matin, le tambour municipal parcourut les rues de Sampigny pour annoncer la triste nouvelle aux villageois. *Le Temps*, le journal « officiel » de la République, dans lequel Poincaré avait si souvent écrit, parut bordé d'un liseré noir.

Albert Lebrun, président de la République, et Gaston Doumergue, président du Conseil, se rendirent au domicile mortuaire pour s'incliner devant l'illustre défunt. « Le corps était exposé dans son cabinet de travail sur un grand lit de cuivre très moderne et très simple... Devant la dépouille mortelle veille une sœur de charité qu'assiste une infirmière. Dans un vase un rameau de buis trempé dans l'eau bénite... » Un crucifix d'argent était posé sur le drap. La mise en bière eut lieu le mardi 16 octobre à 20 h 30 en présence de la famille, de Léon Daum, son exécuteur testamentaire, et de ses amis les plus proches, Georges Payelle, Henri Caïn, Gérald Nobel et Fernand Payen. Puis le cercueil fut transporté dans la crypte de Saint-Honoré-d'Eylau, où la foule parisienne fut admise à défiler devant la chapelle ardente et à signer des registres.

Contrairement à celles de ses modèles, Léon Gambetta et Jules Ferry, et de ses contemporains Georges Clemenceau et Aristide Briand, les funérailles de Raymond Poincaré ne furent pas purement laïques et républicaines. Les pouvoirs publics décrétèrent un deuil national et organisèrent des cérémonies funèbres au Panthéon et à Notre-Dame. Au Panthéon, les architectes Ventre et Aillaud dressèrent un catafalque « portant à son sommet une dalle tumulaire blanche et se barrant comme d'une écharpe, d'un immense voile tricolore ». Des hauteurs de la Coupole tombaient jusqu'à terre des vélums noirs et violets. À l'arrière-plan, l'un des projecteurs éclairait le monument de la Convention, symbolisant l'attachement du disparu aux idées et aux valeurs de la Révolution. Pendant deux jours se pressa une foule silencieuse et respectueuse. Selon la Préfecture de police[43], 19 000 personnes auraient le premier jour défilé devant le cercueil du « grand Français ».

Le 20 octobre 1934 se déroulèrent à Paris les obsèques nationales. L'hommage officiel fut rendu au Panthéon par Gaston Doumergue, qui parla au nom du gouvernement. Puis les « Diables bleus » du 30e bataillon de chasseurs alpins, celui dont Poincaré avait été officier de réserve, défilèrent devant le catafalque placé devant un affût de canon et l'entourèrent. Le cortège descendit la rue Soufflot et le boulevard Saint-Michel au son de la *Marche funèbre* de Chopin. Le long des grilles du Palais de justice, avocats et magistrats en robe rendirent un ultime hommage à leur illustre collègue. Les clairons sonnèrent *Aux champs!* Quand le cortège arriva sur le parvis de Notre-Dame, la musique de la garde joua *La Marseillaise* tandis que le bourdon et les cloches sonnaient le glas. Dans la nef avaient pris place les plus hautes autorités de l'État et de nombreuses personnalités. En l'absence du cardinal Verdier, parti au congrès eucharistique de Buenos Aires, le service funèbre fut célébré par le cardinal Binet, archevêque de Besançon. Il était entouré d'une dizaine d'évêques. Louis Vierne tenait les grandes orgues.

Puis le convoi funèbre prit la route de Nubécourt, où Poincaré avait souhaité être inhumé auprès de ses parents et ancêtres. Le cercueil fut accueilli le soir par l'abbé de Ladonchamps, curé de Nubécourt, et déposé pour la nuit dans la petite église; des soldats du 26e R.I. de Nancy, unité où Poincaré avait fait son service militaire, montaient la garde d'honneur. La famille se retira à Triaucourt-en-Argonne, dans la propriété de Mme Lucien Poincaré.

Par un jour d'octobre gris et brumeux, les ultimes cérémonies religieuses furent célébrées le 21 octobre dans l'église de Nubécourt. Édouard Herriot et André Tardieu, anciens ministres de Poincaré et ministres de Gaston Doumergue, représentaient le gouvernement; Alexandre Millerand, ancien président de la République, était venu à titre personnel. Leur amitié de jeunesse avait résisté aux turbulences de la politique, bien que Millerand n'eût jamais accepté d'avoir été abandonné sans phrase par Poincaré dans la crise de juin 1924. Plusieurs milliers de personnes, principalement des Meusiens, avaient envahi le petit village. Seules la famille et les personnalités purent prendre place dans la modeste église. Aux côtés d'Henriette et de Marie-Andrée en grand deuil se tenaient Léon Poincaré, le fils d'Henri, neveu du défunt, son fils Jean Poincaré et son neveu Léon Daum. La messe des morts fut chantée par le curé de Nubécourt en présence de Mgr Ginisty, évêque de Verdun, qui prononça une ultime allocution et récita l'absoute. Quelques minutes plus tard, le cercueil fut porté à bras d'hommes dans le cimetière familial des Gillon, contigu à l'église et où il avait fait ensevelir son grand-père et sa grand-mère, puis son père et sa mère qui avaient été, bien des années auparavant, des familiers de Nubécourt. Lui-même avait désiré y reposer. Le 21 octobre 1934, ce vœu fut accompli et il y dort depuis lors de son dernier sommeil. En 1943, Henriette l'y rejoignit. L'enclos, séparé des tombes des villageois par une haute haie d'ormes taillés, est d'une austère simplicité ; les tombes à peine marquées au-dessus de la pelouse sont ordonnées sur deux rangs par une grande croix placée à une extrémité et où une inscription rappelle les intentions exprimées en 1820 par les quatre fondateurs de ce cimetière familial. La tombe de Raymond Poincaré, qui ne se distingue pas des autres, est un simple tertre gazonné surmonté d'une croix de fer ; sur une plaque ovale de marbre blanc, on peut y lire le nom des défunts avec leurs dates de naissance et de mort, sans aucun titre, sans aucune distinction.

Habituellement, la mort fait taire temporairement les critiques. On s'incline devant l'illustre disparu, dont on reconnaît les immenses mérites. Raymond Poincaré reçut son lot d'hommages mortuaires, dont il aurait discrètement souri tant certains étaient exagérés. Le plus sincère et le plus émouvant d'entre eux était le bel article de son disciple Fernand Payen dans *Le Figaro*[44], intitulé « Au barreau ». *Le Temps* consacra plusieurs pages très documentées à la carrière du défunt, la retraçant avec un grand luxe de détails. *L'Illustration*, qui ne pouvait négliger son collaborateur, publia un somptueux numéro spécial, comme pour Clemenceau, Foch et Lyautey. Poincaré était entré dans le panthéon des gloires nationales. Mais il faut souligner qu'il ne s'agissait pas du début d'un culte. L'actualité avait ses exigences et, après avoir rendu hommage à Raymond Poincaré, *L'Illustration* passa à autre chose et ne lui accorda plus une ligne.

Les adversaires n'avaient pas désarmé. Certains gardèrent le silence ou presque. *La Nation*[45], l'hebdomadaire de la Fédération républicaine de Louis Marin, se contenta d'un article anonyme de dix-huit lignes, sans aucune critique mais sans aucun éloge non plus. Les journaux communistes le couvrirent d'insultes. *L'Humanité*[46] reprit son titre familier « Poincaré-la-Guerre est mort », et son rédacteur en chef, Paul Vaillant-Couturier (décédé en octobre 1937), qui reprochait à Poincaré de l'avoir jeté en prison, se distingua par un article haineux. *Le Réveil ouvrier*, journal cégétiste de Nancy, reprit également ce titre : « Poincaré-la-Guerre est mort ». Les journaux communistes alsaciens allaient encore plus loin, avec ce titre provocateur : « Poincaré-la-Ruhr, le meilleur agent d'Hitler ». Quant aux journaux catholiques, ils relevaient avec satisfaction la réconciliation de Poincaré avec l'Église : « une vie si française, une fin si chrétienne », selon le journaliste du *Lorrain*, Charles Ritz ; après avoir rappelé avec une pointe d'ironie les obsèques religieuses, d'autres mêlaient les épines aux louanges : « C'était un homme de gauche pour lequel les traditions de 1789 étaient des articles de foi », affirmait l'*Elsässer Kurier*, le journal du défunt abbé Hægy. Poincaré, le laïc, avait eu des obsèques religieuses. Était-il revenu durant ses dernières années, comme on le disait alors, à la religion de son enfance ? « Avait-il dans le fond de son cœur conservé la foi », comme l'avait affirmé l'évêque de Verdun, Mgr Ginisty ? La question mérite d'être posée. Contrairement à son époux, Henriette était croyante, sans pratiquer toutefois. Poincaré n'entrait jamais dans une église, sauf pour un enterrement ; il ne recevait jamais aucun prêtre ou religieux et on n'en trouve aucun parmi ses amis ou ses correspondants. À la fin de sa vie, cette règle connut quelques exceptions ; il accepta de recevoir au Clos le chanoine Polimann, directeur de *La Croix meusienne*, qui était candidat à la succession de Ferrette et qui fut élu député de Bar-le-Duc. Reçut-il le prêtre candidat ou l'ancien combattant de la tranchée des baïonnettes ? Pendant le séjour du président, le curé de Sampigny faisait au Clos une visite hebdomadaire de courtoisie. La conversation allait-elle au-delà des banalités de circonstances ? Au nom de l'Église, Poincaré fut approché par Mgr Alfred Baudrillart[47], recteur de l'Institut catholique de Paris, son ancien condisciple au lycée Louis-le-Grand. En 1913, celui-ci avait déjà célébré secrètement le mariage religieux du couple. Quelques lettres d'Alfred Baudrillart à Poincaré sont conservées ; on ne possède pas les réponses de Poincaré. Les deux hommes eurent à Paris et à Sampigny des conversations. Alfred Baudrillart resta discret sur leurs échanges. Il en avertit, semble-t-il, le pape Pie XI qui, dès qu'il apprit la maladie du vieil homme d'État, lui adressa sa bénédiction apostolique. L'archevêque de Paris, le cardinal Verdier, se déplaça en personne rue Marbeau pour la transmettre et le curé de Saint-Honoré-d'Eylau fut appelé au chevet du mourant pour lui administrer les derniers sacrements. Les obsèques religieuses étaient donc naturelles ; elles n'eurent certes pas l'éclat dont l'Église, avait, quelques semaines plus tôt, entouré à Nancy celles du maréchal Lyautey.

Le curé de Sampigny organisa un service religieux solennel auquel assista toute la population du village (22 octobre). Le texte manuscrit de l'homélie prononcée par le vicaire général Huard fut envoyé par le curé[48] à Henriette Poincaré (28 octobre). En voici le passage central : « Le premier communiant est mort en chrétien parce qu'il avait fait sans doute une bonne première communion et aussi sans doute parce que les premiers communiants de Sampigny et d'ailleurs ont prié pour lui... *Il a récité avant de mourir le Credo* » (phrase soulignée par Henriette sans aucun commentaire). Nous ignorons la réponse d'Henriette au curé. En revanche, dans l'hebdomadaire *Le Réveil de la Meuse*, Léon Florentin, son rédacteur en chef, avait publié un article intitulé « Poincaré laïque[49] ». Henriette le félicita en ces termes : « Cet article vient à son heure » (4 novembre) et elle rappelait combien le président avait eu à son égard « une affectueuse confiance ». Cette réponse était vague et prudente ; elle ne démentait pas la mort chrétienne du vieux président pour lequel, chaque année jusqu'à la guerre, elle fit célébrer à Saint-Honoré-d'Eylau un service anniversaire. Peut-on faire un rapprochement entre la « mort chrétienne » de Raymond Poincaré et celle d'Édouard Herriot ? Les deux hommes avaient eu une éducation religieuse comparable puis, à la fin de l'adolescence, avaient abandonné non seulement toute pratique religieuse mais étaient devenus des laïcs convaincus et militants. Plus de vingt ans séparent les deux événements. À la fin de sa vie, le maire de Lyon, qui n'avait plus pour veiller auprès de lui de femme attentive et dévouée, avait été transporté à l'hôpital, où les allées et venues du cardinal Gerlier, archevêque de Lyon, furent suivies et commentées par les journalistes. Poincaré eut la chance d'échapper à ces rumeurs et à ces indiscrétions macabres.

Raymond Poincaré était sans descendance. Par testament du 25 septembre 1933, il avait légué tous ses biens[50] au département de la Meuse, Henriette en conservant l'usufruit sa vie durant. Dans sa propriété du Clos le département devait ouvrir un orphelinat de garçons (douze au maximum) nés dans le département de la Meuse, de préférence à Sampigny ou dans le canton de Pierrefitte, qu'il avait si longtemps représenté.

Henriette, gardienne de la mémoire de Raymond

Henriette vécut ses dernières années au Clos et à Paris ; elle allait parfois en villégiature sur la Côte d'Azur ; elle fréquentait peu de monde, seulement sa belle-sœur, Marie-Andrée, et sa nièce et filleule, Lysie Guionnic, qui s'occupait maintenant de sa vieille marraine. Elle recevait les vieux amis ou anciens collaborateurs de son mari qui passaient de temps à autre rue Marbeau ou au Clos et correspondait avec eux. Un proche, Georges Payelle[51], aida Henriette à s'occuper des impôts et des droits de succession ; il reçut en cadeau le livre-boîte où le Président rangeait ses lettres. Il lui écrivait régulièrement et, à l'occasion du deuxième anniversaire de la mort de Poincaré, il notait : « Se passe-t-il un jour qui ne nous apporte comme à tous les Français une raison nouvelle de pleurer le grand disparu ! » (14 octobre 1936).

Henriette Poincaré, qui soignait ses douleurs à Aix, à Spa ou au soleil de la Côte d'Azur, voyagea jusqu'à un âge avancé ; en mars 1940, elle perdit sa belle-sœur, Marie-Andrée, Mme Lucien Poincaré, à laquelle elle était très attachée[52] ; plusieurs amis proches disparurent aussi : Henri Caïn et Émile Hinzelin (octobre 1937), puis le couple Payelle, Madeleine (1939) et Georges (1941) ; d'autres, comme Maurice Paléologue, qui souffrait d'une névrite à la jambe, s'excusaient de ne pouvoir se déplacer pour la visiter. La guerre cloua Henriette à Paris, où sa santé se mit à décliner. Le Clos avait été pillé; malgré les épreuves, elle veillait jalousement sur la mémoire de Raymond. En 1942, elle s'inquiétait encore d'un libelle contre son mari dont l'auteur aurait été Joseph Caillaux; en octobre 1942, Maurice Ajam l'assura de sa sympathie. Elle s'éteignit à Neuilly le 18 mai 1943 à l'âge de quatre-vingt-cinq ans, huit ans après son époux. Elle fut ensevelie à ses côtés dans le cimetière familial de Nubécourt.

CHAPITRE II

Entre les légendes et la réalité

Pendant plus d'un quart de siècle Raymond Poincaré s'était trouvé placé au cœur de l'actualité et du débat public. Une telle personnalité ne pouvait laisser indifférent. Très jeune, il a eu de multiples admirateurs et leur nombre a vite grandi. Parallèlement naquirent les réserves, commencèrent les attaques et se préparèrent les haines jalouses ou perfides qui se déchaînèrent à partir de 1912. Après sa mort et jusqu'à nos jours, ces perceptions et ces jugements contradictoires ont cheminé dans les livres et dans les esprits ; ils se sont parfois mêlés ; leur persistance et aussi les inévitables déformations et simplifications qu'ils ont subies posent question aux historiens.

Entre l'admiration et la haine

La perception de la personnalité de Raymond Poincaré a toujours été ambivalente : il a été idéalisé par de multiples admirateurs fidèles souvent anonymes et, en même temps, poursuivi avec acharnement par les morsures de la calomnie et de la haine.

Une légende dorée est rapidement née ; elle a accompagné le jeune ministre ; elle s'épanouit quand il atteignit les sommets de l'État. De son vivant, Raymond Poincaré a été transfiguré : le grand Lorrain, le grand Français, l'éminent homme d'État.

Comme tous les hommes politiques de premier plan, Poincaré s'est heurté à des adversaires qui ont combattu ses idées, ses choix et ses votes. Dans son cas, tout a été passé au crible, tout a été mis en cause, son caractère, sa personnalité et sa vie privée. Dans une vie publique qui était hier plus impitoyable que celle d'aujourd'hui, rien ne lui fut épargné.

Ses adversaires et détracteurs ont été multiples, depuis Georges Clemenceau, qui ne résistait jamais aux mots cruels sur son compte, jusqu'à des amis personnels comme Joseph Caillaux, devenus des ennemis mortels. Lors de sa candidature à la présidence de la République, une campagne de presse s'était attaquée à sa vie privée, à sa femme, à son foyer. Le pire était à venir : il portait sur sa part de responsabilité dans le déclenchement de la Grande Guerre. La rumeur a cheminé souterrainement durant le conflit, elle a affleuré au grand jour après son départ de l'Élysée, puis n'a cessé de le poursuivre jusqu'à la tombe et bien au-delà.

Les premiers adversaires et les plus constants furent les catholiques militants ; dans l'ensemble, quoique avec des exceptions, ils gardèrent une certaine retenue. Les plus virulents et les plus calomniateurs étaient issus de la gauche pacifiste, socialiste et communiste. Enfin, à partir de 1914, les Allemands formèrent une nouvelle catégorie qui, parfois, opéra une jonction avec les deux précédentes.

Entre les admirateurs inconditionnels et les adversaires, il faut faire une place aux collaborateurs. À la suite de Fernand Payen, les secrétaires de l'avocat ont multiplié les témoignages d'affection et d'admiration à son égard. N'ont-ils pas parfois volontairement tu déception et humiliation et idéalisé un peu leur patron ? Les amis et les collaborateurs ont souvent souffert d'un manque de franchise, d'une sécheresse autoritaire et coupante, à la limite d'une véritable inhumanité. Ces traits se seraient accentués au seuil de la vieillesse, au cours des années 1920. Le journal inédit d'Alexandre Millerand contient quelques phrases sévères sur le caractère de son ami. Colrat et Reibel ont eu à pâtir de la rancune acerbe de leur ancien patron. Au-delà des désaccords, Émile Moreau met le doigt sur les facettes désagréables du caractère de l'« illustre président », sur ses impatiences, ses colères, ses remarques aigres et impératives. L'ambassadeur belge Gaiffier, un admirateur lucide et critique, rapporte parfois avec des détails amusants les mêmes travers. Quant à l'ambassadeur Pierre de Margerie, un collaborateur éminent, il a été littéralement martyrisé et réduit à l'impuissance par son ministre. Terminons par une simple notation d'ordre privé qui se passe de commentaire. Henri Cambon[1], le fils de Paul, qui gérait l'ambassade de France au Vatican en l'absence de Jonnart, souhaitait s'absenter quelques jours de Rome. Il écrivait à son oncle Jules qu'il devait demander une permission à Hermite, le chef du cabinet du ministre : « Avec des hommes comme Poincaré et Hermite, c'est une précaution indispensable, car Hermite, pas plus que son chef, n'est accessible à aucune considération humaine, même pour un vieux camarade comme moi » (18 mars 1923).

Poincaré, le laïc

Lors de son entrée dans la vie publique, Raymond Poincaré s'était présenté comme un républicain laïc dans le sillage de Gambetta et de Ferry. Il le resta jusqu'à son dernier souffle. À ce titre, la défense et la consolidation de l'École laïque étaient ses objectifs fondamentaux et permanents. Il le prouva lors de son passage au ministère de l'Instruction publique où il fit ses premières armes. Il vota sans état d'âme la séparation des Églises et de l'État. Il encouragea, patronna, soutint de multiples associations laïques. Dans son esprit, laïcité et tolérance formaient un couple indissociable et, dans ses discours comme dans ses écrits, il a toujours su éviter le moindre écart de langage, la moindre trace d'anticléricalisme vulgaire, la moindre attaque contre un ordre religieux, un prêtre ou un évêque. Il laissait à d'autres la dénonciation grossière des Jésuites ou les plaisanteries douteuses sur les moines et les nonnes ! À l'égard de la religion et du domaine du sacré, Poincaré gardait le silence le plus absolu. Lors des inaugurations de monuments ou des cérémonies patriotiques auxquelles il était convié, il repartait toujours avant la messe ou arrivait après, même dans la Meuse. Jamais il ne pénétrait dans une église, sauf pour un enterrement.

Pour les catholiques, Poincaré était avant tout et restait un adversaire. Il suffit de feuilleter *La Croix meusienne*, hebdomadaire catholique publié à Bar-le-Duc, pour en trouver de multiples exemples sur une très longue période. Certes, dans le domaine du patriotisme, des convergences pouvaient se nouer entre lui et les catholiques; mais à partir de références communes les interprétations pouvaient être très différentes, voire opposées. Il est piquant de comparer la Jeanne d'Arc de Poincaré avec celle des catholiques ! À la manière de Michelet, il rendait hommage à la fille du peuple et ignorait la sainte envoyée par Dieu pour sauver le roi et la France.

Durant la guerre, la politique d'Union sacrée se traduisit par quelques gestes : Poincaré décora des prêtres et des religieuses; il eut l'habileté de confirmer les promesses faites par le général Joffre à la partie libérée de l'Alsace : la France n'introduirait pas les lois laïques dans les provinces retrouvées contre le gré des populations. Après la guerre, le respect et l'admiration allaient au président de l'Union sacrée. De temps à autre, quand un propos ou une attitude réveillait l'ancienne animosité, on se contentait de marquer la distance. Dans les provinces retrouvées, où la sensibilité religeuse était vive, on était divisé. Chez les francophones de Moselle, Poincaré était accueilli comme un ami et, à chacun de ses voyages à Metz, il ne manquait jamais d'évoquer les patriotiques espérances de l'avant-guerre. C'est pourquoi *Le Lorrain*[2], le quotidien catholique de Collin et de Ritz, a toujours pensé que Poincaré serait fidèle aux promesses de 1914 et lui sut gré de les avoir tenues. En revanche, la presse catholique de langue allemande de Lorraine et d'Alsace[3] ne cessa des années durant de le dénigrer et de l'attaquer. Poincaré aurait été un « partisan fanatique des lois laïques qu'il défend depuis sa jeunesse et qu'il ne trahira pas au déclin de sa vie », un jacobin assimilateur désireux de tout niveler, tout uniformiser. On mêlait l'ironie aux remarques désobligeantes pour saper son image de compétence, d'honnêteté et de modération. C'était un homme surfait qui ne méritait aucune confiance. Les groupes autonomistes alsaciens ont poursuivi Poincaré, l'homme du procès de Colmar, d'une haine tenace. C'était à la fois l'Antéchrist et le jacobin qui avait juré de détruire l'identité alsacienne. À la fin des années 1920, à l'exception des groupes autonomistes alsaciens-lorrains, les catholiques avaient cessé d'attaquer Poincaré. D'autres avaient pris le relais, et avec quelle virulence ! Par exemple, *L'Action française* de Maurras et de Daudet, qui l'avait ménagé pendant la guerre, se déchaîna, toujours prompte à manier l'insulte ou le mensonge. Léon Daudet, qui reprochait à Poincaré de ne pas avoir fait ce qu'il aurait dû lors de la mort mystérieuse de son fils Philippe, le poursuivit de sa haine, et son pamphlet insultant, *Le Nain de Lorraine*[4], est à la mesure de son ressentiment. Il est vrai que Louis Barthou et Aristide Briand furent, autant que Poincaré, traînés dans la boue.

LES ATTAQUES VENUES DE LA GAUCHE

Les premières critiques apparurent au début du siècle, dès que Poincaré eut atteint une notoriété nationale. Certains jugèrent utile de ne pas ménager cet ambitieux dont on devinait qu'il pourrait accéder aux fonctions les plus élevées. On disait qu'il avait le caractère faible, qu'il n'arrivait pas à se décider et que son orientation à gauche était purement tactique. Certes, il s'était rallié tardivement à la révision du procès Dreyfus, tout en restant à l'écart de la famille dreyfusarde. Poincaré aurait eu un tempérament droitier et son appartenance à la gauche était censée tenir plus de la tactique que de la conviction. Ce fut Clemenceau qui attacha le premier le grelot dans l'article déjà cité et publié le 15 mars 1902 sous le titre « Le poincarisme » dans le journal *Le Bloc*. Ce texte passa presque inaperçu à l'époque, mais les insinuations féroces du Tigre furent souvent reprises[5]. Toutefois, dans l'immédiat, elles ne prêtèrent guère à conséquence, car les deux hommes ne se brouillèrent pas. Ils cohabitèrent dans le ministère Sarrien, puis Poincaré jugea habile de rester à l'écart du nouveau ministère dirigé par Clemenceau. Il sut conserver le contact et de solides amitiés avec les radicaux et, tout en affectant de se tenir au-dessus de la politique politicienne, préserva son appartenance à la gauche.

Après son accession à la présidence du Conseil puis son élection à la présidence de la République, les critiques, jusque-là épisodiques et dispersées, devinrent monnaie courante. Poincaré avait des adversaires politiques. Son élection à la présidence de la République, qui s'était faite contre la volonté de Clemenceau, laissa des traces et entraîna de redoutables insinuations et polémiques. Poincaré aurait été un « mal élu », car il aurait accepté avec empressement des voix non républicaines. On parla d'un « pacte » secret qu'il aurait conclu avec la droite. Il s'en défendit ; on ne le crut pas. Pour cette raison, les deux hommes se brouillèrent et Clemenceau, qui avait la dent dure, multiplia sarcasmes et bons mots qui visaient l'hôte de l'Élysée.

Quant aux socialistes et aux syndicalistes, ils ne ménageaient pas un représentant éminent de la société bourgeoise, qui en avait défendu les intérêts au Parlement en combattant l'impôt sur le revenu et au Palais comme avocat d'affaires. On relevait ses relations réelles ou supposées avec les milieux économiques et financiers. Il était présenté comme l'homme du tout-puissant Comité des forges. *L'Humanité* et *La Vie ouvrière* (CGT) véhiculaient ces thèmes. Au redoutable Clemenceau vint s'ajouter un nouvel adversaire de taille en la personne de Joseph Caillaux ; lui et Poincaré avaient été amis ; ils avaient été ensemble à l'Alliance, puis Caillaux, par intérêt politique plus que par conviction, s'était laissé dériver vers la gauche. Depuis que Poincaré avait succédé à Caillaux à la présidence du Conseil, l'aigreur avait remplacé la complicité amicale d'antan, mais les deux hommes se parlaient encore. Après la chute du cabinet Barthou, Poincaré toléra Caillaux comme ministre des Finances du cabinet Gaston Doumergue. Au début de l'année 1914, Caillaux fut victime d'une violente campagne de presse qui conduisit sa femme à un geste désespéré, l'assassinat à bout portant de Gaston Calmette, le directeur du *Figaro*, l'un des acteurs de cette campagne. Nous avons essayé autant que possible de démêler l'attitude et le comportement de Poincaré dans ces jours difficiles. Caillaux était désormais un adversaire implacable et irréconciliable. Jusqu'à la fin de sa vie, Poincaré souffrit des attaques de Caillaux et des « caillautistes ». De leur part, il n'y eut jamais de trêve.

Au cours de la guerre, une nouvelle catégorie d'adversaires personnels se leva. Poincaré s'était intéressé aux affaires d'espionnage et aux canaux variés par l'intermédiaire desquels se diffusait l'argent allemand dans la presse et les milieux politiques. Parmi les bénéficiaires indirects se trouvait un sénateur de la Meuse, Charles Humbert. Ce dernier avait été probablement manipulé. Il n'en fut pas moins arrêté, emprisonné et jugé. Acquitté à la minorité de faveur par la Haute Cour, il fut libéré et resta jusqu'à sa mort un adversaire implacable de Poincaré, contre lequel il orchestra en vain plusieurs campagnes de presse.

POINCARÉ-LA-GUERRE

Les responsabilités de Poincaré dans la crise de juillet 1914 ont été l'une des grandes polémiques de l'après-guerre. Un slogan les résumait : « Poincaré-la-Guerre ». Les rumeurs ont commencé dès les premiers mois du conflit ; elles se sont propagées pendant toute la guerre et se sont épanouies à partir de 1919. Durant la guerre, les discussions sur la responsabilité de Poincaré restèrent limitées aux conversations parlementaires et, à plusieurs reprises, alimentèrent des campagnes de couloirs contre l'hôte de l'Élysée. En raison de la position du président de la République et de la censure, aucun écho n'en filtra dans la presse. En parcourant les carnets récemment publiés du futur cardinal Baudrillart[6], le recteur de l'Institut catholique, qui connaissait Poincaré, le rencontrait et lui était plutôt favorable, on comprend comment ont fonctionné ces rumeurs ; Baudrillart rapportait ce qu'il entendait sans vraiment le discuter. Durant les années 1920, alors que Poincaré dominait la scène politique française, elles devinrent un thème récurrent entretenu par des rebondissements multiples, des attaques personnelles et des polémiques de bas étage.

On lui reprocha d'abord son comportement dans la crise de juillet 1914 ; il fut critiqué par deux catégories d'adversaires. Parmi les socialistes les plus actifs se distingua le député et futur dirigeant communiste Marcel Cachin[7]. On doit aussi relever les propos répandus par des amis de Joseph Caillaux. À droite, Denys Cochin, le député catholique très lié à Baudrillart et ministre du Blocus en 1916, tint à plusieurs reprises des propos proches de ceux de Marcel Cachin. Le plus actif, le plus constant à entretenir la rumeur fut le président de la Chambre, Paul Deschanel, qui ne s'était pas consolé d'avoir manqué son entrée à l'Élysée. Depuis qu'il avait été l'adversaire malheureux de Poincaré, il était à l'affût de chaque phrase, de chaque faiblesse, de chaque faux pas de son heureux rival et se répandait en propos aigres-doux devant ses interlocuteurs ou dans les couloirs de la Chambre. Toutefois, aucun homme politique, même dans une conversation privée, n'a employé l'expression « Poincaré-la-Guerre » ; elle semble être née spontanément dans les tranchées, lors de la crise de mai-juin 1917, parmi les soldats révoltés qui cherchaient des responsables ; elle a ensuite cheminé dans les milieux anarchistes et pacifistes, puis elle est sortie au grand jour au lendemain de la guerre, après la suppression de la censure et le retour à la liberté d'expression.

Au lendemain de la Grande Guerre beaucoup furent conduits à s'interroger sur l'enchaînement en apparence implacable qui avait plongé l'Europe dans le conflit. Quels étaient les responsables de ce déchaînement sanglant ? Quels hommes ? Quels États ? Le traité de

Versailles (article 231) avait donné une réponse et désigné l'Allemagne comme coupable. Les Allemands repoussèrent immédiatement cette responsabilité unilatérale, cette faute morale dont on les accablait. Ils n'étaient pas les seuls à devoir la porter. En France, certains s'interrogeaient : les dirigeants politiques français et en premier le président de la République, Raymond Poincaré, n'avaient-ils pas eu eux aussi, en 1912-1914, leur part de responsabilités dans le processus qui avait conduit à la déclaration de guerre ? Poincaré n'était plus chef de l'État ; on pouvait le mettre en cause, et ses adversaires politiques ne s'en privèrent pas.

En Allemagne[8], Poincaré, qui était perçu durant le conflit comme un adversaire parmi d'autres, devint à partir de 1919 l'adversaire majeur, celui qui avait voulu et qui cherchait encore à détruire l'Allemagne. Dès qu'il fut porté à la tête de la Commission des réparations, il devint une cible facile de la presse allemande, l'homme de l'application du *Diktat*, qu'il n'avait pourtant pas négocié mais qu'il trouvait encore trop doux. Y a-t-il eu à la Wilhelmstrasse la mise en place d'un appareil de propagande pour déstabiliser Poincaré, pour répandre sur son compte des rumeurs et des mots d'ordre dans la presse allemande et étrangère, pour subventionner la confection et la diffusion de brochures dénonciatrices, pour aider indirectement et financièrement ses adversaires ? On ne peut apporter la preuve d'un plan préconçu mais, lors du *Ruhrkampf* et dans les années 1924-1926, les Affaires étrangères allemandes ont subventionné la publication et la diffusion de brochures anti-Poincaré et aidé les autonomistes alsaciens, dont il était la cible permanente. Les deux campagnes de dénonciation, la française et l'allemande, cheminèrent parallèlement et parfois se croisèrent.

Au fur et à mesure que les documents diplomatiques commençaient à être publiés, on s'interrogeait sur le processus de prise de décision au cours des journées cruciales de juillet 1914. Certes, formellement, l'Allemagne de Guillaume II avait déclaré la guerre ; les faits étaient établis et les dates connues. Mais portait-elle seule cette redoutable responsabilité ? S'agissait-il seulement de la culpabilité des dirigeants civils et militaires, le Kaiser Guillaume II en tête ? Ne devait-on pas envisager aussi une responsabilité collective du peuple allemand ? Le traité de Versailles retint cette explication (article 231), provoquant de la part des Allemands un refus indigné. Non, ils n'étaient pas tous coupables ! Non, ils n'étaient pas les seuls coupables ! Le processus de guerre avait des causes générales et il fallait rechercher aussi les responsabilités spécifiques des dirigeants des autres pays.

Du côté français, si l'immense majorité s'en tenait à la conviction que l'Allemagne seule était responsable, des hommes de gauche que la grande boucherie avait conduits au pacifisme s'interrogeaient sur la part de responsabilité des dirigeants français. N'avaient-ils pas soutenu la course aux armements ? N'avaient-ils pas été imprudents dans la gestion de l'alliance franco-russe ? Lors de ses deux voyages en Russie, le premier en août 1912, le second en juillet 1914, Poincaré n'aurait-il pas accordé aux dirigeants russes un blanc-seing, un soutien aveugle ? Ayant acquis la certitude que la France les soutiendrait, ceux-ci seraient restés sourds à toute médiation, sourds à tout appel à la modération.

La campagne de dénigrement est résumée par le martèlement permanent du slogan « Poincaré-la-Guerre », dont la répétition inlassable rythme comme un leitmotiv articles, libelles, tracts, discours, etc. À partir de 1919, il devint le maître mot des campagnes antipoincaristes. Le premier livre « révisionniste » fut rédigé par Ferdinand Gouttenoire de Toury[9] et publié en 1920 aux éditions Clarté sous le titre *Poincaré a-t-il voulu la guerre ?* Il était préfacé par l'écrivain Henri Barbusse[10], auteur d'un roman de guerre, *Le Feu*, qui lui avait donné une grande célébrité. Gouttenoire de Toury était un combattant qui avait perdu une jambe à Vimy en janvier 1915; il était devenu l'animateur de l'Association républicaine des anciens combattants. Il n'avait eu accès à aucun document diplomatique; il n'en créa pas moins la légende du complot Poincaré-Isvolski, si souvent reprise ensuite. Poincaré, blessé jusqu'au plus profond de lui-même par ces accusations, les réfuta par des textes trop longs, trop argumentés pour rencontrer quelque audience. En 1921, il prononça devant le public parisien de l'université des Annales plusieurs conférences qui furent ensuite publiées sous le titre *Les Origines de la guerre*[11].

Gouttenoire continua sa campagne et publia aux éditions Clarté deux autres brochures : *La Politique russe de Poincaré* en 1921, et *MM. Viviani et Poincaré font fi de la vérité* en 1923. Il traduisit une brochure allemande rédigée par le général bavarois de Montgelas, *Sur la question des responsabilités*. Montgelas, qui avait été l'un des trois éditeurs avec Kautsky des *Documents allemands relatifs à l'origine de la guerre*, publia en allemand des documents commentés. Gouttenoire en fit une traduction précédée d'une longue préface de son cru, traduction intitulée *Un plaidoyer allemand, par le général-comte de Montgelas*[12]. Une publication mensuelle *Vers la Vérité* mena aussi ce combat d'avril 1923 à mars 1924. Elle était dirigée par Gustave Dupin, qui écrivait sous le pseudonyme d'Ermenonville[13], et ses collaborateurs étaient Georges Demartial[14] et Gouttenoire de Toury. Dans ce sillage ont été publiés le livre de Mathias Morhardt intitulé *Les Preuves* (1924) et celui de Georges Demartial, *L'Évangile du Quai d'Orsay* (1921). Entre 1921 et 1931 Gustave Dupin fit paraître au moins cinq ouvrages ou brochures, dont les titres sont les suivants : *Considérations sur les responsabilités de la guerre*, 1921 ; *Précis du déclenchement de la guerre et des responsabilités*, Paris, 1925 ; *Les Responsabilités de la guerre. Réponse à M. Poincaré*, 1926 ; *Poincaré et ses souvenirs politiques. Étude critique de psychologie*, Paris, 1926; *M. Poincaré et la guerre de 1914* (étude sur les responsabilités), Paris, 1931. Nous ne connaissons ni la diffusion ni l'influence sociale et culturelle de ces publications dont le contenu scientifique était très faible, à la limite nul, mais dont la sincérité ne pouvait être mise en doute. Ces hommes qui avaient été touchés dans leur chair ou dans leur propre famille et leur entourage par l'effroyable hécatombe de la guerre combattaient pour qu'un tel cataclysme ne pût se renouveler. Ils cherchaient des responsables, et Poincaré, en raison des fonctions qu'il avait exercées et des discours qu'il avait prononcés, incarnait à leurs yeux le mal. Un historien ne peut accepter cette interprétation; il peut tout au plus la comprendre, même si les preuves ne sont pas à l'appui. On doit se demander quelle a été leur influence; elle a été diffuse et probablement impalpable, orientée vers les milieux de gauche et d'extrême gauche; ces campagnes qui ont suscité de vives réactions d'indignation n'ont pas vraiment nui à la popularité de Poincaré; elles n'ont en tout cas nullement empêché son retour triomphal au pouvoir en 1926.

Poincaré, l'ennemi de l'Allemagne

En Allemagne, la presse de toute tendance se déchaîna dès que Poincaré prit la présidence de la Commission des réparations. Il était devenu une cible facile. Le 28 octobre 1921, le *Berliner Tagesblatt*, le grand journal libéral de Theodor Wolff, publiait un article intitulé « Eine Poincaré Affäre [15] ». La publication en 1922 des Mémoires de l'ex-Kaiser Guillaume II [16] alimenta le débat. Pourtant, il ne citait qu'une fois le nom de Poincaré et en ces termes : « Parmi les hommes d'État qui, aux côtés de Poincaré, ont travaillé particulièrement à déchaîner la guerre... » Il énumérait ensuite le couple Isvolski-Sazonov, Delcassé et Millerand. Cette affirmation gratuite, comme ce livre en fourmillait, rejoignait ce qu'on pouvait lire dans *Le Populaire* sous la plume de Jean Longuet et dans *L'Humanité* sous celle de Paul Vaillant-Couturier. L'ex-Kaiser n'avait pourtant jamais pris langue avec ces journalistes de gauche!

Les attaques contre Poincaré atteignirent leur paroxysme durant l'occupation de la Ruhr. L'une des clés de cet acharnement était certes la responsabilité directe de Poincaré, mais plus encore les multiples discours dominicaux dans lesquels Poincaré affirmait d'une façon péremptoire devant des auditoires français la responsabilité unilatérale de l'Allemagne. À chaque fois les Allemands s'emparaient de ses mots, les commentaient, les tournaient en dérision. L'expression qui revenait le plus souvent était celle de « *Hetzerede* », que l'on peut traduire par « discours de haine ». En simplifiant un peu les choses, les Allemands associaient trois caractéristiques négatives : la première était celle du bureaucrate jacobin, du juriste, du comptable à l'esprit étroit qui ne comprenait rien ni à l'économie ni aux besoins de l'Allemagne. La deuxième était les traits de caractère du personnage, qui étaient poussés jusqu'à la caricature : Poincaré était agressif, haineux, perfide ; il se conduisait dans les territoires occupés comme un tyran. Enfin, sa politique depuis 1912 était perçue et comprise comme une politique de puissance, « *eine Machtpolitik* » ; il était le représentant de la stérile politique nationaliste ; il voulait non seulement abaisser et ruiner l'Allemagne, mais aussi la détruire. Plus encore que l'interprétation de sa politique, c'étaient le ton et les mots des discours dominicaux qui exaspéraient les Allemands de toutes tendances politiques. Certes, Poincaré s'adressait à des Français qui avaient souffert de la guerre et qui l'applaudissaient, mais il ne comprenait ou ne voulait pas comprendre que ses discours, reproduits et lus en Allemagne, faisaient très mal et étaient autant de gouttes d'acide sur une sensibilité nationale à vif.

Le chancelier Marx[17], un Rhénan catholique, éloigné des milieux nationalistes, disait au chargé d'affaires belge : « Le reproche d'avoir déclaré la guerre mondiale cause une impression de brûlure aux cœurs allemands, car nous nous sentons innocents » (31 mars 1922). Quelques jours plus tard, dans un discours prononcé à Hanovre, Wilhelm Marx répliquait à Poincaré : « Quelque attentif que soit notre examen de conscience, c'est un mensonge de prétendre que les responsabilités de la catastrophe se trouvent exclusivement du côté de l'Allemagne... Ni l'Allemagne ni le peuple allemand n'ont été les instigateurs et les coupables de ce grand embrasement. » De leur côté les sociaux-démocrates n'étaient pas en reste. Au début du mois de mai 1923, on lisait dans l'organe officiel de ce parti cette analyse : « M. Poincaré croit pouvoir compter sur la social-démocratie allemande pour lui procurer l'abdication du pays. Ses espérances seront déçues. Il sait aussi bien plus que moi pourquoi durant le malheureux été de 1914, nous n'avons pas été en mesure d'empêcher la guerre. C'est parce que la République française était l'alliée du tsarisme russe, la puissance militaire la plus réactionnaire du monde. Il peut y avoir des avis différents au sujet des responsabilités au mois d'août 1914. Dans la démocratie socialiste allemande, il n'y en a qu'un au sujet des responsabilités de janvier 1923. Que M. Poincaré se le dise[18] ! »

Nous avons cité là des textes émanant d'hommes politiques et de journalistes connus. Les plumitifs anonymes qui rédigeaient et diffusaient des tracts en français, en anglais, en allemand, les journalistes des grands journaux comme ceux de la presse locale n'avaient aucune retenue, et le souci de la vérité historique n'était pas leur préoccupation ; ils amalgamaient sans critique le passé et le présent, les faits les mieux établis avec les rumeurs et les pires affabulations.

Poincaré était présenté comme l'ennemi implacable du peuple allemand, l'homme de la revanche [19] qui pillait les richesses de la nation, affamait les ouvriers, envoyait des troupes noires se livrer aux pires excès. Il était l'incarnation de ce nationalisme français aveugle qui écrasait l'Allemagne et méprisait ses plus légitimes intérêts. On peut rappeler à titre d'exemple la caricature souvent reproduite de la *Pfälzische Rundchau* où on voyait un Poincaré horrible et rageur en train de dévorer les enfants de la Ruhr avec cette légende : « Plus jamais cela [20] ! »

Chaque publication qui pouvait apporter un doute, une phrase, un début de citation, était versée au dossier comme une pièce à charge supplémentaire. Par exemple, les souvenirs des diplomates belges de l'avant-guerre, tels ceux des barons Beyens [21] et Guillaume, étaient cités comme autant de preuves certaines de la responsabilité de Poincaré, sinon dans le déclenchement, du moins dans la préparation de la guerre. Le député communiste Marcel Cachin en fit un abondant usage en les détachant de leur contexte et sans distance critique.

L'EXÉGÈSE DE LÉON BLUM

On croit ordinairement que la campagne Poincaré-la-Guerre était liée à l'expédition de la Ruhr ; en réalité elle commença un an plus tôt, dans les jours de janvier 1922 qui précédèrent puis suivirent le retour au pouvoir de Poincaré. *Le Populaire* et *L'Humanité* donnaient le ton à la presse de gauche de province qui reprenait, diffusait, commentait. Curieusement, les socialistes comme les communistes mettaient l'accent sur 1912 et ne parlaient pour ainsi dire pas de juillet 1914. Dans *Le Populaire*, l'article de base, signé de Jean Longuet (14 janvier 1922), soulignait les responsabilités de Poincaré et Millerand, les « mauvais génies de la France », les intrigues d'Isvolski, la complicité de journaux comme *L'Écho de Paris*, *Le Journal des débats*, *Le Temps*. Trois jours plus tard [22], Léon Blum prenait à son tour la plume ; il était suffisamment averti pour éviter les montages douteux et les citations détournées de leur contexte. Il expliqua aux militants socialistes « ce que signifie pour moi Poincaré-la-Guerre » :

> « *Jusqu'en 1912, tous les hommes d'État de la République [...], y compris M. Clemenceau lui-même, avaient considéré le maintien de la paix comme leur devoir primordial. M. Poincaré, le premier peut-être, a accepté pleinement, "avec sérénité" comme dit un rapport d'Isvolski, cette idée atroce [...] Il cherche à rejeter ce sobriquet redoutable. Ce n'est pas notre faute et c'est bien lui qui l'aura voulu...* »

Abordant avec d'infinies précautions la question de la responsabilité, Léon Blum employait la formule « responsabilité morale ». Que signifiait-elle ? Était-ce avoir eu des contacts avec les « hommes qui ont créé ou entretenu l'atmosphère de guerre » ? Était-ce avoir donné son accord à des actes plus graves ? Et lesquels ? Sans se joindre au chœur des dénonciateurs, Léon Blum laissait planer le doute et, dans une conclusion habilement formulée, il affirmait : « Le nom de M. Poincaré ne pourra être écarté. »

Les dénonciations des communistes

Les communistes [23] prirent moins de précautions que les dirigeants socialistes. *L'Humanité* et *L'Internationale* tirèrent à boulets rouges ; ils multiplièrent les articles incendiaires en publiant des extraits de la correspondance d'Isvolski à Sazonov, amalgamant tous leurs griefs contre « Poincaré-la-Guerre », « Poincaré l'homme du tsarisme », « Poincaroff ». La fédération de la Seine parlait de traduire Poincaré en Haute Cour. Lors d'un meeting de l'Association républicaine des anciens combattants à Charenton (26 janvier 1922), Paul Vaillant-Couturier [24] attaqua Poincaré avec une virulence extrême :

> « *Il est l'homme du militarisme et de la petite bourgeoisie. Il est le défenseur des petits-bourgeois porteurs de valeurs russes. Il est surtout celui, qui, par sa diplomatie secrète, déchaînera demain sur le pays une nouvelle guerre.*
> *Poincaré, individu médiocre, soutient les Nivelle du Chemin des Dames, les Castelnau de Morhange, les Mangin, tueurs d'hommes qui ont sur la conscience 1 700 000 morts.* »

Un assistant : « *Douze balles.* »

Vaillant-Couturier : « *Douze balles, non ! Un tribunal révolutionnaire dont la sentence sera rendue par les anciens combattants. Poincaré, tu auras à répondre de tes crimes !* »

Pendant plusieurs semaines cette campagne se poursuivit sans relâche, puis elle s'essouffla. Selon un informateur de la Préfecture de police, un journaliste de *L'Humanité* aurait dit : « La campagne contre Poincaroff ne rend pas ce que nous en attendions » (5 février). Quelques semaines plus tard, un autre journaliste du même journal faisait cette confidence : « Les archives de Moscou n'ont pas donné tout ce que nous pensions y trouver » (31 mai 1922). On pouvait affirmer que Poincaré était l'homme du tsar, on pouvait clamer « Poincaré-la-Guerre », les preuves indiscutables, comme cette correspondance secrète et belliciste avec Nicolas II, ne pouvaient être produites. C'est pourquoi on essaya aussi d'atteindre l'adversaire en s'attaquant à son image. Une occasion se présenta bientôt et le Parti communiste chercha à l'exploiter sur une vaste échelle. Lors d'une cérémonie au cimetière du faubourg Pavé de Verdun (4 juin), Poincaré, qui était accompagné de l'ambassadeur américain Myron Herryk, aurait souri. La photo, publiée d'abord dans *Le Monde illustré*, fut reprise, probablement truquée, dans *L'Humanité* du 6 juin, avec cette légende : « L'homme qui ne rit jamais SE MET À RIRE ! Poincaré chez ses morts », « Poincaré, l'homme qui rit dans les cimetières ». Cette photo fut tirée en carte postale avec le titre suivant : « Poincaré chez les morts ». Plus de 100 000 exemplaires en furent diffusés ; on l'accompagna parfois d'une chanson la *Chanson de l'Homme-qui-rit*. Cette campagne fut dénoncée avec véhémence et Poincaré[25] parla de « cliché truqué ». Devant les députés, il tint à expliquer pourquoi en un tel lieu, sa physionomie avait involontairement, l'espace d'un instant, pris une allure si insolite :

> « Nous avions le soleil dans les yeux et par suite nous avions les traits légèrement contractés. J'ajoute que malgré l'intensité de ce soleil, j'avais la tête découverte, ce qui prouve suffisamment, j'imagine, que je suis dans un cimetière comme tous les Français, j'ai le respect des morts. »

Cette affaire aurait pu rester purement anecdotique. Or cette petite phrase a été ensuite régulièrement reprise par *Le Canard enchaîné*. L'hebdomadaire satirique, dont personne ne pressentait alors l'étonnante longévité, ne fut pas l'inventeur de cette curieuse photo-carte postale accompagnée de la légende qui fit mouche : « l'homme qui rit dans les cimetières ». Mais il a contribué, bien au-delà de la campagne communiste, à inscrire cette phrase dans les mémoires. Une autre phrase, souvent reproduite par les adversaires de Poincaré, était un propos attribué au président Fallières qui, en quittant ses fonctions, aurait dit : « Derrière moi, c'est la guerre qui entre à l'Élysée. » On la trouve citée dans de nombreux ouvrages pacifistes ou hostiles à Poincaré.

Poincaré aurait pu poursuivre la presse communiste ; il en avait les moyens. Était-ce opportun et politique ? Il préféra s'abstenir ; toutefois, dès que l'occasion lui en fut donnée à la Chambre, il ne se priva pas de riposter, ne fût-ce que pour montrer qu'il savait se défendre et qu'il avait lui aussi des munitions. Au cours d'un débat parlementaire (6 juillet 1922), Marcel Cachin, député et directeur de *L'Humanité*, avait rappelé l'avant-guerre, la crise de juillet 1914 et l'échec en 1917 des négociations de paix avec le prince Sixte de Bourbon-Parme, échec qu'il avait imputé à Poincaré, alors président de la République.

Poincaré bondit à la tribune et lança à ses adversaires : « Il suffit que les communistes me disent "va-t'en" pour que je croie de mon devoir d'arriver. » Puis il riposta en avocat, point par point. Il prit à témoin ses anciens collègues et, plus spécialement, son prédécesseur immédiat Aristide Briand[26], qui lui apporta son appui complet :

> Briand : « [...] *L'Allemagne a ouvert une campagne grâce à quoi elle espère se dérober. Elle a personnifié dans l'ancien président de la République la politique française...*
> Poincaré : « *J'ai accepté cette responsabilité, tous mes collaborateurs y sont associés. Je mettais mes collègues au courant de tout.* »
> Briand : « *C'est exact !* »
> Poincaré : « *Si j'avais voulu poursuivre une politique belliqueuse, comment mes collaborateurs ne l'auraient-ils pas su ? N'auraient-ils pas eu loisir de s'y opposer ? Et ils n'auraient pas manqué de le faire... L'accord, n'est-ce pas Viviani, a toujours été complet sur ce point entre mes collaborateurs et moi...* »

Viviani fit une signe de tête d'approbation. Ce débat montra aussi qu'il était vain, comme on a parfois la tentation de le faire, d'opposer le vilain belliciste Poincaré à l'archange de la paix Aristide Briand. Les deux hommes ont eu des désaccords, des rivalités, des conflits mais ils n'ont cessé jusqu'au bout de collaborer. On peut préférer l'un à l'autre, on peut et on doit montrer leurs différences ; mais ils n'ont pas été les champions de deux politiques, s'excluant complètement l'une l'autre.

Cette argumentation et ces soutiens ne pouvaient apporter des preuves décisives ou lever des doutes que seul un examen attentif, sincère et comparatif des archives des différents pays belligérants auraient pu dissiper. On ne pouvait faire surgir la vérité en exhibant des bribes de citation tirées de leur contexte. À cette époque, dans aucun pays, personne n'était prêt à aller jusque-là. Les polémiques et les dénonciations pouvaient continuer bon train.

Avec l'entrée des troupes françaises dans la Ruhr, la presse communiste se déchaîna de nouveau contre Poincaré-la-Guerre. Marcel Cachin relaya cette offensive lors du premier débat parlementaire sur l'affaire de la Ruhr du 18 janvier 1923[27]. Dans le climat d'affrontement avec Poincaré, les communistes qui, sur ordre du Komintern, s'étaient placés du côté de l'Allemagne multiplièrent les invectives, les dénonciations et les insultes. Le journaliste Paul Vaillant-Couturier se distingua par ses diatribes haineuses et poursuivit Poincaré, qui plus tard l'envoya en prison, de ses insultes jusqu'à la tombe et même au-delà. Poincaré se fâcha et accepta d'aller débattre de la question devant un tribunal.

Autres campagnes de presse

On crut trouver des preuves et des confirmations dans la publications des papiers posthumes de l'ambassadeur Georges Louis[28], que Poincaré avait fait rappeler de Russie et remplacer par Théophile Delcassé. Le livre fut publié par le journaliste Ernest Judet qui avait été condamné pendant la guerre et poursuivait, depuis lors, Poincaré d'une hargne impitoyable. Il était rentré de Suisse en décembre 1921 et s'activait à polémiquer contre Poincaré. Le témoignage de Louis était loin d'apporter les révélations dont on le créditait. Depuis février 1913, Louis était éloigné des affaires; il n'avait pas été mêlé à la crise de juillet 1914; il n'avait eu entre les mains aucun document et il n'avait noté que des conversations mondaines et des confidences de salons, c'est-à-dire des bons mots, des racontars, des rancœurs sans aucune révélation utile. Dans son livre sur la loi des trois ans, l'historien Georges Michon montrait l'appui apporté par le président de la République nouvellement élu à l'élaboration de cette loi. Ce point essentiel n'était pas et n'est pas contestable. Mais il posait une question dont la réponse n'allait pas de soi. En quoi le renforcement des effectifs de l'armée avait-il conduit à la déclaration de guerre? On peut en discuter sans fin. On peut aussi répondre que l'équilibre des forces est le gage le plus sûr de la paix, car il dissuade l'adversaire de tenter l'aventure.

Parallèlement à ces livres, des officines publiaient et répandaient des brochures incendiaires en français, en anglais et en allemand[29]. La principale, basée à Hambourg, s'appelait le Deutscher Fichte Bund et menait le combat contre le traité de Versailles. Plusieurs de ces tracts conservés à Sampigny dénonçaient les relations de Poincaré avec l'ancien ambassadeur russe Isvolski, l'un des corrupteurs de la presse parisienne. Lénine avait fait publier la correspondance entre Isvolski et Raffalovitch[30]. Ces documents montraient l'ampleur de la corruption de la presse parisienne. Nulle part ne figurait le nom de Poincaré. Sa probité légendaire ne pouvait être mise en cause. Les auteurs anonymes de ces brûlots ne reculaient devant aucun amalgame : « Rien d'étonnant pour qui sait que M. Raymond Poincaré est le défenseur de la métallurgie française qui a fait sa fortune politique et personnelle », telle était la conclusion d'un tract où se détachait en grosses lettres : « Isvolsky et Poincaré, les promoteurs de la guerre mondiale ». Dans un autre tract on pouvait lire ces lignes : « Poincaré, distributeur du prix du sang, calculateur glacial, corrupteur de la presse, s'aidant de fonds étrangers pour arriver à ses fins, qui a travaillé pendant des années à pousser sa propre nation dans une guerre meurtrière et à plonger le monde dans un océan de sang et de détresse ».

Poincaré n'avait pas des adversaires qu'à l'extrême gauche. Un jeune publiciste, Alfred Fabre-Luce[31], petit-fils du banquier Henri

Germain, et ancien chef adjoint du cabinet de Maurice Colrat, se fit, pour des raisons que nous ne sommes pas arrivés à démêler, le propagateur zélé de l'antipoincarisme. Cet héritier de la meilleure société parisienne poursuivit Poincaré de sa hargne pendant plus de quarante ans : « Mon rôle a été précisément de le démasquer. » De *La Victoire* (1924) à *L'Histoire démaquillée* (1967), il ne cessa de lui reprocher son « nationalisme hargneux et procédurier », son rôle néfaste dans les relations franco-russes, ses responsabilités dans la crise de juillet, sans oublier de laisser planer des doutes sur l'honnêteté de la « Blanche Hermine » à laquelle il reprochait d'avoir reçu à l'Élysée « Lenoir, l'un des distributeurs des fonds russes ».

DE L'ADMIRATION À LA VITUPÉRATION

Parmi les adversaires de Poincaré, il faut signaler un cas tout à fait exceptionnel, celui de l'écrivain Victor Margueritte, dont l'excellente biographie récente de Patrick de Villepin[32] a brossé un portrait pour le moins contrasté. Pendant plus de vingt ans, les deux frères Paul (décédé en 1918) et Victor Margueritte, fils du général Margueritte, le héros de Sedan, avaient appartenu au « réseau Poincaré » et multiplié à son égard les compliments et les flatteries. En retour, Poincaré n'avait pas été ingrat et, comme il le faisait souvent pour des écrivains, il avait remercié les deux frères en obtenant pour l'un comme pour l'autre la Légion d'honneur.

Au début des années 1920, Victor Margueritte, qui avait atteint la soixantaine, était une personnalité en vue du Tout-Paris littéraire. Alors que Poincaré était président du Conseil, Victor publia *La Garçonne*, un roman « osé » qui obtint un assez grand succès de scandale et valut à son auteur, qui était commandeur de la Légion d'honneur, d'être radié par le conseil de l'Ordre pour avoir, en publiant ce livre, « commis une faute contre l'honneur ». Poincaré n'était pour rien dans cette radiation, sauf qu'il était alors aux affaires et qu'après avoir visionné un film tiré du roman il avait contribué à son interdiction. Pour des raisons assez obscures, l'attachement de Victor Margueritte au « grand président » se changea en haine. À partir de l'été de 1924, il publia dans *L'Ère nouvelle*, un quotidien favorable à Caillaux et largement infiltré par l'argent allemand, une série d'articles polémiques dans lesquels il dénonçait les responsabilités de Poincaré. La virulence de sa prose n'avait d'égale que la flagornerie qu'il avait pratiquée pendant vingt ans et que des lettres privées comme des déclarations publiques peuvent confirmer. Patrick de Villepin a démontré que Margueritte était alimenté en documents par un agent allemand, Joseph Chapiro, lié au milieu du communisme international, qui était devenu l'un de ses confidents. En 1925, il publia un essai virulent, *Les*

Criminels, qui fut tiré à plus de 50 000 exemplaires et dont voici un extrait :

> « Guillaume II, le Matamore, Nicolas II, idiot mystique, François-Joseph agonisant et Charles I*er* mort-né, l'énigmatique George V et enfin un soutien qui figure comme Raymond Poincaré n'est que le nom de notre nationalisme, fruit desséché d'un concept désuet. Tous, ils signifient moins les sanglants Sires qu'ils furent que les Impérialismes dont ils étaient l'image... »

Poincaré eut mal, très mal, et dans les tomes I et II de ses souvenirs, il riposta autant qu'il le put, publiant des textes antérieurs qui mettaient Victor Margueritte en porte-à-faux, démontant ses affirmations hasardeuses, relevant ses multiples erreurs et approximations. Dans de nombreux articles repris dans un volume rédigé à la fin de 1930 et qui parut en 1931 sous le titre *La Patrie humaine*, Victor Margueritte poursuivit « son combat pour la paix ». Au fil des lignes on y trouvait quelques coups de griffe : « Poincaré-la-revanche », « les beaux accords de Poincaré et du tsar », les « faux du Livre jaune », « l'usage de faux commis par M. Poincaré lui-même ». Une note de la page 53 donnait en quelque sorte le ton :

> « Pour attaquer en face le politicien qui, "grand Lorrain" bien plus que "grand Français", fut l'un des principaux artisans de la Guerre hideuse et de la Paix malpropre, je n'ai pas attendu (voir Les Criminels) qu'un spasme vasculaire (?) l'eût éliminé vivant de la scène politique. »

On comprend que Poincaré, à la lecture de cette prose d'un homme qui, pendant plus de vingt ans, l'avait couvert de flatteries, ait souffert. Avec l'âge il pouvait mesurer l'ingratitude des hommes et relativiser les morsures toujours cruelles de la calomnie. Poincaré ignorait et ignora toujours ce que le biographe de Victor Margueritte a pu établir avec certitude, à savoir que l'opération de diffusion de ce livre avait été financée et orchestrée par la Wilhelmstrasse, qui en avait acheté de nombreux exemplaires et assuré la diffusion dans le monde entier. Les opérations de financement allemand se poursuivirent jusqu'en 1932. Le fils du héros de Sedan, désormais « converti » à la cause pacifiste, vivait confortablement, en partie grâce à de l'argent allemand ! Avant de mourir, en 1942, il se fit l'avocat de la collaboration. Étrange destinée que celle de ce pourfendeur de Poincaré-la-Guerre qui s'était aussi brouillé avec Briand-la-Paix !

DE LA DÉFENSE D'UNE POLITIQUE AUX DÉBUTS DE LA RECHERCHE HISTORIQUE

Comme tous les hommes politiques de premier plan, Poincaré dut faire face à des critiques, à des attaques, à des dénonciations. Il savait faire la part des choses, se taire, faire front ou éventuellement riposter avec vigueur. Les campagnes de dénonciation que nous avons relatées ont été plus douloureuses que toutes les autres, car elles faisaient du président du Conseil et du président de la République l'un des responsables majeurs de la guerre et de la mort de millions d'hommes. Dès sa sortie de l'Élysée, avec les pièces qui étaient alors accessibles, Poincaré apporta son interprétation des faits dans une série de quatre conférences publiées bientôt en volume sous le titre, *Les Origines de la guerre*. Il en appela aussi à l'arbitrage de la Ligue des droits de l'homme. À plusieurs reprises, au cours des débats parlementaires, il fut amené à justifier son action de 1912 et de juillet 1914 et à obtenir publiquement le soutien des anciens ministres Briand et Viviani.

À peine avait-il quitté le pouvoir en juin 1924 qu'il se mit à la rédaction de ses Mémoires, auxquels il donna le titre bien connu d'*Au service de la France*. La lecture des trois premiers tomes, *Le Lendemain d'Agadir*, *Les Balkans en feu*, *L'Europe sous les armes*, parus en 1926, montre que l'auteur poursuivait plusieurs objectifs. Incontestablement, le premier d'entre eux était de montrer qu'il était toujours un homme de lettres. Le deuxième était de présenter aux Français un témoignage de première main sur des événements majeurs qu'ils avaient vécus et sur la manière dont leur président s'était comporté. Le troisième était de répondre à ses détracteurs, avec des arguments, des documents, des précisions chronologiques qu'il était l'un des rares à pouvoir donner. Poincaré n'apportait pas seulement des matériaux pour l'histoire, extraits de ses notes journalières dont seule une faible partie a été conservée ; il avait la volonté de se justifier.

Au début de l'année 1928 parut à Hambourg [33] une brochure intitulée *La France responsable de la guerre. M. Poincaré, fossoyeur de l'Europe*. L'auteur anonyme reprenait, une fois de plus, les deux voyages en Russie ; au retour du second se serait passée la scène suivante. Au moment où Poincaré quittait le bateau, un sénateur du Nord, Trystram, lui aurait demandé : « Pensez-vous que la guerre puisse être évitée ? » Poincaré aurait répondu : « Ce serait un grand malheur, car on ne rencontrera jamais des circonstances aussi favorables. » Les trois sénateurs étaient encore vivants. On les interrogea ; ils déclarèrent : « Jamais M. Poincaré n'a tenu le propos qui lui est prêté. » Dans un article publié dans *L'Europe nouvelle*, Poincaré revenait sur cette accusation : « Notre régime ne permet qu'une politique défensive. L'ancien régime allemand était tout entier construit en vue d'une politique offensive. C'est cette différence qu'on ne doit pas perdre de vue lorsqu'on veut juger avec équité la conduite des deux gouvernements. » Poincaré avait beau répliquer ou faire répliquer ; il n'obtenait pas gain de cause, ses adversaires ne désarmaient pas et revenaient à la charge dès qu'une occasion se présentait. De toute façon, lui répliquait-on, c'est toujours l'avocat qui plaide. Et pourtant les preuves formelles étaient fragiles : aucun texte n'était vraiment décisif. On restait au niveau des insinuations, des suppositions, des affirmations gratuites. On répétait à satiété qu'un Lorrain était naturellement un adversaire de l'Allemagne et un partisan de la revanche. Un Lorrain serait-il par essence congénitalement antiallemand et incapable de négocier avec l'Allemagne ? Le cas de Robert Schuman apporte pourtant la preuve du contraire. On affublait Poincaré de l'étiquette infamante de « nationaliste ». Un nationaliste ne pouvait avoir eu qu'un seul but : la guerre de revanche. Voilà ce que répliquait Poincaré à un journaliste allemand qui l'avait rangé dans cette catégorie : « Il m'a représenté comme élevé par des parents appartenant à la grande bourgeoisie française et nourri dans l'idée de revanche. Or Henri Poincaré, le grand mathématicien, et Lucien Poincaré, décédé recteur de l'académie de Paris, appartenaient à la famille simple et modeste qui était la mienne et ni l'un ni l'autre n'a jamais dit un mot de la revanche. Moi-même, si j'en avais parlé à vingt-six ans à mes premiers électeurs meusiens, j'aurais été sûr d'être battu et ma vie politique se serait terminée avant d'avoir commencé. Dès cette époque, notre pays lorrain avait souffert de la guerre. Il avait été envahi en 1792 comme en 1870 ; il avait été ravagé. Ses blessures ne s'étaient jamais fermées. Aussi était-il passionnément attaché à la paix[34]... » Ce texte idéalisait quelque peu la réalité, mais il était sincère et, sur le fond des convictions, on ne pouvait et on ne peut rien lui opposer. L'examen approfondi des textes et des discours de 1887 à 1914 en apporte de multiples confirmations et emporte la conviction.

Alors qu'il était encore au pouvoir, Poincaré avait reçu une lettre d'un publiciste, René Gérin[35], assortie d'un questionnaire sur les responsabilités de la guerre. Il n'avait pu alors lui répondre. Dès qu'il eut un peu de temps libre, il prépara ses réponses. De Roquebrune-Cap-Martin où il passait sa convalescence, il annonçait à son correspondant qu'il allait « répondre aussi promptement que possible à votre questionnaire » (19 janvier 1930). Chose promise, chose rapidement faite et, quelques mois plus tard, les réponses aux questions paraissaient en librairie sous le titre *Les Responsabilités de la guerre*. Les polémiques et les dénonciations continuèrent ; elles se firent toutefois moins fréquentes dans la mesure où Raymond Poincaré n'était plus sous les feux quotidiens de la rampe et où personne n'avait plus intérêt à semer le doute ou à ternir son image. Dans sa retraite, Poincaré restait préoccupé et prépara une nouvelle version de son livre de 1922 en intégrant des documents inédits. Il n'eut pas le temps de l'achever ; sa veuve le publia à titre posthume en 1939[36] ; à cette date les esprits étaient ailleurs.

La justification d'une politique et la recherche historique ne relèvent pas des mêmes motivations. Dans ce cas précis, il faut pourtant établir une relation. Dès le commencement de la guerre, un couple fortuné, les Leblanc, avait recueilli à Paris des « documents imprimés et figurés au fur et à mesure de leur apparition » ; ils avaient vite étendu leur collecte à la France et aux autres pays. Ce fonds considérable donna naissance à une bibliothèque spécialisée soutenue par l'État, qui prit le nom de bibliothèque et musée de la Guerre. Cette collection fut le point de départ de la Bibliothèque de documentation internationale contemporaine (BDIC), installée aujourd'hui à Nanterre. Le premier directeur de la bibliothèque et du musée de la Guerre fut Camille Bloch[37], professeur à la Sorbonne. Celui-ci recruta comme collaborateur Pierre Renouvin, un jeune agrégé d'histoire qui revenait de la guerre où il avait perdu le bras gauche et une partie de la main droite. Le but premier de cette Bibliothèque était, comme l'écrit René Girault à la suite de Camille Bloch, d'être un « laboratoire d'histoire », « le laboratoire de la guerre de 1914 dans sa généralité mondiale, dans ses aspects divers, dans ses conséquences internationales ». C'était une institution publique mais en aucun cas une officine qui recevait ses consignes du gouvernement. Les chercheurs ont travaillé librement comme le prouvent les articles et analyses critiques publiés par la *Revue d'histoire de la guerre*, qui était l'organe de la bibliothèque. L'une des premières contributions de Pierre Renouvin à la revue fut une critique vigoureuse et mesurée de la publication de l'Allemand Montgelas. En 1925, Pierre Renouvin publia *Les Origines immédiates de la guerre, 28 juin-4 août 1914*. C'était en quelque sorte un livre d'histoire immédiate puisqu'il paraissait un peu plus de dix ans seulement après les événements qu'il analysait. Avec la documentation partielle dont il disposait, il put établir que les responsabilités des dirigeants allemands et austro-hongrois étaient écrasantes. Nous ignorons les appréciations de Raymond Poincaré sur cette publication ni s'il a entretenu des relations privées avec son auteur. Depuis cette date, de nombreux documents allemands, autrichiens et russes ont été publiés ou sont devenus accessibles ; ils ont confirmé, avec quelques inflexions de détail, les conclusions dégagées par Pierre Renouvin. Celui-ci démontrait que la campagne révisionniste « Poincaré-la-Guerre » ne reposait sur aucun fondement scientifique sérieux. Cette étude probe et mesurée, qui annonçait les remarquables qualités d'analyse, la justesse de ton et de jugement, la clarté d'expression du futur professeur à la Sorbonne, n'eut aucun effet car les insinuations et les dénonciations que nous avons relevées se poursuivirent encore longtemps, laissant planer jusqu'à nos jours des doutes dans la mémoire collective. Il poursuivit son travail sans se laisser détourner par les polémiques et les attaques très vives des historiens allemands de cette période. Rendant compte du livre-interview de René Gérin, cité plus haut, *Les Responsabilités de la guerre*, Pierre Renouvin jugeait les « questions mal posées », se bornant « à reprendre des accusations bien souvent répétées, bien souvent réfutées ».

On doit se demander quelle a été l'influence de ces dénonciations persistantes sur l'opinion publique. Pas plus que les travaux critiques des historiens, les brochures antipoincaristes n'étaient en mesure d'influencer les sentiments de la France profonde, celle des campagnes, des bourgs, des petites villes, qui avait conservé son admiration et son estime à Poincaré. Sans ce soutien massif et inébranlable, il n'aurait pas réussi son retour en 1926. Pour l'immense majorité des Français, l'Allemagne était responsable de la guerre. Une partie toutefois des contemporains de tout milieu et de toute tendance gardait des doutes ou même était convaincue de la responsabilité de Poincaré, surtout parmi les syndicalistes et les intellectuels de gauche. La plupart n'avaient jamais vu les textes de près et n'avaient pas l'intention de le faire. Les rumeurs, les convictions pacifistes, les réflexes de classe suffisaient à rendre cette accusation crédible. Citons parmi d'autres l'opinion d'Émile Hubert, secrétaire du syndicat des terrassiers : « Poincaré avait préparé la guerre en Russie et en Angleterre ; l'Allemagne ne cherchait pas la guerre. Poincaré n'était pas un républicain mais un nationaliste, le plus grand bandit qu'il y avait en France. » Cette appréciation d'une fruste hostilité, qui n'apportait pas le moindre début de preuve, était un exemple parmi d'autres de la haine dont la gauche syndicale poursuivait alors Poincaré.

Rien n'y fit : la phrase a été longtemps répétée ; la légende est devenue une semi-vérité et s'est transmise jusqu'à nos jours, à tel point qu'elle est encore inscrite dans bien des mémoires. Achevons par une citation du *Réveil ouvrier*[38], l'hebdomadaire de la CGT publié à Nancy, qui réunit dans une seule phrase toutes les calomnies :

> « Poincaré, l'homme sinistre, l'avocat des forges, il parade dans ses cimetières sous le salut "à la fasciste" des jeunes parasites. »

Les écrivains et les hommes politiques ayant une certaine réputation n'ont jamais été jusque-là ; ils se contentaient d'insinuer et de laisser planer le doute. Barrès, qui revendiquait la qualité de « nationaliste » et dont les chroniques de *L'Écho de Paris* avaient démontré l'esprit revanchard et la radicalité antiallemande, confiait en secret à ses *Cahiers* (publiés longtemps après sa mort) ses interrogations :

« Même sans supposer chez Poincaré une volonté arrêtée de guerre, on peut dire à tout le moins qu'il n'a malheureusement pas fait tout son possible pour empêcher l'explosion de la terrible tragédie[39]. » Rédigeant ses *Mémoires* dans les années 1930, alors que Poincaré était retiré ou même mort, Joseph Caillaux n'avait pas désarmé et ses assertions reposaient sur le ressentiment et le désir de nuire plus que sur une analyse objective des documents.

Du brillant jeune homme à « l'illustre homme d'État »

Poincaré a été admiré très jeune pour son intelligence, la clarté de son esprit; chez ce jeune homme doté par la nature de si grands dons, on devinait un avenir. Ses collaborateurs et ses proches étaient frappés par ses qualités intellectuelles : mémoire sans faille, rapidité de l'assimilation, clarté de l'expression. Il connaissait par cœur les discours qu'il avait rédigés. Ces remarquables aptitudes intellectuelles étaient servies par des « vertus » : le travail, le dévouement, le sens de l'intérêt public. On vantait son expérience, sa sagesse, son honnêteté. La « meilleure tête de la Chambre » était l'un des espoirs de la République. Aurait-il un destin national? Pendant longtemps personne ne fut en mesure d'apporter de réponse. Dans son discours de réception à l'Académie française (1909), Ernest Lavisse s'interrogeait encore et le pressait de se mesurer à l'Histoire et de forcer le destin. À quarante-neuf ans Poincaré hésitait encore à sauter le pas décisif. Il saisit sa chance en 1912. À l'occasion de son élection à la présidence de la République parurent les premières « biographies » orientées et les innombrables articles de journaux et de revues faisant l'éloge du « grand homme », de sa précocité, de ses multiples talents, de son patriotisme éclairé et vigilant, de sa capacité à incarner l'intérêt général et à conduire un État et un peuple. Il ne semble pas que Poincaré ait pris une part personnelle à cette opération spontanée; il n'a pas fabriqué son personnage, qui a été fortement idéalisé; il n'a pas été sans en ressentir une secrète vanité. Après l'éclipse de la Grande Guerre combien douloureusement ressentie et les blessures d'amour-propre que lui infligea Clemenceau, il devint de son vivant, au cours des années 1920, le grand homme. Parmi ses contemporains, seul Aristide Briand avait atteint ce niveau, mais sur un registre spécifique et avec une audience plus étroite. Le « pèlerin de la Paix » n'était pas le rival du « sauveur du franc ». Entre la représentation et la réalité, la distance était grande, mais sans cesse la représentation se fortifiait par des références et des emprunts au modèle vivant. Les Meusiens étaient naturellement les plus fiers et les plus enthousiastes admirateurs de leur « illustre compatriote ». Dans la deuxième édition des *Belles Pages meusiennes*[40], on peut lire un florilège qui, en quelques phrases, rassemble l'essentiel de la légende dorée. L'auteur énumère : « sa prodigieuse activité, sa souple intelligence, son immense savoir, son prodigieux talent, la noblesse de sa pensée [...] il est mû par l'unique souci du bien public [...] Il a plus d'une fois sauvé la France ».

Après sa retraite de 1929, le culte s'accentua et l'on peut citer de multiples textes dont la diffusion est très difficile à cerner mais dont la convergence est très remarquable : Poincaré est un « sage qui voit juste et loin », dont on regrette la retraite et qui a droit non seulement au respect mais à la reconnaissance du pays. On donne parfois la parole à ses amis de jeunesse, qui rappellent les dons précoces de leur cher président.

Dans un chapitre précédent, nous avons présenté la personnalité de Raymond Poincaré autour de sa quarantième année. Vingt-cinq ans plus tard, les traits distinctifs de sa personnalité n'avaient guère varié, pas plus que ses habitudes de vie. Le seul changement était que ses faits et gestes étaient maintenant connus de tous les Français. Raymond Poincaré eut la chance de bénéficier longtemps d'un équilibre physique exceptionnel. Son sommeil était bref et réparateur. Sa puissance et sa rapidité de travail étaient légendaires ; chaque matin il était à son bureau à sept heures et écrivait d'une plume alerte et rapide comme il avait l'habitude de le faire depuis sa jeunesse. Sous les plumes les plus autorisées se multipliaient les superlatifs : « le grand patriote », « le président », « l'éminent homme d'État ». On disait qu'il était d'humeur égale et que, même dans les moments de crise, il savait se dominer et ne pas se laisser aller à des gestes de nervosité, ce qui n'était pas toujours le cas ! On montrait le président aux champs dans sa campagne meusienne avec Henriette Poincaré qui, tel un ange discret, veillait sur son calme et protégeait ses temps d'écriture et de méditation. Or le Poincaré coléreux et rageur était aussi une réalité.

Poincaré était le meilleur de sa génération ; il avait réussi non par ambition vulgaire, mais parce qu'il avait mis sa personne au service de la France. Dans les réunions ou dans les journaux, on citait des anecdotes vraies ou enjolivées sur sa jeunesse, on s'attendrissait sur sa précoce maturité ; on associait souvent Poincaré et Barthou, les « deux gosses » de 1893 ; aujourd'hui ils étaient vieux et chauves ; leurs barbiches avaient blanchi ; ils restaient toujours au service du pays et de la République.

Le Poincaré de l'Union sacrée avait dû laisser les lauriers de la victoire à Georges Clemenceau ; le civil avait dû s'incliner devant les mérites militaires des Joffre, Foch, Pétain. En revanche, dans le domaine financier et monétaire, Poincaré était le premier de la classe et avait devancé tous ses concurrents : en 1924, il avait remporté un « Verdun financier », en 1926, il était devenu le « sauveur du franc ».

Les Français ont vite oublié que les résultats de ces deux opérations avaient été éphémères. Qu'importe ! La mauvaise gestion de ses prédécesseurs et successeurs et les intrigues financières des Anglo-Saxons ne pouvaient que rehausser des mérites éclatants. On pourrait objecter que ces deux réussites incontestables avaient aussi leurs limites : l'emprunt à la banque Morgan (1924) avait été très onéreux pour le Trésor public, l'augmentation de 20 % des impôts directs (le fameux double décime) avait été une décision courageuse mais électoralement dangereuse. Dans le bilan d'un homme politique, l'opinion est sélective, elle ne retient que ce qui la flatte, la révolte ou l'inquiète. Parfois la chance vient au secours du héros ! Si Poincaré avait quitté la vie publique au lendemain de la guerre, personne n'aurait célébré ses talents financiers.

L'autre aspect du mythe Poincaré était lié à sa personnalité, à son style, à l'image qu'il avait su donner de lui-même. À l'inverse de l'homme politique moyen censé être le prisonnier des intérêts particuliers et englué dans le réseau des complicités politiciennes, Poincaré apparaissait comme un serviteur intègre, persévérant et appliqué de l'État et de la Nation. On le montrait infatigable, rédigeant ses discours d'une plume habile, discours pourtant remplis de banalités et de clichés. Son abord froid, sa voix sèche, ses paroles austères n'avaient pas d'effet répulsif ; on célébrait la modestie de son train de vie, son aversion pour les futilités de la vie mondaine, son dédain de la publicité malsaine, son honnêteté. La « Blanche Hermine » incarnait une certaine éthique de l'homme public.

Les Français ont toujours douté ou médit des partis et de leurs hommes politiques. L'habileté suprême de Poincaré a été de se présenter comme un homme indépendant, au-dessus des partis, comme un homme libre dans une famille intellectuelle où il était librement entré au moment de son adolescence et à laquelle il était resté fidèle jusque dans sa vieillesse. Il appartenait au « parti républicain », où il avait trouvé une philosophie de l'existence, des règles morales et une conception de la vie publique. Dans ce camp, il se rangeait parmi les modérés ; il était l'homme de l'alliance avec les modérés de l'autre camp ; il a incarné le mouvement national en 1912, l'Union sacrée en 1914, l'Union nationale en 1926. Il prit soin de ne jamais se laisser annexer par les groupes, les partis, les coalitions. Il ne s'identifia ni au Bloc national, qu'il refusa de conduire aux élections de 1924, ni au Cartel des gauches, dont la démagogie l'exaspérait. Il était l'homme du juste milieu, celui qui, avec l'appui de l'opinion publique et dans le cadre du Parlement, écartait les extrêmes.

Poincaré n'a jamais eu la tentation du rassemblement national à la Boulanger ou à la de Gaulle ; il avait grandi dans la haine de l'Empire et avait toujours repoussé l'appel direct à la nation. Le pouvoir s'exerçait sous le contrôle et avec la confiance du Parlement. Aux élections d'avril 1928, pour la première et unique fois de son existence, il a laissé utiliser son nom ; beaucoup de candidats se dirent « poincaristes » ; ce fut tout.

La popularité de Raymond Poincaré dans la France provinciale et les classes moyennes découlait de ces facteurs. On pourrait en donner de multiples exemples. Elle atteignait l'île lointaine de la Réunion, où vivait alors la famille Barre. Un jour de confidence, Raymond Barre évoquait sa jeunesse à l'intention des lecteurs du *Débat* : « Les grands hommes, c'étaient Clemenceau et Poincaré ; les radicaux et les socialistes n'étaient pas en odeur de sainteté, si l'on peut dire [41]. » En deux phrases, tout est dit !

Poincaré, le Lorrain

On a beaucoup brodé sur ce thème et on a souvent expliqué sa personnalité et sa politique par ses origines. Poincaré, le Lorrain, ne pouvait avoir d'autre politique que nationale. Il faut établir une distinction nécessaire et fondamentale entre la façon dont Poincaré lui-même a parlé de ses racines provinciales et le discours des autres sur le Lorrain Poincaré. À la fin de son existence, les deux discours se sont mêlés et renvoyés l'un à l'autre dans un jeu de miroirs.

Raymond Poincaré parlait volontiers de ses origines et de sa famille. D'une façon presque interchangeable, il disait qu'il était un homme de l'Est, un Lorrain, un Meusien. La Meuse, c'était sa terre natale, dont il a su parler charnellement, en termes bucoliques et nostalgiques. C'était là qu'il avait grandi et c'était là ensuite, dans le village où s'était retiré et où était décédé son grand-père Ficatier, qu'il s'était fait construire sa maison. Dans un article documenté et réfléchi, Pierre Barral [42] a montré que les références de Poincaré à la Lorraine furent longtemps fugitives et toujours liées à l'unité française. Poincaré était d'abord un Français, de la terre meusienne certes, mais un Français attaché à l'unité nationale.

En prenant de l'âge, Poincaré fut plus sensible à ses racines ; il fit construire la maison de Sampigny où il passa ses vacances à partir de 1908. Il alla deux fois à Nancy : pour le congrès de l'association des étudiants (mai 1909) et pour l'inauguration des nouvelles salles du Musée historique lorrain (1912) ; à chaque fois il rappela son attachement à la ville [43] où avait vécu sa famille et où il avait fait son service militaire :

> « *Il n'est pas en effet une pierre dans Nancy qui n'évoque à mes yeux quelque chose du passé. Dans la vieille ville passe mon enfance, tandis que sur la majestueuse place Stanislas je vois défiler un petit caporal du 26ᵉ qui me ressemble comme un frère. Et la Pépinière me rappelle le temps où, un livre à la main, je partageais quelque après-midi entre le travail et la rêverie.* »

Lors de l'inauguration des salles du Musée historique lorrain (28 juillet 1912), Poincaré était président du Conseil ; le conservateur, Charles Sadoul, reçut un personnage officiel avec tous les honneurs dus à son rang ; devant l'homme[44] qui était aussi un compatriote, il évoqua le « Lorrain fidèle », le « Lorrain méditatif ».

À Paris les amicales provinciales étaient nombreuses. Parmi elles, il faut citer l'Association meusienne, fondée en 1894, et l'Association des Lorrains de Paris, fondée en 1902. Raymond Poincaré appartint au noyau fondateur de l'Association, dont le premier président fut son ami le sénateur de Meurthe-et-Moselle, Alfred Mézières[45]. Quand celui-ci, très âgé, abandonna la fonction, ce fut le sénateur Raymond Poincaré qui le remplaça. Sa présidence ne fut pas honorifique ; Poincaré était assidu aux activités de l'association[46], dont il présidait le banquet annuel. Il y retrouvait des amis et c'était pour lui un réseau d'influence, parmi d'autres. Lors de la refondation de la Société des Lorrains en juin 1920, le sénateur de la Meuse fut naturellement porté à sa présidence. De même, en 1928, il accepta la présidence d'honneur de la Ligue lorraine nouvellement fondée ; ses obligations ne lui permirent pas d'aller au-delà. Il fut également porté à la présidence de l'Association meusienne.

Quand Poincaré devint une personnalité nationale, les sociétés lorraines lui rendirent de vibrants hommages, un banquet en avril 1912, une réception solennelle au palais d'Orsay en janvier 1914. Les journalistes régionaux et leurs correspondants parisiens, comme Émile Hinzelin, se mirent à parler avec fierté et un brin d'autosatisfaction de « Poincaré, le Lorrain ». Ils rappelèrent ses états de service : « le chasseur à pied de Lorraine », « le soldat lorrain à l'œil acéré, réfléchi et froid qui monte la garde à la frontière ». On lui attribua les qualités supposées de sa province, comme « la modération qui est bien une vertu lorraine » ; « le goût de l'ordre, qu'il n'a cessé d'avouer très haut, serait assurément l'une de ses préférences héréditaires ». Dans *Le Pays lorrain*[47], un auteur qui rendait compte d'un ouvrage de circonstance sur Poincaré ajoutait ce commentaire de son cru : « M. Raymond Poincaré a reçu à son berceau les qualités natives du Lorrain... tous guerriers, a-t-on dit, mais réfléchis, bons diplomates, pas soudards, très fins... Ils pèsent et mesurent avant d'agir mais sont intrépides dans l'action. » On ne peut pas dire que le modèle avait été bien observé : « guerrier » ? L'officier de réserve des chasseurs à pied a-t-il été ce qu'on appelle un guerrier ? « Bon diplomate » ? Lors de ses deux passages au Quai d'Orsay, Poincaré avait montré sa dextérité exceptionnelle à rédiger des notes et des télégrammes. Cette application au travail n'a jamais été le critère infaillible d'une politique étrangère bien pensée et efficacement mise en œuvre. « Intrépide dans l'action » ? On croit rêver. Toute sa carrière démontre l'inverse. Quoi qu'il en soit, ses nombreux textes, discours, allocutions, qui se répétaient les uns les autres, ont contribué à installer dans l'opinion la formule « Poincaré le Lorrain ». Poincaré l'acceptait sans réserve ; il fallait avoir selon lui « le culte de la terre où nous sommes nés ». C'est pourquoi ces racines provinciales étaient à ses yeux « le plus sûr moyen de bien aimer et de bien servir la France ». Aux Lorrains de Paris qui offraient à leur « illustre compatriote » une réception (14 janvier 1914) au palais d'Orsay, « véritable féerie de fleurs et de lumière », il rappelait : « C'est à chaque foyer provincial que s'allume le feu sacré de la patrie. »

Durant la guerre, Poincaré fit de fréquents voyages en Lorraine ; dans ses allocutions perçait un réel attachement aux êtres et aux paysages maltraités par la guerre de sa « pauvre et chère Meuse ». La perspective régionaliste lui était étrangère, son registre était toujours celui de la patrie souffrante et aimée. Dans les journaux régionaux, on pouvait lire des formules telles que « notre illustre compatriote », « le grand Lorrain ». Peut-on tirer de ces formules banales des conclusions catégoriques ? Il faut être prudent, car un homme se comprend plus par sa culture et son éducation que par ses gènes. À supposer que tous les ancêtres de Raymond Poincaré aient vécu dans l'Est, peut-on en déduire qu'ils auraient transmis à leur descendant un patrimoine génétique lorrain ? N'est-ce pas une pure invention, dépourvue de la moindre base scientifique ? Les Lorrains sont aussi divers que les Bretons, les Auvergnats et les Provençaux. Mais au-delà de cette diversité, ce qui les rassemblait alors, c'était une culture politique et nationale, c'est-à-dire une commune appréciation du danger allemand, le souci de la frontière et des provinces perdues, la volonté de ne pas revivre les désastres de 1870. C'est à ces données que, dans une phrase aussi injuste qu'assassine, Joseph Caillaux fait allusion dans ses *Mémoires*[48] : « Quel meilleur moyen [...] pour un Lorrain hanté ataviquement par les souvenirs de sa race, que de tenir boutique, non plus de catholicisme comme les Guise au XVIe siècle, mais de nationalisme... » Le mot est lâché ; beaucoup avec lui et après lui le reprendront. Poincaré était-il un nationaliste ? Un Lorrain serait-il nationaliste comme un Breton serait têtu et un Auvergnat avare ? De telles assertions sont inacceptables.

À plusieurs reprises Poincaré lui-même a réfléchi sur ses racines. Dans une allocution familière prononcée devant les Lorrains de Paris (16 mai 1927), il expliquait[49] :

> « *Je n'ai aucun mérite particulier à m'efforcer de remplir la tâche qui m'est dévolue. Je n'ai qu'à m'inspirer des habitudes d'ordre et de discipline volontaire qui font la force de notre race. Je connais bien les reproches qui nous sont adressés. Nous manquons de fantaisie, d'imprévu, de grâce paresseuse... Nous avons*

des qualités moyennes qui permettent l'accomplissement consciencieux de notre besogne quotidienne » et il se rattache « *à ses ancêtres paysans qui ont cultivé terres et champs, à cette Lorraine vaillante et fidèle, province de la France indivisible* ».

L'une des dernières sorties parisiennes de Poincaré avant la maladie qui l'écarta définitivement de la vie publique fut pour une réunion amicale des Lorrains de Paris[50].

En 1950 Édouard Herriot, alors président de l'Assemblée nationale et qui avait été le ministre de l'Instruction publique de Poincaré, alla inaugurer sa statue sur la place de la gare de Bar-le-Duc ; il mit en garde ses auditeurs contre l'abus de « la théorie des milieux ». Les origines lorraines sont un élément indispensable pour expliquer et comprendre Raymond Poincaré ; il serait dangereux de le réduire à la formule simpliste « Poincaré le Lorrain ». Toujours les références lorraines étaient perçues comme les meilleurs supports de l'idée de patrie. Pour Poincaré, le régionalisme n'a jamais été une préoccupation, encore moins un idéal. La petite patrie permettait de mieux aimer et de mieux servir la grande.

Poincaré lisait un peu l'allemand ; il connaissait l'histoire allemande dans le prisme de ses relations avec la France ; il n'avait pas d'amis allemands et, en dehors de quelques lettres protocolaires, rien dans sa correspondance ne permet de l'envisager. Poincaré était un Français hexagonal. Il était persuadé du génie français et de la vocation universelle de la France. La culture qu'il avait reçue ne s'était pas au fil des années élargie ; il y avait incorporé les données et les événements qui la confirmaient ; pour un homme d'État, c'était une limitation grave qui pouvait le conduire en toute bonne foi à de lourdes erreurs de perspective et de jugement.

*
* *

Entre les perceptions et les réalités la distance est souvent grande. Poincaré n'a pas échappé à ces déformations inévitables, et son personnage est devenu quelque peu le prisonnier de ces perceptions. Sans jamais l'avouer, il était secrètement satisfait de la reconnaissance admirative qu'il sentait monter vers lui ; il la tempérait quelquefois, mais sa vanité était flattée. On l'a souvent dit insensible, raisonneur, ergoteur ; cette facette de sa personnalité est incontestable. Si sa sensibilité ne s'exprimait que trop rarement, elle permet de comprendre pourquoi, jusqu'au bout, il a cherché à se justifier sur les responsabilités de la guerre ; il avait été blessé dans son honneur et dans ce qu'il croyait être sa vérité et la vérité. Il n'avait ni voulu ni cherché la guerre ; il l'avait faite parce qu'elle avait été imposée à son pays.

CHAPITRE III

Mémoire et héritage

Voilà plus de soixante-cinq ans que Raymond Poincaré est décédé. Le nombre de ceux qui l'ont connu diminue chaque jour. Il est désormais entré dans l'Histoire. Il convient d'abord d'examiner comment sa mémoire a été conservée, puis de dégager ce que les générations nouvelles de Français ont retenu de son passage au pouvoir et de sa personnalité. Enfin, au-delà de la légende, nous tenterons d'apprécier sans passion ni préjugé la personnalité de Poincaré et de la situer dans le paysage politique français.

Un culte limité dans l'espace et dans le temps

Dans les semaines, les mois, les années qui suivirent sa mort, Poincaré entra au panthéon de la reconnaissance publique aux côtés des grands hommes de la guerre et de l'après-guerre : Clemenceau et Briand pour les politiques, Joffre et Foch pour les chefs militaires. De nombreuses rues, places et avenues reçurent le nom de Raymond Poincaré. La Ville de Paris[1] fut plus que réticente. Henriette dut faire une demande spéciale au préfet de la Seine, Villey, qui consentit seulement à rebaptiser en son honneur une partie de l'avenue de Malakoff. Henriette en éprouva une vive déception. Dans la région parisienne, un nouvel hôpital était en construction à Garches ; il reçut le nom de Raymond Poincaré, nom qu'il porte encore aujourd'hui.
Ce mouvement s'étendit à toute la France. Toutefois les noms de Jean Jaurès, d'Aristide Briand, de Clemenceau et du maréchal Foch, ses contemporains, furent beaucoup plus attribués que celui de Poincaré, comme le prouve une enquête menée en 1978 sur les 95 préfectures de France métropolitaine. Même Henri Barbusse, l'un de ses détracteurs, le dépasserait ! Plus tard, le phénomène de Gaulle eut une bien plus grande ampleur. Le mouvement ne gagna pas les pays alliés.

À l'étranger, Poincaré était perçu comme trop français. Seuls les Belges rendirent un hommage de son vivant au couple Poincaré[2] en donnant le nom de M. et Mme Poincaré à un pavillon de l'hôpital français Reine-Élisabeth ouvert à Bruxelles en mai 1930. À la cérémonie d'inauguration, Poincaré fut représenté par l'ambassadeur Émile Peretti de La Rocca, son ancien collaborateur au Quai d'Orsay. De toutes les capitales européennes, Bruxelles est l'une des seules à avoir un boulevard Poincaré. Comme les vicissitudes de l'Histoire n'ont pas terni l'image de Poincaré, ses rues n'ont pas subi le sort des rues et places Maréchal-Pétain ou Adolphe-Thiers. Au même titre que les places ou avenues Jules-Ferry, Léon-Gambetta, Aristide-Briand ou Charles-de-Gaulle, les rues et boulevards Raymond-Poincaré sont incorporés au patrimoine national.

Les corps constitués rendent toujours hommage avec une sage lenteur et non sans discrétion à leurs membres disparus. L'historien et journaliste d'Action française Jacques Bainville, qui lui avait succédé à son fauteuil, fut chargé par l'Académie de faire l'éloge du président. Bainville avait du talent, une capacité d'analyse politique remarquable et un don de plume exceptionnel ; toutefois ses idées, son engagement politique n'étaient guère accordés à la personnalité de Poincaré. Son discours[3] causa une vive déception à Henriette ; Albert Salle chercha à apaiser son amertume : « Jacques Bainville n'a sans doute pas mis dans son discours tout ce que ceux qui ont connu et aimé le président aurait voulu y voir ; mais il a tout de même dit en une belle langue beaucoup de belles choses. Il était déjà bien malade quand il a pris la plume et c'est sans doute ce qui explique les lacunes que nous pouvons regretter. » Quant au barreau de Paris, il ne fit pas de cérémonie spéciale en l'honneur de son ancien bâtonnier. Une jeune avocate de la conférence du stage, Lucienne Scheid, rédigea et prononça un éloge de Poincaré[4], un texte honorable qui disait l'essentiel, dans une démarche et un style académique et sans relief.

Le plus proche de ses anciens collaborateurs, Fernand Payen, avait été chargé ou avait lui-même proposé – nous ne pouvons pas trancher – d'écrire un livre sur Raymond Poincaré ; du vivant du président, il avait commencé à amasser des matériaux ; à partir de novembre 1934 il collecta des informations[5] et recueillit des témoignages ; il alla aussi travailler rue Marbeau où il put consulter beaucoup de lettres anciennes ; puis il partit rédiger sur la Côte d'Azur, au cap Ferrat. Dans une lettre à Henriette il s'inquiétait, car « la femme de chambre qui nous a reçus vendredi nous a dit que vous détruisiez un bon nombre de vieux papiers du président ». Il demandait instamment de les conserver. Henriette accepta à condition que tous les documents fussent ramenés rue Marbeau, ce que Payen assura avoir fait le 13 avril 1935. Henriette fit ensuite le tri et détruisit beaucoup, tout ce qui était personnel, les lettres de son père, de sa mère, de son frère, des femmes qu'il avait aimées.

Payen acheva le manuscrit au cours de l'été de 1935, dans sa propriété bretonne de l'Île-aux-Moines et le soumit en octobre à Henriette Poincaré. On ignore les corrections qu'elle demanda. Le manuscrit fut remis à Grasset en décembre et le livre publié en 1936. À l'occasion de la parution, Payen organisa à Paris une petite cérémonie où il invita quelques vieux amis et collaborateurs du président, parmi lesquels les anciens bâtonniers Salle, Aubépin, son ancien chef de cabinet Grignon et Léon Bérard. Le livre de Payen n'est ni une biographie ni un travail d'historien ; c'est un livre de piété filiale, une évocation discrète, chaleureuse et sensible de la personnalité de Poincaré. Payen avait connu Poincaré de près ; il avait travaillé avec lui, il avait pu consulter beaucoup de documents aujourd'hui disparus ; il avait sollicité les témoignages des amis. Son livre a une valeur de source. On ne s'étonnera pas qu'il ait été abondamment démarqué par tous les biographes de Poincaré ! Son livre vaut surtout pour la jeunesse et la période antérieure à 1912, car Payen était volontairement passé très vite sur les années 1912-1929, celles durant lesquelles Poincaré avait gouverné et marqué la France de son empreinte.

La Meuse se devait d'honorer son « grand homme ». Déjà, en 1921, les anciens élèves du lycée de Bar-le-Duc, dont il présidait l'association, avaient proposé de donner au lycée le nom de Raymond Poincaré. L'intéressé avait décliné avec le sourire en disant : « Attendez au moins que je repose dans les plis de ma terre natale. » À peine était-il décédé que la décision fut prise. La cérémonie officielle[6] eut lieu le 13 juillet 1935, en présence de Mme Poincaré et des corps constitués. Le recteur de l'académie de Nancy, Louis Bruntz[7], retraça avec une précision de greffier le palmarès scolaire et universitaire du défunt président et fit l'éloge de l'enseignement qu'il avait reçu et dont il avait si bien tiré parti. Le doyen de la faculté des lettres de Nancy, Joseph Laurent[8], président de l'Association des anciens élèves, brossa de « ce grand homme » un portrait équilibré :

> « Il n'a pas sauvé la patrie sur les champs de bataille ; il n'était pas non plus parmi nos maréchaux fameux, dont la science eût d'ailleurs été vaine sans le sacrifice de ceux qui moururent sous leur ordres. Il n'a pas rénové la science comme son cousin Henri Poincaré ; il n'a pas gouverné la France au nom d'un parti comme Gambetta ; mais il accomplit toujours des devoirs difficiles avec un désintéressement absolu et présenta à ses contemporains le plus harmonieux développement de tous les dons de l'esprit... Remplir son devoir, tout fut là pour lui : étudiant, soldat, officier, avocat, homme politique, académicien, président de la République (et dans quelles circonstances tragiques !), chef du gouvernement au moment où la France doutait de sa monnaie...
>
> Raymond Poincaré n'eut pas que des admirateurs ; il fut, de certains, méconnu ; il suscita des haines... Ayant tout fait pour épar-

gner aux hommes le coup de tonnerre de 1914, il fut accusé d'avoir voulu la guerre...

Mais l'Histoire lui rendra, lui rend justice. Raymond Poincaré, qui sacrifia sa santé, sa vie même, à sa tâche, avait un cœur très sensible que ne dissimulaient pas toujours ni sa froideur voulue ni sa sobre éloquence. »

Joseph Laurent présentait l'« homme illustre » à ses « jeunes camarades » comme un modèle à suivre. Il leur lançait cet appel : « Pratiquez ses vertus ; employez-vous à son exemple au service de la France. »

Parmi les attentions particulières qui allèrent droit au cœur de la vieille dame, il faut citer celle d'un pépiniériste qui donna le nom de « Raymond Poincaré » à une nouvelle variété de dahlia qu'il avait créée. En octobre 1936, le bâtonnier Albert Salle en envoyait à Henriette un magnifique bouquet.

Le souvenir de Poincaré pouvait se prolonger dans les lieux où il avait vécu. La maison natale de Bar-le-Duc est toujours visible, dans sa belle et nette sobriété classique. Une simple plaque indique au passant qu'il naquit dans cette maison et qu'il a bien mérité de la patrie. L'hôtel de la rue Marbeau a été vendu à un industriel.

Nubécourt, où il repose dans le cimetière familial des Gillon, aurait pu devenir un lieu de mémoire et de pèlerinage. Au début, des sociétés patriotiques comme le Souvenir français ou littéraires comme la société Erckmann-Chatrian allèrent se recueillir au cimetière. Chaque année les corps constitués de la Meuse prirent l'habitude de célébrer l'anniversaire de la mort de leur ancien président. La tradition reprit après la guerre et se poursuit dans la discrétion. Nubécourt ne figure pas dans les circuits touristiques au même titre que Domrémy et Colombey-les-deux-Églises. Un fléchage permet au touriste de passage de trouver aisément l'austère cimetière des Gillon, où Raymond Poincaré, entouré de tous les siens, repose « dans les plis de sa terre natale ». Il pourra tout juste envoyer une carte postale du village, car du président défunt il ne trouvera aucune image, aucun portrait, aucun souvenir.

Henriette, qui avait reçu l'usufruit de la maison de Sampigny, y séjourna régulièrement jusqu'à la guerre. Dans le village, elle souhaitait ériger un monument en l'honneur de son cher mari ; une souscription fut lancée. Bientôt le président du conseil général de la Meuse, Loyseau du Boulay[9], lui annonça que les 100 000 francs étaient dépassés ; des contacts furent pris avec le sculpteur Denys Puech[10] ; celui-ci adressa en septembre 1936 une esquisse qui serait réalisée en pierre blanche d'Euville. Le projet fut accepté et Denys Puech représenta Poincaré assis dans un fauteuil, les jambes croisées, un livre à demi-fermé à la main. Le monument fut inauguré le 15 octobre

1937[11], pour le troisième anniversaire de la mort du président. On avait invité les parlementaires et les maires de la Meuse. Auprès d'Henriette et de Marie-Andrée se tenaient trois petits-cousins du président, Léon Daum, Léon Poincaré et Jean Frébillot. Au nom de la famille, Léon Daum remercia les Meusiens et les anciens collaborateurs et amis qui s'étaient déplacés. Gabriel Hanotaux et Georges Payelle parlèrent au nom des amis de Raymond, Fernand Payen au nom du barreau, Louis Madelin au nom de l'Académie française. À la fin de la cérémonie, une musique exécuta *Vous n'aurez pas l'Alsace et la Lorraine!* Henriette édita les textes dans un *Mémorial* qu'elle distribua à ses proches et à ses amis. Jusqu'à la guerre, elle maintint aussi la tradition de la distribution des prix à l'école de Sampigny[12], chaque année elle invitait un ancien collaborateur du président : Jean du Buît en 1935, Georges Payelle en 1936 ; le dernier fut Maurice Paléologue, qui se rendit à Sampigny le 2 juillet 1939.

Durant la Seconde Guerre mondiale, le « château » fut pillé et fut utilisé par l'armée allemande, puis les Américains y établirent une maison pour convalescents. Conformément aux vœux des légataires, la maison accueillit ensuite des enfants inadaptés. Le mobilier avait été dispersé et les lieux étaient dans un triste état quand le département de la Meuse, leur propriétaire, prit la décision de les restaurer et d'y installer la conservation des musées départementaux de la Meuse. Au rez-de chaussée a été aménagé un musée Raymond-Poincaré ; au premier étage, le mobilier du grand bureau-bibliothèque a été retrouvé ou reconstitué. Le jardin et le petit parc ont été redessinés.

Le conseil général de la Meuse, que Poincaré avait présidé avec autorité et distinction, ne fit rien dans l'immédiat pour honorer son souvenir. En raison de la guerre, il fallut attendre 1948 pour que le ministre Louis Jacquinot, qui se présentait comme l'héritier politique de Raymond Poincaré et d'André Maginot, fît voter par le conseil général, qu'il présidait, la décision d'élever à Bar-le-Duc un monument en l'honneur de Raymond Poincaré. Une statue en bronze, œuvre de Raymond Couvègnes, le représente debout, en tenue civile, l'air décidé et volontaire ; elle a été placée à la sortie de la gare de Bar-le-Duc, où il avait si souvent pris le train de Paris. Elle fut inaugurée le 23 juillet 1950[13] par le président de la République, Vincent Auriol, en présence de Gaston Monnerville, président du Conseil de la République, d'Édouard Herriot, président de l'Assemblée nationale, et de Louis Marin, tous deux anciens ministres de Poincaré. Vincent Auriol, l'adversaire socialiste de Poincaré à la Chambre, avait abandonné le registre de la polémique politicienne et reprit au nom de la République les thèmes classiques : « Toute une vie au service de la France... », « le grand Lorrain », « son plus haut titre de gloire, l'Union sacrée ». En habit vert d'académicien, Édouard Herriot prononça l'un de ces discours émus et sensibles dont il avait le secret.

Sous la plume de Rémy Roure, *Le Monde* commenta en ces termes l'hommage à Raymond Poincaré : « *Au service de la France*, tel est le titre que Raymond Poincaré avait choisi pour noter, parfois peut-être un peu sèchement, ses impressions au cours de ses magistratures, surtout pendant la Première Guerre mondiale. Ce titre résume fort bien la vie de l'homme d'État. C'est le grand Français qu'ont honoré hier Vincent Auriol et Édouard Herriot... » Dix ans plus tard, en 1961, le général de Gaulle, en visite officielle à Bar-le-Duc[14], tint à rendre un hommage à Poincaré. Lui qui n'était guère tendre à l'égard des hommes politiques de la Troisième République faisait deux exceptions : Georges Clemenceau et Raymond Poincaré. Devant les Barisiens, le Général rappela les éminentes qualités dont leur compatriote avait fait preuve dans la gestion des affaires de la France. Puis les dirigeants nationaux ont oublié Poincaré, laissant aux hommes politiques meusiens le soin de rendre, de temps à autre, un hommage rituel à leur illustre prédécesseur. Toujours en 1960, Louis Jacquinot, ministre du Général et président du conseil général de la Meuse, fit célébrer le centenaire de la naissance de Poincaré par une exposition et diverses manifestations dans la Meuse et à Paris ; elles furent suivies avec une attention polie. Pouvait-on en attendre davantage ?

En 1989, le conseil régional de Lorraine s'est installé à Metz dans les bâtiments rénovés et adaptés de l'ancien collège Saint-Clément. Il a tenu à donner à l'une de ses salles de travail le nom de Raymond Poincaré.

Une mémoire nationale sélective

Toute mémoire est sélective. Au fur et à mesure que Raymond Poincaré s'éloigne de nous, les souvenirs s'estompent, d'autant plus qu'ils ne sont plus soutenus par l'attention régulière des médias. Le jeune Poincaré est totalement oublié. On ne sait même plus qu'il a été jeune un jour ! Avec la disparition des derniers anciens combattants et témoins de la Grande Guerre, les polémiques s'épuisent. Le Poincaré qui reste présent dans notre mémoire collective est celui des années 1920 ; non seulement son exemple est régulièrement rappelé, mais encore il sert de temps à autre de référence (quelquefois à contresens) et de modèle. C'est Poincaré la confiance, l'homme qui s'appuie sur l'opinion contre les politiciens professionnels. Il remplit une fonction classique, celle du recours au personnage consulaire, plein d'expérience et de sagesse qui vient sauver la France.

Les hommes politiques, les journalistes et historiens de gauche parlent rarement de Poincaré. Quand ils sont contraints de citer son nom, c'est pour le rejeter à droite, avec une pointe de dédain ; ils interprètent l'Union sacrée et l'Union nationale comme des moyens utilisés par la droite pour arracher le pouvoir à la gauche. Poincaré aurait été le cerveau ou du moins l'instrument conscient d'une opération politicienne qu'ils déplorent. Ils soulignent tous ses responsabilités en juillet 1914. Ceux qui sont assez lucides pour ne pas reprendre le slogan « Poincaré-la-Guerre » opposent la générosité pacifique et lucide de Jaurès au nationalisme étroit de Poincaré et, au nom d'une sensibilité pacifiste et humanitaire, le rejettent. Les biographies des adversaires de Poincaré restent les conservatoires des préjugés ; il faut placer à part la thèse scientifique de Jean-Claude Allain sur Joseph Caillaux qui, tout en cherchant à comprendre au mieux ce dernier, a su éviter soigneusement à l'égard de Raymond Poincaré les faciles jugements à l'emporte-pièce. Certes, Poincaré avait été l'homme de la loi des trois ans ; mais au début du siècle, il s'était prononcé en faveur de la réduction du service militaire, « une obligation démocratique inéluctable », puis avait en 1905 voté les deux ans. Enfin, ce fut sous son dernier ministère que l'on revint en 1928 au service militaire d'un an ! Sans doute tout cet arrière-plan un peu flou a-t-il inspiré au détour d'une page de *Cœur de Tigre* cette réflexion insolite à Françoise Giroud[15] : « Ce n'est pas une belle nature. Mais quoi, il a eu du courage ! »

La gestion financière et monétaire de Poincaré est souvent rappelée par les modérés et leurs héritiers. Cette référence est éminemment positive. En revanche, à gauche, son évocation provoque une véritable levée de boucliers. En février 1946, *Le Monde*[16], dans un article intitulé « L'ombre de Poincaré », avait cru devoir avancer que les techniques employées par le ministre de l'Économie, le socialiste André Philip, rappelaient « singulièrement celles qui furent mises en œuvre vingt ans plus tôt par M. Poincaré ». Cette « flatteuse comparaison » entraîna une véhémente protestation du ministre et de ses amis politiques. À la suite de Pierre Mendès France la politique de Poincaré était jugée étriquée, trop favorable aux possédants, trop oublieuse des pauvres. Marc Sadoun[17], se faisant l'écho de cette tradition, écrivait en 1982 ces lignes cruelles mais largement injustes : « Il suffit de lire la thèse que Pierre Mendès France a consacrée à l'expérience Poincaré pour se convaincre que l'homme d'État moderne ne se définit pas par sa seule rigueur. Poincaré pouvait avoir rétabli la stabilité, il restait par ignorance de la justice un technicien, un comptable. » En 1990, un journaliste qualifia Pierre Bérégovoy, ministre des Finances de Michel Rocard, de « Poincaré de gauche » ; même corrigée par l'adjectif « de gauche », cette référence a paru si incongrue que beaucoup de socialistes se sont insurgés. Au détour d'une conférence de presse du 15 juillet 1993, François Mitterrand fit une allusion positive à la politique pétrolière de Poincaré : « Déjà Poincaré y avait pensé en 1926. » Dans cette famille politique et culturelle, Poincaré continue généralement d'être jugé négativement, alors qu'à bien des égards le Poincaré laïc et républicain pourrait être considéré comme proche de ceux qui veulent « refonder la République » ou s'identifier aux valeurs de la gauche auxquelles Poincaré n'oubliait jamais de faire référence. À un siècle de distance, le jeune et fringant Poincaré des années 1890, à la fois spécialiste des finances publiques et coqueluche des écrivains et des artistes, pourrait être un grand frère de ces libéraux de gauche que sont, sous l'étiquette socialiste, Laurent Fabius et Jack Lang.

C'est du côté du centre et de la droite modérée que les références positives sont naturellement les plus nombreuses. Plusieurs ministres des Finances n'ont pas manqué d'invoquer sa gestion financière et budgétaire : Maurice Petsche a fait plusieurs fois référence à cette figure tutélaire. Le radical Henri Queuille, qui avait été ministre de Poincaré, lui resta attaché. Antoine Pinay, venu à la politique active en 1936 alors que Raymond Poincaré était déjà disparu, s'est placé sous son patronage. Le jeune Valéry Giscard d'Estaing, dont le grand-père Jacques Bardoux avait bien connu dans les années 1920 Raymond Poincaré, est apparu au début de sa carrière comme un Poincaré moderne. Plus tard, après son échec de 1981, Valéry Giscard d'Estaing rappela le parcours exemplaire de Poincaré qui, après avoir exercé la magistrature suprême, n'avait pas hésité à rester à la disposition du pays. Était-ce une sincère admiration ? Était-ce un moyen habile, à partir de cette figure emblématique, de suggérer qu'un ancien président de la République n'était pas forcément un homme fini ? Lors d'une campagne électorale dans le Puy-de-Dôme, un journaliste[18] qui suivait l'ancien président remarqua que dans une salle de la mairie du village de Lastic, Giscard parlait « sous le regard bienveillant de Raymond Poincaré, superbe dans son cadre doré ». À la fin de la réunion, il se précipita sur l'orateur pour l'interroger : « Son regard se tourne irrésistiblement vers le portrait à l'huile du défenseur du franc. "J'espère que Poincaré me portera bonheur", finit-il par lâcher. » Valéry Giscard d'Estaing fut aisément réélu député du Puy-de-Dôme, sans toutefois réussir à s'imposer de nouveau au niveau national. Raymond Poincaré était inimitable. « Giscard, le Poincarillon », selon une formule aussi amusante que fausse, n'a pas été en mesure de réaliser pour son propre compte le remarquable retour qu'avait opéré en son temps Poincaré, dont le cas est resté jusqu'à présent unique. Il dut se contenter de se faire élire président du conseil régional d'Auvergne.

Dans un autre registre, Raymond Barre[19] et Jacques Calvet ont, à diverses reprises, rappelé l'œuvre de ce grand ancêtre, en insistant sur son souci de la rigueur et sa volonté de rétablir les grands équilibres financiers et monétaires. À notre connaissance, Édouard Balladur n'a jamais invoqué – publiquement du moins – le patronage de Raymond Poincaré. Deux économistes « distingués »[20] l'ont fait pour lui et ont trouvé « chez Édouard Balladur une ressemblance – fût-elle parfaitement involontaire – avec Raymond Poincaré ». Selon ces deux auteurs, « sa capacité à rassembler comme son respect d'un certain formalisme, son mépris des polémiques comme son pragmatisme, son attachement aux questions économiques comme sa culture littéraire et historique rappellent en effet largement l'ancien président du Conseil ». Les lecteurs jugeront de la pertinence de ce parallélisme à la lumière de la prédiction sur laquelle ils enchaînaient : « Est incontestablement aujourd'hui à l'œuvre un "processus Poincaré". » C'était en 1993 ! On a bien du mal à discerner le moindre fondement à une telle prévision.

Alors que les modérés ont retenu davantage le parcours politique et la gestion financière et monétaire, le général de Gaulle, qui pourtant en matière monétaire avait utilisé les services de Jacques Rueff[21], lequel avait commencé sa carrière au cabinet de Poincaré, a, pour sa part, mis l'accent sur l'homme qui avait rassemblé les Français dans une des périodes les plus dramatiques de leur histoire. Durant la Grande Guerre, Poincaré avait rempli sa fonction avec ténacité et sans faiblir et, en appelant Clemenceau, il avait su faire un choix certes douloureux pour son amour-propre, mais un choix éminemment national.

La politique « nationale » de Poincaré au début des années 1920 a suscité des réflexions dont il est difficile de mesurer la portée, mais dont on retrouve l'écho au lendemain de la Seconde Guerre mondiale. La politique allemande du général de Gaulle de 1944 à 1946 se situe dans le sillage de celle de Poincaré, même si elle ne la reproduit pas. La persistance d'une hostilité à l'égard de l'Allemagne, telle que l'exprima le vieil Édouard Herriot lors de son intervention dans le débat sur la Communauté européenne de défense, procédait du même état d'esprit : l'Allemagne devait être contrôlée et surveillée. En revanche Jean Monnet et Robert Schuman, qui avaient observé avec attention le Poincaré des années 1920 et qui cherchaient à tirer les leçons des deux guerres mondiales, avaient compris que le destin de la France était un avenir européen commun avec l'Allemagne. Un autre observateur attentif et un acteur des négociations européennes, le diplomate Hervé Alphand, qualifiait un jour Jean Monnet d'« anti-Poincaré ». La formule ne manquait pas de pertinence. Jean Monnet, qui avait en effet bien connu Poincaré, ne citait jamais son nom. Il n'ignorait pas que ce qu'il incarnait et tentait de réaliser était aux antipodes de la politique menée par Poincaré dans les années 1920. Il avait vécu assez longtemps pour en mesurer les impasses et le cruel échec. Mais Jean Monnet était trop homme d'action et trop peu tourné vers le passé pour se livrer à ce genre de parallèle familier aux historiens.

Le problème crucial de la Grande Guerre

À l'occasion du cinquantième anniversaire des événements de juillet 1914, cette polémique que l'on croyait éteinte a brusquement rebondi à la suite de la publication de deux articles de Pierre Renouvin [22] par le journal *Le Monde* des 29 et 30 juillet 1964. Dans une approche dépassionnée et critique qui intégrait les recherches alors toutes récentes de l'historien allemand Fritz Fischer, Renouvin reprenait le problème des origines de la guerre et des responsabilités. Il rappelait qu'on ne savait rien de la teneur des entretiens de Poincaré à Saint-Pétersbourg entre le 20 et le 23 juillet, mais qu'aucun document allemand ou russe n'apportait la preuve irréfutable qu'il aurait encouragé les Russes. Après une analyse serrée, il concluait : « Poincaré a accepté la guerre, il ne pouvait faire autrement », moins par fidélité à l'alliance que par nécessité de préserver l'équilibre européen.

À cette analyse mesurée et réfléchie Alfred Fabre-Luce répliqua immédiatement par un article intitulé « Controverses sur le problème des responsabilités » (12 août 1964) où, selon la pénétrante formule de l'historien Henry Contamine, il « rappelait l'éternelle suspicion ». Après avoir rendu hommage à la « stricte honnêteté de l'historien », il lui tournait carrément le dos en parlant de « camouflage », « de sa tentative » de décharger Raymond Poincaré sur un bouc émissaire « en la personne de l'ambassadeur Paléologue » ; puis il reprochait à Poincaré de ne pas « avoir utilisé les éléments de dissuasion dont il disposait ». Vu les circonstances et les pouvoirs qui étaient les siens, on ne voit pas où se situaient ces fameux éléments de dissuasion. L'utilisation de ce vocabulaire de la stratégie nucléaire peut-il éclairer le comportement de Poincaré ? Qu'il soit permis d'en douter. Par rapport à Renouvin, Fabre-Luce n'apportait aucun élément nouveau et se montrait incapable de tirer parti des travaux de Fritz Fischer. Dans un livre au titre racoleur, *L'Histoire démaquillée,* paru au début de 1967, il reprit les thèmes et accusations des années 1920. Pendant la phase de préparation du livre, il avait parlé avec Pierre Renouvin. Dans le courrier de l'essayiste [23], on trouve une brève lettre de Pierre Renouvin du 18 décembre 1966 qui faisait allusion à une rencontre entre les deux hommes. À cette date, le livre en question était déjà chez l'imprimeur et une conversation avec Renouvin n'aurait pas été en mesure d'en changer une ligne. À la fin de janvier 1967, Renouvin recevait *L'Histoire démaquillée ;* il en accusa réception par une lettre courtoise où il faisait une seule critique : « Je ne crois vraiment pas que le fil de la paix ait été tranché à Paris le 29 juillet. » Après « une lecture plus attentive », il annonçait : « Je vous dirai d'une façon plus précise mes objections. » Malheureusement, nous n'avons pas retrouvé cette dernière lettre. A-t-elle même été écrite ? On ne peut l'assurer.

Dans les semaines qui suivirent la parution de *L'Histoire démaquillée,* Pierre Renouvin fut engagé malgré lui dans l'une de ces affaires qu'il détestait : Alfred Fabre-Luce avait des ambitions académiques ; pour préparer sa candidature, il avait proposé de faire devant l'Académie des sciences morales et politiques une communication intitulée : « Lueurs nouvelles sur les origines immédiates de la Première Guerre mondiale ». On pouvait penser qu'au lieu d'apporter « des lueurs nouvelles », il allait reprendre purement et simplement les thèses de ses précédents livres. Cette proposition embarrassa fort le secrétaire perpétuel Émile Mireaux, qui avait bien connu et estimé Poincaré. Il demanda à une commission d'historiens de l'Institut de se prononcer sur l'opportunité d'entendre une communication d'Alfred Fabre-Luce. Après débat, celle-ci proposa de ne pas la retenir ; Fabre-Luce prit ce refus pour un affront délibéré. D'après le témoignage d'Adrien Dansette qui essuya la colère de Fabre-Luce, Pierre Renouvin se serait abstenu lors du vote de la commission. En tout cas, les discussions avec Pierre Renouvin n'ont pas changé son point de vue car, dans l'un des ses derniers livres, *Douze Journées décisives,* l'octogénaire entêté[24] ne désarmait pas contre Poincaré. Il est bien difficile d'apprécier l'influence de cette persistante antipathie. Certains de ses correspondants, comme le diplomate Jean Laloy[25] qui annonçait d'emblée : « Je n'aime pas beaucoup Poincaré », étaient prêts à lui donner raison ; d'autres ne partageaient pas sa sévérité à l'égard de Poincaré. Parmi les lettres reçues, retenons celle de Jacques Chastenet, un biographe de Poincaré qui faisait à l'auteur de *L'Histoire démaquillée* les deux remarques suivantes : « Je me demande si le voyage de Poincaré comme président du Conseil n'a pas été plus nocif que le voyage comme président de la République » et « on ne saurait non plus trop insister sur la responsabilité de Delcassé ».

Cette terrible accusation « Poincaré-la-Guerre » a été le commun dénominateur de toutes les campagnes antipoincaristes. « Caillaux-la-Honte », « Poincaré-la-Guerre », « Mendès France-le-Bradeur » sont des slogans dénonciateurs qui, dans une partie de l'opinion, ont acquis une légitimité et l'apparence de la vérité.

Peut-on aujourd'hui mettre un point final à ces débats qui ont toujours deux aspects, parfois difficiles à distinguer : un débat interne franco-français et un débat franco-allemand ? Le premier est apaisé sans être totalement refermé. Les historiens de gauche, spontanément, instinctivement, s'ils évitent de reprendre des accusations passionnées et infondées, conservent des doutes. Aucun document ne peut les lever totalement. L'essentiel repose sur l'usage et l'interprétation du mot « nationaliste ». Poincaré était-il nationaliste ? La réponse à cette question simple ne pouvant pas être vraiment positive, on déplace l'interrogation vers un champ voisin : Poincaré avait-il des complaisances pour les nationalistes et la droite ou entretenait-il des relations cachées avec eux ? Comme la réponse ne peut que comporter des incertitudes, des zones d'ombre et quelquefois des convergences, on se recale aisément dans le classique débat politicien franco-français, ce qui entretient les doutes.

À notre avis les doutes ont été levés par l'ouverture des archives allemandes. Dans les années 1960, l'historien allemand Fritz Fischer [26] a publié des livres qui ont provoqué dans son pays des controverses passionnées, controverses qui se sont ensuite apaisées. Fischer a fourni des documents qui ne peuvent être récusés sur la crise de juillet 1914, sur les buts de guerre et le programme annexionniste des dirigeants allemands, documents qui ne laissent aucun doute sur les responsabilités écrasantes de l'Allemagne et de l'Autriche-Hongrie. Ces données ne peuvent plus être contestées. Déchargent-elles Poincaré de toute responsabilité ? Des zones d'ombre subsistent et subsisteront probablement. Des documents russes inconnus pourraient-ils apporter du nouveau ? On peut en douter car, si les Soviétiques avaient disposé contre Poincaré de documents accablants, pourquoi ne les auraient-ils pas utilisés contre lui et contre la politique qu'il menait [27] ?

En tout état de cause, Poincaré n'avait comme moyens pour lutter contre ses accusateurs que sa parole et sa bonne foi ; il pouvait inlassablement répéter qu'il était largement extérieur au processus qui avait conduit à la guerre ; beaucoup refusaient de le croire. Aujourd'hui, on peut dire qu'il a subi ce processus. Les responsabilités majeures et écrasantes sont ailleurs. En revanche, il est responsable de l'occupation de la Ruhr. C'est une décision qu'il a mis du temps à prendre et dont il a toujours revendiqué la paternité. L'historien doit séparer les deux affaires. Mais en matière de politique allemande, une ligne invisible les relie inévitablement et, en termes d'acte politique et d'image, elles tendent parfois à se superposer et à s'expliquer l'une par l'autre. C'est pourquoi elles entretiennent des effets négatifs sur l'image de Raymond Poincaré, dont le vocabulaire, le ton et les idées sont aux antipodes de ce que pensent et ressentent les Français et les Européens d'aujourd'hui.

Une image qui s'efface

Depuis trente ans, l'effacement de l'image de Poincaré est rapide et rien n'en ralentit la progression inexorable. On peut en donner au moins trois raisons.

Poincaré n'a accompli aucune de ces actions d'éclat qui inscrivent à jamais un nom dans l'histoire nationale. Qui oserait le comparer à Napoléon ou à Charles de Gaulle ? Poincaré n'a posé aucun acte fondateur, il n'a remporté aucune victoire, il n'a prononcé aucune parole historique. Seul l'usage symbolique de l'« Union sacrée » pourrait s'en approcher, mais la formule a été tellement tournée en dérision et s'est tellement usée dans le discours politicien qu'elle ne signifie plus rien dans les temps ordinaires.

Poincaré n'a laissé aucun héritage; aucun parti, aucun groupe n'a poursuivi son action. Au moment où il s'éteignait, la République parlementaire et bourgeoise était si malmenée en France et en Europe qu'elle paraissait appartenir à un passé périmé. En juillet 1940, la République de Poincaré se désagrégeait à Vichy avec l'effacement sans gloire de son héritier le plus proche, le pâle Albert Lebrun.

Le plus dangereux pour la mémoire de Poincaré découle des changements de perspective dans l'enseignement de l'histoire nationale. Depuis une génération, cet enseignement s'est décalé vers la seconde moitié du XXe siècle et accorde une place croissante aux phénomènes culturels et sociaux. Dans les manuels des lycées, la Seconde Guerre mondiale a remplacé la Première et la part consacrée à l'histoire politique événementielle de la Troisième République s'est considérablement réduite et s'est déplacée vers les années 1930, pour mettre l'accent sur le Front populaire. Par un effet mécanique, les années 1910-1930, celles qui justement ont été marquées par la personnalité de Poincaré, ont été reléguées dans une ombre discrète. Pour les nouvelles générations, Poincaré demeurera au mieux un nom. Une preuve parmi d'autres de cet oubli vient d'être apportée par un sondage sur le « palmarès de la mémoire nationale » paru dans un numéro récent de *L'Histoire*[28]. En tête sont placés trois hommes de pouvoir : Charles de Gaulle, Napoléon et Louis XIV; parmi les contemporains de Poincaré, Jean Jaurès se situe à la neuvième place et Georges Clemenceau à la douzième. Puis suivent vingt-huit noms qui ont recueilli chacun 1 %; ils vont de Vercingétorix à Raymond Barre en passant par Saint Louis, Bayard et Léon Blum. Raymond Poincaré n'a pas été cité. Un autre sondage cherchait à déterminer le personnage ou les personnages pour le(s)quel(s) « vous avez le plus de sympathie ». Les réponses placent en tête Marie Curie (52 %), Jean Moulin (36 %), Jeanne d'Arc (24 %), Jean Jaurès (20 %), Jules Ferry (18 %). Georges Clemenceau arrive à 13 %, soit au même niveau que Vercingétorix et Saint Louis. Encore une fois, Raymond Poincaré n'est pas cité. Le réaménagement en cours de l'histoire de France tend à effacer son nom.

LE REGARD CONTRASTÉ DES BIOGRAPHES ET DES HISTORIENS

Depuis deux générations, Raymond Poincaré est entré dans l'Histoire. Les historiens ont prolongé jusqu'à nos jours les jugements et interprétations que nous avons relevés. Trop rares sont ceux qui ont mis Poincaré en situation, c'est-à-dire interprété son parcours, ses prises de position et ses comportements de pouvoir en fonction de la culture politique qui était la sienne. Dans le cas de Raymond Poincaré, on éprouve une grande difficulté, car son nom apparaît nécessairement dans les histoires générales de la France, dans celles de la Grande Guerre et des relations internationales; il est même souvent placé au centre; presque toujours, c'est un aspect ponctuel de sa politique qui est présenté, et la plupart du temps le personnage n'est saisi ni dans sa continuité ni avec sa culture, ce qui favorise la persistance des clichés.

Les premiers biographes et historiens de Poincaré avaient fait partie de ses collaborateurs, comme Fernand Payen et Georges Bonnefous, ou de ses admirateurs, comme Jacques Chastenet. Pour eux, Poincaré était un authentique républicain modéré et un idéal politique. Le premier vrai biographe, Pierre Miquel, a publié son *Poincaré* en 1961, soit moins de trente ans après la mort du président. Son interprétation du personnage, tout en étant plus distanciée, restait proche des précédentes.

Au cours des années 1960, la montée d'une histoire orientée à gauche, critique à l'égard de la bourgeoisie républicaine et qui mettait l'accent sur les conquêtes du Front populaire, poussa vers le purgatoire l'homme de l'expédition de la Ruhr et le « sauveur du franc ». Reprenant les attaques et les thèmes des journalistes et publicistes des années 1920, ces historiens concentraient leur attention sur ses responsabilités dans la crise de juillet 1914, d'où le thème récurrent « Poincaré-la-Guerre », la critique de l'Union sacrée et de l'Union nationale. La notice biographique non signée du *Dictionnaire biographique* de Michel Mourre[29] retenait le « nationalisme » de Poincaré, terme que Caillaux avait déjà utilisé dans ses Mémoires, au point d'oublier de signaler qu'il avait été un républicain d'abord! Presque tous les auteurs de gauche rejettent Poincaré à droite et lui font grief d'avoir entraîné dans un piège, au nom de l'Union nationale, une partie de la gauche. Cette analyse peut se comprendre si l'on tient compte de la culture de la gauche des années 1960-1980. Peut-elle être transposée pour la période 1890-1930 ? Notre réponse est négative, car être de gauche n'avait pas la même signification en 1890 ou en 1910 qu'en 1970-1980.

L'un des problèmes les plus délicats à résoudre est celui du positionnement politique réel de Poincaré. A-t-il été de gauche ? La réponse est indiscutablement positive. A-t-il franchi la ligne invisible qui sépare la gauche de la droite ? Si la réponse est positive, comment évaluer et surtout dater cette évolution ? L'une des meilleures analyses est celle déjà citée de l'historien allemand Gerd Krumeich[30], qui développe le concept de « poincarisme », formule sur laquelle nous sommes réservés, à moins de la prendre comme une commodité de langage. Comme le « giscardisme » ou le « barrisme » des années

1970-1990, le « poincarisme » n'a pas beaucoup de consistance ; d'ailleurs, l'usage de ces néologismes faciles a fait long feu. Peut-on dater son passage au centre droit de son accession à la présidence du Conseil, c'est-à-dire de 1912 ? Dans la mesure où son ministère ne comprend que des hommes étiquetés à gauche, c'est une affirmation gratuite, même si sa politique étrangère est approuvée par la droite nationale. On dit alors qu'il s'avance masqué, que le soutien de la droite à l'élection présidentielle de janvier 1913 lève les ambiguïtés, et cette interprétation est confirmée par son rôle dans la préparation de la loi dite des trois ans. Les trois ans, c'est le critère décisif, celui qui permet de distinguer une droite « nationaliste » d'une gauche « pacifiste » et d'enchaîner sur les responsabilités de Poincaré dans la crise de juillet 1914. En termes de positionnement politique, soulignons le décalage fréquent entre les affirmations répétées de Poincaré et les interprétations de nombreux historiens. Parmi les interprétations plus mesurées, signalons celle de Jacques Bariéty et de Serge Berstein et des Britanniques Gordon Wright et J.F. Keiger.

Les auteurs récents des histoires générales de la France ont trouvé un ton plus juste et une distance salutaire à l'égard des clichés. Il faut relever les analyses mesurées de René Rémond[31] dans *Notre Siècle*. Dans le dernier volume de l'*Histoire de France* publiée par Hachette, Maurice Agulhon[32] place Raymond Poincaré entre ces deux figures phares de la République : Jules Ferry et Charles de Gaulle. La récente synthèse de Christian Delporte[33] s'inscrit dans cette perspective. Cette réévaluation positive et équilibrée a été favorisée par une meilleure connaissance des partis et des groupes du centre et de la droite[34], dont l'histoire complexe avait longtemps été négligée par les historiens.

Un bourgeois républicain

Les détracteurs comme les admirateurs inconditionnels de Raymond Poincaré ont fini par masquer son vrai visage.

Raymond Poincaré est d'abord et avant tout un bourgeois républicain, le premier sans doute d'une génération dont il a porté les aspirations, la génération de Louis Barthou, Georges Leygues, Paul Deschanel et Charles Jonnart, une génération qui s'affirme dans les années 1890 et achève sa trajectoire au début des années 1930. Écartant Georges Leygues, Albert Thibaudet[35] faisait dans un brillant article intitulé « Les Quatre », paru dans *La Nouvelle Revue française* de janvier 1935, cette pertinente remarque : « Ces quatre carrières parallèles, qui s'expliquent et s'impliquent les unes les autres, mettent de l'ordre et de la clarté moins dans l'histoire de la République que dans la psychologie de la République. » Cette génération disparaît sans laisser d'héritier, et c'est peut-être l'une des données essentielles de la crise des valeurs républicaines dans les années 1930 ; les quatre mousquetaires de la « République nouvelle » n'ont pas transmis ces valeurs, qui ne sont plus incarnées.

Paradoxalement, Poincaré s'est imposé non parce qu'il était différent des autres, non parce qu'il était un chef incontesté, une figure de proue, mais parce que, par sa personnalité et son profil, il avait le mieux représenté l'idéal politique de la bourgeoisie laïque de province. Celle-ci s'est reconnue dans cet homme sans originalité, car il exprimait avec clarté et conviction ses valeurs politiques et culturelles.

Cette identification s'accompagnait d'un respect pour l'homme. Sous le pseudonyme de Fidus, on pouvait lire dans la *Revue des Deux Mondes* cette pertinente réflexion :

> « *La France applaudit avec chaleur les premiers (les tribuns du Midi), mais elle garde toujours de secrètes préférences pour les seconds (les légistes du Nord). Ce qu'elle a respecté en Raymond Poincaré, c'est précisément son intelligence, sa culture et sa puissance de travail.* »

Les connaissances de Poincaré étaient vastes et sur de nombreux points modernes. Sa culture, classique comme chez tous ceux qui avaient assimilé les humanités, jouait sur un registre très étendu. Sa formation juridique avait contribué à développer en lui un esprit légiste pénétré du sens de l'État et attaché au respect des règles. Comme pour la plupart de ses contemporains, sa culture économique était réduite, il n'avait pas les compétences financières d'un Caillaux, capable de calculer un placement, d'apprécier la portée d'une mesure fiscale sur le revenu des ménages ou des agents économiques. Son approche des finances publiques était celle d'un comptable qui avait en vue l'équilibre des recettes et des dépenses et la clarté de la présentation des chapitres du budget. On lui a souvent reproché cette vision des choses un peu étriquée que l'on qualifie faute de mieux de « petite-bourgeoise ». Notant ses impressions lors d'un voyage officiel de Raymond Poincaré et d'Albert Lebrun à Nancy où ils étaient reçus en grande pompe par la nouvelle municipalité de gauche (juillet 1912), Maurice Barrès[36] déplorait dans ses *Cahiers* (publiés après sa mort) « cet air maigre et somme toute d'honnête homme », alors qu'il devait assumer « un grand rôle social ». Poincaré manquait de souffle, d'éclat, de panache ; il ne voulait pas mentir aux foules en les faisant rêver ; il n'avait ni la capacité ni le désir de les entraîner à sa suite ; il gérait au mieux. On comprend que sa personnalité sèche et respectueuse de la légalité en ait rebuté plus d'un. Dépourvu de l'éloquence vibrante et chaleureuse d'un Gambetta comme du lyrisme humanitaire d'un Jaurès, son discours précis et argumenté rassurait par sa modération, son bon sens un peu terre à terre, son appel à la raison.

Ses idées politiques étaient les idées moyennes de la bourgeoisie républicaine de son temps. Il s'était coulé naturellement dans le moule républicain libéral et laïc auquel il était resté fidèle. En 1930, il avait les mêmes convictions et les mêmes valeurs qu'en 1880. C'étaient celles de la République de Ferry et de Gambetta et ses références fréquentes à Gambetta, Ferry, Carnot et Casimir-Perier le montrent bien. Le centre du pouvoir se trouvait à la Chambre ; c'était le lieu privilégié du débat politique et de la formation de la majorité gouvernementale. Il avait commencé à gauche et, tout en gardant le vocabulaire de la gauche gambettiste et ferryste, il était devenu la figure emblématique des modérés. Malgré ce décalage, il restait acceptable pour les radicaux. Il était convaincu que le pays était à gauche mais que, pour des raisons économiques et financières, il fallait obtenir le concours de la droite. C'est pourquoi son idéal gouvernemental fut toujours la « conjonction des centres ». Son dernier ministère en fut une remarquable application.

Le respect de la légalité républicaine et parlementaire était la pierre d'angle de son comportement ; il se trouvait à l'aise dans le régime et n'éprouvait pas le besoin de le réformer et encore moins de le transformer. S'il déplorait les abus du parlementarisme, il ne songeait pas à réviser les textes, mais à les appliquer en se conformant à l'usage. Quand le président Alexandre Millerand chercha à restaurer la fonction présidentielle, il se tint soigneusement à l'écart, puis l'abandonna dès que les radicaux et les socialistes sonnèrent l'hallali. C'est pourquoi il était si proche des radicaux et finalement de certains socialistes dès qu'ils mettaient en sourdine l'accroissement du rôle de l'État et la collectivisation. En ce sens, c'était un homme de gauche ; on a tendance à l'oublier aujourd'hui ; dans les années 1920, rien ne le comblait plus d'aise qu'un brevet de républicanisme décerné par Albert Sarraut, Édouard Herriot ou Léon Blum.

Il était trop indépendant et trop individualiste pour être le militant d'un parti. À plusieurs reprises on l'avait sollicité pour qu'il devint un chef de parti ; il avait toujours décliné cet honneur et on lui a souvent reproché de s'être dérobé. Poincaré était un homme seul, il avait des amis, des réseaux, des relations dans la presse parisienne, la haute fonction publique et les associations, mais pas plus que Briand, Millerand, Barthou ou Clemenceau il n'avait construit un appareil pour soutenir un projet politique ou une ambition. Par rapport aux cabinets pléthoriques d'aujourd'hui, quelques collaborateurs lui suffisaient ; il aurait pu réunir et faire travailler ses anciens secrétaires, pour lesquels il avait été un modèle de réussite sociale et de carrière politique. Quelques-uns avaient caressé cet espoir et ils furent déçus. Leur patron ne les comprit pas ou ne voulut pas les comprendre. Ingratitude ? Inertie ? Individualisme invétéré ? Poincaré était réfractaire et étranger à l'idée moderne de construire un appareil politique, de réunir autour de lui une écurie présidentielle.

Il faut toujours revenir à la notion de génération. Raymond Poincaré avait grandi puis atteint l'âge d'homme alors que la France se relevait lentement et douloureusement des désastres de 1870 et que la république se construisait. Une partie de ses réactions instinctives, viscérales s'inscrivent dans cette éducation et dans ce climat qui associait « l'oppression de l'Empire » et la défaite du pays. Son admiration pour le Gambetta de la Défense nationale trouve là sa source. Son admiration pour Thiers, dont il avait projeté d'écrire la biographie, était un hommage à la libération du territoire et une adhésion à la république parlementaire, libérale et conservatrice. Poincaré s'était habitué à tout considérer sous un angle à la fois républicain et national. La république était la grande réparatrice ; elle avait à la fois redressé le pays et l'avait tenu éloigné des aventures. Elle avait gagné la Grande Guerre. Or la société française et la situation de l'Europe s'étaient prodigieusement transformées. Les jeunes gens qui arrivaient à l'âge d'homme dans les années 1920, après le choc de la Grande Guerre, ne pouvaient guère trouver en lui une référence, un guide, un modèle.

Le patriotisme de Poincaré ne doit pas être assimilé au nationalisme ; il voulait une république moderne et progressiste à l'intérieur, une France forte et respectée en Europe et dans le monde, mais une France prudente et responsable. L'Allemagne était un danger permanent ; sans jamais la provoquer, il ne fallait jamais baisser la garde. La méfiance et la vigilance sont à ne pas confondre avec la volonté d'en découdre ou l'appel à la revanche qui étaient les signes distinctifs du nationalisme. L'évocation de l'Alsace-Lorraine était chez lui rare, discrète et nostalgique. Le patriotisme de Poincaré était un patriotisme de vigilance ; il impliquait une armée forte pour se défendre au cas où... On ne trouve chez lui aucun désir d'agression. En 1914, ce danger était devenu une réalité. L'Allemagne était l'agresseur ; le devoir des Français était tout tracé : « Lorsque l'ennemi foulait le sol de dix de nos départements, nous avions tous un devoir précis et élémentaire, expulser l'envahisseur et, puisqu'il nous avait attaqués, le forcer à nous restituer les provinces qu'il nous avait prises[37]. » Au début des années 1920, le devoir était toujours aussi clair ; après une victoire si durement achetée, Poincaré devait appliquer un traité qu'il n'avait pas été convié à négocier. Était-il pour autant le bourreau qui voulait écraser l'Allemagne ? Il était d'abord l'homme de la frontière qui avait connu dans sa vie deux invasions et qui refusait par sa faiblesse d'en favoriser une troisième. On a souvent reproché à Poincaré de ne pas avoir compris les Allemands, de les avoir poursuivis avec la minutie d'un greffier ou d'un comptable et d'avoir donné au nationalisme allemand l'un de ses aliments les plus solides en lançant l'occupation de la Ruhr. Poincaré n'en avait pas mesuré les conséquences psychologiques ni son exploitation ultérieure, avec une habileté diabolique, par les nazis, dont il ignorait l'existence quand il avait pris sa décision. Ce qui fut jugé à court terme comme un succès français se révéla assez vite une grave erreur.

On a souvent tendance à opposer Poincaré et Briand[38] et à préférer au premier, juriste intraitable et pointilleux, le second, souple, habile et conciliant. En réalité les deux hommes se complétaient et ils ont plus souvent collaboré qu'ils ne se sont opposés ; de 1926 à 1929, pendant trois ans, Aristide Briand, après avoir négocié et signé le pacte de Locarno, a été le ministre des Affaires étrangères de Poincaré et lui a succédé quand la maladie l'a contraint à se retirer. Aujourd'hui, on a parfois tendance à opposer au « poincarisme stérile » (Alfred Grosser) un briandisme radieux dont le méchant Poincaré n'aurait cessé de contrer les généreuses initiatives. On comprend que l'universitaire qui a tant œuvré pour un rapprochement et une meilleure compréhension entre les peuples allemand et français ait été irrité et exaspéré par le ton et les mots des discours dominicaux de Poincaré. Sans formuler le moindre regret sur le passé, Poincaré a quand même tiré les leçons de la malheureuse démonstration de force de la Ruhr ; il a, tout en le freinant, laissé Briand négocier avec Stresemann ; même si son tempérament le portait à émettre des réserves, il a accepté et fait ratifier le plan Young ; il s'est résigné à l'évacuation anticipée de la Rhénanie. Quand Poincaré a quitté le pouvoir en juillet 1929, les relations franco-allemandes étaient dans une phase d'apaisement ; le régime de Weimar semblait encore fonctionner et nul ne prévoyait la brusque et irréversible radicalisation de l'électorat allemand au cours de l'été de 1930 ni le surgissement du phénomène nazi. La politique de Briand fut balayée par une vague de fond européenne à laquelle Poincaré fut totalement étranger. Comme beaucoup de Français, il avait un souci viscéral de la sécurité du pays. La victoire n'avait pas fait disparaître le danger ; le Rhin ne serait que provisoirement une frontière militaire ; il le savait et il fallait prévoir l'avenir. Poincaré-la-Guerre, un slogan mensonger dont il faut faire justice. Poincaré a fait la guerre par obligation ; il a géré un après-guerre difficile, insaisissable, avec une France appauvrie et épuisée qui avait la nostalgie d'un imaginaire âge d'or d'avant guerre. Plus habile et plus équilibré que Millerand, plus sérieux que Briand, nonchalant et rêveur, plus solide et compétent qu'Herriot, qui croyait que l'éloquence suffisait à tout, Poincaré, travailleur, réfléchi, mesuré, a obtenu la confiance des Français sans flatter les passions populaires, sans promesses démagogiques, sans se laisser désarçonner par les orages parlementaires, sans se laisser abattre par les campagnes de presse les plus violentes.

***

Raymond Poincaré n'a laissé aucune postérité ; dans la famille issue de son cousin germain Henri Poincaré, aucun descendant n'a repris le flambeau. Poincaré n'a pas laissé d'héritier politique : aucun parti, aucun réseau, aucun groupe de fidèles n'a poursuivi son œuvre. C'était un homme seul. Certes, on s'est parfois réclamé de lui, de son profil, de son style, de ses attitudes, de son éthique ; on s'est placé sous son patronage. A-t-il été pour autant « l'illustre homme d'État » célébré par beaucoup de ses contemporains et de ses admirateurs ? Déjà, en 1909, alors qu'il l'accueillait à l'Académie française, l'historien Ernest Lavisse[39] avait affirmé : « La qualité d'homme d'État est celle que nous avons voulu honorer en votre personne. » Poincaré avait été quatre fois ministre seulement, il n'avait pas encore fait ses preuves à la tête du pays. Dans l'esprit de Lavisse, c'était moins une réalité accomplie qu'une attente, qu'une espérance. Poincaré était encore l'un des espoirs de la République. Cette prévision de l'historien n'allait pas tarder à se réaliser. Les lecteurs de ce livre n'ont pas besoin d'un nouveau rappel de carrière pour en comprendre le caractère prémonitoire. En 1935, alors que Poincaré venait tout juste de disparaître, Albert Thibaudet, observateur perspicace et subtil des réalités politiques, n'hésitait pas un instant à employer le qualificatif d'homme d'État : « [Poincaré] a fait ce qu'il a pu dans des circonstances difficiles. En tout cas il est remarquable qu'il ait connu son apothéose d'homme d'État comme ministre des Finances. » Mais à son jugement positif, il apportait un intéressant correctif : « Dans ces quatre consulaires éminents, il y eut tout de même un grand homme et moins encore un homme d'État qu'un homme de l'État[40]. » Un homme de l'État, ce n'était pas tout à fait la même chose !

Depuis ces réflexions de Thibaudet, plus de soixante ans se sont écoulés. Avec le recul dont nous disposons, peut-on maintenir ce jugement ? Poincaré répond-il aux critères de l'homme d'État ? L'homme d'État est celui qui forge une nation, qui façonne un pays, qui fonde un régime, qui laisse un héritage durable ou qui à un moment de l'Histoire se trouve en phase avec les aspirations d'un pays : Napoléon, Bismarck, Churchill, de Gaulle peuvent être rangés sans discussion dans cette catégorie. Peut-on hisser Poincaré à leur niveau ? Incontestablement, la réponse est non. Après avoir lu *L'Invasion* en 1927, le commandant Charles de Gaulle[41] faisait ce commentaire : « C'est clair, habile, long comme tout ce qu'il écrit. C'est un très bon devoir d'homme d'État, pas trop sûr de lui, confondant un peu l'Histoire avec la Politique... Poincaré, commis de premier ordre, si quelque très grand Français l'avait mis en œuvre, que n'eût-il pas donné sous Louis XIV ! Mais livré à lui-même, demi-grand, demi-honnête, demi-compréhensif. Bref un homme d'État à la mesure de la République. » En écrivant ces lignes, Charles de Gaulle réagissait certes au gros livre qu'il avait lu et dont il avait vécu les événements qu'il relatait ; il avait aussi devant lui le président du Conseil dont la presse rapportait chaque jour les discours, les faits et gestes et les projets. Or cet homme était un homme de textes, un homme de références qui, face aux événements de l'Histoire, n'avait ni souffle épique, ni intuition de l'acte à poser, ni vision de l'avenir; il avait trouvé l'Union sacrée sans avoir été en mesure de l'incarner; pourtant, la majorité de ses concitoyens admirait son application au travail, son incontestable savoir-faire, son intelligence et son habile gestion des affaires publiques. Ils reconnaissaient aussi son sens de l'État et de l'intérêt national. Charles de Gaulle, qui en était conscient, aurait aimé chez lui plus de grandeur, plus de hauteur de vues, plus de courage. Poincaré était par trop resté un avocat qui savait tenir et plaider ses dossiers et qui exerçait ses talents dans un cadre qu'il n'avait pas créé et auquel il s'était remarquablement adapté, celui de la république parlementaire. Pendant une génération, il a incarné et illustré la culture républicaine. Dans l'histoire de la République française, entre Gambetta et Ferry d'une part et Charles de Gaulle d'autre part, Raymond Poincaré s'impose comme un maillon solide et une figure nationale qui mérite considération, reconnaissance et respect.

Notes

PREMIÈRE PARTIE
Jeunesse et formation d'un homme politique républicain

CHAPITRE PREMIER
Une enfance lorraine

1. Notice sur Nubécourt in *Bulletin de la Société de géographie de l'Est*, 1885, Ernest Beauguitte, « Nubécourt », *Annuaire de la Meuse*, 1914, p. VII-XXX.
2. Jean-Landry Gillon (Nubécourt, 10 juin 1788-Bar, 6 mai 1856).
3. *L'Écho de l'Est,* 12 novembre 1878, et *Annuaire de la Meuse*, 1879, p. 45-46. A.D. Meuse, 248 M1. Florentin, « M. Paulin Gillon. Notice biographique », *Mémoires de la Société des lettres, sciences et arts de Bar-le-Duc,* 1884.
4. Selon une note du *Bulletin de la Société des lettres, sciences et arts de Bar-le-Duc,* 1927, p. 118. *Le Courrier de Metz,* 23 mars 1913. Marie-Odile Mergnac, « La famille Poincaré », *Généalogie Magazine*/124, 1994, p. 27-37.
5. André Claude, « Les Poincaré de Landonville et de Neufchâteau », in *Pays lorrain,* 1930, p. 657-670.
6. Charles Croix, « Quelques documents sur un fondeur de cloches ambulant, Jean-Hyacinthe Poincaré », in *Pays lorrain,* 1930, p. 157-158.
7. A.D. Vosges, 5 E 1058 A. Contrat de reconnaissance de dette selon lequel un frère de Jean-Nicolas Poincaré avait été à la fin de l'Ancien Régime curé de Circourt.
8. Alcide Marot, « Dom Poincaré de l'abbaye de Morimond », in *Pays lorrain,* 1914, p. 39-46.
9. La précieuse notice de Christian Pfister, « M. Raymond Poincaré », *Annuaire de Lorraine,* 1913, p. 1-15 a rétabli la vérité. Article de Paul Denis, archiviste municipal de la ville de Nancy, in *L'Est républicain,* 22 février

1913. Erreur propagée entre autres par Émile Hinzelin et reprise par de multiples journalistes et auteurs. Émile Hinzelin (1857-1937), qui était né à Nancy Grand-Rue dans une maison contiguë à la pharmacie Poincaré, avait bien connu cette famille; il en était fier et avait tendance à enjoliver les choses. Voir notamment *Nancy illustrée*, 1913-1914, p. 36-37. On ne négligera pas la notice de Léon Florentin, « R. Poincaré », s. d., s. l., donnée par sa veuve aux archives de la Meuse en 1942, et l'article du *Siècle* du 10 juillet 1913.

10. A.D. Vosges, Smi 326 R8. Témoins de la déclaration de naissance de Jacques Nicolas Jules Poincaré : le frère d'Hélène Valette, l'épouse de Jacques Nicolas Louis, était « notaire public ». La sœur de Jacques, Sophie Poincaré, avait épousé un Valette et habitait Mirecourt.

11. La grand-mère de Raymond Poincaré, née Catherine Rolin, décéda à Nancy le 19 mars 1880.

12. Sur Bar-le-Duc, cf. Mgr Charles Aimond, *Histoire de Bar-le-Duc des origines à 1950*, Bar-le-Duc, 1954, Alexandre Martin, *Tout petit monde. Souvenirs d'un enfant de Bar*, Bar, 1907, et Albert Cim, « La Ville-Haute de Bar-le-Duc », in *Pays lorrain*, 1914-1918, p. 221.

13. A.N., F 14 2301/2. *Annuaire de la Meuse*, 1912, p. 431-433, et *Annales des Ponts et Chaussées*, 1912. Le travail de A. Bruno et R. Coquand, *Le Corps des Ponts et Chaussées*, Paris, 1982, situe Antoni Poincaré dans son milieu professionnel.

14. Alexandre Martin, « La maison natale de Raymond Poincaré », in *Pays lorrain*, 1913, p. 33-36. Alexandre Martin (Bar-le-Duc, 1846-1913) était le fils d'une famille d'artisans pauvres et laborieux de Bar-le-Duc. Après des études de lettres, il fut répétiteur au lycée de Bar-le-Duc où il eut Raymond Poincaré comme élève; après son succès à l'agrégation (1873), il devint professeur de lycée puis poursuivit sa carrière dans l'Instruction publique jusqu'au grade d'inspecteur d'académie; il prit sa retraite à Bar en 1902.

15. Document conservé aux musées de la Meuse à Sampigny. B.N.F., papiers Poincaré/16047, allocution de Poincaré devant l'Association meusienne, 1930.

16. Archives de l'ordre des avocats de Paris, cahier manuscrit.

17. Léon Poincaré (Nancy, 15 septembre 1828-Nancy, 16 août 1892), docteur en médecine, attaché à l'École préparatoire de médecine de Nancy comme professeur adjoint d'anatomie et de physiologie, devint après la création de la faculté de médecine professeur d'hygiène sociale. Notices dans *Revue médicale de l'Est*, 1892, p. 576-592, et *Mémoires de l'Académie de Stanislas*, 1982, LXXXV-LXXXVII.

18. B.N.F., papiers Poincaré/notes journalières, août 1915, et /16044, mai 1923.

19. Raymond Poincaré, *Au service de la France*, XI, p. 474-476, 20 avril 1919. Albert Collignon, « Souvenirs de Nubécourt » in *Pays lorrain*, 1934, p. 555-575. Albert Collignon (Sarreguemines 1843-Nancy 1923), agrégé des lettres en 1866, professeur aux lycées de Bar-le-Duc et de Nancy, soutint en Sorbonne (1892) une thèse sur « Pétrone, la critique littéraire, l'imitation et la parodie dans le *Satiricon* »; il occupa ensuite une chaire de langue et littérature latine à la faculté des lettres de Nancy (1897-1913). C'était un lettré délicat, affable et indulgent. Parmi les œuvres d'Albert Collignon, retenons : *Discours prononcé à la distribution des prix du lycée de Bar-le-Duc*, Bar, 1869, 6 p., et *Reliquiae*, Nancy, V-XV, 164 p. Témoignage personnel de Raymond Poincaré dans *L'Alsace française*, 4 mai 1930.

20. François Roth, *La Guerre de 70,* Paris, 1990.
21. Archives de l'ordre des avocats de Paris, journal manuscrit.
22. « Le mois d'août 1870 à Bar-le-Duc et dans la Meuse », in *Annuaire de la Meuse,* 1873, p. 1-17. Jean-Jacques Laguerre, *Les Allemands à Bar-le-Duc et dans la Meuse, 1870-1873,* Bar, 1874.
23. Henri Bompard (Bar, 2 mars 1821, Paris, 19 février 1906), maire de Bar-le-Duc (1867-1875), conseiller général de Bar-le-Duc, vice-président du conseil général de la Meuse (1871-1877), député à l'Assemblée nationale (1871-1875), sénateur conservateur de la Meuse (1876-1879).
24. Archives de l'ordre des avocats de Paris, journal manuscrit.
25. Discours de Commercy, 31 juillet 1893, in *Questions et Figures politiques,* p. 61-64.
26. B.N.F., papiers Poincaré/16035, discours de Bar, 1907.
27. *Ibid., loc. cit.,* discours de Mars-la-Tour, 1910.
28. *Ibid., loc. cit.,* discours de Bar-le-Duc, 1925, et *Journal des Lorrains de Paris,* novembre 1930.
29. Témoignage du colonel Chavanne, condisciple de Raymond et de Lucien Poincaré, in *Centenaire du lycée Raymond-Poincaré,* Bar, s. d., 32 p.
30. Adam de Villiers, *M. Poincaré parle,* Paris, 1933, p. 7-11.
31. Allusions dans Raymond Poincaré, *Au service de la France,* I, p. 34 et 61-69. Le texte le plus complet sur la scolarité de Raymond Poincaré est le discours prononcé à Bar-le-Duc le 13 juillet 1935 par le recteur de l'académie de Nancy, Louis Bruntz, lors de l'inauguration du lycée Raymond-Poincaré. Bruntz avait réuni tout un dossier aujourd'hui disparu. *Centenaire du lycée Raymond-Poincaré de Bar-le-Duc,* 19 mai 1957, s. d., 50 p. L'association des anciens élèves eut successivement comme président André Theuriet (1880-1895), Edmond Develle (1895-1909), Jules Develle (1909-1919) et Raymond Poincaré (1919-1934).
32. Archives de l'ordre des avocats de Paris, journal manuscrit.
33. Léon Oudinot (1860-1908), inspecteur d'académie, censeur du lycée Buffon. Son fils aîné, Marcel, devint conseiller d'État; son fils cadet Pierre, conseiller à la cour d'appel de Paris. Pol Brouchot (1859-1935), magistrat, termina sa carrière comme président de chambre à la cour d'appel de Paris. Georges Robineau (Bar, 1er juillet 1860, Paris, 17 avril 1927), fils d'un notaire de la rue du Bourg, entré à la Banque de France en 1886, où il fit toute sa carrière et dont il devint le gouverneur en 1920.
34. Archives de l'ordre des avocats de Paris, journal manuscrit.
35. A.D. Meuse, J/699, Poincaré à Émile Rouillier.
36. *Ibid.,* J/699/700, Poincaré à Rouillier, 13 octobre 1877.
37. *Ibid.* Poincaré à Rouillier, 6 mars et 4 octobre 1877.
38. *Ibid., loc. cit.*
39. Journal inédit d'Aline Poincaré-Boutroux (archives personnelles de M. Jean Poincaré). Émile Boutroux fut nommé professeur de philosophie à la faculté des lettres de Nancy en 1876, à l'âge de trente et un ans; Aline habitait alors rue de Serre à quelques pas du palais de l'Université.
40. Fernand Payen, *op. cit.,* p. 28-46.
41. B.N.F., papiers Poincaré/16048.
42. *Ibid.,* 15992, lettre du recteur Charles Adam, 17 janvier 1920, qui citait une phrase du doyen Benoît, décédé en 1898.
43. *Ibid.,* 16047, et *L'Est républicain,* 20 mai 1929.

Chapitre II
Les apprentissages parisiens : le Palais et le Parlement

1. A.N., 346 AP/5, papiers Ferdinand Dreyfus.
2. A.N., 475 AP/106, lettre du 4 septembre 1881.
3. Gilles Le Béguec, « Le bâtonnier Henri Barboux (1834-1910) », in *Barreau, politique et culture à la Belle Époque*, Limoges, 1997, p. 5-25. Témoignage de Barboux de 1909 reproduit dans la *Revue hebdomadaire*, 1913, p. 270-275. Archives de l'ordre des avocats de Paris *et Annuaire de la conférence Molé-Tocqueville*, 1922.
4. Armand Dufaure (1798-1881), avocat, député de la Charente-Inférieure, ministre de Louis-Philippe puis de Thiers (1871-1873), de Mac-Mahon (1875-1876), vice-président du Conseil (1876 et 1877-1879).
5. Éloge de Dufaure. *Discours prononcé à l'ouverture de la conférence des avocats* (26 novembre 1883), Paris, 1883, 26 p.
6. Raymond Poincaré, *De la possession des meubles en droit romain, de la revendication des meubles dans l'ancien droit et dans le Code civil en droit français*, Paris, 1883, 272 p.
7. Charles-Henri du Buit (1838-1919). Archives de l'ordre des avocats de Paris.
8. Fernand Payen, *op. cit.*, p. 40-46.
9. Jules Claretie (1840-1913), écrivain, chroniqueur de la vie parisienne puis administrateur de la Comédie-Française. Après sa mort, son fils qui fut un collaborateur de Poincaré, publia des notes alertes sous le titre *Souvenirs du déjeuner Bixio*, Paris, 1914.
10. *Histoire générale de la presse* (sous la direction de Jacques Godechot), t. III, p. 228 et 357. Jules Laffitte fut secrétaire général du *Voltaire* jusqu'en 1885.
11. Souvenirs de Paul Strauss; coupure de journal non identifiée de février 1936. Paul Strauss, *Les Fondateurs de la République. Souvenirs*, Paris, 1934, 255 p. Paul Strauss (1852-1943), fut sénateur de la Seine 1897 à 1936; il était inscrit au groupe de la Gauche démocratique.
12. B.N.F., papiers Poincaré/16047, discours à la maison des journalistes, 2 mai 1929.
13. André Hallays (1859-1930), resta toute sa vie un ami très proche et fut l'un des contacts de Poincaré dans les milieux de presse.
14. B.N.F., N. Acq. fr. /24. 884, papiers Joseph Reinach (1856-1921). Jean El Gammal, *Joseph Reinach (1856-1921) et la République,* thèse de 3e cycle, Paris-X, 1982. Nous ignorons quand et où Poincaré fit la connaissance de Joseph Reinach; ils se rencontraient souvent et correspondaient.
15. A.D. Meuse, J 1377 et 1378, papiers Develle.
16. Jules Develle (1845-1919), avocat à Paris, député de l'Eure puis député de la Meuse (1885-1898), sénateur de la Meuse (1910-1919), présida le groupe de l'Union républicaine du Sénat. Il fut très affecté par la disparition prématurée de son fils Jacques (1880-1912), attaché à la Banque de France. Un petit dossier conservé aux archives de la Préfecture de police (EA/43) apporte quelques données.
17. Claude Develle ou de Velle (Bar-le-Duc, 1802, *ibid.*, avril 1878), originaire de la Haute-Saône, employé puis chef de bureau à la préfecture de la Meuse, père d'Edmond et de Jules.

18. Edmond Develle (1831-1910), avocat puis avoué à Bar, conseiller municipal de Bar (1861), fondateur du journal républicain *L'Indépendant de l'Est* (1872), conseiller général de Revigny-sur-Ornain (1877-1910), député (1879-1885), sénateur de la Meuse (1885-1910), président du conseil général depuis le 13 avril 1885. Le rôle politique des frères Develle est étudié dans les deux articles de Michel Salviac, « Les frères Develle, parrains politiques de Raymond Poincaré », in *Annales de l'Est,* 1967/3, et « La carrière politique des frères Develle », in *Bulletin des sociétés d'histoire et d'archéologie de la Meuse,* 1977.
19. Fernand Payen, *op. cit.,* p. 60.
20. A.D. Meuse, J/1378, quelques éléments dans les papiers Develle sur les activités de Poincaré comme chef du cabinet du ministre.
21. Michel Salviac, « L'entrée en politique de Raymond Poincaré (1881-1889) », in *Raymond Poincaré, un homme d'État lorrain,* Bar, 1989, p. 21-35.
22. Charles Marie René de Vaubécourt-Nettancourt (Nancy, 1834 – *ibid.,* 1916), maire de Thillombois, président de la Société d'agriculture de l'arrondissement de Commercy. Conseiller général de 1867 à 1880, il avait été battu par un républicain, Étienne Raux. Le château de Thillombois a été récemment racheté par le département de la Meuse et ouvert au public.
23. Cirinin Pierre (1833-1914) était conseiller d'arrondissement en 1886 quand Poincaré se présenta au conseil général. Après son élection à la présidence de la République, Poincaré dut abandonner son mandat et Cirinin Pierre, octogénaire, lui succéda au conseil général; il mourut le 8 mars 1914.
24. *Le Messin,* 16 octobre 1923 : « Comment M. Poincaré entra en politique en 1887 », et *Monument Raymond Poincaré* (1937), anecdote rapportée par le conseiller général Mirouel qui certifie l'exactitude du fait. *Lucien Poincaré (1862-1920),* Arras, 1922, p. 25.
25. A.D. Meuse et Michel Salviac, *op. cit.*
26. A.D. Meuse, J/1378/8, lettre du docteur D., 1913. Le docteur D. serait Paul Léon Depautaine, médecin et conseiller général de Gondrecourt-le-Château.
27. B.N.F., papiers Poincaré/16045.
28. *Ibid.,* 16038.
29. *L'Avenir de la Meuse,* 29 juillet 1886.
30. Résultats du scrutin du 1er août 1886 : inscrits 2 528, votants 1 924, Poincaré 1 007 élu, Nettancourt-Vaubécourt 834.
31. *La Meuse,* 7 août 1886.
32. A.D. Meuse, 1N 109-116. Délibérations du conseil général de la Meuse, 1887-1893.
33. A.N., 346 AP/5, papiers Ferdinand Dreyfus, et B.N.F., N. Acq. fr. /24884, papiers Joseph Reinach.
34. Henri Liouville (1837-1887), docteur en médecine, avait appartenu au cercle intime des amis de Gambetta, dont il avait fait la connaissance à Tours. Professeur à la faculté de médecine de Paris, il recevait dans son appartement du quai Malaquais écrivains et artistes. Il avait été élu député de Commercy le 20 février 1876, réélu en 1877 et 1881 ; dernier de la liste républicaine, il fut élu député de la Meuse en 1885 au second tour. Sa femme Marie était très liée au peintre d'origine meusienne Jules Bastien-Lepage. Elle épousa ensuite en secondes noces René Waldeck-Rousseau.
35. A.D. Meuse, J 1378/8, papiers Develle.

36. Michel Salviac, « René Grosdidier, maire de Commercy, député et sénateur de la Meuse » in *Bulletin des Sociétés d'histoire et d'archéologie de la Meuse*, 1984, p. 161-176. René Grosdidier (1846-1923), fils d'un minotier devenu marchand de fer, avait repris l'affaire de son père, qu'il avait considérablement développée ; il résidait au château de la Forge ; il était devenu maire républicain de Commercy le 18 mai 1884.
37. *Le Progrès de l'Est*, 19 juillet 1887, récit de la réunion du 17 juillet.
38. A.D. Meuse, J 1378/8, papiers Develle.
39. *L'Avenir de la Meuse*, 29 juillet 1887.
40. *Le Progrès de l'Est*, 25 juin 1887, 26-27-28-29 juillet, 5 août 1887 (remerciements de Poincaré).
41. Le candidat Poincaré fit forte impression sur Louis Madelin, alors âgé de seize ans, lors d'une réunion électorale qui se tint le 23 juillet à la salle des fêtes de l'hôtel de ville de Bar. Récit admiratif in *Revue hebdomadaire*, 1913, p. 247-261.
42. Jean-Charles Buvignier (Verdun, 1823-1902), frère d'Isidore Buvignier, représentant en 1848, et d'Amand Buvignier. Il fut maire de Verdun, député de la Meuse de 1881 à 1894, sénateur de la Meuse, de 1894 à 1902. Au Sénat, il siéga à la Gauche démocratique. Parmi les soutiens discrets de Poincaré, il faut citer le nom d'Ernest Boulanger (Nantillois, 1831, Paris, 1907), directeur de l'Enregistrement et des Domaines ; il avait été élu l'année précédente sénateur de la Meuse (1886-1907). Il fut un peu plus de deux mois, en 1894, ministre des Colonies et termina sa carrière administrative à la Cour des comptes.
43. La seule surprise de ce scrutin fut le score médiocre de Poincaré à Bar-le-Duc. Inscrits 3 911, votants 2 405, exprimés 2 149 : Poincaré 988, Hurel 855, général Boulanger 169, Gérardin 72, divers 256. Le maire républicain de Bar, le pharmacien Alexandre Bala (1830-1908), un ami des Develle, qui avait succédé en 1882 à Ernest Bradfer, fut rendu responsable de cet échec et acculé à la démission. À sa mort, on rappela qu'il avait pris « la tête du mouvement libéral à Bar à la fin du Second Empire » et que sa vie avait été « tout entière consacrée au service de la République ». Paul Hurel fut de nouveau battu en 1889 dans la circonscription de Bar par Jules Develle.
44. *La Meuse*, 6 août 1887 : « M. Poincaré a été élu tout simplement parce que la politique modérée, dont il est le représentant, a une majorité incontestée dans notre département. »
45. A.N., 346 AP/5, papiers Ferdinand Dreyfus.
46. Raymond Poincaré, *Jules Ferry*, 1911, p. 8.
47. A.N., 346 AP/5, papiers Ferdinand Dreyfus.
48. *L'Écho de l'Est*, dépouillement année 1889.
49. Élection cantonale de Commercy des 28 juillet et 4 août 1888 :

	Inscrits	Votants	Exprimés	Grosdidier	Tugny
1er tour : 28 juillet	4 303	?	2 673	1 394	1 279
2nd tour : 4 août	4 303	3 273	3 147	1 538	1 680, *élu*

50. A.N., 346 AP/5, papiers Ferdinand Dreyfus. D'après *Le Progrès de l'Est*, l'incident qui conduisit au duel aurait eu lieu le 25 août.
51. *Ibid., loc. cit.*
52. Le nouvel élu au conseil général, Paul Salmon (né en 1857), avocat à la cour, habitait 60, rue de La Boétie à Paris. Il avait succédé à son père Jean-

Pierre Salmon (né en 1801 à Riche, canton de Château-Salins, décédé à Paris en 1892). Ce magistrat, qui avait été président de chambre à Metz puis à Douai et qui termina sa carrière à la Cour de cassation, avait été président du conseil général et sénateur conservateur de la Meuse.
53. *Le Républicain de L'Est,* 6 octobre 1889.
54. *Le Progrès de l'Est,* 9 octobre 1889.
55. A.N., papiers Poincaré/16035, discours de Bar-le-Duc, 13 août 1913.

Chapitre III
Une étoile montante de la « République nouvelle »

1. Dans l'ouvrage de Georges Lachapelle, *Les Finances de la Troisième République,* 1937, 249 p., aucune allusion au rôle du jeune Poincaré des années 1890.
2. *J.O.,* Chambre des députés, 24 octobre 1890, p. 1769-1773, 3 décembre, p. 1380, 23 décembre, p. 2617. *Idées contemporaines,* p. 1-27.
3. Henri Germain (1824-1905), l'un des fondateurs du Crédit lyonnais, député centre gauche de l'Ain jusqu'en 1893. Cf. Jean Bouvier, *Naissance d'une banque, le Crédit lyonnais,* Paris, 1959.
4. Léon Say (1826-1896), un financier au service des Rothschild, député à l'Assemblée nationale, ministre des Finances, député de Pau depuis 1889, directeur du *Dictionnaire d'économie politique* (1889-1892). Jean Garrigues, *Léon Say et le centre gauche (1871-1896). La Grande Bourgeoisie d'affaires et les débuts de la IIIe République,* thèse, Paris-X, 1993, et Jean Garrigues, *La République des hommes d'affaires,* Paris, 1997.
5. A.N. 346 AP/5, deux billets à Ferdinand Dreyfus, 3 juin 1891 et 25 octobre 1892.
6. B.N.F., papiers Joseph Reinach /24884, deux lettres, 29 septembre 1891 et 22 mars 1892.
7. *J.O.,* Chambre des députés, 13 novembre 1891, p. 1514. Critique du projet d'impôt sur le revenu déposé par Paul Peytral, qualifié de « véritable système d'inquisition ». *J.O.,* Chambre des députés, 28 mars 1892. *Idées contemporaines,* p. 28-31.
8. Charles Dupuy (1851-1923), député de la Haute-Loire depuis 1885, trois fois président du Conseil (4 avril 1893-3 décembre 1893, 30 mai 1894-26 janvier 1895 et 1er novembre 1899-22 juin 1899). Entré au Sénat en 1900.
9. Louis Barthou (1862-1934), avocat au barreau de Paris, député républicain d'Orthez depuis 1889, ministre des Travaux publics dans le cabinet Dupuy. La pauvreté des papiers Poincaré ne permet pas de cerner avec précision leurs relations, qui furent très étroites.
10. Jean Estèbe, *Les Ministres de la République,* 1871-1914, Paris, 1982, 255 p.
11. Ferdinand Buisson (1841-1932), collaborateur de Jules Ferry, directeur de l'enseignement primaire.
12. Louis Liard (1843-1921), directeur de l'Enseignement supérieur (1885-1902). Paul Gerbod, « Un directeur de l'Enseignement supérieur, Louis Liard », in *Les Directeurs de ministère en France (XIXe-XXe siècle),* Paris, 1978, p. 107-115. Louis Liard fut ensuite vice-recteur, puis recteur de l'université de

Paris de 1902 à 1917. Lucien Poincaré fut son collaborateur puis son successeur.

13. *J.O.*, Chambre des députés, 23 mars 1893, p. 1101-1102, sur l'amélioration du traitement des instituteurs. *J.O.*, Chambre des députés, 10 juillet 1893, p. 1098-1099, sur le classement des instituteurs.

14. Henry Roujon (1853-1914), administrateur et écrivain ; directeur des Beaux-Arts (1891-1903), membre puis secrétaire perpétuel de l'Académie des beaux-arts, il ne comprit pas les impressionnistes et s'opposa à l'acquisition de leurs œuvres par les musées nationaux. Élu à l'Académie française au fauteuil du bâtonnier Barboux. Louis Barthou, son successeur, prononça son éloge académique le 6 février 1919.

15. B.N.F., papiers Poincaré/16038, discours sur Renan au Congrès des sociétés savantes. Poincaré, qui admirait Renan, entra plus tard dans le comité de patronage fondé en 1901 pour ériger un monument à Tréguier ; il prononça le discours lors de son inauguration. Il retourna parler à Tréguier en 1923 alors qu'il était président du Conseil.

16. Discours du Puy, 27 juillet 1893, sur l'éducation des jeunes filles, repris dans *Idées contemporaines,* p. 77-81.

17. *Le Patriote de l'Est,* 20 août 1893.

18. *Ibid.,* 17 et 20 août 1893.

19. Discours de Domrémy, 17 juillet 1893, in *Le Progrès de l'Est,* 19 juillet 1893. Le 24 septembre 1893, il prononça à Vaucouleurs un autre discours sur le thème « Jeanne d'Arc et l'unité nationale ». Ce texte, reproduit par *Le Progrès de l'Est,* du 27 septembre 1893, a été publié dans *Idées contemporaines,* p. 101-107. Trente-cinq ans plus tard, Poincaré reprenait sur les mêmes lieux exactement les mêmes thèmes !

20. Correspondance avec la famille Carnot, B.N.F., papiers Poincaré/15994. Texte du discours de Nolay. Sur les Carnot, *Une lignée républicaine, les Carnot sous la IIIe République,* Limoges, 1989, Patrick Harismendy, *Sadi Carnot, l'ingénieur de la République,* Paris, 1995, et les deux communications d'Odile Rudelle et de Gilles Le Béguec au colloque *Lazare Carnot ou le savant-citoyen,* Paris, 1990. Cécile Carnot mourut le 30 septembre 1898.

21. B.N.F., papiers Poincaré/16014, lettre du 24 janvier 1895.

22. Séance du 12 juillet 1894, *J.O.,* 13 juillet, p. 1274-1284. *Idées contemporaines,* p. 112-162. Séance du 19 juillet 1894. *J.O.,* 20 juillet, p. 738-742, sur les contributions directes de l'année 1895.

23. Séance du 19 juin 1894. *J.O.,* 20 juin, p. 560-563, prêts des caisses d'épargne pour la construction des maisons ouvrières. Séance du 12 novembre 1894. *J.O.,* 13 novembre, vote sur les habitations ouvrières.

24. Séance du 26 novembre 1894. *J.O.,* 27 novembre 1894, réponse à Camille Pelletan sur les dépenses de l'expédition de Madagascar. Séance du 4 décembre 1894. *J.O.,* 5 décembre 1894, p. 2128-2134, réforme de l'impôt sur les successions. *Idées contemporaines,* p. 185-221.

25. Félix Faure (1841-1899), négociant et industriel, député républicain de la Seine-Inférieure depuis 1881, président de la République à la suite de la démission de Casimir-Perier (1895-1899). Charles Braibant, *Félix Faure à l'Élysée,* Paris, 1963.

26. Jean Grand fit carrière dans l'administration des Finances comme receveur des amendes du département de la Seine. En 1917, Poincaré lui fit obtenir le poste de trésorier-payeur général de Lot-et-Garonne.

27. Chambre, séance du 11 février 1895. *J.O.*, 12 février, p. 177-180. *Idées contemporaines*, p. 227-230.

28. Lettre adressée aux préfets annonçant l'envoi d'une circulaire du 10 juillet 1895 aux membres de délégations cantonales, des caisses des écoles et des commissions scolaires. Texte publié avec une photo du ministre dans le *Bulletin administratif*, 13 juillet 1895, p. 67-85. B.N.F., papiers Poincaré/15996.

29. Chambre des députés, 5 mars 1896, *J.O.*, 6 mars p. 394.

30. Séance du 12 juillet 1895. *J.O.*, Chambre des députés, 13 juillet 1895, p. 2141-2145. *Histoire des diocèses de France, Cambrai et Lille* (sous la direction de Pierre Pierrard), Paris, 1978, p. 263. *J.O.*, Chambre des députés, 16 juillet 1895.

31. La thèse récente de Jean Vavasseur-Desperrier a été publiée sous le titre *République et Liberté. Charles Jonnart, une conscience républicaine (1857-1927)*, Lille, 1996. Quelques lettres de Jonnart à Poincaré dans B.N.F., papiers Poincaré/16005.

32. Louis Sainsère, maire de Bar-le-Duc, 1853-1860.

33. *L'Estafette*, 30 août 1896.

34. Jules Méline (1838-1925), avocat, député des Vosges depuis 1872, ami de Jules Ferry, ministre de l'Agriculture (1883-1885), président du Conseil et ministre de l'Agriculture (29 avril 1896-28 juin 1898). Nicole Heber-Suffrin-Lévêque, « Méline, ministre de l'Agriculture », in *Annales de l'Est*, 1966, p. 346-363. Pierre Barral, « Jules Méline, leader républicain et parlementaire vosgien », in *Remiremont, l'abbaye et la ville*, Nancy, 1980, p. 281-291.

35. Léon Bourgeois (1851-1925), radical, député de la Marne depuis 1888. Président du Conseil du premier cabinet radical homogène (1er novembre 1895-23 avril 1896). Avec son ministre des Finances, Paul Doumer, il présenta le premier projet d'impôt sur le revenu.

36. *J.O.*, Chambre des députés, interventions aux séances des 27 février et 17 mars 1896.

37. B.N.F., papiers Poincaré/16006.

38. Discours du Havre, 9 octobre 1897.

39. Où il côtoyait Waldeck-Rousseau, Deschanel, Siegfried, Lebon (avril 1897).

40. René Waldeck-Rousseau (1846-1904), avocat, de tendance gambettiste, ministre de l'Intérieur de Jules Ferry (1883-1885). Élu sénateur de la Loire en 1894. Pierre Sorlin, *Waldeck-Rousseau*, Paris, 1966. Le « Grand Cercle républicain » était une initiative de Waldeck.

41. Discours de Commercy, 30 juillet 1896, de Nogent-le-Rotrou, 14 mars 1897, de Limoges, 31 janvier 1898. Textes dans *Idées contemporaines*, p. 64-82, 83-94 et 104-117. Pour en saisir l'environnement politique, l'analyse de Marcel Fournier, « L'organisation du parti progressiste », in *Revue politique et parlementaire*, novembre 1897.

42. Paul Deschanel (1856-1922), fils d'un proscrit du 2 décembre, était né en exil à Bruxelles ; il devint secrétaire de Jules Simon puis fut élu député de l'Eure-et-Loir en 1885. Orateur abondant, superficiel et mondain, élu à l'Académie française en 1899. Président de la Chambre (1898-1902) ; à la fois ami et rival de Poincaré. Les remarques amicales de Joseph Caillaux, *Mémoires*, I, p. 106-106.

43. Discours de Limoges, 31 janvier 1898.

44. Par exemple, en mai 1898 il rapportait sur l'école départementale d'agriculture.
45. *L'Est républicain,* 26 août 1901.
46. Augustin Phasmann (Tanconville, 1838 – Saint-Mihiel, 1914), commerçant puis rentier, adjoint au maire puis maire de Saint-Mihiel, conseiller général de Saint-Mihiel. À son enterrement, le 13 janvier 1914, le président de la République, qui n'avait pu se déplacer, était représenté par sa femme, qui soutenait Mme Phasmann, et par son secrétaire particulier, Marcel Gras.
47. A.D. Meurthe-et-Moselle, 1 M1 121. Courrier de Poincaré reçu par Grosdidier de 1892 à 1922; une centaine de documents, du télégramme ou du billet de quelques lignes jusqu'à la lettre circonstanciée. Témoignage capital sur les activités meusiennes de Raymond Poincaré.
48. Gérard Canini, « Saint-Mihiel, 1871-1914, la ville et la garnison », in *Études meusiennes,* 1974, p. 80-93. Sylvain Trusgnasch, *Saint-Mihiel, ville de garnison meusienne, 1880-1914,* maîtrise, Nancy, 1998.
49. Jean El Gammal, *Politique et poids du passé dans la France « fin de siècle »,* Limoges, 1999, 789 p. Michèle Lagny, *Culte et Images de Jeanne d'Arc,* thèse, Nancy, 1973. Gerd Krumeich, *Jeanne d'Arc in der Geschichte,* Sigmaringen, 1989, 266 p.
50. Georges Weill, *Histoire du parti républicain en France de 1814 à 1870,* Paris, 1900.
51. Pierre Barral, *Les Fondateurs de la Troisième République,* Paris, 1968, 360 p.
52. Discours de Commercy, 30 juillet 1896. Poincaré avait obtenu en 1893 une Légion d'honneur pour ce prêtre meusien, pour services rendus en 1870. Cf. M. Valotte, *Un patriote lorrain et meusien, l'abbé Thirion,* Abbeville, 1897, p. 92-93.
53. *J.O.,* Chambre des députés, discours du 18 décembre 1894, et B.N.F., papiers Poincaré/16047.
54. Discours de Commercy, 31 juillet 1896, « Petite et Grande Patrie » in *Questions et Figures politiques,* p. 61-64 et *Belles Pages meusiennes,* p. 34-36.
55. *Le Progrès de l'Est,* 20 avril 1898.
56. « Vues politiques », in *Revue de Paris,* 1898, p. 638-658. Des extraits de cet article furent reproduits dans de nombreux journaux français, dont ceux du grand Est. Alors qu'il écrivait cet article pour Lavisse, il rédigea « quelques pages sur l'esprit français », publiées dans *La revue des revues,* 10 avril 1898, p. 205-210.
57. B.N.F., papiers Poincaré/16006, lettre de Lavertujon, 24 avril 1898.
58. A.D. Meuse, J 1378/8, papiers Develle, et B.N.F., papiers Poincaré/15598, lettre d'Edmond Develle, 10 mai 1898. Intéressante analyse de Jocelyne George dans Pierre Birnbaum, *La France de l'affaire Dreyfus,* Paris, 1994, sous le titre « La France aux quatre coins »; le « coin » de Jocelyne Georges intitulé « Bar-le-Duc ou la folie nationaliste », p. 122-128, propose une lecture des faits et une écriture un peu dramatisée.
59. Henri Ferrette (Chardogne, 13 juillet 1869 – Bar, 26 juin 1933), avocat et journaliste, fils d'un instituteur de Chardogne (canton de Vavincourt, Meuse), fit ses études au lycée de Bar, obtint une licence en droit à Nancy, et un doctorat en droit à Paris. Il fut élu conseiller général de Vavincourt. A été permanent de la Patrie française et a joué un rôle dans les milieux nationalistes parisiens. Cf. Bertrand Joly, *Dictionnaire des nationalistes,* Paris, 1998.

60. A.N., 585 AP/4, papiers Camille Krantz.
61. B.N.F., papiers Poincaré/15998, lettre d'Adèle Deschanel, 2 juin 1898.
62. A.É., 189AP/23, lettre de Poincaré à Hanotaux, 3 juin 1898.

Chapitre IV
L'inflexion de l'affaire Dreyfus

1. Au sein de l'immense bibliographie concernant l'affaire Dreyfus, on doit toujours retenir la chronique détaillée de Joseph Reinach, *Histoire de l'affaire Dreyfus*, 7 tomes, Paris, 1901-1911, où le rôle modeste de Poincaré est indiqué avec une précision de chartiste.
2. Parmi les synthèses récentes : Jean-Denis Bredin, *L'Affaire*, nouvelle édition, Paris, 1993, Eric Cahm, *L'Affaire Dreyfus*, Paris, 1994, et Vincent Duclerc, *L'Affaire Dreyfus*, Paris, 1994.
3. Discours de Limoges, 30 janvier 1898.
4. « Vues politiques », in *Revue de Paris*, 1898, p. 638-658.
5. B.N.F., papiers Poincaré/16006.
6. A.N., papiers Krantz/585 AP/4.
7. B.N.F., papiers Poincaré/16005 (Krantz), 16009 (Méline), 16014 (Ribot).
8. La somme de Joseph Reinach *(op. cit.)* montre combien Poincaré a été un dreyfusard tardif et prudent.
9. Fernand Payen *(op. cit.,* p. 213-227) présente les choses d'une façon plus favorable.
10. A.N., papiers Krantz/585 AP/4.
11. *J.O.*, Chambre des députés, séance du 28 novembre 1898. Texte publié in « Le Parlement et l'affaire Dreyfus », in *Cahiers Jean Jaurès*, 1998, n° 147, p. 160-164. Charles Braibant, *op. cit.*, p. 220-222.
12. F. Payen, *op. cit.*, p. 225.
13. J. F. Keiger, *op. cit.*, p. 93-94.
14. B.N.F., papiers Poincaré/15999, lettre du 30 novembre 1898. Une lettre de Charles Dupuis évoquant cet entretien et le refus de Poincaré fut publiée par Poincaré en février 1902 dans des circonstances restées inexpliquées ; texte repris par F. Payen, *op. cit.*, p. 270.
15. A.N., 585 AP/4, papiers Krantz.
16. *Le Progrès de l'Est*, 30 janvier 1899.
17. A.D. Meurthe-et-Moselle, 1 M1 121, microfilm de la correspondance Grosdidier-Poincaré.
18. Sylvain Trusgnasch, *Saint-Mihiel, une ville meusienne de garnison, 1880-1914*, maîtrise, Nancy, 1998.
19. *L'Est républicain*, 30 décembre 1898.
20. B.N.F., papiers Poincaré/16006, lettre de Lavertujon.
21. B.N.F., papiers Ernest Lavisse/25168.
22. B.N.F., papiers Poincaré/16005, lettre du 9 février 1899.
23. *L'Est républicain*, 12 février 1899, article polémique « Cordier et Poincaré ».
24. A.N., 410/1, journal d'Abel Combarieu, et B.N.F., papiers Poincaré/16006, lettre de Lavertujon.

25. F. Payen, *op. cit.*, p. 426-427. Un article très critique de Ranc, un proche de Gambetta, avait fait l'objet d'un compte rendu négatif dans *La République française*, ancien journal de Gambetta, devenu celui de Méline.
26. A.N., 410/1, journal d'Abel Combarieu.
27. *Ibid.*
28. A.M.M., 1 M1 121, correspondance Poincaré-Grosdidier.
29. Jean Vavasseur-Desperriers, *Charles Jonnart. Recherches sur une personnalité politique de la Troisième République*, thèse, Lille-III, 1983-1984. Cette thèse a été publiée sous le titre *République et Liberté. Charles Jonnart, une conscience républicaine (1857-1927)*, Lille, 1996 (cf. p. 103-107) B.N.F., papiers Poincaré/16005, Jonnart à Poincaré, février et juin 1899.
30. Nombreuses informations plus ou moins justes dans les journaux qui apportent une indispensable note d'atmosphère sur le déroulement de la crise ministérielle et les consultations de Poincaré.
31. A.N., 410/1, journal d'Abel Combarieu.
32. A.N., 585 AP/4. Camille Krantz était depuis un mois ministre de la Guerre de Dupuy.
33. A.N., 470 AP/1, papiers Millerand, *Mes Souvenirs*, p. 37.
34. A.N., 410/1, journal de Combarieu.
35. B.N.F., papiers Poincaré/16038.
36. Joseph Reinach, *op. cit.*
37. Institut de France, Ms/4548, papiers Waldeck : plusieurs lettres et billets de Poincaré. Pierre Sorlin, *Waldeck-Rousseau*. Dans son *Histoire des radicaux*, Jean-Thomas Nordmann, parle p. 117 d'un « échec de Poincaré ».
38. Institut de France, papiers Waldeck Ms/4568.
39. B.N.F., papiers Poincaré /16007, lettre du 25 juin 1899.
40. A. É., 335 AP/26. Cette lettre de Poincaré à Briand, écrite sur papier à en-tête du Sénat, se terminait par cette phrase un peu mystérieuse : « Je vous donnerai un jour au Sénat tous les détails de cette crise avec des témoins que vous ne pourrez récuser. »
41. A.N. 470 AP/106, papiers Millerand, lettre de Poincaré du 23 juin 1899.
42. *L'Est républicain*, 7 juillet 1899.
43. A.N. 410 AP/1, journal de Combarieu.
44. B.N.F., papiers Poincaré/16006, lettre de Lavertujon.
45. A.D. Meurthe-et-Moselle, 1 M1 121, correspondance Poincaré-Grosdidier.
46. Jacques Kayser, *L'Action républicaine de M. Poincaré*, Paris, 1929.
47. Le texte complet, qui a paru dans *L'Est républicain* le 13 mai 1901, a été largement reproduit dans la plupart des journaux de Paris et de province. Il a été publié dans *Questions et Figures contemporaines*, p. 162-186, sous un titre un peu étrange : « Gouvernement et collectivisme ».
48. La personnalité de Léon Goulette (1855-1927) a été évoquée par Colette Hirtz, in *L'Est républicain de 1889 à 1914*, Nancy, 1973.
49. *L'Est républicain*, 11, 12, 13, 14, 15 mai 1901.
50. Pour les réserves en demi-teinte du journal ministériel, *L'Étoile de l'Est*, 13 et 14 mai 1901 qui n'ose pas attaquer de front Poincaré, cf. Vincent Tisot, *L'Étoile de l'Est, 1901-1914*, maîtrise, Nancy-2, 1999.
51. *Le Temps*, 16 mai 1901.

52. Dépouillement de *La Croix meusienne,* du *Patriote meusien,* de *L'Écho de l'Est* et des numéros spéciaux de *L'Est républicain* où de nombreux articles donnent la tonalité de la campagne.
53. A.D. Meurthe-et-Moselle, 1 M1 121, correspondance Grosdidier-Poincaré.
54. Ludovic Beauchet (Verdun, 1855 – Nancy, 1914), agrégé de droit en 1881, professeur de procédure civile à la faculté de droit de Nancy, maire de Nancy (1904-1912).
55. Discours de Rouen du 9 mars 1902 in *Questions et Figures politiques,* p. 193-212.
56. B.N.F., papiers Poincaré/16035, non daté, probablement début 1902.
57. Gerd Krumeich, « Poincaré und der "Poincarismus" in *Francia,* 1980, p. 427-454. L'article de Clemenceau critiquant le discours de Rouen a été publié dans *Le Bloc* du 15 mars 1902 et reproduit par Jacques Kayser dans *L'Action républicaine de M. Poincaré,* 1929.
58. Albert de Benoist (1843-1923) avait été élu en 1901 à la suite du décès du député républicain Jules Sommeillier. En 1902, il l'emporta sur l'ancien sous-préfet Lefébure.
59. A.D. Meurthe-et-Moselle, 1M1 121, correspondance Grosdidier-Poincaré.
60. B.N.F., papiers Poincaré/16015 et 16005, lettres de Ribot après le premier tour (2 mai 1902) et de Krantz après le second tour.

Chapitre V

Raymond Poincaré chez lui et en famille

1. Marie-Odile Mergnac, « La famille Poincaré », p. 27-37, in *Généalogie Magazine,* n° 124, février 1994.
2. B.N.F., papiers Joseph Reinach/24884, lettre du 17 janvier 1892.
3. A.N., 346, AP/5, papiers Ferdinand Dreyfus, 2 février 1892.
4. A.N., 470 AP/106, papiers Millerand, lettre du 13 décembre 1895.
5. B.N.F., papiers Poincaré, note d'Henriette.
6. B.N.F., papiers Poincaré 16025/notes journalières.
7. Lucien Poincaré, *Éducation, science et patrie,* Paris, 1926 (pages choisies et publiées par Paul Crouzet, inspecteur de l'académie de Paris). Sur Lucien, cf. une notice in *Les Inspecteurs généraux de l'Instruction publique,* 1986, p. 555.
8. Léon Poincaré était un savant qui a publié de nombreux articles dans les revues spécialisées, comme les *Annales médico-psychologiques,* les *Annales d'hygiène publique et de médecine,* les *Archives de physiologie normale et pathologique,* la *Revue d'hygiène et de police sanitaire.* Dans la *Revue médicale de l'Est* (1892, p. 1-93), il a publié une longue contribution intitulée : « Histoire de la fièvre typhoïde dans les départements de l'Est ». Les principaux articles le concernant sont les suivants : *Le Progrès de l'Est,* 16, 17 et 20 septembre 1892, *Revue médicale de l'Est,* 1893, p. 444-446, et *Mémoires de l'Académie Stanislas,* 1892, LXXXI-LXXXVIII. Mme Léon Poincaré, née Launois, était originaire d'Arrancy dans le Pays-Haut où son beau-frère, le docteur Comon, était conseiller général.

9. La tante Clémence Magnien décéda à Nancy le 12 mars 1902 ; après une cérémonie religieuse à la basilique Saint-Epvre, elle fut inhumée au cimetière de Préville.
10. « Henri Poincaré, nancéien », in *L'Est républicain*, 19 septembre 1912. Émile Boutroux, « Henri Poincaré », in *Revue de Paris*, février-mars 1913. Pierre Boutroux, « L'œuvre philosophique », in *Henri Poincaré*, Paris, 1914, p. 205-259.
11. Léon Daum (1887-1972) fit une carrière d'ingénieur à la société La Marine-Homécourt, puis fut membre de la haute autorité de la CECA. Cf. la notice de Philippe Mioche in *Henri Malcor, un maître de forge lorrain*, Paris, 1988, p. 295-296.
12. Émile Boutroux (Montrouge 28 juillet 1845 – Paris, 22 novembre 1921), marié avec Aline Poincaré le 9 novembre 1878, professeur à la Sorbonne (1888-1907), directeur de la fondation Dosne-Thiers à partir de 1902, membre de l'Académie française.
13. Pierre Boutroux, *L'Idéal scientifique des mathématiciens*, Paris, 1920.
14. B.N.F., papiers Poincaré/16014, lettre du 31 mars 1903.
15. *Ibid., loc. cit.*
16. A.M.M., 1 M1 121, correspondance Poincaré-Grosdidier.
17. *La Petite République*, 18 mars 1898.
18. Dans la plupart des discours publiés de Poincaré, cette référence était présente, plus ou moins développée. On pourrait faire des centaines de citations.
19. Paul Cambon, *Correspondance*, III, p. 29. Cambon était ambassadeur à Londres depuis 1898. Dans une lettre du 28 novembre 1912, il écrivait : « Avec tout son talent et son intelligence, Poincaré est inconsistant... il a peur des responsablités. »
20. A.N., 470AP/106, papiers Millerand.
21. A. E., 189AP/28, papiers Hanotaux, 26 décembre 1896.
22. A.M.M., correspondance avec Grosdidier.
23. A.É. 189AP, papiers Hanotaux, 28 août 1896.
24. B.N.F., N. Acq. fr./16.827, lettre à Lysie Lannes.
25. Thierry Billard, *Paul Deschanel*, Paris, 1991.
26. B.N.F., papiers Poincaré/15592 où sont conservés 68 lettres et billets de la marquise. Cf. Les articles de Gérard Baal : « Jaurès et la marquise Arconati-Visconti » in *Bulletin des études jaurésiennes*, n° 73, 1979, p. 3-10, et « Un salon dreyfusard des lendemains de l'Affaire à la Grande Guerre : la marquise Arconati-Visconti et ses amis », in *Revue d'histoire moderne et contemporaine*, 1981, 1. Marie-Thérèse Guichard, *Les Égéries de la République*, Paris, 1998, 290 p.
27. A. E., 189AP/26, papiers Hanotaux.
28. A.N., 346AP/5, papiers Ferdinand Dreyfus.
29. B.N.F., papiers Poincaré /15596 : deux lettres seulement d'Henri Caïn et une lettre de Georges du 19 mars 1909.
30. Christian Pfister, né le 13 février 1857 à Beblenheim (Haut-Rhin), décédé le 16 mai 1933. Professeur d'histoire médiévale à l'université de Nancy puis à la Sorbonne ; nommé à sa demande en 1919 à l'université de Strasbourg redevenue française. Les *Annales de l'Est* ont publié un numéro spécial sur Christian Pfister (1957/3, p. 153-228).
31. Jules Claretie, *Souvenirs du déjeuner Bixio*, p. 96.

32. Fernand Payen, *op. cit.,* p. 283-285.
33. B.N.F., papiers Decori/14778, et Préfecture de police AB/1027. Félix Decori (1860-1915), avocat en 1885 et secrétaire de la conférence (1885-1886), était devenu l'ami de Raymond Poincaré au début des années 1880.
34. A.N., 470 AP/106, papiers Millerand.
35. B.N.F., papiers Decori/14778.
36. B.N.F., papiers Poincaré/16060.
37. B.N.F., N. Acq. fr./16827, lettre d'Henriette à Lysie.
38. B.N.F., papiers Poincaré/16060.
39. B.N.F., N. Acq. fr./16827, lettre de Poincaré à Lysie.
40. Archives conservées au musée de Sampigny.
41. B.N.F., papiers Poincaré/16064.
42. *Ibid.,* 16012, lettres de Payelle. Dans le tome X d'*Au Service de la France* publié en 1933, Poincaré reconnaît p. 57 avoir été saisi par la « fièvre verte ».
43. B.N.F., papiers Poincaré/16017, plusieurs lettres d'André Theuriet.
44. *Ibid.,* 16014.
45. Gabriel Hanotaux, *op. cit.,* p. 8 (janvier 1907).
46. Hommage à Marcelin Berthelot (3 octobre 1908). Dans les papiers Poincaré/15994, une lettre de Daniel Berthelot remercie l'orateur pour « ce portrait d'ensemble » : « sobriété de ligne, sûreté d'architecture, harmonie de proportions incomparable » (6 octobre 1908). Cf. la récente biographie de Daniel Langlois-Berthelot, *Marcelin Berthelot, un savant engagé,* Paris, 2000, 369 p.
47. B.N.F., papiers Poincaré/16006, lettre d'Ernest Lavisse, 15 août 1909.
48. Émile Gebhart (Nancy, 19 juillet 1839 – Paris, 20 avril 1908), petit-neveu du général Drouot, agrégé des lettres, ancien de l'École d'Athènes, suppléant pour la chaire de littérature étrangère à la faculté des lettres de Nancy (1865), professeur de 1872 à 1879 puis professeur à la Sorbonne ; membre de l'Académie des sciences morales et politiques en 1895, de l'Académie française en 1904. Évocation de sa personnalité par Georges Renard in *Pays lorrain,* 1960, p. 137-141.
49. *Réponse de Monsieur Ernest Lavisse,* Paris, 1909, p. 17. Exemplaire nancéien dédicacé : « À mon vieux camarade Collignon ».
50. B.N.F., FR 17593, lettre à Jacques Rouché (ami de lycée de Lucien) du 11 juin 1910.
51. B.N.F., papiers Poincaré/16060 et papiers Decori/14778.

CHAPITRE VI

Un avocat d'affaires très occupé

1. *Le Palais de justice de Paris, son monde, ses mœurs,* Paris, 1892.
2. Chiffres tirés de l'ouvrage publié par l'ordre : *Le Cent Cinquantième Anniversaire du barreau de France,* Paris, 1960. Cf. aussi Léopold de Leymarie, *Les Avocats d'aujourd'hui,* Paris, 1893, et Fernand Payen, *Anthologie des avocats contemporains,* Paris, 1914.
3. Gilles Le Béguec, « Le bâtonnier Barboux », in *Barreau, politique et culture à la Belle Époque,* Limoges, 1997, p. 5-27. Pierre Cathala, *Éloge*

d'Henri Barboux, 1921, 40 p. Le témoignage de Barboux, *Revue hebdomadaire*, 1913, p. 247-261. Le témoignage personnel de Poincaré sur Barboux in *Association des secrétaires et anciens secrétaires*, 1911, p. 92-109. Fernand Payen, *op. cit.*, p. 47-52.

    4. Archives de l'ordre des avocats du barreau de Paris, conférences 1883, rapports.

    5. René-William Thorp, *Éloge de Du Buit*, Paris, 1926. Charles-Henri du Buit était né à Mulhouse en 1838; il mourut à Paris en janvier 1919.

    6. B.N.F., papiers Poincaré/16001. Aucun courrier échangé avec Manuel Fourcade antérieur au 9 janvier 1919 n'a été conservé.

    7. B.N.F., papiers Poincaré /16017, 55 lettres d'Albert Salle de 1904 à 1934. Stephen Hecquet, *Éloge de M. le bâtonnier Albert Salle*, Paris, 1949 in *Discours de rentrée des conférences*.

    8. B.N.F., papiers Poincaré/15596. 41 lettres de Charles Chenu à Poincaré échelonnées entre 1903 et 1923. Albert Naud, *Éloge du bâtonnier Charles Chenu* (1855-1933), Paris, 1936.

    9. *Revue industrielle de l'Est*, 1897 et *Mémorial des Vosges*, 20 mai 1897.

    10. *Plaidoirie de Me Poincaré. Le testament d'Edmond de Goncourt*, Paris, Chevalier Maresq, 1897, et *Revue des grands procès contemporains*, 1897. B.N.F., papiers Poincaré/15596, lettre du 6 juillet 1897 et *ibid.*, 16052, texte dactylographié de la plaidoirie devant la cour d'appel de Paris, 1re chambre, 2 février 1900, avec des corrections manuscrites de Poincaré. F. Payen, *op. cit.*, p. 176-183.

    11. Henry Lemery, « Maurice Colrat (1872-1954) », in *Bulletin de l'Association amicale des sociétaires et anciens sociétaires de la conférence des avocats de Paris*, 1962, p. 400-417. Colrat avait soutenu une thèse intitulée « Le problème du droit dans le théâtre contemporain ».

    12. André Paisant (1868-1926), né à Senlis, admis au tableau en 1891, deuxième secrétaire de la conférence, député de Senlis.

    13. Maurice Pourchel, « M. le Bâtonnier Fernand Payen », in *Bulletin de l'Association [...]*, p. 248-277. Fernand Payen (1872-1946) fut le premier avocat du maréchal Pétain. A.N. AP 346/5, papiers Ferdinand Dreyfus.

    14. B.N.F., papiers Poincaré/15594, 55 lettres de Léon Bérard. Léon Bérard (1876-1960) fut maire de Sauveterre-de-Béarn (1904), conseiller général (1907), député d'Orthez en 1910. *La Revue de Pau et du Béarn*, 1991/18, a publié quatre articles sur Léon Bérard, dont celui de Pierre Tucoo-Chala, *Léon Bérard avocat : sa formation et ses débuts*, p. 249-267.

    15. Raymond Poincaré, « Georges Jeanningros (1875-1922) », in *Bulletin de l'Association des secrétaires de la conférence de stage*, 1923, p. 29-34.

    16. Charles Reibel (1882-1962), né à Vesoul d'une famille d'origine alsacienne, fit ses études de droit à Nancy, où il soutint en 1905 une thèse intitulée « Du nom commercial, artistique et littéraire ». Il fut élu député de Seine-et-Oise en 1919 sur la liste du Bloc national et resta parlementaire jusqu'en 1936; sa carrière ministérielle tourna vite court; il fut sous-secrétaire d'État des cabinets Leygues et Briand, ministre des Régions libérées du cabinet Poincaré (1922-1924).

    17. Olivier Jallu (1879-1945) était né à Nancy d'un père officier de cavalerie; inscrit au barreau en 1902, il fut secrétaire de la conférence en 1904-1905, bâtonnier en 1940-1941.

    18. B.N.F., papiers Poincaré/16060. Nous avons relevé les noms des convives suivants : Bérard, Claretie, Colrat, Chauveron, Hauchoux, Jeanningros,

Loncle, Lyon, Paisant, Payen, Reibel, Reichenbach, Sabatier, Wolff, et une demoiselle inconnue, Mlle Galtier.

19. B.N.F., N. Acq. fr./16827, lettres d'Henriette et Raymond Poincaré à Lysie Lannes.

20. B.N.F., papiers Poincaré/16053 et lettre de Du Buit/15999.

21. *Ibid.,* 16000.

22. *Ibid.,* 15994, lettres de Bunau-Varilla. Cf. Raymond Manevy, « Maurice Bunau-Varilla, empereur du Matin », in *Études de presse,* 1953.

23. *Revue industrielle de l'Est,* 1905, p. 722-723.

24. Archives Saint-Gobain/PAM, papiers Camille Cavalier.

25. « Affaire Marthe Brandès », *Revue des grands procès contemporains,* 1905, p. 417-504. B.N.F., papiers Poincaré, lettres de Lyon-Caen/16007, de Pallain/16011, de Michelin/16010.

26. Charles Lyon-Caen (1843-1920) et A.N., papiers Poincaré/16007, correspondance.

27. William Thorp, *op. cit.*

28. B.N.F., papiers Poincaré/affaire Joseph Birkham, 1910, 78 pages dactylographiées.

29. Fernand Payen, « Me Poincaré », *Le Figaro,* 20 mars 1909. L'article très laudatif d'Émile Hinzelin, « En regardant Me Poincaré au travail », *L'Est républicain,* 16 février 1914, établit un parallèle entre Henri Mengin et Raymond Poincaré, republié dix-sept ans après dans *L'Est républicain* du 22 juin 1931.

30. Préface à Georges Ransson, *Essai sur l'art de juger,* Paris, 1911. Poincaré rédigea cette préface à Sampigny au cours de l'été de 1910.

31. A.N., A.P. 410/1, journal d'Abel Combarieu.

32. B.N.F., papiers Poincaré/16021.

33. *Ibid.,* 15993, 20 janvier 1907.

34. *Ibid.,* 16060, dîners.

35. *La Gazette des tribunaux,* 24-25 janvier 1910, discours du bâtonnier Busson-Billaut, du garde des Sceaux Louis Barthou et réponse de Raymond Poincaré.

36. Récit dans Daniel Amson, *op. cit.,* p. 130-132. Fernand Labori (1860-1917) avait fondé *la Grande Revue* et *La Gazette du Palais.* Il décéda le 3 décembre 1917. Maurice Alléhaut, *Éloge de Fernand Labori,* Paris, 1929, 36 p.

37. Note de Madeleine Rebérioux in *Bulletin des études jaurésiennes,* n° 41, p. 16-17.

38. Gilles Le Béguec, « Les avocats et la naissance des partis politiques organisés (1881-1903) », in *Histoire de la justice,* n° 5, 1992.

39. Yves Gaudemet, *Les Juristes dans la vie politique de la IIIe République,* Paris, 1970. Jean-Louis Debré, *La République des avocats,* Paris, 1984. Article paru dans *Vu,* 17 oct. 1934. Lucienne Scheil, *Éloge de Raymond Poincaré,* 1938, 34 p.

CHAPITRE VII
Un sénateur lorrain connu du Tout-Paris

1. A.D. Meurthe-et-Moselle, M1 121, lettre de René Grosdidier.
2. A.D. Meuse, J/1378/8, papiers Develle.
3. *L'Impartial de l'Est,* 17 janvier 1903, récit de la réunion préparatoire du 15 janvier.
4. *Ibid.,* 4 février 1903, récit de la réunion du 1er février de Verdun et discours de Raymond Poincaré.
5. Déclaration de remerciement de Poincaré in *L'Impartial de l'Est,* 23 février 1903.
6. AN. 410 AP/1, journal de Combarieu, 18 et 24 janvier 1905.
7. B.N.F., papiers Poincaré/16035. Le discours prononcé le 19 juin 1905 au banquet de l'Alliance sous le titre « De l'autorité gouvernementale » a été publié dans *Questions et Figures politiques,* p. 216-224. Georges Lachapelle, *L'Alliance démocratique,* Paris, 1935. Rosemonde Sanson, « Barthou et l'Alliance républicaine » in *Barthou, un homme, une époque,* Pau, 1986, p. 103-113 et « Centre et Gauche, 1901-1914 » in *Revue d'histoire moderne et contemporaine,* 1992, p. 493-512, et surtout sa thèse d'État, *L'Alliance républicaine démocratique (1901-1920). Une formation de Centre,* Paris-IV-Sorbonne, 2000, 1 178 p.
8. Poincaré fit deux grands discours, le premier sur « la sincérité budgétaire », à la Chambre le 23 mars 1906, puis au Sénat la semaine suivante ; le second sur « l'équilibre budgétaire », prononcé à la Chambre le 13 juillet, fut repris dans *Questions et Figures politiques,* p. 225-246 et 290-301.
9. B.N.F., papiers Poincaré/16010, lettre de Nelidow, 29 mars 1906, et René Girault, *Emprunts russes et Investissements français en Russie,* Paris, 1973. Cf. aussi les réflexions acerbes de Joseph Caillaux sur la gestion de Poincaré in *Mémoires,* I, p. 240-241.
10. Jean-Baptiste Duroselle, *Georges Clemenceau,* p. 495-498.
11. Archives Sampigny.
12. *Ibid.*
13. B.N.F, papiers Poincaré/16035.
14. Jean Bitchakjian, *Charles Humbert, sénateur de la Meuse. Presse, affaires, problèmes militaires sous la Troisième République, 1900-1920,* thèse dactylographiée, Paris-IV, 1988, 681 p. A.N., F7 1590/2.
15. B.N.F., papiers Poincaré/lettre d'Edmond Develle à Poincaré, 8 décembre 1907.
16. *Ibid.,* lettre de Jules Develle à Poincaré, 27 mars 1910, et A.D. Meuse, 1N 156-157.
17. A.D. Meuse, 1377, télégramme de Poincaré au journaliste Thirion, octobre 1910.
18. B.N.F., papiers Poincaré/16008, lettre d'André Maginot.
19. *Ibid.,* 15998, lettre de Jules Develle, 27 mars 1910.
20. Sur les relations de Poincaré et Maginot, nous renvoyons les lecteurs à la thèse de Marc Sorlot, *André Maginot, 1877-1932. L'homme politique et sa légende,* Metz, 1995, 312 p. Nous assurons Marc Sorlot de notre gratitude pour tout ce dont il nous lui sommes redevable.
21. *L'Est républicain,* 16 mai 1910.
22. Poincaré intervint au Sénat sur « l'ordre dans les Finances » le 11 janvier 1907 (*Questions et Figures politiques,* p. 382-409). Il reprit la parole en

fin d'année (*J.O.*, 15 décembre 1907, p. 1160-1163, et 23 décembre 1907, p. 1217-1225. Poincaré, dont on brocardait parfois l'absentéisme parlementaire, participa à tout le débat jusqu'au vote final du 30 décembre.

23. *Le Temps*, 6 juin 1907.

24. Conférence Jules-Ferry, publiée sous le titre « Jules Ferry », in *Revue politique et littéraire*, 1911, 33 p.

25. B.N.F., papiers Poincaré/16035, discours de Belfort, deux états.

26. *Ibid.*, discours de Poitiers.

27. *Ibid., loc. cit.*, discours de Mars-la-Tour, et *L'Est républicain*, 17 août 1910. L'article récent de Bertrand Joly, « La France et la Revanche, 1871-1914 », in *Revue d'Histoire moderne et contemporaine*, 1999, p. 325-347, va dans le sens de cette analyse.

28. B.N.F., papiers Poincaré/16012, lettre de Payelle, 31 octobre 1910.

29. *Ibid.*, 16035, discours de La Haye au congrès des assurances sociales, 7 octobre 1910.

30. *Ibid.*, 15993. En 1910, Poincaré signait un contrat chez Hachette. Louis Batiffol fit quelques recherches à son intention, et un bibliothécaire de la bibliothèque Méjanes d'Aix-en-Provence lui signala l'existence de plusieurs lettres inédites de Thiers en la possession d'un érudit aixois. Barrès savait que Poincaré préparait un « Thiers ». L'ami Louis Barthou alla plus vite que Poincaré, puisqu'il réussit à terminer son « Mirabeau » publié en 1913.

31. B.N.F., papiers Poincaré/16020, lettre de Mme Jules Ferry, 17 janvier 1912.

32. Henri Lerner, *« La Dépêche », journal de la démocratie*, thèse, Toulouse-Le Mirail, 1978.

33. B.N.F., papiers Poincaré/16035, texte manuscrit de la conférence Berthelot, 8 octobre 1908.

34. *Ibid., loc. cit.*, texte manuscrit de la conférence sur « l'idée de patrie », 1910. Publiée en article de tête par *La Revue politique et parlementaire*, 1910, n° 64, p. 5-24.

35. Ferdinand Buisson, *La Foi laïque*, Paris, 1912 ; cf. aussi les analyses de Jean-Marie Mayeur dans *La Question laïque, XIXe-XXe siècle*, Paris, 1997. Dans ce domaine, on peut signaler la préface de Poincaré au livre d'Édouard Petit, *Autour de l'éducation populaire*, F. Juven, s. d. (vers 1907), 316 p. Petit était l'auteur d'une biographie de Jean Macé, le fondateur de la Ligue de l'enseignement.

36. *L'Éclair de l'Est*, 9, 10 et 28 août 1911, articles signés X. Y.

37. B.N.F., papiers Poincaré/16035, texte manuscrit de la conférence prononcée aux *Annales*.

38. *Ibid., loc. cit.*, 16035, texte manuscrit de la conférence du 14 mars 1911.

39. Maurice Colrat était lié aux milieux textiles du Nord par sa femme Anne Delaune, la fille d'un patron de Roubaix, qu'il avait rencontrée en 1902, alors qu'il participait à la campagne électorale d'Eugène Motte (Lucien Guitard, *La Petite Histoire de la Troisième République*, Paris, 1959).

40. Philippe Nord, « Le mouvement des petits commerçants et la politique en France de 1888 à 1914 » in *Le Mouvement social*, 1981, p. 33-55. Gilles le Béguec, « L'Association de défense des classes moyennes (1907-1939) », *Vingtième Siècle*, 1993, p. 93-104.

41. Ernest Billiet (1873-1939) avait été en 1906 candidat à Toul contre le député radical sortant Gustave Chapuis, sous l'étiquette « républicain, libéral

et progressiste ». Il fut largement battu. Après la guerre, il fut maire d'Asnières (1919-1939) et sénateur de la Seine (1920-1927). Il présida jusqu'à sa mort l'Union des intérêts économiques.

42. *Revue de Paris,* 15 avril 1910, et conférence faite le 4 mars à Paris et reproduite le lendemain par la presse de province grâce à une télégraphie Havas. Dans un article du *Temps* du 7 mars 1909, Poincaré avait défendu la proportionnelle.

43. A.D. Meuse, 1 N 60, débats du conseil général pour 1910.

44. *L'Écho de Paris,* 20 février 1911, interview à la une par Marcel Hutin, reprise le lendemain en première page par *L'Est républicain,* dans lequel Poincaré explique son « échec de juin 1899 ». « On m'a reproché de lui [Waldeck-Rousseau] avoir refusé ma collaboration : Ce n'est pas vrai : on a interverti les rôles. » Il ne risquait pas d'être démenti par Waldeck, décédé en 1904 !

45. *L'Est républicain,* 23 février 1911.

46. Ernest Monis (1846-1926), sénateur de la Gironde (1846-1920) inscrit au groupe de la Gauche démocratique, avait été le garde des Sceaux du cabinet Waldeck-Rousseau (1899-1901).

47. *L'Est républicain* du 11 mai 1911 retenait d'une intervention en commission des Finances sur le budget des Affaires étrangères cette phrase péremptoire : « Cela démontre la nécessité d'un contrôle rigoureux. » Citons aussi la déclaration à *L'Écho de Paris* reprise par *L'Est républicain* du 22 mai 1911 à la suite de la mort accidentelle du ministre de la Guerre, Maurice Berteaux : « une perte pour la France, une perte irréparable pour le parti républicain ». Cette déclaration de circonstance est un exemple parmi d'autres de l'omniprésence de Poincaré dans la presse.

48. B.N.F., papiers Poincaré/16035, texte manuscrit. Cf. les analyses de Rosemonde Sanson, *L'Alliance républicaine démocratique (1901-1920). Une formation de Centre, op. cit.,* p. 410-411, 440-443 et 673.

DEUXIÈME PARTIE
Au sommet de l'État

CHAPITRE PREMIER
Un président du Conseil habile et populaire

1. Georges Bonnefous, *Histoire de la Troisième République,* I, Paris, 1965, et Raymond Poincaré, *Au service de la France,* I, *Le Lendemain d'Agadir, 1912,* Paris, 1926. Une réflexion d'Élie Halévy, datant de 1930, soit dix-huit ans après l'événement et alors que l'on pouvait penser que la carrière politique de Poincaré était achevée, mesurait assez justement la perception du personnage en janvier 1912 : « Un parlementaire de premier rang »... Tout le monde estimait « l'intégrité de son caractère, la fermeté de son patriotisme ; pour le reste sa personnalité était une énigme ». Il ajoutait un peu plus loin

que c'était « un novice en politique étrangère où il ne trouvait que confusion » ; Élie Halévy, « Documents diplomatiques français », in *Revue de Paris*, 1930, p. 45-63.

2. Justin de Selves (1848-1934) avait fait une belle carrière administrative comme préfet de la Seine de 1896 à 1911 avant d'être élu sénateur du Tarn-et-Garonne et de devenir ministre de Caillaux.

3. Jean-Claude Allain, *op. cit.*, I, p. 400.

4. François Roth, *Poincaré-Delcassé, histoire d'une relation politique*, à paraître dans Colloque Delcassé.

5. *L'Humanité*, 12-20 janvier 1912. Gerd Krumeich, « Jaurès et Poincaré » in *Bulletin de la Société des études jaurésiennes*, n° 99, décembre 1985.

6. B.N.F., papiers Poincaré/16036, deux manuscrits successifs de la déclaration ministérielle du 16 janvier 1912.

7. Notre article « Poincaré, un républicain modéré ? » in *Actes du colloque Les Modérés dans la vie politique française*, 1870-1965, Nancy, 2000, p. 287-297.

8. Charles Benoist (1861-1936), journaliste et essayiste fécond, professeur à l'École libre des sciences politiques, député de Paris (1902-1919). Il rapporte cet incident dans ses *Souvenirs*, 1902-1933, Paris, 1934, III, p. 178-180. Bonnefous met en perspective ce mince mais révélateur incident parlementaire.

9. A.D. Meuse, 1 N 62, débats du conseil général de la Meuse, 1912.

10. Maurice Paléologue (1859-1946), diplomate et homme de lettres, fréquentait le monde et les milieux royalistes et aristocratiques. A utilisé sa longue retraite à écrire, ce qui lui permit de rejoindre son ami Raymond Poincaré à l'Académie française en 1928.

11. Pierre de Margerie (1861-1942). Bernard Aufray, *Pierre de Margerie et la vie diplomatique de son temps*, Paris, 1976, et *Les Affaires étrangères et le Corps diplomatique*, Paris, 1984. À cette époque il n'y avait pas de secrétaire général ; ce poste fut créé pour Jules Cambon en octobre 1915 à la demande de Poincaré.

12. Nous suivons la thèse de Gilles Ferragu, *Camille Barrère, ambassadeur de France à Rome*, Paris-X-Nanterre, 1998, p. 511-530.

13. *J.O.*, Chambre des députés, 23 janvier 1912, séance du 22 janvier, p. 41-44, et B.N.F., papiers Poincaré/16032, notes manuscrites de 16 feuillets en date du 22 janvier 1912.

14. *J.O.*, Sénat, séances des 5, 6, 7, 8, 9 et 10 février 1912, p. 227-230.

15. A.É., 43 AP/58, papiers Jules Cambon, et notamment lettre de Poincaré du 19 novembre 1912.

16. A.N., 470 AP/10, papiers Millerand.

17. Jean Vavasseur-Desperriers, *op. cit.*, p. 160.

18. Parmi une bibliographie sur Lyautey aussi immense que décevante, retenons André Le Révérend, *Lyautey*, Paris, 1983. Le neveu du maréchal, Pierre Lyautey, a publié une partie des lettres de son oncle sous le titre *Lyautey, l'Africain. Textes et lettres, I, 1912-1913*, Paris, 1953. A.N., 475AP/303, papiers Lyautey.

19. *J.O.*, Chambre des députés, discours des 5 et 11 juillet 1912. Vote acquis le 11 juillet 1912 par 339 voix contre 217. Dans cette affaire, Maginot et plusieurs autres députés lorrains en désaccord avec Poincaré, avaient voté contre le projet.

20. B.N.F., papiers Poincaré/16036, brouillon d'une lettre à Clemenceau. Aucune allusion à cette lettre dans la biographie de Clemenceau par Jean-Baptiste Duroselle.
21. Raymond Poincaré donna sa propre version dans *Au service de la France*, II, *Les Balkans en feu*, 1926, p. 99-169. La chronique superficielle de Georges Michon, *L'Alliance franco-russe*, Paris, 1927, n'est pas un livre d'histoire. On se reportera en premier lieu à l'article lumineux de Pierre Renouvin, « Les engagements de l'alliance franco-russe de 1891 à 1914 », in *Revue d'histoire de la guerre*, 1934, p. 297-310, puis à la thèse de René Girault, *op. cit.*, p. 551-552, et à son article postérieur, « Les Balkans dans les relations franco-russes », in *Revue historique*, 1975, p. 155-184. Fritz Fischer, *Krieg der Illusionen*, Düsseldorf, 1969, p. 220 : après cette mise en cause qui ne repose sur aucun document nouveau, l'analyse de l'historien allemand tourne court ; il change de paragraphe et ne suit pas la question qu'il avait soulevée.
22. Georges Louis (1847-1917) était ambassadeur à Saint-Pétersbourg depuis 1909. Cf. la thèse de Catherine Durandin, *La Politique française et les Roumains, 1878-1913. À la recherche d'une influence*, thèse, Paris-I, 1980, p. 4.
23. Aleksandr Isvolski (1854-1920) avait été ministre des Affaires étrangères avant d'être nommé ambassadeur à Paris (1910 à 1917); il mourut en exil à Paris.
24. Raymond Poincaré, *Au service de la France*, II, p. 116-119, et III, p. 98-105.
25. Raymond Poincaré, *op. cit.*, I, p. 291-293.
26. Sergheï Sazonov (1860-1927), qui avait succédé à Isvolski en 1910, était un partisan de la fermeté à l'égard de l'Autriche-Hongrie. Il resta aux affaires jusqu'en juillet 1916 ; il mourut en exil à Nice, le 23 décembre 1927.
27. Raymond Poincaré, *op. cit.*, II, p. 114.
28. *The Origins of the First World War*, sous la dir. de H. W. Koch, Londres, 1984, p. 12.
29. Fritz Fischer, *Krieg der Illusionen*, Düsseldorf, 1969.
30. Raymond Poincaré, II, *Au service de la France*, p. 117.
31. B.N.F., papiers Poincaré/16036, manuscrit du discours de Nantes, 29 octobre 1912. Henri Guist'hau (1863-1931), député de Nantes, était un ami politique de Briand.
32. *Ibid., loc. cit.*, manuscrit du discours au banquet Mascuraud. Alfred Mascuraud (1846-1926), ancien fabricant de bijoux, fondateur et président du Comité républicain du commerce, de l'industrie et de l'agriculture, sénateur de la Seine, fut un personnage discret et très efficace pour la collecte des fonds électoraux.
33. *J.O.*, Chambre des députés 22 décembre 1912, déclaration du 21 décembre, p. 3430-3432 et *Au service de la France*, II, p. 400-412. Jean Jaurès, qui était passé en novembre 1912 à Berlin où il avait eu un entretien avec Jules Cambon le 19 novembre 1912, « se réjouissait de l'inspiration pacifique du président du Conseil ».
34. J.F. Keiger, *Raymond Poincaré*, p. 132-144.
35. Paul Cambon, *Correspondance*, III, p. 29-30.
36. Odile Sassi, *Léon Gambetta. Destin et mémoire*, p. 403.
37. B.N.F., papiers Poincaré/16036, manuscrit de l'éloge de Brisson, 16 avril 1912. Henri Brisson était décédé à l'âge de soixante-dix-sept ans.

38. *Ibid., loc. cit.*, manuscrit de l'éloge de Magnin. Joseph Magnin (1824-1910) avait été ministre de l'Agriculture du gouvernement de la Défense nationale, puis ministre des Finances de 1879 à 1881. Il fut le premier président d'honneur de l'Alliance démocratique.
39. B.N.F., papiers Poincaré/16036, texte du discours de Gérardmer. Texte dans *L'Est républicain* du 22 juillet 1912.
40. *L'Est républicain,* 28 et 29 juillet 1912.
41. *Revue hebdomadaire,* 12 janvier 1913 ; *Revue des Deux Mondes,* 1913, p. 233-234 et 470 ; *Le Correspondant,* 1912, p. 828, 1008 et 1240, 1913, p. 203-204.

Chapitre II

Le président de la République, un acteur?

1. Georges et Édouard Bonnefous, *Histoire politique de la Troisième République,* I, *L'Avant-Guerre, 1906-1914,* Paris, 1956, p. 316-414, II, *La Grande Guerre,* 1967, p. 1-23. Raymond Poincaré, *Au service de la France,* III, *L'Europe sous les armes,* Paris, 1926. B.N.F., notes journalières, 16024 (21 décembre 1912-3 avril 1913, 16025 (1er mai 1913-30 décembre 1913) et 16026 (31 décembre 1913-2 août 1914). Sophie Zeller, *1913 : l'élection présidentielle de Poincaré,* maîtrise, Paris-I, 1999.
2. Thierry Billard, *Paul Deschanel,* Paris, 1991. Nombreuses allusions qui montrent que les deux hommes entretenaient des rapports ambigus. A.N., 151AP/46.
3. Alexandre Ribot (1840-1923), trois fois président du Conseil dans les années 1890, sénateur du Pas-de-Calais, était écarté du pouvoir depuis vingt ans.
4. Jean Dupuy (1844-1919), sénateur des Hautes-Pyrénées, était surtout le directeur du *Petit Parisien,* l'un des plus gros tirages de la presse de l'époque.
5. J.F. Keiger, *op. cit.,* p. 146-147.
6. Ernest Judet (1851-1943). *A.N.,* F 7 15971/2 et 3. Poincaré a raconté plus tard à Barrès que Judet avait été payé pour lancer sa campagne. Par qui? Par des proches de Caillaux? Assertion impossible à vérifier.
7. P.-B. Gheusi, *op. cit.,* I, p. 204-212, III, p. 253-255.
8. Jules Pams (1835-1930), avocat, député (1893-1904), sénateur (1904-1930) des Pyrénées-Orientales.
9. Antonin Dubost (1842-1921), député puis sénateur de l'Isère, président du Sénat (1906-1920). Cf. Pierre Barral, *Le Département de l'Isère sous la Troisième République,* Paris, 1962. Notice nécrologique (1921) bienveillante de Poincaré dans *Histoire politique,* III, p. 72-78.
10. *L'Est républicain,* 14 janvier 1913.
11. A.N., papiers Millerand, 470AP/106, lettre de Millerand du 13 janvier 1913.
12. *Ibid.,* 470AP/1.
13. *Ibid.,* 470 AP/106, lettre de Poincaré du 13 janvier 1913.
14. B.N.F., papiers Poincaré/16024, notes journalières.
15. A.N., papiers Millerand, 470 AP/106, lettre de Poincaré.

16. Jean-Baptiste Duroselle, *Clemenceau*, p. 570-574.
17. B.N.F., papiers Poincaré 16024/notes journalières.
18. Jules Claretie, « Vingt-huit ans à la Comédie-Française », in *Revue des Deux Mondes*, 1951, p. 494-496.
19. B.N.F., papiers Poincaré/16011, lettre de Joseph Paul-Boncour, 26 janvier 1913.
20. Lettre à Albert de Mun, 25 novembre 1913, publiée dans Pierre Lyautey, *Lyautey, l'Africain. Textes et Lettres, I, 1912-1913*, Paris, 1953, p. 288. Benjamin F. Martin, *Comte Albert de Mun, Paladin of the Third Republic*, Chapel Hill, 1978, XIX-367 p.
21. Maurice Barrès, *Mes Cahiers*, X, p. 284.
22. *J.O.*, Chambre des députés, 15 février 1924, séance du 14 février, p. 737.
23. Jean-Denis Bredin, *op. cit.*, p. 118-144.
24. *L'Est républicain*, janvier 1913.
25. *Vorwärts*, 17 janvier 1913, et surtout l'analyse de Gerd Krumeich, « Poincaré vu d'Allemagne, avant et après la guerre de 1914-1918 », in *Raymond Poincaré. Un homme d'État lorrain*, Bar-le-Duc, 1989.
26. Jean Vavasseur-Desperriers, *Charles Jonnart, une conscience républicaine*, p. 164-170. Jonnart resta au Quai d'Orsay moins de deux mois, car il préféra se retirer après la chute du cabinet Briand, survenue le 13 mars. Barthou nomma à sa place Stéphen Pichon, ancien ministre de Clemenceau.
27. B.N.F., notes journalières/16024.
28. Poincaré a publié sa version dans *Au service de la France*, III, p. 114-119. Dans le journal de Paléologue, *op. cit.*, le nom de Delcassé apparaît le 11 février (p. 11) au cours d'une conversation entre Briand et Jonnart; le diplomate attribue la décision à Briand le 17 février (p. 50-51). Dans les papiers Delcassé, A.É. 23 sont conservés la lettre de Jonnart, le décret de nomination et la lettre particulière de Poincaré à Nicolas II. Cf. notre article à paraître, « Raymond Poincaré et Théophile Delcassé : histoire d'une relation politique », in *Colloque Théophile Delcassé*. B.N.F., papiers Poincaré/16010, lettre de Nicolas II du 18 mars 1913 avec deux lignes autographes banales.
29. S.H.A.T., 1 K 160, journal Brugère.
30. *Ibid.*, GD/3 579, dossier Beaudemoulin.
31. *Ibid.*, GD/3 394, dossier Duparge.
32. *Ibid.*, GD, dossier Pénelon. Jean-Baptiste Pénelon (1863-1936), polytechnicien, officier du génie, ordonnance du général Brugère, colonel attaché à la personne du président de la République (janvier 1912), général de brigade (1916), général de division (1919), secrétaire général de la présidence de la République (1er janvier 1919-21 septembre 1921), prit sa retraite en 1925.
33. Jules Claretie, *op. cit.*.
34. Cf. notre article à paraître, « La fonction présidentielle sous Raymond Poincaré », in *Actes du colloque Émile Loubet*.
35. Maurice Paléologue, *Au Quai d'Orsay à la veille de la tourmente. Journal, 1913-1914*, p. 58-59. La lettre à Léon Bourgeois (Archives départementales Marne J/1118) nous a été communiquée par Marc Sorlot.
36. Raymond Poincaré, *Au service de la France*, II, p. 161-164.
37. Maurice Paléologue, *op. cit.*, p. 136. En cas d'échec de Barthou, Poincaré envisageait déjà d'appeler Clemenceau pour écarter Caillaux (24 mai 1913).

38. B.N.F., papiers Poincaré, notes journalières/16025.
39. Alfred Baudrillart, *Carnets,* p. 113 (le 4 décembre 1914, il raconta au pape Benoît XV l'histoire du mariage), p. 739-740, p. 939-940. Maurice Paléologue, *op. cit.,* p. 134-135.
40. S.H.A.T., journal Brugère, *op. cit.*
41. *L'Écho de l'Est,* 20, 21, 22 août 1913. Juliette Didierjean, *Les Voyages de Raymond Poincaré dans les départements français, 1913-1914,* maîtrise, Paris-I, 1993.
42. S.H.A.T., journal Brugère *op. cit.* Évelyne Crison, *Les Groupements d'originaires de la Corrèze à Paris sous la Troisième République,* thèse Nancy, 1995, p. 157, 189, 315-317, 321.
43. A.N., 151AP/46, papiers Deschanel.
44. Jean-Marc Delaunay, « Barthou et l'Espagne », in *Barthou, un homme et une époque,* p. 85-95, et thèse, Paris-III, 2000.
45. A.N., 470 AP/1, papiers Millerand.
46. Eugène Étienne (1844-1921) était député d'Oran depuis 1881. Ce fidèle gambettiste était membre de la Société des amis de Gambetta.
47. Gerd Krumeich, « Jaurès et Poincaré », in *Bulletin de la Société des études jaurésiennes,* n° 99, décembre 1995.
48. A.N., papiers Poincaré/16010.
49. S.H.A.T., journal Brugère, *op. cit.,* Témoignage de Maurice Paléologue, « Comment le service des trois ans fut rétabli en 1913 », in *Revue des Deux Mondes,* mai 1935, à utiliser avec précaution. Gérard Baal, « Les débats de 1913 sur la loi des trois ans » ; in *Cahiers Jean Jaurès,* n° 3, 1993, p. 99-114. Jean-Jacques Becker, « Les trois ans et les débuts de la Première Guerre mondiale », in *Guerres mondiales et Conflits contemporains,* janvier 1987.
50. Stéphen Pichon (1857-1933)
51. Étienne Clémentel (1864-1936) était député du Puy-de-Dôme ; il fut ministre de novembre 1915 à janvier 1920.
52. Joseph Thierry (1857-1918), d'origine alsacienne, député progressiste de Marseille, ami de Ribot et de Barthou ; son entrée dans le cabinet Barthou signifiait la réintégration d'une partie des progressistes dans la famille républicaine ; il fut ministre des Finances de Ribot puis ambassadeur en Espagne, où il mourut en fonctions à Saint-Sébastien, le 22 septembre 1918.
53. B.N.F., papiers Poincaré/16025, notes journalières.
54. Gérard Baal, *Le Parti radical de 1901 à 1914,* thèse, Paris-I, 1991.
55. B.N.F., papiers Poincaré/16025, notes journalières.
56. Jean Rives, *Gaston Doumergue. Du modèle républicain au Sauveur suprême,* Toulouse, 1996, p. 113-115.
57. Marc Sorlot, *André Maginot,* p. 45-50.
58. J. F. Keiger, *op. cit.,* p. 156-158.
59. Jean-Claude Allain, *op. cit.,* I, p. 407-410, et Jean-Denis Bredin, *op. cit.,* p. 120-121.
60. S.H.A.T., journal Brugère, *op. cit.*
61. Jean-Claude Allain, *Joseph Caillaux,* I, Paris, 410-436.
62. Jean-Denis Bredin, *op. cit.,* p. 123, p. 133, p. 144.
63. Joseph Caillaux, *Mes Mémoires,* III.
64. Gerd Krumeich, « Poincaré et l'affaire du Figaro », in *Revue historique,* 1980.
65. Gabriel Hanotaux, *Carnets,* p. 100-103, avec une lettre manuscrite de Poincaré à l'auteur, 9 mai 1914.

66. B.N.F., papiers Poincaré/16025, notes journalières.
67. Gerald D. Feldmann, *Hugo Stinnes. Biographie eines Industrieller*, 1998, p. 370.
68. Raymond Poincaré, *Au service de la France*, IV, p. 125-132. *L'Humanité*, 12-20 juin 1914.
69. Jean Rives, *op. cit.*
70. La bibliographie sur René Viviani est pauvre. A défaut, se reporter à l'article d'Alexandre Millerand, « René Viviani » in *Revue des Deux Mondes*, 1er novembre 1920, p. 84-95. A.N. F7 16027(1). Récit de Poincaré in *Au service de la France*, IV, p. 155-162.
71. Abel Ferry (1881-1918), neveu et fils adoptif de Jules Ferry, était député des Vosges. Nous remercions pour son aide notre ami Claude Ferry.
72. Jean-Louis Malvy (1875-1949) député radical-socialiste, ministre de l'Intérieur du 17 mars 1914 au 31 août 1917.
73. Maurice Paléologue, *op. cit.*, p. 310-311 (18 juin 1914).
74. Récit de Poincaré, *Au service de la France*, IV, p. 261-285. Jacques Kayser, dans *De Kronstadt à Khrouchtchev. Voyages franco-russes, 1891-1960*, (Paris, 1962), maintient l'idée de Poincaré « tenu par Isvolski ». Cette interprétation n'est pas étonnante dans la mesure où le radical de gauche Kayser avait été dans sa jeunesse un critique sans concession du « poincarisme ».
75. Dépouillement du mois de juillet 1914.
76. B.N.F., papiers Poincaré, notes journalières /16026.
77. *Ibid.*
78. J. F. Keiger, *op. cit.*, p. 167-169.
79. Hélène Carrère d'Encausse, *Nicolas II*, Paris, 1996, p. 314.
80. B.N.F., papiers Poincaré, notes journalières/16026.
81. Cf. un écho de cette rumeur, accréditée par la croisière de Guillaume II dans les mers scandinaves, dans *Le Messin*, 28 juillet 1914.
82. B.N.F., papiers Poincaré, notes journalières/16026.
83. Jean Stengers, « *1914 : The Safety of Ciphers and the Outbreak of the First World War* », in C. Andrew et J. Noakes, *Intelligence and international Relations*, Exeter, 1987, p. 29-48.
84. Nous ne reprendrons pas ici l'immense et répétitive bibliographie sur les origines de la guerre; beaucoup d'auteurs se recopient les uns les autres. Le livre de Jacques Droz, *Les Causes de la Première Guerre mondiale, essai d'historiographie*, (Paris, 1973, avec une dernière mise au point en 1987) résume et évalue tous les travaux allemands parus depuis le début des années 1960.
85. *Der Berliner Tagesblatt*, 20, 24 et 26 juillet 1914.
86. Il faut rappeler l'exceptionnelle qualité des trois articles anciens de Pierre Renouvin : 1) La critique du livre de Montgelas publiée sous le titre « Les origines de la guerre. Le dernier état de la thèse allemande », in *RHGM.*, 1924, p. 348-357 ; 2) « Le gouvernement austro-hongrois et la crise de juillet 14 », in *RHGM.*, 1931, p. 145-153 ; 3) « Les historiens américains et les responsabilités de la Guerre », in *Revue des Deux Mondes*, 15 avril 1931. C'est une critique attentive et mesurée des livres de Sydney B. Fay, *The Origins of the World War (1870-1914)*, New York, 1928, et Bernadette Schmitt, *The Coming of the War*, New York, 1930.
87. Les travaux de Fritz Fischer ont renouvelé l'histoire allemande de la Première Guerre mondiale. Son premier livre, *Griff nach der Weltmacht*,

1ʳᵉ éd. 1961, 4ᵉ éd., Düsseldorf, 1971, a été traduit en français sous le titre *Les Buts de guerre de l'Allemagne impériale*, Paris, 1971. Son second livre, *Krieg der Illusionen* (« La Guerre des illusions »), Düsseldorf, 1969, qui était une analyse de la politique allemande de 1911 à 1914, se proposait d'établir la continuité entre l'avant-guerre et la guerre.
  88. Karl Dietrich Erdmann, « War Guilt Reconsidered : A Balance of Research », in *The Origins of the First World War*, Londres, 1984, p. 343-370.
  89. David Lloyd George, *Mémoires de guerre*, 1935, p. 64.
  90. Raymond Poincaré, *Au service de la France*, IV, p. 360-370, et Jean-Jacques Becker, *Comment les Français sont entrés en guerre*, p. 251-253.
  91. Abel Ferry, *Carnets secrets*, p. 24.
  92. Alfred Fabre-Luce, *L'Histoire démaquillée*, Paris, 1967, et en écho les notations de Bertrand de Jouvenel, *Un voyageur dans le siècle*, Paris, 1980, p. 42 et 77.
  93. Jean-Denis Bredin, *Caillaux*, p. 146-147.
  94. Jean-Jacques Becker, *1914. Comment les Français sont entrés en guerre*, Paris, 1977.
  95. B.N.F., papiers Poincaré, notes journalières/16026.
  96. J. F. Keiger, *op. cit.*, p. 191.
  97. *Le Matin*, 19 mars 1920, et *J.O.*, 15 février 1924, Chambre des députés, 14 février 1924, p. 736-737.
  98. Par exemple Maurice Paléologue, *op. cit.*, et Charles Benoist, *Souvenirs*, III, p. 30. Les papiers de Buat, Foch et Millerand apportent pour la période ultérieure un éclairage identique.

Chapitre III
Le président de l'Union sacrée

  1. Raymond Poincaré, *Au service de la France*, IV, *L'Union sacrée*, 1927, V, *L'Invasion*, 1928, VI, *Les Tranchées*, 1930, VII, *Guerre de siège*, 1931. Georges Bonnefous, *Histoire de la Troisième République*, II. Georges Bonnefous (1867-1956), qui avait été élu député en 1910, n'était pas encore proche de Poincaré. C'était un témoin très attentif des milieux parlementaires.
  2. B.N.F., papiers Poincaré/16027, notes journalières.
  3. *Ibid.*
  4. J. F. Keiger, *op. cit.*, p. 175-176.
  5. B.N.F., papiers Poincaré, notes journalières/16027.
  6. A.É., AP/ papiers Delcassé.
  7. Abel Ferry, *Carnets secrets*, Paris, 1957, p. 25.
  8. B.N.F., papiers Poincaré, notes journalières/16027.
  9. Jean-Jacques Becker, *Le Carnet B. Les pouvoirs publics et l'antimilitarisme avec la guerre de 1914*, Paris, 1973, 223 p.
  10. B.N.F., papiers Poincaré, notes journalières/16027. J. F. Keiger, *op. cit.*, p. 177-178. Jean-Jacques Becker, « La mort de Jaurès devant l'opinion publique française », in *Bulletin de la Société d'études jauressiennes*, n° 63, 1976, p. 3-10.
  11. Abel Ferry, *op. cit.*, p. 26. Fresnette Pisani-Ferry et Michel Cointat, *Le Neveu de Jules Ferry : Abel, le ministre-soldat*, Paris, 1987.
  12. B.N.F., papiers Poincaré, notes journalières/16027.

13. S.H.A.T., journal Brugère.
14. J. F. Keiger, *op. cit.,* p. 187.
15. Raymond Poincaré, *L'Union sacrée,* p. 544-546 et Jean-Jacques Becker, 1914 : *Comment les Français sont entrés en guerre,* Paris, 1977, p. 368 *sqq.*
16. B.N.F., papiers Poincaré, notes journalières/16027.
17. *Ibid.*
18. *Ibid.*
19. A.N., 151AP/46, papiers Deschanel.
20. B.N.F., papiers Poincaré, notes journalières/16027.
21. Jean-Baptiste Duroselle, *op. cit.,* p. 582-586 et notes journalières/16027.
22. Vincent Duclerc, « Adophe Messimy (1869-1935) un officier "jaurésien"? », in *Cahiers Jean Jaurès,* n° 15, p. 77-96. Marc Michel, *Gallieni,* p. 73.
23. Jules Guesde (1845-1922), député de Paris, ministre sans portefeuille, puis ministre d'État (26 août 1914-12 décembre 1916).
24. Marcel Sembat (1862-1922), député de la Seine (1893-1922), ministre des Travaux publics (26 août 1914-12 décembre 1916). Léon Blum, conseiller d'État, fut son chef de cabinet. Madeleine Rebérioux et Patrick Fridenson, « Albert Thomas, pivot du réformisme français », in *Le Mouvement social,* 1974.
25. B.N.F., papiers Poincaré, notes journalières/16027, et A.N., 470 AP/1, papiers Millerand.
26. Jean-Jacques Becker, *Comment les Français sont entrés en guerre,* Paris, 1977. Du même, « Union sacrée et idéologie bourgeoise », in *Revue historique,* 1980, p. 67-96.
27. S.H.A.T., journal Brugère.
28. B.N.F., papiers Poincaré, notes journalières/16027.
29. *Der Berliner Tagesblatt,* 3 septembre 1914.
30. Notes journalières/16027, et A.N., 470AP/1, papiers Millerand.
31. A.N., 151AP/46, papiers Deschanel.
32. B.N.F., papiers Poincaré, notes journalières /16032.
33. A.N., 151 AP/46, papiers Deschanel, et B.N.F., papiers Poincaré, notes journalières/16027.
34. B.N.F., papiers Poincaré/16020 lettres de Grosdidier des 25 octobre 1914 et 7 janvier 1915. Notes journalières/16032. A.É., 335 AP/26, papiers Briand, lettre de septembre 1914.
35. Marc Sorlot, *André Maginot,* p. 58-59.
36. A.N., 414 AP/10, papiers Foch, lettre du général du 2 novembre 1914.
37. B.N.F., N. Acq. fr./16827.
38. B.N.F., papiers Poincaré, notes journalières/16032.
39. B.N.F., papiers Decori/14778. Félix Decori avait le même âge que Poincaré; il présidait l'Union générale des Corses et des Amis de la Corse.
40. B.N.F., papiers Poincaré, notes journalières/16032 et *Au service de la France,* VII, p. 184-187.
41. Olivier Sainsère (1852-1923) né à Bar-le-Duc, fils de Louis Sainsère, maire de Bar (1853-1860), oncle de M. Piette, préfet de la Meuse. Conseiller d'État. Les Sainsère étaient une famille de notables de Bar. Le grand-père d'Olivier, Jean-Baptiste Sainsère (1780-1874), avait été filateur et président du tribunal de commerce.

42. B.N.F., papiers Decori/14778.
43. *Rapports et Procès-Verbaux de la commission instituée en vue de constater les actes commis par l'ennemi en violation du droit des gens (décret du 23 septembre 1914)*, I, Paris, 1915, 251 p.; II, Paris, 1915, 74 p.; III, IV, 1916, 236 p.; VI-VII-VIII, IX, 1917, 236 p.; X, XI, XII, 1919, 239 p. L'article récent de John Horn « Corps, lieux et nation : la France et l'invasion de 1914 », in *Annales* 2000/1, p. 73-111.
44. Abel Ferry, *op. cit.,* p. 35-36.
45. B.N.F., papiers Poincaré, notes journalières/16028.
46. A.N., 470AP/103, papiers Millerand.
47. A.N., 414AP/10, papiers Foch, lettre du 3 juillet 1915.
48. B.N.F., papiers Poincaré, notes journalières/16027.
49. Marc Michel, *op. cit.,* p. 287-303. Gallieni qualifia Poincaré de « petit esprit malveillant » (p. 199). Poincaré, *Au service de la France,* VII, p. 74-83.
50. Maurice Sarrail (1856-1929) fut rappelé par Clemenceau en décembre 1917 et remplacé sur proposition de Pétain par Guillaumat.
51. B.N.F., papiers Poincaré/16032, notes journalières.
52. Yves Gras, *Castelnau,* p. 299 *sqq.*
53. Abel Ferry, *op. cit.,* 45-46.
54. *Les Carnets du cardinal Alfred Baudrillart (1er août-31 décembre 1918)*, Paris, 1994, p. 57-58, 92 et 207.
55. Marc Sorlot, *André Maginot,* p. 60.
56. S.H.A.T., journal Brugère.
57. Alfred Baudrillart, *Carnets, op. cit.*, p.141-199, 236-237.
58. B.N.F., papiers Poincaré, notes journalières/16032.
59. Louis Loucheur, *Carnets secrets,* Bruxelles-Paris, 1962, p. 30 et 33-34.
60. Raymond Poincaré, *Au service de la France,* V et VI.
61. P. B. Gheusi, *Cinquante Ans de Paris. Mémoires d'un témoin,* I, p. 204-212 ; III, p. 11-12 (visite aux tranchées) et 253-255.
62. Raymond Poincaré, VI, *Les Tranchées,* 1915, p. 45-58.
63. *Id., ibid.,* p. 222-226.
64. B.N.F., papiers Poincaré, notes journalières/16032.
65. Yves Gras, *op. cit.,* p. 245-246.
66. René Mercier, *Journal d'un bourgeois de Nancy,* Paris-Nancy, p. 25-27, 1918. Tous les textes de Poincaré ont été reproduits par *L'Est républicain. L'Est républicain,* 15 mai 1916. Raymond Poincaré, *op. cit.,* VIII, p. 11-14.
67. Pierre Maire, *Lunéville pendant la Grande Guerre,* Lunéville, 1925.
68. Cf. notre article à paraître dans les actes du colloque Delcassé, *Poincaré et Delcassé, histoire d'une relation politique.* L'échange de correspondance entre Poincaré est Paléologue est signalé par Georges-Henri Soutou, dans *L'Or et le Sang,* Paris, 1989, p. 175-177. Les copies des deux lettres – Poincaré à Paléologue (9 mars 1915) et réponse de Paléologue (16 avril 1915) – sont conservées dans les papiers Pichon, Institut de France/4396. B.N.F., papiers Poincaré, notes journalières/16032, lettre de Delcassé/15998, 20 avril 1915. Abel Ferry admirait beaucoup Delcassé, ce qu'attestent de multiples passages de ses *Carnets* : « Delcassé est rajeuni. L'accord avec l'Italie sera signé ce soir. C'est le grand homme de la Troisième République. Les accords qu'il avait conçus ont résisté à l'épreuve » (27 avril, 1915, p. 67). « J'ai relu les dépêches du petit homme. Quelle maîtrise de pensée, quelle mesure, quelle clarté ! » (29 mai 1915, p. 79).

69. Georges Suarez, *Briand*, IV, *Le Pilote dans la tourmente*, Paris, 1940. Abel Ferry rend visite à Delcassé le 27 octobre (*op. cit.* p. 116-117); il le trouve « épuisé ».
70. A.É., 335 AP/26 papiers Briand, Poincaré à Briand, 29 octobre 1915.
71. Jean-Luc Barré, *Le Seigneur-Chat, Philippe Berthelot*, p. 281-319. Paul Morand, *Journal d'un attaché d'ambassade, 1917-1918*, Paris, 1949, donne de nombreuses informations vues du Quai sur les coulisses du ministère Briand et sur la vie parisienne. Poincaré en est presque totalement absent.
72. A.É., 335 AP/26, papiers Briand, Poincaré à Briand, 22 décembre 1915.
73. B.N.F., papiers Poincaré/16011.
74. Raymond Poincaré, VIII, *Verdun*, p. 70, 18 février 1916. Gérard Canini, « Poincaré et Verdun », in *Raymond Poincaré. Un homme d'État lorrain*, Bar-le-Duc, 1989, p. 37-48.
75. Raymond Poincaré, VIII, *Verdun*, exposé historique, récit du voyage et discours, p. 342-351.
76. Antoine Prost, « Verdun », in *Les Lieux de mémoire*, II, *La Nation*, p. 111-141.
77. Dans le journal de langue française publié par les Allemands à l'intention des populations des territoires occupés, ce thème est fréquent. Cf. Dominique Mercier, *La Gazette des Ardennes, 1914-1918*, maîtrise, Nancy, 1978. Article du 10 février 1916.
78. B.N.F., papiers Poincaré, notes journalières/16032, 18 et 20 octobre 1915.
79. Cf. les remarques d'Alfred Baudrillart, *op. cit.*, p. 372-377, 390, 474-475, 537, et Pierre Renouvin, in *Revue de la Guerre mondiale*, 1931, p. 175.
80. B.N.F., papiers Reinach/24884, 18 août 1916.

Chapitre IV
1917. Dans les incertitudes de l'année trouble

1. Raymond Poincaré, *Au service de la France*, IX, *L'Année trouble*, Paris, 1931. Jean-Jacques Becker, *1917 en Europe. L'année impossible*, Paris, 1997, 205 p.
2. Maurice Barrès, *Mes Cahiers*, XI, p. 396.
3. Les deux articles de Guy Pedroncini, « Les rapports du gouvernement et du haut commandement en France en 1917 », *RHMC*, 1968, et « Remarques sur la décision militaire pendant la Grande Guerre », *RHMC*, 1973. À compléter par Yves Gras qui, dans son *Castelnau*, met l'accent sur les préventions de Castelnau à l'égard de Poincaré. La mission en Russie est analysée p. 327-347. Après son retour de Russie, une permission et un congé de maladie, Castelnau accepta le commandement des armées du nord-est, poste qu'il garda jusqu'à la fin de la guerre; il supporta cet ostracisme avec dignité; il continua à servir là où on l'avait placé et à ne pas mâcher ses mots à l'égard des hommes politiques qui passaient par son quartier général de Mirecourt.
4. La meilleure biographie de Philippe Pétain demeure celle de Guy Pedroncini, *Pétain*, 1989.
5. Georges Nivelle (1856-1924) commanda ensuite le 19e corps à Alger. Puis il tomba dans l'oubli et mourut dans la discrétion. Poincaré, alors président du Conseil, ne se rendit pas à ses obsèques, célébrées le 23 mars 1924.

6. Charles Mangin (1866-1925) avait eu une carrière d'officier colonial : il se distingua par la reprise des forts de Vaux et de Douaumont, puis retrouva un commandement grâce à Clemenceau et joua un rôle décisif dans l'offensive de Villers-Cotterêts en juillet 1918.
7. A.É., 335AP/26, papiers Briand, Poincaré à Briand, 9 décembre 1916. Sur l'agonie du cabinet Briand, cf. le récit de Georges Suarez, *Briand*, II, p. 199-209.
8. Albert Thomas (1872-1935).
9. Louis Loucheur (1872-1931) fut une des révélations des ministères de guerre ; il fut élu député du Nord en 1919.
10. A.N., 414AP/10, papiers Foch.
11. A.N., 151AP/35, papiers Deschanel et A. Baudrillart, *op. cit.*, p. 474-475, et 537 (avril 1917).
12. Paul Painlevé (1863-1933), mathématicien, professeur à la Sorbonne, l'un des pionniers de l'aviation, ami de Lucien Poincaré, député républicain-socialiste depuis 1910. Raymond Poincaré et Paul Painlevé étaient en relation au moins depuis 1898.
13. Sur le retour de Maginot, cf. Marc Sorlot, *André Maginot*, p. 72-84.
14. Récit du conseil de guerre dans Yves Gras, *op. cit.*, p. 352-355, avec le point de vue de Castelnau. Cf. l'analyse de J.-D. Bredin, *op. cit.*, p. 159-163.
15. Georges Bonnefous, *op. cit.*, II, p. 270-273. Aucune allusion de Poincaré à cette séance dans *L'Année trouble*.
16. Marcel Cachin (1869-1958), député socialiste en vue de la minorité, avait effectué un voyage en Russie en avril ; directeur de *L'Humanité* en 1918 ; il passa en 1920 au Parti communiste où il resta jusqu'à sa mort.
17. G. Bonnefous, *op. cit.*, p. 282-284. Texte de l'intervention d'Ernest Albert-Favre qui avait commencé sa carrière au cabinet d'Émile Combes ; il était devenu député radical-socialiste. Réponse de Ribot. Albert-Favre devint sous-secrétaire d'État à l'Intérieur du ministère Clemenceau.
18. Guy Pedroncini, *Pétain*, p. 176. Raymond Poincaré, *op. cit.*, IX, p. 172 et 188.
19. Raymond Poincaré, *ibid.*, p. 68-70.
20. *Id., op. cit.*, VII, p. 89 ; première mention de ce nom le 24 mars 1917.
21. Jean-Baptiste Noulens (1864-1944), avocat, avait commencé au cabinet de Lockroy ; député radical-socialiste du Gers depuis 1902, il avait été en 1913-1914 ministre de la Guerre, puis des Finances.
22. André Kaspi, *Le Temps des Américains*, 1917-1918, Paris, 1976. P. B. Gheusi, *op. cit.*, I, p. 446-447.
23. Lloyd George cite très rarement et presque toujours anecdotiquement Raymond Poincaré dans ses *Mémoires de guerre* rédigés durant sa longue retraite et traduits en français entre 1935 et 1937. Ludwig fait allusion à un article sur Poincaré rédigé par l'ancien Premier ministre.
24. Raymond Poincaré, *op. cit.*, IX, p. 19.
25. Les relations de Malvy avec l'extrême gauche et Almeyreda ont été éclairées par Jean-Jacques Becker, *op. cit.*, p. 379-392.
26. *J.O.*, Sénat, 22 juillet 1917, et J.-B. Duroselle, *op. cit.*, p. 621-622.
27. Théodore Steeg (1868-1950), fils d'un collaborateur de Jules Ferry, représentait au sein du radicalisme une tendance gestionnaire liée à la franc-maçonnerie.
28. Léon-Marie Turmel (1866-1919), député de Guingamp depuis 1910, arrêté le 5 octobre 1917, décédé à la prison de Fresnes le 5 janvier 1919. Cf. les remarques sévères d'Abel Ferry, *op. cit.*, p. 190.

29. Jean-Claude Allain, II, p. 88-100.
30. Fritz Fischer, *Les Buts de guerre de l'Allemagne impériale, op. cit.*
31. Pierre Renouvin, « Les buts de guerre du gouvernement français », in *Revue historique*, 1966, et Georges-Henri Soutou, « Les Marches de l'Est », *Ibid.*, 1979.
32. Raymond Poincaré, *op. cit.*, IX, p. 68, 85-90, 111-112. Guy Pedroncini, *Les Négociations secrètes pendant la Grande Guerre*, Paris, 1969.
33. Raymond Poincaré, *op. cit.*, IX, p. 78-80, texte de la lettre à Ribot.
34. Francis Latour, *La Papauté et les problèmes de la paix pendant la Première Guerre mondiale*, Paris, 1996. Nicolas Thévenin, « La note de Benoît XV du 1er août 1917 et les réactions des catholiques français », in *Revue d'histoire diplomatique*, 1989.
35. Raymond Poincaré, *op. cit.*, IX, p. 284, 286, 299, 317-318.
36. Sur Barthou, cf. la communication de Jean-Jacques Becker, « Louis Barthou devant la guerre de 14-18 », in *Barthou, un homme, une époque*, p. 153-163. Le nom de Stéphen Pichon, ancien titulaire du ministère et proche de Clemenceau, avait aussi circulé.

Chapitre V

Le président de la République : un spectateur impuissant

1. Raymond Poincaré, *Au service de la France*, X, *Victoire et Armistice*, 1918, 1933, 461 p.
2. Jean-Baptiste Duroselle, *Clemenceau*, Paris, 1990, p. 810-861, et « Clemenceau et Poincaré », in *Raymond Poincaré. Un homme d'État lorrain*, Bar-le-Duc, 1989, p. 115-126.
3. Jean-Claude Allain, *Joseph Caillaux*, II, p. 134-150. Sur les radicaux, cf. l'article de Serge Berstein, « Le parti radical-socialiste durant la Première Guerre mondiale », in *1914-1918. L'autre front*, Paris, 1977, p. 66-79.
4. Raymond Poincaré, *op. cit.*, X, p. 211.
5. Édouard (Baccarat, 1862-Paris, 1924), fils d'un notaire originaire de Metz, avocat en 1882, ancien collaborateur de Lockroy ; député de Paris depuis 1914 ; on ne sait pourquoi il fut choisi pour cette fonction ; réélu député sur la liste du Bloc national en 1919 et 1924.
6. Jules Jeanneney (1864-1957), sénateur de la Haute-Saône depuis 1909, entrait au gouvernement pour la première fois.
7. Georges Mandel (1885-1944) était depuis plusieurs années un collaborateur de Clemenceau ; il fut élu député de la Gironde en 1919.
8. Jean-Denis Bredin, *op. cit.*, p. 351-360 ; lettre manuscrite de Poincaré à Clemenceau, 20 novembre 1917 ; document remis par Mandel à Caillaux le 2 février 1938.
9. Raymond Poincaré, *op. cit.*, IX, *L'Année trouble*, p. 56.
10. A.N., F7 15973 (2-3), dossier Judet.
11. *L'Intransigeant,* 24 octobre 1919.
12. Raymond Poincaré, *op. cit.*, IX, p. 411-414.
13. Louis Loucheur, *Carnets secrets*, p. 57-60. On y trouvera quelques éléments sur le rôle du président de la République dans l'affaire du commandement unique et sur le déroulement de la conférence de Doullens (p. 50-60 et 178-180). Henri Mordacq, *Le Ministère Clemenceau*, I, p. 236 et 239.

14. Raymond Poincaré, *op. cit.*, X, p. 323.
15. B.N.F., papiers Poincaré/16017, lettre d'Albert Thomas, 10 mars 1918.
16. Raymond Poincaré, *op. cit.*, X, p. 65-66.
17. *Id., ibid.*, p. 84.
18. *Id., ibid.*, p. 156, et les critiques de Daniel Amson, *op. cit.*, p. 267-268.
19. Raymond Poincaré, *op. cit.*, X, p. 320-323.
20. Sur l'environnement général, cf. la remarquable thèse d'André Kaspi, *Le Temps des Américains*, et François Roth, « La réduction du saillant de Saint-Mihiel », in *Les Américains en Meuse*, Bar-le-Duc, 1988, p. 29-38.
21. Percival Martin dans *L'Est illustré*, 1938. Ce texte, publié vingt ans après les événements, relate-t-il fidèlement les faits ?
22. Raymond Poincaré, *op. cit.*, X, p. 350-352.
23. Sur la crise d'octobre 1918, quelques éléments dans les *Carnets secrets* de Louis Loucheur, p. 62-64.
24. Henri Mordacq, *L'Armistice du 11 novembre 1918. Récit d'un témoin*, Paris, 1937, p. 79-80 et 86-87, et *Le Ministère Clemenceau*, II, p. 350. Raymond Poincaré, *op. cit.*, X, p. 412-413. Maurice Barrès, *Mes Cahiers*, XVIII, p. 398.
25. Raymond Poincaré, *Discours et Messages*. I, p. 59-67 (Metz), p. 73-83 (Strasbourg). *Discours du président de la République en l'honneur de l'Alsace-Lorraine*, Paris, s.d., s.l.
26. *Le Président de la République en Lorraine et en Alsace (7-11 décembre 1918)*, Paris, 1919, 64 p.
27. Raymond Poincaré, *Au service de la France*, X, p. 440-450.
28. Sur l'environnement général, cf. Pierre Renouvin, *Le Traité de Versailles*, Paris, 1969 et Pierre Miquel, *La Paix de Versailles et l'opinion publique française*, Paris, 1972. Dans *Les Délibérations du Conseil des Quatre* publiées par Paul Mantoux (Paris, 1955), pas la moindre allusion à Poincaré : il n'existe pas ! Raymond Poincaré, *Au service de la France*, XI, *À la recherche de la paix, 1919* (édité par Jacques Bariéty et Pierre Miquel), Paris, 1974, 507 p.
29. A.N., 414AP/10, papiers Foch.
30. Récit des cérémonies et texte des discours in *Le Réveil de La Meuse*, 17 avril 1919.
31. A.N., 414AP/10, papiers Foch. Sur Poincaré, Foch et Clemenceau, cf. Louis Loucheur, *Carnets secrets*, p. 74-77.
32. Quatre articles parus dans *Le Temps*, 9, 16, 23, 27 septembre 1920.
33. A.N., 470 AP/114, papiers Millerand, lettre de Persil à Millerand, 30 avril 1919.
34. A.N., 414AP/10, papiers Foch.
35. *Raymond Poincaré, op. cit.*, XI, p. 407-408 et 412-414.
36. *J.O.*, Chambre des députés, 23 novembre 1923. Texte repris et commenté par Léon Duguit, in *Traité de droit constitutionnel*, IV, p. 553-554.
37. *Le Temps*, 24-29 août 1919, et A.D., Bas-Rhin, AL 121.
38. Hélène Sicard-Lenattier, *Les Alsaciens-Lorrains à Nancy, 1871-1914*, thèse, Nancy-2, 1999. Le nom de son cousin Auguste Stoffel est cité par Poincaré, *op. cit.*, X, p. 449.
39. *Discours et Messages*, III, p. 295-312. Visite à Pont-à-Mousson, in *L'Est républicain*.
40. *Discours et Messages*, III, p. 173-186. *L'Est républicain*, 12 octobre 1919.

41. Maréchal Fayolle, *Carnets secrets de la Grande Guerre*, p. 337.
42. Discours d'Hayange, in *Discours et Messages*, III, p. 78-82 ; *Le Lorrain*, 24 août 1919.
43. *La Nación*, novembre 1929 ; texte repris par Paul Tirard, *op. cit.*, p. 88.
44. *Le Lorrain*, 26 août 1919, article d'Henri Collin : « Hommage des Messins. Merci à Poincaré. Vive la France ! ». Discours de Metz et notre article, « Auguste Prost, académicien messin et antiquaire français », in *Mémoires de l'Académie nationale de Metz*, 1997. Les livres d'Auguste Prost figuraient parmi les sources d'information de Poincaré. Cf. les remarques révélatrices très postérieures de Paul Durand, in *Le Visage des nôtres*, Metz, 1953, p. 24.
45. Vincent Gori, *Algrange : d'une guerre à l'autre, 1919-1939*, maîtrise, Nancy, 1991.
46. Discours de Thionville, 23 août 1919, *Le Lorrain*, 24 août 1919.
47. *L'Est républicain*, article d'Émile Hinzelin, 5 août 1919, « Les Lorrains à Paris ».
48. *Le Temps*, 9 août 1919.
49. *Ibid.*, 17 octobre 1919. Texte de l'adresse et réponse complète de Raymond Poincaré in *Le Réveil de La Meuse*, 16 octobre 1919.
50. Henri Mordacq, *Le Ministère Clemenceau*, IV, p. 287-288. Maurice Barrès, *Mes Cahiers*, XIX, p. 165-166.
51. Raymond Poincaré, *Discours de réception du maréchal Foch à l'Académie française*, Nancy, Paris, Strasbourg, 1920, 43 p.
52. Les socialistes posèrent la question préalable, qui fut repoussée par 504 voix (69 seulement s'étant prononcées pour). Le texte fut ensuite adopté par 504 voix contre 64.
53. *L'Est républicain*, 17 février 1920.
54. Raymond Poincaré, *Au service de la France*, XI, p. 186, et *Messages. Allocutions. Discours*, III, p. 227-235.
55. *Le Temps*, 9, 23, 27 septembre 1920. Repris dans la *Revue de droit public*, 1920, p. 490 *sqq.* et commentés par Léon Duguit, in *Traité de droit constitutionnel*, II, p. 827-835.
56. Maurice Barrès, *op. cit.*, XVIII, p. 34.

TROISIÈME PARTIE

Le recours

Chapitre premier

Un retour rapide sur la scène politique

1. B.N.F., N. Acq. fr. 24884/papiers Joseph Reinach.
2. Musée Poincaré, Sampigny.
3. B.N.F., papiers Poincaré/15 999.
4. Musée Poincaré, Sampigny.

5. Dans les papiers Boutroux conservés à l'Institut, aucune trace des relations familiales avec le couple Poincaré.
6. A.N., 470AP/106, 9 mars 1920. *L'Est républicain*, 15 mars 1920.
7. *Ibid., loc. cit.*, 21 juillet 1920.
8. Léon Daudet, *Le Nain de Lorraine*, Paris, 1930. Léon Daudet (1867-1942).
9. B.N.F., notes journalières/16045. Pour toute cette période est seulement conservée une partie de l'année 1925 ; on constate que les animaux domestiques tiennent une grande place dans la vie du couple.
10. B.N.F., papiers Poincaré/16055.
11. *Ibid.*/16017.
12. *L'Est républicain*, 18 juillet 1919.
13. J. Bitchakdjian, *Charles Humbert, sénateur de la Meuse*, thèse dactylographiée, Paris-IV, p. 501-502. Maginot avait fabriqué la liste des candidats. Cf. Michel Maigret, *La Meuse et ses notables : vie politique d'un département rural entre les deux guerres, 1919-1932*, maîtrise, Nancy-2, 1973.
14. Sur cette élection, cf. Marc Sorlot, *op. cit.*, p. 96-98. Résultats de l'élection sénatoriale de la Meuse du 10 janvier 1920.

Inscrits : 795. Exprimés : 789. Majorité absolue : 345. Exprimés : 790

	1er tour	2e tour
Pol Chevalier	608, élu	
René Grosdidier (sortant)	410, élu	
Albert Noël	339	
André Hutin	233	
Général Vautrin	259	
Charles Humbert (sortant)	179	
Raymond Poincaré (non candidat)	156	742, élu

15. Musée Poincaré, Sampigny.
16. Meuse, 1N 175, délibérations du conseil général, 1920. Cf. Caroline Gonzato, *Le Conseil général de la Meuse de 1919 à 1939*, mémoire de maîtrise, Nancy-2, 2000.
17. B.N.F., N. Acq. fr. /24884, papiers Joseph Reinach.
18. Cf. le remarquable article de Michel Maigret, « Le Président chez lui : Poincaré et la Meuse », in *Raymond Poincaré. Un homme d'État lorrain*, Bar-le-Duc, 1989, p. 49-68 ; René Bour, *Histoire de la Banque populaire*, Metz, 1990, et Mohamed Salah Kasmi, *Les Coopérateurs de Lorraine, 1918-1960*, mémoire de maîtrise, Nancy-2, 1982.
19. B.N.F., papiers Poincaré/16008, et Alain Bocciarelli, *La Presse du Sud meusien, 1919-1930*, mémoire de maîtrise, Nancy-2. 1989. M. Sorlot, « Léon Florentin (1875-1938) : une plume au service des valeurs républicaines », in *Commercy à l'ère industrielle*, p. 39-50, Bar-le-Duc, 1994.
20. B.N.F., papiers Poincaré/15593.
21. Henry de Jouvenel (1876-1935).
22. B.N.F., papiers Poincaré/16004.
23. Henri Lerner, *La Dépêche de Toulouse*, op. cit., et A.N., papiers Poincaré/16017, où figuraient plusieurs billets de Maurice Sarraut. L'un d'eux le « félicitait pour cet article de rentrée, une très belle page » (24 septembre 1921). Il était prévu deux articles par mois. Poincaré écrivit huit articles de politique étrangère et un éloge de Gaston Doumergue.

24. B.N.F., papiers Poincaré/15999. René Doumic (1860-1937), homme de lettres et académicien. On trouve 123 lettres et billets divers de cette personnalité bien parisienne; la première était un remerciement pour sa nomination au grade de chevalier de la Légion d'honneur (19 juillet 1895). Doumic devint directeur de la *Revue des Deux Mondes* en 1917 et secrétaire perpétuel de l'Académie française en 1923.

25. Éric Chenu, *La Revue industrielle de l'Est, 1889-1914*, mémoire, Nancy-2, 1995. *L'Est républicain*, 13 octobre 1920, et *Revue industrielle de l'Est*, octobre 1920.

26. Recension à partir de la presse meusienne et régionale.

27. B.N.F., papiers Poincaré/16036 et *Le Lorrain* et *Le Messin*, 24 juillet 1921.

28. B.N.F., papiers Poincaré/16036, texte manuscrit du discours du 3 juin 1921.

29. *Ibid., loc. cit.*

30. *Ibid.*, 16043.

31. *Ibid.*/16007. *Correspondance politique*, 24 février 1920.

32. Sur Alexandre Millerand, cf. Marjorie M. Farrar, *Principled Pragmatist. The Political Career of Alexandre Millerand*, New York, 1991. B.N.F., papiers Poincaré/16007.

33. *Ibid.*, 16011.

34. Raoul Péret (1870-1942) succéda à Paul Deschanel à la présidence de la Chambre. Il avait fait la connaissance de Poincaré en 1893 alors qu'il était attaché au cabinet du garde des Sceaux. Il était devenu député d'Eure-et-Loir en 1902. En 1920, il était inscrit au groupe de la Gauche républicaine et démocratique.

35. A.N.F., 414 AP/15, note de la maréchale Foch, 13 janvier 1921.

36. A.N.F., 470AP/106, dix lettres de Poincaré à Millerand (février à mai 1920). Sur la démission de Jonnart, qui a ouvert la voie à un retour rapide de Poincaré, cf. Jean Vavasseur-Desperriers, *op. cit.*, p. 212-214.

37. B.N.F., papiers Poincaré /16018.

38. *Ibid.*, 16011, lettre du 21 février 1920.

39. A.N., 470AP/106, et B.N.F., N. Acq. fr. 16827, lettre du 18 mai 1920 à François Guionnic. Sur Joseph Avenol, l'article de Michel Marbot, « Le cas de Joseph Avenol », *Relations internationales*, 1993, p. 345-361.

40. Raymond Poincaré, *Histoire politique*, I, 15 mars 1920, p. 3, 8, 15, 63 et 219-270.

41. Ernest Lavisse, « Sentiments à l'égard de l'Allemagne », in *Revue de Paris*, 1920, p. 6-20.

42. B.N.F., papiers Poincaré/16017.

43. Fernand Gouttenoire de Toury, *Poincaré a-t-il voulu la guerre ? Poincaré et Iswolsky contre Georges Louis*, préface de H. Barbusse, Paris, Clarté, 1920, 162 p. *L'Est républicain*, 17 et 21 décembre 1920.

44. *Victor Basch, un intellectuel cosmopolite, 1863-1944*, Berg International, Paris, 2000, 272 p.

45. R. Poincaré, *op. cit.*, III, p. 78, 1er mai 1921.

46. *Id., ibid.*, IV, 1er janvier 1922, p. 168-169.

47. *Id., ibid.*, IV, 15 janvier 1922, p. 194, 201, 212.

48. Serge Berstein, *Édouard Herriot ou la République en personne*, Paris, 1985.

49. Institut de France, Ms/5392, carnets du général Buat, 14 janvier 1922. Sur la place de Barthou auprès de Poincaré, cf. Serge Berstein, « Le rôle politique national de Louis Barthou de 1919 à 1934 », in *Barthou, un homme, une époque*, p. 115-128.
50. Jacques Maunoury (1863-1925), avocat, appartenait au groupe de la Gauche radicale.
51. Yves Le Trocquer (1877-1938), polytechnicien, ingénieur des Ponts et Chaussées, député des Côtes-du-Nord, était inscrit à l'Alliance. Il était ministre depuis le 20 janvier 1920.
52. Charles Reibel (1882-1956), avocat, était inscrit au groupe des Républicains de gauche.
53. Paul Strauss (1852-1943), sénateur de la Seine de 1897 à 1936. Les deux hommes s'étaient connus jeunes à l'Association de la presse républicaine.
54. Paul Laffont (1885-1944), avocat, député de l'Ariège (1914-1930) puis sénateur, avait fait partie du cabinet Briand.
55. François Monnet, *Refaire la République. André Tardieu, une dérive réactionnaire (1876-1945)*, Paris, 1993. Poincaré et Tardieu se connaissaient depuis longtemps ; ils se rencontrèrent régulièrement au Quai d'Orsay puis à l'Élysée à partir de 1912. Avaient-ils des relations plus personnelles ?
56. *J.O.*, Chambre des députés, 12 janvier 1922, et B.N.F., papiers Poincaré/16044, texte manuscrit de Poincaré.
57. B.N.F., papiers Poincaré/15593.
58. A.É.B., lettre de Gaiffier du 16 janvier 1922. Première citation du courrier diplomatique du baron Edmond de Gaiffier d'Hestroy (1866-1935), ambassadeur de Belgique à Paris de 1916 à 1935, observateur pénétrant des milieux politiques français et conseiller avisé de ses ministres successifs.
59. Dépouillement de la presse de Berlin, et Gerd Krumeich, « Poincaré vu d'Allemagne, avant et après la guerre de 1914-1918 », in *Raymond Poincaré. Un homme d'État lorrain*, Bar-le-Duc, 1989.
60. B.N.F., papiers Poincaré/16018.
61. Stanislas Jeannesson, « L'Europe de Jacques Seydoux », in *R. H.*, 1998, p. 124-143. Jacques Seydoux (1870-1929), collaborateur de Poincaré puis d'Herriot, dut pour cause de maladie prendre une retraite anticipée en 1926.
62. Jean-Luc Barré, *Philippe Berthelot*, p. 376-379. Cet interrogatoire eut lieu le 13 mars 1922. Jean-Noël Jeanneney, « La Banque industrielle de Chine et la chute des frères Berthelot (1921-1923) », in *L'Argent caché*, p. 131-191. Philippe Berthelot (1866-1934) fut réintégré par Briand comme secrétaire général, fonction qu'il occupa jusqu'en 1931 ; Alexis Léger, son adjoint depuis 1927, prit progressivement de plus en plus d'influence avant de lui succéder.
63. A.É.B., rapports de Gaiffier, très attentif aux relations franco-anglaises, des 27 février et 7 mars 1922. Commentaire de Paul Cambon, *Correspondance*, III, p. 427. Paul Cambon, qui avait quitté l'ambassade de Londres en décembre 1920, devait décéder le 28 mai 1924.
64. A.É., AP/194, papiers Louis Canet, dossier 30.
65. Paul Cambon, *Correspondance*, III, p. 423.
66. Émile Poulat, « Le père Salvien », in *Cent Ans d'histoire de « La Croix »*, Paris, 1988, p. 187-204.

67. Jean-Marie Mayeur, « La politique religieuse du gouvernement français et l'affaire rhénane (1920-1923) », in *Problèmes de la Rhénanie, 1919-1923*, Metz, 1975, p. 29-58. Bruno Neveu, « Louis Canet et le service du conseiller technique pour les affaires religieuses », in *Revue d'histoire diplomatique*, avril-juin 1968. A.É., AP/194, papiers Louis Canet 31, note de Poincaré sur une lettre d'Henri Cambon du 3 décembre 1922.
68. A.É., AP/194, papiers Louis Canet 31, notes de Canet et compte rendu de Perretti sur les visites du nonce.
69. *Ibid., loc. cit.,* lettres de Jonnart des 16 et 27 novembre 1923 et note de Canet.
70. *Ibid., loc. cit.,* lettre de Poincaré à Henri Cambon, 14 décembre 1923.
71. Sur la zone d'occupation française et sur l'organisation militaire et civile de la rive gauche du Rhin, il faut mettre l'accent sur deux hommes : le général Jean-Marie Degoutte (1866-1938), commandant en chef de l'armée française du Rhin et des armées d'occupation interalliées depuis 1920, et Paul Tirard (1879-1945), président de la Haute Commission interalliée des territoires rhénans. Sur le fonctionnement de cette instance, cf. l'article fondamental de Jacques Bariéty, « La Haute Commission interalliée des territoires rhénans », in *Problèmes de la Rhénanie, 1919-1930*, Metz, 1975, p. 15-28. Pierre Jardin, « La politique rhénane de Paul Tirard (1919-1923) », in *Revue d'Allemagne*, 1989, p. 208-216, et la notice de Hennig Köhler, in *Rheinische Lebensbilder*, 12, Cologne, 1992, p. 257-273. Dans son livre de souvenirs, *La France sur le Rhin* (Paris, 1930), Paul Tirard reste muet sur ses relations avec Poincaré. Nous regrettons de n'avoir pu consulter dans la série AJ/9 (680 et 2899) des Archives nationales les rapports politiques de Paul Tirard.
72. Josef Wirth (1879-1956), député du Centre catholique, chancelier (1921-1922), ministre (1929-1930).
73. Sur Walter Rathenau, cf. la thèse de Paul Létourneau, *Walter Rathenau, 1867-1922*, Strasbourg, 1995, et Georges Roche, « Rathenau et les relations franco-allemandes : entre le prophétisme et le pragmatisme », in *Recherches germaniques*, n° 17, 1987, p. 65-84.
74. Carole Fink, *The Genoa Conference : European Diplomacy, 1921-1922*, Chapel Hill et Londres, 1984. Carole Fink, Axel Frohn et Jürgen Heideking, *Genoa, Rapallo and European Reconstruction in 1922*, Cambridge University Press, 1991, 262 p.
75. La conférence de Rapallo a fait couler beaucoup d'encre. Parmi les articles spécialisés, citons : Theodor Schieder, « Die Entstehungsgeschichte des Rapallo-vertrages », in *H. Z.*, 1967. H. Graml, « Die Rapallo-Politik im Urteil der westdeutschen Forschung », in *VfZ*, 1970. le livre de Karl Hildebrand, *Das Deutsche Reich und die Sowjetunion im internationalen System, 1918-1932*, Wiesbaden, 1977. R. Bournazel, *Rapallo, naissance d'un mythe. La politique de la peur dans la France du Bloc national*, Paris, 1974 et *Rapallo, ein französische Trauma*, Cologne, 1977.
76. A.D.M., 1N 188, déclaration de Poincaré devant le conseil général de la Meuse. Commentaires de Gaiffier (rapport du 11 mai sur les répercussions de ce discours en Allemagne).

Chapitre II
L'occupation de la Ruhr

1. La littérature historique est immense, inégale, technique et difficile à assimiler. Du côté allemand, retenons l'ouvrage de Ludwig Zimmermann, à la fois riche et tendancieux, *Frankreichs Ruhrpolitik, von Versailles bis zum Dawesplan,* Göttingen, 1971. Il a la particularité d'avoir été rédigé au début des années 1940 et publié trente ans plus tard. Karl Schwabe Hg., *Die Ruhrkrise 1923. Wendepunkt der internationalen Beziehungen nach dem erstem Weltkrieg,* Paderborn, 1984. L'ouvrage solide mais déjà ancien de Jean-Claude Favez, *Le Reich devant l'occupation franco-belge de la Ruhr,* Genève, 1969. Du côté français, nous sommes énormément redevable à la monumentale thèse d'État de Jacques Bariéty, *Les Relations franco-allemandes après la Première Guerre mondiale (10 novembre 1918-10 janvier 1925),* Paris, 1977.

2. Stanislas Jeannesson, *La France, Poincaré et la Ruhr (1922-1924), Histoire d'une occupation,* PUS, Strasbourg, 1998. Le livre apporte beaucoup d'éléments nouveaux puisés dans les archives diplomatiques. Excellent résumé dans *Vingtième Siècle,* « Pourquoi la France a-t-elle occupé la Ruhr ? », juillet-septembre 1996, p. 56-67.

3. Lord George Nathaniel Curzon (1859-1925), secrétaire d'État au Foreign Office de 1919 à janvier 1924.

4. Cf. la thèse fondamentale de Denise Artaud, *La Question des dettes interalliées et la reconstruction de l'Europe, 1917-1929,* Lille, 1978.

5. A.N., 475 AP/303, lettre du 6 août 1922.

6. Paul Cambon, *Correspondance,* III, p. 427. Paul Cambon devait décéder le 28 mai 1924.

7. Fernand L'Huillier, « La préparation et les débuts de l'opération de la Ruhr d'après l'inspecteur général des mines Émile Costes (1921-1923) », in *Revue d'histoire diplomatique,* 1996, et Stanislas Jeannesson, « Les objectifs rhénans de la politique française durant l'occupation de la Ruhr, 1922-1924 », in *Revue d'histoire diplomatique,* 1995, p. 369-381.

8. Louis Dubois (1859-1946), député de la Seine depuis 1910, délégué de la France à la Commission des réparations, puis successeur de Poincaré à la présidence. Dubois étant entré en conflit avec le président du Conseil, Poincaré l'obligea à démissionner (2 septembre 1922) et le remplaça par Louis Barthou. Au sein de l'URD (groupe Marin), Dubois fut ensuite un adversaire déterminé de Poincaré, avec lequel il croisa le fer dans plusieurs débats parlementaires.

9. Institut de France, Ms./5392, carnets Buat. A.N., 470 AP/59 et 106, papiers Millerand.

10. Institut de France, Ms./5392, carnets Buat.

11. Marc Sorlot, *op. cit.,* p. 123-124, et A.N., 470 AP/106, lettre du 15 novembre 1923. Léon Bailby (1867-1945) était l'un des directeurs de journaux les plus influents de Paris.

12. A.N., 470 AP/106, lettre du 16 décembre 1922.

13. A.N., 414 AP/13, carnets de la maréchale Foch.

14. Le cadre général des relations franco-belges a été redessiné par Marie-Thérèse Bitsch dans son *Histoire de la Belgique,* Paris, 1993. Cf. la thèse

d'Éric Bussière, *La France, la Belgique et l'organisation économique de l'Europe*, Paris, 1992 et notre article « La Belgique dans les rapports franco-allemands au moment de l'affaire de la Ruhr », in *Dritte in den deutsch-französischen Beziehungen (Les Tiers dans les relations franco-allemandes)*, Oldenburg, 1996, p. 127-138.

15. Georges Theunis (1873-1966), député catholique, Premier ministre de 1922 à 1925.

16. Henri Jaspar (1870-1939), député catholique de Liège, un des hommes politiques belges les plus importants de l'entre-deux-guerres.

17. Sur la mission Delacroix à Berlin, voir les rapports sans illusion des 5, 12 et 13 septembre du chargé d'affaires belge à Berlin, le comte della Faille de Leverghem, qui parlait d'« insuccès » puis d'« échecs », cf. A.É.B., Bruxelles (« Allemagne »). Poincaré fit part à Gaiffier de son irritation extrême à l'égard de la Belgique ; c'était « un moratoire déguisé » et une « mystification ». « La Belgique s'est moquée de la France ; en employant le mot "moquer", j'ai atténué l'expression. J'en ai été irrité et extrêmement peiné. » Gaiffier à Jaspar, 30 septembre 1922.

18. Éric Bussière, *La France, la Belgique et l'organisation économique de l'Europe*, Paris, 1992.

19. A.É.B., (« France »). Nombreuses réflexions au fil des lettres et rapports à son ministre.

20. Institut de France, Ms. 5392, carnets Buat.

21. A.N., 414 AP/13, carnets de la maréchale Foch.

22. A.É., 113 AP/8, rapports Margerie et biographie de Pierre de Margerie, *op. cit.* A.É.B. (« Allemagne »), rapport della Faille, 16 décembre 1922.

23. *Le Figaro littéraire*, 26 juin 1948.

24. Jean de Pange, *Journal*, 1932, p. 90-91.

25. Stephen Schucker, *The End of French Predominance in Europe. The Financial Crisis of 1924 and the Adoption of the Dawes Plan*, Chapel Hill, 1976.

26. *J.O.*, Chambre des députés, 12 janvier 1923, séance du 11 janvier p. 14-20. Richard Gombin, *Les Socialistes et la Guerre. La S.F.I.O. et la politique étrangère française entre les deux guerres mondiales*, Paris, 1970. Le dossier Poincaré de la préfecture de police (Poincaré AB/1634) contient divers éléments sur la campagne communiste.

27. A.N., 475AP/302, papiers Lyautey.

28. B.N.F., papiers Poincaré/16018. Albert Thomas avait quitté en 1919 la vie politique française pour fonder et diriger le Bureau international du travail à Genève ; il garda des relations suivies avec Poincaré.

29. A.N., 414AP/13, carnets de la maréchale Foch.

30. G. Feldmann, *Hugo Stinnes*, p. 854-856. Lazare Weiller (1858-1928), sénateur du Bas-Rhin inscrit à la Gauche démocratique, était influent dans les coulisses du pouvoir. Cf. Jean-Noël Jeanneney, *L'Argent caché*, p. 207, note 27.

31. La politique rhénane de la Grande-Bretagne a fait l'objet d'une mise au point de Hermann Rupieper, « Die britische Rheinlandpolitk im Spannungsfeld der anglo-französischen Beziehungen, 1919-1924 », in *Problèmes de la Rhénanie, 1919-1930*, Metz, 1975, p. 89-107. A. Kaiser, *Lord D'Abernon und die englische Deutschlandpolitik, 1920-1926*, Francfort, Berne, New York et Paris, 1989.

32. A.É.B., rapport Gaiffier, 31 mars 1923.
33. A.N., 470 AP/Louis Loucheur, *Carnets*, p. 118-123.
34. Comte de Saint-Aulaire, *Confession d'un vieux diplomate*, Paris, 1952. Successeur de Paul Cambon à l'ambassade de Londres en décembre 1920, il fut révoqué par Herriot en juin 1924.
35. A.É.B., rapports Gaiffier, 7 juillet 1923.
36. *J.O.*, Chambre des députés, 15 juin 1923, p. 2563-2568 et 2581-2583.
37. Nous nous appuyons pour tout ce chapitre sur la remarquable biographie de Christian Baechler, *Gustave Stresemann*, Strasbourg, 1996. Nous reconnaissons notre dette envers son auteur.
38. A.É., 113 AP/8, rapports de Pierre de Margerie.
39. Discours reproduits dans la presse de l'époque et textes dans papiers Poincaré/16045.
40. A.É.B., rapport du ministre à Berlin della Faille, 27 août 1923.
41. A.É., 113 AP/8, papiers Margerie.
42. A.É.B., rapports de l'ambassadeur Gaiffier, 19 et 20 septembre 1923.
43. *Ibid.*, 26 septembre 1923.
44. A.N., 414 AP/13, carnets de la maréchale Foch.
45. A.N., 470 AP/72, papiers Millerand.
46. B.N.F., papiers Poincaré/16017.
47. Charles Reibel, in *Écrits de Paris*, 1949, p. 24-31. Raoul Persil, *Alexandre Millerand*, Paris, 1949, et Louis Guitard, *Petite Histoire de la Troisième République. Souvenirs de Maurice Colrat*, Paris, 1959.
48. A.N., 470 AP/1, papiers Millerand.
49. Déclaration reprise par della Faille, A.É.B. (« Allemagne »), rapport du 9 octobre 1923. Rudolf Breitscheid (1874-1944), député SPD depuis 1912, revint au SPD après un passage chez les indépendants; journaliste important et l'un des dirigeants du groupe parlementaire, il soutint la politique de Stresemann. Exilé en France après 1933, il fut arrêté par les nazis et mourut au camp de Buchenwald.
50. A.N., 470 AP/72, papiers Millerand.
51. G. Feldmann, *op. cit.*, p. 695-696.
52. B.N.F., papiers Poincaré/16055.
53. Institut de France, Ms./5392, carnets Buat.
54. A.É., 113 /8, papiers Margerie.
55. A.N., AJ 9/680 et 2899 *sqq.*; les rapports de Tirard sont actuellement inconsultables.
56. Walter Mac Douglas, *France's Rhineland Diplomacy*, Princeton, 1978.
57. Karl Dietrich Erdmann, *Adenauer in der Rheinlandpolitik nach dem ersten Weltkrieg*, Stuttgart, 1966. H. Köhler, *Adenauer und die rheinische Republik. Der erste Anlauf, 1918-1924*, Opladen, 1986. La grande biographie d'Adenauer par Hans Peter Schwarz, *Adenauer. Der Aufstieg, 1876-1952* (Stuttgart, 1991, p. 258-290), fait le point sur cette délicate question.
58. Hans Luther (1879-1962), après une carrière rapide dans l'administration municipale, fut bourgmestre d'Essen (1918), puis ministre de Cuno et ministre des Finances de deux cabinets Marx. Il soutint la politique étrangère de Stresemann, chancelier en 1925, fut président de la Reichsbank (1929-1933) et ambassadeur aux États-Unis en 1933. Les nazis le mirent à la retraite en 1937.
59. Hjalmar Schacht (1877-1970).

60. *D.Z.A.* 43 I/63, rapport d'un indicateur qui signe X du 29 novembre 1922.
61. *D.Z.A.* 43 I/64, texte de Stresemann du 29 novembre; rapport du Dr Grimm, 12 décembre 1923, *D.Z.A.* 43 I/215.
62. G. Feldmann, *op. cit.,* p. 911-914.
63. *Id., ibid.,* p. 915-916. Spécialement la conversation de 1965 entre Adenauer et Erdman.
64. A.N., 470 AP/72. Millerand avait été mis au courant par Weyl de la conversation Schacht-Poincaré.
65. A.É.B., Les entretiens Schacht-Millerand et Schacht-Poincaré retinrent l'attention de l'ambassadeur Gaiffier d'Hestroy, qui écrivait le 25 janvier 1924 au ministre Jaspar : « "Vous devez savoir, dit M. Millerand à ce dernier, que nous garderons la Ruhr jusqu'à l'accomplissement des réparations. — Nous le savons tous à Berlin", répondit le directeur de la Reichsbank. Puis Schacht reconnut la possibilité, pour l'Allemagne, de s'acquitter des réparations si on créait une banque de marks-or dont le siège serait en dehors du pays et si le Reich était en mesure de contracter un emprunt international. Il serait, ajouta-t-il, dans le cas d'un accord franco-allemand, condition indispensable pour que les États-Unis lui ouvrent ses caisses. M. Schacht a déclaré parler en son nom personnel; il est certain, d'après M. Poincaré, qu'il s'est fait l'écho de M. Stresemann. »
66. A.N., 470 AP/1 (annexes).
67. Sur cette dégradation et sur l'évolution du parti radical-socialiste, cf. Serge Berstein, *Histoire du Parti radical,* I, *La Recherche de l'âge d'or, 1919-1926,* Paris, p. 358-370.
68. A.N., 475 AP/265, papiers Lyautey.
69. Sur le retour de Briand sur le devant de la scène avec le discours du 24 février 1924, Bernard Oudin, *Aristide Briand,* p. 445.
70. A.N., 475AP/265, papiers Lyautey.
71. Éric Bussière, *La France, la Belgique et l'organisation économique de l'Europe, 1918-1935,* Paris, p. 143-145, réunion, p. 161-163, accord commercial p. 153-159, et 167-169.
72. B.N.F., papiers Poincaré/16016.
73. La crise financière a été racontée par un collaborateur de la banque Lazard, Raymond Philippe, dans *Le Drame financier de 1924-1928,* Paris, 1931. Pour des analyses plus distanciés, cf. les articles de Jean-Noël Jeanneney, « De la spéculation financière comme arme diplomatique : à propos de la première bataille du franc », novembre 1923-mars 1924, in *Relations internationales,* n° 13, 1978, et de Jean-Claude Debeir, « La crise du franc de 1924 », in *Relations internationales,* 1978. Jean-Noël Jeanneney a repris l'ensemble dans *L'Argent caché,* Paris, 1981, et plus spécialement dans le chapitre « La spéculation sur les changes comme arme diplomatique », p. 169-199. Quelques données sur l'intervention de Paribas dans Éric Bussière, *Horace Finaly, banquier, 1871-1945,* Paris, 1996.
74. B.N.F., papiers Poincaré /16018, Albert Thomas à Poincaré, 25 janvier, 10 et 14 février 1924. Ramsay MacDonald à Poincaré, 1924. MacDonald avait pris le portefeuille des Affaires étrangères. Une partie de la correspondance Poincaré-MacDonald a été publiée dans *Le Temps,* 10, 12, 13, 16 août 1929. Cf. la biographie de Stephen Ward, *James Ramsay MacDonald,* New York, Berne et Francfort, 1990, xvi-341 p.

75. Sur la crise ministérielle, beaucoup d'éléments dans la presse et la chronique d'Édouard Bonnefous. Les papiers Millerand apportent un autre éclairage. On trouvera le point de vue de Loucheur dans Stephen Carls, *Louis Loucheur*, op. cit.
76. Henry de Jouvenel (1876-1935), rédacteur en chef du *Matin*, était aussi sénateur de la Corrèze. Cf. la thèse de Christine Manigand, *La Carrière politique d'Henry de Jouvenel*, I.É.P., Paris, 1995.
77. Raoul Persil, *op. cit.*
78. Discours Poincaré/16044.
79. A.É.B., lettre de Gaiffier, 29 avril 1924.
80. P.-B. Gheusi, *op. cit.*, I, p. 421-424.
81. Marc Sorlot, *op. cit.*, p. 136-139, et *Revue hebdomadaire*, août 1924, p. 92.
82. A.É.B., rapport Gaiffier, 18 mai 1923.
83. A.D. Meuse, 1N 188.
84. A.É.B. (« Londres »), rapport du 15 mai 1924.
85. Marc Sorlot, *op. cit.*, p. 143-144.
86. B.N.F., papiers Poincaré, notes journalières/16055.
87. Nicolas Rousselier, *Le Parlement et l'Éloquence. La souveraineté de la délibération au lendemain de la Grande Guerre,* Paris, 1997, 298 p.
88. Stephen Schucker, *op. cit.*
89. *Les Carnets du cardinal Baudrillart, 1935-1939*, Paris, 1996, p. 492 et 943. Baudrillart écrit alors que Poincaré est décédé et que la Ruhr n'est plus depuis longtemps une question d'actualité.
90. *Revue de Paris,* 1er décembre 1929, et réponse de Poincaré. Texte cité par Tirard, *op. cit.*, p. 414.
91. Bertrand de Jouvenel, *Un voyageur dans le Siècle*, Paris, 1980, p. 77.
92. Gustav Stresemann, *Les Papiers de Stresemann*, I, p. 228-229, 1932. Selon Stresemann, Poincaré était « résolu à ne pas abandonner ses gages »; et Hjalmar Schacht, *Mémoires d'un magicien*, Paris, I, p. 210-213.

Chapitre III

En réserve de la République

1. Georges Suarez, *De Poincaré à Poincaré,* Paris, 1928, chronique intéressante et subjective de ces deux années d'attente. Jean-Noël Jeanneney, *Leçons d'histoire pour une gauche au pouvoir. La faillite du Cartel (1924-1925)* Paris, 1977.
2. Jacques Bariéty, *Les Relations franco-allemandes après la Première Guerre mondiale,* pp. 486-492.
3. *J.O.,* Sénat, séances des 10 juillet (intervention de Poincaré) et 11 juillet (réponse d'Herriot). L'ordre du jour de Chéron fut approuvé par 246 voix sur 264 votants. A.É.B., lettre de Gaiffier au ministre, 11 juillet 1924.
4. *Le Temps,* 13 juillet 1924, publiait une lettre de Poincaré rectifiant une inexactitude dans un article paru le 12 juillet.
5. Jacques Bariéty, *op. cit.*, p. 717-722.
6. *J.O.,* Sénat, séance du 26 août. Herriot perdait 40 voix et sa majorité s'était abaissée à 204 voix.

7. *L'Est républicain*, 28 juillet 1924.
8. B.N.F., papiers Poincaré/16006.
9. *Ibid.*, 16007.
10. *Ibid.*, 16045.
11. *Ibid., loc. cit.* 16045.
12. *Ibid., loc. cit.*,16045 et *Le Lorrain* et *Le Messin*, 1er septembre 1924. Sur la journée de Noisseville, cf. François Roth, *La Lorraine annexée, 1870-1918*, p. 545-547 et François Roth, « Le Souvenir Français en Lorraine annexée », in *Mémoires de l'Académie nationale de Metz*, 1974, p. 53-69.
13. *L'Est républicain*, 22 septembre 1924, long article du correspondant meusien Raymond Crémel.
14. B.N.F., papiers Poincaré/16045, texte du discours de Dieuze (5 octobre 1924). *Le Lorrain* et *Le Messin*, 6 octobre 1924, longs comptes rendus de la journée de Dieuze. Charles Hermite (décédé en 1901), professeur de mathématiques à la Sorbonne, avait eu Henri Poincaré comme élève puis comme collègue.
15. B.N.F., papiers Poincaré 16055/notes journalières 21 novembre 1924.
16. Revue *Europe*, novembre 1924, et *Le Temps*, 17 et 18 novembre 1924.
17. Ernest Judet (1851-1943) A.N., F7 15973 (2 et 3). *Frankfurter Zeitung*, 18 novembre 1924.
18. A.N. 472 AP/1, papiers Fabre-Luce. Alfred Fabre-Luce (1899-1983) était le fils d'Edmond Fabre-Luce (1864-1926), un jeune diplomate qui avait épousé une fille d'Henri Germain, le fondateur du Crédit lyonnais, et était devenu dirigeant de la banque. Alfred fit des études de sciences politiques, d'histoire et de droit. Tenté par la carrière diplomatique, il démissionna vite pour se lancer dans le journalisme et l'écriture et devenir un homme de lettres indépendant.
19. Charles Humbert, *Chacun son tour*, Paris, 1925. La thèse de Jean Bitchakjian n'éclaire guère ni la rédaction ni la publication de ce livre. Charles Humbert mourut subitement le 3 novembre 1927 à l'âge de soixante-dix ans ; sa disparition passa inaperçue.
20. B.N.F., papiers Poincaré/16045 ; texte manuscrit et raturé et texte imprimé. *Le Réveil de la Meuse*, 22 février 1925.
21. Notes journalières/16055 et *Au service de la France*, XI, p. 481. Sur le « retour » de Caillaux après son amnistie, cf. Jean-Claude Allain, *Joseph Caillaux*, II, *op. cit.*, et Jean-Denis Bredin, *op. cit.*, p. 242-247. Caillaux, appelé aux Finances par Paul Painlevé, retrouvait avec une vive satisfaction la Rue de Rivoli (17 avril 1925). Le ministre fut facilement élu au Sénat par les grands électeurs de la Sarthe le 12 juillet 1925.
22. B.N.F., papiers Poincaré/16045.
23. *Ibid.*, notes journalières/16055.
24. B.N.F., papiers Poincaré/16004.
25. *J.O.*, Sénat, 1925, séance du 10 avril 1925, p. 843-860.
26. B.N.F., papiers Poincaré/16045, discours de Bar-le-Duc, 29 mars 1925.
27. A.D. Meuse, 1N191, déclaration devant le conseil général de la Meuse.
28. B.N.F., papiers Poincaré/16045.
29. *Ibid., loc. cit.*, discours de St-Mihiel.
30. *Le Lorrain*, septembre 1925.
31. B.N.F., papiers Poincaré, notes journalières/16055.
32. B.N.F., papiers Poincaré/15999, lettre courroucée de René Doumic du 16 juin 1926.

33. A.D. Meuse, 1N 191 et 192, session du conseil général, 18-19 mai 1925 et 1er-3 octobre 1925.
34. B.N.F., papiers Poincaré/16045, discours d'Heudicourt.
35. Jean Giraudoux, *Bella. Histoire des Fontanges,* Paris, Plon, 1926.
36. B.N.F., papiers Poincaré/16045, discours du 27 août 1925.
37. *Ibid., loc. cit.,* texte de l'interview.
38. *Ibid.,* 16006.
39. *Ibid.,* 16009.
40. *L'Ère nouvelle,* 13 juillet 1925.

CHAPITRE IV

Au chevet de la mère malade

1. Henri Queuille (1884-1970), député radical-socialiste de la Corrèze depuis 1914, commençait une très longue carrière ministérielle ; il avait été sous-secrétaire d'État à l'Agriculture de Millerand, puis ministre de l'Agriculture d'Édouard Herriot. Cf. Francis de Tarr, *Henri Queuille en son temps, 1884-1970,* Paris, 1995, 812 p. Sur l'attitude des radicaux, cf. Serge Berstein, *Histoire du parti radical,* II, p. 17-55.
2. La personnalité de Léon Perrier, sénateur de l'Isère, a été cernée par Pierre Barral dans sa thèse *Le Département de l'Isère sous la Troisième République,* Paris, 1962.
3. André Fallières (1875-1968), fils du président de la République Armand Fallières, député de Lot-et-Garonne, occupait son premier poste ministériel. Il fut ensuite élu sénateur du Lot-et-Garonne en 1932.
4. La plus récente biographie d'André Tardieu, celle de François Monnet, *Refaire la République. André Tardieu, une dérive réactionnaire (1876-1945),* [Paris, 1993], est discrète sur ses relations avec Poincaré.
5. Maurice Bokanowski (1879-1928) était, avec Tardieu, l'un des deux ministres qui avaient moins de cinquante ans. Cet avocat au barreau de Paris avait commencé sa carrière politique au parti radical-socialiste comme député de Saint-Denis en 1910. En 1919 et en 1924, il avait été élu député de la Seine sur la liste du Bloc national. Poincaré l'avait déjà appelé au ministère de la Marine en 1924.
6. Marc Sorlot, *op. cit.,* p. 169-170. Au-delà des dosages politiques, Maginot relevait d'une grave maladie et avait été très affecté par la disparition de son fils unique Jean.
7. Charles Reibel était devenu l'un des vice-présidents de l'Alliance républicaine démocratique.
8. Adolphe Bouguereau (1825-1905), peintre académique et « officiel » du Second Empire et de la Troisième République, un adversaire des impressionnistes.
9. A.N., 472AP/1, papiers Fabre-Luce.
10. Fernand Bouisson (1874-1959).
11. F.N.S.P., archives d'histoire contemporaine, fonds Jean du Buît, BU 1, Dr 6.
12. Marcel Ribière (4 décembre 1892-20 septembre 1986) avait fait des études de droit. Il passa ensuite chez Laval, qui en fit un préfet ; en raison de

ses activités durant le régime de Vichy, il fut rayé des cadres le 29 juin 1945. Il réussit une seconde carrière dans l'assurance, comme président de Nation, puis de Nation Vie. Sa sœur Simone épousa l'ambassadeur Léon Noël. Son fils, René Ribière (né le 22 janvier 1922), fut député gaulliste et se battit en duel avec Gaston Defferre.

13. Pour la période allant de juillet 1926 à juin 1928, le journal d'Émile Moreau, gouverneur de la Banque de France, publié en 1954 sous le titre *Souvenirs d'un gouverneur de la Banque de France (1926-1928)* [Paris 1954, 624 p.], est essentiel, car nous ne possédons pas de notes journalières de Poincaré. Il est précédé d'une préface de Jacques Rueff que la *Revue des Deux Mondes* vient de republier (1996, p. 35-46) sous le titre « La sage leçon du franc Poincaré ». Sur Émile Moreau, qui quitta la Banque en septembre 1930, cf. la précieuse notice d'Edmond Giscard d'Estaing, « Émile Moreau », in *Académie des sciences coloniales,* 1950. Émile Moreau, inspecteur des Finances, ancien chef du cabinet de Rouvier, gouverneur pendant vingt ans de la Banque d'Algérie, venait d'être nommé par Joseph Caillaux, le 27 juin 1926, gouverneur de la Banque de France en remplacement de Georges Robineau, un vieil ami de Poincaré. Tout le haut personnel de la Banque avait été changé, dont le secrétaire général, Aupetit. L'économiste Charles Rist, qui avait fait partie du comité des experts, était nommé le même jour premier sous-gouverneur. Moreau était assisté d'un chef de cabinet tout à fait remarquable, Pierre Quesnay (décédé accidentellement en 1937), qui a participé à de nombreuses négociations internationales.

14. Georges Robineau avait fait toute sa carrière à la Banque ; il fut directeur de l'escompte, puis succéda au gouverneur Pallain ; il tomba malade peu de temps après son départ de la Banque ; il mourut à Paris le 9 avril 1927 et fut inhumé à Bar-le-Duc. Poincaré fut représenté aux obsèques par son chef de cabinet Grignon. Cf. *Le Réveil de la Meuse,* 17 avril 1927 et 19 novembre 1931.

15. Émile Mireaux (1885-1969).

16. Éric Bussière, *op. cit.,* p. 275-277. A.É.B., notes de Gaiffier des 2 et 30 septembre 1926 ; même son de cloche le 15 novembre 1926.

17. B.N.F., papiers Poincaré/16009.

18. *Ibid.,* 15993.

19. *Le Journal des Lorrains de Paris* était un hebdomadaire dont le rédacteur en chef était Édouard Frédéric-Dupont, futur député de Paris.

20. *L'Est républicain, Le Réveil de la Meuse* et *Le Journal des Lorrains de Paris.*

21. B.N.F., papiers Poincaré/16045. Texte manuscrit du discours, largement publié dans la presse régionale et nationale.

22. Pierre Mendès France, *Le Redressement financier français en 1926 et 1927,* Paris, 1928.

23. A.É.B., lettre de Gaiffier, 2 septembre 1926.

24. Émile Moreau, *op. cit.,* p. 183-187.

25. *J.O.,* Chambre des députés, séances des 2 et 3 février 1928.

26. *L'Éclair de l'Est,* 1, 2, 3 et 4 février 1928.

27. *L'Est républicain,* 12 février 1927.

28. Émile Moreau, *op. cit.,* p. 246.

29. Philippe Robrieux, *Histoire intérieure du P.C., 1920-1945,* Paris, 1988.

30. B.N.F., papiers Poincaré/15995.

31. *Papiers de Stresemann*, III, 1933, p. 10.
32. Jacques Bariéty, « Le projet de rétrocession d'Eupen et de Malmédy par la Belgique à l'Allemagne et à la France », in *Les Relations franco-belges de 1830 à 1934*, Metz, 1975, p. 325-348. *Id.*, « Finances et relations internationales : à propos du « plan » de Thoiry (septembre 1926) », in *Relations internationales*, 21, 1980, p. 51-70.
33. Éric Bussière, *La France, la Belgique et l'organisation économique de l'Europe*, Paris, 1992.
34. B.N.F., papiers Poincaré/16008.
35. A.N., 414AP/13, papiers Foch.
36. B.N.F., papiers Poincaré/16045, discours de Bordeaux. Dans les *Papiers de Stresemann*, III, p. 265-276, récit de l'entretien du 27 août 1928.
37. Cf. la thèse de Christian Baechler, *Le Parti catholique alsacien, 1890-1939*, 1982, 765 p., et plus spécialement les p. 371-435, ainsi que sa contribution, « L'Alsace-Lorraine, 1918-1933 », *in* Jean-Marie Valentin, *La France et l'Allemagne entre les deux guerres mondiales*, Nancy, 1987, p. 67-109.
38. Xavier Hægy (1870-1932). *Im Dienst der Kirche und des Volkes* (Colmar, 1930) est un volume d'hommage de ses amis à l'occasion de son soixantième anniversaire. Le long article de Christian Bæchler, « L'abbé Xavier Hægy (1870-1932), une politique au service de l'Église et du peuple alsacien », in *Archives de L'Église d'Alsace*, (1984, p. 287-339), est la première biographie scientifique d'un personnage qui a marqué la politique et les catholiques d'Alsace de 1900 à sa mort en 1932.
39. Jacques Peirotes (1869-1935), député SPD de Strasbourg au Reichstag puis SFIO au Palais-Bourbon, fut maire de Strasbourg de 1918 à 1929. Dans le débat parlementaire du 21 juin 1928, Peirotes interrompit Poincaré, qui lui répondit et ajouta : « [...] Il est gouvernemental quand le gouvernement est en Alsace. Là, il se conduit en excellent Français. » Cf. Jean Claude Richez, Léon Strauss, François Igersheim, Stéphane Jonas, *1869-1935, Jacques Peirotes et le socialisme en Alsace*, Strasbourg, 1989. Poincaré eut à affronter les attaques des communistes. On pourrait extraire de *L'Humanité d'Alsace-Lorraine* tout un florilège de citations dénonciatrices; cf. par exemple le numéro du 30 juin 1927.
40. Christian Pfister (1855-1933), nommé recteur de l'académie de Strasbourg le 8 mai 1927, avait pris sa retraite le 30 septembre 1931. Article de Louis Madelin in *Annales de l'Est*, 1934, p. 3-24. Numéro spécial des *Annales de l'Est* sur Christian Pfister, 1957/3.
41. *J.O.*, Chambre des députés, 29 juin 1928, séance du 28 juin, p. 2086-2087, affrontement entre Poincaré et Reibel. Émile Hinzelin était administrateur-directeur de la Revue *La Marche de France*. La lettre citée avait été rédigée à Triaucourt le 20 mai 1928 (B.N.F., papiers Poincaré /16006). Hinzelin décéda en octobre 1937.
42. « Pierre Barral », in *Histoire de la Lorraine de 1900 à nos jours*, Toulouse, 1979, p. 118-119. Intervention de Robert Schuman, *J.O.*, Chambre des députés, 25 janvier 1929, p. 246-252. Le discours de Poincaré s'était étendu sur trois séances et le débat s'était achevé le 8 février 1929.

Chapitre v
Le franc Poincaré

1. B.N.F., papiers Poincaré/16046.
2. *Ibid., loc. cit.* Nous remercions chaleureusement Pierre Barral de nous avoir communiqué le récit de la journée publié par *Le Réveil de l'Aude* du 2 avril 1928. Sur l'interprétation du discours de Carcassonne, cf. Serge Berstein, *op. cit.,* p. 52-54.
3. Émile Moreau, *op., cit.,* p. 519 et 523.
4. A.D. Meuse 1N 274, délibérations du conseil général de la Meuse, mai 1928.
5. F.N.S.P., archives d'histoire contemporaine, fonds Du Buît, BU 1, Dr. 7.
6. Louis Loucheur, *Carnets secrets,* p. 145-148 (loi Loucheur), et Stephen Carls, *Louis Loucheur,* p. 273-287.
7. Alfred Oberkirch (1871-1947), médecin, député du Bas-Rhin (1919-1928) puis député de Sélestat (1928-1940). Cf. Christian Baechler, *op. cit.,* p. 498-507 et 533.
8. Émile Moreau, *op. cit.,* p. 519 et 527.
9. Jean-Noël Jeanneney, *François de Wendel en République. L'argent et le pouvoir, 1914-1940,* p. 456-575. Nous citons l'exemplaire dactylographié reproduit par l'université de Lille-III.
10. F.N.S.P., archives d'histoire contemporaine, fonds Du Buît, BU 1, dossier 1, note Du Buît.
11. Sur les longues hésitations de Poincaré, cf. l'article de Georges Suarez, « L'œuvre financière de Poincaré » in *Revue de Paris,* 15 octobre 1927. Poincaré y fit d'ailleurs allusion dans son discours à la Chambre du 21 juin 1928. *J.O.,* 22 juin, p. 1993-2007. Texte publié en brochure sous le titre *La Réforme monétaire et financière,* Paris, Berger-Levrault, 1928, 187 p.
12. F.N.S.P., archives contemporaines, fonds Du Buît, BU 1, Dr. 1 et Dr. 2, note Du Buît et nombreuses coupures de presse.
13. Élisabeth du Réau, *Édouard Daladier,* Paris, 1993, p. 66-74.
14. B.N.F., papiers Poincaré/16046.
15. Sur le congrès d'Angers, cf. Serge Berstein, *Édouard Herriot,* p. 169, et *Histoire du parti radical,* II, p. 73-76.
16. *L'Est républicain,* 7 novembre 1928.
17. B.N.F., papiers Poincaré/16010.
18. Henri Chéron (1867-1936), sénateur du Calvados, remplaça Maurice Bokanowski le 14 septembre 1928 ; il avait été ministre de l'Agriculture du précédent ministère Poincaré.
19. Marc Sorlot, *op. cit.,* p. 192-200.
20. A.D. Meurthe-et-Moselle, 26 J 182, papiers Marin, note recopiée sur « le ministère depuis les élections de 1928 ».
21. Georges Bonnefous (1867-1956), avocat, était député de Seine-et-Oise depuis 1910. Vice-président de la Fédération républicaine, il hérita le portefeuille du Commerce et de l'Industrie. Il était le père d'Édouard Bonnefous, sénateur de Seine-et-Oise et membre de l'Institut.
22. B.N.F., papiers Poincaré, discours/16046.
23. *J.O.,* Chambre des députés, 12 janvier 1929, séance du 11 janvier p. 26-27, 48-49 et 52-53.

24. *Ibid.*, 9 mars 1929, séance du 8 mars 1929, p. 902-903. *Le Messin*, 2 mars 1929.
25. Jacques Kayser, *L'Action républicaine de M. Poincaré*, Paris, 1929.
26. Christian Baechler, *Gustave Stresemann*, p. 789-796. Dans les *Mémoires d'un magicien*, Schacht reste discret sur cette négociation.
27. Albert Vögler (1877-1945), président-directeur général des Vereinigte Stahl, se rallia immédiatement au régime nazi et adhéra au parti; il fut l'un des acteurs de premier plan de la politique économique du régime; il se suicida en mai 1945.
28. D.Z.A (Berlin) R43/277, lettre de Schacht à Stresemann, 16 février 1929 et plusieurs comptes rendus de débats à la chancellerie.
29. *Ibid., loc. cit.*, les rapports de Schacht au chancelier des 9, 17, 21, 27 avril 1929.
30. *Ibid., loc. cit.*, compte rendu de conférence à la chancellerie, 20 mai 1929. Hermann Müller envoie un télégramme de félicitations à Schacht et aux autres négociateurs allemands (7 juin 1929).
31. Christian Baechler, *op. cit.*, p. 792-801.
32. B.N.F., papiers Poincaré/16046.
33. A.N., 414AP/12, papiers Foch, lettre de Poincaré du 30 mars 1929.
34. B.N.F., papiers Poincaré/16021.
35. P.-B. Gheusi, *Cinquante Ans de Paris. Mémoires d'un témoin*, IV, p. 461.
36. Denise Artaud, *La Question des dettes interalliées et la reconstruction de l'Europe, 1917-1929*, Lille, 1978.
37. *Vorwärts*, 28 juin 1929.
38. *J.O.*, Chambre des députés, 12 juillet 1929, p. 2462-2479, 13 juillet, p. 2493-2517, 17 juillet, p. 2537-2546 et 2350-2356. Charles Reibel intervint dans la soirée du 16 juillet pour tenter de mettre Poincaré en contradiction et annoncer son vote favorable à la motion Dubois. La réponse de Poincaré fut l'une de ses dernières paroles devant les députés.
39. Jean de Pange, *Journal, 1927-1929*, p. 182.
40. Intervention d'Aristide Briand, *J.O.*, Chambre des députés, 17 juillet 1929, p. 2557-2560.

QUATRIÈME PARTIE

Déclin, légendes et mémoire

CHAPITRE PREMIER

Un vieil homme diminué

1. Pierre Matthieu, « Notice nécrologique de M. Antonin Gosset (1872-1944) », in *Bulletin de l'Académie de médecine*, 1944, p. 632-634.
2. B.N.F., papiers Poincaré/16008, lettre du 18 août 1929.

3. *Ibid.* 16023, lettres des 27 juillet 1929 et 26 décembre 1930.
4. *Ibid., loc. cit.*
5. A.D. Meuse, papiers Develle/J 1378/8.
6. B.N.F., papiers Decori/14788, lettre du 12 septembre 1929.
7. A.N., 414AP/12, lettre de Poincaré à la maréchale Foch, 20 octobre 1929.
8. B.N.F., papiers Paul Valéry, et N. Acq. fr. /17343, lettre d'Henriette Poincaré à Charles Sylvestre, 4 novembre 1929.
9. B.N.F., papiers Poincaré/16020.
10. *Ibid.*, 16009; Gabriel Hanotaux, *Raymond Poincaré*, 1934, p. 45-47.
11. B.N.F., papiers Paul Valéry, lettre du 7 février 1930.
12. B.N.F., papiers Poincaré/15999, lettres des 2 février, 3 mars et 24 septembre 1930.
13. *Ibid.*, 16009, lettres des 9 août et 1er décembre 1930.
14. B.N.F., papiers Poincaré/16054, affaire relative au legs Longchampt.
15. *L'Alsace française*, 4 avril 1930.
16. B.N.F., papiers Poincaré/brouillon d'article. Émile Ludwig, « Penseurs et hommes d'action. Souvenirs », in *Revue de Paris*, 1932, p. 60-84.
17. *La Nación*, 13 novembre 1930, et *Excelsior*, 30 novembre 1930.
18. B.N.F., papiers Poincaré/16008, lettre du 20 octobre 1930.
19. *Journal des Lorrains de Paris*, 15 décembre 1930.
20. B.N.F., papiers Poincaré/16056, brouillon d'articles.
21. *Ibid.*,16047, note d'Henriette Poincaré.
22. *Ibid.*,16020, lettre du 19 décembre 1930.
23. *Ibid.*,16023, lettre de janvier 1931.
24. Louis Loucheur, *Carnets secrets,* p. 171.
25. B.N.F., papiers Poincaré/16022.
26. *Ibid., loc. cit.*
27. *Ibid., loc. cit.*, article d'Yves Krier.
28. *Ibid.*, 16008, lettre du 8 août 1931.
29. *Ibid.*, 16022.
30. B.N.F., papiers Decori/14788, lettre du 28 octobre 1931.
31. B.N.F., papiers Poincaré/16020.
32. Archives Pont-à-Mousson (Blois) sans cote (document au coffre). Texte intitulé « Visite à Sampigny » (30 janvier 1932), adressé par Stéphane Lauzanne à Marcel Paul-Cavallier, président-directeur général de Pont-à-Mousson.
33. *Excelsior,* 12 janvier 1932.
34. Témoignage oral de Louis Jacquinot.
35. B.N.F., papiers Poincaré /16023, lettre du 24 janvier 1933. Paul Valot (1889-1959) devint conseiller d'État, le 27 août 1936.
36. *Ibid.*,16022.
37. *Ibid.*,16057.
38. B.N.F., papiers Poincaré.
39. *Ibid.*,16021, texte du testament du 25 septembre 1933.
40. *Ibid.*,15994, lettre de Léon Bérard, 30 janvier 1934.
41. B.N.F., N. Acq. fr/16827, lettre de Raymond Poincaré à Lysie Guionnic, 21 juin 1934.
42. Archives Sampigny.
43. Préfecture de police de Paris, AB/1634.

44. Le *Figaro* et *Le Temps*, 16 octobre 1934.
45. *La Nation*, 20 octobre 1934.
46. *L'Humanité*, 16 octobre 1934.
47. La correspondance a disparu et les *Carnets* d'Alfred Baudrillart sont peu explicites.
48. B.N.F., papiers Poincaré/16508, lettre du curé Monflier à Henriette (28 octobre 1934).
49. Archives Sampigny et *Le Réveil de la Meuse*. Dans les revues, signalons, sous le pseudonyme d'Ignotus, « Louis Barthou et Raymond Poincaré », in *Revue de Paris*, 1er novembre 1934.
50. B.N.F., papiers Poincaré/16022.
51. *Ibid., loc. cit.*
52. Décédée à Triaucourt-en-Argonne le 20 mars 1940.

Chapitre ii

Entre les légendes et la réalité

1. A.É., AP 43/102, papiers Jules Cambon, lettre d'Henri Cambon à Jules, 18 mars 1923.
2. *Le Lorrain*, 26 août 1919, « Merci à Poincaré ! Vive la France ! »
3. François Roth, *Le Temps des journaux*, Metz, 1984, p. 169-173, et un exemple : *Lothringer Journal*, 2 février 1929. Dans la presse alsacienne, et en particulier dans tous les journaux contrôlés par l'abbé Hægy, on trouve tout un florilège antipoincariste.
4. Léon Daudet, *Le Nain de Lorraine*, Paris, 1930.
5. Notamment par Jacques Kayser dans *L'Action républicaine de M. Poincaré*, Paris, 1929.
6. Alfred Baudrillart, *Carnets, 1914-1918*, p. 199 et 214. Denys Cochin (1852-1922), député catholique de Paris, père de l'historien Augustin Cochin, tombé au front en 1916. C'était un familier de Baudrillart.
7. Marcel Cachin (1869-1958), député socialiste, majoritaire jusqu'en 1917, se détacha du parti socialiste pour adhérer au Parti communiste, auquel il restera fidèle jusqu'à sa mort. Directeur du quotidien *L'Humanité*.
8. Gerd Krumeich, « Poincaré vu d'Allemagne, avant et après la guerre de 1914-1918 », in *Raymond Poincaré. Un homme d'État lorrain*, Bar-le-Duc, 1989, et Christian Baechler, « L'Alsace-Lorraine, 1918-1933 », in *La France et l'Allemagne entre les deux guerres mondiales*, Nancy, 1987, p. 67-109.
9. Marie-Ferdinand Gouttenoire (1876-1964), dit Gouttenoire de Toury, un des animateurs de l'Arac, dont il fut vite exclu ; membre du Parti communiste au début des années 1920, il revint ensuite au parti socialiste.
10. Henri Barbusse (1873-1935), prix Goncourt 1916, écrivain de la gauche pacifiste.
11. Raymond Poincaré, *Les Origines de la Guerre. Conférences prononcées à la Société des conférences*, Paris, 1921.
12. Montgelas, *Leitfaden zur Kriegsschuldfrage*, Berlin, 1923. Minutieuse critique des documents par Pierre Renouvin in *Revue de la guerre mondiale*, 1924, p. 348-357, sous le titre, « Les Origines de la guerre : le dernier état de la thèse allemande ».

13. Gustave Dupin (1861-1933), maître verrier de profession, devint à la suite de la mort de son fils au front un pacifiste intégral et poursuivit Poincaré de sa haine jusqu'à son dernier souffle.
14. Georges Demartial (1861-1945), fonctionnaire au ministère des Colonies, fut, après 1919, l'un des animateurs du mouvement pacifiste et de sa revue *Évolution*. Ayant combattu la thèse de la guerre comme légitime défense, il fut suspendu pour cinq ans de son grade d'officier de la Légion d'honneur en mai 1928. Un numéro spécial de la revue *Europe* lui a été consacré le 15 juin 1928.
15. *Der Berliner Tagesblatt*, 28 octobre 1921.
16. Guillaume II, *Mémoires*, Paris, 1922, p. 227.
17. Wilhelm Marx (1863-1946), député du Centre catholique de Cologne, chancelier du Reich en 1921-1922, puis en 1926-1928. A.É.B., rapport de della Faille, 31 mars 1922.
18. *Vorwärts*, 4 mai 1923. Della Faille communiqua cet article à son ministre.
19. Émile Chantriot, « Poincaré jugé par les Allemands », in *Annales de l'Est*, 1937, p. 36-59, 131-171, 295-316.
20. *Pfälzische Post*, 7 janvier 1922.
21. Baron Beyens, *L'Allemagne devant la guerre. Les causes et les responsabilités*, Bruxelles, 1915. Le rapport adressé par le baron Guillaume le 10 mars 1914 au ministre Davignon fut trouvé par les Allemands aux Archives de Belgique à Bruxelles, puis utilisé à des fins de propagande contre Poincaré durant la guerre à partir de 1915. Il a souvent été cité comme une preuve du nationalisme et du bellicisme de ce dernier. Texte dans papiers Millerand.
22. *Le Populaire*, 14 et 17 janvier 1922.
23. Préfecture de police de Paris, AB/1634, et A.N., 715992/2.
24. Paul Vaillant-Couturier (1892-1937), journaliste puis rédacteur en chef de *L'Humanité*.
25. Préfecture de police de Paris, AB/1634.
26. *J.O.*, Chambre des députés, 6 juillet 1922, p. 2 369 *sqq*.
27. *J.O.*, Chambre des députés, 18 janvier 1923, p. 166-171.
28. *Les Carnets de Georges Louis*, II, 1912-1917, 266 p., Paris, 1926. Georges Louis était décédé à Paris le 7 avril 1917 à l'âge de soixante-dix ans.
29. Tracts conservés à Sampigny.
30. Arthur Raffalovitch, *L'Abominable Vénalité de la presse d'après les archives russes*, Paris, 1931.
31. Sa considérable bibliographie comprend près de cent titres, parus de 1925 à sa mort en 1983. L'un des premiers, *La Victoire*, fit scandale. On retrouve sa virulente passion antipoincariste dans le premier tome de ses Mémoires, *Vingt-Cinq années de liberté*, I, *Le Grand Jeu (1936-1939)*, Paris, 1962, p. 107-141.
32. Patrick de Villepin, *Victor Margueritte*, Paris, 1991.
33. Archives Sampigny. *L'Ère nouvelle*, 13 avril 1928.
34. Poincaré était alors président du Conseil. *L'Est républicain*, 20 mars 1928 : « Comment M. Poincaré riposte aux mensonges des pangermanistes ».
35. René Gérin et Raymond Poincaré, *Les Responsabilités de la guerre. Quatorze questions, quatorze réponses*, Paris, 1930. Critique du questionnaire par Pierre Renouvin in *Revue d'histoire de la guerre*, 1930, p. 297-298.
36. Raymond Poincaré, *Comment fut déclarée la guerre de 1914*, Paris, 1939.

37. Camille Bloch, « Bibliothèque et musée français de la Guerre », in *Revue de synthèse historique*, 1921, tome XXXIII. René Girault, « Pierre Renouvin, la BDIC et l'historiographie française des relations internationales », in *Matériaux pour l'histoire de notre temps*, n° 49-50, 1998, p. 7-8 ; *Revue d'histoire de la guerre*, 1923-1939, Paris, 17 tomes. Pierre Renouvin, *Les Origines immédiates de la guerre (28 juin-août 1914)*, Paris, 1925.
38. *Le Réveil ouvrier*, 2 octobre 1926, 31 décembre 1927, 14 janvier 1928, 31 mars 1928.
39. Maurice Barrès, *Mes Cahiers*, XVIII, p. 92.
40. *Les Belles Pages meusiennes*, Verdun, 1929.
41. *Le Débat*, septembre 1983, p. 8.
42. Pierre Barral, « Raymond Poincaré et la Lorraine », in *Raymond Poincaré. Un homme d'État lorrain*, Bar-le-Duc, 1989, p. 9-20. Cette interprétation sereine et distanciée peut être comparée avec le témoignage immédiat et admiratif du Lorrain Pierre Marot, « Poincaré et la Lorraine », in *Le Pays lorrain*, 1934. Le futur directeur de l'École des chartes, originaire de Neufchâteau, petite ville lorraine où vécurent plusieus ancêtres directs de Raymond Poincaré, était alors archiviste de la Meurthe-et-Moselle à Nancy.
43. *L'Est républicain*, 24 mai 1909.
44. *Inauguration solennelle du Musée historique lorrain, 28 juillet 1912*, Nancy, 34 p. *Le Pays lorrain*, 1913, p. 573, et 1936 p. 381-382 (avec le discours du 28 juillet 1912).
45. Pour mieux cerner la personnalité d'Alfred Mézières, cf. François Roth, « Alfred Mézières, un universitaire humaniste et un républicain modéré (1826-1915) », in *Mémoires de l'Académie nationale de Metz*, 1995, p. 115-129.
46. Jérôme Pozzi, *Les Groupements et Réseaux d'originaires de Meurthe-et-Moselle et de Meuse à Paris pendant l'entre-deux-guerres (1919-1939)*, mémoire de maîtrise, Nancy-2, 1998.
47. *Le Pays lorrain*, 1913, p. 573.
48. Joseph Caillaux, *Mes Mémoires*, III, 1947.
49. *Le Journal des Lorrains de Paris*, 29 mai 1927.
50. *Ibid.*, 15 décembre 1930.

Chapitre III

Mémoire et héritage

1. B.N.F., papiers Poincaré/16023, lettre du préfet Villey à Henriette, 12 juillet 1936.
2. *Ibid., loc. cit.*
3. Jacques Bainville, *Le Fauteuil de Raymond Poincaré. Discours de réception à l'Académie française*, Paris, 1935. B.N.F., papiers Poincaré/16023, lettre d'Albert Salle, 10 février 1936.
4. Lucienne Scheil, *Éloge de Raymond Poincaré*, Paris, 1938, 34 p.
5. B.N.F., papiers Poincaré/16022, correspondance entre Fernand Payen et Henriette Poincaré, en particulier la lettre du 25 décembre 1934.
6. *L'Est républicain* et *L'Éclair de l'Est*, 14 juillet 1935, et tous les journaux meusiens.

7. Louis Bruntz (1872-1945), professeur puis directeur de l'École de pharmacie, appartenait à cette bourgeoisie républicaine proche de Poincaré et de Lebrun. Conseiller municipal de Nancy et adjoint du maire Henri Mengin, il fut recteur de l'académie de Nancy de 1928 jusqu'à sa révocation en octobre 1940 par le régime de Vichy. Cf. *La Faculté de pharmacie de Nancy, 1872-1972* (historique), Lunéville, 1972, 10 p.

8. Joseph Laurent (1870-1956) était né à Bar-le-Duc, où il avait été élève du lycée. Professeur de grec et doyen de la faculté des lettres de Nancy, il fut maire de gauche de Nancy de 1912 à 1914. À ce titre, il avait reçu Poincaré en visite officielle à Nancy en juillet 1912.

9. B.N.F., papiers Poincaré/16020, lettre du président Loyseau du Boulay, 21 août 1936.

10. *Ibid.*,16022, 37 lettres de Denys Puech.

11. « Le monument Poincaré ». *L'Est républicain*, 16 octobre 1937. Raymond Poincaré, s.d. (1937), s.l. *L'Est républicain* et *L'Éclair de l'Est*, 25 octobre 1937, et tous les journaux meusiens.

12. B.N.F., papiers Poincaré/16020, lettres à Henriette de Jean du Buît, et 16022, lettres à Henriette de Payelle et Paléologue. Payelle décéda en juin 1941.

13. *L'Est républicain*, 24 juillet 1950. Le cortège présidentiel se rendit aussi au cimetière de Nubécourt ; parmi les intervenants, il faut signaler l'ancien chef de cabinet Grignon, qui évoqua quelques souvenirs personnels (*Le Monde*, 25 juillet 1950 et 25 juillet 2000).

14. Visite officielle de De Gaulle à Bar-le-Duc, 29 juin 1961.

15. Françoise Giroud, *Cœur de Tigre*, Paris, 1995, p. 198.

16. *Le Monde*, 17 février 1946 ; texte repris dans le numéro du 17 février 1996.

17. Marc Sadoun, « De la méthode aux valeurs », in *Pouvoirs*, 1982, p. 40.

18. *Le Canard enchaîné*, 10 octobre 1984. Cette charge contre Valéry Giscard d'Estaing d'André Ribaud, intitulée : « On parle vrai, pas vrai ! », s'achevait par un paragraphe dans le style *Canard* où étaient repris la plupart des clichés contre Poincaré.

19. *Le Débat*, septembre 1983, p. 8, entretien de Raymond Barre avec François Furet. André Lebacq, « Raymond Barre, un nouveau Poincaré » in *Revue des Deux Mondes*, 1985, p. 412-425.

20. *Le Monde*, 23 novembre 1993, « De Poincaré à Balladur », par Didier Marteau et Pascal Morand.

21. Jacques Rueff, *De l'aube au crépuscule. Autobiographie*, Paris, 1977.

22. *Le Monde*, 29-30 juillet 1964.

23. A.N., 472 AP/6, papiers Alfred Fabre-Luce.

24. Alfred Fabre-Luce, *Douze Journées décisives*, Paris, 1972.

25. A.N., 472 AP/1, papiers Fabre-Luce. Lettres de Jean Laloy (15 janvier 1967) et de Jacques Chastenet (22 janvier 1967) ; parmi ses approbateurs, l'académicien Michel Mohrt : « d'accord avec votre thèse sur la responsabilité de Poincaré ». Pour sa part, le général Beaufre pense que « Poincaré n'a été qu'un détonateur dans le mélange explosif, résultant de la psychologie de l'époque, faite de nationalisme, de tension et de naïveté sur le caractère de la guerre » (28 janvier 1967).

26. Fritz Fischer, *Les Buts de guerre de l'Allemagne impériale, 1914-1918*, Paris, 1970. Dans le substantiel compte rendu paru dans *Le Monde* des 17-18 mai 1970 sous la plume d'André Latreille, le nom de Raymond Poincaré n'est pas cité.

27. Le regard des historiens étrangers a évolué, depuis les sévères remarques de l'Italien Luigi Albertini dans un livre publié à Milan en 1943, qui conclut à un partage des responsabilités. Le Britannique John F.V. Keiger, lequel, dans un livre de 1983, antérieur de quinze ans à sa biographie de Poincaré et intitulé *France and the Origins of the First World War*, abandonne totalement la thèse de la culpabilité.

28. *L'Histoire*, avril 2000, n° 242, p. 32-39.

29. Michel Mourre, *Dictionnaire encyclopédique d'histoire*, 6, 1994, p. 3701-3703. En revanche, exemplaire est la notice de Nicolas Rousselier in *Dictionnaire historique de la vie politique française au xxe siècle* (sous la direction de Jean-François Sirinelli), 1995, p. 808-811.

30. Gerd Krumeich, « Poincaré und der "Poincarismus" », in *Francia*/8, p. 425-453.

31. René Rémond, *Notre Siècle*, Paris, 1991.

32. Maurice Agulhon, *La République de Jules Ferry à François Mitterrand, de 1880 à nos jours*, Paris, 1990.

33. Christian Delporte, *La Troisième République, 1919-1940 : de Raymond Poincaré à Paul Reynaud*, Paris, 1998, 425 p.

34. Dans le numéro spécial de *L'Histoire* de janvier 1993, *La Droite, 1789-1993*, Michel Winock, dans un article intitulé « Voyage à l'intérieur de la droite », situe assez justement ce parcours.

35. Jean Bécarud et Michel Leymarie, « Les modérés à travers les réflexions d'Albert Thibaudet dans la NRF », in *Les Modérés dans la République*, p. 317-327.

36. Maurice Barrès, *Mes Cahiers*, XVII, p. 218 (28 juillet 1912).

37. Le compte rendu d'Henri Guillemin « Quand Vercors faisait parler Briand » (*Le Monde*, 18 septembre 1981) est un florilège de l'antipoincarisme. Relevons cette phrase : « On doit s'étonner également de voir Vercors se risquer à écrire (p. 139) : "Nous ne saurons jamais ce qui fut dit", en juillet 1914, par Poincaré au tsar, alors que nous le savons depuis l'imprudente publication par Paléologue en 1921 de ses souvenirs, et de l'aveu "du coup de clairon" donné par le Lorrain pour la jubilation frénétique, en Russie, du parti de la guerre. Poincaré ayant annoncé sans ambages : "Allez-y, allons-y, nous sommes prêts." »

38. *Revue française de science politique*, février 1980, p. 150. Dans sa préface à la traduction française des *Mémoires* de Heinrich Brüning, 1970, p. 11, Alfred Grosser avait employé la formule de « poincarisme gaullien », dont on a du mal à cerner le contenu.

39. Ernest Lavisse, *Réponse de Monsieur Ernest Lavisse*, Paris 1909, p. 17.

40. Albert Thibaudet, « Les Quatre », in *Nouvelle Revue française*, janvier 1935.

41. Charles de Gaulle, *Lettres, notes et carnets*, 1927, p. 285-286.

Sources et bibliographie

ABRÉVIATIONS

A.É.	Affaires étrangères (Quai d'Orsay)
A.É.B.	Affaires étrangères belges (Bruxelles)
A.N.	Archives nationales
A.D.M.	Archives départementales de la Meuse
A.D.M.M.	Archives départementales de la Meurthe-et-Moselle
A.D.V.	Archives départementales des Vosges
B.N.F.	Bibliothèque nationale de France (N. Acq. fr., Nouvelles Acquisitions françaises)
D.Z.A.	Deutsches Zentral Archiv (Berlin)
M.A.É.	Ministère des Affaires étrangères
M.P.	Musée Poincaré (Sampigny, Meuse)
P.P.	Préfecture de police de Paris
S.H.A.T.	Service historique de l'armée de terre

ARCHIVES

I — Documents sur Raymond Poincaré et sa famille

L'essentiel des papiers de Raymond Poincaré est conservé dans la série des Nouvelles Acquisitions françaises (N.A.F.) du département des Manuscrits. Il provient des documents conservés par Mme Raymond Poincaré et versés après sa mort, ainsi que des lettres versées par Lysie Guionnic, nièce de Mme Poincaré. Raymond Poincaré a entretenu toute sa vie une correspondance très active. Beaucoup de ses lettres sont classées dans les archives de ses correspondants. De nombreuses lettres encore inconnues dorment dans des papiers privés.

1) Bibliothèque nationale de France

— *Papiers Raymond Poincaré*, 15992-16063. Ce fonds très riche comprend la correspondance reçue par Raymond Poincaré, ou du moins ce

qui en a été conservé par Henriette qui a opéré de nombreuses destructions après la mort de son époux. Il se décompose de la façon suivante :
Correspondance passive (lettres reçues) : 15992-16023.
Notes journalières : 16024-16034 et 16055.
Discours et articles : 16035-16048.
Plaidoiries : 16052-16053.
Divers : 16054-16063.
— Autres lettres de Raymond Poincaré : 16827, 16828, 16875, 16984, 17262, 17592, 17597, 17812, 18105, 18362, 18442, 18472, 18627, 18861, 18887, 18909.
— Lettres d'Henriette Poincaré :
N. Acq. fr. 17343, 17560, 16828.
— Lettres de Lucien Poincaré :
N. Acq. fr. 17592, 18466, 18474.

2) Archives de l'ordre des avocats de Paris

— Cahiers manuscrits du journal de Raymond Poincaré : juin-novembre 1871 ; novembre 1871-mai 1872 ; mai 1872, novembre 1873, août 1874 ; novembre 1874-novembre 1875.
— Récit manuscrit de son voyage en Normandie et en Belgique (rédigé au début de 1874).

3) Conservation des musées de la Meuse (Sampigny)

— Papiers sur la construction de la villa de Sampigny.
— Épaves de correspondance.
— Rapports divers.
— Coupures de presse.

4) Archives départementales de Meurthe-et-Moselle

— Microfilm de la correspondance entre René Grosdidier et Raymond Poincaré.

II — Autres archives

1) Archives nationales

— Série F 7 : 12540, 12821 (élection de Poincaré), 12854, 12907, 13970-13971.
— F 7 Panthéon : 15949, 19985(1), 15989(2), 15592(2), 16027(1).
— 151 AP, papiers Paul Deschanel, 35, 38, 43, 46.
— 253 AP, papiers Nettancourt-Vaubecourt.
— 317 AP, fonds Louis Marin, 18, 20-23, 38, 94.
— 346 AP, papiers Ferdinand Dreyfus.
— 410 AP, papiers Abel Combarieu.
— 414 AP, papiers Foch, 6, 7, 11, 12, 13 (carnets de la maréchale Foch).
— 470 AP, papiers Millerand, 3, 9, 10, 18, 32, 36, 37, 40, 43, 59, 61, 69-70, 87-89, 103, 106, 107.

— 472 AP, papiers Alfred Fabre-Luce, 1 à 10.
— 475 AP, papiers Lyautey, 265, 302, 303.
— 587 AP, papiers Camille Krantz, 4 et 5.

2) Archives des Affaires étrangères

Papiers d'agents

— AP 43, Jules Cambon, 58, 91, 102.
— AP 113, Pierre de Margerie, 7, 8, 12.
— AP 118, Alexandre Millerand, 29 à 34.
— AP 133, Maurice Paléologue, 4 et 5.
— AP 189, Gabriel Hanotaux, 28, 56, 60.
— AP 194, Louis Canet 30, 31.
— AP 211, Théophile Delcassé, volumes 12 à 23.
— AP 335, Aristide Briand, 7, 9, 11.

3) Bibliothèque nationale de France

— Papiers de Mme Félix Decori. N. Acq. fr. 14765 à 14815; en particulier 14778 et 14815.
— Papiers Joseph Reinach/24884.
— Papiers Ernest Lavisse/25168 à 25172.
— Fonds Alliance démocratique, 1, 3, 7.

4) Préfecture de police de Paris

— AB/958, Maurice Bernard.
— AB/1027, Félix Decori.
— AB/1580, général Brugère.
— AB/1634, Raymond Poincaré.
— EA/43, Jules Develle.

5) Institut de France

— Carnets du général Buat/5392.
— Papiers Stéphen Pichon/4396.
— Papiers Charles Benoist/4556.
— Papiers René Waldeck-Rousseau/4568.
— Papiers Henri de Régnier/5710.
— Papiers Anna de Noailles/7230.

6) Service historique de l'armée de terre

— Fonds Poincaré 6N 1-6.
— Fonds Buat 6N 7-39.
— Fonds Gallieni 6 N40-54.
— Fonds Clemenceau 6N 53-294.
— Fonds Lebrun 6N 295-299.
— Fonds Brugère 1K.

7) Archives départementales de la Meuse

— J 1377 et 1378 fonds Develle, déposé par M. François Bréguet.

8) Deutsches Zentral Archiv (D.Z.A.)

Nous avons consulté quelques dossiers de la série de la chancellerie du Reich (Reichskanzlei) où sont réunis des documents divers : comptes rendus des réunions du cabinet ou des collaborateurs du chancelier, notes du secrétaire d'État, rapports d'agents diplomatiques et coupures de presse.

— R 43 I/63, 64, 65, 66, *Politische Lage der Regierung Poincaré* (1922-1924).
— R 43 I/162, *Youngplan in Paris* (1929).
— R 43 I/ 212, 213, 214, 215, 216, 217, 218, *Rheinbesetzung* (1922-1923).
— R 43 I/277.
— R 43I/457 et 458.

9) Archives du ministère des Affaires étrangères (Bruxelles)

— Correspondance du baron de Gaiffier d'Hestroy, ambassadeur de Belgique à Paris (1917-1935).
— Correspondance du comte della Faille de Leverghem, chargé d'affaires à Berlin.
— Correspondance du baron Moncheur, ambassadeur à Londres.

SOURCES IMPRIMÉES

1) Articles et ouvrages de Raymond Poincaré

A) Articles et discours

Éloge de Dufaure. Discours prononcé à l'ouverture de la conférence des avocats (26 novembre 1883), Paris, 1883, 58 p.
« Vues politiques », *Revue de Paris*, 1898, p. 638-658.
« La littérature belge d'expression française », *La Grande Revue*, 10 mai 1908.
Éloge d'Émile Gebhart. Discours prononcé dans la séance publique tenue par l'Académie française pour la réception de Raymond Poincaré, Paris, 1909.
« L'idée de Patrie », *Revue politique et parlementaire*, 10 avril 1910, p. 5-24.
« Vues politiques », *Revue de Paris*, 15 avril 1910, p. 847-871.
« Jules Ferry », *Revue politique et parlementaire*, 1911, 33 p.
Ce que demande la cité (vingt causeries familières), Hachette, Paris, 1912, 112 p.
Discours du président de la République à la manifestation en l'honneur de l'Alsace-Lorraine, Paris, s.d., s.p. (17 novembre 1918).
Académie française. Réponse au discours de réception du maréchal Foch, 5 février 1920.
Dante, colonne milliaire de la latinité, Sorbonne, 1er juin 1921.

Ernest Renan, Tréguier, 20 septembre 1923.
L'Œuvre financière et économique du gouvernement. Discours prononcé devant la Chambre des députés les 2 et 3 février 1928, Paris, 1928, 118 p.
La Réforme monétaire. Exposé des motifs du projet de loi monétaire (texte de la loi du 23 juin 1928 et des conventions annexes), Paris, 1928, 188 p.

B) Plaidoiries

Plaidoirie de Me Poincaré. Le testament d'Edmond de Goncourt, Chevalier Maresq, Paris, 1897, et *Revue des grands procès contemporains*, 1897.
« Affaire Marthe Brandès », *Revue des grands procès contemporains*, 1905, p. 417-504.

C) Livres

Du droit de suite dans la propriété mobilière, l'ancien droit et le code civil, thèse, Paris, 1883, 272 p.
Questions et Figures politiques, Paris, 1907, 407 p.
Messages. Discours. Allocutions. Lettres et Télégrammes, 31 juillet 1914-février 1920, Paris, I, 1919-1921, 319 p.; II, 1920, 360 p.; III, 1921, 507 p.
Histoire politique. Chroniques de quinzaine, I (15 mars-1er septembre 1920), Paris, 1920, 287 p.; II (15 septembre 1920-1er mars 1921), Paris, 1921, 292 p.; III (15 mars 1921-1er septembre 1921), Paris, 1921, 188 p.; IV (15 septembre 1921-15 juin 1922), Paris, 1922, 294 p.
Les Origines de la guerre. Conférences prononcées à la Société des conférences en 1921, Paris, Plon, 1921, 282 p.
Au Service de la France. Neuf années de souvenirs, 10 vol., 1926-1934, Paris, Plon.
  – Tome I : *Le Lendemain d'Agadir, 1912*, 391 p.
  – Tome II : *Les Balkans en feu, 1912*, 426 p.
  – Tome III : *L'Europe sous les armes, 1913*, 367 p.
  – Tome IV : *L'Union sacrée, 1914*, 551 p.
  – Tome V : *L'Invasion, 1914*, 543 p.
  – Tome VI : *Les Tranchées, 1915*, 357 p.
  – Tome VII : *Guerre de siège, 1915*, 378 p.
  – Tome VIII : *Verdun, 1916*, 355 p.
  – Tome IX : *L'Année trouble, 1917*, 448 p.
  – Tome X : *Victoire et Armistice, 1918*, 467 p.
  – Tome XI : *À la recherche de la paix, 1919*, Paris, 1974, 507 p. (sous la direction de Pierre Miquel et de Jacques Bariéty).
Paroles françaises, Paris, 1928.
Les Responsabilités de la guerre. Quatorze questions posées par René Gérin. Quatorze réponses par Raymond Poincaré, Payot, Paris, 1930, 186 p.
Comment fut déclarée la guerre de 1914, Paris, 1939, 158 p.

2) Publications sur Raymond Poincaré

A) Parues de son vivant

ADAM DE VILLIERS, *M. Poincaré parle*, Paris, 1933.
ANON., *Raymond Poincaré : A Sketch*, Londres, 1914.

BIGET (Henri), *Raymond Poincaré, président de la République (17 janvier 1913). Sa vie, ses discours, sa politique*, Paris, 1913, 158 p.
DAUDET (Léon), *Le Nain de Lorraine, Raymond Poincaré*, Paris, 1930, 199 p. (avec illustrations de Sennep).
DUMESNIL (René), *Raymond Poincaré*, Flammarion, Paris, 1930, 127 p.
GIRARD (Henry), *Monsieur Raymond Poincaré chez lui, au Parlement, à l'Élysée*, Paris, 1913, 288 p.
GROS (Gaston), *Monsieur Poincaré, mémorialiste*, Baudinière, Paris, 1930, 252 p.
JÈZE (Gaston), « Le président de la République française », *Revue politique et parlementaire*, 1913, p. 113-127; 1920, p. 486-494 et 574-587; 1923, p. 632-644.
MADELIN (Louis), « Un Lorrain. M. Raymond Poincaré », *Revue hebdomadaire, 1913*, p. 247-261.
PFISTER (Christian), « M. Raymond Poincaré », *Annuaire de la Lorraine, 1913*, I-X.
RECLUS (Maurice), *Les Quarante. Fauteuil XXXIV, Raymond Poincaré*, Paris, 1928, 85 p.
SAMNE (Georges), *Raymond Poincaré. Politique et personnel de la Troisième République*, Paris, 1933.

B) Parues à l'occasion de son décès ou peu après

BAINVILLE (Jacques), *Le Fauteuil de M. R. Poincaré. Discours de réception à l'Académie française*, Paris, 1935, 65 p.
BERL (Emmanuel), « Raymond Poincaré », *La Nef*, 1947, p. 46-51.
BRIBOSIA (Jean), « Raymond Poincaré », *Revue belge des livres*, 1937.
DOUMIC (René), « Raymond Poincaré et Louis Barthou » *Revue des Deux Mondes*, 1er novembre 1934.
IGNOTUS, « Louis Barthou, Raymond Poincaré », *Revue de Paris*, 1er novembre 1934.
HANOTAUX (Gabriel), *Raymond Poincaré*, Paris, 1934.
LECOMTE (Georges), « Raymond Poincaré et Louis Barthou », *Revue politique et parlementaire*, 1935, p. 209-224.
MAROT (Pierre), « Poincaré et la Lorraine », *Le Pays lorrain*, 1934.
ORMESSON (Wladimir d'), « Raymond Poincaré et l'esprit légiste », *L'Europe nouvelle*, 28 avril 1934.
PAYEN (Fernand), *Raymond Poincaré chez lui, au Parlement, au Palais*, Paris, 1936.

C) Articles et livres

BARRAL (Pierre), « Raymond Poincaré et la Lorraine », *Raymond Poincaré. Un homme d'État lorrain*, Bar-le-Duc, 1989, p. 9-20.
BIGORGNE (Didier), « Raymond Poincaré en visite officielle à Charleville (19 août 1923) », *Annales de l'Est*, 1993, p. 73-81.
BOULEAUX-JUSSOUD (Marie-Thérèse), *Raymond Poincaré, 1860-1934*, Bar-le-Duc, 1960, 32 p.
BRUNOT (Patrick), *Raymond Poincaré : un maître d'œuvre en prospective, éducation, culture et science, 1860-1934*, Bordeaux, 1981, 20 p.

CANINI (Gérard), « Poincaré et Verdun », in *Raymond Poincaré. Un homme d'État lorrain*, Bar-le-Duc, 1989, p. 37-48.
CHASTENET (Jacques), *Raymond Poincaré*, Paris, 1948, 315 p.
DOLLOT (René), « Deux grands Lorrains, Jules Ferry et Raymond Poincaré. Esquisse d'une psychologie lorraine », *Revue d'histoire internationale et diplomatique*, 1948.
DUROSELLE (Jean-Baptiste), « Clemenceau et Poincaré », in *Raymond Poincaré. Un homme d'État lorrain*, Bar-le-Duc, 1989, p. 115-126.
GUYÈRE (Jean-Sébastien), *La Presse quotidienne de Nancy juge Raymond Poincaré (1926-1929)*, maîtrise, Nancy, 1991.
KEIGER (J.F.V.), *Raymond Poincaré*, Cambridge University Press, 1997, 411 p.
KRUMEICH (Gerd), « Poincaré et l'affaire du *Figaro* », *Revue historique*, 1980.
—, « Poincaré und der "Poincarismus" », *Francia*/8, p. 425-453.
—, « Jaurès et Poincaré », *Bulletin de la Société des études jaurésiennes*, n° 99, décembre 1995.
—, « Poincaré vu d'Allemagne, avant et après la guerre de 1914-1918 », in *Raymond Poincaré. Un homme d'État lorrain*, Bar-le-Duc, 1989.
MAIGRET (Michel), « Le Président chez lui : Poincaré et la Meuse », in *Raymond Poincaré. Un homme d'État lorrain*, Bar-le-Duc, 1989, p. 49-68.
MIQUEL (Pierre), *Poincaré*, Paris, 1re éd., 1963, 636 p. ; 2e éd., 1984.
PAGNOTTA (Philippe), « Raymond Poincaré à travers l'iconographie satirique », in *Raymond Poincaré. Un homme d'État lorrain*, Bar-le-Duc, 1989.
ROTH (François), « Poincaré et la République », in *Raymond Poincaré. Un homme d'État lorrain*, Bar-le-Duc, 1989, p. 101-114.
SALVIAC (Michel), « L'entrée de Raymond Poincaré en politique (1881-1889) », in *Raymond Poincaré. Un homme d'État lorrain*, Bar-le-Duc, 1989.
WORMSER (Georges), *Le Septennat de Poincaré*, Paris, 1977.
WRIGHT (Gordon), *Raymond Poincaré and the French Presidency*, Stanford, 1942, New York, 1967.

3) Documents imprimés

A) Débats parlementaires

— *Journal officiel de la Chambre des députés*, de 1887 à 1929.
— *Journal officiel. Annales du Sénat*, de 1903 (élection de Poincaré) à 1929. Dans les débats des deux assemblées, on trouve de nombreuses interventions de Poincaré, depuis la brève réplique de quelques lignes jusqu'aux longs discours de dix à quinze pages.

B) Conseil général de la Meuse

— Procès-verbaux imprimés des délibérations, 1887-1934. Les allocutions d'ouverture des deux sessions du Conseil (1911-1912 et 1920-1930) étaient communiquées à l'agence Havas et reproduites intégralement ou partiellement dans la presse nationale et européenne.

C) Presse et revues

— Dépouillement systématique de *L'Est républicain* (Nancy), du *Réveil de la Meuse* (Bar-le-Duc) et du *Temps*.
— Dépouillement systématique de la *Revue des Deux Mondes* et de la *Revue de Paris*.
— Sondages dans la presse de Berlin : janvier-mars 1912 et juillet-septembre 1914, années 1922-1924, juillet-août 1926 et juin-juillet 1929. *Der Berliner Tagesblatt, Germania* et *Vorwärts*.

D) Annuaires et publications diverses

— *Annuaire administratif, commercial et industriel de la Meuse*, Bar-le-Duc, 1860-1914.
— *Annuaire de la Lorraine*, Nancy, 1860-1914.
— CURINIER (sous la direction de), *Dictionnaire national des contemporains*, Paris, 1899 à 1905, 5 vol.
— *Dictionnaire biographique* (INRP-CNRS, 1981-1986), 3 vol.
— *L'Année politique*, 1re série, 1884-1905, Paris ; 2e série, 1906-1929, Paris.
— *L'Éducation populaire* ; documents officiels. Discours, rapports et circulaires de Poincaré, Jean Macé, Léon Bourgeois, Octave Gréard, Ferdinand Buisson, Paris, 1895.

4) Mémoires et témoignages

BAUDRILLART (Alfred, cardinal), *Carnets, 1er août 1914-31 décembre 1918*, Paris, 1994. Texte présenté, établi, annoté par Paul Christophe.
BEAUGUITTE (André), *Les Chemins de Cocherel*, Paris, 1960.
BENOIST (Charles), *Souvenirs*, 3 vol., Paris, 1932-1934.
BRAIBANT (Charles), *Félix Faure à l'Élysée*, Paris, 1963.
CACHIN (Marcel), *Carnets, 1906-1920*, Paris, 1993.
CAILLAUX (Joseph), *Mes Mémoires*, 3 vol., Paris, 1942-1947.
CAMBON (Paul), *Correspondance 1870-1924*, Paris, 1940-1946.
COMBARIEU (Abel), *Sept Ans à l'Élysée avec le président Loubet, 1899-1906*, Paris, 1932.
CORNILLEAU (Robert), *De Waldeck-Rousseau à Poincaré, chronique d'une génération, 1898-1924*, Paris, 1926.
DEGOUTTE (général Jean-Marie), *L'Occupation de la Ruhr*, Düsseldorf, 1924.
DESCHANEL (Paul), *La République nouvelle*, Paris, 1898.
ESCHOLIER (Raymond), *Souvenirs parlés de Briand*, Paris, 1932.
FABRE-LUCE (Alfred), *La Victoire*, Paris, 1924.
—, *L'Histoire démaquillée*, Paris, 1967.
FAYOLLE (maréchal Marie Émile), *Cahiers secrets de la Grande Guerre*, Paris, 1964.
FERRY (Abel), *Les Carnets secrets, 1914-1918*, Paris, 1957.
FRANÇOIS-PONCET (André), *De Versailles à Potsdam*, Paris, 1948.
GALLIENI (général Joseph), *Les Carnets secrets, 1914-1918*, Paris, 1932.
GAXOTTE (Pierre), *Mon Village et Moi*, Paris, 1968.
GUITARD (Louis), *Petite Histoire de la Troisième République. Souvenirs de Maurice Colrat*, Paris, 1959.
HANOTAUX (Gabriel), *Carnets, 1907-1915*, Paris, 1982.

HUMBERT (Charles), *Chacun son tour*, Paris, 1925.
LACHAPELLE (Georges), *Le Ministère Méline. Deux années de politique intérieure et extérieure (1896-1898)*, Paris, 1928.
LAROCHE (Jules), *Au Quai d'Orsay avec Briand et Poincaré, 1913-1926*, Paris, 1957.
LLOYD GEORGE (David), *Souvenirs de guerre. Les heures décisives*, Paris, 1937.
—, *La Victoire*, Paris, 1938.
LOUCHEUR (Louis), *Carnets secrets (1908-1932)*, Bruxelles-Paris, 1962.
LOUIS (Georges), *Carnets secrets*, 2 vol., Paris, 1925.
MAGINOT (André), *Carnets de patrouille*, Paris, 2ᵉ éd., 1964.
MERCIER (René), *Nancy bombardée*, Paris-Nancy, 1918, 231 p.
MESSIMY (Adolphe), *Mes Souvenirs*, Paris, 1937.
MORDACQ (général Henri), *Le Ministère Clemenceau, journal d'un témoin*, Paris, 1930, 4 vol.
MOREAU (Émile), *Souvenirs d'un gouverneur de la Banque de France. Histoire de la stabilisation du Franc (1926-1928)*, Paris, 1954.
PAINLEVÉ (Paul), *Comment j'ai nommé Foch et Pétain*, Paris, 1923.
PALÉOLOGUE (Maurice), *Au Quai d'Orsay à la veille de la tourmente, 1913-1914*, Paris, 1947.
PERSIL (Raoul), *Alexandre Millerand*, Paris, 1949.
REINACH (Joseph), *Histoire de l'affaire Dreyfus*, Paris, 1903-1911.
RIBOT (Alexandre), *Journal et correspondance inédite, 1914-1922*, Paris, 1936.
RUEFF (Jacques), *Œuvres complètes*, I, Paris, 1975.
SAINT-AULAIRE (comte Auguste de), *Confession d'un vieux diplomate*, Paris, 1953.
SEMBAT (Marcel), *Les Carnets noirs (1911-1922)*, Paris, 1985.
STRESEMANN (Gustav), *Vermächtnis. Der Nachlass in drei Bänden*, Berlin, 1932; traduction française sous le titre *Les Papiers de Stresemann,* Paris, 1932-1933.
THIBAUDET (Albert), *Les Princes lorrains*, Paris, 1924.
WEYGAND (général Maxime) *Mémoires*, 2 vol., Paris, 1957.

BIBLIOGRAPHIE

1) Histoire générale de la France

AGULHON (Maurice), *La République, 1880-1932*, I, Paris, 1990.
BERSTEIN (Serge) et RUDELLE (Odile) sous la dir. de, *Le Modèle républicain,* Paris, 1992.
BERSTEIN (Serge), sous la dir. de, *Les Cultures politiques de la France*, Paris, 1999.
BONNEFOUS (Georges et Édouard), *Histoire politique de la Troisième République*. Georges Bonnefous : I, *L'Avant-Guerre (1906-1914)*, Paris 1965 ; II, *La Grande Guerre (1914-1918)*, Paris, 1967 ; Édouard Bonnefous :

III, *L'Après-Guerre (1919-1924)*, Paris, 1959; IV, *Cartel des gauches et Union nationale (1924-1929)*, Paris, 1960.

CARON (François), *La France des patriotes*, Paris, 1985.

CHARLE (Christophe), *Les Élites de la République*, Paris, 1987.

DOGAN (Mattei), « Les filières de la carrière politique en France », *Revue française de sciences politiques*, 1967.

DOISE (Jean) et VAÏSSE (Maurice), *Diplomatie et Outil militaire (1871-1969)*, Paris, 1987.

GOGUEL (François), *La Politique des partis sous la Troisième République*, Paris, 1946.

MARICHY (Jean-Pierre), *La Deuxième Chambre dans la vie politique française depuis 1875*, Paris, 1969.

MAYEUR (Jean-Marie), *La Vie politique en France sous la Troisième République*, Paris, 1984.

MOLLIER (Jean-Yves) et GEORGE (Jocelyne), *La Plus Longue des Républiques, 1870-1940*, Paris, 1994.

NICOLET (Claude), *L'Idée républicaine en France. Essai d'histoire critique*, Paris, 1982.

RÉMOND (René), *Notre Siècle. De 1918 à 1991*, Paris, 1991.

SEMENTÉRY (Michel), *Les Présidents de la République française et leurs familles*, Paris, 1982.

ZELDIN (Theodore), *Histoire des passions françaises*, Paris, 1971-1979.

2) Troisième République, 1870-1930

AVRIL (Pierre), *Le Personnel politique français, 1870-1898*, Paris, 1989.

BAAL (Gérard), *Le Parti radical de 1901 à 1914*, thèse d'État, 1991, 1745 p.

BÆCHLER (Christian), *Le Parti catholique alsacien, 1890-1939*, Gap, 1982.

—, « L'Alsace-Lorraine, 1918-1933 », *in* Jean-Marie Valentin, *La France et l'Allemagne entre les deux guerres mondiales*, Nancy, 1987.

BARRAL (Pierre), « Les cabinets ministériels sous la Troisième République », in *Origines et Histoire des cabinets ministériels*, Paris, 1975.

—, *Les Fondateurs de la Troisième République*, Paris, 1968.

BECKER (Jean-Jacques) et BERSTEIN (Serge), *Histoire de l'anticommunisme*, I, *1917-1940*, Paris, 1987.

BERSTEIN (Serge), *Histoire du parti radical*, I, *La Recherche de l'âge d'or, 1919-1926*, Paris, 1980; II, *Crise du radicalisme, 1926-1939*, Paris, 1982.

—, *La Démocratie libérale*, Paris, 1998.

BREDIN (Jean-Denis), *L'Affaire*, Paris, 1993.

CARON (François) *La France des patriotes*, Paris, 1985.

DELPORTE (Christian), *Les Journalistes en France, 1880-1950*, Paris, 1999.

DUCLERC (Vincent), *L'Affaire Dreyfus*, Paris, 1994.

DUPUY (Micheline), *Un homme d'État, un journal, Jean Dupuy, 1844-1914*, Paris, 1959.

EL GAMMAL (Jean), *La Politique et le Poids du passé dans la France « fin de siècle »*, Limoges, 1999.

ESTÈBE (Jean), *Les Ministres de la République (1871-1914)*, Paris, 1982.

GARRIGUES (Jean), *La République des hommes d'affaires*, Paris, 1997.

GAUDEMET (Yves), *Les Juristes et la vie politique de la Troisième République*, Paris, 1970.

GRÉVY (Jérôme), *Les Opportunistes, milieu et cultures politiques, 1871-1889*, thèse IÉP, Paris, 1996.
JEANNENEY (Jean-Noël), *La Faillite du Cartel : 1924-1926, leçon d'histoire pour une gauche au pouvoir*, Paris, 1982.
JOLY (Bertrand), *Paul Déroulède (1846-1914)*, thèse Paris-IV-Sorbonne, 1996.
LACHAPELLE (Georges), *Le Ministère Méline. Deux années de politique intérieure et extérieure*, Paris, 1928.
—, *L'Alliance démocratique : ses origines, ses hommes, son rôle*, Paris, 1935.
LE BÉGUEC (Gilles), *L'Entrée au Palais-Bourbon : les filières privilégiées d'accès à la fonction parlementaire (1919-1939)*, thèse Paris-X-Nanterre, 1989.
MARTIN (Jean-Paul), *La Ligue de l'enseignement et la République. Des origines à 1914*, Paris, 1992.
MARTIN (Marc), *Médias et Journalistes de la République*, Paris, 1997.
MAYEUR (Jean-Marie), *La Question laïque, XIXe-XXe siècle*, Paris, 1997.
NÉRÉ (Jacques), *Le Problème du mur d'argent. Les crises du franc (1924-1926)*, La Pensée universelle, Paris, 1985.
PAPY (sous la dir. de Michel) *Barthou, un homme, une époque*, Pau, 409 p.
RIVES (Jean), *Gaston Doumergue. Du modèle républicain au sauveur suprême*, Toulouse, 1997.
ROBRIEUX (Philippe), *Histoire intérieure du Parti communiste français*, I, *1920-1945*, Paris, 1980.
ROUSSELLIER (Nicolas), *Phénomène de majorité et Relation de majorité en régime parlementaire : le cas du Bloc national en France dans le premier après-guerre européen (1919-1924)*, thèse IÉP, 1991. Publiée sous le titre *Le Parlement de l'éloquence*, Paris, 1997.
RUDELLE (Odile), *La République absolue 1870-1889*, Paris, 1982.
SASSI (Odile), *Léon Gambetta. Destin et mémoire (1838-1938)*, thèse Paris-IV-Sorbonne, 1998.
STERNHELL (Zeev), *La Droite révolutionnaire (1885-1914). Les origines françaises du fascisme*, nouvelle éd., Paris, 2000.

3) Première Guerre mondiale

BARTHOU (Louis), *Le Traité de paix*, Paris, 1919.
BECKER (Jean-Jacques), *Le Carnet B. Les pouvoirs publics et l'antimilitarisme avant la guerre de 1914*, Paris, 1973.
—, *1914. Comment les Français sont entrés en guerre*, Paris, 1977.
—, *Les Français dans la Première Guerre mondiale*, Paris, 1980.
—, *La France en guerre 1914-1918. La grande mutation*, Bruxelles, 1988.
—, « Les "Trois ans" et les débuts de la Première Guerre mondiale », *Guerres mondiales et Conflits contemporains*, n° 145, janvier 1987.
BOCK (Fabienne), *Un parlementarisme de guerre. Recherches sur le fonctionnement de la Troisième République pendant la Grande Guerre*, thèse IÉP, Paris, 1999.
CAILLETEAU (François), *Le Commandement des armées françaises pendant la Grande Guerre*, GMCC, 155-156, juillet-octobre 1984.
CASTEX (Henri), *Les Comités secrets*, Paris, 1977.
CONTAMINE (Henry), *La Victoire de la Marne*, Paris, 1970.

DUROSELLE (Jean-Baptiste), *La France et les Français, 1914-1918*, Paris, 1972.
—, *La Grande Guerre des Français, 1914-1918*, Paris, 1994.
FISCHER (Fritz), *Griff nach der Weltmacht*, I, Düsseldorf, 1961 ; IV, Düsseldorf, 1971, traduction française abrégée publiée sous le titre *Les Buts de guerre de l'Allemagne impériale*, Paris, 1970.
—, *Krieg der Illusionen*, Düsseldorf, 1969.
GAMBIEZ (général Fernand) et SUIRE (colonel), *Histoire de la Première Guerre mondiale*, Paris, 1968.
KOCH (sous la dir. de H.W.) *The Origins of the First World War*, Londres, 1984.
LATOUR (Francis), *La Papauté et les Problèmes de la paix pendant la Première Guerre mondiale*, Paris, 1996.
MIQUEL (Pierre), *La Paix de Versailles et l'Opinion publique française*, Paris, 1972.
PEDRONCINI (Guy), *Le Haut Commandement et la Conduite de la Guerre, mai 1917-novembre 1918*, thèse, Paris, 1971.
—, *Pétain, général en chef 1917-1918*, Paris, 1974.
—, *Les Négociations secrètes pendant la Grande Guerre*, Paris, 1969.
—, « Les cours martiales pendant la guerre », *Revue historique*, 1974.
PISANI-FERRY (Fresnette) et COINTAT (Michel), *Le Neveu de Jules Ferry : Abel, le ministre-soldat*, Paris, 1987.
RENOUVIN (Pierre), *La Crise européenne et la Grande Guerre, 1904-1918*, 1re éd., Paris, 1934, 4e éd. 1962.
—, *Les Formes du gouvernement de guerre*, Paris, 1925.
—, *Les Origines immédiates de la guerre, 28 juillet-4 août 1914*, Paris, 1927.
—, « Les engagements de l'alliance franco-russe et leur évolution de 1891 à 1914 », *Revue de la Première Guerre mondiale*, octobre 1934.
—, « Les buts de guerre du gouvernement français », *Revue historique*, 1966.
—, *Le Traité de Versailles*, Paris, 1969.
SCHERER (André) et GRÜNEWALD (Jacques), *L'Allemagne et les problèmes de paix pendant la Première Guerre mondiale*, Paris, 4 vol., 1962-1970.
SOUTOU (Georges-Henri), *L'Or et le sang. Les buts de guerre économiques des grandes puissances de 1914-1918*, Paris, 1988.

4) Relations internationales

ARTHAUD (Denise), *La Question des dettes interalliées et la Reconstruction de l'Europe, 1917-1929*, Paris, 1978.
BARIÉTY (Jacques), *Les Relations franco-allemandes après la Première Guerre mondiale. 10 novembre 1918-10 janvier 1925. De l'exécution à la négociation*, Paris, 1977.
—, « Le rôle de la minette dans la sidérurgie allemande et la restructuration de la sidérurgie allemande après le traité de Versailles » in *Travaux et Recherches du Centre de recherche relations internationales de l'université de Metz*, Metz, 1973, p. 233-277.
BOURNAZEL (Renata), *Rapallo, naissance d'un mythe. La politique de la peur dans la France du Bloc national*, Paris, 1974, et *Rapallo, ein französisches Trauma*, Cologne, 1977.
BUSSIÈRE (Éric), *La France, la Belgique et l'organisation de l'Europe, 1918-1935*, Paris, 1992, 522 p.
DELAUNAY (Jean-Marc), *Méfiance cordiale. Les relations franco-espagnoles au début du xxe siècle (1899-1914)*, thèse, Paris-I, 2000, 3 625 p.

DURANDIN (Catherine), *La Politique française et les Roumains, 1873-1913. À la recherche d'une influence*, Paris, 1980.
ERDMANN (Karl Dietrich), *Adenauer in der Rheinlandpolitik nach dem ersten Weltkrieg*, Stuttgart, 1966.
FAVEZ (Jean-Claude), *Le Reich et l'Occupation franco-belge de la Ruhr en 1923*, Genève, 1969.
FERRAGU (Gilles), *Camille Barrère, ambassadeur de France à Rome, et le rapprochement franco-italien de 1898 à 1914*, thèse, Paris-X-Nanterre, 1998.
FINCK (Carole), *The Genoa Conference. European Diplomacy : 1921-1922*, Chapel Hill et Londres, 1984.
FROHN (Axel) et HEIDEKING (Jurgen), *Genoa, Rapallo and European Reconstruction in 1922*, Cambridge University Press, 1991.
GIRAULT (René), *Emprunts russes et Investissements français en Russie*, Paris, 1973.
—, « Les Balkans dans les relations franco-russes », *Revue historique*, 1975, p. 155-184.
HILDEBRAND (Karl), *Das Deutsche Reich und die Sowjetunion im internationalen System, 1918-1932*, Wiesbaden, 1977.
JACOBSON (Ion), *Locarno Diplomacy. Germany and the West, 1925-1929*, Princeton, 1972.
JEANNESSON (Stanislas), *Poincaré, la France et la Ruhr (1922-1924)*, Strasbourg, 1998.
KÖHLER (Henning), *Adenauer und die rheinische Republik. Der erste Anlauf, 1918-1924*, Opladen, 1986.
MAC DOUGLAS (Walter), *France's Rhineland Diplomacy*, Princeton, 1978.
MICHON (Georges), *L'Alliance franco-russe*, Paris, 1926.
PETRICOLI (ss la dir. de Marta), *Une occasion manquée ? 1922 : la reconstruction de l'Europe*, Berne, Berlin et Paris, 1995.
SCHUCKER (Stephen), *The End of French Predominance in Europe. The Financial Crisis of 1924 and the Adoption of the Dawes Plan*, Chapel Hill, 1976.
SCHWABE (Karl), *Die Ruhrkrise 1923. Wendepunkt der internationalen Beziehungen nach dem erstem Weltkrieg*, Paderborn, 1984.
SOUTOU (Georges-Henri), « De l'échec de Locarno à la naissance de la RFA, 1928-1949 », *Revue d'histoire diplomatique*, 1990.
—, « La France et l'Allemagne en 1919 », *in* Jean-Marie Valentin, *La France et l'Allemagne entre les deux guerres mondiales*, Nancy, 1987.
WEILL-RAYNAL (Étienne), *Les Réparations allemandes et la France*, 3 vol., Paris, 1948.
ZIMMERMANN (Ludwig), *Frankreichs Ruhrpolitik, vom Versailles bis zum Dawesplan*, Göttingen, 1971.

5) Biographies

ALLAIN (Jean-Claude), *Joseph Caillaux. I. Le Défi victorieux (1863-1914)*; II, *L'Oracle (1914-1944)*, Paris, 1981.
BAECHLER (Christian), *Gustave Stresemann, 1878-1929*, Strasbourg, 1996.
BARRAL (Pierre), *Jules Ferry*, Nancy, 1987.
BARRÉ (Jean-Luc), *Le Seigneur-Chat, Philippe Berthelot, 1886-1934*, Paris, 1988.
BAUMONT (Stéphane), *Fallières*, Paris, 1988.
BERSTEIN (Serge), *Édouard Herriot ou la République en personne*, Paris, 1985, 327 p.

BILLARD (Thierry), *Paul Deschanel*, Paris, 1991.
—, *Félix Faure*, Paris, 1995.
BREDIN (Jean-Denis), *Joseph Caillaux*, Paris, 1980.
CARLS (Stephen D.), *Louis Loucheur, ingénieur, homme d'État, modernisateur de la France, 1872-1931*, Lille, 2000.
DUROSELLE (Jean-Baptiste), *Georges Clemenceau*, Paris, 1988.
FARRAR (Marjorie), *Principled Pragmatist : the political Career of Alexandre Millerand*, Oxford, 1991.
FELDMANN (Gerald D.), *Hugo Stinnes. Biographie eines Industrielles*, C.H. Beck, Munich, 1998, 1062 p.
GUILLAUME (Sylvie), *Antoine Pinay ou la Confiance en politique*, Paris, 1984.
GRAS (Yves), *Castelnau ou l'art de commander*, Paris, 1990.
JEANNENEY (Jean-Noël), *François de Wendel en République : l'argent et le pouvoir*, Paris, 1976.
LE RÉVÉREND (André), *Lyautey*, Paris, 1983.
LEYGUES (Raphaël), *Georges Leygues*, Paris, 1983.
OUDIN (Bernard), *Aristide Briand, la paix, une idée neuve en Europe*, Paris, 1987.
SCHWARTZ (Hans Peter), *Adenauer. Der Aufstieg (1876-1952)*, Stuttgart, 1991.
SIEBERT (Ferdinand), *Aristide Briand, ein Staatsman zwischen Frankreich und Europa*, Erlangen, 1973.
SORLIN (Pierre), *Waldeck-Rousseau*, Paris, 1966.
SORLOT (Marc), *André Maginot, 1877-1932. L'homme politique et sa légende*, Metz, 1995.
SUAREZ (Georges), *Briand, sa vie, son œuvre*, Paris, 5 vol., 1938-1943.
VAVASSEUR-DESPERRIERS (Jean), *République et Liberté. Charles Jonnart, une conscience républicaine (1857-1927)*, Septentrion, P.U., Lille, 1996.
WULFF (Peter), *Hugo Stinnes, Wirtschaft und Politik*, Stuttgart, 1979.

6) Histoire de la France de l'Est

AIMOND (Charles), *Histoire de Bar-le-Duc, des origines à 1950*, Bar-le-Duc, 1954.
BARRAL (Pierre), *L'Esprit lorrain*, Nancy, 1990.
BOCCIARELLI (Alain), *La Presse dans le Sud Meusien (1919-1939)*, maîtrise, Nancy, 1989.
JOANNE (Adolphe), *Géographie du département de la Meuse*, Paris, 1888.
Le Patrimoine des Communes de la Meuse, Paris, 1999, 2 vol.
Les Belles Pages meusiennes, Verdun, 1re éd. 1912, 2e éd. 1929.
MADELIN (Louis), *Croquis lorrains*, Nancy, 1928.
MAIGRET (Michel), *La Meuse et ses notables, vie politique d'un département rural entre les deux guerres, 1919-1932*, maîtrise, Nancy, 1973.
MARTIN (Alexandre), *Le Pays barrois*, Bar-le-Duc, 1912.
ROTH (François), *Histoire de la Lorraine. L'époque contemporaine. I, De la Révolution à la Grande Guerre*, Metz et Nancy, 1992 ; II, *Le Vingtième Siècle*, Metz et Nancy, 1994.
SALVIAC (Michel), « La Carrière politique des frères Develle », *Bulletin des sociétés d'histoire et d'archéologie de la Meuse*, 1977.
—, « René Grosdidier, maire de Commercy, député et sénateur de la Meuse », *Bulletin des sociétés d'histoire et d'archéologie de la Meuse*, 1984.
STREIFF (Jean-Paul), *Vivre en Meuse autrefois*, Horwath, 1989.
VIDAL DE LA BLACHE (Paul), *La France de l'Est*, Paris, 1917.

LES DESCENDANTS DE JOSEPH FRANÇOIS GILLON

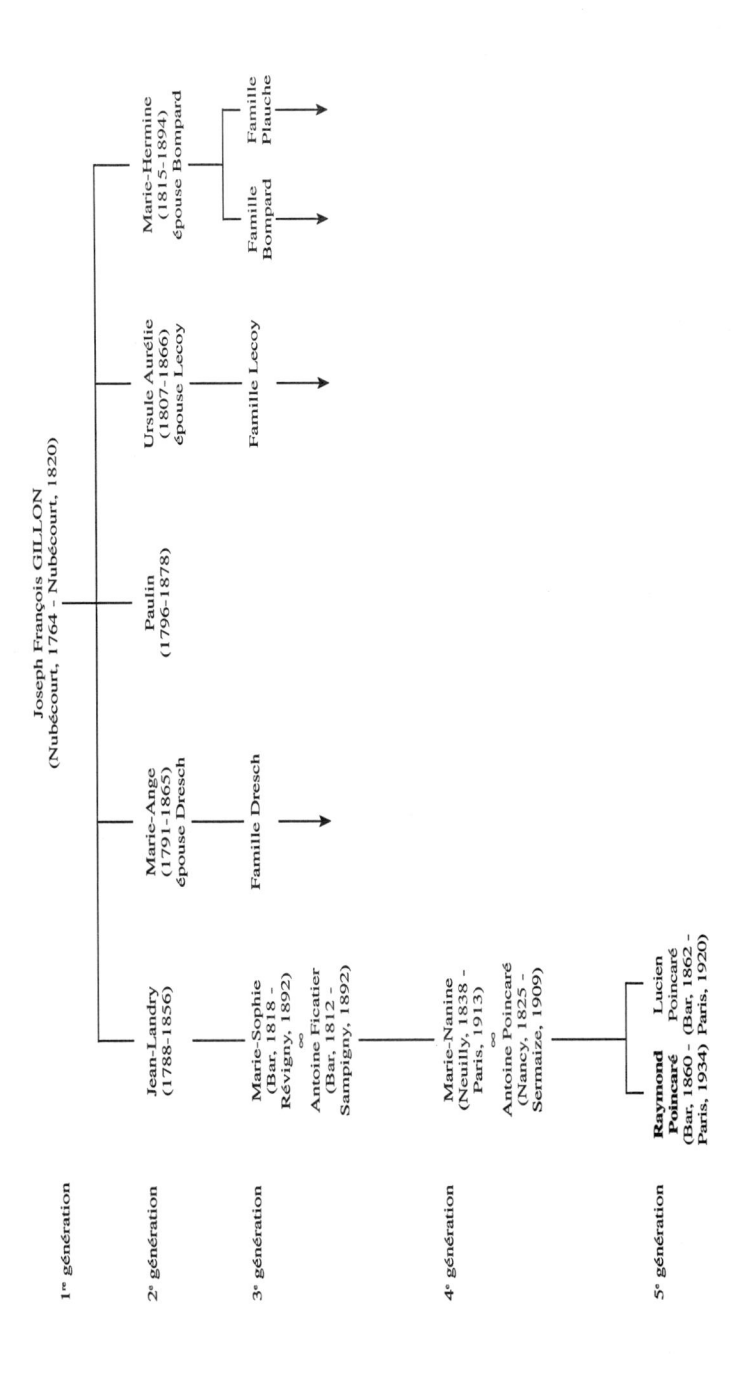

1ʳᵉ génération

Joseph François GILLON
(Nubécourt, 1764 – Nubécourt, 1820)

2ᵉ génération

Jean-Landry
(1788-1856)

Marie-Ange
(1791-1865)
épouse Dresch

Paulin
(1796-1878)

Ursule Aurélie
(1807-1866)
épouse Lecoy

Marie-Hermine
(1815-1894)
épouse Bompard

Famille Dresch →

Famille Lecoy →

Famille Bompard →

Famille Plauche →

3ᵉ génération

Marie-Sophie
(Bar, 1818 –
Révigny, 1892)
∞
Antoine Ficatier
(Bar, 1812 –
Sampigny, 1892)

4ᵉ génération

Marie-Nanine
(Neuilly, 1838 –
Paris, 1913)
∞
Antoine Poincaré
(Nancy, 1825 –
Sermaize, 1909)

5ᵉ génération

**Raymond
Poincaré**
(Bar, 1860 –
Paris, 1934)

Lucien
Poincaré
(Bar, 1862 –
Paris, 1920)

HUIT GÉNÉRATIONS DE POINCARÉ

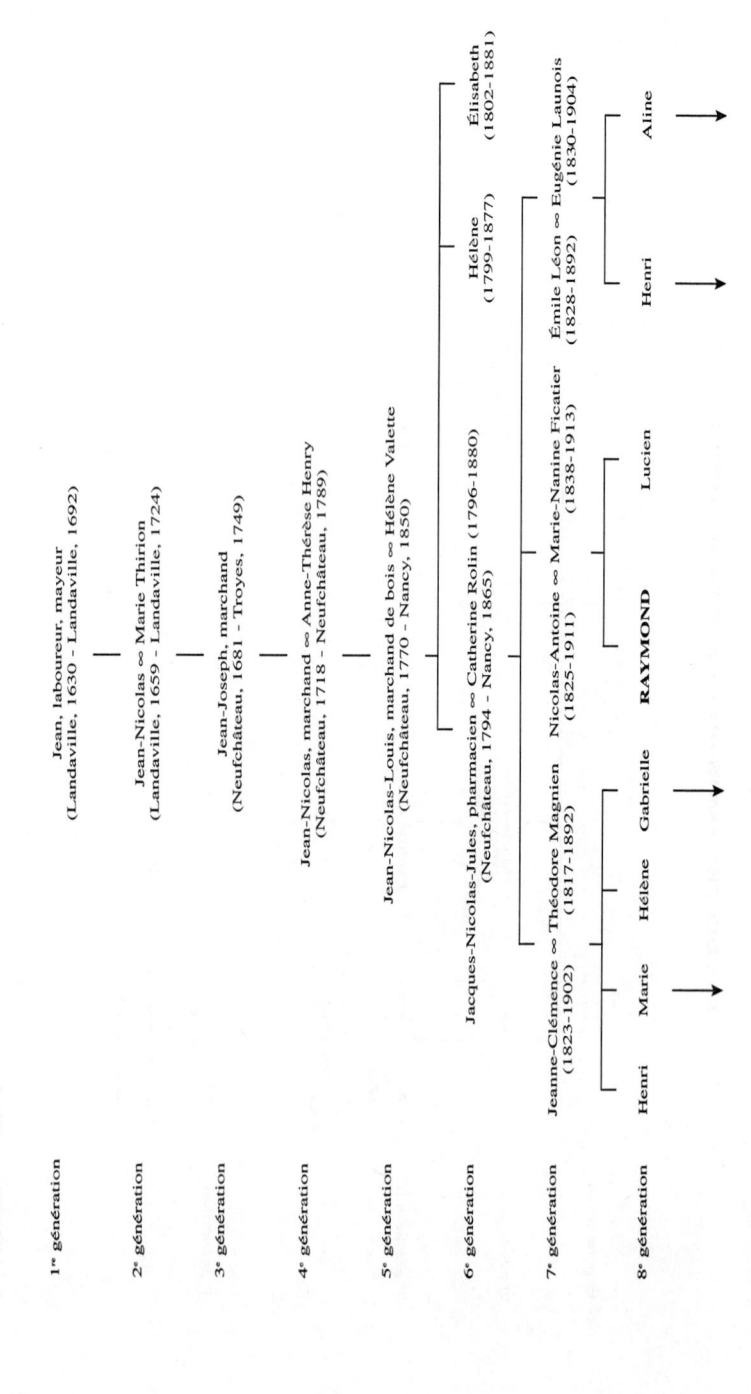

1ʳᵉ génération — Jean, laboureur, mayeur (Landaville, 1630 - Landaville, 1692)

2ᵉ génération — Jean-Nicolas ∞ Marie Thirion (Landaville, 1659 - Landaville, 1724)

3ᵉ génération — Jean-Joseph, marchand (Neufchâteau, 1681 - Troyes, 1749)

4ᵉ génération — Jean-Nicolas, marchand ∞ Anne-Thérèse Henry (Neufchâteau, 1718 - Neufchâteau, 1789)

5ᵉ génération — Jean-Nicolas-Louis, marchand de bois ∞ Hélène Valette (Neufchâteau, 1770 - Nancy, 1850)

6ᵉ génération — Jacques-Nicolas-Jules, pharmacien ∞ Catherine Rolin (1796-1880) (Neufchâteau, 1794 - Nancy, 1865)

                    Hélène (1799-1877)   Élisabeth (1802-1881)

7ᵉ génération — Jeanne-Clémence ∞ Théodore Magnien (1823-1902) (1817-1892)   Nicolas-Antoine ∞ Marie-Nanine Ficatier (1825-1911) (1838-1913)   Émile Léon ∞ Eugénie Launois (1828-1892) (1830-1904)

8ᵉ génération — Henri   Marie   Hélène   Gabrielle →   RAYMOND   Lucien   Henri →   Aline →

LA FAMILLE PROCHE DE RAYMOND POINCARÉ

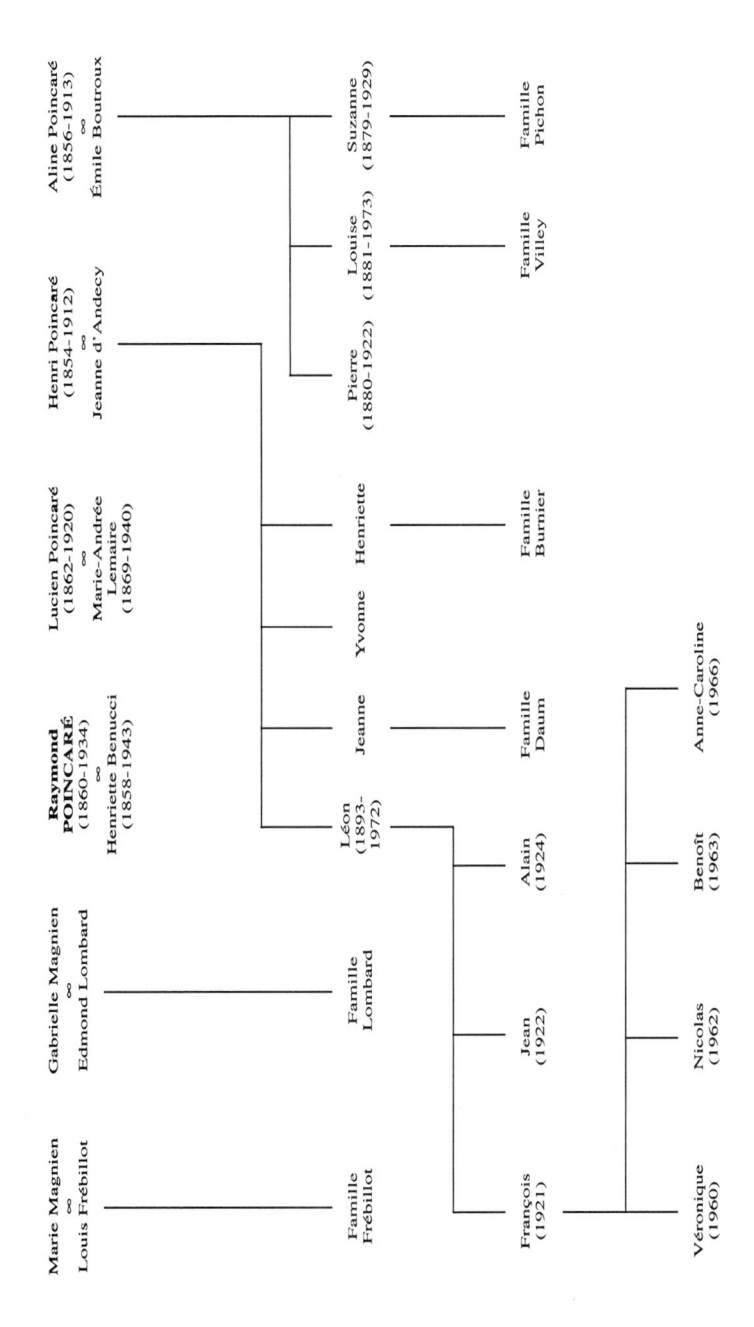

Marie Magnien ∞ Louis Frébillot	Gabrielle Magnien ∞ Edmond Lombard	**Raymond POINCARÉ** (1860-1934) ∞ Henriette Benucci (1858-1943)	Lucien Poincaré (1862-1920) ∞ Marie-Andrée Lemaire (1869-1940)	Henri Poincaré (1854-1912) ∞ Jeanne d'Andecy	Aline Poincaré (1856-1913) ∞ Émile Boutroux

Enfants de Lucien Poincaré : Jeanne (Famille Daum), Yvonne, Henriette (Famille Burnier), Léon (1893-1972)

Enfants d'Henri Poincaré : Pierre (1880-1922), Louise (1881-1973) (Famille Villey), Suzanne (1879-1929) (Famille Pichon)

Famille Frébillot — Famille Lombard

Enfants de Léon : François (1921), Jean (1922), Alain (1924)

Petits-enfants : Véronique (1960), Nicolas (1962), Benoît (1963), Anne-Caroline (1966)

Chronologie

1860 20 août : naissance à Bar-le-Duc de Raymond Nicolas Landry Poincaré.
1862 22 juillet : naissance à Bar-le-Duc de Lucien, Antoni Poincaré.
1867 octobre : entrée au lycée de Bar en classe de huitième.
1870 14 août : départ de Raymond, Lucien et Marie-Nanine Poincaré pour Paris.
fin août-9 octobre : séjour à Dieppe.
9 octobre-2 novembre : retour par le nord de la France et la Belgique jusqu'à Bar-le-Duc occupée par les Prussiens.
1873 24 juillet : évacuation de Bar-le-Duc par les troupes allemandes d'occupation.
1876 octobre : interne au lycée Louis-le-Grand à Paris.
1877 6 août : reçu au baccalauréat ès lettres à Nancy (mention Bien).
6 novembre : reçu au baccalauréat ès sciences à Nancy (mention Assez Bien).
8 novembre : inscription à la faculté de droit à Paris.
1878 4 juillet : premier examen de droit à Paris.
23 novembre : licence ès lettres à Nancy (Mention Très Bien).
1879 9 juillet : baccalauréat de droit à Paris.
24 juillet : premier examen de licence en droit à Paris (admis avec éloge).
novembre : volontaire d'un an au 21e de ligne cantonné à la caserne Sainte-Catherine à Nancy.
1880 10 août : second examen de licence en droit à Nancy.
novembre : fin du service militaire, sergent puis sous-lieutenant de réserve. Poincaré s'établit à Paris.
20 décembre : inscription au barreau de Paris; prête le serment d'avocat.
1881 Admission à la conférence Molé-Tocqueville.
1882 18 juillet : élu premier secrétaire de la Conférence du stage.
1883 7 juin 1883 : soutient sa thèse devant la faculté de droit de Paris. Docteur en droit.
26 novembre : éloge de Dufaure.

1886 janvier-mai 1887 : chef de cabinet de Jules Develle, ministre de l'Agriculture.
1er août : conseiller général de Pierrefitte-sur-Aire (Meuse).
1887 31 juillet : député de la Meuse.
1889 19 septembre : député de Commercy.
1890 Rapporteur général du budget à la Chambre.
24 octobre : première intervention à la tribune de la Chambre.
1893 4 avril-3 décembre : ministre de l'Instruction publique et des Beaux-Arts du premier cabinet Dupuy.
20 août : réélu député de Commercy au premier tour.
1894 30 mai-26 janvier 1895 : ministre des Finances du second cabinet Dupuy.
1895 26 janvier-1er novembre : ministre de l'Instruction publique et des Cultes du cabinet Ribot.
décembre : élu vice-président de la Chambre des députés (jusqu'en mai 1898).
1896 Élu vice-président du Conseil général de la Meuse.
1897 Juillet-août 1897 : plaidoirie devant le tribunal civil de la Seine dans l'affaire du testament Goncourt.
1898 8 mai : réélu au premier tour député de Commercy.
28 novembre : Poincaré « libère sa conscience » devant la Chambre des députés.
1901 12 mai : discours de Nancy.
1902 9 mars : discours de Rouen.
25 avril : réélu au premier tour député de Commercy.
1903 22 février : élu sénateur de la Meuse.
1904 17 août : mariage civil à la mairie du XVIIe arrondissement de Paris avec Henriette Benucci.
1906 7 janvier : réélu sénateur de la Meuse au premier tour par 680 voix sur 986 inscrits et 981 votants.
14 mars-25 octobre : ministre des Finances du cabinet Sarrien.
1907 juillet : élu au conseil de l'ordre des avocats.
Publication de l'ouvrage *Idées contemporaines* chez l'éditeur Fasquelle.
1909 18 mars : élu à l'Académie française au fauteuil d'Émile Gebhart par 20 voix sur 31 votants.
9 décembre : réception sous la Coupole par Ernest Lavisse.
1910 20 mai 1910 : élu président du Conseil général de la Meuse à la suite du décès de Jules Develle.
1911 Échec au conseil de l'Ordre et au bâtonnat.
19 juin : mort d'Antoni Poincaré à Sermaize-lès-Bains (Marne).
21 juin : obsèques à Nubécourt (Meuse).

CHRONOLOGIE

1912 14 janvier-21 janvier 1913 : président du Conseil, ministre des Affaires étrangères.
17 juillet : décès à Paris d'Henri Poincaré.
5-21 août : voyage en Russie.
26 décembre : Poincaré fait annoncer sa candidature à la présidence de la République.

1913 17 janvier : élu président de la République.
18 février : prise de fonction à l'Élysée.
11 avril : mort de Mme Antoni Poincaré.
5 mai : dans l'appartement de sa mère, mariage religieux privé et béni par Alfred Baudrillart, recteur de l'Institut catholique de Paris.

1914 14-29 juillet : voyage de Poincaré et Viviani en Russie.
1er août : appel à la Nation française.
4 août : Poincaré fait lire au Parlement un message présidentiel contenant la formule « Union sacrée ».
2 septembre : départ pour Bordeaux
26 novembre : retour à l'Élysée.

1915 25 octobre : démission du ministère Viviani.
29 octobre : Aristide Briand, président du Conseil.

1916 19 avril, 16 juillet et 13 septembre : voyages à Verdun.

1917 16 mars : démission d'Aristide Briand.
20 mars-8 septembre : ministère Ribot.
13 septembre-13 novembre : ministère Painlevé.
14 novembre : Georges Clemenceau, président du Conseil.

1918 8-10 décembre : voyage d'État avec Clemenceau à Metz et à Strasbourg.

1919 18 janvier : discours d'ouverture de la Conférence de la paix.
avril-mai : grave conflit avec Clemenceau ; Poincaré songe à démissionner.

1920 13 janvier : élu sénateur de la Meuse.
18 février : passation des pouvoirs entre Poincaré et Deschanel. Poincaré quitte l'Élysée et rentre chez lui au 26, rue Marbeau.
21 février : nommé président de la Commission des réparations.
15 mars : élu président de la Société des amis de l'université de Strasbourg.
18 mars : mort soudaine à Paris de Lucien Poincaré.
18 avril : élu conseiller général de Triaucourt-en-Argonne (Meuse).
18 mai : démission de la présidence de la Commission des réparations.
juin : élu président de l'Association des Lorrains de Paris.
6 août : élu président du Conseil général de la Meuse.
décembre : président de la commission sénatoriale des Affaires étrangères.

1922 14 janvier : président du Conseil, ministre des Affaires étrangères.

1923 11 janvier : donne l'ordre aux troupes françaises d'entrer dans la Ruhr.

1924 6 janvier : réélu sénateur de la Meuse.
Bataille du franc. Poincaré remporte un « Verdun financier ».
mars : démission à la suite d'un vote surprise de la Chambre.

29 mars : Poincaré forme un nouveau gouvernement.
11 mai : victoire électorale du Cartel des gauches ; Poincaré décide de quitter le pouvoir.
1er juin : démission du cabinet Poincaré.

1926   23 juillet : président du Conseil, ministre des Finances.

1928   1er avril : discours de Carcassonne.
avril-mai : élections législatives « poincaristes ».
25 juin : adoption par le Parlement de la loi qui fixe la nouvelle valeur légale du franc, le franc « Poincaré ».
9 novembre : démission des quatre ministres radicaux-socialistes à la suite du congrès d'Angers.
11 novembre : président du Conseil.

1929   17 juillet : Poincaré, malade et alité, laisse à Briand le soin de poursuivre la discussion à la Chambre sur le plan Young et les conventions avec la Grande-Bretagne et les États-Unis.
29 juillet : démission pour raisons de santé.

1930   4 février : retour de Poincaré à Paris.
15 décembre 1930 : attaque cérébrale.

1931   23 juin : élu bâtonnier de l'ordre des avocats de Paris.
20 octobre : démission pour raisons de santé.

1932   16 octobre : Poincaré est réélu sénateur de la Meuse.

1934   7 octobre : réélu conseiller général de Triaucourt-en-Argonne (Meuse).
15 octobre : mort de Raymond Poincaré à Paris.

1935   13 juillet : le lycée de Bar-le-Duc reçoit le nom de lycée Raymond-Poincaré.

1943   18 mai 1943 : décès d'Henriette Poincaré à Neuilly.

Index des noms de personnes

ABD EL-KRIM, nationaliste marocain : 500.
ABERNON, Edgar, lord d', ambassadeur de Grande-Bretagne à Berlin : 417, 428.
ABOUT, Edmond, écrivain : 48, 50, 469.
ADENAUER, Konrad, bourgmestre de Cologne : 442-448.
AGULHON, Maurice, historien : 606.
AILLAUD, architecte : 558.
AJAM, Maurice, journaliste : 563.
ALBERT Ier, roi des Belges : 24, 257, 259, 303, 318, 336, 359, 373, 422, 452, 548.
ALBERT FAVRE, Ernest Charles : 333.
ALDEBERT, colonel : 253.
ALEXANDRE Ier, roi de Yougoslavie : 324, 558.
ALLAIN, Jean-Claude, historien : 267, 348, 598.
ALMEREYDA, Miguel : 337, 352.
ALPHAND, Hervé, ambassadeur de France : 600.
ALPHONSE XIII, roi d'Espagne : 257-259, 334.
AMADE, général d' : 225.
AMETTE, Léon Adolphe, cardinal : 256, 257, 342.
AMSON, Daniel, avocat et historien : 8.
ANDLER, Charles, universitaire : 389, 548.
ANDRÉ, général Louis : 194, 195.

APPELL, Paul, universitaire : 135, 205, 390.
ARCONATI-VISCONTI, marquise : 146.
ARENBERG, Auguste Louis, prince d', député et administrateur de sociétés : 148.
ARNAUD, Vincent : 445-447.
AUBÉPIN, Henri, avocat : 164, 178, 551, 594.
AUBERT, vicaire général de Verdun : 383.
« AUBERTIN, M^e », pseudonyme de Raymond Poincaré au *Voltaire* : 48.
AUGAGNEUR, Victor : 291, 296, 340.
AUGIER, Émile : 48.
AUJARD, Eugène, jardinier du Clos : 154.
AULARD, Alphonse, historien : 249.
AUMALE, duc d' : 30.
AURIOL, Vincent, député SFIO, puis président de la République : 489, 496, 499, 519, 530, 535, 596, 597.
AVENOL, Joseph : 394.
AYNARD, Camille : 110, 121, 151.

BAC, Ferdinand, dessinateur : 254.
BADE, Max, prince de : 358.
BAECHLER, Christian, historien : 504.
BAÏHAUT, Charles, député : 50.
BAILBY, Léon, directeur de journal : 388, 404, 450.
BAINVILLE, Jacques, écrivain et historien : 593.

BALDENSPERGER, Ferdinand, universitaire : 548.
BALDWIN, Stanley, Premier ministre britannique : 418, 429, 435, 463, 497.
BALFOUR, Arthur James, lord : 343, 463.
BALLADUR, Édouard : 599.
BALZAC, Honoré de : 13.
BARBIER, Ernest, journaliste : 306.
BARBOUX, Henri, avocat : 46, 47, 155, 161, 162, 164, 176, 178.
BARBUSSE, Henri, écrivain : 397, 571, 592.
BARDOUX, Jacques : 599.
BARIÉTY, Jacques, historien : 415, 453, 466, 502, 503, 539, 606.
BARNAUD, Léon, haut fonctionnaire des Finances : 491.
BARNAVE, Antoine : 141.
BARNISCH, industriel belge : 394.
BARRAL, Pierre, historien : 92, 511, 588.
BARRÉ, Jean-Luc : 406.
BARRE, Raymond : 588, 599, 604.
BARRÈRE, Camille, ambassadeur de France : 221, 222, 319, 408, 421.
BARRÈS, Maurice : 32, 49, 70, 71, 141, 151, 204, 247, 306, 327, 338, 341, 359, 371, 373, 375, 468, 494, 584, 607.
BARTHOLOMÉ, Albert : 171.
BARTHOU, Louis : 51, 52, 74, 75, 79, 83, 84, 86, 103, 105, 107, 108, 110, 115, 116, 119, 121, 144, 145, 147, 148, 150, 151, 157, 163, 168, 179, 189, 190, 203, 247, 259-263, 266-269, 282, 297, 301, 306, 316, 322, 344, 349, 356, 361, 367, 391, 392, 398, 399, 402, 403, 411, 413, 418, 429, 441, 442, 451, 472, 484, 485, 487, 489, 493, 507, 524, 534, 547, 558, 567, 568, 586, 606, 608.
BASCH, Victor : 397, 398.
BASCHET, frères : 388.
BASCHET, René, directeur de *L'Illustration* : 493.
BASSERMANN, Ernst, homme politique allemand : 432.
BAUDOT, Albert, maréchal-ferrant à Sampigny : 153.

BAUDRILLART, Mgr Alfred : 38, 51, 157, 255, 256, 312, 313, 330, 334, 342, 356, 461, 561, 569.
BAYARD, chevalier : 604.
BAZAINE, Achille, maréchal : 28.
BAZIRE Mme : *voir* POINCARÉ, Henriette.
BAZIRE, Arthur : 149.
BEAUCHET, Ludovic, professeur de droit, maire de Nancy : 125, 129, 130.
BEAUDEMOULIN, général : 253.
BECKER, Jean-Jacques, historien : 271.
BEDOUCE, Albert, homme politique de la SFIO : 218, 499.
BELLESSORT, André, écrivain : 557.
BENOIST, Albert, baron de, propriétaire, député de la Meuse : 130, 186, 194, 195.
BENOIST, Charles, professeur à l'École libre des sciences politiques, député de Paris : 218.
BENOÎT XV, pape : 256, 342, 408.
BENUCCI, Henriette, épouse de R.P. : *voir* POINCARÉ, Henriette.
BENUCCI, Raphaël, père d'Henriette : 149.
BÉRARD, Léon : 157, 167-170, 175, 183, 207, 208, 216, 384, 403, 455, 486, 557, 594.
BERCHTOLD, Léopold, comte, ministre autrichien des Affaires étrangères : 280.
BÉRÉGOVOY, Pierre : 598.
BERG, Victor, architecte : 381.
BERGERAT, Émile, homme de lettres : 48, 170, 171.
BERGERY, Gaston, député radical socialiste : 520, 521, 523.
BERGSON, Henri, philosophe : 556.
BERNARD, Auguste, maire de Nancy, père de Maurice : 153.
BERNARD, Claude : 94.
BERNARD, Georges, collaborateur de R.P. : 79, 81, 114, 258.
BERNARD, Maurice, avocat : 51, 132, 138, 144, 146, 150, 151, 163, 164, 179, 240, 256, 257, 267, 269, 295, 305, 383.

INDEX DES NOMS DE PERSONNES

Berryer, Pierre Antoine, avocat : 53.
Berstein, Serge, historien : 249, 606.
Bert, Paul, député, ministre républicain : 48.
Berthelot, Marcelin, chimiste : 94, 141, 147, 155, 205, 321.
Berthelot, Philippe, fils du précédent, diplomate : 140, 273, 321, 322, 331, 334, 339, 406, 470, 477, 490, 501.
Berthod, Aimé : 525.
Bertie, sir Francis, ambassadeur de Grande-Bretagne à Paris : 228, 319, 335.
Bethmann-Hollweg, Theobald von, chancelier : 224, 262, 279, 280, 293, 294, 338.
Beyens, Eugène, baron, diplomate belge : 574.
Bienvenu-Martin, Jean-Baptiste, ministre de la Justice : 273, 277.
Bigorgne, Céleste, maire de Vacherauville (Meuse) : 469.
Billiet, Ernest, homme d'affaires et homme politique : 207.
Billot, Jean-Baptiste, général : 107.
Binet, Charles-Joseph, cardinal : 559.
Bismarck, Otto von, homme d'État allemand : 28, 31, 32, 54, 232, 273, 280, 282, 411, 556, 611.
Bitsch, Marie-Thérèse, historienne : 421.
Bixio, Jacques Alexandre : 178.
Blavet, lieutenant-colonel : 307.
Bloch, Camille, historien : 583.
Blum, Léon : 95, 380, 423, 425, 431, 450, 451, 456, 457, 467, 470, 472, 489, 496, 519, 531, 535, 574, 575, 604, 608.
Bohn, Henri : 34, 35.
Boidin, médecin : 541.
Boissier, Gaston, historien : 148.
Bokanowski, Maurice, député, ministre : 454, 486, 521, 524.
Bolo, Paul-Marie, *dit* Bolo pacha : 336, 337, 352, 353.
Bompard, famille : 24, 43, 134, 383.
Bompard, Henri, industriel de Bar : 24, 30, 37, 38.

Bompard, Maurice, ambassadeur de France : 221.
Bonaparte, Louis Napoléon : 21.
Bonar Law, Andrew, Premier ministre britannique : 148, 418, 422, 429, 463.
Bonnefous, Georges : 207, 208, 524, 605.
Bontoux, Eugène, banquier : 162.
Boret, Victor, homme politique : 350, 547.
Boucher, Henry, industriel et député des Vosges : 113, 122.
Bouguereau, Adolphe William, peintre : 487.
Bouisson, Fernand : 490, 517.
Boulangé, colonel : 253.
Boulanger, Georges, général : 54, 58, 60-65, 67-69, 102, 587.
Boulanger, Ernest, sénateur : 186, 193, 195.
Bourbon-Parme, Sixte, prince de : 342, 576.
Bourgeois, Léon : 80, 81, 83, 85, 86, 94, 97, 98, 100, 103, 104, 110, 113-117, 147, 188, 191, 192, 204, 215, 216, 225, 238, 239, 243, 246, 248, 254, 257, 258, 261, 264, 271, 320, 331, 340, 392, 424.
Bourgon, Désiré, architecte : 153.
Boutroux, Aline, cousine de R.P. : 136, 137, 382.
Boutroux, Émile : 50, 137, 382.
Boutroux, Pierre, fils du précédent : 137, 382.
Bradfer, Ernest, industriel à Bar-le-Duc : 20.
Brandès, Marthe, actrice : 172, 173.
Bredin, Jean-Denis, avocat, écrivain, académicien : 106, 249, 268, 281.
Bréguet, Simone, petite-fille de Jules Develle : 542, 554.
Breitscheid, Rudolf, personnalité social-démocrate allemande : 405, 439.
Bremond, Henri, abbé : 557.
Briand, Aristide : 118, 179, 181-183, 191, 193, 204, 206, 209, 216-219, 229, 245-247, 251, 252, 261, 266, 268, 269, 297, 299, 300, 302,

303, 306, 310, 311, 313, 314, 316, 319-323, 328-331, 335, 336, 340, 342, 343, 346, 348, 349, 363, 364, 372, 381, 391-393, 396, 398-403, 405-408, 410, 412, 413, 420, 429, 438, 451, 455, 459, 472, 475, 477-482, 484-488, 490, 492, 501-505, 517, 518, 524, 528, 531-535, 554, 557, 558, 567, 577, 580, 581, 585, 592, 608, 610.
Brice, Germaine : 146.
Bridier, médecin : 541.
Brisson, Adolphe : 206.
Brisson, Henri : 46, 99, 100, 105, 110, 115, 235.
Broqueville, Charles de, Premier ministre belge : 339, 343.
Broglie, Albert, duc de : 39, 53.
Broglie, Maurice, duc de, physicien : 557.
Brouchot, Pol, magistrat, ami de R.P. : 34, 35, 151, 173.
Brugère, Joseph, général : 74, 253, 256-258, 261, 264, 267, 291, 299, 301, 306, 313.
Brûlot : 60.
Brüning, Heinrich, chancelier allemand : 546.
Bruntz, Louis, professeur de pharmacie, recteur : 33, 594.
Buat, Edmond, général : 224, 309, 356, 402, 404, 419, 420, 422, 440.
Buchanam, George, ambassadeur de Grande-Bretagne en Russie : 275.
Bucher, Pierre, patriote alsacien : 361, 389, 506, 545.
Bugnon, Émile, inspecteur primaire : 387.
Buisson, Ferdinand : 75, 95, 147, 200, 204, 205, 244, 246, 500.
Bülow, Karl von, général : 303.
Bunau-Varilla, Maurice, directeur de journal : 171, 194, 195, 257.
Buré, Émile, journaliste : 321.
Busch, Maurice, journaliste, confident de Bismarck : 32.
Bussière, Éric, historien : 421, 422, 454, 503.
Busson-Billaut, Julien, bâtonnier : 159, 179.

Buvignier, Charles, député puis sénateur de la Meuse : 62, 185.

Cachat, Christophe, médecin : 19.
Cachin, Marcel, député socialiste puis communiste : 313, 333, 500, 569, 574, 576, 577.
Caël, directeur des Postes de la Seine : 148.
Caillaux, Henriette : 267, 269, 272.
Caillaux, Joseph : 39, 118, 140, 148, 149, 158, 180, 189, 192, 193, 199, 200, 203, 206, 209, 210, 215, 216, 240, 243, 245, 248, 256, 262-264, 266-270, 273, 281, 283, 296, 297, 301, 330, 331, 336-338, 347-349, 351, 352, 359, 397, 469-472, 480, 481, 487, 488, 491, 519, 520, 522, 523, 529, 563, 565, 568, 569, 579, 585, 590, 598, 602, 605, 607.
Caïn, Georges, conservateur du musée Carnavalet : 147.
Caïn, Henri, peintre : 38, 51, 147, 336, 545, 558, 562.
Calmette, Gaston, directeur du *Figaro* : 267, 568.
Calvet, Jacques : 599.
Cambon, Jules, ambassadeur de France : 221, 224, 251, 260, 276, 319, 322, 334, 339, 362, 406, 470, 565.
Cambon, Henri, ambassadeur de France : 409, 565.
Cambon, Paul, ambassadeur de France : 143, 220, 221, 233, 234, 251, 275, 319, 399, 407, 409, 417, 418, 425, 438, 565.
Canet, Louis, conseiller d'État : 408, 410.
Capus, Alfred : 170, 297.
Carnot, Adolphe, frère de Sadi : 54, 79, 80, 124, 189, 190, 200, 209, 257, 292, 361, 392.
Carnot, Cécile, épouse de Sadi : 79.
Carnot, Hippolyte : 79.
Carnot, Lazare : 79, 284.
Carnot, Sadi, président de la République : 54, 74, 78-80, 84, 89-91, 124, 190, 238, 240, 253, 254, 259, 284, 306, 312, 608.

INDEX DES NOMS DE PERSONNES

Carrère d'Encausse, Hélène, historienne, académicienne : 276.
Casabona, Albert : 190.
Caserio, Santo Jeronimo, militant anarchiste : 79.
Casimir-Perier, Jean, président de la République : 78-81, 115, 238, 246, 250, 271, 326, 363, 375, 608.
Cassagnac, Paul de : 84.
Castelnau, Édouard de Curières de : 283, 301, 311, 317, 323, 324, 328, 334, 575.
Cavaignac, Godefroy : 80, 105.
Cavallier, Camille, industriel : 172, 367.
Céard, Henri, secrétaire général de l'Académie Goncourt : 166.
Cerretti, Mgr Bonaventura, nonce : 408.
Challemel-Lacour, Paul-Armand, député : 83.
Chanzy, Antoine Alfred Eugène, général : 30.
Chapiro, Joseph, communiste allemand : 579.
Charles Ier, empereur d'Autriche-Hongrie : 341, 342, 580.
Charléty, Sébastien : 508, 556.
Charmes, Francis, journaliste : 237.
Charpentier, M. : 39.
Chastenet, Jacques, journaliste et historien de la IIIe République : 8, 602, 605.
Chaumié, Joseph : 189.
Chautemps, Camille, homme politique radical-socialiste : 544.
Chênebenoit, André, journaliste : 406.
Chenu, Charles, avocat : 164-166, 175, 178, 179, 460, 551.
Chérèque, Jacques, syndicaliste, puis ministre : 556.
Chéron, Henry, député puis sénateur du Calvados : 320, 402, 466, 467, 472, 474, 489, 521, 524.
Chevalier, Pol, maire de Bar-le-Duc, sénateur de la Meuse : 193, 385, 386.
Churchill, Winston : 497, 529, 611.
Claretie, Arsène Arnaud, *dit* Jules, homme de lettres, administrateur de la Comédie-Française : 48, 148, 152, 154, 244, 245, 253.
Clemenceau, Georges : 8, 61, 68, 74, 76, 91, 93, 95, 103, 104, 111, 116, 117, 122, 126, 129, 139, 140, 145, 183, 188, 191, 192, 199, 206, 210, 215, 219, 223, 226, 227, 240, 243, 244, 245, 247, 261, 262, 264, 266, 270, 280, 283, 296, 297, 301, 313, 320, 326, 330, 335, 337, 338, 344, 346, 348-358, 360-364, 367-372, 374, 375, 381, 391, 393, 403, 486, 487, 541, 543, 558, 560, 564, 567, 568, 574, 585, 586, 588, 592, 597, 600, 604, 608.
Clémentel, Étienne, député, ministre : 262, 321, 350, 354, 472, 473, 487.
Cochery, Adolphe, député catholique : 145.
Cochin, Denys : 97, 104, 204, 331, 342, 402, 569.
Collignon, Albert : 25.
Collin, Henri, abbé : 566.
Colrat de Montrosier, Maurice : 140, 150, 167, 168, 170, 206, 207, 257, 301, 384, 403, 436, 438, 455, 459, 486, 565, 579.
Combarieu, Abel : 88, 99, 111-116, 119, 177, 189, 253.
Combes, Émile : 123, 132, 186-189, 194, 226, 243, 262, 263, 321.
Constans, Ernest : 64, 65, 145.
Contamine, Henry, historien : 601.
Coolidge, Calvin, président américain : 549.
Cordier, Jacques, journaliste lorrain : 109.
Costes, Émile, ingénieur des Mines : 421, 424.
Cot, Pierre : 490.
Couvegnes, Raymond, sculpteur : 596.
Crémieux, Adolphe : 148.
Crémieux, Louise : 148.
Cresson, Ernest, bâtonnier : 160, 164.
Crispi, Francesco, Premier ministre italien : 440.
Crozier, Philippe, ambassadeur de France : 221.

CRUPPI, Jean, député : 105, 148.
CUNO, Wilhelm, chancelier du Reich (1922-1923) : 419, 425, 428, 432, 433, 435.
CUREL, Louis, Jacques, conseiller général de la Meuse : 70.
CURIE, Marie : 549, 604.
CURTIUS, Julius, ministre allemand des Affaires étrangères : 547.
CURZON OF KEDLESTON, George Nathaniel : 416-418, 441, 451, 463.

DÆSCHNER, Jules, ambassadeur de France : 220, 229, 406.
DALADIER, Édouard : 488, 521, 522, 525, 531, 534.
DALENS, secrétaire de R.P. : 169.
DALOU, Jules, sculpteur : 388.
DANIEL-VINCENT, Charles, député, ministre : 455.
DANSETTE, Adrien, historien : 602.
DANTON, Georges Jacques : 312.
DARIAC, Adrien, député : 416.
DAUDET, Alphonse : 165-167.
DAUDET, Léon, fils du précédent : 383, 431, 567.
DAUDET, Mme Alphonse : 146.
DAUDET, Philippe, fils de Léon : 383, 567.
DAUM, Antonin, industriel : 137.
DAUM, Léon, petit-cousin de R.P., industriel : 137, 383, 493, 558, 559, 596.
DAUSSET, Louis : 253.
DAWES, Charles G., général et banquier américain : 442, 448, 449, 458, 461, 480.
DE BROUCKÈRE, Louis : 404.
DECORI, Denyse, fille de Félix : 158, 305.
DECORI, Félix, avocat, ami de R.P. : 51, 148, 150, 151, 163, 305, 313.
DECORI, Magdeleine, épouse de Félix : 149, 305, 542, 552.
DEGOUTTE, Jean-Marie, général : 411, 412, 415, 417, 419, 420, 424, 427, 436, 440.
DELACROIX, Léon, homme politique belge : 422.

DELCASSÉ, Théophile : 83, 107, 108, 114, 115, 132, 215-218, 220, 229, 242, 252, 266, 271, 287, 291, 297, 300, 313, 318-320, 339, 340, 572, 578, 602.
DELOMBRE, Paul, député : 115.
DELPECH, Mme : 146.
DELPORTE, Christian, historien : 606.
DEMARTIAL, Georges : 571.
DEMOSTHÈNE : 37.
DENIS, Nestor, journaliste : 165.
DEPAUTAINE, Paul-Léon, médecin : 55, 56.
DÉROULÈDE, Paul : 32, 102, 111, 119, 120, 202, 281.
DESCHAMPS, Charles : 134.
DESCHANEL, Adèle : 99.
DESCHANEL, Paul : 63, 68, 83, 87, 99, 100, 113, 114, 139, 140, 146, 148, 151, 235, 239, 242-245, 258, 295-297, 300, 301, 312-314, 316, 330, 340, 372-374, 391, 569, 606.
DESSOYE, Arthur : 147.
DESTICKER, Pierre-Henri, général : 435.
DEVELLE, Claude : 53.
DEVELLE, Edmond : 53, 55, 57, 58, 64, 99, 151, 185, 186, 188, 193, 195, 196, 475.
DEVELLE, Jules : 49, 50, 53-56, 58-61, 64, 67, 68, 70, 71, 75, 77, 78, 84, 90, 94, 98, 99, 126, 147, 150, 151, 163, 185, 186, 193, 196, 197, 228, 257, 258, 372, 385, 388, 406, 475, 490, 542.
DEVELLE, Mme Jules : 49.
DIDRY, Alfred : 468.
DIEHL, Charles, professeur d'histoire byzantine à la Sorbonne : 151.
DIOR, Lucien : 455.
DISRAELI, Benjamin : 280.
DORIOT, Jacques : 500.
DORTEN, Hans-Adam, séparatiste rhénan : 445.
DOUMER, Paul : 80, 85, 126, 310, 349, 392, 402, 489, 534.
DOUMERGUE, Gaston : 193, 262, 264, 265, 270, 271, 283, 291, 296, 297, 300, 334, 392, 402, 424, 428, 460, 480-482, 493, 504, 518, 523, 531, 533, 544, 547, 557, 558, 559.

INDEX DES NOMS DE PERSONNES

Doumic, René : 144, 156, 389, 476, 477, 544.
Dresch, famille : 25, 134.
Dresch, Joseph : 16.
Dreyfus, Alfred : 103, 104-109, 114, 115, 119, 127, 168, 179, 241.
Dreyfus, Mme Ferdinand : 146.
Dreyfus, Ferdinand : 45-47, 53, 59, 63, 64, 73, 134, 147, 151, 161, 168.
Dreyfus, Louis : 178.
Dreyfus, Lucie, épouse d'Alfred : 98, 105.
Drouot, Antoine, général : 156.
Drumont, Édouard : 109.
Du Buit, Charles-Henri, avocat : 36, 47, 63, 106, 162, 163, 171-173.
Du Buît, Jean, inspecteur des Finances, fils du précédent : 162, 490, 491, 523, 596.
Dubail, Auguste, général : 311.
Dubois, Louis : 418, 531.
Dubost, Antonin, sénateur de l'Isère, président du Sénat : 240, 242, 340.
Duchenois, brigadier : 302.
Duclerc, Vincent, historien : 297.
Dufaure, Armand : 46, 47, 52, 53, 155.
Duguit, Léon, professeur de droit : 364.
Dumay, Charles, directeur des cultes : 83.
Dupanloup, Mgr Félix : 78.
Duparge, général : 253, 301, 306, 307.
Du Paty de Clam, Ferdinand, commandant : 241.
Dupin, Gustave : 571.
Duplan, M^e : 165.
Dupuis, Jean, directeur de journal, député : 171, 239, 242, 263, 264.
Dupuy, Charles : 74, 76, 78, 79, 81, 84, 100, 103, 105, 106, 108, 110, 112, 113-116, 119, 155, 189, 216, 306, 392.
Duroselle, Jean-Baptiste, historien : 8, 346.
Duruy, Victor : 157.
Dutasta, Henri, ambassadeur : 362.

Duval, Émile : 307, 353.
Duval, Jean : 493.

Ebert, Friedrich, président du Reich (1919-1925) : 395, 419, 432, 453.
Édouard VII, roi d'Angleterre : 470.
Einstein, Albert : 549.
El Gammal, Jean, historien : 91.
Erdmann, Karl Dietrich, historien allemand : 279, 445, 447.
« Ermenonville », pseud. de Gustave Dupin : 571.
Estaunié, Édouard : 171.
Estèbe, Jean, historien : 75.
Esterházy, Walsin, commandant : 103, 112, 179.
Étienne, professeur de médecine à Nancy : 552.
Étienne, Eugène, député et ministre : 84, 90, 145, 260-262.
Eugène, valet de chambre de R.P. : 556.

Fabius, Laurent : 599.
Fabre-Luce, Alfred, écrivain : 228, 232, 281, 470, 487, 578, 601, 602.
Fabry, Jean : 455, 459.
Falkenhayn, général von : 323, 328.
Fallières, André, fils d'Armand : 486, 514, 517.
Fallières, Armand, président de la République : 150, 188, 189, 192, 215, 238, 240, 244, 250, 251, 253-255, 259, 284, 313, 576.
Fallières, Mme Armand : 158.
Falloux, Frédéric, vicomte de : 188.
Fasquelle, éditeur : 155.
Fashauer, Joseph, abbé : 510.
Faure, Félix : 81, 83, 85, 100, 105, 110, 111, 228, 272.
Faure, Paul : 520.
Favre, Jules : 52, 235.
Fayolle, Marie-Émile, maréchal : 357, 367.
Feldmann, Gerhard, historien : 428.
Ferrette, Henri : 98, 99, 109, 124, 125, 130, 194, 197, 198, 205, 386, 554, 561.
Ferry, Abel, fils de Charles : 271, 273, 280, 287, 289, 308, 312, 319.

FERRY, Charles, frère de Jules : 118, 121.
FERRY, Eugénie, épouse de Jules : 139, 203.
FERRY, Jules : 7, 9, 13, 32, 45, 47, 52, 59, 63, 70, 75, 84, 85, 87, 91, 94, 96, 117, 122, 139, 162, 187, 188, 200, 203-206, 238, 240, 250, 271, 281, 558, 566, 604, 606, 608, 612.
FICATIER, famille : 15, 17, 383.
FICATIER, Antoine, grand-père de R.P. : 17, 22, 23, 34, 43, 55, 57, 133, 134, 151, 152, 383, 588.
FICATIER, Marie-Nanine, grand-mère de R.P. : 22, 36.
FINALY, Horace, banquier : 454.
FISCHER, Fritz, historien allemand : 230, 231, 279, 338, 601, 603.
FISSON, Charles, industriel lorrain : 123.
FLAMMARION, Camille, astronome : 49.
FLANDIN, Pierre-Étienne : 406.
FLOQUET, Charles : 68.
FLORENTIN, Léon, journaliste meusien : 388, 557, 561.
FOCH, Ferdinand, maréchal : 303, 309, 328, 330, 332, 344, 351, 353, 354, 356, 360, 362-364, 367, 373, 411, 416, 417, 419, 421, 422, 426, 427, 435-438, 442, 443, 504, 529, 530, 560, 586, 592.
FOCH, maréchale : 392, 450, 542.
FONTAINE, Arthur : 151.
FONTANA, commandant : 307.
FONTENAY, baron de, ambassadeur : 505.
FORGEOT, Pierre, député de la Marne : 248.
FORGET, père : 33.
FORIN, Albert, charpentier à Sampigny : 153.
FORSANS, Paul : 207.
FOURCADE, Manuel, avocat : 162, 175, 178, 181, 551.
FOURNIER, Pierre, haut fonctionnaire des Finances : 491, 492.
FRANCE, Anatole : 78, 171.
FRANÇOIS Ier, roi de France : 258.

FRANÇOIS-FERDINAND, archiduc d'Autriche : 272.
FRANÇOIS-JOSEPH, empereur d'Autriche-Hongrie : 314, 341, 580.
FRANÇOIS-MARSAL, Frédéric : 456, 460, 473.
FRANÇOIS-PONCET, André : 423, 524, 548.
FRANCQUI, Émile : 452, 503.
FRANKLIN-BOUILLON, Henri : 517.
FRÉBILLOT, Louis : 136, 383, 596.
FRÉDÉRIC III, roi de Prusse : 27.
FREUND, Heinrich : 444.
FREYCINET, Charles de : 50, 53, 54, 113, 115, 156, 314, 320, 321, 340.
FUSTEL DE COULANGES, Numa Denis : 76.

GAIFFIER D'HESTROY, Edmond, baron de : 334, 404, 422, 426, 429, 430, 434, 458, 466, 492, 497, 565.
GALLI, Henri : 306.
GALLIENI, Joseph, général : 297-299, 303, 310, 311, 321, 322.
GALLIFFET, Gaston-Auguste, général, marquis de : 118, 148.
GAMBETTA, Léon : 7, 9, 13, 32, 45-47, 49, 52, 53, 59, 66, 78, 84, 91, 95, 96, 117, 122, 162, 187, 202, 203, 206, 217, 224, 234, 235, 250, 270, 281, 284, 294, 299, 300, 312, 321, 326, 390, 558, 566, 594, 607-609, 612.
GAMELIN, Maurice, général : 310.
GARRIGUES, Jean, historien : 93.
GASTINNE-RENETTE, armurier : 267.
GAUCHOTTE, Charles, camarade de jeunesse de R.P. : 42.
GAULLE, Charles de : 7, 142, 380, 587, 592, 597, 600, 603, 604, 606, 611, 612.
GAUTHIER, Armand, sénateur, ministre de la Marine : 291.
GAUTIER, Théophile : 40.
GAXOTTE, Jules : 197.
GAXOTTE, Pierre, écrivain et historien, fils du précédent : 197, 387.
GEBHART, Émile, universitaire : 155, 156.

GEORGE V, roi d'Angleterre : 257, 290, 308, 319, 326, 391, 459, 580.
GEORGET, Pierre : 152.
GÉRARDIN, Auguste : 69, 70.
GERIN, René : 582, 584.
GERLIER, Pierre, cardinal : 562.
GERMAIN, Henri, banquier, député : 73, 579.
GERMAINE, Mlle, infirmière : 556.
GHEUSI, Pierre-Barthélemy : 239, 305, 315, 458, 529.
GILLON, famille : 15, 16, 24.
GILLON, Jean Nicolas : 16.
GILLON, Jean-Landry : 16, 17, 26, 47, 57.
GILLON, Joseph : 16.
GILLON, Marie-Ange : 16.
GILLON, Marie-Nanine : 16, 17.
GILLON, Mme Paulin : 23, 25.
GILLON, Paulin : 16, 17, 23, 25, 26, 30, 38, 43, 47, 57, 469.
GILLON, Ursule Émilie : 16.
GINISTY, Charles, évêque de Verdun : 373, 387, 549, 559, 561.
GIOLITTI, Giovanni, président du Conseil italien : 223.
GIRARD, chef de cabinet de R.P. aux Finances : 79.
GIRAUDOUX, Jean, diplomate, écrivain : 477, 478.
GIRAULT, René, historien : 191, 227, 230, 583.
GIROUD, Françoise : 598.
GISCARD D'ESTAING, Valéry : 599.
GOBLET, René, député, ministre : 58.
GONCOURT, Edmond de : 78, 165, 166, 170.
GOSSET, Antonin, professeur de médecine : 541, 542.
GOULETTE, Léon, directeur de *L'Est républicain* : 121, 126, 199.
GOURAUD, Henri, général : 357.
GRAND, Jean : 81.
GRAS, Marcel, secrétaire de R.P. : 220, 253.
GRÉARD, Octave, universitaire :135.
GREINER : 33.
GRÉVY, Jules : 30, 54, 61, 96, 254, 255.
GREY, sir Edward : 233, 280, 290, 292, 300, 319.

GRIGNON, Henri, chef de cabinet de R.P. : 406, 490, 491, 549, 556, 594.
GRIMM, Dr : 445.
GROSDIDIER, René : 59-61, 65, 68-70, 86, 89, 90, 94, 99, 109, 114, 116, 120, 124-126, 131, 138, 144, 149, 151, 185-187, 191, 193-196, 198, 257, 302, 303, 308, 316, 357, 385, 386.
GROSSER, Alfred, historien : 610.
GUERARD, Theodor von : 505.
GUÉRIN, Edmond : 165.
GUESDE, Jules, militant socialiste, ministre en 1914 : 297, 321, 329.
GUILLAIN, Henri, député : 115, 118.
GUILLAUME Ier, roi de Prusse, empereur d'Allemagne : 28, 31.
GUILLAUME II, empereur d'Allemagne : 224, 260, 273, 275, 277, 313, 342, 365, 548, 570, 572, 580.
GUILLAUME, baron, diplomate belge : 265, 266, 281, 574.
GUILLAUME, directeur des Mines : 427.
GUIONNIC, François : 384, 394, 395, 550, 557.
GUIRAUD, secrétaire de R.P. : 167.
GUIST'HAU, Gabriel, député : 236, 246.
GUITARD, Louis : 207.
GUIZOT, François : 17.

HABERT, Marcel : 306.
HÆGY, Xavier, abbé : 507-510, 512, 561.
HAGUENIN, Émile, professeur : 428, 434.
HAGUENIN, Éric : 490.
HAIG, sir Douglas, maréchal, commandant des troupes britanniques en France : 354.
HALDANE, Richard, lord, homme politique libéral : 233.
HALÉVY, Ludovic, écrivain : 148.
HALLAYS, André, journaliste, ami de R.P. : 38, 49, 51, 147, 161, 506, 545.
HAMSPOHN, industriel allemand : 446.

HANOTAUX, Gabriel : 41, 83, 84, 99, 144-147, 155, 158, 268, 342, 543, 545, 551, 555, 596.
HAUSER, Henri, historien : 389.
HAUSS, René, autonomiste alsacien : 511.
HAUSSMANN, Georges, baron : 13.
HAUSSONVILLE, comte d', académicien : 156.
HÉBRARD, Adrien, directeur du *Temps* : 257, 388.
HEINEMANN, homme d'affaires américain : 447.
HENNIQUE, Léon : 165.
HENRIONNET, Marguerite Nanine : 17.
HENRI-ROBERT, Jacques, avocat : 164, 178, 385.
HENRY, Hubert Joseph, commandant : 105-107.
HENRY, Lucien : 51.
HERBETTE, Jean, journaliste : 306, 388, 404.
HERBETTE, Maurice, ambassadeur : 407, 492.
HERBILLON, colonel : 307.
HERMES, Andreas, homme politique allemand : 422.
HERMITE, Charles, mathématicien : 141, 469.
HERMITE, général, frère du précédent : 469.
HERMITE, fils du général, chef de cabinet de R.P. : 565.
HERMITE, Louis, fils de Charles : 406.
HERR, Frédéric, général : 324.
HERRIOT, Édouard : 95, 249, 259, 262, 314, 316, 331, 379, 402, 403, 424, 431, 451, 456, 458, 459, 461, 463-467, 469, 472-474, 478, 480, 481, 483-487, 488, 500, 503, 506, 508, 509, 514, 518, 521, 522, 531, 534, 551, 559, 562, 591, 596, 597, 600, 608, 610.
HERRYK, Myron, ambassadeur des États-Unis : 576.
HERVIEU, Paul : 156.
HESNARD, Oswald : 502, 504.
HETZEL, Jules, éditeur : 171.
HINDENBURG, Paul von : 332, 475, 546.

HINZELIN, Émile, journaliste : 56, 365, 371, 388, 469, 493, 510, 562, 589.
HITLER, Adolf : 444, 462, 535, 546, 556, 560.
HOESCH, Leopold von, ambassadeur d'Allemagne en France : 436, 439, 479, 501.
HOOVER, Herbert, président américain : 549.
HUARD, général : 561.
HUBERT, Émile, syndicaliste : 584.
HUC, Arthur, directeur de *La Dépêche de Toulouse* : 204.
HUEBER, Charles, député communiste alsacien : 509, 512.
HUGO, Victor : 40, 141.
HUMBERT, Charles : 194, 195, 197, 198, 225, 295, 301, 320, 336, 337, 347, 352, 353, 385, 386, 388, 471, 475, 568.
HUMBERT, garagiste : 154.
HUREL, Paul : 61, 62.
HUTIN, général : 386.
HUTIN, Marcel, directeur de *L'Écho de Paris* : 116, 388, 473, 493, 543.
HUYSMANS, Camille : 231.
HYMANS, Paul, ministre belge : 452, 457.

IGNACE, Édouard, homme politique : 350, 352.
ISAAC, Auguste, député : 456.
ISVOLSKI, Alexandre : 227-231, 251, 290, 300, 313, 334, 335, 571, 572, 574, 575, 578.

JACQUINOT, Louis, député de la Meuse : 555, 596, 597.
JALLU, Olivier, avocat : 169, 170.
JANIN, Jules, verrier à Nancy : 153.
JARRES, Karl, homme politique allemand : 447.
JASPAR, Henri, ministre belge : 421, 429, 430, 440, 451, 452.
JAURÈS, Jean : 80-82, 97, 104, 141, 147, 182, 217, 226, 232, 260, 263, 269-272, 283, 288, 289, 290, 292, 294, 297, 592, 598, 604, 607.

INDEX DES NOMS DE PERSONNES

JAURÈS, Mme Jean : 288.
JEANNE D'ARC : 65, 77, 78, 371, 542, 566, 604.
JEANNENEY, Jean-Noël, historien : 453, 498, 518.
JEANNENEY, Jules, sénateur puis président du Sénat : 350.
JEANNESSON, Stanislas, historien : 8, 415, 417.
JEANNINGROS, Georges, avocat : 169.
JOFFRE, Joseph Jacques Césaire, maréchal : 256, 283, 289, 291, 294, 295, 297-299, 301-304, 306, 308-311, 313, 316, 317, 320-325, 328-332, 339, 340, 566, 586, 592.
JONNART, Charles, Célestin, homme politique et ami de R.P. : 83, 99, 100, 110, 114, 196, 225, 252, 350, 392, 394, 407-410, 565, 606.
JOSEPH, valet de chambre de R.P. : 84, 144, 145, 229, 257.
JOSÉPHINE, impératrice des Français : 144.
JOUFFROY, colonel : 253.
JOUHAUX, Léon, secrétaire général de la CGT : 492, 496.
JOUVENEL, Bertrand de : 425, 462.
JOUVENEL, Henry de : 207, 258, 388, 425, 429, 430, 455, 462.
JUDET, Ernest, journaliste : 228, 239, 352, 470, 578.
JULIE, sœur : 316.
JUMEL, François, député : 106.

KAHN, Albert : 543.
KAHNWEILER, Daniel Henri, marchand de tableaux : 306.
KAPÎURTHALA, maharaja de : 364.
KAUTSKY, Karl, socialiste allemand : 571.
KAYSER, Jacques : 120, 126, 525, 526.
KEIGER, J.F., historien britannique : 8, 108, 237, 239, 265, 275, 283, 288, 292, 606.
KELLOG, Frank Billings, secrétaire d'État américain : 505, 586.
KERENSKI, Alexandre Fedorovitch : 335.
KEYNES, John Maynard : 395, 419.

KILLORAN, Agnès : 255.
KILLORAN, Dominic, premier mari d'Henriette Benucci : 149, 255, 256.
KLÖCKNER, Peter, industriel allemand : 446.
KLOTZ, Louis, député, ministre : 216, 245, 262, 350, 354.
KNECHT, Marcel, journaliste : 493.
KOCH, Hans Joachim W. : 230.
KOKOVTZOV, Vladimir, président du Conseil de Russie : 191, 229, 545.
KRANTZ, Camille, député des Vosges : 99, 100, 105, 107, 108, 113, 115, 116, 118, 121, 125, 131.
KRASSINE, Leonid : 520.
KRIER, Yves, journaliste : 552.
KRONBERG, marchand de charbon à Nancy : 153.
KRUMEICH, Gerd : 217, 260, 268, 269, 280, 282, 605.
KRUPP, Alfred : 355.
KURGAN-VAN-HENTENRYK, Ginette, historienne belge : 463.

LABORI, Fernand, avocat : 174, 179, 550.
LABOULAYE, André de, ambassadeur de France : 441.
LABROUSSE, Ernest, historien : 289.
LA BRUYÈRE, Jean de : 141.
LACAZE, Jean, amiral : 329, 331.
LACOMBE, Bernard de, journaliste au *Correspondant* : 246.
LACOUR-GAYET, Robert : 491.
LADONCHAMPS, abbé de, curé de Nubécourt : 559.
LA FAYETTE, Gilbert Motier, marquis de : 366.
LAFFITTE, Jules : 48.
LAFFONT, Paul : 402, 403, 431.
LAFOND, Georges : 545.
LA FORÊT, Dubut de : 171.
LAGROSILLIÈRE, Georges : 198.
LAGUERRE, Georges : 51.
LALOY, Jean, diplomate : 602.
LAMARTINE, Alphonse de : 37, 40, 141, 206.
LAMOUR, Jean-Baptiste, *dit* Jean, serrurier du roi Stanislas : 165.

LAMOUREUX, Lucien, député radical-socialiste de l'Allier : 521.
LANCKEN, baron de : 224, 343, 348.
LANG, Jack : 599.
LANGLE DE CARY, général : 317.
LANNES, Lysie, épouse Guionnic : 135, 146, 151, 152, 154, 170, 177, 304, 305, 382, 383, 562.
LANNES, M. et Mme Auguste : 149.
LANNES, Yvonne : 152, 154, 177, 383.
LAPICQUE, Louis, universitaire : 109.
LAROCHE, Jules, diplomate : 406.
LA ROCHEFOUCAULD, François de : 141.
LASTEYRIE, Charles de, député : 207, 402, 407, 418, 426, 455.
LAUMONIER, Daniel, journaliste : 64, 99, 131, 185, 198, 258.
LAUNOIS, Eugénie : 24.
LAURENT, Charles, ambassadeur de France : 407, 445, 446.
LAURENT, Jean : 490.
LAURENT, Joseph, professeur d'université : 594, 595.
LAURENT, Théodore, industriel : 383.
LAURENT-EYNAC, député : 521.
LAUZANNE, Stéphane, rédacteur en chef du *Matin* : 257, 306, 363, 388, 467, 493, 530, 553.
LAVAL, Pierre : 506, 547.
LAVERTUJON, *dit* Henri, député républicain de la Haute-Vienne : 87, 98, 104, 106, 110, 112, 120, 147, 150.
LAVISSE, Ernest : 31, 76, 86, 95, 97, 99, 104, 110, 144, 148, 154, 156, 157, 208, 251, 340, 396, 585, 611.
LE BÉGUEC, Gilles, historien : 182, 207.
LEBLANC : 583.
LEBON, André : 38.
LEBRUN, Albert : 191, 198, 199, 201, 216, 235, 246, 264, 350, 354, 357, 362, 366, 468, 489, 493, 495, 557, 558, 604, 607.
LECOMTE, Georges : 557.
LECOURTIER : 467, 468.
LECOY, famille : 25.

LEDERLIN, Eugène, professeur de droit à Nancy : 42.
LEFÉBURE, Albert, député de la Meuse : 194.
LE GALL, Louis, secrétaire général de la présidence de la République : 253.
LEGRAND : 222.
LEJEUNE, Jules, journaliste : 48.
LEMAIRE, Madeleine : 114, 148.
LEMERRE, éditeur : 171.
LÉMERY, Henri : 168.
LÉNINE, Vladimir Ilitch Oulianov, *dit* : 578.
LENOIR, Pierre : 337, 353, 579.
LENTÉ, Frédéric, avocat : 164.
LÉON, Léonie, amie de Léon Gambetta : 234.
LÉON XIII, pape : 77, 94.
LÉON-LÉVY, industriel : 450.
LESSEPS, Ferdinand de : 74.
LE TROCQUER, Yves : 402, 412, 427, 429, 431, 456, 467, 468, 480.
LEUSSE, Jean, comte de : 511.
LEVYLIER, Jeanne : 471.
LEYGUES, Georges, homme politique et ami de R.P. : 83, 100, 107, 108, 118, 147, 350, 365, 392, 402, 420, 483, 484, 486, 514, 524, 534, 606.
LEYGUES, Mme Georges : 557.
L'HUILLIER, Fernand, historien : 417.
LIARD, Louis, universitaire : 75, 82, 135, 382.
LIOUVILLE, Henri, professeur de médecine, député de la Meuse : 59, 60.
LLOYD GEORGE, David : 273, 279, 280, 335, 343, 347, 361, 363, 364, 399, 400, 404, 407, 408, 412, 413, 416-418, 435, 463, 549.
LOMBARD, journaliste : 66.
LOMBARD, Alphonse : 89.
LOMBARD, Anne, propriétaire à Sampigny : 152.
LOMBARD, Léon, cousin par alliance de R.P. : 136.
LONGUET, Jean, militant socialiste : 572, 574.

LOTI, Pierre, écrivain : 154, 156.
LOUBET, Émile : 54, 88, 99, 108, 111-114, 116, 117, 119, 122, 125, 131, 132, 177, 188, 189, 240, 250, 253, 255, 258, 284.
LOUBET, Mme : 158.
LOUCHEUR, Louis : 314, 329, 331, 344, 349, 350, 353, 358, 359, 362, 394, 399, 400, 402, 406, 412, 428, 429, 430, 431, 455, 456, 503, 517, 532, 550, 554.
LOUIS IX, saint, roi de France : 604.
LOUIS XIV, roi de France : 30, 604, 611.
LOUIS, Georges, ambassadeur : 221, 227, 228, 232, 252, 469, 470, 578.
LOYNES, Mme de : 148.
LOYSEAU DU BOULAY, Joseph, industriel et président du conseil général de la Meuse : 595.
LUÇON, cardinal : 334.
LUCRÈCE : 37.
LUDENDORFF, Erich, général : 332, 355, 444.
LUDWIG, Emil : 548, 549.
LUTHER, Hans, ministre allemand et chancelier : 444, 446.
LYAUTEY, Hubert, maréchal : 225, 226, 247, 259, 328, 329, 330, 411, 417, 425, 451, 511, 541, 560, 561.
LYON, Jacques, avocat : 169.
LYON-CAEN, Charles, professeur de droit : 168, 173.

MACDONALD, Ramsay : 451, 457-459, 463, 466.
MAC KENNA : 448.
MAC-MAHON, Edme-Patrice-Maurice, maréchal : 27, 28, 38, 255, 270.
MADELIN, Louis : 62, 70, 596.
MADELIN, Sébastien : 70.
MAGINOT, André : 196, 197, 198, 208, 226, 257, 264, 303, 308, 313, 330, 331, 332, 362, 385, 386, 388, 398, 402, 415, 420, 422, 423, 426, 427, 429, 431, 438, 442, 455, 456, 458, 459, 467, 486, 495, 503, 518, 524, 528, 533, 535, 542, 546, 550, 552, 554, 555, 596.

MAGINOT, Jean : 486.
MAGNIEN, Clémence, tante de R.P. : 24, 35, 42, 136.
MAGNIEN, Gabrielle, cousine de R.P. : 24, 35, 136.
MAGNIEN, Marie, cousine de R.P. : 24, 35, 136.
MAGNIEN, Théodore, oncle de R.P. : 19, 24, 35, 36, 136.
MAGNIN, Joseph : 81, 235.
MAILLAUD, Fernand : 552.
MAIRÉE, Eugénie : 33.
MAJORELLE, industriel d'art à Nancy : 153.
MALVY, Jean-Louis : 271, 288, 296, 321, 329, 331, 337, 347, 348, 469, 518, 520, 521, 523.
MANDEL, Georges : 350, 351.
MANGIN, Charles, général : 324, 329, 332, 356, 445, 575.
MANTOUX, Paul, interprète : 362.
MARCHAL, député libéral de Nancy sous le régime de Juillet : 19.
MARGERIE, Pierre de, ambassadeur : 221, 226, 265, 273, 276, 277, 406, 407, 423, 426, 433, 434, 440, 492, 565.
MARGUERITTE, Paul, écrivain : 146, 171, 579.
MARGUERITTE, Victor, écrivain : 146, 579, 580.
MARIN, Louis : 456, 486, 488, 492, 493, 498, 499, 501, 517-519, 524, 525, 530, 531, 534, 560, 596.
MARION, Georges, médecin : 541, 542, 547, 552.
MARTIN, Benjamin : 248.
MARTIN, Germain, député : 546.
MARTIN, Percival, journaliste : 357.
MARTIN, William, diplomate : 220.
MARTY, André, député et dirigeant du Parti communiste français : 500.
MARX, Wilhelm, chancelier allemand : 444-446, 448, 450, 573.
MASARYK, Tomás : 441.
MASCURAUD, Alfred, sénateur de la Seine : 197, 231, 236, 257.
MASSABUAU, Joseph, député : 113.
MASSON, Frédéric, historien : 148.

Mata-Hari : 352.
Mathieu, Désiré, cardinal : 155.
Maunoury, Jacques, député : 402, 455.
Mauriac, François, écrivain : 557.
Maurois, André : 529.
Maurras, Charles : 32, 306, 567.
Mélèze, M. : 37.
Méline, Jules : 75, 85, 86, 97, 98, 100, 103, 105-107, 110-113, 116, 117, 119-123, 127, 130-132, 188, 204, 242, 262, 320, 321, 467, 521, 525.
Mendelsohn, professeur de médecine : 543.
Mendès France, Pierre : 496, 497, 598, 602.
Mengin, Henri, avocat : 121, 165, 169, 199.
Mercier, René, journaliste : 103, 106, 109, 113, 199, 240, 499, 522, 523.
Messimy, Adolphe : 271, 287, 295-297.
Meyer, Arthur, directeur du *Gaulois* : 452.
Meyer, Léon, député radical-socialiste : 525.
Mézières, Alfred, écrivain, homme politique, sénateur de Meurthe-et-Moselle : 154-156, 188, 198, 201, 589.
Micheler, Joseph, général : 332.
Michelet, Jules : 66, 78, 142, 566.
Michelin, Édouard, industriel : 38, 171, 172.
Michon, Georges : 232, 578.
Mille, Louis, directeur du *Temps* : 544, 545.
Millerand, Alexandre : 41, 46, 49, 51, 52, 63, 110, 115, 117, 118, 127, 132, 134, 139, 140, 144, 149-151, 161, 163, 171, 179, 204, 216, 219, 220, 224, 225, 229, 241, 243, 249, 260, 261, 266, 268, 297, 299-301, 303, 309, 310, 313, 319, 320, 322, 340, 349, 363, 364, 370, 372, 373, 383, 390-394, 400-402, 419-422, 429, 430, 435-439, 447, 449, 450, 455, 456, 459, 460, 486, 559, 565, 572, 574, 608, 610.

Milliès-Lacroix, Raphaël, député : 313.
Milner, lord Alfred : 353.
Miquel, Pierre, historien : 8, 539, 605.
Mirabeau, Honoré Gabriel Riqueti, comte de : 141.
Mireaux, Émile : 491, 492, 602.
Mirman, Léon, préfet : 317.
Mirouel, Michel Léon, conseiller général de la Meuse : 70.
Missoffe, Michel : 480, 492.
Mitterrand, François : 183, 532, 598.
Molière : 141, 199.
Mollard, Maurice, sénateur : 473.
Moltke, Helmut von, général prussien : 28.
Moltke, Helmut von, général, neveu du précédent : 328.
Moncheur, Ludovic, baron, diplomate belge : 459.
Monet, Claude, peintre : 487.
Monis, Ernest, sénateur : 115, 209, 210, 216, 262.
Monnerville, Gaston : 596.
Monnet, Jean : 600.
Montagu, Norman, gouverneur de la Banque d'Angleterre : 447.
Montgelas, comte de : 571, 583.
Montigny, Jean, député : 523.
Montille, Lazare Bizouard de : 220.
Monzie, Anatole de : 301, 473.
Mordacq, Henri, général : 350, 351, 353, 359, 372.
Moreau, Émile : 481, 491, 492, 497-499, 516, 518, 519, 526, 527, 545, 565.
Morey, Clément : 491, 518.
Morhardt, Mathias : 571.
Moro-Giafferi, Vincent de, avocat : 471.
Mossbauer, Louise : 149.
Moulin, Jean : 604.
Mourre, Michel : 605.
Müller, Hermann, personnalité social-démocrate, chancelier du Reich : 527, 528.
Mun, comte Albert de, homme politique catholique et député : 204, 247, 248, 261, 301, 313.

Musset, Alfred de : 40.
Mussolini, Benito : 418, 463 .

Nail, Louis, député : 331, 350.
Napoléon Ier, empereur des Français : 293, 603, 604, 611.
Napoléon III, empereur des Français : 13, 26, 28, 53, 76, 282, 293.
Naquet, Alfred : 48.
Nelidov, ambassadeur russe : 192.
Nettancourt-Vaubecourt, Jean de : 58.
Nettancourt-Vaubecourt, René de : 55, 57.
Neveux, Pol : 81.
Nicholson : 300.
Nicolas II, tsar de Russie : 229, 252, 273-276, 278, 333-335, 576, 580.
Nicolas, A. : 172.
Nicolas, Jean, jardinier : 551.
Nitti, Francesco : 223, 237.
Nivelle, Georges, général : 311, 324, 325, 329, 330-333, 337, 344, 347, 575.
Nobel, Gérald : 51, 146, 147, 151, 551, 558.
Nodet, lieutenant-colonel : 307.
Noël, Albert, député de Verdun : 195, 385, 386.
Noulens, Joseph, député : 335.

Oberkirch, Alfred, député : 510, 511, 517.
Odile, sainte : 365.
Orlando, Vittorio : 361.
Oudinot, Léon, ami de R.P. : 20, 34, 35.

Pacelli, Mgr Eugenio : 342, 343.
Pagis, Mgr Jean-Pierre, évêque de Verdun : 77.
Pailleron, Marie-Louise : 476.
Painlevé, Paul : 135, 204, 205, 331, 332, 337, 343-346, 459, 460, 471, 478, 480, 484, 485, 493, 524.
Paisant, André, avocat et député : 168, 170, 352.
Paléologue, Maurice : 38, 51, 157, 221, 226, 251, 254, 255, 256, 261, 264, 265, 271, 274, 275, 277, 278, 286, 287, 313, 319, 335, 340, 364, 425, 470, 545, 562, 596, 601.
Pallain, Georges : 150, 172, 384, 394.
Pallu de La Barrière, Charles : 190, 323.
Palmerston, Henry Temple, 3e vicomte : 280.
Pams, Jules : 216, 240, 242-246, 249, 252, 263, 350.
Pange, Jean de, écrivain : 423, 531.
Paris, Gaston, universitaire : 110.
Pasteur, Louis : 76, 94, 141.
Paul-Boncour, Joseph : 247, 489, 517.
Payelle, Georges : 41, 75, 79, 147, 151, 155, 169, 202, 307, 384, 545, 550, 551, 555, 558, 562, 596.
Payelle, Madeleine : 562.
Payen, Fernand, avocat : 7, 51, 107, 112, 139, 148, 168, 169, 170, 174, 175, 181, 203, 257, 549-552, 557, 558, 560, 565, 593, 594, 596, 605.
Pays, Marcel, journaliste : 493.
Pedroncini, Guy, historien : 333.
Peirotes, Jacques : 508, 509, 512.
Pelletan, Camille : 80, 110, 123.
Pénelon, Jean-Baptiste, colonel : 253, 256-258, 291, 300, 301, 306, 307.
Pérard, médecin : 541.
Péret, Raoul : 392, 393, 420, 490.
Peretti de La Rocca, Emmanuel, ambassadeur de France : 406-408, 593.
Péri, Gabriel, député communiste : 500.
Perrier, Léon, sénateur de l'Isère : 484, 485, 522.
Pershing, John Joseph, général : 335, 354, 358.
Persil, Raoul : 363, 436, 456.
Pétain, Philippe, maréchal : 311, 317, 324, 325, 328-330, 332-344, 347, 351, 353, 354, 356, 360, 402, 408, 443, 485, 586, 593.
Petsche, Maurice : 599.
Peycelon, Gilbert, collaborateur de Briand : 321.
Peyrat, Alphonse : 146.

PEYTRAL, Paul, député puis sénateur des Bouches-du-Rhône : 100.
PFISTER, Christian, historien : 38, 147, 389, 508, 529, 545, 555.
PFLEGER, Joseph, député : 510, 512.
PHASMANN, Augustin, commerçant, maire de Saint-Mihiel : 70, 89, 90, 109, 131.
PHILIP, André : 598.
PHILIPPE LE HARDI, roi de France : 17.
PICARD, Ernest : 168.
PICASSO, Pablo : 306.
PICHON, Adolphe, haut fonctionnaire, secrétaire général : 220, 287, 305.
PICHON, Stéphen, homme politique et ministre des Affaires étrangères : 145, 192, 228, 252, 262, 264, 319, 331, 335, 343, 350, 354, 358, 359, 362, 406, 470.
PICOT, Ernest : 70.
PICQUART, Georges, lieutenant-colonel : 105-107.
PIE X, pape : 256.
PIE XI, pape : 408, 409, 410, 561.
PIE XII, pape : *voir* PACELLI, Mgr Eugenio.
PIERRE, Cirinin, agriculteur meusien : 55, 56.
PIERSON, Henri : 28.
PINAY, Antoine : 599.
PINOT, Robert, secrétaire général du Comité des Forges : 446, 449.
PIOU, Jacques : 247.
PLAUCHE, famille : 25, 134, 383.
PLAUCHE, Henri : 16.
PLOYER, avocat : 165.
POINCARÉ, Aline : 24, 35, 39, 43, 50, 136.
POINCARÉ, Amé Bernard : 18.
POINCARÉ, Amé François : 18.
POINCARÉ, Clémence : 19, 136.
POINCARÉ, Élisabeth : 19.
POINCARÉ, Catherine : *voir* ROLIN, Catherine.
POINCARÉ, Hélène Charlotte : 24.
POINCARÉ, Hélène : 19.
POINCARÉ, Henri : 19, 24, 41, 43, 50, 107, 133, 135-137, 141, 155, 205, 382, 383, 406, 493, 541, 559, 582, 594, 610.

POINCARÉ, Henriette : 8, 51, 123, 133, 135, 139, 148-154, 157, 158, 170, 177, 179, 239, 253, 255-258, 268, 295, 299-301, 304, 305, 308, 316, 334, 352, 355, 357, 364, 381-384, 407, 408, 476, 493, 529, 542, 543, 545, 549, 551, 552, 553-557, 559-562, 586, 592-596.
POINCARÉ, Jacques Nicolas : 18.
POINCARÉ, Jean : 17, 18, 137, 383, 493, 559.
POINCARÉ, Jean-Joseph : 18.
POINCARÉ, Jeanne : 137.
POINCARÉ, Jean-Nicolas : 19.
POINCARÉ, Joseph Gaspard : 18.
POINCARÉ, Joseph Hyacinthe : 18.
POINCARÉ, Joseph, curé : 18.
POINCARÉ, Léon Émile : 19, 24, 42, 50, 136, 559, 596.
POINCARÉ, Lucien : 22-24, 28, 36, 43, 55, 107, 108, 133, 135, 136, 141, 146, 157, 205, 300, 302, 305, 381-383, 386, 549, 582.
POINCARÉ, Marie-Andrée, épouse de Lucien : 108, 133, 135, 136, 300, 305, 552, 559, 562, 596.
POINCARÉ, Marie-Nanine, mère de R.P. : 23, 25, 28, 29, 34, 49-51, 75, 133, 134, 135, 148, 149, 253, 256.
POINCARÉ, Nanine Sophie, grand-mère de R.P. : 17.
POINCARÉ, Nicolas Antoine, *dit* Antoni : 19, 21-26, 29, 34, 35, 38, 39, 43, 50, 53, 133-135, 388.
POINCARÉ, Nicolas Sigisbert : 18.
POINCARRÉ, Guiot : 17.
POLIMANN, Lucien, chanoine, prêtre et député de la Meuse : 561.
PONSOT, Georges : 480.
PORTO-RICHE, Georges de : 543.
POSADOWSKY-WEHNER, comte von, vice-chancelier allemand : 150.
POURTALÈS, Guy de : 476.
POUTHAS, Charles-Henri, historien : 490.
POUYER-QUERTIER, Auguste, député, ministre : 30.
PROST, Antoine, historien : 325.
PROST, Auguste, antiquaire du XIXe siècle : 369.

PRUDHOMME-HAVETTE, Louis, député de la Meuse : 186.
PUECH, Denys, sculpteur : 595.

QUESNAY, Pierre, haut fonctionnaire des Finances : 526.
QUEUILLE, Henri : 258, 484, 485, 514, 522, 599.
QUILLY, Oscar, conseiller général de la Meuse : 62, 70.
« QUINCY », pseud. : *voir* LAUMONIER, Daniel.

RAFFALOVITCH, Arthur : 578.
RAMEAU, Jean, journaliste : 48.
RANC, Arthur, député : 48, 112.
RANSSON, Georges, magistrat : 175.
RASPOUTINE, Grigori Iefinovitch Novykh, *dit* : 304, 334.
RATHENAU, Walter : 395, 399, 402, 405, 412, 413, 416.
RAYMONDIN, chauffeur : 551, 556.
REBÉRIOUX, Madeleine, historienne : 182.
RECHBERG, Arnold, industriel allemand : 450.
RECOULY, Raymond : 368.
REIBEL, Charles, député : 140, 169, 207, 384, 403, 436-438, 441, 455, 459, 467, 486, 510, 520, 531, 565.
REINACH, Joseph, député et journaliste : 49, 59, 73, 84, 106, 116, 134, 163, 306, 326, 381, 387.
RÉMOND, René, historien : 606.
RENAN, Ernest : 76, 79, 95.
RENAUD, professeur de droit international : 40.
RENAUDEL, Pierre, député socialiste : 489, 521.
RENOUARD, colonel : 310.
RENOUARD, Fernand : 174.
RENOUVIN, Pierre : 230, 279, 326, 453, 470, 583, 584, 601, 602.
RÉVOIL, Paul, diplomate, ambassadeur à Berne, puis à Madrid : 84, 138, 144, 147, 150, 225.
REYNAUD, Paul : 428, 450, 520, 535.
RIBIÈRE, Marcel, chef de cabinet de R.P. : 406, 481, 490, 492, 529, 550, 555, 556.

RIBOT, Alexandre : 51, 79, 81-83, 100, 105, 113, 115, 120, 121, 126, 131, 132, 144, 150, 155, 156, 162, 164, 188, 204, 225, 228, 239, 242-245, 263, 270, 271, 282, 297, 299, 314, 321, 329, 330, 331, 333, 335, 337, 340-344, 346, 348.
RICKLIN, Eugène, député du Haut-Rhin : 506, 509-511.
RIST, Charles, économiste : 498.
RITZ, Charles, journaliste à Metz : 560, 566.
RIVIÈRE, Raymond, abbé, curé de la Madeleine : 256.
RIVIÈRES, général Séré de : 67.
ROBINEAU, Georges, gouverneur de la Banque de France : 35, 48, 50, 151, 384, 452, 473, 480, 481, 491.
ROCARD, Michel : 598.
ROLIN, Catherine, grand-mère de R.P. : 18, 19.
ROOSEVELT, Theodore : 280.
ROQUES, général : 322, 329.
ROSENBERG, Frederic Hans von, ministre allemand des Affaires étrangères : 419.
ROSNY, Jean-Henri : 167, 171.
ROSSÉ, Joseph, autonomiste alsacien : 509-511.
ROTHSCHILD, baron Édouard de, banquier : 492.
ROUCHÉ, Jacques, administrateur de l'Opéra : 157.
ROUILLIER, Émile, camarade de R.P. : 35, 37-40.
ROUJON, Henry, directeur des Beaux-Arts : 76, 147, 151, 356.
ROURE, Rémy : 597.
ROUSSE, Edmond, bâtonnier : 164.
ROUSSEAU, Jean-Jacques : 141.
ROUSSELLIER, Nicolas, historien : 460.
ROUSSET, Léonce, lieutenant-colonel : 130, 194, 306.
ROUSSET, Raoul, avocat : 164, 178.
ROUVIER, Maurice, député, ministre, président du Conseil : 54, 58, 59, 61, 132, 189, 190, 220.
RUAU, Joseph, député, ministre : 113.

Rueff, Jacques : 490, 496, 498, 600.

Sadoul, Charles, écrivain régionaliste : 589.
Sadoun, Marc : 598.
Sainsère, Olivier, conseiller d'État, secrétaire général de la présidence de la République, ami de R.P. : 83, 151, 305, 306, 605.
Saint-Auban, Émile de, avocat : 40.
Saint-Aulaire, Charles, comte de, ambassadeur de France : 319, 407, 430.
Sainte-Beuve, Charles Augustin, écrivain et critique : 141.
Saint-Léger Léger, Alexis, en littérature Saint-John Perse : 501.
Saint-Saëns, Camille, compositeur : 49.
Salle, Albert : 164, 178, 181, 353, 385, 435, 545, 551, 555, 593-595.
Salmon, Paul, avocat : 67, 69, 125, 130.
Salvien, père : 409.
Sanson, Rosemonde, historienne : 209.
Sarcey, Yvonne : 206.
Sarrail, général : 310, 311.
Sarraut, frères : 204, 472.
Sarraut, Albert : 193, 291, 308, 389, 402, 403, 431, 484, 485, 500, 514, 515, 516, 522, 608.
Sarraut, Maurice : 204, 389, 542.
Sarrien, Ferdinand, homme politique : 100, 110, 115, 116, 191, 192.
Saxe-Cobourg-Gotha, Marie de, reine de Roumanie : 364.
Say, Léon : 73, 80, 83, 85, 93.
Sazonov, Sergueï, ministre russe des Affaires étrangères : 228-231, 274, 275, 277, 280, 286, 334, 572, 575.
Schacht, Dr Hjalmar : 444, 445, 447, 449, 450, 452, 462, 526-528.
Schall, Paul, autonomiste alsacien : 510.
Scheid, Lucienne, avocate : 593.
Scheurer-Kestner, Auguste : 188.
Schiff, Victor, journaliste allemand : 505.
Schlageter, Leo : 428.

Schoen, baron von, ambassadeur allemand à Paris : 224, 232, 269, 287, 289, 290.
Schuman, Robert : 511, 512, 582, 600.
Schwarz, Hans-Peter, historien allemand : 445.
Scott, Walter : 141.
Selves, Justin de, député, ministre : 215, 428, 460.
Sembat, Marcel, député, ministre : 113, 217, 297, 300, 303, 321, 329-331, 335, 347.
« Sergine », pseud. de R.P. au Voltaire : 48.
Sertillanges, Antonin, Dalmace, religieux dominicain : 137.
Seydoux, Jacques, diplomate : 406, 412, 413, 449, 454.
Sforza, Carlo, comte, ministre italien des Affaires étrangères : 418.
Sieburg, Friedrich : 548.
Siegfried, Jules, député républicain, maire du Havre : 87, 151.
Silverberg, Paul, industriel allemand : 446.
Simon, Jean-Marie, journaliste meusien : 388.
Simon, Jules, homme politique républicain : 30, 83, 235.
Simond, Henri, directeur de journal : 266.
Sonnois, Mgr : 83.
Sorel, Jean-Albert, historien : 148.
Sorlot, Marc, historien : 420.
Spuller, Eugène, député, ministre : 78, 79, 83.
Staël, Germaine de : 548.
Staline, Joseph Vissarionovitch Djougachvili, dit : 500.
Steeg, Théodore : 204, 216, 246, 331, 337, 547.
Steinheil, Mme : 111.
Stengers, Jean, historien belge : 278.
Stinnes, Hugo, industriel de la Ruhr : 269, 428, 432, 439, 440-442, 446-448.
Stoffel, Auguste : 365.
Strauss, Paul, sénateur et ministre : 48, 147, 151, 402, 403, 431.

STRESEMANN, Gustav, chancelier et ministre allemand des Affaires étrangères : 432-436, 439-441, 443, 444, 447-450, 453, 457, 462, 464, 467, 475, 478, 501-505, 527, 528, 533, 535, 544, 547.
STURMEL, Marcel, député autonomiste du Bas-Rhin : 511.
SUAREZ, Georges, journaliste : 465.
SUSINI, Joseph, préfet : 490.
SYLVESTRE, Charles, écrivain : 543.

TANNERY, Jean : 421.
TARDIEU, André : 226, 257, 316, 335, 367, 368, 403, 431, 450, 480, 486, 488, 493, 498, 524, 531, 534, 544, 546, 547, 553, 556, 559.
TATON-VASSAL, Louis, avoué, député de Saint-Mihiel : 555.
THEUNIS, Georges, Premier ministre belge : 421, 422, 452.
THEURIET, André, écrivain régionaliste : 77, 154, 155, 156, 198.
THIBAUDET, Albert, écrivain et critique : 606, 611.
THIERRY, Joseph, député, ministre : 262, 321, 331.
THIERS, Adolphe : 30, 47, 53, 66, 93, 203, 250, 367, 609.
THIERY, Albert, médecin : 476.
THIERY, Robert, aviateur, fils du précédent : 476.
THIRION, Arthur, journaliste meusien : 196.
THOMAS, Albert : 321, 329-331, 343, 344, 347, 354, 396, 405, 425, 426, 439, 444, 451, 453.
THONIN, Gaston, ami de jeunesse de R.P. : 152.
THONIN, Prosper, ami de jeunesse de R.P. : 42.
THOREZ, Maurice : 500.
THORP, bâtonnier René-William : 174, 176.
THUREAU-DANGIN, Paul : 156.
TIRARD, Paul, haut-commissaire : 411, 412, 415, 416, 419, 421, 427, 442, 443, 445-447, 461, 507.
TIRARD, Pierre, sénateur républicain, président du Conseil : 54, 64.

TISSIER, Théodore : 321.
TITTONI, Tommaso, homme politique italien : 222.
TORRÈS, Henri, avocat : 471.
TOURY, Ferdinand Gouttenoire de : 397, 571.
TRARIEUX, Ludovic : 83, 104, 115.
TROCHU, Louis Jules, général : 30.
TRYSTRAM, Jean-Baptiste, député puis sénateur du Nord : 280, 581.
TUCCO-CHALA, Pierre, historien : 168.
TUGNY, léon, journaliste meusien : 60, 61, 64, 65, 68-70, 125, 126, 521.

UHRY : 510.

VAILLANT, Édouard, médecin et député socialiste : 217, 231, 244-246.
VAILLANT-COUTURIER, Paul, député et journaliste communiste : 500, 560, 572, 575, 577.
VALÉRY, Paul : 543, 544.
VALETTE, Hélène : 18.
VALOT, Paul, haut fonctionnaire : 507, 555.
VANUTELLI, Vincent, cardinal : 256.
VAUTRIN, A. : 386.
VENDÔME, duc de : 407.
VENTRE, André, architecte : 558.
VERCINGÉTORIX : 604.
VERDIER, cardinal-archevêque de Paris : 559, 561.
VERMEIL, Edmond, germaniste français : 389.
VERNE, Jules : 171.
VICTOR-EMMANUEL III, roi d'Italie : 361.
VIERNE, Louis, organiste : 559.
VIGNON : 420.
VIGO, Eugène : 337.
VILLAIN, Raoul, assassin de Jean Jaurès : 288.
VILLEPIN, Patrick de : 579.
VILLEY, Achille, préfet : 592.
VILLIERS, Adam de : 33.
VINCENT, Émile, menuisier à Sampigny : 153.

VINCHON, Louis, cousin de R.P. : 28, 29.
VINCI, Léonard de : 223.
VIOLLETTE, Maurice, député : 331.
VIVIANI, René : 110, 115-117, 127, 179, 204, 219, 270-277, 280, 282, 283, 285-289, 291, 292, 294, 296, 297, 299, 300, 303, 309, 310, 312-314, 319-321, 329, 331, 337, 340, 348, 397, 577, 581.
VÖGLER, Albert, industriel allemand : 441, 447, 526, 527.

WALDECK-ROUSSEAU, Mme : 472.
WALDECK-ROUSSEAU, René : 52, 83, 87, 106, 108, 116-124, 126-128, 131, 132, 144, 172, 182, 188, 189, 20, Hugh : 366.
WALLON, Henri : 35.
WALTER, Michel, député catholique du Bas-Rhin : 510.
WARREN, Edmond de : 531.
WEILL, Eugène : 51.
WEILL, Georges : 92, 508.
WEILLER, Lazare : 428, 454.
WEILLER, commerçant à Nancy : 153.
WEISS, Jean, peintre à Sampigny : 153.
WENDEL, François de, maître des forges et régent de la Banque de France : 366, 492, 498, 518, 519, 520, 531.
WERLY, industriel : 20.
WETTERLÉ, Émile, abbé : 361.
WEYGAND, Maxime, général : 407, 426, 427.
WEYL, Ernest, industriel : 447, 449.
WILSON, Daniel, gendre du président Jules Grévy : 69.
WILSON, Woodrow, président américain : 335, 341, 358, 361, 363, 364.
WIRTH, Joseph, chancelier allemand : 395, 400, 405, 412, 416, 418, 419, 422, 457.
WITTE, Serge, comte de, ministre russe : 273.
WOLFF, Theodor, journaliste à Berlin : 404, 548, 572.
WRIGHT, Gordon : 606.

XARDEL, sous-lieutenant : 42.

YOUNG, Owen : 449, 526-528.

ZIMMER, François, banquier, maire de Thionville : 370.

ZOLA, Émile : 98, 103, 104, 106, 107.

Table des matières

Avant-propos 7

PREMIÈRE PARTIE
Jeunesse et formation d'un homme politique républicain

CHAPITRE PREMIER
Une enfance lorraine 15

   La souche maternelle : les Gillon, 16. – La souche paternelle : les Poincaré, 17. – Bar-le-Duc, cité historique et ville moderne, 19. – Une nouvelle génération de Poincaré, 21. – La guerre franco-allemande et le séjour à Dieppe, 27. – Le retour à Bar occupée par les Prussiens, 29. – Un écolier et un lycéen modèle, 33. – Bachelier, 37. – Un étudiant en droit qui aime la littérature, 40. – Volontaire d'un an à la caserne Sainte-Catherine, 41.

CHAPITRE II
Les apprentissages parisiens : le Palais et le Parlement 45

   Avocat stagiaire et premier secrétaire de la conférence, 45. – Journaliste au *Voltaire*, 48. – Famille et amis, 49. – Les heures exquises passées rue de Varennes, 52. – Conseiller général de la Meuse, 55. – Député de la Meuse à vingt-six ans, 58. – Député de Commercy, 65.

CHAPITRE III
Une étoile montante de la « République nouvelle » 72

   Rapporteur général du budget, 72. – Un brillant ministre de l'Instruction publique, 74. – Premiers contacts avec la rue de Rivoli, 79. – De retour rue de Grenelle, 81. – Au cœur de la politique républicaine, 85. – L'entretien du fief meusien, 88. – Le républicain convaincu, 91. – Candidat au pouvoir ?, 97.

Chapitre IV
L'inflexion de l'affaire Dreyfus 102
De la condamnation d'un capitaine à l'affaire Dreyfus, 103. – Poincaré libère sa conscience, 106. – Poincaré, l'homme de la Défense républicaine ?, 111. – Au seuil du pouvoir, 113. – Un ministériel résigné ?, 119. – Le discours de Nancy (12 mai 1901), 121. – Le député de Commercy menacé ?, 124. – Une réélection aisée, 130.

Chapitre V
Raymond Poincaré chez lui et en famille 133
Le cercle familial, 133. – Un bel équilibre physique, 137. – Tempérament et caractère, 139. – Le célibataire parisien, 144. – Le mariage avec Henriette Benucci, 148. – La villa de Sampigny, 152. – Vers l'Académie française, 154. – Un couple d'avenir dans la société parisienne ?, 157.

Chapitre VI
Un avocat d'affaires très occupé 159
Un long apprentissage professionnel, 159. – La percée décisive, 164. – Les collaborateurs, 167. – Les affaires et les clients, 170. – Le maître du barreau, 173. – Les revenus de Poincaré, 176. – La participation à la vie de l'Ordre, 178. – Vie professionnelle et profil personnel, 181.

Chapitre VII
Un sénateur lorrain connu du Tout-Paris 185
Aller « lézarder » au Sénat !, 185. – Une discrétion initiale, 187. – L'entrée à l'Alliance démocratique, 189. – Un retour éclair au ministère des Finances, 191. – Dans la Meuse et en Lorraine, 193. – La succession d'Edmond Develle et l'arrivée d'André Maginot, 196. – Un Lorrain de Paris ?, 198. – Relations et réseaux, 204. – Spectateur détaché des élections législatives de 1910 ?, 207.

DEUXIÈME PARTIE
Au sommet de l'État

Chapitre premier
Un président du Conseil habile et populaire 214
L'arrivée au pouvoir, 214. – Un ministère habilement composé, 215. – Une déclaration ministérielle décidée et rassurante, 217. – La gestion de la politique étrangère, 220. – Le protectorat marocain, 225. – Le débat sur la représentation proportionnelle, 226. – Le voyage en Russie, 227. – La gestion de l'Entente cordiale, 233. – Dans les méandres de la politique politicienne, 234.

TABLE DES MATIÈRES

CHAPITRE II
Le président de la République : un acteur ? 238
Candidat à l'Élysée, 238. – À Versailles, 244. – Interprétation de l'élection, 246. – La transition, 251. – Poincaré devant la fonction présidentielle, 253. – Le mariage religieux secret, 255. – Style et train de vie, 256. – Voyages présidentiels, 258. – La guerre qui vient : le service militaire de trois ans, 259. – Le choix inattendu de Gaston Doumergue, 263. – L'affaire Caillaux, 267. – Face à la victoire de la gauche, 269. – La crise de juillet 1914, 272.

CHAPITRE III
Le président de l'Union sacrée 285
Entre l'Élysée et le Quai d'Orsay, 285. – L'Union sacrée, 292. – Premières semaines de guerre : attente et angoisses, 294. – Paris menacée, 298. – Les heures sombres de Bordeaux, 300. – Collaborateurs et entourage, 304. – Rapport avec le haut commandement, 307. – Un président critiqué, 311. – Dans les territoires dévastés et dans la boue des tranchées, 315. – Regards présidentiels sur les relations avec les Alliés et les neutres, 318. – L'heure d'Aristide Briand, 320. – Verdun, 323.

CHAPITRE IV
1917. Dans les incertitudes de l'année trouble 327
Sortir du tunnel ?, 328. – Le ministère Ribot, un ministère Poincaré ?, 330. – L'échec dramatique de l'offensive de Nivelle, 331. – Les relations avec les Alliés, 334. – L'ombre de la trahison et des affaires, 336. – Poincaré et la définition des buts de guerre français, 338. – Vains espoirs de paix, 341. – Le faible cabinet Painlevé, 343.

CHAPITRE V
Le président de la République : un spectateur impuissant 346
L'heure de Georges Clemenceau, 346. – Le prisonnier de l'Élysée, 351. – Les heures difficiles du printemps de 1918, 355. – Visites aux régions libérées, 356. – Hostilité à un armistice prématuré, 358. – Une victoire douce-amère, 359. – À l'écart des négociations de la paix, 361. – L'ordonnateur des cérémonies et des fêtes de la Victoire, 364. – Le critique acerbe de la paix, 367. – Une nouvelle identification avec la Lorraine ?, 369. – Un départ qui prépare un retour, 371.

TROISIÈME PARTIE
Le recours

CHAPITRE PREMIER
Un retour rapide sur la scène politique 381

Entre Paris et la Meuse, 381. – Une famille réduite, 382. – Collaborateurs et amis, 384. – L'assise politique meusienne, 385. – Les relations avec les médias régionaux et nationaux, 388. – Conférences, voyages et discours dominicaux, 389. – Dans le nouveau paysage politique, 391. – L'exécution du traité de Versailles, 393. – L'héritage de la guerre, 396. – Un observateur critique de la politique internationale d'Aristide Briand, 398. – Le retour à la présidence du Conseil et au Quai d'Orsay, 401. – L'accueil du nouveau ministère, 404. – Premiers pas au Quai d'Orsay, 405. – Les affaires de Rome, 408. – La tentation de l'occupation de la Ruhr, 410. – La conférence de Gênes, une défaite diplomatique française?, 413.

CHAPITRE II
L'occupation de la Ruhr 415

Une longue phase de réflexion et d'hésitation, 415. – Vers la décision, 419. – L'entrée dans la Ruhr, 424. – La gestion de l'occupation, 426. – Les radicaux-socialistes passent dans l'opposition, 431. – Un nouvel interlocuteur allemand, Gustav Streseman, 432. – Poincaré victorieux et isolé, 435. – Refus d'une négociation directe avec l'Allemagne, 439. – Vers une réinternationalisation du problème des réparations, 441. – Dans l'imbroglio rhénan : Poincaré joue et perd, 442. – Poincaré sur la défensive, 450. – Des attaques contre le franc au Verdun financier, 452. – Un pas vers le centre gauche, 454. – Dernières semaines au Quai d'Orsay, 457. – Un bilan contrasté, 460.

CHAPITRE III
En réserve de la République 465

Un sénateur toujours sur la brèche, 465. – Vacances meusiennes actives, 467. – Plaidoyers, 469. – Une lutte à fleurets mouchetés avec Édouard Herriot, 472. – Discours meusiens et lorrains à usage national et international, 474. – Un censeur vigilant de la politique étrangère de Briand, 478. – À l'écoute des turbulences parlementaires, 479.

CHAPITRE IV
Au chevet de la mère malade 482

Le retour triomphal, 482. – Un cabinet équilibré, 484. – Une large assise parlementaire, 488. – Collaborateurs, entourage et méthodes de travail, 490. – Le retour de la confiance, 494. – Faut-il stabiliser

TABLE DES MATIÈRES 715

le franc ?, 497. – La lutte anticommuniste, 500. – La poursuite de la politique de Locarno, 501. – L'attention aux affaires d'Alsace, 506.

Chapitre V
Le franc Poincaré 513
Les élections poincaristes du printemps de 1928, 513. – La stabilisation du franc : une décision longue à prendre, 518. – Le sauveur menacé par la grogne des partis, 520. – Les radicaux lâchent Poincaré, 522. – Un nouveau ministère Poincaré, 523. – Autour de la négociation du plan Young, 526. – Les dernières batailles parlementaires, 529. – Un bilan en trompe l'œil, 532.

QUATRIÈME PARTIE
Déclin, légendes et mémoire

Chapitre premier
Un vieil homme diminué 541
L'ablation de la prostate, 541. – De retour à Paris, 543. – L'attaque cérébrale, 547. – Un grand malade en sursis, 551. – La mort et les obsèques nationales, 558. – Henriette, gardienne de la mémoire de Raymond, 562.

Chapitre II
Entre les légendes et la réalité 564
Entre l'admiration et la haine, 564. – Poincaré, le laïc, 566. – Les attaques venues de la gauche, 567. – Poincaré-la-Guerre, 569. – Poincaré, l'ennemi de l'Allemagne, 572. – L'exégèse de Léon Blum, 574. – Les dénonciations des communistes, 575. – Autres campagnes de presse, 578. – De l'admiration à la vitupération, 579. – De la défense d'une politique aux débuts de la recherche historique, 581. – Du brillant jeune homme à l'« illustre homme d'État », 585. – Poincaré, le Lorrain, 588.

Chapitre III
Mémoire et héritage 592
Un culte limité dans l'espace et dans le temps, 592. – Une mémoire nationale sélective, 597. – Le problème crucial de la Grande Guerre, 601. – Une image qui s'efface, 603. – Le regard contrasté des biographies et des historiens, 604. – Un bourgeois républicain, 606.

Notes 613
Sources et bibliographie 669
Généalogies 683
Chronologie 687
Index des noms de personnes 691

Impression réalisée sur CAMERON par

BRODARD & TAUPIN
GROUPE CPI

La Flèche

*pour le compte des Éditions Fayard
en décembre 2000*

Imprimé en France
Dépôt légal : janvier 2001
N° d'édition : 8331 – N° d'impression : 5523
ISBN : 2-213-60821-0
35-65-1021-01/1